ŒUVRES
COMPLÈTES
DE BOSSUET

PUBLIÉES

D'APRÈS LES IMPRIMÉS ET LES MANUSCRITS ORIGINAUX

PURGÉES DES INTERPOLATIONS ET RENDUES A LEUR INTÉGRITÉ

PAR F. LACHAT

ÉDITION
RENFERMANT TOUS LES OUVRAGES ÉDITÉS ET PLUSIEURS INÉDITS

VOLUME XXII

PARIS
LOUIS VIVÈS, LIBRAIRE-ÉDITEUR
13, RUE DELAMBRE, 13

—

1879

ŒUVRES
COMPLÈTES
DE BOSSUET

PARIS. — IMPRIMERIE Vᵛᵉ P. LAROUSSE ET Cⁱᵉ
19, RUE MONTPARNASSE, 19

ŒUVRES

COMPLÈTES

DE BOSSUET

PUBLIÉES

D'APRÈS LES IMPRIMÉS ET LES MANUSCRITS ORIGINAUX

PURGÉES DES INTERPOLATIONS ET RENDUES A LEUR INTÉGRITÉ

PAR F. LACHAT

ÉDITION

RENFERMANT TOUS LES OUVRAGES ÉDITÉS ET PLUSIEURS INÉDITS

VOLUME XXII

PARIS

LOUIS VIVÈS, LIBRAIRE-ÉDITEUR

13, RUE DELAMBRE, 13

1879

DEFENSIO
DECLARATIONIS CLERI GALLICANI
DE ECCLESIASTICA POTESTATE

PARS TERTIA

DE PARISIENSIUM SENTENTIA AB IPSA CHRISTIANITATIS ORIGINE REPETENDA.

LIBER SEPTIMUS

CONCILIORUM GENERALIUM TRADITIO.

CAPUT PRIMUM.

Infallibilitas quibus verbis de antiquis explicetur, ubi sita sit quæritur (a).

« In fidei quoque quæstionibus, præcipuas summi Pontificis esse partes, ejusque decreta ad omnes et singulas ecclesias pertinere, nec tamen irreformabile esse judicium, nisi Ecclesiæ consensus accesserit[1]. »

Quosdam antiquitatis ignaros movit illa vox *irreformabilis*.

---

[1] Cap. IV *Gallic. Declar.*

(a) In schedulâ quâdam D. Ledieu, capitis primi titulus sic repræsentatur : *Reliqui operis institutum ; hujus libri scopus*; quod ideò observamus, ne quid prætermisisse videamur, parvum licet, in Bossuet conferendis codicibus. Cæterùm ille titulus malè hîc intruderetur, et meliùs præfigeretur capiti V, in quo Bossuet, postquàm quædam addidit à nobis diligenter descripta, in partes hunc librum divisit. (*Edit. Leroy.*)

Hanc sciant ab antiquitate depromptam. Notum illud Tertulliani : « Regula fidei immobilis et irreformabilis [1]. » Ergo judicium illud *irreformabile* esse dicimus, quod *immobile*, *irretractabile*, *irrefragabile*, ab antiquis; postremo denique ævo, *infallibile* appellatum est. Quærimus igitur ubi sit collocatum illud *irreformabile* judicium.

CAPUT II.

Sententia Parisiensium res inter judicatas reponenda ex dictis de concilio Constantiensi.

Ac nostri quidem censores Parisiensium sententiam et inter schismata esse ortam dicunt, et variis dissidiis ultrò citròque jactatam, Constantiensis quoque synodi temporibus fluctuasse. Nos verò procul à schismatibus, ab ipsâ christianitatis origine repetendam ostensuri, priùs præstruimus, res inter judicatas pridem, ex dictis de Constantiensi concilio esse repositam. Certè Constantiense concilium, dùm eas memorat causas, quibus Papa concilio subsit, primam ponit fidem : ergo Papa concilio subest, vel maximè in fide : at infallibilem, quâ quidem in re talis est, cuiquam subesse nefas : imò infallibili, haud magis quàm ipsi veritati totam Ecclesiam subesse oportet : non ergo ullus hominum, stante quidem Constantiensi concilio, est in fide infallibilis. Atqui demonstravimus Constantiense concilium, nullo unquàm Ecclesiæ decreto labefactatum, imò tantâ Sedis apostolicæ, tantâ Ecclesiæ universæ veneratione susceptum, invictâ auctoritate stare oportere : ergo certâ et invictâ auctoritate constat unius Ecclesiæ, sive collectæ sive dispersæ, sed tamen consentientis sententiam esse infallibilem.

Dices : Consecutionem istam quidem esse à nobis deductam, non autem rem ipsam à sacro concilio definitam. Reponimus : Imò verò non consecutionem, sed rem ipsam ; neque enim aliud est alteram potestatem alteri esse subjectam, quàm eam quæ subjecta sit, à recto veroque deflectere, et ab alterâ emendari ac reformari posse.

[1] Tertul., *de Virg. veland.*, cap. 1.

Quare quotquot hactenùs pro pontificiâ potestate scripserunt, Constantiensi decreto nihil opponunt aliud, præter quàm illud toties à nobis confutatum, de Papâ dubio, et fluxâ concilii Constantiensis auctoritate, responsum : cui immorari ac dicta repetere supervacaneum est.

Non tamen omittemus, quæ nostro ævo multi comminiscuntur, ex ipsis concilii Constantiensis confutanda verbis.

Primùm, illud toties decantatum, ex eo concilio Papam quidem in fidei negotiis subesse concilio, sed ut privatum hominem, non ut Papam, vanum ludibrium est, cùm Constantiense concilium, expressâ etiam pontificiâ potestate, eam in fidei negotiis conciliari potestati subesse decernat [1].

CAPUT III.

Alia modernorum quorumdam cavillatio confutatur; ostenditurque, ex ipsis concilii Constansiensis verbis ac gestis, Papam non modò teneri conciliaribus de fide decretis jam factis, sed etiam in quærendo et tractando, in concilii potestate esse.

Ilis ergo concilii Constantiensis verbis statim ruit illud, quod quidam intelligunt : nempè ut Papa quidem in formando circa fidem conciliari decreto superior habeatur : cæterùm ubi res semel à concilio definita est, non mirum esse quòd prolatæ sententiæ subesse teneatur; cùm illa sententia, non tam à concilio quàm à Papâ concilii capite prolata sit, ut Papa non tam concilio subesse quàm sibi ipsi consentire videatur.

Ruit, inquam, illud. Neque enim Constantiense concilium Papam consentire ipsum sibi, sed planè concilio subesse decernit; et quidem subjungit, *debitè puniendum,* si obedientiam denegarit. Non autem intelligit Papam à seipso puniendum, sed à concilio supremam et indeclinabilem exercente potestatem; ergo etiam intelligit Papam non ipsum sibi ipsi, sed omninò concilio esse subditum.

Jam verba illa perpendant constantiensium Patrum; Papam

[1] Vid. decr., sess. IV et V.

« in fidei, in schismatis, in reformationis negotiis, omnibusque ad ea pertinentibus factis vel faciendis [1], » conciliari potestati subjici : ergo non tantùm *in factis* de fide decretis, sed etiam *in faciendis* atque formandis, inque ipsâ re quærendâ ac tractandâ concilio subesse intelligebant.

Nempè sancta synodus in ipsis principiis professa est se quidem congregatam, non modò ut de schismate ac de reformatione, sed etiam ut de fide quæreret adversùs Viclefi et Hussi grassantes hæreses : cujus rei gratiâ, vel maximè à Joanne XXIII convocatam esse constabat [2]. Quare omninò tractatura erat adversùs illos hæreticos varias ac maximas fidei quæstiones, ac speciatim adversùs Viclefum expositura erat ipsum papalem primatum, quem ille impugnaverat, ut sæpè vidimus : ergo intellexit, atque decrevit Papam in his quæstionibus synodo pariturum.

Quid, quòd jam indè ab initio decrevit synodus ipsam synodum talia tractaturam, « nec Papæ recessu dissolutum iri, sed remanere in suâ potestate et integritate concilium [3] : » eâ scilicet potestate, cui Papa ipse subjicitur? Intellexit ergo, atque decrevit synodus, etiam recedente Papâ, de fide tractatura, ipsam se eâ potestate esse, ut decreta conderet, cui Papa ipse obedire teneretur, nedùm in tractando et quærendo superiorem eum agnosceret.

Id verò demonstrant, uti prædiximus [4], non modò ipsius synodi decreta, verùm etiam gesta. Reverâ enim tractata sunt sessione VIII, post recessum Papæ, adversùs Viclefum et Hussum, ea quæ memoravimus, expositaque est circa primatum Romanum Ecclesiæ fides. Quin etiam, Papâ ipso, sessione XII, ritè deposito, tractatæ sunt multæ adversùs Joannem Hussum, Hieronymum de Pragâ et Joannem Petitum, fidei quæstiones; nempè sessione XIII, XIV et deindè cæteris : ergo synodus non modò decrevit à se posse fieri, sed etiam fecit, idque absente Papâ, imò etiam deposito, decreta de fide, quibus ipse Papa parere teneretur.

Nempè intelligebat Papam absentem corpore, virtute tamen fuisse præsentem synodoque conjunctum, qui synodum congregasset, qui post recessum quoque toties declarasset, se recedentem

---

[1] *Conc. Const.*, sess. V; tom. XII, col. 22. — [2] *Ibid.*, sess. IV et V. — [3] *Ibid.*, sess. III. — [4] *Sup.*, lib. V.

licèt, in synodi potestate futurum; qui sanctam synodum errare non posse profiteretur.

Quin synodus suæ conscia potestatis, intelligebat se ipsam, quippe quæ Ecclesiam universalem repræsentaret, etiam papatum ipsum virtute complexam, summo et indeclinabili judicio, nullàque adhibità morà definire posse ea, quæ Ecclesiæ necessitas evidens postularet.

CAPUT IV.

Aliæ cavillationes : Papam subjici quidem concilio in fidei quæstionibus, sed tantùm postquàm se illi sponté submisit : tùm esse quidem illum per sese infallibilem, si non adsit concilium, sed præsente concilio, jam illi subesse.

Hunc nodum alii sic exsolvunt : Pontificem quidem per sese infallibilem in edendis fidei decretis; neque eo seciùs etiam in quærendo de fide subjectum esse consilio, postquàm rem Patribus congregatis quærendam decernendamque permisit.

At hæc à Constantiensibus disertè refutata sunt, cùm docent potestatem eam, cui Papa in fidei quoque negotiis subditur, concilio generali immediatè à Christo, non à Papâ esse.

Sunt qui sic sentiunt inesse utrique, scilicet et synodo et Papæ infallibilitatem à sancto Spiritu; ita quidem ut Papa in decernendis fidei quæstionibus concilio semel congregato subsit; ac nihilò seciùs, si desit synodus, seorsìm ac per sese sit infallibilis, et semel ab eo dicta sententia, synodi quoque norma sit, nedùm synodi examini ac judicio subsit.

Hæc opinio neque cum Constantiensi decreto, neque cum papalis auctoritatis ratione, neque secum ipsa convenit.

Non quidem illa opinio convenit cum Constantiensi decreto. Supponit enim illa diverso respectu, in fidei quæstionibus, ut concilio Papam, ita Papæ concilium subjici oportere : at non ita Constantiense decretum : imò absolutè, Papam concilio in fidei quæstionibus, non vicissim concilium Papæ subjicit; nullàque exceptione, omnem pontificiæ potestatis usum conciliari potestati, **ut supremæ, solique ineluctabili, subdit.**

Neque etiam adversarii hâc opinione consulunt satis papali dignitati, quam in synodo exuunt innatâ ipsi, ut quidam fingunt, dote : nempè ut infallibiliter de fide vel sola decernat. Atqui hoc absurdissimum; cùm profectò concilium nihil aliud sit, quàm ipsa catholicæ Ecclesiæ repræsentatio, integris omnibus, quæ cuique à Christo sunt dotibus, non profectò sublatis, ne non repræsentatio, sed extinctio ecclesiasticæ unitatis esse videatur.

Deniquè hæc opinio nec secum ipsa convenit, cùm infallibilitatem à Christo datam, vel perpetuam oporteat esse vel nullam.

Ex his intelligitur id, quod Gerson et alii nostri docuere, eo vel maximè papalem potestatem conciliari subesse; quòd *fallibilem*, atque ut vocant *deviabilem, indeviabili* et *infallibili* subesse oporteat : id, inquam, non ex ipsorum peculiari sententiâ, sed ex intimo totius concilii Constantiensis sensu esse depromptum.

Neque minùs liquet vanos esse eos quos commemoravimus, quique non eodem loco habent nostram de superioritate, ac nostram de infallibilitate sententiam; cùm profectò constet utrasque sententias uno fundamento nixas, unâ ratione connexas, unoque decreto concilii Constantiensis esse decisas.

Neque immeritò sacrosancta synodus inter eas causas, quibus Papa concilio subsit, primam ponit fidem; cùm certo dogmate Pelagii II, ex sancti Leonis auctoritate deprompto, habendorum conciliorum *specialis causa sit fides*[1]; valereque oporteat conciliorum potestatem in eâ maximè causâ, quæ propria ipsis specialisque sit.

Nostra ergo sententia Constantiensibus canonibus stabilitur iis, quos tantâ sequentis ævi consensione firmavimus. Verùm, ut veritas clariùs elucescat, lubet recurrere ad fontes, et Constantiensem doctrinam ex anteactis sæculis affirmare.

[1] *Epist. Pel.* II : tom. V *Conc.* post conc. V, col. 617 st seq.

CAPUT V.

An concilii Constantiensis judicium antiquâ traditione nitatur : præmittimus quædam, ex Vincentio Lirinensi, de Ecclesiæ catholicæ toto orbe diffusæ auctoritate : hinc valere concilia œcumenica : duplex ratio agnoscendæ ecclesiasticæ consensionis, ac finiendarum fidei quæstionum : altera per concilia œcumenica, altera sine conciliis œcumenicis : utraque suo ordine tractanda suscipitur : à primâ ordimur; atque octo primorum conciliorum generalium traditionem ac praxim explicare incipimus.

Præstruimus illud immotum, quod est ab omnibus catholicis, Vincentio Lirinensi exponente, susceptum, valere omninò *id quod ubique, quod semper, quod ab omnibus creditum est*[1]. Cujus rei radix est apostolicum illud, « fidem annuntiari in universo mundo[2]; » et de apostolicis dictum : « In omnem terram exivit sonus eorum, et in fines orbis terræ verba eorum[3]; » atque iterùm *ad Colossenses* : « In verbo veritatis Evangelii, quod pervenit ad vos, sicut in universo mundo est, et fructificat et crescit[4]. » Neque hæc tantùm apostolis temporibus inchoata, sed in ævum duratura, dicente Domino : « Ecce ego vobiscum sum usque ad consummationem sæculi[5]; » et « Portæ inferi non prævalebunt adversùs eam[6], » utique Ecclesiam quo factum est ut Ecclesia, non hæc aut illa, sed tota et universa ab Apostolo appelletur *columna et firmamentum veritatis*[7].

Hæc igitur non ab hoc aut ab illo doctore, sed ab omnibus catholicis uno ore sic intelliguntur, ut sit certissima, invictissima, eminentissima Ecclesiæ catholicæ consentientis auctoritas. Eâ consensione, ut firmissimo ac divinissimo fundamento, niti Christianos oportet; à quibus, non aliud quid, sed illud in Symbolo apostolico postulatur, ut in *Spiritum sanctum* credentes, credant simul *sanctam Ecclesiam catholicam*; eique vindicent certissimum,

---

[1] Vincent. Lirin. *Commonit.*, I, cap. III : tom. VII Bibl. Patr., p. 250. — [2] *Rom.*, I, 8. — [3] *Ibid.*, X, 18 ; *Ps.* XVIII, 5. — [4] *Coloss.*, I, 5, 6. — [5] *Matth.*, XXVIII, 20. [6] *Ibid.*, XVI, 18. — [7] I *Tim.*, III, 15.

quo in obedientiam captivantur, Spritùs sancti magisterium et judicium.

Quæ omninò efficiunt, ut in ipsâ consensione vis illa indeclinabilis et sit et esse credatur; existitque omninò, ex Ecclesiarum consensione, clara et manifesta vox, quâ non partes ecclesiasticæ, sed ipsam universalitatem audiri, eodem Vincentio Lirinensi teste, perspicimus : « Sequemur autem, inquit, universitatem hoc modo, si hanc unam fidem veram esse fateamur, quam tota per orbem terrarum confitetur Ecclesia [1]. » Et paulò post : « Quid faciet christianus catholicus, si se aliqua Ecclesiæ particula ab universalis fidei communione præciderit? quid utique, nisi ut pestifero corruptoque membro sanitatem universi corporis anteponat [2]. »

Hinc in illa concilia generalia manat, quam in eis agnoscimus, certa et ineluctabilis auctoritas. Neque enim aliâ ratione in conciliis, sive in Ecclesiâ congregatâ, valet unitas atque consensus, quàm quòd in Ecclesiâ toto orbe diffusâ æquè valeat. Ipsa enim synodus eo valet, quòd universalem repræsentet Ecclesiam : neque ideò Ecclesia congregatur, ut valeat unitas atque consensio; sed ideò congregatur, ut quæ in Ecclesiâ ubique diffusâ per se valet, in eâdem congregatâ, ab episcopis ecclesiarum doctoribus, tanquam idoneis testibus clariùs demonstretur.

Ex his igitur duplex intelligitur ratio agnoscendæ catholicæ veritatis : prima ex consensione Ecclesiæ ubique diffusæ; secunda ex consensione Ecclesiæ in synodis œcumenicis, sive generalibus, adunatæ : quam utramque rationem à nobis sigillatim exponi oportebit, ut vim illam infallibilem et ineluctabilem in toto Ecclesiæ corpore repositam esse clariùs demonstremus.

Inchoamus autem à synodis œcumenicis, in quibus consensionem luculentiùs expressam agnovimus : quâ in tractatione statim commemorabimus octo illas primas novem primis sæculis celebratas : non modò quòd cæteris ipsâ antiquitate præluxerint, sed quòd eorum gesta diligentiùs descripta habeamus.

Id ergo primùm probare aggredimur, ex eorum conciliorum gestis illatas à Romanis Pontificibus etiam de fide sententias ad

[1] Vinc. Lir., loc. jam cit. — [2] Ibid., c. iv.

omnem quidem Ecclesiam pertinere; at nihilò seciùs à conciliis œcumenicis examinatas, retractatas, interdùm rejectas, nunquàm nisi facto examine et quæstione habitâ comprobatas; atque omninò nihil habitum esse pro infallibili atque irrefragabili, nisi id quod universalis Ecclesiæ consensione confirmatum esset. Id cùm probaverimus, veniemus deinde ad secuta sæcula, nihilque prætermittemus quo antiqua traditio explicari possit.

CAPUT VI.

Concilium Apostolicum Hierosolymis habitum de legalibus, ut omnium conciliorum generalium forma proponitur : perpenditur illud : VISUM EST SPIRITUI SANCTO ET NOBIS : *vis Spiritûs in ipsâ consensione posita : in eam rem egregiæ concilii V, ac sancti Cælestini Papæ in concilio III, auctoritales.*

Sacris Ecclesiæ catholicæ œcumenicis, sive generalibus conciliis, concilii apostolici Hierosolymis habiti, de legalibus[1], prælucet auctoritas. Prima ea quæstio turbavit Ecclesiam. Ergo ibi quàm maximè futuris quæstionibus decidendis, formam dari oportebat. Quæcumque igitur ad futura concilia pertinerent, jam ibi perspicuè præstruuntur, quæ nos ordine recensemus.

Primùm, ac statim occurrit habendi concilii causa, magna videlicet dissensio, ut habemus ex *Actis Apostolorum :* « Factâ autem seditione non minimâ. » Levior contentio non tantum remedium postulasset. Atque id in secuta concilia manaturum diligentissimè notari volumus. Exortâ ergo hâc contentione tam gravi, subdit Lucas in *Actis :* « Statuerunt ut ascenderent Paulus et Barnabas..... ad Apostolos et presbyteros in Jerusalem, super hâc quæstione[2]; nempe ut communi sententiâ finiretur.

2° Erat tum in Jerusalem Ecclesia principalis, in quâ sedebat Petrus apostolorum Princeps (a). Hinc proditum in sequentia sæcula, ne sine Petro et successoribus, atque Ecclesiâ principali, in quâ ipse sederet, Concilia regulariter haberentur.

---

[1] *Act.*, xv. — [2] *Ibid.*, 2.

(a) Sedebat Petrus Hierosolymis non ut in propriâ sede; nam Jerusalem sedes erat Jacobi. Significat itaque Bossuet Petrum, qui tunc nulli Ecclesiæ pe-

3° Facta est quanta fieri potuit, illis quidem temporibus, cùm adhuc Ecclesiæ formarentur, apostolorum et pastorum Ecclesiæ congregatio, ac perfectissima pro statu Ecclesiæ. nominis christiani repræsentatio.

4° Fit conventus omnium in unum locum : « Conveneruntque Apostoli et seniores videre de verbo hoc [1]. »

5° In ipso conventu tria hæc habentur: tractatus primùm, sive conquisitio; deinde deliberatio, sive uniuscujusque prolata sententia; postremò, ex communi sententiâ, concilii decisio: atque ea omnia in sequentia concilia deinde manarunt.

6° Et quidem tractatus his verbis *Actuum* designatur : *Cùm magna conquisitio fieret* [2].

7° Deliberatio à Petro inchoatur : qui mos deinde invaluit, ut sacri cœtûs principes primi sententiam dicerent, iisque auctoribus decretum sanciretur. Petrus ergo ubique rectæ prædicationis rerum agendarum auctor, primus sententiam dicit : Dei arcana pandit; quæ sibi primò de vocandis gentibus revelata essent fundamenti loco ponit; ex his quæstionem solvit : *Deus in nobis elegit per os meum audire gentes verbum* : et cætera quæ ad Cornelii ejusque familiæ vocationem pertinerent.

8° Quæ deinde ex illâ vocatione secuta sint, quantaque post Cornelium gentium multitudo confluxerit, Paulus et Barnabas edisserunt: quæ firmandæ Petri sententiæ essent [3]. Tum Jacobus dicturus sententiam expressè à Petri dictis incipit : *Viri fratres, Simon narravit* [4], etc. Quo ritu in secutis conciliis, dicente cœtûs principe, cæteri deinde placere demonstrant.

9° Nec tamen sic agunt quasi usquequaque primæ sententiæ auctoritate constricti, sed ipsi judicant ; et Jacobus : *Ego*, inquit [5], *judico*. Tum ad ipsam quæstionem principalem, quæ addenda viderentur, proponit, et de iis quoque judicat; nempe ut fratres, è gentibus conversi, « abstineant à contaminationibus simulacrorum, et fornicatione, et suffocatis, et sanguine [6]. »

10° Decretum deinde conditum communi nomine, ac Spiritûs

culiari præsidebat, potuisse dici aliquo modo Hierosolymis sedisse; quia ibi ordinariè commorabatur, et eam Ecclesiam pascebat verbo doctrinæ. (*Edit Leroy.*)

[1] *Act.*, xv. 6. — [2] *Ibid.*, 7. — [3] *Ibid.*, 12. — [4] *Ibid.*, 13, 14. — [5] *Ibid.*, 19. — [6] *Ibid.*, 20.

sancti auctoritate adscitâ : « Placuit nobis collectis in unum¹; » et : « Visum est Spiritui sancto et nobis ². » Ibi ergo vis : *Spiritui sancto et nobis;* non quòd Petro præcisè, sed quòd *nobis;* et à Spiritu acti, non unus Petrus, sed ipsa sacri cœtùs unitas. Unde et Christus de Spiritu, quem erat missurus, id dixit : « Cùm autem venerit ille Spiritus veritatis, docebit vos omnem veritatem ³ : » Vos, inquit, scilicet ecclesiarum pastores, ac cæterorum magistros. Hinc semper additus Ecclesiæ sacræque congregationi Spiritus. « Credo in Spiritum sanctum, sanctam Ecclesiam catholicam. » Et meritò proinde diligenterque à nostris doctoribus quondam dictum id quod memoravimus⁴, vim conciliorum, « non in solo Pontifice romano, sed maximè in Spiritu sancto, et in Ecclesiâ catholicâ esse positam.

11° Re judicatâ per commune judicium, nihil posteà retractatum, aut nova cuique relicta discussio est : sed perlatum decretum ad ecclesias, docenturque plebes « custodire dogmata, quæ erant decreta (græcè *judicata*) ab apostolis et senioribus qui erant Hierosolymis ⁵.

Hæc nos catholici urgemus, communi consensu, adversùs hæreticos conciliorum jussa et auctoritatem detrectantes : quæ sanè nihil valeant, nisi cum auctoritate, etiam formam probamus; vimque ipsam decreti, non in *Petro* solo, sed in unitate et in apostolorum ac pastorum Ecclesiæ consensione ponimus.

Ait quidem Bellarminus, id nullâ necessitate factum, cùm non modò Petrus, verùm etiam apostoli, ex sese ac singulares quoque quæstionem determinare potuissent ⁶. Quod quidem aliis è Bellarmini Societate, imprimis Joanni Bagotio, non probatur : nec placet sic « lusisse apostolos, aut simulatè ab iis institutam quæstionem de re, quam exploratissimam habebant⁷. » Utcumque est, in eo vis erit maxima, si nullo concilio ac deliberatione indigentes, tamen ut formam darent sæculis secuturis, hanc inierint viam, et *communi sententiâ rem definierint,* ut idem Bellarminus confitetur ⁸.

¹ *Act.*, xv, 25.— ² *Ibid.*, 28.— ³ *Joan*, xvi, 13.— ⁴ Vid. *Diss. præv. et in App.*, lib. I.— ⁵ *Act.*, xvi, 4.— ⁶ Bellarm., *de R. P.*, lib. IV. c. vii.— ⁷ Bagot., *Apol. fidei*, lib. iv, disp. iii, c. ii, sect. iii.— ⁸ Bellarm., *de Conc. auct.*, lib. ii, c. viii.

Et quidem omnia, quæ in hâc apostolicâ synodo acta sunt, in sequentes manasse gesta prodent. Ergo id vel maximè manarit oportet, quod maximè agebatur, et in quo apostoli robur esse positum voluerunt : nempe ut *Spiritûs sancti* efficacia et vis conjugeretur cum illo, *nobis,* inque ipsâ unitate se exereret.

Neque hanc interpretationem à nobismetipsis promimus, sed à sanctis Patribus, totoque adeo universali concilio quinto, à Pontificibus romanis toties comprobato.

Nempè Vigilius Papa Constantinopoli agens, ubi concilium habebatur, sacro cœtui certis de causis suam præsentiam denegabat, pollicitus per seipsum se daturum sententiam. At Patres, iisque auctoribus et probantibus, Justinianus Imperator sic hortatur : « Inter nos placuit, tam ipsum (Vigilium scilicet Papam) quàm nos communiter convenire, eo quòd sacerdotes decet communibus quæstionibus finem communem imponere [1]. » Et paulò post : « Pro his ad memoriam ejus (Vigilii) produximus magna illa apostolorum exempla et Patrum traditiones. Licèt enim sancti Spiritûs gratia et circa singulos apostolos abundaret, ut non indigerent alieno consilio ad ea quæ agenda erant, non tamen aliter voluerunt, de eo quod movebatur, si oporteret gentes circumcidi, definire, priusquàm *communiter congregati* divinarum Scripturarum testimoniis unusquisque sua dicta confirmaverunt. Unde COMMUNITER de eo sententiam protulerunt : *Visum est Spiritui sancto et nobis.* »

Ut autem pateat eam formam futuris sæculis præluxisse, addunt : « Sed et sancti Patres, qui per tempora in sanctis quatuor conciliis convenerunt, antiquis exemplis utentes, COMMUNITER de exortis hæresibus et quæstionibus disposuerunt. » Rationem hujus rei afferunt duplicem : alteram, quòd ex discussione et collatione veritas emicaret; alteram eamque vel maximam, quòd COMMUNITER *sententia proferenda,* scilicet sancti Spiritûs nomine : quibus sanè duobus, concilia generalia maximè valent : veritatis elucidatione per collationem, ac Spiritûs sancti judicio per communem sententiam.

Idem antea, in concilio generali tertio (Ephesino scilicet), san-

[1] *Conc. C. P.*, II, gener. v, coll. VIII.

ctus Cœlestinus Papa professus erat, cùm suam ad synodum epistolam his verbis incipit : « Spiritùs sancti testatur præsentiam congregatio sacerdotum; » et paulò post : « Sanctum igitur est pro debità sibi veneratione concilium in quo utique nunc, frequentissimæ illius, quam legimus (*Actorum* xx scilicet) Apostolorum congregationis aspicienda reverentia est [1]. »

Ex his confutantur quæ quidam, ac imprimis novissimus auctor anonymus, objiciunt : eam, quæ synodo Hierosolymitanæ adfuit, Spiritùs sancti assistentiam, « apostolorum gratiæ, non concilii generalitati tribuendam, cùm concilium illud generale non fuerit [2]. » Quos miramur detracta velle catholicis ea præsidia, quibus maximè pro conciliis œcumenicis adversùs hæreticos, certant, tùm verò parvi pendere sancti Cœlestini, tertiæque et quintæ synodorum auctoritatem. Nos verò eam secuti, rectè à nobis putamus intelligi synodorum generalium auctoritatem et formam, si primam illam in reliquis veneremur, et ad ejus normam omnia exigimus. Jam hoc fundamento apostolico posito, quid secutæ synodi gesserint audiamus.

CAPUT VII.

Concilii Nicæni primi decreta adversùs Arianos, ipsâ Patrum consensione valuerunt, nullo antè gestam, nullo post gestam synodum Sedis apostolicæ speciali decreto : in eo concilio ipsius consensionis auctoritate tres præcipuæ finitæ quæstiones : ad Sedem apostolicam communis decreti executio pertinet.

De primis duobus conciliis universalibus, Nicæno primo et Constantinopolitano primo, pauca dicemus.

Atque in Nicæno quidem concilio definitionem *communiter* factam, et sancta quinta synodus mox exposuit nobis, et ipsa Nicænæ synodi decreta clamant : « Qui dicunt : Erat, quando non erat, etc., hos tales anathematizat catholica et apostolica Ecclesia [3]. » Et in catholicæ et apostolicæ Ecclesiæ consensione robur.

---

[1] Epist. Cœlest. x, *ad Conc. Ephes.*; inter act. conc., *act.* II, tom. III, col. 614. — [2] Anon., *de Libert. Eccl. Gall.*, lib. V, c. x, n. 4. — [3] *Conc. Nicæn. Symb.*, tom II *Conc.*, col. 27.

Adorant sanè sacro conventui presbyteri Romanæ Ecclesiæ, digniore præ cæteris patriarchis, uti decebat, loco; et Osium Cordubensem Sylvestri nomine adfuisse (a), Gelasio Cyziceno auctori Græco ita ex actis referenti [1], facilè assentimur : cùm et nemo contradicat, et secutis conciliis congruat et sexta synodus in Nicænà synodo Sylvestrum principem Constantino adjungat [2], ut Cœlestinum Theodosio, Marciano Leonem. Cæterùm neque antè, neque post concilium Nicænum, adversùs Arianos quidquam decretum esse legimus à Sylvestro Papâ, quod synodi sententiam vel præcederet, vel firmaret; constatque falsa esse, quæ de Nicæno concilio confirmata acta referuntur, ut suo dicæmus loco : atque omninò in ipsâ consensione vim omnem fuisse repositam, historiæ clamant. Notum illud Rufini [3] : « Defertur ad Constantinum sacerdotalis concilii sententia : ille tanquam à Deo prolatam veneratur, cui si quis tentasset obniti, veluti contra divina statuta venientem, in exilium se protestatur acturum. » Attestatur Eusebius [4] : congruunt ipsius Constantini verba hæc ad Alexandrinam Ecclesiam scripta, statim absolutâ synodo : « Quod trecentis episcopis visum est, non est aliud putandum quàm Dei sententia :... quapropter nemo vestrùm hæsitet, nemo moram interponat [5]. » En

[1] *Hist. Gelas. Cyzic.*, lib. II, c. v; *ibid.*, col. 125. — [2] Vid. *Act. Conc.* VI, act. XVIII; tom. VI, col. 1049. — [3] Ruf., *Hist. Eccles.*, lib. I, c. v. — [4] Euseb., *de Vitâ Constant.*, lib. III, c. XIV. — [5] *Ep. Constant. ad Alex.*, ap. Socr., lib. I, c. IX; et tom. II *Conc.*, col. 61.

(a) Osium Sylvestri nomine adfuisse concilio Nicæno firmis rationibus probant viri erudissimi Joannes Morinus, et Petrus de Marca. Nam quod quidam, ex Eusebio, Socrate et Sozomeno, negabant Sylvestrum per suos legatos synodo præsedisse, docet Morinus mutilos esse, ut nunc habentur, Eusebii codices, et eos etiam quibus utebantur Socrates et Sozomenus, atque ipse Theodoretus; sed Gelasium Cyzicenum nactum codicem integrum ea verba ex Eusebio, ut ipse profitetur, descripsisse : *Osius obtinuit locum magnæ Romæ Episcopi Sylvestri.* Et reverà planum erit conferenti Eusebii textum cum verbis quæ Gelasius dicit à se ex Eusebio descripta, omissam esse in vulgatis Eusebii editionibus, sive hoc sit ex amanuensium incuriâ, sive ex quâlibet aliâ causâ, integram pericopam. Certè id quod legimus in Athanasio (*de Fug. suâ*, et *Ep. ad Solit.*), lectionem à Gelasio prolatam veram esse confirmat. Ipse Photius, quantumvis amaro esset in Romanos Pontifices animo, Cyziceno adstipulatur, cùm dicit, « legationem à Sylvestro injunctam fuisse Cordubensi Osio, et duobus Presby» teris Romanis. » Vid. Joan. Mor., lib. I, exerc. XX; De Marc., *de Concord.*, etc., lib. V, cap. III, n. 4. Hic observandum à nobis est D. du Plessis-Praslin, aliquâ ambiguitate deceptum epistolæ synodi Nicænæ ad Ecclesiam Alexandrinam, dicere in suâ ad Cœtum gallicanum an. 1682 relatione, Alexandrum Alexandrinum huic synodo præsedisse. (*Edit. Leroy.*)

in quo reponerent divinam illam vim, et indeclinabilem. Noster Sulpitius paucis et perspicuè, uti solet : « Synodus apud Nicæam toto orbe contrahitur : trecentis et duodeviginti episcopis congregatis, fides plena conscribitur : hæresis ariana damnatur : imperator decretum episcopale complectitur : Ariani nihil contra sanam fidem retractare ausi, se quoque tanquam acquiescentes, nec aliud sentientes, ecclesiis miscuerunt [1]. » Ita decreti robur in episcopalis collegii consensione est positum. Sequens adstipulatur ætas : et sanctus Leo ubique Nicænorum canonum decreta collaudat; « quæ sint à totius mundi sacerdotibus constituta [2]. » Eo nomine tantam auctoritatem illa obtinuisse certum est.

In primo illo concilio tres maximæ quæstiones, quæ Ecclesiam conturbarent, communi decreto terminatæ. Prima Arianorum de consubstantiali Filio, secunda Paschatis, tertia rebaptizationis : quæ duæ postremæ jam à Romanis Pontificibus, Victore et Stephano, judicatæ, non tamen obtinebant plenam auctoritatem, donec in Nicænâ synodo penitùs finirentur. Et quidem in exequendis adversùs Arianos Nicænæ synodi decretis, Sedis apostolicæ præcelsa et singularis auctoritas enituit. Id Athanasius aliique fidei defensores à sancto Julio Papâ restituti, et Ariminensis synodi à sancto Damaso soluta decreta, et episcoporum orthodoxorum, maximè orientalium, ad Ecclesiam Romanam scripta clamant. Atque hæc in exequendo valuerunt : in decernendo verò consensio ecclesiarum obtinuit; factoque Patrum decreto, adeo res transacta putabatur, ut nullâ morâ interpositâ, nullo expectato Sedis apostolicæ speciali decreto, omnes ubique terrarum episcopi, christiani omnes, atque ipse imperator, ipsi etiam Ariani, tanquam divino judicio cederent. Ex quibus duo hæc habemus : et fidei decreta *communiter* fieri, et ad exequendum commune decretum, Sedis apostolicæ sufficere auctoritatem. Atque hæc de primâ generali synodo. Jam ad secundam ordine veniamus.

[1] Sulp. Sev., lib. II; tom. VI *Bibl. Patr.*, p. 345. — [2] Leo Mag., *Epist.* LXXX, edit. *Quesnel.*, al. LIII.

CAPUT VIII.

Constantinopolitana prima synodus, secunda generalis, in medium adducitur : ex eâ demonstratur quæstiones fidei solâ ecclesiarum consensione finitas.

Certum quidem est apud omnes ad Constantinopolitanam primam synodum, quæ secunda generalis est, pro Spiritûs sancti tuendâ divinitate, centum quinquaginta Patres, ex orientalibus tantùm provinciis confluxisse. Certum item est orientalem synodum nonnisi consensu Occidentis, et maximè apostolicæ Sedis, pro œcumenicâ haberi potuisse. Jam quæ ex eâ synodo in rem nostram conducant, hæc sunt : primùm apertè falsum, quod nonnulli, illi quidem assentatores immodici, jactant : haberi synodum ad Pontificis animum consilio tantùm, et rei elucidatione adjuvandum, cùm orientalis synodus nec ipsi præstò fuerit, et Constantinopoli in alterâ orbis parte sederit. Quare omninò constat Patres eo maximè in synodum œcumenicam congregari, quòd in consensione et unitate robur auctoritatis invictum sit positum.

Id confirmant Constantinopolitani Patres in eâ *Epistolâ*, quam Theodoretus refert ac Bellarminus laudat [2] : cùm relatis iis quæ circa fidem de Spiritu sancto, quæque circa disciplinam à se decreta essent, id tantùm postulant, ut Damasus et qui cum ipso erant episcopi, « secum collætentur, intercedente spirituali charitate; » atque ita futurum aiunt, ut, « cùm verbum Dei communi sensu stabilitum, et christiana inter nos charitas confirmata fuerit, dicere desinamus : *Ego quidem sum Pauli; ego autem Apollo; ego autem Cephæ* [3]. » Videt eruditus lector, ut in *communi consensu* verbi interpretationem ac fidei stabilitatem collocent. Neque tamen arbitremur omnia ex æquo Sedem inter apostolicam atque orientales episcopos esse comparata : nam cùm primùm exorta

---

[1] Epist. Conc. C. P. I, *apud. Theodor.*, lib. V, c. IX; et tom. II *Conc.*, col. 960. Vid. Bellarm., lib. I, *de Conc.*, c. v. — [2] Vid. *ibid.*, *apud Theod.*, et tom. II *Conc.*, col. 965. — [3] I *Cor.* I, 12.

illa est de Spiritûs sancti divinitate contentio, vexati Macedoniani ad Liberium papam, ut catholicæ communionis principem, tres ex suo cœtu episcopos destinarunt, ac rectam de Spiritu sancto professi sunt fidem: quo facto, à Liberio cum litteris communicatoriis dimissi, à synodo Tyanensi statim suscepti sunt, Valente imperatore. Refert Sozomenus, atque Basilius hoc tantùm [1]. Sed posteà, « motâ de Spiritu sancto quæstione, an ejusdem cum Patre et Filio substantiæ esset, et crescente contentione, Episcopus urbis Romæ (Liberius) scripsit, re compertâ, ad Orientis episcopos, ut Trinitatem consubstantialem, et coæqualis gloriæ unà cum Occidentalibus confiterentur: quo facto, utpote controversiâ judicio Romanæ Ecclesiæ terminatâ, quievere, et quæstio finem accepisse videbatur [2]. » Videbatur illud quidem; verùm ubi quies illa non fuit stabilis, eòque res devenere, ut synodi generalis auctoritate orbisque adunati consensione opus esset, in eâ consensione finis quæstionis ponitur à Constantinopolitanis Patribus, uti mox vidimus, atque ab omnibus Ecclesiis.

CAPUT IX.

Ad Ephesinam synodum devenimus: referuntur ea quæ synodum præcesserunt: demonstraturque à sancto Cœlestino papâ totâ Sedis apostolicæ auctoritate in Nestorii hæresim ac personam pronuntiatum fuisse: an tale judicium pro irreformabili sit habitum: quæstio ex actis posteà dissolvenda.

In Ephesinâ generali tertiâ, ac secutis synodis omnia clariùs elucescent: cùm gesta sint præ manibus, extentque plurima circa fidem Romanorum Pontificum, totâ cathedræ auctoritate prolata judicia, in synodis posteà generalibus retractata, nec nisi facto examine comprobata: quod nihil est ab infallibilitatis opinione magìs alienum.

Ac de Ephesinâ quidem synodo manifesta res est. Notum quid Nestorius Constantinopolitanus episcopus innovarit, utque Christi personam unam diviserit in duas. Sanctus Cœlestinus papa, pro

---

[1] Sozom., lib. VI, c. X, XI. Socr., lib. IV, c. XII. Bas., *Ep.* CCLIV, al. LXXXII. — [2] Sozom., *ibid.*, c. XXII.

suo officio Ecclesiæ rebus intentus, beato Cyrillo Alexandrino episcopo præceperat, ut de Nestorii, jam malè audientis doctrinâ, certa nuntiaret. Cyrillus id testatur *Epistolâ ad Nestorium*[1]. Itaque ad Cœlestinum omnia scribit, Nestorii dogmata suaque exponit; binas à se ad Nestorium datas litteras mittit : Nestorius quoque datis litteris, et missis expositionibus suis Cœlestinum in partes suas trahere conabatur. Sic sanctus Pontifex, acceptis utriusque partis litteris, plenissimè instructus, à Cyrillo interrogatur in hanc formam : « Non priùs ab illius (Nestorii) communicatione confidenter abstinuimus, quàm hæc tibi indicaremus. Dignare proinde aperire quid sentias, quo liquidò nobis constet, an communicare cum illo oporteat, qui ejusmodi erroneam doctrinam fovet[2]. » Addit ejus sententiam ad alios quoque episcopos perscribendam : « Ut omnes, inquit, uno animo, in eâdem sententiâ persistant[3]. » Et clarè à tanto viro, secundæ vel certè tertiæ sedis patriarchalis antistite, consulta apostolica Sedes ejusque judicium expectatum : nihilque supererat, nisi ut Cœlestinus ritè consultus apostolicum exequeretur officium. Id verò ut præstiterit, Acta alibi relata docuerunt[4].

[In iis Actis] Cyrilli litteras et doctrinam non modò probat, sed etiam Nestorii dogma perversum improbat, et quidem distinctè, quòd beatam Virginem *Deiparam* dici nollet[5]; decernitque eum episcopatûs et communionis exsortem, nisi intra decem dies, à die denuntiatæ sententiæ numerandos, apertè rejiciat « hanc perfidam novitatem, quæ hoc quod Scriptura conjungit, nititur separare, » personam Christi scilicet. En Nestorii dogma præcisè improbatum, et clarè omnino Romani Pontificis, sub depositionis et excommunicationis interminatione, de fide pronunciata sententia. Tum ne quid desit, sanctus Papa Cyrillo *vices committit* suas, ut eam sententiam exequatur : « Nostræ, inquit, Sedis auctoritate adscitâ nostrâque vice et loco, cum potestate usus[6]. » Id ad Cyrillum; id ad ipsum Nestorium; id ad clerum Constantinopolitanum; id ad Joannem Antiochenum, tertiæ seu

---

[1] *Ep.* I *Cyrill. Alex. ad Nest,* part. I; *Conc. Ephes.,* c. VI, tom. III *Conc.,* col. 313. — [2] *Ep. Cyrill. ad Cœlest.,* ibid., c. XIV, col. 344. — [3] *Ibid.,* col. 345. — [4] *Dissert. præv.,* n. LIX. — [5] *Ep. Cœlest. ad Nest.,* c. XVIII, col. 353. — [6] *Epist. Cœlest. ad Cyrill.,* c. XV, col. 349.

quartæ tum patriarchalis sedis episcopum; id ad Juvenalem sanctæ civitatis episcopum, quem præcipuè honorari synodus Nicæna præceperat; id ad alios quoque episcopos scribit [1], ut data sententia ritè et ordine omnibus innotescat.

Jam suas partes Cyrillus exequitur, atque omnia, uti jussa erant, peragit. Cœlestini decreta promulgat, exequitur, Nestorio denuntiat, post decem illos dies à Cœlestino « præscriptos definitosque, nullam ei cum sacerdotibus sortem, nullum sermonem, nullum locum futurum. » Nihil planè deest, quo apostolica auctoritas plenissimè exeratur. An verò sententia, tantâ auctoritate prolata, postquam ingens dissensio exorta est, ac synodi œcumenicæ injecta mentio, pro irreformabili sit habita, gesta sequentia demonstrabunt.

CAPUT X.

Dicta à Cœlestino papâ de fide, totâ Sedis apostolicæ auctoritate, sententia concilii universalis mentione et convocatione suspenditur : id canonicè et ordine factum omnes episcopi et Papa ipse confitetur.

Sæpe diximus, sæpe dicemus, ita esse Ecclesiam constitutam, ut ad œcumenicam synodum necessariò, non nisi extraordinariis casibus ac dissensionibus recurratur : cæterùm consueto ordine ita finiri subortas etiam gravissimas de fide quæstiones, si Romano Pontifici decernenti, Ecclesiæ consensus accesserit. Id in Nestorii causâ manifestissimè liquet.

Planè confitemur Cœlestini sententiam, ita ut Cyrillus speraverat, valituram fuisse ad novam hæresim comprimendam, nisi graves suborti motus, resque ea visa esset, quæ ad universalem synodum deferretur.

Verùm Nestorius, regiæ civitatis episcopus, eâ auctoritate pollebat, eâ specie pietatis hominum animis illuserat, eos sibi conciliaverat episcopos, eâ denique gratiâ apud Theodosium Junio-

---

[1] *Epist. ad Nest.*, ibid., c. XVIII, col. 361; *ad Cler. C. P.* c. XIX, col. 373; *ad Joan. Antioch.*, c. XX, col. 377. Vid. nov. *Collect. Baluz*, p. 439. *Ep. Cyrill. ad Nest.*, c. XXVI, p. 397.

rem imperatorem et proceres erat, ut facilè omnia commoveret. Itaque opus erat œcumenicà synodo, quòd de re maximà ac de personâ in maximam dignitatem evectâ ageretur : quòd multi episcopi in his Orientales ferè omnes, hoc est Antiocheni tractûs, atque ipse patriarcha Joannes, à Cyrillo abhorrebant, et Nestorio favere videbantur : quòd scissa hominum studia, totumque Orientis imperium, Cyrillum inter atque Nestorium fluctuare videbatur. Hæc universalem synodum postulabant.

Accedebant piorum atque orthodoxorum preces. Ecce enìm religiosissimi monachi, pro fide orthodoxâ ac *Deiparæ* voce à Nestorio multa perpessi, imperatori supplicabant « ut sacra et œcumenica synodus coeat, quâ præsente Christus sanctissimam Ecclesiam uniat, populum in unum reducat, ac sacerdotes sinceræ fidei prædicatores, priusquam impia illa doctrina (Nestorii) latiùs serpat, loco suo restituat [1]. » Et iterum : « Nos enim vos de œcumenicâ synodo cogendâ rogavimus, quæ aptissimè posset constabilire et erigere titubantia, sive etiam fracta [2]. » En post Romani Pontificis judicium, expetita à piis, per universalem synodum, rerum titubantium invicta et ultima firmitudo.

His aliisque motus imperator, hæc ad Cyrillum scripsit : « Pietatis doctrinam in sacrâ synodo discuti et examinari volumus, et ratum esse quod rectæ fidei consonum videbitur : sive illi, qui victi discedent, veniam impetraturi essent à Patribus, sive non [3]. »

Hìc tria videmus : primùm illud ; post sancti Cœlestini judicium, aliud adhuc requiri, synodale scilicet : alterum, hæc duo in Patrum potestate futura, ut de doctrinâ deque personis judicent : tertium ratum id futurum, neque ampliùs retractandum, quod synodus judicarit.

Addit : « Judices hujus rei e se oportere eos, qui sacerdotiis ubique præsunt, et per quos ipsi in veritatis sententiâ sumus et erimus. » En quorum fide nitimur. En in quorum judicio ultima et indeclinabilis sit auctoritas.

Id secundùm *ecclesiasticos canones* fieri et imperator affirma-

[1] *Suppl. Basil. et Monac. Imp.* Vid. *Conc. Ephes,*, part. I, c. XXX, n. 4, col. 429. — [2] *Ibid.,* n. 6, col. 432. — [3] *Ep. Theod. ad Cyrill. Ibid.,* c. XXXI, col. 436.

bat, et episcopi fatebantur. Itaque omnes et ipse Cœlestinus ad synodum se accingunt. Nihil ultrà Cyrillus egit, pontificii licèt decreti executor à Cœlestino dictus. Nestorius pristino loco mansit; universalis synodi sententia expectatur; et disertè rescripserat imperator, « ut ante sanctissimam coactam synodum, communemque ejus sententiam, nihil quidquam à quoquam, in ullâ prorsus re, privatim innovetur¹. » Rectè et ordine : id enim universalis synodi majestas postulabat. Quare et Cyrillus paruit, et episcopi quievere : fixumque id, dictâ licèt ac promulgatâ Romani Pontificis sententiâ, de fide ac personis violatæ fidei causâ judicatis, omnia in suspenso esse, postquam universalis synodi expectatur auctoritas. Id ab Imperatore actum; id episcopis ac Papæ ipsi placitum vidimus; id jam in ipsâ synodo œcumenicâ comprobatum gesta sequentia declarabunt.

CAPUT XI.

Acta synodi Ephesinæ recensentur : ejus actio prima : probat synodus omnia quæ à Cœlestino decreta essent in suspenso manere, usque ad synodi sententiam : quæ de fide gesta sunt referuntur, ostenditurque prolatum à Papâ judicium ad examen legitimum fuisse revocatum.

Lectis iis, quæ synodum præcessere, ipsius synodi gesta recensemus, atque incipimus ab actione primâ.

Posteaquàm ergo episcopi, atque ipse Nestorius Ephesum convenere, inchoata est synodus universalis, Cyrillo præside ac Cœlestini vices gerente, quippe qui pontificiæ sententiæ ab ipso Pontifice constitutus executor esset. In primâ actione hæc gesta sunt.

Primùm lectæ imperatoris litteræ eæ quas memoravimus, nempe ut œcumenica synodus haberetur, utque omnia interim in suspenso essent² : lectæ, inquam, hæ litteræ atque in gesta relatæ, probatumque à Patribus, omnia circa Nestorium à Cœlestino decreta, suspensa fuisse, donec sacra synodus ferret sententiam.

Quæres an synodus tantùm imperatori licere voluerit, ut Se-

---

¹ *Ep.* II *Theod. ad Cyrill. Conc. Ephes.*, part. I, c. XXXII, col. 437. — ² *Conc. Ephes.*, *act.* I, col. 452, 453 et seq.

dis apostolicæ sententiam ad effectum deduci interim prohiberet. Non ita ex gestis : sed potiùs interpositâ synodi generalis auctoritate, cujus quidem convocatio, pro eorum temporum disciplinâ, imperatori permitteretur : ipsa synodus intellexit, omnia ipso jure in suspenso esse atque à synodi pendere sententiâ. Quare pontificio decreto promulgato ac denuntiato decemque illis diebus jamdiu evolutis, Nestorius ab ipsâ synodo pro episcopo est habitus, et religiosissimi episcopi nomine appellatus, et eo quoque nomine ter vocatus et citatus ut in sacrâ synodo cum aliis episcopis consederet [1] : id enim disertè scriptum, συνεδρεῦσαι; additum, ut ad objecta responderet. Omnino enim volebant, ut quocumque modo agnosceret universalem synodum, in ejus posteà procul dubio potestate futurus. Sed venire renuit, et ne ipse adiri posset, fores suas armato milite obsideri voluit.

II. Hinc de fide quæsitum, quòd et id imperator jussisset, et canones postularent : lectaque Nicæna fides, ad quam omnia exigerentur, ac posteà de *Epistolis* Cyrilli ac Nestorii ordine inquisitum.

III. *Epistola* Cyrilli prima deducta est ad synodi judicium : illa, inquam, de fide ad Nestorium *Epistola*, à Papâ Cœlestino tam expressè probata, de quâ id edixerat ad Cyrillum : « Omnia quæcumque sentimus ac tenemus, te itidem sentire ac tenere perspicimus [2]; » quam decreto in Nestorium per omnes ecclesias promulgato, comprobaverat, atque adversùs Nestorium *canonicæ monitionis* instar haberi voluerat. De illâ, inquam, *Epistolâ* quæsitum, Cyrillo auctore ac præeunte, in hæc verba : « Persuasum habeo, nihil me ab orthodoxâ fide aut Symbolo Nicæno dicessisse; quare Vestram Sanctitatem rogo, ut coram exponat, rectène, et inculpatè, sanctoque illi concilio convenienter hæc scripserim, an secus [5]. »

Et erunt, qui dicant quæstiones de fide semel à Romano Pontifice auctoritate apostolicâ judicatas, in synodis generalibus examinari ad dictorum intelligentiam, non ad rei, quasi adhuc in quæstione positæ, definitionem. Audiant Cyrillum synodi prin-

[1] *Conc. Ephes.*, act. I, col. 452, 453 et seq. — [2] *Ep. Cœl. ad Cyrill.*, part. I *Conc. Ephes.*, c. XV, col. 348. — [3] *Conc. Ephes.*, act. I, col. 461.

cipem : quid synodo quærendum proponat attendant. Et quidem nullius errati sibi conscius ; ne tamen sibi crederet, synodi sententiam rogabat, in hæc verba : « Rectène et inculpatè, an secus scripserim. » Hæc Cyrillus synodi princeps proponit in medium.

Quis vel fando audiit, post ultimum et irreformabile Ecclesiæ de fide judicium, ita unquam quæsitum interrogatumque esse ? Nunquam factum : id enim esset de ipsâ fide declaratâ et exploratâ dubitare. At id post papæ Cœlestini judicium factum est: neque Cyrillus aut quisquam aliud cogitabant : non ergo illud erat ultimum, atque irreformabile judicium (a).

Ex eâ interrogandi formâ Patres ordine censent, « Nicænum Symbolum, et *Epistolam* Cyrilli per omnia consentanea et consentientia esse [1]. » En quæstio; en examen; en deinde judicium. Gesta satis loquuntur : nos hic ne verbum quidem.

Producta deinde est Nestorii *Epistola* illa, quam Cœlestinus blasphemam atque impiam pronuntiaverat. Ea verò legitur. Tum de eâ quæritur, auctore Cyrillo: « Numquid hæc ipsa quoque fidei à sanctâ Nicænorum Patrum synodo expositæ consentanea esse videretur, an non [2] ? » Eâdem planè formâ quâ de *Epistolâ* Cyrilli quæsitum erat. Patres ordine censent « à Symbolo Nicæno dissentaneam, atque eo improbatam [3]. » Quo ritu, quâ regulâ, probata Cyrilli est; eo ritu, eâ regulâ, Nestorii *Epistola* improbatur. En bis in eâdem Ephesinæ synodi actione, Romani Pontificis dictum ac promulgatum de catholicâ fide judicium retractatur. Quæ approbaverat, quæque improbaverat, æquè in examen revocantur, nec nisi quæstione habitâ confirmantur.

[1] *Conc., Ephes., act.* I, col. 461 et seq. — [2] *Ibid.*, col. 492, 493. — [3] *Ibid.*, et col. seq.

(a) Cyrille ne doutoit point des premières décisions ; mais il les soumit à un nouvel examen pour vaincre l'opiniâtreté des hérétiques. Le concile examina le jugement du saint Siége, mais il ne l'a pas réformé. Nous vous disons qu'on ne peut réformer le jugement de l'autorité souveraine, et vous nous répondez qu'on peut l'examiner. Dans le fait, le jugement du Pape resta *le dernier et irréformable.*

CAPUT XII.

Continuatio actionis primæ concilii Ephesini: quæ circa Nestorii personam à Cœlestino papà decreta essent, ad synodale examen et ipsa revocantur, nec nisi quæstione habitâ comprobantur.

Hæc quidem de fide gesta sunt actione primâ synodi Ephesinæ : jam quæ ad Nestorii personam eâdem in actione pertineant recensemus.

Primùm Cœlestini ad Nestorium *Epistola* legitur, et in acta refertur, ea scilicet quâ de Nestorio ferebat sententiam [1] : de quâ sanè sententiâ cùm posteà, perpensis omnibus, Patres judicaturi essent, interim tantùm in acta referri oportebat. In Cœlestini *Epistolâ* nihil erat peculiaris doctrinæ : tantùm in eo versabatur, ut Cyrilli probaret doctrinam et *Epistolam*; Nestorii improbaret; de quibus Cyrilli ac Nestorii *Epistolis* jam prolatum erat sanctæ synodi judicium, ut aliquid iis addere supervacaneum esset.

II. Eâdem verò causâ, cùm Cyrilli *Epistola* lecta esset, ea scilicet, quâ Cœlestini exequebatur sententiam, de eâ *Epistolâ* nihil speciatim actum, sed jussum duntaxat, ut in acta referretur.

III. Ilis gestis, de Nestorii personâ pronuntiandum fuit. Quæsitum, ecquid ea quæ Cœlestinus ad Nestorium scripserat, quæque exequendo Cyrillus egerat, ad Nestorium perlata essent [2]. Perlata esse compertum est, et eum usque adhuc in sententiâ perstitisse, ac pridem effluxisse dies à sancto Cœlestino primùm, tum posteà ab imperatore synodum convocante præfixos. Hinc ad probationis cumulum, Patrum testimonia cum Nestorii exegesibus componuntur [3] : immanis discrepantia prodit Nestorium novatorem adeoque hæreticum : fit decretum in hæc verba : « Sancta synodus dixit : Cùm impiissimus Nestorius, neque nostræ citationi parere, neque episcopos à nobis destinatos admittere voluerit, necessariò venimus ad examinationem eorum quæ impiè docuisset. Deprehendentes itaque partim ex litteris com-

[1] *Conc. Eph.*, act. 1, col. 501. — [2] *Ibid.*, col. 504. — [3] *Ibid.*, col. 508 et seq.

mentariisque ipsius, partim è sermonibus, illum impiè sentire et prædicare, coacti per sacros canones et litteras sanctissimi Patris nostri et comministri Cœlestini Ecclesiæ Romanæ episcopi ad hanc sententiam venimus: Dominus nosterJesus Christus, per hanc sanctissimam synodum Nestorium episcopali dignitate PRIVATUM ESSE DEFINIT [1]. » Vides canones conjunctos cum Cœlestini litteris; magnificè sanè, et ad commendandam Sedis apostolicæ majestatem. Vides synodum executam quæ Cœlestinus decrevisset, atque his coactam ad tristem sententiam devenisse; sed novâ et suâ definitione editâ in Christi nomine: sed postquam legitimâ cognitione constitit omnia rectè et ordine gesta esse.

IV. Denique sententia synodi pronuntiata ad impiissimum Nestorium scribitur : « Sancta synodus Nestorio novo Judæ: scias te à sanctâ synodo esse depositum [2]. » Sic qui ante sacræ synodi disquisitionem, *religiosissimus episcopus* vocabatur, eâ disquisitione factâ, jam *impiissimus,* jam *novus Judas,* et ab episcopali sede dejectus irrevocabiliter, et sententia promulgatur.

Sic maxima res, maximâ consensione perfecta est, quâ nempe omnia in Ecclesiâ stare diximus; et ordo judicii ex se perspicuus: nempe à Cœlestino sententia profertur, concilii generalis convocatione suspenditur, cognitione examinatur, novo et irretractabili judicio roboratur, totius Ecclesiæ auctoritate conjunctâ.

Id Patres profitentur relatione ad imperatorem : « Nestorium à cathedrâ submovimus, et canonicè exauctoravimus; Cœlestinum magnæ Romæ episcopum præconiis extollentes, qui ante nostram sententiam, Nestorii hæretica dogmata condemnaverat, nosque in ferendâ contra eum sententiâ anteverterat [3]. » Hæc illa unitas, hæc illa consensio, quæ invictum jam et ineluctabile robur ecclesiasticis judiciis præstat.

Ita congruunt omnia, ac nostra sententia stabilitur : dum enim Sedis apostolicæ de fide deque personâ judicium, sancta synodus comprobat et exequitur, ejusdem sanè Sedis legitimam potestatem et primatum agnoscit. Dum autem illius judicium non probat, nisi per legitimam cognitionem et iteratum examen,

[1] *Conc. Ephes.,* act. 1, col. 533. — [2] *Ibid.,* col. 549. — [3] *Ibid.,* col. 571.

Romanum Pontificem omnibus quidem episcopis superiorem; uno tamen concilio generali, etiam in causâ fidei, inferiorem esse docet : quod erat demonstrandum.

CAPUT XIII.

Gesta actionis secundæ, quibus præcedentia comprobantur : quid sit confirmare decreta, stylo ecclesiastico, ex gestis demonstratur : in synodi examine, atque judicio quæstionis finem non modò sacra synodus, sed etiam legati apostolici, atque ipse etiam papa Cœlestinus agnoscunt.

Dum hæc agebantur, Arcadius et Projectus episcopi, et Philippus presbyter, delecti à Cœlestino erant, qui speciali mandato Sedis apostolicæ totiusque occidentalis synodi, Ephesinæ synodo interessent. Hi ergo Ephesum ab Urbe adveniunt, ac sacro conventui adsunt, atque hîc actio secunda inchoatur [1].

Lupus Lovaniensis, inter alia antiquitatis Acta, Cœlestini ad legatos commonitorium instructionesque, ut ipse Cœlestinus vocat, protulit. Ilis præcipiebatur, « ut Sedis apostolicæ tuerentur dignitatem : ne se episcoporum dissidiis immiscerent, quorum quippe judices (cum synodo utique) esse deberent [2]; » cum Cyrillo, utpote fido, agenda conferrent. Jam quid his mandatis nixi præstiterint, ordine recensemus, atque his nostra firmari facilè ostendimus.

Primùm quidem proferunt sancti Cœlestini *epistolam* ad Synodum [3], quâ legatis injunctum officium explicatur his verbis: « Direximus sanctos fratres et consacerdotes nostros..., qui iis quæ aguntur intersint, et quæ à nobis antea statuta sunt exequantur. » His constat synodi Ephesinæ actionem in apostolici judicii executione versari. Cujusmodi autem sit illa executio, an merâ, ut aiunt, obedientiâ, an verò ipsius synodi cognitione legitimâ, certoque jam et indeclinabili judicio, sequentia demonstrabunt.

[1] *Conc. Eph.*, act. II, col. 610. — [2] Christ. Lup., varior. Patr. *Epist.*, c. CCXXVI Vid. etiam novam collect. Baluz., p. 382. — [3] *Conc. Ephes.*, act. II, col. 611. — [4] *Ibid.*, col. 618.

II. Lectis Cœlestini litteris, legati consequenter ad episcopos; « ut quæ *Cœlestinus* antea definire, et nunc in memoriam revocare dignatus est, juxta communis fidei regulam, AD FINEM NUMERIS OMNIBUS ABSOLUTUM deduci jubeatis ; εἰς πέρας πληρέστατον, AD FINEM PLENISSIMUM : » qui concilii fructus est, post cujus sententiam nulla nova discussio, novumque judicium, sed mera executio. Atque id legati postulant juberi à synodo, in quâ summam illam auctoritatem recognoscant.

III. Firmus, episcopus Cæsareæ Cappadociæ, pro synodo respondet : « Apostolica et sancta Sedes Cœlestini Episcopi præsenti negotio sententiam regulamque præscripsit[1]. » Græca habent : *sententiam priùs protulit ac regulam*, seu τύπον, quam vocem paulò post *formam* vertit interpres. Nos de vocibus non litigamus : quid autem ipsa res sit audiamus eumdem Firmum accuratè explicantem : « Nos, inquit, de Nestorio hanc formam executioni mandavimus, canonicum apostolicumque judicium in illum proferentes : » actione primâ scilicet, quâ, facto examine et quæstione habitâ, Cœlestini decretum firmatum vidimus. Sic exequitur synodus generalis primæ Sedis sententiam, legitimâ cognitione et inquisitione, nec simplicis mandatarii vice, *sed canonico et apostolico dato judicio*. Papale sanè decretum pro tantæ sedis auctoritate sit forma, sit regula; sed quæ synodo convocatâ, non nisi ex communi judicio, plenam auctoritatem obtineat.

IV. Legatos quoque ad synodum mandato speciali missos, quæ adversùs Nestorium gesta essent, an satis ex canonum præscripto, et Sedis apostolicæ reverentiâ intelligere oportebat : id sæpe jam diximus. Quare meritò petunt Acta communicari, *ut nos quoque*, inquiunt, *confirmemus* [2]. » Illud *confirmare* quid sit, ipsa gesta eloquentur.

V. Postquam, legatis petentibus, data sunt quæ in Nestorium acta essent, de iis actione tertiâ sic referunt : « Intelleximus omnia canonicè et ex ecclesiasticâ disciplinâ judicata esse [3]. » Ergo canonicè et ex ecclesiasticâ disciplinâ Sedis apostolicæ judicia in synodo generali, quæstione habitâ, retractantur, ac de iis judicatur.

---

[1] *Conc. Ephes.,act.* II, col. 618.— [2] *Ibid.*, col. 619. — [3] *Ibid.*, *act.* III, col. 622, 623.

VI. Cùm legati probassent acta in Nestorium sibi communicata, jam relegi petunt in publico consessu cætera, quæcumque Ephesi ab initio lecta gestaque essent : nempe, inquiunt, « ut obtemperantes formulæ sanctissimi papæ Cœlestini, qui hanc curam nobis commisit, vestræ etiam Sanctitatis judicia confirmare possimus [1]. »

Posteaquàm ergo relecta sunt omnia, ac legati assensere, proponit Cyrillus sacræ synodo, « ut legati obsignatione, ut moris est, planam ac manifestam faciant canonicam cum synodo assensionem suam [2]. » Ad eam Cyrilli interrogationem, synodus sic respondet, decernitque : ut legati *subscribendo acta confirment:* quo loco perspicuè ipsum *confirmare* à synodo dictum, nihil aliud est *quàm planam et manifestam suam assensionem facere,* ut à Cyrillo erat propositum.

Hunc verum, genuinumque confirmationis sensum sæpe protulimus, sæpe proferemus; et nunc à sanctâ Ephesina synodo tam clarè proponi nobis gratulamur.

VII. Jam verò quanti esset, *auctoritate legationis apostolicæ Sedis,* ut ait Projectus [3], legatorum unus, decreta Ephesina confirmari, hinc intelligitur, quòd etsi Cyrillus papalis sententiæ executor dictus, eam in synodo executus esset; non tamen ad synodum expressè delegatus : de quà synodo Cœlestinus nondum cogitabat cùm Cyrillo vices committeret suas. At Arcadius, Projectus et Philippus, expressè à Cœlestino ad synodum missi, mandati specialis auctoritate, synodalia gesta firmabant, Ecclesiarumque omnium cum Ecclesiâ principali, Romanâ scilicet, claram omnibus modis ac testimoniis consensionem manifestabant.

VIII. Hùc accedit quòd legati ad synodum Ephesinam speciali mandato missi, non modò apostolicæ Sedis, sed etiam totius Occidentis ferebant sententiam. Unde Philippus presbyter, unus legatorum, posteaquàm relecta omnia et communi consensu probata sunt, sic concludit : « Firmum ergo est, juxta omnium Ecclesiarum decretum (*nam* orientalis et occidentalis Ecclesiæ sacerdotes, vel per se, vel certè per legatos, sacerdotali huic con-

[1] *Concilium Ephesin.,* act. III, col. 622, 623. — [2] *Ibid.,* col. 630. — [3] *Ibid.,* col. 627.

sessui intersunt), quod in (Nestorium) est pronuntiatum ¹. »

IX. Hinc elucet ut sese mutuò ipsa Ecclesiarum decreta confirment: ea enim omnia vim habent confirmandi, quæ Ecclesiarum omnium consensionem unitatemque declarant; cùm ipsâ unitate et consensione mutuâ, decretorum ecclesiasticorum firmitudo constet. Quare in edendâ fidei expositione, Oriens et Occidens Sedesque apostolica et synodici conventus se mutuò firmant. Unde et illud legimus in Ephesinâ synodo Cœlestino acclamatum : « Cœlestino custodi fidei; Cœlestino cum synodo corcordi : unus Cœlestinus, unus Cyrillus, una fides synodi, una fides orbis terrarum ². »

His ergo auditis catholicæ unitatis acclamationibus, Philippus legatus sic respondet : « Gratias agimus sanctæ venerandæque synodo, quod sancta membra, sanctis vestris vocibus, sancto capiti vos adjunxeritis : non enim ignorat vestra Beatitudo totius fidei, vel etiam apostolorum caput esse beatum Petrum ³. » Hæc ergo summa auctoritas, summa vis: quòd membra et inter se, et Romano Pontifici, ut capiti conjungantur : quod ex consensione invictum ecclesiastici judicii robur.

X. Postremò Cœlestinus ipse, re totâ peractâ, ad sanctam Ephesinam synodum mittit epistolam, quam sic auspicatur : « Tandem malorum fine gaudendum est ⁴. » Ubi *finem* agnoscat lector eruditus intelligit : post damnatum scilicet, œcumenici concilii, hoc est totius Ecclesiæ catholicæ indeclinabili auctoritate, Nestorium. Pergit : « Hujus rei tam fideliter peractæ, vos executores videmus nobiscum fuisse. » Omnes decernunt, omnes exequuntur, dato scilicet communi judicio. Unde addit Cœlestinus : « Dejectionem justam et exaltationem didicimus justiorem : » Dejectionem. Nestorii à Romanâ quidem Sede inchoatam, sed synodi sententiâ ad finem usque perductam, εἰς πέρας πληρέζατον, ut suprà vidimus : exaltationem Maximiani, in Nestorii locum post Ephesina decreta continuò substituti. Hic quæstionis finis : hunc finem non in suo, sed in synodi universalis examine atque judicio, ipse etiam Cœlestinus agnoscit.

¹ *Conc. Ephes., act.* III, col. 626. — ² *Ibid., act.* II, col. 618. — ³ *Ibid.,* col. 619. — ⁴ *Ibid.,* part. III *Conc. Ephes.,* cap. xx, col. 1069.

Atque id gestum in illâ synodo, in quâ post Christum natum Sedis apostolicæ auctoritatem luculentissimè commendatam esse constat, neque tantùm verbis, sed etiam factis. Certè sancta synodus Philippum legatum audit hæc vera et magnifica prædicantem de Sedis apostolicæ dignitate, deque « Petro capite et fidei columnâ, et Ecclesiæ catholicæ fundamento, et Christi auctoritate clavium administro; qui ad hoc usque tempus semper in suis successoribus vivat, et judicium exerceat [1]. » Hæc dicit, visis ipsius concilii Actis omnibus, quæ memoravimus, ut profectò intelligamus hæc omnia Petri Sedisque apostolicæ privilegia, cum synodi decretis et iterato judicio, et habitâ de fide post Sedem apostolicam quæstione, egregiè consentire.

CAPUT XIV.

Ephesinæ synodi praxis quâ doctrinâ nitatur : episcoporum auctoritas in apostolis instituta : iis omnibus fidei depositum in commune traditum, et communi curâ custodiendum : apostolici in Hierosolymis concilii auctoritas in secutis conciliis : hæc ex Cœlestini epistolâ Ephesi lectâ, quâ confutantur ii, qui docendi auctoritatem à Papâ in episcopos manare contendunt.

Post gesta relata, nostramque sententiam ex illis affirmatam, juvat etiam exponere sancti Cœlestini papæ doctrinam egregiam, unde ista manarint; nempe ea epistola, quam ad sacram synodum legati attulerunt, hæc ante omnia præferebat : « Spiritûs sancti testatur præsentiam congregatio sacerdotum. » Ac paulò post : « Sanctum namque est pro debitâ sibi veneratione concilium, in quo utique nunc apostolorum frequentissimæ illius, quam legimus congregationis, aspicienda reverentia est. Nunquam defuit his Magister, quem receperant prædicandum : adfuit his semper Dominus et Magister; sed nec docentes a suo Doctore deserti sunt unquam. Docebat ille qui miserat; docebat qui dixerat quid docerent; docebat qui in apostolis suis se confirmabat audiri [2]. » Hæc

[1] *Conc. Ephes.*, act. III, col. 626. — [2] *Epist. Cœlest. ad Synod. Ephes.*, act. II, ol. 614.

de apostolis, ac primo illo apostolico concilio dicta : mox ad omnes episcopos, atque ad secutas synodos conferuntur. « Hæc, inquit, ad omnes in commune Domini sacerdotes mandatæ prædicationis cura pervenit : hæreditario in hanc sollicitudinem jure constringimur, quicumque per diversa terrarum eorum vice nomen Domini prædicamus. Dum illis dicitur : *Ite, docete omnes gentes* [1], advertere debet vestra Fraternitas, quia accepimus generale mandatum : omnes etiam nos id agere voluit, qui illis sic omnibus commune mandavit officium : necesse est ut competenter nostros sequamur auctores; subeamus omnes eorum labores, quibus omnes successimus in honore. » Hæc denique sic concludit : « Agendum est labore communi ut credita, et per apostolorum traditionem detenta, servemus [2]. »

Ex hâc sancti Cœlestini doctrinâ multa deducimus; primum illud : episcopos in apostolis doctores constitutos ab ipso Christo, non utique à Petro aut Petri successoribus. Nec indignum putat tanto loco positus Pontifex admiscere se reliquis episcopis : « Omnes, inquit, apostolorum vice nomen Domini prædicamus :...; omnes illis successimus in honore. » Quo magis constet docendi auctoritatem, tam in ipsum Cœlestinum quàm in cæteros episcopos à Christo esse transfusam. Hinc omnibus traditum sacræ doctrinæ depositum, cujus custodia penes omnes sit, communique adeo curâ et consensione constituendam fidem : neque defuturum Ecclesiarum magistris Christi veri magistri præsidium. Hæc Cœlestinus in commune statuit de se et omnibus episcopis apostolorum successoribus : tum illud consectaneum, ut quæstione de legalibus collecti apostoli simul protulerint eamdem Spiritûs sancti suamque sententiam, ita porrò futurum in aliis summis controversiis, apostolorumque concilium in episcoporum conciliis revicturum. Quæ profectò docent, non in Petri solius aut successorum Petri sententiâ, sed in omnium consensione conciliorum vim et quæstionis finem esse repositam.

Neque propterea Cœlestinus primatum infringit suum, dum se annumerat reliquis apostolorum successoribus. Ut enim reliqui episcopi reliquis apostolis, ita ipse Petro Principi successor à

---

[1] *Matth.*, XXVIII, 19. — [2] *Act.* II *Conc. Eph.*, col. 615.

Christo datus, ubique omne præit Petri auctoritate, ut in eàdem synodo prædicatum gestumque legimus.

Sic in sanctâ synodo generali tertio, ac primis illis sæculis, et contra hæreticos evincimus ubique præeuntem, atque omnium ducem Sedis apostolicæ potestatem; quodque est maximum, Petri nomine, atque adeo à Christo institutam : nec minùs catholicis ostendimus in eo collectam ultimam et irrefragabilem ecclesiastici judicii vim, cùm ad Petri, id est, ad Papæ auctoritatem episcoporum quoque toto orbe terrarum, apostolorum vice, accedit auctoritas atque consensio; quod unum Ecclesia gallicana postulat.

CAPUT XV.

Chalcedonensis concilii quarti generalis acta proponuntur : referuntur ea quæ antecesserint : ex his demonstratur, etiam in fidei causis, post Romani Pontificis judicium, à totâ Ecclesiâ ipsoque Romano Pontifice plenius ac majus, jamque irrefragabile judicium expectari.

Jam Acta concilii Chalcedonensis generalis pervolvantur. Hæc antecessere. Duas in Christo naturas confundebat Eutyches, archimandrita Constantinopolitanus ac monachorum pater, haud minùs pervicax quàm delirus senex. Is ergo damnatus à sancto Flaviano suo et Constantinopolitanæ sedis antistite, patriarchas quidem omnes, sed Romanum maximè Pontificem appellavit. Leo scribit ad Flavianum, ac jubet *ad se cuncta deferri* [1]. Flavianus respondet, atque à Leone petit, ut nempe « propriam faciens communem causam et sanctarum Ecclesiarum disciplinam, simul decerneret damnationem adversùs eum (Eutychem) regulariter factam esse, et per propria dicta confortaret imperatoris fidem [2]. » Addebat : « Causa enim egit solummodo vestro solatio atque defensione, quâ debeatis consensu proprio ad pacem cuncta perducere; » hoc est, aperta causa et plana est; pauci adhuc sectatores iique obscuri, nec magni nominis. Concludebat : « Sic enim

---

[1] *Conc. Chald.*, part. 1, *Ep.* II *Leon. Magn. ad Flav.* tom. IV *Conc.*, col. 11. Vid. inter Epist. Leon., edit. Quesn., *Epist.* XX, al. VIII. — [2] *Ep. Flav. ad Leon.*, tom. IV, col. 15. Inter Leon. Epist., post *Epist.* XXI.

hæresis quæ surrexit... facillimè destruetur, Deo cooperante, per vestras litteras; removebitur autem et concilium, quod fieri divulgatur, quatenus nequaquam sanctæ turbentur ecclesiæ [1]. » Et id ex disciplinâ, ut statim hæreses comprimantur, episcopali primùm, tum deinde Sedis apostolicæ providentiâ : neque statim necesse sit, Synodo universali convocatâ, sollicitari omnium ecclesiarum pacem.

Ubi ad Leonem Acta perlata sunt, ad Flavianum scribit [2] : sacramentum dominicæ Incarnationis exponit *plenissimè, lucidissimè,* ut et ipse dicit; et omnes ecclesiæ attestantur; Flaviani fidem et Acta laudat; Eutychem ita damnat, ut ei indulgeri possit, si satisfecerit [3].

Hæc illa est nobilis ac plenè cœlestis epistola, quæ per totam Ecclesiam tanto postea studio celebratur; quam nos ideo intellectam volumus quoties simpliciter Leonis epistolam appellare contigerit.

His quidem quæstio finiri potuit, nisi ea incidissent, quæ ad Synodum Ephesi convocandam Imperatorem Theodosium Juniorem impulerunt; eum qui Ephesi jam primam illam sub Cœlestino et Cyrillo indixerat.

De hâc synodo sanctus Leo ad Theodosium hæc scripsit, primùm quidem « tam evidentem causam esse, ut rationabilibus causis ab indicendâ synodo fuisset abstinendum [4] : » quod etiam Flavianus cavisse videbatur.

Cæterùm cùm Imperator bono animo synodum convocasset, Leo assentitur, atque eas ad synodum dat litteras, quibus Imperatorem laudat, quòd habere voluerit episcopale concilium, « ut pleniore judicio omnis error posset aboleri. » Memorat Legatos à se dirigi, « qui vice, inquit, meâ sancto conventui vestræ Fraternitatis intersint, et communi vobiscum sententiâ, quæ Domino sunt placitura, constituant [5]. »

---

[1] *Ep. Flav. ad Leon.*, tom. IV, col. 16; inter Leon. epist., post *Epist* XXI. — [2] *Ep. Leon. ad Flav.*, inter act. Conc. Chal., act. II, col. 344 et seq. Inter Leon. *Epist*. XXIV, al. X. — [3] Vid. *Ep. Leon. ad Synod. Chalc.*, part. I, *Conc. Ep.* XL, col. 71. Inter Leon. *Ep.* LXXII, al. XLVII. — [4] *Conc. Chal.*, part. I, *Epist.* XVII, col. 38; inter Leon., *Epist.* XXXIII, al. XVII. — [5] *Ibid.*, *Epist.* XIII, col. 34; int. Leon. *Epist.* XXIX. al. XV.

Ex his tria habemus : primùm quidem in fidei quæstionibus, non semper necesse esse synodum œcumenicam convocari : tum illud, post rem à se judicatam non refugi à Leone tanto Pontifice synodale judicium, si causa idonea sit : denique si synodus habeatur, *pleniore judicio* errorem aboleri, et quæstionem à Sede apostolicâ, *communi* cum episcopis *sententiâ* finiri oportere : quo quidem plenum illud à nobis sæpe memoratum consensionis robur agnoscit.

At postquam Dioscorus Alexandrinus Episcopus, Eutychetis et fautor, omnia per vim et nefas egit, factumque est Ephesi, non Concilium, sed apertum latrocinium; jam scisso episcopali collegio, totâque Ecclesiâ perturbatâ, synodi secundæ œcumenicæ Ephesinæ nomine, ipse Leo agnoscit, novam synodum generalem haberi oportere, quæ omnes offensiones, ita aut repellat aut mitiget, ne aliquid ultrà sit vel in fide dubium, vel in charitate divisum [1]. » Ergo intelligebat schismata et tantam de ipsâ fide fluctuationem animorum, non satìs tolli posse per suum judicium; et plenius, firmius, auctoritate majus synodi generalis judicium, quo scilicet judicio omne jam dubium tolleretur, haud minùs sapiens ac bonus quàm fortis Pontifex postulabat.

Cæterùm Theodosius Imperator quamdiu existimavit Ephesi res ordine fuisse tractatas, de novâ synodo habendâ nihil audire voluit. « Rem enim transactam Ephesi depositione eorum qui mererentur; et nihil ulteriùs post hæc definiri possibile est, cùm ista jam semel decisa sint [2]. » Ex his liquet quo discrimine essent Romani Pontificis ac synodorum generalium judicia : cùm judicium quidem Romani Pontificis in synodo retractetur : post synodum verò, quamdiu ea legitima habeatur, nihil retractari, nihil audiri liceat.

Verùm Theodosio paulò post mortuo, Marcianus Imperator, ubi intellexit Ephesino conventui, propter vim et alia contra canones gesta, synodi œcumenicæ nomen atque auctoritatem à plerisque episcopis, maximè verò à Romano Pontifice denegari; novæ Synodi convocationem petenti Leoni negare non potuit.

---

[1] *Epist. Leon. ad Theod., ibid., Ep.* xx . col. 46; inter Leon, xxxix, al. xxxiv.
— [2] Vid. I part. Conc Chal., *Epist.* xxix, xxx, xxxi.

Factum est igitur Chalcedonense Concilium; atque apud omnes constitit quasdam esse circa fidem dissentiones ita graves, quæ non nisi concilii œcumenici auctoritate definiri possint.

CAPUT XVI.

In Chalcedonensi Concilio duo ad rem faciunt: alterum, Dioscori Patriarchæ Alexandrini; alterum, examen epistolæ Leonis: hic de Dioscoro: demonstratur in causis, quæ universalem Ecclesiam spectant, in ipsâ consensione vim summam et indeclinabilem esse repositam.

Notum est omnibus Chalcedonem sexcentos atque ampliùs Episcopos convenisse. Paschasinus et Lucentius episcopi, Leonis vice, sanctæ synodo præsidebant : dati ab Imperatore judices qui actionem regerent, turbas compescerent, quæstionem de fide et ecclesiastica omnia, in synodi potestate ac judicio relinquerent.

In eâ verò synodo, quæ ad rem nostram faciant, duo sunt: primum, Dioscori depositio; alterum, sententia synodi de Leonis epistolâ comprobandâ.

De Dioscoro, cùm vocatus judicio se non sisteret, ejusque scelera omnibus innotescerent, sic transactum. Paschasinus Sedis apostolicæ Legatus Patres rogat : « Quid placet vestræ Sanctitati volumus discere. Sancta Synodus dixit : Quod placet canonibus. Lucianus episcopus dixit : A beatissimo Patre nostro Cyrillo in sanctâ Ephesinâ Synodo quædam acta sunt : ipsam inspicientes formam quæ placuerit date. Paschasinus episcopus dixit : Jubet Pietas vestra, ut ultione ecclesiasticâ utamur? Consentitis? Sancta synodus dixit : Omnes consentimus... Paschasinus Episcopus dixit : Iterum dico, quid placet Beatitudini vestræ? Maximus Episcopus magnæ Antiochenæ civitatis dixit : Quod videtur Sanctitati vestræ, et nos conformes efficimur [1]. » Ita primam sententiam à Sede apostolicâ, et formam quam vocabant, dari oportebat. Itaque Legati, Dioscori sceleribus enarratis, ita pronuntiaverunt [2]: « Unde sanctus Leo per nos et præsentem sanctam synodum, unà

---

[1] *Conc. Chal.*, act. III, tom. IV *Conc.*, col. 421. 424. — [2] *Ibid.*, col. 425.

cum beatissimo Petro Apostolo, qui est petra et crepido Ecclesiæ, et rectæ fidei fundamentum, ab omni sacerdotali potestate alienum declaravit. » (*a*) Anatolius Constantinopolitanus Episcopus : « Concors efficior. » Maximus Antiochenus Episcopus : « Sicut beatissimus archiepiscopus et Pater noster Leo et Anatolius. » Cæteri eodem sensu : « Consentio, concors efficior, consentio damnationi à Synodo factæ, hæc eadem definio, decerno [1]. » Et subscriptum : « Paschasinus definiens subscripsi : Anatolius definiens subscripsi [2] : » cæteri idem.

Sic à Petro capite, atque unitatis fonte orta sententia in summam vim porrò deducitur consensione communi episcoporum : sic ut apostolorum prima illa synodus ubique repræsentetur.

Ex his intelliguntur ea quæ ad Theodosium Augustum Valentinianus Augustus scripsit : « Debemus cum omni devotione defendere, et dignitatem propriæ venerationis beato Apostolo Petro intemeratam et in nostris temporibus conservare : quatenus beatissimus Romanæ civitatis Episcopus..... locum habeat de fide et Sacerdotibus judicare [3]. » Neque tamen solus, sed eâ conditione quam idem Imperator addit, *ut prædictus sacerdos* in his certè causis, quæ fidem et universalem Ecclesiæ statum tangunt, « congregatis ex omni orbe sacerdotibus sententiam ferat [4], » communi quidem decreto, ut et ipse Leo postulaverat, et in ipsâ synodo factum fuisse vidimus.

Eodem animo Pulcheria Augusta ad Leonem sic scribit de episcopis convocandis : qui, inquit « facto Concilio, de catholicâ confessione et de episcopis, te auctore, decernant [5]. »

Idem quoque scribunt Valentinianus et Marcianus Augusti ad eumdem Leonem : *Ut per celebrandam Synodum* omnia, *eo*

---

[1] *Conc. Chal., act.* III, tom. IV *Conc.*, col. 425 et seq. — [2] *Ibid.*, col. 448 et seq. — [3] I part. Conc. Chal., *Epist.* XXV, col. 51 : inter Leon., post *Epist.* XLVII, al. XXVIII. — [4] *Ibid.*, col. 54. — [5] *Ibid., Epist.* XXXV, col. 66, inter Leon., post *Ep.* LVIII, al. XXXVIII.

(*a*) Textus Concil. Chalcedon. sic habet : NUDAVIT *eum tam episcopatûs dignitate, quàm etiam et ab omni sacerdotali* ALIENAVIT *ministerio.* Suspicatur Muzzarellus « hanc variationem refundi potiùs debere in editoribus quàm in ipsum vossuetium. Absit enim, inquit, ut malæ fidei tantum virum incusem, quamvis ex textu integro, et integrè relato, non parvum sibi et suis negotium obBiare. » (*Edit. Versal.*)

auctore, fierent : hoc præstructo fundamento, quòd ipse *principatum in episcopatu..... possideret* [1].

Hinc liquidò constat, consueto ordine, et Papam auctorem esse debere, et episcopos assidentes cum ipso esse judices, et ipsum irrevocabilis decreti robur in consensione esse positum ; quod ipsum Pulcheria Augusta testatur, datâ epistolâ ad Strategum Consularem ; qui omnem à synodo vim prohibere jubebatur : « ut cum omni disciplinâ considente sanctâ synodo, sine aliquâ commotione atque contentione, quæ à Domino Christo revelata fuerint COMMUNITER AB OMNIBUS confirmentur [2]. »

Interim sic Pontificem auctorem esse liquet, ut decreti vis, non solâ Pontificis auctoritate, quòd tum nemo cogitabat ; sed ipsâ concilii consensione et approbatione constet ; Patresque ac synodus condecernant, conjudicent, synodique sententia Papæ sententia sit ; quæ, ecclesiarum accedente consensu, jam irreformabilis irretractabilisque habeatur ; quod unum postulamus.

CAPUT XVII.

Alterum caput in Synodo Chalcedonensi tractatum, de expositâ fide : sancti Leonis epistola non nisi facto examine comprobata : Gallorum et Italorum ante chalcedonense Concilium, de recipiendâ Leonis epistolâ, litteræ ejusdem spiritûs referuntur : decretum apostolicæ Sedis, non nisi consensione Ecclesiarum, irretractabile fieri, Christiani omnes et ipse Leo confitentur.

Alterum caput in Chalcedonensi Synodo tractatum, nempe firmata fides et probata Leonis epistola, sic habet. Jam eam epistolam, ante gestam synodum, totus ferè Occidens et Orientales plerique, et ipse Anatolius Constantinopolitanæ sedis episcopus, etiam subscriptione firmaverant, et in ipsâ Synodo Patres sæpe clamaverant : « Sicut Leo, ita credimus ; Petrus per Leonem locutus est ; epistolæ omnes subscripsimus ; sufficiunt ad fidem quæ exposita sunt ; alteram expositionem

---
[1] I pars Conc. Chalc., *Epist.*, XXXIII, col. 62 ; inter Leon., post *Epist.* LVII, aliàs XCVIII. — [2] *Ibid., Epist.* XXXIX, col. 70.

non licet fieri [1]. » Eòque res processerat, ut definitionem à synodo fieri ægrè paterentur. Sed in tantis Ecclesiæ turbis, ad animos tranquillandos, neque privatim ante synodum factæ subscriptiones, neque tanti in synodo Patrum clamores sufficere visi; ne clamoribus magìs tanta res, quàm æquâ et legitimâ disceptatione transacta videretur. Et Clerici Constantinopolitani dicebant : « Pauci clamant, non tota dicit Synodus (a). » Placuit ergo Leonis epistolam ad legitimum Concilii examen revocari, et ab ipsâ synodo de fide conscribi definitionem. Itaque, lectis antecedentium synodorum gestis, de Leonis epistolâ judices ita proposuerunt : « Quoniam Evangelia posita sunt, singuli reverendissimi episcopi doceant, si expositio CCCXVIII Patrum (b) et post hæc CL Patrum (c) consonat epistolæ sancti Leonis. »

Postquam de examinandâ Leonis epistolâ interrogatio in eam formam facta est, operæ pretium erit Patrum sententias, et, ut aiunt, vota pensare ut intelligamus ab ipsâ origine, cur epistola placuerit; cur postea tanto studio defenderetur; cur denique tam exacto synodi examine probaretur. Primus Anatolius sic dicit sententiam : « Epistola sanctissimi Leonis consonat symbolo CCCXVIII Patrum et CL Patrum, sed et his quæ in Epheso sub sanctissimo Cyrillo : quapropter consensi et libenter subscripsi. » Id erat apertè deliberantis, non autem cæco, ut aiunt, impetu, ex merâ obedientiâ subscribentis. Cæteri in eumdem sensum : « Concordat, et subscripsi. » Multi disertè et expressè : « Concordat, et ideo subscripsi. » Additum à quibusdam : « Concordat, et subscripsi, cùm rectè habeat [1]. » Alii : « Concordare certò scio. » Alii : « Cùm esset consona et eumdem haberet scopum, amplexi sumus et subscripsimus. » Alii : « Hanc jam olim tenuimus fidem : hanc tenemus; in hâc baptizati sumus, in hâc baptizamus. » Alii et magna pars : « Cùm viderem, cùm sentirem, cùm deprehenderem, cùm invenirem consentire, subscripsi. » Alii :

---

[1] *Conc. Chald.*, act. II, col. 337, 314, 368, 369. — [2] *Ibid.*, col. 369 et seq.

(a) Illic agebatur non de receptione Epistolæ S. Leonis, sed unicè de restitutione episcoporum, in Latrocinio Ephesino prævaricatorum, ad Synodum et ad Ecclesias. Huc referri Clericorum Constantinopolitorum clamores, rectè notat Muzzarellus, *ubi suprà*, p. 96. Vid. tom. IV *Conc.*, col. 369. (*Edit. Versal.*) — (b) Nicænorum. — (c) Constantinopolitanorum.

« Persuasus, instructus, certior factus quòd omnia consentirent, subscripsi. » Multi exponunt difficultates suas, plerasque ex linguâ peregrinâ ortas, alias ex rebus ipsis, et audisse quidem epistolam, « et in plurimis rectè habentem comperisse : aliqua verba obstitisse, quæ partitionem aliquam in Christi personâ demonstrare viderentur [1]. » Addunt à Paschasino et Legatis doctos esse, « quòd nulla partitio esset, sed unus Christus : Ideo, inquiunt, consensimus et subscripsimus. » Alii, enarratis iis quæ Paschasinus et Lucentius dixerant, sic concludunt : « Per hoc nobis satisfactum est, et per omnia consonare æstimantes sanctis Patribus, consensimus et subscripsimus. » Quo loco illyriciani Episcopi et alii, qui ante illud examen epistolæ acclamaverant, iterum clamant : « Eadem omnes dicimus et his consentimus », ut profectò et in ipsâ synodo, et antè synodum, ita consensisse constet; quòd, re consideratâ, convenire omnia cum Patribus æstimarent, judicarent, persuasi essent, et communem omnium ac singulorum fidem à Leone expositam esse intelligerent.

Hæc quidem Chalcedone gesta sunt; sed et ante Chalcedonensem Synodum, Galli nostri, habitâ in Galliis synodo, de recipiendâ Leonis epistolâ, sic ad ipsum Leonem scripserunt : « Multi in eâ (Leonis ad Flavianum epistolâ scilicet) gaudentes pariter et exultantes, recognoverunt fidei suæ sensum, et ita se semper ex paternâ traditione tenuisse, ut vester Apostolatus exposuit, jure lætantur. Nonnulli sollicitiores facti Beatitudinis vestræ admonitione perceptâ, modis omnibus se gratulantur instructos, datamque sibi occasionem gaudent, quâ liberè et fiducialiter, suffragante etiam apostolicæ Sedis auctoritate, eloquantur, et asserat unusquisque quod credit[2]. »

Congruunt Itali, auctore Eusebio, Mediolanensi Episcopo : « Claruit eam (Leonis ad Flavianum epistolam) plenâ fidei simplicitate fulgere, prophetarum etiam assertionibus, evangelicis auctoritatibus, et apostolicæ doctrinæ testimoniis radiare, omnibusque sensibus convenire, quos sanctus Ambrosius de Incarnationis

---

[1] *Conc. Chalc.*, act. II, col. 491. — [2] *Ep. Episc. Gallor. ad Leon.*, tom. I *Conc. Gall.*, p. 93 ; tom. III *Conc. Labb.*, col. 1329 ; et inter Leon. Epist., post *Epist.* LXXVI, al. XCVIII.

dominicæ mysterio, suis libris, Spiritu sancto excitatus inseruit. Et quia omnia, majorum fidei nobis antiquitus traditæ, conveniunt, placuit omnibus, qui impiè de Incarnationis dominicæ sacramento sentiant, suo etiam consensu, auctoritatis vestræ sententiâ (a), damnatione congruâ persequendos [1]. » En auctoritatis sententia in romano Pontifice; en episcoporum cum Romano Pontifice auctore consensus, isque exploratâ veritate præstitus. Sic probabant, sic subscribebant, sic epistolam communis fidei sensibus congruentem, talemque à se repertam atque judicatam ubique valere conjunctis cum apostolicâ Sede sententiis decernebant : quæ mirificè consentiunt iis, quæ modò in Patrum chalcedonensium sententiis legimus.

Hoc est illud examen epistolæ Leonis Chalcedone synodicè factum et in gesta relatum; quo demum facto, epistola jam ut certissima ac perfectissima, nec ampliùs retractanda fidei regula proponitur. En quod irretractabile, seu mavis, irreformabile Leo censuit; quod quidem cum illo et cum chalcedonensibus Patribus censuisse nemini fraudi esse potest. Ab apostolicâ Sede forma perfertur, sed quæ judicio, eoque libero, recipi debeat: et episcopi singuli, ita *summo* inferiores, ut de ejus quoque *decreto* universi judicent [2].

Neque aliter intelligebant dubitationem omnem tolli potuisse. Ecce enim Imperator, peractâ demum synodo, sic edicit : « Cesset igitur jam profana contentio : nam verè impius atque sacrilegus est, qui post tot sacerdotum sententiam, opinioni suæ aliquid tractandum reliquit [3]. »

Exinde omnem de religione prohibet disputationem. « Nam, inquit, injuriam facit judicio religiosissimæ synodi, si quis semel

[1] *Epist. Synod. Euseb. Mediol. Episcop. et Episcop. Ital.*, tom. III *Conc.*, col. 1134; et inter Leon, Epist. post *Epist.* LXXVII, al. LII. — [2] Vid. *Dissert. præv.*, n. LXI; *Leon. Ep. ad Theodor.*, XCIII, al. LXIII. — [3] *Conc. Chal.*, part III, c. III, col. 840.

(a) Observat Muzzarellus hìc omissam esse vocem *præcedente*, ex oscitatione‛ ut putat, editorum ; nam in textu legitur, *auctoritatis vestræ præcedente sententiâ*. Insuper plura citat Epistolarum quorumdam Galliæ Antistitum, necnon Eusebii Mediolanensis fragmenta, « quæ (ipsius verba sunt) cùm diligentiam Bos» suetii fortè effugerent, à nobis solerter collecta, aliquid exhibent, quod ejus » etiam admirationem excitasset. » Adi opus jam laudatum, tom. II, p. 88; vel tom. III *Conc.*, col. 1334, 1333, 1435. (*Edit. Versal.*)

judicata ac rectè disposita revolvere et publicè disputare contendit. »

En in Eutychetis condemnatione ordo ecclesiasticorum judiciorum circa fidei quæstiones. Nempe is à proprio episcopo Flaviano judicatur, à sancto Leone Papâ causa recognoscitur, retractatur, Sedis apostolicæ definitione deciditur; post eam definitionem, Patrum seu episcoporum in concilio generali examen, inquisitio, judicium sequitur; post approbatam Patrum judicio definitionem, jam nullus dubitationi aut disputationi locus.

Neque aliter Leo : « Nullum jam excusationis refugium de ignorantiâ, vel de intelligentiæ difficultate conceditur; cùm sexcentorum ferè fratrum, coepiscoporumque nostrorum synodus congregata, nullam artem ratiocinandi, nullum eloquium disserendi contra fundamentum fidei divinitùs inspiratæ permiserit : quoniam adnitentibus per auxilium Dei fratribus et vicariis nostris......, non solùm sacerdotibus Christi, sed etiam principibus et potestatibus christianis, cunctisque clericis, plebibus, ordinibus, plenè atque evidenter apparuit, hanc esse verè apostolicam fidem......, quam sinceram et ab omni fæce totius erroris alienam, sicut accepimus, prædicamus, et, universo jam mundo consentiente, defendimus [1]. »

Sic summum jam et indeclinabile decreto apostolico robur accedit, posteaquàm universali inquisitione, examinatione, discussione, atque exinde consensu ac testimonio roboratur.

CAPUT XVIII.

Adversariorum effugia : Bellarminus et Baronius diversa sectantur : aliorum cavillationes : de Theodoreto in sedem restituto agitur, ex eoque facto nostra sententia confirmatur.

Jam quidem pernoscimus Bellarminum hâc decreti pontificii examinatione permotum, sic respondisse : « Leo epistolam suam miserat ad concilium, non ut continentem ultimam et definitivam sententiam, sed ut instructionem, quâ adjuti episcopi meliùs

[1] *Epist. Leon. ad Episc. Gall.* LXXVII, al. LII.

judicarent¹. » Nempe hoc unum effugium superest : ad hæc misera et inepta viri, quamvis egregii, rediguntur. Nempe nisi omnia quæ hùc usque lecta sunt, aut contemnimus, aut obliviscimur, hanc epistolam Leo, non ad synodum instruendam misit, de quâ cùm scriberet nemo cogitabat. Non ergo instruit synodum, sed delatam ad se quæstionem suæ Sedis auctoritate judicat. Hanc exponit fidem; hanc ad omnes ecclesias mittit; his damnat Eutychen; probat Flavianum : quæ nisi plenâ Sedis apostolicæ auctoritate fiunt, jam nescio, quomodo et ubi ea sese auctoritas exeruerit unquam. Quid autem causæ esset cur ultimam sententiam non proferret Leo, appellante Eutyche, rogante Flaviano, ut de se actisque suis tantus Pontifex pro potestate decerneret? Scilicet homo imbecillis atque cunctabundus, nec satis agnoscens sibi à Deo creditam potestatem, Eutychen cum aliquot monachis metuebat. Hæc enim initia erant : hoc temporum articulo scripsit epistolam. An expectabat ut suborta hæresis glisceret, totumque orbem flamma corriperet? Aut fortè quæstionis obscuritate turbatus hærebat, expectabatque concilii œcumenici sententiam : qui omnia à se *plenissimè* et *lucidissimè* enucleata esse profitetur². Quid quòd ad Imperatorem scribit: « Tam evidentem causam esse, ut ab indicendâ synodo fuisset abstinendum³? » Hæc scribens tantus Pontifex, tamen, si Bellarmino credimus, non de judicandâ quæstione, sed de instruendâ synodo cogitabat. Miserum verò est tam absurda sectari, atque insuper adversarios perniciosi contra ipsam fidem erroris arguere. At hîc videre est, ut prædiximus ⁴, Bellarminum ac Baronium, dum nihil solidi succurrit, æstuantes atque in diversa pertractos. Nempe Baronius epistolam videns totâ Sedis apostolicæ auctoritate scriptam, contendit à Leone scriptam, *ut fidei regulam* : Bellarminus videns à synodo examinatam, non eam, *ut fidei regulam*, sed tantùm ut synodi instructionem agnoscit. Quo conflictu, ac rerum perspicuâ serie eò deducimur, ut eam et pro Cathedræ

---

¹ Bell., lib. II *de Conc. auct*, cap. xix. Vid. *Dissert. præv.*, n. LX. — ² *Epist. Leon. ad Synod. Chald.*, I part. *Ep.* XL, col. 71. Inter Leon. *Ep.* LXXII, al. XLVIII. — ³ *Ibid., Ep.* XIII, col. 34. Inter Leon., XXIX, al XV. — ⁴ *Diss. præv.*, n. LX. Bell., loc. jam cit.; Baron., an. 449, tom. VI, p. 80.

apostolicæ auctoritate prescriptam, et tamen ab Ecclesiâ catholicâ ac synodo universali adhùc examinandam ex Patrum traditione agnoscamus : quæ Parisiensium et Ecclesiæ gallicanæ ipsissima sententia est.

Novi qui Bellarmi responsa erubescunt; hæc verò haud meliora proferunt. Certa res, inquiunt, Leoni erat; *plenissimè, lucidissimè* à se exposita omnia noverat, et ad synodum Chalcedonensem scripserat, neque in dubium revocari sinebat à Legatis [1] : « Fidem, inquit, non patiamini in dubium revocari [2]. » Examen igitur illud, non ex dubitatione, sed ad ampliorem jam notæ et creditæ veritatis elucidationem pertinebat. Hæc illi. At si res ita est, quid vetabat examinari conciliaria quoque decreta? Quid ipsas etiam Scripturas? Non autem id factum unquam. Ergo cùm Chalcedone examinaretur Leonis epistola, aliud agebatur quàm id quòd isti fingunt. Neque verò Chalcedonenses luculentiorem ipso Leone, qui omnia *lucidissimè explanaverat*, sed auctoritate firmiorem protulere sententiam. Neque audiendum illud : sancto Pontifici explorata erant omnia : ergo in tantâ certitudine nullum quæstioni, nullum examini, quale non dicimus, permittebat locum. Nempe id qui objiciunt, ne mihi quidem intellexisse videntur, quid sit examen in negotio fidei, cùm præsertim de summis ac præcipuis christianæ religionis dogmatibus agitur. Neque enim aut Patres nicæni, cùm de Arianis quærerent, de Filii divinitate ambigebant : sed quàm ab eâ fide Ariani abessent, quibusque sententiis ac verbis insanus error confutandus esset. Neque Ephesini, cùm de Nestorii et Cyrilli, atque adeo de Cœlestini fide inquisitio fieret, ipsi de fide dubitabant : sed rectène an secus illi fidem exposuissent. Neque item Chalcedonenses ullo modo dubitabant quis esset Christus, Deusne an homo verus, an confusis naturis quid tertium, sive aliud portentum, Eutychiani cogitarent : non id sanè quærebant, sed verène et ex communi Patrum et Ecclesiæ sententiâ tantum sacramentum Leo exponeret. Ac certum Leoni erat, à se *plenissimè* expositam fidem : rectè. An et id omnibus æquè certum exploratumque esset quærebatur. Episcopi ergo, ad quos perlata erat Leonis epistola, ejus sensum

---

[1] Vid. Duv. et alios. — [2] *Leon. Epist.* LXXIII, al. XLIII, *ad Marc.*, cap. II.

quisque cum eâ fide componebat, quam ipsi à Patribus accepissent. Neque cæcâ, ut aiunt, obedientiâ, sed ex certâ et expressâ inquisitione parebant.

Certè multos vidimus optimâ fide dubitasse, neque subscripsisse, nisi postquam ipsis satisfactum fuit. Ergo verè et propriè rem examinabant, ut nondum exploratam; ac Leoni quidem Petri loco sedenti id certum fuisse visum, præjudicii cujusdam instar magnæque ac validæ præsumptionis loco erat : sed postquam idem quoque omnibus visum est, non tantùm præsumptio, sed omnibus modis fixa sententia et irretractabile judicium.

At enim, inquiunt, plerique ex Patribus jam ipsam epistolam subscriptione firmaverant, et omnes clamabant hanc esse suam fidem. Sanè; sed jam ordine et legitimè declarandum restabat, unde is sibi sensus : nempe quòd rectè examinantibus constitisset Leonis sententiam, cum antiquâ fide quam hauserant, consentire. Id ergo simul in synodo faciunt, quod singulatim ante synodum quique fecerant, et prolato communi judicio, quæ senserant firmant.

Ergone singulis quoque episcopis examen relinquimus? Certè non examen juridicum, quo singuli decretum superioris judicis solvere et irritare possint; sed examen hujus generis, quo cuique constet, nihil sibi imperatum atque propositum, quod divinæ legi ac veritati traditæ repugnaret. Præmisimus enim, ex Innocentio quoque IV, non tantùm egregio Pontifice, sed etiam optimo pontificii juris interprete, episcopos inferiores capiti suo Romano pontifici dicto audientes esse debere, sub hâc tamen exceptione : « Nisi mandatum hæresim contineret, vel nisi ex præcepto injusto vehementer præsumeretur statum Ecclesiæ turbari, vel etiam fortè alia mala ventura [1]. » Hæc Innocentius, cujus doctrinam amplectuntur omnes. Quo ex fonte illud prodiit, alio loco memoratum [2], quod ad Paschalem II à sanctissimis episcopis, ex concilio provinciali Viennensi perscriptum est, ipso etiam Pas-

---

[1] Sup. *Dissert. præv.* num. LXXVIII, LXXIX. Inn. IV, cap. *Quanto de consuetudine*, lib. I, *Decret.*, tit. IV, fol. 33. *Ibid.*, cap. *Inquisit.*, *de sententiâ excommunicationis*, lib. V, tit. XXXIX, fol. 593. — [2] *Diss. præv.*, loc. jam cit. Vid. *Epist. Conc. Vien.*, anni 1112, tom. X *Conc.*, col. 785.

chali probante : « Si nostræ Paternitatis assertiones prædictas roborare nolueritis, propitius sit nobis Deus, quia nos à vestrâ subjectione et obedientiâ repelletis. » Ex quibus aliisque constat, hoc episcopis docturis utique gregem ex auctoritate, non autem simpliciter credituris, examen competere; hoc ab illis fieri, sive in synodo, sive extra synodum, Chalcedonensia et alia à nobis recensita gesta declarant.

Aut verò dicant velim, quâ ratione, non jam de Romanorum Pontificum decretis, sed de aliorum scriptorum litteris et tractatibus judicatum putent? Vero certè examine, tanquam de re dubiâ. Ita enim Cyrilli; ita Nestorii expositiones in Ephesinâ synodo : ita aliorum in aliis synodis scripta explorata sunt, et ad certam exacta regulam, fidem Patrum scilicet. Atqui de Leonis epistolâ non aliud gestum : quòd cùm concesserint, atque ex actis viderint, fateantur necesse est, quâ ratione, quove jure atque ordine, de scriptis aliorum in synodis œcumenicis inquiri sit solitum, eâdem ratione, atque ordine ac jure, in Chalcedonensi quoque œcumenicâ Synodo, de Magni Leonis epistolâ inquisitum esse : quod et per se clarum et à synodo quintâ expressè declaratum, ut ejus Synodi acta, sequenti capite recensenda demonstrant.

Sic duo illa expedivimus, quæ ab initio sunt commemorata : nempe Dioscori condemnationem et approbationem Epistolæ ad Flavianum. Tertium addimus quod ad rem nostram pertineat, de Theodoreto in suam sedem restituto (a). Is igitur cùm, jubentibus episcopis, Nestorium apertè anathematizasset, « gloriosissimi judices dixerunt : Omnis jam dubitatio de Theodoreto est soluta; quippe et Nestorium coram vobis anathematizavit; et à sanctissimo archiepiscopo senioris Romæ Leone susceptus est, et definitionem fidei à Religiositate vestrâ prolatam libenter suscepit : et insuper epistolæ memorati sanctissimi archiepiscopi Leonis subscripsit. Deest igitur ut sententia proferatur à Deo

(a) De Theodoreto nonnulla hîc omissa sunt, quæ probant ipsum, jam in primâ concilii actione, auctoritate sancti Leonis, Concilio inter accusatores adfuisse, ac sedi suæ restitutum esse. Pari enim jure cum cæteris subscripsit Epistolæ sancti Leonis, actione quartâ; et definitioni Synodi Chalcedonensis, actione sextâ. In actione VIII, cùm rursus accusaretur Theodoretus, concilium satisfieri voluit iis qui de ejus fide adhuc dubitabant. Vide tom. IV *Concil.*, col. 102, 103, 482, 589 ; et Muzzarell., tom II, p. 111 et seq. (*Edit. Versal.*)

amabili Sanctitate vestra, ut ecclesiam suam recipiat, sicut et sanctissimus Leo archiepiscopus judicavit. Omnes reverendissimi episcopi clamaverunt : Theodoretus dignus est sede :...... post Deum Leo judicavit [1]. » Nihil ergo Theodoreto profuturum erat prolatum à Leone de eo in sedem restituendo judicium, nisi postquam ad synodum perlata res est, et fidem suam synodo approbasset, et ab eâdem synodo Leonis judicium firmaretur. Hæc gesta sunt Legatis Sedis apostolicæ præsentibus, ac postea pronuntiantibus eam de firmando Leonis judicio sententiam, quam tota synodus comprobavit [2].

CAPUT XIX

Concilium quintum generale, seu Constantinopolitanum II, in medium adducitur : in eo referuntur tertiæ et quartæ synodi Acta, jam à nobis recensita; et claré docetur Romanorum Pontificum, ut et aliorum scripta, nonnisi inquisitione factâ à synodis comprobari : unde trium simul synodorum œcumenicarum auctoritas nostram sententiam firmat.

Acta Constantinopolitanæ secundæ synodi, quæ quinta est generalis, sub Vigilio Papâ ac Justiniano principe, demonstrabunt, ita ut tertiæ et quartæ synodi decreta intelliximus, ita à quintâ synodo fuisse intellecta : quæ eam traditionem ex proximo sumpserit, ac nobis reliquerit.

De tribus Capitulis agebatur; hoc est, de Theodoro Mopsuesteno, de Theodoreti scriptis adversùs Cyrillum, deque Ibæ Edesseni epistolâ ad Marim Persam. Quærebatur eane epistola probata esset in chalcedonensi Synodo. Atque eam quidem epistolam Chalcedone lectam esse constabat, ac susceptum Ibam à sanctâ synodo, cùm Nestorium anathematizasset. Quidam personæ veniam datam tantùm; alii *Epistolam* quoque probatam contendebant : quæsitum ergo, in synodo quintâ, quo ritu probari scripta de fide consuessent in synodis anterioribus tertiâ et quartâ. Synodi Acta replicantur, eaque quæ suprà memoravimus, de epistolâ sanctorum Cyrilli et Leonis. Tum « sancta synodus dixit:

[1] *Conc. Chalc., act.* VIII, col. 621. — [2] *Ibid.*, col. 624.

Ex his quæ recitata sunt, manifestum est, quomodo sanctæ synodi ea, quæ apud eas proferuntur, probare solent. Cùm enim illi sancti viri, qui recitatas epistolas scripserunt, sic splenduerint, tamen epistolarum earum comprobationem NON SIMPLICITER, NEC SINE INQUISITIONE fecerunt, nisi per omnia COGNOVISSENT consonare eas expositioni et doctrinæ sanctorum Patrum, ad quam collatio facta est[1]. » De Ibæ autem epistolâ non esse ita gestum constabat ex Actis. Eam ergo epistolam non esse probatam optimè concludebant. Sic igitur certum ex tertiâ et quartâ synodis, ita definiente et intelligente quintâ, epistolas à Sede apostolicâ comprobatas, qualis Cyrilli fuit, aut etiam ab eâ profectas, qualis Leonis fuit, NON SIMPLICITER, NEC SINE INQUISITIONE à sanctis conciliis receptas fuisse.

Rursus in eâdem quintâ Synodo contra Nestorii epistolam Acta leguntur, quibus Ephesini Patres disertè pronuntiant : « nullo modo consonam esse Nestorii epistolam fidei, quæ Niceæ exposita fuit[2]. » Sic et illa epistola non simpliciter quoque, sed factâ, ut par erat, inquisitione rejecta est; damnatusque Ibas, « qui diceret Nestorium ab Ephesinâ Synodo sine examinatione et quæstione esse rejectum[3]. »

Pergunt sancti Patres, et quod chalcedonenses Episcopi facturi fuissent, si epistolam Ibæ examinandam suscepissent, id ipsi faciunt. Epistolam conferunt cum gestis Ephesinis et Chalcedonensibus. Quo facto, « sancta synodus dixit : Ostendit manifestè facta collatio, quòd contraria per omnia est epistola, quam Ibas scripsisse dicitur, definitioni, quam pro rectâ fide Chalcedonensis Synodus pronuntiavit..... Omnes episcopi clamaverunt : Hæc omnes dicimus; epistola hæretica est[4]. » Sic ergo ex quintâ synodo sancti Patres nostri in synodis œcumenicis, quas legunt epistolas sive catholicorum, sive hæreticorum, sive etiam romanorum Pontificum, etiam de fide scriptas, eodem ritu orthodoxas vel hæreticas pronuntiant, legitimâ cognitione veritate inquisitâ, ac deinde perspectâ, tum ex his dato judicio.

Nullone, inquies, prorsus discrimine, atque animis æquè in

---

[1] *Conc. Constantinop.* II, *gener.* V, collat. VI; tom. V, col. 541. — [2] *Ibid.* — [3] *Ibid.*, coll. VIII, can. XIV; col. 578. — [4] *Ibid.*, coll. VI; col. 548.

utrosque propensis? Sanè diximus, et sæpe dicemus, præsumptum fuisse pro Pontificum orthodoxorum decretis : cæterùm in synodis œcumenicis, ubi judicandum in materiâ fidei, non jam præsumptionibus agi oportere, sed omnino ad liquidum veritate perspectâ.

Hæc quinta synodus fecit, hæc ex tertiâ et quartâ synodo didicit et probavit; unoque hoc argumento trium œcumenicorum, Conciliorum, Ephesini, Chalcedonensis, Constantinopolitani II, pro nostrâ sententiâ decreta retulimus.

CAPUT XX.

Synodus V, invitato ac repugnante Vigilio Papâ, habetur : ejusdem Vigilii Constitutum solvit : Ibæ epistolam ipsius sententiâ ab hæresi absolutam, impiam et hæreticam judicat : à Romanis Pontificibus comprobatur.

In eâdem quintâ synodo hæc gesta sunt quæ ad causam nostram facere videantur.

De tribus Capitulis suprà memoratis Justinianus Imperator quæstionem in Ecclesiâ haberi petiit : ejus rei gratiâ Vigilium Papam Constantinopolim accivit : ibique, non ita multò post, synodum congregavit. Ipse, et Orientales adversùs Nestorianos sub eorum Capitulorum defensione resurgentes, magni momenti esse putabant, ut ea damnarentur; Vigilius cum Occidentalibus metuebat, ne per eam occasionem Chalcedonensis Synodus solveretur; quòd in eâ Synodo Theodoretum et Ibam fuisse susceptos, Theodorum verò nominatum, sine ullâ censuræ notâ dimissum esse constaret.

Quanquam ergo pars utraque de summâ fidei facilè consentiebant, tamen omnino ad fidei causam quæstio pertinebat, cùm ab his timeretur, ne Nestoriani; ab illis, ne Eutychiani Synodi Chalcedonensis inimici vincerent.

Ex eâ contentione multæ in Vigilium criminationes extiterunt, quæ nihil ad nos attinent. Mihi persuasum est, omnia à Vigilio optimo consilio esse gesta, cùm Occidentales Capitula condemnari non ferrent, resque ad schisma vergeret. Utcumque est, hoc liquet, Vigilium etiam invitatum synodo adesse noluisse : absque eo synodum nihilo secius celebratam : editum ab eo *Constitutum*, quo improbaret ea, quæ Theodorus, Theodoretus et Ibas adversùs fidem scripsisse dicerentur; eorum nomini parcendum esse decerneret; quòd vel à Synodo quartà suscepti, vel in Ecclesiæ communione mortui, Deique judicio reservati haberentur [1] : de Ibæ epistolâ hæc edebat; ipsam *rectissimo ac piissimo sensu intellectam*, irreprehensam manere [2]: ac de tribus Capitulis universim jubebat, *post præsentem definitionem*, ecclesiasticos nullam postea *movere quæstionem* [3].

Hæc quidem Vigilius pro potestate decrevit. At synodus post ejus *Constitutum* quæstionem habuit de tribus Capitulis; et judicavit meritò quæstionem haberi de mortuis, et Ibæ epistolam manifestè hæreticam et nestorianam, fideique Chalcedonensi per omnia contrariam; atque omnino anathema esse, quique impium Theodorum Mopsuestenum, quique Theodoreti adversùs Cyrillum scripta, quique Ibæ *impiam* et nestoriana dogmata tuentem epistolam defenderent, neque anathematizarent eam, sed rectam esse dicerent [4].

Ilis igitur, nec Vigilio parcere videbantur, presso quamvis nomine, quorum decretum à Pelagio II, Gregorio Magno aliisque romanis Pontificibus confirmatum esse constat; atque etiam à Vigilio, siquidem vera est ea, quam Petrus de Marca, vir illustrissimus, ex M. S. codice Bibliothecæ regiæ edidit epistolam [5].

Hæc docent in re maximâ, quæ totam conturbet Ecclesiam, atque ad causam fidei pertinere videatur, pontificiis decretis sacrorum Conciliorum decreta prævalere, romanique Pontificis judicio defensam Ibæ epistolam, haud minùs pro hæreticâ proscribi potuisse.

Nempe et hoc in eâ legebatur, Cyrillum *lubricasse*, atque ad Apollinarii dogma deflexisse, quia scripserat *similiter illi, quòd Deus Verbum factus est homo* [6]. Hæc igitur Vigilius non satìs

---

[1] Vid. col I et II *Conc.* v; tom. V, col. 419 et seq. *Constit. Vigil.*, ibid., col. 337 et seq — [2] *Ibid.*, collat. 372.— [3] *Ibid.*, col. 376. — [4] Vid. collat. v *Conc.* v; tom. V, col. 479 et seq. Vid. etiam coll. VI, col. 545 et seq.; *ibid.*, coll. VIII. can. XII, XIII, XIV; col. 575 et seq. — [5] Vid. *Ep. Vigil. attrib.*, ibid., col. 595; et *Dissert. Petri de Mar. de hâc Ep.*, col. 601 et seq. — [6] *Ep. Ibæ ad Mar.*, tom. IV *Conc.*, col. 561 et seq.; et tom. V, col. 509 et seq.

cautè toleravit; synodus verò quinta non tulit, ac Nestorii hæresim, sub novâ formâ reviviscentem extinxit: quodque vel maximè synodorum est, ab omni errore diligentissimè fidem catholicam eliquavit.

CAPUT XXI.

In Synodo VI generali, quæ constantinopolitana est III, causa Honorii Papæ per synodum condemnati : tria effugia proponuntur : quæstiones aliquot ex actis suo ordine resolvendæ : brevis monothelitarum historia præmittitur.

Ut tertia, quarta et quinta synodi de romanorum Pontificum judiciis judicarunt, eaque non nisi quæstione habitâ comprobarunt; ita à sextâ synodo factum esse constat, communeque illud est omnibus synodis. Sed quoniam Honorius Papa cum suis epistolis in eâ synodo condemnatus, nostræ causæ peculiare præsidium præbet, Bellarminus ac Baronius nullum non movent lapidem, ut Acta sextæ synodi falsata à Græcis librorum corruptoribus videantur : falsatæ quoque, seu potiùs confictæ, Leonis II epistolæ duæ, quibus synodus confirmetur, Honorius condemnetur; tum ut ipse Honorius de Ecclesiâ bene meritissimus habeatur. Addunt, si vel maximè Honorius erraverit, ut privatum hominem, non ut Papam et Ecclesiæ magistrum errasse. Hæc illi, quorum conjecturæ, non nostris ratiociniis, sed Actorum lectione concident.

Hæc igitur erunt, quæ ex Actis elucescent : primum, quas epistolas Honorius, quibusve de causis, et an eas pro privato doctore scripserit : alterum, cur necesse habuerit sexta synodus eas condemnare epistolas, quas romani Pontifices Honorii successores excusasse videantur : tertium, an Acta sextæ synodi, aut Leonis II epistolæ, aliquâ saltem verisimili conjecturâ, falsi argui possint. Hæc ita pandentur Actis, ut nulla dubitatio superesse possit. Sed res ab origine repetenda.

Meminerimus Monothelitas hæreticos, in duabus licet Christi naturis, unam voluntatem, unam operationem, non duas admisisse : cùm Ecclesiam hæc novitas commoveret, Sergium Patriarcham Constantinopolitanum errori quæsisse latibula, et ab utroque vocabulo, sive unius, sive duarum operationum abstineri voluisse : eorum planè Eutychianorum more, qui cùm Christum Deum perfectum, hominemque perfectum faterentur, tamen unam æquè ac duas naturas vehementissimè refutabant; simili ferè modo insanisse Sergium : tum ab eo compositam *Ecthesim* seu Expositionem : Heraclii Imperatoris fautoris sui nomine esse editam, quæ utraque vocabula æquè supprimeret : Pyrrhum constantinopolitanum hæc sectatum fuisse : mortuo Heraclio, in eumdem sensum fuisse promulgatum à Constante Heraclii filio edictum, qui *Typus* diceretur, à Paulo constantinopolitano patriarchâ Pyrrhi successore compositum : Honorium Papam, jam inde à Sergii tempore, in eam dissimulationem fraude pertractum. Postremum hoc, cùm in eâ re versetur difficultas, paulò enucleatiùs enarrare oportet.

CAPUT XXII.

Honorius, Cyri Alexandrini et Sergii constantinopolitani scripta dogmatica, in sextâ synodo condemnata, directé probat : Sophronii hierosolymitani ab eâdem sextâ synodo, atque ab omnibus orthodoxis comprobata, improbat : ejus Legatos à veritate deterret : consultus à tribus patriarchis prava rescribit : ejus litteræ toto Oriente vulgatæ : his Monothelitæ præcipué nitebantur : an hæc pro privato doctore scripserit? eæ epistolæ dogmaticæ habentur, hoc est, decretales : dogmatis nomen explicatur : confutantur effugia.

Anno igitur 633, primus omnium Cyrus patriarcha alexandrinus, edito decreto, *unam in Christo operationem Dei-virilem* prædicavit. Sic sub ipso habita Synodus alexandrina, anathematismo VII [1]. Hæc Cyrus edidit specie pacis, tanquam eo dogmate Eutychianos Ecclesiæ conciliaturus esset. Hanc doctrinam Sergius constantinopolitanus Patriarcha statim suscipit, nec mirum, quippe qui occultus instigator esset. At Sophronius, vir sanctissimus ac doctissimus, tum monachus, sed paulò post ad sedem Hierosolymitanam evectus, hæc ut nova et impia detestatur. Neque Sergium Cyro opitulantem audit, aut ullam in fidei negotio

[1] *Conciliab. Alex. relat. in Conc.* VI, *act.* XIII; tom. VI *Conc.*, col. 956.

compositionem admittit ; petitque planè à Sergio unius operationis vocem in Synodi alexandrinæ decretis aboleri. Tum hierosolymitanus Patriarcha factus, editâ synodicâ epistolâ, hanc vocem eò pertinere docet, ut duæ Christi naturæ confundantur, cùm unicuique naturæ suam operationem adesse necesse sit.

At Sergius, cùm intellexisset arrectos catholicos, neque pacis licèt nomine obtrusam unam operationem admissuros', ad fraudem hæreticorum more se contulit; et ad Cyrum scripsit : ut noque unam, neque duas operationes dici permitteret, cùm una operatio aliquos conturbaret, duæ à Patrum sententiis abhorrerent. Hæc igitur omnia cum Sophronio et Cyro à se gesta perscribit ad Honorium, extatque epistola actione XII Synodi sextæ [1].

Ea Sergii epistola, ut hæretica, à sanctâ synodo sextâ condemnatur; neque quisquam excusat. Videamus ergo, an ejus epistolæ vehementissimus approbator excusari possit Honorius.

Eâdem actione XII, refertur Honorii prima ad Sergium epistola, quâ Sergio respondet, hoc initio : « Scripta Fraternitatis vestræ suscepimus per quæ contentiones quasdam, et novas vocum quæstiones cognovimus introductas per Sophronium quemdam, adversùs fratrem nostrum Cyrum Alexandriæ antistitem, unam operationem Domini nostri Jesu Christi conversis ex hæresi prædicantem [2]. » Ibi commemorat à se visas, quas Sergius ad Sophronium, *satis providè circumspectèque* scripsisset epistolas (*satis*, hoc est *valdè*, stylo eâ ætate ac superioribus quoque sæculis noto), collaudatque Sergium refutantem *novas voces, quæ scandalum noscontur Ecclesiis generare.* Scriptum est in fine : « Hæc nobiscum vestra Fraternitas prædicet, sicut et nos ea vobiscum una nimiter prædicamus. » Hæc prædicatio quid sit, adversarii edicant : nos ex totius antiquitatis more, ipsum dogma, fidem ipsam totâ firmitate constantem contineri eâ voce contendimus. Honorium verò eadem cum Sergio hæretico, atque hæresiarchâ *unanimiter* prædicare, ipse jactat Honorius; ut vel absolvi Sergii, vel condemnari Honorii epistolam omnino necesse sit.

[1] Vid. *Epist. Maxim. ad Petr.*, tom. II oper. Max., ex editione Pat. Comb., p. 75. Vid. etiam *Epist. Serg. ad Honor.*, act. XII *Conc.* VI, col. 917 et seq Vid. etiam *Epist. Sophr. ad Serg.*, act. XI; col. 852 et seq. — [2] *Epist.* I *Honor. ad Serg., ibid.*, col. 928 et seq.

PARS III, LIB. VII, CAP. XXII.

Alteram Honorii ad Sergium epistolam insertam habemus Actis sextæ Synodi, actione XIII[1]. Primùm se testatur scripsisse, « ad Cyrum alexandrinæ civitatis præsulem, quatenus novæ adinventionis, unius vel duarum operationum vocabulum refutaret. » Et iterum : « Ut unius vel geminæ operationis vocabulum noviter introductum à prædicatione fidei eximatur. » Et infrà : « Unius autem operationis, vel duarum, esse vel fuisse Dominum Mediatorem, sentire vel promere, satis ineptum est : » hoc est *valde ineptum* (a), ut suprà monuimus.

Pergit Honorius : « Quantum ad dogma ecclesiasticum pertinet, quæ tenere vel prædicare debemus, propter simplicitatem hominum, et amputandas inextricabiles quæstionum ambages, sicut suprà diximus : non unam vel duas operationes, sed utrasque naturas, cum alterius communione operantes atque operatrices, confiteri debemus : et divinam quidem, quæ Dei sunt operantem, et humanam, quæ carnis sunt exequentem. » Et infrà : « Duas naturas, inconfusè, indivisè et inconvertibiliter propria operantes[2]. » Quæ ut ut orthodoxa esse maximè videantur, haud tamen facile est ea secernere à Monothelitarum simillimis dictis; tantæ ambages, tantus in verbis perniciosissimæ hæreseos dolus fuit. Paria enim Honorio proferebat Sergius in epistolâ ad Cyrum, et in ECTHESI Heraclius, et in TYPO Constans, et alii Monothelitæ passim[3]. Verùm hæc ad fastidium usque disputantur in scholis : nos quæ certa sint figere laboramus.

Ac primùm; illud certum est, Honorium, à tribus patriarchis consultum, hoc rescriptum edidisse. Quo enim sensu ad Sergium constantinopolitanum, eodem ad Cyrum alexandrinum se scripsisse testatur. His duobus patriarchis addamus tertium Sophronium hierosolymitanum, rectè de duabus operationibus sentientem, et ideo à sextâ œcumenicâ synodo comprobatum, de quo hæc Honorius epistolâ II ad Sergium : « Hos quos prædictus frater et coepiscopus noster Sophronius misit, instruximus, ne

---

[1] *Epist.* II *Honor. ad Serg., ibid. act.* XIII, col. 968. — [2] *Ibid.*, et col. 969. — [3] Vid *Epist. Serg. ad Cyr.*, in *Conc. Later.*, an. 649; *secret.* III. tom. VI, col. 175 et seq. *Typ., secret.* IV, col. 234 et seq.

(a) Sic in Græco, πανὺ ματαίον. (*Edit. Leroy.*)

duarum operationum vocabulum, deinceps prædicare nitatur : quod instantissimè promiserunt prædictum virum esse facturum, si etiam Cyrus frater noster ab unius operationis vocabulo discesserit [1]. »

Hæc quidem Legati Sophronii promittebant : at Sophronium in rectâ sententiâ perseverasse, ejusque tantùm Legatos ab Honorio, quem ritè consulturi venerant, pessimè *instructos*, prava ac fidei adversa promisisse constat.

Objiciunt in Honorii epistolis, nullam synodi à se habitæ fieri mentionem, nullum anathematismum fuisse interpositum.

At Synodi quidem habitæ nulla mentio ; sicut neque in Cœlestini ad Cyrillum ; neque in Leonis ad Flavianum ; neque in Innocentii ad Synodos africanas respondentis, epistolis ; neque in aliis multis, quas nihilo secius pro veris apostolicæ Sedis decretis habeamus.

Nullus certè anathematismus : quid tum? Nullus in apostolico Hierosolymitano decreto, *Act.* xv : nullus in Sophronii epistolâ, quam tamen ipse synodicam vocat [2] : nullus in permultis Sedis apostolicæ decretalibus, etiam de fide editis : neque enim in Gregorii II primis epistolis ad Leonem Isaurum, aut in aliis bene multis, statim stringuntur anathemata. Doctrina præcedit simplici veritate nixa : anathematismi sequuntur adversùs contumaces. Neque tantùm erratur cùm damnantur vera, sed cùm falsa comprobantur : quòd fecisse Honorium, cùm Sergium ac Cyrum eorumque perversas suscepit epistolas, procul omni dubio est. Atque omnino certum hæc rescripsisse Honorium de fide consultum à tribus patriarchis, Sergio, Cyro et Sophronio ad hoc Legatos mittente, ut *instrueretur :* nec minùs certum, hæc Honorii dogmata perlata ad ecclesias totoque Oriente vulgata. Hinc editas Ectheses, hinc Typos, quæ unam vel duas operationes ex æquo prohiberent : hinc Macarium Patriarcham Antiochenum Monothelitarum obstinatissimum in sextâ Synodo in hæc verba confessum : « Consentimus tam quinque synodis, quam Honorio à Deo erudito, Sergio, Paulo atque Petro ; » atque iterum : « Rejicio

---

[1] Vid. *Epist. Honor.*, loc. jam cit. — [2] Vid. *Epist. Soph.*, act. x *Conc.* vi ; col. 852 et seq.

et Maximum et impium divisionis ejus dogma : quod et olim nostri Patres respuerunt, id est, Honorius, Sergius, Cyrus et reliqui Ecclesiarum antistites [1]; » præmisso semper Honorii nomine.

Quid autem illud est Honorii ad Sergium : « Hæc prædicet nobiscum vestra Fraternitas, » nisi declaratio fidei per Sergium populis prædicandæ? Quid illud ejusdem Honorii suscipientis Cyrum, « unam operationem Domini nostri Jesu Christi conversis ab hæresi prædicantem [2]? » Quid, inquam, illud est, nisi hæreseos quam Cyrus prædicabat, hæreticæque professionis, quam tradebat, comprobatio? Sic Cyrum confirmat, non quidem in fide, quemadmodum jubebatur, sed in ipsâ hæresi, quam Cyrus animis instillabat.

Hæc verò scripta Sergii, Honorii, Sophronii, quæ memoravimus, in sextâ synodo, *dogmatica* seu *synodica* appellantur; eoque nomine à sanctâ synodo, prævio examine, collaudantur vel condemnantur [3]. Quid sint autem hîc *dogmatica scripta* facilè intelligit, qui adverterit, id quod nos *decretum* dicimus, à Græcis appellari *dogma*. Hinc passim apud auctores ecclesiasticos, decreta fidei ecclesiasticâ auctoritate edita vocantur *dogmata*. Quæ locutio ab ipsis *Apostolorum Actis* deprompta videatur [4]; ubi ea, quæ in apostolici concilii litteris statuuntur, vocantur *dogmata* quæ ab apostolis judicata essent, δόγματα τὰ κεχριμένα. Certè ipsa Nicæna fides, seu symbolum Nicænum plerumque apud Sozomenum et alios vocatur *dogma Nicænum* [5]. Ac ne ab hoc negotio recedamus, sancti Agathonis authenticæ litteræ, apostolicæ Sedis ac totius synodi occidentalis conscriptæ nomine, à totâ sextâ synodo, *dogma* [6], et à Leone II, hujus synodi Acta ad Hispanos probanda mittente, *tomus dogmaticus* appellantur [7]. Eodem nomine appellat Theophanes missam à Gregorio II ad Leonem Isaurum de fide *decretalem*, seu *dogmaticam epistolam* : ut has Honorii à Patriarchis consulti epistolas pro responso apostolicæ Sedis fuisse habitas, dubitari non possit.

---

[1] Vid. *Epist. Sophr.*, act. VIII, col. 741; et *in exp. Macar., ibid.*, col 749. — [2] *Epist.* I *Honor. ad Serg.*, act. XII; col. 928. — [3] *Ibid.*, act. XII, col. 933; et act. XIII, col. 944, 945. — [4] *Act.* XVI, 4. — [5] Sozom., *passim*, — [6] *Conc.* VI, *act.* XVIII; *Serm. acclam. ad Imper.*, col. 1053. — [7] *Ep.* II *Leon.* II, tom. VI *Conc.*, vol. 1246.

CAPUT XXIII.

Bellarmini ac Baronii effugium : quòd hæc Honorius dispensatoriè pacis gratiâ scripserit, quoad rem exactiùs definiret : id ipsius Honorii verbis confutatur, doceturque Honorium cum Monothelitis, à romanis Pontificibus, ac præsertim à sancto Martino, presso licèt nomine, condemnatum.

Hæc cùm intelligerent Bellarminus atque Baronius [1], in excusando Honorio ejusque epistolis defendendis, præcipuam operam collocarunt : contenduntque ab Honorio consultissimè factum, quod utramque et unius et duarum operationum vocem pacis gratiâ ex æquo sustulerit : ac deinde multis agunt, ut Honorius à Monothelitarum hæresi alienissimus fuisse videatur. Quod quidem haud est improbabile; neque propterea minùs intolerabile illud, quòd malè patriarchas consulentes *instruxerit*; redemeritque pacem, pacto silentio de orthodoxâ fide.

At enim, inquiunt, ita egit, quoad rem diligentiùs definiret; quo ritu multi Pontifices et nostris temporibus Clemens VIII et Urbanus VIII, in quæstione *de Auxiliis*, quoad rem definierint, utrique parti silentium indixere. Id enim exemplum, ut maximè ad rem, multi proferunt. Sed ego nihil simile video apud Honorium : ac si recta sentiens, veritatem dispensatoriè et ad tempus premi juberet, primùm non tam absolutè pronuntiasset. Significasset alicubi rem obscuram, atque aliàs exactiùs explicandam; non rectam ipsam fidem, æquè ac hæreticum dogma, communi, *novæ adinventionis ac novi introducti vocabuli,* nomine involvisset. Falsum enim erat duarum operationum, *novam adinventionem, novum esse vocabulum,* quod ex antiquâ Patrum traditione profectum tota Ecclesia recognovit. Ablegari autem voces rectam spirantes fidem, ad eas *novitates vocum,* quæ teste Apostolo [2], non nisi *profanæ* esse possint, quis æquo animo ferat? Jam verò quale est utrumque *ineptum,* et *valde ineptum dicere,*

---

[1] Bell., *de R. P.*, lib. IV, cap. XI. Bar., tom. VIII, an. 633, p. 316 et seq.; et an. 681, pag. 517 et seq. — [2] 1 *Tim.*, VI, 20.

et unam operationem, quod sit hæreticum; *et duas*, quod ad fidem catholicam pertinere constat? Quid quòd Honorius docet, non tantùm *ineptum* duas operationes dicere, verùm etiam *sentire:* quo non tantùm illa vox, sed etiam res ipsa, sensus ipse proscribitur? Quid quòd utramque sententiam, velut novitatem *æquè à prædicatione fidei eximendam* putat? Quis unquam catholicus Pontifex ita paci, ita veritati, ante expromptam definitionem consuluit, ut utramque sententiam ineptam esse decerneret? Quod est ἀσύστατον sibique ipsi repugnans; ut non immeritò post sextam synodum in imperatorio decreto dicatur Honorius, non modò hæresis *confirmator*, sed etiam *suâ ipsius oppugnator* [1]. Profectò nimis favemus Honorii nomini, si hæc defendimus, quæ non nisi pessimo exemplo defendi possint. Denique ubi illa, quæ definitioni supersedere cogat, obscuritas quæstionis, duæne, an una in duabus Christi naturis sit operatio? Pari jure Leo Magnus duæne, ad una in Christo natura esset, dissimulare, aut utrumque *ineptum* pronuntiare potuisset; ac tam fœdâ pactione pacem cum Eutyche et Dioscoro fovere. Hæc verò procul aberant à Patrum sententiâ. Quare Romani Pontifices, Honorii proximi successores, Severinus, Joannes IV, Theodorus, sanctus Martinus [2], et alii, ac sanctus Agatho, pari sententiâ proscripserunt, quique unam operationem dicerent, quique duas æquè ac unam tacendam esse indicerent.

Et Martinus quidem Martyr fortissimus, habitâ Lateranensi synodo, insulsæ hæreseos arcana revelavit: quemadmodum Monothelitæ primùm unam voluntatem unamque operationem prædicassent: mox ut damnationem effugerent, unius æquè ac duarum vocabulum suppressissent. His expositis ipse et sancta synodus Ecthesim Heraclii et Constantis Typum damnant: duas voluntates duasque operationes disertè asserunt, percussique uno anathemate quique falsa dicerent, quique vera supprimerent.

Ipsam synodum audiamus. Sancta synodus dixit : « Typus omnino est inconveniens catholicæ Ecclesiæ regulæ, in quâ utique adversa fidei tantùm jubetur silentio sepeliri; non verò

---

[1] *Conc.* vi, act. xviii; edit. Imp., pag. 1086. — [2] *Conc. Later. sub Mart.* secret. 1; tom. VI *Conc.*, col. 82 et seq.

orthodoxa cum contrariis denegari aut admitti : pessimumque cum rectâ fide impietatem suscipere, neque discernere recta à malis[1]. » Quod peccatum omnino peccavit Honorius, qui unius duarumque operationum voces æquè novas, æquè ineptas, æquè à rectâ prædicatione alienas esse asserit.

Hæc in secretario iv Synodi Lateranensis à sancto Martino Papâ habitæ, in v secretario, canone xviii, Sergius, Pyrrhus, Paulus constantinopolitani Patriarchæ, Cyrus Alexandrinus et Theodorus Pharan eo nomine damnati sunt, quod vel unam operationem dicerent, vel duas æquè ac unam dici prohiberent[2] : quo canone quis non videat, Honorium, presso scilicet nomine, condemnatum? Sed jam ad synodi sextæ Acta veniamus.

CAPUT XXIV.

De synodo VI generali : ea post Romanorum Pontificum, atque imprimis sancti Martini, exquisitissimas definitiones est habita : in eâ de sancti Agathonis totiusque occidentalis synodi litteris rité deliberatur : quo sensu synodus suscipiat, quæ à sancto Agathone de Sede apostolicâ prædicantur.

Sancti Martini Lateranense Concilium celeberrimum fuit legatione africanarum multarumque orientalium ecclesiarum, in eamdem fidem consentientium : accesserunt ducentorum ferè episcoporum (*a*), unà cum ipso judicantium, subscriptiones : denique missa sanctæ Synodi ad omnes Christi Fideles toto orbe terrarum *encyclica epistola*[3] : tum illud maximum à sancto Pontifice pro eâ definitione multa perpesso, fidem orthodoxam etiam martyrio consignatam.

Post eam tamen definitionem, toto Oriente commoto per Imperatores atque patriarchis constantinopolitanis hæresim prædican-

---

[1] *Conc. Later.*, sub Mart. I, secr. iv; col. 238. — [2] *Ibid.*, secr. v, can. xviii, col. 356, 357. — [3] Vid. *Ep. encycl. Synod. Later.* tom. VI, col 367 et seq.

(*a*) Levis error in Bossuet textum irrepsit. Acta enim habemus hujus synodi à quinque omnino et centum episcopis subscripta, quem numerum exhibent omnes historici præter Theophanem, qui memorat cx episcopos huic concilio adfuisse. Vid. Theoph., an. 19 Heraclii. (*Edit. Leror.*)

PARS III, LIB. VII, CAP. XXIV.

tibus, Macario quoque antiocheno Patriarchâ in partes transeunte, necesse visum est, sub sancto Dono Papâ, eoque mortuo sub sancto Agathone synodum œcumenicam sextam haberi Constantinopoli, à Constantino Pogonato Imperatore convocatam.

Hic primùm occurrunt scriptæ ad Imperatorem duæ Agathonis Papæ litteræ, quæ in synodo generali legerentur : altera ipsius Agathonis Sedisque apostolicæ ; altera occidentalis Synodi, quam Agatho Romam vocaverat, nomine. Lectæ igitur sunt in ipsis synodi principiis, actione IV [1]. Hic videre est firmam et ubique constantem in deliberandi ordine ac ritu sanctarum synodorum traditionem. Quo enim ritu atque ordine sancti Cyrilli et sancti Leonis epistolæ in tertiâ et quartâ synodis, eodem ordine rituque sancti Agathonis in synodo sextâ probantur epistolæ. « Paulus magnificus à secretis dixit : Dicat Georgius archiepiscopus hujus regiæ urbis, et qui cum eo, etc., si convenit eis sensus suggestionum directarum ab Agathone sanctissimo Papâ et suâ synodo. Georgius dixit : Inspiciens omnem virtutem (id est significationem ac vim) earum litterarum, et scrutans libros sanctorum probabilium Patrum, cuncta quæ continent inveni consonantia eis, et sic profiteor et credo [2]. » Alii : « Inveni in nullo eas à sanctis Patribus discrepare, et consentio. » In eum sensum omnes sigillatim dicunt ; nec nisi eo examine, probatæ epistolæ sancti Agathonis et synodi totius occidentalis.

Et quidem Agatho et Occidentales ita sua dogmata proferebant, « ut qui vellent de iis, non tanquam de incertis contendere, sed ut certa atque immutabilia compendiosâ definitione proferre [3]. » profectò ergo, quantum in ipsis erat, rem definiebant. Quærebatur an reliquæ per orbem terrrarum ecclesiæ consentirent, nec nisi episcopali examine res tanta constitit.

Quæ verò de Sede suâ sanctus Agatho præclarè ac magnificè et verè scripserat, quòd nempe, Domini pollicitatione subnixa, nunquam *à viâ veritatis deflexerit* [4], quòdque ejus Pontifices Agathonis antecessores in Petro jussi confirmare Fratres suos, id

---

[1] *Ep. Agath. ad Imper.*, act. IV *Conc.* VI, col. 630 et seq. et 677 et seq. — [2] *Conc.* VI, act. VIII, col. 729 et seq. — [3] *Epist. Episc., ibid.*, act. IV, col. 688. — [4] *Ibid. Epist. Agath.*, col. 636.

semper præstiterint, hæc concilii Patres audiunt atque suscipiunt. Neque eo seciùs rem examinant; de romanorum Pontificum decretis quæstionem habent; quæstione habitâ, Agathonis dogmata probant, Honorii damnant: certo documento, non ita intellexisse ea, quæ Agatho scripserat, tanquam singula romanorum Pontificum decreta, etiam de fide, indiscussa suscipi necesse sit, cùm ea concilii generalis supremo atque ultimo examini subderentur; sed ita ut hæc dicta universim sumpta, summâ ipsâ, in totâ et integrâ Petri successione valeant, ut sæpe diximus, et suo loco dicemus uberiùs [1].

CAPUT XXV.

Sextæ synodi in Honorium dicta sententia : ejus sententiæ frequens repetitio : cur synodus eum damnatum voluerit, quem romani Pontifices excusare videantur.

Jam an sexta synodus tantâ severitate damnarit Honorium, Acta ipsa eloquentur.

Et quidem romanos Pontifices Honorii successores, hujus nomini pepercisse constat. Quin etiam Joannes IV, post Honorium tertius, eum excusavit ut potuit, editâ ad Constantinum Imperatorem apologiâ [2], quam laudat Maximus [3], hujus ævi adversùs Monothelitas Confessor egregius.

Excusabat autem Joannes Honorium, quòd is *unam voluntatem bono sensu dixisse* videretur: quòd autem unam et duas æquè rejecerit, ne attingit quidem.

Agatho verò hoc quoque emollire nititur; sic enim loquitur in epistolâ quam in sacrâ synodo legendam Imperatori misit: « Ex quo novitates in Christi Ecclesiam constantinopolitani præsules introducere conati sunt, mei prædecessores nunquam neglexerunt eos hortari, ut à pravis dogmatibus, saltem tacendo desis-

---

[1] Inf., toto libro X. — [2] Joan. IV apol. pro Honor., tom. XII *Bibl Pat.*, pag. 835 et seq. — [3] Disp. Maxim. cum Pyrr., tom. V Conc., col. 1784 et seq. Vid. impr., col. 1813 et seq.

terent, ne ex hoc exordium dissidii in unitate Ecclesiæ facerent, unam voluntatem unamque operationem duarum naturarum asserentes in uno Domino nostro Jesu Christo[1]. » Inductum ab Honorio silentium extenuat, ut potest, neque tamen aut Honorium apertè defendit, aut approbare synodo audet, duarum voluntatum æquè ac unius suppressam ab eo vocem.

Cur autem Honorii successores ante sextam synodum, viri memoriæ pepercerint, hæ causæ extitere : primùm, quòd in aliis præclarè pontificatum gessisset, et in Ecclesiæ pace obiisset, ac nihil malo animo egisse, neque contumax futurus fuisse videbatur : tum Honorium excusantes, catholicæ fidei favere se putabant, dum hæreticis tale patrocinium denegarent : denique nihil cogere videbatur, ut Honorii epistolas in Occidente damnarent, quòd eæ ad Orientales scriptæ, inter Occidentales vix, aut certè tenui admodum famâ pervulgatæ essent, ubi Monothelitæ tum vel pauci vel nulli erant.

At Orientales et sexta synodus, postquam iis constitit Honorii epistolas et in Oriente longè latèque fuisse diffusas, et à Monothelitis miro studio jactatas, ac multos seductos majestate pontificii nominis, auditusque Macarius antiochenus, qui, in actione VIII, *Honorium à Deo eruditum*, antesignanum ac ducem ubique nominaret [2], de Honorio ejusque epistolis minimè tacendum esse decreverunt. Itaque actione XII ac XIII, epistolæ lectæ sunt, itumque est in eam sententiam, actione XIII, ut epistolæ Honorii æquè ac Sergii Pyrrhique et aliorum declararentur « alienæ ab apostolicis dogmatibus, et à definitionibus sanctorum conciliorum et cunctorum probabilium Patrum, sequi verò falsas doctrinas hæreticorum [3]. » Itaque Honorius cum cæteris anathemati subjicitur, eo quòd compertus sit, « per omnia mentem Sergii secutus, et impia dogmata confirmarit » · quæ omnia gesta sunt, nihil contradicentibus Sedis apostolicæ Legatis, imò consentientibus ac subscribentibus.

Neque attenderunt Patres, si quæ Honorius recta dixisset, cùm plena et tota in dogmaticis scriptis requiratur fides : neque re-

---

[1] *Epist. Agath.*, *Conc.* VI, act. IV, col. 637. — [2] *Conc.* VI, act. VIII, col. 741, 749. — [3] *Ibid.*, act. XIII, col. 941.

conditos, sed obvios sensus sanos esse oporteat; neque subtiliter, sed populariter intelligi debeant, quæ communi fidei exponendæ à Pontificibus conscribantur.

Dictâ sententiâ, Patres, pro more synodorum, quid gestum sit ad Agathonem referunt, atque « ex ejus litteris Sergium, Pyrrhum, cæteros, Honorium quoque damnatum » profitentur [1]. Atqui, inquies, Agatho nihil de Honorio scripserat: imò defensare velle utcumque videbatur. Certè; sed cùm alios exemplo Martini antecessoris sui condemnasset, ac disertè proscripsisset, non tantùm qui unam voluntatem dicerent, sed qui nec unam, nec duas, horum assectatorem Honorium, ac fautorem, in parem sententiam incurrisse, Patres intelligebant; datumque honori Agathonis, ut quæ ipsi supplevissent, eo quoque auctore facta esse viderentur.

Honorius item in *Prosphonetico* ad Imperatorem cum aliis hæreticis memoratur [2].

Idem in Imperatoris edicto Honorius notatur his verbis: « Hæreseos fautor, concursor, confirmator, qui etiam sui extitit oppugnator [3]. » Quippe qui, ut vidimus, pugnantia dixerit. En quoties in Acta relatum sit damnati Honorii nomen.

CAPUT XXVI.

Actio falsi intentata synodalibus gestis, ac duabus Leonis II epistolis, temeraria et absurda; repugnantibus omnibus scriptoribus Actisque publicis.

Tot acta adulterari et corrumpi à Græcis potuisse, Bellarminus et Baronius [4], aliique jactant: neque tantùm hæc, sed alia multa, quæ ex his secuta sunt.

Hâc enim synodi œcumenicæ semel prolatâ sententiâ, romani Pontifices non jam licere sibi putarunt Honorio parcere; sed Synodi auctoritatem secutus Leo II, successor Agathonis, ad quem,

---

[1] *Lit. Conc.* VI *ad Agath.*, ibid., act. XVIII, col. 1073. Vid. Bar., an. 681; tom. VIII, pag. 549. — [2] *Act.* XVIII, *serm. acclam.*, col. 1053. — [3] *Ibid., edict. Imper.*, col. 1085. — [4] Vid. Bell. et Bar., loc. cit., cap. XXIII.

antecessore mortuo, Acta sextæ Synodi firmanda transmissa sunt, damnat Monothelitas et inter eos Honorium, qui hanc, inquit, apostolicam Sedem, non apostolicæ traditionis doctrinâ lustravit, sed profanâ proditione immaculatam fidem subvertere conatus est[1]. » Quam sanè epistolam bene latinam habemus, et ita nativis scriptam sententiis, ut vel ipso gustu Græcis intactum sentias.

Hinc Anastasius Bibliothecarius, qui ex scriniis apostolicæ Sedis romanorum Pontificum scripsit historiam, in Leone II hæc habet : «Hic suscepit sanctam sextam synodum, quæ per Dei providentiam nuper in regiâ urbe celebrata est, in quâ condemnati sunt, Cyrus, Sergius, Honorius ac Pyrrhus[2]. » Hæc ille, ab his temporibus haud multum remotus, ex scriniis scripsit : quæ si omnia falsa et adultera sunt, nihil est in omni antiquitate quod integrum esse constet.

Neque ita multò post, idem Leo II, datâ epistolâ, *dilectissimis Fratribus universis, ecclesiarum Christi præsulibus per Hispaniam constitutis*[3]; Acta sextæ synodi recipienda transmittit ad Hispanos, qui occidentali sub Agathone Synodo non adfuerant. De gestis autem sextæ synodi sic habet : « Quâ in synodo, inquit, æternâ damnatione mulctati sunt Theodorus, Cyrus, Sergius, Pyrrhus, Paulus, Petrus constantinopolitani, cum Honorio, qui flammam hæretici dogmatis, non, ut decuit apostolicam auctoritatem, incipientem extinxit, sed negligendo confovit. » Quæ nec nota Græcis, nedum falsata fuerint.

Quare sequens ætas, et septima synodus et octava, et synodi deinde omnes et omnes Pontifices Acta sextæ synodi, et condemnationem Honorii suscepere. Hanc iterat Tarasius Patriarcha constantinopolitanus, synodi septimæ tempore, ad Adrianum Papam I scribens[4]: hanc septima et octava synodus, dum anteriorum synodorum, pro more, anathemata repetunt[5]; idque romanis Pontificibus nihil repugnantibus, imò ultro accinentibus. Nam ipse Adrianus II, nonnihil ab Honorii exemplo metuens Sedis

---

[1] *Ep. Leo.* II *ad Const. Imp.*; tom. VI *Conc.*, col. 1117. — [2] *Vit. Leon.* II, per Anast., *ibid.*, col. 1242. — [3] *Epist.* II *Leo* I *ad Hisp.*, *ibid.*, col. 1246, 1247. — [4] *Conc. Nic.* II, gen. VII, act. III, tom. VII, col. 167.— [5] *Ibid.*, act. VII, in defin., col. 555; et *Conc. C. P.* IV, gener. VIII, in defin., tom. VIII, col. 1147.

suæ auctoritati, damnatum quidem eum confitetur à sextâ synodo, sed *post mortem*, sed propter hæresim, sed consentiente romano Pontifice[1]. Hæc multis et sollicitè exequitur, cæterùm de falsitate nulla suspicio. Anastasius vero bibliothecarius, non modò in Leonis II vitâ scripsit, quæ statim memorata sunt; sed etiam libris pro Honorio editis, cùm eum vel maximè tuendum susciperet, immeritò quidem, sed à sextâ synodo verè damnatum fatebatur[2] : adeo nihil de fraude suboluit. Quin etiam extat in Diurno libro romanorum Pontificum ea, quam electi edere consueverant, fidei professio : eâ in professione inter cæteros anathemate condemnatos Honorius recensetur. Quem Diurnum librum doctis viris visum pridem et agnitum, Petrus Garnerius vir doctissimus atque optimus, è Societate Jesu, theologiæ Professor, ex optimis manuscriptis vulgavit. Idem etiam in vetustis romanis Breviariis, usque ad nostrum sæculum, in sancti Leonis II vitâ legebatur[3]. At enim Diurnum, ut possunt, premunt; in Breviario romano hæc eraserunt. An ideo occultarunt? Undique erumpit veritas; tantòque hæc magis comparent, quantò studiosiùs eraduntur.

Quid ergo, tot romani Pontifices, tot synodi, adulteratis codicibus in errorem abrepti sunt ? Adeone pronum fuit tantâ in re, toti Ecclesiæ ipsisque adeo romanis Pontificibus illudere ?

Atqui in eam rem vel maximè intentos fuisse constat: nam et Joannes IV Pontifex, Honorium, quoad poterat, excusabat; et Martinum et Agathonem antecessores suo, occultiùs licet, patrocinatos esse, etiam adversarii volunt. Nullus interim falsitatem suspicatur : ac post mille annos primus Bellarminus flagitium detegit; hunc sequitur Baronius. Quâ tam dignâ ratione? Nullâ, nisi quòd ad tuendam eam quam Romanis Pontificibus tribuunt infallibilitatem, illis falsatâ sextâ Synodo, quoquo modo, opus erat.

Quod enim objiciunt hæc Acta falsa esse ideo, quia alioquin Patres iniquè, inconsultò ac præcipitanter de Honorio statuis-

---

[1] *Conc.* VIII, act. VII, tom. VIII, col. 1091. — [2] *Ep. Anast. Bibliot. ad Joan Diac.*; tom. XII *Bibl. Pat.*, p. 833. — [3] Vid. *Brev. Rom. ante recog. Pii V et Clem. VIII*, die XXVIII junii. — [4] Baron., an. 681, tom. VIII.

sent[1]; quis non videat ad falsi actionem, quàm lata sit janua, si hæc admittantur?

Quid autem iniqui est in decreto synodali? Nempe, inquiunt, Honorius non erat monothelita. Quid tum postea? Quasi hæretici tantùm, ac non etiam hæreticorum fautores defensoresque damnentur.

At Patres Honorium excusare potuissent[2]: debuissent quærere bonone animo, an malo scripserit: denique an non hæc qualiacumque recantarit.

Quid autem? An ut illi parcerent, ejus epistolas intactas relinquerent, quarum auctoritate novas subinde fraudes hæretici molirentur? Nempe Patres sextæ synodi tenebant epistolas toto Oriente vulgatas, quibus se hæretici maximè tuerentur : videbant rectam fidem, unâ cum errore proscriptam; de palinodiâ autem quid cogitarent, de quâ nihil audierant; nihil ad provincias commeaverat : nihil Romani etiam memorabant; et erat quod adhuc de Honorio quæreretur.

Nempe sexti concilii Patres, Bellarmini ac Baronii more, in Honorii epistolis reconditos sensus quærerent : faventem Sergio, ac veritati per Sophronium prædicatæ obstrepentem, exquisitis distinctiunculis excusarent: si infallibilem cogitassent.

Jam ut strictiùs de falsitate agamus, Græcos hujus auctores esse volunt; scilicet, ut tot inter à synodo damnatos patriarchas suos, vel unum Papam cernerent, id fuisse solatio; atque hujus rei gratiâ, non tantùm eos, qui in Oriente erant, sed omnes quotquot per orbem vulgati, libros corrupere, atque Honorii infarsere nomen. Hæc quidem probari, non autem jactari oportebat. Sed esto; admittamus fabulam. Leonis II duas epistolas latinè conscriptas totoque Occidente vulgatas, quis confinxit Græcus? quis Honorii nomen inseruit? quis ad hoc flagitium perpetrandum, Italiam atque Hispaniam ex ultimâ Græciâ penetravit? An Latini quoque ad eam falsitatem cum Græcis consensere? Ludibria quidem, non responsa ista sunt : prorsusque conclamata causa est, quam talibus figmentis defensam oporteat.

An fortè Leo II ipse deceptus est, falsaque ad eum synodi sex-

Baron., an. 681, tom. VIII. — [2] *Ibid.*, p. 550.

tæ Acta perlata sunt; neque à Legatis didicit quid rerum in tantâ synodo super Honorii nomine gestum esset? Quis insula commenta, ac malè cohærentem fabulam ferre possit?

Jam rogo falsane omnia in sextâ synodo, quæ de Honorio memorantur; neque Maracius Antiochenus Monothelitarum princeps, patrocinantem sibi jactavit Honorium actione VIII; neque Honorii lectæ sunt epistolæ actione XII et XIII; neque de his quæsitum aut judicatum quidquam, actione XIII et XVIII. Cui autem falsario adversùs œcumenicam synodum in totius orbis conspectu tanta licuere? Si autem Honorii epistolæ, verè ab hæreticis laudatæ in sanctâ synodo verè lectæ, verè examinatæ sunt et in gesta relatæ, quid egisse finges synodum? Tacuisse, neque quidquam decrevisse post tantos apparatus? Absurdum. Probavisse? Absurdius. Quis enim id unquam somniavit? Condemnavit ergo eas synodus, neque ullum effugium est.

Vide autem adultera manus quid potuisse visa sit Baronio. Nempe si ei credimus[1], Theodorus ille Constantinopolitanus in sextâ synodo est condemnatus, cùm hujus in Actis synodi nulla sit mentio. Damnatione Honorii oppleta omnis pagina est : at Baronius eum condemnatum negat. Theodorus ille et contra se gesta erasit, et contra Honorium gesta inseruit : quidquid libuit, sustulit; quidquid libuit, infarsit : Leonis quoque II credo corrupit epistolas : omnia successere; fraudis vestigium nullum. Et quidem Baronius tanquam scelere deprehenso, annum falsationis assignat eum, qui post synodum consequatur[2] : pertractum in sceleris consortium Imperatorem ipsum, catholicum licèt, ut synodum, se auctore ac defensore gestam, ipse corruperit. Idem Baronius (mirum) de falsandâ synodo ad Imperatorem habitam artificis orationem refert integram, quæ duas impleat paginas : quasi Theodorus res in tantæ synodis luce gestas, recente memoriâ, post annum vix expletum, obstupefactis Patribus et Legatis atque emortuo orbe, æterno silentio sepelire se posse confideret? Hæc Baronius : quo teste, quo indice? Nullo : nisi quòd non aliis suffulta machinis, concepta sententia stare possit.

Grave quidem nobis est, hæc de Baronio, viro maximo, me-

[1] Baron., an. 681, tom VIII, 551, 552. — [2] Ibid., an. 682, p. 665, 666.

morare; sed potior veritas : atque *Annales Ecclesiasticos*, tantum opus, ab ipso auctore, dum partium studiis abripitur, his figmentis dehonestatos esse nemo non doleat. Neque nos hæc primi memoramus : alii viri doctissimi præiverunt, ac nuperrimè Christianus Lupus[1] totam falsi suspicionem tot argumentis elisit, ut nullus dubitationi supersit locus. Verùm alibi memorata [2] hîc prætermittimus.

At enim ex synodo sextâ constat corruptam fuisse à Monothelitis synodum quintam et Acta Vigilii et Patrum libros [3]. Factum: at constat etiam falsitatem statim fuisse convictam; Patresque orthodoxos adversùs impostores omnino vigilasse. At post tantam falsitatem, quantam comminisceris, novem sæcula dormierunt.

Quid autem Bellarmino prodest[4], Leonis Magni epistolas et alia multa à Græcis quibusdam fuisse corrupta, cùm ea Acta ad nos haud minùs integra pervenerint? Aliud enim est à Græcis quibusdam, codices aliquot; aliud, omnes codices, quotquot per orbem terrarum erant, communi consensu fuisse corruptos. At enim, inquit ille, teste Gregorio, «Latinorum codices veraciores sunt quàm Græcorum : quoniam Romani, sicut non acumina, ita nec imposturas habent[5]. » Esto : quid tandem respondebunt, cùm ad latinos codices provocabimus? Nempe in latinis codicibus, latinas Leonis II epistolas legimus, quæ Græcis quoque codicibus fidem præstent. Tantine igitur est, non errasse Honorium, ut eâ gratiâ Latinorum æquè ac Græcorum etiam fidem suspectam habeamus?

Cæterùm vir doctissimus ac religiosissimus Franciscus Combefis, è Prædicatorum Ordine, sacræ theologiæ professor, cùm omnia Baronii argumenta invictis argumentis confutavit[6], tum verò ea gesta protulit, quæ si Baronio videre contigisset, haud equidem puto hanc falsi actionem tantâ confidentiâ suscepturum fuisse.

Is igitur edidit Agathonis diaconi orationem scriptam triginta

[1] Christ. Lup., *Diss. in* VI *syn.*, c. VI, tom. II, p. 858. — [2] Vid. *Diss. præv.*, n. LVI. — [3] Vid. Baron., an. 681; et *Conc.* VI, *act.* VIII, col. 753; et *act.* XII, col. 917. — [4] Bell. *de R. P.*, lib. IV, c. XI. — [5] Greg. Mag., lib. VI, *Epist.* XIV, *ad Nars. Comit.*, tom. II, col. 803. — [6] Vid. *Hist. Monoth. P.* Comb., edit. Paris, 1648, sub hoc tit. *Auctuarium Bibl. Patrum*, tom. II.

ferè annis post sextam synodum, Philippici Bardanis tyranni temporibus: cujus actionis hoc initium est : « Peccator ego, et omnium minimus Agatho, indignus diaconus ac sanctissimæ hujus magnæ ecclesiæ scriniorum custos, venerabilisque patriarchalis secreti protonotarius, et secundus cancellarius, ante duos et triginta plus minùs annos juvenili adhùc ætate Lectorum ordini accensus ac inutilis notarius agens, sanctæ huic et universali sextæ synodo operam commodavi, universa in eâ mota quæsitaque ordine assectatus..... Omnes porrò tomos Actorum præfatæ synodi mundo codice propriâ ipse manu, ecclesiasticis litteris (a) consignavi, qui et sub signaculis, una cum fidei definitione, quam sancta eadem synodus palam edidisset, Patrum subscriptione munitâ, in imperatoris palatio fuerunt repositi ac tutò servati : quin et quinque patriarchalibus sedibus tradita, definitionis ejusdem, eâdem Patrum subscriptione munita exemplaria, eodem conscripsi modo, jubente piæ recordationis imperatore Constantino ac si fieri præcipiente; quò fidei orthodoxæ sinceritas atque veritas nullis pateret insidiis [1]. »

Cùm postea memorasset, quid Philippicus Bardanes tyrannus pro Monothelitis molitus esset, addit : nec voluisse eum ingredi regiam, quoad sextæ synodi imago inde dejecta est ; subditque : « Id, inquit, suâ auctoritate decernens, ut Sergii Honoriique, ac cæterorum pariter ab eâdem sanctâ œcumenicâ synodo ejectorum, ac anathemati subjectorum nomina, in sacra sanctissimarum Ecclesiarum dyptica, præconio publico rursus referrentur, eorumque per loca imagines restituerentur [2]. »

En pro Honorio quid hæretici faciant, quid catholici attestentur : en qui acta conscripserit testis adducitur. Quid plura desideramus? An adhuc Græcos omnes, etiam pios et orthodoxos, et sextæ synodi studiosissimos, sextæ synodi falsatæ argui placet? Nimiùm profectò hæc prava sunt; sed tamen audiamus in quo Bellarminus et Baronius vim faciant.

---

[1] Vid. *Hist. Monoth.* P. Comb., edit. Paris, 1648, sub hoc tit. *Auctuarium Bibl. Patrum*, tom. II, p. 199. — [2] *Ibid.*, p. 203.

(a) Illic Agatho significare videtur scriptionis genus quoddam, elegantius et nitidius illo, quo in actis vulgaribus uti solebant descriptores. (*Edit. Leroy*)

CAPUT XXVII.

Potissimum argumentum falsitatis ex Agathonis epistolâ ductum : quàm vanum illud sit : Agatho et Leo II inter se componuntur : etsi Honorius de fide pravâ docuerit, haud minùs Ecclesiæ Romanæ permanere inconcussam fidem.

Nempe ex Agathonis ad Constantinum Pogonatum epistolâ, hæc proferunt, quæ palmaria esse putant: « Apostolica Petri Ecclesia nunquam à viâ veritatis in quâlibet erroris parte deflexa est.... Nec hæreticis novitatibus depravata succubuit, sed ut ab exordio fidei christianæ percepit ab auctoribus suis apostolorum Christi principibus, illibata fine tenùs permanet, secundùm ipsius Domini Salvatoris divinam pollicitationem : *Petre,* inquiens, *ecce Satanas* [1], etc. Consideret itaque vestra tranquilla Clementia, quoniam Dominus et Salvator omnium, cujus fides est, qui fidem Petri non defecturam promisit, confirmare eum suos Fratres admonuit : quod apostolicos Pontifices, meæ exiguitatis prædecessores, confidenter fecisse semper, cunctis est cognitum [2]. »

Hæc verò epistola, ut ait Bellarminus [3], à toto concilio probata est, actione VIII et XVIII, ubi dicunt Patres, non tam Agathonem quàm Petrum per Agathonem locutum. Ergo ex eâ epistolâ Honorius quoque confirmavit fratres in verâ fide. Non ergo hæreticus, neque ei anathema dictum à sanctâ synodo, quæ Agathonis epistolam recepisset; atque omnino synodum falsatam esse oportet.

Tantam vim inesse putat in illis verbis, quibus apostolici Pontifices *semper* Fratres suos confirmasse memorantur. Omnesne ad unum? Atque ut hîc alios omittamus, etiamne Liberius, quo tempore nicænam infirmabat fidem, Athanasium fidei pugilem communione repellebat, Arianos omnes habebat pro orthodoxis, et cum Constantio persequebatur Ecclesiam? Prorsus nec illa tempora excipienda sunt, si *semper* illud strictè valeat. Sed ut in

---

[1] *Luc.*, XXII, 31, 32. — [2] *Ep. Agat. ad Const. Imp.* in act. IV conc. VI, col. 636. — [3] Bell., *de Rom. Pont.*, lib. IV, c. XI.

Honorio jam figamus gradum, rogo, tantisper sextam synodum omittamus, rem ipsam attendamus. Falsata sanè sit synodus; non credo, non sentio, non fero : falsata tamen sit, quàm maximè eâ parte quâ litteras Honorii damnat. Certè ipsæ litteræ verè ab Honorio scriptæ, quas ut ab eo scriptas et Joannes IV Honorii successor [1], et sanctus Maximus [2], et sancto Maximo teste, ipse ipse Honorii secretarius (a) defensabant; neque Baronius aut Bellarminus negant, imò ex earum fide maximè tuentur Honorium. Damnatæ ergo non fuerint, neque earum auctor, non eo profectò meliores, si judicium effugissent. At si id ad extremos apices verum est, quod Agatho prædicat, à suis *prædecessoribus*, etiam ab Honorio, ut vis, *Fratres episcopos in verâ fide semper fuisse confirmatos :* ergo Honorius fratros in verâ fide confirmabat, tum cùm duas voluntates et operationes à *prædicatione fidei* eximebat : confirmabat in fide Sergium Patriarcham, tum cùm scriberet, *ut unius vel duarum operationum novæ adinventionis vocabulum refutaret,* atque unà cùm hæresi orthodoxæ quoque fidei confessionem novitatibus accenseret : confirmabat in fide, tum cùm *unam vel duas voluntates sentire vel promere ineptum* pronuntiabat : quasi vel utrumque adversari, vel saltem de utroque dubitare vera ratio cogeret : confirmabat in fide Sophronium Hierosolymitanum, tum cùm duas operationes ex Patrum regulâ vel maximè asserentem, ita deterrebat, ut ab eâ voce discessurum eum, illius quoque Legati *instantissimè pollicerentur* [3] : adeo rem urgebat Honorius. *Pacis causâ*, inquies : falsæ quidem pacis, et meritò à Patribus detestatæ, ut suprà docuimus. An verò pax id quoque cogebat, ut *ineptum* et *novum* diceret, quod sapientissimum, quod antiquissimum, quod semper in Ecclesiâ prædicatum esse constaret ? Sed alio sensu, inquies, et ipsâ quæstione nondum intellectâ; et tamen interrogatus à tribus patriarchis et utrâque auditâ parte. Nam et Sergium ac Cyrum hæreticos, et Sophronium maximè orthodoxum audiebat; quos tamen interrogantes adeo non confirmabat in verâ fide, ut et à veræ fidei, quæ utique certa neque

---

[1] Joan IV *Apol. ad Const. pro Honor.*, tom. XII *Bibl Patr.*, p. 835 et seq. —
[2] *Disp. Max. cum Pyrr.*, tom. V *Conc.*, col. 1814, 1815. — [3] Vid. sup., cap. XXII, LXIII.

(a) Joannes Abbas nuncupatus. (*Edit. Leroy.*)

ambigua est, professione averteret. At nullo dato anathemate : quasi in damnando solùm, non etiam in probando ecclesiastica vigeat auctoritas. Quid autem juvat nullum anathema pronuntiatum ab eo esse, qui vel hinc maximè in culpâ erat et officio deerat, quòd eo in discrimine positus, anathema suspendisset, remque certam ac firmam in dubio reliquisset? At ut privatus homo; verum utcumque est, quamcumque Honorius personam induerit, certè interrogatus à tribus patriarchis, tot ac tantarum Ecclesiarum Patribus atque Doctoribus, in eo articulo versabatur, ut vel eos in fide confirmaret, vel officio deesse cogeretur : non autem confirmavit, quos in ruinam impulit, vel certè fluctuare fecit : ergo officio defuit.

At enim Agatho, cujus epistolam suscepit sacra synodus, eum defensare voluisse videbatur. Obliquè certè, ut vidimus, non clarè et apertè. Suscepit autem sacra synodus fidem Agathonis, non quæcumque de Honorio obliquè et occultè ingerebat. Ac ne quid Agathoni Patres derogasse viderentur, id etiam scripsere ex ejus sententiâ damnatum Honorium, quem in Sergio ac similibus proscripsisset.

At qui tantùm Agathoni deferri velit, Honorium obscurè et obliquè excusanti, audiat Leonem II, clarè et apertè ex sacræ synodi præscripto condemnantem : « Anathematizamus, inquit, etiam Honorium, qui hanc apostolicam Sedem, non apostolicæ traditionis doctrinâ lustravit, sed profanâ proditione immaculatam fidem subvertere conatus est [1]. » Et ad Hispanos quidem mitiùs, sed tamen tremendâ voce : « Æternâ damnatione mulctati sunt, Sergius, Pyrrhus, etc., cum Honorio, qui flammam hæretici dogmatis, non ut decuit apostolicam auctoritatem, incipientem extinxit, sed negligendo confovit [2]. »

Nempe his epistolis victus Baronius, optat falsas, non probat. Nunc Agatho et Leo stent simul : ille ante synodum habitam Honorium utcumque purgare conatus : hic post synodi sententiam, non modò abstinendum ratus ab excusando eo, verùm etiam arbitratus, debito anathemate percellendum. Ac si tantos Pontifices

---

[1] *Epist. Leon. II ad Imp.*, tom. VI *conc.*, col. 1117. — [2] *Ejusd. epist. ad Hisp.*, *ibid.*, col. 1246, 1247.

etiam super Honorii nomine conciliare nos oportet, Agathonem, quo præside synodus inchoata est, et Leonem, quo probante firmata; tu sanè, quisquis es, qui Bellarminum sequeris, conciliare non potes Agathonem dicentem, ut quidem interpretaris, ab Honorio quoque præicatam esse et confidrmatam fidem, cum Leone dicente, ab eodem Honorio non fuisse *lustratam*, sed fuisse *proditam*. Nos facilè componimus omnia. Petro enim imperatum, ut confirmaret Fratres, et Agatho dicit, et Leo fatebitur : id ergo ad pontificium munus pertinere, uterque prædicabit; et nos sanè cum iis maximè prædicamus. An verò certum sit eo semper officio functos, Agatho quidem id asseruisse videtur, Leo verò Honorium vehementissimè officio defuisse. At illius generale, cum hujus peculiari dicto, facilè cohærebit. Dictum enim Agathonis non ad strictos apices exigendum, sed civiliter intelligendum esse dicimus : et *semper* ideo dictum, quòd plerumque id factum sit; quòd unius culpa Pontificis, aliorum statim operâ sarciatur, nihilque detrimenti patiatur fides. Solemus enim homines magna et illustria et consueta sectari, quod rarum fuerit et statim mutatum, nullâ rerum conversione memorabili, nec factum cogitamus. Ita quidquid ab Honorio peccatum est, id sanctus Severinus Honorio proximus; id sanctus Joannes IV sanctusque Theodorus, Martinus, Eugenius, Vitalianus, Adeodatus, Donus, Agatho, Honorii successores cumulatissimè rependerunt, ut officio defuisse Honorium Ecclesia Romana vix senserit. Hinc « Ecclesiam Romanam non fuisse depravatam, neque errori succubuisse, sed in fide mansisse. » Agatho prædicavit, et nos confitemur; neque in Petri Sede visos esse Sergios, Pyrrhos, Paulos, Petros, Theodoros, sibi mutuò errorem quasi hæreditarium cum sede tradentes, neque Romanos Pontifices sibi invicem succedentes, à fidei unitate abruptos fuisse. Quòd si Honorius vel pejora ausus esset, non Romana propterea succubisset fides, sed eum ut mortuum Ecclesia projecisset, et ex Ecclesiâ Romanâ Pontifex catholicus surrexisset. Quæ si consideremus, et Agathonem cum Leone componamus, tum demum intelligemus, quid sit illud immotum, quod in Sede Petri omnes catholici veneremur. Quare ut hanc disputationem aliquando concludamus, hæc certa comperimus,

Honorium de fide à tribus patriarchis ritè interrogatum pessima respondisse :

A sextâ synodo anathemathe condemnatum :

A Romanis Pontificibus ante supremam synodi sententiam excusatum, post eam sententiam eodem anathemate esse damnatum :

Bellarminum ac Baronium conversos ad fabulas, quòd Honorium defensuris nihil aliud auxilii suppetebat.

CAPUT XXVIII.

Quæstio de Honorio concluditur; atque, utcumque illius res se habent, invictum manet ex his petitum argumentum.

Addimus et id frustra esse, quod Bellarminus ac Baronius tanto molimine adstruere pergunt. Esto enim falsata sint omnia ; tamen, te fatente, à secutis Pontificibus, à septimâ deinde et octavâ synodo vera sunt credita. Credita ergo à Pontificibus ; credita à conciliis ; credita ab omnibus ; credita, inquam, de Pontifice, quæ tanto molimine ne credantur caves.

Sagacissimus Bellarminus id vidit [1], nec negavit : creditum, inquit, de Pontifice, ut homine privato. Quin tu igitur eo gradu consistebas ? Quid Actorum fidem tam inani operâ sollicitatam oportebat ? Nempe responsio de Papâ, ut homine privato non satisfaciebat animo, cùm certum illud maneret, à synodo sextâ generali fuisse judicatum, Papam, ab Ecclesiis de fide interrogatum, apostolico officio defuisse ; neque confirmasse, sed impulisse Fratres, seseque cum eis in præcipitium conjecisse.

Hæc mente complexi synodos ac Pontifices Bellarmino ac Baronio, summis licèt viris, facilè anteponemus. Quòd verò Anastasius Bibliothecarius sextæ synodi decreta improbat [2], eaque pro Honorio audet, quæ nec Romani Pontifices ausi erant, contemnemus quidem : sed interim intelligemus, nullam aliam viam tuendo Honorio patuisse. Neque enim cogitabat illud, aut Roma-

[1] Bell., loc. jam sæpe cit. — [2] Anast. Bibl., *Epist. ad Joan. Diac*, tom. XII *Bibl. Patr.*, p. 333.

num Pontificem pro privato egisse, qui tot patriarchis de fide quærentibus responderet; aut ejus epistolas non fuisse dogmaticas, qui sciret plerasque alias non alio ritu modoque esse scriptas : neque levia illa aut minuta proferebat, in quæ nunc se conjiciunt, sed perfrictâ fronte Honorium tuebatur; quem si quis auctorem sequi malit, nec sic effugiet; manetque semper illud, fuisse creditum Romanum Pontificem, ritè de fide interrogatum, docendo patriarchas, respondendo Ecclesiis, pessima ac meritò damnanda respondisse, eamque sententiam ab œcumenicâ synodo promulgatam; secutos Pontifices, secuta concilia æquè œcumenica consensisse.

Jam si Anastasius, ac post eum Bellarminus, ne quid intentatum relinquerent, de litteris Honorii subdubitare voluisse visi sunt [1], quid nostrâ? Cùm eas à Joanne IV defensas, atque in sextâ synodo græcè et latinè lectas, et cum authentico diligenter collatas, ac pro veris agnitas ac damnatas esse constet [2]; idque præsentibus et nihil contradicentibus, imò consentientibus ac subscribentibus Sedis apostolicæ legatis. Et ii quidem, cùm Vigilio papæ falsa decreta imputarentur, falsum arguerunt, calumniam propulsarunt; pro Honorio nihil hiscunt. Quin ipse Anastasius, ipse Bellarminus, non modò admittunt epistolas, verùm etiam asserunt, vindicant, ex iis maximè tuentur Honorium, quod item Baronius factitavit [3]. Nec mirum varios fuisse ac trepidos, qui tot undique coarctati argumentis, quo loco pedem figerent, non haberent. Sed eorum commenta dudum non plus æquo distinent.

---

[1] Anast. et Bell., loc. cit. — [2] Vid. *conc.* VI, *act.* XII et XIII. — [3] Anast. et Bell., loc. cit.; Bar., an. 633; tom. VIII, p. 317 et alibi pass.

CAPUT XXIX.

Patres Toletani concilii XIV, synodum VI pro œcumenicâ non habent, eò quòd Hispani ad eam vocati non essent; neque eam probant nisi facto examine, tametsi à Leone II probatam constitisset.

Unum jam superest de sextâ synodo memorandum, imò memoratum [1], et jam perstringendum paucis. Hispani occidentali concilio, ab Agathone collecto, nulli interfuerant, neque synodum sextam noverant, neque etiam ad eam vocati erant. Itaque Leo II ad eos scribit epistolam eam quam sæpe memoravimus; *simul definitionem sanctæ synodi, et acclamationes* mittit; Acta *quoque totius concilii directurus, si ipsis delectarentur* [2]. Quæ cùm omnia recepissent, sub Benedicto II, Leonis successore, et Ervigio Rege, placuit Toleti congregari totius Hispaniæ *generale concilium* (a), ut ea gesta ab omnibus regni conciliis et provinciis probarentur. Decretum fit in hæc verba : « Gesta synodalia, et cum gestis quoque Leonis antiquæ Romæ pontificis invitatoria epistolaris gratiæ consulta suscepimus, per quæ omnis ordo gestorum gestaque ordinum dilucidè patuerunt. Quâ epistolâ Præsules Hispaniæ invitati erant, ut prædicta synodalia instituta, nostri vigoris manerent auctoritate suffulta [3]. » En perspicuis verbis hispaniensium Præsulum requisita auctoritas. Postea : « Placuit proinde satisfacientes Romano Pontifici: ea ipsa gesta firmare. » Et paulò post : « Ut utraque operum gesta (b), et syno-

[1] Vid. *Diss. præv.*, num. LVII, LVIII, p. 317; et sup. hoc lib., c. XXVI. — [2] *Epist.* II *Leon.* II, tom. VI *Conc.*, col. 1246, 1247. — [3] *Conc. Tolet.*, XIV, c. I et II, tom. VI *Conc.*, col. 1279, 1280; *ibid.*, c. IV, col. 1281.

(a) Non congregavit Ervigius generale concilium, sed in unâquâque provinciâ particulares synodos. Placet hîc exscribere ipsa verba concilii Toletani XIV, c. I, col. 1279. « Princeps Ervigius... hoc dedit speciale edictum, ut quia... sicut oportebat... generale concilium fieri varia adversitatum incursio non sineret, saltem adunata per provincias concilia fierent ; et si quidem hîc primùm à nobis in urbe regiâ synodus ageretur, deinde in singulis quibusque provinciis singulare haberetur concilium, quo, quidquid hîc actum per toletanam synodum, reliqui primarum sedium præsules... per discreta provinciarum suarum concilia observarent. » (*Edit Leroy.*) — (b) Hispanis Pontifex primùm miserat sextæ synodi definitionem fidei et *Prosphoneticon*, deinde acta integra ; et hoc est, ut videtur, quod dicunt Patres toletani. (*Edit Leroy.*)

dico dirigantur examine, et discretâ conciliorum fulciantur auctoritate. » Idque fieri volunt, « postquam, ut aiunt, synodicâ iterum examinatione decocta, vel communi conciliorum omnium judicio fuerint comprobata[1]. » Denique : « Dicta gesta cum antiquis conciliis conferentes, ea ipsa gesta probavimus.... et ideo supradicti Acta concilii in tantùm à nobis veneranda sunt et recipienda constabunt, in quantum à præmissis conciliis (Nicæno et aliis) non discedunt[2]. » En deliberatio ; en examen exactum ad certam regulam, ad Patrum scilicet et antiquorum conciliorum fidem ; et post illud examen, neque aliter, gesta *firmata*. Quid ampliùs ?

Nimis probas, inquiunt ; neque enim Pontificis tantùm, sed synodorum universalium decreta, particularibus synodis examinanda subjicis. Facilis solutio. Universalium conciliorum, quæ ut talia sint agnita, doctrinam ac fidem, nemo unquam examini aut retractationi submisit ; hispani autem Patres minimè agnoscebant ut universalem hanc synodum, quam nec audierant, ad quam nec vocati erant. Unde nunquam vocant universalem synodum, sed aiunt : « Ad se perlata gesta synodalia, quibus Constantinopoli, Constantino pio Principe mediante, magna et sublimis copia aggregata Pontificum[3] : » et consideranti, tota gestorum series indicabit, graviter tulisse Hispanos, quòd vocati non essent. Quin etiam toties iteratâ examinis mentione, cavisse videntur, ne quis existimaret concilii talis, quasi universalis auctoritate teneri Hispaniam, tantam Ecclesiæ partem, etiam non vocatam. Cùm autem synodum ut œcumenicam nollet agnoscere, tamen de Sedis apostolicæ sententiâ nulli dubitabant, quam et Agathonis et Leonis epistolis expressam legerent. Disertè enim Leo concilium sextum, uti alia quinque, *universale* vocabat, et lata in synodo sextâ anathemata iterabat, ut suprà vidimus. Quare agnitum quoque Pontificis Romani de fide decretum examini subdunt, et legitimâ cognitione comprobant ; nec verentur dicere, à se quoque *firmari* : tantùm auctoritatis ipsi unitati, et communi consensioni inesse intelligebant.

Eâdem ratione Franci nostri, et Carolus Magnus ac Ludovicus,

[1] *Conc. Tolet.* XIV, c. V. — [2] *Ibid.*, c. VI. — [3] *Ibid.*, c. II, col. 280.

verè christianissimi Imperatores, septimam synodum de sacris imaginibus, recipere ut œcumenicam diutissime recusarunt; quòd ad eam nullo modo vocati essent. Sed jam operæ pretium est, ut ejus synodi Acta referamus.

CAPUT XXX.

Synodus Nicœna II, seu generalis VII, more antecedentium synodorum, de Adriani I litteris quœstionem habet : locus egregius, quo eadem synodus docet vim illam ineluctabilem, in Ecclesiœ catholicœ consensione esso positam.

Cum Adrianus I veram de colendis κατὰ σχέσιν, seu relativo cultu, Christi et Sanctorum imaginibus doctrinam, septimæ synodo per litteras, more priorum Pontificum, exposuisset; Patres quoque, more majorum, eas litteras synodice examinarunt. Lectis enim epistolis duabus [1] sancti Pontificis, alterâ ad Imperatorem, alterâ ad synodum (a), quæsitum ita est per Legatos apostolicæ Sedis : « Dicat nobis sanctissimus patriarcha Tarasius Constantinopolitanæ urbis episcopus, si consentiat litteris sanctissimi Papæ, senioris Romæ? » Rogatus in eam formam Tarasius, consentire se profitetur : « Nam et ipsi nos, inquit, scrutando Scripturas et syllogisticè approbando rimati sumus : sic quod confessi sumus, confitemur et confitebimur; consonamus et vim lectarum litterarum confirmamus [2]. » Supplendum ex græco post illud: *Scripturas rimati*, hoc quoque : *Et patriis doctrinis docti*, quod etiam vulgata et antiqua versio retinebat.

Patet ergo à Tarasio ita approbatas Adriani epistolas, quòd rem ipse perpendens, eas Scripturis, traditioni, eique, quam ipse ab antiquo hauserat, fidei conformes esse senserit factâque inquisitione intellexerit : post quæ Tarasii verba, « sancta synodus dixit : Tota sacratissima synodus ita credit, ita sapit, ita dogmatizat. » Quibus verbis tota synodus se Adriano auctori, ac Tara-

---

[1] Epist. Adr. I *ad Imp. et ad Taras..* act. II *Conc.* VII ; tom. VII *Conc.*, col. 99 et seq., 122 et seq. — [2] *Ibid.*, col. 127.

(a) Sive potiùs ad Tarasium Constantinop. (*Edit. Leroy.*)

sio ex intellectâ ac perpensâ ratione approbanti, consentire declarat. Atque, ut res constaret clariùs, à Legatis apostolicis synodus interrogata est, in hanc formam : « Dicat nobis sancta synodus, si admittat litteras sanctissimi Papæ senioris Romæ, an non ¹ ? » Quod de re exploratâ, deque irreformabili judicio quæri, neque recta ratio neque fides sinit. Ad eam rogationem sancta synodus dixit : « Sequimur et suscipimus, et admittimus. »

Unde, rebus summâ attentione perpensis, fit definitio synodalis, non unius Romani Pontificis, sed totius Ecclesiæ catholicæ consensu et auctoritate nixa : cujus definitionis initium (*alibi relatum* ², *hic retexere non est necesse ; quo docet sancta synodus in eo vim esse*) ecclesiastici judicii; ut nihil innovetur; ut quæ communi traditione perlata sint ad nos, communi consensione ac decreto firmentur : unde addunt : « Nihil adimimus, nihil addimus (communi et universali traditioni scilicet), sed omnia quæ catholicæ sunt Ecclesiæ immutilata servamus ³. » Quibus positis sic concludunt : « Quæ cùm ita sint, regiæ viæ semitis inhærentes, sequentesque divinitùs inspiratorum sanctorum Patrum nostrorum magisterium, et Ecclesiæ catholicæ traditionem, quippe quam esse noverimus Spiritûs sancti, qui ipsam inhabitat, definimus in omni certitudine ac diligentiâ, » etc. Ut profectò appareat summam illam et ineluctabilem certitudinem in Ecclesiæ catholicæ consensione, imò in Spiritûs sancti universam Ecclesiam docentis magisterio esse positam; quod habebamus demonstrandum. Igitur sanctæ septimæ synodi, post Romani Pontificis lectam definitionem, inquisitio, confirmatio, judicium sic se habet.

¹ Epist. Adr. I *ad Imp. et ad Taras.*, act. II Conc. VII ; tom. VII *Conc.*, col. 130 — ² Vid. *Diss. præv.* n. LXII. — ³ Act. VIII, col. 554.

CAPUT XXXI.

Galli synodum VII seu Nicænam II, Adriano præside habitam, pro œcumenicâ non habent, eo quòd ad illam nec ipsi, nec alii Occidentales vocati essent : egregius eâ de re Jacobi Sirmundi locus : romanorum Pontificum de Gallis sententia.

Cur autem patres nostri Ecclesiæ gallicanæ præsules ejus synodi decretis repugnarent, causa erat, non quòd de synodi œcumenicæ auctoritate dubitarent, sed quòd Nicænam secundam, ad quam vocati non essent, pro œcumenicâ non agnoscebant; imò in Francofordiensi synodo, ex Galliæ ac Germaniæ Ecclesiis congregatâ, præsentibus etiam Romanæ Ecclesiæ legatis, respuebant [1] : quod, quia maximè ad rem nostram spectat, diligentissimè considerare nos oportet.

Sanè quod ad rem ipsam spectat, hoc est imaginum cultum, non est animus majorum nostrorum sententiam tueri; quippe quos intelligamus, cum ipsis Nicænis Patribus, facilè convenire potuisse, si, quod postea factum est, sua ipsorum dogmata satis attendissent. De synodi autem Nicænæ auctoritate, quod hujus loci est, placet adscribere verba egregii viri Jacobi Sirmundi, in admonitione ad canonem II concilii Francofordiensis. « Quod, inquit, ad synodi nomen attinet, in promptu habent Galli quo invidiam depellant. Constat enim sic in hâc quæstione versatos esse, tum Synodi Francofordiensis, tum Carolini voluminis auctores, ut sibi, non cum œcumenico concilio, sed cum peculiari Græcorum synodo, rem esse contenderent. Ita enim passim in libris illis profitentur, queruntur que propterea, illam sibi aut universalis, aut septimæ synodi nomen arrogare, cùm œcumenicam dici posse negarent, ad quam soli Græci convenissent, reliquarumque provinciarum Ecclesiæ convocatæ, aut sententiam per epistolas, more ecclesiastico, rogatæ non fuissent. Et quidem si rem suis momentis expendamus, satis omnino causæ videbatur, cur synodum, cui tot adhuc provinciarum, ac totius penè

[1] *Conc. Francof.*, can. II tom. VII, col. 1057.

Occidentis suffragia deessent, pro œcumenicâ nondum haberent. Nec Adrianus ipse aliter se sentire ostendebat, qui allatam è Græciâ synodum (ut Hincmarus eodem loco docet) in Galliam misit; conciliumque ejus causâ convocari à Carolo jussit, et libris Carolinis, quibus oppugnata est, ita respondit, ut œcumenicæ synodi nomen illis auctoritatemque nusquam objiciat[1]. » Hæc Sirmundus, vir maximus, pro Gallis notris, de synodi Nicænæ secundæ auctoritate respondet.

Neque tantùm concilii Francofordiensis tempore Nicænam secundam synodum respuebant, cùm ejus Acta ignorarent ferè, sed etiam toto Caroli Magni regno, ac diutissime postea.

Constabat interim Romanos Pontifices in eamdem cum Nicænâ secundâ synodo ivisse sententiam, atque ab Adriano editam eâ de re, ac missam ad synodum epistolam decretalem, cui synodus consensisset.

Agitata postea res est, missis ultro citroque scriptis; editique libri adversùs Nicænam synodum, qui ex Caroli nomine, *Carolini* appellantur. His responsum est ab ipso Adriano pro Nicænis dogmatibus: neque eo secius nostri cum Carolo Magno in sententiâ perstitere.

Neque interea pro hæreticis aut schismaticis habebantur, qui de re maximâ, nempe de interpretandis primæ tabulæ præceptis dissentirent, quia bono animo rem quærere, non pertinaci studio contendere videbantur. Et Carolus Magnus cum Adriano I, non tantùm religionis obsequio, sed etiam singulari atque intimo amicitiæ vinculo conjunctissimus vixit; et interim à Leone III sæpe ad auxilium invocatus, et imperiali coronâ fuit insignitus: adeo quæ ad fidem spectare viderentur, non in unius Romani Pontificis auctoritate, sed in Ecclesiæ universæ consensione posita esse constabat.

Quin etiam imbibita nostrorum animis sub Carolo Magno rege sententia, sub Ludovico Pio hæsit.

Nempe sub eo principe de imaginibus conventus habitus est Parisiis, cujus conventûs historiam, ex gestis, vir diligentissimus

---

[1] Hincm. *Epist. ad Hinc. Laud.*, c. xx. — [2] Sirmund., *Adnot. da can.* II *Conc. Francof.*; ibid., col. 1055.

Sirmundus six exponit : Venisse ad Ludovicum Pium, Michaelis ac Theophili Græcorum imperatorum legatos, atque inter cætera dissidium exposuisse, quod in Ecclesiâ orientali propter imagines versabatur; quas alii adorandas, alii non adorandas esse contenderent : eosdem Imperatorum legatos significasse se hâc de causâ Romam etiam ad Pontificem ituros : Ludovicum pacis componendæ studio à Pontifice poposcisse, ut ejus rei gratiâ Parisiis episcopi convenirent [1].

Ex hujus conventûs sententiâ, Ludovicus Pius scripsit epistolam ad Eugenium II, et Commonitorium ad Hieremiam senonensem, ac Jonam aurelianensem, suos ad Eugenium II legatos [2], ex quibus hæc habemus.

Primò : ab episcopis *Collectiones* factas *de libris sanctorum Patrum* easque ad Ludovicum perlatas : sic enim scriptum est in ipso *Commonitorii* initio [3].

Secundò : petitam fuisse licentiam ab Eugenio, hujus nominis II, ut episcopi eas collectiones facerent, quæ Papæ ad Græcorum consulta responsuro adjumento futuræ viderentur. Quâ de re sic scribit Ludovicus ad Eugenium II : « A Vestrâ Sanctitate petivimus, ut sacerdotibus nostris liceret, de libris sanctorum Patrum sententias quærere, atque colligere quæ ad eamdem rem, pro quâ iidem legati (Græci scilicet) vos consulturi erant, veraciter definiendam convenire potuissent. »

Tertiò : res igitur ita tractabatur, etiam Eugenii II consensu, ut quæ nondum ultimo atque irretractabili judicio definita est.

Quartò : hæc quidem ad Papam scripta sunt. At in *Commonitorio* episcopi jubebantur, ut rem quàm minimâ pontificii animi offensione tractarent. Verba *Commonitorii* sic habent : « Ut summoperè caveatis, ne nimis resistendo Domnum apostolicum in aliquam irrevocabilem pertinaciam incidere compellatis : sed obsequendo magis quàm apertè resistendo, ad mensuram deducere valeatis [4]. » Sic et Sedis apostolicæ dignitatem colebant, et cum Pontifice reverenter tractabant, et ab eo interim in quæstione fidei *irrevocabilem pertinaciam* metuebant.

[1] Sirm., *Præf. ad Conc. Paris.*, an. 824, tom. VII *Conc.* col. 1518. — [2] *Ibid.* et col. seq. — [3] Common. *Lud. Pii*: *Ibid.*, col. 1549. — [4] Common., *loc. sup. cit.*

Atque hæc acta sunt anno 824, post triginta annos quàm secunda nicæna synodus habita esset. Ac posteà Franci diutissime suam sententiam tuebantur. Interim cùm à tot romanorum Pontificum decretis recederent, haud minùs se in Ecclesiæ romanæ communione ac fide permanere gloriabantur : adeo dubia, necdum recepta communi consensu dogmata, à certis exploratisque secernebant. Neque romanam Ecclesiam, suis licèt Pontificibus cohærentem, errasse jactabant; quòd abesse putarent eam, quam ad extremum ab Eugenio metuebant *irrevocabilem pertinaciam*. Nec illis palam dissentientibus, concilii nicæni secundi, aut romanorum Pontificum, qui idem decrevissent, aut etiam concilium nicænum comprobassent, tanquam indeclinabilis objecta est auctoritas : quòd satis constaret, nec vocatos eos, et pro lege esset illud, à nicænâ quoque synodo positum fundamentum : « Communem fidem, communi consensu stabiliendam [1]. » Quare concilii septimi apud Orientales, re penitus inquisitâ, interse consentientes statim auctoritas valuit : apud nostros, rebus paulatim patefactis et consentientibus Ecclesiis, obtinuit : adeo et nostrorum animis inhærebat, et ipsi romani Pontifices fatebantur, illud à majoribus acceptum, fidei definitiones Ecclesiæ catholicæ consensu valere.

CAPUT XXXII.

Synodus VIII generalis, Constantinopolitana IV, æquè ac cæteræ de Romanorum Pontificum judiciis judicat : traditam sibi à Christo, ut et Romanæ Ecclesiæ ligandi ac solvendi potestatem agnoscit et exercet : post synodi judicium, nulla jam appellatio, nulla alia spes est.

Non est hîc prætermittenda generalis synodus octava, constantinopolitana quarta, sub Adriano II summo Pontifice, et Orientis imperatore Basilio. Etsi enim non de fide propriè, tamen agit de re maximâ, quæ fidem proximè attineat; de initio scilicet Photiani schismatis, totam conturbantis Ecclesiam et in ingens incendium erupturi.

[1] Vid. conc. VII, act. VIII, *defin.*

Quis Photius fuerit, quâ violentiâ Ignatium constantinopolitanum episcopum, virum sanctissimum, oppresserit et ejus locum invaserit, ut deinde à romanis Pontificibus compressus, condemnatus, anathematizatus fuerit : quâ audaciâ adversùs Ecclesiam romanam caput erexerit, omnes sciunt. De eo ejusque sectatoribus penitus amovendis quæstio habebatur, totaque adeo synodus in commandandâ Sedis apostolicæ auctoritate versatur.

Post lectam, actione III, et approbatam Adriani II epistolam, actione IV et V, leguntur Nicolai papæ, Adriani antecessoris epistolæ duæ; et Legati meritò contendebant, rem « ex multo tempore esse judicatam, neque à paternis definitionibus posse discedi. » Cæterùm, ad tollendam dubitationem omnem, lectis epistolis, synodum rogant : « Placetne vobis sensus iste, an non ? Et si quidem placet, talia sunt nostra et nostræ Sedis : quòd si apud vos non fuerint acceptabilia, nos tamen super montem excelsum synodi ascendemus, et exaltabimus in fortitudine vocem nostram, evangelizantes vobis, et consequentiam quæ facta est (id est, rei gestæ seriem processumque juridicum), et ore promulgata est sanctorum Patrum nostrorum à gratiâ Spiritûs sancti..... Ad hæc quid dicit sancta synodus? Sancta et universalis synodus exclamavit : Recipimus omnia, valde quippe sunt discreta et congrua et consona ecclesiasticis regulis [1]. » Ita sanctæ synodi accipiunt et sanctæ Sedis decreta, et monita legatorum, facto examine, ratione perspectâ.

Aderat sacro cœtui Basilius imperator, ad quem romani Vicarii, memoratis Nicolai I et Adriani II judiciis canonicis, hæc loquuntur : « Sanctissimus Adrianus nos famulos suos direxit in hanc urbem, ad manifestationem veri et justi judicii, in conspectu imperii vestri et sanctæ universalis synodi : ita ut non habeant vocem repedationis vel appellationis, sed quemadmodum jam judicati sunt et dejecti in sæculum maneant [2]. »

En tantùm per synodum universalem appellationis sublata spes omnis; neque à decreto resilire datur, sed fixa et æterna manet

---

[1] *Conc.* VIII, *act.* III; tom. VIII, col. 1011; *act.* IV, col. 1021; et *act.* V, col. 1029, *malè*, 1019; *ibid.*, *act.* V, col. 1042; *ibid.*, col. 1043. Vid. *Diss. præv* n. LXIII. — [2] *Ibid.*, col. 1056.

sententia. Quid ampliùs? Sic se habet ecclesiasticorum judiciorum ratio, non tantùm in fidei quæstionibus, sed etiam in iis quæ statum et pacem omnium ecclesiarum spectant.

CAPUT XXXIII.

Concluditur argumentum ab octo primorum conciliorum auctoritate repetitum : eorum Acta adversarii nec considerasse videntur : sancti Gelasii et sancti Gregorii locus de irretractabili ecclesiasticorum judiciorum auctoritate.

Eam traditionem deductam ab apostolis ad octo prima generalia concilia manasse vidimus. Quæ quidem octo generalia concilia totius christianæ doctrinæ ac disciplinæ fundamenta sunt; quorum prima quatuor, haud secus ac quatuor Evangelia, post sanctum Gregorium Ecclesia catholica venerata est [1]. Neque minor cæteris cultus, cùm eodem spiritu acta, parem auctoritatem obtineant. Quæ octo concilia, magno unanimique consensu, definiendi vim irrefragabilem, non aliâ in re, quam in Patrum consensione posuerunt. Inter quæ sex ultima romani Pontificis prolatam etiam de fide sententiam ad examen legitimum, Sede apostolicâ probante, revocarunt, quæstione constitutâ in hanc formulam : *Eane decreta rectè habeant, necne?* ut in Actis legimus.

Conticescant igitur Stapletonus et auctores in libello *Doctrinæ Lovaniensium* relati, atque eos secutus auctor anonymus *de Libertatibus gallicanis*, qui hæc pronuntiant contra gestorum fidem · « In istis conciliis omnibus, præjudicatam romani Pontificis sententiam, pro normâ et regulâ fidei habitam : » quodque idem est; « apostolicæ Sedis dogmaticam ad synodum epistolam locum habuisse plenæ atque irretractabilis definitionis [2]. » Quo uno testantur synodalia gesta nunquam à se attento animo,

---

[1] Greg. Mag., lib. I, *ep.* xxv, al. xxiv, *ad Joan. Constantinop.*, tom. II Oper., col. 515; et lib. III, *ep.* x, col. 632, et alibi passim. — [2] Vid. *Doct. Lov.* et *tract. d Libert.*, etc., lib. VII, c. iv et v.

sanove judicio esse perlecta : quippe quæ dogmaticarum epistolarum legitimam retractationem examenque contineant.

Non ita unquam synodi generalis judicium retractatum vidimus, sed omnes statim in obedientiam pronos : neque unquam cuiquam, post illud examen, inquisitionem novam fuisse concessam, sed intentatam pœnam. Sic Constantinus; sic Marcianus; sic Cœlestinus; sic Leo; sic alii omnes, quos in gestis vidimus. Hæc certa et inconcussa orbis christianus agnovit.

Huc accedit illud sancti Gelasii egregii Pontificis : « Bona synodus verèque christiana semel acta, nullâ nec potest, nec debet novæ synodi iteratione convelli. » Atque iterum : « Bona synodus, nulla causa est, cur aliâ debeat synodo retractari, ne ipsa retractatio ejus constitutis detrahat firmitatem [1]. » Sic stant irretractabilia, quæ ultimo et certo Ecclesiæ judicio constant. Convellitur enim illud Spiritûs sancti judicium, quoties iterato judicio retractatur. Tale autem est judicium à romano Pontifice prolatum, ut novo judicio retractatum fuerit. Non ergo est illud ultimum et certum Ecclesiæ judicium.

Neque verò obscurior est illa sententia Gregorii Magni, quatuor synodos generales Evangeliis quatuor comparantis; additaque ratio, « quia cum universali sunt consensu constituta, se et non illa destruit quisquis præsumit, aut solvere quos ligant, aut religare quos solvunt [2]. »

Jam igitur nostra quæstio antiquorum conciliorum ac Patrum traditione finita est. Placere debet omnibus romani Pontificis secundùm concilii florentini decretum explicata potestas, ex conciliorum generalium praxi. Patet discrimen ingens inter conciliare et pontificium judicium, cùm post conciliare nulla quæstio, sed sola supersit captivati intellectûs obedientia; pontificium verò ita comprobetur facto examine, ut si detur locus, improbari possit : quod erat demonstrandum.

[1] Gelas., *ep.* XIII, *ad Episc. Dard.*, tom IV *Conc.* col. 1204, 1205. — [2] Greg. Mag., lib. I, *ep.* XXV, al. XXIV, ubi sup.

CAPUT XXXIV.

Alia concilia generaiia memorantur : in iis perstitit antiqua traditio, ut summæ quæstiones ad concilia generalia referrentur, nec Pontifex decerneret, nisi sacro approbante concilio : referuntur quatuor prima lateranensia œcumenica concilia sub Calixto II, sub Innocentio II, Alexandro III, Innocentio III; et Lugdunense primum sub Innocentio IV.

Post primas octo synodos generales summâ diligentiâ pervolutas, in promptu est judicare de aliis ex earum sententiâ, quas et Actis luculentioribus notas esse et apostolorum ævo propiores, facem cæteris prætulisse constat. Et tamen ex ipsis posterioris ævi secutis conciliis demonstramus perstitisse in Ecclesiâ catholicâ antiquam traditionem, ut summæ quæstiones summisque animorum dissensionibus agitatæ, ad concilia generalia referrentur.

Id singulare habent pleræque ex his posterioribus synodis, ut eas romanus Pontifex præsens habuerit ejusque nomine dicta sententia sit, non aliter tamen, quàm *sacro approbante concilio.* Quâ formulâ declaratur definitiones editas et canones conditos nonnisi consentiente et approbante concilio, pro pleno Ecclesiæ catholicæ judicio valituras.

Jam ergo illas synodos ordine recensemus enarramusque gesta, quantùm quæstioni nostræ erit necessarium; quod erit facillimum, cùm pauca habeamus.

Quæstio de investituris ingens toto orbe incendium concitaverat, multisque ad fidem pertinere videbatur; quod aliquatenus verum est. De pace sæpe actum inter Calixtum II et Henricum V Imperatorem, eamque summus Pontifex in concilio rhemensi, plus trecentis episcopis congregatis, eorum *judicio atque sententiâ confirmare* voluerat, ut ipse in eâdem synodo profitetur. Verba notanda sunt, *ex eorum sententiâ atque judicio prorsùs* [1]; ex

---

[1] *Conc. Rhem. sub Calixto II*, tom. x *Conc.*, col. 875; et *Conc. Later.* 1; *ibid.*, col. 891 et seq.

antiquæ disciplinæ ratione. Sed quod Rhemis inchoatum, in lateranensi primo generali concilio consummavit anno 1122.

Sub Innocentio II, non solùm infando Petri Leonis schismate Ecclesia laborabat, sed etiam auctore Petro de Brueis hæreses ubique pullulabant eæ quæ postea per Albigenses in majus incendium eruperunt. Arnaldus Brixiensis in ipsâ Urbe, non solùm seditiones agitabat, sed etiam hæreses seminabat. Igitur ad schismatis reliquias extinguendas totque hæresum nascentium dira initia comprimenda, atque instaurandam tot turbis collapsam disciplinam, summus Pontifex concilium generale lateranense secundum habuit, anno 1139 [1].

Alexander III, cùm hæreses et schismata succrescere cerneret, ipse Octaviani apostatici Pontificis schismate diu agitatus, eam quæ schismatibus occurreret, Romani Pontificis eligendi formam, concilii generalis approbatione sancivit : damnavit hæreses quæ ab Albigensi tractu inauditis fraudibus diffundere se cœperant ; ac labentem magis magisque disciplinam munire voluit. Harum rerum gratiâ, concilium generale Lateranense tertium convocavit, anno 1179 [2].

In convocationis litteris hæc habentur: in Ecclesiâ *pullulare germina vitiorum, zizania crescere, quæ germen bonum suffocare* nituntur, horum evellendorum curam episcopis quidem omnibus; multò tamen fortiùs imminere romanæ urbis Antistiti, qui à Domino Jesu Christo, ut caput esset Ecclesiæ in beato Petro accepit, et de pascendis dominicis ovibus et fratribus confirmandis expressum et speciale noscitur habuisse mandatum [3]. » Unde ipse *de diversis partibus personas ecclesiasticas* evocavit, « quarum præsentiâ et consilio, quæ fuerint salubria statuantur, et quod bonum, secundùm consuetudinem antiquorum Patrum, provideatur et firmetur à multis : quod si particulariter fieret, non facilè posset *plenum robur* habere. » Sic ad officium confirmandi fratres id pertinere intelligit, ut concilio generali habito decreta *firmentur à multis ac facilè plenum robur habeant*, cùm statim elucescat illa consensio, in quâ firmitudinem Christus collocavit.

[1] *Conc. Lat.* II, *sub Innoc. II; ibid.*, col. 999 et seq. — [2] *Conc. Later.* III, *sub Alex. III; ibid.*, col. 1503 et seq. — [3] *Ibid.*, col. 1506.

In concilio generali lateranensi quarto, sub Innocentio III, primùm explicatur catholica fides, de unitate sanctissimæ Trinitatis, adversùs Joachimum Abbatem : Almarici etiam doctrina condemnatur, non tam hæretica quàm insana : Eucharistiæ mysterium ac mira illa ab omni ævo credita panis vinique conversio, significantissimo *transubstantiationis* vocabulo explicatur: conduntur canones quibus ecclesiastica disciplina reformetur [1] : christiani denique omnes ad sacrum bellum et ad Hierosolymam recuperandam incenduntur : quas duas postremas concilii convocandi causas Innocentius commemorat [2], nullique canones labentibus sæculis magis invaluere, quàm ii, quos tanta synodus constituit, anno 1215.

Innocentius IV, ad Fridericum imperatorem deponendum, concilium generale Lugdunense primum convocavit, quo in negotio quàm nullam personam episcopi egerint, suo loco retulimus. Cætera verò, quæ verè et liquidò ecclesiastica essent, synodo approbante facta, anno 1245 [3].

CAPUT XXXV.

Concilium generale Lugdunense II, sub Gregorio X, de reconciliandis Græcis : hujus Acta præcipua referuntur.

Anno 1274, Gregorius X, cùm Græcos in Ecclesiæ romanæ unitatem reducturus esset, concilium generale Lugdunense secundum convocavit. Huc accedebat Terræ sanctæ vastitas, ac morum subversio in clero et in populo tanta, ut non cerni, sed palpari videretur. His convocationis causis expositis, hæc addit : « Et quia salubre in his adhiberi remedium interest generaliter omnium, nos cum fratribus nostri tractatu præhabito, prout tantæ necessitatis instantia exigebat, generale concilium, sicut imi-

---

[1] *Conc. Later.* IV, *sub Innoc. III*, can. I; tom. XI, col. 142. Vid. etiam can. II et IV. — [2] *Serm.* I *Innoc. III; ibid.*, col. 131 et seq. — [3] *Conc. Lug.* I *sub Innocentio IV; ibid.*, 633, col. et seq.

tatione dignâ sanctorum Patrum consuetudo laudabilis, longæque observationis exemplum nos instruit, opportuno tempore decrevimus congregandum, ut in eo tam circa præmissa quàm circa cætera, quæ salutem respiciunt animarum, illa, Deo auspice, communi consilio inveniatur provisio et ejusdem concilii *approbatione roboretur*[1] : » et hoc ex antiquâ disciplinâ, ut *quod interest omnium,* id est, causæ generales, omnium consilio procuretur, auctoritate et approbatione roboretur; *tantaque* interdum *necessitas,* ut non alio remedio succurratur.

Jam quod erat maximum, qui in reconciliandis Græcis actum sit, compendio mémoramus. Ac primum allatæ sunt litteræ Michaelis Palæologi imperatoris, totius Ecclesiæ orientalis scriptæ nomine : his repetitur Symbolum, cum additione *Filioque*[2]; cætera Latinos inter et Græcos controversa eo modo finiuntur, *quod docet et prædicat sacrosancta Romana Ecclesia*[3].

Rogat deinde Imperator, ut orientalis Ecclesia dicat Symbolum eo more quo ante schisma dicebat, non additâ scilicet particulâ *Filioque;* permaneatque in ritibus, quibus ante schisma uteretur, *qui non sunt contra fidem.*

Hâc fide Græci recipiuntur : fit canon, quo, « sacro approbante concilio, reprobantur, qui Spiritum sanctum à Patre Filioque, tanquam ex uno principio æternaliter procedere negaverint[4]. »

Hæc igitur erant, quæ concilii generalis auctoritatem requirebant; fides nondum hactenus ab Ecclesiâ declarata de Spiritu sancto, qui *à Patre Filioque procederet, tanquam ab uno principio :* utque nihilominus Græci Symbolum recitarent quo more solebant, atque in suis ritibus permanerent : quæ Græci sine concilii generalis assensu et auctoritate satis firma esse futura non crederent.

[1] *Ep. Greg. X, ante Conc. Lug.* II, tom. XI *Conc.*, col. 940. — [2] *Ep. Mich. Imp.*, ibid., col. 961 et seq. — [3] *Ibid.*, col. 967. — [4] *Ibid.*, const. I, col. 975.

CAPUT XXXVI.

Decretum concilii Lugdunensis II de Papæ auctoritate producitur : ostenditur nihil favere adversariis.

Paulò diutius immorandum in eo loco quo Græci Romani Pontificis primatum confitentur : quo loco adversarii nostram sententiam confutari vehementissimè asserunt. Quare locum integrum producimus.

De hoc ergo primatu hæc imperator, hæc episcopi Græci per speciales nuntios profitentur : « Ipsa quoque sancta romana Ecclesia summum et plenum primatum et principatum super universam Ecclesiam catholicam obtinet, quem se ab ipso Domino in beato Petro apostolorum Principe, sive vertice, cujus romanus Pontifex est successor, cum potestatis plenitudine recepisse veraciter et humiliter recognoscit, et sicut præ cæteris tenetur fidei veritatem defendere, sic et de fide, si quæ subortæ fuerint quæstiones, suo debent judicio definiri [1]. » Addunt de appellationibus in quibuscumque causis atque negotiis. Subdunt : « Ad hanc autem (Romanam scilicet Ecclesiam) sic potestatis plenitudo consistit, quòd Ecclesias cæteras ad sollicitudinis partem admittit : quarum multas et patriarchales præcipuè diversis privilegiis honoravit, suâ tamen observatâ prærogativâ, tum in generalibus conciliis, tum in aliquibus aliis semper salvâ. » His prælati Græci, datâ speciali epistolâ, consentiunt [2].

Hæc fusè retulimus, quibus adversarii maximè gloriantur : quàm immeritò, vidimus, cùm de Florentino concilio ageremus [3], in quo eadem, quod ad rerum summam attinet, repetuntur.

Sanè docebimus à nostris in summo Pontifice agnosci plenitudinem potestatis, neque id prohibere quominus ea potestas ab universali concilio dirigatur, et secundùm canones exerceatur [4]; quod etiam ex concilio Florentino sæpe probavimus [5].

---

[1] *Epist. Imp.*, *ibid.*, col. 956. — [2] *Epist. episc. græc.*, *ibid* co.. 968 et seq. — [3] Sup., lib. vi, c. xi. Vid *Decr. union, Conc. Flor.*; tom. xiii *Conc.*. col. 510 et seq. — [4] Vid. infr., lib. X. — [5] Sup., lib. VI.

Quàm vero aptoque sensu Romanus Pontifex super universam Ecclesiam primatum ac principatum obtineat ex concilii Constantiensis certo atque à Martino V expressè approbato dogmate, et ex concilii Florentini doctrinâ, et ex adversariorum consensu ostendimus [1].

Quòd autem ad pontificiam infallibilitatem trahant illud : *Subortæ quæstiones suo debent judicio definiri*, nec id quidem advertunt, quod antecesserit, nempe id : « Sicut *præ cæteris* tenetur fidei veritatem defendere, sicut et si quæ de fide subortæ fuerint quæstiones, suo debent judicio definiri. » Ergo ut non solus, sed *præ cæteris* tenetur defendere fidei veritates, sic profectò non solus, sed *præ cæteris* quæstiones definire debet : sic scilicet, ut præcipua illius auctoritas sit, ut habitâ synodo ipse præeat, communemque sententiam suo quoque nomine edat, pronuntiet, exequatur : quod clerus gallicanus cum omnibus catholicis confitetur.

Sed fortè vim facient in illo verbo, *definire*, quod est in concilio Lugdunensi positum : cùm profectò definire nihil aliud sit quàm definitivam, ut aiunt, ferre sententiam : quod non modo supremo atque ultimo judici, sed etiam aliis competit, superioris auctoritate salvâ. Certè definire ac determinare pro eodem habentur. Quis autem theologus non audiit determinationes sacræ Facultatis, aut quis eas propterea infallibiles cogitavit ? Definit, determinat, qui totâ suâ qualiscumque auctoritate judicat : quantum ea definitio ac determinatio valeat, non ex iis præcisè verbis sed ex aliis rebus, quas sæpe memoravimus repetendum.

Quem ergo his concilii Lugdunensis verbis sensum affingunt, ut Pontifex *solus*, ut *infallibili judicio* definiat, primum id de suo addunt : tum ab ipso Gregorio, ab ipso Lugdunensi concilio, ipsâque Grecorum sententiâ refelluntur.

Et Gregorius quidem non id sibi tribuit, ut solus definiat fidei quæstiones, qui ad eas definiendas concilium generale congregavit, fidemque nonnisi *sacro approbante concilio* exposuit ; statimque professus est in ipsâ convocatione concilii, quæ essent decernenda, etiam circa fidem et schisma Græcorum ejusmodi

[1] Sup., lib., V et VI, passim.

fore, ut *approbatione concilii roborentur*. Cur verò tantus in ciendis toto orbe Patribus labor, si unius Pontificis auctoritate hæc robur obtineant? Id ergo voluit à se quidem, *præ cæteris*, sed etiam *approbante concilio* quæstiones definiri.

Tum nec Græci tulissent, ut pro certo fidei articulo figeretur, Papam vel solum esse infallibilem, quod hactenus nullo in symbolo, nullâ in definitione fidei scriptum haberetur.

Et quidem mens Græcorum fuit, ut ea omnia Papæ tribuerent, quæ ante schisma tribuissent. Disertè enim scriptum legimus in epistolâ episcoporum ad Gregorium X : « Nihil denegamus eorum quæ ante schisma præstabant Patres nostri [1]. » Neque quidquam aliud Latini, aut ipse Pontifex postulabat; neque profectò promoverent, sed disturbarent concordiam, si Græcis concordiæ maximè obluctantibus eum articulum proponerent, qui et ante schisma inauditus fuisset, et gravissimus omnium videretur.

Habemus apud Georgium Pachymerem graves, sub Michaele Palæologo, patriarchæ et antistitum Græcorum contentiones de pacis conditionibus : habemus sub Andronico graviores pacis jam factæ criminationes patriarchæ. Qui paci obsisterent, sub Michaele depositi; depositus sub Andronico patriarcha Joannes Vecchus, qui pacem approbasset, sub Michaele non ferebant Papæ nomen inter sacra recitandum : gravissimi flagitii loco objectabant fuisse recitatum, quòd hæresis auctor Papa videretur. Quantò graviùs vociferarentur in pacis conciliatores et Michaelis asseclas, si, quod inauditum erat, Papam infallibilem prædicassent? Non id autem quæruntur, non id in Palæologo, non id in Andronico Pachymeres harum rerum scriptor diligentissimus attigit; non id habent tam multa per eam ætatem pro pace et contra pacem divulgata scripta, ab eodem Pachymere aliisque recitata : non ergo id quisquam in animum induxerat.

[1] *Ep. episc. græc. conc. Lug.* II, tom. XI, col. 971.

CAPUT XXXVII.

Idem ex Græcorum in Basileensi et Florentinâ synodis doctrinâ Eugeniique Papæ ac Latinorum consensu ostenditur

Libet hîc reminisci ea, quæ de Græcorum sententiâ ex Actis Basileensibus et Florentinis ostendimus : « Non posse unionem fieri, nisi in synodo universali, in quâ occidentalis orientalisque ecclesia conveniant, Ecclesiam in unum congregatam de rebus dubiis judicare, communi consensu sententiam ferre, communiter hæc agi, et quæ communia sunt communi consensu terminari oportere, plurimorum sententiam prævalere, sanctam Ecclesiam in sacris dogmatibus nullo modo posse errare communi quidem ac synodicâ consideratione utentem [1]. »

Hæc Græci profitentur, quæ usque adeo ipsi Eugenio IV probata erant, ut hæc ad Græcos loqueretur : « Proferatur liberè veritas per sacramentum, et quod pluribus videbitur, hoc amplectamur et nos et vos [2]. » Quæ neque Græci, neque Eugenius dicerent, si Papam vel solum infallibili judicio quæstiones definiri, jam inde à lugdunensis concilii tempore constitisset.

Quid hîc adversarii respondebunt? An Græcos fidem Lugduni professos, tribuisse Papæ, vel soli, infallibile judicium : Florentiæ congregatos ab eâ sententiâ recessisse : aut ab eis plura Lugduni quàm Florentiæ fuisse postulata? Quò quid absurdius?

Quid quòd constantiensia decreta, quæ tuemur, in concilio florentino confirmata fuisse ostendimus [3]? Revolvantur ea quæ de Decretali *Moyses*, in eo concilio comprobata, deque decreto unionis ibidem condito, suo loco dicta sunt : et quandoquidem florentini concilii mentio semel incidit, attexamus ea quæ ad illud spectant. Etsi enim nondum huc nos temporum series, rerum tamen ratio nexusque deducit. In eâ ergo synodo Georgius Scholarius, vir doctissimus atque unus Græcorum omnium ad

[1] Sup., lib. VI, cap. v et seq. *conc. Basil.*, sess. XXIV, n. 11 ; tom. XII, col. 567 et seq. *Conc. Flor.*, sess. XXV, tom. XIII, col. 382 et seq. *Aug. Patr. Hist.*, ibid., cap. LV et seq., col. 1542 et seq. — [2] *Ibid.*, c. XI. *Conc. Flor.*, sess. XXV, col. 387. — [3] Sup., *ibid.*, cap. IX et X.

pacem propensissimus, ad eam assectandam, suos ita adhortatur :
« Si effeceritis ut verè œcumenica synodus habeatur, ex quo etiam
fiet, ut firma sint quæ à vobis fuerint decreta, nemo quidquam
de rebus definitis in dubium vocans, fieri unquam auctor schismatis voluerit, et Ecclesiam sciens id animadversuram, et pœnas
ab œcumenicâ synodo constitutas reformidans, toto terrarum
orbe idem sentiente [1]. » Et aliâ oratione ad eosdem habitâ, dum
adhuc de pace ageretur ait, peractâ œcumenicâ synodo, fore omnino ut qui sapiant hæc dicant dissidentibus : « Omnis christianorum Ecclesia de rebus antea controversis consentit, et præter
vos, hujus œcumenicæ synodi decreta omnes honorant, existimantes impossibile illam errasse. » Ac paulò post : « Universam
verò simul errare Ecclesiam et veritatis lumine defici impossibile
est [2]. » En in quo rerum robur et invictam firmitudinem collocarent, in Ecclesiâ nempe catholicâ et ejus concilio œcumenico,
non profectò in solo romano Pontifice : quos talia sentientes Eugenius IV et Latini suscipiunt.

At enim objiciunt duos viros præstantissimos in eâdem synodo
disserentes, Rhodium archiepiscopum et Julianum cardinalem.
Et Rhodius quidem pro additamento; *Filioque,* certans ait : « Latinorum Patres id multâ cum reverentiâ suscepisse, quod explanavit romana Ecclesia... Sedem Petri solam esse in quâ potestas
sit explicandi fidem :... ab hâc ipsâ Ecclesiâ cujus est explicare
omnes fidei veritates, susceptam esse hanc (de Spiritûs sancti
processione) veritatem [3]. » Quæ omnia eò pertinent, ut Sedi apostolicæ id incumbat officii, neque sine ejus auctoritate fidei veritates definiri possint. Quod tamen officium, si sola præstare
posset, seclusâ Ecclesiæ catholicæ consensione et auctoritate, non
erat cur Eugenius florentinam synodum convocaret, in eâque
testaretur valituram eam fidem, ipso etiam præsente, quæ frequentis synodi sententiâ ac testimonio vinceret.

Quod autem etiam Julianum cardinalem objiciunt, hinc factum
quòd Binianæ editionis interpretationem secuti pessimam (*b*),

[1] *Georgii Scholar. orat.* 1, *in app. conc. Florent.*, tom. XIII. col. 575. — [2] *Ibid.*,
orat. II, col. 614, 615. — [3] *Conc. Florent.*, sess. VII, *ibid.*, col. 128, 129.

(*a*) Hunc locum, quantâ potui diligentiâ contuli in utrâque editione, neque
apicem unum immutatum vidi. (*Edit Leroy.*)

græca non consuluerint. At si sequamur eam, quam in editione romanâ ex Græcis expressam habemus interpretationem, quid erit quod objiciant? Nempe hæc Juliani verba sunt : « Subortâ fidei quæstione, romanum Pontificem debere ac teneri eam declarare. » Quis enim hoc nesciat? « Si error emerserit, Papæ necessitatem incumbere docendi populos catholicam veritatem. » Quis non amplectatur? « Illo docente, omnes synodos et Ecclesiam universam debere hujusmodi veritatem sequi : » veritatem certè, quam in ejus definitionibus recognoscant, ut in Leonis Magni epistolâ factum vidimus. Quo quid est certius? Summa ergo doctrinæ, quam Julianus tradidit, hæc est : officium esse romani Pontificis docere veritatem; conciliorum officium, eo maximè præeunte; veritatem sequi, eumque in Ecclesiâ consuetum esse ordinem docendæ veritatis; quod et Parisienses ubique, et Ecclesia gallicana maximè prædicant [1].

Nihil agit, inquies, si ad tantùm velit. Imò verò id agit, ut constet Latinos nihil novi molitos, qui romanum Pontificem ritè officio functum, ac de Spiritûs sancti processione vera et antiquitus tradita prædicantem, pro ecclesiastico more, auctorem secuti sint. Quid si officio non fungatur, nec veritatem doceat? Etiamne aberrantem sequi tenerentur? Id fieri nequit, inquies? Jam id tu quidem dicis, non ipse Julianus.

At enim Julianus, inquis, sancti Agathonis verba refert asserentis, *omnes synodos* (romanorum Pontificum) *doctrinam secutas* [2]. Indiscussamne, an examinatam, et factâ demum discussione firmatam? Examinatam certè, ut vidimus; atque hinc in ipsâ sextâ synodo, susceptum Agathonem, damnatum Honorium [3]. Quæ si ab Juliano contempta aut ignorata fingis, id sanè efficis, ut ne audiendus quidem esse videatur.

Meminerimus sanè Julianum cardinalem esse eum, quo præside, constantienses canones Basileæ toties innoventur; qui eorum auctoritate Eugenium perpulerit ad revocandam basileensis synodi dissolutionem; qui proinde crederet ac vehementissimè assereret,

---
[1] *Conc. Florent.*, sess. VII; *in edit. Rom.*, tom. IV, p. 372, 373; *in edit. Bin. Paris.*, 1636, tom. VIII, p. 622, 623; *in edit. Lab.*, tom. XIII, col. 130. — Vid. *ibid.*, et *Epist. Agath. in Conc.* VI, act. IV, tom. VI, col. 636. — [3] Vid. sup., cap. XXI et seq.; *Diss. præv.*, n. LIV et seq.

Papam etiam in fidei causis subesse concilio : non ergo per se infallibilem. Atque à posterioribus quidem Basileensibus gestis post translationem, ab anterioribus verò, ipso auctore, gestis recessisse unquam, non ipse; non ullus alius testis memoravit.

Atque ut jam omittamus doctissimum quidem, sed tamen unum hominem Julianum, non aliter sensit græcorum ac latinorum Patrum multitudo, à quibus quippe vidimus, definiendæ catholicæ veritatis auctoritatem et vim in communi deliberatione et consensione collocatam.

Et Marcus quidem Ephesius, aliique in synodo Florentinâ ineundæ initæque pacis inimici, de Papâ quidem multa, illud verò nunquam objecerunt, quòd cum infallibilem conciliisque omnibus superiorem fecissent, aut in ipso solo vim omnem reponerent; adeo hæc nemo cogitabat.

Ergo fixum illud, Græcorum Latinorumque, simulque Lugdunensis atque Florentini concilii collatis sententiis, à Papâ veritatem defendi, et quæstiones definiri oportere, *præ cæteris* quidem, ut est in Lugdunensi concilio positum, ita ut ipse præeat, etiam in conciliis œcumenicis : cæterum stare omnia invicto robore, si Patrum condecernentium et conjudicantium consensus accesserit. Quò et gallicana Ecclesia et omnis nostra disputatio collimavit.

CAPUT XXXVIII.

Viennense concilium sub Clemente V : ejus ævi scriptor nobilis Guillelmus Mimatensis episcopus, Speculator dictus, à Papâ jussus de habendo concilio scribere, quid senscrit.

Anno 1311, à Clemente V Viennense generale concilium celebratum est; anno verò 1307, in tanti operis apparatu Guillelmus Durandus (a) episcopus mimatensis, juris pontificii interpres nobilis, ab eodem Pontifice jussus, tractatum edidit alio loco me-

(a) Labitur hic levi errore Bossuet. Non enim *Speculator*, qui anno 1296 è vivis excesserat, hunc tractatum scripsit, sed fratris ejus filius alter Guillelmus Durandus, vir quoque plurimæ doctrinæ, qui proximè post *Speculatorem* in Mimatensi cathedrâ sedit. (*Edit. Leroy.*)

moratum [1], de celebrando concilio, cujus hæc summa est : « In concilio œcumenico, tractandum imprimis de reformandâ et corrigendâ Ecclesiâ tam in capite quàm in membris : quòd episcopi potestatem et honorem receperunt à Deo, à quo episcopi loco apostolorum constituti sunt in singulis civitatibus : quòd regenda sit Ecclesia secundùm generalem ordinationem universalis Ecclesiæ à Deo procedentem et ab ejus apostolis, sanctis Patribus, generalibus et specialibus conciliis et romanis Pontificibus approbatam : ut Ecclesia romana nulla jura generalia deinceps conderet, nisi vocato concilio generali, quod de decennio in decennium vocaretur, cùm illud quod omnes tangat ab omnibus approbari debeat : itaque vocandum esse concilium, quandocumque aliquid ordinandum esset de tangentibus communem statum Ecclesiæ vel jus novum condendum ; sic fore ut Ecclesia romana floreat vigeatque : si omnia sibi vindicet, omnia perdituram [2]. » quæ fusiùs alibi recensita, nunc in pauca concludimus, ut fixum maneat in iis quæ universam Ecclesiam spectant, quorum numero prima est fides, summam auctoritatem ipsâ consensione constare, neque aliter per ea tempora fuisse creditum.

Ex his patet sensus Clementinæ unicæ in concilio Viennensi editæ, *de Summâ Trinitate ac fide catholicâ*, quæ incipit : *Fidei catholicæ* : ubi Pontifex de Christi latere post mortem percusso quæstionem tractans, sic docet : « Nos igitur ad tam præclarum testimonium, ac sanctorum Patrum et Doctorum communem sententiam, apostolicæ considerationis (ad quam duntaxat hæc declarare pertinet) aciem convertentes, sacro approbante concilio, declaramus [3], » etc.

Hanc igitur auctoritatem nobis objiciunt, cùm clarum sit, per illud *duntaxat* intelligi, hæc sine Sede apostolicâ tractari non posse : alioquin excluderetur etiam concilium, quo approbante ista definiuntur atque roborantur. Nec valerent ea quæ semper, atque illo præsertim tempore valebant, ut quæ universalem Ecclesiam tangerent ab universali Ecclesiâ communi consensu decernerentur ; quibus vel maximè contineri fidem consentiunt omnes. Nam

---

[1] Vid. *Diss. præv.*, n. 50. — [2] Durand., tract. *de Celebr. conc.*, passim. — [3] Lib. I *Clem.*, tit. I, cap. unic.

et in hujus concilii, ut etiam in Lugdunensis convocatione, scriptum erat circa ea quæ « tangerent statum fidei catholicæ, faciendam provisionem, quæ approbatione concilii roboretur [1]. » Horum ergo declaratio etiam ad concilium pertinet, cujus est eam roborare et approbare; adeoque in omnibus sacri concilii auctoritas, cum auctoritate pontificià conjungitur, atque in eâdem convocatione, à Clemente V decernitur : « Omnia quæ correctionis et reformationis limam exposcunt, ad ipsius concilii notitiam deferenda, *ut in examen deducta,* concilii correctionem et directionem recipiant opportunam [2]. » Et alio diplomate prorogat concilium, quia quæ in eo tractanda sint, non sunt præparata satis, *quòd in examen concilii valeant introduci* [3]. Certum igitur etiam ea, quæ ad fidem pertinent, eoque nomine Sedis apostolicæ considerationem poscerent, Romano Pontifice auctore vel concilii quoque non tantùm in considerationem, verùm etiam in examen deduci oportere.

CAPUT XXXIX.

Lateranensis synodus sub Julio II : ex eâ conciliorum necessitas et auctoritas.

Sequuntur concilia quatuor, Pisanum, Constantiense, Basileense, Florentinum; in quibus eam quam tuemur sententiam, non modò ex antiquâ traditione susceptam, sed etiam expressè judicatam fuisse satìs ostendimus [4], ut jam ne verbum quidem hîc addere libeat.

De concilio Lateranensi sub Julio II et Leone X multa jam diximus [5], quibus hoc etiam addi placet.

Primùm quidem ad reformandam ecclesiasticam disciplinam, adeo visam esse necessariam concilii generalis auctoritatem, ut cardinales Julium II ad illud, post biennium à creatione suà, celebrandum juramento adigerent.

---

[1] *Bull. Convoc. Conc. Vien. per Clem. V :* Regnans in cœlis, tom. XI, col. 1543. — [2] *Ibid.*, col. 1544. — [3] *Ibid., Ep. Arch. Nicos.* Alma Mater, col. 1550. — [4] Sup., lib. V et VI. — [5] *Ibid.*, lib. VI, c. XVIII.

Et ille quidem quominus id faceret, legitimo impedimento teneri se causabatur[1]. At Maximilianus imperator et Ludovicus XII Francorum rex, qui cum eo bellum gererent, quosdam cardinales instigarunt, qui quidem fœdis ludificationibus irrideri christianum orbem quæsti, concilium indixerunt; Pisis inchoarunt; paucissimis cum episcopis pulsi fatigatique omnibus locis, ac Maximiliano ad pontificias partes transeunte, laceram ac miserabilem synodum Lugdunum transtulerunt; atque improspero eventu agitarunt; quo tempore Julius II concilium Lateranense convocavit, « ad Ecclesiæ exaltationem, unitatem et reformationem, schismatum verò et hæresum totalem extirpationem[2]: » invitavitque omnes ut *ad tam laudabile ac necessarium opus* accederent. Itaque concilio convocato, viri totâ Italiâ celeberrimi coram ipso Julio orationes habuere, quibus conciliorum generalium utilitatem ac necessitatem mirificè commendarent.

Ægidius Viterbiensis Augustiniani ordinis generalis, in ipsis concilii initiis dicturum se profitetur «de synodo, et quàm Ecclesiæ commoda semper sit, et quàm nostris temporibus necessaria: » tum mirâ eloquentiâ prædicat: « *Sancti Spiritus lucem* synodis omissis *extingui*, habitis *accendi et recuperari*. » Mox: « Absque fide Deo placere non possumus, atqui *sine synodis* stare non potest fides, absque synodis igitur salvi esse non possumus[3]. » Falsum et nimium, si, absque synodis et consensione Ecclesiæ, fides valeat. Addit exempla, cùm tribus maximis coortis hæresibus, quæ *tres rerum credendarum radices* evellere conarentur: *Nulla*, inquit, *effugiendi, nulla evadendi inventa est via, nisi Nicœna synodus.* Deinde: « Jam de fide dixi, quæ utique nulla esset, si synodi institutio non fuisset[4]. » Tum illud ; « Per synodos, inquit, redit ad mortales Deus. Nam si dixerat: Ubi duo vel tres meo nomine convenerint, ad eos venio interque eos sum, quantò huc lubentiùs se conferet, quò non duo tantùm vel tres, sed tot Ecclesiæ capita proficiscuntur[5]! » Denique moribus in deterrima quæque prolapsis, tot infaustos eventus ipsamque ravennatem cladem voces esse « monentis Dei, ac præcipientis ut, inquit, ad Pontificem

---

[1] *Bull. Jul. II, convoc. Conc. later.*, sess. I, tom. XIV, col. 33. — [2] *Ibid.*, col. 38. — [3] *Ibid.*, col. 20, 21. — [4] *Ibid.*, col. 22, 23, 24. — [5] *Ibid.*, col. 26.

sermone converso, synodum habeas, ut Ecclesiam emendes, etc.;
ut denique post tot mala, tot incommoda totque calamitates, Principem Christum audias, Petro posterisque synodum ostendentem,
ut *unicam* omnium malorum medicinam, singularem periclitantis naviculæ portum, solam reipublicæ confirmandæ rationem.

Cæteri qui in eâdem synodo perorarunt, dispari eloquentiâ, eodem ferè sensu, concilia necessaria demonstrarunt. Alexius episcopus Melphitanus : « De rebus ponderosis et dubiis summum caput (Romanus scilicet Pontifex), ut communis omnium magister et doctor, consulebatur : quo fiebat, ut si quando hæresis vel alia res gravis et perniciosi exempli alicubi oriretur, præsertim quæ religionem et publicè leges offenderet, ad illam è vestigio reprimendam Patres undique, præcipuè tamen probatissimi, eruditissimi ac integerrimi quique accersebantur, et ad locum tempusque aptum à capite delectum, et ab ipsis approbatum conveniebant[1] : » adeo etiam in loco designando Patrum approbationem requirebat. In quo autem vis esset exponit his verbis : « Omnia simul prospicientes et singula sedulò scrutantes et ponderantes, ut quæ ad omnes pertinerent ab omnibus reciperentur vel eliminarentur. » Hâc igitur ratione, hâc consentientis Ecclesiæ auctoritate extinctas hæreses, canones conditos, « quibus non minor fides et auctoritas, quàm ipsis Evangeliis attributa est; et quorum si quæ à nobis ratio curave haberetur, ad has sordes fœditatemque morum, ad quas per eorum contemptum et conciliorum intermissionem devenimus, non utique deventum fuisset. »

Unus Cajetanus ita peroravit, ut nihil de conciliorum necessitate diceret[2]; quippe qui unus, ut videtur, in unâ Romani Pontificis potestate et fidem et mores et omnia collocaret.

[1] *Conc. Later.*, sess. III, col. 87. — [2] Vid. *Orat. Caj.*, ibid., sess. II, col. 68 et seq.

CAPUT XL.

Post lutheranam pestem, concilii generalis habendi necessitas ab omnibus adeoque à Romanis Pontificibus agnoscitur: eâ re concilium Tridentinum convocatur.

Cæterum, postquam Lateranensis synodus reformationem tam diu expetitam vix attigit, exorta est illa per lutheranam pestem misera necessitas, quæ ab invitis quoque synodum extorqueret.

Inclamabant omnes ubique nationes, ad tot errores exscindendos atque ad reformandos, errorum omnium fontem, mores pessimos, concilii opem esse necessariam.

Quid Gallia, quid Germania egerint, quàmque professæ sint uno concilii generalis remedio tot Ecclesiæ vulnera curari posse, neminem latet. Sed quoniam eamdem in rem concors cum cæteris Hungarici regni sententia haud æquè omnibus nota est, placet referre Acta Posonii 1548, art. xiii : « Supplicant ordines et status regiæ Majestati, Domino eorum clementissimo, ut tam suâ quàm sacræ Majestatis cæsareæ auctoritate agat, apud sanctissimum Dominum nostrum, quo Sanctitas sua generale concilium, pro complanandis omnibus differentiis variisque opinionibus de religione, sine diuturniori morâ celebrare dignetur. Quòd si Sanctitas sua id differet, Majestas cæsarea dignetur modum adhibere, ne celebratio concilii diutius protrahatur [1]. » Perstant in eâdem sententiâ anno 1550, quo hæc ordinant : « Si quid deliberatione egere, aut in disputationem vocari posse ipsis, vel eorum alicui fortè videretur, relinquant id totum generali concilio dirimendum [2]. »

Viderint jam Hungari, viderit orbis universus, postremus Strigoniensis archiepiscopus quantum ab antecessorum suorum sententiâ deflexerit, qui nova hæc cuderit : « Ad solam Sedem

---

[1] *Decr. Ferd. reg., mox imper.*; edit. Poson., an. 1548, art. xiii. — [2] *Ibid.*, an. 1550, art. xvi.

apostolicam, divino immutabili privilegio, spectat de controversiis fidei judicare.¹ »

Neque tantùm omnes Ecclesiæ, concilii generalis adversùs errores invalescentes remedium tanquam necessarium votis omnibus flagitabant; sed ipsi etiam Romani Pontifices fatebantur : unde Clemens VII ad Franciscum I hæc scribit : « Superiore biennio, sicut tua Majestas recordari potest, cùm Serenissimum Cæsarem, quanquam pro suâ inclytâ pietate omnia conatum, in conventu Augustano nihil remedii ad hæresim lutheranam in Germaniâ tollendam, præ illorum obstinatione, afferre potuisse audiremus, solumque concilii generalis remedium à nostris prædecessoribus, in casu simili usitatum, et ab ipsis lutheranis postulatum superesse videretur : habitâ super hoc cum venerabilibus fratribus nostris, sacræ romanæ Ecclesiæ cardinalibus, maturâ deliberatione, ad ipsius concilii generalis indictionem in Italiâ et loco ad hoc commodiore celebrandi devenire intendentes, id tuæ Majestati, sicut Cæsari, et cæteris Principibus significandum esse duximus, eamque nostris litteris fuimus hortati, ut tam sancto et necessario operi favere velles². » Adeo post Lutherum quoque à Leone X antecessore damnatum, synodus necessaria videbatur, ut majore luce ac certiore auctoritate firmaretur fides. Consonat Paulus III, in ipsâ convocatione Tridentini Concilii, anno 1544, pontificatûs xi, ubi hæ tres concilii habendi causæ memorantur : nempe « ad tollenda in religione dissidia, ad reformandos mores, ad suscipiendam contra infideles expeditionem. Quorum, inquit, trium capitum causa, concilium maximè esse necessarium semper duximus³. » His deventum est ad sanctam Tridentinam Synodum, quâ sine non putamus unquam futurum fuisse, ut doctrinæ catholicæ tot ac tanti articuli copiosâ expositione explicari, intricatissimæ quæstiones tantisque hæreticorum fraudibus involutæ, dissolvi et expediri; vera certaque Patrum fides atque traditio tot inter scholasticorum inter se dissidentium sententias inter-

---

¹ *Cens. arch. Strig.* Vid. *Vindic. major. schol.* Paris. — ² *Mém. pour le conc. de Trente,* 1533, p. 3. — ³ *Indict. Conc. Trident. per Paul. III,* tom. XIV, col. 725 et seq. Vid. etiam Onuph., *Vita Pauli III;* et *Hist. conc. Trident.* Fra-Paol. *et* Pallav., an. 1544.

nosci; totque anathematismis fœdorum errorum vulnera ad vivum persecari; occultumque virus tantâ rerum luce, tanto delectu verborum, tantâ auctoritate tamque temperato firmoque decreto, retegi ac propulsari posset. Hæc perpendant, qui concilia nec necessaria asserunt, omnemque Ecclesiæ vim in decretis pontificiis collocant.

LIBER OCTAVUS

SOLVUNTUR OBJECTIONES QUÆDAM, AC PRÆSERTIM ILLA QUÆ EX CONCILIORUM CONFIRMATIONE PETITUR : AD IDEM CAPUT QUARTUM GALLICANÆ DECLARATIONIS.

CAPUT PRIMUM.

Objectio de confirmatis à Romano Pontifice synodis generalibus proponitur : hujus dissolvendæ ratio atque ordo explicatur.

Jam verò evolutis omnium conciliorum generalium gestis certâque ex his traditione constitutâ, quæ inde repetuntur objecta solvenda sunt : atque illud imprimis de confirmatione generalium synodorum, primis etiam illis sæculis usitatâ.

Et quidem adversarii illud longè validissimum, pro Romani Pontificis potiore potestate esse constituunt, quòd non tantùm posteriores synodi, sed etiam primæ illæ, quas memoravimus, confirmationem à Papâ et peterent et acciperent, tantâ quidem auctoritate apostolicæ Sedis, ut eæ tantùm synodi universales legitimæ habeantur, quas illa comprobarit atque confirmarit. Hinc Ariminensem synodum; hinc Ephesinam secundam sub Dioscoro, fuisse repudiatas, quòd eas Sedes apostolica irritas pronuntiasset. Neque tantùm repudiatas illegitimas synodos, sed etiam legitimas tantum auctoritatis habuisse, quantum Sedes apostolica judicarit : quo factum sit ut Chalcedonenses canones, maximè ille XXVIII, de Constantinopolitani præsulis augendâ dignitate, unanimi Patrum consensu factus, solâ Sedis apostolicæ et Leonis Papæ repugnantiâ atque sententiâ irritus habeatur. Ex quibus constare volunt Romanum Pontificem vel maximè infallibilem esse, cùm ejus auctoritate generalium conciliorum decreta, etiam de fide, constent; et omnibus synodis etiam generalibus superiorem esse, qui et de illis judicet, et ipsis tribuat firmitatem. Nec mirum, cùm omnis episcoporum, adeoque etiam conciliorum auctoritas à Petro ac Petri successoribus, tanquam à fonte profluat : quo fit ut episcopi quantumvis adunati, non modò adversùs auctoritatis suæ radicem ac fontem nihil possint, verùm etiam ut tantum habeant roboris quantum ab ipsâ radice mutuentur. Atque id demonstratum putant multis sancti Leonis, multis sancti Gelasii aliorumque sanctorum Pontificum decretis atque sententiis, summâ omnium Ecclesiarum veneratione susceptis.

Hæc ut ordine dissolvamus, primum omnium exponimus, ex ecclesiastico stylo, ipsam confirmandi vocem; tum verò, referimus, peractis conciliis, quid gestum sit, circa confirmationem conciliarium decretorum. Quæ cùm perfecerimus, omnium consensu facilè evincemus, ut ea confirmatio nihil omnino ad pontificiam infallibilitatem aut superioritatem pertineat, eoque responso, illud ab ipsâ episcopalis auctoritatis origine petitum argumentum ultro corruat.

CAPUT II.

Quid sit confirmare, *ecclesiastico stylo, et quid auctoritatis invehat* : confirmari *decreta non modò ab æqualibus, sed etiam ab inferioribus passim : tum speciatim explicatum non modò à Romanis Pontificibus conciliaria decreta, sed et à conciliis etiam particularibus Romanorum Pontificum decreta* confirmari.

Miror autem imprimis in *Confirmandi* voce tantam reponi vim, cùm à Romanis Pontificibus, non modò conciliorum, sed etiam antecessorum decreta passim confirmentur. Quâ confirmatione Romanorum Pontificum summæ auctoritati detractum esse quidquam, nec ipsi adversarii dicent.

Quid quòd passim legimus ea decreta, quæ omnium consensu valeant, confirmari tamen, idque interdum etiam ab inferioribus. Sic enim apud Socratem; sic in actis Chalcedonensibus; sic in aliis innumerabilibus ecclesiasticis monumentis legimus à Siciliensi et *Tarsensi* (a), à Sardicensi, ab Hierosolymitanâ, à Cons-

(a) Nisi nobis statutum esset textum Bossuet, ne immutato quidem apice intantinopolitanâ, ab Ephesinâ, ab ipsâ Chalcedonensi synodis, Nicænam fidem, Nicæna decreta confirmata fuisse [1]; hoc est, procul dubio, inculcata, asserta, defensa, pro firmis suâque auctoritate constantibus habita, atque adversùs hæreticos magis magisque vindicata; non tanquam à superiore dijudicata et expensa, quò firmitudinem obtinerent; ut profectò nihil sit vanius, quam *Confirmationis* vocem ad argumentum superioris potestatis trahere voluisse.

Hæc quidem sufficerent, nisi nobis constitutum esset operæ non parcere, ut tanta res in manifestissimam lucem veniat. Placet ergo referre non modò synodorum decreta per Sedem apostolicam, sed etiam Sedis apostolicæ decreta confirmata per synodos. Cujus rei exempla vel nunc nova proferimus, vel suprà jam aliis de causis annotata paucis recolimus.

Medio ferè quarto sæculo, Meletius Antiochenus aliique CXLVI orientales episcopi, factâ Anthiochiæ synodo, in fidem à sancto Damaso Papâ eique conjunctâ Romanâ synodo expositam, consenserunt : eam consensionem ex vetere Romanæ Ecclesiæ archivo authentico Lucas Holstenius depromit, atque hæc adscripta refert : *Omnes ita consentientes eidem superexpositæ fidei, à sancto Damaso et synodo Romanâ missæ, singuli suâ subscriptione confirmant* [2].

In conciliorum africanorum collectione, sub Cœlestino factâ, refertur illud, anno Christi 401, decretum ab Africanis : « Recitatæ sunt litteræ Innocentii Papæ, ut episcopi ad transmarina pergere facilè non debeant, quod hoc ipsum episcoporum sententiis confirmatur [3]; » id est, recipitur, ipsâ consensione roboratur.

---

tegrum proferre, hoc vocabulum : *Tarsensi*, deleremus. Nam nuspiam reperimus in tomis conciliorum neque in historicis, fuisse Tarsi ullam synodum. Socrates quidem dicit, Synodum ibi convocatam fuisse, celebratam verò nullibi dicit. (*Edit. Leroy.*)

[1] Socrat., *edit. Vales.*, lib. II, c. XX, XXIV; lib. IV, c. XII *Conc. Eph., Chal.* et al. pass. Vid. *ep. Theod. Imp.* ad Synod. Eph. II, *in act.* I *Conc. Chalc.*, tom. IV, col. 110 ; et *in Conc. Chalc.*, pass., *ep. Egypt.* ad Leon. imp., part. III *Conc. Chalc.*, cap. XXII, col. 892 ; *ep. episc. Europ., ibid.* c. XXVII, col. 907 ; *ep. Mæs.*, CXXXII, col. 912 ; *ep. Phœn.*, c. XXXVII, col. 920, etc. — [2] *Collect. Holst.*, I part., p. 176. — [3] *Conc. Afric., sub Cœl.*, can. LXI, tom. II *Conc.*, col. 1660. Vid. Bar., tom. V, an. 401.

Actione v Chalcedonensi, postquam lecta est consonans sancti Leonis epistolæ fidei definitio à synodo facta, « episcopi clamaverunt : Epistolam definitio firmavit : archiepiscopus Leo, ut credimus, sic credit[1]. » Unde illud sancti Leonis supra memoratum : « Quæ nostro priùs ministerio definierat, irretractabili totius fraternitatis firmavit assensu[2]. » Et postea : « Quæ fides priùs docuerat, hæc postea examinatio confirmavit. »

Legimus in encyclicarum epistolarum volumine, post Chalcedonensem synodum, Theotimi Scythicæ regionis episcopi, ejusque synodi, hoc de confirmandâ Chalcedonensi synodo responsum : « Ego et Ecclesia Dei sic sapimus, et in consensu nostro sanctorum Patrum definitiones fide et devotâ confessione firmamus[3]. »

Sub sancto Hilaro Leonis Papæ discipulo et successore, anno 465, habita est Romana synodus, in quâ præeunte Papâ ac decreta recitante, « ab universis episcopis et presbyteris acclamatum est : Hæc et confirmamus, hæc et docemus[4]. »

In Concilio Romano tertio, sub Gregorio Magno, eidem præloquenti universi episcopi responderunt : « Libertati monachorum congaudemus, et quæ nunc statuit Beatitudo vestra firmamus (a). »

Sub eodem Papâ aliud Concilium Romanum habitum est, quo post decreta scriptum[5] : « Confirmarunt episcopi et presbyteri, » numero LVIII.

Habemus Martini papæ post Monothelitas in concilio Lateranensi condemnatos, epistolam ad Amandum episcopum Trajectensem, ut episcopi gallicani scripta ad se destinent, « confirmantes, inquit, atque consentientes eis, quæ pro fide orthodoxâ et destructione hæreticorum vesaniæ nuper exhortæ, statuta sunt[6]. »

---

[1] *Conc. Chalc., act.* v. Vid. suprà, lib. VII, c. XVII. — [2] *Epist. Leon. Mag.* ad Theod., inter Leon. epist., XCIII, *aliàs* LXIII. Vid. *Diss. præv.*, n. LXI. — [3] *Epist. Theot. ep. Scyth.* ad Leon. imp., part. III *Conc. Chalc.*, cap. XXXI, col. 911. — [4] *Conc. rom. sub Hilar.*, tom. IV *Conc.*, col. 1063, 1064. — [5] *Conc. rom.* III, *sub Greg. Mag.*, tom. V, col. 1608. — [6] *Ep. Mart. I* ad Amand. episc., tom. VI *Conc.*, col. 385.

(a) Monachos olim regebant episcopi. Sed, ut sæpe fit, quæ optimè à majoribus constituta sunt, ea malâ consuetudine à nepotibus dissolvuntur. Gregorius enim cùm videret monachos multorum episcoporum exemplo à solitudine et abstinentiâ retractos, ad frequentiora colloquia et mundanas voluptates reduci, jussit in eo concilio solos abbates monasteriorum curam suscipere, et vetuit ne deinceps episcopi illorum negotiis se immiscerent. (*Edit Leroy.*)

An igitur non tantum synodi universales, sed etiam particulares eâ auctoritate pollent, ut sedis apostolicæ synodica decreta confirment? Certè : cùm ecclesiarum etiam particularium assensio pars sit illius consensûs universalis, quo summam et invictam firmitudinem constare diximus.

Eodem sensu vidimus hispanos episcopos, qui sextam synodum sine se actam atque à se ignoratam, à Leone licèt II probatam, iterato examine *firmant, comprobant, suâ auctoritate suffulciunt*[1]; adeo innatus erat omnibus Christi Ecclesiis is sensus, quo firmari constabat ecclesiastica judicia, addito eo consensu qui desideraretur.

In synodo septimâ, audivimus Tarasium, qui Adriano Papæ *concordaret et vim litterarum ejus confirmaret*[2] : quo etiam ritu cæteri episcopi ac tota synodus à Sede apostolicâ prolatam sententiam comprobavit.

Hæc ad posteriorem ætatem traditio permanavit. In Actis Tricassinæ synodi, sub Joanne VIII Papâ, actione IV : « Post hæc lecta sunt capitula statuta à Domno Joanne summo Pontifice romano, quæ sancta synodus amplectenda recepit et confirmavit[3]. »

Anno 904, in concilio Ravennate præloquente Pontifice Joanne IX, ac petente ut « quæ capitulatim annotata sunt, si omnibus placent, in conspectu omnium legantur, examinentur et examinata manibus omnium pro futurâ memoriâ roborentur[4]; » eadem deinde capitula, « auctoritate sanctæ Sedis apostolicæ et sanctione sanctæ synodi comprobantur[5]. »

Ipse papa Calixtus II ad synodum rhemensem hæc ait : « Sicut conventionem pacis, si fiat, nobiscum et per vos confirmare optamus; sic in commentorem fraudis si infidelis evaserit, judicio Spiritûs sancti et vestro, gladium Petri vibrare tentabimus[6]. » Sic gladius Petri, licèt apostolicæ Sedi à Christo traditus, vibratur tamen non solius summi Pontificis, sed etiam totius concilii judicio, quod Spiritûs sancti sit judicium.

---

[1] Sup., liv. VII, c. XXIX. Vid. etiam *Conc. tolet.* XIV, tom. VI *Conc.*, col. 1279 et seq. — [2] Sup., *ibid.*, c. XXX. Vid. *Conc.* II *Nicæn.*, VII *gener.*, tom. VII, col. 127. — [3] *Conc. Tricass.* II, an. 878, *act.* IV, tom. IX, col. 308. — [4] *Conc. Ravenn.*, *ibid.*, col. 507. — [5] *Ibid.*, cap. I, col. 508. — [6] *Conc. Rhem., sub Calixt. II*, tom. X, col. 875. Vid. supra, lib. III, c. XII.

Petrus Damiani : « Synodalis decreti pagina, quam cum concilii totius assensu beatus Papa constituit, cui quippe propriæ manus articulum indidit, quam tot episcoporum venerandus celebrisque conventus subscriptione firmavit[1], » etc. Bertholdus, ad annum 1096, de Urbano II hæc habet : « Suorum statuta conciliorum generalis synodi assensione roboravit[2]. » Generalem synodum vocat Claromontanam ex magnâ episcoporum copiâ congregatam, non verò œcumenicam, qualem Urbanus II nullam habuit.

Alia innumerabilia legenti passim occurrent; nihil ut sit vulgatius, quàm confirmationem pontificiorum etiam decretorum, ipsâ episcoporum et ecclesiarum consensione constare.

Unum addimus ex Lateranensi postremâ synodo repetitum. Sanè Julius II, postquam adversùs summos Pontifices per simoniam in Petri Sedem intrusos multa decrevit, novisque ac meritis pœnis tam sanctæ dignitatis emptores et venditores obstrinxit, ut diploma tam necessarium, omni quâ poterat auctoritate muniret, in synodo Lateranensi confirmari voluit[3].

Et quidem intelligebat ac profitebatur apostolicas litteras, quæ tantam pestem exscinderent, « ad sui subsistentiam et validitatem aliâ probatione non indigere[4]; » quod facilè confitemur. Est enim illud insitum apostolicæ Sedi, ut sibi ipsi consulat sibique à simoniâ caveat, quam canones toties condemnarint. Sed tamen quid de synodo dixerit audiamus. « Decens et salutare reputamus,...... ut quæ per nos statuta et ordinata fuerunt pro rei magnitudine et gravitate, per sacrum generale concilium approbentur et innoventur, et approbata et innovata communiantur; ut eò firmiùs perdurent et defendantur, quò fuerint dictâ auctoritate sæpius circumfulta[5]. » Hinc repetito diplomate sic concludit. « Ut litteræ prædictæ eò magìs observentur, quò clariùs constiterit eas maturâ et salubri deliberatione dicti concilii approbatas et innovatas[6]. » Ac paulò post : « Ad abundantiorem cautelam, et ad tollendam omnem doli et malitiæ causam, ut eò tenaciùs observentur et difficiliùs tollantur, quò tantorum Patrum fuerit ap-

[1] Pet. Dam., *Discep. synod.*, tom. IX *Conc.*, col. 1164. — [2] Berth. ap. Urst. p. 375. — [3] Bull. Jul. II, *Cùm tam divino*, sess. v *conc. Later.* tom. XIV, col. 116 et seq. — [4] *Ibid.*, bull. *Si summus*, col. 119. — [5] *Ibid.*, col. 115. — [6] *Ibid.*, col. 119.

probatione munitæ, litteras prædictas approbamus, etc., sacro approbante concilio. » Ecce in eâ synodo, quâ nulla existimetur Sedis apostolicæ potestati magis consulere voluisse, diploma pontificium totâ potestatis plenitudine stabilitum, auctoritate synodi *approbatum, innovatum, communitum, circumfultum;* quò *firmius*, quò *tenacius* maneat, quod est validissimè roboratum atque confirmatum. Ergo est in Papâ unâ cum concilio aliquid auctoritate *firmius*, quàm in Papâ solo. Dicant ut voluerint; suum illud *intensivè, extensivè* ingeminent: certè, utcumque est, vicimus. Vel enim concilium est superius Papâ; quo concesso, vicimus : vel non est superius; et adhuc vicimus, reportamusque id quod hìc querebamus : nempe ex approbatione, confirmatione, corroboratione etiam validissimâ, quantâque verbis exprimi potest, inferri non posse superiorem potestatem, ut adversarii contendebant.

CAPUT III.

Quid in confirmandis conciliis gestum sit: Nicæna, Constantinopolitana, Ephesina synodus; nihil in his de illâ, quam quærimus, confirmatione actum : de Ariminensi synodo; de epistolis Eutherii et Helladii ad Sixtum III. adversùs Ephesina decreta : Christiani Lupi vanæ notæ.

Jam ne quis existimet concilia œcumenica à Romanis Pontificibus alio sensu confirmari, aggredimur id quod secundo loco tractandum recepimus; nempe ut exponamus quid circa concilia à Romanis Pontificibus firmata vel rejecta factum sit.

Incipimus à Nicænâ synodo ut omnium primâ, non tantùm tempore, verùm etiam auctoritate : in quâ quidem de Romani Pontificis confirmatione nihil actum esse constat.

Sanè adversarii post recentiores quosdam Lovanienses, in *Doctrinâ Lovaniensium* relatos, jactant illi quidem eas, quæ sacræ synodi ac sancti Sylvestri nomine circumferuntur de confirmando concilio litteras. Verùm has, non modò Sanctorum omnium altum eâ de re ubique silentium, quin etiam et stylus et temporum notæ, et alia multa, falsas esse demonstrant perspicuitate tantâ, nulla ut eâ de re inter doctos quæstio superesse possit. Quâ de re vide Labbæum, brevi ac marginali, sed eliquatissimâ et exquisitissimâ notâ.

Sanè memoravimus[1] ecclesiasticæ historiæ certa monumenta, quibus constat prolatam à Patribus sententiam, nullo alio expectato decreto, statim apud omnes, cœlestis instar oraculi valuisse. Sic finitæ tres maximæ quæstiones consubstantialitatis, Paschatis, rebaptizationis; patuitque in concilio primo generali, eas synodos, quibus Sedis apostolicæ legatio interesset, nullius specialis confirmationis indigere ut robur obtineant.

Objiciunt Ariminensem synodum, optimis initiis, fœdo exitu, ac propterea à Sede apostolicâ reprobatam ac rescissam[2]. Factum id quidem; sed omnino nihil ad rem. Primùm enim non fuit œcumenica, ex solo scilicet Occidente convocata; cui præterea Occidentis totiusque Ecclesiæ caput, Romanus Pontifex, aliique permulti magni nominis occidentales episcopi, Arianorum fraude, defuerint. Deinde malum factum, et ipso jure nullum, quòd rem œcumenico concilio, Nicæno scilicet, totâ consentiente Ecclesiâ definitam, iterum in quæstionem vocabant. Quò spectat illud Athanasii : « Quæ nova hæresis? cur nova synodus[3]? » Quin ipsa synodus Ariminensis, quandiù liberè et canonicè egit, id professa est, editâque sententiâ declaravit, post Nicænam synodum, fidei jàm expositæ nihil addi, nihil demi oportere; denique his omnibus circa ultimas actiones addita vis ac fraus[4]. Quo factum, Liberio in synodo Romanâ teste, ut « omnes Ariminensis concilii blasphemiæ ab iis ipsis qui tunc decepti per fraudem fuisse videntur, anathemate damnatæ sint[5]. » Idem habet Romana synodus sub Damaso[6]. Cùm ergo Ariani, hæreticorum more, sua quamvis inania, magnis clamoribus venditarent, facile fuit Liberio ac deinde Damaso, postremam synodi partem, per se nullam, nulloque ordine canonico fultam, postulante Basilio[7], omnibusque

---

[1] Sup., lib. VII, c. VII.— [2] Sozom, lib. VI, c. XXIII; Theod., lib. II, c, XXII; *Conc. Rom. sub Dam.*, part. I, coll. Holst. — [3] Athan., ep. *de Syn. Arimin. et Seleuc.*, n. VI, tom. I, p. 719. — [4] *Epist. conc. Arimin. ad Const.*, ap. Athan., *ibid.*, n. X, p. 723, et apud Socrat., lib. II, cap. XXXVII — [5] Vid. loc. jam cit. Socr., Soz., Theod.— [6] *Conc. Rom. sub Dam.*, coll. Holst., loc. jam cit.— [7] Basil. ep. LXIX, al. LX, *ad Athan.*, n. 1, tom. III, ed. Bened., p. 162.

orthodoxis orientalibus, consentiente Occidente, ipsis Ariminensis etiam concilii episcopis ultrò petentibus, nullam et irritam declarare.

In secundâ synodo generali, Constantinopolitanâ scilicet[1], certum est nullum esse locum ei, de quâ quærimus, confirmationi, post synodum gestam; cùm sanctus Damasus papa ipse adfuerit occidentalium Romæ habitæ synodo, cujus consensu Constantinopolitana œcumenica facta est.

Ephesina verò synodus, tertia generalis, de fide, deque Nestorio Cœlestini papæ sententiam executa erat; ut ea decreta à novâ, post absolutam synodum, confirmatione pendere, ne ipsi quidem adversarii dicturi sint. Accesserat expressa per Sedis apostolicæ Legatos, actionis primæ confirmatio, quam vidimus ex ipsius synodi gestis ac verbis, nihil aliud fuisse, quàm consensionem[2].

Itaque Ephesini Patres rei gestæ mittunt relationem ad Cœlestinum, nullâ unquam confirmationis petitæ mentione. Ità verò respondet Cœlestinus, ut à se nihil amplius de eo negotio desiderari significet; cùm id tantùm agat, ut de plenâ rei executione Patribus gratuletur.

De Charisio presbytero ac Messalianis condemnatis nulla mentio in sacræ synodi ac Cœlestini mutuis epistolis; eorum hæreses, nullâ confirmatione speciali, pro damnatis sunt habitæ; nihilque omninò occurrit, quo synodalibus decretis, postquàm sunt condita, aliquid roboris defuisse videretur[3]. Atque ita in tribus primis generalibus synodis, nihil habent quod objiciant, de eâ confirmatione quam quærimus.

Christianus quidem Lupus nuper edidit *Epistolam Eutherii Thyanensis, et Helladii Tarsensis, scriptam ad magni nominis Romæ episcopum Sixtum*[4] : in quâ petunt ab eo *qui à Deo productus est gubernator,* retractari ac rescindi Ephesinæ synodi acta adversùs Nestorium; *ac terrarum orbem* synodo adhærentem, et cum synodo errantem *adjuvari;* « quod est, inquit Lupus, authen-

---

[1] Sup., lib. VII, c. VIII. — [2] *Conc. Eph.*, act. II, Vid. suprà, lib. VII, c. XIII. — [3] *Ibid.*, act. VI, VII, col. 671, 801. — [4] Christ. Lup., *Var. Patr. epist.*, cap. CXVII.

ticum instrumentum appellationis, non ad generalem, sed adversùs generalem synodum, interpositæ apud Sixtum III Pontificem ¹ : » quo deinde concludit, quòd orientalis Ecclesia crediderit, « Papam esse superiorem generali synodo. » Addere debuisset, « generali synodo, » auctore ac præsidente per legatos Pontifice gestâ, quam *cum toto orbe terrarum* Sedes etiam apostolica recepisset : hujus decreta, hujus etiam fidem à Romano Pontifice retractari, etiam et rescindi posse. Sic agit vir doctus; sed ubique nimius : antiquitatis indagator strenuus, parum exactus judex. Hæc enim quàm nimia sint, et inconcessa, et irridenda potiùs quàm refutanda, nemo non videt.

CAPUT IV.

De Ephesino latrocinio : quid Leo egerit : ut ultimam sententiam futuræ universali synodo reservarit.

Majore postea verisimilitudine objiciunt Ephesinam synodum pro œcumenicâ à Theodosio Augusto sancti Leonis consensu convocatam, quam tamen idem Leo irritam declaravit.

Sed eam synodum, licèt legitimè congregatam, ab ipsis initiis legitimæ synodi titulo caruisse, duo præsertim demonstrant : alterum quòd Dioscorus Alexandrinus, præses ab imperatore, præter morem, dictus, omnia per vim egit; episcopos quos voluit expulit, quos voluit admisit, quo nihil est ab œcumenicâ synodo malis alienum; admissos in purâ chartâ subscribere coegit, facta, infecta, in acta referri jussit ² ; nulla ut jàm legitimi cœtûs, nedùm œcumenicæ synodi species superesset; alterum quòd idem Dioscorus Leonis epistolam, oblatam licèt à legatis apostolicæ Sedis, legi non est passus ³ ; ac nemo ibi suscepit nomen Leonis. ut acta testantur; quo sine nomine, nulla est legitima synodus. Quem fontem nullitatis in Chalcedonensi synodo Lucentius Sedis apostolicæ legatus exposuit : quòd nempe Dioscorus, « cùm personam judicandi non haberet, præsumpsit, et synodum facere

---

¹ Not. Christ. Lup., *ubi suprà.* — ² Vid. *act. conc. Eph.* II, *in conc. Chalc.*, *act.* I, tom. IV, col. 115 et seq.. — ³ *Ibid.*, col. 122.

ausus est, sine auctoritate Sedis apostolicæ, quod nunquàm licuit, nunquàm factum est : » quam nullitatis causam Patres omnes dictis sententiis comprobarunt, et ad imperatores perscripserunt [1].

His causis omnes agnoscunt Ephesinam secundam synodum, non modò iniquam, verùm etiam per se nullam et irritam fuisse; neque tantùm propter vim, sed etiam vel maximè ex defectu potestatis, quo defectu nullus est major. Itaque violentam, pioque Flaviani sanguine commaculatam synodum omnes catholici horruerunt : atque ipse Flavianus, statim non à synodo, quæ jàm nulla esset, sed à Dioscoro; neque ut à synodi præside, sed ut à nefarii latrocinii duce appellavit. « *Appello*, inquit, *à te*, » ut habetur in gestis [2].

Jàm verò nemo negat ad Papæ officium pertinere, ut his provideat, detque operam, ne fideles concilii œcumenici nomine in fraudem inducantur : quo quidem officio Leo continuò functus est [3]. Verùm ita sententiam temperavit suam, ut judicium daret non peremptorium sed provisorium. Itaque Ephesinam synodum ratam esse non est passus : Flavianum in communione habuit, omniaque interim in suspenso esse voluit, quoad œcumenica synodus haberetur : synodo congregandæ ultimam sententiam reservavit.

Id Leo ubique testatur, præsertim epistolâ *ad Juvenalem* : « Christus detestandum illud Ephesinæ synodi judicium, sanctâ Chalcedonensis concilii auctoritate destruxit [4]. » Idem repetit epistolâ *ad Leonem imperatorem;* neque quidquam potuisse fieri convenientiùs docet, quàm ut Dioscori, in Ephesinâ synodo, « facinus, sancta synodus Chalcedonensis aboleret [5]. » His congruit illud beati Gelasii papæ de Ephesino latrocinio dictum : Malè gestam synodum et injustam, justà et bene gestâ synodo submovendam [6]. » Tale remedium, talem auctoritatem œcumenicæ synodi ritè convocatæ nomen postulare visum.

[1] Vid. *act. conc. Eph.* II, *in conc. Chalced.*, act. 1, tom. IV, et col. seq. Vid. etiam act. III, ep. conc. *ad Valent. et Marc. imp.*, col. 463, et *Relat. ad Pulch.*, ibid., col. 464. — [2] Ibid., conc. *Ephes.* II, in act. 1 *conc. Chalced.*, col. 303. — [3] Vid. Varias epist. Leon. Mag. *ad Imper. et Augustas*, 1 part. *conc. Chalc.*, cap. XIX, XX, XXI, XXII, XXIII, col. 38 et seq.; et inter Leon., *ed. Quesn.*, ep. XXXIX, XL, XLI, XLV, XLVI. — [4] Leon. ep. *ad Juven.*, CX, *aliàs* LXXII. — [5] Ejusdem ep. *ad Leon. imp.*, CXXV, al. LXXV. — [6] Gelas. ep. XIII, *ad Episc. Dard.*, tom. IV *conc.*, col. 1204.

Quid ergò hîc consequuntur superioritatis pontificiæ defensores? Nempe ut Pontifex synodum per se ab ipsis initiis nullam et irritam non admittat ille quidem, ultimum tamen judicium futuræ synodi relinquat arbitrio. Quodnam hîc ejus quam quærunt superioritatis indicium est?

CAPUT V.

A Chalcedonensi synodo nullam in fidei negotiis confirmationem petitam : cujusmodi sit ea, quam sanctus Leo ultrò dederit.

At in Chalcedonensi legitimo sanctoque concilio œcumenico plus habere se putant, cùm ipsa synodus rerum à se gestarum confirmationem à Leone petat, ut in relatione synodi ad ipsum Leonem est positum [1]. Tum illud vel maximum, quòd canonem xxviii, de Contantinopolitani præsulis auctâ dignitate, unanimi licèt Patrum decreto factum, idem Leo apostolicâ auctoritate rescidit [2].

Nunc quidem de fide agimus, de canonibus posteà videbimus. Et quidem quod ad finem, fideique causâ depositum Dioscorum attinet, Patres Chalcedonenses in relatione ad Leonem [3], nullam confirmationem petunt, satis esse rati, quòd Leonis epistolam prælucentem, ipsumque sibi, « ut membris caput præsidentem ac spiritu præsentem, » ac penè in legatis visum habuissent.

Itaque quoad hæc, nihil ampliùs desiderabatur. Ac reverà imperatores, absoluto concilio, statim ut re exploratâ atque confectâ contentionem omnem de fide prohibent [4]: clerus ac plebs in eâ fide ac Dioscori condemnatione ubique acquiescit.

Et res quidem synodi circa fidei negotium sic se habent; ut de suis decretis à Leone confirmandis, ne quidem cogitasse constet, et tamen sanctus Leo etiam non petitam confirmationem misit : quâ occasione ipse idoneus testis exponet.

---

[1] *Relat. syn. Chalc. ad Leon.*, part. III, cap. II, col. 833 et saq. — [2] *Epist. ad Pulcher.*, LXXIX ; *ad Anatol. C. P.*, LXXX ; *ad Max. Antioch.*, XCIII, al LIII, LV, LXII. — [3] *Relat. loc. jam cit.* — [4] Vid. conc. Chalc., part. III, c. III, col. 840.

Quippe cùm occasione improbati à Leone XXVIII canonis, maligni homines in vulgus sparsissent Chalcedonensem synodum ab ipso improbatam, ad episcopos, qui in eâ congregati fuerant, hæc scribit : « Ne ergo per malignos interpretes dubitabile videatur, utrùm, quæ in synodo Chalcedonensi per unanimitatem vestram de fide statuta sunt, approbem, hæc ad omnes Fratres, et coepiscopos nostros, qui prædicto concilio interfuerunt, scripta direxi....; ut omnium fidelium corda cognoscant, me non solùm per Fratres, qui vicem meam executi sunt, sed etiam per approbationem gestorum synodalium, propriam vobiscum iniisse sententiam in solâ videlicet fidei causâ [1]. » Quod adversùs *malignos interpretes* factum, fatebuntur omnes non eò spectare, ut incerta firmentur, sed ut certa, summâque et indeclinabili auctoritate facta, magis magisque asserantur et inculcentur.

Cujus generis est id quod in encyclicarum epistolarum tomo, post synodum Chalcedonensem edito, legimus: « Penè omnes occidentalium partium episcopi consentientes sibimet, et pariter decernente sanctissimo atque beatissimo Romamæ urbis archiepiscopo, litteris propriis et oris sui confessione, ea quæ ab ipsis sanctis Patribus Chalcedone collectis interpretata sunt, confirmaverunt et consignaverunt [2]. » En quid sit confirmatio; nempe consensus ipse. En ut, non modò Leo, sed etiam cæteri occidentales episcopi condecernentes Chalcedonensem synodum confirmarunt.

CAPUT VI.

Quintum, sextum, septimum, octavum concilium.

Ex octo primis generalibus synodis, supersunt adhùc quatuor, de quibus uno verbo facilè decernamus.

Quintam synodum, Constantinopolitanam secundam, à solis Orientalibus, nullâ cum Occidentalibus communicatione, nullâ

---

[1] Epist. Leon. *ad episc. conc. Chalc., ibid.*, cap. XVI, col. 881, 882 ; et inter Leon. *ep.* LXXXVII, al. LI. — [2] *Conc. Chalc.*, cap XLV, Epist. Agap. *ad Leon. imp.*, col. 942.

Sedis apostolicæ legatione transactam, nonnisi consensione occidentalis Ecclesiæ ac Sedis apostolicæ approbatione, pro synodo œcumenicâ valuisse constat.

Sexta synodus de fide tantùm, fideique condemnandis inimicis egit.

Statim atque fidei definitionem edidit; eam, ab episcopis et imperatore subscriptam, ad quinque patriarchales Ecclesias dimitti voluit, ut quæ certissimâ auctoritate constaret, actione VIII[1]. Eâdem actione Patres ad Agathonem papam relationem mittunt, quâ « se Spiritu sancto illustratos, et Agathonis doctrinâ institutos, infesta dogmata depulisse » testantur. Tum subdunt: « Et corde nos, et linguâ, et manu convenientes, omnis erroris expertem, certamque nec fallentem definitionem, vivifici Spiritûs ope edidimus[2]. » Quo perspicuè demonstrant, nihil expectari à se ut certam Spiritûs sancti præsentiam, sibi ac sanctæ synodo vindicent, cùm præsertim se ab ipso Agathone, lectis ejus apostolicis litteris, doctos esse fateantur. Neque eò seciùs ab eodem Agathone petunt ut orthodoxam fidem, quam cum ipso prædicarint, iterùm per sua rescripta confirmet. Satis ergò existimabant illustratam, roboratam, confirmatam fidem, quam ipsi tradidissent, et ad inculcationem majorem pertinere eam, quam postulabant, confirmationem novam.

Quare nec expectato Sedis apostolicæ responso, pius imperator synodi decreta edictis exequitur[3]. Interim, Agathone mortuo, ad imperatorem Leonis II pervenit epistola, quâ decreta synodi *apostolicâ auctoritate* confirmat, « eisque consentit, sicut supra solidam petram, qui Christus est, ab ipso Domino adeptis firmitatem[4] : » adeò certum est eam confirmationem nihil aliud esse quàm consensionem eam quam diximus, ac recognitionem authenticam jàm à Domino præstitæ invictissimæ firmitatis.

Sanè omittendum non est Macarium Antiochenum episcopum hæreseos defensorem à synodo depositum, ad Sedem apostolicam missum, non, quemadmodùm nescio qui cavillantur, ut ejus

---

[1] *Conc. C. P.* III *gener.* VI, *act.* XVIII, tom. VI, col. 1072. — [2] *Ibid.*, *act.* XVIII; ep. *ad Agathon.*, tom. VI, col. 1276. — [3] *Edict. Const. imp.*, *ibid.*, col. 1084 et seq. — [4] Epist. Leon. II *ad Imp. Const.*, *ibid.*, col. 1116.

causam tanquàm superior retractaret, sed ut errantem instrueret, pœnitenti, si forte, indulgeret; quod adeò clarum est ex imperatoris et Leonis litteris [1], ut his immorari pudeat. Alia prosequamur.

Septima synodus, Nicæna secunda, nullam ab Adriano, rebus gestis, specialem confirmationem petiisse, nullam accepisse legitur; neque eò infirmior visa est aut Græcis aut aliis : neque nostri, cùm eam non susciperent, confirmationem defuisse causati sunt : adeò ista ex abundanti esse constat.

Octava synodus, Constantinopolitana quarta, Nicolai I et Adriani II judicium executa adversùs Photium, ut firmitatem obtineret, nulla procul dubio Sedis apostolicæ novâ confirmatione indigebat; et tamen petiit his verbis : « Itaque Sanctitate Vestrâ omnium nostrûm et universalis synodi consensum et consonantiam recipiente; prædica eam magìs, ac veluti propriam, ac sollicitiùs confirma coangelicis præceptionibus vestris; ut per sapientissimum magisterium vestrum, etiam aliis universis Ecclesiis personet et suscipiatur veritatis verbum et justitiæ decretum [2]. » Quæ verba satis demonstrant, confirmationis nomine, expectari ab apostolicâ Sede, conciliarium decretorum promulgationem atque executionem; quod ultrò amplectimur.

Atque his profectò claret, quàm nihil faciat ad vindicandam Papæ superiorem potestatem ea confirmatio, quam in actis primorum conciliorum generalium invenimus. Certè sic scribit ad Adrianum II synodus octava : « Sicut beatissimus papa Nicolaus definivit et promulgavit, necnon et summa paternitas tua firmavit et synodicè roboravit; ita et ipsi (legati scilicet apostolicæ Sedis) annuntiaverunt et egerunt [3]; » ut si necesse sit superiorem esse qui confirmet et roboret, Adrianum Nicolao antecessore suo superiorem fuisse inficiari nemo possit.

Esto igitur fixum id, quod probandum suscepimus, primorum conciliorum generalium confirmationes à Romanis Pontificibus, post gesta ea concilia editas, non ejus fuisse roboris, ut decretis

---

[1] Ep. Imp. *ad Leon. II, ibid.,* col. 1102, 1103; et Leon. II *ad Imp.,* col. 1117, 1120. — [2] *Conc. C. P. IV, gener.* VIII, *act.* X, tom. VIII, col. 1169. — [3] *Ibid.,* col. 1168.

de fide latis robur, quod deesset, adderent; sed ut quod inesset uberiùs declararent.

CAPUT VII.

Reliquæ synodi usque ad Tridentinam.

Ex primarum synodorum confirmationibus, de reliquis judicare in promptu est. Post octo illas primas, quatuor omninò sunt, quibus Romanus Pontifex non ipse adfuerit : Pisana, Constantiensis, Basileensis, Tridentina. Cæteras per se ipse gessit.

Pisanam per sese valuisse ante Alexandri V confirmationem editam, vel ex eo demonstravimus [1], quòd nec Alexandri confirmatio valuisset, nisi priùs Pisani concilii, cujus ex decretis Alexander electus est, valeret auctoritas.

Constantiensis concilii judicium de Joanne XXIII, quod ab eo summâ religione susceptum est, erat profectò, vel eo repugnante, valiturum, ut suo loco diximus [2].

Ejusdem synodi decretum adversùs Joannem Hussum et Hieronymum de Pragâ, statim atque prolatum est, plenam executionem habuisse nemo negat. Illis etiam brachio sæculari traditis et extremo supplicio addictis, necdùm creato Pontifice, nedùm ejus confirmatione expectatâ.

Cætera decreta, quæ adversùs Viclefum, Hussumque facta sunt, satis demonstravimus [3] Martinum V, non ut incerta ac nutantia confirmasse, sed ut certa et valida, auctoritate concilii totam repræsentantis Ecclesiam, executum esse.

Quod autem idem pontifex in fine concilii declaravit, confirmari à se omnia circa fidem, quæ *conciliariter* gesta essent; usque adeò ex abundanti erat, ut illud non scripto decreto, ut cætera, neque à synodo requisitus, sed dimissis Patribus, Polonicæ controversiæ occasione dixerit [4].

Basileensia priora gesta, quæ sola tuenda suscepimus, adeò

---

[1] Sup., lib. V, cap. X, XI, XII. — [2] *Ibid.*, c. XXI. — [3] *Ibid.*, c. XXII. Vid. Bull. Martini V, *Inter cunctas*, post sess. XLV *conc. Const.*, tom. XII, col. 268. — [4] *Ibid.*, cap. XXVIII. Vid. *conc. Const.*, sess. XLV, col. 258.

suam per sese, sine expressâ confirmatione, auctoritatem et executionem habuere, ut iis victus Eugenius IV, pristina sua de dissoluto concilio decreta revocaret [1].

Tridentina synodus, quæ ultimo decreto suo, Romani pontificis confirmationem peti jubet eorum *quæ à se decreta et definita essent*, eò usque intellexit eas definitiones vel tum valuisse, ut statim post eam confirmationem petitam, acclamarit «CARDINALIS à Lotharingiâ : Sacrosancta œcumenica Tridentina synodus, ejus fidem confiteamur; ejus decreta semper servemus. RESP. Semper confiteamur, semper servemus. CARDINALIS : Omnes ita credimus, omnes idipsum sentimus, omnes consentientes et amplectentes subscribimus : hæc est fides beati Petri apostolorum; hæc est fides orthodoxorum. RESP. Ità credimus, ità sentimus, ità subscribimus. CARDINALIS : His decretis inhærentes digni reddamur misericordiis..... RESP. Fiat, fiat; amen, amen. CARDINALIS : Anathema cunctis hæreticis. RESP. Anathema, anathema [2]. » Talia sentientes, dum confirmationem petunt, quid aliud quàm certa et valida magis magisque firmari et inculcari petunt?

Quarè confirmatio statim atque ab Alexandro cardinale legato ac præside Farnesio (a) petita est, statim à Pio IV in eodem Consistorio est data, die Mercurii 26 Januarii anno 1564, ut subjuncta Tridentinæ synodo acta testantur [3].

Et quidem in iisdem actis legimus audita vota cardinalium, confirmataque *omnia et singula* quæcumque in synodo acta essent, *maturâ cum illis deliberatione præhabitâ* : quæ matura deliberatio, si in rem ipsam caderet, ac de ipsis concilii tot ac tantis decretis esset inquisitum, profectò tanta res tam brevi tempore transacta non esset.

---

[1] Sup., lib. VI, c. 1 et seq. Vid. in sess. XVI conc. Basil. Bull. Eug. IV, *Dudum sacrum*, tom. XII, col. 528 et seq. — [2] *Conc. Trid.*, sess. xxv, col. 920, 921. — [3] *Ibid.*, col. 939.

(a) Hic labitur errore levi Bossuet. Non enim Farnesius sedit unquam legatus et præses in concilio Tridentino, neque etiam ille, sed Moronus et Simoneta, qui Sedis apostolicæ legati concilio præfuerant, ejus confirmationem à Pio IV postularunt ; quâ concessâ, Alexander Farnesius Romanæ Ecclesiæ vice cancellarius confirmationis instrumentum sigillo cancellariæ munitum, eis tradidit. Vide loc. in textu citat. (*Edit. Leroy*)

CAPUT VIII.

De canonibus conciliorum generalium à Sede apostolicâ confirmatis vel infirmatis: Constantinopolitani canones, præsertim III; *Chalcedonenses, ac præsertim* XXVIII.

De fide egimus, causisque cum fide conjunctis; nunc de canonibus paucis rem transigemus. Et quidem Nicænos canones, statim atque à Nicænis Patribus per provincias delati sunt, toto orbe terrarum obtinuisse constat. De Ephesinis in actis synodalibus disertè legimus[1], statim atque sunt editi, unà cum epistolà synodi eà de re scriptâ, dimissos fuisse per Ecclesias continuò exequendos, ut quæ pleno et suo pollerent robore. Itaque in Ecclesiæ catholicæ codicem statìm inserti sunt, tenuitque episcopis in Cypro et Europâ provinciâ concessa libertas, nullâ unquam confirmatione speciali[2]. De septimæ et octavæ synodorum canonibus, nihil, quod sciam, objicitur, quod ad hunc pertineat locum, constatque legi nusquam ab ullâ synodo generali petitam canonum confirmationem, præterquàm à Chalcedonensibus XXVIII illius, quo et Constantinopolitanus canon III firmabatur, et Constantinopolitanus episcopus non modò dignitate, sed etiam jurisdictione ac ditione auctus. In his igitur tota est difficultas.

Ac de canonibus quidem Constantinopolitanis sic objiciunt: quòd eos, teste Gregorio, Romana Ecclesia *non habet nec accipit*[3]. Leo verò Magnus canonem III caducum, sponte collapsum, et Sedi apostolicæ ignoratum, sibi quoque displicere significat[4].

Interim id constat, in codicem canonum cum aliis Constantinopolitanis insertum, toto statim Oriente valuisse. Quin etiam, in Chalcedonensi synodo, legati apostolicæ Sedis, Anatolium Constantinopolitanum episcopum secundum habuerunt. Quà de re usque adeò non questi sunt, ut è contrà quererentur in quin-

---

[1] *Conc. Ephes.*, act. VII, tom. III, col. 804. — [2] *Ibid.*, col. 783, 810, — [3] *Greg.*, Mag., lib. VII, *indict.*, XV, ep. *ad Eulog.* XXXIV; al. lib. VI. ep. XXXI; tom. II, col. 882. — [4] Leon. Mag., ep. LXXIX, LXXX, al. LIII, LV, *ad Pulch. et ad Anat. C. P.*

tum gradum à Dioscoro Flavianum relegatum. Quo loco laudantur à Diogene Cyzicensi, *quòd regulas scirent*[1], quas nempe Dioscorus contempsisset. Ergo intelligebant omnes episcopi, ipsique adeò legati Leonis deberi episcopo Constantinopolitano primum post se locum : non alio canone, quàm Constantinopolitano illo, quem Romana Ecclesia ignorare ac minimè probare voluisse videbatur; visumque est satìs, quòd nondùm apertè improbasset.

De canonibus Chalcedonensibus gravior difficultas, ac præsertim de XXVIII[2]. Is actione XV, legatis absentibus conditus, actione XVI, iisdem querentibus relegitur : legati contradicunt; Leonis mandata proferunt, Nicænos canones legunt; quibus hæc nova adversentur; Constantinopolitanos rejiciunt coactos episcopos conqueruntur[3].

Hic episcopi clamaverunt : *Nemo coactus est*[4]; dictisque sententiis canon confirmatur. Hic legati postulant, ut *sua contradictio gestis inhæreat*[5]; contestanturque se ad Papam relaturos[6].

De hoc ergo uno canone, qui controversus esset, Patres ad Leonem referunt, submisso animo petunt *ut probare dignetur;* et quemadmodum Patres est *in bonis capiti consonarent, ità pontificalis apex, id quod decens erat filiis indulgeret*[7]; placiturum id principibus; et legatos quidem contradixisse, sed ut res ipsi Papæ reservata videretur.

Hâc rerum summâ patet nihil Patres ambigere, præterquàm de iis quæ nova, quæ contra Nicænos canones, quæ repugnantibus legatis decrevissent : cætera vi suâ atque integro robore firma reputasse.

Quid hìc Leo sanxerit nemo ignorat : nempe sic : « Consensiones episcoporum, sanctorum canonum apud Nicæam conditorum, regulis repugnantes in irritum mittimus, et per auctoritatem beati Petri generali prorsus definitione cassamus[8]. » Alibi decernebat « canones Nicænos nullà in parte esse solubiles; infirmum

---

[1] *Conc. Chalc.*, act. I, tom. IV, col. 115. — [2] *Ibid.*, act. XV, col. 769. — [3] *Ibid.*, act., XVI, col. 796, 809, 812 — [4] *Ibid.*, col. 809. — [5] *Ibid.*, col. 813 et seq. — [6] *Ibid.*, col. 817. — [7] *Part.* II *conc. Chalc.*, cap. 1; *Relat. ad Leon.*, col. 837; inter Leon. epist., post LXXVII. — [8] *Epist. Leon. ad Pulch.*, *ibid.*, c. VII, col. 850, et inter Leon. epist., LXXIX, LV.

atque irritum quidquid à prædictorum Patrum canonibus discreparit; » denique Anatolium, si canonem urgeat, *universalis Ecclesiæ pace privandum*[1].

Hæc de canone XXVIII sanctus Pontifex, cujus auctoritate victus ipse Anatolius (si Lucæ Holstenio colligenti et edenti credimus, ut profectò, meâ quidem sententiâ, credi par est), datâ epistolâ Leoni præcipienti, ut à canone tuendo abstineret, respondit « se illa obediendo complere, quæ ejus perfectissimis sensibus placita videbantur. Nam penitùs, inquit, absit, ut eis ego, quæcumque mihi fuissent mandata per litteras, adversarer. » Acquievit imperator, eodem teste Anatolio in eâdem epistolâ, atque ex numero canonum Chalcedonensium, canon ille XXVIII expunctus est.

Hic ergò objiciunt Romanum Pontificem conciliis œcumenicis longè superiorem, quorum canones absque ejus approbatione non valeant; imò ab eo ex *beati Petri auctoritate cassentur*, ipsis orientalibus, ipsis Constantinopolitanis episcopis, ipsis imperatoribus consentientibus.

At hæc qui objiciunt, primò, ne statum quidem quæstionis intelligunt. Defendimus enim Constantiense concilium, quo nempe concilii potior auctoritas agnoscatur, in fide, in schismate, in reformatione generali promovendâ. At orientales episcopi isto canone, episcopo Constantinopolitano consulebant, imperatori gratificabantur, non fidei, non schismati, non reformationi generali providebant; imò verò rectum ordinem ac primarum sedium honorem ab antiquo institutum evertebant, qui rei universæ ecclesiasticæ conducere videretur. Non ergo adversùs effrænam aut extraordinariam potestatem, canones ac jura; libertatemque ecclesiasticam tuebantur, quod Patres Constantienses volebant; sed Papæ, canones rectumque ac probum et canonicum ordinem defendenti repugnabant; ac proindè ad nostram quæstionem non pertinet quidquid hic actum ab illis fuit.

II. Orientales Patres, hoc canone constituto, id sibi tribuebant

[1] Epist. Leon. *ad Anat.*, *ibid.*, cap. V, col. 844, 846; et inter Leon. ep., LXXX, al, LIII. Vid. etiam epist. *ad syn. Chalc.*, *ibid.*, c. XVI, cal. 884; inter Leon. ep. LXXXVII, al, LXI. *Collect. Holst.*, part. I, c. XXII.

ut Patrum limites, et canones Nicænos ab universali Ecclesiâ conditos et receptos, inconsultò; imò verò repugnante toto Occidente convellerent: quod non illis licebat.

III. In eo canone statuendo nequaquam concilii generalis auctoritate gaudebant, à quorum decretis in eâ actione cum Sede apostolicâ universus Occidens recedebat.

Hinc etiam factum est ut Chalcedonenses Patres à Leonis arbitrio id pendere vellent, quod Relationis quidem verba demonstrant, ut vidimus : sed apertè convincit illud Anatolii in epistolâ *ad Leonem :* « Cùm et sic gestorum vis omnis et confirmatio auctoritati Vestræ Beatitudinis fuerit reservata[1]. » Unde nec mirum, de iis Leonem statuisse, quæ in ipsius potestate ipsa synodus reliquisset.

Cæterùm Bellarminus canones Chalcedonenses omnes à Leone rejectos esse putat[2], propter quosdam Leonis aliorumque Pontificum locos : quem vir illustrissimus Petrus de Marca egregiè confutavit[3]. Nunc neminem esse jam puto, qui neget Chalcedonenses canones XXVII, antiquissimis canonum insertos collectionibus, statim in auctoritatem admissos; quos si quis obstinatè contenderit à Leone improbatos; nempè Parisienses nostri non alio firmiore argumento probaverint conciliorum generalium supremam potestatem, quàm quòd tot canones, etiam improbante Romano Pontifice valuisse, ipsi adversarii fateantur.

CAPUT IX.

Recapitulatio eorum, quæ de confirmatione ex conciliorum actis dicta sunt : hinc confutantur allati à quibusdam recentioribus pontificiæ confirmationis effectus : Ecclesiæ consensus, quatenùs ultima synodi bene gestæ testificatio : sancti Gelasii locus.

Ex his facilè confutantur ea, quæ recentiores quidam theologi, de pontificiâ confirmatione dixerunt.

Et primùm quidem pauci sunt, qui ad hæc extrema decurrant,

---

[1] Epist. Anat. C. P. *ad Leon. Mag*, in coll. Host., *ibid.* — [2] Bell., *de Rom. Pont.*, lib. II, c. XXII. — [3] Marc., *de Conc. sacerd. et imp.*, lib. III, c. III n. 5.

vim omnem Ecclesiæ ac synodorum in solo Pontifice esse positam; decreta quæ non ipse firmaverit, præsidentibus licet, imò consentientibus ejus legatis edita, incerta pendere, quoad approbaverit; neque aliam synodis generalibus constare infallibilitatem, quàm ab ipso promptam.

Hæc igitur confutantur; universim quidem ex actis conciliaribus, quibus vidimus decreta conciliaria, statim atque sunt edita, cœlestis oraculi vice habita, executionique mandata[1] : speciatim verò ex his locis, quibus ipsa concilia, ante omnem confirmationem asserunt, « se omnis erroris expertem, certamque nec fallentem definitionem, vivifici Spiritùs ope edidisse; » quod synodus sexta ad Agathonem papam scribit[2].

Eòdem pertinet illud, quod est à Nicœnâ secundâ synodo pronuntiatum; vim quâ fidei definitionem certam edidissent, in eo esse positam, quòd divino Numine congregati, eâ repromissione gauderent, quâ Christus cum apostolis usque ad finem sæculi futurum se esse promittit[3].

Neque minùs illustre est illud Cœlestini ad Ephesinam synodum : « Spiritùs sancti testatur præsentiam congregatio sacerdotum[4]. » Quo loco sanctus Pontifex in Ephesinâ synodo, synodum illam apostolicam Hierosolymis congregatam aspiciendam esse testatur.

Huc accedit Leonis II synodi sextæ definitionem confirmantis verba, quibus declarat iis se consentire, « sicut supra solidam petram, qui Christus est, ab ipso Domino adeptis firmitatem[5] : » ut confirmatio synodi universalis, nihil sit aliud quàm testificatio jam à Domino traditæ firmitatis.

His igitur victi, qui sunt paulò cordatiores, ab his insulsis et nimiis abhorrere solent; sed multùm desudant in vero explicando confirmationis effectu. Ac Joannes quidem Bagotius (a) sic exponit, « confirmationem Pontificis omnibus fidelibus solummodò

---

[1] Vid. *supra*, hoc libro, cap. III et seq.— [2] Relat. conc. VI *ad Agath.*, tom. VI, col. 1076. Vid. *suprà*, c. VI. — [3] Definit. Conc. VII, *act.* VII, tom, VII, col, 551. Vid. *suprà*, lib. VII cap. XXX. *Diss. præv.*, n. LXIII. — [4] Vid. *suprà* lib. VII, c. XIV; Vid. conc. Eph., *act.* II, tom. III, col. 614.— [5] Ep. Leon. II *ad Imp.*, tom. VI *Conc.* col 1126.

(a) E Societate Jesu.

fidem facere, synodum œcumenicam et legitimam fuisse ; et, cùm leges servaverit, in Spiritu sancto definiisse quod definiverit : quæ ultima certificatio credendi necessitatem imponat fidelibus, cùm antea nemo propriè teneatur synodi definitiones accipere [1]. »

Postremum hoc æquè concidit actis conciliaribus, quibus demonstravimus conciliorum generalium definitiones statim atque prolatæ sunt, nullo alio decreto edito, valuisse.

Illud haud absurdum, confirmatione declarari synodum, et legitimè fuisse convocatam, et legitimo ordine processisse, neque quidquam intervenisse quo nulla sit; qualia multa in Ariminensi, atque Ephesinâ secundâ synodis evenisse legimus : quæ causa fuisse videtur, cur Leo synodi Chalcedonensis definitionem, ipso etiam auctore, ac per legatos præsidente factam, speciali epistolâ confirmandam duxerit, « propter malignos interpretes, » ut vidimus [2].

Sanctus Gelasius approbationi Leonis universalis Ecclesiæ consensionem adjungit; eoque internosci docet « malè gestam synodum à bene gestâ synodo, *quòd* malè gestam synodum, *puta Ephesinam secundam*, tota meritò Ecclesia non recepit et præcipuè Sedes apostolica non probavit : at bene gestam synodum cuncta recepit Ecclesia, ac maximè Sedes apostolica comprobavit [3] : » ut profectò, inter cæteras Ecclesias, eminere oporteat Ecclesiæ principalis assensum; at illud interim requiratur, ut Ecclesiæ totius consensus accedat.

Hæc ergò est ultima adversùs *malignos interpretes* synodi bene gestæ testificatio : Sedis apostolicæ conjunctus cum totius Ecclesiæ approbatione consensus, quam confirmationem dicimus.

Ea verò universalis ac plena consensio, non tantùm adversùs *malignos interpretes*, sed etiam interdum bonis quoque ac probis viris est necessaria.

Etsi enim boni viri non dubitant, quin œcumenica synodus sit infallibilis, quandoque haud immeritò ac bonâ fide dubitatur, utrùm aliqua synodus sit verè œcumenica. Quale dubium contigisse vidimus hispanicæ et Gallicæ Ecclesiæ [4], circa synodum sex-

---

[1] Bag. *Apol. fidei de loc. Theol.*, disp. v, cap. iv, sect. 1, — [2] Vid. *supra*, hoc lib., c. v. — [3] Gelas., epist. xii, *ad Ep. Dard.*, tom. IV *Conc.*, col. 1200, et *passim*. — [4] Vid. *supra* lib. VII, cap. xxix, xxxi.

tam et septimam, ad quas vocati non essent. Quarè haud immeritò affirmamus ultimum, quo synodi œcumenicæ asserantur, esse Ecclesiæ universalis consensum cum apostolicæ Sedis confirmatione conjunctum.

CAPUT X.

Andreæ Duvallii de confirmatione sententia confutatur; nempè quòd ante eam conciliorum anathemata valeant, tantùm sub spe ratihabitionis futuræ : concilii octavi locus egregius.

Andreas Duvallius concilia quidem generalia, quibus pontifex per legatos præest, eâ infallibilitate gaudere contendit, quam ipsa Spiritûs sancti præsentia tribuat [1]. Horum ergò decretis, quod ad fidem attinet, teneri Pontificem; neque posse negare confirmationem, si legitimo ordine processerint : vim porrò confirmationis in eo collocat, ut anathemata prolata à conciliis, absque pontificiâ confirmatione non valeant. Nempe concilia illustrant, non feriunt; tanquàm Ecclesiæ Doctores non habeant simul concessam divinitùs et cathedram docendi, et castigandi virgam.

Hæc Duvallii sententia omnium, quascumque viderim, longè absurdissima videtur esse. Primùm enim procul dubio statim valet vel ab uno episcopo prolatum anathema; ac licèt solvi possit legitimo ordine, ac superioris judicio, non tamen superioris confirmationem expectat ut ratum habeatur : non valebit verò ab œcumenicis synodis prolata sententia, omnem Ecclesiæ complexa potestatem? Videsis ad quàm vana et absurda cogantur, qui ab avitâ traditione degeneres, ecclesiasticæ potestatis formam, cæcis ratiociniis ad arbitrium fingunt. Deinde etiam si id placeat, quod est falsissimum, quæ jurisdictionis sint, ad Papam omnia redigenda esse : an non ille intelligitur mandare legatis, ut exponendæ doctrinæ ita exercendæ ecclesiasticæ ultionis officium; cùm sexcenta concilia provincialia sive regionaria habeamus, in quibus legati apostolici unâ

---

[1] Duval., tract. *de supr. Rom. Pont. potest.*, part. IV, quæs. VI. p. 525 et seq., edit. 1614. Vid. *Dissert. præv.*, n. XXII.

cum synodis anathemata pronuntient et exequantur? quam auctoritatem conciliis œcumenicis denegari, longè absurdissimum est. 3° Libenter quærerem, ludantne nos synodi, cùm absolutè ac decretoriè pronuntiant : « Si quis non ita senserit anathema sit? » Ac nimis profectò ineptiunt qui hæc anathemata intentari respondent à synodis sub ratihabitione et confirmatione futurâ ipsius Pontificis. At saltem audiant has formulas ab omnibus synodis frequentatas, quæ effectum ipsum denotant : « Ab Ecclesiâ projecimus; privavimus, nudavimus omni dignitate. » Ac rursus alio modo : « Nudatus est, privatus est, projectus est : » tanquam perfectâ re, quam ipsi pendere volunt. Postremò si adhuc hæsitant, esto illud ab octavâ synodo decretum peremptorium, haud minùs adversùs eorum sententiam, quàm adversùs Photium : « Nos eum inobedientem et resistentem sanctæ huic et universali synodo repulimus, et anathematizavimus, atque à totâ catholicâ et apostolicâ Ecclesiâ fecimus alienum, *per datam nobis potestatem in Spiritu sancto à primo et magno Pontifice nostro, Liberatore ac Salvatore cunctorum* [1]. » Quid enim expectant qui sic pronuntiant? Sed nos in tam claris plus æquo immoramur.

Atque hæc de objectione, quæ à synodorum confirmatione petitur, dicenda habebamus. Sanè et imperatores synodos confirmarunt, diversissimâ ratione, ut vim legis ac civilis executionis obtinerent. Confirmatio autem ecclsiastica, quid sit, plenissimè explicatum esse credimus; nempè sic : vel ut insit ex communi consensione firmitas, vel ut innata jàm, ac certa, magis magisque inculcetur.

CAPUT XI.

Ex antedictis resolvitur illud, duodecim sœculis inauditum, quòd episcopi jurisdictionem omnem à Papâ mutuentur; quòdque Papœ assistant, ut consiliarii tantùm, non ut judices.

Jam illud superest explicandum quod objiciunt : Episcopos à romano Pontifice potestatem suam ac jurisdictionem mutuari; adeoque conjunctos quamlibet in synodum œcumenicam, nihil

[1] *Conc. Constantinop.* IV *gener.* VIII, col. 1166.

posse adversùs auctoritatis suæ radicem ac fontem, sed tantùm adesse ut consiliarios; ac decreti robur, tàm in rebus fidei, quàm in aliis, in Romani Pontificis potestate esse positum.

Quod commentum, spontè vel ex eo concidit, quod priscis sæculis inauditum, xiii sæculo invehi cœpit in theologiam, postquàm scilicet philosophicis ratiocinationibus, iisque pessimis, agere, quàm Patres consulere plerumque maluerunt.

Huic verò novitati repugnat imprimis id, quod ex *Actis Apostolorum* relatum de illà synodo apostolicâ, quam cæteris velut iterari et repræsentari conciliis, sancti Cœlestini ad synodum Ephesinam epistola, et concilii quinti œcumenici interlocutio démonstravit [1] : quà in synodo, si quis apostolos non veros judices à Christo constitutos, sed Petri consiliarios dixerit, nimis ineptus est.

Repugnant item ea quibus constitit Romanorum Pontificum decreta atque judicia, etiam de fide, œcumenici concilii convocatione suspensa, auctoritate retractata, nec nisi examine facto, ac dato judicio comprobata et confirmata fuisse [2] : quæ profectò probant, eos non Papæ consiliarios, sed papalium decretorum sedere judices.

Et eos quidem legitimè convocari oportet, ne tumultu coeant : cæterùm convocati, *auctoritate Spiritùs sancti*, non Papæ, judicant; pronuntiant anathemata, non Papæ auctoritate, sed Christi; toliesque in actis id inculcatum vidimus, ut repetere jàm pigeat.

Hùc accedat illud concilii primi Arelatensis ad sanctum Sylvestrum : « Te pariter nobiscum judicante, cœtus noster majore lætitiâ exultasset; » atque in ipso concilii capite ad eumdem Sylvestrum : « Quid decreverimus communi consilio, Charitati tuæ significamus [3]. » Hàc igitur sacerdotii sui auctoritate freti, de summis rebus, de observatione scilicet Paschæ Dominicæ, ut uno die per omnem orbem observetur; de Baptismo non iterando; deque Ecclesiarum disciplinâ judicant [4] : cujus generis exempla ubique occurrunt. Quin etiam à synodis, etiam particularibus,

---

[1] Sup., lib. VII, c. vi et xiv. — [2] *Ibid.*, cap. ix et seq.— [3] Conc. Arelat. I, an. 314, epist. *ad Sylvest.*, tom. I *Conc.*, col. 1425, 1427. — [4] Vid. can. conc. I Arel., ubi supra.

quibus Papa præsedit, ejus etiam præsentis decreta examinari et firmari consensione; Patres pariter judicare, decernere, definire constitit; ac millies in actis adscriptum vidimus¹

CAPUT XII.

Quo sensu dictum sit ab antiquis, à Petro et per Petrum esse episcopatum: sancti Augustini locus.

Cæterùm in re tàm clarâ unum illud ex antiquitate depromptum abjiciunt, à santo Innocentio dictum : Petrum « episcopalis nominis et honoris auctorem ²; » et iterùm : « Undè ipse episcopatus et omnis auctoritas nominis ejus emersit ³; » et à sancto Leone : « Si quid, cum eo (Petro scilicet) commune cæteris voluit esse principibus (scilicet apostolis), nunquàm nisi per Petrum dedit, quidquid cæteris non negavit ⁴; » atque alibi item, Christum ita concessisse cæteris apostolis prædicandi ministerium, ut in eos à Petro, « tanquam à quodam capite, dona sua velit in corpus omne diffundere ⁵. » Unde etiam manavit illud Optati Milevitani : « Bono unitatis beatus Petrus præferri apostolis omnibus meruit, et claves regni cœlorum communicandas cæteris solus accepit ⁶; » et illud Gregorii Nysseni : « Per Petrum episcopis dedit claves cœlestium honorum ⁷; » et illud denique sancti Cæsarii Arelatensis ad Symmachum papam : « Sicut à personâ beati Petri apostoli, episcopatus sumit initium; ita necesse est ut disciplinis competentibus Sanctitas Vestra singulis Ecclesiis quid observare debeant evidenter ostendat ⁸. »

Hæc et alia ejusmodi ad extremum si urgeant, nempè asserent à Petro, non à Christo, aut à Christo per Petrum, non autem im-

¹ Vid. suprà, lib. VII, passim, et etiam hoc libro. — ² Resc. Inn. *ad Conc. Milev.*, tom. II *Conc.*, col. 1287. Inter August. epist. CLXXXII, al. XCIII, n. 2; tom. II, col. 639. — ³ Ejusdem Rescript. *ad Conc Carthag.*, *ibid.*, col. 1284. Inter August., ep. CLXXXI, al. XCI, n. 1, col. 635. — ⁴ Leo, Mag, serm. III *in Annio. Assum. ejusd.*, c. II. — ⁵ Id. epist. X, al. LXXX, *ad Episc. prov. Vien.* c. 1. — ⁶ Opt. Milev. *de Schism. Donat. adv. Parm.*, lib. VII, edit. Dup. p. 104.— ⁷ Greg. Nyss., *In eos qui castigari ægrè ferunt*, tom. III, p. 314, edit. Paris.— ⁸ Cæs. Arelat., *Exemp. libel. ad Sym.*, tom. IV *Conc.*, col. 1294.

mediatè et proximè apostolos constitutos : tanquàm alius quàm Christus apostolos vocaverit, miserit, atque infuso Spiritu cœlesti potestate donaverit; ac Petrus, non Christus, dixerit : « Ite : docete : prædicato : baptizate : accipite [1], » etc. « Sicut misit me Pater, et ego mitto vos [2]. »

Neque me fugit Joannem de Turrecremata aliosque paucos, dùm à se non putant sancti Leonis et aliorum jam allata dicta satis defendi posse, nisi apostoli quoque à Petro suam jurisdictionem acceperint; in hoc etiam deliramentum abreptos contra manifestissimam Evangelii veritatem : quod quidem commentum ipse Bellarminus confutavit [3].

Id ergo cùm sit omnium absurdissimum, constabit adductis Patrum sententiis hæc tantùm doceri.

Primò, auctoritatem episcopalem ac jurisdictionem clavibus ac ligandi solvendique potestate contineri; quod per se est perspicuum.

Secuñdò, Petrum fuisse primum, in quo ea potestas ostenderetur et constitueretur, patet ex evangelicâ historiâ. Etsi enim Christus omnibus apostolis dixit : « Accipite Spiritum sanctum » (*Joan.*, xx, 22); et, « Quæcumque alligaveritis; » et, « Quæcumque solveritis » (*Matth.*, xviii, 18); tamen præcesserat illud Petro dictum : « Tibi dabo claves, » et, « Quodcumque ligaveris, et quodcumque solveris » (*Matth.*, xvi, 19).

Tertiò, utrumque, id est, et quod est Petro, et quod est apostolis dictum, æquè à Christo manare. Qui enim dixit Petro : « Tibi dabo; » et, « Quæcumque ligaveris, » idem apostolis dixit : « Accipite, » et « Quæcumque alligaveritis. »

Quartò, verum igitur esse quod ait Optatus de Petro : « Bono unitatis claves regni cœlorum, communicandas cæteris, solus accepit. » Reverà enim quæ Petro datæ sunt (*Matth.*, xvi), communicandæ erant postea apostolis (*Matth.*, xviii, et *Joan.*, xx); communicandæ autem, non à Petro, sed à Christo, ut patet.

Quintò, verum etiam id esse quod ait Cæsarius : « A Petro episcopatus sumit initium » : cùm Petrus primus fuerit in quo per

---

[1] *Matth.*, xxviii, 19, 20; *Marc*, xvi, 14. — [2] *Joan.*, xx, 21, 22. — [3] Bell., *de Rom. Pont.*, lib. IV c. xxiii.

ligandi ac solvendi ministerium ostensa, inchoata, commendata fuerit episcopalis potestas.

Sextò, hinc etiam verum quod ait Innocentius: « A Petro episcopatum et omnem auctoritatem ejus nominis emersisse, » quòd ille primus omnium sit episcopus constitutus, sive designatus.

Septimò, eâ causâ vocari Petrum ab eodem Innocentio *episcopatûs auctorem;* non quòd ejus institutor fuerit; non quòd ab eo apostoli ligandi ac solvendi potestatem acceperint: reclamant enim ubique Scripturæ; sed quòd ab eo factum sit ejus potestatis inter homines collocandæ, et constituendi sive designandi episcopatûs initium.

Octavò, apostolos per orbem terrarum non Petri auctoritate, sed Christi, constituisse, ordinasse, consecrasse episcopos ac presbyteros qui Ecclesias gubernarent; atque hunc esse communicati episcopatûs unà cum ordinariâ jurisdictione fontem.

Nonò, hæc ut clariùs elucescant, ac facilè intelligatur quid sit illud, per Petrum, quod apud Leonem legimus, recolenda est antiqua Ecclesiæ ab ipsis Scripturis ducta traditio.

Constat ergò Domino interrogante apostolos: « Quem dicunt homines esse Filium hominis[1]? » Petrum omnium principem, omnium indutâ personâ respondisse: « Tu es Christus: » ac posteà Christum Petro talem gerenti personam dixisse: « Tibi dabo, » etc.; « Quodcumque ligaveris, etc. » Quo patet, his verbis, non modò Petrum; sed in Petro suo principe, ac pro omnibus respondente, omnes apostolos eorumque successores, episcopali potestate ac jurisdictione esse donatos.

Quæ omnia complexus Augustinus hæc scribit: « Cùm omnes essent interrogati, solus Petrus respondit: « Tu es Christus; » et ei dicitur: « Tibi dabo, » etc., tanquam ligandi ac solvendi solus acceperit potestatem: cùm et illud unus pro omnibus dixerit, et hoc cum omnibus, tanquàm personam gerens unitatis, acceperit[2]. » Quo nihil est clarius.

[1] *Matth.,* XVI, 13, 16, 19. — [2] August., tract. LXVIII *in Joan.,* n. 4; tom. III, part. II, col. 800, 801.

CAPUT XIII.

Patres ante Augustinum : alii Augustini loci : traditio sequentis ætatis.

Augustino præluxit Cyprianus passim. Brevis ac præclara *ad Lapsos* epistola sic incipit : « Dominus noster, cujus præcepta metuere et observare debemus, episcopi honorem et Ecclesiæ suæ rationem disponens, in *Evangelio* loquitur, et dicit Petro : « Ego tibi dico, » etc.; et « Tibi dabo claves, » etc.; et, « Quæ ligaveris, » etc. Inde per temporum et successionum vices episcoporum ordinatio et Ecclesiæ ratio decurrit, ut Ecclesia super episcopos constituatur, et omnis actus Ecclesiæ per eosdem præpositos gubernetur [1]. »

In uno igitur Petro omnes episcopos institutos Cyprianus agnoscit; neque immeritò episcopatus, eodem Cypriano passim attestante, unus toto orbe terrarum, in uno est institutus: idque factum est ad stabiliendam « unitatis originem ab uno incipientem, » ut idem Cyprianus docet [2].

Consentit Optatus, qui *claves communicandas cæteris* apostolis, utique à Christo, ut rerum series demonstravit, *soli Petro* primùm agnoscit traditás, ut *unitatis negotium formaretur* [3].

Sed omnium maximè communem traditionem exponit et inculcat Augustinus. Neque enim semel id dixisse contentus, loco suprà memorato [4], in hujus doctrinæ exponendâ ratione totus est. Hinc illud : « In Petro esse Ecclesiæ sacramentum [5] : » ergo ea, de quibus agimus, Christi verba dicta esse Petro « Ecclesiæ formam gerenti : quædam dici de Petro quæ non habent illustrem intellectum, nisi cum referuntur ad Ecclesiam, cujus ille agnoscitur gestasse personam, propter primatum, quem in discipulis habuit [6]. »

Hinc autem sequi docet omnes apostolos et episcopos à Christo potestatem in Petro accepisse : « Petro enim figuram Ecclesiæ

[1] Cypr., *ep.* XXVII, al. XXXII, edit. Baluz., p. 37. — [2] Id., tract *de Unit. Eccl.*, et alibi passim. — [3] Opt., lib VII, p. 104. — [4] Vid. cap. præced. — [5] Aug., *epist.*, LIII, aliàs CLXV, n. 2, col. 120. — [6] Id., tract. *in Psal.* CVIII, n. 1, tom. IV, col. 1215.

sustinenti datas claves, atque hinc Ecclesiæ datas. Petrum, Paulum, Joannem, cæteros apostolos claves accepisse, easque adhùc in Ecclesiâ esse, sed omnes in Petro accepisse, ut Ecclesiæ figurâ[1]: » quod inculcat his verbis : « Beatus Petrus primus apostolorum ; in illo uno omnes claves acceperunt[2]. »

Id verò factum commendandæ unitatis gratiâ, post Cyprianum et Optatum, docet : « Quando enim Christus ad unum (Petrum scilicet) loquitur, unitas commendatur[3] : » unde passim in libris contra Donatistas ait, « claves unitati datas[4]. »

Summa ergo hæc est. Cùm apostoli et pastores Ecclesiarum et unum sint, et multi; unum ecclesiasticâ communione, qui unum pascant gregem; multi per orbem terrarum distributi, ac suam quique unici gregis sortiti partem, ideò potestatem ipsis duplici Christi concessione datam; primùm ut unum sunt, idque factum in Petro principe, unitatis figuram ac personam gerente, quò pertineat illa vox singulari prolata numero : « Tibi dabo : » et, « Quodcumque ligaveris, » etc. Secundò, ut multi sunt, plurali numero, quò pertineat illud : « Accipite ; » et, « Quodcumque ligaveritis ; » utrumque autem proximè et immediatè à Christo ; cùm ille qui dixit : « Tibi dabo, » ut uni; dixerit idem : « Accipite, » ut multis : præcessisse tamen eam vocem, quâ datur potestas omnibus, ut sunt unum ; quia Christus unitatem in Ecclesiâ suâ maximè commendatam esse voluerit.

Hinc omnia elucescunt. Neque tantùm episcopi, sed etiam apostoli à Christo claves potestatemque acceperunt in Petro, ac suo modo per Petrum, qui eam pro omnibus, ut omnium figuram ac personam gerens, communi nomine acceperit.

Manavit traditio ad posteros. Hanc universam paucis complexus est Christianus Drutmarus (*a*), noni sæculi scriptor nobilis, *Expositione in Matth.* Ad hunc quippe locum : « Quodcumque ligaveris, » etc. : « Hoc tam Petro quàm omnibus apostolis et successoribus eorum, qui in Ecclesiâ eumdem locum tenent,

---

[1] August., *de Agon. christ.*, c. xxx, n. 32; tom. VI, col. 260. — [2] Id., serm. cxlix *de Verb. Apost.*, al. xxvi *de Divers.*, c. vi, n. 7; tom. V, col. 706. — [3] Id., serm. ccxcv, al. cviii *de Divers.*, c. ii, n, 2; col. 1194, 1195. — [4] Vid. passim *cont. Donatist.*, tom. IX.

(*a*) Corbeiensis monachus.

recte credimus concessum¹. » Id postquàm evangelicis dictis comprobavit, infert : « Quod autem quasi soli Petro, hæc legatio dici videtur, ideò fit, quia ipse locutus est pro omnibus, et in ipso omnibus responsum est. »

Hanc traditionem secuti, labente eodem sæculo, anno videlicet 875, Patres Cabillonenses privilegium monasterii Tornutiensis sic statuunt : « Auctoritate, quam à Christo Jesu Domino nostro, summo sacerdote, in Petro accepimus², » etc. Quod totidem verbis repetitum legimus, anno 878, in ejusdem privilegii confirmatione, subscribentibus Hincmaro Rhemensi et aliis ³.

Idem legimus in Caroli Magni *Capitularibus* ab Ansegiso collectis : « Præcipimus, ne fortè, quod absit, aliquis contra episcopos leviter (hoc est, irreverenter), aut graviter (hoc est, contumeliosè) agat : quod ad periculum totius imperii nostri pertinet; et ut omnes cognoscant nomen, potestatem, vigorem et dignitatem sacerdotalem; quod ex verbis Domini facilè intelligi potest, quibus beato Petro, cujus vicem episcopi gerunt, ait : Quodcumque ligaveris⁴, » etc. Vicem Petri dicuntur episcopi gerere, quòd acceptâ in Petro potestate, vice ac loco Petri habeantur : quemadmodùm et ipsi Romani Pontifices, vice ac loco Petri se gerunt, ac Petri vicarios se passim appellant; majore potestate quàm alii, sed profectò non magis à Christo deductâ.

Unde episcopi qui se vice Petri esse dicunt, iidem se Christi vicarios passim nominant⁵; non pari amplitudine, quâ Romani Pontifices; sed auctoritate pariter à Christo derivatâ.

Hinc excommunicant, « virtute Spiritûs sancti, et ex auctoritate beati Petri apostoli⁶; » quippe qui intelligant, ad se quoque dicta, quæ Petro dicta sint.

Piget commemorare ejusmodi innumerabilia, quæ passim legentibus occurrent : ex quibus profectò constet episcopos omnes, in Petro omnium personam gerente, accepisse à Christo quam habent potestatem.

---

¹ Christ. Drut., *Exp. in Matth.*, c. xxv, tom. XV *Bibl. Patr.*, p. 136.— ² *Conc. Cabill.*, tom. IX, col. 275. Vid. *Suppl conc. Gall.* D. de la Land., p. 294. — ³ *Ibid.*, p. 277. Vid. *conc. Rhem.*, an. 900, *ibid.*, col. 481. — ⁴ *Capitul.* Car. Mag., lib. V, cap. CLXIII. — ⁵ *Præf. Conc. Meld.*, tom. I *Conc.*, col. 1816 et seq. — ⁶ *Conc. Vienn.*, can. I, tom. IX, col. 433.

Neque propterea dixeris, nihil præ cæteris accepisse Petrum, qui tantùm cæteros figuraret: meminisse enim oportet, quid Augustinus dixerit: « Petrum Ecclesiæ gestasse personam, propter primatum quem in discipulis habuit [1]. » Et alibi : « Petrus Ecclesiæ figuram portans, apostolatùs principatum tenens [2], » etc.; quod assiduè inculcat, et cæteri Patres uno ore prædicant. Hoc enim habuit præ cæteris, ut, cùm esset omnium princeps, illud potestatis à Christo proximè et immediatè manantis commune depositum, principali jure et ipse acciperet, et ad successores transmitteret, ut cæteros episcopos meminisse oporteat, se primùm in Petro ut unitatis capite designatos, formatos, constitutos, in Petri successore colendo et observando, unitatem et pacem servare debere (a).

CAPUT XIV.

Cleri gallicani ab antiquâ traditione ducta sententia : conventûs generalis anni 1655 adversùs Joannem Bagotium acta memorantur.

Hanc sanctam et apostolicam episcopalis jurisdictionis ac potestatis à Christo immediatè profectæ et institutæ doctrinam, Ecclesia gallicana studiosissimè retinuit, nec passa unquàm est ab eâ traditione deflecti.

Ut alia omittamus, nostrâ memoriâ, anno videlicet 1655, Joannes Bagotius degenerem sententiam, quâ vilescat episcopatus, propugnasse visus erat (b). Id cùm clerus gallicanus maximo ac frequentissimo consessu Parisiis congregatus molestissimè tulisset, purgavit se coram amplissimo cœtu Bagotius, professusque

---

[1] Aug., *Enarr. in Ps.* CVIII, n. 1; tom. IV, col. 1215. — [2] Id., serm. LXXVI, al. XIII *de Verb. Domini*, c. II, n. 1; tom. V, col. 416.

(a) In eo loco codicis quem diligentiori curâ recognovit Bossuet, hæc ad marginem, ipsius scripta manu, legimus : « Caput XIV. *Ecclesiæ hispaniensis traditio in conciliis Toletanis et in concilio Tridentino;* » et in schedâ hic insertâ : « *Notanda est traditio Ecclesiæ hispaniensis, ante caput* XIV. » Quapropter deleto numero capitis sequentis, pro XIV posuerat XV. Cùm autem solitus fuerit Bossuet in schedis ea scribere quæ suo operi addebat, et ea sola nobis supersint hujus capitis indicia; an ab auctore illud caput confectum fuerit, an schedæ amissæ fuerint, prorsùs ignoramus. (*Edit. Leroy.*)

(b) In suo libro cui titulus est : *Défense du droit épisc.*

est disertis verbis : « Episcopos immediatè à Christo accipere jurisdictionem, atque in suis Ecclesiis gubernandis eâdem auctoritate pollere, quâ apostoli[1]. »

Idem Bagotius docere visus, « ita se habere Papam respectu cujuscumque episcopi, et cujuscumque diœceseos, ut se habet episcopus respectu cujuscumque curati, et cujuscumque parœciæ diœceseos; » id à se dictum negavit; « atque inter utrumque ingens discrimen esse professus est, etiam jure divino. »

Sacer verò cœtus fideles omnes edoceri voluit, » constitutam à Christo Papæ auctoritatem in totâ Ecclesiâ, episcoporum verò in suis diœcesibus ; quæ doctrina esset conciliorum Lateranensis sub Innocentio III, Florentini, ac Tridentini. »

Eam doctrinam gallicani Patres luculentiùs exponunt, datis pro more litteris ad omnes coepiscopos, quarum hæc summa est : « Neminem orthodoxum dubitare, quin Papa sit caput, pastor et primas universalis Ecclesiæ, uti loquitur concilium Florentinum ; cujus potestatis jure posse eum in casibus ac formâ in jure præscriptis, providere regimini omnium Ecclesiarum, omnique pastorali functioni. Verùm ea doctrina non destruit jus episcopale, neque proptereà admitti delegatos sine causâ, qui sine episcoporum licentiâ omnia eorum munia obire possint : hierarchiam nihil esse aliud quàm subordinationem quamdam membrorum ad caput; eò esse comparatam ut membra conservet sub capitis regimine; ac licèt utrique et caput et membra potestatem ac vitam ducant ab eodem Christo, non tamen eâdem vi neque pari auctoritate: apostolos haud minùs Petro fuisse subjectos, quanquàm æquè ac Petrus à Christo missionem habuissent; ità episcopos, qui apostolis successerint, haud minùs à Christo habere potestatem, licèt eam exercere sub Papâ Petri successore debeant: cæterùm violari episcopatum, qui secundùm Cyprianum unus est, nisi episcopus agnoscatur à Spiritu sancto præpositus gregi ; qui se ab ejus auctoritate segregaverit, ab eo id pati Ecclesiam, quod sol erepto radio, obstructo rivo fons, detracto uno ramo arbor tota pateretur : ac neminem Ecclesiæ verè esse conjunctum qui non agnoscat, et superiorem in totius cor-

[1] Vid. *Act. du Clergé de* 1655.

poris capite potestatem, et quæ in subjectis particularium Ecclesiarum capitibus vigeat: et Papam quidem instar petræ esse, quâ fundatur Ecclesia : episcopos verò columnarum instar, quâ portetur; atque omninò ad sustentandam tanti ædificii structuram, et petram, et columnas æquè conservari oportere [1]. »

Hanc celeberrimi conventùs acceptam à majoribus et tradendam posteris sententiam, aulicis artibus aliquanto tempore interceptam, conventus Ecclesiæ gallicanæ, anno 1682, innovavit ac promulgavit.

Hoc sacrum depositum ab omni Patrum memoriâ Sorbona custodit. Neque unquàm innoxios habuit qui aliud sentirent, ut à nobis prolata monumenta testantur [2].

Nimia illa quidem, inquies, quæ potestatem jurisdictionis parochorum æquè ac episcoporum et Papæ, à Christo esse docet, ut ex eisdem monumentis atque ex novissimâ Vernantii censurâ patet.

Qui hæc objiciunt, doctrinam sacræ Facultatis non intelligunt: disertè enim explicat hìc agi de parochis, non quantùm ad *limitationem*, sed quantùm ad *institutionem primariam;* subditque in censurâ Vernantii : « Salvâ semper immediatâ episcoporum in prælatos minores, seu curatos et plebem subditam auctoritate. »

Mens ergo Facultatis de secundi ordinis sacerdotibus non ea est : institutum à Christo, ut sint eo ritu, quem nunc Ecclesia servat, in parœcias distributi; id enim pertinet ad eam limitationem, quam à Papâ quidem et ab Ecclesiâ esse ipsa Facultas docuit; sed omninò à Christo esse id, quod ad *primariam* hujus ordininis *institutionem* pertinet; nempè ut ille ordo sit in Ecclesiâ necessarius, et secundo loco sub episcopis ecclesiasticam jurisdictionem exerceat; quam cùm exercet, non ab alio quàm à Christo, secundùm canones et episcoporum juxta præscripta, exercendam accipat : ità ut episcopis, à quibus consecrantur et instituuntur, tanquàm immediatis pastoribus, vicariam operam præstent : quod est verissimum.

At episcopos, licet Papæ divino jure subjectos, ejusdem esse

---

[1] Vid. *Act. du Clergé de* 1655. — [2] Vid. supra, lib. VI, c. XXIII et seq.

ordinis, ejusdem characteris, sive ut loquitur Hieronymus [1], *ejusdem meriti, ejusdem sacerdotii*, collegasque et coepiscopos appellari constat : scitumque illud Bernardi ad Eugenium papam : « Non es dominus episcoporum, sed unus ex ipsis [2]. »

Quod ergo nuperrimè inventum est, episcopos à Papâ jurisdictionem habere, ejusque quosdam esse vicarios, ut duodecim sæculis inauditum, à scholis christianis amandari oporteret.

CAPUT XV.

Auctoris anonymi, de jurisdictione episcopali à summo Pontifice profectâ, vanæ commentationes : sancti Gregorii loci : Bellarmini objectio : sancti Felicis III locus.

Quàm firma et antiqua sit nostra sententia, aliorum vani conatus docent, ac præsertim anonymi qui *de Libertatibus* scripsit. Is enim, ut nihil intactum relinqueret, quo vilesceret episcopatûs dignitas, totum VIII librum in hâc quæstione consumpsit, conquisitis undique auctoribus, qui degenerem sententiam sequerentur [3]. Et quidem scholasticos ac postremæ ætatis auctores facilè invenit, multosque laudavit : ex antiquitate nihil omninò protulit, præter illa, quæ de Petro dicta retulimus; quæ quàm abs re sint, omnes eruditi vident.

Sanè et Joannem Ravennatem retulit, qui ad sanctum Gregorium de Romanâ Ecclesiâ hæc scribat : « Quæ universali Ecclesiæ jura sua transmittit [4]. » Sed hæc nihil aliud sonant, quàm omnium Ecclesiarum jura, etiam Ecclesiæ Romanæ auctoritate muniri, eòque recurrere omnes, quorum jura violentur; quod est certissimum. Si quis autem illa verba eò pertinere putet, ut à Papâ, non à Christo episcopatûs jura profluant, næ ille arbitretur à Joanne Ravennate plus tribui Gregorio, quàm ipse sibi Gregorius tribuat; is enim nihil aliud Petro auctori suo tribuit, quàm

---

[1] Hier., ep. *ad Evang.*, CI, al. *ad Evag.* LXXXV; tom. IV, col. 803. — [2] Bern., *de Consid. ad Eug.*, lib. IV, c. VII, n. 33; tom. I, col. 444. — [3] Anonym., *de Libert.*, etc., toto lib. VIII, imprim., c. X et XI. — [4] Joan. Raven., *Epist. ad Greg. Mag.*, epist. LVII, lib. III; al. LV, lib. II; tom. II, col. 668.

ut ei à Christo cura totius Ecclesiæ, et principatus commissus sit[1]: » hoc est, ut universam qualis à Christo instituta est, regat Ecclesiam; non profectò, ut omnia Ecclesiæ jura à se, non à Christo, transmissa esse putet. Idem Gregorius de se cæterisque fratribus Ecclesiarum episcopis hæc scribit: « Quid ergo nos episcopi dicimus, qui honoris locum ex Domini nostri humilitate suscepimus, et tamen superbiam hostis ipsius imitamur[2]. » Nempe se accenset cæteris, qui *honoris locum* à Christo æquè suscipiant; non eum se esse vult, qui omnia jura cæteris tribuat. Quo etiam loco id scribit: « Certè Petrus apostolus primum membrum sanctæ et universalis Ecclesiæ est; Paulus, Andreas, Joannes quid aliud, quàm singularum sunt plebium capita[3]? » à Christo utique, non à Petro constituta; unde subdit: « Et tamen sub uno capite omnes membra sunt Ecclesiæ. » A quo quidem capite, Christo scilicet, vim omnem suam ducunt, non à Petro, qui licèt suo modo caput omnium, respectu tamen Christi, unà cum ipsis membrum est; omnibusque pariter virtus et auctoritas à Christo tribuitur, ac licet non æqua omnibus, tamen omnibus æquè.

Non ergo à se putent Romanum Pontificem honoratum, dum volunt episcopos illi, potiùs quàm Christo referre acceptam eam, quam exercent cœlestem jurisdictionem. Gregorium recordentur. «Non honorem, inquit, esse deputo, in quo fratres meos honorem suum perdere cognosco : meus namque honor est, honor universalis Ecclesiæ. Tunc ergo verè honoratus sum, cùm singulis quibusque honor debitus non negatur[4]. »

Nihil autem ad rem, quæ scribit anonymus de Alexandrino et Antiocheno patriarchatu, per Petrum apostolum constituto; longè verò minùs ad rem, quod etiam de phantastico Galliæ patriarchà, singulari capite agit[5]; ac pudere debuit virum gravem, in his etiam somniis confutandis tantum operæ collocasse. Sed certum erat nihil prætermittere, quod aliquam Gallis invidiam apud imperitos conflare posset.

[1] Greg Mag., lib. V, epist. xx, *ad Maur. Aug.*, al. lib. IV, ep. xxxii; *ibid.*, col. 748. — [2] Id., epist. xviii, *ad Joan. Constantinop.*; al. lib. IV, ep. xxxviii, col. 744. — [3] Id., ep. xxxvii, col. 743. — [4] Id., lib. VIII, ep. xxx, *ad Eulog. Alex.*, al. lib, VII, epist. xxx, col. 919. — [5] Anon., *de Libert.*, etc., lib. VIII, cap. iii, iv.

Metropolitanas Ecclesias, præsertim in Galliâ, suam à summo Pontifice auctoritatem traxisse narrat [1] : quo causæ suæ emolumento? Nempè et Paulus Titum in Cretâ metropolitam instituit, jussitque ut per Ecclesias episcopos constitueret [2]. An hic etiam necesse fuit intervenire Petrum? An Petrus Ephesinam, Cæsariensem, Heracleensem, aliasque in Oriente primarias sedes instituit, quæ non modò episcopos, sed etiam metropolitas plurimos sub se haberent?

Quòd verò episcopatum toto orbe terrarum ab uno Petro et successoribus propagatum dicit, nullâ probatione dicit : tanquàm alii apostoli nihil egerint. Quòd non nisi auctoritate Petri distributas diœceses, et cuique pastori suum assignatum gregem asserit [3] : quòd, quidquid cæteri apostoli, Paulus etiam apud Cretenses, ejerint et jusserint, Petri et successorum expresso vel tacito consensu valuisse respondet; hæc contemnenda potiùs, quàm confutanda duximus, et in tantâ litterarum luce ab homine gravi dici potuisse miramur,

Jam quòd his ratiociniis delectatur : Episcopi Papæ subjecti sunt; episcopi à Papâ deponi, à Papâ reponi possunt (servatis quidem canonibus) : episcopalis jurisdictio ab ipso ordine sive charactere separari potest; ergo à Papâ est : episcopi inæqualem nec eamdem cum Papâ jurisdictionem accipiunt; ergo non à Christo [4] (quasi Christo non licuerit, honorem ac potestatem à se immediatè diffusam diversâ mensurâ, modoque, et certo ordine temperare ac distribuere) : ne memoratu quidem dignum est.

Nec melioris notæ illud : « In regimine monarchico supremus princeps officia aliis etiam principibus distribuit, ac jurisdictionem confert. » Demonstrandum enim erat, ecclesiasticam monarchiam, sub Christo præcipuo Monarchâ constitutam, ad formam monarchiæ sæcularis penitùs institutam esse; quod est falsissimum : id, inquam, Scripturis et traditione demonstrandum, non ex proprio cerebro, vanisque ratiocinationibus christianæ reipublicæ forma effingenda erat.

Illud verò longè est absurdissimum, quod statim significat :

[1] Anon., *de Libert.*, etc., lib. VIII ,cap. v et seq. — [2] *Tit.*, 1, 5. — [3] Anonym., *ibid*, c, XII, n. 2. — [4] *Ibid.*, tot cap.

« Jurisdictionem ab eo esse, quic onfert titulum [1] : » item ab apostolis eorumque successoribus esse, qui diœceses seu parochias distribuerint, fundarint Ecclesias, pastores constituerint, plebem assignarint. Cui enim non sit obvium, ab apostolis apostolicisque viris separata loca, personas designatas ; à Christo tamen ipso jurisdictionem esse collatam ? Quòd si verbis ludimus, contendimusque à Christo immediatè non esse, quod sit per homines ; jàm ergo nec papalis jurisdictio à Christo sit. Romanus enim Pontifex æquè ac cæteri ab hominibus eligitur, ab hominibus ordinatur. Quis autem ei Romanam diœcesim assignavit, cujus est peculiaris episcopus ? A quo episcopalem hanc jurisdictionem accepit ? An a Petro et antecessoribus jam pridem in cœlum assumptis ? An fortè à se ipso ut Papâ, non autem à Christo ? Apage deliria, vana ratiocinia evanescant.

Memorat Bellarminus [2] bullas pontificias episcoporum instituendorum causâ datas. Neque quidquam aliud profert : neque recordatur quàm hæc novitia ac postremæ ætatis sint, et quàm nec ad Græcos, nec ad alios orientales pertineant, quos non eâ conditione, ut bullas deinceps acciperent, Ecclesia catholica toties susceperit ; imò in antiquo usu reliquerit,

Neque tamen refugimus id, quod est à Felice III dictum : « Per quam (apostolicam scilicet Sedem) largiente Christo, omnium solidatur dignitas sacerdotum [3] : » non quòd eos institueret omnes episcopos, quod est falsissimum ; sed quòd malè et præter canonicum ordinem institutos, à suâ communione, suo quodam jure depelleret, eisque communicando solidaret.

De tribus patriarchis, qui cæteros deinde episcopos confirmarent, à Sede apostolicâ confirmandis, quod objiciunt, etiamsi esset certissimum, et vetustissimum, atque ab ipsâ christianitatis origine repetitum ; quid ad nos pertinet ? cùm certum sit Carthaginensem Ecclesiam, et antequam Constantinopolitanæ sedi subderentur, Ephesinam, Heracleensem, Cæsariensem in Cappadociâ, aliasque absolutæ ordinationis jure gavisas : quo etiam poti-

---

[1] Anon., *de Libert.*, etc., cap. I, n. 9 ; cap. VIII, n. 14 ; cap. XII, n. 5, 6. — [2] Bell., *de Rom. Pont.*, lib. IV, c. XXIV. — [3] Felix. III, ep. XIII, *ad Flav. Constantinop.*; tom. IV *Conc.*, col. 1089.

tas esse gallicanas et hispanienses Ecclesias, ex antiquis utriusque Ecclesiæ canonibus erui, æquis constabit judicibus. Dicant tamen an valuerint, an non?

Sæpe vidimus Romanorum etiam Pontificum electionem atque institutionem, si quid dubii fortè intervenit, conciliorum atque Ecclesiarum consensione, auctoritate, decreto agnitam et firmatam, multosque, ipso fatente Baronio [1], intrusos, simoniacos, nullosque pontifices, summâ tamen auctoritate valuisse; quòd Ecclesia catholica, tacito saltem consensu, eorum institutionem ac gesta comprobaret, rataque haberet. An ergò proptereà Romani Pontificis jurisdictionem ab Ecclesiâ esse dicemus? Sed nos in perspicuâ re plùs æquo immoramur. Satìs enim scimus, neminem dissensurum, qui quidem antiquitatem vel primoribus labiis degustarit : neque futuros unquàm fuisse, qui jurisdictionem omnem ecclesiasticam ab ipso Papâ repetendam ducerent, nisi et fuissent, qui cùm omnia extraordinariè habere et gerere affectarent, omninò imminutâ episcoporum potestate sibi opus esse crederent.

CAPUT XVI.

Loci sancti Joannis Chrysostomi, à novissimo auctore anonymo objecti.

Novissimus auctor anonymus multa ex beato Joanne Chrysostomo et Augustino profert, quibus ea, quam tuemur, conciliorum auctoritas infringi videatur. Libri enim V caput XII hunc titulum præfert : *Sententia sancti Joannis Chrysostomi de comparatione beati Petri cum cæteris apostolis, etiam simul unitis* [2]. Quo loco congerit mira, sed omninò extra rem; ut vel exinde specimen capi possit, quàm sit ejus auctoris ad speciem magìs quàm ad veritatem composita oratio.

Ad hanc ergò Christi interrogationem : « Vos autem quem me esse dicitis? » hæc à Chrysostomo notata memorat, quibus significet, « superius esse sancti Petri circa fidem judicium, cæterorum omnium apostolorum judicio. »

[1] Vid. Baro. de Serg. III, Land. Joan. X, Joan. XI; tom. X, passim. — [2] Anon., lib. V, cap. XII, n. 1.

Primùm quidem, « Petrum non solùm omnes alios repræsentasse, omnium vice ad interrogationem Christi respondendo, sed ipsorum etiam non expectasse suffragium [1]; » quod quidem verissimum est, sed nihil ad rem. An enim coram ipso Christo præsidem egisse volunt, et singulorum rogare potuisse sententiam? Rem absurdam primùm; tùm etiam inutilem; non enim necesse id erat, cùm vel indè à primo Christi miraculo in Canâ Galileæ Joannes scripserit: « Crediderunt in eum discipuli ejus [2]; » et utique non in hominem, sed in Deum credebant, atque id Petro gnarum.

Neque magis est ad rem id, quod anonymus notatum à Chrysostomo memorat, Petrum *præsiluisse et prævenisse* [3]. Prævenit enim certè omnium responsionem, non omnium fidem. Neque ad quæstionem pertinet, an Petrus, rogatis aliorum suffragiis, pro omnibus responderit. Non enim id quisquam cogitat, eò obstringi Romanum Pontificem Petri successorem, ut nihil communi nomine pronuntiet, nisi rogatis omnium suffragiis, cùm, ex omnium Ecclesiarum communicatione, facilè intelligere possit communem traditionem et fidem, quam exponere teneatur.

Jam anonymus ad hæc verba Chrysostomi : «Os et vertex consortii totius, » notare debuisset, eum esse oris loco, qui promat quid omnes sentiant. Quod autem illud adscribit (nota hæc verba), *Vertex consortii totius, et non apostolorum tantum seorsim sumptorum* [4], quam futile! Quis enim inter catholicos dubitat quin Romanus Pontifex sit caput et vertex totius Ecclesiæ? An proinde ejus sententia omnium sententiæ prævaleat, quæstio est. Quin senatùs princeps, totius ordinis princeps caputque dicitur : quod non eò dixerim, ut Romanus Pontifex non majore dignitate polleat, sed quòd ea quæ jactant, cum inferiori quoque dignitate constent.

Anonymus memorat [5], secundo loco, à Chrysostomo notatum, Petrum perfectiore modo Christum cognovisse, quàm qui eum Filium Dei anteà confessi fuerant; quod de cæteris aliquatenùs

---

[1] Chrys., homil. LIV, al. LV *in Matth.*; tom. VII, p. 546 et seq.; *Matth.*, XVI, 15. — [2] *Joan.*, II, 11. — [3] Anon., lib. V, cap. XII, n. 2. — [4] *Ibid.*, n. 1. — [5] *Ibid.*, n. 3.

verum est, de apostolis certè absurdissimum, quos ante Petri confessionem in nudum hominem credidisse, nemo nisi impiè dixerit; ac, si id Chrysostomus diceret, commodâ interpretatione in aliam sententiam emolliendus esset, quod hujus loci non est.

Observat, tertio loco, hæc verba Chrysostomi : « Pater illi quod loqueretur suggessit : » unde concludit anonymus : « Petrum divinæ sententiæ sibi à Patre suggestæ promulgatorem, non humanæ opinionis relatorem extitisse[1]. »

Quo loco multa peccat : primùm quòd nemo cogitet Petrum, cùm suam et aliorum exposuit fidem, « humanæ tantùm opinionis relatorem extitisse. » Non enim humana opinio est, in quam de Christo Deo apostolicus ordo consentiat. Tum stant illa duo simul, et Petrum communis fidei esse interpretem, et eam nihilominus à Patre acceptam esse.

Quod quarto et quinto loco anonymus memorat, ad Petrum « verè ac propriè factam esse promissionem de ædificandâ super ipsum Ecclesiâ[2]; » et cùm à Chrysostomo dicitur Ecclesia super ipsam fidem niti[3], id intelligi debere per singularem quemdam respectum ad Petrum ejusque successores in Sede apostolicâ, eximios fidei professores ac prædicatores, tùm Petrum pastorem universi gregis esse constitutum. Omnes quidem, ac præcipuè Parisienses nostri et gallicani Patres confitentur; neque in communi fide stabiliendâ laborandum fuit.

Neque etiam negant id quod ab anonymo, sexto loco, est positum : « Ut Petro verè, propriè, ac excellentiori modo revelata fuerat Christi divinitas;..... ita ipsi verè et propriè et immediatè dari claves regni cœlorum[4] : » hæc enim postrema sunt certissima, additis sanè iis, quæ ex Augustino ac Patrum traditione hausimus[5]. At superest quæstio, quâ conditione, quâ lege administrandæ claves, idque ex universali traditione explicandum, non ex uno ambiguo et utrique sententiæ apto Chrysostomi loco.

Quod autem èt hìc et septimo loco notatum ab anonymo est[6],

---

[1] Anon., lib. V, cap. XII, n. 4. — *Ibid.*, n. 5, 6, 7.— [2] Chrysost., *loc. jam cit.*, n. 2, p. 546. — [3] *Ibid.*, n. 7. — [4] Sup., hoc lib., cap. XII et seq. — [5] Anon., *ibid*, n. 8.

« Petrum ad altiorem divinitatis Christi cognitionem evectum » quàm cæteri apostoli, quis asserere audeat? Certè ad excellentius ejus præconium adductum fuisse constat; quod sufficit.

Quod est octavò in Chrysostomo observatum[1]; Jeremiam quidem uni genti, Petrum verò universo terrarum orbi esse præpositum, quis negat, ut eloquentissimè, ita suo modo verissimè à Chrysostomo esse dictum[2]? cùm præfectura Petri, non modò amplitudine, sed etiam ordinariâ potestate præstet.

Quòd denique anonymus Chrysostomum sic conclusisse memorat: « Tu verò mecum, ex eis omnibus intellige, quanta sit potestas ejus[3], » ad hæreticos certè vertenda sunt, non ad Parisienses, aut ad Patres gallicanos, qui hanc potestatem esse maximam, ac planè cœlestem confitentur.

Quòd autem, ex alio Chrysostomi loco, hæc infert anonymus: « Si Petrus splendor totius mundi, si apostolorum doctor, ab ipso alii, non ab aliis ipse instrui atque doceri indiguit[4] : » quorsùm spectat? Nisi forté ut Paulus Petrum temerè, non modò docuisse, sed etiam reprehendisse videatur.

CAPUT XVII.

Alius Chrysostomi locus, in Acta Apostolorum.

Noster anonymus ultimo loco memorat beati Chrysostomi homiliam III in *Acta Apostolorum*, in eâque vim facit maximam[5]. Ibi sanctus Doctor exponit sermonem Petri de uno ex discipulis in collegium apostolicum cooptando. Quo loco Chrysostomus id notat: Petrum ubique loqui primum: græca autem sic habent: « Et ut fervidus, et ut is cui à Christo grex esset creditus, et ut cœtùs princeps, semper primus incipit loqui : » hoc autem omnes confitentur. Chrysostomus paulò post : « Considera quàm Petrus agit omnia ex communi discipulorum sententiâ, nihil auctoritate, nihil imperio : » quæ nobis quidem prosint, potiùs quàm no-

---

[1] Anon., lib. V, cap. XII, n. 9. — [2] Chrys., loc. cit., p. 548. — [3] Ibid. n. 3. Anon., lib V, cap. XII, n. 10. — [4] Anon., ibid., n. 11. — [5] Ibid., n. 12; Chrys., hom. III in Act., n. 1; tom. IX, p. 23.

ceant. Post multa interjecta subdit : « Multitudini permittit judicium, et eos qui eligerent reddens reverendos, et seipsum ab invidiâ liberans; » ac posteà : « An non licebat ipsi eligere ? Licebat et quidem maximè; verùm id non facit, ne cui videretur gratificari[1]. » Quo loco noster anonymus somniat voluisse Chrysostomum, ut Petrus jure suo potuerit totum negotium peragere, etiam inconsultis fratribus, quod procul est à Chrysostomi mente, et ab illis temporibus. Id voluit Chrysostomus, Petro sacri cœtûs principi licuisse, ut sicut de electione primus verba fecerat, ita simul aliquem designaret, atque deligeret in quem alii deinde facilè consentirent. Quod quidem est eligere, non solum, sed primum. Hoc autem non fecit Petrus. Indefinitè dixit : « Oportet testem resurrectionis Christi nobiscum fieri unum ex istis[2]. » Notat ergo Chrysostomus Petri modestiam, qui aliorum noluerit præoccupare judicia. At si, quod Chrysostomus ne cogitat quidem, id volunt, ut Petro vel soli licuerit totam rem pro potestate conficere, quid posteà consequitur ? Certè ut Petri successor, seorsim ab Ecclesiâ etiam congregatâ, aliquid possit, puta deligere aliquem episcopum; non proinde summa hæc definire possit, quæ ad fidem, quæ ad schisma, quæ ad universalem reformationem pertinent : quâ in re quæstio est posita. Quamobrem Chrysostomus, utcumque intelligendus est, ipse certè anonymus extra quæstionem ludit.

Quæ deindè sequuntur ab anonymo relata verba Chrysostomi, variè leguntur in græcis codicibus, et vulgatus quidem interpres, quem sequitur anonymus, sic habebat : « Quanquam autem habet (Petrus) constituendi jus par omnibus, tamen hæc congruenter fiebant ob virtutem viri; et ob hoc quod tunc temporis præfectura non honos erat, sed cura subditorum[3]. » Unde illa anonymi vana : « Petrum habuisse jus par omnibus, non solùm SEORSIM, sed etiam SIMUL SUMPTIS[4]. » An Chrysostomus hoc dicit ? Non has argutias in populari sermone tantus orator sectabatur; nihilque aliud hæc indicant, quàm ut Petrus æquè ac cæteri po-

---

[1] Chrysost, homil. III *in Act.*, n. 2; tom. IX, p. 25, — [2] *Act.*, I, 22. — [3] Chrysos. homil. III *in Act.*, n. 3; tom. IX, p. 26. — [4] Anonym., *loc cit.*

tuerit aliquem deligere, ac designare primus ; id tamen aliorum arbitrio reliquerit.

Hæc dicimus ad Chrysostomi locum, prout legit interpres; at alia lectio est, quam vulgati codices retinuerunt. Sic autem habet ad verbum : « Quanquàm nec æqualem omnibus constitutionem habebat, » etc., affirmationis loco, negatione repositâ : quam lectionem excutere non est animus; ac duntaxat monemus anonymum, recurrendum fuisse ad fontes, neque ex incertâ lectione certam conclusionem elici debuisse.

At illud palmarium putat, quod subdit Chrysostomus : « Meritò primus omnium auctoritatem usurpat in negotio, ut qui omnes habeat in manu : ad hunc enim Christus dixit : *Confirma Fratres tuos*[1]. » Quo loco anonymus subtile illud suum inculcare non cessat : « Omnes habet in manu, *ergo* omnes simul sumptos; » quæ tamen nec sufficerent; et quando quidem rem ad extremos apices urget, addere debuisset: Petrum etiam solum omnia potuisse quocumque in negotio : nec tantùm in designando Mathiâ; sed etiam in exponendâ fide, in extinguendo schismate, in constituendâ universali disciplinâ; idque absolutè et ad nutum, nec ullâ coapostolis deliberatione permissâ : qualia nec Petrus, nec ipse Chrysostomus, nec quisquam homo sanus somniavit.

Nos quidem confitemur, Petrum omnium primum, ut ait Chrysostomus, non tamen solum in Ecclesiæ negotiis meritò *usurpare*, sibique vindicare *auctoritatem*, et confirmare fratres jussum; et quod suo loco diligentiùs expendemus[2], ejus, in re obviâ neque multùm controversâ, prono omnium assensu obtinuisse sententiam. Cæterùm, ubi gravis orta est dissensio, qualis illa de legalibus, *Act.* xv, variabantque sententiæ, sigillatim dixisse et judicasse omnes, remque esse decisam omnium auctoritate conjunctâ : unde illud extiterit : « Visum est Spiritui sancto et nobis[3]; » missumque ad Ecclesias non unius Petri, sed omnium apostolorum, quotquot adesse poterant, ut ipse Chrysostomus loquitur[4], « commune decretum. »

[1] Chrysost., hom. III *in Act.*, n. 3; tom. IX, p. 26. — [2] Infrà, lib. IX. — [3] *Act.*, xv, 28. — [4] Chrysos., hom. XXXIII *in Act. Apost.*; tom. IX, p. 253.

CAPUT XVIII.

Sancti Augustini locus ab eodem anonymo objectus, contra conciliorum auctoritatem indeclinabilem.

Idem anonymus auctor, libro vii, hunc objicit sancti Augustini locum ex libro secundo *adversùs Donatistas;* quo loco sanctus Doctor respondet Donatistis, qui auctoritatem conciliumque Cypriani assiduè objectabant. De conciliis autem hæc habet : « Et ipsa concilia, quæ per singulas regiones vel provincias fiunt, plenariorum conciliorum auctoritati, quæ fiunt ex universo orbe christiano, sine ullis ambagibus cedere, ipsaque plenaria sæpè priora posterioribus emendari; cùm aliquo rerum experimento aperitur quod clausum erat, vel cognoscitur quod latebat[1]. » Hùc usque anonymus. Addemus et illud ejusdem Augustini ex eodem libro : « Nam et concilia posteriora prioribus apud posteros præponuntur, et universum partibus jure optimo præponitur[2]. »

Probat anonymus, hìc agi de conciliis stricto sensu plenariis, eò quòd Augustinus loquatur de conciliis, « quæ fiunt ex universo orbe christiano. » Probat agi *de fidei quæstionibus,* quod « hæc *de conciliis* dicta sint, occasione hæresis scilicet Donatistarum Baptismum iterantium. » Queis fretus hæc ait : « Respondeant huic Augustini loco, qui judicium concilii judicio Papæ in fidei quæstionibus præponunt. » Meliùs diceremus : Respondeat anonymus hæreticis, qui unum hunc præ cæteris jactant locum, ut in fidei quæstionibus, concilia œcumenica errare posse probent. An fortè respondebit, id quod persæpè profitetur, agere se de conciliis, « à quibus summus Pontifex ejusque legati absint? » non ità Augustinus : de conciliis agit qualia tùm quoque celebrabantur verè œcumenicis, quibus cum aliis episcopis ex universo orbe christiano congregatis Romanus Pontifex collegii episcopalis princeps et caput interesset.

Sanè non Parisienses privatim, sed tota theologorum et cano-

---

[1] Anon., lib. VII, c. ix, n. 11; Aug., lib. II *de Bapt. cont. Donat.,* cap. III, n. 4, tom. IX, col. 98. — [2] *Ibid.,* cap. VIII, n. 14, col. 104.

nistarum schola profitetur certos esse casus, eosque extraordinarios, in quibus concilia generalia sine Romano Pontifice celebrari possint. Neque ea concilia quisquam theologorum, ac ne ipse quidem negat anonymus, cùm nempè in eos casus incidimus, « qui non alia remedia patiuntur[1]. » At illi casus nondùm inciderant, ut eos ab Augustino prævideri necesse fuerit. Illud certè concilium ex orbe christiano collectum, quod objiciebat Donatistis, non sine Romano Pontifice celebratum esse, aut Augustinus significat, aut quispiam hominum cogitavit. Imò illud concilium, quo Donatistas premebat, consueto more erat actum. Idem concilium irrefragabilis auctoritatis fuisse, Augustinus docet : id enim ubique agit, ut de rebaptizatione, de quâ agebatur, nullus jàm supersit dubitandi locus, posteà quàm ea quæstio « ad concilii plenarii auctoritatem roburque perducta est[2]. » Cui concilio si anonymus derogat auctoritatem, aut ab Augustino derogatam putat, palam ad hæreticorum castra transit, qui veris legitimisque conciliis œcumenicis adversantur. Quarè aut hæreticis se adjungat oportet, aut hunc, quem nexuit, nodum, nobis ipse exsolvat. Atque hi sunt qui invidiosissimè jactant favere nos hæreticis, quò l catholicam innoxiamque sententiam tueamur : ipsi interim ab hæreticis arma mutuantur, quibus conciliorum fidem auctoritatemque proterant.

Nos facilè cùm Bellarmino aliisque catholicis respondemus, agi quidem hìc de conciliis verè œcumenicis, eaque indubiè emendari posse à posterioribus conciliis in rebus facti aut disciplinæ variabilis[b] : quem sensum Augustinus apertè indicat his verbis, « Plenaria concilia sæpe priora posterioribus emendari, cùm aliquo rerum experimento aperitur quod clausum erat, et cognoscitur quod latebat. » Ergò Augustinus spectat non ipsam incommutabilem veritatem, quam sola apprehendat fides; sed eas profectò res, quæ « in rerum experimento » sunt positæ : quibus verbis ab Augustino designatas fidei veritates, neque ratio sinit, neque quisquam in ejus libris unquàm repererit.

Jàm quod anonymus objicit, id à sancto Augustino dictum

---

[1] Anon., lib. V, c. x, n. 4; c. xi, n. 3, etc. — [2] Aug., loc. cit., c. I, IV, IX. — [b] Bell., de Conc. auctor., lib. II, c. VII.

occasione fidei ab hæreticis læsæ, quid agat ignoramus. An ut concilia œcumenica in fide errare possint? Impium, hæreticum, omnibus catholicis detestandum. An ut Augustinus cum hæreticis senserit, conciliisque universalibus legitimis detraxerit auctoritatem? Absurdum, erroneum, ipsi Augustino contrarium : cùm is non aliâ magis ratione Donatistas à rebaptizatione deterreat, quàm quòd ab universalis concilii auctoritate recesserint. Prorsùs anonymi nos piget, qui conciliaris auctoritatis odio ad hæc misera et infanda prosiliat. Nos autem cum catholicis facilè respondemus : verba quidem Augustini, quæ cùm hæreticis anonymus urget, occasione quidem fidei esse prolata : nihil tamen prohibere, quominùs occasione captâ de conciliorum decretis universim tractet, atque ab uno casu transeat ad alios, quibus priora concilia etiam plenaria à posterioribus emendari possint. Agebat enim adversùs Donatistas universalis Ecclesiæ contemptores, qui proindè conciliorum auctoritatem, non ex illâ à Christo Ecclesiæ universali factâ promissione, sed humano more æstimabant. Quâ quidem intentione sufficit, ut probet Donatistis, anteriùs habitum Cypriani concilium objicientibus, posteriora concilia anterioribus meritò anteponi ; in iis certè casibus, in quibus esse possit emendationi locus. Cæterùm cùm eos casus ad *rerum experimenta* restringit, id diligentissimè cavet, ne ad ipsam fidem invariabilem protendantur. Atque hæc ad hæreticam anonymi objectionem dicta sint, fusiùs fortasse quàm par erat, nisi ad conciliorum adversùs hæreticos tuendam majestatem forent necessaria.

CAPUT XIX.

Alii loci Augustini ab eodem objecti : an Papa Ecclesiam catholicam repræsentet.

Hæc habuit anonymus, quæ conciliis œcumenicis totam Ecclesiam repræsentantibus objiceret. Nunc ea proferimus, quibus docet, Ecclesiam universalem per Papam repræsentari.

Et quidem in ecclesiasticis gestis invenimus, à summis Pontificibus et conciliis dictum, Ecclesiam catholicam repræsentari synodis œcumenicis, ejus virtutem omnem potestatemque complexis, quod ipsâ repræsentandi voce designare solemus. Id autem de Romano Pontifice, neque ab ipsis Pontificibus, neque à conciliis œcumenicis, neque uspiam in gestis ecclesiasticis legimus: ut profectò novam vocem omissam ab anonymo oporteret. Sed eam probare nititur adductis beati Augustini locis, quibus Petrus dicitur Ecclesiam figurasse[1]: qui loci à proposito longè distant. Aliud enim est in Petro universam Ecclesiæ vim atque auctoritatem fuisse præsentem, quo ipsa repræsentandi ratio constat : aliud in Petro, tanquàm in sacramento, in typo, in figurâ, et quâdam, ut ita dicam, personâ mysticâ significatam; quo ritu in Marthâ, in Mariâ sorore, in eodem Petro, in Joanne apostolo vitam activam et contemplativam figurari et significari Augustinus passim docet[2].

Quærit anonymus[3], quo sensu Petrus Ecclesiam figuravit; an ut nudum signum; an ut pars quædam Ecclesiæ; an ut superior. Facilè respondemus, placuisse Christo Ecclesiam in Petro figurari ut in principe : cæterùm eo sensu repræsentasse Ecclesiam, quo ejus vim omnem potestatemque, ut insitam sibi præsentemque concludat, quod concilio universali est proprium, non sanctus quisquam, non Augustinus, non alius è sanctis Patribus cogitabat.

Jàm ergò anonymi argumentum ruit : « Ei per quem repræsentatur Ecclesia universalis, conveniunt quæcumque in Scripturis sacris tribuuntur Ecclesiæ ipsi; atqui per Petrum repræsentatur Ecclesia universalis : ergò Petro conveniunt quæcumque in Scripturis sacris tribuuntur ipsi Ecclesiæ; verbi gratiâ, quòd sit *columna et firmamentum veritatis*, quòd qui eum *non audierit*, sit habendus tanquam *ethnicus et publicanus*[4]. » Quæ omnia frigido nituntur æquivoco, sumptâ figurandi voce pro ipsâ repræsentatione, quæ totam Ecclesiæ vim atque potestatem in unum collectam præsentemque sistat.

---

[1] Anon., lib. V, c. xi, ; Aug., pass. Vid. suprà, hoc lib., c. xii, xiii. — [2] Aug., serm. civ *de Verb. Domini*, c. iii, n. 4; tom. V, col. 541; et serm. ccLv, *in Dieb. pasch.*, al. 1 *de Divers.*, c. vi, n. 6; *ibid.*, col. 1032. Specul. *de Ev. Joan.*, tom. III, part. 1, col. 775; et lib. I *de Consens. Evang.*, *ibid.*, part. ii, col. 5, etc. — [3] Anon., *loc. cit.*, n. 4, 5. — [4] *Ibid.*, n. 2.

CAPUT XX.

Repetuntur et urgentur quæ pro Parisiensium sententiâ, ab auctoritate et convocatione conciliorum generalium dicta sunt : confutantur vana suffugia : Bellarmini etiam responsionibus antedicta firmantur.

Jàm ergò, quod polliciti sumus, sententia Parisiensium, conciliorum generalium traditione firmata est. Etenim vidimus Romanorum Pontificum in conciliis œcumenicis judicia retractata, de his quæstionem habitam; quæstione habitâ, Cœlestini, Leonis, aliorumque probata judicia; Vigilii atque Honorii rescripta improbata fuisse; neque quidquam à sanctâ etiam Sede profectum, aut à Patribus, aut à Romanis etiam Pontificibus, pro irrefragabili esse habitum, nisi postquam Ecclesiæ consensus accessit. Quin etiam sententiam hanc ipsâ conciliorum generalium convocatione firmatam, totamque quæstionem finitam esse arbitramur.

Omninò enim id certum est, id immotâ lege, id omnium sæculorum traditione fixum, quod in ipsis initiis hujus tractationis est positum [1], synodos generales propter multiplices quidem causas, sed propter fidem maximè convocari oportere. Hinc illud Pelagii II axioma à Magno Leone desumptum : « Specialis quippe synodalium conciliorum causa est fides [2]. » Præluxerat Pelagio Gelasius, ubique inculcans, in magnis fidei quæstionibus suam cuique synodum destinatam [3]. Gelasio præluxerat Athanasius de synodo Ariminensi sic dicens : « Cur nova synodus? Quæ nova hæresis [4]? » His omnibus præluxerant apostoli, subortâ quæstione de legalibus, quæ Ecclesiam maximè conturbaret, rem ad synodum deferentes, suumque illud proferentes : « Visum est Spiritui sancto, et nobis [5]; » quod ad omnia deindè sæcula permanaret. At si per sese valet, ante Ecclesiæ consensum, Romani

[1] Sup., lib. VII, c. IV et seq. — [2] Epist. Pelag. II post Conc. V; tom. V *Conc.*, col. 617 et seq; Leon., epist. XCII, *ad Max. Ant.*, al. LXII, cap. v. — [3] Gelas. ep. Vid. tom. IV *Conc.*, col. 1157 et seq. — [4] Athan., *de Synod. Arimin. et Seleuc.*, n. 6; tom. I, p. 719. — [5] *Act.*, XV, 28.

Pontificis indeclinabilis auctoritas, nempè omnia ista tàm clara, tàm certa, concidunt. Quorsùm enim attinebat ab ultimis orbis partibus cieri episcopos tantis laboribus, tantisque sumptibus, et Ecclesias pastoribus viduari, si totum erat in Romano Pontifice positum? Si quod ille crederet, quodve doceret, statim pro summâ et irrevocabili lege esset, cur non ipse pronuntiat? Aut si pronuntiavit, cur jam convocantur fatiganturque episcopi, qui nempe actum agant, et de summo Ecclesiæ judicio judicent? Non id autem frustrà fit : sed christianis omnibus cùm ipsâ fide est insitum, in summis dissensionibus totam Ecclesiam convocari audirique oportere. Ergò omnes intelligunt, certam et exploratam et plenam veritatis declarationem, non in Papâ solo, sed in Ecclesiâ ubique diffusâ collocatam.

Ad id argumentum respondet Bellarminus ea, quibus nostra invictissimè firmentur. Cùm enim objecisset sibi : « Quòd concilia generalia necessaria non essent, si Papa posset definire infallibiliter in fidei dogmatibus; » hæc quidem reponit : « Primùm, quòd non debet Pontifex contemnere media humana; medium autem humanum est concilium, majus aut minus, pro gravitate rei ; quod patet ex apostolis, qui cùm soli possent quamlibet controversiam infallibiliter definire, concilium convocarunt. Deindè definitiones de fide pendent præcipuè ex traditione apostolicâ et consensu Ecclesiarum : ut autem cognoscatur quæ sit totius Ecclesiæ sententia, et quam traditionem servent Ecclesiæ Christi, non est alia melior ratio, quàm ut conveniant episcopi ex omnibus provinciis, et quisque referat Ecclesiæ suæ consuetudinem. Prætereà sunt utilissima et sæpè necessaria, non tantùm ut finis imponatur controversiæ, sed ut serventur decreta; siquidem multi ignorantiam decreti prætexunt; alii conqueruntur se non fuisse vocatos; alii apertè dicunt summum Pontificem potuisse errare [1]. » Hæc sunt propter quæ Bellarminus concilia necessaria esse judicet : nos verò hæc non tàm solvimus, quàm ex iis nostra stabilimus.

Ac primùm de mediis humanis, etiam à Pontifice adhibendis : si quidem Pontifex petit tantùm consilium, quod quidem pro

[1] Bell., de Rom. Pont., lib. IV, c. VII.

animi sui sententiâ vel admittat, vel respuat; non profectò episcopi, sed doctissimi quique vocandi sunt. Cùm ergò episcopi ad concilia vocentur, certissimo argumento est, non consilium, sed auctoritatem ac potestatem quæri; quæ Pontificis auctoritati et potestati conjuncta, tota sit atque integra Ecclesiæ in docendo et cce---endo potestas et auctoritas, adeòque summa jam et indeclinabilis.

Deindè hùc redeunt omnia, quæ sunt hactenùs validissimè constituta. Primùm enim in synodis generalibus, si consilium tantùm Pontifici definituro quæritur, non erant adhibendi qui conjudicarent, qui condecernerent, qui anathema simul intorquerent, ac pronuntiarent; sed qui datis consiliis prælucerent, et rem pontificio judicio potestatique relinquerent. At profectò adhibiti sunt in conciliis episcopi, non consiliarii, sed judices : non qui duntaxat doceant Pontificem judicaturum, sed qui ejus sententiam, ejus decreta, ejus anathemata suâ consensione atque auctoritate firment. Non ergo consilium in synodis, sed summa auctoritas potestasque quæritur.

Tùm et illud certum est; cùm synodi generales sunt habitæ, Romani Pontificis plerumque præcessisse sententiam. Omninò enim Cœlestinus, Leo, Agatho, Gregorius II, Adrianus I, sententiam dixerant, cùm tertia, quarta, sexta, septima synodus haberentur. Non ergo consilium judicaturo Pontifici, sed cùm judicasset, certæ et ineluctabilis auctoritatis robur quærebatur.

Denique in Macedonii quæstione de Spiritu sancto, non dabant consilia sancto papæ Damaso in Occidente versanti, qui scorsim Constantinopoli quæstionem habebant orientales Patres: neque hi per litteras consultationem mittunt; sed decretum, sed symbolum, sed anathemata adversùs hæreticos; quod in aliis etiam quæstionibus factum suo loco indicavimus [1]. Quorsùm hæc? Nisi quòd omnes intelligebant non ideò requiri episcoporum sententiam, ut Papa monitus meliùs judicet; sed ut, ex communi Papæ episcoporumque sententiâ, ineluctabilis sententiæ robur existat.

At fortè id ità factum est, quòd Papa judicium Patribus relinqueret, quemadmodùm imperatores ac reges, summâ licet potes-

[1] Sup., lib. VII, c. vIII. Vid. passim eod. lib.

tate præditos, et fecisse legimus, et facere intuemur : non ità est. Non enim episcopi se putabant esse à Papâ selectos judices, sed à Christo datos. Neque ipse Pontifex synodos exquirebat, quæ sibi judicaturo essent necessariæ; sed orbis christianus meritò poscebat, ut quod certâ fide crederet, certâ jam et invictâ auctoritate doceretur. Neque Romani Pontifices aliud cogitarunt, cùm concilia generalia, vel ipsi convocarent, vel ab imperatoribus convocari sinerent, quàm ut ex consensu certa jam auctoritas fidei adderetur.

Aiunt pontificiis quidem decretis, ut solitariis, plenam et ultimam auctoritatem contineri : per concilia generalia ex tractatione et examinatione addi summæ auctoritati plenissimam lucem, ad convincendos pertinaces : eò enim decurrunt recentiores passim, ac maximè ille novissimus anonymus, qui de libertatibus gallicanis scripsit [1]. Sed quid hoc rei est? Si lux quærebatur tantùm, cur congregatæ synodi Romanorum Pontificum dogmata, non editis tractatibus, sed decretis conditis muniebant? An verò tertia, quarta, sexta, septima synodi, mysterium fidei lucidiùs explanarunt, quàm Cyrillus à Cœlestino laudatus, quàm Leo, quàm Martinus, quàm Agatho, quàm Gregorius II, quàm Adrianus I? Neutiquàm. Certè cùm Romanorum Pontificum decreta toti Ecclesiæ præluxissent, synodi posteà congregatæ luci lucem addiderunt, sed ideo ampliorem, quòd jam certiorem, totiusque Ecclesiæ consensione constantem : quâ in certitudine, jam non dubiæ lucis, summam et indeclinabilem auctoritatem collocamus.

Apostolici concilii exemplum profert Bellarminus [2]. Sed eo nostram sententiam firmari jam vidimus; quod nempè apostoli, tantâ Spiritûs plenitudine, tantâque divinitùs auctoritate muniti, Hierosolymis congregati sint, ac futuris dissensionibus terminandis eam formam dederint, quæ totius apostolici ordinis conjungat auctoritatem, in eâque reponat illud : « Visum est Spiritui sancto, et nobis. »

Quo etiam ex loco illud Bellarmini confutatur, concilia non esse medium divinum confirmandæ fidei, sed *medium humanum*, mo-

---

[1] Anon., *de Libert.*, etc., lib. VII, c. IX, n. 9; et cap. XIV, n. 2, et pass. alib.
— [2] Bell., *de Rom. Pont.*, lib. IV, cap. VII. Vid. lib. VII, c. VI et XIV.

nendo et instruendo Pontifici. Id, inquam, ex apostolico illo concilio perspicuè refellitur. Neque enim quisquam dixerit convenisse apostolos ut monerent Petrum, sed ut ipsi cum Petro, conjunctâ auctoritate, eam veritatem promerent, cujus custodes ac testes à Christo in commune essent constituti. Atque ibi elucescit, ut aperiendæ, ita etiam muniendæ veritatis, non *humanum medium*, sed planè *divinum;* cùm illi congregantur, qui Ecclesiarum magistri constituti sunt immediatè et proximè à Christo dicente: « Sicut misit me Pater, et ego mitto vos [1]; » et iterùm : « Ite, docete omnes gentes, » etc., et : « Ecce ego vobiscum sum [2] : » ut Ecclesia quæ sit schola Christi, et cœtus discipulorum ejus, id verè certòque à Christo didicisse intelligatur, quod uno ore Ecclesiarum magistri doceant.

Quin et ipse Bellarminus assentire cogitur. Cùm enim fateatur « definitiones de fide præcipuè pendere ex traditione apostolicâ et consensu Ecclesiarum, » hinc profectò fit, ut illa consensio ad plenam veritatis fidem necessariò requiratur. Quæ si Pontifici pronuntianti desit, nempè deerit illud, quod est *præcipuum*, et unde *præcipuè*, teste Bellarmino [3], definitio pendeat. Quare fateatur necesse est, cùm ab episcopis in concilium adunatis requiritur illa consensio cum Papâ, non profectò requiri ad Papæ informationem, sed ad invictum communis testimonii ac decreti robur.

Neque magìs audiendi sunt, qui concilia generalia media quædam humana esse voluerunt, ad convincendos confutandosque pertinaces. Scripsit ille toties citatus auctor anonymus, conciliorum necessitatem eò esse à majoribus inculcatam, « quia unius, quantæcumque sit dignitatis, judicium esse infallibile, supra humanam rationem est; nec nisi fide ac traditione sciri potest. Quòd autem sententia senatorum toto orbe congregatorum, nec minùs merito, quàm numero insignium, veritatem attingat, etiamsi fides non doceret, ratio suaderet humana. Ideo concilium generale pertinacissimis hominibus erat proponendum. Quod si recusarent, rei â nemine non haberentur [4]. » Sic ergò conciliis novo ausu humanam tribuunt auctoritatem. At non in-

---

[1] *Joan.*, xx, 21. — [2] *Matth.*, xxviii, 19, 20. — [3] Bell., *de Rom. Pont.*, lib. IV, cap. vii. — [4] Anon., *de Libert.*, etc., lib. VII, c. ix, n. 9.

venimus à sacris conciliis, in eo repositam esse vim illam, quæ os omne obstrueret, sed in repromissione Christi dicentis : « Vobiscum sum omnibus diebus usque ad consummationem sæculi [1] : » sed in certissimâ inhabitatione divini Spiritùs, cujus præsentiam sacerdotum toto orbe præsidentium congregatio testaretur [2] : sed in invicto robore traditionis ejus, quam communis consensio declararet. Quæ si præsidia defuissent, quivis cœtus humanus eò posset esse perturbatior, quò copiosior. Quarè firmioribus subsidiis nixi, communem traditionem communi decreto asserendam putabant.

Idem anonymus docet convocari concilia, « quòd frequenter non de dogmate ipso, sed de personis ferendum est judicium : » cui rei congruant multorum suffragia, « et senatorum numerus, et senatùs dignitas : scilicet, ne qua supersit injustitiæ, vel obreptionis suspicio [3]. » Addit, « circa dogma ipsum, quantumvis certum sit, aliquâ interdùm utendum esse œconomiâ, ut libentiùs recipiatur : quæ quatenùs adhibenda sit, in plurimorum cœtu faciliùs agnoscitur. » Quorsùm ista? Certè non agebatur de personis judicandis, neque de eâ œconomiâ, quâ Papæ decreta libentiùs reciperentur, ac suaviùs in animos influerent; non hæc, inquam, agebantur, cùm de ipsis pontificiis decretis quæreretur, an Patrum doctrinæ congruerent, an non; ut in conciliis ubique factum legimus [4].

Quod autem Bellarminus ait [5], congregationem sacerdotum Christi eò esse comparatam, ut Papam dicturum audiant, neque quis *ignorantiam decreti prætexat :* primùm quidem inutile est, cùm aliis modis ità sententiæ promulgentur, ut *nemo ignorantiam prætexere possit ;* tùm verò Patribus contumeliosum est, ut toto orbe convocati, tanto quidem labore, ac nullo interim necessario officio, Ecclesias suas deserant.

Neque si Pontifex est infallibilis, meritò episcopi *conquerantur,* ut ait Bellarminus, *se non esse vocatos ;* nam post infallibile judicium, inventâ veritate, nullus jam querelæ, sed gratulationi

---

[1] *Matth.*, XXVIII, 20. — [2] Ep. Cœlest, *act.* II conc. Eph., tom. III *Conc.*, col 614. — [3] Anon., *de Libert.*, etc., lib. VII, cap. XIV, n. 7, 8. — [4] Vid. suprà, lib. VII, cap. XI et seq.; XVII, XXI, etc. — [5] Bell., *loc. suprà cit.*

locus. Quis enim conqueratur expeditiore viâ quæsitam veritatem; neque fatigari orbem christianum, ad id investigandum, quod ab unius sententiâ pendeat?

Jam quod ultimo loco ait Bellarminus : « Alios apertè dicturos, Pontificem errare potuisse; » rem quidem omnem conficit. Rogo enim verène illud dicturi sint? Nostra ergo sententia vicit. An falsò, et quidem, teste Bellarmino, eâ falsitate, quæ sit *hæresi proxima?* Cohibendi ergo, non audiendi, qui hæc apertè jactarent. Ac si proptereà tot synodi convocandæ erant, quod multi *apertè* dicant, Pontificem *errare potuisse;* cùm à primis temporibus synodi convocatæ sint, erant profectò tùm, qui id *apertè* dicerent. Quis verò eos coercuit? quis docentes reprehendit? quis vel suspectos habuit, aut schismaticos, aut malè de fide sentientes? Quis verò unquàm dixerit, hæresi esse proximum, quod *apertè* toties, et à tot sæculis in Ecclesiâ prædicatum, et à nullo reprehensum ad nos devenerit?

Certè Cyprianum Stephano reluctatum, vel eo nomine Bellarminus ab hæresi excusatum voluit, « quòd nec modò censentur manifestè hæretici, qui dicunt Pontificem posse errare [1]. » Alias rationes purgandi Cypriani ab Augustino accepimus, suoque loco proferemus [2]. Valeat interim hæc quoque à Bellarmino prolata excusatio : Cyprianum in Parisiensium fuisse sententiâ. Cur ergo Cypriano, schismaticam, erroneam, hæresi proximam (si quidem Bellarmino credimus) sectanti sententiam, Romani Pontifices pepercerunt? An viri dignitatem reveriti, cùm ejus de rebaptizatione doctrinam tam apertè damnarent? Cur verò hanc multò pejorem, si quidem adversariis fidem adhibeamus, immunem relinquebant, futurisque schismatibus aperiebant viam? An illa de Pontifice errante sententia tunc libera erat, proscripta est autem posteà? Quo canone? quâ synodo? Florentinâ scilicet, aut Lateranensi ultimâ, aut certè Lugdunensi? Negamus; pernegamus; temerè id asseri ex actis demonstramus [3]. Cur autem anteactis temporibus Ecclesia tacuisset? cur non Cypriano, totique synodo Africanæ; cur non Firmiliano, ejusque collegis cum

---

[1] Bell., *de Rom. Pont.*, lib. IV, cap. VII. — [2] Vid. *Diss. præv.*, num. LXVII et seq. — [3] Vid. suprà, lib. VI, cap. XVIII.

Cypriano conjunctis palàm denuntiabant, haud licuisse illis ab infallibili Papæ judicio discedere? Cur non idem significabant sibi conjunctissimo Augustino illos excusanti, eo tantùm nomine, quod res nondùm erat concilii generalis auctoritate decisa? Malè profectò veritati, malè publicæ saluti, malè unitati consultum est, si errorem periculosissimum, de Papâ infallibili, quo totum Ecclesiæ statum convelli putant, viri quidem sanctissimi, primis sæculis docuissent; eum verò Ecclesia vix postremis sæculis coerceret.

LIBER NONUS

DE QUÆSTIONIBUS PRÆSERTIM FIDEI, EXTRA CONCILIA GENERALIA
PER CONSENSUM ECCLESIÆ DEFINITIS.

CAPUT PRIMUM.

Consensionis universalis vis et auctoritas ante omne judicium ecclesiasticum: multò major cùm Romani Pontificis decreta, nullo reclamante, obtinent.

Quid gestum sit in synodis œcumenicis, maximè ad dijudicandas fidei quæstiones, synodica hactenùs acta docuerunt. Nunc quomodò sine synodis œcumenicis subortæ quæstiones terminari potuerint, eâdem quam secuti sumus traditione Patrum facilè expediemus.

Et quidem nostri censores eò maximè se efferunt, quòd multæ hæreses, sine concilii universalis examine, solâ Romani Pontificis auctoritate damnatæ, summam ejus et ineluctabilem auctoritatem probent; qui nec illud advertunt, multas hæreses, ut sine conciliis œcumenicis, ita sine speciali Romani Pontificis definitione damnatas atque extinctas fuisse. Locus Augustini in eam rem clarus ac notus: « Numquid congregatione synodi opus erat, ut aperta pernicies damnaretur; quasi nulla hæresis aliquandò, nisi synodi congregatione damnata sit: cùm potiùs rarissimæ inveniantur, propter quas damnandas necessitas talis extiterit; multòque sint atque incomparabiliter plures, *quæ ubi extiterunt, illic improbari damnarique meruerunt;* atque inde per cæteras terras devitandæ innotescere potuerunt[1]. » Perpendant illud: *Ubi extiterunt, illic,* etc., atque illud, *indè devitandæ,* etc., nullâ gravioris à Romanâ Sede censuræ mentione. Neque enim Ecclesiæ talem sententiam expectarunt, ut Manichæos, Ophitas, Colly-

---

[1] Aug., lib. IV *ad Bonif.*, c. XII, n. 34; tom. X, col. 492.

ridianas illas, Tertullianistas, aliasve sive manifestè impias, sive obscuras levesque sectas, per loca excitatas, aut horrerent, aut contemnerent : neque dignæ sunt habitæ, propter quas Romani se Pontifices commoverent. Ergone singulares Ecclesiæ, à quibus statim rejectæ, aut etiam oppressæ sunt, ineluctabili auctoritate gaudebant? Minimè : sed profectò sic habet : semel constituto hoc certo dogmate, vim illam ultimam et ineluctabilem unitate et consensione constare; id quoque valere quocumque modo se illa consensio declaraverit, sive concilia congregentur, sive non congregentur.

Scilicet divino numine constitutus Petri successor Romanus Pontifex, episcopalis collegii, totiusque catholicæ communionis princeps, ubi res tanta est, atque ipsi videtur ejusdem Ecclesiæ tuba factus, fratrum omnium et coepiscoporum sensum, in eoque communem omnium Ecclesiarum traditionem, ab apostolicâ Sede annuntiat illis qui longè sunt, et illis qui sunt propè; quo planè ritu Petrus, rogante Domino apostolos : « Quem vos me esse dicitis?» unus pro omnibus respondit : « Tu es Christus, Filius Dei vivi [1]. »

Cùm ergo Petri successor ità ex communi traditione pronuntiat, ut in ejus sententiâ *recognoscant omnes fidei suæ sensum*, ut in Leonis epistolâ quondàm gallicani Patres[2]; tùm fit illa consensio, quæ judiciis pontificiis firmum et indeclinabile robur conciliet.

Quod autem Nicolaus Dubois aliique, hujus consensûs publica instrumenta quærunt, nuntiosque ac litteras ad eum explorandum ubique dimissas, atque immensos labores sumptusque cogitant; næ illi vani sunt. Quis enim nesciat, id quod jam à nobis dictum est [3], ut in omnibus regnis, ita in regno Christi, id valere vel maximè, quod nullo instrumento consignatum, populorum omnium usu sensuque constet? Sic in successione omnium per orbem principum suæ leges, apud nos Salica, aliæ apud alios, ipsâ populorum consensione obtinent; irritique essent, qui earum legum peculiaria instrumenta reposcerent. Sic ipsum jus gentium,

---

[1] *Matth.*, XVI, 15, 16. — [2] *Ep. syn. episc. Gall. ad Leon.*, tom III *Conc.*, col. 1329; et inter Leon. post ep. LXVI, al. XCVI.I. — [3] Vid. in *Append.*, lib. III, c. II.

sic illa de bello ac pace deque legatis sacrosanctis jura, aliáque id genus, nullo alio instrumento, quàm publicâ generis humani voce vigent.

Neque verò Ecclesia sub rege Christo pejore loco erit, quàm regna terrarum, resque publicæ omnes, ubi tot tantisque in rebus eminet vigetque nullo instrumento testata consensio : quæ profectò in Ecclesiâ eò magìs viget, quò est ejus per Spiritum magistrum veritatis firmiùs atque arctiùs nexa compages. Et quidem cùm Augustinus, cùm Vincentius Lirinensis, cùm alii omnes Patres, hæreticis ac schismaticis communem universalis Ecclesiæ fidem; cùm consuetudines, cùm dogmata toto catholico orbe vigentia toties objecerunt: quis ab eis poposcit, quos misissent nuntios, quas accepissent litteras, aut quæ consensionis ejus, quam legis instar haberi volebant, instrumenta proferrent? Nempè hæc nostro ævo deliria servabantur.

Sunt enim profectò quædam tam clara, tam aperta, ut ea per negare ne contumaces quidem audeant. Est quædam Ecclesiæ catholicæ vox, quæ quocumque locorum diffunditur, quam etiam ante omnem dictam sententiam catholici audiunt, novatores contremiscunt. Quantò magis, cùm prolatum judicium ab altissimâ Petri Sede, ad omnes perlabitur Ecclesias?

Desinant igitur sibique et nobis illudere, agnoscantque consensum illum, quem Galli cum totâ Ecclesiâ prædicant, cùm prolata à Romanis Pontificibus dogmata, reclamante nullo, ipsâ traditionis vi, ipsâ, ut ille dicebat, *consanguinitate doctrinæ* [1], in corpus Ecclesiæ coalescunt.

CAPUT II.

Locus Augustini de Pelagianis, Causa finita est : *quænam illæ causæ sint, quæ sine synodis finitæ intelligantur :* duo Actorum *loci comparantur : causæ Pelagianæ status ex Augustino : sufficiens judicium eidem Augustino quid sit : Capreoli Carthaginensis locus : concilii Ephesini de Pelagianis decretum.*

Hanc verò communem et pervulgatam esse controversiarum finiendarum viam, qui non intelligit, eum pacis inimicum, et

[1] Tertull., *de Præscr. adv. Hæret.*, cap. xxxii.

omnis ecclesiasticæ rei imperitum esse profiteor. Quarè meritò sanctus Augustinus de causâ Pelagianâ loquens hæc prædicat : « Jam enim de hâc causâ duo concilia (*a*) missa sunt ad Sedem apostolicam : indè etiam rescripta venerunt; causa finita est [1]. » Rectè atque omninò ex ecclesiasticâ disciplinâ. Neque enim quâvis subortâ quæstione sollicitandus orbis terrarum, aut generalia concilia statim convocanda sunt. Sed tantùm ex certâ causâ, si graves per orbem dissensiones oriantur, si aliter non videtur coalitura pax. Sic enim ab apostolicis usque temporibus factitatum esse probavimus. Enim verò primum illud apostolicum concilium, in *Apostolorum Actis*, non ex eò præcisè collectum vidimus, quòd suborta esset quæstio, sed post ipsam quæstionem, « factâ seditione non minimâ [2]. » Hinc ad sedandas turbas collecta synodus, et expressè omnium quæsita sententia est, extititque illud ex communi consensione decretum, cui jam omnes pii acquiescerent. At ubi nulla erat contentio similis, « exurgens Petrus in medio fratrum dixit : Viri fratres, oportet impleri Scripturam [3], » de Judâ traditore scilicet, et in ejus locum alio eligendo : quæ cùm omnibus manifesta visa essent et locus Scripturæ luce ipsâ clarior, nullius posteà exquisita sententia est, sed in Petri sententiam, vel ipso silentio, omnes abiere; atque, uti dixerat, itâ sunt executi : quæ deindè ad nos, et ad secutam ætatem manasse vidimus; nempè ut subortâ quæstione, Petrus omnium princeps eloquatur : Petrus, inquam, ille, Petrive successor, cui totus grex creditus; quo cum communicant omnes Ecclesiæ; quique adeò conscius communis traditionis, communi eam nomine ab alto depromit, ac pro potestate læsam veritatem vindicat. Hanc si omnes recognoscant, tùm in Petri decreto communem omnium, totiusque Ecclesiæ sententiam venerantur : sin autem oriantur *graves seditiones*, fratresque inter se, maximè verò episcopi atque Ecclesiæ collidantur; tùm verò recurratur ad commune concilium; et communis fides communi et expressâ apostolorum sententiâ, Spiritu sancto auctore decla-

---

[1] Aug. serm. CXXXI, *de Verb. Evang. Joan.*, al. II *de Verb. Apost.*, c. X, n. 10; tom. V, col. 645. — [2] *Act.*, XV, 2. — [3] *Ibid.*, I, 15, 16.

(*a*) Carthaginense nempè, et Milevitanum.

retur : quo certè in cœtu, pro officii sui amplitudine, sit princeps ipse Petrus; cæterùm communi sententiâ judicium proferatur.

Quæ non eò dixerim, ut in omni quæstione, statim ac primo loco, Petri successor, longè licèt positus, ab extremo orbe sit interpellandus, interim alii episcopi, quorum in Ecclesiis suborta sit quæstio, conticescant, utque ipsâ morâ hæresis invalescat. Non itâ sancti Patres, quorum acta perlegimus. Habent enim episcopi omnes à Christo, ut docendi cathedram, itâ virgam coercendi et ligandi auctoritatem. Sed cùm judicarint, ad Petrum referant; vel si omittant officium, auttanta persona sit, quæ facilè coerceri non possit, aut alia ejusmodi causa subsit, ultrò Petrus insurgat, suoque ac nativo cursu ab eminentissima Sede, per pacatam Ecclesiam feratur veritas: *Causa finita est*, teste Augustino, nihilque addendum ultrà, nisi quod ipse subdit: *Utinam aliquandô finiatur error* [1].

Neque enim aut Petri sede sedes ulla est altior, quò quæstio deferatur; aut verò Petro major ullus apostolus; aut ullum erectum est tribunal augustius, quod quidem ordinariè consistat in Ecclesiâ. Nam synodus œcumenica non assiduè sedet, nec nisi ex causâ, eâque rarissimâ; neque ulla lex jubet, ullave consuetudo, ut ad eam referantur quæcumque quæstiones, de magnâ quamvis re; sed de re obscurâ ancipitique, ac magnis altercationum nebulis involutâ, uti Augustinum ipsum exponentem audivimus, ac sæpè audiemus [2]. Nempè si talis nulla causa adsit, *causa finita est*: hæc nativa, hæc communis, hæc pervulgata via est. Cæterùm ex *certâ causâ*, subortis dissensionibus, alia extra ordinem, legitima tamen atque solemnia quærenda sunt; concilii scilicet generalis auctoritas.

Id nos ecclesiastica gesta docuerunt. Sic enim profectò adversùs Nestorium, executore Cyrillo, Cœlestini sententia secundùm canones valitura erat, nisi graves posteà motus extitissent. Ubi commotus est Oriens, scissæque sunt Ecclesiæ, convocatur syno-

---

[1] August., loco mox cit. — [2] Id., *de Bapt. cont. Donat.*, lib. II, c. IV, n. 5 · tom. IX, col. 98. Vid. sup., *Diss. præv.*, n. LXXI et seq.

dus (*a*); nil repugnante Cœlestino; imò etiam comprobante; atque ejus sententia, eo quo vidimus ordine [1], retractatur.

Sic paulò post, in ipsis Eutychianæ hæreseos initiis, sanctus Flavianus (*b*) ad sanctum Leonem scribebat, nil concilio opus esse, sed solâ sancti Pontificis sententiâ [2]. Ipse etiam Leo ad imperatorem : « Causam tam evidentem esse, ut meritò à concilio fuisset abstinendum [3]. » Non enim magnam causam negabat esse : imò verò maximam agnoscebat, de duabus scilicet in Christo naturis ; sed tamen *evidentem* nullisque adhuc, ut Augustini verbis utar, *altercationum nebulis involutam* : quarè absque concilio facilè transigendam, atque omninò Leonis decreto finiendam, si omnes Ecclesiæ consensissent.

Hinc sancti Augustini verbis de causâ Pelagianâ indubia fides : « Ad Sedem apostolicam duo concilia missa sunt; indè rescripta venerunt, causa finita est : » ipso scilicet episcopalis ordinis, totiusque Ecclesiæ cum apostolicâ Sede consensu manifesto. Neque enim, ut idem Augustinus ait, « congregatione synodi (universalis utique) opus erat, ut aperta pernicies damnaretur [4]. » Vide quàm diligenter dictum, *aperta pernicies :* id namque est quod posteà à Leone dicebatur, « tam evidentem causam (*c*) esse, ut meritò à synodo abstinendum » videretur. Sic ubique sibi consentit Ecclesia. Pergit porrò Augustinus : « Quasi nulla hæresis aliquandò nisi synodi congregatione damnanda sit; cùm potiùs rarissimæ inveniantur, propter quas damnandas necessitas talis extiterit. » Cur autem Pelagiani non eam Ecclesiæ necessitatem inferrent, eorum paucitas faciebat, quorum scilicet eodem Augustino teste [5], « profanas novitates, catholicæ aures, quæ ubique sunt, horruerunt. » Augustinus eos propter paucitatem, Maximianistis, exiguo ac vili Donatistarum frustulo, comparabat [6]. Quin ipse Julianus conscius paucitatis, hæc jactabat passim : « Multitudinem nihil prodesse cæcorum; honorandam paucita-

---

[1] Sup., lib. VII, cap. IX et seq. — [2] *Conc. Chald.*, part. I, ep. IV, tom. IV, col. 15. Inter Leon., post ep. XXI. — [3] *Ibid*,. ep. XVIII. Inter Leon. XXXIII, al. XVII. — [4] Aug., lib. IV *ad Bonif.*, c, XII, n. 34; tom. X, col. 492. — [5] Id., lib. II *cont. Jul.*, cap. I, n. 1; tom. X, col. 525. Vid. c. X, et passim et imprim., lib. IV *ad Bonif.*, c. XII, n. 32; col. 492. — [6] *Contra Julian.*, lib. III, c. I, n. 5, col. 555.

(*a*) Ephesina. — (*b*) Constantinopolitanus. — (*c*) Eutychetis.

tem, quam ratio, cruditio, libertasque sublimat[1]. » Sed elegantem licèt vaniloquentiam orthodoxi aspernabantur, nempè toto orbe prædicabatur vera fides; in angulo orbis, quatuor vel quinque episcopi susurrabant, sive allatrabant. At propter eos, *orbem catholicum commoveri*, quanquàm eam *captabant gloriam*, Augustinus non ferebat[2] : et sanctus Flavianus, eodem spiritu, Eutychianorum initiis synodum universalem denegabat, ne sanctæ Ecclesiæ turbarentur[3].

Hinc illud beati Augustini ad Pelagianos[4] : « Quamvis dederit vobis Ecclesia catholica judicium, *quale debuit*, ubi causa vestra finita est, » etc. Audin ? judicium *quale debuit*, tantæ scilicet paucitati, et *in apertâ pernicie*, ut suprà vidimus. Quo etiam spectat illud ab eodem Augustino proditum : non jàm audiendos eos « post factum illis *competens sufficiensque* judicium[5]. » Quid sit autem illud *sufficiens judicium*, ex rerum motibus pendet. Nempè Cœlestinus, Cyrillus, Flavianus, Leo adversùs Nestorium et Eutychetem, in ipsis initiis *sufficiens* putabant Sedis apostolicæ judicium; sed quod ex se *sufficiens* videbatur, id gliscentibus odiis, et in grave schisma erupturis, jàm *non est sufficiens ;* collectâque universali synodo opus fuit. Non ità res se habebant adversùs Pelagianos; sed datum à synodis africanis, Sede apostolicâ comprobante, judicium *sufficiens* fuit; quia totius orbis consensus accessit. Sic conveniunt omnia, et ecclesiastici regiminis forma magìs magìsque illucescit.

Hinc etiam patet, quàm benè conveniat Gallis cum beato Augustino, atque africanis Patribus. Nempè africani Patres agnoscebant in condemnandis Pelagianis eminere debuisse Sedis apostolicæ auctoritatem, à sanctarum Scripturarum *auctoritate manantem*[6]. Hunc sensum episcopi gallicani suâ Declaratione complexi, profitentur « primatum Petri, ejusque successorum à Christo institutum; » quo jure « in decidendis fidei quæstionibus primas esse Romani Pontificis partes, ejusque decreta ad omnes et sin-

---

[1] Jul. apud Aug., *cont. Jul.*, lib. II, c. x, n. 35, 36, col. 550. — [2] Aug., *ad Bonif.*, lib. IV, c. xii, n. 34, col. 493. — [3] Epist. Flav. *ad Leon. Mag.*, tom. IV *Conc.*, col. 15. Vid. sup., — [4] Aug., lib. III *cont. Jul.*, c. 1, n. 5, col. 555. — [5] Id., *ad Bon.*, loc. jam cit. — [6] Vid. Aug., pass. et ep. conc. Cart. II *cont. Pelag.*, an. 416, tom. II *Conc.*, col. 1533 et seq.

gulas Ecclesias pertinere » docent [1]. Jam illud quod subdunt, *illud irreformabilis judicii robur, in* Ecclesiæ catholicæ *consensu* esse repositum, haud minùs ab africanis Patribus accepere. Nempè Augustinus ideò à Pelagianis frustrà peti contendit universale concilium, quòd « in hoc fidei firmissimo et antiquissimo fundamento, ipsa toto orbe diffusa à se non discrepat multitudo [2]. » Eo in quo inecluctabilis judicii robur collocet; nempè in consensu orbis, et quidem in eo consensu apparere vel maximè oportebat earum Ecclesiarum consensum, ad quas lues Pelagiana pervenerat. Undè Augustinus passim memorat, Pelagianam hæresim à Romanæ Sedis præsulibus, Innocentio, Zozimo, Cœlestino, « cooperantibus synodis africanis, toto orbe damnatam [3] : » quo facto nulla ampliùs, etiam œcumenicæ synodi, inquisitio superesset.

Id verò Capreolus Carthaginensis profitetur in eâ epistolâ, alio loco memoratâ [4]. « Si quid, inquit, fortè novarum controversiarum inciderit, id discussioni subjiciatur oportet. At verò si quis ea quæ jàm olim dijudicata sunt, denuò ad disputationem vocari sinat, is sanè nihil aliud facere censebitur, quàm de fide, quæ hactenùs viguit, dubitare. » Dogma Pelagianum jàm ubique damnatum ad examen synodi revocari vetat. At cur Nestorianum à Cœlestino damnatum ei examini subjicit? Nempè quod nondùm Nestorianos oppresserat ea, quam Capreolus adversùs Pelagianos commendaverat, « apostolicæ Sedis auctoritas, et sacerdotum omnium consonans sententia. »

Quòd autem posteà in Ephesinâ synodo generali Pelagianorum causa tractata est, nil omninò pertinet ad fidei quæstionem. Sic enim eâ de re Ephesini Patres, absolutâ synodo, ad Cœlestinum scribunt [5] : « Perlectis in sanctâ synodo commentariorum actis, in depositione impiorum Pelagianorum et Cœlestianorum, quæ à Pietate tuâ de ipsis constituta sunt, judicavimus et nos solida firmaque permanere debere, et omnes idem tecum statuimus, eos

---

[1] *Declar. Cler. Gall.*, 1682; Præf. c. I et IV. — [2] Aug., lib. I *cont. Jul.*, c. VII, n. 32. col. 516. — [3] Aug., ep. CXC, *ad Opt.*, et pass. *cont. Pelag.* — [4] Vid. *Diss. præv.*, num. LXXVI; et ep. Capr. inter act. syn. Ephes., tom. III *Conc.*, col 532. — [5] Conc. Eph, act. V, *Relat. ad Cœlest.*, col. 666, 667.

pro depositis habentes. » De depositione agitur, quam per calumniam factam Julianus et alii jactitabant; perlectique sunt commentarii, sive ad gestorum fidem, sive ad qualemcumque inquisitionem, ne deinceps importuni homines Ecclesiam fatigarent. Hinc editi Ephesini canones I et IV, quibus Cœlestiani pro depositis haberentur [1]. Ità quibus nulla synodus data esset, horum causa per synodum aliâ occasione factam ad qualecumque examen revocatur; sed ut obstinatis tolleretur etiam extremum illud, « quòd spem de synodo hucusque gesserunt [2]. » Verba sunt Cœlestini Ephesinam synodum collaudantis. Sic, post Ephesinum concilium, præfectæ confidentiæ homines spem omnem recuperandæ sedis amisere. Tanta synodi auctoritas est! Cæterùm de fide jam assertâ quæsitum fuisse, neque gesta indicant, neque eâ de re quisquam cogitavit; et quæstio Pelagiana quod ad fidem attinet, sine ullo œcumenicæ synodi judicio, omnium Ecclesiarum consensione finita est.

CAPUT III.

Quæ causæ sine synodo finiri possint, quæ finiri non possent, ex sancto Augustino, et quæstione rebaptizationis, ostenditur.

Alia verò causa est, quam Augustinus tractat, undè dictis nostris magna lux; certòque comperiemus quid sit illud Augustini: *Causa finita est*. Causam illam nobilem de rebaptizatione inter sanctum Stephanum papam, sanctumque Cyprianum Carthaginensem episcopum, utrosque martyres, intelligo : de quâ controversiâ sic scribit Eusebius : « Primus omnium Cyprianus, nonnisi per baptismum, ab errore priùs mundatos admittendos censuit; verùm Stephanus nihil adversùs traditionem, quæ jàm indè ab ultimis temporibus obtinuerat, innovandum ratus, gravissimè id tulit [3]. »

Constat sancti Stephani decretum his verbis editum : « Nihil

---

[1] Conc. Eph., act. VII, col. 804, 805. — [2] Epist. Cœlest. *ad Synod. Eph.*, part. III. c. XX, col. 1071. — [3] Euseb. *Hist.*, lib. VII, cap. III, ed. Vales.

innovetur, nisi quod traditum est¹; » hoc est, præter id quod traditum est : vel *nisi quod traditum est,* esse innovandum ; nempè ut « reversis ab hæresi, manus imponatur ad pœnitentiam. » Illam enim manùs impositionem, non sanè baptismum ipsum innovari atque iterari posse antiqua traditio docebat.

Constat Cyprianum decreto obstitisse, quamvis Stephanus non tantùm suasisset, sed etiam pro potestate egisset; neque solùm « Cypriano, ad ista non consensisse, verùm etiam contra scripsisse atque præcepisse. » Verba Augustini sunt², auctoritatem cathedræ demonstrantis. Quantâ autem auctoritate Stephanus egerit, satis ostendunt illa Firmiliani : « Stephanus, qui loci sui honore gloriatur, et cathedram Petri tenere se dicit, super quem Ecclesia ædificata est³, » etc. Huc accedunt illa in concilio Carthaginensi à Cypriano prolata verba, ne Stephani auctoritas aliquam Patribus necessitatem injecisse videretur : « Nemo enim inter nos Episcopum se episcoporum contendit, aut tyrannico terrore cæteros adigit ad obsequium⁴. » Quibus verbis Cyprianus non negat Stephani primatum à Petro profectum, quem ubique asserit; sed potestate abusum, in errorem deflexisse contendit, eoque nomine vehementissimè reluctatur. Indè argumentum pro Parisiensium sententia, alibi jam tractatum⁵, sed hic necessariò repetendum. Quòd sanctus Cyprianus hæreticos rebaptizavit, omnes posteà erroris arguerunt; quòd Stephanum Papam docentem episcopos ac de fide præcipientem, errare potuisse crediderit, nemo succensuit ; ergò quantùm illa de rebaptizatione sententia culpabilis, tantùm hæc de Romano Pontifice culpâ vacat. Quid quòd Augustinus apertè excusandum putavit Cyprianum, qui errasset, antequàm obscura quæstio « tantis altercationum nebulis involuta, ad plenarii concilii auctoritatem roburque perducta est⁶. » Ergò existimabat, ad captivandum intellectum, Stephani Papæ decretum atque auctoritatem non suffecisse solam. Quin ipse Augustinus veræ de hæreticorum baptismo doctrinæ

---

¹ Ep. Cypr. LXXIV, p. 138, edit. Baluz. — ² August., *de Bapt. contra Donat.*, lib. V, c. XXII, n. 30; tom. IX, col. 156. — ³ Ep. Firm., inter Cypr. LXXV, p. 148. — ⁴ Conc. Carthag., an. 256. Præf. apud Cypr., p. 329, 330 ; et tom. I *Conc.*, col. 786. — ⁵ *Dissert. præv.,* num. LXVII et seq. — ⁶ Aug., *de Bapt. cont. Donat.*, lib. II, c. IV, n. 5; tom. IX, col. 98.

assertor egregius, quod ad auctoritatem pontificii decreti attinet, Cypriani sententiam apertè sequitur : « Neque nos, inquit, tale aliquid auderemus asserere, quale Stephanus jussit, nisi Ecclesiæ catholicæ concordissimâ auctoritate firmati : cui et ipse (Cyprianus) sine dubio cederet, si jam illo tempore veritas eliquata per plenarium concilium solidaretur[1]. » Cui auctoritati Cyprianus ex certissimâ fide cessurus fuisset; cui Augustinus ipse in re obscurâ cederet verba demonstrant : nempè *Ecclesiæ catholicæ concordissimæ auctoritati, concilio plenario,* ex orbe christiano, ut semper inculcat, vel ut idem loquitur, *sancto concilio cunctarum gentium.* Ad id provocat post ipsum pontificale decretum, in eoque acquiescit.

En ergo quod sit illud : *Causa finita est.* Finita quidem est, ubi aperta quæstio est, et ubique consensus, ut in Pelagianâ causâ vidimus : finita verò non est, *magnis altercationum nebulis involuta.*

CAPUT IV.

Sancti Stephani Papæ contra rebaptizationem decretum, totâ Sedis apostolicæ auctoritate factum, et tamen concilii generalis sententiam meritò expectatam : sancti Augustini loci.

Hìc censores nostri oppidò conturbati, in partes se scindunt. Respondet Bellarminus[2], excusatum Cyprianum, quia « Pontifex noluit rem de fide facere sine generali concilio. » Et tamen pro cathedræ auctoritate præcepit, et decretum condidit, et ad omnes misit Ecclesias; eaque res erat, ut aliud sentientes abstinendos putaret. Disertè Augustinus : « Putaverat abstinendos, qui de suscipiendis hæreticis priscam consuetudinem convellere conarentur[3]. Ac si posteà se repressit, non ideò intelligitur mutasse sententiam; sed executionem prudentiâ temperasse, aut in aliud tempus distulisse. Hoc quidem non privati doctoris officium est.

Cæterùm de abstinendo exiisse decretum illa indicant, quibus

---

[1] Aug., *de Bap. cont. Donat.*, lib. II, c. IV, n. 5; tom. IX, col. 98. — [2] Bell., *de Rom. Pont.*, lib. IV, c. VII. — [3] Aug., *de Bap. cont. Donat.*, lib. V, c. XXV, n. 36. col. 158.

Cypriani legatos Romæ à sancto papâ Stephano, non modò hospitio fratrum, sed etiam omni Ecclesiæ tecto submotos Firmilianus testatur [1]. Lupus ipse sic scribit : « Sanctum, inquit, Firmilianum Cæsareensem in Cappadociâ archiepiscopum, Ponticæ diœceseos primatem, sanctus Stephanus pontifex communione suspendit [2]. » Idem Lupus sancti Stephani rescriptum, *summâ et irrefragabili Sedis apostolicæ auctoritate* editum esse contendit.

Sed age ut vis; quâvis distinctiunculâ causam istam, quasi in scholastico pulvere tueare. Certè Augustinus, non id quod tu profers, Cypriano excusationi obtendebat; non ad aliud majus aut luculentius Papæ judicium provocabat : concilii generalis, totiusque Ecclesiæ catholicæ appellabat fidem; in eâ auctoritate fidei certitudinem reponebat. Hic hæreant necesse est, vel alia excogitent.

CAPUT V.

Non tantùm pertinaces, sed Sancti post papale decretum, aliud quid desiderant.

Et quidem Augustinus, atque, Augustino interprete, Cyprianus, ab universali concilio, non elucidationem obscuræ quæstionis expectabant tantùm, quanquàm et illam quoque, sed auctoritatem ac robur. Undè illud : « Res ad plenarii concilii auctoritatem roburque perducta est [3]; » et illud : « Potentior veritas de unitate veniens; » et illud : Cypriani sententiam « catholicus orbis terrarum robustissimâ firmitate consensionis exclusit [4]. » En quam auctoritatem, post Papæ decretum, non hæretici et pertinaces, sed sancti sacerdotes Cyprianus et Augustinus expectent.

Quod autem auctor anonymus Cypriano tribuit [5], tolerari omninò non potest : nempè ut quoniam sanctus Martyr dixit, se non ab altero, sed tantùm à Christo judicari posse [6], ideò existimarit se ab omni non modò Romani Pontificis, sed etiam concilii œcu-

---

[1] Ep. Firm, *a l Cypr.*, inter Cypr. LXXV.— [2] Christ. Lup., in *Doct. Lov. relat.*, p. 50. — [3] Aug., *de Bapt. cont Donat*, lib. II, c. IV, n. 5; tom. IX, col. 98. — [4] *Ibid.*, lib. III, c. II, n. 2, col. 108. — [5] Anon., lib. VII, c. VIII, n. 9. — [6] Cypr., in Præf. Conc. Carth. III, inter ejus Oper., p. 330 ; et tom. II *Conc.*, col. 786.

menici correptione immunem; quod si Cyprianus sensisset, inexcusabilis protorviæ reus esset. Hæc ergo ad certos casus extraordinarios redigenda; neque cùm *ab alio* se judicari posse negat, existimandum est, eâ voce *alio*, Ecclesiæ catholicæ aut etiam concilii generalis excludi auctoritatem. Certè Augustinus ei aucprotati cessurum Cyprianum docet; atque in hâc quæstione, non alteri auctoritati cedentem, non modò ipse probat, sed etiam imitatur.

CAPUT VI.

Quæstionem rebaptizationis à Cypriano et asseclis inter adiaphora non fuisse repositam.

Auctor libelli de *Doctrinâ Lovaniensium* aliter expedire se conatur [1] : nempè ait, Cyprianum, Firmilianum, « aliosque sequaces episcopos, persuasos fuisse quòd Stephani rescriptum non fuerat judicium definitivum, eò quòd rem illam haberent pro adiaphorâ. » Atque iterum : « Hoc sibi voluerunt Cyprianus, Firmilianus et alii, Helenus, Dionysius, Augustinus, qui affirmant Stephanum non de dogmate, sed de aliarum gentium moribus et factis judicasse : potuisse illic labi ideòque ejus usque ad synodum Nicænam judicio impunè atque innoxiè non fuisse obeditum. »

Hæccine à doctis viris proferri potuisse? Habebant hæc Cyprianus, Firmilianus et eorum sequaces pro adiaphoris atque indifferentibus ; nempè cùm, facto concilio LXXXVII episcoporum, pro sententiâ hæc dicerent [2] : Episcopus quidem ordine tertius : « Qui hæreticorum baptisma probant, nostrum evacuant : » Octavus decimus : « Secundo baptismate (in Ecclesiâ dato scilicet) qui non fuerit baptizatus, regno cœlorum fiet alienus : » Vigesimus : « Qui hæreticorum baptisma probat, quid aliud quàm hæreticis communicat? » Vigesimus primus : « Quot sint baptismi, viderint aut præsumptores, aut fautores hæreticorum. Nos unum baptisma, quod nonnisi in Ecclesiâ datum novimus, Ecclesiæ vindicamus : » Vigesimus tertius : « Si non obtemperat error

[1] *Doct. Lov.*, p. 56. — [2] *Conc. Carthag.* III, inter Cypr. oper., p. 330 et seq.

veritati, multò magis veritas non consentit errori : » Quadragesimus septimus : « Me non movet, si aliquis Ecclesiæ fidem et veritatem non vindicat, quandò Apostolus dicat : *Quid enim si exciderunt à fide quidam illorum* [1]*?* » Quinquagesimus octavus : « Non sibi blandiantur qui hæreticis patrocinantur : qui pro hæreticis ecclesiastico baptismo intercedit, illos christianos et nos hæreticos facit : » Sexagesimus primus : « Qui hæreticis Ecclesiæ baptisma concedit et prodit, quid aliud sponsæ Christi quàm Judas existit? » Sic eam quæstionem inter indifferentia reponebant.

Hùc accedit, quòd suam sententiam non humanis ratiociniis, sed divinis testimoniis muniebant. Legant Cyprianum quicumque dubitaverint ; audiant episcopos in concilio Carthaginensi ità decernentes : Quintum : « Baptisma, quod dant hæretici et schismatici, non esse verum, ubique in Scripturis sanctis declaratum est ; et secundum Scripturarum sanctarum auctoritatem decerno, hæreticos omnes baptizandos : » Octavum : « Lectis litteris Cypriani dilectissimi nostri, quæ tantùm in se sanctorum testimoniorum descendentium ex Scripturis deificis continent, ut meritò omnes per Dei gratiam adunati consentire debeamus ; censeo omnes hæreticos et schismaticos, qui ad Ecclesiam catholicam venire voluerint, non antè ingredi, nisi exorcizati et baptizati fuerint. » Quarè cùm errorem damnant, cùm veritatem inculcant, nonnisi veritatem in Scripturis revelatam, nec nisi errorem in Scripturis damnatum intelligi volunt, qui hæc pro adiaphoris habere dicuntur.

CAPUT VII.

An Augustinus aliique Patres eam quæstionem inter adiaphora habuerint.

Quòd autem idem auctor etiam Augustinum recenset inter eos qui hæc pro adiaphoris habuerint, quis crederet ab homine in Augustini lectione versato dici potuisse? Nempè Augustinus hæc ubique profitetur : Cyprianum quidem in errore fuisse, sed ideò

[1] *Rom.* III, 3.

excusatum, quòd res nondùm fuisset concilii generalis totiusque Ecclesiæ catholicæ auctoritate firmata [1]. Non ille ad hæc levia et falsa confugit : Stephanum noluisse rem de fide facere, aut in disciplinæ factique quæstione labi potuisse; sed errasse Cyprianum, atque id vel posteà correxisse « in regulâ veritatis ; quod suppressum sit ab eis, qui hoc errore nimiùm delectati sunt [2] : vel « hunc nævum candidissimi pectoris cooperuisse ubere charitatis, ac passionis falce purgasse [3] : » et nunc aliud quàm hîc senserat videre, « in æternâ illâ luce veritatis, ubi certissimè cernit quod hîc pacatissimè requirebat [4]. » Quæ planè demonstrant, non adiaphoram ac variabilem disciplinam, sed à Deo revelatam, certissimam et inconcussam veritatem.

Nempè hanc veritatem Augustinus tuebatur : verba Christi, quibus baptismus consecratur, tantæ esse virtutis, ut etiam inter hæreticos valeant : signum militum Christi etiam in desertoribus recognoscendum esse : sacramenta Christi etiam inter hæreticos, non ipsorum, sed Christi et Ecclesiæ esse : remedium vulneri, non sanitati adhibendum, adeòque corrigendum in hæreticis id quod pervertissent, nempè fidem; non id quod ab Ecclesiâ integrum abstulissent, nempè baptismum, hoc est, fidei sacramentum [5]. Hæc qui negarent, recurrere jubebat « ad stateram dominicam, ubi non ex humano sensu, sed ex divinâ auctoritate rerum momenta pensantur [6]. »

Et quidem permulta causæ munimenta promebat ex Scripturis : quòd autem de baptismo hæreticorum nihil peculiariter scriptum esset, allegabat cum Stephano Ecclesiæ consuetudinem, universalem illam quidem, quæ per totam Ecclesiam ab ipsâ origine propagata, « non nisi ab apostolis tradita meritò crederetur [7]. »

Neque verò aliud Stephanus prædicabat. Et quidem urgebat

[1] Aug., *de Unic. Bap.*, cap. XIII, n. 22; tom. IX, col. 553 ; et passim; *de Bapt. contra Donat.*, et aliis lib. et ep. *de hær. Don.*, tom. II et IX. — [2] Id., epist. *ad Vinc.*, XCIII, n. 38.; tom. II, col. 246. — [3] Lib. *de Unic. Bapt.*, c. XIII, num. 22, et alibi passim. — [4] Lib. V *de Bapt. contra Donat.*, cap. XVII, n. 23; col. 152. — [5] Vid. ep. CV, *ad Donat.*, cap. III, n. 12; tom. II, col. 300, 302; et lib. IV, *contra Cresc.*, cap. XIII, n. 15; tom. IX, col. 492 : et passim, *contra epist. Parm.*, lib. II, c. XIII, n. 29, 30, col. 45, 46 : et serm. *ad Pleb. Cæs.*, n. 2; tom. IX, col 619, et passim. Lib. I *de Bapt. contra Donat.*, c. XIV, n. 22, col. 91 : *de Unic. Bapt.*, c. III, n. 4. p. 528. — [6] Lib. II *de Bapt. contra Donat.*, cap. XIV, n. 19, col. 107. — [7] *Ibid.*, lib. IV, cap. XXIV, n. 30, col. 140.

consuetudinem, sed universalem, sed ab apostolis constantissimo tenore ad nos usque deductam, quam liber anonymus¹, apud Rigaltium, Stephani tempore adversùs Cyprianum Cyprianique asseclas conscriptus, appellat « vetustissimam consuetudinem ac traditionem Ecclesiæ; » et addit : « Sit unusquisque nostrùm contentus venerabili Ecclesiarum omnium auctoritate et necessariâ humilitate : » tùm « Damnari utique debet quod contra priscam et memorabilem cunctorum emeritorum Sanctorum et fidelium solemnissimam observationem judicatur; » suggillatque eos, « qui errores et vitia universarum Ecclesiarum correxisse se putent, ac monstri simile, episcopos talia cogitare. »

Nec alio spiritu scribit Eusebius², qui antiquam traditionem à Cypriano primò mutatam agnoscit. Attestatur Hieronymus celebri illo loco : « Illi ipsi episcopi, qui rebaptizandos hæreticos statuerant, ad antiquam consuetudinem revoluti, novum emisere decretum. Quid facimus? Ità et nobis majores nostri, et illis sui tradidere majores³. » Quin ipsâ etiam flagrante discordiâ, Cyprianus ejusque collegæ Africani, consuetudinem sibi adversari ultrà fatebantur. Id sæpè Augustinus notat; et ipse Augustinus eam consuetudinem, *universalem et robustam* vocat⁴, quam Stephanus tueretur; et quidem, uti memoravimus, ab apostolicâ traditione venientem, hâc etiam datâ regulâ : « Quod universa tenet Ecclesia, nec conciliis institutum, sed semper retentum est, nonnisi ab apostolis traditum rectissimè creditur; » quod assiduè sanctus Doctor inculcat.

Hæc Augustini dicta, qui, catholici licèt, ad variabilis et adiaphoræ disciplinæ detorquent negotia; hi profectò improvidi, Ecclesiæ matri firmissimas auctoritates de dogmatis fidei, etiam traditione tutandis, extorquere conantur. Sed frustrà sunt : instat enim Augustinus errorem esse id quod Cyprianus tuebatur, nondùm quidem ab Ecclesiâ declaratum satis, sed interim errorem in *æternitatis manifestâ luce purgatum*⁵. Quin etiam de Donatistis hæc habet : « Audent etiam rebaptizare catholicos; ubi se am-

---

¹ Inter oper. Cypr., edit. Prior et Rigalt., 1679, post epist. LXXIV : in edit. Baluz., 1726, p. 353 et seq. — ² Euseb. *Hist.*, lib. VII, c. III, edit. Vales. — ³ Hieron., *Dialog. advers. Lucif.*, tom. IV, part. II, col. 303, 304. — ⁴ August., lib. IV *de Bapt.*, loc. jam cit. — ⁵ Id., lib. V, c. XVII, n. 23, col. 152.

pliùs hæreticos esse firmarunt[1]. » Jàm ergò hæretici, ideò quòd hæreticos ; sed «ampliùs hæretici, ideò quòd etiam catholicos rebaptizabant.» Undè libro *adversùs Cresconium* ad Donatistas ait : « Hæretici quidem estis, quòd non tantùm divisi, verùm et in rebaptizando diversum sequimini[2]. » Idem docet adversùs Petilianum[3], et alibi semper.

Notum illud Vincentii Lirinensis[4] : « Auctores ejusdem opinionis catholici, consectatores verò hæretici judicantur : » posteà quàm scilicet pronuntiavit Ecclesia. Et anteà quidem, eodem teste Lirinensi[5], res ad veram Ecclesiæ doctrinam pertinebat; sed nondùm Ecclesiæ universalis judicio declarata. Scribit enim de Agrippino, quem auctorem Cyprianus sequebatur : « Primus omnium mortalium contra divinum canonem, contra universalis Ecclesiæ regulam, contra sensum omnium consacerdotum, contra morem atque instituta majorum, rebaptizandum censebat[5]. » De Stephano verò : « Intelligebat vir sanctus et prudens nihil aliud rationem pietatis admittere, nisi ut omnia, *quâ fide* à patribus suscepta forent, *eâdem fide* filiis consignarentur[6]. » Reliqua videant qui his victi non fuerint.

CAPUT VIII.

Quid objiciant qui hæc referunt inter adiaphora : Firmiliani et Basilii locus.

Qui totam hanc quæstionem ad variantem per loca disciplinam revocari volunt, hæc objiciunt : primùm, Firmilianum ita de rebaptizatione scribentem : « Nec meminimus hoc apud nos aliquandò cœpisse[7] : «deindè Basilium Firmiliani successorem de rebaptizatione adhùc hæsitantem[8], post Nicænam quoque Synodum, à quâ quæstionem terminatam fuisse plerique velint. Quid ergò? An Firmilianum causæ faventem suæ, Stephano, Eusebio,

---

[1] Aug., *de Hæresib.*, *hæres.*, LXIX, tom. VIII, col. 21 —[2] Id., lib. II, *advers. Cres*, c. VII, n. 9, col. 413.—[3] Id., *de Unic. Bapt. cont. Petil.*, c. II, n. 3, col. 528, et pass. — [4] Vincent. Lirin., *Commonit.* I, cap. XI. — [5] *Ibid.*, cap. IX, X, XI. — [6] *Ibid.*, cap. IX. — [7] Ep. Firmil. *ad Cypr.*, inter Cypr., LXXV, p. 119. — [8] Vid. ep. Basil. *ad Amphil.*, CLXXXVIII, tom. III, p. 263 et seq.

Hieronymo, Augustino, Vincentio Lirinensi, totique Ecclesiæ anteponent? Quid verò Basilius? Esto, quæstionem ad disciplinam variantem fortè revocaverit : nos quidem hìc Cypriani et Augustini mentem quærimus.

Neque tamen Firmilianum mentitum dixerim, cùm ait, rebaptizationem in suâ ac vicinis regionibus viguisse semper : facilè enim demonstraverim, eâ quidem tempestate, iisque regionibus (a) hæreticos ferè omnes varia ac portentosa baptismata confinxisse. Nam quique suam hæresim, quò magìs baptizatorum animis adhæresceret, in baptismum intrudebant. Atque hinc Firmiliano et aliis erroris occasio, cùm existimarent profanum baptismum, ac per se nullum, eo solo nomine, quòd ab hæreticis administraretur, repudiatum esse.

Neque Basilium hactenùs satis intellectum esse credimus. Hæc enim fuisse putamus, de quibus hæsitaret, non quidem, an valeret baptismus verbis evangelicis consecratus; sed quinam hæretici eo ritu baptizarent; quinam perverso ritu, et *proprio* quod ait *baptismate*[1], qui sanè proptereà rebaptizandi essent. Hæc etiam suspensum habebant Basilium : ecquid credibile esset rectè baptizare eos, qui de Deo errarent, cùm errores suos plerique, uti modò diximus, in ipsum baptismum ingererent? Quærebat anxiè, quæ et quanta haberetur fides iis, qui dicerent se in Trinitatem baptizatos esse : nam aut oblivisci, aut certè hæsitare, aut etiam mentiri potuissent. Hinc illa verba Basilii synodum optantis, uti decidatur, « an qui responderit, in responsione fide dignus habeatur; » quam ad quæstionem spectat canon Arelatensis, quo legimus *interrogatos* qui ab hæreticis venirent, « an in Patre, et Filio, et Spiritu sancto baptizati essent; » additumque : « Et qui interrogatus non responderit hanc Trinitatem, baptizetur[2]. »

Hæc nos ad cumulum de Firmiliano et Basilio investiganda doctis, et confirmanda, vel etiam, si placuerit, oppugnanda proponimus. Utcumquè est, stat illud immotum : Cyprianum, Au-

---

[1] Vid. ep. Basil. *ad Amphil.*; can I. — [2] Conc. Arel., an. 314, can. vIII; tom. I Conc. col. 1426.

(a) Asiæ Minoris.

gustinum, cæteros, in eâ quæstione, quam fidei putarent, post judicium quoque Romani Pontificis, dissidentibus Ecclesiis, ad habendam certitudinem, Ecclesiæ universalis sententiam expectasse.

CAPUT IX.

Quæ sit illa synodus universalis, quam in hâc quæstione Augustinus memoret : Nicænam eam esse; sed, utcumque sit, nostra immota esse.

Anxiè à doctis quæritur, quæ sit illa universalis synodus quâ istam quæstionem fuisse terminatam Augustinus memorat. Qui Arelatensem primam esse volunt, Romani Pontificis sententiam, iniquiùs, ut videtur, pendere decernunt ab ejus synodi decreto, quæ nonnisi abusivè universalis vocetur.

Nos eam quæstionem in synodo Nicænâ fuisse decisam cum sancto Hieronymo [1] profitemur : « Quòd Episcopo Novatianorum, si conversus fuerit, *non tantùm baptismum*, sed quod majus est, *etiam* presbyterii gradum servet [2] » (can. VIII). « Et quod omnes hæreticos susceperit, exceptis Pauli Samosateni discipulis [3] » (can. XIX); cujus rei causam cum beato Augustino esse credimus, quòd Paulianistæ *regulam baptismatis non tenerent* [4]. Nec facilè adduci possum ut credam Arelatensem primam synodum, numerosam quamvis, et ex toto ferè Occidente collectam, synodum cunctarum gentium, et totius christiani orbis, et totius Ecclesiæ ubique diffusæ ab Augustino vocari : quippe quam vix Oriens noverit, nedùm frequentarit, neque Romani Pontificis vel præsentia, vel saltem legatio intervenit (a). Quin synodum Nicænam apud Augustinum concilii universalis nomine intelligendam esse, non alio magis argumento probaverim, quàm quòd eam

---

[1] Hieron., *Dial. adv. Lucif.*, tom. IV, part. II, col. 305, 306. — [2] Conc. Nic. can. VIII; tom. II *Conc.*, col. 31, 32. — [3] *Ibid.*, can. XIX, col. 38. — [4] August. *hæres.* XLIV, tom. VIII, col. 13.

(a) Legationem intervenisse probant ea verba quæ inter subscriptiones legimus : *Claudianus et Vitus presbyteri, Eugenius et Cyriacus diacones ex urbe Româ missi à Sylvestro episcopo.* Hoc ergo significat Bossuet eos concilio non præsedisse. Et quidem unius Marini nomen videmus in capite canonum, eo modo ; *Domino sanctissimo fratri Sylvestro, Marinus vel cœtus episcoporum,* etc. Tom. I *Conc.*, col. 1427, 1429. (*Edit. Leroy.*)

nequidem nominarit : eam enim toto terrarum orbe celebratam, ipso *plenarii* concilii nomine statim ab omnibus intellectam putabat[1]. Et quemadmodùm nos concilii nomine, concilium Tridentinum intelligimus; quemadmodum generalis concilii nomine, Lateranensis illa synodus, sub Innocentio III, plerumque accipitur; ità Augustini tempore apud Ecclesias Africanas, synodi universalis nomine, Nicænam proprio licèt nomine minimè appellatam, intellectam fuisse constat. Lego enim apud Possidium, in vitâ Augustini, ordinatum eum fuisse vivo suo episcopo, « contra synodi universalis vetitum, quod jàm ordinatus didicit[2]. » Non hìc Nicænam nominat; sed Nicænam fuisse ex ipso Augustino accipimus[3]. Sic universalis synodi nomine Nicænam intelligi solere arbitramur.

Ut ut sit, qui tantùm Arelatensi tribuunt, in eam auctoritatem consensione devenisse dicent, gallicanamque sententiam de consensionis summâ et ineluctabili auctoritate confirmabunt.

CAPUT X.

Non tantùm fidei causa, sed etiam aliæ quæ universalem spectarent Ecclesiam ab universali concilio retractandæ, nec nisi consensione orbis finitæ esse creduntur : causa Cæciliani : sancti Augustini locus.

Partem controversiæ cum Donatistis maximam quæ in rebaptizatione posita erat nonnisi Sedis apostolicæ et totius Ecclesiæ conjunctâ sententiâ finitam esse, beato Augustino teste, vidimus. Jàm quod erat caput schismatis, in causâ Cæciliani idem evenisse, eumdem Augustinum adducimus testem.

Ergò Cæciliani causa, cùm tractata esset à Melchiade papâ, ejusque judicio Donatistæ victi essent[4], tamen hæc ait Augustinus : « Ecce putemus omnes episcopos, qui Romæ judicarunt, non bonos judices fuisse; restabat adhùc plenarium universæ Ecclesiæ concilium, ubi etiam cum ipsis judicibus causa posset

---

[1] Aug., lib. I, *de Bapt. cont. Donat.*, c. VII, n. 9; tom. IX, col. 84; lib. II, c. IX, n. 14, col. 104, et alib. pass.— [2] Vit. Aug., auct. Possid., c. VIII, in fin. append., tom. X, col. 262.—[3] Aug., ep. CCXIII, p. 4, tom. II, col. 790.—[4] Vid. Opt. Milev., lib. I.

agitari; ut si malè judicasse convicti essent, eorum sententiæ solverentur : quod utrùm fecerint, Donatistæ probent; nos enim non factum esse facilè probamus, ex eo quòd totus orbis non eis communicat. »

Ex his duo concludimus : alterum, post prolatum, habitâ synodo, papæ judicium, restare adhuc plenarium Ecclesiæ universæ concilium, quo Pontificis judicium synodi sententiâ solveretur : alterum, quamvis nulla fuerit œcumenica synodus, quæ Melchiadis judicium retractaret, haud minore auctoritate decisam fuisse causam, eò quòd *orbis terrarum non communicaret* Donatistis; imò, ut ibidem Augustinus ait : « Experti sunt cum Cæciliano permanere consensionem orbis terrarum [1]. » Quibus verbis constat Melchiadis judicium, quod alioqui canonico ordine retractari potuisset, ipsâ Ecclesiæ consensione in summam auctoritatem evectum.

Facti quæstio, inquiunt. Certè; sed ejus facti, in quâ tota Donatistarum causa verteretur; ex quo illud efficitur, non tantùm in fidei quæstionibus, sed etiam in omnibus, quæ totam Ecclesiam spectarent, robur summum in consensione esse positum : ut profectò mirum non sit, sub Eugenio IV, cùm de concilii potestate acerrimè decertarent, illud ab omnibus, pro certo esse positum, nempè altercantibus, si fortè, concilio et Papâ, concilii sententiam potiùs attendendam, in fide quidem maximè; sed etiam in aliis omnibus, quæ *statum Ecclesiæ principaliter perturbarent*, ut suprà memoravimus[2].

CAPUT XI.

Causa sancti Joannis Chrysostomi.

Hujus occasione quæstionis, proponimus aliam ejusdem ferè generis; facti quidem quæstionem, sed quæ universam Ecclesiam conturbaret. Beatum Joannem Chrysostomum, Constantinopolitanum antistitem, Theophilus Alexandrinus (a), nullo canonum

---

[1] Aug.. *ep. ad Glor. Eleus.*, etc., XLIII, c. VII, n. 19, tom. II, col. 97. — [2] *Ibid*, col. 96. — [3] Sup., lib. VI, c. III et seq.

(a) In suâ synodo ad Quercum.

ordine, sed solâ sæculari potestate fretus, aulico potiùs, quàm ecclesiastico judicio, loco moverat. Quæ causa cùm totum orbem commovisset, ad universale concilium devolvitur. Et quidem sanctus Innocentius papa ab eodem Chrysostomo invocatur, « qui scriberet hæc nullius esse roboris [1]. » Is Joannem æquè ac Theophilum in suâ communione retinuit; Theophili judicium cassum et irritum habuit; ultimam tamen sententiam concilio œcumenico reservavit, ut disertè asserit inculcatque Palladius (a) Chrysostomi comes, ac rerum omnium testis oculatus [2]. Locum universalis concilii occidentales Thessalonicam designabant [3]. Memorabilis verò est hæc Palladii sententia : « Scopus Romanæ Ecclesiæ iste est, non communicare orientalibus episcopis, præsertim Theophilo, donec Dominus dederit locum universali synodo, quæ putrefactis membris eorum qui hæc patraverunt medeatur [4]. »

Sic Romanus Pontifex, quæ pro loci amplitudine solus inchoavit, nonnisi totius orbis sententiâ finiturus erat. Verùm cùm synodus œcumenica ab Arcadio imperatore impetrari non posset, totius Occidentis cum apostolicâ Sede conjuncta sententia perfecit, ut Joannis Chrysostomi nomen Constantinopoli quoque in sacras tabulas referretur; ac sine novo judicio, consensione totius Ecclesiæ, Theophili synodus solveretur

CAPUT XII.

Decreta adversùs Origenistas : Theophilus Alexandrinus sanctum Anastasium papam præit, ac Romam ipsam liberat : in consensione vis posita: sancti Hieronymi loci.

Paulò ante ea tempora, Christi anno scilicet 398, sancto Siricio mortuo, sub ipsa sancti Anastasii papæ initia, Origenis errores cum Rufini libris Romam invectos, atque inter hos turbines Ro-

[1] Epist. I Chrysost. *ad Innoc.*, n. 4; tom. III, p. 520. — [2] Vid. *Dial. vitæ Chrysost. per Pallad.*, tom. XIII, p. 3. — [3] *Ibid.*, p. 12. — [4] *Ibid.*, p. 84, 85.

(a) Palladius quis ille fuerit, lis est inter doctos. Vir eruditissimus Bigot, qui, anno 1680, denuò edidit Chrysostomi vitam à Palladio factam contendit Palladium Helenopolitanum, *Lausiacæ*, sive eremiticæ, *Historiæ* auctorem, Chrysostomi socium, et ejus exauctorationis occasione in exilium pulsum, hos de

manam Ecclesiam fluctuasse Baronius narrat¹. Adversùs eam pestem Anastasius vigilabat. Sed dùm cunctabatur, ut, Ecclesiæ Romanæ more, consideratissimum et accuratissimum judicium ederet, Theophilus Alexandrinus, collectâ synodo, ad omnes catholicos super nomine Origenis, ejusque dogmatum condemnatione, edidit epistolam, datis etiam, ut videtur, peculiaribus ad sanctum Anastasium litteris. De hâc Theophili epistolâ, Hieronymus ad ipsum Theophilum hæc scribit. « Vox beatitudinis tuæ toto orbe pertonuit, et cunctis Christi Ecclesiis lætantibus, diaboli venena siluere². » Et paulò post : « Vincentius presbyter ante biduum quàm hanc epistolam darem, de Urbe venit, et suppliciter te salutat, crebroque sermone concelebrat Romam et totam Italiam tuis post Christum epistolis liberatam. » Quò etiam illud pertinet : « Hæresim oppressam ejus auctoritate et eloquentiâ³. »

Hæc itâ dicimus ut nihil imputemus Anastasio, viro, ut ait Hieronymus⁴ ditissimæ paupertatis et apostolicæ sollicitudinis; » sed ut ostendamus fidei robur totâ Ecclesiâ fusum, atque interdùm extremo ex orbe prodire decreta, quibus etiam Romana illa, apostolico ore laudata⁵, excitetur et confirmetur fides.

Neque itâ multò post prodiit Anastasii judicium : quo tempore Hieronymus alteram Theophili epistolam latinam à se factam ad Romanos mittebat, cùm primam præterito anno accepissent; scribebatque Hieronymus veluti concepto voto : « Prædicationem cathedræ Marci evangelistæ, cathedra Petri apostoli suâ prædicatione confirmet. Quanquàm celebri sermone vulgatum sit, beatum quoque papam Anastasium, eodem fervore, quia eodem spiritu est; latitantes in foveis suis hæreticos persecutum, ejusque litteræ doceant damnatum in Occidente, quod in Oriente damnatum est⁶. » Quâ ex consensione, illa jam firmitudo fidei consistat, quam sæpè diximus. Eam consensionem commendat Hierony-

¹ Bar., an. 398, tom. V, p. 44, 45. — ² Hier. ep. *ad Theoph.*, LXI ; al. LXXI, tom. IV, part. II, col. 598, 599. — ³ Id., ep. LXXXVIII, al. LXVVIII *ad Pamm. et Marc.*, col. 689. — ⁴ Id., ep. *ad Demetr.*, XCVIII, al. VIII, col. 793. — ⁵ *Rom.*, I, 8. — ⁶ Hier., ep. LXXXVII *jam. cit.*, col. 690.

ejus vitâ dialogos non scripsisse, sed alium Palladium episcopum in viciniâ urbis C. P. amicum quoque Chrysostomi, et qui pro ejus causâ mala multa toleraverat. Idem censet de Till., tom. XI, *Vit. Pall.*, art. XII, et not. VIII, p. 530, 642. (*Edit. Paris.*)

mus, « quod beati episcopi Anastasius et Theophilus et Venerius (*a*) et Chromatius (*b*), et omnis tam Orientis quàm Occidentis catholicorum synodus pari sententiâ, quia pari et spiritu, Origenem hæreticum denuntiant populis [1]. » En igitur in consensione summa vis. ac Spiritûs sancti testimonium.

CAPUT XIII.

Turbæ post Chalcedonensem synodum : de iis seorsim per encyclicas epistolas Ecclesiæ consuluntur : responsa mittuntur : communi consensione quæstiones finiuntur.

Anno 457, post sex ferè annos quàm Chalcedonensis synodus acta erat, ejus incipiens, præsertim in Ægypto, fluctuabat auctoritas. Itaque Marciano Augusto synodi auctore et defensore mortuo, infanda illa Alexandriæ extiterunt : cæsus Proterius orthodoxus et sanctus Alexandrinus episcopus : Timotheus Ælurus interfector à furente plebe ejus loco substitutus : Chalcedonensis synodus condemnata : Leo, Marciano successor datus, ac novo principatu ab his seditionibus multa religioni, multa imperio infausta veritus, de novâ synodo consilia agitare videbatur. At episcopi molestè ferebant retractari decreta Chalcedonensia, seque abstrahi à sedibus, ac sollicitari toties Ecclesiarum pacem. Quid ergò gestum sit, Liberatus hujus ævi historicus paucis complexus est : « Imperator scripsit singularum civitatum episcopis, de utroque negotio consulens, quid fieri oporteret, vel de ordinatione Timothei, vel de terminis (seu definitione) synodi Chalcedonensis, et direxit per totum Orientem Magistrianos (*c*). Mittit et Anatolius episcopus Asclepiadem diaconum suum, per quem omnes illi episcopi, qui Chalcedone fuerant congregati, quid Alexandriæ gestum sit agnoscerent, qui rescribunt, Chalcedonensem synodum usque ad sanguinem vindicandam, eò quòd non aliam fidem teneret quam synodus Nicæna constituit; Timotheum verò

---

[1] Hier., *ibid.*, *Apol. adv. Ruf.*, lib. II, col. 417.

(*a*) Mediolanensis.— (*b*) Aquileiensis.— (*c*) Erant Magistriani *Officiales Magistri officiorum* Μαγιστριανος, idem est etiam ac *agens in rebus principis*, inquit du Cange, *Gloss. infim Græc.* (*Edit. Paris.*)

non solùm inter episcopos non haberi, sed etiam christianâ appellatione privari. Quo pacto scripsit imperator Leo duci Alexandrino Stilæ, ut pelleret quidem ab episcopatu modis omnibus Timotheum, inthronizaret autem alium, decreto populi, qui synodum vindicaret [1]. »

Extat imperatoris encyclica epistola eodem exemplo ad sanctum Leonem papam, atque ad alios episcopos, cum ambarum partium supplicationibus missa [2]. Extant sancti Leonis et maximorum orbis orientalis episcoporum responsa, quibus Timotheum abjiciunt, fidei quæstionem ab œcumenico concilio definitam reiterari vetant. Omnes eodem sensu, eâdem formâ agunt : *Decernimus, statuimus, pronuntiamus, dicimus, judicamus.* Ex his epistolis compactum est volumen illud, quod apud antiquos *encyclicarum* sive circularium epistolarum nomine celebratur.

Dicant nunc episcopos Romani Pontificis consultores. Atqui imperator ab episcopis non consilia, quæ ad Leonem papam mitteret, sed decreta et judicia, quæ statim exequeretur exquirebat; atque id ad omnes æquè scripserat : « Ut ex omnibus vestris litteris hæc integrè cognoscentes, formam congruam dare possimus [3]. » Cæterùm orthodoxus imperator de synodo Chalcedonensi, cujus fidem professus erat, non ipse ambigebat; sed cùm apud Ægyptios hæc quæstio versaretur, hoc quoque episcoporum cum Sede apostolicâ consensione decidi voluit ; post synodum œcumenicam iteratæ quæstioni nullum esse locum. Sic in summis dissensionibus atque periculis, Ecclesiæ catholicæ toto orbe diffusæ, sed uno semper spiritu actæ, etiam sine concilio generali, sese exerit auctoritas.

CAPUT XIV.

Sancti Simplicii papæ locus de decretis apostolicis irrefragabilibus Ecclesiæ universalis assensu.

Hinc Romani Pontifices ipsâ semper consensione nituntur. Sanctus Simplicius papa, post sanctum Leonem tertius, apostoli-

---

[1] *Liber brev.*, c. xv. — [2] Ep. Imp. Leon., part. III *Conc. Chal.*, c. xxi, xxii, xxiii, xxiv; tom. IV *Conc.*, col. 889 et seq. — [3] Ep. Imp. jam cit., col. 890.

corum Pontificum antecessorum suorum irrefragabilem commendat auctoritatem; sed eam quæ cum totius Ecclesiæ consensione conjuncta sit. Undè illud : « Quod apostolicis manibus cum Ecclesiæ universalis assensu, acie meruit evangelicæ falcis abscindi, vigorem sumere non potest renascendi [1]. » Quâ mente, in epistolâ *ad Acacium Constantinopolitanum episcopum*, rejicit à sede Alexandrinâ Timotheum Ælurum, qui sit hæreticus, « atque ab universitate damnatus [2]; » ac posteà: « Quem conventus novos per se didicimus comminari, resolvi existimantem quod de se universalis decrevit auctoritas. » Illud deniquè de prædecessoribus *catholicis episcopis* toto orbe terrarum præsidentibus subdit : Sanctæ memoriæ prædecessorum nostrorum extante doctrinâ, contra quam nefas est disputare, quisquis rectè sapere videtur, novis assertionibus non indiget edoceri, sed plena ac perfecta sunt omnia. » Quo loco post synodum Chalcedonensem finita omnia docet, nec novæ synodo locum esse; quæ, inquit, « non aliàs semper indicta est, nisi cùm aliquid in pravis sensibus novum, aut in assertionibus emersit ambiguum ; ut in commune tractantibus si quæ esset obscuritas, sacerdotalis deliberationis illuminaret auctoritas. » Indè ergò ex communi auctoritate lux certa est, quæ postquàm Ecclesiæ exorta, *abominabile* est innovari judicia, *contra sententias totius orbis Domini sacerdotum*. En igitur in quo vim illam Ecclesiæ irrefragabilem collocaret. Cujus generis testimonia si congerere incipimus, modum omnem excedimus voluminis.

CAPUT XV.

Sancti Gelasii locus, in epistolâ ad episcopos Dardaniæ.

Neque obstant magnifica hæc et vera, quæ sanctus Gelasius egregius pontifex, de Acacio adversùs Chalcedonensem synodum rebellante respondet [3], cùm multi quererentur eum à Sede apostolicâ solâ, non indictâ novâ synodo, condemnatum.

[1] Simpl. ep. IV, *ad Zen., im.*, tom. IV *Conc.*, col. 1072. — [2] Id., ep. V, *ad Acac. Constantinop., ibid.*, col. 1073, 1074. — [3] Gelas. ep. XIII, *ad Ep. Dard.*, tom. IV *Conc.*, col. 1199 et seq.

Summa doctrinæ Gelasianæ est ; postquàm hæreseon auctores semel ab Ecclesiâ universâ damnati sunt; non esse necessarias adversùs sectatores eorum novas ac *speciales synodos,* ne in infinitum eatur, et ecclesiastica jaceat auctoritas : sed esse à Deo constitutam Sedis apostolicæ potestatem, quæ, ipso apostolico principatu communis sententiæ executrix, hæreticos jàm sola prosternat : quæ nos verissima confitemur.

Per hanc occasionem sanctus pontifex commemorat, quæ Sedes apostolica etiam sola, ac sine præcedente synodo, possit in absolvendis damnandisve, quas oporteat personis : quæ quidem nos pari veneratione suscipimus. Absit enim, ut velimus Sedem apostolicam in omnibus causis concilio œcumenico esse succinctam ; cùm multa sint, quæ vel sola dissentiendo prohibeat atque disturbet, cujus consensionem atque sententiam in maximis rebus maximè exquirendam perpetua traditio docet. Hinc illa exempla, quæ nobis sanctissimus Pontifex pari magniloquentiâ ac veritate subjungit, Athanasii, Joannis Chrysostomi, Flaviani, quos « Sedes apostolica etiam sola, quia non consensit, absolvit. » Quæ quidem vera sunt ; sed aliùndè supplenda ea, quæ cùm ad rem non facerent, beatus Gelasius prætermisit. Nos quæ ad hanc causam conferant, subnectamus.

Et de beato quidem Joanne Chrysostomo docuimus[1], à sancto Innocentio prolatum fuisse judicium, sed provisorium; integram cognitionem œcumenicæ synodo reservatam.

Ejusdem sunt generis quæ à sancto Gelasio deindè referuntur : « Flavianum in Ephesino latrocinio pontificum congregatione damnatum, quoniam sola Sedes apostolica non consensit, absolvit[2] : » ac paulò post, « impiam synodum (Ephesinam illam) non consentiendo submovit. » Rectè, si de provisorio judicio intelligas, quoad congregaretur, quam ipse Leo petebat, adversùs synodum malè gestam, alia generalis synodus; interim, ut ipse addit, « querelis et præjudiciis partis utriusque suspensis, quò diligentiùs universa, quæ offensionem generaverant, retractarentur[3]. » Sic quæ sine gravi scandalo differri non possent, ipse

---

[1] Sup., hoc lib., c. xi. — [2] Ep. Gel. sup. cit.. *ibid.* — [3] Leon. ep. *ad Pulch.*, part. I conc. Chalc., cap. xxi; tom. iv. col. 46. Inter Leon. epist. xli, al. xxvi.

provisorio judicio statim ordinat : summam ipsam œcumenico concilio relinquit.

Cætera quæ Gelasius commemorat, vel per se clara sunt, vel ex antè dictis facilè elucescunt. Ac Dioscorum quidem « Sedes apostolica suâ auctoritate damnavit; » quòd auctor fuerit ejus sententiæ, quam, facto deindè examine, Chalcedonensis synodus confirmaret, ut vidimus. De episcopis verò, qui Dioscoro consenserunt, hæc scribit : Sedes apostolica « hos in suâ perfidiâ permanentes suâ auctoritate prostravit, quam congregatio, quæ illic (Chalcedone scilicet) collecta fuerat, est secuta : quoniam sicut id quod prima Sedes non probaverat, constare non potuit; sic quod illa censuit judicandum, Ecclesia tota suscepit[1]. » Quæ ad Sedis apostolicæ auctoritatem ideò referuntur, quòd eam præeuntem Chalcedonensis synodus sit secuta : ut profectò constet, in eo esse vim maximam et ineluctabilem, quòd Sedis apostolicæ judicia *Ecclesia tota suscepit,* habitâ quidem quæstione, et novâ discussione, ut ex gestis constitit.

Ita vel in iis, quæ à solis Romanis Pontificibus facta, Gelasius memorat, Ecclesiæ universalis potior auctoritas elucescit; cujus illi, in iis quidem rebus quæ universam Ecclesiam conturbarent, vel judicia exequuntur, vel sanè cùm præeunt, ab ejusdem Ecclesiæ sententiâ ultimum ac perfectum robur accipiunt.

CAPUT XVI.

Propositio, Unus Trinitatis crucifixus, *à Scythis monachis Constantinopoli agitatur : monachi Hormisdam consulturi pergunt : professio Justiniani, eâdem de re Romanum Pontificem consulentis, pro ejus infallibilitate objicitur.*

Anno 519, sub sancto Hormisdâ summo Pontifice, quæstio suborta est ingens, quam diligenter evolvere oportet, quoniam indè ab utrâque parte argumenta repetuntur.

Agebatur de propositione hâc : *Unus Trinitatis,* seu, *unus ex Trinitate crucifixus est.* Hanc beatus Proclus Constantinopolita-

[1] Gelas., loc. cit.

nus in epistolâ ad Armenos[1], paulò post sanctam synodum Ephesinam, novis Nestorianis objecerat; cùm excommunicato Nestorio sub antiquiore Theodori Mopsuesteni nomine patrocinarentur. Hi ergò Theodori publici laudatores, Nestorii verò occulti defensores, unum filium in duos dividebant; Mariæ filium à Dei Filio segregabant; pro Trinitate quaternitatem invehebant : quos beatus Proclus aptissimè redargui arbitrabatur, si Mariæ filium non aliquem extra Trinitatem, sed *unum Trinitatis* esse faterentur.

Procli epistola ab orientali synodo approbata, et ab ipso synodo Chalcedonensi laudata [2], toto etiam Occidente nobilis habebatur, postquàm eam Dionysius Exiguus in latinum sermonem vertit, ac Procli industriam commendavit; quòd Christum *unum ex Trinitate asserens*, Nestorianus fraudes aptissimè confutaret [3].

Hanc ergo propositionem Joannes Maxentius, aliique Scythiæ provinciæ monachi adversùs Nestorianas asserebant; et qui eam respuerent, Nestorianismi arguebant.

At Dioscorus, diaconus sancti Hormisdæ, ac Sedis apostolicæ legatus, Constantinopoli agens, ad Hormisdam perscribit monachorum scytharum propositionem, ut novam, ad hæc, ut hæreticam, et ab Eutychianis maximè assertam, respuendam videri [4].

Certum quidem est Petrum *Gnapheum* seu *Fullonem* Eutychianum hæreticum, eo nomine à Felice III ac synodo Romanâ fuisse reprehensum, « quòd unum increatæ atque individuæ Trinitatis passionem subiisse ac mortuum » esse diceret [5].

Sed id Petrus Fullo ità intelligebat, ut « unus de Trinitate passionem pro nobis pertulisse *diceretur* in substantiâ deitatis, » ut ipse Felix III refert [6]; à quo scelere monachi Scythiæ adeò abhorrebant, ut semper hoc adderent, quod et beatus Proclus accuratissimè dixerat : *Unum Trinitatis crucifixum carne* [7] : ne naturas confundere, et cum Eutychianis sapere viderentur.

Quâ in re multùm distabant à Petro Fullone, et ab ejus asseclâ

---

[1] Ep. Procli Constantinop. *ad Arm.*; tom. VI *Bibl. Patr.*, p. 615; et tom. III *Conc.*, col. 117. — [2] Vid. nov. coll. *Conc.* Baluz., p. 94; Facund., lib. VIII, c. IV; conc. Chal., part. III, c. I, col. 827, 828. — [3] Dionys. Exig., *Præf. in ep. Procli*, tom. VI *Bibl. Patrum*, p. 612. — [4] Suggest. Diosc. *ad Hormisd.*, tom. IV *Conc.*, col. 1531. — [5] Conc. Rom. I, sub Fel. III, *ibid.*, col. 1097. — [6] Fel. ep V, *ad Zen.*, *ibid.*, col. 1071. — [7] Pet. Diac. lib. *ad Fulg.*, inter Oper. Fulg., p. 280, edit. Paris., 1684.

Anastasio Augusto, et à Theodorâ Augustâ [1], cujus sententia proscriberetur « unum de Trinitate passum non asserens, secundùm quid, sed absolutè; » Scythæ autem passum asserebant, *non absolutè,* (quo hæretici significatum volebant etiam divinitate passum), sed tantùm *secundùm quid,* hoc est, secundùm carnem.

Quæstione motâ, scythæ monachi Romam profecti sunt, Sedem apostolicam ordine consulturi [2] : eâdem de re scribunt Justinus Augustus ac Justinianus tunc comes domesticorum : atque hic monachos ut inquietos ac turbulentos statim repelli petit, à Dioscoro persuasus [3]. Mox ipsâ re, ut videtur, graviùs consideratâ, per alias litteras Hormisdam sic interrogat. « Quidam asserunt Christum pro nostrâ salute carne crucifixum, unum de Trinitate debere prædicari. » Quærit, « quid sequi, quidve super hoc evitare debeamus : quoniam verba videntur facere dissensionem; nam sensus inter catholicos omnes unus esse probatur. » Subdit : « Hoc enim credimus esse catholicum, quod vestro religioso responso nobis fuerit intimatum [4]. » Quæ professio, ne statim ad pontificiam infallibilitatem pertinere videatur, rei gestæ narrationem ad finem usque expectandam monemus : interim bonâ fide notamus quid nobis objiciant.

CAPUT XVII.

Viri boni sanctique consulendos docent per orbem terrarum Episcopos : quæstionis finem ab Ecclesiæ universalis auctoritate expectandum.

Quis esset interim catholicorum eâ de re sensus, exponere juvat. Ac primum scythæ monachi fidem suam diligenter expositam [5] sancto Fulgentio ejusque collegis sanctis Christi confessoribus, ac Ferrando diacono, viris eo ævo sanctissimis ac doctissimis approbarunt.

---

[1] Vid. Joan. Max., *Profess. fid.*, tom. IX *Bibl. Patr.*, p. 534 et seq. — [2] Vid. Vict. Turon., *Chron.*, edit. Scalig. — [3] Ep. I Justiniani *ad Horm.*, tom. IV *Conc.* col. 1516. — [4] Ejusd. ep. II *ad Horm.*, col. 1517. — [5] Vid. ep. seu lib. Petri diac., *de Incarn.*, inter Oper. Fulg., ep. XVI, p. 217 et seq.

Id tantùm in Fulgentio notaveris, malle eum dicere, *unam ex Trinitate personam*, quàm *unum Trinitatis*, vel *unum ex Trinitate* [1]. Quæ diversitas tam est levis, ut qui eâ re tantùm differant, eos unanimes et ubique consentaneos meritò pronuntiaveris. Undè nec illi monachi, à tantis episcopis rité interrogatis, reprehensionis quidquam, sed fraternæ charitatis testimonia retulerunt.

Ac reverâ *unus* ille *Trinitatis* indefinitè dictus, quis est alius quàm una persona Trinitatis, ut etiam Joannes Maxentius et Ferrandus diaconus ac posteà Facundus episcopus Africanus, ejus ævi nobilis scriptor, luculentissimè declararunt [2].

Sanè Ferrandus diaconus pravos sensus tres memorat [3], quibus dici posset, *unus de Trinitate*; verùm eos sensus monachi apertissimè respuebant. Quare Ferrandus diaconus offensioni quorumdam tribuit, *ut una de Trinitate persona* dicatur potiùs quàm *unus de Trinitate*; cùm utrumque indifferenter aptèque et innoxiè dici possit.

Sed cùm Nestoriani *personæ* nomine abuterentur, Christumque ut legatum, Verbi personam exhibuisse dicerent; ideò Nestorianarum fraudum gnari *unum Trinitatis* malebant dici; anteponebantque eam locutionem, in quâ *Nestorianorum dolus* minùs *abscondi* posse videretur. Hæc Maxentius; hæc Facundus [4]; notantque omnes hujus ævi scriptores, ipsam Trinitatem ita esse locutam : « Ecce Adam quasi unus ex nobis factus est [5] : » non dixit ; Quasi una ex nobis persona ; sed *Quasi unus ex nobis*; cùm tamen, ut ait idem Facundus, « nullus de Trinitate meliùs loqui possit, quàm ipsa de se locuta est Trinitas. »

Addebat Joannes Maxentius beati Augustini locum, quo Christum appellabat *unum trium;* quod quidem, quid est aliud, quàm *unum Trinitatis* [6] ?

Neque, quod objiciebat Dioscorus diaconus, monachi scythæ

---

[1] Fulg., lib. *de Incarn.*, ad *Petr. diac.*, ibid., ep. XVI, c. X, n. 18, q. 206. — [2] Maxent., *Resp. ad Epist. Horm.*, tom. IX *Bibl. Patr.*, p. 542. Ferr., epist. *ad Anat. diac.*, n. 14, 16, p. 506. Facund., *pro defens. trium Capit.*, lib. I, c. III; ibid., tom X, p. 6. — [3] Ferr., ibid., n. 16. — [4] *Gen.*, III, 22. Fac.; loc. cit. — [5] Maxent., *Profess. fid.*, tom. IX *Bibl. Patr.*, p. 535. — [6] August., *Enchirid.*, c. XXXVIII, n. 12; tom. VI, col. 211.

inserere fidei Chalcedonensi nitebantur eam locutionem; aut, quòd illa deesset, imperfectam synodum arguebant; sed profectò asserebant, quod res est, licere ad hæreticorum fraudes refellendas multa extra synodos usurpare; præsertim verò ea, quæ Patrum usu probata esse viderentur.

Cæterùm Chalcedonensem synodum, ac beati Leonis epistolam ubique celebrabant; neque tantùm Eutychen, sed etiam Alexandrinum Dioscorum ejusque sequaces condemnabant: et Christum non tantùm ex *duabus*, Eutychianorum more; sed etiam in *duabus naturis* subsistere: unumque Trinitatis passum quidem, sed carne tantùm, non autem divinitate, omnibus paginis testabantur [1].

Hæc igitur quæstio cùm magnâ animorum contentione inter ecclesiasticos tractaretur, Ferrandus diaconus à Severo scholastico Constantinopolitano rogatus quid sentiret, jubet interrogari non se quidem, verùm eos « quibus honor sacerdotii docendi auctoritatem tribuit. Interroga, inquit, principaliter apostolicæ Sedis antistitem, cujus sana doctrina constat judicio veritatis, et fulcitur munimine auctoritatis. Interroga plurimos per diversa terrarum loca pontifices, quibus scientia cœlestium præceptorum divinitùs inspirata, famam grandem sui cum veneratione collegit [2]. » Hos quidem omnes interrogandos monet, sed *principaliter* Romanum Pontificem. Cæterùm post quæstionem diligentissimè pertractatam, quo tandem loco certissimè figat pedem his verbis explicat: « Undè desistendum à contentionibus reor: expectandum potiùs persuadens, patienterque hanc dubitationem ferendam, donec universalis Ecclesiæ auctoritate, vel pronuntietur suscipienda, vel prodatur abjicienda [3]. » En rebus in dubiis, animisque *vehementi contentione* suspensis quò refugere consuevissent. En undè certissimam atque irretractabilem expectarent sententiam. Sed quomodò posteà finita sit quæstio, paucis enarremus.

[1] Max. ep. *ad Germ. Joan.*, etc., loc. sup. cit., p. 534, col. 2. — [2] Ferr., epist. *ad Sev.*, tom. IX *Bibl. Patr.*, p. 509. — [3] *Ibid.*, c. xi, p. 513.

CAPUT XVIII.

Sancti Hormisdæ epistola ad Possessorem, quâ scythæ monachi condemnantur: illi Ecclesiæ catholicæ sententiam expectant: eorum propositio vincit : nonnisi Ecclesiæ universalis consensione quæstioni finis imponitur.

Postquàm quatuordecim jàm mensibus causa pependerat, monachique per annum ferè integrum Romæ commorati, Hormisdas edidit epistolam *ad Possessorem* episcopum Afrum, qui tùm Constantinopoli agens, Sedem apostolicam de Fausti Regiensis libris consulebat[1].

Eâ epistolâ Pontifex, quid de scythis monachis sentiret, Constantinopoli ac toto orbe terrarum innotescere voluit. Dicit hos « turbulentos, pertinaces, contentionum studiis assuetos, contemptores auctoritatum veterum, novarum cupidos quæstionum; non eos monitis, non mansuetudine, non auctoritate compressos : » ac plebem etiam commoturos, « per diabolicæ semina nefanda zizaniæ, nisi fidelis populi constantia restitisset : hos ergò esse vitandos [1]. » Hæc Hormisdas nullâ interim anathematis aut depositionis mentione. Huc usque sententiam temperavit suam. De quæstione nihil ; sed omnes facilè crediderunt, monachorum proscriptam esse propositionem, cùm cætera innoxii, eò importuni pertinacesque haberentur, quòd ab eâ nullis monitis discedere voluissent.

Interim Hormisdæ tanti pontificis epistola haud prohibuit, quominùs catholici ubique terrarum, ac præsertim in Oriente adversùs Nestorianos, propositionem inculcarent. Ipse Maxentius adversùs eam epistolam commotissimo animo scripsit. Ejus auctorem, quisquis esset (neque enim fateri volebat Hormisdæ eam esse, quæ ipsi tam impia videretur), hærelicum appellabat, atque hæc insuper subdit : « Confidenter dicere audeo, non quòd si per epistolam, sed si vivâ voce hìc in præsenti positus, idem Romanus

---

[1] Hormisd. ep. LXX, *ad Possess.*, tom. IV *Conc.*, col. 1530 et seq. — [2] *Ibid.*, col. 1531.

prohiberet episcopus, Christum Filium Dei unum confiteri ex sanctâ atque individuâ Trinitate; nunquàm eidem Dei Ecclesia acquiesceret; nunquàm ut episcopum catholicum veneraretur, sed omnino ut hæreticum penitùs execraretur : quia quisquis hoc non confitetur non est dubium, quòd Nestorianæ perfidiæ tenebris excæcatus, quartum et extraneum à sanctâ et ineffabili Trinitate, eum qui pro nobis crucem sustinuit, prædicare contendat. Sed absit, ut ex quâlibet parte catholicæ professioni Romanus episcopus contradicat [1]. »

Hæc postrema qui ad pontificiam infallibilitatem trahunt, non satìs advertunt quæ antecesserint; quàmque Maxentius adversùs fidem errasse Romanum Pontificem, abominandum quidem execrandumque, non autem impossibile judicaret, imò verò fieri posse supponeret; dùm eo casu quid eventurum esset exponit, nempè ut hæresim asserenti, universalis repugnaret Ecclesia.

Nec placet interim, quod Joannes Maxentius clamosior atque commotior Hormisdæ epistolam hæreticam, potiùs quàm asperam appellarit, quæ scythas monachos insectata tantùm, ne verbum quidem de quæstione diceret.

Illud ex vero Maxentius protulit, Ecclesiam omninò errare non posse; ac si Romanus Pontifex verum, quod Scythæ asserebant, dogma proscriberet, non eam assensuram. Id eventus docuit : usque adeò enim monachorum propositio toto Oriente invaluit, atque adversùs novos Nestorianos necessaria visa est, ut eam edicto edito Justinianus approbare cogeretur [2]; auctoribus, ut fieri solebat, episcopis, ac præcipuè Epiphanio patriarchâ Constantinopolitano : quod edictum est editum anno 533, duodecim annis post datas Hormisdæ *ad Possessorem* litteras.

Imperator, legatione ad Joannem II missâ, edictum approbari petiit, et impetravit; deditque litteras ad Papam, quibus significabat : « Paucos infideles judaicè atque apostaticè contradixisse omnibus sacerdotibus, denegantes unigenitum Dei Filium hominem factum atque crucifixum, unum esse sanctæ et consubstantialis Trinitatis; in quo videntur Nestorii malam sequi doctri-

---

[1] *Respons. Max. ad epist. Horm.*, tom. IX *Bibl. Patr.*, p. 539 et seq. — [2] *Cod. Justin.* lib. VI, tit. *de sum. Trinit.*

nam¹ : » quod ipsum scythæ monachi à quindecim annis, atque ab ipso hujus contentionis initio propugnabant.

Neque imperator jàm consulit quid credendum, ut olim sub Hormisdà fecerat; sed rem ut certam et exploratam, atque ab omnibus prædicatam refert, cui nemo nisi *judaicè et apostalicè contradicat.*

Sic autem concludit : « Petimus ergò vestrum paternum affectum, ut vestris ad nos destinatis litteris, manifestum nobis faciatis, quòd omnes qui prædicta rectè confitentur suscipit Vestra Sanctitas, et eorum qui judaicè ausi sunt rectam denegare fidem, condemnat perfidiam ². » Addit hæc observatu digna : « Plus enim ità et circa vos omnium amor, et vestræ Sedis crescet auctoritas, et quæ ad vos est unitas sanctarum Ecclesiarum inturbata servabitur; quandò per vos didicerint omnes beatissimi episcopi, eorum quæ ad vos relata sunt, sinceram Sanctitatis Vestræ doctrinam. » Quo significabat insinceram visum iri, si Romanus Pontifex tam certum dogma improbasset; ac sic episcopi orientales Romani Pontificis sinceram doctrinam, non ex ejus infallibilitate certò præjudicatam, sed ex ejus responsis exploratam volebant.

Ilis victus Joannes, concilio habito, datisque litteris ad ipsum Justinianum, ac deindè ad senatores (a), confirmavit Justiniani fidem; et *unum de Trinitate crucifixum*, iisdem asseruit Scripturarum ac Patrum locis, quibus scythæ monachi usi erant³.

Disertè autem notat hæc à se probari secundùm Patres omnes, *ac romanos præsules*⁴, quos in omnibus sequeretur : quod etiam Justinianus dixerat epistolâ ad Joannem⁵. Tametsi enim *unum de Trinitate* nondùm affirmassent, id tamen ex aliis eorum dictis atque sententiis perspicuè sequebatur.

In his igitur omnibus maximè elucescit fidei exponendæ, et quæstionum finiendarum ratio, quam tuemur.

Gravem quæstionem et cum ipso legato apostolicæ Sedis Cons-

---

¹ Epist. Just. *ad Joan. II*; *Cod. ibid.*, et tom. IV *Conc.*, col. 1713. — ² *Ibid.*, col. 1714. — ³ Conc. Rom. sub Joan II; *ibid.*, col. 1762. Ep. Joan *ad Just.. ibid.*, col. 1745; et *ad Senat.*, col. 1751 et seq. — ⁴ Epist. *ad Just.*, loco cit. — ⁵ Vid. ep. Just. *ad Joan.*, col. 1744.

(a) Romanos.

tantinopoli excitatam, ad ipsam apostolicam Sedem statim deferri oportebat.

Hormisdas interrogatus sic respondet, ut prostrata quodammodo veritas videatur : ejus defensoribus certa responsa quærentibus pro omni responso ploratus indicitur : tacente, cunctante, obsistente potiùs Romano Pontifice, non ipsa tacet veritas : pervicit ac perrupit dubitationem omnem Ecclesiæ catholicæ vox atque consensio; nec jàm consulitur ut de re ambiguâ Romanus Pontifex, sed rei ut certæ et indubitatæ approbatio petitur et elicitur. Quis hìc non videat valuisse, ut in omni ancipiti re, eam quam Ferrandus diaconus, et cum eo optimus quisque expectabat, Ecclesiæ catholicæ consensionem ?

CAPUT XIX.

Formula consulendi Romani pontificis, rei gestæ serie, ac Patrum traditione explicatur.

Jàm credo, ipsa rei gestæ series, et catholicorum in hâc quæstione communis sententia, satis ostendit, quæ vis sit professionis ejus, quæ à Justiniano Hormisdam interrogante edita est : « Id credimus catholicum, quod vestro religioso responso fuerit intimatum [1]. » Rectè et ordine atque ex consuetâ formulâ erga Romanum Pontificem de fide rogandum; cùm meritò præsumatur, non eum veritati, non officio defuturum.

Certè de episcopis sanctus Damasus Papa, ac synodus Romana sic scribunt : « Gallorum atque Venetensium fratrum relatione comperimus nonnullos, non hæresis studio; neque enim hoc tantùm mali cadere in Dei antistites potest, etc. [2] » Si ergò tantùm mali in singulos episcopos cadere non posse meritò præsumitur, quantò magis in eum qui tanto loco præsit.

Quisquis ergò præpositos, ac præsertim omnium doctorem ac principem Romanum Pontificem de fide interrogat, is confidat in Domino veridicum responsum omninò secuturum; at eam

---

[1] Ep. II Just. *ad Horm.*, tom. IV *Conc.*, col. 1517. — [2] *Ep. syn. conc. Rom. sub Dam. ad Orient.*, ex Collect. Holst., part. I, p. 166 ; et tom. II *Conc.*, col. 892.

πληροφορίαν; quam commendat Apostolus[1], hoc est, *eam fidei plenitudinem* quæ penitùs captivet intellectum, omni dubitatione sublatâ, in ipsâ Ecclesiæ consensione stare credat.

Id in hâc contentione ipse eventus docuit, et catholicorum omnium sensus. Undè etiam illud contigit, ut et de Romano Pontifice optima tantoque officio congrua præsumerentur, et interim dubitarentur. Ecce enim Joannes Maxentius ab Oriente Romam petit, sanctum Hormisdam de fide rogaturus. Quid tamen dixerit, audivimus[2], nempè si Romanus Pontifex præsens *unum Trinitatis* Christum *dici prohiberet*, totam Ecclesiam restituram, cumque *ut hæreticum execraturam* fore. Vides quàm bona præsumeret, quàm mala evenire posse crederet. Neque verò câ causâ suspectus cuiquam esse debet; neque aliter in aliis controversiis, viri boni catholicique senserunt. Ecce enim sequente sæculo, ad annum videlicet Christi 642, sanctus Martinus Papa, de Monothelitarum hæresi, collectâ Lateranensi synodo[3], judicaturus sedebat; ad eum ejusque synodum Ecclesiæ recurrebant undequaquè terrarum; an omni penitùs dubitatione submotâ, hæc sanctorum abbatum (a) supplicatio docet. «Certissimè scientibus vobis sanctissimis, quòd si aliter, quàm à nobis piè postulata sunt, quidquam omninò integritatem fidei corrumpens, à vestrâ terminetur (hoc est definiatur) Beatitudine, quod absit, abfuturumque sit; hoc enim omninò incredulum (id est, incredibile) nobis est: liberi sine dubio atque innocentes ab hoc quod fiet existimus[4].»
Id ergò infaustissimum, difficillimum, rarissimum, atque adeò incredibile; non autem impossibile judicabant. Quid enim erat, cur tam gravi obtestatione à se amolirentur ac deprecarentur culpam, quam omninò impossibilem judicassent? Undè addunt se Martino judicaturo, «suam confessionem in cognitione offerre permanentes, in his quæ orthodoxè definit secundùm Patrum et synodorum doctrinam et traditionem.» Hâc conditione spondent consensionem: si secùs fieret, culpam à se deprecantur; atque hæc coràm sancto Martino profitentur, cùm ipse sederet in sy-

---
[1] *Hebr.*, x, 22. — [2] Vid. sup., c. XVIII. Vid. etiam tom. IX *Bibl. Patr.*, p. 541.
[3] — Conc. Later. sub Mart. I; secret. II; tom. VI *Conc.*, col. 100 et seq. —
[4] Supl. abb. et monach., *ibid.*, col. 171.
(a) Qui è Græciâ Romam venerant, persecutionis vitandæ causâ. (*Edit. Leroy.*)

nodo de fide judicaturus, eamque professionem Martinus eique assidentes episcopi susceperunt.

Multa ejusmodi suis posteà locis occurrent, quibus firmetur id quod contendimus : nempè in cæteris ecclesiasticis de fide judiciis, ipso etiam Romano Pontifice considente, inesse fidelibus animis piam fiduciam; πληροφορίαν illam ac plenam certitudinem, in unius Ecclesiæ catholicæ judicio et consensione esse positam.

CAPUT XX.

Quæstio Elipandi de Christo adoptivo Dei Filio, Romani Pontificis, ex Ecclesiarum consensione finitur : particula Filioque *per eadem fere tempora Symbolo addita.*

Hæsit Latinorum, ac maximè Gallorum animis à majorum traditione repetita, de consensionis necessitate, atque auctoritate, sententia. Cujus rei illustre exemplum habemus octavo sæculo sub Carolo Magno in Francofordiensi synodo [1]. Ea synodus maximi nominis, summæque auctoritatis fuit; habebatque præsentes Theophylactum ac Stephanum episcopos, Sedis apostolicæ legatos; ac totam ferè occidentalem, sive per præsentiam, sive per litteras, complectebatur Ecclesiam.

De Christo Dei Filio quærebatur, quem Elipandus Toletanus episcopus aliique Hispani pro adoptivo habebant, quatenùs quidem homo est. Dividebatur Dei Filius; Nestoriana pestis reviviscere videbatur. Carolus Magnus nondùm quidem imperator, sed Francorum atque Italiæ rex, ac Romanorum patricius, id maximè pro suâ religione curabat, uti quæstioni finis imponeretur. Quid autem gesserit ipse declarat; datis quippe litteris diligentissimè exquisivit : « Primò, quid Dominus apostolicus cum sanctâ Romanâ Ecclesiâ et episcopis illis in partibus commorantibus : secundò, quid etiam Medionalensis episcopus et alii in Italiâ doctores et sacerdotes Ecclesiarum Christi : tertiò quid Germani, Galli et Aquitani » crederent [2]. »

[1] Conc. Francof., an. 794; tom. VII, col. 1014 et seq. — [2] Ep. Car. Mag. *ad Elip.*, et Ep., *ibid.*, col. 1049.

Primùm ergò accepit Adriani Papæ epistolam, quâ quæstionem totâ sedis suæ auctoritate judicabat; atque Elipandum et sequaces, nisi resipiscerent, « ex auctoritate prorsùs Sedis apostolicæ ac beati Petri apostolorum principis; et per eam, quam illi Magister et Dominus ligandi ac solvendi tradidit potestatem, perpetuo anathemate religavit[1]. »

Neque tamen in tantæ Sedis tam expressâ sententiâ finem posuit; sed acceptâ Medionalensis episcopi atque Italorum concordi sententiâ, concilium ex Germanis, Gallis, Aquitanisque episcopis Francofordiam convocavit. Patres rectam fidem, editâ synodicâ epistolâ, et canone, firmarunt; Elipandi nefariam hæresim condemnarunt[2]. Jam Carolus Magnus, Sedis apostolicæ, totque Episcoporum auctoritate fretus, hæreticos adhortatur ut decretis pareant, quæ *pia unanimitas et pacifica perscrutatio* protulisset; se enim cum his *sanctis decretis et catholicis statutis consensum suum subnexuisse*, et corde amplexum; *plurimorum testimonio roboratam fidem;* neque pro catholico habiturum qui ei decreto repugnasset, in quo conjunctæ essent, *Sedis apostolicæ auctoritas et episcopalis unanimitas*[3] : eos enim esse quibus à Domino dictum esset : « Ego vobiscum sum usque ad consummationem sæculi[4]. » Quare hortabatur ut « ad multitudinem populi christiani, et ad sacerdotalis concilii unanimitatem reverterentur. »

Hìc existant illi, qui non tantùm præcipuam, sed totam in apostolicâ Sede auctoritatem ponunt : Carolo movebunt litem. Quid tu, inquient, episcopos per totum Occidentem eâ inquisitione fatigatos velis? Unus Papa consulendus, audiendus unus, ex quo omnium deindè sententia pendeat. At non ita Carolus : quæstionem in Occidente ortam occidentalium Ecclesiarum cum apostolicâ Sede communi sententiâ finiri placuit. Neque verò hùc episcopi diversarum partium adducuntur, ut papæ consultores, quod nunc comminiscuntur : quippe qui seorsim per nationes appellati, sententiam suam, eodem spiritu ducti, eodem ferè tempore, nullâque communicandi consilii facultate, exprompturi

---

[1] Adr. ep. *ad Hisp. cont. Elip., ibid.*, col. 1021. — [2] Libell. episc. Ital., etc., col. 1022 et seq. Syn. ep., col. 1032 et seq., can. 1, col. 1057.—[3] Ep. Carol. *ad Elip.,* sup. cit. — [4] *Matth.*, XXVIII, 20.

essent. Neque sola Sedes apostolica appellatur, quod censores nostri volunt; sed ità omnia firma esse intelliguntur, si ad *Sedis apostolicæ auctoritatem, unanimitas* quoque *episcopalis* accedat.

Hic ergo Carolus hæreticos universalis Ecclesiæ auctoritate premit : « Vos igitur, inquit, quia pauci estis, undè putatis vos aliquid verius invenire potuisse, quàm quod sancta universalis toto orbe diffusa tenet Ecclesia? » Sic demùm omnia in auctoritatem universalis Ecclesiæ resolvuntur, quæ et earum partium, ubi exorta quæstio est, expressâ declaratione, et cæterorum toto terrarum orbe communicantium, certâ, licèt, tacitâ consensione constet. Hæc Galli sub Carolo Magno; hæc sub Ludovico Magno profitentur; neque Patrum traditionem avelli sibi sinunt.

Per eamdem ætatem facta illa est Symbolo, quæ tot turbas excitavit, additio particulæ, *Filioque :* cui additioni in Hispaniis inchoatæ, quantùm Romani pontifices obstiterint, Leonis III sub Carolo Magno gesta testantur [1]. Pervicit tamen omnem difficultatem totius occidentalis Ecclesiæ consensus, in quem deindè Romani Pontifices tot Ecclesiarum auctoritate pertracti sunt; neque posteà Græcorum clamores audierunt. Neque tamen succensemus Leoni III talia prohibenti; sed reliquam Ecclesiam haud minùs in proposito persistentem, divino numine actam, id egisse, certâ fide credimus.

CAPUT XXI.

Tricassina secunda synodus sub Joanne VIII : professio obedientiæ Romano Pontifici facta secundùm canones ab Hincmaro Rhemensi : episcopi conjunctâ auctoritate cum Papâ judicant : ex consensione robur.

Quid episcoporum cum Sede apostolicâ consensio præstet, non tan'ùm in fidei quæstionibus, sed etiam in exerendâ quibuscumque aliis causis ecclesiasticâ ultione, nono sæculo in Tricassinâ synodo, Joanne VIII papâ præside, apparuit. Is innumerabiles tum rerum Romanæ Ecclesiæ pervasores, communi Sedis apostolicæ et coepiscoporum sententiâ excommunicari postulabat ac-

[1] Vid. *Vita Leon. III*, et ejusd. varias epist., tom. VII *Conc.*, col. 1075 et seq.

tione I [1]. Actione II, episcopis inducias petentibus, quoad cæteri confratres advenissent, « delata à Pontifice Romano sententia est excommunicationis et damnationis [2], » quæ per omnes metropolitanas Ecclesias, conjunctis suffraganeis legeretur. At ut ex fratrum consensu, robur accederet, actione III, « universi episcopi sanctæ synodi, libellum concordiæ ac devotionis unanimitatisque confectum summo Pontifici porrexerunt ; quem idem præsul benignè propriis manibus suscepit, et suum subbrevitate sancitum, super auctoritate canonicâ, et concordiâ coepiscoporum, conjunctæ synodo dedit [3]. »

Ex hâc Sedis apostolicæ et episcoporum conjunctâ sententiâ plenum auctoritatis robur exurgere demonstratur his verbis, act. IV : « Lecta est lectio consensus totius synodi et *sententia roborationis ejus* data in pervasores Ecclesiarum, et transgressores præceptorum Dei : et statutum est ut scriptiones manibus singulorum roborarentur [4] : » sic in consensu synodi, *sententia roborationis* agnoscitur.

Extat Joannis VIII allocutio ad episcopos in hanc formam : « Mecum viriliter state, quærentes simul et judicantes tantæ patratores iniquitatis, tantæque temeritatis præsumptores [5]. » Tum subdit : « Et vos fratres charissimi, ut decrevimus, nostræ communionis alienos tenete, et anathematizatos fautores eorum mecum facientes consternite. »

Hæc à fratribus postulabat, non cæcâ, ut aiunt, obedientiâ fieri, sed quæstione simul habitâ, simul prolato judicio : *Quærentes simul et judicantes*. Quamobrem episcopi respondent his verbis, quæ simul et obedientiam et auctoritatem præferant : « Domine sanctissime ac reverendissime Pater Patrum Joannes, catholicæ atque apostolicæ primæ Sedis papa : nos famuli ac discipuli vestræ auctoritatis, Galliarum et Belgicarum episcopi, ... dolori vestro conflentes condolemus; atque judicium vestræ auctoritatis, quod privilegio beati Petri et Sedis apostolicæ, in eos et complices eorum, juxta sacros canones spiritu Dei conditos, et totius mundi reverentiâ consecratos, et

---

[1] *Conc. Tricass.* II, act. I; tom. IX, col. 307. — [2] *Ibid.*, act. II. — [3] Act. III, col. 308. — [4] Act. IV, *ibid.* — [5] *Alloc. Joan. ad synod., ibid*, col. 309.

secundùm ejusdem Romanæ Sedis Pontificum decreta protulistis, voto, voce, atque unanimitate nostrâ *atque auctoritate Spiritus sancti*, cujus gratiâ in episcopali ordine sumus consecrati, « gladio Spiritûs sancti, quod est verbum Dei [1], » eos interimentes, persequimur. Scilicet quos excommunicastis, excommunicatos habemus; quos abjecistis, abjecimus; quos anathematizastis, anathematizatos esse judicamus; et quos regulariter satisfacientes vestra auctoritas et apostolica Sedes receperit, recipiemus. »

Sic episcopi, cùm decreta Sedis apostolicæ recipiunt, ipsi, quæstione habitâ, sententiam sententiæ, judicium judicio, auctoritatem suam à Deo profectam, summæ à Deo profectæ Romani Pontificis auctoritati, conjungunt; *gladium Spiritûs* simul exerunt; Sedis apostolicæ statuta, *voto, voce*, ipsâ suâ *unanimitate* et auctoritate prosequuntur : non quòd judicium suum et auctoritatem Sedis apostolicæ judicio et auctoritati coæquent, sed quòd intelligant ex ipsâ consensione atque *unanimitate* plenum robur existere.

Interim Romano Pontifici auctori ac præeunti se obedire profitentur, sed pronuntianti, *privilegio beati Petri ac Sedis apostolicæ* : quod sic posteà interpretantur, « juxta sacros canones spiritu Dei conditos, ac totius mundi reverentiâ consecratos, etc. »

Hinc illa, in ejusdem synodi Tricassinæ act. II, Hincmari Rhemensis professio : « Secundùm sacros canones spiritu Dei conditos, et totius mundi reverentiâ consecratos, quos apostolica Sedes, per beatum et Domnum nostrum Papam, et sancta Romana Ecclesia omnium Ecclesiarum mater, privilegio sancti Petri damnat, damno; quos anathematizat, etc.; et quod in omnibus secundùm Scripturarum tramitem, sacrorumque canonum decreta Sedes Romana tenet, per omnia et in omnibus, pro scire et posse meo, perpetuum prosequor et teneo [2]. » Quæ tam clara sunt, ut ea legere tantùm oporteat, ac ne verbum quidem addere.

[1] *Eph.*, VI, 17. — [2] *Conc. Tricass.* II, act. II, col. 307.

CAPUT XXII.

Objecta solvuntur : Turonensis secundi concilii canon : statuta Nicolai papæ canones Pontigonensis synodi : quæ Petri privilegio facta habeantur : sancti Leonis insignis locus.

His objicere solent, summorum Pontificum Decretales ab omnibus Ecclesiis, præsertim à gallicanis, summâ cum veneratione fuisse susceptas, ac legis instar habitas : quæ quidem certa sunt, sed quæstio est, an Ecclesiæ eas Decretales indiscussas reciperent? Receptas certè, et totius mundi reverentiâ consecratas, inviolabiles fuisse nemo negat. Nihil ergò ad rem, quod profert novissimus scriptor anonymus[1] concilii secundi Turonensis, anno 567, canone xx, ità esse decretum : « Quis sacerdotum contra decreta talia, quæ à Sede apostolicâ processerunt, agere præsumat[2]? » Dictum de sancti Innocentii epistolâ decretali ad Victricium Rothomagensem, capite xii[3], quæ epistola pridem totâ Ecclesià obtinuerat. Pergunt Turonenses Patres : « Et quorum auctorum valere possit prædicatio, nisi quos Sedes apostolica semper aut intromisit, aut apocryphos fecerit. Et patres nostri hoc semper custodierunt, quod eorum præcepit auctoritas. » Eorum sanè auctorum, quos Sedes apostolica bonos, probabilesque, non apocryphos ac suspectos duxerit. Allusum scilicet ad Gelasianum decretum, *de Apocryphis,*[4] ubique receptum. Jàm verò quærimus, an aliter recepta ista sint, quàm illa sancti Leonis ad Flavianum epistola. Atqui eam non indiscussam receptam fuisse, nec nisi facto examine, toto orbe terrarum invaluisse constitit[5]. Quo exemplo de cæteris judicandum, neque opplendæ paginæ præclaris verisque sententiis, quæ nihil ad rem faciant.

Nos autem, ne quid dissimulare videamur, ultrò adducimus ea, quæ longè firmiora sint. Nempè inter statuta Nicolai I papæ, in concilio Romano hæc leguntur[6] : « Si quis dogmata, mandata,

---

[1] Anon., *de Libert.*, etc., lib. VII, c. v, n. 10. — [2] *Conc. Turon.* ii, can. xx tom. V *Conc.*, col. 859. — [3] Ep. Inn. *ad Victric.*, c. xii; tom. II *Conc.*, col. 1252. — [4] Decret. Gelas. in conc. Rom., an. 494, *de Script. apocryph.*; tom. IV *Conc.*, col. 1261 et seq. — [5] Sup., lib. VII, cap xv et seq. — [6] Conc. Rom. iii, sub Nic. I an. 863, can. v; tom. viii *Conc.*, col. 769.

interdicta, sanctiones pro catholicâ fide, pro Ecclesiarum disciplinâ, pro correctione fidelium, pro emendatione sceleratorum, vel interdictione imminentium, vel futurorum malorum, à Sedis apostolicæ præside salubriter promulgata contempserit, anathema sit. » Quæ tàm absolutè, tàmque universim dicta sunt, ut nihil aliud omnibus fidelibus, adeòque ipsis episcopis, quàm cæcam, ut aiunt, obedientiam, relinquere videantur.

Neque ab iis abludunt, quæ à Patribus nostris, episcopis scilicet gallicanis, in Pontigonensi synodo, anno 876, sub Joanne VIII, canone I, dicta sunt : « Ut sancta Romana Ecclesia, sicut est caput omnium Ecclesiarum, ita ab omnibus honoretur et veneretur; neque quisquam contra jus et potestatem ipsius, aliquid injustè agere præsumat; sed liceat ei debitum tenere vigorem, et pro universali Ecclesiâ pastoralem exhibere curam [1]. » Canone II, « Ut honor Domno et spirituali Patri nostro Joanni summo Pontifici, et venerabili universali Papæ, ab omnibus conservetur; et quæ secundùm sacrum ministerium suum auctoritate apostolicâ decreverit, cum summâ veneratione ab omnibus suscipiantur, et debita illi obedientia in omnibus conservetur. »

Sed hæc ex antè dictis elucescunt : inhæret enim ex perpetuâ Patrum traditione, ejusmodi decretis, interpretatio et exceptio inseparabilis; ut Romani Pontifices, si quid *contra canones*, nedùm contra legem Dei, et *Scripturarum tramitem*, decernerent, non id *privilegio Petri* ac Sedis apostolicæ decernere viderentur [2].

Hinc illa, quam legimus professio obedientiæ, *secundùm Scripturas, secundùm canones*. Favebat et illud sancti Leonis, toties per ea quoque tempora celebratum : « Manet ergò Petri privilegium, ubicumque ex ipsius fertur æquitate judicium [3]. »

Neque tamen ea, sive interpretatio, sive exceptio, ubique ac necessariò addebatur; fiebantque canones absolutâ auctoritate, de præstandâ obedientiâ, eo planè more rituque, quo passim ab apostolis dictum : « Obedite præpositis [4], » quòd præpositi con-

---

[1] Conc. Pont., c. I et II, tom IX, col. 285, 286. — [2] Vid. sup. *Prof. Hinc.*, c. XXI. — [3] Leo Mag., serm. III *in Anniv. Assumpt. ejusd.*, c. II. Vid. ep. Carol. Calv. *ad Adr. II*, inter Hincm. ep. — [4] *Hebr.*, XIII, 17.

traria legibus et canonibus decreturi haud facilè præsumantur.

Hâc igitur lege Romanorum Pontificum decreta recipiebant : non quòd sibi judicium adversùs judicem arrogarent; sed quòd canonibus apertè adversa, non ipsi, sed canones respuere putarentur.

Hujus rei ne longiùs argumenta repetamus, exemplum habemus præ manibus, in eâ ipsâ, quam nobis objiciunt Pontigonensi synodo.

Nempe Joannes VIII, cui tàm perspicuis validisque sententiis debitam obedientiam spopondissent, Ansegisum archiepiscopum Senonensem per legationem perpetuam, apostolicæ Sedis potestate extraordinariâ, evehebat; quod cæteri metropolitani, assentientibus coepiscopis, præter canones existimabant factum. Ansegiso Carolus Calvus imperator impensè favebat. Quærenti ab archiepiscopis, quid de jussis apostolicis responderent, data est responsio : « Ut servato singulis metropolitanis jure privilegii, secundùm sacros canones, et juxta decreta Sedis Romanæ Pontificum, ex iisdem sacris canonibus promulgata, Domni Joannis papæ jussionibus obedirent : et cùm imperator et legati apostolici satagerent ut *absolutè* archiepiscopi responderent se obedituros de primatu Ansegisi, sicut Apostolicus scripsit; aliud, nisi quod prædictum est, ab eis extorquere non potuerunt [1]. »

Rex multa comminatus, vicesque apostolicas sibi commissas præferens, suâ ac Papæ auctoritate præcepit; ut Ansegisus « supergrederetur omnes ante se ordinatos, Rhemorum archiepiscopo (a) reclamante, audientibus omnibus, hoc factum sacris regulis obviare. »

Interrogati rursus archiepiscopi à Joanne legato apostolicæ Sedis, de Joannis papæ jussione singuli responderunt : « Quòd veluti sui antecessores, illius antecessoribus regulariter obedierunt, ita ejus decretis vellent obedire. » Subdunt acta : « Tunc faciliùs est illorum admissa responsio, quàm fuerat in imperatoris præsentiâ [2] : » Sic Legatus apostolicus, Episcoporum secundùm canones lata responsa, æquo animo audiebat.

[1] Conc. Pontig., act. I, tom. IX, col. 281. — [2] *Ibid.*, sess. VIII, col. 282.
(a) Hincmaro.

Aliâ sessione legit « Odo Belgivacorum (id est Bellovacorum) episcopus, quædam capitula à Legatis apostolicis et ab Ansegiso et eodem Odone, sine conscientiâ synodi dictata, inter se dissona, et nullam utilitatem habentia; verùm ratione et auctoritate carentia¹. » Quid autem addit de iis, quæ nullâ ratione, nullâ canonum auctoritate fulta essent? Nempè id : *et ideò hic non habentur subjuncta* : quippe quæ synodo irrita visa fuerint.

Sic majores nostri Romani Pontificis decreta, reverenter quidem, non tamen indiscussa suscipere consueverant : ipsi canones exequenti, aut secundùm canones præeunti, reluctari nefas putabant.

Qui hoc obtentu omnia legitima imperia solvi posse nugantur, hos remitto ad theologos, qui ista pertractant. Nobis sufficit ex certo et perspicuo dogmate, objecta diluisse.

CAPUT XXIII.

Aggredimur demonstrare viros bonos sanctosque, post Romanorum Pontificum decreta etiam de fide, suspenso animo mansisse, quoad universalis consensus accederet : sancti Victoris papæ decretum de Paschate proponitur : sancti Stephani de rebaptizatione paucis repetitur.

Hinc factum est ut viris sanctis bonisque fraudi non fuerit, quòd Romani Pontificis, recta etiam sentientis, pronuntiato non statim adhæserint; antequàm scilicet catholicæ Ecclesiæ auctoritas accessisset.

Hujus rei multa exempla memorantur. Primum illud secundo sæculo de sancto Victore Papâ, qui post Petrum pontifex decimus tertius fuit. Nota res est. De paschali die cum Asianis agebatur : hi cum Judæis XIV lunæ celebrabant, *antiquâ traditione nixi*, quam à Joanne apostolo repetebant, inquit Eusebius² : reliquæ omnes Ecclesiæ, *ex apostolorum traditione*, in proximam Dominicam quæ Christi resurrectione sacra esset, conferebant. Atque hanc quidem sententiam Victor sequendam ab omnibus in conci-

---

¹ Conc. Pontig., sess. VIII, col. 283. — ² Euseb., *Hist.*, lib. V, c. XXIII, p. 154, 155, edit. Vales.

lio Romano definivit; cujus, aliorumque conciliorum definitionem Eusebius memorat.

Hâc tamen definitione ad Asianos perlatâ, Polycrates Ephesius cum collegis suis asianis episcopis, ad ipsum Victorem hæc scribit[1] : « Non moveor iis, quæ nobis ad formidinem intentantur. Qui enim majores me sunt, dixerunt : *Obedire oportet Deo magis quàm hominibus*[2].

Nihil moror quæstionem : an eum et socios Victor ejus rei gratiâ excommunicaverit; an id tantùm conatus sit. Certè Eusebius scribit, à « communione abscindere conatum[3]. » Subdit tamen continuò : « Datisque litteris, universos qui illic erant fratres proscribit, et ab unitate Ecclesiæ prorsùs alienos esse pronuntiat. » Eusebium secutus Socrates[4] : « Victor Quartodecimanis, qui in Asiâ erant, excommunicationis libellum misit. » Quarè id quod Eusebius de *conatu* dixit, eò referendum videtur, quòd res effectu caruerit. Utcumque est, Eusebius refert[5] non id placuisse omnibus episcopis; non Irenæo, Gallisque nostris, *increpitumque Victorem*, quòd parum paci consuleret, etiam ab iis qui cætera cum ipso sentiebant. Neque minùs certum est Polycratem et Asianos in sententiâ persistentes, pro sanctis piisque habitos : neque Quartodecimanos hæreticis accensitos, nisi post œcumenicæ Nicænæ synodi sententiam.

Neque dicant rem levem fuisse, quæque ad finem pertinere non videretur. Omninò enim Victor excommunicabat asianas vicinasque Ecclesias, *heterodoxa*, hoc est, ut eruditè Valesius vertit, *contraria rectæ fidei sentientes;* ὡς ἑτεροδοξούσας. Neque aliter Polycrates sentiebat. Is enim in suâ ad Victorem epistolâ sic scribit : « Hi omnes diem Paschæ xiv lunâ juxta Evangelium observarunt; nihil omninò variantes, sed *regulam fidei* constanter sequentes[6]. »

Neque verò res orthodoxis exigui momenti videbatur; quippe qui intelligerent, Asianorum sententiam ad judaismum pertinere. Tertullianus recensens hæreticos, graviter dicit[7] : « Est præpterea

---

[1] Euseb., *Hist.*, lib. V, c. xxiv, p. 156. — [2] *Act.*, v, 29. — [3] Euseb., loco mox cit. — [4] Socrat., lib. V, c. xxii. — [5] Euseb., loc cit. Vid. *ibid.*, epist. Iræn. — [6] Euseb., ubi sup., p. 155. — [7] Tert, *de Præsc. adv. hær.*, c. xliii.

his omnibus etiam Blastus accedens, qui latenter judaismum vult introducere : Pascha enim dicit, non aliter custodiendum esse, nisi secundùm legem Moysi xiv mensis (*a*). » Talia sentientes ac traditioni apostolicæ adversos, à Victore insuper Papà condemnatos, inter pios habuere, usque ad œcumenicæ *Synodi* (*b*) *judicium* : quo edito τέσσαρες δεκατίται, hoc est Quartodecimani hæretici ab Epiphanio aliisque memorantur[1]; receptique in Ephesinà synodo, ut qui ab hæresi resipiscerent.

Pari ratione vidimus[2], post Stephani papæ decretum, Cypriano, Firmiliano, innumerisque collegis certam excusationem partam: non modò teste Augustino, sed etiam totà probante Ecclesià, quæ horum memoriam consecravit. Jam alia videamus.

CAPUT XXIV.

Pelagii I piis et orthodoxis suspecta fides propter approbatam synodum V, non ut doctor privatus, sed ut Papa suspectus, expositâ fide, non allegatâ infallibilitate: se purgat.

Eodem loco memorare possumus Pelagii I tempore, Francorum regem Childebertum, et gallicanos episcopos, aliosque viros bonos, qui de hujus Pontificis fide dubitarunt.

Causa dubitandi fuit quinta synodus ab ipso suscepta; quæ synodus multis occidentalibus videbatur concilii Chalcedonensis, ac sancti Leonis fidem infregisse.

Id si esset, non erat dubium, quin Romani Pontifices, atque ipse Pelagius decrevissent contra fidem, qui erroneam synodum in auctoritatem recepissent.

Hic Pelagius non inclamat, seque et Romanos Pontifices errare non posse, schismaticosque eos esse, qui in eorum decretis errorem suspicentur; sed modestè se purgat, editâ suæ fidei clarâ primùm ad Childebertum Regem, quâ anathematizari à se de-

---

[1] Epiph. hær., xxx, sive L, tom. I, p. 419; conc Ephes., act. vi; tom. III, col. 682 et seq.— [2] Sup., hoc lib., c. iii et seq. Vid. *Diss. præv.*, n. lxvii et seq.
(*a*) Lunaris. — (*b*) Nicænæ.

clarat, quod sancti Leonis et concilii Chalcedonensis fidei adversetur : « atque hoc, inquit, breviter ad sanandum animum vestrum, vel omnium fratrum et coepiscoporum nostrorum in Galliæ regionibus consistentium, faciendum esse perspeximus [1]. »

Eodem ferè modo episcopis Tusciæ satisfacit : « Hoc, inquit, Dilectionem Vestram certissimè nosse desidero, me illam, donante Domino, custodire fidem, quam sacra apostolorum doctrina constituit, quam Nicænæ synodi firmavit auctoritas, quam Constantinopolitanæ, Ephesinæ primæ et Chalcedonensis sanctarum synodorum explanavere sententiæ; nec quidquam de præfatarum synodorum definitionibus vel imminuisse me aliquid, vel auxisse, aut in aliquo permutasse [2]. » Ac paulò post : « Hàc igitur Dilectio Vestra fidei nostræ professione munita ignorantiam hominum edocere festinet. » Denique id subdit : « Si cui supersit scrupulus (ad se veniat) ut rationabili satisfactione perceptâ, universali reformetur Ecclesiæ. Nos enim, secundùm apostolicam sententiam [3], parati sumus *ad satisfactionem omni poscenti nos rationem de eâ, quæ in nobis est fide*, quia in nullo nos à sanctis Patribus deviasse cognovimus. »

Eamdem satisfactionem reddit epistolâ editâ ad universum populum Dei : « Id autem est, inquit, ut fidem meam, annexâ subter professione definiam, in quâ Deo propitio, et rectæ me apostolorum doctrinæ, et Patrum inhærere vestigiis evidenter appareat [4]. »

Cùm nec sic animi penitùs quievissent, tandem ad Childebertum regem integram fidei suæ professionem dedit, cum hâc præfatione : « Veniens Rufinus vir magnificus, legatus Excellentiæ Vestræ, confidenter à nobis, ut decuit, postulavit, quatenus vobis, aut beatæ recordationis Papæ Leonis totum, à nobis per omnia conservari, significare debuissemus, aut propriis verbis nostræ confessionem fidei destinare : et primam quidem petitionis ejus partem, quia facilior fuit, mox, ut dixit, implevimus (De tomo Leonis scilicet, quod epistolâ x supra memoratâ fecerat). Ut autem deinceps, nullius, quod absit, suspicionis resideret occa-

---

[1] Pelag. I epist. x, *ad Childeb.*, tom. V *Conc.*, col. 798. — [2] *Ibid.*, epist. vi, *ad Episc. Tusc.*, col. 795. — [3] I *Petr.*, III, 15. — [4] Pelag., ep. vii.

sio, etiam aliam partem facere maturavi, scilicet propriis verbis confessionem fidei, quam tenemus exponens [1]. »

Cùm ergò id faciat *pro auferendo suspicionis scandalo*, atque ut modò legimus, ne ulla *suspicionis resideret occasio;* apparet fidem ejus et regi et episcopis gallicanis, aliisque orthodoxis licèt ac piis, fuisse suspectam, quibus satisfecit, fidem profitendo, non se infallibilem prædicando.

Respondebunt id fecisse humili condescensu. Imò profitetur id fecisse jussu Petri præcipientis *reddendam omni poscenti fidei rationem:* undè inquit, « fidem meam præsenti ad Excellentiam Vestram colloquio intimandam necessariò judicavi; » jubente scilicet Apostolo; non humili ac voluntario condescensu.

Denique respondebunt, fuisse suspectum ut doctorem privatum, non autem ut Papam ; imò verò ut Papam : quo nomine quintam synodum, undè suspicio orta esset, suscepisset.

CAPUT XXV.

Bonifacius III seu IV eâdem causâ sancto Columbano presbytero suspectus.

Eadem suspicio etiam diutissimè hæsit animis, quanquàm synodus quinta à Vigilio papâ, à duobus Pelagiis, atque etiam à Gregorio Magno comprobata erat. Quâ de re extat sancti Columbani, seu Columbi, aut Palumbi, presbyteri, omni sanctitate conspicui, gravis epistola. Repetendum autem animo est, ejus synodi gratiâ, multas in Africâ et Italiâ Ecclesias à Romanâ Sede defecisse. Non ità Columbanus, qui in ultimâ Scotiâ, Romanæ tunc Sedi addictissimâ, natus et educatus. Cùm tamen in Italiam post mortem Gregorii Magni venisset, ibique propter quintam synodum à Romanis Pontificibus approbatam, tam populorum quàm præsulum scindi studia intellexisset, hæc ex monasterio suo Bobiensi (a), instinctu Agilulfi Longobardorum regis, et Theodelindæ reginæ, scripsit ad Bonifacium III seu IV; nondùm enim id mihi constitit. Sic autem incipit epistolâ : « Totius Europæ Ec-

---

[1] Pelag., ep. XVI, *ad Child.*, col. 803.
(a) In Mediolanensi tractu.

clesiarum capiti, Pastorum Pastori, Bonifacio Patri, Palumbus. »
Tùm subdit : « Doleo de infamiâ cathedræ sancti Petri. » Tùm illud : « Ut honore apostolico non careas, conserva fidem apostolicam, confirma testimonio, robora scripto, muni synodo : » in eo enim vim reponebant; undè sequentia : « Vigila, Papa, vigila quia fortè non benè vigilavit Vigilius, quem caput scandali isti clamant. » Posteà : « Causa schismatis incidatur cultello quodammodo sancti Petri, id est, verâ in synodo fidei confessione. » Ac mox : « Dolendum enim ac deflendum, si in Sede ap'stolicâ fides catholica non tenetur. » Tunc rogat Pontificem, « quarè vel infamare auderet fidei orthodoxæ Sedem principalem. » Magnificè ac præclarè de Sedis apostolicæ majestate dictum; ac statim : « Ut caligo suspicionis tollatur de cathedrâ sancti Petri : » Tum : « Jàm vestra culpa est, si vos deviastis de verâ fiduciâ, et primam fidem irritam fecistis. Meritò vestri juniores vobis resistunt, et meritò vobiscum non communicant, donec memoria perditorum deleatur. Vestri erunt judices, qui semper orthodoxam fidem servaverunt, licèt juniores vestri sint[1]. » Juniores, illius sæculi stylo, inferiores vocat, cùm prælati ac præpositi passim seniores dicerentur.

Ergòne, inquies, vir tantus dicere potuit ad Romanum Pontificem, *meritò ei non communicari?* Certè si pergeret, uti Columbanus putabat, hæresim profiteri, nec se admonitus corrigeret. Cæterùm nihilo seciùs ipse in Sedis apostolicæ communione persistit : « Nos enim, inquit, devincti sumus cathedræ sancti Petri : licèt enim Roma magna est et vulgata; per istam cathedram tantùm apud nos magna est et clara[2]; » dignitate scilicet ductâ à Petro et Paulo apostolis. Neque enim aliter Scoti, qualem se profitetur Columbanus, Romam noverant, Romanis armis prorsùs intacti; solaque fides eis Romam commendabat. Undè hæc : « Roma orbis terrarum caput est Ecclesiarum : » quæ quidem, Roma scilicet, ideò præcellere videbatur, quod propter cathedram Petri, sit « fidei orthodoxæ Sedes principalis. » Hinc addit Columbanus : « Sicut magnus honor vester est pro dignitate cathedræ, ità magna cura necessaria, ut non perdatis vestram

[1] Epist. IV Colomb. *ad Bonif.*, tom. XII *Bibl. Patr.*, p. 28, 29, 30. — [2] *Ibid.*

dignitatem per aliquam perversitatem. Tandiù enim potestas apud vos erit, quandiù recta ratio permanserit. » Tum illud præclarum : « Unitas fidei in toto orbe unitatem fecit potestatis. »

Hinc de concilio quinto ab eoque sublatâ personæ unitate et dualitate naturæ dicit, tùm ad ipsum Pontificem, qui eam synodum comprobasse diceretur : « Multi dubitant de fidei vestræ puritate : » mox : « Tollatis hunc nævum de sanctæ cathedræ claritate : non enim decet Romanæ Ecclesiæ gravitatem hâc instantis levitatis famâ moveri à soliditate veræ fidei [1]. »

An ergò existimabat veram fidem extinctam esse Romæ, cùm clerus universus totaque Ecclesia Romana suis Pontificibus adhæreret? Neutiquàm. Imò verò dicebat: « Ego enim credo semper columnam Ecclesiæ firmam esse in Româ : » quòd nempè putabat, id non pertinaci animo factum, atque admonitos facilè redituros; neque unquàm futurum ut cathedra Petri à verâ fide, veráque Ecclesiâ pertinacibus studiis abrumperetur.

Eodem animo Gallos fuisse vidimus [2] sub Carolo Magno, Ludovico pio, Carolo Calvo, religiosissimis regibus, post Nicænam secundam synodum, quam à Papâ licèt approbatam pro œcumenicâ non habebant, neque ullo modo admittebant : neque minùs pii catholicique habebantur.

Neque hîc necesse est afferre cum Polycrate Asianos, cum Cypriano Afros, cum Columbano Scotos, Gallos, Italos seu Longobardos, alios; cùm in promptu sit memorare Ephesini concilii ducentos, Chalcedonensis sexcentos, aliorumque conciliorum innumerabiles episcopos, iisque cohærentem catholicam Ecclesiam, à quibus Romanorum Pontificum decreta pro irrefragabilibus non sunt habita, quoad Ecclesiæ universæ consensione probarentur.

[1] Epist. IV Columb. *ad Bonif.*, tom. XII *Bibl. Patr.*, p. 31. — [2] Sup., lib. VII, c. XXXI.

CAPUT XXVI.

Romani Pontifices professi se apostolico officio fungentes esse errori obnoxios, in auctoritate universalis Ecclesiæ acquiescunt : locus Innocentii III.

Quin ipsi etiam Romani Pontifices non nisi in universalis Ecclesiæ auctoritate acquiescunt. Neque jam antiquos allegamus sæpè memoratos. En postremis temporibus, Innocentius III, celebri epistolâ ad Philippum Augustum regem. Rogatus enim à rege ut ejus conjugium (*a*) solveret, sic respondet : « Sed in carnali commercio inter te ac reginam conjugem tuam adeò processum est, quòd si etiam illi tantùm confessioni vellemus insistere, quam nuper eadem regina fecisse proponitur, non auderemus super hujusmodi casu de nostro sensu pro te aliquid definire, propter illam sententiam evangelicam, quam ipse Christus expressit ; ut *quod Deus conjunxit, homo non separet*[1] ; cùm absque dubio nec Sanctorum exempla, nec Patrum decreta, intentioni tuæ in hoc articulo suffragentur. Verùm si super hoc absque generalis determinatione concilii determinare aliquid tentaremus, præter divinam offensam, et mundanam infamiam, quam ex eo possemus incurrere, forsan ordinis et officii nobis periculum immineret, cùm contra præmissam veritatis sententiam nostra non posset auctoritas dispensare [2]. » En undè auctoritatem quærat in rebus maximis ; en undè etiam pœnam metuat, si inconcessa tentarit.

An dicent hìc induere personam privati doctoris, qui à tanto rege interrogatus, ut specialissimo Sedis apostolicæ officio, supremâ scilicet dispensatione, fungeretur, hoc responsum ediderit, quique professus sit, à se tractari rem deliberatione generalis concilii dignam? Ergò in tantâ re infirmitatis humanæ sibi conscius, agnoscebat aberrare se posse ab evangelicâ veritate ex apostolico officio respondentem. Hìc ne ullum quidem dicit verbu-

---

[1] *Matth.*, XIX, 6. — [2] Innoc. III *Epist.*, lib. IV, ep. CVI.
(*a*) Initum cum Isemburgâ Canuti IV, Daniæ regis.

lum novissimus auctor anonymus, qui ad hunc explicandum nodum tanta congessit. Unum hoc non perpendit, in quo est difficultas : à Papâ agnitum id fieri posse, ut ipse quæstionem fidei inconsultò definiret, ac proptereà loco caderet.

An fortè ad Pighianas redeunt ineptias; et illud Innocentii, *Si hæc tentaremus*, ità interpretantur : *Si per impossibile ;* ut quoniam Paulus semel dixit : « Licèt Angelus de cœlo quid novi annuntiaverit anathema sit [1]; » jàm non liceat de Pontifice aberraturo loqui, nisi per impossibile : quamque vehementiam ac magniloquentiam adhibuit Paulus, ad adstruendam immobilem Evangelii stabilitatem, eam ad unum hominem infirmum et imbecillem transferre necesse sit; aut verò oportuerit in eo laborare Innocentium III, ut explicaret, quid factura esset synodus generalis, si ipse aliquid impossibile perfecisset?

CAPUT XXVII.

Joannis XXII fidei professio, omnia quæ in apostolico officio gessit etiam circa fidem, iterùm examinari posse demonstrat.

Nota est etiam illa professio quam Joannes XXII jamjàm moriturus protulit. Is quippè de visione beatificâ ad extremum usque judicium dilatâ, cùm multa dixisset, quibus in hæresis suspicionem venisse se sentiebat, moriens eâ de re mentem suam sic explicat, subditque : « Insuper si quæ alia sermocinando, conferendo, dogmatizando, docendo, seu aliter quovis modo diximus, prædicavimus, vel scripsimus circa præmissa, vel alia, quæ fidem concernant catholicam, sacram Scripturam, vel bonos mores, ea in quantum consona sunt fidei catholicæ; determinationi Ecclesiæ, sacræ Scripturæ, ac bonis moribus, approbamus : aliter autem illa habemus et haberi volumus pro non dictis, prædicatis et scriptis, et ea revocamus expressè; ac ea quæ de prædictâ visione, et omnia alia dicta, prædicta et scripta nostra de quâcumque materiâ, ubicumque et in quocumque loco, ac in quocumque

[1] *Galat.*, 1, 8.

statu, quem habemus, vel habuerimus hactenùs, summittimus determinationi Ecclesiæ et successorum nostrorum [1]. »

Quid se infallibiliter dixisse, prædicasse, docuisse, dogmatizasse, scripsisse credidit, qui hæc, moriens judicioque divino proximus, profitetur? an non clarè et liquido status quoque pontificii dicta scriptaque Ecclesiæ determinationi subjicit? Ecclesiæ verò suos successores addit pro dignitate suâ specialiter appellandos. Huic igitur potestati sua omnia examinanda et judicanda subjicit. Quid autem est subjicere, nisi retractanda atque examinanda omnia rursùs, si Ecclesiæ ità visum sit, recognoscere? Diceret saltem subjicere se determinationi Ecclesiæ, quæ ut privatus doctor docuerit: saltem decretales eas, quas de fide conscripsit, exciperet. An verò eas exceptas voluit, qui disertè exprimit, *quæcumque, quovis modo, quovis tempore, quovis loco statuque* positus, de quâcumque materiâ, nec tantùm de visione beatificâ, sed etiam de quâcumque aliâ re, *quæ fidem concernat catholicam,* quæ *Scripturam,* quæ *bonos mores,* quanta potuit diligentiâ, explicavit. An fortè quæ decretalibus definivit, non sunt eorum numero quæ *scripsit, dogmatizavit,* atque *prædicavit,* cùm ea vel maximè omnium prædicarit? Ea ergo etiam determinationi Ecclesiæ subjicit, et quidem hæc professus est nullius errati sibi conscius; sed id tamen volens, ut si quid errasset, Ecclesia corrigeret. Neque verò hæc omnia tanquàm per impossibile dixit : absurdum enim esset fidei professionem de impossibilibus rebus edere; sed sibi conscius infirmitatis humanæ, ac divina judicia, rebus etiam quas optimo animo gesserat, reformidans, totum se resolvit in Ecclesiæ fidem.

CAPUT XXVIII.

Ejusdem Joannis XXII de animarum statu speciatim publico diplomate declarata fides, à Benedicto XII successore ad examen revocatur.

Ille verò Pontifex, non modò generatim sua omnia, quæque

[1] Odor. Rain., tom. XV, an. 1334, n. 17; et ep. 1 Joan, XXII, tom. XI *Conc.,* col. 1629.

publicè, quæque privatim egerat, determinationi subjicit Ecclesiæ, sed etiam ea quæ speciatim et expressè de fide exponendâ censuisset. Certè in eâ, quam nunc commemoramus, fidei confessione, de animarum statu hæc speciatim edidit : « Ecce quòd nostram intentionem, quam cum sanctâ Ecclesiâ catholicâ circa hæc habemus vel habuimus, serie præsentium, ut sequitur declaramus. Fatemur siquidem et credimus, quòd animæ purgatæ separatæ à corporibus sunt in cœlo, et vident Deum ac divinam essentiam facie ad faciem clarè, in quantum status ac conditio patitur animæ separatæ [1]. » Quæ cùm expressissimè declarasset, ut suam et Ecclesiæ catholicæ fidem, nihilo seciùs declarationem eam, Ecclesiæ et successorum determinationi subjicit.

Hicrogare libet eos, qui à Romano Pontifice editam fidem, non aliam esse putant, quam ipsissimam Ecclesiæ catholicæ fidem, quâ ratione putent Ecclesiæ catholicæ fidem à Joanne XXII pontificio diplomate declaratam, ipsius Ecclesiæ ac successorum suorum determinationi subjici potuisse, iterùm examinandam.

An respondebunt à Joanne declarari fidem eam, quam privatus profiteretur, non verò quam Pontifex? Atqui fidem eam consignari voluit publico diplomate, præfixoque, ut in aliis, consueto titulo.

An verò causabuntur has pontificias litteras *grossatas* quidem fuisse, non tamen *bullatas,* superveniente obitu Joannis XXII, ut Benedictus XII successor attestatur? Ad has ergò ineptias talis quæstio devolvetur. Atqui quod per tempus Joanni non licuit, Benedictus supplevit, *bullatamque* epistolam ad omnes dimisit Ecclesias, pontificatûs sui anno primo, Christi 1334 [2].

Neque eò seciùs fidem antecessoris, quam suam quoque esse edito diplomate confirmaverat, revocavit ad incudem, quæstionemque de clarâ visione per duos annos tractavit de integro ; ac demùm definivit anno pontificatûs tertio, Christi 1336 [3]. Ergò existimavit Romanorum Pontificum authentico diplomate declaratam fidem, adhùc in quæstionem revocari posse.

Nondùm enim, inquies, rem dixerant, adhibitis omnibus so-

---

[1] Ap. Rainald., ann. 1334. — [2] Bened. xii, ep. 1; tom. XI *Conc.*, col. 1793. — [3] Rain., an. 1336, n. 1, 2, 3.

lemnitatibus; nondùm ab omnibus tenendam sub anathemate, aut contrariam sententiam esse hæreticam : tanquàm Romanam fidem, nonnisi sub anathemate declarari oporteret; cùm profectò anathemata, nonnisi subortâ hæresi decerni soleant: vera autem fides, ut ante omnem hæresim atque omnia anathemata constitit: ità absque anathemate declarari potest.

CAPUT XXIX.

Gregorii XI ac Pii IV professio.

Quo animo Joannes XXII moriens, eodem animo Gregorius XI, apostolicâ sede in Urbem restitutâ nobilis, in iisdem appetentis lethi angustiis constitutus, hæc edidit : « Volumus, dicimus et protestamur, ex nostrâ certâ scientiâ, quòd si in consistorio, aut in concilio, vel in sermonibus, vel in collationibus publicis, vel privatis ex lapsu linguæ, aut aliàs ex aliquâ turbatione, vel etiam lætitiâ inordinatâ, aut præsentiâ magnatum ad eorum forsitan complacentiam, seu ex aliquâ distemperantiâ, vel inadvertentiâ aut superfluitate, aliqua dixerimus erronea contra fidem catholicam, quam coram Deo et hominibus, ut tenemur præ cæteris, profitemur, colimus et colere cupimus; seu forsitan adhærendo opinionibus contrariis fidei catholicæ scienter, quod non credimus vel etiam ignoranter; aut dando favorem aliquibus contra catholicam religionem obloquentibus ; illa expressè et specialiter revocamus, detestamur et haberi volumus pro non dictis [1]. »

Quibus verbis æquè complectitur ea quæ in consistorio, inque concilio, ac ea quæ in colloquiis; omniaque in se recognoscit, quorum causâ quicumque mortalis scienter, vel ignoranter, privatim ac publicè errare potuit.

Extat in eamdem sententiam Pii IV in consistorio habita ratio, cùm de Francisci Mommorancii Annæ filii matrimonio ageretur. Eâ causâ Romam missus D. de la Haye, doctor theologus, hanc

[1] *Testam. Gregorii XI*; tom VI *Spicil.*, p 676.

rei gestæ narrationem scripsit, quam Castelnavius (*a*) diligens et candidus scriptor, commentariis suis integram inseruit. Is ergò Pontificem in cardinalium cœtu, in hæc ferè verba perorasse memorat : « Ego vos congregatos volui, ut à vobis audiam rem haud mediocris momenti ; utrùm scilicet conjugium contractum per verba de præsenti, nostrâ potestate solvi possit. Diligenter advertite quæ dicam : non verba de futuro aut simplicem promissionem dicimus : quærimus an conjugium per verba de præsenti initum, quod verum conjugium, verumque est sacramentum secundùm saniorem theologorum sententiam, à nobis solvi possit. Ne, quæsumus, tempus terite in colligendis antecessorum nostrorum exemplis et factis, quæ nos profitemur ita sequi velle, si cum Scripturæ auctoritate et theologicâ ratione consentiant. Neque enim sum dubius, quin ego et antecessores mei aliquando falli potuerimus, non solùm in hoc facto, sed etiam in aliis [1]. » En quid Pontifices ritè interrogati, ut pro pontificio officio respondeant, decernant, dispensent, de se ipsis sentiant. Hæc retulerunt ii qui nihil de theologicis quæstionibus cogitarent ; sed rem, uti gesta, uti nota, uti divulgata erat, ita enarrarunt. Neque quidquam novi Pius IV loquebatur : ab antecessoribus consentanea audivimus, qui in exequendo apostolico officio contra veram à Scripturis traditam fidem, errare se potuisse senserunt. Hunc igitur sensum illis ipsâ fidei veritate insitum credimus ; quâ etiam veritate est insitum christianis omnibus, ut se quotidie peccare multa sentiant : atque utrosque credimus, non modò humiliter, sed etiam veraciter confiteri : ipsamque humilitatem non verbis, aut falsâ sententiâ, sed veritate niti, ut Patres Carthaginenses et sanctus Augustinus docent [2].

---

[1] Le Laboureur, *Addit. aux Mém. de Casteln.*, tom. II, p. 427, 428. — [2] Aug., lib. *de Nat. et grat.*, c. xxiv, n. 42 ; tom. X, col. 144, et alibi pass.

(*a*) Seu potius Le Laboureur, in iis quæ addidit commentariis Castelnavii.
(*Edit. Paris.*)

CAPUT XXX.

Ecclesiæ catholicæ auctoritas multis casibus Ecclesiæ Romanæ laborantis auctoritatem supplet : primum exemplum, sæculi decimi invasores.

Operæ pretium erit considerare attentiùs ut Ecclesiæ catholicæ auctoritas laborantem ac periclitantem adjuverit Romanam Ecclesiam, simulque, seipsam omni Romanorum Pontificum auxilio destitutam, sancti Spiritûs fulta præsidio sustentarit. Primùm igitur tantisper redire in memoriam volumus sæculi decimi infamiam; quo sæculo per septuaginta ferè annos flagitiosissimi invasores Petri cathedram occuparunt; postquàm scilicet imperatoria concidit auctoritas, Romæque omnia per vim ac libidinem gerebantur.

Ac Baronius quidem de his invasoribus sic agit, ut Sedes apostolica vacasse videatur : eos enim appellat non modò « abortivos, monstra, Sedisque apostolicæ inquinatores[1]; » verùm etiam, quod apertè ad nullitatem pertineat, « invasores, intrusos, illegitimos, nullo pacto legitimos, ac nomine tenùs Pontifices, Pontificis nomen usurpantes, pseudopontifices, qui non sint nisi ad consignanda tempora in catalogo Romanorum Pontificum scripti. » Neque tantùm ait *per vim ac metum* in Petri cathedram *violenter* immissos; sed etiam aliis causis cassos nullosque, Joannem XI ac XII (a) vix puberes : illum etiam spurium ac Sergii jàm tùm Papæ filium ac posteà successorem; quò nihil magìs canones abominantur; « cui non ætas, non natalitia, non legitima suffragaretur electio; qui nonnisi nomen Pontificis malis usurpatum artibus retineret[2]. » Tales interim Pontifices ad multos annos sacrilegum pontificatum prorogabant. Joannes certè X, quo nullius fuit flagitiosior electio, atque administratio tetrior, ad octodecim ferè annos. Quorum temporibus non presbyteri, non diaconi, sed fœdissima scorta sacrosanctam potestatem administra-

---

[1] Bar., an. 912, tom X, p. 679, et toto hoc tomo, pass. — [2] *Ibid.*, an. 933, p. 707.

(a) Joannes XI viginti quinque annos natus, Joannes XII vix decem et octo Sedem apostolicam invaserunt.

bant; qui denique haud scio, an majore flagitio non pellerentur quàm intruderentur.

Hos ergò adeò nullos Baronius existimare videtur[1], ut eò referat illud *Actorum*[2], quod ægros *umbra Petri* ab infirmitatibus liberaret : ut profectò habeantur, non pro veri Petri successoribus, qui ejus dignitatem, sed pro invasoribus, qui ejus umbram tantùm ac speciem gererent.

Hinc idem Baronius sedem Petri solis instar ac lunæ perfectam, tamen confitentur *eclipses* esse passam : neque debere nos, « nimis rigidè in apostolicâ Sede majora requirere, quàm quæ in symbolicis signis (a) fuerint divinitùs demonstrata[3]. »

Hæc igitur vacasse Sedem demonstrare videntur sub his propudiosissimis invasoribus. Addit tamen Baronius *accedente consensu cleri* toleratos[4], ne Ecclesia schismate scinderetur; quosdam novis comitiis electos, atque hinc pro legitimis Pontificibus cultos : quòd non ità contigisset, « nisi de factâ, inquit, posteà legitimâ electione constitisset. »

Nos nulla ejusmodi nova comitia legimus; nullas electiones novas; neque consensus cleri Romani quidquam hîc juvat, cùm ipse clerus nihil sani aut corruptus cogitaret, aut oppressus agere posset. Id quidem certum est, qui sedem Petri tenere viderentur, eos per totam Ecclesiam agnitos atque observatos fuisse; nempè quòd Ecclesia catholica præstabilius judicaret, pravum caput habere, quàm nullum.

Hinc igitur illis Pontificibus certior affulget auctoritas ex consensu catholicæ Ecclesiæ eos agnoscentis, quæ sancti Spiritùs auctoritas est. Hæc auctoritas Ecclesiæ Romanæ Ecclesiarum matri succurrebat, cùm nihil opis afferre posset ipsa sibi. Hàc Ecclesiæ catholicæ auctoritate suppleta sunt, quæ talium Pontificum electioni et administrationi deerant. Hujus auctoritatis plenitu-

[1] Bar., loco sup cit. — [2] *Act.*, v, 15. — [3] Bar., an. 897, p. 641. — [4] *Ibid.*, an. 897, p. 640.

(a) Hæc ut intelligantur, sciendum est Baronium ad Sedem apostolicam accommodare illam Davidis prophetiam : « Sedes ejus sicut sol in conspectu meo et sicut luna perfecta in æternum. » *Ps.* LXXXVIII. « Ea sidera, inquit Baronius, interdum obice nubium minùs lucent, et eclipsibus intercurrentibus redduntur obscura..... Non ergò adeò mirandum homines peccatores in Sede apostolicâ sedisse. » *Edit. Leroy.*)

dine factum est, ne quæcumque fierent, hoc defectu cassa conciderent. Est ergò Ecclesiæ catholicæ plenissima ac suprema et universalis auctoritas, quâ quæcumque deficiant, etiam in Ecclesiâ Romanâ, suppleantur.

CAPUT XXXI.

Alia exempla : turbæ sub Sergio III, ordinationum Formosi Papæ gratiâ. Auxilii presbyteri locus : aliæ turbæ sub Joanne XII : turbæ graviores, atque incertior status in diuturno schismate inter Urbanum VI et Clementem VII.

Majore perturbatione res erant Stephani VII et Sergii III temporibus, anno Christi 897 et 908. Hi enim præterquàm quòd per vim intrusi sunt, ad malorum cumulum multa insuper addiderunt. Hinc illa in Formosum papam atrox sententia, quòd à Portuensi episcopatû in Sedem apostolicam translatus esset. Tunc ejus cadaver projectum in Tiberim à Stephano VII; et quanquàm Stephani acta Joannes IX resciderat, Sergius tamen III episcopos omnes à Formoso ordinatos, item presbyteros, sive ab illis episcopis, sive ab ipso Formoso ordinatos, aut abjiciebat, aut de novo ordinabat. Quo tempore ordinationes, *exordinationes* ac *superordinationes* (a) contigerunt eæ, quas Auxilius eorum temporum egregius presbyter deploravit [1].

Is igitur propter Formosi causam, cùm à Sergio III exordinatus esset, in ministerio stetit; aliisque eâdem causâ dejectis, ut starent, auctor fuit, eâ vel maximè causâ, quòd si omnis ordinatio à Formoso profecta cassa esset, Italiæ regiones longè latèque « jam circiter viginti annos absque christianâ religione, absque sacerdotio, » absque sacramentis vixerint [2].

His aliisque de causis jussus à Sergio sub excommunicationis pœnâ sacerdotali ministerio abstinere, edito libro *de Sacris ordinationibus*, ac posteà dialogo, qui inscribitur : *Infensor et De-*

[1] Vid. lib. Auxil., *de Sacris ordin.*, tom XVII *Bibl. Patr.*, p. 4 et seq.— [2] *Ibid.*, cap. XXVII, p. 9.

(a) Id est, ordinationes irritæ et ordinationes iteratæ

fensor; respondit, quòd pastoribus injusta jubentibus obediendum non esset; quòd excommunicatio ejus rei causâ lata nulla haberetur[1]; quòd aliud sunt « pontificales sedes, aliud præsidentes; quòd honor et dignitas uniuscujusque sedis venerabiliter observanda sunt : præsidentes autem si deviaverint, per devia sequendi non sunt, hoc est, si contra fidem vel catholicam religionem agere cœperint[2]. » En quod Romano Pontifici exprobaret. Addebat non observandam excommunicationem eam, quæ ad *committendum facinus pertineret.* Usque adeò fieri potest, ut quis ad facinus à Romano Pontifice etiam sub excommunicationis pœnâ adigatur. Concludebat verò sic, suo et sociorum suorum nomine : « Ideòque in sacro ordine, quo consecrati sumus permanentes, præstolamur universalis concilii æquissimum examen[3]. » Quin etiam illud concilium non à Pontifice, qui omnia conturbaret, sed ab imperatore expectabat. Adeò in Ecclesiâ Romanâ intestinis discordiis laborante, nihil erat opis : ac dum synodus, consentientibus episcopis, cogeretur, ipse à Sergio habitus communionis expers, Ecclesiæ catholicæ, eique connexæ Romanæ Ecclesiæ ac Sedis apostolicæ communione gaudebat.

Auxilium presbyterum Sigebertus primùm[4], atque ipse Baronius honorificè memoravit[5]. Et Baronius quidem ait, hæc quæ Auxilius deploravit, « perpetrata ab invasoribus et intrusis in apostolicam Sedem, Pontificis nomen usurpantibus. » Verùm Auxilius non ità se tuetur, neque respondet Sergium illegitimum Pontificem à se impunè contemni; sed recurrit ad ea quæ veris Pontificibus prava jubentibus obtemperari vetarent. Quo certum omninò est, adversùs Pontificem pro vero ac legitimo habitum, sed potestate in Ecclesiæ perniciem usum, universalis synodi opem imploratam, cùm nullum aliud præsidium superesset.

At enim, inquies, extraordinaria hæc, neque in exemplum trahenda : quæ nos ultrò confitemur. Illud autem volumus : gravissimos, divino judicio, multos incidisse casus, quibus Ecclesiæ

---

[1] Vid. lib. Auxil., *de Sacr. ordin.*, cap. xxxiv, tom. XVII *Bibl. Patr.*, p. 10. — [2] Id., *Dial. ad Leon. Nol. episc.*, c. xviii; *ibid.*, p. 17. — [3] *Ibid.*, c. xl, p. 10; *Dial.*, c. xxx, xxxi, p. 21. — [4] Sigeb., *de Scrip. eccles.*, c. cxii. — [5] Bar., ann. 908, p. 667, 668.

Romanæ oppressæ ac laboranti nihil præsidii, nisi in Ecclesiæ catholicæ toto orbe diffusæ auctoritate superesset.

Ac fateamur necesse est talia contigisse cùm Joannes XII, flagitiosissimus pontifex, ab Othone I imperatore, concilio congregato, depositus est, et Leo VIII huic substitutus[1]. Baronio facilè concedimus illegitimum illud fuisse judicium. Interim pars orbis maxima, Joannem ejusque successorem aversabatur; Leoni ejusque successoribus adhærebat. Bonâ profectò fide, sub incerto, imò nullo Pontifice, haud minùs Christo ejusque Ecclesiæ conjuncti vivebant.

Quæ mala Ecclesiæ incubuere graviùs in illo longo schismate inter Urbanum VI et Clementem VII, eorumque successores. Quo in schismate, ubi locorum esset Sedes apostolica per quadraginta annos multi viri boni sanctique nesciebant, nullusque sedebat Romanus Pontifex, si quidem illud Bellarmini valet : *Pontifex dubius, pontifex nullus.* Quibus turbis Sedes apostolica non nisi auctoritate Ecclesiæ catholicæ, ultrò in Pisanam synodum confluentis, emergere potuit. Atque interim Christus hæc duo demonstravit : primum, Ecclesiam Romanam occulto judicio in ea incommoda turbasque labi posse, undè se ipsa extricare non possit, et ab Ecclesiæ catholicæ auctoritate pendeat : tùm illud, sub dubio ac fluctuante, imò sub nullo ac falso Pontifice, certam remanere, longo etiam tempore, Ecclesiæ catholicæ, non modò unitatem, sed etiam auctoritatem, quâ rebus necessariis consulatur.

CAPUT XXXII.

Ex his ostenditur, etsi quis Romanus Pontifex falsa definiat, catholicam tamen Ecclesiam Sedemque apostolicam manere suo pondere constitutam.

His convincuntur ii qui Ecclesiam catholicam statim interituram putant, si quis Romanus Pontifex falsa definiat : tanquàm una ea res sit, quam Ecclesiæ catholicæ auctoritas supplere non possit. Atqui alia quæ memoravimus, cogitanda erant. Nempè

[1] Vid. Bar., ad an. 863 et seq.

certum est Romanum Pontificem à Deo esse positum, qui catholicæ societatis communionisque esset vinculum. Stat semper invictum illud Optati de Romano Pontifice : « Cum quo nobis totus orbis in unâ communionis societate concordat [1] ; » et illud Hieronymi ad Damasum : « Qui tecum non colligit, spargit [2] ; » et illud Cypriani, illud Ambrosii, illud omnium, ut cum episcopo Romano, id est cum Ecclesiâ catholicâ communicemus. Atque hinc etiam valet illud, absque Romano Pontifice non colligi synodos [3] : quippe quo duce Ecclesiæ uniri conjungique debeant. Hæc à Christo instituta, hæc in ævum duratura sunt. Neque eò seciùs, Deo permittente, ea interdùm eveniunt, quibus viri boni sanctique, pontificiæ communionis exsortes manere debeant, ut Auxilio presbytero contigisse vidimus [4], ne fateri cogeretur, cessasse in Italiâ per viginti annos legitimum sacerdotium legitimamque sacrorum administrationem. Quid in illo schismate, cùm inter duos tresve pontifices, viri boni, ipsaque Ecclesia fluctuaret, et à duobus delusa, ab utriusque se obedientiâ subtraheret? An abrupta erat illa tessera christianæ fraternitatis in Romani Pontificis communione à Christo constituta? Absit. Ad eam enim in integrum resarciendam votis omnibus anhelabant, Romano Pontifici, si non actu ac reipsâ, tamen animo, affectu, voluntate conjungebantur. Interim Ecclesiæ catholicæ, quod sæpè dicendum est, eique connexæ Sedis apostolicæ communione gaudebant ; et cùm omninò synodo opus esset, Romani Pontificis ad eam colligendam officium, Ecclesiæ catholicæ, hoc est, Spiritûs sancti supplevit auctoritas. An ergò officium confirmandi in fide fratres, si casus occurrat, eadem Ecclesia supplere non possit? Absit. Certè infandi illius ac diuturnissimi schismatis tempore, fœdæ hæreses, Viclefi, Hussique totâ Ecclesiâ vulgabantur; quibus interim certa Ecclesiæ catholicæ auctoritas resistebat : adversùsque eos multa sunt edita ejusdem Ecclesiæ decreta gravissima, quibus catholici firmabantur, hæretici profligabantur. Quin ipsi hæretici nihilo seciùs in Sedis apostolicæ Ecclesiæque Romanæ

---

[1] Optat. Milev., *de Schism. Donat.*, lib. II, c. III, p. 28, ed. Dup. — [2] Hier., ep. *ad Damas.*, XIV, al. XVII ; tom. IV, part. II, col. 20. — [3] Soc., lib. II, c. VIII. — [4] Sup., cap. XXXI.

verba fidemque adacti sunt, et ad illam petram æquè allisi, ac si Romana Sedes suo præside frueretur. Nec mirum; neque enim Romana Sedes aut fides in vacatione interit, neque interitura est, etiam si graviora ac diuturniora impedimenta contigerint. Cur ergò eò magis aut Sedes apostolica aut catholica Ecclesia collabatur, si quis Romanus Pontifex falsa definiat? Nempe in uno hoc casu deficiet Ecclesiæ, ille à Christo datus, ut in eâ maneret Spiritus? Nulla erit super, quæ succurrat, aut synodum colligat, auctoritas? Quid si Romanus Pontifex hæresim non jàm definitione sanciat, sed tamen prædicet? Quid si sit apertè jàm obstinatèque hæreticus? quid si simoniacus? quid si schismaticus? quid si contumaciæ nomine meritò deponendus? quid si bonos viros à suâ communione depellat? quid si mente captus? quid si detentus? quid si ea tàm multa contingant, propter quæ ei necessariò obsistatur? Hæc enim partim evenisse, partim evenire potuisse omnes confitentur. Quid dicam de Marcellino, quem thurificasse multi crediderunt? Quid de illâ, quam adversùs eum collectam memorant, Sinuessanâ synodo trecentorum episcoporum[1]? Falsane, an vera sit, nihil hic nostrâ refert. Veram certè esse ipsâ rei summâ defendit Baronius[2]: veram eam esse plerique canonistæ per trecentos annos existimarunt; eoque exemplo pro certo habuerunt, quibusdam in causis synodum ultrò convenire posse, non quidem ad judicandum, sed ad convincendum atque increpandum Romanum Pontificem, ut saltem pudore victus abdicare cogatur. At enim, inquiunt, causæ eæ sunt necessariæ cur synodus fiat, etiam invito Romano Pontifice : tanquàm ulla causa magis necessaria sit, quàm læsæ fidei; aut adversùs Romanum Pontificem valeat Ecclesia, si hæresim prædicarit, inermis verò atque omni præsidio destitutâ jacent, si certas formulas ac solemnitates adhibeat : quo quid absurdius? Et tamen quandoquidem in eo causa stat, jàm exempla afferenda sunt, atque infirmiores animi ipsâ experientiâ confirmandi, ne quid fidei metuant, si quis Romanus Pontifex, quod absit, officio desit.

[1] Conc. Sinuess, tom. I, col. 938. — [2] Bar. ann. 303; tom. II. p. 771, 772

CAPUT XXXIII.

Lapsus Romanorum Pontificum nihil Ecclesiæ, nihil fidei, nihil Sedi apostolicæ nocuerunt : Liberius ordine temporum primus recensetur.

Hic necessariò repetendi sunt Romanorum Pontificum in causis fidei pertractandis, non modò cunctationes periculosæ interdùm, sed etiam lapsus (*a*). Etsi enim animus refugit commemorare ea quibus imbecilles animi commoveri soleant; tamen hæc me spes sustentat, fidei omnia profutura, cùm evidens futurum sit, Romanis quoque Pontificibus, in injuncto officio confirmandi fratres deficientibus, tamen illud officium haud minùs posteà viguisse, haud minùs immotam perstitisse Ecclesiam catholicam, eique conjunctam Sedem apostolicam ac Romanam fidem.

Hic primo loco occurrit Liberius (*b*). Neque verò animus est

(*a*) Non pauci doctrinæ cleri gallicani aliundè maximè addicti, ipsi præjudicium inferri putant, si momentis hujusmodi parùm solidis fulciatur. Ità imprimis Honoratus Tournely, qui postquàm varia exempla, sepositis prejudiciis, severè examinavit, concludit ea non esse ad statum controversiæ idonea et accommodata. Vide tract. *de Ecclesiâ*, quæst. v, art. iii, tom. II, pag. 183 et seq. Hinc multi mirantur illustrissimum Bossuetium hic tot errorum exempla congessisse, postquàm ipse dixerat : « Que contre la coutume de tous leurs prédécesseurs, un ou deux souverains Pontifes, ou par violence, ou par surprise, n'aient pas assez constamment soutenu, ou assez pleinement expliqué la doctrine de la foi : consultés de toute la terre, et répondant durant tant de siècles à toutes sortes de questions de doctrine, de discipline, de cérémonies, qu'une seule de leurs réponses se trouve notée par la souveraine rigueur d'un concile œcuménique : ces fautes particulières n'ont pu faire aucune impression dans la chaire de saint Pierre. Un vaisseau qui fend les eaux n'y laisse pas moins de vestiges de son passage. » *Serm. sur l'unité de l'Eglise;* sup., tom. XI, p. 596. Igitur conjicere meritò possumus ipsum ea deleturum fuisse, si ultimam manum operi admovisset. (*Edit. Versal.*)

(*b*) Eruditissimi inter catholicos hodie stant pro omnimodâ innocentiâ Liberii, et quidem argumentis haudquaquàm contemnendis. Vide *Dissert. critique et historique sur le pape Libère, dans laquelle on fait voir qu'il n'est jamais tombé; par l'abbé Corgne*, Paris, 1736 : et multò fusiùs, *Commentar. critico-histor. de sancto Liberio papâ*, à P. Stiltingo, inter *Acta Sanctorum septembris* ad diem 23; tom. VI, p. 572. Illud intereà constat, multa hic afferri adjuncta, aut planè incerta, aut omninò supposita; et plura taceri, quæ minimè omitti debuissent. Certè vix intelligo quomodò ea cohærent cum iis quæ ipse illustrissimus auctor dixit, IIe *Instruct. sur les promesses de l'Eglise*, n. 105 et 106; sup. tom. XVII, pag. 217 et 218. Cœterùm ex *Diario* D. Ledieu, colligitur voluisse Bossuetium ea delere, quæ hic scripsit de Liberio, tanquàm ad suum scopum non satis pertinentia. Vid. *Hist. de Bossuet, pièces justificatives du liv.* vi. (*Edit. Versal.*)

tractare quæstionem de Sirmiensibus formulis : quâ in controversiâ doctissimi quique dubitare se potiùs, quam certi aliquid tenere se fateantur. Nos in eam sententiam propendemus, ut Liberius ei formulæ subscripserit, quæ esset omnium maximè innocua. Hæc interim certa sunt; pessimè fecisse Liberium, qui cùm Arianorum artes fraudesque nosset, ei fidei subscriberet, quâ Christus consubstantialis ejusdemque cum Patre substantiæ taceretur [1]. Illud enim erat initæ cùm hæreticis consensionis indicium ac tessera : atque adeò per Liberii subscriptionem Ariani id obtinebant, quo Nicænam infringerent et infamarent fidem. Quarè Liberius nec ipse dubitavit, datis fœdissimis ac miserabilibus litteris, cum omnibus Arianis communicare, atque à suâ et Ecclesiæ Romanæ communione segregare Athanasium, cum quo communicasse pars ecclesiasticæ atque catholicæ communionis habebatur [2]. Hæc à Liberio perpetrata, satis amplam causam dederunt, cur ei hæc agenti anathema ab Hilario diceretur, et cur ille ab Hieronymo et aliis in hæresim subscripsisse memoraretur [3]. Quo etiam factum est, ut à Romanis haud aliter reciperetur, quam ut qui fidem prodidisset, ac se Arianâ communione maculasset, hæreticisque per omnia communicasset, *exceptâ rebaptizationis infamiâ*(a), ut in vitis Romanorum Pontificum disertè scriptum legimus [4].

Neque omittendum illud, quod est gravissimum, Liberium postquàm Arianorum communione pollutus Romam rediit, à maximâ cleri et populi Romani parte rejectum; sanctum Damasum gravissimum eâ tempestate Ecclesiæ Romanæ presbyterum, ac posteà Liberii successorem præ cæteris ab ejus communione abhorruisse, ac Felici in ejus exulantis locum substituto adhæsisse; quòd hic vice versâ, catholicam Ecclesiam contra Constantium tueretur. Hinc «ab eo die, quo scilicet Liberius in urbem ingressus est, fuisse persecutionem maximam in clero, ità ut

[1] Vide Baron., tom III, ann. 357, n. 30. — [2] Ep. Liber. vii, viii, ix, x; tom. II *Conc.*, col. 751 et seq. — [3] Hilar. frag. vi, col. 1337, ed. Bened. Vid. Hieron., in *Chron.*, et *de Script. Eccles.* — [4] *Vit. Liber. pap.*, tom II *Conc.*, col. 740.

(a) Illic annotat Binius « Arianos nondùm rebaptizasse catholicos ad se deficientes, et ea verba ab aliquo fuisse addita; » quod verisimile est. (*Édit. Paris.*)

intra Ecclesiam presbyteri et clerici complures necarentur, et martyrio coronarentur[1]. » Hæc in vitis Romanorum Pontificum scripta recipit Baronius[2]; quibus profectò rebus Liberius non confirmabat, quam potiùs omni ope infringebat fidem. Nunc quid ad hæc respondeant audiamus.

CAPUT XXXIV.

Adversariorum effugia præcluduntur : nostra argumenta firmantur.

Primum quidem aiunt, ad hæc misera et infanda vi adactum Liberium, tædio scilicet victum exilii, ut scribit Hieronymus. Id ipsius Liberii, quæ supersunt miserabiles testantur litteræ : satis enim constat, etsi districtos gladios non legimus, tamen intentatos necis metus. Sed nihil magis infregit Liberium, quàm prava cupido tantæ recuperandæ Sedis, quod etiam Baronius confitetur, verèque memoravit eam fuisse Dalilam, quæ hunc Samsonem corruperit[3]. Utcumque est, si verba Christi dicentis : « Rogavi pro te, » omninò eò pertinent, ut Petri successor nusquàm fidei desit, nusquàm officio confirmandi fratres; Liberium haud minùs ab ipso metu tutum esse oportebat, quàm à cæteris pravis cupiditatibus. Quis enim non videat, id promisisse Petro Christum, ne ullâ animi infirmitate vinceretur? Quo loco si metum excipimus, nimium stultè in re tantâ ludimus. Atque hoc animi robur ad Petri successores manasse oporteat, siquidem omnes eos promissionis ejus hæredes esse constet. Tùm et illud quærimus, si hæc Liberius non metu, sed vel imperitiâ, vel aliâ pravâ cupiditate fecisset; an ideò cessuri erant Eusebius et Damasus ac Romana Ecclesia? Imò tantò ampliùs restitissent. Fateamur ergò Romanam fidem, Romanam Ecclesiam, non modò adversùs metum, sed adversùs omnem aliam cupiditatem potuisse consistere. Denique si vel maximè metum causari placet,

---

[1] Vit. Felix. II, tom. II *Conc.*, col. 843.— [2] Baron., tom. III, an. 357, n. 45, 46, p. 713, 714.— [3] Baron., *ibid.*, n. 33, p. 709.— [4] Bell., *de Rom. Pont.*, lib. IV, cap. IX; Baron., ann. 357, n. 37, tom. III.

quid flet Liberio, non jàm metuenti ac persecutionem passo, sed ultrò persequenti fratres, ut ad impiam communionem cogerentur; et quæcumque adversùs catholicam fidem gesta erant, etiam concitatâ persecutione firmanti. Alia profectò quærenda sunt, quibus Liberius excusetur.

Illic ergo Bellarminus ac Baronius omni ope contendunt[1], ne Liberius hæresi subscripsisse videatur. Quo operæ pretio; cùm saltem sit certum subscriptam ab eo, probatamque formulam quâ fides Nicæna taceretur? At enim, inquiunt, Hilarius quoque hanc probavit formulam; probavit verò tanquàm omninò integram ac perfectam? an potiùs id egit, ut qui eâ uterentur, eos alliceret ad catholicam fidem, à quâ non penitùs abhorrere viderentur? Cæterùm ut à veris orthodoxis ac fidei Nicænæ defensoribus subscriberetur his formulis, quibus fides Nicæna taceretur, non probavit Hilarius : non probavit ut eo silentio et episcopatus redimeretur, et pax cum perfidis iniretur; id, inquam, Hilarius neque probavit, neque fecit. At id nemo dubitat fecisse Liberium.

Aliud est, inquiunt, tacere, aliud negare. Non profectò aliud est, cùm ad eum articulum devenitur, ut tacere negare sit. Neque enim quidquam aliud Ariani volebant, quàm ut fidem Nicænam tacendo subruerent; eòque deducta res erat inter catholicos et hæreticos, ut utrimque contenderetur; ab illis, ne fides Nicæna silentio premeretur; ab his, ut ipso silentio tolleretur; neque id Liberius, aut quisquam ignorabat. Quo tempore tacere, apertè negare est. Neque enim frustrà Christus dixit : « Qui me erubuerit, et meos sermones, hunc Filius hominis erubescet[2]. » At qui sciens tacet, cùm professionem res postulat, profectò erubescit, imò etiam negat : undè quod apud Lucam legitur : « Qui me erubuerit, » legitur apud Matthæum : « Qui me negaverit[3]. » Negavit ergò Liberius, dum tacuit id, quod tùm vel maximè oportebat confiteri eum; in agone ipso scilicet, in ipso martyrii, hoc est, testimonii articulo constitutum. Quo in articulo constitutus, dùm pudendo silentio Sedem apostolicam redimit, nempè quantùm in ipso est, omnes docet patere communionem cum ca-

---

[1] Bell., *de Rom. Pont.*, lib. IV, c. IX ; Bar., an 357, n. 37, tom. III. — [2] *Luc.*, IX, 26. — [3] *Matth.*, X, 33.

thedrâ Petri, iis qui Nicænam tacerent fidem. Neque id tantùm; sed etiam negari iis, qui illam tuerentur : cùm non aliâ causâ Ariani Athanasium à communione Liberii segregatum vellent. Neque in his cogitandum est, quid subtiliter dici possit, sed ipsius rei summa, quid faciat in hominum animis. Neque etiam est quòd dicant vituperari à se Liberii factum, defendi fidem quam intùs haberet. Nos profectò ipsum rectè sensisse, et contra id quod sentiret scripsisse et fecisse intelligimus, et ideò fidei defuisse; et talia facta ad ipsam fidei confessionem pertinere, nec ipse Baronius negaverit.

Cæterùm, id si putant promissioni Christi tutandæ satis esse, ut Romanus Pontifex intùs rectè credat, quidquid profiteatur, amplam nobis januam aperiunt. Ecce enim dicemus Romanum Pontificem benè intùs sentientem, pravâ tamen aliquâ cupiditate seductum, adversùs fidem suam pronuntiaturum. Id si non sufficit tutandæ Christi pollicitationi, ne his excusent Liberium : sin autem sufficit, en casus quo Pontifex, ipsis fatentibus, salvâ pollicitatione Christi, falsa definiat.

Has quidem cavillationes sat scio viros graves et æquos facilè contempturos; et tamen adversarii ad hæc minuta et futilia, suâ subtilitate nos redigunt.

Placet etiam illud quærere; per eam temporum necessitudinem, an Romano Pontifici Arianorum societate polluto, communicari oporteret? At non illud Damasus, non Eusebius, non alii catholici sentiebant : hoc enim ipsum erat, seque et Ecclesiam catholicam Arianorum communione maculare. An forte per eam temporum intercapedinem, Liberius cessavit esse Romanus Pontifex? Quid ità? hæreticus scilicet, atque ipso facto depositus : id enim videtur significare Baronius [1]. Atque ipse Baronius, Bellarminus, et alii id vel maximè agunt, ne hæreticus fuisse videatur. An igitur alias, præter expressam, ut aiunt, hæresim, causas admittimus, propter quas Romanus Pontifex cassus sit? Hæc si volunt, ab alio ducentur in aliud, neque eis quidquam erit integrum. Tùm si in eo res vertitur, ut Romanus Pontifex ideò errare non possit, quòd statim atque erraverit desinat esse Pon-

[1] Vid. Baron., an. 357, n. 34.

tifex, quid vetat nos quoque in eam arcem confugere? Certè et id nobis profiteri licet; à Romano quidem Pontifice falsa judicari ac determinari posse ; sed eum confestim non esse Pontificem. Si hoc dicto tuti sumus, vicimus : at si quid ulteriùs à nobis exigunt, in Liberii lapsu, quò ipsi confugient? Fortassè ad illud, ista qualiacumque sunt, brevissimo temporis intervallo transacta esse. At profectò durarunt septem ad minùs menses. An verò contendent Christi promissionem vel ad certa quædam momenta vacillasse? Denique alia memoramus, quæ non eâ celeritate effluxisse constet. Verùm, utcumque est, certè illud tenemus, cùm dicitur Petri fides, Romana fides. Sedesque apostolica perire non posse, Romano Pontifici deberi obedientiam, cum Romano Pontifice à quocumque catholico communicari oportere : hæc summâ ipsâ valere et æstimari, non ad minutias redigenda. Omninò enim deficiente Liberio, Petri fides stetit : fides stetit Sylvestri, Marci, Julii, aliorumque Romanorum Pontificum, qui Liberium præcesserant. Hæc enim fides Romanos presbyteros sustentabat, quemadmodùm ipse testabatur Eusebius[1], à se teneri fidem, quam à beato Julio ordinatus suscepisset. Neque Sedes apostolica, neque Ecclesia Romana concidit; neque casura erat, si etiam Liberius pejora moliretur; et cùm ab eo abstinerent, haud minùs Ecclesiæ catholicæ Sedisque apostolicæ fovebantur sinu; Romanoque Pontifici tanto impensiùs adhærebant, quantò magis eum orthodoxum vellent.

CAPUT XXXV.

Sanctus Zozimus Cælestii Pelagiani confessionem apertè hæreticam probat : ejus epistola ad africanos episcopos : sancti Augustini loci.

De sancto Zozimo papâ sancti Innocentii successore, sanctus Augustinus hæc scripsit[2]; Cælestium ab Africanis condemnatum, ad eum edidisse libellum fidei, in quo hæc inerant : « Quòd peccatum Adæ ipsi soli obfuerit, et non generi humano : quòd infantes qui nascuntur, in eo statu sint, in quo fuit Adam ante

---

[1] Vid. act. Euseb. apud Mombrit., tom. I, p. 515; et Baluz., *Miscel.*, tom. II, p. 141, 142. — [2] Aug., *de Pecc. orig.*, c. II, III, VI; tom. X, col. 253, 254, 255.

transgressionem. » Et illud : « In remissionem peccatorum baptizandos infantes non idcircò diximus, ut peccatum ex traduce firmare videamur, quod longè à catholico sensu alienum est; quia peccatum non cum homine nascitur [1], etc. » Apertissima hæresis, nullâ verborum ambiguitate prodita, quod etiam Augustinus agnoscit. Sanè Cælestius in fine professionis hæc apposuit : « Si fortè, ut hominibus, quispiam ignorantiæ error obrepsit, vestrâ sententiâ corrigatur [2]. » Atque interpellatus à Zozimo de Innocentii litteris : « se omnia, quæ Sedes illa damnaret, damnaturum esse promisit [3]. » His igitur auditis, refert Augustinus à sancto Zozimo Cælestii libellum catholicum dictum esse [4], in quo tàm apertæ hæreses legebantur (a).

Non tamen Cælestius ab excommunicatione solutus scriptumque est in Africam, atque ad duos menses dilata res, quoad indè rescriberetur [5].

In Zozimi epistolâ [6]; episcopi africani præcipitantiæ arguuntur, quòd Lazaro et Heroti viris levissimis ac nefariis de Cælestio nimiùm credidissent. Hic placet excusari ea, quibus de africanis Patribus, deque Lazaro et Herote viris sanctissimis, optimo Pontifici impositum est. Non equidem scio quo modo id excusari possit, quod de fide Cælestii scribit : « Censuimus innotescere Sanc-

---

[1] Aug., de Peccat. orig, cap. VI, et lib. I de Grat. Christ., c. XXXII, n. 35, col. 245. — [2] Id., de Peccat. orig., c. VI, n. 7, col. 256. — [3] Ibid., cap. VII, n. 8. — [4] Id., lib. II ad Bonif., c. III, n 5, col. 434. — [5] Id., de Pecc. orig., cap. VII, n. 8, col. 256. — [6] Zoz. ep. III ad Episc. afric., tom. II Conc., col. 1559.

(a) Illustrissimo auctori applicare non auderemus quæ ea de re habet Tournely, loco sup. cit., pag. 186 : « Necesse est eos qui tale proferunt exemplum, Augustinum non legisse in eo ipso loco qui opponitur. » Hæc habet sanctus Doctor : « Quænam epistola venerandæ memoriæ papæ Zozimi, quæ interlocutio reperitur, ubi præceperit credi oportere, sine ullo vitio peccati originalis hominem nasci ? Nusquàm prorsùs hoc dixit, nusquàm omninò conscripsit Sed cùm hoc Cælestius in suo libello posuisset, inter illa duntaxat de quibus se adhùc dubitare et instrui velle confessus est, in homine acerrimi ingenii,.... voluntas emendationis, non falsitas dogmatis approbata est. Et proptereà libellus ejus catholicus dictus est, quia et hoc catholicæ mentis est, si quà fortè aliter sapit, quàm veritas exigit, non ea certissimè definire, sed detecta ac demonstrata respuere. » Lib. II ad Bonif., loc. sup. not. Ex his intelligitur ipsum Cælestium, non verò ejus doctrinam dictam fuisse catholicam : de quo vix ullum dubium remanebit, si attendatur simul jussisse Zozimum ut Cælestius subscriberet epistolæ Innocentii, in quâ ipsius errores apertè damnabantur; ut constat ex Mario Mercatore, tom. II Conc., col. 1512 et 1513 ; et ex Paulino diacono, ibid., col. 1578 et 1579. (Edit. Versal.)

titati Vestræ, super absolutâ Cælestii fide nostrum examen¹. »
Ac paulò post de Cælestii accusatoribus : « Quarè intra secundum
mensem aut veniant, qui præsentem redarguant aliter sentire
quàm libellis et confessione contexuit, aut nihil, post hæc tàm
aperta et manifesta quæ protulit dubii Vestra Sanctitas resedisse
cognoscat². »

Res igitur examine et judicio Zozimi eò redacta erat, ut fides
à Cælestio exposita integra et catholica procul dubio haberetur ;
illud quærendum superesset, an probari posset eum aliter quàm
libello dixerat docuisse ? Sic nihil deerat quominùs absolutum
completumque esset de dogmate judicium, resque omninò deducta ad facti quæstionem.

Itaque Facundus, Hermianensis episcopus huic ævo proximus
memorat³, « beatum Zozimum apostolicæ Sedis antistitem, contra sancti Innocentii decessoris sui sententiam, fidem ipsius Pelagii, ejusque complicis Cælestii tanquàm veram et catholicam
laudantem, insuper Africanos culpantem episcopos, quòd ab illis
hæretici crederentur ; » non quòd Zozimus speciatim « præceperit
credi oportere, sine ullo vitio peccati originalis hominem nasci : »
id enim ab eo factum speciatim Augustinus negat⁴; sed quòd
approbavit ut catholicam eam Cælestii confessionem, in quâ illa
hæresis perspicuè continetur. Neque mirum est Zozimum, datis
paulò post ad eosdem Africanos litteris⁵, favisse Pelagio, qui
sententiam suam miris verborum ambagibus involverat. Id mirum Cælestii approbatam fidem, qui manifestissimas hæreses ad-
misisset.

Neque enim usus erat ullis verborum involucris, sed planè
nitidèque rem elocutus est, atque omninò, ut ait ipse Zozimus⁶,
quid de fide sentiret evidenter expressit.

Sanè Augustinus quâ erat modestiâ et charitate, excusat Zozimum. Quòd enim in fine libelli Cælestius instrui se velle professus est, eâ occasione Augustinus sic scribit : « Voluntas emendationis, inquit, non falsitas dogmatis approbata est, et propterea

---

¹ Zoz., ep. III *ad Episc. afric.*, tom. II *Conc.*, col. 1559. — ² *Ibid.* — ³ Facund.,
pro *Defens. trium Cap.*, lib. VII, c. III, p. 277, edit. Sirm., et tom. X *Bibl. Patr.*,
p. 55. — ⁴ Aug., lib. II *ad Bonif.*, loc. ant. cit. — ⁵ Zoz., ep. IV *ad Episc. afric*,
tom. II *Conc.*, col. 1561 et seq. — ⁶ Zoz., ep. III, *ibid.*, col. 1559.

libellus ejus catholicus dictus est, quia et hoc catholicæ mentis est ¹ » velle corrigi si errasset. Rectum etiam illud, quòd Cælestius sancti Innocentii susceperat litteras, quibus, si sincero animo crederet, facilè, ut idem Augustinus ait ², omnia sua errata respueret. Itaque sic Zozimi acta interpretatur, ut Cælestium levibus fomentis perductum ad sanitatem vellet. Quæ tamen profectò efficere non debebant, ut ejus fides tàm claro judicio probaretur.

Patres verò africani ità responderunt : « Non sufficere hominibus tardioribus et sollicitioribus, quòd se generaliter Innocentii episcopi litteris consentire fatebatur ; sed apertè eum debere anathematizare, quæ in suo libello prava posuerat ; ne, si id non fecisset, multi parùm intelligentes, magìs in libello ejus illa fidei venena à Sede apostolicà crederent approbata, proptereà quòd ab illà dictum erat, eum libellum esse catholicum, quàm emendata, propter illud, quòd se Papæ Innocentii litteris consentire ipse responderat ³. »

Hæc sanè non absolvunt Zozimum; sed docent quà modestiâ ac reverentiâ docendi sunt Romani Pontifices, etiam cùm sanctos gravesque episcopos immeritò et asperè objurgant, ac mala non malo animo faciunt : quà Zozimus benignitate atque admonitione correctus, Cælestium ac Pelagium toto orbe damnavit.

Interim prima illa Zozimi sententia et episcopale judicium, etiam si Pelagium ac Cælestium obduratos hæreticos, pejores non facerent, quis dubitet infirmos his moveri potuisse? Certè id effecit, ut hæretici *Romanos clericos* arguerent, tanquàm eos, « qui, jussionis terrore perculsi, non erubuerint prævaricationis crimen admittere, contra priorem sententiam suam, quà catholico dogmati adfuerant ⁴. » Quà oratione, presso licèt nomine, Papam ipsum, qui fidem Cælestii approbasset, facilè designabant.

Memorabile verò est, id quod respondet Augustinus : « Sed si, quod absit, ità tunc (post acceptas scilicet concilii africani litteras) fuisset de Cælestio et Pelagio in Romanâ Ecclesià judicatum, ut illa eorum dogmata, quæ in ipsis et cum ipsis papa Innocen-

---

¹ Aug., lib. II *ad Bonif.*, loc. jam cit. — ² Id., *de Pecc. orig.*, c. VII, n. 8; col. 256. — ³ Id., lib. II *ad Bonif.*, cap. III, n. 5, col. 434. — ⁴ *Ibid.*, col. 433.

tius damnaverat, approbanda et tenenda pronuntiarentur; ex hoc potiùs esset prævaricationis nota Romanis clericis inurenda [1] : » ut intelligeremus sibi, non veritati, non Ecclesiæ Romanæ, aut Sedi apostolicæ nociturum Zozimum, si talia judicasset. Id ergò Augustinus abominandum, infaustum, miserum, non verò impossibile judicavit, idque ad Bonifacium Papam Zozimi successorem scripsit.

Et qui jàm id impossibile esse clamant, perpendant quæ facta sint. Nempè cùm doctrinam apertissimè hæreticam non satis cogitans Zozimus approbavit, nihil hoc Ecclesiæ, nihil fidei Romanæ nocuit : ità sanè intelligant, si Zozimus in postremo illo judicio per eamdem indiligentiam falsus esset, haud minùs Sedi apostolicæ provisurum Deum, ne prava coalescerent, neve Ecclesia catholica caput suum Romanam Ecclesiam amitteret. Cætera prosequamur.

CAPUT XXXVI.

Hormisdæ atque Honorii gesta uno verbo repetuntur : Joannes VII Trullanam synodum, quâ Romana Ecclesia erroris accusatur, suo judicio subditam, relinquit intactam.

Quâ acerbitate sanctus Hormisdas optimam propositionem : *Unus de Trinitate crucifixus*, respuerit, quid posteà successores ejus, rei veritate atque Ecclesiæ catholicæ consensione victi, fecerint, commemoratum à nobis est [2]; constititque catholicissimæ propositionis defensores à sancto Hormisdâ, egregio licèt Pontifice, conturbatos potiùs quàm confirmatos fuisse, ac post consultum Papam, tamen ab Oriente veritatis lumen exortum : adeò liquet multa quæ ad fidei elucidationem spectent, à doctis Pontificibus, etiam interrogatis, etiam pro officio agentibus, prætermitti, nec minùs aliundè affulgere veritatem.

De Joanne VII Anastasius Bibliothecarius in vitis Romanorum Pontificum hæc scribit : « Hujus temporibus, Justinianus imperator (secundus nomine) illicò ut palatium ingressus est, propriumque adeptus imperium, tomos, quos anteà sub Domno

[1] Aug., lib. II *ad Bonif.*, cap. III, n. 5, col. 434. — [2] Sup., hoc lib., c. XVI et seq.

Sergio apostolicæ memoriæ Pontifice, Romam direxerat, in quibus diversa capitula Romanæ Ecclesiæ contraria scripta inerant, per duos metropolitanos episcopos demandavit, dirigens per eos sacram, per quam denominatum Pontificem conjuravit, ac adhortatus est, ut apostolicæ Ecclesiæ concilium aggregaret, et quæque ei visa essent stabiliret, et quæ adversa, renuendo excluderet. Sed hic humanâ fragilitate timidus, hos nequaquàm tomos emendans, per suprafatos metropolitas dixerit ad principem ; post quæ non diù in hâc vitâ duravit [1]. » Quod divinæ ultioni imputatum tenor ipse verborum ostendit.

Hi tomi continebant canones synodi in Trullo habitæ, quæ *Quini-sexta* dicitur. Hæc synodus Ecclesiæ Romanæ ritus multos, nominatim in his, ipsam toto Occidente receptam, atque ab antiquâ et apostolicâ traditione manantem cælibatûs legem presbyteris et diaconis indictam, condemnabat [2], ut quæ evangelicis atque apostolicis testimoniis repugnaret. Quod quidem si verum est, jàm indè à primis sæculis Romana totaque occidentalis Ecclesia incidit in hæresim. Hos canones Joannes VII primùm quidem vano metu territus, rogante imperatore, emendare noluit; sanæque doctrinæ debitum officium denegavit. Quin potiùs probasse apparet : non enim ait Anastasius, nihil egisse Pontificem, neque ità scribit : Nihil respondit Pontifex, aut, Tomos remisit intactos : sed, *Tomos nihil emendans direxit ad principem:* quo ritu bona probaque mitti ac dirigi solent.

Non ità Sergius prædecessor, qui eodem jubente Justiniano, « non acquievit, nec eosdem tomos suscipere, aut lectioni pandere passus est ; » hoc est, ne librum quidem aperire, aut evolvere sustinuit : « Porrò eos ut invalidos respuit, atque abjecit, eligens antè mori, quam novitatum erroribus consentire [3]. »

Honorium vidimus à tribus patriarchis de fide interrogatum ea respondisse, quibus per totum Orientem hæretici firmarentur, catholici turbarentur; quæ denique à sextâ synodo, ac secutis Pontificibus, ut apostolicæ doctrinæ adversa damnarentur [4]. Quàm

---

[1] *Vit. Joan. VII*, per Anastas., tom. VI *Conc.*, col. 1387. — [2] Conc. Quini-Sext., can. XIII; *ibid.*, col. 1148. — [3] *Vit. Serg.*, per Anas., *ibid.*, col. 1291. — [4] Sup., lib. VII, c. XXI et seq.

futilia, quàm levia, quàm absurda respondeant, vidimus : quis enim sanus hæc ferat; pro privato doctore respondisse Honorium à tot tantisque Ecclesiis de fide interrogatum, neque docere voluisse universam Ecclesiam? Rogamus, in Honorii epistolis, ad docendam Ecclesiam quid desiderent? Rem ipsam, ut reverà doceat Ecclesiam, an formulam, ut exprimat docere se velle. Certè ipsa res adest, docet Ecclesias principales, et in eis universam, quantùm in ipso est Ecclesiam (a). Neque magis Leo ad unum patriarcham Flavianum scribens, totam Ecclesiam docuit, quàm Honorius scribens ad tres patriarchas. Redigunt se ad formulas, tanquàm à formulâ non possit excidere, qui ipsâ re, ipsâ summâ cecidit.

CAPUT XXXVII.

Stephani II, Gregorii II, Sergii III, Gregorii VII, ejusque occasione Bonifacii VIII decreta et gesta referuntur: Decretalis: Unam sanctam.

Extant in conciliorum actis Gregorii II egregii Pontificis responsa *ad interrogationes sancti Bonifacii episcopi Moguntini;* quorum secundum sic habet : « Quod proposuisti, quòd si mulier infirmitate correpta, non valuerit debitum reddere, quid ejus faciat jugalis? Bonum esset, si sic permaneret, ut abstinentiæ vacaret; sed quia hæc fortitudo magnorum est, ille qui se non poterit continere, nubat magis [1]. » Hæc est illa Decretalis, de quâ memoravimus [2] dixisse Gratianum : « Hoc evangelicæ et apostolicæ doctrinæ penitùs invenitur adversum [3]; » nec immeritò. Ac notandum illud : *Si mulier infirmitate correpta,* quo apertè designatur infirmitas, conjugio jam inito, superveniens. Conjugium verò, etiam quoad vinculum, ex eâ infirmitate dissolvi, et viro suaderi tantùm, non autem præcipi abstinentiam, tanquàm necessariam; sed novum permitti conjugium, manifestè pugnat

[1] Greg. II, ep. XIII. *ad Bonif. Mogunt.*, n. 2; tom. VI *Conc.*, col. 1418. — [2] *Dissert. præv.*, n. LII. Vid. in App., lib. III, cap. X. — [3] *Decret.*, dist. XXXII, quæst. VII, *Quod proposuisti*, parag. *Sed illud.*

(a) Quæ spectant ad Honorium ejusque litteras, necnon Monothelitarum hæresim, diligentissimè pertractata reperies apud D. Corgne in suo libro inscripto : *Dissertation critique et théologique sur le Monothélisme, et sur le sixième concile général.* Paris, 1741.

cum hâc Christi sententiâ : « Quod Deus conjunxit, homo non separet[1]. » Neque hìc dici potest Gregorium II pro privato doctore respondisse : interrogatus enim à sancto Bonifacio Moguntino, respondebat ea, quæ ad novellam Ecclesiam germanicam instituendam pertinerent. Quarè Gregorius hæc scripta esse memorat, « ex apostolicæ Sedis vigore : » suamque illam vocat, « apostolici vigoris doctrinam per beatum Petrum, à quo et apostolatûs et episcopatûs principium extitit, » ut alio jam loco diximus[2].

Stephani II responsa ad varia consulta tueri nemo potest. Responsum tertium : « Si quis in alienâ patriâ ancillam duxerit in consortium, posteà in patriam reversus ingenuam acceperit, et iterùm contigerit ut ad ipsam, in quâ anteà fuerat, patriam revertatur, et illa ancilla, quam priùs habuit, alii viro sociata fuerit; hic talis potest aliam accipere; tamen non illâ vivente ingenuâ, quam in patriâ propriâ habuit[3]. »

Hoc Stephani II responsum procedere videtur ex falso intellectu decreti sancti Leonis, quod sic habet : « Ancillam thoro abjicere, et uxorem certæ ingenuitatis accipere, non duplicatio conjugii, sed profectus est honestatis[4]. » Leo tamen non agebat de vero et justo conjugio, quod cum ancillâ iniretur; sed de illicitâ copulâ quæ ad arbitrium solveretur cum persona servili : quippè cui nullum jus, nulla actio, nulla querela contra hominem liberum legibus relinquatur. At Stephanum II hìc loqui patet de eâ ancillâ, quæ justis nuptiis conjuncta sit; cùm redire permittat in ejus consortium, nisi alteri viro sociata fuerit. Quarè ancillæ connubium solvit, ingenuæ solvi vetat : quale discrimen conditione cognitâ, nescit Evangelium, neque canones patiuntur; quos talia prohibentes multos invenias apud Gratianum, dist. xxix, quæst. ii, et alibi passim.

Idem Stephanus, responso xi : « Si quis in vino, propterea quòd aquam non inveniebat, periclitantem infantem baptizarit, nullâ ei adscribitur culpa; infantes sic permaneant in ipso baptismo[5]. »

---

[1] *Matth.*, xxix, 6; *Marc.*, x, 9. — [2] *Diss. præv.*, loc. jam cit. — [3] *Respons. Steph. II*, art. iii; tom VI *Conc.*, col. 1650. — [4] Leo. Mag., ep. ii, aliàs xcii, *ad Rust. Narbon.*, inquis. vii. — [5] *Resp. Steph. II*, art. xi, loc. jam cit.

Quâ responsione et infantis perperàm baptizati periclitabatur salus, et simili errori ampla patebat janua. Sed hæc et alia, à Petri licèt successoribus ritè interrogatis, prolata responsa, ultrò conciderunt; quòd ea non admisit Ecclesiæ catholicæ summa et indeclinabilis auctoritas.

Nec magìs probata est illa Nicolai I, egregii licèt doctique Pontificis, responsio ad consulta Bulgarorum, quâ baptismum, « si in nomine sanctæ Trinitatis, vel tantùm in Christi nomine » collatus fuerit, omninò valere, neque iterandum esse decernit[1], falsumque, certè dubium baptismum cum vero certoque æquè firmat; ac Bulgarorum nascentem Ecclesiam falsi baptismatis exponit discrimini : neque id obiter, ut vulgò in scholis ludunt, sed expresso decreto, atque ex *Actis Apostolorum* et beato Ambrosio auctoritate adductâ, ne id leviter dixisse videatur.

Vidimus[2] à Sergio III, sub anathematis pœnâ, de ordinationibus imperata ea esse, « quæ ad facinus pertinerent, quæ contra fidem et catholicam religionem agerentur; » quæ per viginti annos in universâ Italiâ, atque adeò in ipsâ Romanâ Ecclesiâ sacerdotium, sacramenta, atque ipsam christianitatem extinguerent. Hæc profitentem, hæc suo et sociorum nomine conquerentem presbyterum Auxilium, et universalis concilii judicium expectantem nemo damnavit; imò catholici susceperunt.

Gregorium VII ejusque successores liquidò demonstravimus evangelicæ veritati et antiquissimæ traditioni repugnasse, cùm reges deponere aggressi sunt[3]. Ac tametsi eam, quam tot anathematibus exequebantur, animi sui sententiam neque expresso canone firmarent, neque in ecclesiasticum dogma redigerent; tamen ecclesiasticæ potestati conflabant ingentem invidiam; schismaticis et hæreticis occasionem præbebant; catholicos in errorem inducebant, nedùm in fide confirmarent; eaque omnia ideo non nocent, quòd Ecclesia catholica nunquàm ea approbarit, nunquàm ut fidei doctrinam admiserit.

Bonifacium verò VIII, qui Decretali *Unam sanctam*, hæc quo-

---

[1] Nicol. I *Resp. ad cons. Bulg.*, civ; tom. VIII *Conc.*, col. 548; et Grat., dist IV, c. XXIII, *A quodam*. — [2] Sup., hoc lib., c. XXXI. Vid. etiam Auxil., loc. cit. — [3] Sup., lib. III, c. I et seq.

que niti visus est in Ecclesiæ dogma redigere, excusavimus quidem nos, quod expositioni ipsa definitio minimè respondeat, ut vidimus [1] : at illud constitit, et in expositione Scripturas à vero sensu contra traditionem apertè detortas, et multa intolerabilia ad infirmandam potiùs quàm ad confirmandam fidem fuisse collecta. Ad hæc alii urgent, ex ipsâ expositione definitionem explicandam, atque ideò ab errore manifesto non posse defendi. Nec desunt, qui omnia à Bonifacio exposita, ut ab ipso asserta, ac vera Sedis apostolicæ placita tueantur, nec erubescant habere pro errantibus, aut etiam hæreticis, qui fidem his non præbeant. Quæ tamen Bonifacii decreta, utcumque se habent, fidei non nocent; quod, tacentibus cæteris, Ecclesiæ catholicæ tanta pars Ecclesia gallicana apertè reclamarit, Romanosque Pontifices ad temperandam Bonifacianæ doctrinæ acerbitatem adduxerit.

CAPUT XXXVIII.

Paschalis II : gesta Lateranensis synodi : Guidonis Viennensis, mox Callixti II, decreta in synodo Viennensi à Sede apostolicâ comprobata : hujus decreti verba ad Papam : Nos à vestrâ obedientiâ repellitis.

Post Gregorium VII, interserere oportebat quæ Paschalem II, à Gregorio VII tertium, speciatim tangerent; sed nos rerum connexio extra temporum seriem tantisper abripuit.

Notum omnibus, quale privilegium Henricus V imperator à Paschale II per vim extorserit, nempè ut electi non consecrarentur, nisi ab imperatore per baculum priùs investiti [2]. Id itâ ferè est habitum, ac si Papa in hæresim consensisset. Itaque, Lateranensi tertio concilio congregato, plus centum episcoporum, mitram ac mantum, ut vocabant, pontificalem, hoc est, purpuream cappam seu pallium, abjecit : Patres hortatus est ut juberent ipsum jàm non esse Pontificem. Cæterùm quod liberet, sine ipso Ecclesia ordinaret [3]. Hoc enim Godfridus Viterbiensis disertè scripsit, inconditis quidem ineruditisque versibus, tamen ad

---

[1] Sup., lib. III, cap. XXIII, XXIV, XXV. — [2] Vid. sup., lib. III, cap. XII. — [3] Conc. Later. III, sub Pasch. II, tom. X, col. 767.

historiæ fidem compositis. Ac sic Papam loquentem inducit[1] :

Me quoque Pontificem non fore jussa date.

Tum illud :

Ordinet Ecclesia sine me quidquid placet, inquit.

Quin etiam, quantùm in ipso fuit, se ipse deposuit. At Patres non assensi sunt, eumque pristino loco esse voluerunt : at privilegium condemnarunt, ut quòd esset, « contra Spiritum sanctum et canonicam institutionem[2]. » Igitur id decretum à duodecim archiepiscopis, quatuordecim et centum episcopis, quindecim presbyteris, atque octo diaconis cardinalibus factum esse in actis memoratur, nullâ Papæ mentione, data quoque sententiâ excommunicationis in regem, « non à Papâ, qui juraverat nunquàm hoc se facturum : sed ab Ecclesiâ injuriam sui patris vindicante[3]. » Ità refert hujus temporis manuscriptus codex, actis conciliorum insertus. Decreta concilii toto orbe vulgata sunt. Sic optimo Pontifici, cùm intelligeret rem à se, ut oportebat, non posse peragi, Ecclesiæ catholicæ succurrit auctoritas.

Hæc gesta sunt anno 1112, quo item tempore Guido archiepiscopus Viennensis, posteà Calixtus II papa, Viennense concilium habuit, cujus decreta legimus in conciliorum actis[4]. Ipse Guido decretorum summam ad Paschalem pontificem perscribit his verbis : « Igitur dictante Spiritu sancto, investituram omnem rei ecclesiasticæ de manu laicâ, hæresim esse judicavimus: scriptum illud, quod rex à vestrâ simplicitate extorsit, damnavimus; in ipsum regem nominatim et solemniter, et unanimiter sententiam anathematis injecimus[5]. »

Horum à Papâ confirmationem petit, subditque : « Si verò, quod minimè credimus, nostræ paternitatis (parvitatis seu fraternitatis legendum) assertiones prædictas roborare nolueritis, propitius sit nobis Deus, quia nos à vestrâ obedientiâ repelletis. »

Quo loco futurus, id si contingeret? An extra Ecclesiam, ac Se-

---

[1] God. de Vit. Chron., part. XVII, p. 508. — [2] Conc. Later., ibid., col. 760.— [3] Ibid., col. 771. — [4] Conc. Vienn., ibid., col. 784. — [5] Ep. conc., ibid., col. 785. Vid. Diss. præv., n. LXXIX.

dis apostolicæ communionem? Absit, sed tamen ità incidebant eæ temporum necessitudines, quibus sancti quoque episcopi à Papæ obedientiâ repellerentur.

Paschalis II hanc synodum confirmavit, datis litteris *Guidoni et cœteris archiepiscopis, episcopis et abbatibus, seu dominis sacerdotibus Viennæ congregatis* [1]: quæ litteræ in conciliorum acta referuntur.

Quo sensu, quâ veritate, quâ nonnullorum ejus ævi episcoporum ac maximè Ivonis Carnotensis [2] discrepantiâ, investitura hæresis haberetur, non est hìc disceptandi locus. Hæresim proprio strictoque significatu fuisse, id quod Paschalis II indulserit, vix quisquam sanus dixerit; et tamen hujus rei gratiâ de Pontifice Romano talia decernebant.

CAPUT XXXIX.

Alexandri III in exponendâ Scriptura manifestus error, omnium sententia reprobatus: caput, Cùm esses; de Testamentis: item Innocentii III falsa Scripturæ expositio: Cap.Per venerabilem; Qui filii sint legitimi.

Grave illud est quod de testamentis ab Alexandro III definitur his verbis: « Proposuisti talem in tuo episcopatu consuetudinem obtinere, quòd testamenta, quæ fiunt in ultimâ voluntate, penitùs rescinduntur, nisi cum subscriptione septem vel quinque testium fiant, secundùm quod leges humanæ decernunt. Quia verò à divinâ lege et sanctorum Patrum institutis, et à generali Ecclesiæ consuetudine id esse noscitur alienum, cùm scriptum sit: *In ore duorum vel trium testium stabit omne verbum* [3]; præscriptam consuetudinem improbamus; et testamenta quæ parochiani coram presbytero suo, et tribus vel duabus aliis personis idoneis, in extremâ fecerint voluntate, firma decernimus permanere, sub interminatione anathematis prohibentes, ne quis hujusmodi audeat rescindere testamenta [4]. » Cap. *Cum esses; de Testamentis*.

Atqui hæc testamenta quotidie rescinduntur, valetque in multis regionibus jus civile Romanum, quod Alexander III, ex Scrip-

[1] Ep. Pasch. II, *ibid.*, col. 786. — [2] Ivon. Carn. epist. ad Joan., Arch. Lugd. — [3] *Matth*, xviii, 16. — [4] Dec. Greg. IX, lib. III, tit. xxvi, *de Testam.*, c. x, *Cùm esses*.

turâ, ex traditione, ex universali consuetudine, adhibitâ etiam excommunicatione proscripserat, tantâque auctoritate facta Decretalis abjicitur.

Hanc quidem Decretalem, *ad ea quæ relicta Ecclesiæ sint,* Glossa restringit, auctoritate capitis sequentis : *Relatum est;* quanquàm Alexander III, in eodem capite *Cum esses,* generatim de testamentis dixerat, quæstionemque de legatis Ecclesiæ relictis, ex lege generali deciderat. Sed quid nostrâ, cùm nec in ejusmodi legatis ea Decretalis valeat, quam Pontifex Scripturis, traditione, universalis Ecclesiæ sensu, hoc est, iis omnibus, quæ certam fidem faciunt, asserebat?

Argumentum istud longè difficillimum, teste Melchiore Cano, sic ab eo solvitur : « In decretis pontificiis, duo imprimis distinguenda sunt; unum est tanquàm intentio conclusioque decreti; alterum quasi ratio et causa à Pontifice reddita ejus rei, quam constituerat. Atque in conclusione Pontifices summi errare non possunt, si fidei quæstionem ex apostolico tribunali decernant ; sin verò Pontificum rationes necessariæ non sunt, ne dicam aptæ, probabiles, idoneæ, in his nihil est videlicet immorandum. Non enim pro causis nos à Pontificibus redditis, tanquàm pro aris et focis depugnamus [1]. » Id postquàm multis exemplis argumentisque asseruit, concludit valuisse Alexandri Decretalem, in locis Ecclesiæ Romanæ, aliarumque Ecclesiarum ditioni subjectis; quod id Pontifex decernere suâ auctoritate posset : quanquàm Scripturam et traditionem perperàm allegavit.

Mitto quòd Melchior Canus, decreta generatim à summo Pontifice edita, redigere ad eas regiones nititur, quæ sint ecclesiasticæ ditionis, cùm soleant Pontifices accuratè notare, quæ faciant et decernant, tanquàm principes, « ubi apostolica Sedes et summi Pontificis auctoritatem exercet, et summi principis exercet potestatem : » Cap. *Per venerabilem; Qui filii sint legitimi* [2]. Quo autem idem scriptor pontificii decreti conclusionem à sacræ Scripturæ allegatione distinguit, ac valere conclusionem, ex falsâ etiam probatione contendit; facilè assentimur, ubi aliæ pro

---

[1] Melch. Can., *de Loc. theolog.*, lib. VI, c. VIII. — [2] *Ibid.*, ex decr. Greg. IX, lib. IV, tit. XVII.

bationes adhibentur, vel adhiberi possunt. Cæterùm, cùm Alexander III nihil hìc aliud alleget, aut allegare possit, præter unum Scripturæ locum malè ex confesso intellectum; apparet eum falso fundamento nixum, ad id decretum sub excommunicationis pœnâ edendum prosilisse.

Haud pluris valet ab Innocentio III allegata Deuteronomii auctoritas [1], quâ docet; « cùm Deuteronomium lex secunda interpretetur, ex vi vocabuli comprobari, ut quod ibi decernitur, in novo Testamento debeat observari. » Cap. *Per venerabilem; Qui filii sint legitimi.*

CAPUT XL.

Ejusdem Alexandri III decretum, quo anteriorum Pontificum, de matrimonio per verba de præsenti, statuta solvuntur: Innocentii III de revelanda confessione rescriptum ad Cistercienses: idem Innocentius III, Cœlestini III erroneam Decretalem solvit.

Idem Alexander III, postquàm judicavit id, quod est certissimum, valere conjugium per verba « de præsenti, utroque dicente: Ego accipio te in meam, et ego accipio te in meum; » ac tale conjugium non dissolvi contracto alio connubio, atque etiam copulâ consecutâ, addit[2]: « quamvis aliter à quibusdam prædecessoribus nostris fuerit judicatum. » Consulti ergò judicarunt, contra id quod est posteà ab Alexandro III totàque Ecclesiâ judicatum.

Neque verò eos juvat Nicolaus Dubois, hanc errori manifesto excusationem obtendens: « Fuit olim dubium in Ecclesiâ, an matrimonium solo consensu firmatum dissolvatur per matrimonium subsequens cum aliâ, et consummatum..... Hinc factum quòd diversi episcopi et archiepiscopi, Salernitanus, Paduanus, Senensis, Norvicensis, Januensis, etc., sanctam Sedem consuluerint[3]. » Rectè et ordine; tunc enim vel maximè consulendi summi Pontifices, cùm casus arduus est et ambiguus. Quid tùm

---

[1] Melch. Can. ex Decret. Greg. IX, lib. IV, tit. xvii. — [2] Decret. Greg. IX, tit. iv *de Sponsa duorum*, cap. iii, *Licet præt. solit.* — [3] *Disq.*, art 1, n. 11, 161.

posteà ? Nempe illi à tot episcopis consulti, pessimè responderunt. Ergò vel maximè constat apostolico officio defuisse, cùm tot Ecclesiæ apostolici officii opem requirerent.

Innocentius III, à toto capitulo Cisterciensi consultus, an monachi confessionem sacrilegam, ab ipso confessario revelari oporteret? vocatis cardinalibus sic respondet : « Ego dico in tali casu, confessionem esse prodendam; quia potiùs est blasphemia quàm confessio : nec debet confessor tantam blasphemiam ac insaniam celare, per quam periculum toti Ecclesiæ poterit incumbere. Et placuit sententia Innocentii omnibus; et scripsit sequenti anno ad capitulum generale, quod à se fuerat determinatum[1]. » En ex canonum præscripto ad Romanum Pontificem gravis relata quæstio, ex quâ periculum *toti Ecclesiæ* incumbere videatur : en matura et canonica deliberatio, totoque anno dilata; tùm ad universum Cisterciensem Ordinem, totâ diffusum Ecclesiâ, perlata responsio, ac determinatio, quam juri divino ac naturali repugnare theologi canonistæque uno ore confitentur. Hæc doctissimis et consultissimis Pontificibus ritè consultis, ritè deliberantibus excidunt, ad testificationem humanæ infirmitatis : audens dixerim (absit verbo injuria), et ad infallibilitatis præsumptionem retundendam.

At idem Innocentius III cautè reprobavit antiquiorem Decretalem Cœlestini III, qui matrimonii vinculum inter christianos, superveniente alterutrius hæresi, solverat. Hunc sui prædecessoris errorem Innocentius III modestè reprobat his verbis : « Licet quidam prædecessor noster sensisse aliter videatur[2]. » Quod quidem dat honori antecessoris sui, qui perspicuè matrimonii vinculum solverat. Glossa quoque absolutè, verbo *prædecessor*, hæc habet : « Scilicet Cœlestinus, cujus dictum habuisti Decretali *Laudabilem : de Convers. infid.*, et malè Cœlestinus[3]; » quarè Decretalis ejus è corpore Juris exclusa est.

Et quidem habemus hujus Decretalis verba apud Antonium Augustinum, quæ sic habent : « Cum christiano viro propter

---

[1] Cæs., *Monach. Cist. hist. mem.*, lib. III, cap. XXII. Vid. *Bibl. Script. Cist.*, c. 1. — [2] Decret. Greg. IX, lib. IV, tit. XIX, *de Divortiis*, cap. VII, *Quanto te novimus. Ibid.*, lib. III, tit. XXXIII, *de Conversione infidelium*, c. 1, *Laudabilem*. — [3] Gloss., cap. *Quanto te novimus*, loc. cit.

odium uxoris Christum negante, et sibi copulante paganam, et ex eâ filium procreante, christiana in opprobrium Jesu Christi relicta est; tamen assensu archidiaconi sui, ad secundas nuptias convolavit, et filios suscepit ex ipsis; non videtur nobis, quòd si prior maritus redeat ad unitatem ecclesiasticam, eadem debeat recedere à secundo, et resignari priori; maximè cùm ab eo visa fuerit, Ecclesiæ judicio recessisse [1]. »

Hic verò Nicolaus Dubois, Adrianum VI reprehendit [2], quòd Cœlestinum III hujus Decretalis gratià hæreticum judicarit: « Nondùm enim, inquit, res erat ab Ecclesià definita; nec erat contrarius totius Ecclesiæ consensus, qui vim haberet definitionis. » En interim ille consensus, quem tot vanis stultisque incessit irridetque dicteriis, ab ipso quoque agnitus. Addit: « Cœlestinus, tantùm respondit per verba, *non videtur nobis*; ut patet ex textu: nihil adhuc verò definivit. Quomodo ergo Adrianus potest hæreticis annumerare Cœlestinum [3]? » Quid nostrâ? Quis enim contendit Cœlestinum fuisse hæreticum, qui nullà contumaciâ hæc scripserit? Id tantùm cum Adriano VI volumus, Romanum Pontificem de quæstione ad fidem pertinente ordine interrogatum respondisse id, quod reverà est certissimè hæreticum; eumque Pontificem imposito confirmandi fratres officio defuisse, cujus sententiâ, vir justâ uxore privatus, mulier adultero copulata manserit; pessimum verò archidiaconi judicium confirmetur.

CAPUT XLI.

Franciscana controversia: primo loco ponitur Decretalis Exiit *Nicolai III; probatur hanc veram esse definitionem doctrinalem ac dogmaticam.*

Ultimò ponimus quæ Nicolai III seu IV, ac Joannis XXII temporibus contigerunt.

Nicolaus III, ut sancti Francisci regula perfectè observaretur, et compescerentur illi qui hæc instituta mordebant, ejus inter-

---

[1] Ant. Aug., *Collect. Decret.*, coll. II. — [2] Nic. Dub., *Refut. argum.*, art. XIV, n. 146, 147. — [3] *Disquis.*, art. VIII, n. 107, p. 38. *Refut. urg.*, etc., p. 78. Vid. in Append., lib. II, c. II.

pretationem edidit decretali *Exiit qui seminat*[1]. In eo verò versatur quàm maximè ut altissimam Franciscani Ordinis paupertatem exponat; cujus articuli hæc summa est : quod « abdicatio proprietatis, tam in speciali, quàm in communi, meritoria est et sancta, quam Christus et verbo docuit, et exemplo firmavit, ut etiam primi Ecclesiæ fundatores; quòd Christus loculos interdùm habuisse dicitur, id egisse infirmorum personâ susceptâ; quo condescensu factum sit ut et infirma ageret, sicut interdùm in fugâ patet, et in loculis. »

Hoc igitur fundamento posito, distinguit « in rebus temporalibus, proprietatem, possessionem, usumfructum, jus utendi, et simplicem facti usum; » quod ultimum, nempè simplicem facti usum, ab ipso etiam utendi jure discretum, solum relinquit fratribus ; proptereà quòd id « condecens fuerit, ei professioni, quæ spontè devovit Christum pauperem in tantâ paupertate sectari. »

Sic igitur docet, Christum quoque id paupertatis et abdicationis genus fuisse sectatum, distinctèque declarat, sic à se intelligi usum simplicem, « qui facti est tantùm, in utendo, præbet utentibus nihil juris. » Hunc igitur usum sanctum ac meritorium esse definit, quippe qui exemplo Christi confirmetur. Atque hæc summa doctrinæ est, quâ etiam ipsissimam instituti Franciscani rationem ac perfectionem, Christi imitatione constantem, expressam esse voluit.

Neque verò in hoc simplice facti usu, consumptibilia, putà vestimenta ac cibos, distincta voluit ab inconsumptibilibus, putà ædibus ac cellis : imò verò disertè expressit ea, « quæ ad usum necessariæ sustentationis » pertinerent, quæque fierent « pro necessitatibus infirmorum, et aliis fratribus induendis, » ut fratres in his quoque ad simplicem facti usum redigantur, nullo interim utendi jure ipsis reservato.

Ergò quæ data essent utenda fratribus, in dominio dantis permanere posse voluit : et quoniam qui hæc darent fratribus ità affecti esse viderentur, ut à se concessa verè dimittere, atque *ad alios transferre cupiant propter Deum;* ne *talium rerum*, quæ fratribus utendæ dentur, *incertum videatur esse dominium*, illud,

[1] *Sext. Decret.*, lib. V, tit. XII, *de Verb. signif.*, cap. III, *Exiit qui seminat.*

exemplo Innocentii IV, ad se et Ecclesiam Romanam transfert; omnimodum usum relinquit fratribus, concessâ etiam potestate vendendi et commutandi libros et alia mobilia, prout fratrum usibus conveniret.

Sic deindè concludit : « Cùm ex prædictis et aliis multâ maturitate discussis, regula ipsa licita, sancta, perfecta, et observabilis, nec ulli patens discrimini evidenter appareat[1], » ut hæc constitutio « sit perpetuæ firmitatis, hæc, sicut cæteræ constitutiones vel decretales epistolæ legatur in scholis, ac fideliter exponatur ad litteram : nullis additis glossis, quocumque prætextu, sub excommunicationis pœnâ, nisi iis, per quas verba, seu verbi sensus, seu constructio, quasi grammaticaliter exponatur. » Sic sancta esse debuit hæc constitutio; sic non tantùm ad fratres, sed ad scholas universamque dirigitur Ecclesiam, ut omnes fideles instruantur, quid de hâc regulâ sentire debeant.

Hæc igitur definitè determinatèque dicta, nemo negaverit. Tùm in fine subditur : « Qui contra prædicta determinaverint (seu prædicarint) excommunicationis sententiæ subjacere; » quo nihil est clarius ad definitionem dogmaticam exprimendam. Jàm verò quanti hæc sint, sequentia demonstrabunt.

CAPUT XLII.

Decretalem Exiit *confirmarunt Clemens V, Clementinâ* Exivi, *et Joannes XXII, Extravagante* Quorumdam : *mox idem Joannes ejusdem Decretalis auctoritatem infringere aggreditur.*

Subortis posteà circa hanc Decretalem aliquot scrupulis, eam Clemens V elucidatam voluit, Decretali inter Clementinas, *Exivi de Paradiso; de Verborum significatione*[2]; quâ disertè probat, rerum utendarum ad Ecclesiam Romanam translatum dominium ac proprietatem, « dimisso ipsis fratribus in eis tantùmmodò usu facti simplicis. »

Fratres contenderunt hanc Clementinam vel maximè fuisse ir-

---

[1] *Sexti D'cr.*, ubi sup., § *Cum igitur.* — [2] *Clem.*, lib. V, tit. xi, *de Verb. significatione*, cap. I, *Exivi de Paradiso.*

revocabilem; quippe quæ à concilio Viennensi approbata fuerit; quod falsum esse constat. Nec minùs interim constat apostolicâ auctoritate comprobatam fuisse à Clemente V.

Circa has Decretales Nicolai III et Clementis V, Joannes XXII edidit Extravagantem *Quorumdam*, quà *eorum declarationes* vocat *salubriter editas, solidas* quidem et *claras et lucidas;* alibi, *limpidas.* Ipse de vestium simplicitate ac formâ, deque habendis cellis frumentariis ac vinariis, quid agendum sit, superiorum permittit arbitrio [1], pontificatûs anno tertio, Christi 1318.

Etenim multi ex fratribus, fallace delusi paupertatis imagine, vanissima quæque in deformandis vestibus comminisci cœperant. Non ullis monitis, non ullis parere superiorum imperiis; seque eò pauperiores ac perfectiores arbitrari, quò insaniora cogitarent.

Neque verò Joannes eâ Decretali tantos motus comprimere potuit; quin potiùs hinc exorti Fraticellorum insani clamores: Joannem hâc Decretali fecisse «contra evangelicam paupertatem et per consequens contra Evangelium Christi; et ideò factum hæreticum, ac papalem potestatem perdidisse, si in hoc perseveraverit [2]. »

Tantæ posteà exortæ sunt, circa illam inglossabilem Nicolai III constitutionem, difficultates et rixæ, tàm turbidi motus, tam insana deliria, ut idem Joannes XXII eam paulatim, quàm minimâ poterat antecessoris contumeliâ convellere cogeretur. Ac primùm illud glossandi interdictum sub excommunicationis pœnâ à Nicolao positum, ad beneplacitum suspendit, editâ Extravagante *Quia nonnunquàm* anno pontificatûs sexto, Christi 1321 [3]. Quo tempore Decretalis *Exiit* cœpit vacillare auctoritas; multaque adversùs eam scripta prodierunt quæ Rainaldus edidit [4]. Imprimis impugnabant illud quod erat in eâ Decretali dictum: « Christum habuisse loculos, infirmorum susceptâ personâ, » quemadmodùm fugam præcipit : quæ omnia gravissimè refutabant, et utrumque suo modo ad perfectionem pertinere contendebant; cùm per-

---

[1] *Extrav.* tit. XIV, *de Verb. signif.*, cap. I, *Quorumdam.* — [2] Rainald., tom. XV, an. 1318, n. 53. — [3] *Extrav.*, loc. cit., cap. II, *Quia nonnunquàm.* — [4] Rainald., jam cit. loc., an. 1322, n. 55 et seq.

fectionis sit providere suis et egenis, ac per fugam dare locum iræ, nec temerè aggredi pericula.

CAPUT XLIII.

Joannis XXII Extravagans Ad conditorem canonum : *ea Decretalis* Exiit *dogma rejecit.*

Neque ità multò post, Joannes XXII progressus ulteriùs, duas Decretales edidit, quibus concitati fratres adversùs Joannem, ut apertum jam hæreticum, unà cum Ludovico Bavaro imperatore dira moliti sunt, totâque Ecclesiâ famosas illas ac miras tragœdias excitarunt.

Anno igitur pontificatús septimo, Christi 1322, Extravagantem edidit : *Ad conditorem canonum*[1]; quà rerum Fratribus utendarum ad Ecclesiam Romanam translatum dominium, à se et Ecclesiâ Romanâ amovet, exceptis rebus sacris; vetat moveri lites, aliaque quæ à Fratribus Ecclesiæ Romanæ procuratorio nomine agebantur.

Hâc autem Decretali miris modis exagitat simplicem facti usum ab utendi jure distinctum ; docetque eum nec esse possibilem, nec verum, nec Fratribus utilem, ad perfectionem paupertatis obtinendam, aut mundi sollicitudines removendas : ad hæc non esse justum, nedum ad perfectionem ullam pertineat ; cùm injustum sit aliquâ re uti eum, « cui jus non competat utendi ; » reservationem quoque dominii ac proprietatis Romanæ Ecclesiæ attributam, pari modo nec esse possibilem, nec veram aut sinceram, nec justam, ac nedùm Ecclesiæ Romanæ, utilis fuerit, « in illius notam atque injuriam redundare. » Igitur se, « qui veritatem colere teneretur, dignum et congruum arbitrari, ut professores dicti Ordinis, non verbis tantùm, non simulatis actibus; sed operibus claris veritate suffultis, perfectionis statùs, ac altioris paupertatis sibi prærogativam, præ aliis mendicantibus vindicarent. » Simul declaravit consulere velle se « honori sacrosanctæ Romanæ Ecclesiæ, cujus obnubilari posset gloria, si tàm perversæ simu-

[1] *Extrav.*, loc. cit., c. III, *Ad conditorem*, etc.

lationi, quæ profectò et ipsis simulantibus officit, et aliis scandali materiam subministrat, dissimulando illi occurrere consentiret. »

Addebat nolle se « in posterum, sub prætextu seu pallio talis dominii temporalis, verbalis, nudi et ænigmatici, tanta bona, quanta dicti fratres faciunt infici. » Quibus sanè verbis Nicolai III usum facti simplicem, ab eoque ortam perfectionis, altiorisque paupertatis ideam, non modò subruebat, sed etiam irridebat. Tamen prædecessorem, quibus verbis poterat, excusabat, qui « piâ consideratione motus, supradicta ordinavit. » Curabat autem vel maximè, ut quod erat absurdissimum ab eo amoliretur, nempè vindicatam Ecclesiæ Romanæ rerum etiam consumptibilium proprietatem. Ejus igitur verba molliebat, sensum ad meliora vertebat. Id autem vel maximè inculcabat : « neminem sapientem æstimare debere, » quod Nicolaus III absurda, injusta, nec possibilia intenderit; non sanè addebat omninò impossibile esse, ut talia definiret, quique id fieri posse sentirent, schismatis aut erroris reos; qualia nunc venditant.

CAPUT XLIV.

Joannis XXII Extravagans Cùm inter nonnullos : *ea Decretalis* Exiit, *doctrinam de Christi et apostolorum paupertate hæreseos damnat : à Romanis Pontificibus erronea definiri posse demonstrat : Franciscani appellantes in materiâ fidei à Papâ ad concilium, ejus rei gratiâ nullam censuram ferunt.*

Supererat illud à Fratribus prædicatum, à Nicolao III approbatum in Christo et apostolis per simplicem usum facti, altissimæ, ut putabant, paupertatis exemplum. Id Joannes XXII omninò subruit, editâ Extravagante *Cùm inter nonnullos,* anno pontificatûs nono, Christi 1325, quâ propositiones duas examinat : alteram, « quòd Christus et apostoli in speciali non habuerint aliqua, nec in communi; » alteram, « quòd in iis, quæ ipsos habuisse Scriptura testatur, nequaquam in ipsis jus utendi competierit [1]. »

[1] Extr. *Cùm inter nonnullos*; ibid., c. IV

Has ritè examinatas, erroneas et hæreticas judicavit, hanc verò postremam, doctrinæ catholicæ eò maximè inimicam, quod Redemptori tribuat usum et gesta non justa : usum scilicet, sine jure utendi, ut erat expositum superiore Decretali *Ad conditorem.*

At Minores id gravissimè tulere. Itaque Joanni XXII Nicolai Decretalem objiciunt : illum etiam apertè hæreticum inclamant, quod illa, quæ « per clavem scientiæ in fide ac moribus, à summis Pontificibus semel definita sunt, eorum successoribus revocare non licet in dubium [1]. » Hos ut motus compesceret Joannes XXII aliam eodem anno edidit Extravagantem *Quia quorumdam;* quâ quidem Nicolaum excusat, ut potest, negatque aut ab ipso, aut ab aliis prædecessoribus definita, quæ Fratres tanto studio de facti usu simplice asserebant : ac si vel maximè definissent, « constitutiones illas fore invalidas, erroneas et infirmas. » Neque verò, quod nunc somniant, id *per impossibile* dixit, aut omninò negavit evenire posse, ut à Romano Pontifice talia definiantur; sed duntaxat hæc scribit : « Quod usum talem non justum conditor canonis Fratribus intellexit reservare, probabile non videtur. » Profectò non putat rem esse impossibilem, qui id causatur tantùm, probabilem non videri.

Et quidem Joannes ad Nicolaum excusandum hæc scripsit : « Non apparet ipsum dixisse, sustentationem Christi et apostolorum ejus in solo et nudo simplici consistere usu facti. » Verùm id nihil est; nam etiamsi verum esset concessisse Nicolaum Christo et apostolis non modò usum facti simplicem, sed etiam aliquando ipsum jus utendi; tamen asserebat interim, usum illum simplicem, non modò esse justum, sed etiam perfectum, et in Christo præluxisse, atque ex ejus exemplo ad fratres propagatum; cùm Joannes usum illum, et injustum esse universim definiret, et in Christo admittere hæreticum judicaret.

Quam profectò sententiam, Decretali *Quia quorumdam*, luculentissimè confirmavit [2]. Ibi enim docuit, illam expropriationem, quam in usu facti simplice absque jure collocabant, neque à Christo *observatam*, neque *apostolis impositam,* neque *sub voto*

---

[1] Vid. *ibid.*, Extr. *Quia quorumdam*, cap. v. — [2] Extr. § *Rursùs* 2°.

ab ipsis fuisse receptam. Id enim in evangelicâ historiâ non fuisse traditum ; atque hæc Christo tribuere, cùm per se justa non sint, hæreticam, damnatam, blasphemam, pestiferam esse doctrinam. Ergò satis constat Nicolaum, editâ Decretali, ut perfecta laudasse, ac præscripsisse Fratribus, quæ Joannes XXII injusta; de Christo dixisse, quæ idem Pontifex, non modò nova et in Scripturis inaudita, sed etiam blasphema atque hæretica declararit.

Quæ cùm itâ sint, omnes, credo, intellexerunt, id egisse Joannem, ut Nicolai Decretalem tanto apparatu conditam, tantâ auctoritate promulgatam, honestissimè quidem ac modestissimè quoad fieri posset, sed tamen efficacissimè hâc in parte subrueret.

Hùc accedit Michaelem Cæsenatem fratrum Minorum generalem, ejusque socios, à tribus Joannis Decretalibus, conceptis verbis, ad sanctam Romanam Ecclesiam, et ad generale concilium universalis Ecclesiæ publicè et solemniter appellasse, et appellationem Joanni transmisisse. Id et testantur acta [1], et Rainaldus confitetur [2] neque adversarii negant, has duas Decretales, *Cùm inter nonnullos*, et *Quia quorumdam*, quibus duæ propositiones declarantur hæreticæ, ad fidei definitionem omninò pertinere. Jam verò doceant, Minores, qui ab eis appellarint, qui professi sint Papam de fide pronuntiantem errare potuisse, eo certè nomine à Joanne fuisse damnatos. Nihil reperient tot inter apostolicas litteras, quibus eos coercuit; cùm nihil prætermiserit, quo impudentissimos atque ineptissimos sycophantas argueret.

CAPUT XLV.

Bellarmini ac Rainaldi effugia.

Nunc inutile est copiosiùs narrare, quæ recentiores, Bellarminus primùm, ac recentissimè Rainaldus dixerint [3]. Summa est

---

[1] Mich. Cæs., *Tract. cont. error. Joan. XXII*. Goldast. Monarch., tom. II, p. 1236. — [2] Rainald., loc. cit., an. 1331, n. 11 et seq. — [3] Bell., *de Rom. Pont.*, lib. V, c. xiv. Od. Rain., tom. XV, an. 1322.

hæc : Nicolai decretalem malè intellectam, neque vero suo sensu à Joanne damnatum; tùm in quibus varient illi Pontifices, *non ad fidem et mores pertinere*, sed esse de re metaphysicâ, interim pro certo habitum à Romanis Pontificibus, definita circa fidei quæstiones, rata esse et irretractabilia : quæ omnia putamus satis clarè refutata ex ejus ævi scriptoribus, et ipsis Decretalium verbis.

Et quidem de usu facti simplice, definitionem Joannis Decretali *Ad conditorem*, editam, Rainaldus tuetur, Bellarminus impugnat[1], et Joannem *in controversiâ ad fidem non spectante errasse* decernit; cùm Joannes Decretali *Quia quorumdam*, eum qui Decretalis *Ad conditorem* definita convellat, « tanquam contumacem, et rebellem Romanæ Ecclesiæ ab omnibus haberi » jubeat.

Quid quòd idem Joannes non aliâ causâ, illum, absque jure, usum facti simplicem in Christo admitti, blasphemum, hæreticum, impium judicarit, quàm quòd usus ille sit non justus, in quo eum Bellarminus errasse asserit, ac duas Joannis de fide decretales subruit.

Neque verò concesserim in re metaphysicâ et vanâ versatum esse Joannem. Omninò enim è re Ecclesiæ erat, ut evanesceret è Fratrum animis, illa quam Nicolaus foverat, falsæ atque inanis perfectionis idea; cùm illam etiam Christo adscribere, auctore Nicolao, minimè vererentur, eâque dementati, sibi tantoperè placuerint : neque modò ad horrenda facinora, verùm etiam ad hæreses et schismata proruperint.

Quòd autem Constitutionem *Exiit*, ut decretum de fide haberi nolunt, quia id Papa *non expresserit*, neque sua pronuntiata, *de necessitate credenda proposuerit;* tametsi contra ea *determinare ac prædicare*, sub excommunicationis pœnâ vetuerit, nos quanti hæc valeant lectori dijudicandum relinquimus. Interim intelligimus, procul ab officio confirmandæ fidei abfuisse Nicolaum, qui, definitione editâ, ad id induxerit animos, quod Joannes XXII injustum aut hæreticum declararit.

Sed jam de Joannis Decretalibus duabus, *Cùm inter nonnullos*,

[1] Rain., an. 1324, n. 32. Bell., loc. cit.

et *Quia quorumdam*, nec habent quod hiscant, cùm eas decretales, adhibitis licet omnibus, quibus decretum fidei nùnc constare volunt; tamen à Glossâ *Corpori Juris* insertâ, pro retractabilibus habitas, et ab ipso Bellarmino subrutas videant; ut profectò pateat, subtiles illos infallibilitatis pontificiæ defensores, dùm ab inania ac minuta nos redigunt, tandem aliquando in has coarctari angustias, ex quibus nullis se scholasticis argutiis extricare possint.

CAPUT XLVI.

Quæstio de visione beatificâ ante universalem resurrectionem : in eâ Joannes XXII falsa prædicat, et suadere nititur : Gallis obsistentibus, Ecclesiæ catholicæ consensioni cedit.

Sub eodem Pontifice Joanne XXII, anno ejus 16, Christi 1331, teste Rainaldo [1], « agitari cœpta est in pontificiâ Curiâ quæstio de visione animarum, controversa inter theologos ejus temporis. » Et quidem pro certo erat, *purgatas animas in cœlum mox recipi;* idque ipse Joannes instructione editâ ad Ofinium Regem Armeniæ definiverat, ut habet idem Rainaldus [2]. An in cœlum receptæ visione faciali fruerentur, dubium videbatur, et negabat Joannes; atque, ut ait Rainaldus, « maximâ sollicitudine undiquè argumenta pro parte negante conquirere, et varia ex Patribus testimonia contexere cœpit : atque ea tanquàm privatus doctor in suis concionibus repetere, ut præsules doctoresque ea argumenta diligentiùs discuterent [3]. » His quidem Joannes se ipsum posteà defensabat, his eum excusatum volebant, qui ex ejus auctoritate, et concionibus publicè in ecclesiâ ad populum habitis, periculum fidei verebantur. Cæterùm, si ea volebat tantùm discuti à doctoribus, quorsùm pertinebat prædicari ad populum? Omninò certum est, id quod etiam totâ Ecclesiâ ac maximè in Galliâ divulgatum ac creditum, eum errorem à Joanne publicè prædicatum.

His Galli nostri movebantur; tùm verò vel maximè cùm Ge-

[1] Rain., tom. XV, an. 1331, n. 45. — [2] *Ibid.*, et an. 1318, n. 10. — [3] *Ibid.*, an. 1331, n. 44.

raldus Otho generalis Minorum minister, Pontifici intimus, atque ab eo internuntius ad Gallias missus, illum errorem Parisiis pro concione sacrâ exponendum suscepisset [1]; ac passim ferebatur, aliâ licèt specie, hujus rei gratiâ, à Joanne summissum, ejusque erroris Pontificem auctorem ac signiferum esse.

Philippus verò VI *Valesius* dictus, Francorum Rex, extrema minabatur iis, qui claram visionem beatis animabus denegabant : ad quem Pontifex epistolam scripsit, quam Rainaldus profert [2].

Hâc epistolâ scribit, quæstionem dubiam etiam Augustino visam ; variare doctores; se quidem hujus rei in sermonibus habuisse mentionem, quæstionem jussu suo, ut sic plenius posset inveniri veritas, disputatam.

Subdit hæc posteà : « Et quia, fili dilectissime, forsan tibi dicitur, quòd nos non sumus in theologiâ magister, audi quid unus sapiens dicat. *Non quis*, inquit, sed *quid dicat*, intende : » adeò et ad se quoque pertinere intelligebat illud, ut *non quis*, sed *quid diceret*, cogitemus [3]. Pergit : « Utinam, fili, sicut et aliàs meminimus nos scripsisse, vellet audire, quæ in nostris sermonibus diximus, regia celsitudo, et ut prædiximus, unum verbum de capite nostro non protulisse reperies, sed quæ vel Christus, vel apostoli, vel sancti Patres et doctores Ecclesiæ protulerunt. » Sic dubitantis specie, quam sequebatur doctrinam regiis auribus instillabat.

Tùm regem dehortabatur ab insectandis iis, qui claram visionem negabant animabus; neque enim hoc ad regium honorem pertinere : atque omninò permitteret utramque liberè disputari ac prædicari sententiam, *donec aliud per Sedem apostolicam declaratum fuerit*. Hæc scripsit xiv Kalendarum decembris, pontificatûs anno 17, qui erat annus Christi 1333.

Nihil his motus Philippus, non multis post diebus, quam epistolam acceperat, Dominicâ scilicet quartâ Adventûs, magistros parisienses congregavit, jussitque eos de quæstione ferre sententiam; qui omnes unanimi consensu in id convenerunt, ne clara visio beatis animabus negaretur. Quam censuram Facultatis ha-

---

[1] Rain., tom. XV, an. 1333, n. 44; 1334, n. 30. — [2] *Ibid.*, an. 1333, n. 45. — [3] *Ibid*, n. 40.

bemus integram, ejusdem jussu principis scriptam, pendentibus magistrorum sigillis.

Testatus quidem rex erat, nihil à se quæri quod Papam tangeret, quem omni honore prosequeretur : at doctores præfati erant audisse se, « quòd quidquid in hâc materiâ sua Sanctitas dixit, non asserendo, seu opinando, protulerit, sed tantummodò recitando : » adeò verebantur, ne pontificium animum offenderent.

Hujus censuræ exemplum, teste continuatore Nangii, hujus ævi historico (a), rex misit ad Papam, mandans sibi à latere, quatenùs sententiam magistrorum de Parisiis, qui meliùs sciunt quid debet teneri et credi in fide, quàm juristæ clerici (b), qui parum aut nihil sciunt de theologiâ, approbaret, et quòd sustinentes in contrarium corrigeret[1]. »

Facinus audax, inquies, ut Galli Romanum Pontificem fidem ipsam docerent. Tanta erat fiducia agnitæ veritatis; atque his quidem Joannes cessisse videtur. Certè anno sequente, sui pontificatûs ultimo, Christi 1334, editam voluit professionem eam, quâ *cum catholicâ Ecclesiâ* fatebatur, « quòd animæ purgatæ vident divinam essentiam facie ad faciem. Atque adeò Ecclesiæ catholicæ consensione, in veram certamque veritatis fidem, non jam cunctabundus aut fluctuabundus adductus est.

Quòd autem eam fidem Benedictus XII asseruit, eique obsistentes hæreticos judicavit[2], nihil aliud quàm publicum et stabilem Ecclesiæ catholicæ eam in rem consensum declaravit, quem jam Parisienses, quem ipse Joannes XXII moriens agnoverat. Neque interim illud admittimus, quod est à Rainaldo aliisque responsum : quæ idem Joannes adversùs eam fidem publicè in ecclesiâ prædicarit, ea ab ipso fuisse prædicata, ut privato doctore. Omninò enim prædicatio in eminentissimâ Ecclesiæ Romanæ arce edita, ad apostolicum officium pertinet; veramque fidem oportet in Ecclesiâ Romanâ, non modò definiri prolato anathemate; sed etiam ità doceri, prædicarique, ut indè *annuntietur per universum orbem*[3] : cui planè officio

---

[1] Vid. contin. Nang. ap. Duch. tom. V.— [2] Rain., an 1336, n. 2, 3. Vid. in Bull. Rom., tom. I, Bull. Bened. XII, *Benedictus;* § 3, 4, 5 ; p. 241. — [3] *Rom.*, I, 8.

(a) Monacho nempe sancti Dionysii. — (b) Romani.

Joannes XXII defuit. An ergò cùm ille falsa prædicaret, nutabat ea, quam Ecclesia Romana prædicabat, fides? aut Ecclesia Romana Sedesque apostolica falsa et hæretica prædicavit? aut quæ prædicanti Papæ, eadem judicanti ac definienti non obstitisset Ecclesia catholica: defuissentque vires, quibus falsa definitio solveretur? Absit : dictum enim de Joanne XXII esset, quod ipse de Nicolao III dixit : si quid falsi definisset, « constitutiones eas fore invalidas, erroneas et infirmas [1]; » neque eo secius existimassent stetisse immotam Ecclesiæ catholicæ Sedisque apostolicæ fidem. Ergò intelligamus, quæ Romani Pontifices prædicarint, crediderint, declararint, nondùm esse Romanæ Ecclesiæ Sedisque apostolicæ, quoad à Romano Pontifice promulgata, totâque Ecclesiâ recepta, obtinuerint et coaluerint, atque hanc esse Romanam, hanc Petri, hanc Sedis apostolicæ fidem, quæ deficere non possit.

[1] Extrav. *Cùm inter nonnullos ; de Verb. signif.*, cap. IV.

LIBER DECIMUS

QUO PROBATUR CONVENIRE CUM DECLARATIONE GALLICANA HÆC : QUOD ROMANA SEDES FIDESQUE NUNQUAM DEFECTURA SIT; ET QUOD PRIMA SEDES NON JUDICETUR A QUOQUAM.

CAPUT PRIMUM.

Fides Petri quid sit: verba Petri: Tu es Christus; *et Christi*: Tu es Petrus, etc. *Petri fides Ecclesiæ fundamentum. ad locum* Matth. XVI, 16 et seq.

Ne quid tam necessariæ disputationi desit, placet exponere luculentiùs illud immotum, quod in fide Petri omnis ab origine agnovit antiquitas. Id duplici modo à Patribus intellectum : primùm, ut Ecclesia catholica in Petri fide immota consistat : tùm, ut immotum aliquid et invictum in Ecclesiam quoque peculiarem Romanam ac Sedem apostolicam, Petri fide, prædicatione, sanguine, auctoritate, ac successione translatum fuerit.

Et quidem immotum illud, quod à Petri fide in universam Ecclesiam diffundatur, sancti Patres ducunt ab illâ egregiâ Petri confessione : *Tu es Christus,* ac deindè subsecutâ Christi sententiâ : *Tu es Petrus*[1].

Petrus enim apostolus, jam primus apostolorum à Christo constitutus, jam à Christo *Petrus* dictus, atque his causis omnium primus ab evangelistis omnibus appellatus[2], quod ipse textus Evangelii prodit legentibus; cùm Christus quæreret : *Quem me esse dicitis?* omnium nomine confessionem hanc edidit, quâ fidei christianæ summa continetur : *Tu es Christus filius Dei vivi.* Quæ cùm Petrus dixisset, hoc statim audivit à Christo : *Tu es Petrus, et super hanc petram ædificabo Ecclesiam meam.* Quibus verbis Christus, qui suam maximè unam volebat Ecclesiam, creavit magistratum amplissimâ præ cæteris potestate ac majestate

[1] *Matth.,* XVI, 16. — [2] *Ibid.,* X, 2. *Marc.,* III, 16. *Luc.,* VI, 14.

præditum, qui omnes moveret ad unitatem, maximè in fide. Atque his duo quidem confirmavit : alterum, haud immeritò Petrum omnium nomine respondisse, qui omnium princeps ab ipso Magistro Christo constitutus esset : alterum, quoties successores Petri communem Ecclesiarum fidem, ex communi traditione, pro officio promerent, eorum decretum, prædicationem, fidem, fore Ecclesiæ fundamentum.

Hinc Christus pollicetur, hâc Petri confitentis fide Ecclesiam æternùm constituram : *Super hanc petram*, inquit, *ædificabo Ecclesiam meam, et portæ inferi non prævalebunt adversùs eam*, nempè Ecclesiam, eâ fide nixam. Quo loco sanctus Leo : « Super hanc, inquit, fortitudinem æternum extruam templum, et Ecclesiæ meæ cœlo inferenda sublimitas, in hujus fidei firmitate consurget [1]. »

Hæc idem Pontifex passim inculcat; hæc omnes uno ore Romani Pontifices; hæc denique Patres omnes; ut in re clarâ et confessâ plures locos congerere supervacaneum sit. Omninò fixum illud est et immotum; cùm Ecclesia catholica ædificio comparetur, eam quam Petrus confessus est fidem, æterni ædificii æternum fundamentum esse.

CAPUT II.

Ipse Petrus et Petri successores, propter injunctum officium prædicandæ et asserendæ fidei, Ecclesiæ fundamentum, huic officio meritò adjunctæ claves.

Neque minùs ipse Petrus, ejusque successor Romanus Pontifex, tanto in ædificio fundamenti loco est, ut qui, ex commisso munere, ecclesiastici regiminis princeps, præcipuique ac fundamentalis officii, prædicandæ scilicet et asserendæ fidei, caput executorque sit.

Quâ ex re, si quis sequi putat, Romanum Pontificem commissi officii gratiâ fundamento comparatum, ideò in exponendâ fide

---

[1] Leo., *Serm.* III *in anniv. Assump. ejusd.* c. II. Vid. *in append.*, ed. Quesn., n. 4, *Serm. Leon. adscrip.* c. II al. *serm.* II *in natal*. A Lost.

esse infallibilem, fallitur : aliud enim est, ut ei aliquid offi ii injungatur; aliud, ut illud procul omni dubio præstiturum esse constet.

Atque ut officium, quemadmodum oportet, ab ipso effectu secernamus, advertendum superest, cui rei Christus æternæ stabilitatis promissionem adjecerit : an ipsi Pontifici, an verò Ecclesiæ? Ecclesiæ certè, ut verba declarant : *Et portæ,* inquit, *inferi non prævalebunt adversùs eam*[1], Ecclesiam scilicet, ut et verborum docet ipsa connexio, et Leo atque alii Patres luculentissimè profitentur (a). Cui loco convenire alia Christi dicta jam vidimus, quale illud est : « Si Ecclesiam non audierit, sit tibi sicut ethnicus et publicanus[2] : » — « Ecce ego vobiscum sum usque ad consummationem sæculi[3]; » et : « Cùm venerit ille Spiritus veritatis, docebit vos omnem veritatem[4]. » Quæ ad unitatem apostolici ordinis manifestè referuntur. Undè etiam extat illud apostolici primi concilii : « Visum est Spiritui sancto et nobis[5]; » cui congruit illud in symbolo item apostolico, quod attributum est toti et soli Ecclesiæ, certissimum Spiritûs sancti magisterium : « Credo in Spiritum sanctum, sanctam Ecclesiam catholicam; » nihil ut sit clarius, quàm ipsi Ecclesiæ catholicæ primitùs promissionem, et vim æternæ stabilitatis adjunctam.

At enim, inquiunt, petra ipsa, fundamentum ipsum, per sese est stabile, ipsoque adeò ædificio stabilius; quippe quo ædificium id habeat ut firmum ac stabile sit. Id qui dicunt, non satis advertunt, ipsa etiam fundamenta posse convelli. Quare Christus æternum structurus ædificium, non in eo præcisè reponit æternam ejus ædificii soliditatem, quòd in tali ministeriali fundamento, Petro scilicet ac Petri successore, sit positum; sed quòd ipso Christo ædificante consurgat : « Super hanc, inquit, petram ædificabo Ecclesiam meam, et portæ inferi non prævalebunt adversùs eam; » propter ædificantem scilicet Christum, qui et fundamentum posuit, et exstruxit ædificium, et invictâ virtute utrumque continet.

---

[1] *Matth.*, XVI, 18. — [2] *Ibid.* XVIII, 17. — [3] *Ibid.*, XXVIII, 20. — [4] *Joan.*, XVI, 13. — [5] *Act.*, XV, 28.

(a) Nous avons déjà remarqué que *adversùs eam* se rapporte aussi bien d'a-

Quòd ergò moderni quidam eò usque provehuntur, ut in Petro et successoribus, certiorem et clariorem, quàm in ipsâ catholicâ Ecclesiâ, stabilitatem agnoscant; næ illi nimii sunt, neque tolerandi, quibus clariùs ac firmiùs videatur : *Credo Romanum Pontificem infallibilem*, quàm : *Credo sanctam Ecclesiam catholicam*.

Certum quidem est, Ecclesiam catholicam, constituto Principe, tanquam totius regiminis fundamento, factam esse firmiorem. Neque tamen tu mihi fundamenti similitudinem sic urgeas, ut Ecclesia collapsura sit, si quando Principis cesset officium; alioquin eum, qui summâ in Ecclesiâ potestate fungatur, non modò infallibilem, sed etiam immortalem esse oportebat : aut si ad extremum urgeri placet fundamenti rationem ac vim, aliud certè est, ut ipsum fundamentum penitùs subruatur : aliud, ut sit aliqua in fundamento labes. Primum si acciderit, ruit ædificium; secundum, non ità : nonnunquàm enim opus est ipsum refici fundamentum. Aliquis Petri successor, sive Liberius, sive Honorius, sive quivis alius in tacendâ fide officio desit, atque ipsi etiam fidei adversetur; en aliqua in ipso fundamento labes, quæ ab Ecclesiâ facilè reparari possit; non item, si Petri officium in totum tolleretur, Christi institutione contemptâ.

Illud ergò officium, ut constituere, ità destruere nullam humana vis potest; statque illud immobile à Christo constitutum ecclesiastici regiminis fundamentum.

Quare et illud certum est, in ipsâ ministeriali petrâ, Romano scilicet Pontifice Petri successore, vim esse; præcipuam illam quidem ac principalem, sed tamen partialem, ut vocant; ità ut totum ipsum parte sit firmius.

Namque et aliquatenùs aptis lapidibus ædificii compages sese ipsa sustentat, mutuamque sibi operam fundamentum ipsum compagesque præstant : atque ut compages fundamento sustentatur, sic fundamentum compage protegitur. Quin ut in papatu maxima, ità in episcopatu magna est à Christo indita vis ; suntque episcopi capita et fundamenta particularium Ecclesiarum, ex

---

près les règles de la grammaire, et plutôt selon l'enseignement de la tradition, à *Petram* qu'à *Ecclesiam*.

quibus universa coalescit, et in vivo ædificio, vivi lapides sese ultrò coagmentant; ipsique fundamento præcipuo, scilicet romanæ Sedi, non nudo tantùm obsequio, sed etiam adunati auctoritate provident. Sic illa in infando schismate (a) horrenda fundamenti labes, totius compagis ope sanata refectaque est.

Stat ergò æternus ille in Ecclesiâ Christi, ab ipso Christo constitutus magistratus, ad unitatem movens fideique firmitati ex officio providens. Cui quidem officio meritò attributæ claves, solvendique ac ligandi tanta potestas; ut quidquid in terrâ solverit vel ligaverit, in cœlo quoque solutum ligatumque sit; quibus verbis designari, non personæ injuncto officio defungentis infallibilitatem, sed ipsius officii efficaciam ac vim omnes consentiunt.

Hæc igitur pertinent ad illud Christi dictum : *Tu es Petrus,* constititque omninò, Petri officium esse Ecclesiæ fundamentum, eo quòd Ecclesia unitate consistat, cujus sacramentum ac radix in Petro est.

CAPUT III.

Locus : Rogavi pro te ; *et* : Confirma fratres tuos, *Luc.*, XXII, 32. *Aliud præceptum, aliud promissum : præceptum,* Confirma fratres, *quid sit.*

Eodem pertinet aliud Christi dictum ad Petrum : « Simon, Simon, ecce Satanas expetivit vos, ut cribraret sicut triticum : ego autem rogavi pro te, ut non deficiat fides tua ; et tu aliquando conversus, confirma fratres tuos. » In hâc Christi sententiâ, ut in priore, rursùs distinguimus ea quæ ad officium Petri pertinent, et ea quæ ad Christi promissionem. Ad officium Petri pertinet: *Confirma fratres tuos;* ad Christi promissionem certam : *Rogavi pro te, ut non deficiat fides tua.*

Hoc ergò ex officio Petrus habet : hoc Petri successores in Petro acceperunt, ut fratres confirmare jubeantur, non profectò ut ei officio nunquàm defuturi sint.

Si enim jubendo Christus id præstat, ut præceptum ipsum impleatur, jam omnes sunt impeccabiles; Romanusque Pontifex,

(a) XIV sæculi.

cui Christus in Petro dixit : *Pasce oves meas,* non modò in doctrinâ nunquàm peccaturus est, sed nec in ullâ parte pastoralis officii, cùm nulla profectò sit, quam non illa vox complectatur.

Jàm quod aiunt, ipsâ confirmandi voce, supremum et indeclinabile judicium, eamque auctoritatem indicari, quâ nulla major esse possit, falsum est : nam *confirma,* hoc est, quantum in te est enitere ut firmi sint. *Misimus enim Timotheum,* inquit Apostolus, *ad confirmandos vos*[1]*;* et cuicumque Episcopo dictum est : *Esto vigilans, et confirma cætera, quæ moritura erant*[2]. Et ostendunt Scripturæ passim, confirmare vacillantes animos, per omnia ecclesiastica ministeria fusum. Quod Petro ejusque successoribus singulari titulo attributum efficit quidem, ut præ cæteris, ut erga cæteros, atque etiam erga fratres et apostolos illud facere jubeantur : non autem, ut id certissimè præstent. Nam quod objiciunt, cuique officio suam esse à Deo providentissimo adjunctam gratiam, quis id nesciat? Adjungitur quidem ut omni officio, ità etiam papatui, perpetuâ Dei benignitate, gratia singularis; at gratiam singularem non propterea sequitur semper accipientis certa fidelitas : alioquin nunquàm in eo officio peccaretur, quod est falsissimum.

CAPUT IV.

Promissio in illâ precatione, ut non deficiat fides tua *: fides Petri quid sit? nunquam defectura, neque in ipso Petro; neque in catholicâ Ecclesiâ; neque in Sede apostolicâ, seu peculiari Petri Ecclesiâ.*

Atque hæc sunt, quæ pertinent ad Christi præceptionem: *Confirma fratres tuos.* Jàm ad promissionem ista : *Rogavi pro te, ut non deficiat fides tua :* quæ quidem promissio multipliciter intelligi potest, pro multiplice personæ Petri intellectu.

Est enim primùm Petrus singularis, cui Christus, teste Augustino, promiserit, « ut haberet in fide liberrimam, fortissimam, invictissimam, perseverantissimam voluntatem [3]. » Quo

---

[1] *Thess*., III, 2. — [2] *Apoc.*, III, 2. — [3] Aug., *de Correp. et Grat.*, c. VIII, n. 17.

sensu promissio solum Petrum spectat, non autem successores, quos in fide confirmatos, nemo, credo, nisi insipientissimus dixerit.

Et eâ quidem promissione ad exequendum officium Petrus juvabatur. Quis enim dubitet promptius illud fuisse ac certius, ut confirmatus in fide confirmaret : quod Christus Petro significavit his verbis : « Simon, Simon; ecce Satanas expetivit vos, ut cribraret sicut triticum; ego autem rogavi pro te, ut non deficiat fides tua[1]. » Quo loco Leo præclarè : « Pro fide Petri propriè supplicatur, tanquam aliorum status certior sit futurus, si mens Principis victa non fuerit[2]. » Neque propterea Petri successores id habent, ut in fide confirmentur, sicut non omnes habent illam eminentissimam charitatem, quâ Petrus plus cæteris Christum diligens audire meruit : *Pasce oves meas*[3].

Hoc igitur est quod Petro in propriâ personâ promissum est, neque ad posteros transiturum; nempè ut in fide et gratiâ confirmetur. Jàm quod sit ad posteros transiturum, ex aliâ duplici Petri personâ pendet.

Petrus enim præter personam suam, aliam personam gerit, nempè Ecclesiæ universæ; quod ipsum ad ejus primatum pertinet, sicut Augustinum dicentem audivimus : « Petrus Ecclesiæ gestabat in figurâ personam, propter primatum quem in discipulis habuit[4]. » Cùm ergò Petro dicitur pro hujus personæ ratione : *Non deficiet fides tua*, hoc nempè est, non deficiet Ecclesiæ catholicæ fides, cujus tu figuram atque personam propter primatum geris; ac jubetur posteà *confirmare fratres*, qui primatu imposito tantam personam induerit.

Neque immeritò Petro dicitur : *Non deficiet fides tua;* fides illa scilicet, quæ cùm sit christianorum omnium, vel maximè est tua; quòd eam primus omnium atque omnium nomine prædicaveris.

Hunc sensum interpretes sæpè memorati secuti sunt; ad eumque alludere videtur Augustinus : «Dicente Christo, *Rogavi pro*

---

[1] *Luc.*, xxii, 31, 32. — [2] Leo., *Serm.* iii *in anniv Assump. ejusdem*, c. iii, ed. Quesn , iv, p. 109. — [3] *Joan*, xxi, 17.— [4] Sup., lib. VIII, c. xix. Aug., *in Ps.* cv.ii, n. 1.

te, ut non deficiat fides tua, intelligamus ei dictum, qui ædificatur super petram [1],» hoc est, omnibus in Christo perseveraturis.

Hic ergò secundus sensus, pro secundo intellectu personæ Petri, totam in se repræsentantis Ecclesiam, ac maximè electos. At tertio modo, Petrus intelligi potest strictiore significatu, ut qui non modò Ecclesiæ universæ personam susceperit, sed successores in primatu suos, eorumque curæ commissam peculiarem Ecclesiam, Romanam scilicet, singulari titulo repræsentet. Quo etiam sensu, meritò Petro dicitur : *Non deficiet fides tua;* cùm nunquam futurum sit, ut Petri successores eorumque universa series atque successio, Sedesque cui præsint, atque Ecclesia quam docendam et regendam susceperint, à verâ fide evellantur.

CAPUT V.

Petrus ejusque successores cuidam peculiari ecclesiæ ac sedi præsidere debent : Petri fides in Petri Sede et in successorum serie non deficit.

Et quidem de successorum serie satis constat; cùm catholici omnes uno ore fateantur, Petri officium, hoc est, papatum ipsum atque primatum à Christo institutum, nunquàm in Ecclesiâ desiturum. Sed Petri successores, cùm ordinandi fuerint, è cœlo lapsuri non sunt; neque ad creandos eos, ubi opus fuerit, totam Ecclesiam citari commoverique oportebit. Necesse ergò est, aliqua ut sit catholicæ Ecclesiæ pars, ex quâ existant, aliique aliis subrogentur. Quare ità constituti sunt, ut non modò universæ Ecclesiæ præsint, sed quemadmodum cæteri episcopi, peculiarem habeant quam regant Ecclesiam, nempe Romanam quam Petrus fundaverit et rexerit, imò quam semper et foveat et regat. Hæc ergò Ecclesia ex avitâ atque apostolicâ traditione, eo jure, eâ dignitate est, ut quemcumque sibi, eumdem etiam Ecclesiæ universæ ducem pastorémque eligat, nec nisi ab orthodoxâ orthodoxum eligi par est. Hæc igitur Cathedra, hæc Sedes, hæc Ecclesia est, quæ pro sui Pontificis dignitate uniendæ Ecclesiæ

[1] Aug., *de Corrept. et Grat.*, c. XII, n. 38.

necessaria, nunquàm à verâ Ecclesiâ, nunquàm à verâ fide abrumpatur.

Neque objiciant, Sedem à sedente Pontifice minimè distinguendam. Hunc enim errorem, multis jam veterum testimoniis sublatum esse credimus. Vel sanctum Leonem audiant de sede Antiochenâ dicentem : « Aliud sunt sedes, aliud præsidentes[1]. »

Neque propterea dicimus, ipsam sedem aliquid exercere posse potestatis aut jurisdictionis, aliter quàm per ipsum præsidentem : sed si præsidens erraverit, errorem eum statim repellendum, neque coaliturum.

Neque verò distinguimus à Romanorum Pontificum fide, Romanæ Ecclesiæ fidem; quam scilicet non aliter quàm à Petro primò, atque à Petri successoribus Romani didicerint.

Neque huic fidei oberit, si aliquot Pontifices officio defuerint, atque à verâ fide, eique conjunctâ fidei professione aut prædicatione aliquando aberrarint. Stat enim Romana fides, ab eorum antecessoribus stabilita, ab eorum successoribus statim vindicanda; ut factum in Liberio, Honorio aliisque vidimus[2], nullo Romanæ fidei, aut Romani primatûs detrimento. « Etsi enim, inquit Leo, diversa nonnunquam sunt merita præsulum, tamen jura permanent Sedium[3] : » quantò magìs permanent jura in Sedem apostolicam per Petrum, auctore Christo, collata.

Accipiendi ergò Romani Pontifices tanquàm una persona Petri, in quâ nunquam fides penitùs deficiat; atque ut in aliquibus vacillet, aut concidat, non tamen deficit in totum, quæ statim revictura sit. Nam et Petrus negavit, et incredulus fuit, postquam etiam audivit illud : *Rogavi pro te, ut non deficiat fides tua :* sed statim exsurgit, confirmaturus fratres, atque omnium nomine communem prædicaturus fidem, sicut in *Actis* legimus. Sit ergò in Leone; sit in Agathone; sit in aliis egregiis Pontificibus Petrus, fratres confirmans : sit etiam in Liberio; sit in Honorio Petrus ad horam nutans et negans; sed statim respiciente Domino convalescens, seque ipso validior; ut firmitudini, Domino providente, etiam lapsus ipse serviat; neque supersit ullum errati

---

[1] Leo., *ep. ad Anast. C. P.*, LXXX, al. LIII. — [2] Sup., lib. IX. — [3] Leon., *ep. ad Maxim. Antioch.*, XCII, al. LXII, c. III.

vestigium. Id in Ecclesiâ Romanâ contigisse multa exempla docuerunt, neque porrò aliter ad consummationem usque sæculi, in totâ Pontificum successione, eventurum esse, certâ fide credimus.

Id autem beati Petri meritis tributum volumus. Omninò enim apostoli ad Christum recepti, discipulorum ac successorum suorum regunt Ecclesias: neque illa vacat Ecclesiæ oratio Dominum deprecantis: « ut gregem tuum, Pastor æterne, non deseras; sed per beatos apostolos tuos continuâ protectione custodias[1]; » certumque est id, quod subditur: «iis rectoribus Ecclesiam gubernari. » Quantò magis Petrus omnium princeps, « in propriâ sede vivit ac præsidet, » ut et sanctus Leo egregiè docet[2], et universa Ecclesia in œcumenicis etiam conciliis sæpè confitetur.

Sic ergò tertio sensu intelligatur Petri nunquàm defectura fides; quod eam Ecclesiæ Romanæ semel traditam, in eâdem Ecclesiâ, ipsâque successorum serie conservat ac fovet. Quibus hæc magna et præclara, Sedisque apostolicæ majestatis digna non sufficiunt, ii ut se in minuta atque oppidò absurda ac falsa conjiciant, non ratiociniis, sed jam experimentis vidimus[3].

CAPUT VI.

Traditio Patrum de fide et Ecclesiâ Romanâ, deque Sede apostolicâ nunquàm defecturâ: Romanorum Pontificum de suæ Sedis dignitate tuendâ traditio.

Hæc itâ, uti diximus, se habere universa agnovit antiquitas. Sancti enim Patres ab ipsâ christianitatis origine dùm quærunt illud immotum in fide, quod Ecclesiæ principali, Romanæ scilicet, inesse necesse sit; non Romanum Pontificem doctorem publicum, quem à Romano Pontifice homine singulari, atque ut peccatis, itâ erroribus obnoxio, secernendum cogitant; id enim postremæ ætatis inventum est; sed ipsam Romanam Ecclesiam, ac Romanam fidem, ipsam Petri Cathedram ac Sedem apostolicam uno ore commemorant.

---

[1] *Præf. Miss. Apostol.* — [2] Vid. Leon., *serm.* I, II, III, *in die Assumpt. ejusd.* Vid. tot. lib. IX.

Primus omnium Irenæus occurrit, dùm « maximam, antiquissimam et omnibus cognitam, à gloriosissimis duobus apostolis Petro et Paulo, Romæ fundatam et constitutam Ecclesiam » celebrat. « Ad hanc enim, inquit, Ecclesiam, propter potentiorem principalitatem, necesse est omnem convenire Ecclesiam, hoc est, eos qui sunt undiquè fideles, in quâ semper ab iis qui sunt undique conservata est ea, quæ est ab apostolis traditio [1]. » Hæc Irenæus noster Gallicanæ Ecclesiæ lumen.

Ludunt qui *potentioris principalitatis* nomine, Urbis amplitudinem designari putant. Agit enim Irenæus, non de Urbe, quam propter imperium frequentari; sed de Ecclesiâ fundatâ ab apostolis, ad quam eâ causâ convenire, in quâ conservare omnes *undique fideles* avitam et *apostolicam traditionem* oporteat. Neque aliter Tertullianus : « Habes Romam, undè nobis quoque (Afris scilicet) auctoritas præsto est. Ista quàm felix Ecclesia cui totam doctrinam Apostoli cum sanguine suo profuderunt [2] ! » Indè auctoritas, et illa apud christianos jàm inde ab origine Romanæ Ecclesiæ præcipua commendatio.

Neque Cyprianus rem tantam conticescit : « Navigare, inquit, audent ad Petri Cathedram, et ad Ecclesiam principalem, unde unitas sacerdotalis exorta est [3]. » En undè *principalis*, quod Irenæus dicebat, et jam sermone ecclesiastico frequentatum. Hunc *locum Petri, et Cathedræ sacerdotalis* gradum; hanc Ecclesiæ catholicæ radicem et matricem, ecclesiasticæ unitatis originem idem Cyprianus sæpè commendat [4]. Neque ab ejus Ecclesiæ *principalis* unitate et fide deflectere se putabat, cùm Stepani papæ de hæreticorum non iterando baptismate decretum, tot undiquè conquisitis Scripturarum locis, vehemens accusator urgebat.

Nec taceam illam Optati unicam singularemque Cathedram, quam Petrus primus insederit *apostolorum Caput*; quam Petri successores, Optato referente, usque ad Siricium, ac cæteri deinde teneant usque ad sæculi finem; quâ Donatistæ careant [5]; quam frustrà occupare satagerent, constituto Romæ suæ sectæ vano

---

[1] Iren., *cont. hæres.*, lib. III, c. III, n. 2, p. 175, 176. — [2] Tertull., *de Præsc. adv. hæret.*, c. xxxvi. — [3] Cyp., *ep.* lv *ad Corn.*, al. lix, edit. Baluz., p. 86. — [4] Vid. *ep.* xlv, al. xlviii; lii, al. lv; et *Tract. de Unit. Eccl.* et pass. — [5] Opt. Milev., *de schis. Donat.*, lib. II, c. ii, iii; p; 28, ed. Dup.

episcopatu; quam sola catholica, nulla schismatica habeat Ecclesia [1] : quæ proindè Cathedra, si concidere posset, fieretque jam cathedra, non veritatis, sed erroris et pestilentiæ; Ecclesia ipsa catholica non haberet societatis vinculum, jamque schismatica ac dissipata esset : quod non est possibile.

Hinc illud concilii Aquileiensis ad Gratianum, Valentinianum et Theodosium Augustos : « Totius orbis romani caput Romanam Ecclesiam, atque illam sacrosanctam fidem apostolorum, ne turbari sineret, obsecranda fuit Clementia vestra : indè enim in omnes venerandæ communionis jura dimanant [2]. »

Hinc Hieronymus, Oriente dissidiis agitato, « Cathedram Petri et fidem apostolico ore laudatam » censuit consulendam [3] ; atque ad Theophilum Alexandrinum scribit, « se Patrum non transire terminos, semperque meminisse Romanam fidem apostolico ore laudatam, cujus se esse participem Alexandrina Ecclesia gloriatur [4]. »

Veneratur et Augustinus Romanam Ecclesiam, in quâ semper apostolicæ cathedræ viguit principatus [5] : et in eâ *Romanam fidem,* quam in Ambrosii scriptis etiam hæretici Pelagiani suspicere cogerentur.

Hanc celebrat Gelasius ad Anastasium imperatorem totumque Orientem confidentissimè scribens : « Quia mundo radix est apostoli Petri gloriosa confessio [6]. » Quâ voce designari solet ecclesiastico stylo sacer ille et omni honore prosequendus locus, quo apostolorum condita corpora, Ecclesiæ Romanæ totique christianitati, nec minùs orbi quàm Urbi tutelæ sunt. Sic enim idem ad Euphemianum Constantinopolitanum patriarcham : « Veniemus, frater Euphemiane, ad illud pavendum Christi tribunal; ubi comprobandum, inquit, utrùm beati Petri gloriosa confessio cuiquam eorum, quos regendos accepit, quicquam subtraxerit ad salutem [7]. »

---

[1] Opt. Milev., *de schism. Donat.,* lib. II, c. II, III, p. 28, ed. Dup. Vid. Aug., *de Hæresib.* Hæres. LXIX, tom. VIII, col. 21. *Cont. Cresc.,* lib. II, c. XXVII, n. 46; tom. IX, col. 434; lib. III, c. XXXIV, n. 38; col. 454, et pass. — [2] *Epist. 1 Conc. Ital. seu Rom. seu Aquil.,* an. 381 ; tom. II *Conc.,* col. 999; et apud Sirmun., in append. *Cod. Theod.* — [3] *Ep. Hier. ad Damas.,* XIV, al. LVIII; tom. IV, part. II, col. 19. — [4] Hier., *Epist. ad Theoph.* LVIII, aliàs, LXVIII ; *ibid.,* col. 597. — [5] Aug, ep. XLIII, al. CLXII, n. 7. Vid. *de Grat Christ.,* cap. XLIII, num. 47; tom. X, col. 249; et pass., in libro *cont. Pelag.* — [6] Gelas., *epist.* VIII, *ad Anast. Imp.,* tom. IV *Conc.,* col. 1183. — [7] Id., *epist. ad Euphem. C. P., ibid.,* col. 1162.

Ecclesiam Romanam nominat à potissimâ parte, ab ipso sacrario quo Petri reliquiæ reo ex loco quiescunt; qu Ecclesia Romana primatum repetebat suum. Indè scilicet facta est Ecclesiarum Caput, quòd apostolorum Princeps in eâ sedem fixerit, in eâ martyrium fecerit, eam sanguine dedicarit; quem ad locum videas, priscorum quoque Pontificum tempore, synodos celebratas, tanquam à Petro deductis apostolicæ doctrinæ ac disciplinæ rivis.

Hujus ergò rei gratiâ Stephanus metropolita Larissæus ad Bonifacium II et synodum Romanam hæc scribit : « Dixi quia auctoritas Sedis apostolicæ quæ à Deo et Salvatore nostro, summo apostolorum data est, omnibus sanctarum Ecclesiarum privilegiis antecellit, in cujus confessione omnes mundi requiescunt Ecclesiæ[1]. »

Est et illud sancti Gelasii : « Duodecim certè fuere apostoli, paribus meritis parique dignitate suffulti; cùmque omnes æqualiter spirituali luce fulgerent, unum tamen principem esse ex illis voluit Christus, eumque dispensatione mirabili in dominam gentium Romam direxit, ut in præcipuâ urbe, vel primâ, primum et præcipuum dirigeret Petrum, ibique sicut doctrinæ virtute sublimis emicuit, ità sanguinis gloriosâ effusione decoratus, æterno hospitio conquiescit; præstans Sedi quam ipse benedixit, ut portis inferi nunquàm pro Domini promissione vincatur, omniumque sit fluctuantium tutissimus portus[2]. »

Audio quid dicant : Romanis Pontificibus, Sedis suæ dignitatem commendantibus, in propriâ videlicet causâ non esse credendum. Sed absit; pari enim jure dixerint, ne episcopis quidem, aut presbyteris esse adhibendam fidem, cùm sacerdotii sui honorem prædicant; quod contra est. Nam quibus Deus singularem honoris dignitatisque prærogativam contulit, iisdem inspirat verum de suâ potestate sensum; ut eâ in Domino, cùm res poposcerit, liberè et confidenter utantur, fiatque illud quod ait Paulus : « Accepimus Spiritum qui ex Deo est, ut sciamus quæ à Deo donata sunt nobis[3]. » Quod quidem hîc semel dicere placuit, ut temerariam ac pessimam responsionem confutarem; profiteorque me de Sedis

---

[1] *Ep. Steph. Lariss. ad syn. Rom.* sub Bon. II, part. 1, coll. Holst. — [2] Gelas. Pap., *Tract.* apud Sirm., in *Append. Cod. Theod.* — [3] I *Cor.* II, 12.

apostolicæ majestate, Romanorum Pontificum doctrinæ et traditioni crediturum : quanquam eorum Sedem non ipsi magis quàm reliqui, ac tota Ecclesia, atque Orientales haud minùs quàm Occidentales prædicant. Id sequentia declarabunt.

CAPUT VII.

Libellus à sancto Hormisdâ ad Ecclesias orientales missus : ab eisdam Ecclesiis subsignatus mittitur eidem Papæ : tum sancto Agapeto, Nicolao I, atque Adriano II : prædicata in eo libello Romana fides nunquàm defectura.

Sancti Hormisdæ, ac Justini Augusti tempore, Ecclesiæ orientales hanc adversùs Acacium Eutychetis defensorem, à beatissimo Papâ missam formulam jussi subscripserunt : « Prima salus est, rectæ fidei regulam custodire, et à Patrum traditione nullatenùs deviare; quia non potest Domini nostri Jesu Christi prætermitti sententia dicentis : *Tu es Petrus, et super hanc petram ædificabo Ecclesiam meam.* Hæc quæ dicta sunt, rerum probantur effectibus, quia in Sede apostolicâ immaculata est semper servata religio [1]. » Ergò ut semper servaretur, ad hæc Christi promissa referunt. Subdunt posteà : « Undè sequentes in omnibus apostolicam Sedem, et prædicantes ejus omnia constituta, spero ut in unâ communione vobiscum, quam Sedes apostolica prædicat, esse merear, in quâ est integra et verax christianæ religionis soliditas : promittens etiam sequestratos à communione Ecclesiæ catholicæ, id est, non in omnibus consentientes Sedi apostolicæ, eorum nomina inter sacra non recitanda esse mysteria. Hanc autem professionem meam, propriâ manu scripsi, et tibi Hormisdæ sancto et venerabili Papæ urbis Romæ obtuli. » Atque hæc professio ab Hormisdâ Pontifice dictata, ab omnibus episcopis orientalibus, eorumque antesignanis Constantinopolitanis patriarchis, est recepta. Quâ de re occidentales episcopi, præsertim gallicani, multùm in Domino collætantur [2]; ut certum sit, hanc formulam à totâ Ecclesiâ catholicâ comprobatam.

---

[1] *Exemp. libell. Joan. C. P. ad Hormisd.*, tom. IV *Conc.*, col. 1486, 1487. —
[2] *Epist. Avil. Vienn. ad Hormisd.*, ibid., col. 1445.

Eamdem fidem Justinianus Imperator ad sanctum Agapetum Papam à se subsignatam, iteratis vicibus mittit; in secundâ verò subscriptione sic legitur : « Quapropter sicut præfati sumus, sequentes in omnibus Sedem apostolicam, quæ ab eâ statuta sunt prædicamus, ac promittimus ista inconcussè servari, et compellere, ut juxta tenorem libelli istius, omnes faciant episcopi : ut sanctissimi quidem patriarchæ ad vestram faciant sanctitatem, metropolitani verò patriarchis, et alii ut suis faciant metropolitanis, quatenùs per omnia sancta catholica Ecclesia nostra suam habeat firmitatem [1]; » universali scilicet, ut sæpè diximus, consensione constantem.

Omnes ergò Ecclesiæ, subsignatâ formulâ, profitebantur Romanam fidem, Sedis apostolicæ et Ecclesiæ Romanæ fidem, integrâ et perfectâ soliditate constare; ac, ne unquàm deficiat, certâ Domini pollicitatione firmatam. Nempè hanc fidem ab episcopis ad metropolitanos, ab his ad patriarchas, à patriarchis ad Papam mitti oportebat; ut omnium confessionem unus exciperet, ac pro confessione fidei, communionem omnibus unitatemque rependeret.

Hanc professionem eodem initio, eâdem conclusione, additis subindè hæresibus atque hæreticis, qui suis temporibus Ecclesiam conturbassent, per secuta sæcula frequentatam scimus. Hanc uti sancto Hormisdæ Papæ sanctoque Agapeto, ac Nicolao I, omnes episcopi fecerant; ità iisdem verbis Adriano II Papæ, Nicolai successori, factam in concilio octavo œcumenico legimus [2]. Hæc ergò ubiquè diffusa; omnibus sæculis propagata, ab œcumenico concilio consecrata, quis respuat christianus?

Interim id observemus, quid fixum ac divinâ pollicitatione firmatum ubique inculcetur : nempè id, Sedis apostolicæ atque Ecclesiæ Romanæ fidem minimè perituram.

Neque eo secius per eadem tempora de ipsis Romanorum Pontificum definitionibus quæsitum, deliberatum, retractatum, factoque examine judicatum fuit, in conciliis VI, VII, VIII. Neque obstitit sancti Papæ Hormisdæ sententia adversùs Scythas mona-

[1] *Confess. Justin. ad Agap.*, *ibid.*, col. 1790. II Conf., col. 1801, 1802. —
[2] *Conc.* VIII, act. 1; tom. VIII *Conc.*, col. 988, 989.

chos, quominùs eorum de uno Trinitatis crucifixo doctrina totâ Ecclesiâ probaretur, ut suo loco vidimus [1].

CAPUT VIII.

Concilium Lateranense sub sancto Martino Papâ : sancti Agathonis ad synodum sextam epistola ; item Benedicti XII de visione beatifica Decretalis.

In concilio Lateranensi sub Martino Papâ leguntur epistolæ ac supplicationes Orientalium æquè ac Occidentalium, quibus Sedis apostolicæ Romanique Pontificis dignitas et auctoritas mirificè commendantur [2]; quòd ejus sit definire de summæ fidei rebus, deponere hæreticos, rectam pronuntiare ac firmare sententiam; aliaque ejusmodi, quæ ad ejus officium pertinere nemo catholicus negaverit. Hæc igitur vehementer inculcant, ubi illud sempiternum exponunt, quod deficere non possit : Ecclesiam Romanam, Sedemque apostolicam, ejusque fidem prædicant. Cyprii quidem episcopi : « Firmamentum à Deo fixum et immobile, atque tituli formam lucidissimam fidei, vestram apostolicam Sedem constituit Christus Deus noster, dicens : *Tu es Petrus* [3], » etc. Africani verò : « Magnum et indeficientem omnibus christianis apud apostolicam Sedem consistere fontem nullus ambigere possit, de quo rivuli prodeunt affluenter, latissimè irrigantes orbem christianum [4]. »

Placet autem imprimis audire Stephanum Dorensem episcopum, quæ prima erat sedes sub Hierosolymitano patriarchâ. Is igitur contestatur, Oriente turbato per Sergium, Pyrrhum et Paulum Constantinopolitanos præsules, advenisse se ad apostolicam Sedem; quoniam Petrus apostolorum Princeps à Deo claves sortitus, jussuque sit primus pascere oves; et ipse præcipuè ac specialiter firmam præ omnibus habens in Dominum Deum nostrum et immutabilem fidem, convertere aliquando, et confirmare

---

[1] Sup., lib. IX, c. xvi et seq. — [2] Vid. conc. *Lateran.*, sub Mart. I, secret. II; tom. VI, col. 100 et seq. — [3] *Ep. Serg. Episc. Cypr. ad Theod. Pap.*, ibid., col. 121. — [4] *Ep. Afr. Episc. ad Theod.*, ibid., col. 128.

exagitatos consortes suos et spirituales meruit fratres : utpote dispensativè super omnes, ab ipso qui propter nos incarnatus est Deus, potestatem accipiens et sacerdotalem auctoritatem[1]. »

Hoc igitur fundamento posito subdit : « Quod utique sciens beatæ memoriæ Sophronius quondam Patriarcha sanctæ Christi Dei nostri civitatis, sub cujus diœcesi fungebar sacerdotali officio, studuit humilitatem meam sine morâ ad hanc apostolicam magnamque dirigere Sedem. » Ac paulò post : « Duxit me indignum et statuit in sancto Calvariæ loco, ubi Christus spontè crucifigi dignatus est, et ibi alligavit me vinculis insolubilibus dicens :... Quantociùs ergò de finibus terræ ad terminos ejusdem deambula, donec ad apostolicam Sedem, ubi orthodoxorum dogmatum fundamenta existunt, pervenias, » etc.

Hæc igitur dicebat ille Sophronius; ille, inquam, qui Honorium consulens, responsum tulerat de tacendis *unâ* vel *duabus voluntatibus*. Neque verò his motus est; sed *duas voluntates* prædicare non destitit; neque existimavit Romanam fidem concidisse, eo quòd Honorius, unus Pontifex, pessima et catholicæ pietati adversa præcepisset. Sed intellexit in Ecclesiâ Petri manere Petri doctrinam, atque *optima fundamenta;* neque futurum unquàm, ut illa Ecclesia à verâ religione abstrahatur, quòd etiam successorum Honorii, atque imprimis sancti Martini testabatur fides. Quare deficiente Constantinopolitanâ ecclesiâ ac totum Orientem conturbante, veræ fidei rationem, in illâ inconcussâ Petri Sede quærebat.

Ex eodem Hierosolymitano tractu Romam advenerant abbates sanctissimi, quorum supplicationem alio loco memoravimus. Hos, cùm postulassent rectam et antiquam à Martino sacroque concilio firmari fidem, hæc subdidisse jam legimus[2]: « Certissimè hoc scientibus vobis sanctissimis, quòd si aliter quàm à nobis pro pietate postulata sunt, quidquam omninò integritatem fidei corrumpens, à vestra terminetur, (id est, definiatur) Beatitudine, liberi sine dubio atque innocentes ab hoc quod fiet existimus. »

Cùm hæc sub dubio proponerent, non tamen dissentiebant ab

---

[1] Sup. Steph. Dorens., *ibid.*, col. 104. — [2] Sup., lib. IX, cap. XIX. Vid. conc. Later. sub Mart. I, loc. jam cit., col. 117. Vid. *Diss. præv.*, num LXXXVI.

iis, quæ reliqui de Romanâ fide semper invictâ dixerant; eosque Martinus ac sancta synodus suscepit æquè ac cæteros : quòd nempè intelligerent, non proptereà Romanam abnegari fidem, si de alicujus Romani Pontificis judicio dubitetur.

Sanctum Agathonem Papam à synodo sextâ susceptum vidimus[1], hæc scribentem : « Quod Petro adnitente, apostolica ejus Ecclesia nunquàm à veritate deflexa sit : quòd ejus auctoritatem ac doctrinam catholica Ecclesia, et œcumenicæ synodi semper amplexæ sint : quòd eadem Ecclesia semper illibata permanserit, propter eam Christi promissionem : *Rogavi pro te, ut non deficiat fides tua.* » Hæc præclara, hæc magnifica, hæc vera sunt, ita ut ab Agathone dicta, et à sextâ synodo suscepta esse vidimus, hoc est ipsâ summâ, successionis ipsius habitâ ratione; atque omninò ità ut cum illis stent de ipsius Agathonis judicio habita quæstio, atque in Honorii rescriptum anathematis lata sententia. Quid plura? Ipsa me charta deficiat, si referre aggrediar eos, qui quærentes illud immotum, quod in Ecclesiâ Romanâ sit, nihil aliud quàm ipsam Ecclesiam, ipsam Cathedram, ipsam Sedem apostolicam memorarunt.

Nec Romani Pontifices unquam aliter locuti. Sæculo xiv, Benedictus XII visionem beatificam sanctis ac purgatis animabus asseruit. Quo in diplomate, de Romanæ Ecclesiæ capitis ecclesiarum principatu, multa præfatur, concluditque sic : « Pro quâ (Ecclesiâ) ut in se ipsâ subsistens alios informaret, passionis suæ tempore Salvator noster Jesus Christus Patrem exorasse perhibetur, dicens : *Simon*, etc. *Ego autem pro te rogavi*[2], » etc. Sic ille ad ipsam Ecclesiam Romanam Christi precationem refert : quo fieri asserit ut in illâ Ecclesiâ « non dogmatizetur improvidum, inseratur incautum, in fide temerarium ingeratur. »

Hæc ait ille Benedictus, quem audivimus ità disserentem, ut apertè fateretur, determinationes in causâ fidei à Romano Pontifice editas posse esse falsas, et à successoribus retractari, quin etiam aliquas à Joanne XXII meritò retractatas. Quæ cùm is cardinalis protulisset, non infirmavit Papa, imò verò perspicuè con-

---

[1] Sup., lib. VII, c. xxvii. Vid. *Conc.* vi, act. iv; tom. VI, col. 636. — [2] *Bull. Rom.*, tom. 1. *Bull.* iv Bened. XII, *Benedictus :* et apud Rain., an. 336, n. 2.

firmavit, dùm editam à Joanne antecessore de beatarum animarum statu fidem et ipse promulgat; et tamen post eam editam, ipsam quæstionem de integro tractat, ut suprà vidimus[1].

Ergò ille cùm ostendat, antecessoris suamque adeò fidem, toti Ecclesiæ propositam, rursùs in quæstionem vocari à se posse; tamen Ecclesiæ Romanæ fidem immotam, inconcussamque prædicat: adeò hæc diversa sunt. Atque iterùm id confidenter dixerim, cùm Romani Pontifices pro eo, ut par est, soleant in omnibus diplomatibus Sedis suæ dignitatem, auctoritatemque commendare, qui se, aut Romanum Pontificem, in definiendis fidei quæstionibus infallibilem dixerit, ad hæc usque tempora neminem extitisse: adeò id in Ecclesiâ Christi novum nimiumque est.

CAPUT IX.

Sancti Gelasii Papæ epistola ad Anastasium Imperatorem nobis objicitur.

Objicitur nobis insignis Gelasii locus in *Epistolâ ad Anastasium Augustum*, de Acacio Constantinopolitano, qui synodum Chalcedonensem improbaverat. Eum à Felice III excommunicatum et in excommunicatione mortuum, cum orthodoxis episcopis in sacrâ liturgiâ memorari optabat imperator, agebatque cum Gelasio, ut id fieri vellet. At negabat Gelasius catholicam fidem pati; ut impiorum nomini communicaretur. Quæ de catholicæ fidei sanctitate præfatus, de Sede suâ hæc subdit: « Hoc est, quod Sedes apostolica magnoperè cavet, ut quia mundo radix est apostoli gloriosa confessio, nullâ rimâ pravitatis, nullâ prorsùs contagione maculetur. Nam, si (quod Deus avertat, quod fieri non posse confidimus) tale aliquid proveniret; unde cuiquam resistere auderemus errori? vel unde correctionem errantibus posceremus? Proindè, si pietas tua unius civitatis populum negat posse pace componi; quid nos de totius orbis terrarum sumus universitate facturi, si, quod absit, nostrâ fuerit perversitate deceptus[2]? » Hinc triplex argumentum conficiunt: primum, si in

---

[1] Vid. *Diss. præv.*, num. XLII. — [2] *Ep.* VIII *Gelas. ad Anast. Imp.*, tom IV Conc., col. 1183.

Sede apostolicâ ulla rima pateret pravitati, officio suo fungi non ponet, quæ errore resistere non auderet; at Sedem apostolicam suo officio fungi posse oportet : oportet ergò in illâ nullam pravitati patere rimam. Alterum, sanctus Gelasius fieri non posse confidit, ut in Sede apostolicâ, ulla pravitati rima pateat; at si Romanus Pontifex de fide judicando aberraret, rima pateret pravitati : ergò Gelasius id fieri non posse confidit. Tertium, si Romanus Pontifex erraret, totus deciperetur orbis; ac totus orbis non potest decipi : ergò Romanus Pontifex à vero errare non potest.

Non his moverentur, si id quod Gelasius hîc ageret, cogitare vellent. Id autem agebat, ut adversùs pravitatem omnem, ne unquàm irreperet, summa Sedis apostolicæ cautio omnibus esset cognita; subditque rationem : Alioquin, unde resistere auderemus errori? vel unde correctionem errantibus posceremus?» Quo sensu à Domino dictum est : *Vos estis sal terræ, quòd si sal evanuerit, aut insulsum fuerit, in quo salietur*[1]? Non quasi sal illud insulsum non possit fieri, sed quia, ne id fiat diligentissimè cavendum est. Quo item sensu, omnibus episcopis synodus Romana sub Damaso dixit : « Quemadmodum enim poterunt corrigere errata populorum, si ipsos error obsederit[2]?» Quod non eò dictum est, ut se infallibiles cogitent, sed ut falli metuant et caveant; atque eò illa spectat à sancto Gelasio prædicata sua et aliorum Romanorum Pontificum summa cautela adversùs errorem; ne si illis irrepserit, alios aut reprehendere non audeant, aut curare non possint. Quo loco si concludis, fieri ergò non posse ut errent, pessima argumentatio; ab eo quod fieri non debeat, ad id quod nequeat : aut ab eo quod fieri sine gravi detrimento non possit, ad id quod fieri omninò non possit, concludendumque erat, ne errent doctores Orbis, omni ope cavendum; non tamen impossibile; imò eo cavendum diligentiùs, quòd impossibile non sit.

Jam illud Gelasii : « Quod Deus avertat, quod fieri non posse confidimus, » ut rima ulla errori aut pravæ hæreticorum communioni pateat; profectò pium votum, pia fiducia est, non certa

---

[1] *Matth.*, v, 13. *Marc.* ix, 49. — [2] *Syn. Rom.* ii, sub *Damas.*, *epist. ad Orient.*, part. 1, Collect. Holst., et tom. II *Conc.*, col. 889.

illa fides, quæ nunquam falli possit; neque absolutam impossibilitatem denotat, sed summam difficultatem, spemque maximam, ut vigilantibus, attentis, caventibus, Deus obrepi non sinat.

Cæterùm absolutè impossibile esse, ut hæretici aliquando per fraudes in Ecclesiæ Romanæ communionem obrepant, quâ de re hic agebatur, ne ipsi quidem adversarii dixerint; nemoque est, qui non videat sub Liberio, sub Honorio, sub reliquis Pontificibus suo loco memoratis, quàm ampla pravitati errorique patuerit, non rima, sed janua. Quin etiam illi, qui possibile esse negant, ut Romanus Pontifex falsa definiat, possibile fatentur esse, ut falsa prædicet, summâ etiam contumaciâ, tantosque aditus errori aperiat, ut loco movendus sit, ne error serpat latiùs: ut vel ipsis fatentibus, id quod dicit Gelasius, ad piam fiduciam, non ad omnimodam certitudinem referri necesse sit. Quod autem Gelasium movet ille metus, quid orbi terrarum fieret, «si nostra, inquit, quod absit, fuerit prævaricatione deceptus;» sensit ille quidem id fieri posse, ut quantùm in ipso esset, totus deciperetur orbis. Quantùm enim in ipso est, totum orbem decipit, qui docendi orbis auctoritate pollens, prævaricatur officio. Neque tamen propterea necesse est totum orbem decipi; cui adversùs errorem alia remedia adfutura sint. Sic enim Liberius, sic Honorius, sic alii, quantùm in ipsis erat, totum orbem deceperunt; nec tamen deceptus est orbis, quem adversùs errantes vigilasse ac stetisse legimus. Hæc scripsit ille Gelasius, quo nullus Pontificum de suæ Sedis amplitudine magnificentiùs dixit.

CAPUT X.

Leonis IX et Gregorii VII loci objiciuntur nobis.

An verò recentioris ævi Pontifices ab antecessorum traditione deflexerint, videamus. Profert scriptor anonymus[1] sancti Leonis IX egregii Pontificis locum, quòd pro solius Petri fide, ne deficeret, Dominus rogaverit: «Quæ, inquit, oratio obtinuit, quòd hactenùs fides Petri non defecit, nec defectura creditur, in

[1] Anon., *Tract. de libert.*, etc., lib. VII, c. XII, n. 11.

throno illius, usque in sæculum sæculi; sed confirmabit corda fratrum,... sicut usque nunc confirmare non cessavit [1]. » Hæc Leo; sed quid contra nos, qui quidem tanto conatu id agimus, ne illa Petri Sedes à verâ unquam fide avellenda credatur? Quod autem ea Sedes in fide labascentes confirmare non cesset, id à sancto Agathone depromptum, eodem intelligendum modo; nempè ut id ipsa series, ipsa successio non ut singuli quique præstiterint. Quin idem scriptor anonymus ibidem impensissimè laudat [2] illum sancti Ignatii patriarchæ Constantinopolitani locum ad Nicolaum I, quo allegatâ Christi sententiâ: *Tu es Petrus*, etc., sic concludit: « Et ideò ab olim et prisco tempore, in exortis hæresibus, eradicatores et interemptores malorum zizaniorum MULTI MULTOTIES facti sunt, qui sanctitatem tuam illic (in Petri scilicet Sede) præcesserunt [3]: » quam epistolam in concilio octavo lectam et susceptam anonymus refert. Sed advertat ad illa verba: *multi multoties*, quibus constat communem eum esse christianorum sensum, quòd Romani Pontifices ei officio præpositi, tantam rem summâ quidem ipsâ præstiterint; non ut omnes, nemine excepto, nullis ejus partibus defuerint.

Idem anonymus objicit Gregorii VII locum [4]; quòd Ecclesia Romana « per beatum Petrum, quasi quodam privilegio, ab ipsis fidei primordiis, à sanctis Patribus omnium Mater Ecclesiarum adstruitur, et itâ usque in finem habebitur semper; in quâ nullus hæreticus præfuisse dignoscitur, nec unquàm præficiendum, præsertim Domino promittente, confidimus. Ait enim Dominus Jesus: *Ego rogavi pro te*, Petre, *ut non deficiat fides tua*. » Quæ omninò nihil ad rem. Non enim quærimus, an Romanus Pontifex possit fieri hæreticus, quod isti posse fieri passim confitentur; sed utrum hæresim definire possit, quod etiam non hæreticum facere posse constat.

Neque enim necesse est, ut sit hæreticus, qui hæretica definiat, cùm possit id facere non hæretico et contumace animo; atque ipse Cyprianus rebaptizationis hæresim, ipse non hæreticus,

---

[1] Leon. IX, *epist.* v, *ad Petr. Ant.*, tom. IX Conc., col. 975. — [2] Anon., *ibid*, n. 8. — [3] *Ep. Ignat. Constant. ad Nicol. I*, inter *act. Conc.*, VIII, *act.* III; tom. VIII, col 1059. — [4] Anon., *ibid.*, Greg. VII, lib. VIII, *ep.* I, *ad archiep. Syn.*, tom. X, *Conc.*, col. 249.

habito concilio definierit. Jam quorsùm id spectat, quod neget Gregorius VII Romanæ Sedi ullum unquam præpositum fuisse hæreticum; nullum item præponendum esse confidat? An eò ut nullus Romanus Pontifex futurus sit unquàm hæreticus? Id ne ipsi quidem dixerint. Vel ergò Gregorius VII nimius fuerit, vel pia illa sit ejus fiducia, non certissima fides, non dogma catholicum; quod ipsa verba præferunt, si quis cautè attenderit.

Atque hinc liquidò patet, quàm indiligenter in hâc quæstione versentur, qui hos locos non satis consideratos lectosque venditant. Neque tamen mirum, si Gregorius VII asseverare ausus esset, Romanum Pontificem non posse fieri hæreticum, qui etiam id asserere ausus est : « Quòd Romanus Pontifex, si canonicè fuerit ordinatus, meritis beati Petri indubitanter efficitur sanctus [1], » ut etiam inter ejus *dictatus* fertur (a). Neque tamen ibi legimus, Romanum Pontificem errare non posse; adeò id supra hominem in sanctis quoque visum est: sed hoc tantùm, « Ecclesiam Romanam nunquàm errasse; nunquàm erraturam; catholicum non haberi, qui non concordat Romanæ Ecclesiæ : » quod nos quoque credimus, omnique ope asserimus.

CAPUT XI.

Innocentii III ab anonymo auctore locus objicitur, sed truncus et mutilus.

Censores nostros in impugnandis nobis, multa quidem, id autem vel maximè peccasse vidimus, quòd officium pro re, piam spem ac fiduciam pro certâ fide accipiant. Id verò confirmabit Innocentii III insignis locus. Et quidem auctor anonymus id vehementer urget, quod est ab eo Pontifice dictum in sermone II consecrationis, qui locus sic incipit : « Cùm enim sim servus, debeo esse fidelis et prudens, ut dem familiæ cibum in tempore. Tria præcipuè Deus requirit à me, videlicet fidem cordis, prudentiam operis, cibum oris : hoc est ut sim fidelis in corde, ut

[1] Greg. VII, lib. II, int. *Dictat.* post *ep.* LV, *ibid.*, col. 111. Vid. etiam lib. VIII, *epist.* XXI *ad Herim.*, col. 273.

(a) Ces paroles, qu'on rapporte tantôt d'une manière, tantôt d'une autre, sont falsifiées.

sim prudens in opere, et dem cibum in ore[1].» Hæc quidem dixit, quæ ab ipso requirantur, quæ præstare ipse debeat; non quæ necessariò ipse aut alii exequantur. Pergit: « Nisi enim ego solidatus essem in fide, quomodo possem alios in fide firmare, quod ad officium meum noscitur specialiter pertinere, Domino protestante: *Ego*, inquit, *pro te rogavi, Petre*, etc.; rogavit et impetravit, *quoniam exauditus est in omnibus pro suâ reverentiâ*[2] *:* et ideò fides apostolicæ Sedis, in nullâ unquàm turbatione defecit; sed integra semper et illibata permansit, ut Petri privilegium persisteret inconcussum. » Hæc sunt, quæ anonymus urget, apertâ fallaciâ : quippè, cùm id quod Innocentius debeat; id quod *ab ipso requiratur;* id quod sit ejus, ut profitetur, *officii;* confundat cum eo, quod necessariò credatur præstiturus. Rogo enim, quid illud est: « Nisi ego solidatus essem in fide, quomodo possem alios in fide firmare ? » De quâ fide loquitur ? de eâ profectò quæ in corde sit. « Tria enim, inquit, Deus requirit à me; fidem cordis; » atque iterùm : « ut sim fidelis in corde. » Unde affert illum Apostoli locum : *Corde creditur ad justitiam*[3]. An ergò Innocentius ità se in eâ fide, quæ in corde sit ad justitiam, solidatum esse credit, ut infirmitatem humanam non jam reformidet, ab eâque tutum se esse jactet? Id superbissimus, id insipientissimus; non profectò Innocentius dixerit. Quare illud quod ait : « Nisi ego solidatus essem in fide, quomodo possem alios in fide firmare ? » ità intelligendum est, ut nisi sit in fide firmus, officium firmandi alios non pro eo ac par est possit præstare, non ut ipse se credat plenè et inconcussè, nulloque unquàm metu, in fide esse solidatum.

At enim eo loco Christi precationem affert, ut Petri fides non deficiat; undè concludit fidem Ecclesiæ Romanæ nunquàm defecisse, nunquàm defecturam. At qui hæc urget anonymus, hæc continuò addita et contexta prætermisit : « In tantum enim mihi fides necessaria est, ut cùm de cæteris peccatis Deum solum judicem habeam, propter solum peccatum, quod in fide committitur possem ab Ecclesiâ judicari.» Ergò non credebat suam penitùs

---

[1] Anonym., lib. VII, c. XII, n. 16. Vid. Innoc. III *serm. in consec.*, tom., p. 186, ed. Colon., an. 1575. — [2] *Hebr.*, v, 7. — [3] *Rom.* x, 10.

inconcussam fi.lem; sed quod ei Ecclesiæ præsideret cujus fidem, pollicente Domino, inconcussam prædicaret, sibi accommodabat, quæ ad universam Petri successionem, eique conjunctam Romanam Ecclesiam pertinerent; eo planè sensu, quo illud : *Ecce ego vobiscum sum*, toti apostolico atque episcopali ordini dictum, singuli suo modo sibi applicant, piâ, ut diximus, fiduciâ, non certâ et indubitatâ fide.

Id apertè explicat *Sermone* III *de Consecratione :* « Officium injungit, cùm dicit : *Confirma fratres tuos;* auxilium impendit cùm ait : *Ego pro te rogavi, Petre.* Exauditur enim *in omnibus pro suâ reverentiâ; Dominus mihi adjutor, non timebo quid faciat mihi homo* [1]. » Hæc an ad piam fiduciam, an verò ad certam pertineant fidem sequentia ostendunt : « Propter causam verò fornicationis Ecclesia Romana posset dimittere Romanum Pontificem; fornicationem non dico carnalem, sed spiritualem; id est, propter infidelitatis errorem : quoniam *qui non credit; jam judicatus est* [2]. » Tum subdit : «Ego tamen facilè non crediderim, ut Deus permitteret Romanum Pontificem contra fidem errare, pro quo spiritualiter oravit in Petro : *Ego,* inquit, *pro te rogavi,* » etc. Audis quid dicatur de Romano Pontifice per infidelitatem fornicante; quamque illud dubitantis ac metuentis sit : *Non facilè crediderim,* etc. Quòd ergò eò trahit Christi precationem, non dogma fidei, sed pia fiducia, pia accommodatio est. Huic favere licet, sperando et præsumendo; pro fidei decreto hanc habere, novum ac temerarium est.

Atque alios quidem hujus Pontificis locos memoravimus [3], quibus nostra firmentur. Sed hîc ostendisse juvat quàm hi quoque nihil sint : ut profectò illos pudere debeat, tantùm præsidii in iis collocasse, quæ nonnisi imperitis et cursim lugentibus fucum faciant.

[1] Innoc. III *serm.* III *de Consc., ibid.,* p. 192, 194. — [2] Joan., III, 18. — [3] Sup., lib. IX, c. XXXIX, XL.

CAPUT XII.

Petri cardinalis de Alliaco, de Sede apostolicâ |nunquàm defecturâ deque Pontifice interim fallibili et deviabili, sententia.

Ultimo loco proferimus Petrum Alliacensem et Joannem Gersosonem de Romanæ Sedis æternâ firmitate disserentes, ut eam cum Parisiensium sententiâ egregiè consentire constet.

Et quidem Petrus de Alliaco in illâ legatione nobili, quam adversùs Montesonum, universitatis Parisiensis nomine, Avenione gessit, ad Clementem VII itâ peroravit : « Non ignoramus, sed firmissimè tenemus et nullatenùs dubitamus, quòd sancta Sedes apostolica est illa Cathedra Petri, supra quam, eodem Hieronymo teste, fundata est Ecclesia; ut habetur in capitulo *Quoniam vetus:* et sicut dicit Cyprianus, xcიი dist., cap. *Qui cathedram;* de quâ Sede in personâ Petri in eâ sedentis dictum est : *Petre, rogavi pro te, ut non deficiat fides tua*[1]. »

In eâdem legatione tractatum edidit ad Papam et cardinales, in quo hæc leguntur: « De hâc sanctâ Sede, in personâ Petri Apostoli in eâ præsidentis dictum est : *Petre rogavi pro te, ut non deficiat fides tua.* Luc. xxii. Propter quod dicit Cyprianus, xcიი dist. : Qui cathedram Petri, scilicet sanctam Sedem apostolicam super quam fundata est Ecclesia, deserit, in Ecclesiâ se esse non confidat. Et Hieronymus, xxiv, quæst. i, cap. *Quoniam vetus*, dicit: Quòd super eam fundata est Ecclesia, et quòd quicumque secum non colligit, dispergit, et in capite *Hæc est fides,* dicitur quòd ipsa semper immaculata permansit, et in futuro permanebit : ex quibus omnibus satis patet, quòd ejus nunquàm deficit fides [2]. »

Hæc igitur cùm dicat de Sede apostolicâ nunquàm defecturâ, nihilo secius docet Romanum Pontificem in fide posse deficere. Ibidem enim hæc habet : « In causâ fidei à summo Pontifice appellari potest ad concilium generale, sicut patet xix dist., cap. *Anastasius;* et manifestum est quòd ad ipsum pertinet concilium

---

[1] Petr. Alliac., *Prop. ad Pap. cont. Mont.*, inter op. Gers., ed. Dupin, tom. I, p. 703. — [2] Id., *Tract. seu Apol. ad Pap. et cardin.*, *ibid.*, p. 710. Vid. etiam p. 691.

in causis fidei definire, sicut patet ex auctoritate Gregorii, xv dist., cap. *Sicut*[1]. »

Atque hæc, inquit, « declarantur supponendo quid sit Sedes apostolica : nam vel ipsa est universalis Ecclesia, vel aliquod generale concilium universalem Ecclesiam repræsentans, vel particularis Ecclesia Romana, in quâ scilicet Ecclesiâ sedet, id est, cui præsidet summus Pontifex ; et ideò ipse et Sedes apostolica non sunt idem, sicut non idem sunt sedes et sedens. »

Cùm ergò ex Petro Alliacensi *aliud sit sedes, aliud sedens*, non mirum est aliquid convenire *sedi*, quod *sedenti* non conveniat; nempè ut *sedes* deficere non possit : cùm *sedens* sit *deviabilis*, etiam in judicio de fide, quippè à quo judicante, etiam in causis fidei, ad concilium generale, secundùm eumdem auctorem, appellare liceat.

Et quamvis doceat sic appellari posse, haud minùs disertè docet, « quòd ad sanctam Sedem apostolicam pertinet, auctoritate judiciali supremâ, circa ea quæ sunt fidei judicialiter definire; » quia Sedes apostolica, tametsi subjecta est universali Ecclesiæ, eamque repræsentati concilio generali, tamen suprema est respectu singularium ecclesiarum ; quemadmodum tradit, non modò schola Parisiensis, sed etiam ipsum Constantiense concilium, ut sæpè diximus.

Ilùc spectat ejusdem Alliacensis alio loco relata sententia, quâ explicans illud privilegium, de non errando, quale sit : «Aliqui, inquit, extendunt ad Romanam Ecclesiam : aliqui verò restringunt ad auctoritatem universalis Ecclesiæ; sed non potest extendi ad Papam [2]. » Sic clarè et perspicuè *Sedis indefectibilem firmitatem*, cum Romani Pontificis *defectibilitate* conjungi posse declarat.

[1] Petr. Alliac., *prop. ad Pap. cont. Mont.*, inter op. Gers., ed. Dup., tom. I, p 703. Vid. etiam p. 688. — [2] Vid. *in Append.*, lib. I, c. vii; et Pet. Alliac, *Tract. de Auct, conc.*, inter oper. Gers., tom. II, p. 949.

CAPUT XIII.

Joannis Gersonis eâdem de re sententia: confutantur qui putant variasse Gersonem : Dionysii Carthusiani loci repetuntur.

Joannes verò Gerson ejus discipulus hæc coram Alexandro V prædicat : de Indis quidem : « Habent Christum, inquit, an purè? Quis doceat? Facilè in eis sinceritas corrumpitur, cùm Ecclesiæ Romanæ non cohæreant, à quâ fidei certitudo petenda est [1]. » De Græcis verò : « Illos mala tempestas à Sede Petri disjectos, non modò schismatis, sed nonnullius etiam hæresis macula fœdavit. Latinitas ista purior et immaculatior Sedem habet Petri, pro cujus fide ne deficeret, specialiter oravit ille, qui *in omnibus exauditus est pro suâ reverentiâ* [2]. »

Hæc docet ille, qui ubiquè asserit Romanum Pontificem, etiam de fide judicantem, errare potuisse et in eodem quoque coram Alexandro V sermone prædixerat; « quid, si quod perrarum est, summus Pontifex labatur in hæresim, ut legimus Liberium Arianæ hæresi subscripsisse [3]. » Cùm ergò doceret talia, tamen Ecclesiæ Romanæ inconcussam prædicabat fidem.

Hinc etiam illud : « Papâ fluit, papatus stabilis est [4]; quo scilicet ostenderet, in Papâ mortali, labili, atque ut vocat *deviabili*, inconcussam tamen papatûs à Christo instituti stare rationem.

Neque audiendi qui dicunt variasse Gersonem eumque sub Alexandro V infallibilitatis pontificiæ defensorem, circa Constantiensis concilii tempora in aliam sententiam deflexisse. Qui si legissent tractatum *de Unitate ecclesiasticâ*, et *Considerationes de pace*, anno 1403 editas; si *Propositiones coram Anglicis* ante concilium Pisanum, anno 1408; si tractatum *de Auferibilitate Papæ*, si *Considerationes quatuor*, aliosque tractatus circa Alexandri V pontificatum [5]; facilè intelligerent ejusdem fixam invariabilemque sententiam, concilium Papæ, ut *indeviabile deviabili*, anteponi oportere.

[1] Gers., *Serm. cor. Alex. V in Ascens. Dom.*; tom. II, ed. Dup. p. 136. — [2] *Ibid.*, p. 136. — [3] *Ibid.*, p. 135. — [4] *Id.*, prop. facta coram Angl., cons. IV; *ibid.*, p. 128. — [5] Vid. *Tract. de Unit. Eccles.*, consid. x, *ibid.*, p. 117. *Consid. de pace*, *ibid.* p. 69 et seq. Libel. *de Aufer. Pap.*, p. 209 et seq.

Certè hæc scribebat tùm : « Jubebit exempli gratiâ summus Pontifex, coram theologis expertis, quod fideles credant Spiritum sanctum non procedere à Patre et Filio, theologorum erit doctrinaliter resistere [1], » etc. Ergò id jubere potuisse credebat, quod evangelicæ doctrinæ repugnaret, haud minùs inconcussâ Ecclesiæ Romanæ fide.

Hæc quidem ostendunt non à Joanne Gersone diversis temporibus, diversa dicta esse; sed quæ isti diversa putant, in unam reverâ coire sententiam. Quod item demonstrat pius ille doctusque Dionysius Carthusianus, qui, et Papam in judicando *fallibilem*, et Ecclesiæ Romanæ fidem nihilo secius *nunquàm defecturam* credidit [2] : adeò liquebat, hæc duo simul stare. Atque hinc utraque amplexi gallicani Patres, et consensum Ecclesiæ post pontificalia decreta necessarium, et nihilo secius « apostolicæ Sedis, in quâ fides prædicatur et unitas servatur Ecclesiæ, reverendam omnibus gentibus majestatem » prædicant [3].

CAPUT XIV.

Dubium resolvitur : Ecclesiæ Sedisque Romanæ firmitas, ab Ecclesiæ catholicæ firmitate : Ecclesiæ Romanæ traditio, universalis traditionis pars ac specimen.

Dices ex antedictis, nec ipsam quidem Romanam peculiarem Ecclesiam Sedemque apostolicam satis esse firmam; cùm ostenderimus de Romanorum Pontificum, Cœlestini, Leonis, Agathonis, aliorumque decretis in synodis œcumenicis habitam quæstionem ; cùm ea decreta, toto clero Romano consentiente, Agathonis etiam toto ferè Occidentali concilio probante et condecernente, edita fuerint.

Id qui objiciunt, non satis advertunt, quid immotum invictumque dixerimus; nempè id quod infixum penitùs insertumque sit. Hæc est illa Petri, hæc est Romana fides, quam ipsa successio certi instar firmique dogmatis attulerit. Neque verò probamus

---

[1] *Id., de Aufer. Pap.*, consid. xiv; *ibid.* p. 218. — [2] Vid. Dion. Cart., *Tract. de Auct. Pap.*, tom. I, ed. Colon. — [3] *Declar. Cler. Gall.* 1682, Præf. et cap. IV.

Turrecrematam aliosque docere visos, Papam quidem per sese errare in fide, etiam prædicando et definiendo posse; non autem si cum cardinalibus ac synodo suâ deliberet; tanquàm peculiaris Papæ synodus, aut cardinalium collegium, id Papæ tribuant, ut errare non possit. Certiora cogitent oportet, qui Ecclesiæ Romanæ Sedisque apostolicæ inviolabilem statum fidemque prædicent; nempè id eventurum nunquàm, ut quemadmodum Ecclesiæ, exempli gratiâ, Constantinopolitanæ, Alexandrinæ, et nunc anglicanæ, Danicæ; ità Ecclesiæ Romanæ error inhæreat; quem contumacè proposito tueatur, et à veræ Ecclesiæ se abrumpat sinu. Neque verò unquàm Romani Pontifices refugerunt, ut quod cleri sui consensu judicassent, cum œcumenicâ synodo, si res postularet, æquo animo retractarent. Quo profectò constabat, si aliquid forte erroris irreperet, certè abesse contumaciam, quâ solâ fit hæresis. Quin vidimus sanctum Zozimum cum clero suo sedentem comprobasse quidem Cælestii fidem, at nullâ contumaciâ; atque ab africanis Patribus commonitum, statim ad meliora ac prisca rediisse. Quantò magìs si tota Ecclesia, aut œcumenica synodus ipsum commonuisset.

Unam ergò Ecclesiam catholicam, utpote Spiritûs sancti magisterio instructam, quæque eam repræsentet, synodum œcumenicam, eam esse credimus, in quam circa fidem nullus unquàm obrepat defectus, neque per contumaciam, neque per imprudentiam : clerum verò Romanum, si quid erraret, ab Ecclesiâ catholicâ, atque ejus œcumenicâ synodo dirigi, revocari, doceri debere perficique omninò, ne error inolescat. Undè illa Romanæ Ecclesiæ, Sedisque apostolicæ invicta firmitas, ipsâ Ecclesiæ catholicæ firmitate constat : quæ quidem Ecclesia Catholica, cùm ex Christi promissione sit immobilis, Petri successionem, eique conjunctam principalem Ecclesiam Sedemque Romanam, partem Ecclesiæ necessariam, eâ vi, quæ totum continet, stare quoque oportet.

Quamobrem firma quidem est Sedis Romanæ atque inconcussa traditio; sed illud robur catholicæ Ecclesiæ traditione constat. Undè Augustinus vim traditionis exponens, id semper inculcat [1],

---

[1] Aug., *de Bapt. contra Donat.*, lib. II, cap. vii. n. 12; tom. IX, col. 102. lib. IV, cap. xxiv, n. 31, col. 140. *Ep.* LIV, al. CXVIII, n. 1; tom. II. col. 124.

ut quæ per universam custodiuntur Ecclesiam, nonnisi ab apostolis tradita et commendata credantur. Et Vincentius Lirinensis firmum et inconcussum id esse definit, « quod ubiquè, quod semper est [1]. » Cui congruit Tertulliani sententia : « Quod apud multos unum invenitur, non est erratum, sed traditum [2]; » quo concludit fieri non potuisse, « ut tot ac tantæ Ecclesiæ in unam fidem erraverint. » Tum illud præcipuum, possibile non fuisse, ut Spiritus sanctus « nullam earum in veritatem deduceret, ad hoc missus à Christo ut esset Doctor veritatis. » Atque hinc illud invictum, « ut veritas nobis adjudicetur, quicumque in eâ regulâ incedimus, quam Ecclesia ab apostolis, apostoli à Christo, Christus à Deo tradidit [3]. » Quæ clarè demonstrant vim traditionis in universalis Ecclesiæ consensione esse positam; in quâ quippè sit certissimum Spiritûs sancti magisterium. Neque ab eâ sententiâ abludit his antiquior Irenæus : « Ecclesia enim, inquit, per universum orbem usque ad fines terræ seminata, et ab apostolis et à discipulis eorum accepit eam fidem, quæ est in unum Deum [4]. » Ac rursùs : « Hanc prædicationem cùm acceperit et hanc fidem Ecclesia, et quidem in universum mundum disseminata, diligenter custodit quasi unam domum inhabitans [5]. » Pulchrè, ut totius orbis terrarum tam fida sit, quàm unius domûs consensio. Atque iterùm : « Traditionem itaque apostolorum, in toto mundo manifestatam, in omni Ecclesiâ adest respicere omnibus qui vera velint videre [6]; » et continuò hujus universalis traditionis egregium specimen editurus, Ecclesiæ principalis, Romanæ scilicet, traditionem adducit, quâ, inquit, « confundimus eos, qui quoquo modo præterquam oportet colligunt [7]. » Ac meritò universali traditione propositâ, partem ejus necessariam, Ecclesiæ Romanæ traditionem commendat; cùm profectò certum esset, non potuisse fieri, ut à reliquis ecclesiis discreparet, in quâ omnes unitatem servare debeant.

Quæ cùm ità sint, apparet Ecclesiam catholicam primitùs esse immotam, cui dictum sit : « Portæ inferi non prævalebunt ad-

---

[1] Vinc. Lirin., *Comm.* I, c. III, tom. VII *Bibl. Patr.*, p. 250. — [2] Tertull., *de Præscr. adv. hæret.* cap. XXVIII. — [3] *Ibid.*, XXXVII. — [4] Iren., lib. I *cont. hæres.*, c. X, n. 1, p. 48. — [5] *Ibid.*, n. 2, p. 49. — [6] Id., lib. III, c. III, n. 1, p. 175. — [7] *Ibid*, n. 4. 24.

versùs eam; » et : « Ecce ego vobiscum sum : » Ecclesiam verò Romanam ità esse immotam, ut partem Ecclesiæ principalem summèque necessariam; quæ Mater ac magistra Ecclesiarum, totam ipsam Ecclesiam Matrem ac magistram agnoscat.

Atque hinc obiter illud solvitur, quod passim objiciunt: *Non est discipulus super magistrum*[1] : nec si discipulorum turba millies congregetur, ideò magistrum auctoritate vincet. Id quidem Christum de se dicere, ut magistro unico, sequentia docent; *nec servus super Dominum suum*. Neque enim Christiani alterius quàm Christi servi sumus; sed propter reverentiam quorumdam Romanorum Pontificum, qui hunc sibi locum attribuunt, respondemus ex antedictis : in christianâ Ecclesiâ docendi auctoritatem acceptæ à Christo per apostolos traditionis nisi testimonio. Porro traditionis omnes episcopi testes sunt; ac vis testimonii testium consensu constat. Summa ergò auctoritas in eo consensu est posita. Tùm Papa, in Christi nomine, respectu Ecclesiarum particularium est magister ille quidem, sed respectu Ecclesiæ catholicæ discipulus, cùm in Ecclesiæ catholicæ consensione manifestum appareat Spiritûs sancti magisterium

CAPUT XV.

Ex Sedis apostolicæ immobili firmitate concludi causas fidei ad eam Sedem referendas; non autem proptereà infallibili judicio finiendas : formulæ interrogandi Romani Pontificis, de ejus judicio piam præsumptionem, non tamen continuò certam fidem fuisse; cujus rei exempla proferuntur.

Jam ex totâ antecedente doctrinâ id facilè consequemur, ut majores, ac præsertim fidei quæstiones, in eâ potissimùm Sede definiri oporteat, in quâ error non obtineat; et ab eo potissimùm Pontifice, qui in eam seriem intexatur quæ à fide penitùs abrumpi nequeat. Id voluit sanctus Bernardus, loco celebri ad Innocentium II : « Oportet ad vestrum referri apostolatum pericula quæque et scandala emergentia in regno Dei, ea præsertim quæ de fide contingunt : dignum namque arbitror, ibi potissimum resarciri damna fidei, ubi non possit fides sentire defectum. Hæc

[1] *Matth.* x, 24.

quippè hujus prærogativa Sedis [1]. » En Sedis universim ex antiquâ traditione ; non singuli cujusque Romani pontificis ; quâ tamen prærogativâ Sedis id fit, ut de fidei periculis ad ejus sedis Præsidem potissimè referatur. Pergit : « Cui enim alteri aliquando dictum est : *Ego pro te rogavi, Petre, ut non deficiat fides tua?* Ergò quod sequitur à Petri successore exigitur : *Et tu aliquandò conversus, confirma fratres tuos.* » Exigitur certè ; quis enim neget id à Petri successore postulari? An id officii sit semper ac necessariò præstiturus, Bernardus non dicit ; ac fidenter dixerim, ad Bernardi tempora dixisse neminem.

Interim de Pontificis responso optima quæque præsumebant ; atque hinc illæ formulæ interrogandi de fide Romani Pontificis ; Hieronymi quidem clamantis ad Damasum : « Ego nullum primum nisi Christum sequens, Beatitudini tuæ, id est cathedræ Petri communione consocior ; super illam petram ædificatam Ecclesiam scio ; quicumque extra hanc domum Agnum comederit, profanus est ; si quis in arcâ Noe non fuerit, peribit regnante diluvio [2]. » Quæ de Sedis dignitate præfatus, de ipso Damaso hæc infert : « Quicumque tecum non colligit, spargit ; hoc est, qui Christi non est, Antichristi est. » Ac paulò post : « Decernite, obsecro : non timebo tres hypostases dicere, si jubetis. » Cui cognatum illud suprà memoratum Justiniani ad Hormisdam de uno Trinitatis crucifixo : « Hoc enim reputamus catholicum, quod vestro religioso responso fuerit intimatum [3]. »

Quæ formulæ ideò per totam Ecclesiam frequentatæ ; quòd in clero Romano tanta lux, tanta doctrina esset, atque in docendâ fide tanta cautio, tantum præterea in sede nunquàm defecturâ Christi præsidium ; ut facilè præsumerent, ejus sedis Præsulem officio non defuturum. Cæterùm si hæc ad summos apices, non sedi successionique universim, sed singulis quibusque Romanis Pontificibus tribuendum putant, jam dicant Liberio, dicant Sergio III, dicant cæteris, à quorum communione tantisper abstinendum fuit : « Qui tecum non colligit, spargit. » Dicant Honorio :

---

[1] Bern., *ep.* CXC, *sive Tract. cont. Abæl. ad Innoc. II*, Præf., tom. I, col. 643. — [2] Hier., *ep.* XIV, *ad Damas.*, aliàs LVII ; tom. IV, part. II, col. 19, 20.—[3] Sup., lib. IX, c. XVI. *Ep.* II *Just. ad Horm.*, tom. IV *Conc.*, col. 1517.

« Non timebo unam, duasve voluntates facere vel promere, si jubeatis; » tota quidem Ecclesia confundetur. Hæc ergo piæ fiduciæ, non certæ sunt fidei.

Quod ad Hormisdam attinet, recordent ut velim, postquam à Justiniano interrogatus, spem Orientis haud satis idoneo responso destituit, Orientalem ecclesiam in priscâ sententiâ perstitisse; ac demùm perpulisse Romanos, ut unum Trinitatis crucifixum secum agnoscerent. Jàm illud recordemur, Patres atque ipsos Romanos Pontifices, sæpè ità esse locutos, ut qui de Romani Pontificis judicio dubitarent. Hinc quæsitum in synodis generalibus, an eorum decreta rectè haberent, necne. Hinc illud Augustini : *Romanos clericos nihil veritati* nocituros, sed tantùm *inusturos sibi prævaricationis notam*, si sancti Innocentii decreta rescidissent[1]. Hinc illa contestatio monachorum Hierosolymitanorum, innocuos se esse, si Martinus cum concilio suo prava et fidei adversa definisset[2]. Multa ejusmodi retulimus, quæ utique cum illis formulis concilianda sunt, ut una sit ecclesiasticæ doctrinæ facies. Conciliantur autem, si de Romani Pontificis judicio dubitatum quidem, sed interim optimè præsumptum esse dicamus.

Quin etiam memoravimus similes de cæteris quoque episcopis locutiones, atque illud imprimis concilii Romani sub Damaso : « Neque enim hæresis malum cadere in Dei antistites potest[3] : » non quòd episcopi à fide cadere non possent, sed quòd id futurum non facilè præsumerent.

Notum illud Cypriani ad Florentium Pupianum in se rebellantem, de singulis quoque episcopis dictum : « Nec hæc jacto, sed dolens profero : cùm te judicem Dei constituas, et Christi, qui dicit ad apostolos ac per hos ad omnes præpositos, qui apostolis vicariâ ordinatione succedunt : *Qui audit vos, me audit*..... Inde enim schismata et hæreses obortæ sunt et oriuntur, dùm Episcopus, qui unus est, et Ecclesiæ præest, superbâ quorumdam præsumptione contemnitur, et homo dignatione Dei honoratus,

---

[1] Aug., lib. II *ad Bonif.*, c. III, n. 5; tom. X, col. 434. — [2] Vid. *Conc. Later.*, sub Mart. I, secr. II; tom. VI *Conc.*, col. 117. — [3] Sup., lib. IX, cap. XIX. *Epist.. Synod. Conc. Rom.*, sub Damas., *Coll. Holst.*, part. I. p. 166; tom. II *Conc.*, col. 892.

indignus hominibus judicatur¹. » Quem locum ad cujuscumque diœcesis episcopum pertinere, et sermonis probat series, et novissimus auctor anonymus confitetur². An ergò volebant singulis episcopis sic aptari illud : *Qui vos audit, me audit,* ut nemo à fide caderet, nemini unquàm obsistendum esset? Hæc aptè, hæc temperatè, hæc piâ fiduciâ præsumebant, non ad extremos apices exigebant. Similis locus apud Cyprianum in *Epistola ad Cornelium Papam*³. Quid Hieronymus? Nonne de Rufino hæc prodidit : « Scribis quoque me litteris indicasse, quod Papa » Theophilus expositionem fidei nuper ediderit, et polliceris, » quòd quidquid ille scripserit tu sequaris⁴? » An ergò Alexandrinum antistitem infallibilem cogitabat? Subdit Hieronymus : « Si Papæ Theophili sententiis delectaris, et nefas putas Pontificum decreta convelli, quid de cæteris dicis, quos ipse damnavit⁵? » Adeò optima quæque de episcoporum judiciis præsumebant, neque tantùm in fidei quæstionibus, sed etiam in particularibus causis. Unde subdit : « Quid de Anastasio, de quo nulli, ut ais, verum videtur, ut tantæ urbis sacerdos, vel innocenti tibi facere injuriam potuerit, vel absenti. » Nempè adversarii, si de fide ageretur, strictè illud urgerent, non potuisse fieri, ut Anastasius Romanus Pontifex à fide deficeret : cum de Rufini peculiari causâ agatur, fateri coguntur, humani sermonis consuetudine, pro certis assumi solita, quæ piâ fiduciâ præsumerent.

Sexcenta ejusmodi commemorare possem, sed in re tam obviâ pudet esse diligentem. Quin ipse novissimus scriptor anonymus quanta refert, quæ per se ipsa vana sint, nisi in nostram interpretationem temperentur! Nempe Innocentius I ad Macedonas hæc scripsit : « Adverti Sedi apostolicæ, ad quam relatio, quasi ad Caput ecclesiarum missa currebat, aliquam fieri injuriam, cujus adhùc in ambiguum sententia duceretur⁶. » Hic anonymus, qui nihil nisi infallibilitatem cogitat, statim infert, Romanorum

---

¹ Cypr., *epist. ad Flor. Pap*, LXIX, al. LXVI, p. 122. — ² Anon., *de Libert.*, lib. VII, c. VIII, n. 7. — ³ Cyp. *ad Corn. ep.* LV, al. LIX, p. 81. — ⁴ *Apol. Hier. adv. Ruf.*, lib. III; tom. IV, part. II, col. 455. —⁵ *Ibid.*, col. 455. — ⁶ Innoc. I, *ep.* XXII, *ad Maced.*, tom. II *Conc.*, col. 1272.

Pontificum in fide certissimum esse judicium. Atqui non de fide, sed de disciplinâ variabili agebatur. Percurrat capitula lector diligens, nihil aliud quàm instituta ecclesiastica inveniet; cujusmodi decreta non semper admitti, et etiam ad incudem revocari posse, idem anonymus cum theologis omnibus confitetur. Tùm illud Innocentii perpendatur : « Adverti Sedi apostolicæ aliquam fieri injuriam, cujus adhùc in ambiguum sententia duceretur. » Audis *aliquam injuriam;* non hæreticos, non schismaticos cogitabat : *aliquam injuriam* fieri querebatur, quòd de tantâ potestate non satis æqua præsumerent; ut etiam si de fide ageretur, locus hic adversario nihil prodesset.

Idem auctor laudat Tarraconense concilium, ejusque *Epistolam ad Hilarum Papam,* in quâ sic habetur : « Privilegium vestræ Sedis, quo per totum orbem beatissimi Petri prædicatio universorum illuminationi prospexit, » etc., subdunt : « Ad fidem recurrimus apostolico ore laudatam : inde responsa quærentes, unde nihil errore, nihil præsumptione, sed pontificali totum deliberatione præcipitur [1]. » De Silvani Calaguritani causâ agebatur, ejusque ordinationibus præter canones factis : id petunt ab Hilaro, ut quid super hâc parte observare velitis, apostolicis affatibus instruantur. » Ac posteà : « Erit vester triumphus, si apostolatûs vestri temporibus, quod sancti Petri Cathedra obtinet, catholica audiat Ecclesia. » Exclamant Papam in fide esse infallibilem, cùm de fide nullus quæreret. Præsumebat synodus Pontificem, cui depositum fidei commissum esset, ut in illo deposito, ità in peculiaribus causis, *nihil errore, nihil præsumptione;* sed omnia *pontificali deliberatione* gesturum, ut in tantâ Sede fieri consueverat. Cætera ejusmodi æquè inania commemorare piget.

Memoratur et illud Paschalis II, in concilio Lateranensi III. De privilegio agebatur, quod ad investituras laicales tuendas, Henricus V Imperator à Paschale II, in vinculis detento, per vim extorserat. Bruno Signinus episcopus dixit : « Gratias agamus omnipotenti Deo, qui Dominum Paschalem audivimus proprio ore clamantem, illud privilegium, quòd pravitatem et hæresim con-

---

[1] Anon., lib. I, c. v, n. 12. Conc. Tarrac., *ep. I, ad Hilar.*, tom. IV *Conc.*, col. 1033.

tinebat¹. » Hic quidam episcopi commonere cœperunt Paschalem hæreticum immeritò appellari : privilegium illud malum quidem fuisse; hæresim non fuisse. Paschalis deindè hæresis horrendâ voce pulsatus, in hæc verba prorumpit : « Fratres et Domini mei, audite : Ecclesia ista nunquàm habuit hæreses; imò hic omnes hæreses conquassatæ sunt; et pro hâc Ecclesiâ Filius Dei in passione oravit, cùm dixit; *Ego pro te rogavi, ut non deficiat fides tua.* » Hæc si ad extremos apices urgent, dicant velim, an putent Papam nec hæreticum esse posse; professionem hæreticam ab eo, ne per vim quidem, extorqueri posse. Non id dicent, sat scio. Ergò hæc ad commodam interpretationem temperanda, quâ de Pontifice, propter honorem Sedis, optima præsumantur.

Quid quòd Guido Viennensis, tùm legatus apostolicus, mox Callixtus II Papa in Viennensi synodo definivit, « dictante Spiritu sancto, investituram omnem de manu laicâ hæresim esse judicamus². » Quid quòd Paschalis II hæc decreta firmavit, seque adeò in eam hæresim, per vim quidem, sed tamen malpus esse confessus est? Quid quòd eadem synodus, sanctis episcopis consentientibus, ad Paschalem scripsit : « Si nostræ paternitatis assertiones roborare nolueritis, nos à vestrâ obedientiâ repellitis. » Ubi tùm illud : « Qui tecum non colligit, spargit? » Ubi illud : « Hoc reputamus catholicum, quod vestro religioso responso fuerit intimatum? » siquidem ea ad extremos apices exigantur. Ex quibus colligitur, quæcumque pro hâc infallibilitate speciosissima venditant, ea penitùs introspecta, nihil aliud præferre præter præsumptionem probabilem ac piam fiduciam.

Sic profectò nobis integra, quod ad fidem attinet, judiciorum ecclesiasticorum ratio constat. Sic enim intelligimus, aliud esse, quod piâ fiduciâ præsumimus, aliud quod certâ fide credimus. Cùm episcopi ac synodi particulares de fide judicant, hos vera judicasse pia fiducia suadet; succurrit enim illud : *Ubi sunt duo vel tres congregati in nomine meo, ibi sum in medio eorum* ³ : meritòque præsumitur, tanto præsidio fultos; officio non defuturos,

---

¹ Conc. Later. III, sub Pasch. II, tom. X *Conc.*, col. 767 et seq. Vid. Ursp., an. 1116. — ² Conc. Vienn., ep. *ad Pasch. II*; tom. X, col. 785. — ³ *Matth.*, XVIII, 20.

neque aberraturos ab antiquâ ecclesiarum suarum traditione, cujus custodes sunt. Jam si ad Romanum Antistitem quæstio devolvitur; atque is ecclesiarum omnium communione vigens, ad quem proindè omnia referuntur, promit judicium ex illâ Petri Sede, quæ est ædificata in generationem et generationem, ubi stabiliendæ fidei tanta constantia, et adversùs hæreses atque novitates tanta cautela esse solet; multò magìs præsumitur judicium, ex Petri æquitate ac prædicatione et communi ecclesiarum traditione esse depromptum. Cùm verò Ecclesia catholica ipsa decernit, aut ipsa consentit, non præsumptio, sed res ipsa; nec jam pia illa fiducia, sed πληροφορία, quàm Paulus appellat, ac plenæ fidei certitudo.

CAPUT XVI.

De sancto Thomâ et sancto Bonaventurâ facultatis Parisiensis doctoribus, quid Gerson senserit : utriusque ac præsertim Angelici doctoris sententia explicatur.

Quanquam theologi graves, postquam exploratam habent Patrum sententiam, non multùm commoveri solent novellis Scholasticorum opinionibus; nostra tamen postulat erga sanctum Thomam ac sanctum Bonaventuram, scholæ Parisiensis decora, reverentia singularis, ne illos silentio prætermittamus.

Et quidem Joannes Gerson, *Sermone* Constantiæ dicto, festo die sancti Antonii, in hæc verba : *Nuptiæ factæ sunt in Canâ Galilææ*[1]*;* posteà quàm retulit illud sessionis v Constantiensis, de conciliari potestate decretum : « Huic, inquit, veritati fundatæ supra petram sacræ Scripturæ quisquis à proposito detrahit, cadit in hæresim jam damnatam, quam nullus unquàm theologus maximè Parisiensis et sanctus asseruit. Vidi nuper sanctum Thomam et Bonaventuram dantes supremam et plenam summo Pontifici potestatem ecclesiasticam. Rectè, procul dubio; sed hoc faciunt in comparatione ad fideles singulos et particulares ecclesias[2]. » Hæc Gerson; neque reverâ quidquam aliud apud sanctos illos Doctores legimus.

Certè sanctus Thomas alicubi docet, « ad Romanum Pontifi-

[1] Joan., II, 1. — [2] Gers. serm. in festo S. Anton., tom. II, p. 355.

cem à synodo appellari, quæ omnia patent ex gestis Chalcedonensis synodi. » Quo uno satis constat, sanctum Doctorem locutum generatim de synodis, abstrahendo ab universali vel particulari synodo. In actis enim Chalcedonensibus videmus appellatum à particulari Flaviani Constantinopolitani synodo, ad sanctum Leonem; à synodo universali appellatum fuisse non videmus. Jam de pontificiâ infallibilitate, quem unum quæstionum fontem vidimus, apud Bonaventuram quidem nihil invenio, quo eam Romano Pontifici asserat. Imò verò tractans promissionem illam, quâ pontificia infallibilitas vel maximè stare videatur; *Rogavi pro te*, etc. Bonaventura sic exponit, ut ad fidem Ecclesiæ catholicæ referat [1].

Sanctum verò Thomam audimus eodem modo exponentem : « Universalis Ecclesiæ fides non potest deficere, Domino dicente : *Rogavi pro te, ut* [2], » etc.

Huic interpretationi reliqua sancti doctoris, in II-II de fide tractantis, doctrina congruit : nam quæstione I, articulo IX, sic habet : « Sed contra est, quod Ecclesia universalis non potest errare, quia à Spiritu sancto gubernatur, qui est Spiritus veritatis : hoc enim promisit Dominus discipulis [3], *Joan.*, XVI, dicens : *Cùm venerit ille Spiritus veritatis, docebit vos omnem veritatem* [4]. »

Eodem articulo, ad tertium, exponens cur in Symbolo ità dicatur : *Credo in Deum*, quod ad fidem formatam, id est cum charitate conjunctam, pertinet, ait, « quòd confessio fidei traditur in Symbolo quasi ex personâ totius Ecclesiæ, quæ per fidem unitur. Fides autem Ecclesiæ est fides formata : talis enim fides invenitur in omnibus illis, qui sunt numero et merito de Ecclesiâ [5]. » Quare illud : *Rogavi pro te, ut non deficiat fides tua*, fidei formatæ est. Talis enim Petro promittitur, et meritò refertur ad universalem Ecclesiam, cui semper inesse constat fidem, eamque formatam.

Quod autem idem doctor, articulo sequente, concludit, « Quòd ad summum Pontificem pertineat fidei symbolum ordinare [6], »

---

[1] Bonav., *exp. in Ev. Luc.*, c. XXII, tom. II. — [2] Vid. comm. S. Thom., *in Evang. Luc.*— [3] S. Thom., II-II, quæst. I, art. IX, Sed contra.— [4] Joan., XVI. 13. — [5] S. Thom., *ibid.*, ad ter. — [6] Id., *ibid*, art. X, in corpore.

ità est intelligendum, ut ad ipsum præcipuè; ut sine ipso ad nullum; denique ut ad ipsum, ut publicam personam, hoc est, « utentem concilio, et requirentem adjutorium universalis Ecclesiæ; » quemadmodum Antoninus Thomæ discipulus exponebat[1].

Unde sanctus Doctor, eodem articulo x, sic habet : « Sed contrà est, quòd editio Symboli facta est in synodo generali; sed ejusmodi synodus auctoritate solius Summi Pontificis potest congregari, ut habetur in *Decr.*, dist. xvii. Ergò editio Symboli ad auctoritatem Summi Pontificis pertinet[2]? » Summi certè Pontificis, « utentis concilio, et requirentis adjutorium universalis Ecclesiæ. »

Et ibidem ad secundum respondens ad illud synodi Ephesinæ interdictum, quòd aliam fidem præter Nicænam nulli proferre liceat, sic ait : « Ad secundum dicendum, quòd prohibitio et sententia synodi se extendit ad privatas personas, quarum non est determinare de fide. Non enim per ejusmodi sententiam synodi generalis ablata est potestas sequenti synodo novam editionem Symboli facere; non quidem aliam fidem continentem : sed eamdem magis expositam : sic enim quælibet synodus observavit, ut sequens synodus aliquid exponeret supra id quod præcedens synodus exposuerat, propter necessitatem alicujus hæresis insurgentis. Unde pertinet ad Summum Pontificem cujus auctoritate synodus congregatur et ejus sententia confirmatur. » Porrò confirmare quid sit alibi diximus[3], nec repugnat sanctus Thomas, sed ecclesiasticam vocem ex universali traditione intelligendam relinquit.

Idem sanctus doctor, articulo ix præcedente dixerat, argumento *Sed contra:* « Symbolum est auctoritate universalis Ecclesiæ editum : nihil ergò inconveniens in eo continetur. » Hic robur, hîc omnimoda et inconcussa firmitudo.

Cùm ergò concludit, in corpore articuli x : Quòd ad summi Pontificis auctoritatem pertineat editio Symboli; quòd ad ejus auctoritatem pertineat finaliter determinare ea quæ sunt fidei, ut

---

[1] Anton., *Sum. Theol.*, part. iii, parag. iv, p. 418, verso. — [2] S. Thom., loc. cit. Sed contra. — [3] Sup., lib. VIII, cap. ii et seq.

ab omnibus inconcussâ fide teneantur; quòd unitas servari non potest, nisi quæstio fidei determinetur per eum qui toti Ecclesiæ præest, ut sic ejus sententia firmiter à totâ Ecclesiâ teneatur; » intellige ex ipso, non quòd in Summo Pontifice solo ea auctoritas resideat : nam universali Ecclesiæ ejusque synodis tribuit *auctoritatem et potestatem* edendi symboli, eamque inconcussam [1] : sed quòd in Summo Pontifice sit ea auctoritas, quæ omnibus præsit, quæ omnes moveat ad unitatem, quæ ubi opus est, et omnes convocet et acta confirmet. Qui autem convocat et confirmat, non proinde ipse solus judicat atque determinat; sed omnium judicio determinationique consentit, atque ex eis pronuntiat.

« Sic ejus sententia à totâ Ecclesiâ firmiter tenetur, » ut dixit sanctus Thomas : quia ex omnium sensu ac totius Ecclesiæ traditione judicat. Unde etiam synodi sententia, ejus sententia est; alluditque sanctus Thomas ad eum decernendi morem qui jam obtinuerat, ut sub Papæ nomine synodale decretum ederetur, atque ipse, synodo approbante, decerneret.

Ex quibus intelligitur, id quod ipse sanctus doctor sic deinde concludit : « Et ideò ad solam auctoritatem Summi Pontificis pertinet nova editio Symboli, sicut et omnia alia quæ pertinent ad totam Ecclesiam, ut congregare synodum et alia ejusmodi [2] : » satìs enim ex dictis patet, *Symboli editionem ad solam auctoritatem* referri Pontificis, quod et ipsa præcipua sit, et sine illâ nihil fiat aut valeat; quod sæpè diximus.

Cùm autem sanctus Thomas ait, ad Summum Pontificem pertinere, ut congreget synodum, ostendit se loqui de ordinariis casibus; cùm omnes fateantur multos esse casus, quibus synodus, etiam invito Summo Pontifice, congregari possit, ut vidimus.

Jàm quòd idem sanctus doctor fidei unitatem inde proficisci docet, quòd fidei quæstio ad eum referatur qui toti Ecclesiæ præsit, omnes catholici consentiunt : atque id est quod Joannes Gerson his affirmat verbis : « Ea quæ fidei sunt, debent eadem esse apud omnes; et hæc identitas et unitas, vix aut nunquàm perpetuari potest, nisi recursus esset finalis ad unum caput [3]. »

[1] S. Thom., *ibid.*, art. ix, Sed contra. — [2] *Ibid.*, art. x, in corp. — [3] Gers., *tract. de Conc. gen. unius obedient.*, tom. II, p. 28.

Non profectò quòd omnia à solo Papâ finiantur : nihil enim magis abhorret à Gersonis sententiâ; sed quòd finale illud sit, quod cum totâ Ecclesiâ Papa definiat.

Meritò ergò Gerson nihil se à sancto Thomâ discrepare docet; ac si rectè intelligatur eorum sententia, summâ quidem ipsâ in unum convenit. Id tantùm Gerson aliique Parisienses sancti Thomæ doctrinæ addiderunt, quòd diuturnissimi atque hactenùs inexperti schismatis malis docti, multa experiri, multa prævidere coacti sunt, circa dissensionem synodi ac Papæ, quæ sanctus Thomas non attigit, tùm quòd occasio et tempus non id postulabat, tùm quòd minùs necessaria videbantur rudioribus theologis, quos ipse in *Summâ* instruebat, Unde hîc, summa capita attigisse contentus, reliqua prætermittit.

Denique quòd sanctus Thomas, eodem articulo x, majores ac difficiliores quæstiones ad Summum Pontificem referri inde probat, « quòd Dominus, *Luc.*, xxii, Petro dixit, quem Summum Pontificem constituit: *Rogavi pro te, ut non deficiat fides tua; et tu aliquando conversus confirma fratres tuos:* » rectè omninò facit; atque id directè probant illa Christi verba : *Confirma fratres tuos*. Quo quidem officio confirmandi fratres maximè opus est, in arduâ et ancipiti re; neque tamen concludendum, ad summum Pontificem propriè pertinere, *ut non deficiat fides* ejus : neque enim sanctus Thomas id dicit; imò ex ejus dictis constitit, quòd illa non defectura fides Petri, sit ipsa universalis Ecclesiæ aut certè peculiaris Ecclesiæ Romanæ fides. Atque ità sanctus Thomas exposuit, cùm hunc Lucæ locum deditâ operâ interpretaretur.

Quare si rem, ut diximus, summâ ipsâ perpendimus, nihil sanctus Thomas à reliquis Parisiensibus differre videatur, quem tamen si perfractè nihil tale memorantem, ad Romani Pontificis omninò absolutam atque independentem ab Ecclesiæ consensu auctoritatem trahant, patiantur certè nos in doctrinâ Patrum, qui antecesserint, atque in posterioribus, jam quæstione motâ, concilii Constantiensis judicatis, tutò acquiescere.

CAPUT XVII.

Testimonium ex cleri Gallicani cœtu anno 1626 petitum : alia argumenta ex Janseniano negotio deprompta solvuntur : conventus anni 1653, Bullæque solemnis acceptatio.

At enim objiciunt[1], malè hæc à nobis memorari tanquam Ecclesiæ Gallicanæ dogmata, cùm à cleri Gallicani cœtu recente memoriâ rejecta sint. Atque hîc referunt comitiorum generalium anni 1626 articulum cxxxvii, in quo hæc verba sunt : « Hortandos episcopos, uti Sedem observent apostolicam, Ecclesiamque Romanam infallibili Dei promissione fundatam[2]. » At quorsùm nobis hæc objiciunt quæ tuemur? Certè enim Sedem apostolicam, partem Ecclesiæ principalem, atque omnium caput, eâ promissione, quâ totum ipsum nititur fulciri diximus. Gravius illud putant quod subditur : « Petro cum clavibus datam infallibilitatem fidei, quam videmus, divinæ potentiæ miraculo, in Petri successoribus ad hodiernum usque diem immobilem permanere. » Quis enim nostrûm negat, Petro promissam eam, quæ nunquam deficiat, fidem, atque in ejus successoribus, divinâ Providentiâ permansisse, ac porrò permansuram fidem, summâ quidem ipsâ, itâ ut ipsa series atque successio nunquam à fide abrumpatur, quemadmodum à Patribus intellectum esse vidimus. Miror hæc à viris gravibus, atque à novissimo auctore anonymo venditari[3]. Neque pluris valet id quod à Gallicanis depromit episcopis[4], in eâ epistolâ, quam ad Innocentium X, anno 1653, de condemnandis Jansenii propositionibus perscripserunt : « Majores Ecclesiæ causas ad Sedem apostolicam referri, solemnis Ecclesiæ mos est, quem fides Petri nunquam deficiens perpetuò retineri pro jure suo postulat[5]. » Quæ sanè nihil contra nos, qui confitemur fidem Petri in Sede apostolicâ minimè defecturam atque ejus rei gratiâ fidei causas ad eam referendas. Hæc ergò ex communi traditione desumpta nobis objici ratio non sinit. Sed

---

[1] Anon., *de Libert.*, etc., lib. IX, c. x, n. 3.— [2] Avis de l'Assemblée du clergé à MM. les archevêques et évêques, du 20 janv. 1626, art. cxxxvii. — [3] Anon., loc. jam cit. — [4] Id, lib. VII, c. xvii, n. 12. — [5] Relat. des délibér. du Clergé de France ; Paris, Vitré, 1661, p. 25.

quia ex Jansenii negotio, alia argumenta ducunt, quæ magni putant ponderis, rem ipsam ab exordio repetamus.

Primùm ergò prodiit ea epistola anni 1653, quâ plurimi episcopi Gallicani Cornelii Jansenii Iprensis episcopi libro posthumo et doctrinâ commoti, à Summo Pontifice flagitabant, ut *quinque præsertim propositiones* epistolæ insertas, « de quibus disceptatio periculosior et contentio ardentior esset; sua Sanctitas expenderet, ac perspicuam ac certam de unâquaque sententiam ferret[1]. » Hæc summa epistolæ est, cui octoginta (a) circiter episcopi subscripserunt.

Re diu perpensâ, multisque et gravissimis habitis consultationibus, Innocentius X, uti rogatus fuerat, sententiam tulit de illis quinque omnium sermone celebratis propositionibus, «de quibus occasione libri, cui titulus: *Augustini Cornelii Jansenii Iprensis episcopi,* inter alias ejus opiniones orta fuerit præsertim in Galliis controversia[2];» quas propositiones singulas Pontifex suâ notâ confixit, «nec tamen probatis aliis opinionibus quæ continentur in dicto Jansenii libro;» datum pridie Kalendarum Junii, anno 1653, pontificatûs ix.

Eam definitionem per Nuntium apostolicum misit in Galliam cum duplici Brevi apostolico, altero ad Regem, altero ad episcopos Gallicanos[3]. Rex, 4 Julii, anno 1653, dedit *Patentes,* quas vocant, *litteras* ad archiepiscopos et episcopos. His cùm declarasset nihil Innocentii Constitutione contineri, « quod ecclesiæ Gallicanæ libertatibus et regiæ coronæ juribus esset adversum[4], » episcopos hortabatur atque admonebat, ut eam publicarent et executioni darent. Nam quod primum irrepserat, id etiam *jubere* regem, clero postulante, sublatum est.

Quid deinde in recipiendâ atque publicandâ pontificiâ Constitutione episcopi Gallicani gesserint, docet relatio, anno 1655, jussu congregationis cleri Gallicani linguâ vulgari facta atque edita ad rei memoriam sempiternam; atque à quadraginta epi-

---

[1] Relat. des délib. du Clergé de France; Paris, Vitré, 1661, p. 26. — [2] Bull. Innoc. X, ibid., p. 28. — [3] Ibid., p. 27 et 33. — [4] Déclarat. du Roi, etc., ibid., p. 34.

(a) LXXXV

scopis, totoque ipsis adjuncto presbyterio, universi cleri nomine subsignata.

Quæ ergò doceat illa relatio hæc sunt. Primum quidem visum esse, « ut ad firmiorem *Constitutionis* executionem, Sedisque apostolicæ majorem dignitatem, atque episcopatùs honorem, ipsa constitutio facto episcoporum cœtu reciperetur atque firmaretur[1]. » Habitus ille cœtus undecimo Julii anno 1653, in ipsâ regiâ, in eâ scilicet Luparæi palatii parte, in quâ morabatur eminentissimus Julius cardinalis Mazarinus, præcipuus regni administer, qui sacro cœtui præsidebat.

Ibi primùm lectæ sunt *Patentes litteræ*, observatumque ab episcopis, à rege « pro more declaratum, ipsam Constitutionem nihil regni juribus nocituram, jussosque regis administros, ut operam suam in exequendâ Bullâ episcopis adjungerent. Cæterùm quòd attineret ad Constitutionis solemnem receptionem, quæ auctoritate ecclesiasticâ fieret, id totum episcopali deliberationi à rege permissum[2]. » Atque iterùm : « Definitionem à Papâ editam, liberæ episcoporum deliberationi relinquendam, ut ejus publicationem atque executionem decernerent, nullo coacti judicio sæcularis potestatis. »

De ipsâ deliberatione, sic est in nostrâ relatione proditum : « Cùm Constitutionis materia et argumentum à duodecim annis per Gallias agitatum, omnibus notum esset, facilè agnitum, pontificiâ Constitutione, firmatam antiquam Ecclesiæ fidem à conciliis ac Patribus traditam, atque in concilio Tridentino innovatam...... Itaque communi omnium sententiâ conclusum ab episcopis congregatis, ut acceptarent Bullam, omnique obsequio ac reverentiâ susciperent, quæ in eâ decisa essent[3]. » Sic à clero Gallicano pontificia Constitutio, factâ deliberatione, suscepta et *acceptata est*. Quam vocem rei exponendæ necessariam condonari nobis volumus : ut quæ linguâ nostrâ aliquid spontaneum, atque, ut ità dicam, auctoritativum sonet.

Hic subit recordatio susceptæ à majoribus nostris sancti Leonis adversùs Eutychen epistolæ : « Quòd in eâ recognoscerent fidei

---

[1] *Déclaration du Roi*, etc., *ibid.*, pag. 5. — [2] *Ibid.*, pag. 6. — [3] *Ibid.*, pag. 7.

suæ sènsum, et ita se semper ex paternâ traditione lætentur tenuisse [1]. » Jam ad relationem redeamus.

Decretum in eâdem congregatione episcoporum, ut ad Summum Pontificem et ad omnes episcopos scriberetur : utque epistola ad episcopos ità conscriberetur, ut episcopis gallicanis constaret integrum jus definiendarum, primo certè gradu primâque instantiâ, fidei quæstionum, ubi id utile videretur; sive pœnas juris decernendo adversùs manifestos hæreticos, sive res dubias, congregatione habitâ, decidendo [2]. » Sic ecclesia Gallicana juris episcopalis ubique recordatur.

Epistolæ, congregatione habitâ, lectæ, probatæ ac subsignatæ sunt ab omnibus episcopis, 15 Julii.

Epistola ad Papam hæc habet : « Non solùm ex Christi Domini nostri pollicitatione Petro factâ, sed etiam ex actis priorum Pontificum, et anathematismis adversùs Apollinarium et Macedonium, nondùm ab ullâ œcumenicâ synodo damnatos, à Damaso paulò anteà jactis; judicia pro sanciendâ regula fidei, à Summis Pontificibus lata, super episcoporum consultatione (sive suam in actis relationis sententiam ponant, sive omittant, prout illis collibuerit) divina æquè ac summâ per universam Ecclesiam auctoritate niti : cui christiani omnes ex officio, ipsius quoque mentis obsequium præstare teneantur [3]. » Quo loco id volebant, non esse semper necessariam synodi œcumenicæ sententiam, ut christiani ad fidei officium tenerentur; sed omninò sufficere, consulentibus episcopis, Romani Pontificis auctoritatem; si quidem decretum ejus reciperetur, ut ipsi fecerant, atque à se factum esse gestis indiderant ad rei memoriam [4].

In epistolâ ad Episcopos disertè scriptum erat : « Et ad episcoporum necessariam atque essentialem dignitatem pertinere, ut de fidei quæstionibus primam ferrent sententiam; et ne id facerent (episcopos qui Papam consuluerant) animorum dissensionibus fuisse prohibitos [5]. »

Addebant : ad nos Constitutione perlatâ, « episcopos congre-

[1] *Ep. syn. episc. Gall. ad Leon. Magn.*, tom. III *Conc.*, col. 1329; inter Leon. post epist. LXXVI, al. LI — [2] Relat., p. 8. — [3] Ibid., p. 36. — [4] Ibid., p. 40. — [5] Ibid., p. 41.

gatos, ut deliberarent quid in hoc negotio facto opus esset, uno spiritu, uno corde, uno ore ità consensisse ad recipiendum illius judicium, cui per unitatem christiani episcopatûs hierarchicâ subordinatione colligati essent; ut meritò crediderent propositionum condemnationem, unà cum eo à se quoque esse prolatam ac pronuntiatam. » Sic se episcopos hoc est, *conjudices* et *condecernentes*, quod sæpè diximus; suumque consensum, non nudi obsequii, sed etiam judicii, decretique ecclesiastici loco esse meminerant.

Hæc triginta episcopi decreverunt, subsignarunt, totâ Galliâ divulgarunt; eoque spiritu omnes episcopi Constitutionem ad se ab eo cœtu missam receperunt; ut dubium non sit, quin communis is fuerit ecclesiæ Gallicanæ sensus.

CAPUT XVIII.

Tres aliæ secutæ cleri Gallicani congregationes probant necessariam episcoporum consensionem, atque hanc pro ecclesiastico judicio esse habendam.

Pergit relatio, docetque « harum turbarum auctores, neque Summi Pontificis auctoritate, neque ecclesiæ Gallicanæ universali assensu cohiberi potuisse[1]; » subortam de genuinis propositionum sensibus quæstionem, sive vitilitigationem, cujus gratiâ (anno 1654, 9 Martii) xxxviii episcopi iterùm ad Luparam, apud eminentissimum Mazarinum convenirent.

Quæstio gravis Patribus visa est, atque omninò id agi, ut Constitutio evanesceret, summusque Pontifex tantùm inani murmure detonasse videretur. Itaque datum negotium aliquot episcopis, ut quæ ad hanc rem facerent, diligenter ponderarent; quorum relatione factâ lectisque Jansenii necessariis locis, aliisque in eam rem editis scriptis atque documentis, re in deliberationem adductâ, « conclusum est (à sacro cœtu) declaratum iri per modum judicii, visis omnibus causæ ex utrâque parte documentis, in Constitutione damnatas propositiones, ut quæ Jansenii essent, ac sensu Jansenii, cujus judicii relatio ad Sum-

[1] Relat. p. 8.

mum Pontificem atque etiam ad universos episcopos Gallicanos, datis litteris, mitteretur : » 28 Martii, anno 1654 [1].

Sic episcopi in Constitutionis apostolicæ executione atque interpretatione, subortâ difficultate, quam ad decreti fidei robur maximè pertinere constaret, agunt ut judices, idque ad Innocentium X scribunt his verbis : « Ad munus episcopale pertinere putavimus, recens excitatas à clericis numero paucis contentiones, definitione nostrâ compescere; quâ Constitutionis apostolicæ integra executio, quæ nobis commissa est, adversùs alienas à vero illius sensu expositiones sanciatur [2]. » Atque iterùm : « Nos in hâc urbe Parisiensi congregati censuimus, et per epistolam encyclicam his litteris adjunctam declaravimus, propositiones illas et opiniones esse Cornelii Jansenii, et in sensu ejusdem Jansenii à Sanctitate Vestrâ damnatas, disertis et manifestis verbis [3]; » denique : « Constitutionem ordine canonico latam, atque genuino in sensu intellectam, quem litteræ istæ patefaciunt nos suscipere testamur. »

Sic profectò testari pergunt consensionem suam, cùm ad papalis decreti auctoritatem accedit judicium esse ecclesiasticum; quâ etiam Constitutionis verus genuinusque, quem ipsi admittant, sensus exponatur; *genuino sensu,* inquiunt, *quem litteræ istæ patefaciunt.*

Epistolâ verò ad præsules Gallicanos missâ, sic dicunt : « Declaravimus et hoc nostro judicio declaramus [4] : » ut nemini dubium esse possit, quin judicium ecclesiasticum hâc suâ definitione protulerint.

Hæc igitur omnia ad Innocentium X missa, ac per episcopum Lutevensem tùm Romæ agentem tradita [5], summâ Pontificis gratulatione accepta sunt, probatumque est latum de sublatâ difficultate ac Bullæ interpretatione ab episcopis judicium, dato Brevi 29 Septembris, anno 1654.

Quo Brevi recepto, ac per universam Galliam promulgato, tertiò episcopi Parisiis congregantur, atque ad universos Galliarum episcopos hæc gesta præscribunt, testanturque ab episcopis

---

[1] *Relat.,* 14 et 15. — [2] *Ibid.,* p. 45. — [3] *Ibid.,* p. 46. — [4] *Ibid.,* p. 49. — [5] *Ibid.,* pag. 15.

primùm congregatis, « cum reverentiâ receptam Constitutionem, unoque spiritu cum sanctissimo Papâ probatam ac pronuntiatam quinque propositionum, quas ipse censurâ confixerat, condemnationem [1]. » Quò rursùs declarant consensionem suam verum ecclesiasticumque judicium.

Subdunt ab episcopis iterùm congregatis verum Constitutionis sensum, expresso judicio declaratum, datâ epistolâ, 10 Maii 1655 [2].

Anno denique 1656, episcopi quartùm congregati numero XL, cum deputatis omnibus, ordinario cœtu cleri Gallicani, quæ tribus antè actis cœlibus gesta erant, ordine recensita confirmarunt 2 Septembris [3]. Insuper affirmarunt intactam et inviolatam manere sancti Augustini doctrinam, quam Jansenius perperàm sibi vindicavit; atque hæc omnia ad Alexandrum VII perscripserunt.

In epistolâ ad regem hæc dicunt : « A se denuò confirmata et approbata, quæ Mazarino cardinale præside gessissent episcopi ad acceptandum judicium suæ Sanctitatis, et condemnationem errorum [4]: » regique supplicant, ut jubeat judices suos adesse auxilio episcopis exequentibus Constitutionem, *eorum consensu receptam.*

Ad reginam verò matrem : « Ab Innocentio X confirmatum id quod ipsi judicassent : » tùm : « Acceptatam à se unanimi consensu Sedis apostolicæ definitionem [5]. »

Posteà ad episcopos : « Exequendam Constitutionem eo sensu, qui judicio episcopalis cœtûs declaratus esset mense Martio 1654 [6]; » ad quos etiam mittunt formulam ab omnibus subscribendam.

Denique relationem, ex quâ hæc omnia retulimus, fieri jusserunt, comprobarunt; manu suâ confirmarunt. Hæc gesta, primâ, secundâ et quartâ Septembris in congregatione generali totius cleri Gallicani, anno 1656.

Sic igitur ecclesia Gallicana decretum fidei à Sede apostolica missum, consensu, judicio, deliberatione accepit.

[1] *Relat.*, p. 58. — [2] *Ibid.*, p. 59. — [3] Vid. p. 62 et seq. — [4] *Ibid.*, p. 69 et seq. — [5] *Ibid.*, p. 74. — [6] *Ibid.*, p. 77.

CAPUT XIX.

Duo exempla ab antiquitate deprompta, quibus Gallicanarum congregationum gesta firmantur : sancti Siricii de Joviniano judicium : Capuana synodus, et ejusdem Siricii responsio ad Macedonas

Sic quoque solebat antiquitas. Quarto sæculo, cùm Jovinianus virginitatis propositum improbaret, eamque hæresim in ipsâ etiam urbe Româ disseminare inciperet, sanctus Siricius Papa, *facto Presbyterio*, eum condemnavit; atque hoc judicium ad Mediolanensem direxit ecclesiam. Sic autem erat constitutum [1] : « Unde apostolorum secuti præceptum, quia aliter quam quod accepimus, annuntiabant, excommunicavimus. Omnium ergò nostrûm tam presbyterorum quàm etiam totius cleri, unam scitote fuisse sententiam, ut Jovinianus, Auxentius, Genialis, etc., qui incentores novæ hæresis et blasphemiæ inventi sunt, divinâ sententiâ et nostro judicio, in perpetuum damnati, extra Ecclesiam remanerent, quod custodituram Sanctitatem vestram non ambigens, hæc scripta direxi [2]. »

Hoc sancti Siricii Papæ ac Sedis apostolicæ judicium Itali episcopi, sancto Ambrosio præside, Mediolani congregati, synodali judicio receperunt his verbis : « Itaque Jovinianum, Auxentium, etc., quos Sanctitas tua damnavit, scias apud nos quoque secundùm judicium tuum esse damnatos [2]. » Sic damnatos Sedis apostolicæ judicio, ipsi quoque, sed prolato pariter judicio damnant. Unde ille consensus, quo ecclesiastica judicia summam vim obtinent, perinde haberi censetur, cùm vel episcopos præeuntes Sedes apostolica probat, vel Sede apostolicâ præeunte, concinunt et consentiunt Ecclesiæ.

Sic ab episcopis Gallicanis Lutetiæ Parisiorum frequente conventu sæpius congregatis, Innocentii X recepta Constitutio. Reli-

---

[1] *Ep. Siric. ad Mediol. Eccles.*, inter Ambros. post ep. XLI, al. LXXX ; tom. II, col. 965. Vid. etiam tom. II *Conc.*, col. 1024. — [2] *Rescript. ep. Ambros.*, etc., *ad Siric.*, inter Ambros. epist. XLII, aliàs LXXXI, col. 969 · et tom. II *Conc.*, col. 1026.

qua in Jansenii Augustinum sacrosanctæ Sedis acta, eodem episcoporum consensu valuerunt. In Galliis, maximâ solemnitate gravissimoque judicio expressus consensus est editus; ut solet esse clarior, ubi controversiæ maximè viguerunt. Bullas interim toto orbe catholico receptas esse constat, ut nullus omninò sit dubitationi locus, quin istud hæreticum dogma æterno judicio condemnetur.

Jam quòd episcopi Gallicani episcopalis juris esse profitentur, ut, cùm res tulerit, ipsi adunati de quæstionibus fidei primam ferant sententiam, ex antiquâ item traditione depromptum est[1]. Ità enim Antiochenæ, Constantinopolitanæ, Africanæ synodi, de Pauli Samosateni, Eutychetis, Pelagii ad Cælestii hæresi judicarunt, multaque alia hujus rei exempla memorantur, quæ Sedes etiam apostolica comprobavit. Illud insigne est, quod à synodo Capuensi gestum est sub eodem beato Papâ Siricio, cujus adversùs Jovinianum decreta retulimus.

Ea synodus paulò ante decretum illud, ut videtur, duabus de causis celebrata est; primùm ad finiendam ecclesiæ Antiochenæ veterem discordiam cùm Evagrius et Flavianus de episcopatu contenderent; secundò, ut de Bonoso episcopo ferretur judicium, qui adversùs beatæ Mariæ virginitatem blasphemare ausus fuerat.

Cùm neque Flavianus, neque, ut videtur, Bonosus synodo Capuensi se sisterent; illius causa, Theophilo Alexandrino atque Ægyptiis episcopis; hujus, Anysio Thessalonicensi ejusque synodo delegatur.

Hæc quidem decreta erant, salvâ Sedis apostolicæ auctoritate; unde beatus Ambrosius ad Theophilum, synodi Capuensis nomine, hæc scribit : « Sanè referendum arbitramur ad sanctum fratrem nostrum Romanæ sacerdotem ecclesiæ, quoniam præsumimus ea te judicaturum, quæ etiam illi displicere nequeant[2]. » Subdit pacem futuram; cùm id, inquit, gestum esse cognoverimus quod Ecclesia Romana haud dubiè comprobaverit. »

Neque est ambiguum quin Anysio Macedonibusque, quibus præerat, episcopis, eadem lex dicta sit; cùm constet eam provin-

---

[1] Vid. *Relat.*, p. 8 et 40. — [2] Amb., *ep.* LXVI, aliàs LXXVIII, n. 7; tom. II, col. 1007, 1008.

ciam Sedi apostolicæ peculiari jure fuisse subditam. Quo etiam factum est, cùm quædam causæ pars indecisa penderet, ut beati Siricii Papæ sententiam exquirerent. At sanctus Pontifex sic rescripsit : « Accepi litteras vestras de Bonoso episcopo, quibus vel pro veritate, vel pro modestiâ, nostram sententiam sciscitari voluistis ; sed cùm ejusmodi fuerit concilii Capuensis judicium, ut finitimi Bonoso atque ejus accusatoribus judices tribuerentur, et præcipuè Macedones, qui cum episcopo Thessalonicensi de ejus factis cognoscerent, advertimus quòd nobis judicandi forma competere non posset. Nam si integra esset hodie synodus, rectè de his quæ comprehendit vestrorum scriptorum series, decerneremus. Vestrûm est igitur, quia hoc recepistis judicium, sententiam ferre de omnibus ; nec refugiendi, nec elabendi, vel accusatoribus, vel accusato copiam dare. Vicem enim synodi recepistis, quos ad examinandum synodus delegit [1]. » Ac paulò post : « Vos enim totius, ut scripsimus, synodi vice decernitis ; nos quasi ex synodi auctoritate judicare non convenit. » Hæc deinde subjungit : « Sanè negare non possumus de Mariæ filiis jure reprehensum, meritòque vestram Sanctitatem abhorruisse, quòd ex eodem utero virginali, ex quo secundùm carnem Christus natus est, alius partus effusus sit. » Quam causam multis ac præclarè egit.

Hanc egregiam epistolam inter beati Ambrosii epistolas sub ejusdem Ambrosii nomine legebamus : sed ipsa verborum series, atque ibidem facta Ambrosii mentio repugnabat. Eam vir doctissimus et candidissimus Lucas Holstenius [2], Bibliothecæ Vaticanæ Præfectus, ex veteribus archivis sancto Siricio restituit.

Jam ex eâ epistolâ hæc habemus : primùm, causam fidei Anysio ejusque coepiscopis à Capuanâ synodo delegatam, atque ab iis judicatam fuisse : neque tantùm judicatum Bonosum beatæ Mariæ virginitati detraxisse, sed etiam eam blasphemam esse sententiam ; quod judicium sanctus Siricius comprobavit. Hoc primùm. Tùm illud, beatum Pontificem, etiam Macedonum episcoporum, id deferente concilio, nullam judicii partem deli-

[1] *Ep. Siric.*, inter Ambr., post ep. LV, aliàs post LXXIX; *ibid.*, col. 1008 ; et tom. II *Conc.*, col. 1033. — [2] *Hols. Collect.*, part· I.

bare voluisse, sed rem integram reliquisse iis, quibus Capuensis synodus demandasset.

Et magna quidem erat, cujus auctoritati sanctus Siricius detulit, Capuensis synodus: non tamen œcumenica. Verùm Romani Pontifices, ecclesiastici ordinis atque æqui juris observantissimi, non ea attingebant, quæ à particularibus etiam synodis decernentur, nisi postquam ad eos canonico ordine devenissent.

Hinc illud : « Vestrum est judicium ferre de omnibus; » et . « Nobis judicandi forma competere non potest; » et : « Vos potiùs synodi vice decernitis, nos quasi ex synodi auctoritate judicare non convenit. » Et quidem satis indicat, neque id se detracturum fuisse, si res integræ essent : sed post Capuensis concilii judicium, eo modo atque ordine procedi oportere, quo sacrum concilium judicasset. Tanta erat modestia, tam æquo jure omnia disceptabant; neque interim, cùm res ac locus exposceret, suæ potestatis obliti, sed vim Ecclesiæ in canonico ordine reponebant.

Ergò in Janseniano negotio episcopi Gallicani, ex antiquo more ac jure hæc duo, sibi meritò vindicarunt; et ut episcopale sit in causis fidei primam ferre sententiam: et ut episcopi Sedis apostolicæ ad se perlata judicia, ipsi dato judicio, recipiant, interpretentur, exequantur; neque ullâ in re antiquâ traditione ac Patrum sententiâ deflexerunt.

CAPUT XX.

Dictum illud: Prima Sedes non judicatur à quoquam, *cujus virtutis sit : an cum Declaratione Gallicanâ consentiat : duplex ejus sensus; alter de personâ Papæ, alter de sententiâ ab eo dictâ : de particularibus synodis intelligendum : Sinuessana synodus : Romana concilia sub Symmacho Papa.*

Nunc exponendum superest, quomodo cum Declaratione Gallicanâ consentiat illud à primâ antiquitate depromptum : *Prima Sedes non judicatur à quoquam :* vel quidquid dictum est in eam sententiam.

Id duplici modo potest intelligi : alter, ut persona Pontificis eam Sedem tenentis à nemine judicetur; alter, ut lata ab eâ sententia à nemine retractetur.

Primo itaque sensu, sic legimus in Sinuessano illo suspectissimo concilio ab episcopis ad Marcellinum Papam dictum, cùm in Diocletiani persecutione thurificasset : « Tu eris judex : ex te enim damnaberis, et ex te justificaberis; tu enim judex, tu reus [1]. » Et iterùm : « Justè ore suo condemnatus est. » Ac posteà : « Nemo enim unquam judicavit Pontificem, nec Præsul sacerdotem suum ; *quoniam prima Sedes non iudicatur à quoquam* [2]. »

Quæ utcumque se habent, nihil ad rem. Quæstio enim superest, an hâc voce, *à quoquam*, intelligenda veniat tota Ecclesia catholica, sive concilium œcumenicum eam repræsentans. Ac si cum Baronio et Binio vel maximè volumus hanc admissam synodum, jam illud constabit coactam synodum absque Romano Pontifice; citatumque eum qui responderet, ac negantem convictum esse, adductis testibus, et ad confessionem adactum, et graviter reprehensum, ultimâ tantùm sententiâ ipsi reservatâ.

Hæc enim omnia fieri potuisse legitimo ordine, in fidei violatæ causâ, canonistæ omnes, etiam ultramontani, facilè consentiunt, atque ex his actis probant. Alii ad alia extendunt, atque ultimam tantùm excipiunt sententiam.

Verùm sententiam hanc si dare non potuit privata synodus, et in facto particulari, eoque obscuro; quod nec nisi adductis infinitis testibus probaretur, et adversùs pontificem statim pœnitentem : non profectò sequitur, ut in re notoriâ et quæ totam spectet Ecclesiam, et adversùs contumacem, totique Ecclesiæ perniciosum Pontificem, nihil fieri possit.

Sed omittamus suspectissimam synodum, cujus nec acta sunt integra, totaque actio ipseque adeò locus, non cuiquam unquam notus.

Atque ut ad certiora veniamus, primùm occurrit illud ex concilio Chalcedonensi [3], damnatum Dioscorum Alexandrinum, qui

[1] *Conc. Sinuess.*, tom I *Conc.*, col. 940. — [2] *Ibid.*, col. 943. — [3] *Conc. Chalc.*, act. I, tom. IV *Conc.*, col. 93; act. III, passim.

Leoni Papæ ausus sit anathema dicere, *quod nunquam factum est,* ut in eâ synodo legimus (*a*).

Verùm et hoc nihil ad rem : certum enim à Dioscoro id in particulari suâ synodo factum, ut ex historiis constat, et Baronius confitetur [1].

Graviora fortè sunt, ac propiùs rem, quæ in conciliis Romanis sub sancto Symmacho gesta sunt, ad annum Christi circiter 501.

Clerici quidam, ac multi de plebe, Symmachum multorum scelerum postulabant; atque ab eo per schisma recesserant : quin etiam rebus suis spoliaverant, et tanquam vacante Sede *visitatorem* induxerant. Ingens turba in Urbe consecuta erat. Theodoricus Rex civitatis suæ paci consulens, synodum ex diversis provinciis, nempe Liguriâ, Emiliâ ac Venetiarum congregat, ut de iis quæ venerabili Papæ Symmacho ab adversariis dicerentur impingi, judicaret legitime [2]. » Hæc ex synodo III constant.

Quænam illa scelera Symmacho imputata essent, necdùm scimus, nullâque est historiâ, nullis gestis proditum; adeò obscura res erat. Id tantùm in gestis legimus; dixisse regem, « plura ad se de Papæ Symmachi actibus horrenda fuisse perlata [3] . » Denique ab accusatoribus servi ad testimonium poscebantur, quod cùm etiam legibus interdictum esset, facilè demonstrabat, quàm eos idoneæ probationes deficerent.

Ipse rex testabatur : « Nihil ad se præter reverentiam de rebus ecclesiasticis pertinere [4] ? » penes synodum esse judicium; ac si à causæ cognitione abstinere vellent, paci certè Urbis consulerent; id unum imperabat.

[1] Vid. *Conc. Rom.* III, sub Leon., tom. III, col. 1475. *Conc. Chalc.*, act. III; et *Bar.*, tom, VI, ann. 449, p. 112. — [2] Vid. *Syn. Rom* III, sub Symm., tom. IV, col 1323; et *Vit. Symm.*, per Anast., *ibid.*, col. 1286 et seq. — [3] *Syn. Rom.*, *ibid.* — [4] *Ibid.*, col. 1324.

(*a*) Legimus in synodi Chalcedonensis definitivâ sententiâ adversùs Dioscorum, sess. III, col. 424, et in epistolis synodalibus ad imperatorem et ad Leonem, multas fuisse causas cur Dioscorus damnaretur, et hanc imprimis, quòd « præsumpsisset excommunicationem dictare adversùs Archiepiscopum Romæ » Leonem. » Sed ea verba quæ Bossuet hîc allegat: *quod nunquam factum est*, eo in loco non reperimus; sed tantùm sessione I, col. 95, in quâ objiciebatur « ausum fuisse (Dioscorum) Synodum facere sine auctoritate Sedis apostolicæ, » quod nunquàm licuit, nunquàm factum est. » (*Edit. Leroy.*)

At episcopi in synodo III sæpe testati sunt causam divino committendam esse judicio, vel maximè propter Sedis apostolicæ dignitatem, et cùm sancto Pontifici rerum ablatarum restitutio negaretur, eumque sponte judicio se sistentem, adversarii penè ad necem cecidissent, episcopi Romam convocati eo magis in proposito perstiterunt. Itaque in synodo V, ipsos accusatores Symmachi damnant, ejus causam divino reservant arbitrio [1].

Interim Ennodius Diaconus, synodi auctoritate ac jussu, apologiam Symmachi edidit, in quâ hæc erant scripta : « Aliorum fortè hominum causas Deus voluerit per homines terminare; Sedis istius Præsulem suo sine quæstione reservavit arbitrio. Voluit beati Petri Apostoli successores cœlo tantùm debere innocentiam, et subtilissimi discussoris indagini inviolatam exhibere conscientiam [2]. » Quem librum synodus, quæ fieri jusserat, unà cum Symmacho Papâ, synodali et apostolicâ auctoritate firmavit, ac robur decreti apostolici obtinere voluit [3].

Hæc igitur ad facta particularia, eaque obscura, et ad particularis synodi auctoritatem spectant. An proinde ad facta notoria, totique Ecclesiæ noxia, et ad concilii œcumenici auctoritatem trahi possent, lector dijudicet.

Certè sancta synodus, cùm ei Theodoricus eorum criminum judicium delegaret, respondit : « Ipsum qui dicebatur impetitus debuisse synodum convocare : quia ejus Sedi primùm Petri Apostoli meritum et principatus : deinde secuta jussionem Domini, conciliorum venerandorum auctoritas, singularem in Ecclesiis tradidit potestatem, nec antedictæ Sedis Antistitem minorum subjacuisse judicio, IN PROPOSITIONE SIMILI facilè forma aliqua testaretur [4]. » En ut clarè se redigant ad *propositionem similem;* atque id per se intelligendum esset, etiam si ipsi tacuissent.

Quin etiam Papa Symmachus, synodo probante, sic infit : « Est enim à multis prædecessoribus nostris synodaliter decretum atque firmatum, ut oves, quæ Pastori suo commissæ fuerint, eum nec reprehendere, *nisi à rectâ fide exorbitaverit*, præsumant : nec ullatenùs pro quâcumque de re aliâ, *nisi pro suâ*

---

[1] *Conc.* V *Rom., ibid.,* col. 1364 et seq. — [2] *Lib. Apol. Enod. pro* IV *Synod. Rom., ibid.,* col. 1352. — [3] *Conc.* V, *ibid.,* col. 1364. — [4] *Conc.* III, *ibid.,* col. 1323.

injustitiâ, accusare audeant[1]. » En quàm gravem ac patentem decreto suo, atque Ennodii dictis exceptionem adhibeant.

Cæterùm hæc de Romanâ ac particularibus synodis dicta, nihil ad nos, quibus propositum est de conciliis œcumenicis agere. Ejusdem generis est id quod à Carolo Magno ac majoribus nostris factum in causâ Leonis III (a); neque his lectorem distineri placet. Sit ergò profectò, nobis etiam auctoribus, Romani Pontificis sacrosancta majestas, nulla eam synodus particularis judicare audeat; ac ne quidem œcumenica, nisi propter eas causas quas in concilio Constantiensi memoratas sæpe retulimus.

CAPUT XXI.

Persona Pontificis quatenùs ab œcumenicis conciliis judicari non possit : Photii gesta Nicolaum Papam excommunicantis : concilii octavi canon XIII.

Jam de ipsis conciliis œcumenicis. Concilium octavum, canone XIII, id egit quod diligentissimè considerari oporteat. Sed priùs ejus canonis occasio referenda est.

Photius coacto conciliabulo, Nicolao Papæ anathema dicere ausus est. Id conciliabulum à Romanâ synodo sub Adriano II reprobatur; ac Photius Dioscori imitator, eo quo Dioscorus anathemate percellitur. Quæ sententia synodi œcumenicæ octavæ canone XIII confirmatur[2]. Quâ occasione compressis synodorum

---

[1] *Conc.* V, *ibid.*, col. 1365. — [2] *Conc. Rom.*, sub Adr. II, cap. III, inter *act. Conc.* VIII, act. VII. Vid. etiam *Metroph. Epist., ibid.*, col. 1388.

(a) Paschalis et Campulus, post Adriani I avunculi sui mortem, alterutrum in ejus locum successorem dari ambiebant. Cùm autem Leo ipsis prælatus fuisset, tum verò irâ et invidiâ exarserunt, eumque pugnis, calcibus, baculis adeò ceciderunt, ut vix vivus ex eorum manibus elaberetur. Fugit autem ad Carolum, opem ejus et patrocinium imploraturus. Quare Carolus Romam venit, ubi collectâ synodo, causam Leonis episcopis judicandam commisit. At episcopi responderunt his verbis : « Nos Sedem apostolicam, quæ est caput omnium ec- » clesiarum, judicare non audemus; nam ab ipsâ nos omnes et vicario suo judi- » camur; ipsa autem à nemine judicatur, etc. » (Anast., *de Purg. can. Leon.*, tom. VII *Conc.*, col. 1156). Tum Leo se purgavit «jurejurando, et dixit quia de » istis falsis criminibus quæ super me imposuerunt, scientiam non habeo. » Deinde « Carolus jussit de iis qui Papam dehonestaverant, haberi quæstionem :... » pro quibus Papa apud imperatorem intercessit. » *Ibid.*, col. 1158. (*Edit. Leroy.*)

particularium ausibus, de synodo quoque œcumenicâ in hæc verba decernitur : « Si quâ verò œcumenicâ synodo collectâ, de Romanâ etiam Ecclesiâ controversia extiterit, licebit cum decente reverentiâ de propositâ quæstione veneranter sciscitari, responsumque admittere; non tamen impudenter contra senioris Romæ Pontifices sententiam dicere[1]. » Hæc eò pertinent, ne synodo quidem œcumenicæ licuerit sententiam dicere iis casibus, quibus Photius dixerat; nempè adversùs Romanum Pontificem, apostolicum officium exequentem : aut si qua peculiaria adversùs eum crimina et jurgia sererentur; aut si fortè moverentur aliquæ peculiares quæstiones, qualis tum erat controversia de Bulgarorum parœciis, quas Ecclesia Constantinopolitana adversùs Romanam sibi vindicabat. Hæc igitur amicè ac reverenter tractari placebat Patribus, neque horum aut similium casuum vulgarium causâ, lacessi pontificiam majestatem, pacemque Ecclesiæ perturbari; quod esset reverâ impudentissimum. Nec ideò synodo œcumenicæ silentium imponunt; si fortè inciderent ejusmodi causæ, quæ Patres sextæ synodi adversùs Honorium concitarunt, aut eæ, quæ à concilio Constantiensi memorantur. Scitum enim illud est; generalibus legibus non comprehendi casus extraordinarios, eosve actus, quos in re improvisâ ipsa necessitas expresserit. Atque hæc de primo sensu hujus sententiæ : *Prima Sedes à nemine judicatur :* quatenùs nimirum ad personam Pontificis pertinere potest.

CAPUT XXII.

De sententiis Romanorum Pontificum non retractandis; ea de re relati canones, eorumque vis : Gelasii Papæ loci.

Ad secundum sensum ejus dicti pergimus : *Prima Sedes non judicatur à quoquam :* quo significari videtur, ne ejus sententia retractari possit. Ad hæc igitur spectant hæc Bonifacii I ad Rufum Thessalonicensem, à Bonifacio II in concilio Romano repe-

---

[1] *Conc. Rom.*, sub Adr. II, cap. III, inter *act. Conc.* VIII. act X, can. XIII, col. 1375.

tita : « Nunquam licuit de eo rursùs, quod semel statutum est ab apostolicâ Sede, tractari¹. » Quæ si ad quoscumque casus, et ad concilia etiam generalia protendantur, nempè synodi œcumenicæ III, IV, VI, VII, VIII, à quibus Romanorum Pontificum decretales atque judicia retractari constat, illicita perpetrarint. Eòdem spectat illud ejusdem Bonifacii à Nicolao I, sub Innocentii nomine recitatum (a) : « Nemo unquàm apostolico culmini, de cujus judicio non licet retractari, manus obvias audaciter intulit : nemo in hoc rebellis extitit, nisi qui de se voluit judicari². » Quæ ipso tenore sermonis ostendunt, de privatis agi, non profectò de totius Ecclesiæ catholicæ judiciis.

Unde illud passim in ejusmodi decretis frequentatum : *Ut à nemine, ut à nullo, ut non à quoquam*, Sedis apostolicæ judicia retractentur. Neque verò deerant quibusque temporibus sui Dioscori, sui Photii, aliique contumaces, adversùs quos Sedis apostolicæ auctoritatem inculcari oportebat.

Talis erat sub Gelasio Acacius Constantinopolitanus, Sedi apostolicæ Chalcedonensia decreta exequenti obluctatus. Hujus ut contumaciam frangeret Gelasius, de Sedis apostolicæ potestate, hæc vera et fortia memorabat : « Quod de omni Ecclesiâ fas habeat judicandi, neque quiquam de hujus liceat judicare judicio³. » Atque alibi : « Illam de totâ Ecclesiâ judicare, ipsam ad nullius commeare judicium, nec de ejus unquàm præceperunt judicio judicari⁴. » Quæ si ad concilia etiam œcumenica et omnes causas indiscriminatim extendantur, falsa sunt nimiùm. Neque tantus Pontifex ignorabat antecessorum suorum, Cœlestini Leonisque sententias in Ephesinâ et Chalcedonensi synodis retractatas, deque iis canonicè judicatum. Idem in posterioribus œcumenicis conciliis factitatum acta docuerunt. Quin ipse Gelasius ejusque antecessores ac successores, ea tantùm habent pro irretractabili-

---

¹ Ep. Bonif. I *ad. Ruf. Thess.* in sess. II Conc. Rom. III, sub Bonif. II; tom. IV *Conc.*, col. 1705. Vid. Coll. Holst., part. I. — ² Nicol. I, epist. VIII, *ad Mich. Imp.*, tom. VIII *Conc.*, col. 319. Vid. *Decr. Grat.* caus. IX, quæst. III, cap. X, Patet. — ³ Gelas., *ep.* XIII ad *Ep. Dard.*, tom. IV *Conc.*, col. 1203. — ⁴ Id., *ep.* IV *ad Faust.*, *ibid.*, col. 1169.

(a) In ipsâ Nicolai epistolâ, ea verba, quæ, neque sunt Bonifacii, neque Innocentii, sub Bonifacii nomine recitantur, et Gratianus hic incogitanter sanè nomen Innocentii posuit. (*Edit. Leroy.*)

bus, quæ universali sunt consensu constituta. Quos locos alibi relatos qui cum his conferet, profectò comperiet, hæc irretractabilia et incommutabilia Sedis apostolicæ judicata ex Gelasio esse ea, quæ conciliaria decreta exequendo protulerit; quæque adeò totius Orbis consensione nitantur. Cùm verò Gelasius Sedi apostolicæ facultatem attribuit *de omni Ecclesiâ* judicandi; sive, quod idem est, *de totâ Ecclesiâ; omnem ac totam* in synodis congregatam nequidem cogitabat; sed, et quod sæpe diximus, quòd synodus Constantiensis, Martino V approbante atque exscribente, exposuit *omnem* per partes; ut scilicet ab ejus judicio nulla pars orbis immunem se putaret. Id vel Gelasii subjuncta verba declarant : siquidem « ad illam de quâlibet mundi parte canones appellari voluerunt[1] : » quod erat, *omnem* per partes, non *omnem* collectim judicare. Quod autem Gelasius subdit : « ut ab eâ nemo sit appellare permissus; ab ipsâ nunquàm prorsùs appellari debeat[2], » peculiarem quæstionem de appellationibus tangit, de quâ mox dicturi sumus. Interim constat esse multa Sedis apostolicæ decreta, quæ in synodis œcumenicis retractata fuerint, neque ad eas causas pertinere Gelasii dicta, cùm negat à quoquam de Sedis apostolicæ judiciis judicatum.

Neque verò quisquam existimet à se satis intelligi has Gelasii sententias, si eas accipit à causâ, propter quam dicebantur, avulsas. Nempe his Acacius petebatur, quem Chalcedonensis synodi contemptorem Gelasius, apostolici officii potestate, synodorum et canonum executor, meritò condemnabat. Quæ sanè executio decreti synodalis, si ullâ provocatione aut tergiversatione suspendi posset, pessum irent omnia, nec tantùm pontificia, sed etiam conciliaris auctoritas labefactaretur.

Neque verò contendimus, omnia Sedis apostolicæ quâcumque de re decreta, in synodis œcumenicis retractanda; ne, in quibuscumque privatis etiam negotiis, christianum orbem sollicitari oporteat; sed tantùm ea quibus universalis Ecclesia conturbetur.

His facilè solvuntur omnia, quæ ex Nicolao I aliisque Summis Pontificibus, apud Gratianum decreta referuntur, de Sedis apos-

[1] Gelas., *in epist ad Episc. Dard.*, XIII. — [2] *Ibid.*, et *epist.* IV *ad Faust.*, loc. cit.

tolicæ judiciis non retractandis. Hæc qui ad vivum persecuerit, agi comperiet de quotidianis, quæ per provincias occurrunt, negotiis, non de iis quæ ad synodos œcumenicas extraordinariè perferuntur.

Summa est : his decretis caveri hæc duo : alterum, ne ordinaria consuetaque negotia, post Sedis apostolicæ judicium ad ulteriora judicia referantur; alterum, ne in causis etiam maximis retractentur ea, quæ in conciliaribus statutis exequendis, hæc Sedes egerit; aut quæ universali firmâque consensione recepta jam fuerint.

CAPUT XXIII.

Appellationes à Papâ ad concilium : non esse de iis in Gallicana Declaratione quæsitum : quo sensu improbari possint : Petrus de Marca appellationes eas à vetere disciplinâ alienas, non satis cautè dixit : varii appellationis effectus ; instaurata cognitio, prolatæ sententiæ suspensa executio : tutela et præsidium in Ecclesiæ catholicæ auctoritate adversùs papalem etiam sententiam, in certis quidem causis, res est antiquissima.

Nunc dicendum aliquid de appellationibus à Papâ ad concilium; quanquam id ad causam nostram, atque ad Gallicanæ Declarationis defensionem non pertineat. Id enim gallicani Patres tuendum susceperunt, quod in Constantiensi concilio, sessionibus IV et V continetur, quo loco de his appellationibus nihil actum est. Id tantùm constituitur : concilium in certis et generalibus causis potestate præstare.

Atqui illa superior potestas, non necessariò se exerit per propriè dictam appellationem ad universale concilium, sed multis aliis modis. Id nobis sufficit, certas causas esse, quibus concilii œcumenici necessaria sit auctoritas; illud semel congregatum ejusmodi esse, ut etiam Papam parere oporteat.

Cæterùm, appellationes, si stricto forensique usu dicimus, ut sit perpetuum sive ordinarium tribunal erectum, ad quod provocetur, atque illud omninò sejunctum ab eo tribunali, à quo provocatur : sanè appellatio à Papâ ad generale concilium non eo significatu constat. Primùm, ideò quòd generalis synodus extraordinariè tantùm, atque ex causâ convocetur; deindè, quòd ipsum etiam complectatur Papam, et quidem tanquam caput; denique quòd certum sit, non nisi summâ necessitate ac renuente Papâ concilium absque eo convocari posse; soleantque fieri appellationes eæ ad Papam simul atque concilium. Quare strictè loquendo, papalis sententiæ in concilio facta retractatio, revisioni, sive instauratæ cognitioni, quàm appellationi propior esse videatur.

Interim habet aliquid ex appellatione; cùm, ipsâ convocatione concilii generalis, papalis sententiæ executio pendeat, in eoque solvi possit; nec nisi approbata robur obtineat, ut acta Ephesina et Chalcedonensia, aliaque docuerunt [1].

Quin ipsâ petitione et expectatione concilii generalis, Auxilius à Papâ depositus, in suo ordine stare se tutum arbitratus [2], à nemine catholico, quod sciam, hujus rei gratiâ reprehensus est.

Hoc eòne contigerit, quòd papale decretum præter canones, ac nullum haberetur, nihil nostrâ : cùm id tantùm velimus, certis in causis, solâ invocatione concilii generalis, suspendi posse papalem sententiam.

Ac si quidem contenderint, pendere ipso jure propter nullitatem, ut vocant, sententiæ, hoc nobis sufficit; eum, qui hoc jure agat, interim in synodi, hoc est, in Ecclesiæ catholicæ tutelâ et præsidio esse; quod nemo negaverit.

Cùm ergò appellationes à Papâ ad concilium malo intellectu celebrari possint; hoc intellectu putamus, tot gravissimis pœnis à posterioribus Romanis Pontificibus Pio II et Julio II fuisse vetitas.

Quòd autem vir illustrissimus Petrus de Marcâ, appellationes à Papâ ad concilium à vetere disciplinâ alienas esse censuit [3]; quoad aliquos appellationis effectus, concedimus; quoad omnes, ne ipse quidem dixerit.

Namque ipse profitetur generalibus conciliis, post Papæ sententiam, imperatoriâ auctoritate convocatis, quæsitum in eis extraordinarium remedium : quo vel uno constat in Ecclesiâ catholicâ adversùs papale judicium tutelam aliquam fuisse. An ergò sublata est ea, posteà quàm imperator concilia convocare

---

[1] Sup., lib. VII, c. x et seq. — [2] Ibid., lib. IX, c. xxxi. — [3] Marc. *de Concord. Sacerd. et Imp.*, lib. IV, c. xvii, n. 1.

desiit? An adversùs papalem potestatem, nullum jam præsidium, mutataque Ecclesiæ constitutio est, tanquam ab imperatoriâ potestate penderet? Absit. Id ergò volumus; cùm Christus ità constituerit Ecclesiam, ut summis in rebus summa et indeclinabilis auctoritas penès ipsam totam sit; aliquid in ipso jure præsidii esse debere; quo nemini fraudi sit, certis quidem in rebus, Ecclesiæ catholicæ expectare sententiam. Eam verò tutelam, illud præsidium majores nostri in appellatione posuerunt. Novum sit fortasse vocabulum; ipsa res antiquissima, et cum ipsius Ecclesiæ constitutione conjuncta est.

CAPUT XXIV.

Sanctus Gelasius non eo sensu appellationes à Papâ vetuit, quo sunt posteà in Ecclesiâ frequentatæ.

Appellationes eo sensu explicatas, nec ipse Gelasius vetuerit; qui ubique confitetur vim ipsam irretractabilem cum universali consensione esse conjunctam.

Ac reverâ diligentiùs rem inspicienti patebit dicta Gelasii nihil ad appellationes eas pertinere quas diximus[1].

Nempè ille commemorat multiplicis generis apostolicum judicium : alterum provisorium, quale erat à Leone latum in Flaviani causâ; alterum decretorium; idque rursùs duplicis generis : alterum in absolvendo, quale in Athanasii causâ dictum erat à Julio Papâ; alterum in condemnando, quale est adversùs Acacium.

Ilis causis negat Gelasius appellari posse. Rectè : primum enim à provisorio judicio appellari non solet. Ecce enim Flavianum in Ephesino latrocinio à Dioscoro condemnatum atque appellantem, Leo decernit in communione permanere interim, quoad synodus universalis causam cognoverit[2]. Id iure suo poterat, neque erat appellationi locus.

Idem dixerim in decretorio judicio, quo Athanasius, sive quis

---

[1] Vid. Gelas., *ep.* IV et XIII, loc. cit., c. XXII. — [2] Sup., lib VIII, c IV.

alius, ab inferiore judice damnatus, absolvitur. Appellatio enim in rei auxilium comparata, reo absoluto, vacat. Neque appellatio, quàm *à minimâ* vocant, nostris jam moribus introducta, publici actoris nomine, in ecclesiasticis judiciis unquàm invenitur.

Jam in eo judicio, quo ab apostolicâ Sede damnatur Acacius, frustra ille synodum œcumenicam invocasset. Quippè Romanus Pontifex nihil hîc aliud fecerat, quàm ut synodi Chalcedonensis exequeretur sententiam. Id cùm assiduè inculcet Gelasius, meritò profectò negat appellari posse ab iis judiciis, quibus Romanus Pontifex communis decreti suscipit executionem.

Hæc ego sat scio placitura iis, qui et antè dicta perpenderint, et cum Gelasianis, ista contulerint. Neque verò illa verba : *Nusquàm, nunquàm,* et si qua sunt alia, unquàm efficient, ut à proposito argumento Gelasii dicta penitùs avellantur, traducanturque ad eos casus, quos neque oratione complecti, neque animo providere Gelasius potuerit. Insolita enim et extraordinaria remediis egent extraordinariis. Jam ergò videamus circa ejusmodi appellationes, quid in anteriorum sæculorum gestis habeamus.

CAPUT XXV.

Ante schismatis magni tempus appellationes à Papâ ad concilium, exartæ pecuniæ gratiâ, frequentatæ ab Anglis : adversùs Bonifacium VIII à Gallis ; adversùs Joannem XXII à Franciscanis, nullo pontificio decreto condemnatæ.

Qui appellationes à Papâ ad concilium oppugnant, id asseverant passim, eas fuisse ignotas ante illud luctuosum schisma sub Urbano VI et successoribus; quod est falsissimum. Anno enim 1246, ecclesia Anglicana maximè catholica Sedique apostolicæ addictissima, grandi pecunia imperatâ, adversùs Innocentium IV ad concilii Lugdunensis tutelam se contulit. Post ipsum concilium, gravata iterùm, multâ supplicatione recurrit ad Papam. Quo nihil curante, ad legatos suos hæc scribit : « Cùm igitur huic exactioni contradicat ecclesia Anglicana, per procuratores, ut hanc contradictionem communem Domino Papæ insinuare velitis pro statu ecclesiæ Anglicanæ, præsentiam Domini nostri Jesu Christi appellantes, et concilii universalis aliquo tempore per Dei gratiam convocandi. » Testis Matthæus Parisiensis, in Henrico III, ad annum 1246 [1].

Matthæus Vestmonasteriensis ad eumdem annum refert, quòd Papa graviter succensuerit Anglis, eo quòd ausi erant de oppressionibus et injuriis conqueri in concilio, Lugdunensi scilicet.

At ad annum 1264, sub Urbano IV et Henrico III, idem refert historicus, à cardinale Salinensi legato apostolico, excommunicatos barones Anglos urbesque interdictas : « At illi, inquit, sententiam ipsam contra justitiam illatam attendentes, appellarunt ad Papam, ad meliora tempora, vel ad generale concilium, necnon et supremum judicem, certis de causis et rationibus commendabilibus : quæ posteà appellatio, in Angliâ congregato apud Radingam concilio, recitata est, et ab episcopis approbata et executa. » En appellatio ad Papam et ad concilium generale, ut si Papa defuisset, concilii tutela superesset, idque habito concilio ab episcopis approbatum et executioni datum.

Anno 1267, cùm Angli à legato ejusdem Urbani multis exactionibus gravarentur, « appellant ad Sedem apostolicam, et etiam ad generale concilium, vel, si necesse foret, ad summum judicem. » Hoc refert Matthæus Parisiensis ad eumdem annum.

De Bonifacii VIII ac Philippi IV Pulchri rebus, per aliam occasionem multa jam diximus [2]. Quæ ad hanc quæstionem spectent hæc sunt.

Bonifacium recordemur adversùs supremam regis auctoritatem ea molitum, quæ universi regni ordines improbarint. Cùm illa contentio ad extremum devenisset, ac Bonifacius, non ipse quidem, excommunicaret regem, sed tamen declararet variis modis in excommunicationem *latæ sententiæ* incidisse (*a*), rex

---

[1] Matth. Paris., *Hist. Angl. in Henr. III*, an. 1246. Vid. *Epist. Angl. in Conc. Lugd.* — [2] Sup.; lib. III, c. XXIII, XXIV, XXV.

(*a*) Canonistæ docent duplicem esse de jure excommunicationem, alteram

totius regni cœtum habuit; quo in cœtu prodierunt qui Bonifacium hæresis, impietatis, multorum aliorum criminum accusarent; et concilium generale, quod de his cognosceret, omni ope procurare peterent [1]. Neque verò contendebant hæresim esse notoriam; sed tantùm ea quæ objicerent, se sacro concilio probaturos. Interim se, qui talia suscepissent, in concilii tutelâ adversùs Bonifacium esse voluerunt; à futuris gravaminibus ad illud provocarunt. Huic provocationi rex et universi ordines assenserunt : Prælati magno numero, ad quos alii posteà accesserunt, pollicentur se regem ac regiam familiam, regnique libertates et jura, contra quemcumque, etiam contra Bonifacium defensuros, salvâ Sedis apostolicæ reverentiâ : neque ullis adversùs hæc ejus sententiis decretisve adhæsuros. His consensit universitas Parisiensis, omnes regni ordines, capitula, religiosi conventus, atque adversùs omnia, quæ Bonifacius moliretur, concilii œcumenici protectione se muniunt.

His liquet, non tantùm hæresis, sed multorum etiam aliorum criminum causâ, concilium œcumenicum postulatum, atque ad id appellatum, etiam ad regni tuenda jura : non quòd jura regia in synodi potestate ponerent; sed quòd ea defensuros, adversùs Bonifacii minas, concilii generalis præsidium tueretur.

Addebant et de sanctorum locorum ab infidelibus occupatorum restitutione; atque ut omnium animis satisfacerent, omnes, quas poterant concilii congregandi causas congerebant. Hæc acta sunt anno ferè 1303.

Bonifacius eodem anno, edito diplomate, firmat regem in excommunicationem incidisse : blasphemiæ imputat imputata sibi crimina : « concilium sine se non posse convocari » dicit; seque processurum, « non obstante hujus frivolæ appellationis obtentu, quæ ad majorem, vel parem, sive mortalem aliquem non potuit interponi [2]. » De appellatione ad concilium nihil dicit gravius;

---

[1] Vid. *Hist. du différ. de Bonif. VIII*, p. 101 et seq. — [2] *Ibid.*, p. 160. comminatoriam tantùm, quam vocant *ferendæ sententiæ*, alteram autem *latæ sententiæ*, de quâ sic dicit Eveillon : *Elle a telle force, qu'au même instant que quelqu'un transgresse l'ordonnance, il encourt l'excommunication,... sans qu'il soit besoin d'y apporter aucune forme, ni prononcer sentence contre lui.* Traité des Excom., cap. xii, p. 117. (*Edit. Leroy.*)

atque etiam id quod dicit, auctoritate est vacuum, cùm ea Bulla inter eas sit, quas Clementis V jussu erasas vidimus [1].

Idem Bonifacius regem ultimâ sententiâ proscripturus, quæ tamen prolata non est, propter Pontificis interitum, multas causas excommunicationis obtendit, nihil de appellatione ad futurum concilium.

Ejus quoque successores Benedictus XI et Clemens V, hujus provocationis gratiâ, nihil regi aut regni ordinibus, ipsisque adèo prælatis ac religiosis succensuerunt.

Joannem XXII adversùs appellantes ad œcumenicum concilium, à definitione fidei, quam ipse protulerat, nihil decrevisse, suo loco vidimus [2].

Hæc quidem Constantiense concilium præcesserunt; ne quis existimet, ab ejus decretis ortum habuisse, sed à priscâ, omninò traditione manasse, quòd concilium Papâ præstare est creditum.

CAPUT XXVI.

Appellationes à Papâ ad Concilium primus omnium condemnavit Petrus de Lunâ in schismate obduratus: ejus eâ de re decretum in concilio Constantiensi revocatum.

Omnibus igitur conticescentibus, primus omnium mortalium, qui appellationes à Papâ expressâ sententiâ condemnavit, Benedictus fuit ille XIII, seu Petrus de Lunâ, in schismate obstinatus et induratus.

Is cùm ab eo fuisset provocatum, Bullam edidit: *Crescit faciliter*. Hâc non licere declarat à Romano Pontifice *appellare, sive etiam provocare*; ejusmodi appellationem manifestè esse contra « plenitudinem potestatis ac sacrorum canonum instituta; nec carere suspicione schismatis; » sed adversùs eam Bullam iterum provocatum [3].

Post annos aliquot aliam protulit: *In dierum successu* [4], anno 1407, quâ adversùs eos, « qui à se et Romanis Pontificibus appel-

---

[1] Sup., lib. III, c. xxv. — [2] Ibid., lib. IX, c. xliv. — [3] *Hist. Univ. Paris.*, tom. IV, p. 820. — [4] *Spicil.*, tom. VI, p. 182 et seq.

lare præsumpserint, aut à suâ eorumque obedientiâ recesserint,» excommunicationis sententiam promulgavit. In epistolâ verò ad Carolum VI datâ, cui Bullam interserit, hæc quæritur : « Quod nonnulli catholicæ veritatis æmuli, qui contra nos et Ecclesiam Romanam rebellionis calcaneum erigere præsumpserant, à nobis, quod est contra canonicas sanctiones, appellationes interponere non verentes, etc. [1] »

Quas in eo schismate ex utrâque parte appellationes ediderint ad concilium, suo loco vidimus [2], neque hîc repetimus.

Tacendum illud non est, Bullam *In dierum successu* à concilio Constantiensi, sessionibus xxx et xxxvi, jam tribus obedientiis congregatis, revocatam fuisse [3] : ut nullum stet adhuc decretum pontificium, ac ne quidem in schismate editum, quo eæ appellationes condemnentur.

CAPUT XXVII.

Martini V Bulla de non appellando à Papâ ad Concilium, quàm perperam objecta.

Aiunt à Martino V, stante concilio Constantiensi, editum eâ de re Bullam, quam Joannes Gerson retulerit. Id vehementissimè Emmanuel Schelstratus urget. Quidam galli scriptores, atque ipse etiam Petrus de Marcâ confitentur [4], haud profectò id facturi, si rem diligentiùs considerassent.

Ac primùm certum est hujus Bullæ nullam unquàm à quoquam, sive Pontifice, sive privato scriptore, historico, theologo, canonistâ, aut Bullarum collectore haberi mentionem, præterquam à Gersone in duobus locis; quos proinde locos, ut sunt apud Gersonem integros commemorare nos oportet. Et is quidem libellum, *Quomodo et an liceat in causâ fidei à Papâ appellare*, sic incipit : « Quæritur utrùm hæc assertio sit catholica : Nulli fas est à supremo judice, videlicet apostolicâ Sede, seu Romano Pontifice, Jesu Christi Vicario in terris, appellare, aut ejus judi-

---

[1] *Spicil.*, tom. VI, p. 180. — [2] Sup., lib. V, cap. vii, viii. — [3] *Conc. Const.*, sess. xxx et xxxvi; tom. XII, col. 215, 231. — [4] Marc., *de Concord.*, etc., lib. IV. c. xvii, n. 6.

cium in causis fidei (quæ tanquàm majores ad ipsum, et Sedem apostolicam deferendæ sunt) declinare [1]. » Tùm subdit : « Arguitur quòd sic, auctoritate sanctissimi Domini Martini Papæ V, in suâ constitutione, *Ad perpetuam rei memoriam*, factâ et promulgatâ in consistorio generali celebrato Constantiæ, v Idus Martii, pontificatûs sui anno primo (hoc est 10 Martii 1418) ubi reperitur hæc assertio sicut dicitur. »

His in Gersonis verbis primùm illud occurrit : non ipsum id per se dixisse Gersonem, sed tanquam ab aliquo objectum memorare. Quo loco id observatu dignum, quod est à Gersone positum : *Ubi reperitur hæc assertio, sicut dicitur*, quæ quidem ostendunt Bullam non fuisse publici juris et ubique vulgatam de cujus verbis nec Gersoni constitisset.

Cujus autem auctoritatis ea Bulla visa sit quæ posteà secuta sunt concilii Constantiensis acta indicabunt, cùm in sessione XLV et ultimâ ejus concilii, die 22 Aprilis, altero mense, postquam ea Bulla in publico consistorio lecta et promulgata dicitur, Poloni regis legati, jam dimissis Patribus, à Martino V ad futurum concilium œcumenicum appellarint [2].

Nempè illi à Papâ supplicabant, Joannis Falkembergii librum, *crudelissimos errores atque hæreses* continentem, jamque in secretis congregationibus condemnatum, in sessione publicâ condemnari : à quo denegante, provocabant ad concilium. An, rogo, id facturi, si earum appellationum ulla legitima aut probata condemnatio præcessisset? An non ipse Martinus V inclamasset impudenter agere Polonos contra interdictum? Non id autem factum est; sed Martinus « dixit respondendo ad prædicta, se quidem probare quæ per concilium conciliariter facta essent, non alia, » quæ scilicet in secretis conventibus. Hoc tantùm : ac de appellatione nihil quidquam. Non ergò verum est eam ullo legitimo decreto, mense antecedente, fuisse prohibitam.

Et Joannes quidem Gerson in *Dialogo apologetico de supplicatione Polonorum* copiosè agit, memoratque ab illis oblatam schedulam de libello Joannis Falkembergii; neque illis satisfactum

---

[1] Gers. Libell., *Quomodo et an liceat*, etc., tom. II, p. 303. — [2] *Conc. Const.*, sess. XLV, tom. XII, col. 258.

esse, remque in deteriora lapsam, « Usque adèo, inquit, quòd pro parte dominorum Polonorum, interjecta est tandem appellatio ad futurum concilium. Cui appellationi cùm respondendum esset, lecta est, ut dicitur, in consistorio generali et publico, quod ultimò Constantiæ celebratum est, minuta quædam sub formâ Bullæ, destruens, ut asserunt qui legerunt eam, fundamentale penitùs robur, nedùm Pisani, sed Constantiensis concilii.... Continebat itaque *in nullo casu licere appellationem à Papâ facere, nec ejus judicium in causis fidei declinare;* planè contra legem Dei decretaque concilii [1]. »

En post eam Bullam de non appellando à Papâ ad concilium, quæ 10 Martii 1418 edita dicitur, iterum occasione interjectæ à Polonis appellationis ad futurum concilium, ejusdem Bullæ *minuta* lecta dicitur. At siquidem 10 Martii transacta res erat; quid necesse fuit, post eam appellationem, actum agere, ac Bullæ *minutam* iterùm legere? An quod ità oportebat refelli Polonos? Quidni ergò Martinus V, in ipsâ concilii publicâ sessione, cùm Poloni appellarent, eâ Bullâ objectâ, eos comprimebat? An quia intelligebat sacram synodum non id laturam fuisse? Infelicem Bullam, quæ concilii œcumenici lucem auctoritatemque non sustinet? Cur autem Joannes Gerson iterùm de eâ Bullâ loquitur, ut de eâ, quæ nec à se visa sit? *Lecta*, inquit, *dicitur; et ut asserunt qui legerunt eam.* Ergòne dicemus publicam, de quâ ipse dubitat, aut omninò divulgatam, quæ non ab omnibus videretur? Quid verò *minutam* Bullæ memorat? Certè 10 Martii editam ac post sex hebdomadas adversùs Polonos innovatam, jam *grossatam*, ut aiunt, oportebat, suisque vestitam formulis, dimissam per ecclesias ubique servandam. Atque illud absurdum est, omnibusque sæculis inauditum, ejus momenti Bullam, stante concilio generali, atque ei præsidente Papâ, in ipso concilio non fuisse prolatam. Cur enim Martinus V tantâ de re synodi præsentis sententiam ne requisivit quidem? Ac multas quidem Bullas minoris momenti sessione XLIII lectas, nonnisi *approbante concilio* edidit; hanc verò cur solus, atque adhibito tantùm consistorio, seu cardinalium cœtu? An quia intelligebat repugnaturos

[1] Gers., *Dial. apol.*, tom. II.

concilii Patres? Bullam ergò repugnante concilio œcumenico editam valere credemus? At si concilii auctoritatem Martinus metuebat; ne saltem vereretur publicam lucem, ne *minutam* semel atque iterùm lectam, nec intellectam premeret. Adeòne ejus Bullæ pudebat, ut eam nec ipse Gerson, à quo solo memorata est, unquàm viderit? Itaque nullibi legitur; nullibi visitur; nulli collectioni Bullarum inseritur : non eam Pius II, in Bullâ *Execrabilis*; non Julius II, in Bullâ *Suspecti regiminis*, quibus appellationes à Papâ ad concilium tantis pœnis prohibent, vel leviter memorant. Et quidem Julius II Pii II Bullam firmat : de Martino ambo tacent; cùm id stante concilio Constantiensi gestum vel maximè commemorari è re esset. Quare apparet rem à Martino tentatam potiùs quàm confectam fuisse. Quod si in consistorio bulla vero animo à Pontifice proposita et prolata est, profectò rejectam, improbatam, explosam oportuit; cujus et auctorem puduit, et apud posteros nulla memoria est.

Sed age; Bullam tanto studio Ecclesiæ toti posterisque occultatam placet inspicere propiùs, et quid incommodi alat intelligere. Et quidem certum est, ex eâ superesse nihil, præter ea verba, quæ nunquàm sibi lecta Gerson, à nescio quo audisse se memorat. His autem, utcumque se habent, duo vetari videntur : alterum generatim, *ut nulli liceat*, sive *ut in nullo casu liceat à Romano Pontifice appellare :* alterum, *ne liceat in causis fidei, illius declinare judicium.* Quæ duo quàm diversa sint, vocum discrimina satis indicant.

Primum est generaliter dictum, admittitque eos sensus quos reliqui ejusmodi canones ; nempè ne passim, ne in ordinariis et quotidianis casibus appelletur.

Alterum, quòd in causis fidei Romani Pontificis judicium *declinare non* [*liceat :* quanquam ambiguum videri potest, strictè tamen loquendo, verum est. Aliud enim est, declinare judicium, tanquam judex non sit legitimus et competens ; aliud ab eo appellare, quia non sit usquequaque supremus.

Jam ex Gersone constat Martini V famam graviter laborasse, quòd ab eo talia promulgata jactarentur [1]. Quin ipse Gerson, ne

[1] Vid. Gers., *Tract. Quomodo*, et an., etc., circa fin., tom. II, p. 303.

Martinum ea conatum reprehendisse videatur, pro suâ modestiâ, atque in Romanum Pontificem reverentiâ, factum excusat, ut potest, et quâ demum ratione, verba Martini ab ejus benevolis ad commodum sensum leniter inflectantur ostendit. Denique viam docet, quâ Pontifex hujus rei declinet invidiam, ac factis dicta compenset. Adeò hæc non modò nulla et irrita, sed etiam Pontifici noxia videbantur.

His ergò omnibus constat, primùm, appellationem à Papâ ad futurum concilium, ipso concilio desinente quidem, sed tamen adhùc præsente, factam, non fuisse improbatam, sed in acta relatam, nullâ omninò notâ; tum Martinum V eas appellationes bis condemnare visum, sacræ synodi, imò totius Ecclesiæ refugisse lucem, atque synodi talia repellentis prævaluisse sententiam; denique, ut vel maximè fuerit diploma bullatum, vulgatum, ritu solemni promulgatum, omninò concidisse, eorumque loco esse, quorum in Ecclesiâ nulla vis, nulla mentio est.

CAPUT XXVIII.

Bulla Execrabilis *Pii II in conventu Mantuano : quâ occasione lata : nostri intellexerunt de privatis tantùm negotiis, fundamento ex Bullæ verbis petito : nec recepta est in Galliâ, et ab ea quoque appellatum : appellationes posteâ frequentatæ.*

Anno 1459, post conventum Mantuanum Pius II, edidit Bullam *Execrabilis et inauditus*. Hâc damnat eos « qui à Romano Pontifice appellare præsumant : qui fecerit, sententiam excommunicationis incurrat[1], » aliasque pœnas, quæ in reos majestatis, et hæreticæ privatis fautores decernuntur.

Hujus sententiæ has potissimùm exponit causas : Quia ridiculum appellare ad id quod nusquam est, neque scitur quod futurum sit : quod, eo obtentu, pauperes à potentioribus opprimantur multipliciter, remanent impunita scelera, nutritur adversùs primam Sedem rebellio, libertas delinquendi conceditur, et omnis ec-

---

[1] Bull. *Execrabilis*. Vid. *in convent. Mant.*, tom. XIII *Conc.*, col. 1801, 1802.

clesiastica disciplina et hierarchicus ordo confunditur [1]. » Quæ docere videntur animum Pontificis fuisse, has appellationes prohibere in ordinariis tantùm casibus ac peculiaribus negotiis.

Et reverâ constat eam Bullam conditam occasione appellationis Sigismundi Ducis Austriæ, à monitorio Calixti III (a), in quâdam controversiâ cum Nicolao de Cusa cardinali, episcopo Brixinensi, rerum temporalium causâ.

Itaque, anno sequente 1460, in appellatione eâ quam adversùs Pii II orationem in conventu Mantuano habitam, vir clarissimus Joannes Dauvet, procurator generalis, edidit, hoc etiam interposuit Bullâ *Execrabilis:* « Neque est æstimandum dum sanctissimum Dominum nostrum, per litteras, quas Mantuæ publicasse fertur, quæ incipiunt *Execrabilis et inauditus,* voluisse prohibere ut in nullo casu, sive tangat conservationem orthodoxæ fidei, sive extirpationem schismatis, sive universalem reformationem Ecclesiæ in capite et in membris, super gravaminibus, quæ per aliquem Summorum Pontificum inferri contingeret, principibus et regionibus liceat quovis modo habere recursum ad judicium plenarii concilii; cùm sub generali prohibitione non veniant ea quæ speciali expressione indigerent: et præsertim talia ex quibus læsio fidei orthodoxæ, et schismatum fomenta, atque gravissima decoloratio statûs Ecclesiæ universæ sequi possent [2]. » Sic publicis ecclesiasticis causis accensebant magnorum imperiorum salutem ac pacem: cùm ea imperia pars maxima Ecclesiæ, eique ornamento et præsidio essent.

Cùm autem ipse dicat, Bullam *Execrabilis*, in conventu Mantuano, *ut fertur,* publicatam; ostendit eam ad nos non fuisse perlatam, neque promulgatam consueto et canonico more; ac ne-

[1] *Act. appell. Sigism., Duc. Aust. Monarc. Imp.* Goldast., tom. II, p. 1576. —
[2] *Preuv. des Libert. de l'Égl. Gall.,* ed. 1731, tom. I, c. XIII, n. 10, part. II, p. 43.

(a) Appellationem reperire non potuimus apud Goldastum et alios horum monumentorum collectores. Hoc tantùm ex Goldasto discimus : anno integro exacto post editam Bullam *Execrabilis,* excommunicatum fuisse à Pio II Austriæ Ducem, eo quòd sæpe licet monitus, Cardinalem de Cusa insectari non desisteret : Sigismundum autem ab eâ excommunicatione appellationem emisisse, atque eâ occasione Bullam à Papâ in Germaniam missam, et imprimis Norimbergam, ubi appellationis instrumentum factum fuerat. Itaque appellatio Sigismundi videtur fuisse Bullæ denuò publicandæ causa, non verò edendæ. Vid. *Gold. et appell. et contrad. Greg. de Heimbourg.,* Francof., 1607. (*Edit. Leroy.*)

dum recepta sit, palam ei reclamatum fuisse, eo quidem sensu, quo appellationes in gravissimis illis, quas diximus, causis prohiberet.

Cæterùm quòd Pius II ridiculum dicebat, appellare ad id quod non sit, et quod exiturum sit ignorabatur; respondebant concilium ex Constantiensi decreto debuisse celebrari, et quominus haberetur, elapso decennio, jam per Papam stare : tum verò Ecclesiam catholicam semper esse præsentem; neque cuiquam fraudi esse, quòd non congregata esset, cùm appellatio dirigatur ad Papam qui eam congregare tenetur.

Post eam ergò Bullam, ejusdem Pii II tempore, multæ appellationes sunt editæ à nostris ab ipso ad concilium [1], quòd Pragmaticæ-sanctionis condemnationem moliri videretur.

Has et alias ejusmodi multas per ea ferè tempora in Galliâ frequentatas omittimus; quòd in *Probationibus Libertatum Ecclesiæ Gallicanæ* integræ referantur [2].

Annotamus tantùm appellationem editam ad generale concilium ab Universitate [3], anno 1491, adversùs Innocentii VIII, gravem decimam imponentis, Bullam.

Similem appellationem ab inclytâ ac venerabili Ecclesiâ Parisiensi prolatam [4] eodem anno (a) eâdemque de causâ legimus, ex quâ etiam multa suprà retulimus [5].

CAPUT XXIX.

Bulla Suspecti regiminis *Julii II : in eâ clausulæ extra omnem ordinem : non publicata apud nos, nedum recepta appellationes posteà frequentatæ, non tantùm à nostris, sed etiam ab aliis.*

Anno 1509, Julius II Bullam edidit *Suspecti regiminis*, quâ

---

[1] *Preuv. des Libert. de l'Egl. Gall.*, ed. 1731, tom. I, c. XIII, n. 11 et seq., p. 44 et seq. — [2] *Ibid.*, n. 16, 17, p. 50 et seq. — [3] *Ibid.*, tom. II, c. XXII, n. 19, p. 44 et seq. — [4] *Ibid.*, tom. I, p. 40. — [5] Sup., lib. VI, c. XXII.

(a) *Appellationem ab Ecclesiâ Parisiensi pralatam*, anno 1491, non vidimus inter acta quæ tomis *de Libertatibus*, etc., continentur. Forté ecclesia Parisiensis eo anno adhæserit appellationi sacræ Facultatis; nam *appellatio ab eâ ecclesiâ prolata* an. 1501, sub Alexandro VI, inscribitur *secunda appellatio*.
(*Edit. Paris.*)

Bullam *Execrabilis* Pii II renovat ac firmat; Leonardum Lauredanum Ducem, *generale concilium et commune Venetiarum* excommunicat, quòd jam excommunicati, quia urbes pontificiæ ditionis retinerent, *ad damnatum et prohibitum* appellationis remedium confugissent; alios eâdem appellatione usos simili pœnâ, plectit; Constitutionem suam adversùs omnes valituram decernit, *cum suppletione solemnitatis cujuslibet, etiam publicationis omissæ*[1]. Quæ quò magis decernuntur extra ordinem, ac supra omnem legem et canonem, eò minoris esse putantur à nostris. Certè, ut Galli clariùs designentur, nominatim *Parlamenta* commemorat; quòd, quia apud nos nec publicatum, nedum receptum fuit, nostri, more consueto in gravibus causis, ac præsertim in concordatorum causâ, ad concilii generalis tutelam provocarunt, in eâque sententiâ innoxii et illæsi diutissime perstiterunt.

Neque Galli tantùm eas appellationes emisere, sed alii quoque in libris *Probationum Ecclesiæ Gallicanæ Libertatum* memorati[2]: quæ tantùm indicamus: cujusmodi sint lectori expendenda relinquimus.

CAPUT XXX.

Bullæ Pii II et Julii II, occasione litium ac dissidiorum temporalium editæ: qui appellationes respuunt, quàm incommoda remedia adhibeant: Andreæ Duvallii locus.

Neque enim orbis christianus adeò movebatur datis à Julio II in Venetos, flagrante bello, sententiis. Bellum gerebatur inter Julium ut principem et Venetos. Jam si, editis Bullis, ac sub anathemate Julius Pontifex jure repetit civitates eas, quæ de Principe Julio bello captæ sunt, nullumque adversùs ea decreta præsidium est: nempè id superest, ut et Veneti et quicumque principes, quâcumque necessitate talia bella gesserint, deditionem faciant.

Neque verò res ab eo statu multùm abhorrebant, cum Pius II

---

[1] *Bull. Rom.*, tom. I, Bull. XXII Jul. II, p. 511. *Ibid.*, Rain., an. 1509, n. 6 et 13; et Spond., eod. an., n. 1. — [2] *Preuv. des Libert.*, etc., tom. I, part. II, c. XIII, not., p. 59, 60.

diploma suum edidit. Nempè Sigismundus cum cardinale Cusano de temporalibus maximè litigabat, atque arma moverat, cardinalemque ceperat, cujus rei gratiâ à Pio citabatur Romam cum suis consiliariis, atque omnibus civibus, infinito licèt numero, uti de articulo : *Credo in Ecclesiam catholicam:* ejusque consectaneis responderent[1]; quem sanè articulum ideò negare viderentur, quòd Pontificis decretis, de re etiam temporali, dicto audientes non essent. Sic à temporali lite ad hæresis quæstionem controversia deducitur, ut miseri nec mutire auderent. Quas adversùs ambages, atque circuitus, aliquod petere refugium omnes optabant.

Neque verò id quæro, jurene an injuriâ Sigismundus egerit. Hoc tantùm indico, grave ac magnis quoque Principibus, nedum privatis metuendum, ita procedi; miscerique hæresim, subortis maximè temporali causâ litigationibus. Nec mirum si christiani principes, nationes, cœtus, quod negari non potest, à Romanis Pontificibus aliquando vexati, eversis antiquis juribus, imperatâ ingente pecuniâ, intentatis, sive etiam allatis armis, in Ecclesiæ catholicæ supremâ atque indeclinabili auctoritate, aliquid sibi præsidii relictum voluerint. Certè appellationes eas, ut ante concilium Constantiense celebratas, itâ nec post Pii ac Julii decreta desiisse, multis exemplis ostensum est.

Unum superest quod objiciant; nempè à Leone X, Bulla *Exurge, Domine,* Luthero vitio datum, quòd citatus à Papâ in vocem temerariè appellationis prorupit ad futurum concilium, contra Constitutionem Pii II ac Julii II, taliter appellantes hæreticorum pœnâ plectentes[2]; » xvii Kalendarum Julii, anno 1520. Bullam autem toto orbe christiano receptam esse constat.

Facilè respondemus receptam quoad ea, quæ ad Lutherum condemnatum pertinerent. Cæterùm verba prolata recitativè, ut aiunt, non decretivè posita, nullam vim addunt Pii II ac Julii II Constitutionibus; atque adeò ut post eas, itâ post hanc Leonis X Bullam frequentatas appellationes, etiam à Germanis, atque ab ipso imperatore, relata superiùs[3] exempla demonstrant.

[1] Vid. Goldast.; tom. II, n. 1579, 1580. — [2] *Bull. Leon. X contra Luther.,* tom. XIV *Conc.;* col. 396. — [3] *Diss. præv.,* n. xcv.

Cæterùm Lutheri appellatio verè temeraria et cavillatoria fuit, quòd à citatione appellans, in negotio fidei Sedis apostolicæ judicium detrectarit.

Neque eam tantùm causam Leo commemorat, cur Lutherus meritò condemnetur; subdit enim : « Frustra etiam concilii auxilium imploravit, qui illi non se credere palam profitetur[1]. » Quare impuro sycophantæ, omnia per summam et apertam insaniam molienti, æquum erat nullum patere suffugium ; non proinde debitum intercludi præsidium iis, qui verè gravati essent.

Nunc qui id genus præsidii renuunt, alias vias docent haud leviter incommodas, nempe *nullitatis*, ut aiunt, quam iniquis sententiis objiciant. At Galli non solent illam probare jurisprudentiam, quâ, objectâ nullitate, sententia contemnatur. De causis nullitatis coram judice agi volunt, ne sibi quisque judicet ; modestiùs putant, si forte à Pontifice vexatos se sentiunt, concilium habere judicem, quàm nullo judice agere ut libet.

Andreas Duvallius, cùm appellationem omnem à Papâ illicitam judicet, idque sive sit infra, sive supra concilium, permittit tamen principibus ac rebuspublicis, ad graves injurias depellendas, primùm « non obedire mandatis pontificis ; imò, si aliter sibi succurrere non possint, strenuè prudenterque resistere[2]. » An ergò læsos principes strenuè rem gerere, quàm conciliare judicium expectare malint, ipsi dijudicent? Nos in his, ut diximus, nostræ quæstionis summam non ponimus : ut quæ ad variabilem forte disciplinam aliquâ ex parte pertineant. Certè Ecclesiæ catholicæ ejusque œcumenici concilii, in rebus generalibus, maximè verò in fidei quæstionibus, gravi contentione ortâ, supremam et ineluctabilem potestatem, ex omnium sæculorum traditione asserimus ; et inter res judicatas post Constantiensia et Basileensia probatissima decreta referimus.

[1] *Bull. Leon. X*, col. 397. — [2] Duv., *de Rom. Pont.*, etc., part. IV. quæst. ult., p. 626, ed. 1614.

CAPUT XXXI.

Variæ de conciliis generalibus novissimi auctoris anonymi vitilitigationes: quæstionem ab eo pessimè constitutam : an concilia inter res incertas numeranda? Quæstiones generales à particularibus, ad Constantiensis synodi mentem, jam inde ab initio distinctæ.

Qui unius Papæ voluntati sine more modoque permittunt omnia, eo peccare solent; primùm, quòd argumentationibus malunt agere, quàm traditionibus; tùm eo vel maximè, quòd à quæstionis statu procul absint; quæque plana per se et expedita sunt, miris involvant modis [1].

Et quidem in quæstione malè constituendà auctorem anonymum, qui diligentissimus videri voluit, ubique multa peccasse jam vidimus. Illud imprimis quòd nos ità refellit, quasi infallibilitatem soli concilio œcumenico tribuamus [2], cùm sine concilio œcumenico, catholicæ Ecclesiæ valere consensum, Gallicana Declaratio diligentissimè expresserit.

Jam de concilii superiore potestate, ad secundum caput Gallicanæ Declarationis idem auctor hæc scribit : « Satis, inquit, patet in Declaratione cleri Gallicani, accipi hinc Summum Pontificem sine concilio, illinc concilium sine Summo Pontifice, cùm Declaratio decretis concilii Constantiensis nitatur quæ aliam sententiam non admittunt [3]; » quæ omnia falsissima sunt.

Primùm enim falsum est, à clero Gallicano ea tantùm spectata esse concilia, quæ sine Papâ celebrentur [4] : nec minùs falsum est, quòd decreta Constantiensis concilii non aliam admittant sententiam, quàm eam scilicet de conciliis sine Papâ congregatis : primùm quia concilium Constantiense declarat Papam subesse, non modò Constantiensi concilio, « sed etiam cuicumque generali concilio legitime congregato [5] : » non autem supponit omnia futura concilia sine Papa congreganda esse; non ergò loquimur de conciliis sine Papa congregatis : tùm quia nec

---

[1] Vid. sup., pass., lib. IV, V, VI. — [2] Anon., *de Libert.*, etc., lib. VII, c. IX, n. 12. — [3] Id., *ibid.*, lib. V, c. I, n. 6. — [4] Vid. *Diss. præv.*, num. LXXXIV. — [5] *Conc. Const.*, sess. V, col. 22.

ipsum Constantiense concilium sine Papâ congregatum erat; quippe convocatum à Joanne XXIII, qui verus Pontifex meritò haberetur : neque is concilium dissolverat ; imò se concilio adhærere fatebatur, cùm illud Constantiense decretum est conditum, ut suo loco vidimus [1]. Postremò Constantiense concilium, in reformationis quoque causâ, Papam subesse concilio decernit, cùm reformationis negotium non nisi electo Summo Pontifice tractaturum esset.

Quare quod idem anonymus ubique testatur [2], cùm ipse Papam synodo anteponit, agi de concilio, à quo Summus Pontifex ejusque legati absint; nihil aliud testari visus, quàm statum quæstionis à se ignoratum, eosque quos congerit Scripturæ ac Patrum locos, planè esse extra rem, idque ab eo actum ut fucum faceret imperitis.

Sanè et illud constitit, non asseri à Gallis synodos sine Papâ congregatas, nisi iis in casibus, quibus eas et auctor anonymus [3], et alii passim theologi canonistæque admittant, hoc est, « in iis qui dilationem remedii non paterentur. »

Alia quidem quæstio esse potest; an concilium à Romano Pontifice semel convocatum, ipsoque præside constitutum, ipso jure cesset, ubi ab eo concilio Papa recesserit, quemadmodum Constantiæ; vel ubi illud concilium Papa dissolverit, ut Basileæ factum est. Sed quæstionem eam, neque clerus Gallicanus suâ Declaratione complexus est, neque anonymus pertractavit. Interim certum est rem esse ab Eugenio IV judicatam; Basileense concilium ab eo dissolutum, haud minùs stetisse integrum; ut eam quæstionem aliquo certè casu, res inter judicatas referri necesse sit.

Quo fateamur necesse est, pleraque ac potissima anonymi argumenta, quoad hanc quidem quæstionem, planè concidere; cùm non eò quò oportet, collimare constet.

At argutulum istud futile æquè ac invidiosum quod objicit; quamvis reges ac principes à populo plerumque suam auctoritatem acceperint, « tamen Galliarum regem comitiis generalibus

---

[1] Sup, lib. V, c. XIII, XXI. — [2] Anon., lib. V, c. x, n. 4; c. XI, n. 3; c. XIII, tit. et pass. — [3] Id., *ibid.*, c. V, n. 13.

superiorem esse[1], » et majestatis reos haberi qui sub Henrico III exegissent, ut rex comitiorum sententiam sequi teneretur. Quorsùm enim ista? An ut necesse sit ad gallicani imperii formam, Ecclesiam à Christo esse constitutam? Aut verò oporteat custodiendæ fidei ac religionis per universum orbem, eamdem ac unius gentis administrandæ esse rationem? Cùm nec ipsa imperia eamdem formam habeant, neque Ecclesiam ad alias quàm ad Christi regulas exigi liceat. Quid autem illud est, ab eodem anonymo jactatum, non posse Summum Pontificem Ecclesiæ subjacere, *à quâ suam non est mutuatus potestatem?* Quasi quis cui subjaceat, non in Christi arbitrio ac sapientiâ positum fuerit, aut id ratione aut humanis exemplis, non Dei revelatione, atque Ecclesiæ traditione, quærendum sit nobis.

Ejusdem notæ est, quod objiciunt[2], ut ecclesia particularis, nec tota simul sumpta, episcopo suo capiti et pastori particulari; ità universalem Ecclesiam, nec totam simul sumptam, Papæ suo capiti ac Pastori universali prævalere posse. Non enim quemadmodum Ecclesia universa, ità particularis, ex promissione Christi, certâ et infallibili sancti Spiritûs assistentiâ pollet; ut proinde necesse sit quemadmodum in Ecclesiæ universæ, ità in Ecclesiæ particularis consensu, certum collocare Spiritûs sancti magisterium ac testimonium.

Neque illud pluris est, non posse stare in Papâ eam, quam clerus quoque Gallicanus agnoscat, *plenam potestatem*, si Gallicanæ Declarationi detur locus. Neque enim plenam esse, *quæ ab alterius arbitrio vel judicio pendet*[3]. Quod quidem nihil aliud est, quàm in verbis ludere. Plena enim dicitur respectu positivi juris, ea potestas, quæ omnia potest, ubi id necessitas atque evidens utilitas postulaverit: non ità sanè, ut omnia sine lege modoque possit.

At illud etiam argutius ac vanius, quod involvendæ quæstioni ab anonymo est positum[4]; Papam agnosci facilè ab omnibus, concilia rem incertam, nullâ verâ firmâque definitione constantem; ad hæc, raram, *difficilem ac ferè impossibilem*[5]; parumque

---

[1] Anon., lib. V, c. XIII, n. 12. — [2] Id., *ibid.*, n. 3. — [3] Id.. *ibid.*, n. 4. — [4] *Ibid.*, c. XIII, n. 4. — [5] *Ibid.*, lib. VII, c. II, n. 3; et lib. V, c, XIII.

abest, quin eam ab Ecclesiâ alienam prædicet; cùm præsertim tribus primis sæculis, concilia generalia ipsa persecutio prohiberet. Sed hæc, ad perscutionis tempus quod attinet, quàm falsa, quàm vana, quàm nulla sint, demonstratum supra [1].

Jam quòd partâ Ecclesiæ pace, conciliisque generalis congregari solitis, concilia rem incertam dicunt, quia dubium est per quos et quomodo constitui debeant [2], hominum est, ut leniter dicam, nodum in scirpo quærentium. Vanas enim et inanes difficultates congerunt; non constare scilicet an concilia ex episcopis tantùm, an etiam ex presbyteris conflentur necessariò : quantus numerus aut episcoporum aut provinciarum adesse debeat : quinam *ex jure, quinam ex privilegio?* an per se, an per procuratores? tùm quæ ratio absentium et excusatorum haberi debeat; imò an concilium universale sit? Quæ cùm dixerint, eò rem redigi volunt, « ut suprema et infallibilis sit Summi Pontificis sententia, quam seu regulam semper tutò sequantur fideles [3]. » Quæ profectò si quid valent, illud efficient, ut conciliorum generalium omnem omitti mentionem præstabilius sit. An enim id agunt, ut unus Pontifex, cuicumque cœtui voluerit, concilii generalis nomen adjiciat? An ut concilia generalia haberi aut non haberi perinde sit? Id quidem nonnulli apud se sentiunt; sed palam promere pudor, et christiani orbis reverentia prohibet. Ergò vel hæc omittant, vel nobiscum solvant. Cæterùm plana solutio est; primùm enim certâ traditione constat, sufficere ut episcopi concilio præsto sint; tum illud, concilium esse œcumenicum, cui Papâ auctore, pro œcumenico concilio se gerenti Ecclesia universa communicaverit. Hinc concilii Constantiensis auctoritas asseritur : hinc prioribus Basileensibus gestis sua firmitas constat. Neque nocuit ea dissolutio, quæ ab ipso quoque Eugenio IV nulla et irrita declarata est; cùm totus christianus orbis haud minùs sanctæ synodo pro œcumenicâ sedenti et agenti communicaret.

Papâ autem auctore dicimus, ordinariè quidem, ac nisi ipsa necessitas aliud expresserit; quod schismatis causâ aliisque in casibus admitti ab omnibus summo consensu vidimus. Sed quoniam in conciliis non statim ac semper æquè perspecta est nomi-

[1] *Dissert. Præv.*, n. LXXVI. — [2] Anon., lib. V. c. II. — [3] *Ibid.*, n. 7.

nis christiani repræsentatio, quin interdum dubitari contingat, an aliquod concilium verè generale sit; tùm Ecclesiæ consensu rem confici, Romanorum quoque Pontificum auctoritate ostendimus[1].

Cœterùm qui omnia incerta et perturbata esse volunt, nisi christiani, aliis ecclesiis et episcopis perinde habitis ac si nihil essent, in unius Romani Pontificis infallibilitate acquiescant, in quantas ambages quantasque turbas ipsi sese conjiciant, unde se nullo prorsùs extricare valent pacto, jam toties notavimus, ut hæc dicere rursùm, nihil aliud esset quàm actum agere.

CAPUT XXXII.

Recapitulatio eorum, quæ ad caput IV Declarationis Gallicanæ dicta sunt, atque imprimis eorum quæ libro VII et VIII.

Absoluto nostro ad caput quartum Declarationis Gallicanæ tractatu, superest ut quæ hîc dicta sunt, ad rei memoriam in compendium redigamus.

Primum illud præstruximus quartum caput Declarationis Gallicanæ, rem esse judicatam[2]; quod sic conficimus : Judicatum in concilio Constantiensi Papam, etiam in fidei quæstionibus, concilio subjici oportere : at qui errare non possit, cum in fidei negotio alteri subjici nefas : non ergò Papa is est, qui errare non possit. Rursùs : In illo concilio, de Papâ, ut est Papa, actum est, non autem de Papâ, ut est privatus doctor : ergò Papa, etiam ut Papa, non is est qui errare non possit : at Constantiense concilium à totâ Ecclesiâ, atque adeò à Romanis Pontificibus comprobatum fuisse, rationibus adstruximus necessariis[3] : ergò Papam non eum esse quem dicunt, res inter judicatas haberi debet. Hoc certissimum præjudicium. Nunc ad rem, si adhùc injudicata esset, conficiendam, hoc fundamentum posuimus : à Patribus vim summam et indeclinabilem esse repositam in eo, *quod ubique, quod semper est creditum* : non ergò in eo, quos solus Papa definiat[4].

[1] Sup., lib. IX, pass. — [2] Ibid., lib. VII, c. II, III, IV. — [3] Ibid. lib. V, c. XXVII, et pass. toto hoc tract. — [4] Lib. VII, c. V.

Exinde concilia generalia ab apostolico usque concilio persecuti sumus; quod apostolicum Hierosolymitanum concilium, *Actorum* xv relatum, normam esse cæterorum, datamque in eo quæstionum finiendarum formam, et ipsâ auctoritate apostolici nominis, et sancti Cœlestini Papæ sanctæque synodi quintæ sententiâ, et omnium posteà sæculorum seculâ praxi ostendimus [1]; collatisque gestis comperimus, ubique valere apostolicum illud : *Visum est Spiritui sancto et nobis;* atque illud : *Visum est Spiritui sancto,* cum illo *et nobis,* hoc est cum ipsâ episcopalis atque apostolici ordinis unitate esse conjunctum : non ergò, quod nunc fingunt, synodos habere à Papâ, ut recta decidant, sed à Spiritu sancto, eique conjunctâ universalis Ecclesiæ auctoritate ac testimonio.

Hic igitur conciliorum gestis evolutis apparuit, ità esse Ecclesiam constitutam, ut siquidem primæ Sedis sententiæ consensum accommodaret suum, quæstiones finitæ haberentur : sin autem graves altercationes orirentur, adunatâ Ecclesiâ opus esset [2]. Compertumque item est, eo quidem rerum statu, primæ Sedis sententiam concilii œcumenici convocatione suspendi [3]; remque tantâ Ecclesiæ adunatæ auctoritate gestam, ut de pontificio decreto quæreretur, rectène haberet, necne; et responderetur à Patribus, si decretum probaretur, probandum videri; non quia falsum esse non posset, sed quia verax esse, facto examine, comperissent : atque omninò quo ritu cæterorum epistolæ, eodem quoque ritu Romanorum Pontificum decretales epistolas examinatas, evolutis gestis, et synodi quintæ auctoritate monstravimus [4]. Quo item loco patuit Romanorum Pontificum epistolas, et fuisse authenticas, totâ scilicet Sedis apostolicæ auctoritate prolatas; neque tamen fuisse normam fidei, cùm de illis quoque quæstio haberetur : de synodis autem nunquàm eo ritu esse quæsitum; sed obedientiam statim consecutam. At non alia causa tanti discriminis, quàm quòd illa decreta retractabilia, hæc irretractabilia viderentur.

Atque hæc etiam de probatissimis Romanorum Pontificum decretis facta esse vidimus. Jam quælam demonstravimus à

---

[1] Lib VII, c. vi. — [2] Ibid., c. vii et seq., usque ad xxiv, — [3] Ibid., c. x. — [4] Ibid., c. xix.

sanctis synodis improbata constituta et responsa, quæ Romani Pontifices, puta Vigilius et Honorius rite interrogati ad Ecclesias edidissent[1]. Non ergò valere illud, pro privato doctore esse edita; omnesque vitilitigationes ità incidimus, ut quomodocumque respondeant, quosdam Pontifices, apostolico officio confirmandi fratres, in necessario articulo defuisse constet.

His complexi sumus primorum octo conciliorum traditionem nostræ sententiæ congruentem; quibus deinde conciliis reliqua omnia consentire, ex actis et ex Romanorum Pontificum consensione docuimus[2].

Quin etiam ostendimus, quæstionem hanc nostram, vel ipsâ operosissimâ conciliorum generalium convocatione confectam[3]: ne frustra Ecclesia collectis toto orbe Patribus, quærere laboraret auctoritatem irrefragabilem, quæ statim in Romano Pontifice, vel solo, præstò esset[4]. Ac siquidem Papa per se infallibilis, consilio tantùm atque admonitione indigeret, quod nunc comminiscuntur; adsciscendos fuisse eos, qui doctrinâ, non eos qui auctoritate pollerent; qui Papam docerent, non qui cum eo conjuncti docerent Ecclesias; denique qui admonerent, non qui conjudicarent et condecernerent: atqui omninò constitit non ità esse gestum; sed quæsitam in conciliis non tantùm majorem lucem, sed etiam majorem, et jam irrefragabilem auctoritatem: non ergò summam illam et indeclinabilem vim in Romano Pontifice collocabant.

Quod autem objicitur, superioritatem atque infallibilitatem Romano Pontifici à conciliis generalibus jam esse adjudicatam, Lugdunensique ac Florentinâ, Lateranensique synodis quæstionem judicatam, et Constantiensia jam Basileensiaque soluta esse decreta[5]; primùm quidem præstruximus, pessimè agere eos, qui ecclesiastica decreta collidant, non concilient: tùm illud, perperam pro judicato haberi, quod palam à nostris assertum, à sanctâ Tridentinâ synodo atque à Pio IV pro integro sanoque sit habitum. Denique, ne quid deesset, id quoque ex gestis proba-

[1] Sup., lib. VII, cap. XX, XXI. — [2] Ibid., cap. XXXII. — [3] Ibid., cap. XXXIV e. seq., usq. ad fin. lib. — [4] Ibid., lib. VIII, c. XX. — [5] Ibid., lib. VII, c. XXXIV, XXXVI, XXXVII.

vimus, Lugdunensem, Florentinam, Lateranensem synodos nihil nocere Constantiensibus, neque Basileensibus prioribus gestis; sed conciliorum omnium unam esse faciem, traditionem unam [1].

His igitur confectis, illud argumentum, quod ex conciliorum confirmatione repetebant, solvimus; docuimusque ipsum confirmare quid sit; neque eo quidquam superioritatis includi; vanosque esse eos qui synodorum decreta, aut qui saltem anathemata à confirmatione suspendunt, conciliorum omnium gestis evolutis pandimus [2]. Confutavimus denique qui episcopalem potestatem ac jurisdictionem, à papali potestate ac jurisdictione manare contendunt; hisque novellis sive adinventionibus, sive adulationibus, seu potiùs ludibriis, cùm priorum sæculorum firmam ac Scripturæ inhærentem doctrinam opposuimus [3], tum Gallicanorum episcoporum, ac nostræ Facultatis constantem sententiam.

CAPUT XXXIII.

Recapitulatio eorum quæ sunt in libro IX.

His quidem absolvimus quæ ad conciliorum generalium praxim ac traditionem attinebant. At sequente libro de rebus sine concilio generali tractatis dicere aggredimur. Ac statim id constituimus, ad finiendas fidei quæstiones sufficere Papæ judicium, nisi gravis dissensio consequatur [4]. Quo loco exponimus illud sancti Augustini de Pelagianis dictum : *Causa finita est*, posteà quàm scilicet à Sede apostolicâ responsa venerunt; et illud ejusdem : *Datum Pelagianis competens sufficiensque judicium* : collatâque causâ pelagianorum cum illâ Cypriani de rebaptizandis hæreticis, ex Augustino efficimus, ut Pelagianorum potiùs quàm Cypriani causa per Papæ judicium finita intelligatur, quòd de Pelagianis quidem, ut apertè hæreticis tota Ecclesia consentiret; Cypriani verò quæstio *magnis altercationum nebulis involuta*,

[1] Lib. V integr. — [2] Lib. VIII, c. 1 et seq. usq. ad XI. — [3] *Ibid.*, c. XI et seq. usq. ad fin. lib. — [4] *Ibid.*, lib. IX, c. 1.

concilii universalis sententiam postularet [1]. Non ergò in eo casu, sancti Stephani judicium, totâ licet Sedis apostolicæ auctoritate prolatum, à sancto Cypriano, à sancto Augustino, atque aliis orthodoxis pro ultimo et irrefragabili esse habitum.

Qui deinde, ut hoc argumentum eluderent, responderunt, rebaptizationis quæstionem à Cypriano et Augustino, non inter fidei quæstiones, sed inter adiaphora esse repositam, Patrum testimoniis obruimus, docuimusque omninò rebaptizationem eam, ex ipsis quibus tunc propugnabatur argumentis, ad manifestam hæresim pertinere [2].

Multa posteà exempla ac decreta retulimus [3], quibus constet generales quidem omnes, ut Cæciliani, et sancti Joannis Chrysostomi, præsertim verò fidei, ut Origenistarum, Semi-Eutychianorum, Scytharum monachorum, Elipandique causas, non nisi universali consensione pro terminatis habitas [4]; in eamque sententiam, cum cæteris omnibus, Romanos quoque Pontifices, Simplicium, Gelasium, Gregorium, alios consentire [5]. Nam de sancto Leone libro VII et VIII confectum est, cùm de concilio Chalcedonensi ageremus [6]. Non ergò summi Pontificis judicium per sese ante consensum pro irreformabili est habitum.

Quem ad locum ostendimus quæ sit illa obedientia secundùm canones, quam Summo Pontifici præstarent episcopi et ecclesiæ; idque conciliorum et ipsorum Pontificum auctoritate firmavimus; neque unquàm ab episcopis postulatum, ut decreta pontificia etiam indiscussa reciperent : quo item conclusum, ad summam et indeclinabilem auctoritatem consensum Ecclesiæ esse necessarium [7].

Hinc ostendimus viris bonis sanctisque non fraudi fuisse, quòd post Romanorum Pontificum, in fidei quoque negotiis, pronuntiata etiam veridica, tamen suspenso animo manerent, donec Ecclesiæ consensus accederet [8]; id, inquam, bonis viris nunquàm fraudi fuisse; non Polycrati Ephesio, aliisque Asianis; non sancto Cypriano sanctoque Firmiliano, eorumque collegis, tot ac tantis

---

[1] Sup., lib. IX, c. II, III, IV, v. — [2] Ibid., c. VI, VII. VIII.— [3] Ibid., c. X, XI. — [4] Ibid., c. XII, XVI et seq. usq. ad XX.— [5] Cap. XIV, XV.— [6] Lib. VII, c. XVII. XVIII; lib. VIII, c. XX. — [7] Lib. IX, c. XXI, XXII. — [8] Ibid., c. XXIII, XXIV, XXV.

viris; non Gallis nostris ac sancto Columbano, quibus Romanorum Pontificum Pelagii I ac Bonifacii III suspecta erat fides, eo quòd concilium quintum pro œcumenico approbassent; non item Gallis nostris, quòd Nicænam secundam synodum, Papâ auctore ac præside gestam, ad quam vocati non essent, pro œcumenicâ non agnoscerent, neque ullo modo admitterent; non omnibus denique conciliis, quæ Romanorum Pontificum latas, etiam de fide, sententias, non nisi quæstione habitâ, susciperent. Ex quo illud argumentum : si Romani Pontificis judicium pro irreformabili esset, non profectò qui, post illud per Ecclesias promulgatum, suspenso animo manerent, orthodoxi haberentur : habiti autem sunt orthodoxi : non ergò illud judicium pro irreformabili habitum.

His subjungimus claram professionem Romanorum Pontificum Innocentii III, Joannis XXII, Gregorii XII, Pii etiam IV, qui sibi à concilio aut à Christo judice metuerent, si publico officio functi falsa ac fidei adversa respondissent [1] : non ergò existimasse eos, se in fidei negotiis, apostolico fungentes officio, fuisse infallibiles. Quo loco attulimus Joannis XXII totâ Ecclesiâ promulgatam fidem, et Ecclesiæ judicio ab eo esse subditam, et à successore ad examen revocatam [2] : non ergò eam fidem pro infallibili fuisse habitam.

Atque interim constitit, qui de Pontificis judiciis dubitarent, non tamen dubitasse de fide apostolicæ Sedis : ergò hæc duo stare posse, et Pontificem etiam judicantem errare potuisse, et tamen Sedis apostolicæ non defecturam fidem.

Quo item loco claruit multos incidisse casus, quibus Sedi apostolicæ ac pontificiæ auctoritati laboranti nihil aliud subveniret, nisi Ecclesiæ catholicæ auctoritas. Id Ecclesiæ Romanæ status decimo sæculo; id ingens illud schisma decimo quarto sæculo demonstrasse [3] : stetisse interim unâ Ecclesiæ catholicæ auctoritate et ope Sedem apostolicam ac pontificiam dignitatem; nec minùs potuisse succurrere Ecclesiam, ne quibusdam licèt Pontificibus falsa docentibus, Sedes tamen apostolica, aut series Pontificum à fide abrumperetur.

[1] Sup., lib. IX . c. XXVI; XXVII, XXVIII, XXIX. — [2] Ibid., c. XXVIII. — [3] Ibid., c. XXX, XXXI, XXXII.

Cui etiam rei serviunt graves Romanorum Pontificum, Liberii, Zozimi, aliorumque plurimorum commemorati lapsus, rejectaque in singulis quibusque casibus vana effugia; et clarè demonstratum est aberrasse à fide eos, etiam apostolico officio defungentes [1]. Qui lapsus memorati, non ad improperium, sed ut illud constet : cùm Romani Pontifices, etiam ut tales, aliena à fide docent, haud minùs Ecclesiam catholicam fidemque Romanam, ac Sedem apostolicam, tanquam fidei caput et communionis ecclesiasticæ vinculum, perstituram.

Hùc pertinent ea, quæ pro Joanne XXII, ab ejus ævi doctoribus, ac præsertim Jacobo sanctæ Priscæ cardinale, mox Benedicto XII, dicta sunt : ideò potuisse ab eo Nicolai IV Decretalem tolli, aut corrigi, « quòd Romani Pontifices errare possent, etiam determinando de fide [2]. » Id sæculo XIII ut certum proponebant : id in glossis quoque Romanis ad Joannis XXII Decretales habebatur : cui addendum illud : XIV et XV sæculis, non modò Alliacensem, Gersonem, Tostatum et alios pios sanctosque viros innumerabiles, sed etiam Joannem à Turrecremata ejusque consortes, qui Eugenio IV adversùs Basileensem synodum tanto se studio adjunxissent, id pro certo posuisse, quòd à Romano Pontifice falsa et erronea definiri possint, ejusque judicio concilii judicium anteponi oporteat. XVI denique sæculo Dominicum Jacobatium cardinalem, haud absimilia Romæ quoque docuisse; Adrianum verò Florentium Ultrajectinum, id Lovanii deditâ operâ defendisse; mox eumdem virum, jam Caroli quinti præceptorem, episcopum, cardinalem, Papam, non eam sententiam retractasse, imò potiùs recudisse; neque quemquam theologorum contra insurrexisse, imò illi favisse Lovanienses suos [3]; denique XVI sæculo exeunte, oriri cœpisse privatorum quorumdam theologorum dubias cunctantesque censuras; Ecclesiam verò catholicam, Tridentinumque concilium, ac Sedem apostolicam, ab omni penitùs censurâ temperasse [4]. Hæc, credo, cogitantes censores nostros pudeat, ex suâ dubiâ novellâque sententiâ, novum fidei articulum repente condere; Parisiensiumque sententiam,

---

[1] Lib. IX, c. XXXIII et seq. — [2] Vid. *Dissert. præv.*, num. XLVII, XLVIII. — [3] *Ibid.*, num. XXVII, XXVIII, — [4] *Ibid.*, num. XIV.

tot retrò sæculis saltem innoxiam, nunc demum proscribere, ex trepidis Bellarmini aliorumque censuris; insuper in re tam novâ, tam fluxâ, tam incertâ, omne Ecclesiæ Sedisque apostolicæ præsidium collocare.

CAPUT XXXIV.

Recapitulatio eorum quæ hoc postremo libro dicta sunt, de Romanæ Sedis ac fidei firmitate, ac de illis verbis : Tu es Petrus.

Ultimo loco docuimus nostram sententiam cum Romanæ Sedis Romanæque fidei æternâ firmitate egregiè cohærentem; consensuque Patrum id obtinuimus, ut qui de hujus aut illius Romani Pontificis definitione dubitassent, haud minùs certam tutamque Romanæ fidei Sedique apostolicæ adscriberent æternitatem. Atque hinc argumentum nostrum : si quid esset periculi in eâ sententiâ, quæ Romanum Pontificem negat esse infallibilem, maximè ex eo quòd, cùm ipse deficeret, Ecclesiæ catholicæ, vel saltem Sedis apostolicæ periclitaretur fides : atqui demonstravimus, ex eo quòd Romanus Pontifex unus aut alter deficiat, haud eo minùs stare, non modò Ecclesiam catholicam, sed etiam Romanam Sedem atque fidem : ergò in eâ sententiâ nihil est periculi. Quo loco Christi de Petro et successoribus promissa dictaque ex perpetuâ Patrum traditione itâ exposuimus, ut et nostra tueremur, et hæreticorum audaciam retunderemus. Sed quoniam nostri censores Christi dictis præfidere videntur, quæ in hunc contulimus locum, paucis repetimus; atque id scholastico more, ad juvandos eos, qui hoc genere delectantur.

Locus ille : *Tu es Petrus*, id effecit ut Petrus, quique, Petri vice, apostolici sive episcopalis collegii Princeps futurus sit, ex officio teneatur, exemplo Petri, communem fidem omnium nomine promere; omnesque christianos movere ad fidei unitatem; ex quo sequitur, cùm eo munere benè defungitur, ipsum fidemque ab eo expositam esse Ecclesiæ fundamentum [1].

Neque verò dicant, quemvis alium episcopum ac doctorem, eo

[1] Sup., hoc lib., c. I, II.

modo futurum Ecclesiæ fundamentum, si vera prædicet. In eo enim vis est; quòd Petrus, ejusque vice Romani Pontifices Petri successores ad id constituti sint. Quo fit ut illud officium, ille magistratus, illa potestas ad unitatem movens fidei, sit Ecclesiæ fundamentum; neque tolli ab Ecclesiâ, aut ullâ unquam vi labefactari possit.

Dices: Non modò in genere pontificale officium, sed quivis Romanus Pontifex Petri successor, petra est, fundamentum est: ergò immobilis est. Distinguimus: Petra est, fundamentum est, officio; concedimus: ipsâ re, semper et necessariò (*a*); negamus.

Instant: Immortalis ædificii fundamentum deficere non potest: at Ecclesia immortale ædificium est: ergò quisquis est Ecclesiæ fundamentum, is deficere non potest. Hoc argumento facilè concludi posset, Papam ne mori quidem posse, neque vacare posse Sedem apostolicam, ne Ecclesia interiret. Ergò ne nimis probes, ità distinguito: quòd immortalis ædificii fundamentum deficere non possit primarium, qui Christus est, verum; secundarium ac ministeriale, qui Papa est, rursùs distinguito: deficere non potest absolutè et universim, hoc est, summâ ipsâ et quoad integram seriem et successionem, verum; secundùm quid et accidentariò et particulariter, falsum est.

Exemplum adduci potest ab ipsâ fundamenti ratione, à quâ deducta Christi locutio est. Ædificium enim stare nequit, penitùs excusso fundamento; non autem statim omne collabitur, si sit aliqua in fundamento labes facilè sarcienda. Ita fieri nequit, ut ipse primatus, ipsum pontificale officium in Ecclesiâ intereat; neque enim institutum à Christo officium aboleri potest. Ipse ergò papatus, ipse primatus, ipsa successio certum fundamentum est: ex Romanis Pontificibus particularibus, velut eximiis lapidibus constat: summâ ergò consistat oportet. Certè aliquis lapis, aliquis summus Pontifex excuti ac labefactari potest, nullo totius

(*a*) Qu'est-ce qu'un fondement *par l'office*, et non *par la chose même*; un fondement qui ne l'est *pas toujours*, *et nécessairement*, tant que l'édifice reste; un fondement qui peut s'écrouler de temps en temps (dans tel ou tel Pape), et qui subsiste éternellement? Qu'est-ce aussi que la pierre dont on va nous parler dans un instant, *la pierre fonctionnelle et ministérielle*? C'est ici qu'il faut dire ce qu'on nous disoit naguère à la fin du xxii° chapitre ‘ *Novellæ sive adinventiones*, seu potiùs *ludibria*.

ædificii periculo : aliud enim est petram ipsam exscindi, aliud aliquam ejus quassari partem.

Exemplum aliud sumi potest ab ipso episcopatu, qui absolutè in Ecclesiâ cessare non potest, eo quòd sit officium à Christo institutum. Neque si aliqui episcopi, ideò ipse episcopatus concidit, dicente Christo ad Apostolos : *Ecce ego vobiscum sum.* Hæc enim promissa, summâ ipsâ valent. Ità de papatu dicendum ; nec magis fieri posse, ut papale, quàm ut episcopale officium in Ecclesiâ intereat.

Eodem modo solvitur illud quod aiunt : in eo vim esse, qui petra est ; quemvis autem Papam petram esse : vim ergò repositam non tantùm in universis, sed etiam in singulis. Respondetur enim, vim quidem ipsam invictam et inconcussam in eo esse, qui petra principalis et angularis est, nempè in Christo : neque tamen negandum est in ipsâ ministeriali petrâ vim esse, maximam illam quidem ac præcipuam ; sed tamen partialem, ità ut totum ipsum parti prævaleat, ut sæpè diximus. Considerandum quippe est, cui sit firmitatis adjecta promissio, et unde petita sit. Et quidem à Christo petitur : *Ædificabo,* inquit ; unde continuò ipsi adjicitur Ecclesiæ : *Et portæ,* inquit, *inferi non prævalebunt adversùs eam;* ut vim ipsam esse doceat ab eo qui ædificet, qui totum ædificium suâ virtute contineat, hoc est ab ipso Christo.

Si qui autem interpretes, illud : *Portæ inferi non prævalebunt adversùs eam,* ad petram quoque referunt, primùm quidem pauci sunt, ac pro uno mille in contrarium recensere possumus ; tùm qui ità interpretantur, non ipsum Romanum Pontificem semper, sed quemvis fidelem in Christo consistentem spectant : tertiò eò nos ducit et verborum tenor, et summa interpretum, ut ipsa Ecclesia sit, contra quam portæ inferi prævalere nequeant : postremò et illud docuimus, quo sensu petra ipsa ministerialis, Sedesque apostolica, Ecclesiarum caput, everti nequeat, ipsâ scilicet toti Ecclesiæ corpori promissâ et adjectâ vi.

CAPUT XXXV.

Recapitulatio eorum quæ hoc postremo libro dicta sunt circa illud:
Rogavi pro te.

Jam in eo: *Rogavi pro te,* distinguendum diximus[1] quod ad præceptionem, et quod ad promissionem pertinet; ac promissionem quidem semper, præceptionem verò non semper implendam (*a*). Atque in promissione rursùs distinximus id quod Petro esset proprium, et id quod ad posteritatem transiturum esset; ac Petro id esse proprium, quod Petri singulari personæ; transiturum autem ad posteritatem quod Petro figuram Ecclesiæ gerenti et quod Petro Ecclesiæ principalis fundatori promittitur.

Quamobrem tria hæc ex æquo vera esse : fidem, fideique conjunctam veram confessionem, primùm in personâ singulari Petri nunquàm defecturam; ac posteà eamdem fidem, quam Petrus prædicavit, cùm in Ecclesiâ catholicâ, tùm in Ecclesiâ particulari Romanâ, ubi Petrus Sedem fixit, æternùm victuram totoque orbe celebrandam : unde jubeatur confirmare fratres, non modò ipse Petrus, sed quicumque in illâ Sede sederit.

Hinc nostrum argumentum : Non potest à nobis quidquam exigi ampliùs, quàm ut Christi promissio certissimè impleatur. Impletur autem Christi promissio, si Petrus ipse, si Ecclesia catholica in Petro figurata, atque Ecclesia Romana à Petro fundata æternùm in fide manserint. Neque id necesse est, ut quivis Romanus Pontifex sit infallibilis : non ergò id à nobis postulari potest. Quod cùm per se clarum sit, tùm illud invictum : de fide ipsâ agi, quâ corde credimus, eique conjunctâ fidei confessione, quâ nempe ad salutem ore confitemur : ergò ad implendam Christi promissionem, quærendum aliquid est in quo fides ipsa, quâ intùs corde creditur, nunquàm defectura sit : non autem talis est quivis

---

[1] Sup., hoc lib., c. III, IV, V.

(*a*) Si la prière et la promesse ne sont pas pour l'accomplissement du précepte, elles sont vaines.

Romanus Pontifex; neque aliud quidquam tale est præter ipsum Petrum, atque in Petro intellectam Ecclesiam catholicam peculiaremque Romanam : non ergò aliud quidquam ad Christi promissionem pertinet.

Dices : Quivis Romanus Pontifex jubetur confirmare fratres : qui autem titubat, non ipse confirmat : nullus ergò Romanus Pontifex titubat. Id censores nostri passim, id novissimus auctor anonymus ubique inculcant[1]. Argumentum vanissimum, quod sæpe notavimus; ab eo quod fieri debeat, ad id quod semper futurum sit, sive ab injuncto officio, ad effectum necessariò secuturum.

At enim cuicumque officio sua est adjuncta gratia; quâ impleri possit, fatemur; quâ necessariò impleatur, non ipsi quidem dixerint.

Simile argumentum in illo præcepto : *Pasce oves meas* : certè ad illud implendum officium requiritur summa præ cæteris charitas, dicente Domino : *Simon Joannis, diligis me plus his? Pasce oves meas*[2]. Neque illa summa charitas ad pascendum gregem minùs necessaria est, quàm inconcussa fides ad fratres confirmandos. Ergòne concludes : In Romano Pontifice semper est summa charitas? Absonum absurdumque sit.

Instas : At enim Petro illud : *Ne deficiat fides tua*, datum est ad illud implendum : *Confirma fratres tuos*. Confirmatur ex Leone : « Pro fide Petri propriè supplicatur, tanquam aliorum status certio sit futurus, si mens principis victa non fuerit[3]. » Totum concedimus : atque omninò constat, ideò vel maximè confirmatum in fide Petrum, ut alios certiùs confirmaret. Ergò omnes successores æquè in fide confirmati sunt; nunquàm eorum mens victa est, quod de Petro Leo dixit; nullo unquàm errore, ne intùs quidem laborarunt, aut laboraturi sunt, quemadmodum Petrus : id aliquis fortasse Pighius, non verò sanus homo, rerumque humanarum expertus dixerit.

Quod ergò novissimus auctor anonymus verba Christi ita connectit : *Rogavi pro te;* et : *Confirma fratres tuos* : quasi diceret :

[1] Vid. Anon., *tract. de Libert.*, etc., lib. VII, c. II, n. 3, et pass. — [2] Joan., XXI, 15. — [3] Leon., *serm.* III *in Anniv. Assumpt. ejusd.*, c. III.

« Ego indeficientem tibi fidem impetravi : da operam ne alii deficiant[1], » de Petro ipso verum est, qui ideò sit maximè idoneus ad confirmandos cæteros, quòd in eo fides, ne intùs quidem, quâ de re agitur, deficiat. Petri quidem successoribus id omnibus tribuere, nec ipsi audenat.

Quod autem idem anonymus subdit id Petro concessum, non solùm ipsius causâ, sed etiam in bonum gregis, rectum est. Ut autem proinde in successores transeat, et illa summa charitas, et ille in fide confirmatus animus, et cætera dona, quæ Petro in bonum gregis data sunt, falsa consecutio est.

Quomodo autem nos verba Christi connectamus respectu cujusvis Romani Pontificis, sæpe expositum est; nempè sic; ut qui Petro succedit præestque Ecclesiæ, sive universali, sive peculiari, in quâ Petri fides semper victura sit, is Petri exemplo ac vice fratres confirmare jubeatur.

CAPUT XXXVI.

An quemquam hominem infallibilem esse sit congruum, aut Ecclesiæ necessarium? An nulla sit Papæ, nisi infallibilis auctoritas? An Papâ errante, nullum remedium.

Quæres cur tantopere laboremus, ne id tribuamus Romano Pontifici, quod et ipsi et gregi utilissimum foret? Respondemus, ideò quòd non ratiociniis aut votis duci nos, sed certis promissis certâque traditione niti oporteat. Ac si vovere aut potiùs somniare placet, certè expetamus homines, ut Romanus Pontifex, tanti gregis ductor, non modò nullo errore, sed etiam nullo unquàm peccato, nullâ ignorantiâ, aut negligentiâ, aut cupiditate teneatur. Quod cur Christus non fecerit, ne quæri quidem fas est.

Pari jure quærerem, cùm Christus apostolis dixerit : *Ego vobiscum sum usque ad consummationem sæculi*, cur non episcopi apostolis substituti, æternæ fidei promisso gaudeant? Valebit fortasse illud sancti Augustini, aliâ occasione dictum, non id convenire huic tentationum loco; « in quo tanta sit infirmitas, ut su-

---
[1] Anon., lib. VII, c. III, n. 1.

perbiam possit generare securitas¹. » Atque ideò factum est, ut illud *vobiscum sum* deficere possit in singulis; ipsâ tantùm summâ et universim valeat : quod idem in Romanorum Pontificum seriem meritò conferri possit.

Quod autem objiciunt, si Romanu Pontifex falsa definiat, actum esse de fide, nullumque remedium, ac ruitura omnia, cùm omnes ei statim parere debeant. Quærimus etiamne parere debeant adversùs jussa divina imperanti? Ne ipsi quidem id cogitant. At enim, inquiunt, hâc semel apertâ januâ, fas erit omnibus reniti palam; neque Romano Pontifici vis ulla adfutura est, quâ sua etiam justa et necessaria decreta tueatur. Falsum id quidem : non enim si reluctante Ecclesiâ nihil potest, quemadmodum sub Liberio; aut si in gravi dissensione sententia suspenditur, ut sub Stephano Papa factum; ideò necesse est hæsitare Romanum Pontificem, statim atque aliqui obloquuntur. Quin eos et suâ et Petri auctoritate et reliquorum consensu premit damnatque, neque effugio locus.

Instant : At saltem in gravi dissensione, aut incerta erunt omnia, aut periculum schismatis imminebit, neque quidquam remedii est. Neutrum : nam et eruditiores traditione tenebuntur, ut factum sub Stephano Augustinus docet; et imperitiores, si quidem sunt Ecclesiæ veri filii, piæ Matris judicium obedientissimè expectabunt. At enim repugnabunt Romano Pontifici, quod per se ipsum grave est malum. Grave quidem illud in quocumque negotio; esset autem pestiferum, si id sine ordine et sine modo fiat : sed ut non ità fiat, ille Ecclesiæ pacificus ac temperatissimus Spiritus prohibet. Quid autem laboremus in quærendis iis quæ tùm factu opus sit? Sunt quidem eâ de re multa à Gersone non incommodè scripta ². Verùm id sufficiat, infinita esse quæ ille Spiritus, in se unus ac simplex, in donis varius, Ecclesiæ suggerat. Id quidem certâ fide credere nos oportet; non remedia, non auctoritatem defuturam, cùm Ecclesia catholica dispersa et adunata tanta possit.

Illnc existit argumentum : Id tantùm in Ecclesiâ habendum est pro impossibili, quo facto nullum superest veritati præsidium :

¹ Aug., *de Correp. et Grat.*, c. XIII, n. 40.—² Vid. Gers., lib. *de Exam. doct.*, etc.

at in casu, quem dicimus, tutum superesset in Ecclesiæ catholicæ auctoritate præsidium : non ergò ille casus est impossibilis. Quæ cùm ita sint, Ecclesia catholica sola est, quæ nunquàm deficere, nunquàm errare possit, ac ne momento quidem. Unde enim revictura? Pontifex mortuus in alio revicturus : vis enim illa creatrix Ecclesiæ inest; quod idem fleret, si fidei defectu moreretur. At non ut Pontificem si fortè aberrantem, Ecclesia catholica; ità aberrantem Ecclesiam catholicam, alia Ecclesia catholica corrigeret, coerceret, amoveret; aut si ad veritatem se ipsa revocaret, tamen labasceret ea, quà omnium animos teneri ac niti oportet, auctoritas; nullumque omninò remedium superesset, si Ecclesia catholica dispersa adunatave, semel à vero deflexisset. Quare ipsam primitùs et radicitùs immotam esse oportet.

Hinc etiam diximus constare suam Sedi apostolicæ, Ecclesiarum capiti, firmitatem. Sive ergò, quod absit, sacrosancta illa Sedes infidelium tyrannidi subsit, ut factum sub Romanis persecutoribus; sive exagitati seditionibus Romani Pontifices aliò se conferant ibique consistant, ut persæpè contigit; sive quid aliud humano animo provisum aut improvisum eveniat; providebit Deus, ut clara, perspicua, certa, intaminata, immota consistat, seseque assiduè reparet atque propaget illa Petri successio, quæ catholicæ Ecclesiæ radix fundamentumque est.

In eâ quisquis quocumque modo à fide deficiat; non tamen Romana, non Petri ac Pontificum interibit fides : ipsi enim immortale semen post se reliquerunt.

Hæc igitur fides, ut mortuo Pontifice non moritur, ità quoquo modo deficiente non deficit : atque hoc est illud immotum, quod in Sede Petri, ab ipsâ christianitatis origine, Patres prædicarunt.

CAPUT XXXVII.

An contraria sententia dignum aliquid ecclesiasticâ gravitate dicat?

Qui aliud postulant, nec ipsi se capiunt. Primùm enim non capiunt ipsam fidei vocem. Christus enim fidem dixit quâ christiani sumus, quamque intus corde gerimus. Hanc si omnibus et singulis Petri successoribus promissam arbitrantur, planè desipiunt; neque id profectò faciunt. At si id vel maximè contendant, non proinde suam confirment sententiam. Eo enim sensu Romanus Pontifex, puta Liberius, modò rectè intus credat, licet exteriùs prava decernat, in fide Petri stabit, quod nec ipsi volunt, et est absurdissimum.

Damus etiam casum, quo Romanus Pontifex, puta Honorius, non indocili aut contumaci animo falsa definiat quid dicent? Defecisse in illo fidem? Nequaquàm : atque haud magis quàm in Cypriano sanctissimo Christi confessore defecerit, cùm, synodo convocatâ, falsam pronuntiavit de rebaptizatione sententiam. Quid ergò? Stetisse in fide Petri? Ergo stante promisso, falsam fidei definitionem ediderit; quòd maximè respuunt.

An dicent nullum Pontificem, neque per contumaciam, neque per imprudentiam, de catholicâ fide falsa unquam crediturum? Id credo, ne ille quidem irrisus ab omnibus dixerit Pighius. Is enim à Romano Pontifice, non errorem sanè omnem, sed contumaciam, quâ flat hæreticus, amoliri videtur. Ad alia ergò confugiunt; nempè hùc, ut Romanus Pontifex, falsa licèt credens, tamen ea decernere aut definire prohibeatur. At nec sic se ipsi intelligunt, qui primùm eam, quam Christus dixit, fidem, in externam ac nudam professionem vertunt: tùm ne quidem capiunt quæ sit illa professio, quam in Petri successoribus extingui posse negant.

Ecce enim Joannes XXII moriens de visione beatificâ fidei professionem edidit: hanc Benedictus XII ad omnes Ecclesias apostolicâ auctoritate direxit: ipse tamen posteà, tanquam re integrâ, de eodem argumento quæstionem habuit [1]. Talis ergò professio tam solemnis, tam authentica, non id fuerit quod immotum, inconcussum, irreformabile, infallibile esse velint.

Hùc passim decurrunt, ut tùm Romanus Pontifex errare non possit; cùm doctorem agit publicum; cùm fungitur officio confirmandi fratres; tanquam Joannes atque Benedictus non id docuerint totam Ecclesiam, quod dato diplomate, toti Ecclesiæ testarentur atque profiterentur. An ergò consultos interroga-

[1] Sup., lib. I X, c. xxviii.

tosque esse oportet, ut doctorem agant publicum, atque apostolico fungantur officio? Quid si ipsi ultrò doceant, Ecclesiarum necessitate compulsi? Quid quod interrogatos pro officio falsa respondisse constat? Testis Honorius aliique complures, quos interrogatos, etiam ab episcopis, falsa et evangelicæ adversa doctrinæ rescripsisse in confesso est (*a*).

Hic quidem in varias interpretationes abeunt. Bellarminus enim, jure licèt interrogatos, pro privatis doctoribus respondisse dicit [1]. Quod quoniam absurdum est, nec stat Romanos Pontifices pro officio rogatos, privatam egisse personam ; ecce Lovanienses quidam nova comminiscuntur. Nempe urgebat locus Adriani VI, affirmantis certum esse « quòd Ecclesiæ Romanæ caput Pontifex possit errare, etiam in iis quæ fidem tangunt, hæresim per suam determinationem aut decretalem asserendo [2]. » Quo loco mira narrant : « Non enim omnia, inquiunt, quæ Pontifex etiam consultus scribit, aut rescribit tanquam vir doctus et potestatem habens, mox habenda sunt pro definitione Sedis apostolicæ. » Ac rursùs : « Multa referuntur ad Summum Pontificem tanquam ad supremum judicem, non quidem semper ut ipse tanquam universalis doctor, ex infallibili Spiritùs sancti assistentiâ illa dijudicet; sed sæpiùs tantùm, ut auctoritate supremâ, secundùm suam sapientiam et prudentiam particularem, desuper dicat judicium ; et difficultatibus quæ in facto sic occurrunt, finem aliquem imponat ; saltem donec pleniori examine præmisso, si res sit gravior, et ad fidem vel bonos mores tendens, ex cathedrâ à Pontificibus definiatur. »

En quot in partes Pontificem scindant ac distrahant ; neque tantùm secernant privatum doctorem à doctore publico ; sed etiam ab universali doctore supremum judicem, et ab ipsâ cathedrâ supremam auctoritatem particulari prudentiâ exercendam, atque ab his omnibus segregant Spiritùs sancti assistentiam :

---

[1] Sup., lib. VII, c. xxi et seq.; lib. IX, c. xxxvi et seq. Vid. Bell., lib. *de R. P.* — [2] Sup., lib. IX, c. xl; *Doct. Lov.*, p. 59.

(*a*) Non, certes, il n'est pas avoué que ces Papes ont enseigné l'erreur. Pourquoi donc nous donner cent fois, pour incontestables, des faits qui sont grandement contestés ? Pourquoi répéter sans cesse, comme avérés contre les souverains Pontifes, des faits dont les protestans mêmes ont prouvé la fausseté ?

tanquam ad apostolicum officium confirmandi fratres non ista pertineant.

Atque hæc dicunt evenire etiam in iis, quæ ad fidem moresque spectent. Nam id omninò ibi agebatur, ut ex ipso argumento, verbisque ipsis constitit. Quæ quis intelliget? Ne ipsos quidem arbitror. At unde ista desumunt? Ex Scripturâ? ex Patribus? ex conciliis? ex Romanis Pontificibus? Ne verbum quidem. Atque interim hanc novam recensque eductam è cerebro sapientiam, si Deo placet, pro fidei catholicæ decreto venditant.

Ad formulas quippe nos redigunt; et tamen Gregorium II falsum esse fatentur, in quæstione fidei, cùm evulgare se diceret, « apostolici vigoris doctrinam per beatum Petrum, unde apostolatûs et episcopatûs initium est [1]. »

Hæc ergò tam nobilis formula non sufficit. Additam volunt excommunicationem. Atqui Alexander III excommunicationem addidit ei decreto, cujus doctrinam tanquam ex Scripturâ proditam exponens, haud minùs fallebatur, ut vidimus [2].

Ergò Romani Pontifices edicant oportet doceri à se omnes; aut ab omnibus, quæ doceant, teneri oportere, siquidem se infallibiles esse voluerint. Quo ictu quot acta bona probaque concidunt? Quid si reverâ doceant omnem Ecclesiam, nec docere se dicant? Cassi erunt? Quis has ferat insanias? hos de tanto officio, de tantâ personâ ludos? At si licet adversariis hæc ex cerebro comminisci atque his explicare, quid sit ex cathedrâ; et nobis licebit ex cathedrâ id dicere, quod ex communi traditione et consensione sit proditum.

Ac reverâ patet via, quâ omne verum decretum pontificium ab omni erroris notâ eximamus. Nempè confitentur omnes, multa decreta ipso jure esse nulla, quòd sint contra canones: quantò magis si fidei adversentur? Non ergò habebuntur pro veris pontificiis decretis, ea quæ ipso jure nulla sint.

Quin et illud in promptu est cum quibusdam dicere; nullum Romanum Pontificem, falsum contra fidem profiteri ac pronuntiare posse; quando professus ac pronuntians cessat esse Pontifex.

[1] Sup., lib. IX, c. xxxviii; et Greg. II, ep. xii ad Bonif., tom. VI Conc., col. 1418. — [2] Sup., ibid., c. xxxix.

Ac saltem licebit dicere, nullum certum Pontificem falsa pronuntiare, cùm falsa pronuntians statim sit dubius; quippe quem multi gravesque doctores, nullum ipso facto esse doceant.

Quid quod Turrecremata docuit, Papam hæreticum, occultum licèt, ipso facto cessare esse Papam : quo casu contra fidem pronuntians, ipso consensu in hæresim, Papa esse desierit.

Quòd si hæc Ecclesiæ catholicæ gravitate parùm digna videantur, jam omnes eo pariter consistamus gradu, ut Ecclesiam Romanam Sedemque apostolicam, summamque ipsam ac seriem Romanorum Pontificum, sanam, integram stare, ac Romanam fidem vigere statuamus; quidquid, quocumque modo quidam fortè Pontifices doceant, judicent, definiant.

LIBER UNDECIMUS

DE PONTIFICIÆ POTESTATIS USU PER CANONES MODERANDO; AD CAPUT TERTIUM GALLICANÆ DECLARATIONIS.

CAPUT PRIMUM.

Refertur caput tertium Gallicanæ Declarationis.

Hinc apostolicæ potestatis usum moderandum per canones Spiritu Dei conditos, et totius mundi reverentiâ consecratos. Valere etiam regulas, mores et instituta à regno et ecclesiâ Gallicanâ recepta, Patrumque terminos manere inconcussos : atque id pertinere ad amplitudinem apostolicæ Sedis, ut statuta et consuetudines tantæ Sedis et ecclesiarum consensione firmatæ propriam stabilitatem obtineant.

CAPUT II.

Exponitur tertium caput Gallicanæ Declarationis : hujus duæ partes : id probandum suscipitur, ecclesiasticam disciplinam, sive universam, sive particulares spectet ecclesias, à Romano Pontifice regi, adhibitis regulis, sive universim, sive particulatim receptis.

Tertium caput Declarationis Gallicanæ versatur circa usum apostolicæ potestatis, quoad ecclesiasticam disciplinam; ac secundo ejusdem Declarationis capiti, Constantiensique decreto meritò annectitur.

Postquàm enim erat positum ex ejus decreti auctoritate, pontificiam potestatem conciliari subesse, etiam quoad fidem ac reformationem, quâ ecclesiastica disciplina continetur : exponendum restabat, quæ esset illius subjectionis ratio in utrâque istâ re : quod tertio quartoque capite Gallicani Patres exequuntur.

Et Galli quidem nostri, æquè ac cæteri agnoverunt semper in Petro et successoribus plenitudinem ecclesiasticæ potestatis, « quam nemo hominum præter Christum, imò nec Ecclesia tota conferre potuit et auferre: » sed simul docuerunt hujus potestatis exercitium et usum canonibus moderandum : quod à Gersone dictum [1], non modò Academia Parisiensis, atque Ecclesia Gallicana, nostrique omnes; sed etiam per universum orbem optimi quique magno studio celebrarunt.

Hanc ergò doctrinam, quâ ecclesiasticæ disciplinæ ratio, ecclesiæque Gallicanæ libertates constant, patres Gallicani tertio capite profitentur.

Dividitur autem caput illud bifariam. Cùm enim ecclesiastica disciplina, vel universim spectetur, vel particulatim; hoc est, vel universam Ecclesiam, vel particulares respiciat ecclesias, puta Gallicanam; exponunt Gallicani Patres, utroque respectu Ecclesiam, non ad arbitrium regi à Romano Pontifice; sed universam quidem per canones ubique receptos, *ac totius mundi reverentiâ consecratos :* particulares verò ecclesias, verbi causâ Gallicanam, per regulas in hâc ecclesiâ receptas. Regularum verò nomine etiam consuetudines approbatas comprehendunt.

Ac ne qua sit difficultas, exponunt, recepta ea, seu approbata haberi, quæ Sedis apostolicæ atque ecclesiarum consensione et usu obtinuerint : quæ usque adeò sana sunt, ut de iis ferè ipsi etiam adversarii conticescant.

CAPUT III.

*Ecclesia Romana iisdem canonibus regit ecclesias, quibus ipsa regitur :
probatur ex Romanis Pontificibus.*

Hæc igitur singillatim exponere potiùs quàm probare nos oportet. Exponimus autem maximè ex Sedis apostolicæ decretis, quæ obvia ac toties amplis voluminibus memorata, nunc compendiosè recensere placet.

Id fundamenti loco ponimus, Ecclesiam Romanam eò maximè

---

[1] Gers., *de Potest. Eccles* Cons. I et X, tom, II, p. 227, 240. *Serm. cont. Bull. Mendic.*, *ibid.*, p. 432. *De stat. Eccl.*, *de stat. Præl consid.* IV, *ibid.*, p. 532

eminere cæteris, quòd canones et sequatur, et aliis sequendos suâ auctoritate præscribat.

Id sanctus Gelasius profitetur loco celebri, quo docet : « Uniuscujusque synodi constitutum, quod universalis Ecclesiæ probavit assensus, non aliquam magis exequi Sedem præ cæteris oportere quàm primam, quæ et unamquamque synodum suâ auctoritate confirma et continuatâ moderatione custodit [1]. » En quæ Romana Sedes exequi, atque exequenda mandare velit; ea nempè quæ et *ipsa firmavit, et universalis Ecclesiæ probavit assensus.*

Et ante eum Zozimus : « Indecens autem.... hoc ab episcopis ob certas causas concilium agitantibus extorquere, quod contra statuta Patrum et sancti Trophimi reverentiam, qui primus Metropolitanus Arelatensis civitatis ex hâc Sede directus est, concedere vel mutare ne hujus quidem Sedis possit auctoritas [2]. Cujus rei causam egregiam subdit his verbis : « Apud nos enim inconvulsis radicibus vivit antiquitas, cui statuta Patrum sanxere reverentiam. »

Hæc occasione Arelatensis Ecclesiæ dicta sunt à Zozimo de juribus peculiaribus ecclesiarum, quæ secundo loco in hoc tertio capite Declarationis Gallicanæ contineri vidimus. Et his quidem obligari se Sedes apostolica profitetur; quantò magis iis quæ universalis Ecclesiæ firmavit assensus.

Hinc Leo ille Magnus : « Nimis improba sunt, nimis prava, quæ sanctissimis canonibus probantur adversa [3]. »

Sanctus Gregorius Magnus : « Si canones non custoditis et majorum vultis statuta convellere non agnosco qui estis [4]. »

Sanctus Martinus, doctissimus Pontifex et Martyr egregius, « Canones ecclesiasticos solvere non possumus, qui defensores et custodes canonum sumus, non transgressores [5]. »

Et sanctus Leo III, ad Caroli Magni legatos : Ego me illis (concilii Patribus) absit ut præferam, sed etiam illud absit ut coæ-

---

[1] Gelas., *ep.* XIII, *ad Ep. Dard.*, tom. IV *Conc.*, col. 1200. — [2] Zozim., *ep.* VII, *ad episc. Prov. Narb. et Vienn.*, tom. II *Conc.*, col. 1570. — [3] Leo. Mag., *epist.* LXXX, al. LIII *ad Anast. Constant.* — [4] Greg. Mag., lib. III, indict. XI, *ep.* LIII, la. LII, *ad Joan. Constant.;* tom. II, col. 663. — [5] Mart. I, *ep.* IX, *ad Pantaleo.*, tom. VI *Conc.*, col. 33.

quare præsumam¹; » cùm ab eo peteretur ut in disciplinâ canendi Symboli aliquid innovaret (a).

Sanctus Leo IV : « Non potuimus præfixos Patrum terminos immutare². »

Nicolaus I, auctoritatis apostolicæ vindex acerrimus, de Ignatio deposito ac Photio contra canones substituto : « Talibus itaque, qui juris nostri, id est, canonum gubernacula custodimus, necesse est obviemus³. » Ac posteà : « Canonum paternorum vetus forma servetur, » Atque aliâ epistolâ eâdem de re : « Romana Ecclesia semper sanctorum Patrum sincerissimas auctoritates in omnibus actibus suis sequitur⁴. » Verùm hæc tractatio in volumen excrescet, si omnia congerimus.

His ergò evincimus duo : canones in Ecclesiâ Romanâ maximè observatos ; canonum observantiam ab Ecclesiâ Romanâ ut capite, in omnia Ecclesiæ membra, et exemplo et auctoritate diffusam. Hoc enim est quod aiebat Papa Zozimus : « Apud nos enim inconvulsis radicibus vivit antiquitas⁵ ; » et hæret apud nos, et inde pullulat per omnes ecclesias. Quo etiam spectant illa sancti Innocentii ad Victricium Rothomagensem : « Rectè postulasti, ut in illis partibus istiusmodi, quam tenet Ecclesia Romana, forma servetur ; non quo nova præcepta aliqua imperentur ; sed ea, quæ per desidiam aliquorum neglecta sunt, ab omnibus observari cupiamus, quæ tamen apostolicâ et Patrum traditione sunt constituta⁶. »

Sic Ecclesia Romana antiquas regulas, quas ipsa omnium prima servaret, servandas mandabat cæteris. Hinc etiam Nicolaus I, epistolâ ad Photium hæc docet ; quòd Ecclesia Romana sit caput omnium ecclesiarum, illas « ab eâ rectitudinem atque ordinem in cunctis utilitatibus et ecclesiasticis institutionibus, quas secundùm canonicas et synodicas sanctorum Patrum sanctiones in-

---

¹ *Rescrip. Leo. III ad Carol. Mag.*, tom. VII *Conc.*, col. 1195. — ² *Fragm. Ep. Leon. IV ad Loth. imp.*, tom. VIII *Conc.*, col. 35, malè 33. — ³ Nicol. I *epist.* II, ad Michael. *imp., ibid.*, col. 272.— ⁴ Id., ep. v, ad eumd., col. 279. — ⁵ Zozim., ep. vii, jam cit. — ⁶ *Ep. Innoc. I ad Victr. Rothomag.;* tom. II *Conc.*, col. 1250.

(a) Leo nunquam potuit eò adduci ut verbulum *Filioque* Symbolo adderet : quippe, inquiebat, Patres Chalcedonenses, in Symbolo Nicæno, *tollendo, addendo, mutandove quidquam inserere prohibuerunt.* Deinde, paucis interjectis, ea dixit quæ à Bossuet in textu allegantur, (*Edit. Leroy.*)

violabiliter atque irrefragabiliter retineret, exquirere et sectari [1].»
Ergò firmum illud apostolicæ Sedis perpetuâ traditione, hinc ad omnes ecclesias, à Romanâ Ecclesiâ omnium Principe, ordinem propagatum; quòd eas iisdem canonibus regeret, quibus ipsa prima omnium regeretur.

CAPUT IV.

dem probatur ex gestis sub Bonifacio II; et ex concilio Romano sub Joanne IX, de translationibus.

Hinc fit, ut vix ullos habeamus ordinandæ in Romanâ Ecclesiâ disciplinæ peculiares canones constitutos; sed quæ per omnes ecclesias jubebantur, ea in Ecclesiâ Romanâ, vel primitùs obtinebant, vel diligentissimè recipiebantur et custodiebantur. Sic annexus sacris Ordinibus cælibatus; sic sacræ electiones ordine celebratæ; sic vetitæ translationes; sic eadem omnia quæ cæteris ecclesiis, Ecclesia Romana sibi vel maximé interdicta esse intellexit.

In *Vitis Pontificum* legimus de Bonifacio II : « Hic congregavit synodum in basilicâ beati Petri Apostoli, et fecit constitutum, ut sibi successorem ordinaret. Quo constituto cum chirographis sacerdotum et jurejurando, ante confessionem beati Petri Apostoli, in diaconem Vigilium constituit. Eodem tempore factâ iterùm synodo, hoc cassaverunt sacerdotes omnes, propter reverentiam Sedis sanctæ; et quia contra canones fuerat factum, et quia culpa eum respiciebat, ut successorem sibi constitueret, ipse Bonifacius Papa reum se confessus est Majestatis, quòd diaconem Vigilium sui subscriptione chirographi ante confessionem beati Apostoli Petri successorem constituisset, ac ipsum constitutum in præsentiâ omnium sacerdotum et cleri et senatûs incendio consumpsit [2].»
Ad reverentiam sanctæ Sedis pertinere intelligebant, ut, quæ in eâ contra canones fierent, cassarentur. Neque Bonifacius allegabat plenitudinem potestatis, quâ supra canones evectum se esse

[1] Nicol. I *epist.* vi, *ad Phot.*, tom. VIII *Conc.*, col. 283. — [2] Lib. Pont. Anast. in *vit Bonif.* II; tom IV *Conc.*, col. 1682.

jactaret; sed ipse primus omnium canonibus serviebat. Ita rem gerebant optimis Ecclesiæ Romanæ temporibus.

De translationibus memorabile illud; nullum in Sedem apostolicam ab episcopatu translatum videri, ante Marinum anno 882, aut Formosum anno 891, ex episcopo Portuensi assumptum : ut totis ferè nongentis annis Ecclesia Romana nullam translationem noverit : adeò canonibus, quibus Ecclesiam regeret, serviebat.

Et id quidem Marino à Basilio Macedone imperatore exprobratum : Stephanus verò V, à Marino tertius, sic respondet : « Quicumque dicunt Marinum fuisse anteà episcopum, ac proinde non potuisse ad aliam sedem transferri, ostendant illi id apertè. Scito, dilecte, et omni honore digne imperator, quòd licet illi impedimento fuisset, quod objicitur de canone, cùm tamen id nunquàm fuerit, multitudo tamen sanctorum Patrum, et illorum auctoritas et judicium potuit illum constituere in primo gradu [1]. » Quo loco, per *multitudinem sanctorum Patrum*, significat sacrum concilium Ecclesiæ ac provinciæ Romanæ, vicinarumque ecclesiarum, quæ Papæ electionem facere vel firmare consueverant; quarum auctoritate Marinus per dispensationem transferri potuerit.

Tùm profert Gregorium Nanzianzenum et alios, qui *è suis sedibus ad alienas translati sunt*. Nec ille quidem dicit Romanam Ecclesiam, aliis eminentem, canonibus non teneri; imò dispensationem ex *sacri concilii auctoritate*, in eâ, ut in aliis, locum habere potuisse.

Cætera quæ subdit, tametsi peccatum fuisset in Ecclesiâ Romanâ, tamen *primam Sedem à nemine judicari;* eò pertinent, non ut Ecclesia Romana canonibus non obligetur; sed ut ejus Pontifices, etiamsi peccasse videantur, non tamen subsint particulari concilio, quale adversùs Marinum Constantinopoli ab imperatore congregari potuisset; quod alterius loci est.

De Formoso quidem omnes norunt ejus cadaver à Stephano VI (septimum passim vocant) refossum, objectumque illud mortuo : « Cùm Portuensis episcopus esses, cur ambitionis spiritu Romanam Sedem usurpasti [2]? » Ac deinde tribus abscissis di-

---

[1] Steph. V. *epist.* 1, *ad Basil. Imp.*, tom. IX *Conc.*. col. 367. — [2] Luitprand., ib. 1, c. viii. Vid. *vit. Steph. VI*; tom. IX *Conc,* col. 475.

gitis, quibus Pontifices benedicere solent, projectum in Tiberim.

Hæc quidem infanda acta à Joanne IX damnata sunt in concilio primo Romano, septuaginta quatuor episcoporum, cujus synodi capitulum tertium sic habet : « Quia necessitatis causâ de Portuensi ecclesiâ Formosus pro vitæ merito ad apostolicam Sedem provectus est, statuimus et omninò decernimus, ut id in exemplum nullus assumat; præsertim cùm sacri canones hoc penitùs interdicant, et præsumentes tantâ feriant ultione, ut etiam in fine laicam eis prohibeant communionem; quippè quod necessitate aliquoties indultum est, necessitate cessante, in auctoritatem sumi non est permissum [1]. »

Canon memorabilis, Ecclesia Romana ut forma cæterarum, adeò communi reliquæ Ecclesiæ canone se teneri testata est, ut id etiam vereretur, ne laxata apud se disciplina, aliis quoque laxata esse videretur : adeòque et ipsa laxati erga se canonis causam, ipsam, quæ cæteras quoque excusaret Ecclesias, necessitatem affert : tùm cavet canonibus ab exemplo Romanæ Sedis, et eos innovat ac firmat. Fixum ergò illud atque perpetuum, ità à Domino Ecclesiam Romanam cæteris præsidere jussam, ut quibus Ecclesiam universam regeret, iis canonibus ipsa regeretur.

CAPUT V.

Aliud exemplum : concilium Romanum sub Joanne XII.

Aliud exemplum videamus. Decimo exeunte sæculo, anno Christi scilicet 963, Joannes XII, à synodo habitâ auctore Othone I imperatore, propter horrenda totoque orbe nota flagitia ac scelera, depositus est. Leo dictus VIII huic substitutus. Hanc synodum, ut omni auctoritate canonicâ, utque etiam ordine judiciario destitutam, Baronius rejicit inter pseudo-synodos [2]. Romanam synodum à quâ, Joanne præside, anno 964, illa damnata est synodus, miris effert laudibus [3]. Hujus ergò synodi acta audia-

---

[1] *Conc. Rom.*, sub Joan. IX, c. III; *ibid.*, col. 503. — [2] Plat., *in Vit. Joan. XII.* Baron., an. 963; tom. X, p. 775. — [3] Baron., *ibid.*, an. 964, p. 779 et seq.

mus, actione primâ : « Joannes piissimus ac sanctissimus sanctæ Romanæ Ecclesiæ Papa dixit : Scitis, dilectissimi fratres, me fuisse expulsum imperiali vi per duos menses à propriâ Sede. Quapropter vos plurimùm rogo, si dici potest regulariter synodus illa, quæ habita est me absente, in Ecclesiâ meâ, ab Othone imperatore, suisque archiepiscopis et episcopis, an non? Sanctum concilium respondit : Prostibulum favens adultero, invasori scilicet alienæ sponsæ, nempè Leoni intruso. Piissimus ac sanctissimus Papa dixit : Ergò damnanda est à nobis? Sanctum concilium respondit : Auctoritate sanctorum Patrum damnanda [1]; hoc est auctoritate canonum. Tùm à Papâ et episcopis prolata sententia est. Rursùs Papa sic interrogat : « Quid censetis de Sicone episcopo à nobis dudùm consecrato, qui in nostro patriarchio Leonem curialem, et neophytum, atque perjurum nostrum, jam ostiarium, lectorem, acolythum, subdiaconum, diaconum, atque subitò presbyterum ordinavit, eumque sine aliquâ probatione (hoc est sine consueto examine) contra cuncta sanctorum Patrum statuta, in nostrâ apostolicâ Sede consecrare non formidavit? Sanctum concilium respondit: Deponatur ipse qui ordinavit, et qui ab eo est ordinatus. » Nempe ex sanctorum Patrum statutis, quibus curiales, quibus neophyti, atque assumpti ex laicis, episcopatu arcebantur, quibus episcopi sine canonico examine fieri vetarentur. Papa iterùm rogat : « Quid ergò de illo curiali et neophyto, perjuro, atque invasore nostræ Sedis censetis? Sanctum concilium respondit : Omninò damnetur; ut nullus deinceps curialium, aut neophytorum, aut judicum, aut publicè pœnitentium ad summum Ecclesiæ gradum aspirare præsumat. Tùm piissimus ac sanctissimus Papa dixit : Sit Leo curialis ac neophytus ac perjurus noster, Domini omnipotentis ac beatorum apostolorum Principum Petri et Pauli et omnium simul sanctorum atque venerandorum et universalium conciliorum auctoritate, necnon et Spiritûs sancti per nos judicio,..... omni clericatu prorsùs exutus. »

Illc Joannes tantâ sede depulsus, non sedis suæ privilegia, quæ essent maxima et notissima, prædicabat; nullos canones de

[1] *Conc. Rom.*, sub Joan XII, an. 964; tom. IX *Conc.*, col. 654, 655.

suâ sede prolatos aut ipse, aut episcopi proferebant : Patrum statutis, conciliorum universalium auctoritate, communi se canone tuebatur; quo damnatus Photius; quo ubique curiales, neophyti inexaminati, clero arcebantur. Sic igitur decimo sæculo corruptissimo in Ecclesiâ Romanâ, ipsâ traditione vivebat antiquitas, et communium canonum disciplina : neque aliter Joannes, adversùs Othonis synodum, quàm communi se canone defendebat.

CAPUT VI.

Nova et inaudita Gratiani interpretatio, XXV, Quæst. 1, *p.* 2. *Si ergo.*

Neque me fugit quem in sensum Gratianus hæc, post aliquot sæcula detorserit; nempè is primus omnium mortalium, anno demùm circiter 1150, de suo, neque ullum, ut aliàs solet, auctorem allegans hæc scripsit : « Quemadmodum Christus sabbati ac legis Dominus se sabbato submisit; sic, inquit, summæ Sedis Pontifices, canonibus, sive à se, sive ab aliis suâ auctoritate conditis, reverentiam exhibent, et iis se humiliando, ipsos custodiunt, ut aliis observandos exhibeant[1]. » Durius est, quod subjungit, neque anteà usurpatum à quoquam, quòd iidem Pontifices « nonnonquàm, seu jubendo, seu definiendo, seu aliter agendo, se decretorum dominos et conditores esse ostendunt. » Neque levius istud : Aliis imponitur necessitas obsequendi : summis verò Pontificibus ostenditur inesse auctoritas obsequendi; ut à se tradita observando, aliis non contemnenda demonstrent, exemplo Christi, qui sacramenta quæ Ecclesiæ servanda mandavit, primus in se ipso suscepit, ut ea in se ipso sanctificaret. » Quæ si quis ante hæc tempora à Romanis Pontificibus, vel à quopiam probatioris notæ auctore conscripta legerit, nihil repugno, quominus auctoritatem obtineant. Valere autem quæ contra toties anterioris ævi traditionem, duodecimo demùm sæculo, Gratianus commentus est, theologicæ disciplinæ ratio non sinit. Sed, omisso Gratiano, ad prisca et anteriora redeamus.

[1] Caus. XXV, quæst. 1, *Si ergo*; c. XVI, part. II.

CAPUT VII.

Concilium Mosomense : Rodulphi Glabri locus : concilium Ansanum : de eo anonymi responsiones : de exemptionibus obiter : Petri Venerabilis, et sancti Bernardi loci : an monachis Cluniacensibus profuerit, quod Romanum Pontificem peculiarem episcopum habere vellent.

Cùm ergò Ecclesia Romana communi canone et regeretur et regeret, sancti Patres nostri Gallicani episcopi, referente Flodoardo [1], ad annum 948, in Mosomensi synodo, mirantur allatas litteras ex nomine Agapeti Papæ per clericum, qui eas Româ detulerat, nihil auctoritatis canonicæ continentes, hoc tantùm præcipientes, « ut Hugoni Rhemensi redderetur episcopium. »

Hoc nostris novum et insolens videbatur, quippe à consuetudine Romanæ Ecclesiæ alienum. Pergit Flodoardus : « Quibus lectis, ineuntes episcopi concilium, cum abbatibus et cæteris sapientibus, qui aderant, responderunt..... ut quod regulariter cœptum fuerat, canonicè pertractaretur. » Itaque, recitato capitulo XIX Carthaginensis concilii [2], « de accusato et accusatore, judicatum est secundùm definitionem ipsius capituli, ut Artaldo præsule retinente communionem et parochiam Rhemensem, Hugo qui ad duas synodos evocatus venire contempserat, à communione et regimine Rhemensis episcopii abstineret, donec ad universalem synodum (ex Germanis et Gallis episcopis congregatam) se purgaturus occurreret. »

Suspectas habent allatas Româ ex nomine Papæ litteras, quod sola jussa, *nihil canonicæ auctoritatis continerent.* Ipsi ex canonibus Roberto Trevirensi legato apostolico auctore, inchoata exequuntur. Sic Germani, sic Gallicani episcopi judicabant.

Notum illud, neque omittendum Rodulphi Glabri, de episcopis Gallicanis ægrè ferentibus, cardinalem à Joanne XVII delegatum, ut Romani Pontificis auctoritate, basilicam in agro Turonico à Fulcone Andegavensi comite constructam consecraret : quòd

---

[1] Flodoard., *in Chron.*, an. 948. Vid. tom. IX *Conc.*, col. 622. 623. — [2] *Cod. can. eccl. Afric*, c. XIX; tom. II *Conc.*, col. 1060.

Hugo Turonensis archiepiscopus ex causis canonicis facere recusasset. Quâ de re Glaber hæc scripsit : « Quod utique audientes Galliarum præsules præsumptionem sacrilegam cognoverunt ex cæcâ cupiditate processisse. » Ac rursùs : « Licet Pontifex Romanæ Ecclesiæ, ob dignitatem Sedis apostolicæ, cæteris in orbe constitutis episcopis, reverentior habeatur, non tamen ei licet transgredi in aliquo canonici moderaminis tenorem. » Denique : « Universi pariter detestantes, quoniam nimiùm indecens videbatur, ut is qui apostolicam regebat Sedem, apostolicum primitùs ac canonicum transgrediatur tenorem. » Itaque turbinem repentè coortum, quo concussa basilica ac disturbata consecratio est divino judicio imputarunt. Anno 1001 [1].

Sunt qui Rodulphum Glabrum falsi convictum putent, tabulis ab illustrissimo viro Petro de Marcâ summatim relatis [2]. Atqui vir doctissimus his tabulis, Glabrum non confutatum, sed illustratum voluit : deinde has tabulas visas lectasque oportet integras, antequam candidissimo hujus ævi historico detrahamus fidem : denique utcumque est, ejus testimonio firmatum videmus, de observando etiam à Romano Pontifice canonico ordine, communem Ecclesiæ Gallicanæ sensum

Neque ità multò post, concilium Ansæ in pago Lugdunensi congregatum est. Ibi Gauslenus de Viennâ episcopus Matisconensis gravem expostulationem habuit, de ordinatione Cluniacensium monachorum à Burchardo Viennensi factâ, vi privilegii, quod Cluniacenses habebant à Romanâ Ecclesiâ. Quâ de re sancta synodus sic statuit : « Relegentes sancti Chalcedonensis concilii, et plurimorum authenticorum conciliorum sententias, quibus præcipitur qualiter per unamquamque regionem abbates et monachi proprio subesse debeant episcopo, et ne episcopus in parochia alterius audeat ordinationes vel consecrationes, absque licentiâ ipsius episcopi, facere, decreverunt chartam non esse ratam, quæ canonicis non solùm non concordaret, sed etiam contrairet sententiis. Archiepiscopus ratione convictus, à Gausleno veniam petiit [3]. » Eidem, mulctâ impositâ, satisfecit, anno 1025.

---

[1] Rodulp. Glab., lib. II, c. IV ; apud Duches., tom. IV. — [2] Marc. de Concord., etc., lib. IV, c. VIII, n. 2. — [3] Conc. Ans., an. 1925 ; tom. IX Conc. col. 858.

Neque proptereà omnia privilegia cassa habebantur. Hoc tantùm cavebant ne pro arbitratu, ne necessitate nullâ, ne inconsultis iis quorum intererat, concessa viderentur. Itaque ea privilegia, quæ hactenùs invaluerant, concedi solebant auctoribus episcopis vel synodis certè consentientibus, et ad certum modum magnoque respectu ad canonicum ordinem. Quod etiam vir doctissimus Ludovicus Thomassinus luculentissimè demonstravit [1].

Ansanæ synodi auctoritatem elevare nititur auctor anonymus qui de Gallicanis libertatibus scripsit [2]. Ac primùm quidem ex eâ synodo nihil memorat, præter fragmentum à Marcâ relatum [3]. At dissimulat narrationem integram optimæ notæ, in editione Labbeanâ conciliorum insertam [4]. Ait posteà narrationis hujus non adeò *indubitatam esse veritatem* [5]. Sed id pronuntiasse non sufficit; docere oportebat. Addit « monachos Cluniacenses privilegiis apostolicis usos fuisse, quantumvis renitentibus, sed tandem cedere coactis episcopis. » Quis enim hæc nescit; et gliscente licentiâ, prævaluisse in multis contra canones absolutam illam et arbitrariam potestatem? Id ex Ansano concilio notum esse volumus, majores nostros, sæculo quoque undecimo, canonum ac priscæ disciplinæ memores extraordinariis illis imperiis, quoad fieri salvâ pace potuit, obstitisse.

Quare nihil ad nos illud quod idem anonymus memorat, « Joannem XIX et monachos privilegia jam concessa defendisse. » Neque magis ad rem illa Joannis XIX epistola ab anonymo memorata, quâ Burchardo Lugdunensi Ansani concilii præsidi, « gratum animum testetur, quòd Cluniacensi monasterio faveret contra Gauslenum. » Quâ epistolâ anonymus ad infringendam Ansani concilii auctoritatem frustra utitur. Potuit enim Burchardo Lugdunensi licet præside refragante, adversùs Cluniacense privilegium Patrum vicisse sententia : potuit idem Burchardus ab eâ sententiâ recessisse, quam in Ansano concilio protulisset. Quibus modis à Joanne XIX grati animi significationem retulerit, illæsâ

---

[1] Thomass., *Discipl. de l'Egl. touch. les Bénéf.*, tom. II, part. IV, lib. I, c. XLII, p. 194 et seq. — [2] Anon., *de Libertat.*, etc., lib. XI, c. VII, n. 9 et seq. — [3] Marc., *de Concord.*, etc., lib. IV, c. VIII, n. 1. — [4] Tom. IX *Conc.*, col. 859. — [5] Anon., loc. cit., n. 10.

Ansani concilii veritate, illud interim constiterit, et privilegium contra canones Chalcedonenses datum, Gallicanis episcopis usque adeò nullum fuisse visum, ut Burchardus Viennensis, quòd eo usus esset, Gausleno Matisconensi satisfecerit.

Neque hîc quærimus an et quibus casibus Papa potuerit, absolutâ illâ potestate, hujusmodi privilegia concedere, repugnantibus licet episcopis; quam quæstionem anonymus invidiosè movet: sed id tantùm volumus, quod Gallicana Declaratio docet, illam plenitudinem apostolicæ potestatis per canones moderandam; idque à patribus nostris, lapsis Ecclesiæ rebus, atque etiam undecimo sæculo, pro virili parte propugnatum fuisse.

Hîc laudat anonymus Petrum Cluniacensem duodecimo sæculo hæc scribentem: « Ilis additis et multa invectione extollitis, quod proprium episcopum habere refugimus: nos verò respondemus istud veritati contrarium opposità fronte existere; quoniam patet nos proprium episcopum habere. Quis rectior, quis dignior Romano episcopo episcopus potest inveniri [1]? » Hæc quidem scripsit Petrus ille Venerabilis ad beatum Bernardum seu potius, modestò licet, adversùs ipsum et Cistercienses. Nunc lector viderit, Petrine Cluniacensis, an Bernardi Claravallensis potior sit auctoritas. Paucos equidem esse reor qui Petro non anteponant Bernardum accusantem eos, qui hâc specie ab episcoporum auctoritate recesserint. Nempè conqueritur is, « istis emancipationibus, monachos dissolutiores fieri, imò et pauperiores; peccare licentiùs vagum ac malè liberum vulgus; noxiæ libertatis geminam sobolem esse; paupertatem et sæcularitatem [2], » sanctitatis nomine in monasteria introductam. Cætera omnibus nota commemorare nihil attinet. Cæterum eventus docuit, haud frustra hæc conquestum esse Bernardum. Quòd enim monachi passim magnum quidem et omnibus præsidentem; sed tamen longè positum et omnium ecclesiarum sollicitudine occupatum, habere voluerint peculiarem episcopum; hinc maximè provenisse vidimus, ut tot monasteria propè jam immedicabili vulnere prostrata jaceant. Sed nos hæc

---

[1] Anon., ibid., Petr. Clun., lib. 1, Epist. xxviii, ad Bern. Cist. — [2] Bern, de Consid., lib. III, c. IV, n. 16; tom. I, col. 432.

aliis tractanda et deploranda relinquimus; quæ à nobis sunt inchoata prosequimur.

CAPUT VIII.

Concilium Lemovicense II : Gregorius VII : concors Romanorum Pontificum et episcoporum professio de regendo et obediendo secundùm canones.

Anno Christi 1031, paulò post Ansanam synodum, habitum est Lemovicense secundum concilium, in quo hæc legimus : « Episcopus Petracoricensis de quodam canonico suo tantùm clerico, qui uxorem duxerat, inquirendo proposuit dicens, ut judicarent quid de eo ageretur. Ad hoc verbum in concilio responsum est : Canones judicent : quomodo enim possumus nostro arbitrio judicare quidquam[1]? Quâ regulâ, etiam à Romanis Pontificibus gesta æstimabant : « Inconsulto, inquiunt, episcopo suo, ab Apostolico pœnitentiam et absolutionem accipere nemini licet[2]. » Ac subdunt, neque Petrum ipsum aliter facturum fuisse. « Certè beatus Petrus, si sciret illum (quem absolvit) esse à beato Martiale excommunicatione obligatum, potiùs eum damnaret quàm absolveret. Sic Apostolici Romani episcoporum omnium sententiam confirmare, non dissolvere debent; quia sicut membra caput suum sequi, ità et caput membra sua necesse est non contristare. »

Neque aliter Romani episcopi sentiebant. In eodem enim concilio refertur Pontium comitem Arvernensem à suo episcopo excommunicatum, à Papâ absolutionem accepisse; conquestumque episcopum, hoc responsum à Papâ tulisse : « Debueras certè mihi antequam illa mortua ovis Romam veniret, ejus causam tuis innotescere apicibus; et ego eam omnimodo abjicerem, tuamque firmando auctoritatem, eam anathematis ictu repercuterem. Profiteor quippè omnibus consacerdotibus meis, ubique terrarum adjutorem me et consolatorem potiùs esse quàm contradictorem : absit enim schisma à me, et à coepiscopis meis. Itaque illam pœnitentiam et absolutionem, quàm tuo excommunicato ignoranter dederam, et ille fraudulenter accepit, irritam facio et cassam ; ut

---

[1] *Conc. Lemovic.* II, sess. II; tom. IX *Conc.*, c. 906. — [2] *Ibid.* col. 909.

de illâ nihil aliud speret quàm maledictionem, quoad satisfactum tu justè absolvas ¹. »

Aliud exemplum afferunt Papæ episcopum « rogantis, ut pœnitentiam, quam imposuerat, affirmaret ²; » episcopi verò renuentis his verbis : « Non credere possum hoc mandatum ab eo exortum, » quod canonibus repugnaret. Quibus commemoratis : « Dixerunt episcopi, hoc ab ipsis apostolicis Romanis et cæteris Patribus cautum tenemus, » quod contra canones elicita, robore careant, ac præter sententiam apostolicæ Sedis expressa videantur.

Neque eo minùs pontificiam auctoritatem reverebantur sancti et humiles episcopi, qui Papam caput suum ubique prædicant, asseruntque illud : « Judicium enim totius Ecclesiæ maximè in apostolicâ Romanâ Sede constat. » Sed illud judicium canonico ordine proferri volebant, non mandatis extraordinariis præter canonum sententiam.

Hâc disciplinâ Gregorius VII vixit : « Solet, inquit, sancta et apostolica Sedes pleraque consideratâ ratione tolerare; sed nunquàm in suis decretis à concordiâ canonicâ, hoc est, à canonum consensione discedere. » Alibi commendat « statuta Romanæ Ecclesiæ, quæ à tramite sanctorum Patrum non recedit ³;» reprehenditque episcopos, « quoniam sanctorum Patrum decreta, et ecclesiasticæ religionis statum, non eâ, quâ oportet diligentiâ custodirent ⁴. » Sic canonum observantiâ ipsum religionis statum fulciri putabant.

Itaque episcopi in ipsâ consecratione Romano Pontifici profitebantur « canonicam obedientiam, et secundùm canones, et, servato ordine suo ⁵; » quæ professio etiam nunc in episcopali consecratione viget. Romani verò Pontifices, ritè appellatis octo universalibus conciliis, dato jurejurando profitebantur se, « quæ prædicaverunt et statuerunt, omni modo sequi et prædicare; omnia decreta prædecessorum apostolicorum Pontificum, quæcumque ipsi synodaliter habuerunt et probata sunt, confirmare

---

¹ Conc. Lemovic. II , sess. II ; tom. IX *Conc.*, col. 908. — ² *Ibid.*, col. 909. — ³ Greg. VII , lib. I , ep. XII *ad Guill. Papiens.*, tom. X *Conc.*, col. 14. — ⁴ Id., lib. II . ep. I, *ad Episc. Brit.*, col. 69. — ⁵ *Pont. Rom.*

et indiminuta servare; et sicut ab iis statuta sunt, in sui vigoris stabilitate custodire[1]. » Sic totius disciplinæ ratio antiquis constitutis nititur : profitenturque et episcopi, ut *secundùm canones* pareant; et Romani Pontifices, ut *secundùm canones* regantur, ac regant.

Hæc Papæ professio *Diurno Romanorum Pontificum* continetur : hæc post octo prima concilia, post octingentos annos vi suâ stabat : hæc Ivonis Carnotensis, imò et Gratiani tempore, viguit, quippè quam memorarunt et in canones transtulerunt[2].

Quàm autem viguerit illa, quam episcopi Romano Pontifici profitebantur secundùm canones obedientiam, testatur Hincmari Rhemensis in Tricassinâ synodo, Joanne VIII præside, ipsi ac Sedi apostolicæ facta professio, in hæc verba : « Quod in omnibus secundùm sanctarum Scripturarum tramitem sacrorumque canonum decreta, Sedes Romana tenet per omnia et in omnibus, pro scire et posse meo, perpetuum prosequor et teneo[3]. Quam professionem aptiori loco integram retulimus[4].

CAPUT IX.

Libertas in jure antiquo et communi : Pragmatica-Sanctio sancti Ludovici : an ab anonymo idoneis probationibus falsi arguatur (a).

At postquam, labente disciplinâ, ambitione atque adulatione gliscente, ab eâ regulâ deflexum est, ac Romani Pontifices man-

---

[1] *Diurn. Rom. Pont.* — [2] Iv. Carn., *epist.* LX, LXXIII. — [3] *Conc. Tricass.*, II ; tom. IX *Conc.*, col. 307. — [4] Sup. lib. IX, c. XXI.

(a) M. Gérin, substitut du procureur impérial au tribunal de la Seine, à qui nous devons plusieurs lettres de Bossuet, et qui a publié récemment un mémoire sur la Pragmatique-Sanction attribuée à saint Louis, a bien voulu nous communiquer les réflexions suivantes sur le chapitre qu'on va lire.

L'abbé Charlas, dit M. Gérin, avoit publié en 1684 un traité *de Libertatibus Ecclesiæ Gallicanæ*, où il critiquoit la Déclaration de 1682 : c'étoit un savant homme, ancien vicaire général de l'évêque de Pamiers et supérieur des séminaires de ce diocèse, sous l'épiscopat de Caulet. Enveloppé dans la persécution violente que Louis XIV fit diriger contre tous les ecclésiastiques restés fidèles à la cause de leur évêque et de l'Eglise, il fut forcé de quitter la France et de se réfugier à Rome. Bossuet, qui le cite souvent dans sa *Defensio*, en faisoit plus de cas qu'il ne le laisse paroître. Ni l'homme ni le livre ne méritent le dédain,

datis extraordinariis, reservationibus ac decimis, gravia onera, etiam pecuniaria imponere et trahere ad se paulatim episcopo-

et le traité *des Libertés de l'Eglise Gallicane* est un des meilleurs qu'on ait écrit sur cette matière. La latinité en est au moins aussi pure que celle de Fleury, de Bossuet et de Rollin. Charlas, passant en revue les précédents invoqués par les Gallicans, contestoit avec énergie l'authenticité de la Pragmatique de saint Louis. Bossuet vit, dans ce passage de son livre, une critique personnelle; car il s'était lui-même, dans son sermon sur l'*Unité de l'Eglise*, déclaré en faveur de l'origine attribuée à cette pièce, et il engagea dans ce chapitre une polémique en règle contre son adversaire. Il ne faut pas hésiter à dire que Charlas a sur lui une supériorité manifeste. Bossuet, qui n'avoit pas pris la peine d'étudier la question, a malheureusement accepté sur ce sujet, comme sur tant d'autres faits historiques du moyen âge, l'opinion courante parmi les auteurs hostiles au saint Siége, et il répète à leur suite les plus graves erreurs. Ainsi les fabricateurs de la Pragmatique l'ont datée du mois de *mars* 1268; ce qui, dans le style du treizième siècle où l'année commençoit à Pâques, veut dire *mars* 1269, époque à laquelle le Siége étoit vacant depuis quatre mois ; mais Bossuet tient à garder le millésime de 1268 qui convient mieux à son système, et fait paroître cette ordonnance sous le pontificat de Clément IV, pour se procurer un argument d'ailleurs insoutenable, comme on le verra plus bas.

L'opinion défendue par Bossuet est aujourd'hui tombée dans un profond discrédit, même parmi les légistes. Si elle rallie encore les suffrages de quelques hommes passionnés et prévenus, ceux qui ont à cœur d'être au courant des travaux de l'érudition moderne, l'abandonnent publiquement.

Le premier écrit qui ait, dans ce siècle-ci, ranimé la controverse sur ce sujet est un mémoire de M. Raymond Thomassy, élève de l'école des Chartes, publié pour la première fois dans le *Correspondant* de 1844. M. Thomassy ne mérite qu'un reproche, c'est d'avoir ignoré, ou du moins omis de citer les auteurs qui ont combattu avant lui l'authenticité de la Pragmatique. Il ne sera peut-être pas inutile de résumer ici l'état actuel de la question et les principaux argumens qui ont été produits dans le débat.

Tout le monde convient qu'il n'est parlé de la Pragmatique de saint Louis dans aucun document antérieur au milieu du quinzième siècle. Basin, évêque de Lisieux, consulté par Louis XI à une époque où ce prince étoit brouillé avec la Cour de Rome, lui cite à l'appui de la Pragmatique-Sanction de Charles VII qu'il veut rétablir après l'avoir abolie, l'exemple du roi saint Louis, dont l'ordonnance *escrite et sceilée, en semblables matières, a été monstrée et exhibée* aux assemblées du clergé de France tenues à Bourges et à Chartres en 1438, 1440 et 1450. Il paroit qu'en effet les promoteurs de la Pragmatique dite de Bourges ou de Charles VII (1438), qui étoit une entreprise illégale sur les droits du saint Siége, avoient essayé de la justifier, en invoquant le nom de saint Louis; mais un autre contemporain, Elie de Bourdeille, archevêque de Tours, nous apprend que dès ce temps-là on ne croyoit pas à l'authenticité de la pièce inopinément produite : *Quod aut idem ascribit sanctum Ludovicum fecisse Pragmaticam*, etc. Il nous apprend de plus que, pour expliquer l'oubli dans lequel on l'avoit laissée tomber, on disoit qu'elle avoit été révoquée par le même prince moins de six mois après sa promulgation : *Sed verumtamen fertur illam infrà semestre revocasse*. Le nom de saint Louis n'avoit pas suffi, et l'on avoit également soutenu devant les assemblées de Bourges et de Chartres que Charlemagne avoit fait aussi sa Pragmatique contre le Pape : *Quod aut quidam dicere voluerunt Carolum Magnum quamdam Pragmaticam edidisse, quæ contraria videretur sanctæ Ecclesiæ Romanæ*, etc.

rum clerique jura cœperunt, sanctus Ludovicus Pragmaticam edidit, quâ novos ausus cohiberet. Primi capitis hæc verba sunt[1] :

[1] *Prag. sanct. S. Lud.*, tom. XI *Conc.*, col. 907, 908. Boch., *Decr. Eccl. Gall. Preuv. des Libert. de l'Egl. Gall.*.; tom. II, c. xv, n. 36, p. 76, ed. 1731.

On dit quelquefois qu'une preuve de son ancienneté est qu'on la trouve dans *les plus vieils styles du Parlement;* mais c'est seulement aux *styles* imprimés qu'elle est jointe ; or l'imprimerie a été découverte sous Louis XI, et on ne connoît pas d'édition du *stylus curiæ Parlamenti* antérieure à 1515. Il n'est pas vrai que le savant Du Tillet, greffier du Parlement de Paris, qui écrivoit à la fin du seizième siècle, l'ait vue sur les anciens registres du Palais, et que son témoignage doive suppléer à ces registres brûlés dans l'incendie de 1618. Du Tillet ne dit nulle part qu'il ait jamais eu cette pièce sous les yeux, et les registres en question, qui existent encore, ne la contiennent pas. Elle n'est pas non plus dans le *Trésor des Chartes*, autrefois confié à la garde des Procureurs généraux, et qui renferme tant de documens du treizième siècle.

Si elle avoit saint Louis pour auteur, les légistes qui commencèrent à paroître sous son règne, et qui exercèrent un si grand empire sous ses successeurs Philippe le Hardi et Philippe le Bel, l'auroient certainement citée et appliquée, surtout dans la lutte engagée par le dernier de ces princes contre Boniface VIII, et ce Pape n'auroit pas canonisé un roi coupable d'un pareil outrage envers le saint Siége. On s'en seroit encore servi pendant le grand schisme, lorsque la papauté, divisée par l'ambition des rois, fut assaillie par un si grand nombre d'ennemis. Si personne n'en a parlé avant le milieu du quinzième siècle, c'est qu'elle n'existoit pas encore.

La forme et le fond de cette pièce démontrent qu'elle n'a pas pu être rédigée par saint Louis, ni de son temps.

I. *La forme*. La formule *Ad perpetuam rei memoriam* ne se trouve dans aucun acte émané certainement de saint Louis, et n'étoit alors employée que par les Papes et quelques évêques.

Il n'est pas vraisemblable que saint Louis ait jamais prétendu, comme on le lui fait dire dans le préambule, que sa couronne ne relevoit que de Dieu, ne reconnoissoit d'autre protection que celle de Dieu ; car précisément, depuis le commencement de son règne, la couronne et le royaume de France avoient été placés trois fois *sous la protection* du Pape, par la régente Blanche de Castille, en 1227, — et par lui-même en 1248, à son départ pour sa première croisade, et en 1268, lorsqu'il se croisa pour la seconde fois.

Au treizième siècle, les officiers royaux s'appeloient *senescalli, baillivi, præpositi, vice-comites, villarum majores :* on ne trouve pas d'autres termes dans les lettres de saint Louis et de Clément IV, et cependant on ne lit dans la formule exécutoire que les expressions *officiarii, justitiarii* et *loca tenentes*, qu sont d'un usage plus moderne.

II. *Le fond*. Il faudroit d'abord que les ennemis des Papes se missent d'accord sur le nombre des articles dont ils composent la Pragmatique, et nous disent pourquoi les uns lui en donnent six, et les autres cinq seulement, en excluant le plus important de tous, celui qui prohibe, en termes injurieux pour le saint Siége, les exactions de la Cour de Rome en France.

Si la Pragmatique n'a que les cinq articles, rien ne prouve qu'elle soit dirigée contre le saint Siége ; car ils recommandent seulement l'application des lois ecclésiastiques, qui, au treizième siècle, étoient surtout violées par les princes et les seigneurs séculiers. Fleury remarque lui-même que « *le roi peut aussi y avoir eu en vue les entreprises des seigneurs et des juges laïques,* » (*Hist. eccl.*,

« Statuimus et ordinamus, ut ecclesiarum regni nostri prælati, patroni et beneficiorum collatores ordinarii, jus suum plenarium

t. XVIII, p. 134, édit. 1715); — et le protestant Sismondi avoue formellement qu'*à l'exception de l'article sur les levées d'argent de la Cour de Rome, l'édit ne contient rien que cette Cour n'eût pu elle-même publier,* » (T. VIII, p. 107).

Si l'on admet les six articles, et qu'ils soient tournés contre Rome, il est impossible que saint Louis en ait été l'auteur, car ils supposent des abus qui n'existoient pas au treizième siècle, et qui ne se sont produits qu'à la fin du siècle suivant, pendant le grand schisme.

D'ailleurs les rapports de saint Louis avec les Papes de son temps, et son caractère personnel ne permettent pas de croire qu'il ait commis un pareil acte d'hostilité contre le saint Siége.

En effet, 1° pendant sa minorité, sa mère, la reine Blanche, ayant à lutter contre les barons françois révoltés et contre les ennemis extérieurs du royaume, trouva constamment l'appui le plus efficace dans les souverains pontifes Honorius III et Grégoire IX, 1226-1241.

2° Saint Louis ne put préparer et exécuter sa première croisade qu'avec le concours d'Innocent IV, qui lui prodigua les trésors de l'Eglise, et veilla en son absence à la tranquillité de ses Etats, 1243-1254.

3° Il invita le Pape Alexandre IV à établir l'Inquisition en France; et soutint, de concert avec le même Pontife, les moines mendians contre l'Université de Paris dans la querelle qui rendit célèbres les noms de Guillaume de Saint-Amour et de Jean de Parme, 1254-1261.

4° Urbain IV, François, trouva dans saint Louis un allié fidèle contre les Gibelins, et entama avec lui les négociations qui se terminèrent, sous le pontificat suivant, par l'établissement d'un prince françois dans le royaume des Deux-Siciles, 1261-1265.

5° Clément IV, successeur d'Urbain, étoit également né en France et avoit été ministre de saint Louis. Il y eut entre le Pape et le roi intimité personnelle et alliance politique. Ils préparèrent ensemble une nouvelle croisade, en faveur de laquelle Clément permit à saint Louis de faire des levées d'argent sur les églises de France, et négocia un traité avec les Génois pour le transport de l'armée françoise en Afrique. Ce Pape mourut au mois de novembre 1268, et saint Louis auroit publié la Pragmatique au mois de mars 1269, pendant la vacance du saint Siége, qui se prolongea jusqu'en 1271.

Quel en auroit donc été le prétexte? Quelques auteurs ont écrit qu'il y avoit eu des différends entre saint Louis et Clément IV : mais ils sont démentis par les documens contemporains, qui sont très-nombreux.

Comment expliquer, en particulier, l'article 5 sur les levées d'argent ? La vérité est qu'à aucune époque de son règne saint Louis n'a eu le droit de reprocher au saint Siége de lever des deniers dans ses Etats ; — que, si les Papes ont mis en effet des impôts sur les biens de l'Eglise de France, ce fut toujours à la sollicitation et au profit du roi ; — et que, si jamais saint Louis avoit eu sujet de se plaindre de la Cour de Rome, il est impossible d'imaginer une date où il eût plus d'intérêt à la ménager, et à dissimuler même un juste grief, qu'en cette année 1269, où l'on place la Pragmatique.

Le caractère personnel de saint Louis ne répugne pas moins à l'hypothèse de la Pragmatique. Ce prince étoit, comme on diroit aujourd'hui, aussi *clérical et ultramontain* que possible. Il demanda et obtint l'établissement de l'Inquisition dans ses Etats; il protégea les moines, et surtout les franciscains et les dominicains, et en 1255 il fut sur le point d'embrasser lui-même la vie religieuse.

Avant de partir pour sa seconde croisade, c'est-à-dire à l'époque même où

habeant; et unicuique sua jurisdictio servetur. » Caput secundum : « Item ecclesiæ cathedrales, et aliæ regni nostri liberas electiones habeant, et earum effectum integraliter prosequantur. » Quartum : « Item promotiones, collationes, provisiones et dispositiones prælaturarum, dignitatum et aliorum quorumcumque beneficiorum et officiorum ecclesiasticorum regni nostri, secundùm dispositionem, ordinationem et determinationem juris communis, sacrorum conciliorum Ecclesiæ Dei, atque institutorum antiquorum sanctorum Patrum fieri volumus et ordinamus. » Anno 1268.

Hæ sunt illæ, quas vocamus, Gallicanæ Ecclesiæ libertates : regi jure communi, conciliorum auctoritate, ac Patrum institutis (a). Hanc Pragmaticam vetustissimis actis et regestis inscriptam (b), à multis jam sæculis laudatam, memoratam, commendatam; idque ab ecclesiasticis, à magistratibus, à legatis, ab universi regni Ordinibus congregatis, ac per tot sæcula nulli

l'on met la Pragmatique, il nomma régent du royaume un moine, Matthieu, abbé de Saint-Denis. Tous les actes de sa vie publique et privée étoient inspirés par une déférence et une affection profondes pour le saint Siége et pour l'Eglise.

Aussi depuis l'origine de la fraude, la Pragmatique a-t-elle été rejetée, ou du moins mise en doute, en tout ou en partie, par tous ceux qui avoient la connoissance et le respect de la vérité historique. La tradition commencée par Elie de Bourdeille s'est perpétuée jusqu'à nos jours, notamment par Fontanon au seizième siècle; — par les PP. Labbe et Cossart, Thomassin, Charlas, Lenain de Tillemont au dix-septième; — par les Bollandistes, Gohard, d'Héricourt au dix-huitième, — et, dans le nôtre, par MM. Charles Lenormant, Thomassy, Monseigneur Affre, l'abbé Berleur. On ne sauroit assez regretter de voir Bossuet continuer par prévention la tradition contraire, et se ranger à la suite d'un Dumoulin, qui alloit jusqu'à prétendre que saint Louis avoit fait deux Pragmatiques, l'une au début de son règne en 1228, l'autre à la fin en 1269; — et d'un autre légiste, Pinsson, qui racontoit gravement que la Pragmatique avoit été délibérée et promulguée dans une assemblée de tous les Ordres de l'Etat, en présence du légat du Pape, et qui préparoit ainsi les voies au Dictionnaire de Bouillet, où nous avons le plaisir de lire que « le Pape Clément IV *signa* la Pragmatique avec saint Louis ! »

(a) Il est important de remarquer que ce qui a le plus frappé Bossuet dans cet acte et ce qu'il en cite avec tant de solennité, c'est le sixième article, qui proclame l'autorité des Pères et des conciles, et qui par conséquent, comme le disoit Sismondi, *ne contient rien que la Cour de Rome n'eût pu elle-même publier.*

(b) *Les plus anciens* documens et registres seroient ceux des règnes de saint Louis, de Philippe le Hardi, de Philippe le Bel et de leurs successeurs; mais cette pièce ne paroît que dans des actes très-récens, postérieurs à l'avénement de Louis XI.

suspectam (*a*) quidam etiam Galli nostris temporibus, aut totam, aut partem ejus aliquam, in dubium revocant nullo documento, postquam nempè audemus insimulare falsi quidquid gustui non sapit.

Quid autem habet novi, ut falsa habeatur ? Nempè illa jus commune, conciliorum auctoritatem, ac Patrum instituta prædicat; his adversantia valere non sinit. Quid autem aliud sonant tot Patrum, maximè Gallicanorum gesta, quæ legimus? Cur ergò falsa sit, quæ usque adeò Gallorum ingenium sapiat? Quid quòd si falsa esset, tamen haud aspernanda videretur, quæ nostris moribus traditionibusque congruat, et tam pronis animis accepta sit. Sed tamen videamus quid auctor anonymus, qui de Libertatibus nuperrimè scripsit, super hâc falsitate dixerit, ut vel ex eo pateat, quàm futilibus argumentis agant.

Primum argumentum : « Pragmatica illa à nemine allegata fuit per ducentos annos[1] » Facilis responsio: non enim causa adfuit (*b*), ac si illa probatio admittitur, quot bona legitimaque acta conciderint (*c*) ?

Secundum argumentum : « Nec etiam tunc in lucem edita fuit, sed tantùm anno 1515[2]. » Quid autem est, *in lucem edita?* An forté vulgatam typis oportuit, cùm necdum typi essent (*d*) ? An

[1] Anon., *de Libert.*, etc., lib. I, c. xv, n. 7. — [2] *Ibid.*, n. 8.

(*a*) Erreur grave : Bossuet ignoroit qu'elle a toujours été contestée par les voix les plus autorisées, depuis le cardinal de Bourdeille, contemporain de Basin, évêque de Lisieux, jusqu'au P. Thomassin contemporain de Bossuet lui-même, qui affirme que *bien des gens savans* pensent comme lui.

(*b*) Si la réponse est facile, elle n'est pas concluante. Rien n'est plus contraire à la vérité que de dire que, pendant deux siècles, on n'a pas eu occasion de la citer. Loin de là, les occasions s'en présentèrent presque chaque jour, surtout sous Philippe le Bel, pendant le séjour des Papes à Avignon et après le grand schisme.

(*c*) Que l'illustre auteur cite donc un seul acte *bonum ac legitimum*, dont personne n'a jamais vu l'original ni la copie, qu'on n'a jamais appliqué, dont les historiens et ceux qui avoient le plus d'intérêt à s'en servir n'ont jamais fait mention, et qui ait apparu tout à coup dans l'histoire, deux cents ans après la date qu'on lui assigne ! Il n'en a pas cité, on n'en citera jamais, parce qu'il n'y en a pas. Nous nous bornons à demander qu'on applique à cette pièce les règles ordinaires de la critique historique.

(*d*) Il est puéril de supposer que Charlas s'étonne de ne pas trouver la Pragmatique imprimée avant qu'il y eût des presses. L'auteur auquel Bossuet répond dit très-sérieusement et avec raison qu'on ne peut nier que la Pragmatique n'ait été imprimée, pour la première fois, en 1515, soixante-cinq ans après la découverte de l'imprimerie.

verò negabunt more solemni promulgatam quæ in vetustissimis Parlamenti regestis exstet (a)? An etiam necesse est, post tot sæcula, acta promulgationis afferri? Quis tam iniquas conditiones imponere possit?

Tertium argumentum : pluries typis excusa est sine quinto capite, « quo exactiones et onera gravissima per Curiam Romanam imposita prohibentur[1]. » At quid hoc ad primum, secundum et quartum caput, quæ nunc laudamus? De quinto verò fatemur à Margarino de la Bigne[2], quem alii secuti sint, in editione *Bibliothecæ Patrum* fuisse prætermissum (b); sed mancum, ut fit, exemplar nactus est, ex integrioribus jam supplendum exemplaribus : seu viro bono religioni fuit sancti Ludovici nomine quidquam edi, quo Curia Romana reprehendi (c) videretur; seu typographi metuerunt, infixis censuræ notis (d), creari sibi incommoda. Cæterùm et ille quintus articulus longè anteà laudatus ac memoratus fuit.

Quartum argumentum : « Non esse verisimile sanctum regem, tantæ erga Sedem apostolicam reverentiæ, edicto solemni Romanæ Curiæ officiales comprimere voluisse[3]. » Tùm illud; « necdum fuisse morem inductum auctoritatem regiam sanctæ Sedis ordi-

---

[1] Anon., *de Libert.*, etc., lib. I, c. xv, n. 9, vid. quoque n. 5. — [2] Tom. VI *Bibl. PP.* Margar. de la Bigne. — [3] Anon., *ibid.*, n. 10.

(a) On sait déjà qu'il n'est pas permis d'invoquer *vetustissima Parlamenti regesta*, qui ne disent pas un mot de la Pragmatique. Il est regrettable que Bossuet ait cité, sans examen, des compilateurs indignes de confiance.

(b) *Mancum exemplar.* Veut-il parler d'un exemplaire imprimé? mais alors il se contredit, et ce n'est pas Marguerin, *vir bonus*, qui a le premier édité un texte incomplet. Parle-t-il d'un manuscrit? mais on n'en a jamais vu ni cité un seul!

(c) Mais les jésuites Labbe et Cossart et d'autres, qui ont inséré la Pragmatique dans leurs recueils, n'avoient pas moins de scrupules que Marguerin : et ce dernier pouvoit faire comme eux, et annoncer en l'imprimant que tout le monde ne s'accorde pas à reconnoître l'authenticité soit de la pièce entière, soit du v⁰ article seulement.

(d) Mais jamais la Cour de Rome n'a réclamé contre l'impression de cette ordonnance : elle n'a même jamais paru faire attention à cette œuvre d'un faussaire. Bossuet ne veut donc pas parler des *censures* de l'Eglise. — A-t-il en vue la censure laïque? Quoi! on *n'auroit pas osé* imprimer cette pièce en France, où l'on imprimoit chaque jour les œuvres des Dumoulin, des Richer, des Pithou, etc.! — Est-ce aussi un scrupule de conscience qui a empêché Fontanon, ami et collaborateur de Pierre Pithou, d'admettre ce v⁰ article dans son Recueil, imprimé en 1585, à la même époque et au même lieu où Marguerin de la Bigne publioit sa *Bibliothèque des Pères?*

nationibus opponendi, » tanquam exactiones illæ ad pietatem aut ad Sedis apostolicæ dignitatem pertineant (a).

Quintum et sextum argumentum : anno 1268, sanctus Rex « ad secundam in Terram sanctam expeditionem, cum summi Pontificis concilio, se accingebat[1] : » monitisque potiùs cum amicissimo Pontifice quàm edictis egisset. Neque is erat Clemens IV, qui his coercendus videretur, innocentissimus atque abstinentissimus Pontifex : ac si « quod tùm fuisset exactum subsidium, non nisi ad juvandum in expeditione bellicâ regem impendendum fuisset. » Quæ omnia sponte concidunt, si dicamus Ludovicum, non præsentibus malis, sed, quâ erat providentiâ, futuris, ac pridem expertis (b) occurrere voluisse : Clementem verò IV, quò erat abstinentior, eò æquiore animo tulisse, prohiberi ea, à quibus ipse abhorreret (c).

An verò probatione nullâ, tam futilibus conjecturis, celebratissima acta falsi insimulare liceat, prudens lector judicet. Certè auctor anonymus, quo causam tueatur suam, nihil affert verius quàm istud : virum egregium, Ludovicum Thomassinum Gal-

[1] Anon., *ibid.*, n. 11, 12, 13.

(a) Cela s'appelle en bon françois éluder la difficulté. Oui, ce v⁰ article est un outrage à la dignité du saint Siége et blesse la piété, à ce point que vous venez de reconnoître vous-même qu'un homme pieux a dû se faire scrupule de l'imprimer. Et depuis que cette pièce a été produite, les ennemis de la Papauté n'ont point cessé de la lui jeter à la face, pour affoiblir le respect qui lui est dû, et pour ruiner son autorité suprême.

(b) Cela est absolument contraire à la vérité. Est-ce que le texte de la Pragmatique est équivoque? Ne met-il pas dans la bouche de saint Louis les paroles les plus acerbes contre des *abus présents et actuels* : *Simoniæ crimen pestiferum Ecclesiam labefactans à regno nostro penitùs eliminandum volumus*, etc.... — Si d'ailleurs saint Louis vouloit parer à des dangers futurs, n'auroit-il pas dû *prévoir (quâ erat providentiâ!)* que la Pragmatique ne remédieroit à rien, puisque jamais on n'en a parlé, si ce n'est après la Pragmatique de Bourges, qui la rendoit inutile? N'auroit-il pas dû *prévoir (quâ erat providentiâ!)* qu'elle seroit toujours invoquée *contre* l'Eglise, jamais *pour* elle?

(c) Rien de mieux, en effet, si saint Louis s'étoit borné à s'affliger sur les abus de l'Eglise et de l'Etat dans le langage grave et mesuré des édits royaux, mais sans injure contre le Pape, qui n'étoit pas sous sa loi, qui étoit souverain comme lui, et de plus chef de l'Eglise. Mais Clément IV ou tout autre Pape auroit-il accepté en silence un outrage aussi violent? D'ailleurs à quoi bon insister sur ce point? Cette observation de Bossuet prouve qu'il n'avoit pas étudié sérieusement la question, puisqu'il suppose que Clément IV vivoit encore à l'époque où l'on place la Pragmatique, tandis que le saint Siége étoit vacant et devoit vaquer pendant plus de deux ans.

lum, in eâdem esse sententiâ [1]. Hujus ergò conjecturas colligit, quas modò refutavimus. Nos verò cum virum, ut doctrinâ clarum, ita pacis studio multa, ac, ferè dixerim, nimia cogitantem, ac, ne quemquam lædat, ubique metuentem, nec lædere ipsi volumus (a). Atque hîc de Pragmaticâ sancti Ludovici Sanctione dicendi finem facimus.

[1] Anon., n. 6. Thomass., *Discipl. de l'Égl.*, part. IV, liv. II, c. X, n. 11; ibid., c. XLI, n. 4; et lib. III, c. XXIV, n. 17.

(a) J'aime à entendre Bossuet parler avec respect du P. Thomassin, et à le voir s'incliner devant son autorité. Pourquoi la récuse-t-il aussitôt après lui avoir rendu hommage? Pourquoi représenter le pieux et savant oratorien comme un homme toujours timide, toujours inquiet *ne quemquam lædat*? Ce portrait ne ressemble nullement à l'original. Dans ses nombreux ouvrages, au contraire, Thomassin s'est exprimé avec modération sans doute, mais avec la plus grande liberté, sur toutes les questions qui préoccupoient le plus ses contemporains. Il écrivoit en France, et cependant il osa, sous le règne de Louis XIV, à la face des Parlements, défendre des opinions contraires à ce qu'on appeloit les maximes gallicanes. Ainsi, sans sortir de notre sujet, s'il avoit toujours, avant d'écrire un mot, tremblé *ne quemquam læderet*, il ne se seroit pas exposé à la colère des légistes gallicans, en revenant trois fois, dans son seul traité de la *Discipline*, sur la Pragmatique de saint Louis, pour en signaler la fausseté.

Bossuet se flatte d'avoir réfuté le P. Thomassin, *quos modo refutavimus*. L'esprit de parti a pu seul porter le savant Daunou à accepter ce témoignage complaisant que Bossuet se rend à lui-même, et à dire : « Cet acte est si positif que la Cour de Rome et ses partisans en ont voulu nier l'authenticité. Mais ce doute, que rien n'autorise, a été dissipé par Bossuet et par Noël Alexandre, ou plutôt par les monuments et les témoignages qu'ils ont rapprochés. » (*Histoire littéraire de la France*, t. XVI, p. 76). Le lecteur peut juger maintenant de la valeur des raisonnemens de Bossuet. Quant à Noël Alexandre, sa discussion est encore plus faible que celle de l'évêque de Meaux. Il se borne à citer les remontrances de 1461, les États généraux de 1483, et l'appel de l'Université de Paris, en 1491. — Il est bien remarquable que Daunou, qui a rédigé une grande partie de l'*Histoire littéraire* au treizième siècle, notamment la biographie de Clément IV et d'un grand nombre de ses contemporains, et qui par conséquent avoit fait une étude spéciale du règne de saint Louis, n'ait pas trouvé une seule raison, ni une seule pièce nouvelle en faveur de l'authenticité de la Pragmatique!

Nous ne craignons pas de retourner contre Bossuet lui-même une expression dont il s'est servi, et de dire qu'il n'apporte dans cette discussion que les argumens les plus frivoles, *tam futilibus conjecturis*. Mais hâtons-nous de rappeler, pour l'honneur de sa mémoire, que ce chapitre se trouve dans un ouvrage auquel il n'avoit pas mis la dernière main, qu'il n'avoit pas destiné à la publicité, et qui n'a été imprimé que trente ans après sa mort, clandestinement, en pays étranger, par des mains jansénistes!

CAPUT X.

Edictum Caroli VI: decretum Florentinum: nulla sunt quæ contra canones: Romanus Pontifex contra canones agere nolle præsumitur, ne ipse adversetur sibi locus insignis concilii Basileensis.

Ex eodem fonte manavit Caroli VI constitutio, « clero agente ac plaudente, edita anno 1406, quâ sublatis reservationibus, sive expectationibus (hoc est expectativis gratiis) personas ecclesiasticas regni, ac Delphinatûs ad suas franchisias et libertates in perpetuum reducit, secundùm antiqua jura communia et concilia generalia [1]; » quæ ex sancti Ludovici Sanctione deprompta sunt.

Hæc verò omnia concilii etiam Florentini auctoritate sancita invenimus. Decretum retulimus [2], quo utriusque ecclesiæ, Græcæ scilicet ac Latinæ consensione firmatur, à Petri successoribus pasci ac regi universalem Ecclesiam; sed ad eum modum, qui conciliorum gestis ac sacris canonibus continetur.

Quid si adversùs canones statuunt? an continuò ad generale concilium appellandi? Nequaquam, nisi omnem solverent disciplinam. At in minoribus ac particularibus causis id sufficit, decretum contra canones editum esse nullum. Sic enim sanctus Zozimus jam relatus: « contra statuta Patrum concedere, vel mutare, ne hujus quidem sedis potest auctoritas [3]. » Et sanctus Leo Magnus: « Ut omni penitùs auctoritate sit vacuum quidquid ab illorum canonum (videlicet Nicænorum) fuerit constitutione diversum [4]. » Atque iterùm: « Infirmum atque irritum erit, quidquid à prædictorum Patrum canonibus discreparit [5]. » Et sanctus Martinus: « Canones ecclesiasticos solvere non possumus, qui custodes canonum sumus [6]. »

Id majores nostri, epistolâ ad Adrianum II, hâc etiam ratione

---

Preuv. des Libert., etc., c. XXII, n. 10; tom. III, p. 13 et seq., et passim.— [2] *Sup.*, lib. VI, c. 11. — [3] *Sup.*, hoc lib., c. III. Zoz., *ep.* VII, *ad Episc. Prov., Narbon. et Vien.*, tom. II *Conc.*, col. 1570. — [4] Leo Mag., *ep.* LXXX. al. LIII, *ad Anat. Constant.* — [5] Id., *Epist.* LXXXVII, al. LXI, *ad ep. Conc. Chalc.*— [6] Mart. I, *epist.* IX, *ad Pantal.*, tom. VI *Conc.*, col. 35. Vid. sup., c. III.

firmant « quòd apostolica Sedes non potest esse sibi contraria [1]. » Esset autem, si canonum ex officio custos, canones solveret. Quo fundamento, si quid à Papâ prodit minùs canonicum, sic est interpretandum, ut voluntas potiùs quàm facultas desit.

Neque verò Ecclesia Romana canonum est custos, tanquam alieni boni, sed profectò tanquam sui : canones enim sunt ecclesiarum omnium maximè verò Romanæ omnium Matris. cujus etiam auctoritate firmantur.

Scitum enim apud Socratem, « canone ecclesiastico juberi, ne absque Romano Pontifice canonizentur [2], » hoc est, regulentur, gubernentur, suoque ordine componantur, et constituantur *ecclesiæ* : « μὴ κανονίζειν τὰς ἐκκλησίας. » Quod ipsum Sozomenus clarioribus verbis expressit : « Lege pontificiâ pro irritis haberi, quæ præter sententiam Episcopi Romani fuerint gesta [3]. » Id etiam attestantur alia ecclesiastica monumenta.

Itaque Sedes apostolica canonibus adjicit vim *robur,* τὸ κύρος; sibique adversaretur, si eos solveret, quos ipsa firmasset, aut etiam condidisset.

Id præclarè explicat Basileense concilium de Papâ agens : « Quidquid enim statuitur in sacris conciliis, suâ etiam (Pontificis scilicet) auctoritate statuitur, quæ semper ibi refulget, ut prima et præcipua, præ omnibus, caput et directrix. Et cùm, aut personaliter; aut auctoritativè semper in synodis universalibus intersit, ipseque Ecclesiæ rector sit et Pastor, decreta conciliorum, etiam sua, et Sedis apostolicæ, non immeritò dici possunt : nos enim unum Ecclesiæ corpus sumus, et ipse hujus corporis caput sub capite Christo. Quidquid igitur fit ab hoc corpore ecclesiastico, etiamsi omnia membra in idem concurrant, sicut in corpore naturali accidit, magis tamen, ac præcipuè oratio quævis capiti appropriatur et adscribitur, ab ipsoque magis quàm ab alio corporis membro procedere censetur. Itaque non secus synodalia decreta pro suo debito et honore exequi debet, ac per alios servari facere, quàm si ab ore proprio dictata et promulgata essent : dùm enim ipse præsens inest, ipse concludit, ipse statuit; et sub

---

[1] *Ep. Carol. Calvi ad Adr. II*, int. Hincm., *ep.* XLIII; tom. II, p. 708. — [2] Socr., lib. II, c. XVII, p. 79, edit. Vales. — [3] Sozom., lib. III, c. x, 415.

nomine suo ac personâ ejus omnia decernuntur : dùm abest, sui præsidentes, qui vice ejus fuguntur locumque apostolicum tenent, et personam Pontificis repræsentant, per sacrum concilium deliberata concludunt[1]. »

Hæc pro pontificiâ auctoritate magnifica et sublimia, à Juliano cardinale, concilii Basileensis præside, pronuntiata atque ab ipso concilio, diplomate edito, promulgata sunt. Quæ profectò efficiunt, ut Ecclesia Romana sibi adversetur, dissolvens canones suâ primitùs auctoritate firmatos. Quod eò minùs præsumi potest, quò sæpiùs et clariùs nulla et irrita pronuntiat, imò sua inficiatur esse, quæ sacris canonibus adversa, suo etiam nomine proponantur. Illinc Hilarus, quem cæteri longo ordine consequuntur : « Nihil adversùm venerandos canones, nihil contra sanctæ memoriæ decessoris mei judicium valeat, quidquid obreptum esse nobis constiterit[2]. »

CAPUT XI.

De Decretalibus epistolis, deque consuetudine receptâ, et canonum origine.

Canonibus annumeramus decretales Romanorum Pontificum epistolas, quanquam illæ serò, Dionysii Exigui operâ, Ecclesiæ codici et canonum corpori adjunctæ sint; idque in Occidente tantùm : atque initio ducto à beati Siricii epistolis, quarto sæculo per provincias missis. Namque anteriores interciderant, aut remanserant penès Ecclesias, Sedem apostolicam consulentes, neque in unum corpus collectæ erant, quæ innumerabiles hinc indè dimissæ certis casibus providebant.

Cur autem posteà in unum collectæ corpus, ad Ecclesiæ canones accesserint, in promptu erit juris ecclesiastici origines repetenti. Namque Ecclesiæ primitùs traditione regebantur. Illinc ex traditionibus apostolicarum Ecclesiarum conscripti canones apostolorum, qui à Latinis serò, neque simul omnes, in auctoritatem adsciti.

[1] *Conc. Basil*, *ep. syn.*, n. 5; tom. XII *Conc.*, col. 706. — [2] Hilar. Pap, *ep.* iv, tom. IV *Conc.*, col. 1038.

Conditi verò posteà sunt canones per provincias, aut in universalibus synodis, cùm vel labente tempore, à priscis institutis deflecteretur, vel aliquid novæ difficultatis occurreret. Sibi Ecclesiæ id honoris mutuò exhibeant, ut statuta ab aliis aliæ plerumque ut sua ducerent, à communi scilicet profecta spiritu. Utebantur ergò singulæ Ecclesiæ canonibus, vel universalium conciliorum, vel suis, vel adoptatis, et consensu receptis. Hæc origo canonum. Horum executionem prima et apostolica Sedes ubiquè terrarum urgebat. Hinc ortæ epistolæ decretales, de quibus Hincmarus hæc: «Sunt leges et canones ac decreta Sedis apostolicæ ex iisdem canonibus promulgata[1]:» ac paulò post · « In decretis suis (scilicet Romanorum Pontificum), ex sacris canonibus promulgatis,» etc. Quæ quidem totidem verbis in Pontigonensi synodo repetuntur[2]; ut non unius Hincmari, sed omnium episcoporum Gallicanorum esse constet.

Manant hæc ex anterioribus Sedis apostolicæ decretis, qua'e est illud quod sanctus Sixtus III scribit ad Illyricanos episcopos: «A canonum præceptis vestrum nemo discedat, nec ab his deviet, quæ juxta regularum ordinem frequens ad vos directa Sedis apostolicæ decrevit auctoritas[3].» Sic ea quæ scribebant, ac per universas mittebant ecclesias, et è canonibus prompta erant, et canonum executioni serviebant.

Cæterùm ratio postulabat, ut qui canones firmarent et exequerentur, iidem, cùm opus esset, interpretarentur, et dubia jura reserarent, et pro tempore sancirent, quæ canonibus congrua viderentur. Itaque meritò in auctoritatem admissæ decretales, sed quæ canonibus congruæ, quæ eorum executioni profuturæ, quæ denique probatæ et usu receptæ essent. Quò pertinet illud in professione Romanorum Pontificum supra memorata: « Ut custodirent decreta canonica prædecessorum apostolicorum Pontificum, quæcumque ipsi synodaliter statuerunt et probata sunt:» hoc est, communi usu et consensu recepta. In constituendâ enim ecclesiasticâ disciplinâ, universalem assensum ab antiquis Pon-

---

[1] Hincm., *epist.* XLI *ad Adr.*, tom. II, p. 692. — [2] *Conc. Pont.*, sess. I, tom. IX *Conc.*, col. 281. — [3] Sixti III *epist. ad Illyric. episc., in Synod. Rom.*, cap. XVII, col. Holst., part. I.

tificibus postulatum, supradicta¹ satis probant, et qui ampliora velint nostros consulant. Nobis in re tritâ, summa quæque capita proferre est animus.

Consuetudines, ac mores universalis Ecclesiæ usu receptos, vim canonum obtinere constat: quandoquidem plerique canones si rerum originem attendamus, primùm consuetudines fuerunt usu receptæ et probatæ. Nicæna synodus sedium jura sanciens, canone VI : « Antiqua consuetudo servetur ². » Et canone VII : « Quoniam obtinuit consuetudo et antiqua traditio, ut Æliæ (hoc est Hierosolymorum) episcopus honoretur, » etc. Sanctus Basilius ille canonum vindex, canonicâ epistolâ ad chorepiscopos, canonibus accenset «consuetudinem, quæ in ecclesiis versabatur³. » Epistola etiam ad Diodorum, *consuetudinem* quæ in ecclesiis Cæsariensis tractûs obtinebat, *vim legis habere* decernit; « proptereà, inquit, quòd hæc statuta à sanctis viris sunt nobis tradita⁴. »

Jam in citatis locis consuetudines canonibus æquiparatas passim audivimus; laudantque omnes beatum Augustinum, cui *mores populi Dei et instituta majorum* pro lege sunt ⁵. Unde ad intolerandissimam insaniam refert contemptum eorum, quæ sunt universalis Ecclesiæ consuetudine roborata, epistolâ ad Januarium⁶; et alibi sæpiùs. Ac passim in decretalibus et in conciliis, conjuncta hæc duo, tanquam æqualis ponderis, *de jure vel consuetudine*. Atque hæc de universalis Ecclesiæ regulis.

CAPUT XII.

Jura, canones, consuetudines particularium ecclesiarum retinenda : in iisque pars libertatis ecclesiasticæ : cæterarum gentium eam in rem cum Gallis concors sententia.

At ecclesiasticam disciplinam libertatemque nostram, non solùm tuemur universalibus canonibus ac moribus; sed etiam

---

¹ Sup., hoc lib., c. VIII. — ² *Conc. Nicæn.*, can. VI, VII ; tom. II *Conc.*, col. 32. — ³ Basil., ep. LIV, aliàs CLXXXI; tom. III , p. 148. — ⁴ Id., ep. CLX , aliàs CXCVII, n. 2; *ibid.*, p. 249. — ⁵ Aug., ep. XXXVI, al. LXXXVI, n. 2; tom. II, c. 68. — ⁶ Id., ep. CXVIII, CXIX, al. LIV, LV, col. 123 et seq.

iis, qui per singulas ecclesias valeant; quod secundo loco in Declaratione Gallicanâ est positum. Hoc quidem ex antedictis jam confectum putamus. Laudata est Basilii Epistola de *consuetudine* particularium etiam ecclesiarum, « quæ vim legis obtineat, eò quòd hæc statuta (etiam particularia) à sanctis viris sint tradita¹ : » laudatus est Zozimi locus de servandis Patrum constitutis; quem locum ad peculiaria jura ecclesiarum pertinere vidimus² : laudata est Nicæna synodus, primis sedibus, ex ipsâ consuetudine sua jura servans, canone VI et VII³.

Accedit Ephesina, à Cypriis, et aliis quibuscumque ecclesiis potentiores episcopos, qui eas invaderent prohibens; « ne Patrum canones proterantur; neve sub sacerdotii prætextu, mundanæ potestatis fastus irrepat; ne clam paulatim libertas amittatur, quam nobis donavit sanguine suo Dominus Jesus Christus, omnium hominum liberator⁴. » Alludit ad illud Pauli : « Pretio empti estis, nolite fieri servi hominum⁵. » Hæc ergò pars comparatæ Christi sanguine libertatis, ut non hominibus, sed canonibus serviatur.

Sic igitur et jura peculiaria ecclesiarum servanda; et id pertinere ad ecclesiarum libertatem, synodus œcumenica definivit; referunturque ad universalis ecclesiæ jus, etiam particularia jura; quippè quæ à synodis universalibus confirmentur.

Eodem ferè sensu Chalcedonensis synodus primo id capite decernit : « Regulas à sanctis Patribus in unaquâque synodo, usque nunc prolatas teneri statuimus⁶; quibus regulis non tantùm communia, sed etiam propria cujusque ecclesiæ jura asseruntur.

Sanctus Gregorius Magnus ad Dominicum Carthaginensem : « Sicut, inquit, nostra defendimus, ità singulis quibuscumque ecclesiis jura servamus⁷. » Atque alio loco : « Absit hoc à me, ut statuta majorum consacerdotibus meis in quâlibet ecclesiâ infringam : quia mihi injuriam facio, si fratrum meorum jura perturbo⁸. »

Neque tantùm majores nostri laudaverunt universales canones,

---

¹ Sup., c. præced. — ² Sup., hoc lib., c. III. — ³ Sup., c. præced. — ⁴ *Decret. Conc. Eph.*, act. VII; tom. III *Conc.*, col. 801. — ⁵ I *Cor*., VII, 23. — ⁶ *Conc. Chalc.* act. XV, can. I; tom. I *Conc.*, col. 756.—⁷ Greg. Mag., lib. II, *ep.* XLVIII, al, XXIX; tom. II, col. 611. — ⁸ Id., *ep.* LII, aliàs XXXVII, col. 618, 619.

conciliorum generalium auctoritate conditos; sed etiam Gallicanos; « quoniam venerandi et sancti viri eos ediderunt, quorum vitam et sanctitatem crebra miracula commendarunt [1].

Valere autem, ut canones, ità etiam consuetudines, non modò Ecclesiæ universalis, sed etiam particularium ecclesiarum, antedicta firmant. Hùc accedit Ratramnus Corbeiensis, libro jussu regis et episcoporum Gallicanorum, contra Græcos edito, quo particulares consuetudines laudat, de quibus etiam hæc scribit : « Instituta verò majorum suis quibuscumque locis edita, sicut non omnibus eadem, sic unitatem fidei nullo modo divisere [2]. »

De his consuetudinibus retinendis, Jordani Lemovicensis episcopi, in concilio Lemovicensi, præclara sententia est : « Non enim una eademque lex omnibus ecclesiis, sive populis, sive civitatibus, sive gentibus, semper potest congruere; sed quædam pro qualitate locorum, et gentis et animorum, quamvis diverso, tamen congruenti ordine, in consuetudinem deducuntur [3]. » Cujus rei multa exempla commonstrat.

In eamdem sententiam Fulbertus Carnotensis : « Nec nos offendit observantiæ diversitas, ubi fidei non scinditur unitas [4]. » Quod sumptum ex sancto Gregorio, Numidarum peculiares consuetudines firmante his verbis : « Consuetudinem quæ tamen contra fidem catholicam nihil usurpare dignoscitur, immotam permanere concedimus [5]. »

Notum omnibus beati Ambrosii dictum, à beato Augustino tantâ cum laude memoratum [6], de consuetudinibus regionum. At clerus Gallicanus, ne consuetudinis nomine eas comprobare videatur, quæ in jure vocentur *corruptelæ* ac *vetustas erroris*; consuetudines eas ad ecclesiæ Gallicanæ disciplinam libertatesque pertinere voluit, « quæ Sedis apostolicæ et ecclesiarum consensione firmentur [7]. » Sic nostræ libertates vel maximè Sedis apostolicæ auctoritate constant, quippè quæ canonum executrix cus-

---

[1] Agobard., lib. *ad Lud. Pium Imp. adv. Leg. Gund.*, n. 12; tom. XIV *Bibl. Patr.*, p. 266. — [2] Ratramn. Corb. adv. Græc., lib. I, c. II, *Spicil.*, tom. II, p. 3 et 4. Vid. quoq. pass., lib. IV. — [3] *Conc. Lemov.*, II, sess. II; tom. IX *Conc.*, col. 895. — [4] Fulb. Carn., *epist.* II, ad Fin., tom. XVIII *Bibl. Patr.*, pag. 6. — [5] Greg. Mag., lib. I, *ep.* LXXVII, al. LXXVI, *ad Episc. Numid.*, tom. II, col. 561. — [6] Aug., *ep.* XXXVI, al. LXXXVI, n. 32. — [7] *Decl. Gall.*, c. III.

tosque sit. Unde noster Gerson docet omnem statum ecclesiastici ordinis « subesse rationabili voluntati Papæ, quæ rationabilitas regulanda est per determinationes conciliorum generalium, præsertim jam factas, de consensu et auctoritate summorum Pontificum [1] : » adeò nostri æquo jure omnia metiuntur, totoque studio Sedis apostolicæ auctoritati consulunt. Summa doctrinæ est, Ecclesiam ubique consensione regi.

Cæterùm ne nobis quisquam eâ causâ succenseat, habent, non modò Galli, sed etiam Hispani, Belgæ, Germani, alii omnes, suas consuetudines, sua jura, vel usu firmata, vel pactis. Hæc Sedes apostolica servat in ecclesiis quibusque gubernandis; quæ pars est vel maxima ecclesiastici regiminis, dicente Apostolo : « Omnibus omnia factus sum, ut omnes facerem salvos [2]. » Habent eædem gentes suos ritus. Aliena, nova, noxia respuenda, si fortè obtrudantur. Id sibi præ aliis ecclesia Gallicana vindicat, ut jure communi regatur, hoc est, quoad fieri liceat, jure antiquo, à quo dimoveri invita non possit. Quale jus, si reliquæ gentes vindicare sibi velint, nihil profectò prohibemus.

CAPUT XIII.

Jura novella necessaria : ad vetera collimandum : patrum Gallicanorum eâ de re in concilio Tridentino sensus : ipsum Tridentinum concilium eodem animo fuit.

Cùm autem vetusta laudamus, atque in iis arcem nostræ disciplinæ libertatisque collocamus, non propterea contendimus immutabilem esse Ecclesiæ disciplinam. Agnoscimus enim à patribus nostris in concilio secundo Vasensi commendatos [3], non tantùm *antiquos*, sed etiam *novellos canones*. Hos meritò laudat Agobardus, factos videlicet : pro causis necessariis, quarum definitiones in illis generalibus conciliis non habentur [4]. »

Et tamen ad antiqua semper niti nos oportet; præcipuumque

---

[1] Gerson., *de statib. Eccles. stat. Præl. consid.* IV; tom. II, p. 432. — [2] I *Cor.*, IX, 22. — [3] *Conc. Vasens.* II, malè à Bin. III, an. 529; *præf.*, tom. IV *Conc.*, col. 1679. — [4] Agob., lib. *ad Lud. Pium.*, n. 12; tom. XIV *Bibl. Patr.*, p. 266.

id fuit Gallorum studium in concilio Tridentino. Itaque oratores regis, id, præ aliis omnibus, mandatum acceperant : in Ecclesiâ reformandâ, « primùm id videri, ut ad Ecclesiæ initia redeatur, ut Ecclesiæ status ad originis suæ puritatem quàm maximè accedat [1]. »

Id verò Tridentini Patres, quoad iniquitas temporum tulit, egregiè præstiterunt. Unde hæc habent passim : « Sancta synodus antiquorum canonum vestigiis inhærendo decernit [2], » etc. Ac rursùs : « Sancta synodus vestigiis vi canonis concilii Chalcedonensis inhærendo statuit [3], » etc. Denique id semper agit, eòque collimat ut antiqui canones, « qui temporum atque hominum injuria penè in desuetudinem abierunt, innoventur, « universamque disciplinam cleri restituit ex iis, « quæ aliàs à summis Pontificibus ac sacris conciliis sancita fuerunt [4]. » Tùm præcipit ordinariis, « si quæ ex his in desuetudinem abiisse compererint, ea quamprimùm in usum revocari studeant, non obstantibus consuetudinibus quibuscumque; ne subditorum neglectæ emendationis ipsi condignas, Deo vindice, pœnas persolvant [5]. »

Si ergò sanctissima atque omni veneratione digna synodus veterem disciplinam non omninò restituit, id factum vel maximè quòd temporum ratio non sineret. Quâ in re memorabilis est Caroli cardinalis à Lotharingiâ, archiepiscopi Rhemensis, unà cum episcopis Gallicanis, de Tridentinâ reformatione declaratio et protestatio, anno 1563 : « Cùm nudius-tertius meam de reformationis articulis dicerem sententiam, præfatus sum etiam me valdè cupere, ut prisca illa ecclesiastica restitueretur disciplina : sed cùm his corruptissimis temporibus et moribus, intelligam non posse ea, quibus maximè opus est, protinùs adhiberi remedia, interim a sentiri et probare ea quæ nunc sunt decreta : non quòd ea judicem satis esse ad integram ægrotantis reipublicæ christianæ curationem, sed quòd sperem his priùs lenioribus fomentis adhibitis, cùm graviora medicamenta pati potuerit Ecclesia, Pontifi-

---

[1] *Inst. à M. de Lansac. Avril*, 1562. *Mém. pour le Conc. de Trente*, p. 173. — [2] *Conc. Trid.*, sess. XXIII, *de Reform.*, c. VII; tom. XIV, col. 867. — [3] *Ibid.*, c. XVI, col. 870. — [4] *Ibid.*, sess. VI, *de Reform.*, c. I, col. 769.— [5] *Ibid.*, sess. XXII, *de Reform.*, c. I, col. 857.

ces maximos, et maximè sanctissimum Dominum nostrum Pium, pro suâ insigni pietate et prudentiâ diligenter curaturum, ut ea quæ desunt implens et efficaciora inveniens remedia, in usum veteribus jamdiu abolitis revocatis canonibus, et maximè quatuor veterum illorum conciliorum, quæ quantùm fieri poterit observanda esse censeo; vel si expedire videbitur, frequentiori conciliorum œcumenicorum celebratione, morbum ab Ecclesiâ propulsans, eam suæ pristinæ restituat sanitati. Hanc autem meam mentem et sententiam, tùm meo, tùm omnium Galliæ episcoporum nomine, in acta referri volo, et ut id fiat, à notariis peto et postulo [1].

Est ejusdem generis et spiritûs protestatio circa ejusdem concilii caput *Causæ criminales :* et caput *Causæ omnes*, quibus episcopi Gallicani christianissimi regni *[privilegia, jura, sacrasque constitutiones tuentur* [2].

CAPUT XIV.

Ecclesia Gallicana antiquam et sanctam, sub Aurelio et Augustino, Africanam Ecclesiam sequitur : Christiani Lupi hallucinationes : summa doctrinæ de libertatibus.

Quâ in re ecclesia Gallicana eodem spiritu agitur, quo nobilis illa quondam ecclesia Africana. Notum quid ab eâ sanctus Zozimus Papa, missâ legatione, postularet, quid patres Africani responderint. Duo tantùm observamus : primum illud, Papam Zozimum, cùm appellationes ecclesiæ Africanæ suæ Sedi vindicaret, protulisse canones, eosque Nicænos, in Africâ quidem, ut toto orbe terrarum receptos ; alterum, Africanos Patres apertè professos se itâ probaturos appellationes eas, si canonibus Nicænis juberentur [3].

Ergò neque Zozimus absolutâ voluntate agebat; neque Africani

[1] *Declar. et Protest.*, etc. *Mém. pour le conc. de Trente*, p. 571. — [2] *Ibid.* Vid. *Conc. Trid.*, sess. XXIV, c. V et XX, *de Ref*, col. 883, 892. — [3] *Conc. Afric.* VI, c. III et seq.; tom II *Conc.*, col. 1590 et seq.

patres eâ se gubernari sinebant sed in receptis canonibus pars utraque vim omnem reponebat.

Interim Africani præsules Sedi apostolicæ, de Nicænis canonibus adhibent fidem, donec disquisitio fieret [1]. Posteaquàm constitit canones à Zozimo bonâ quidem fide laudatos, non esse Nicænos (a), collectâ synodo scribunt nobilem illam; ad sanctum Cœlestinum post Bonifacium Zozimi successorem, epistolam : quà nova, neque receptis canonibus probata repudiant, atque sic in antiquo jure perstant.

Hæc egit ecclesia Africana, eo tempore, quo tot orbis christiani lumina suo sinu alebat : Aurelium, Alipium, alios et, qui unus omnium instar esset, Augustinum.

At Lupus tantæ ecclesiæ tantæque synodi epistolam *infelicissimam et scatentem erroribus* [2]; synodum ipsam, *erraticam, deviam ac prævaricatoriam*, appellare non veretur; cujus causâ factum sit, ne Aurelius, vir maximus, « non appareat in Romanis sanctorum tabulis : nempè, inquit Lupus, propter hunc finalem lapsum [3]. » Qui si revivisceret, profectò videret à doctissimo ac religiosissimo viro Joanne Mabillonio nuper editum ecclesiæ Africanæ antiquissimum Martyrologium [4], quo sanctos inter episcopos, Gratum, Augustinum, Quod-vult-Deum, Capreolum et alios; sanctus quoque Aurelius ille, si Lupo credimus, finaliter lapsus, adscribitur sub finem mensis Julii, his verbis : « XIII Kalendas Augustas, depositio sancti Aurelii episcopi. »

Quod autem Lupus notat, « Augustinum, Alipium, Possidium, ac alios meliores episcopos retraxisse manus, et infelicissimis litteris subscribere noluisse, ac solos juvenes Aurelio adhæsisse [5], » viri docti me miseret tot ac tantas ineptias congerentis. Primùm enim constat quæ in eâ synodo gesta sunt, consentire cum iis, quæ in anteriore synodo sanctus Augustinus tunc, ut in actis legitur,

---

[1] Vid. *Conc. Afr.* VII, *ibid.*, col. 1603 ; et *collect. can. Afric.*, *ibid.*, can. CI et seq., col 170 et seq. — [2] Christ. Lup., *de Gall. Eccl. Rom. app.*, c. XII, p. 116. — [3] *Ibid.*, c. XXX, p. 707, 708. — [4] Mabil., *Analect*,. tom. III, p. 399. — [5] Lup., *de Afr. app.*, loc. cit.

(a) Erant enim hi canones III, IV et V synodi Sardicensis, quæ synodus pars et appendix concilii Nicæni Romæ habebatur ; sed erat Afris ignota, imò ab illis credita Arianorum conciliabulum. (*Edit. Leroy.*)

« legatus provinciæ Numidiæ dixit : Et hoc nos servaturos profitemur, salvâ diligentiore inquisitione concilii Nicæni [1]. » Ex quo sequebatur ne servaretur ampliùs, postquam à Nicæno concilio abesse compertum est, quod synodus Aurelii sanxit. Quid autem requiramus in ejus synodi epistolâ, sancti Augustini et aliorum manum? Nempè illi aberant : neque enim provincia Numidiæ, aliæque, eosdem semper legatos mittebant. At si improbassent, utique adversùs *erraticam et deviam synodum* reclamandum erat : quod contrà factum est : ea enim in aliâ synodo Africanâ [2], unâ cnm aliis synodis sub Aurelio actis, *recitata*, repetita et comprobata est; neque prætermissa est illa epistola, quam optimus Lupus *scatentem erroribus* reputat; neque Augustinus unquàm ab Aurelio secessisse legitur, uti Lupus memorat. Quin potiùs Aurelium, et vivum et mortuum, ni fallor, miris ubiquè laudibus commendavit [3]. Hujus etiam memoriam, hujus epistolas Africanorum conciliorum dictatas nomine, sequens ætas celebravit. Testis vir egregius Ferrandus diaconus, in *Vitâ sancti Fulgentii*: « Sanctæ, inquit, memoriæ Aurelius Carthaginensis ecclesiæ antistes, inter sua privilegia meruit, ut litteras ex Africano concilio dandas ipse solus scriberet [4]. » Quod item sancto Fulgentio contigisse memorat : tam sanctum habebatur illud officium!

Fingit bonus Lupus juvenes tantùm episcopos adhæsisse Aurelio; neque illud saltem cogitat, post ipsum Aurelium statim in epistolæ fronte apparere Valentinum, Numidiæ scilicet primatem [5]: quem primatum ætati datum esse nemo nescit. At enim ille etiam retrocessit unà cum Augustino aliisque Numidis, si Lupo credimus [6]. Nempè fefellit eum sancti Augustini epistola ad sanctum Cœlestinum de Antonio Fussalensi [7]; quam si attentè legisset, profectò invenisset, sub ipsa initia Cœlestini scriptam, antequam ab Oriente de Nicænis canonibus responsa venissent; quo tem-

---

[1] *Conc. Carth.*, VI, c. VII, tom. II *Conc.*, col. 1592. — [2] Conc. Afric., sub Cæl., can. CI, col. 1670 et seq. — [3] Vid. Aug., pass. et imprim., *serm.* CCCLV, al. XLIX, *de Vit. et morib. cleric.*, n. 5; tom. V, col. 1383. — [4] *Vit. Fulg.*, per Ferrand. ante ejus oper. c. XX, n. 40, p. 20, edit. 1684. — [5] Vid. Conc. Afric., seu *coll. Conc. Afric. can.*, tom. II *Conc.*, col. 1670. — [6] Lup., *de Appel. Afric.*, c. IV, p. 609. — [7] Aug., *ep.* CCIX, aliàs CCLXI ; tom. II, col. 777.

pore ab Afris permissas appellationes, *salvâ diligentiore concilii Nicœni inquisitione*, prout sanctus Augustinus interlocutus erat, ut in concilio sexto Carthaginensi vidimus[1]. Hæc verò nos de Lupo monenda esse duximus ut viris bonis appareat, quàm inepta, ne dicam impia, adversùs sanctos viros, imò adversùs sanctissimam Africanam Ecclesiam suaserit falsa et præpostera pietas. Quid posteà in Africâ, labentibus rebus gestum sit, nihil nostrâ : hoc enim abundè est, nobis esse communem, cum tam claro sæculo tantisque viris, receptorum canonum, atque in eo positæ ecclesiasticæ libertatis, defensionem.

Summa ergò sit nostræ libertatis, sic novella jura, piâ aut necessariâ institutione stabilita, servare, ut antiquiora respicere iisque sustentare labentem disciplinam; certè *jus commune*, atque in eo venerandas juris antiqui reliquias omni ope servare, jusque arbitrarium, et mandata extraordinaria repudiare studeamus; in eâque partem maximam reponamus nostræ erga Ecclesiam catholicam ac Sedem apostolicam reverentiæ; quippè qui intelligamus, quò quisque est studiosior antiquæ disciplinæ, eò magis cordi habere Ecclesiæ catholicæ ac Sedis apostolicæ majestatem.

CAPUT XV.

Libertates quo sensu privilegia dicantur, nempè ut jura antiqua, libertatum radix : an Petrus de Marcâ audiendus, qui conciliorum superiorem potestatem à libertatibus separat.

Omittimus notum illud, libertates nostras non privilegia, sed libertates dici; ut quæ non veniâ et indulgentiâ, sed ipso antiquo jure nitantur; quanquam jura ecclesiarum apud antiquos passim privilegia etiam appellantur; vulgatumque illud, τα πρεσϐεία, hoc est, antiqua et vetusta, quæ nostri *privilegia* vocant, ipsâ antiquitatis commendatione fulta, suâ vi stare oportere.

Radix autem libertatis ecclesiasticæ eo maximè constat, quòd in ipsâ catholicâ Ecclesiâ vigeat suprema illa vis et indeclinabilis,

[1] *Conc. Carth.*, VI, c. VII, jam cit.

quâ ipsa catholica Ecclesia gubernetur; valeatque illud beati Hieronymi, quod est à majoribus nostris toties celebratum : « Si auctoritas quæritur, orbis major est Urbe[1]. »

Haud me fugit virum illustrissimum atque doctissimum Petrum de Marcâ (a), dùm Romanis auribus parcit, aliam ac novam de libertatibus Gallicanis protulisse sententiam. Is enim profitetur confutari à se communem opinionem, quæ docet præcipuam libertatum regulam hanc esse ut concilium œcumenicum superius Romano Pontifice dicatur[2]; quamvis tamen hæc sit scholæ Gallicanæ sententia, non esse unam ex libertatibus Gallicanis : illam niti eo fundamento, quod sit expendendum, an nova constitutio vel novum rescriptum rebus Gallicanis consulat aut noceat : ac fruatur licèt Summus Pontifex, aut æquo jure cum conciliis generalibus, aut superiore, nihil hoc ad libertatem; cùm et eâ perinde utamur erga conciliorum, atque erga Pontificum nova decreta : quod certum fieri aiunt, ex modificationibus Basileensi concilio, ac deinde Tridentino adhibitis; atque omninò sufficere illud, ut Romani Pontifices canonibus derogare velle non censeantur, etsi fortasse, formulis rescripti ex stylo Curiæ, aliter cautum sit.

Hæc docet vir summâ doctrinâ summoque ingenio; at quod nemo neget, versatili, et in utramque partem æquè composito. Profectò ut verum sit id quod exponit, nihil tamen velabat libertatem Gallicanam duplici fundamento niti : nec à Gallo jurisconsulto ac præsule, circa libertatem antiqua et vulgata rejici oportebat, dùm ei muniendæ nova fulcimenta quærit.

Nam neque consultum id erat, ad Scholam referre tantùm, nostram de conciliorum potiori potestate sententiam, quæ Constantiensibus canonibus innitatur. Cùmque nostra libertas conci-

---

[1] Hier., *ep.* cι, *ad Evan.*, al. LXXXV, *ad Evagr.*, tom. IV, col. 803. — [2] Marc., *de Concord.*, lib. III, c. VII, n. 1.

(a) Dans le précédent volume, page 26, on signaloit ainsi Pierre de Marca ; *Clarissimum ingenium, sed in theologiâ non satis exercitatum ; ad hoc versatile ac lubricum, et nimiâ facilitate per varias ambiguasque sententias de re ecclesiasticâ ludere solitum.* Maintenant on l'appelle *virum illustrissimum atque doctissimum*; et tout à l'heure il sera *vir summâ doctrinâ summoque ingenio.* On voit partout que l'illustre auteur n'a pas mis la dernière main à son ouvrage.

liorum, maximè œcumenicorum, canonibus contineatur, non erat inficiandum ejus partem vel maximam in canonibus Constantiensibus esse repositam, quos ecclesia Gallicana non modò summâ pietate receperit, verùm etiam, ut conderentur, omni studio, procurarit. Tùm illud libertati erat congruum, ut adversùs extraordinaria mandata, certâ præscriptione uterentur, quòd esset in canonibus firmum aliquid et invictum constitutum ab ipsâ Ecclesiæ potestate, quæ pontificiam potestatem, si quando extra limites efferretur, coercere; quin etiam interdùm, in gravibus scandalis, castigare posset. Quo enim alio firmiore telo usa est Ecclesia Gallicana ad tuendam libertatem, quàm appellatione? At illa nulla est, nisi concilium statuas potiore potestate esse. Quin Ecclesia Gallicana clarè et apertè legitimæ defensionis fundamentum in Constantiensium canonum auctoritate reposuit. Id docent ea verba appellationis capituli Parisiensis et Joannis Dauvet Procuratoris regii, quæ supra memoravimus[1]; placetque hæc addere haud minori emolumento futura. Capitulum quippe Parisiense, repetitis, ut supra descripsimus, Constantiensibus sessionis quintæ et aliarum canonibus, hæc subdit : multa à synodo Constantiensi esse decreta, « ut Romanis Pontificibus congregandi concilii universalis occasio necessitasque inesset, Sponsæque Christi universali Ecclesiæ sic congregatæ; id honoris singularisque præeminentiæ locum deferre consuescerent : ut si quid fortè tam arduum contingeret, quod omnes tangat universorumque statum, commodum aut incommodum spectare videatur, ipsius universali concilio atque veritate testante, supremo infallibilique judicio deliberandum determinandumque committerent; eoque pacto, non se jam rerum dominos et omnipotentes, et quibus à nemine dici possit : Cur ita facis? sed Domini sui Christi Sponsæ famulos se, servorumque Dei servos, non verbo et linguâ, sed opere et veritate faterentur[2]. » Hoc ergò fundamento, nempè invictâ auctoritate Constansiensium canonum de supremâ et absolutâ concilii œcumenici potestate, ipsa libertatis adversùs imperatam pecuniam

[1] Sup., lib. X, c. xxviii. — [2] *Appell.*, ii, c. Paris. *Preur. des Libert.*, c. xxii, n. 29.

defensio nitebatur. Quantò magis uteremur illâ defensione, si nobis præriperentur ea jura, quæ omni auro contrà æstimamus?

Neque patres nostri unquàm ab eâ sententiâ discesserunt. Audivimus enim cardinalis Lotharingii è concilio Tridentino scriptam epistolam, quâ Papæ quoque ipsi testatum esse voluit, Gallos ad necem usque in eâ sententiâ perstituros, quæ Constantiæ atque Basileæ, de conciliorum potestate firmata est, *quippe quâ omnia regni privilegia innitantur*[1].

Idem professus erat Henricus II, cùm in ipsis concilii Tridentini initiis, hæc suis oratoribus declarat ac mandat, tanquam rerum suo nomine agendarum certissimum fundamentum : « Nos pro nostro munere ac titulo, quem à majoribus accepimus, cupientes ecclesiasticam libertatem sartam-tectam manere, et sacrorum generalium et œcumenicorum conciliorum, et Sedis apostolicæ auctoritatem illæsam conservari, simul et Gallicanæ Ecclesiæ, regni ac dominiorum nostrorum jura ac libertates salvas esse et incolumes[2]; » etc. Ecclesiæ igitur universæ, ac privatim Ecclesiæ Gallicanæ libertates, cum apostolicæ quidem Sedis, sed primùm cum œcumenicorum conciliorum auctoritate conjungit : quæ à viris eâ tempestate maximis limata, atque ex inimo totius Ecclesiæ Gallicanæ sensu deprompta esse constant.

Ergò Gallis non placent, à Gallo homine et præsule, Gallicanæ expositæ libertates diversissimo modo, quàm anteà fuerat à Gallis summâ consensione factum : perstititque Facultas, ut omittam cæteros, in pristinâ sententiâ, quam exposuimus[3], cùm de Vernantii et Guimenii censuris ageremus.

Atque haud scio an probari debeat universim ea libertas, quam vir illustrissimus statuit, ut in novis morum decretis, ab œcumenicorum etiam decretorum auctoritate liberè recedatur. Factum id quidem semel in recipiendo concilio Tridentino[4], non solùm à Francis nostris, sed etiam à Belgis ditioni Hispanicæ subditis : cujus rei multæ causæ sunt, et quædam à nostris tac-

---

[1] *Lett. du card. de Lorraine à Breton son secrét. Mémoire pour le Conc. de Trente*, p. 556. — [2] *Pouvoir envoyé par le roi Henri II à son Ambassad.*, etc., *Ibid.*, p. 20. — [3] Sup., lib. VI, c. XXVII. — [4] Vid. *Mém. pour le Conc. de Trente*, p. 531 et seq.

tæ in ipso Tridentino concilio[1]; peculiares illæ quidem, nec trahendæ universim ad generalia concilia, neque satìs cautum aut honestum videtur passim in eo reponere libertatem, ut ab universalis Ecclesiæ decretis recedere liceat. Atque id quidem monere interim, at excutere penitùs, alieno loco non libet. Quòd sanè aiunt, ab Ecclesiâ Gallicanâ certis conditionibus ac modificationibus receptum esse Basileense concilium, suprà retulimus eas ità esse adhibitas, « sub spe scilicet, quòd per sacrum concilium admittentur[2]. »

CAPUT XVI.

Hæc doctrina non obest dispensationibus apostolicæ Sedis : concilii Basileensis locus : Gersonis doctrina à sancto Bernardo ducta.

Neque verò putent, à nobis tantâ canonum et conciliorum auctoritate constitutas Sedis apostolicæ dispensationes esse sublatas. Absit : has enim nemo catholicus, nemo veri regiminis sciens, aut rerum ecclesiasticarum gnarus abstulerit. Has toto animo complectitur, ea quam pontificiæ potestati maximè adversari putant, Basileensis synodus. Sic enim loquitur : « Per concilium autem statuta in nullo derogant suæ potestati, quin pro tempore, loco causisque et personis, utilitate vel necessitate suadente, moderari dispensareque possit, atque uti summi Principis ἐπιείκεια, quæ ab eo auferri nequit[3]. » Anno 1435.

Itaque in decretis synodalibus Papæ auctoritatem exceptam intelligunt, nisi aliter caveatur. Quam exceptionem Gerson egregiè explicat, atque ita vult dari locum pontificiæ dispensationi, « non ut sit effræna libertas, sed si necessitas vel evidens utilitas postularet, nec recursus pateret ad generale concilium; alioquin non esset uti plenitudine potestatis, sed abuti plenissimè[4]. »

Quâ sententiâ vir doctissimus juxtà ac modestissimus mediam

[1] Sup., lib. VI, c. XII. Vid. *Pragm.*, tom. XII *Conc.*, col. 1429 et seq. — [2] *Conc. Basil.*, *epist. synod.*, n. V; tom. XII *Conc.*, col. 706. — [3] *Ibid.*, n. III, p. 691. — [4] Gers., *de Potest. Eccl. cons.*, X, tom. II, p. 240, 241.

tenebat viam : « Ne talis esset restrictio papalis potestatis, ut semper ad concilium recurrendum esse propter raritatem; nec talis laxatio, quæ conciliorum robur enervaret [1]. »

Grave illud ac memorabile, quod idem christianissimus doctor coram Alexandro V apostolicâ libertate prædicabat : « Leges rectè latas, quantâlibet importunitate petentium fatigeris, nunquàm dispensabis, nisi aut necessitas urgeat aut communis provocet utilitas. Alioquin fuerit potiùs crudelis dissipatio, quam justa dispensatio. Cavebis dispensationem ipsam lege communiorem facere; ne turpe sit, si regulam sua vincat exceptio [2]. » Quo ferè loco res esse, boni omnes lugent.

Cæterùm eruditus lector in oratione Gersonis, beati Bernardi verba recognoscit. Notum id melliflui doctoris : « Ubi necessitas urget, excusabilis dispensatio est : ubi utilitas provocat, laudabilis dispensatio est. Utilitas, dico, communis, non propria : nam cùm nihil horum est, non planè fidelis dispensatio, sed crudelis dissipatio est [3]. »

His igitur causis, multa in jure permissa sunt sublimioribus ac litteratis personis; multa episcopis, ut episcopatûs non tàm dignitatem quàm onera sustinere possint : multa principibus, quorum rationes publicis atque etiam ecclesiasticis rationibus prosint : cujus generis est illud Tridentini concilii : « In secundo gradu nunquàm dispensetur, nisi inter magnos principes et ob publicam causam [4]. »

Nec desunt quæ indulgere privatis, publica etiam utilitas postulat, ne pereant, *ne abundantiori tristitiâ absorbeantur* [5]; ne Ecclesia infirmis materna viscera claudere videatur, excidatque ab Ecclesiastico regimine apostolicum illud : *Infirmum autem in fide assumite* [6]. Sed nobis non vacat prosequi singula; summa attigisse sufficiat.

Illud prætermittere non possumus, aliud esse quod Ecclesia jubeat, aliud quod indulgeat, aliud quod toleret. Id jubet, ut

---

[1] Gers., *serm. de viag. Reg. Rom.*, III, part. direct. II; *ibid.*, n. 279.—[2] Id.,*serm. coram Alex. Pap.,ibid.*, p. 140. — [3] Bern., *de Consid.*, lib. III, c. IV, n. 18, col. 483. Vid. quoque lib. *de Præcep et Disp.*, c. IV, *ibid.*, col. 503, 504. — [4] *Conc. Trid.*, sess. XXIV, c. V, *de Reform.*, tom. XIV, col. 878.—[5] II *Cor*. II, 7.— [6] *Rom*, XIV, 1.

quàm maximè observentur canones : id indulget, ut causis necessariis interdùm relaxentur : id tolerat, quod sine gravi perturbatione punire non potest : quæ quidem tolerantia pars quædam est ecclesiasticæ disciplinæ ; sed ea quæ peccantes non excuset, imò etiam gravet ; quippè qui divinæ ultioni reserventur.

Bernardo et Gersoni adjungere longo ordine poteramus scriptores antiquiores. Verùm posterioris ævi doctores, hoc loco, vel maximæ auctoritatis esse omnes fatebuntur : quippe ex his æstimare liceat quid primis sæculis Ecclesia senserit, cùm priscus canonum obtineret vigor ; oportetque omninò immota esse ea, quæ corruptissimis quoque temporibus ac profligatâ disciplinâ, suo tamen pondere steterint.

CAPUT XVII.

Dispensationes sine causâ ; *canon Lugdunensis in earum gratiam à Petro de Marcâ citatus, an id efficiat.*

Quam autem ex Bernardi Gersonisque temporibus projecta ac prolapsa sint omnia, vel ex eo patet, quòd dispensationes, etiam *sine causâ*, valere tam multi sentiant, quorum auctoritas apud cordatiores nulla est.

Omninò enim, quæ ratione constituta sunt, quæ publicâ utilitate, non debent sine ratione, sine publicâ utilitate laxari ; tales autem sunt leges ; non ergò sine ratione, sine publicâ utilitate laxari possunt.

Ligant ergò potiùs quàm solvunt, illæ nunc à multis tanto studio celebratæ dispensationes *sine causâ :* ligant, inquam, non modò impetrantem, sed etiam dantem : et cùm Dominus incipiet rationem ponere cum servis suis [1], et egredietur illud ab altâ Christi sede : *Redde rationem villicationis tuæ* [2], non credo valebit illud postremis demum temporibus natum : *Pro arbitrio feci.* Meminisse enim oportebat sancti Cœlestini dicentis : « Dominentur nobis regulæ, non regulis dominemur [3]. »

[1] *Matth.*, xviii, 24. — [2] *Luc.*, xvi, 2. — [3] Cœlest., *ep.* i, *ad Illyric. ep.*, Coll. Holst., part. i.

Præpositis Ecclesiæ dominantur regulæ, primùm, cùm eas exequuntur, deinde cùm certâ ratione solvunt. At profectò regulis dominantur, cùm pro arbitrio solvi à se posse confidunt.

Vir illustrissimus Petrus de Marcâ satis sibi disciplinæ cavisse videtur, si dispensationem *sine causâ* diceret, « in his quæ vel jura tertii, vel statum publicum lædunt, nec licitam esse, nec validam; » alioquin *absque crimine* suscipi et concedi [1] : tanquam *status publicus* non statim lædatur, aut verò ullo modo possit consistere, solutis etiam *sine causâ* legibus.

Profert ille quidem Lugdunense concilium sub Gregorio X, quod, inquit, ad Romani Pontificis arbitrium retulit, « æstimare quem modum beneficii sui esse velit [2] : » ex quo infert licere summo Pontifici « sine causæ cognitione aliquem canonibus solvere, dummodo status publicus non lædatur. » Quò etiam refert nomen *beneficii*, eoque significari vult, « gratiam ex merâ principis liberalitate collatam. » Sed profectò hanc gratiam et liberalitatem meram, in exequendis canonibus, Ecclesiæ traditio non agnoscit.

Ego verò diligentiùs expensum vellem illud, *æstimare*, quid sit. Non enim, quod infert, *sine causæ cognitione aliquem canonibus solvere;* sed considerare, ponderare, quæ sit mens canonum, et quatenùs boni publici intersit eos temperari certis et extraordinariis casibus, pensatâ eâ, quam Ivo noster celebrat [3], *honestâ vel utili compensatione*, unde existat illa, quam ipse Ivo memorat, *provida dispensatio;* aut, ut idem definit, *auctoritate præsidentium diligenter deliberata dispensatio;* quæ synodus Lugdunensis, *æstimandi* voce, complexa est.

Cæterùm ille canon Lugdunensis agit de iis qui plures dignitates et ecclesias ex dispensatione obtinent; quod unum vel maxime, certâ atque optimâ causâ fieri oportere, et omnia jura clamant, nec ipse Marca inficietur.

[1] *De Concord.*, etc., lib. III, c. xv, n. 3. — [2] Marca, *ibid.* Vid. conc. *Lugd. II*, const. xxiii; tom. XI, col. 985. — [3] Iv. Carn., *præf. Decr.*

CAPUT XVIII.

De dispensatione sine causâ sententia cardinalium sub Paulo III: concilii Tridentini decreta memoranda.

De dispensationibus *sine causâ*, ac merâ Papæ voluntate factis, optimum esset legi, altèque animis infigi ea, quæ egregii cardinales, Gasparus Contarenus, Joannes Petrus Theatinus, posteà Paulus IV, Jacobus Sadoletus, Reginaldus Polus, unà cum episcopis ac theologis suo ævo maximis, ad Paulum III edidere, anno 1538, cùm ejus Pontificis jussu de emendandâ Ecclesiâ tractarent. Primum illud : « Principium malorum inde fuisse, quòd nonnulli Pontifices prurientes auribus, ut inquit apostolus Paulus, coacervaverunt sibi magistros ad desideria sua, non ut ab iis discerent quid facere deberent, sed ut eorum studio et calliditate ratio inveniretur, quâ liceret id quod liberet[1]. » Tùm illud : « Principatum omnem sequitur adulatio, sicut umbra corpus, difficillimusque semper fuit aditus veritatis ad aures principum : quâ doctorum adulantium fallaciâ contigerit, ut voluntas Pontificis qualiscumque ea fuerit, sit regula, quâ ejus operationes et actiones dirigantur : ex quo procul dubio efficitur, ut quidquid libeat, idem etiam liceat. » Subdunt : « Ex eo fonte, sancte Pater, tanquam ex equo Trojano, irrupere in Ecclesiam Dei tot abusus, et tam gravissimi morbi, quibus nunc conspicimus eam ad desperationem ferè salutis laborasse, et manasse harum rerum famam ad infideles usque. » Denique illud : » Nec putemus nobis licere dispensare in legibus, nisi urgenti de causâ et necessariâ. Nulla namque perniciosior consuetudo in quâvis republicâ induci potest, quàm hæc legum inobservantia, quas sanctas majores nostri esse voluerunt, eorumque potestatem venerandam et divinam appellaverunt. »

Non vacat commemorare quæ de dispensationum atque indulgentiarum abusu viri gravissimi protulerunt ; quorum summa

[1] *Cons. de lect. cardin.,* etc., *de emend. Eccl. Paul. III exhib.,* an. 1538. Vid. Sleid. *Comm.,* lib. XII.

est, dispensationes nullâ necessitate factas, solvendis legibus ac dissipandæ Ecclesiæ esse comparatas.

Hinc illud gravissimum atque sanctissimum de dispensationibus moderandis concilii Tridentini decretum : « Sicuti publicè expedit, legis vinculum quandoque relaxare, ut pleniùs evenientibus casibus et necessitatibus, pro communi utilitate satisfiat; sic frequentiùs legem solvere, exemploque potiùs quàm certo personarum rerumque delectu, petentibus indulgere, nihil aliud est quàm unicuique ad leges transgrediendas aditum aperire. Quapropter sciant universi, sacratissimos canones exactè ab omnibus, et quoad ejus fieri poterit, indistinctè observandos. Quod si urgens justaque ratio, et major quandoque utilitas postulaverint, cum aliquibus dispensandum esse; id, causâ cognitâ, ac summâ maturitate, atque gratis à quibuscumque ad quos dispensatio pertinebit, erit præstandum ; aliterque facta dispensatio subreptitia censeatur [1]. »

Hâc lege confitemur ex eodem concilio, in omnibus morum decretis « Sedis apostolicæ auctoritatem salvam et esse et intelligi [2]; » quod avos nostros ità commovebat, ut vel eâ causâ synodum Tridentinam admittere recusarent, cùm negarent à Papâ relaxari posse synodorum universalium decreta, nisi ipsæ synodi permisissent.

At rectè æstimanti sufficere potest, « quòd nisi justâ et urgente ratione, causâque cognitâ, ac summâ maturitate et gratis facta sit dispensatio, subreptitia, » adeòque irrita et nulla *habeatur*.

Hæc pœna decernitur, non adversùs dispensantes, sed adversùs impetrantes : quo fit, ut in ejusmodi dispensationibus irritandis, non semper recurri debeat ad ipsum dispensationis auctorem. At debet impetrans conscientiam primùm adhibere judicem, atque illud apud se reputare, retractanda, imò etiam persæpè punienda divino judicio, quæ humano judicio intacta fuerint.

[1] *Conc. Trid.*, sess. XXV, *de Reform.*, c. XVIII, col. 916. — [2] *Conc. Trid.*, sess. XXV. *de Reform.*, c. XXI, col. 917

CAPUT XIX.

Natura ipsa dispensationis ex sancto Symmacho et sancto Gelasio, Romanis Pontificibus. Hinc dispensationes sine causâ evertuntur.

Hujus verò doctrinæ de dispensationibus, fons radixque est ipsa dispensationis natura et vox. Non enim dispensare est relaxare et solvere, quod jam animo conceptum habent; sed distribuere, regere, administrare pro locorum temporumque ac rerum rationibus; ex quo interdùm juris relaxatio consequatur : unde quod Græci δικονομίαν, nostri dispensationem vocant.

Atque hæc quidem vox *dispensationis,* et res ipsa, est ex juris mente profecta juris interpretatio, in causis extraordinariis et necessariis, quas ipsa lex exceptura fuisse præsumitur, si animo prævidisset.

Quâ de re extat brevis illa quidem, sed aurea, quam Dacherius Lucas, vir doctissimus ac religiosissimus edidit, sancti Papæ Symmachi epistola ad Avitum (a) : « Licet, inquit, confusionem provinciæ à prædecessore nostro sanctæ memoriæ Anastasio episcopo, præter Ecclesiæ consuetudinem et antiqua prædecessorum nostrorum statuta, factam esse dixerimus, et non esse tolerandam; attamen si ea quæ fecit, rationabiliter fecisse fraternitas tua docuerit, gaudebimus nihil esse ab eo contra canones attentatum; quia quod fit præter regulam, modò sit *ex justâ causâ,* non infringit regulam, quam sola pervicacia et antiquitatis contemptus lædit. Nam quamvis à Patribus statuta diligenti observatione et observanti diligentiâ sunt custodienda, nihilominus propter aliquod bonum de rigore legis aliquid relaxatur; quod et ipsa lex cavisset, si prævidisset; et sæpè crudele esset insistere

(a) Avitus Viennensis ab Anastasio Papâ *per subreptionem* impetraverat concedi sibi ordinationes quorumdam episcoporum, qui anteà metropoliticâ jurisdictione Arelatensis ecclesiæ regebantur. De eâ re, Æonius Arelatensis relationem misit ad Symmachum, qui quidem decretum Anastasii rescidit, quod nempè *confusionem provinciæ faceret* et *antiqua statuta violaret.* Tum Avitus graviter conquestus est hanc causam à Sede apostolicâ, *inauditâ parte,* fuisse judicatam. Hujus querelis respondet Symmachus iu eâ epistolâ. Vid. Symm. *epist.* I, II. IX, X, etc. (*Edit. Leroy.*)

legi, cùm observantia ejus esse præjudiciabilis Ecclesiæ videtur; quoniam leges eâ intentione latæ sunt ut proficiant, non ut noceant [1]. » Quâ unâ epistolâ diligens lector omnia nostra firmata comperiet.

Præluxerat sancti Gelasii auctoritas, quæ « in dispensationibus necessariis, adhibita consideratione diligenti, decreta metiri, librare, temperare » jubet [2]. Atque hæc illa est ἐπιεικείας ratio, unde ortæ dispensationes, librando, metiendo, considerando, æstimando. Quam proinde ἐπιείκειαν qui liberalitate merâ ac pro libitu, sine certâ gravique ratione administrari posse credat, cùm sit ipsa summa ratio, profectò desipiat. Ex quo sequitur in dispensationibus, quæ *sine causâ* esse dicantur, ipsam dispensationis rationem ac nomen everti. Hæc verò usque adeò certa esse credimus, ut ea qui semel animo perceperit, nullo modo negare possit.

CAPUT XX.

An auctor Anonymus Tractatûs de Libertatibus, ad tertiam propositionem Declarationis Gallicanæ rectum aliquid, aut ad rem dixerit.

Nunc erit facillimum ex dictis aperire, quæ, de libertatibus Gallicanis auctor anonymus, vel perperam vel extra rem, et inani operâ, toto volumine disseruit, et præsertim ad caput tertium Gallicanæ Declarationis.

Quo loco statim illud occurrit : « Potestatis usum, non potestatem ipsam Summi Pontificis moderandum censent illustrissimi antistites [3]. » Ac paulò post : « Sed videtur, quemadmodum potestatem, ità potestatis usum, solus, qui concessit, posse moderari, nisi ea facultatem alteri permiserit. » Denique : « Scimus equidem inesse apostolicæ Sedi rerum spiritualium plenam potestatem, ut habet secunda propositio; sed à quo possit illius potestatis usus impediri ac ligari, à quo habemus? » Dissimulat Scripturæ locos, quibus supremam ipsam atque omninò indecli-

---

[1] Symm., *ep.* XII; tom. V *Conc.*, col. 1312; et *Spicil.*, tom. IV, page 583. — [2] Gelas., *ep.* IX, *ad Episc. Lucan.*, c. 1; tom. IV *Conc.*, col. 1188. — [3] Anonym., *de Libert.*, etc., lib. VI, c. I, n. 1.

nabilem auctoritatem in ipsâ Ecclesiæ consensione esse positam, nostri ostendunt : dissimulat constantissimam Ecclesiæ catholicæ Sedisque apostolicæ eâ de re traditionem : dissimulat locos innumerabiles, quibus ipsi Romani Pontifices adversùs canones se nihil posse prædicant. Hæc ergò expendere, non unâ interrogatinculâ solvere, ac velut difflare oportebat.

Quod Declaratio Gallicana non ipsam pontificiam potestatem, sed illius usum moderandum esse docet, à majoribus sumptum ; quorum locos toto hoc opere sæpè referimus. Concedimus enim in jure quidem ecclesiastico, Papam nihil non posse, cùm necessitas id postularit. Quis sit autem in his modus, præscribunt canones *totius mundi reverentiâ consecrati;* quod jam non ad potestatem illam in se, sed ad usum pertinet. Id si expendisset auctor, Gallicanos patres, ut diligentissimè et accuratissimè ex majorum sententiâ locutos, laudasset; non inanibus vexasset cavillationibus et quæstionibus.

Dispensationes necessarias esse docet anonymus [1]. Quis enim id nescit, aut quis negat? Quæ sit illarum ratio aut modus, quod ad rem pertinebat, levissimè transilit. Nempè illud unum volebat, notare Gallos, ut qui assiduè dispensationes implorarent, tanquam in reliquo orbe christiano plus canones obtinerent.

Litem movet anonymus episcopis Gallis, quòd instituta commendent *à regno et ecclesiâ Gallicanâ recepta :* quasi fraus aliqua in illis verbis lateat; « nisi fortè, inquit, regnum et Ecclesia copulativè sumantur, quod magis crediderim [2], » quasi verò aliter sumi possint.

Metuere se fingit anonymus, ne probari videantur « abusus contra jura Ecclesiæ à magistratibus inducti. » At patres Gallicani studiosissimè monent statuta et consuetudines, quæ pro legibus obtinere debeant, eas esse, « quæ apostolicæ Sedis et ecclesiarum consensione firmentur : » quo nihil est clarius. Quare anonymus nihil hîc habuit, quod objiceret, nisi istud : « Operæ autem pretium esset statuta ejusmodi et consuetudines percensere :...... alioquin nequaquàm tollitur suspicio, ne sub honestorum verborum specie, occultetur animus sanctæ Sedis decreta

[1] Anon., *de Libert.,* etc., lib. VI, c. I, n. 2, 3. — [2] *Ibid.,* n. 4.

propriis rationibus accommodandi¹. » Quid igitur? Gallicanos antistites non generales regulas exponere, quod in animo habebant; sed omnia statuta, consuetudines omnes, percensere oportebat; ac nisi statim canones omnes compilarent, omnes probatas consuetudines recenserent, suspicari licebit eos, decreta sanctæ Sedis ad suas voluntates accommodare velle. Quid autem ineptius, aut malevolentius fingi potuit.

At illud etiam gravius, quod alibi scribit anonymus : « Posset etiam fortasse aliquis suspicari illustrissimos antistites Gallicanos, has quoque libertates, seu veriùs servitutes probasse verbis illis tertiæ propositionis: *Valere etiam regulas, mores et instituta à regno et ecclesiâ Gallicanâ recepta* ². » Quasi metuendum sit, ne antistites Gallicani omnia Fevreti, Puteani, omnia ab antecessoribus rejecta toties, probasse videantur, eo quòd non ecclesiam tantùm sed etiam regnum nominarint.

Has postquam gravissimas in tot ac tantos antistites suspiciones injecit, excusare voluit, dùm subdit, id non præsumendum. Tune id tantum? At illustrissimi præsules non præsumptionibus, sed apertissimis verbis has suspiciones propulsarunt, disertèque expresserunt, commendari à se «statuta sanctæ Sedis et Ecclesiarum consensione firmata. »

Cur ergò regnum pariter et ecclesiam appellarunt? Quærant imperiti; non quærent, qui sciunt Ecclesiam in regno esse, regni paci consulere, regni tutelâ ac defensione uti.

Jam secundo capite quærit anonymus de *auctoritate Summi Pontificis in ecclesiam Gallicanam* ³. Quis enim hanc negat? aut quid necesse erat operam in his perdere auctorem Declarationis Gallicanæ amplam discussionem pollicitum? An non enim satis clarè Gallicani antistites eam auctoritatem agnoverant.

. Quæ deinde non pertractat anonymus? Tanquam enim ea esset Gallicana Declaratio, quæ omnia commoveret, incipit agere de immediatâ jurisdictione Papæ in foro externo, interno; de causis Romæ judicandis; de ordine judiciario; deque citationibus et probationibus; de exigendis subsidiis; de jure Summi Ponti-

---

[1] Anon., *de Libert.*, etc., lib. VI, c. I, n. 5, 7. — [2] *Ibid.*, lib. X, *Præf.*, n. 1. — [3] *Ibid.*, lib. VI, c. II.

ficis circa beneficia¹; et quid non? Quâ in tractatione quis commemoret, quot vera falsis, quot certa dubiis miscuerit? quàm nihil à novellis antiqua discreverit? quàm parum adverterit vera quoque et certa, quem habeant modum? Sed hæc ad discussionem Gallicanæ Declarationis minimè profectura, si pertractare aggredimur; nempè hùc omnia jura transcribi oportebit.

Unum est quod auctorem volo esse monitum. Si quidem id sperat se suasurum Gallis, ut arbitraria jura, et omnia Curiæ scita pro lege habeant; ne agat ratiociniis è cerebro sumptis, ut facere amat, sed auctoritatibus et canonibus : ne confecta omnia putet, si scholasticos tantùm canonistasve nominet, si denique Gallos aliquos, quâ in re victoriam plerumque collocat, pro se afferat et laudet. Neque enim nos fugit multos etiam Gallos in posterioris ævi adulationem abreptos. Scholasticos canonistasve in honore habemus, suo quidem loco : sed nemo graviter feret, si Patres anteponimus; si ad ecclesiasticas origines convertimus oculos, quas posterioris ævi scriptores, multis litterarum præsidiis, ut omittam reliqua, destitutos, nos satìs explorasse constat.

Absurdissimum illud est, quod ad illimitatum pontificiæ potestatis usum, referre videatur insignem de exemptionibus sancti Bernardi locum² : « Sic factitando, inquit Bernardus, probatis vos habere plenitudinem potestatis, sed justitiæ fortè non ita. Facitis hoc, quia potestis; sed utrum hoc debeatis quæstio est³. » Subdit Anonymus : « Adeò certum habebat sanctus ille abbas Pontificem in christianos omnes etiam laicos jurisdictionem immediatam haberet : » quod quidem nemo negat; sed summæ potestati adhibendum eum, quem dicimus, modum sanctus Bernardus docet, dùm in his plenitudinem deesse justitiæ, quò modestiùs, eò efficaciùs ostendit; dùm etiam illud subdit: « Vides quàm verus sit sermo ille : *Omnia mihi licent, sed non omnia expediunt*⁴. Quid si fortè non licet? Ignosce mihi; non facilè adducor licitum consentire, quod tot illicita parturit⁵. » Hæc Bernardus docet, cujus auctoritatem venerandam Gallis meritò præ-

---

¹ Anon., lib. VI, c. III et seq. — ² Ibid., n. 6, 7. — ³ Bern., *de Consid.*, lib. III, c. IV, n. 14; tom. 1, col. 432. — ⁴ 1 Cor., X, 22. — ⁵ Bern., *de Consid.*, lib. III, c. IV, n. 16, col. 432, 433.

dicat anonymus. Sic extraordinaria et arbitraria inter illicita reputat. Hanc Eugenio III proponit regulam.

CAPUT XXI.

Auctor anonymus libro primo nihil agit; à scopo quæstionis aberrare se docet.

Nunc percurrimus ab ipso initio ingens opus, ac paucis ostendimus auctorem anonymum in discutiendâ Declaratione Gallicanâ, nihil ferè aliud quàm vana et extra rem atque aliena sectatum. Et libro quidem primo multa ludit de definitione libertatum ecclesiæ Gallicanæ : quo loco de Justelli, Leschasserii, Marcæ, Puteanorum aliorumque definitionibus quærit. At quid hæc ad Gallicanæ Declarationis discussionem pertinebant? Habebat in manibus Declarationem ipsam, quâ profectò quid vellent Gallicani præsules satis perspicuè demonstrabant.

Et ille quidem ait propositionem primam de regum potestate nihil ad libertatem Ecclesiæ pertinere [1]; quod confutavimus [2].

Ut secundam propositionem, quæ de conciliorum potestate agit, à libertatibus separet, illustrissimum virum Petrum de Marcâ laudat [3] : cui loco satisfecimus, et conciliorum supremam potestatem libertatis ecclesiasticæ fundamentum diximus [4].

Propositionem quartam discussurus, quæ ad fidei quæstiones definiendas pertinet, hunc librum sic aggreditur : « Putaveram hactenùs libertates ecclesiæ Gallicanæ nullatenùs ad fidem pertinere [5] : » quasi nihil omninò pertineat ad ecclesiasticam libertatem quo pacto doceatur fides, quidve ibi vel maximè Ecclesiæ consensio valeat.

Quòd si ad strictiorem sensum ecclesiasticam libertatem placebat accipi, adverteret auctor id quod ab ipso scriptum est : « Frequentiùs apud Gallos libertatis significatio ea esse dicitur, quæ juxta concilium Ephesinum, canone ultimo, in observandis ca-

[1] Anon., lib. IV, c. I. — [2] Vid. suprà, part. primam integram. — [3] Anonym., lib. V, c. I. — [4] Sup., hoc lib., c. xv. — [5] Anon., lib. VII, c. I, n. 1.

nonibus, et conservandâ cuique Ecclesiæ suâ jurisdictione consistit [1]. »

Hæc ergò si quærebat, quæ frequentiora apud Gallos confitetur, ac libertatem Gallicanam ad illa jura revocabat : habebat in manibus, et in ipsâ Declaratione, quam discutiendam susceperat, claram eorum jurium definitionem. Nempe Gallicani Patres ea obtinere volunt, « quæ totius mundi reverentiâ censerantur; quæ in regno et ecclesiâ Gallicanâ recepta sunt; quæ Sedis apostolicæ et ecclesiarum consensione firmata. » Quin illud aggrederis? Quid Marcam, Launoium, Chopinum, Puteanos sollicitas? Quin clerum Gallicanum, quem discutiendum polliceris, ipsum per sese loquentem oppugnas? Nempè hæc cleri doctrina invicta erat; nihil metuebat argumentationes, aut si verum amamus dicere, cavillationes tuas : hinc ad aliena digrederis et extra lineam ludis.

Atque is, qui veram et claram à clero Gallicano prolatam libertatum definitionem prætermittit, alia Declarationis verba aucupatur : « Conventus Parisiensis, inquit, libertatum ecclesiæ Gallicanæ fundamenta sacris canonibus et Patrum traditione niti, jam in ipso limine declarat, ut tanquàm certum supponere liceat, ecclesiam Gallicanam suas libertates in antiqui juris observatione constituere [2]. » Ac deinde nos oppugnat; tanquam novella jura inter nos recepta à libertatum notione arceamus : neque saltem cogitat quid sit illud *niti*. Vel ipsa Declarationis verba perpendat : « Ecclesiæ Gallicanæ decreta et libertates à majoribus nostris tanto studio propugnatas, earumque fundamenta sacris canonibus et Patrum traditione nixa. » En, vir optime, fundamenta libertatum dicimus : quò collimandum sit docemus : non proinde novella jura apud nos recepta spernimus : id tantùm volumus, ne extraordinariis atque arbitrariis imperiis ecclesiæ gubernentur, in eoque reponimus ecclesiasticam libertatem.

Quare, quæ auctor anonymus de antiqui juris insufficientiâ ad constituendas libertates Gallicanas toto ferè libro primo studiosissimè quærit, supervacanea sunt. Nequè propiùs rem est quod de

[1] Anonym., lib. I, c. II, n. 12. — [2] *Ibid.*, c. III, n. 13. Vid. *Declar. præf.*

origine Gallicanarum libertatum cum Marcâ disceptat[1]. Non enim Petrum Marcam, atque, ut uno ictu omnia incidamus, non Joannem Launoium, non Edmundum Richerium, non Carolum Fevretum, non *Tractatum de juribus et libertatibus Gallicanis*, non ejus *Probationes*, non alios in quibus confutandis toto ferè opere desudat anonymus, clerus Gallicanus tuendos susceperat. Si quid ad rem pertinens de sancti Ludovici Pragmatica-Sanctione dixit[2], suo loco expendimus[3].

At postquam auctores, de quibus non agitur, satis à se confutatos putat, ipse quæstionem aggredi velle se simulat capite XVI, sub hoc titulo : *Vera origo et progressus libertatum ecclesiæ Gallicanæ*. Quis non hîc existimet rem seriò agendam? At auctor nihil aliud quàm ludit. Summa est : in lugendo schismate, post Gregorium XI, exortas esse libertates Gallicanas; quippè cùm utrique Pontifices beneficiariis gravissima onera imponerent, beneficiorum collationem sibi reservarent, multaque contra disciplinam antiquam committerent[4]. » Tùm à clero regiam opem imploratam, « adductamque in medium libertatem Ecclesiæ contra Pontificum exactiones ac beneficiorum reservationes, tanquàm antiquis moribus et canonibus contrarias, ac sensim contra cætera omnia quæ nimis gravia videbantur. Hinc invasisse animos studium quoddam libandæ pontificiæ auctoritatis, ne ultra positos sibi à Christo limites in præjudicium cleri ac regni produceretur. » Hanc ille narrat fabulam; quasi nusquàm anteà adversùs extraordinaria et arbitraria mandata etiam pontificia, recepti canones allegati essent; atque id fieri cœpisset in lugendo schismate sub Carolo VI, ætate ac mente debili, ut auctor commemorat. Cæterùm probationes nullæ : auctor anonymus de tripode pronuntiat.

Exinde memorat Pragmaticam-Sanctionem, 1438, sub Carolo VII, olim à Gallis habitam ut arcem libertatis[5]; abrogatam deinde illam, et factum concordatum sub Leone X et Francisco I : Gallicanam ecclesiam adversùs pontificia mandata sæculari tutelâ usam, in miseriorem servitutem incidisse, « Pragmaticam-Sanc-

---

[1] Anon., lib. I, c. III et seq., usque ad XIII. — [2] *Ibid.*, c. XV. — [3] Sup., hoc lib., c. IX. — [4] *Ibid.*, c. XVI, n. 2. — [5] *Ibid.*, n. 3 et seq.

tionem judicibus sæcularibus ad opprimendam et ferè extinguendam jurisdictionem ecclesiasticam viam stravisse[1] : » quod etiam acta cleri anno 1673 edita doceant.

Et quidem acta ab eo laudata docent regios magistratus, post Pragmaticam-Sanctionem jura ecclesiastica acriùs invasisse, inductis etiam illis appellationibus, quæ *ab abusu* vocentur[2] : non quòd Pragmatica-Sanctio quidquam tale dixerit; sed quòd magistratus regis Pragmaticæ-Sanctionis tutelam sibi commissam, ad omnia ecclesiastica extenderent. Quæ ut vera sint, non nisi invidiosissimè ac malevolentissimo animo adversùs Declarationem Gallicanam adducuntur : tanquàm illa Declaratio sæcularis potestatis invasiones probet. Interim de tuendis canonibus receptis, *Sedisque apostolicæ et ecclesiarum consensione firmatis*, in quo ea Declaratio veram libertatem collocat, altum ubique silentium. Sic ab anonymo promittitur Declarationis ampla discussio : summa ipsa rei omittitur; vana et aliena copiosissimè pertractantur.

CAPUT XXII.

Anonymi liber II : primùm multa agit extra rem : tùm in eumdem sensum nobiscum congruit.

Posteà quàm ex anonymi libro primo constitit ab universo quæstionis statu aberrasse eum, cætera expediemus promptiùs.

Libro ergò II hic impositus est titulus : *De justitiâ libertatum Ecclesiæ Gallicanæ*. At sub egregio titulo quid ad rem dixerit videamus.

Statim quidem profitetur duplicem à se tractandam quæstionem[3] : alteram : *De facultate retinendæ antiquæ disciplinæ canonicæ;* alteram, *In jus sit examinandi novas leges, easque repudiandi, si cum utilitate conjunctæ non sint?* Ac primo loco demonstrat, interdùm necesse antiquis legibus derogari[4]; quod nemo nostrùm negaverat. Posteà adversùs Marcam disceptat, an

---

[1] Anon., lib. I, c. XVI, n. 9. — [2] Vid. *Traité de la Juridict. eccles. et act. du Clergé*, 1673; tom. I, part. I, tit. II, c. IX, p. 761 — [3] Anod., *Præf.*, lib. II. — [4] *Ibid.*, à cap. II ad IX.

vis legum ab acceptatione pendeat. Quæ, utcumque se habent, nihil ad quæstionem. Non enim necesse est de omni lege quærere generatim, sed an Ecclesia ità sit à Christo constituta, ut suprema ejus et indeclinabilis auctoritas in ipsâ consensione sit posita; quod ita se habere toto hoc opere firmavimus, ac generalem illam de acceptationis vi quæstionem omittimus.

Quæ deinde pertractat auctor, nihilo magis ad Declarationem Gallicanam pertinere, ipsi capitum tituli indicabunt; nisi quod capite XII et ultimo id quærit: *Quæ sint vera justitiæ libertatum ecclesiæ Gallicanæ fundamenta?* Quo loco hæc scribit : « Nihil differre Gallicanam nationem à cæteris in acceptandis vel recusandis legibus ecclesiasticis : siquidem nulli non licet legum executioni supersedere, si vel annuat Ecclesia, vel pensatis rerum, locorum ac personarum conditionibus injustum sit ejus mandatis ad litteram servire [1]. » Ac deinde clarius : « Si sine causâ repudiatæ sint à Gallis constitutiones (pontificiæ, de quibus hîc agit) ab aliis receptæ, non nisi ob tacitum Ecclesiæ consensum, ab inobedientiæ peccato immunes sunt. Si autem is erat in Galliâ rerum status, ut ei, sicut cæteris provinciis orbis christiani, leges illæ non convenirent; jure naturali et ipsâ legislatoris intentione, ab earum executione liberi extiterunt : nec enim nocet disciplinæ diversitas, dùm eam exigit morum dissimilitudo [2]. » Quo concesso, quid erat quòd cum Petro de Marcà tantopere litigaret? Neque enim vir illustrissimus contendebat, ut à Gallis novellæ leges sine causâ repudiarentur; sed ideò certè, si non convenirent. Cæterùm, si anonymus nihil hîc agit aliud, quàm ut Gallicana libertas naturali etiam lege asseratur, ac cæteræ christianæ gentes communi nobiscum libertate gaudeant, non invidemus. In repudiandis noxiis, Ecclesiamve aut rempublicam turbaturis legibus, sui cuique ritus moresque; quos si probat anonymus, næ ille iniquè agit, qui solos Gallos ut apostolicæ Sedi suspectos insectatur.

[1] Anon., *ibid.*, c. XII, n. 4. — [2] *Ibid.*, n. 5.

CAPUT XXIII.

De reliquis libris à III usque ad XII et ultimum uno verbo transigitur : ostenditur quòd in toto opere vix tertia pars ad confutandam Declarationem spectet.

Jàm de reliquis anonymi libris rem uno verbo conficimus (*a*) : ac de libro quidem III perspicua res est. Primùm enim quod in libertatibus explicandis, canonibus potiùs quàm exemplis, ac si exemplis, probati duntaxat agendum ; nihil erat necesse, ut nos singulari capite auctor commoneret [1]. Quæ deinde toto libro de Gregorio Turonensi et Hincmaro narrat [2], ad curiosa; quæ de Petro de Marcâ, de Joanne Launoïo, de Edmundo Richerio, de Puteano tractat [3], ad aliena; quæ adversùs episcopos Gallicanos anno 1681, Parisiis congregatos impotenter agit [4], ad facta particularia referimus. Declarationis Gallicanæ doctrinam, quam unam hic tuemur, his minimè tangi res ipsa clamat. Pauca quæ de Joanne Gersone atque aliis Parisiensibus theologis rem propiùs spectent [5], suo loco pertractavimus.

Libros Anonymi IV, V, VI, VII, ad rem pertinere fatemur; toto tamen libro V, ubi est *comparatio Summi Pontificis cum concilio generali*, ab ipso quæstionis statu aberratur : cùm auctor profiteatur loqui se de concilio, à quo absit Pontifex; falsòque supponat Declaratione Gallicanâ nihil aliud agi, quod est falsissimum, et rem suo loco ostendimus [6]: hic tantùm admonemus, quod jam suprà demonstratum est [7], librum sanè VI, quo cœtùs Gallicani propositio III expenditur, unum habere caput primum, atque illud fallacissimum, quod ad Declarationem faciat.

Jam librum VIII, *de Origine jurisdictionis ecclesiasticæ*, quo episcopalem à Papâ, non à Christo deducit libro nostro VII, ex-

---

[1] Anon., lib. III, c. I. — [2] *Ibid.*, à cap. II ad VII. — [3] *Ibid.*, c. VII, IX, XII. — [4] *Ibid.*, c. XIII, XIV. — [5] *Ibid.*, c. VIII, IX, X. — [6] Sup., lib. X. — [7] Sup., hoc lib., c. XX.

(*a*) On nous disoit au chapitre précédent, p. 412 : *Cæterùm probationes nullæ : auctor anonymus de tripode pronuntiat*. On verra si ces paroles ne s'appliquent pas de point en point à la prétendue réfutation qui va suivre.

pendimus; atque ibidem docuimus quàm pauca hîc dicat anonymus quæ ad rem conducant. Quatuor postremos libros; ix, quo Richerius; x, quo Puteanus, libri *de Libertatibus Gallicanis* ac *Probationum* volumina duo; xi, quo Petrus de Marcâ ac Stephanus Baluzius; xii, quo appellationes *ab abusu*, Marca quoque ac Carolus Fevretus iis patrocinantes oppugnantur, ad Declarationem Cleri Gallicani nihil pertinere constat, præter paucissima, quæ suis notamus locis. Reliqua partim contemnimus, partim ab instituto nostro aliena, aliis tractanda relinquimus. Ac si quæ sint quæ vera Gallicana jura lædant, speramus è Gallis vindicem non defuturum. Nec desunt in ingenti opere, quæ etiam probemus, ac tantùm validiora ac moderatiora esse cupiamus. Sanè constat illam tanto hiatu promissam Declarationis discussionem ejusmodi esse, ut vix tertia pars ad eam confutandam saltem collimarit.

Hæc igitur sunt quæ universum hunc tractatum, non satis solidum aut theologicum probent. Illud neque theologicum, neque christianum, quod auctor modestiam professus, sævire, non docere, ac de Gallis ubique falsa comminisci; si quæ etiam, ut in rebus humanis, vera mala sunt, ea non medicâ aut leni manu tractare, sed animo hostili insectari et exprobrare videatur. Quæ nos partim contemnimus, partim, ubi ad rem nostram pertinere visa sunt, suo loco confutavimus.

CAPUT XXIV.

An auctor anonymus Gallicanas libertates odiosas meritò esse dixerit.

Libertatis nomen, quo perduelles et pessimus quisque abutuntur, suspectum evasisse legitimis potestatibus, etiam ecclesiasticis docet anonymus; in eoque initio totius operis fundamentum jacit. Addit hujus nominis auctam invidiam, « quòd aut nunquàm, aut fere nunquàm allegatur ecclesiæ Gallicanæ libertas, nisi adversùs summum Pontificem; quasi supremus Ecclesiæ Pastor et Pater amantissimus, tyranni loco à christianissimâ illâ gente haberetur¹; » quod est, non jam in Gallos, sed in ipsos Romanos Pontifices invidiosissimè et insidiosissimè dictum. Cùm enim tot ac tanta contigisse constet, quibus Romanos etiam Pontifices, non modò à Gallis, sed etiam ab aliis, summâ cum reverentiâ, absit verbo invidia, cohiberi oportuerit; an illi omnes ex anonymi sententiâ pro tyrannis habebuntur? an verò ignorat, adhibitis legibus coerceri oportuisse etiam patriam potestatem? Neque illud verum est, quod est ab eodem anonymo dictum, de iis qui Pragmaticâ-Sanctione sancti Ludovici utantur : « odiosum poni principium; cùm Romani Pontifices ab antiquâ disciplinâ primùm recessisse supponantur, ut beneficiorum collationem usurparent, tantosque in eo fuisse abusus, ut sanctissimus rex eos suis edictis cohibere coactus sit². » Hæc à viro erudito dici potuisse miramur; cùm è contra certissimum sit, ut suprà ostendimus³, Romanos Pontifices diutissimè omnium canonibus servisse, atque in ecclesiasticâ disciplinâ perstitisse. Cui etiam sarciendæ tam firma jecerunt fundamenta, ut cùm postremis sæculis extra lineas prosilirent, non aliunde ipsis fuerit adhibendus modus, quàm ex propriis suisque canonibus : neque id piis christianisque regibus indecorum, ut eos modestissimè ad sua et antiqua revocarent. Id quidem Galli docent, qui de libertatibus accuratè scribunt. Quo quidem liquidò constat Romanos Pontifices ecclesiasticæ libertatis, hoc est, canonicæ disciplinæ auctores potiùs ac primos defensores, quàm primos oppugnatores, atque, ut ità dixerim, violatores extitisse; pessimoque animo actum ab anonymo, qui contrariam sententiam nobis exprobrarit.

Quid illud, quod objicit : « Si quis consideret quæ hodie geruntur in Galliâ, libertates Gallicanas non ineptè definierit, oppressionem jurisdictionis ecclesiasticæ à laicâ, et depressionem auctoritatis Romani Pontificis à clero Gallicano⁴. » Quàm infenso, quàm amarulento animo dictum! Quàm ad Declarationem nostram parum attinet! An quia clerus Gallicanus vetera retinet ac renovat; ideò pontificiam opprimit potestatem? cùm potiùs ea doceat, quibus maximè constet, sitque invictissima. De laicis

¹ Anon., lib. I, c. I, n. 1, 2. — ² Ibid., c. XV, n. 2. — ³ Sup., hoc lib., c. III et seq. — ⁴ Anon., lib. I, c. XIII, n. 6.

quòd anonymus queritur, pridem intelligimus quàm hostili animo ista tractentur à multis, qui regni Gallicani splendorem ac pacem molestè ferant. Nos autem queri juvat, cùm decet et prodest : remedia enim, non dissidia quærimus. Id quidem confidentissimè profitemur, nusquàm veriùs ac sanctiùs libertates veras ac germanas fuisse tractatas : nusquàm luculentiùs falsas ac spurias fuisse rejectas, quam in Declaratione nostrâ, ubi disciplinæ ratio in iis collocatur, quæ Sedis apostolicæ et ecclesiarum consensione firmata sint.

Quis ergò jam ferat auctoris anonymi haud invidiosam minùs, quàm ludicram definitionem libertatum? « Vocantur, inquit, non incongruè libertates ecclesiæ Gallicanæ, arbitrium ex antiquis Ecclesiæ decretis retinendi, et ex novis admittendi ea, quæ videntur utilia [1]. » Quem impugnat aut quem irridet vir lepidissimus? An soli Galli sunt, qui ex antiquis novellisque ea retinent, quæ, usu probata, publicæ utilitati pacique congruant? Quin ipse docuit eâ in re omnium gentium æquam esse libertatem [2] : sed quoquo modo Gallos derisos atque invidiosissimè traductos oportuit.

[1] Anon., *ibid.*, n. 7. — [2] *Ibid.*, lib. II, c. 1, II, XII.

COROLLARIUM

QUOD DOCTRINA NOSTRA PRIMATUS ROMANUS NON OBSCURATUR, SED ILLUSTRATUR ET CONFIRMATUR.

I.

Regimen ecclesiasticum in duobus positum; docendâ fide, administrandâ disciplinâ : Mennæ Patriarchæ dictum in Constantinopolitanâ synodo : hæc duo à nobis illustrari.

Jam exacto opere gloriari libet in Domino, non modò vindicatam Declarationis Gallicanæ majorumque doctrinam : sed etiam, quod ab initio polliciti sumus[1], adversùs hæreticos, schismaticos et quoscumque obtrectatores, primatum Romanum ac Sedis apostolicæ majestatem, optimâ et exquisitissimâ ratione à nobis propugnatam, confirmatam, illustratamque fuisse. Id ità conficimus. Ea est optima et exquisitissima ratio tuendi et illustrandi Romani primatûs ac papatûs, quæ cùm absurda, incommoda, invisa, ad hæc inania fugiat, maxima, plenissima ac sufficientissima æque docet. Talis autem est ea doctrina, quam, Galli præsertim, tuemur. Nostra ergò doctrina papatum Romanum, optimâ et exquisitissimâ ratione, confirmat et illustrat. Istud argumentum cùm pertractavero, perorabo. Res autem planissimè conficietur paucis; cùm ad id intelligendum non nova promere, sed antedicta repetere, et mente complecti oporteat.

Ut autem procedamus clariùs, præmittimus ecclesiasticum regimen, cujus Romanus Pontifex Caput sit, duobus contineri Primum, docendâ fide, tùm regendâ disciplinâ. Hæc igitur sunt, quæ in Sede Romanâ eminere debeant; hæc sunt quæ de illâ Sede, sancta etiam Orientalis ecclesia, et sacer ille Mennas Constantinopolitanus antistes, in Constantinopolitanâ synodo prædi-

[1] Vid. sup., *in Dissert. præv.*

cabat his verbis : « Non mirum, si sua sequitur magna et apostolica Sedes, sacras sanctiones sanctarum Ecclesiarum inviolatas conservando, et quæ rectæ sunt fidei defendendo, et his qui peccaverunt clementem veniam tribuendo [1]. »

Quibus quidem ea duo, quæ protulimus [2], paulùm inverso ordine continentur, uti à Romanâ Sede recta doceatur fides, regaturque disciplina, quæ duobus item constat : servandis canonibus, atque, ubi necesse sit, relaxandis; quod ad veniam, sive indulgentiam, atque ad eam quam vocamus dispensationem pertinet. Hæc ergò apostolica, pontificia ac verè Romana sunt; hæc à nobis illustrari, confirmarique luce clariùs ostendemus. Nam de directâ indirectâve temporalium potestate nihil hîc ultrà dixerimus; quippè quam Ecclesiæ catholicæ, Sedique apostolicæ minimè profuturam, plerique ultrò fateantur. Satìs enim illi quidem, Davidem armis pastoritiis expeditiorem ac fortiorem futurum, alienis armis gravari et impediri, potiùs quàm ornari intelligunt.

II.

De fide : in quot absurda adversarii se induant, è re ecclesiasticâ esse ea resecari; ac primùm in antiquis.

Primùm igitur, ad fidem quod attinet; à nobis tribuuntur Romanæ Sedi ac Romano Pontifici, quæ, remotis incommodis, sive absurdis, tùm etiam invisis, denique inanibus, maxima et ad fidem docendam sufficientissima sint. Ea sic ordine colligimus.

Et quidem, qui à nostrâ abhorrent sententiâ, incommoda et absurda multa sectantur; quæ nos fugimus incommoda, inquam, et absurda sectantur; primùm, in antiquâ traditione explicandâ, deinde etiam in explicandis postremæ ætatis decretis ac dogmatibus.

Antiqua memoramus, quæ octo primorum conciliorum tempore, hoc est, octo ferè primis sæculis comprehensa, usque ad Photium et Græcorum iucohatum schisma. In his si, quæ falsa

---

[1] *Conc. Constant.*, sub Menn., act. I; tom. V *Conc*, col. 47. — [2] Vid. lib. III, sect. I, c. I.

dixerint adversarii, commemorare vellemus, totum opus replicare oporteret : quæ autem apertè absurda sint hæc notamus.

Imprimis episcopos in fidei quæstionibus finiendis Romano Pontifici consultores, non condecernentes et conjudices assedisse, aut in Romani Pontificis auctoritate potiùs quàm in ipsâ consensione vim positam; quæ si quis tueri velit, tot absurda dixerit quot argumenta solvat.

Quid enim absurdius, quàm Nicænos illos Patres sancto Sylvestro tantùm consultores datos; aut ut suum symbolum assererent, illius expectasse sententiam; aut in ejus sententiâ intellexisse vim positam, non quòd omnes per orbem Domini sacerdotes, in eamdem consentirent fidem[1]?

Quid autem Constantinopolitani Patres? An sancto Damaso consultores dati, qui in diversâ orbis parte collecti edebant symbolum[2]; non autem id agebant, ut Occidentis Orientisque consensu, fides vera constaret?

Item quàm absurdum est, ut sancti Cœlestini ac sancti Leonis de Nestorio et Eutychete judicia, vel non totâ Sedis apostolicæ auctoritate lata, quemadmodum Bellarminus[3]; vel certè cum cæteris, pro summâ et irretractabili fidei regulâ fuisse habita; et tamen ad examen æquè ac aliorum privatam publicamve sententiam revocata dicamus[4]?

Idem de sancti Agathonis sanctique Gregorii II, atque Adriani I, deque Nicolai I et Adriani II, decretalibus epistolis esto judicium; quæ et totâ auctoritate prolatæ, et tamen examinatæ rursùs, nec sine synodicâ cognitione probatæ sunt[5].

An etiam placebit absurdum illud, elucidationis tantùm, non etiam auctoritatis causâ, factum istud examen, definitiones editas, dicta anathemata, ac de novo quæsitum, rectène an secùs, Romani Pontifices dixerint, docuerint, judicarint[6]?

Jam in uno Honorii facto, quot absurda congerunt? Vel pro privato doctore egisse, cùm trium Patriarcharum consultationibus responderet; vel rectè dixisse, quem vera falsaque juxtà im-

---

[1] Vid. Conc. Nicæn., tom. II Conc. — [2] Vid. Conc. Constant., ibid. — [3] Bell., lib. II, de Conc. auct., c. XIX. — [4] Sup., lib. VII, c. XVIII. — [5] Sup., ibid., cap. XXIV, XXX, XXXII, — [6] Ibid., c. XVIII.

probantem, sexta synodus æquè ac cæteros hæresis condemnavit; vel falsata esse sanctæ Synodi acta; falsata, inquam, toto orbe vulgata, toto orbe inscio, legatis apostolicæ Sedis, qui gestis interfuerant, consentientibus nec mussitantibus; falsatas quoque Leonis II epistolas, queis acta firmentur; dolosque Græcorum ad extremam usque latinitatis oram pervasisse, omnibus obdormientibus, sive potiùs emortuis[1]? Hæc omninò dicenda sunt, ac præfractè tuenda, adversam sententiam defensuris.

Quid quòd nec ista profuerint? cùm vel si sit ab omni errato purus Honorius, sufficiat tamen tantum ejus erratum, aut à sextâ synodo credi potuisse; aut si sextæ synodi acta falsata sint, sufficiat id quoque pro veris fuisse habita; totamque Ecclesiam in id consensisse, ut tribus patriarchis pro officio rescribens erraverit Honorius.

An verò quia ista assiduè vexantur in scholis, et vanis distinctiunculis eluduntur, ideò viros graves ad ea cogi oportet? Non ea cogitanda quæ Orientalibus Occidentalibusque schismaticis, ad nos utique, si Deus dederit reversuris, suaderi possint? Non pudet denique in his causæ catholicæ collocare summam, quæ doctis irrisa, Scholæque altercantis ludibria, non docentis sapientisque responsa habeantur.

Vel de Vigilio quid dicent? Egissene perperam sanctam synodum quintam, quæ ipso vetante, nedùm absente, de tribus capitulis quæstionem habuerit, quæque hæresis condemnarit Ibæ epistolam, quam idem Vigilius, *Constituto* ad omnes ecclesias edito, comprobarit[2]? Ac si synodus quinta egit perperam, cur ejus judicium secuti Pontifices, Pelagii duo, et ipse Gregorius non reprehenderunt, sed ut legitimum comprobarunt?

Hæc ergò tot ac tanta egisse episcopos Romano Pontifici tantùm consultores datos? Aut si ab adversariis extorquemus fuisse judices, inferiores licèt, etiam concilio habito; qui factum, ut concilio habito, de Romani Pontificis judicio toties judicarent?

Quid Cyprianus? quid Firmilianus totque Africani et Asiani Patres? Nonne sancti Stephani Papæ rebaptizationem vetantis,

[1] Sup., lib. VII, c. XXI et seq. usque ad XXVIII. Vid. quoque *Dissert. præv.*, n. LIV et seq. — [2] *Ibid*, c. XX.

decreto per omnes ecclesias divulgato, factis etiam conciliis obstiterunt¹? An et illud placebit, pro indifferentibus hæc habita; quæ cùm apostolicâ traditione constarent, tamen à diversâ parte, apertissimis Scripturarum testimoniis adversa haberentur? An eò decurremus : quòd Stephanus ageret pro privato doctore, qui teste Augustino, pro officio præceperat? aut, ut ait Bellarminus², *quòd noluerit rem de fide facere*, is qui dissentientes communione abstineret? Et hi tamen ab ipso quoque Augustino excusantur, quòd in ambiguâ re Ecclesiæ universalis sententiam expectarent, non scilicet elucidationis causâ, sed auctoritatis. Aut fortè contumaces, quibus cùm æqua et sufficientia Romani Pontificis judicia non satisfacerent; superflua ex Ecclesiæ totius auctoritate remedia, tanquam ægris ac desperatis concederentur? Hæc de Martyribus cogitari? hæc sancto Augustino probari? in his summam fidei adversùs hæreticos collocari potuisse?

Omninò enim aut ista tuenda sunt, aut causa deserenda. An ergò catholicos non pudeat talibus præsidiis nixam, non privatorum doctorum, sed universalis Ecclesiæ causam esse? Absit hoc dedecus ab Ecclesiæ catholicæ majestate.

Cætera omittimus, quibus post decreta Romanorum Pontificum, viros etiam sanctos nationesque integras catholicas toties hæsitasse constat, Romanis pontificibus non ægrè ferentibus³. Nondùm hæc novitia in mentem venerant. Hærebat animis antiqua traditio à beato Leone Papâ⁴, à beato Simplicio, post illum tertio, explicata⁵ : fixa esse, quæ apostolico ministerio definita essent; *cùm ea* (Deus scilicet) *universæ fraternitatis firmaret assensu*: stare inconcussum, quod *apostolicis manibus, sed cum Ecclesiæ universalis assensu* constabili tum esset. Quid autem aliud jam Galli postulant, qui pontificia decreta summâ quidem et indeclinabili auctoritate constare profitentur; sed, *cùm Ecclesiæ consensus accesserit*⁶? Quæ totidem verba à sanctis Pontificibus dicta, nunc pro novis ac suspectis haberi, omni absurdo absurdius est.

¹ Sup., lib. X, c III et seq. *Ibid.*, c. VI. — ² Bell., lib. IV, *de R. P.*, c. VII, Sup., lib. IX, c. IV.— ³ Sup., *ibid,*, c. XXIII et seq. — ⁴ Leo., *ep. ad Theod.*, XCIII, alias LXIII. Sup., lib. VII, c. XVII. — ⁵ Simp., *ep.* IV *ad Zen.*, tom. IV *Conc.*, col. 1072. Sup., lib. IX, c. XIV. — ⁶ *Decl. Gal.*, c. IV.

III.

De posterioris ætatis monumentis, quæ Constantiensem synodum antecesserunt, adversarii quot absurda congesserint.

Postquàm Orientales à Sedis apostolicæ communione sejuncti sunt, in Occidente ferè solo remansit Ecclesia. Quà in Ecclesiæ parte Romani Pontificis potestatem, non modò summi primatùs ratione valuisse constat; sed eo etiam, quòd à priscis temporibus, Romanus Episcopus Occidentali ecclesiæ peculiari titulo præsideret. Et tamen antiquam de Ecclesiæ catholicæ summâ et irretractabili auctoritate doctrinam, non modò integram remansisse, sed etiam, occasione datâ, ab ipsâ Ecclesiâ in Constantiensi concilio definitam esse, luce meridianâ est clarius.

Quo loco adversarii ad incommoda illa et absurda coguntur: nostram sententiam occasione magni illius post Gregorium XI schismatis natam esse; cùm etiam oblitteratis, quod absit, antiquæ Ecclesiæ monumentis, hæc ante Gregorium XI ex novellâ quoque ætate prodantur.

A Papâ ad concilium sæpè appellasse Anglos, appellasse Gallos, appellasse Franciscanos certum est [1] : nihil eâ gratiâ à Romanis Pontificibus reprehensos; quibus certò constet conciliarem auctoritatem absque controversiâ habitam esse potiorem.

Ad hæc Clementis V tempore, cum is in eo esset, ut Viennense generale concilium celebraret, Guillelmum Durandum episcopum Mimatensem, ejus ævi virum maximum, ejusdem Pontificis jussu, de concilio celebrando tractantem hæc scripsisse [2] : quòd Ecclesia *in capite et membris* à sacro concilio *reformanda sit: quòd non nova* à Pontifice, *sine concilio* decerni oporteret: *quovis* quòd *decennio* generale concilium celebrandum esset [3], etc.

Addimus, suborta posteà quæstione, de paupertate Christi à Joanne XXII propositiones duas hæreticas judicatas, editâ Decretali *Cùm inter nonnullos* : hinc ei objectam Decretalem *Exiit*:

[1] Sup., lib. X, c. xxv. — [2] *Ibid.*, lib. VII, c. xxxviii. Vid. *Dissert. præv.*, n. L. — [3] Durand., *de Conc. celebr.*, etc.

quâ Nicolaus III contraria determinasset : ac denique hunc nodum à viris eâ ætate præcipuis fuisse solutum, quod Romanum Pontificem, etiam determinando circa fidem et mores, errare contingeret : quòd ejus responsa adversa Scripturæ, nullius momenti sint : denique quòd unius Pontificis determinata, etiam circa fidem, à successoribus immutari possint¹ : quæ nunc pro erroneis aut schismaticis haberi, nihil aliud esset, quàm prodere omnibus fœdam in dogmatibus tradendis levitatem et inconstantiam.

Quid quòd ipse Joannes XXII, decretali *Quia quorumdam*, cùm fratres Minores objicerent, contrarium ejus quod ipse definisset ab ejus antecessoribus definitum primùm quidem id negat : tùm si vel maximè id fecissent, totum illud respondet esse irritum ². Sed verba placet ponere : « Procul dubio, inquit, falsa asserunt dicendo, prædecessores nostros definivisse talia, et adhùc sic loquentes, dùm per talia Constitutiones nostras impugnare satagunt, Constitutiones illas, quibus se adjuvant, ostendunt (si eorum falsa assertiones veræ existerent) *fore invalidas, erroneas et infirmas* ³. » Nunc autem, si Deo placet, erronea erunt atque schismatica, quæ is Pontifex editâ decretali docuit.

Hùc etiam pertinet, quod Joannis XXII Decretalem suprà memoratam, *Cùm inter nonnullos ;* quanquàm est definitio de fide, Glossa quidem Romana tolli cupit, remque in medio relinqui ut liberam⁴, At sanctus Antoninus, potestatis pontificiæ assertor eximius, ideò pro certo firmoque decreto haberi vult, quòd per prælatos et doctores *acceptata, approbata et examinata fuerit* ⁵ : quæ Declarationi Gallicanæ aut gemina sunt, aut etiam fortiora et explicata clariùs. Sic antiqua traditio in postremis quoque sæculis manet; sic Sedis apostolicæ studiosissimi, pontificias definitiones, prælatorum et doctorum, non modò *acceptationi et approbationi*, sed etiam *examinationi* subdunt. Nunc ea subitò sunt erronea et schismatica.

¹ *Dissert. præv.*, num. XLVII, XLVIII. Extrav. *Cùm inter nonnullos*, tit. XIV, *de Verb. signif.*, c. IV, sext. Decr., lib. V, tit. XII , *de Verb. signif.* c. III, *Exiit.* — ² Sup., lib. IX , c. XLIV. — ³ Extrav., *Quia quorumdam*, *de Verb. signif.*, c. V, § *Ex præmissis.* — ⁴ Gloss. in Clement., *Exivi* ; lib. V, tit. XI , *de Verb. signif.*, c. I, § *Proinde* — ⁵ Anton., *Sum. Theol.*, part. IV, lib. XII, c. IV, § XVIII, p. 208.

Hæc igitur XIII, XIV, XV sæculo dicta, facta, edita sunt : nec mirum, cùm Gratiani dictis congruant, quæ omnium manibus terebantur. His nempè constabat, *Orbem Urbi* etiam auctoritate esse *majorem* : « Si enim auctoritas quæritur, Orbis major est Urbe, » dist. XCIII legimus[1]; hoc est Glossâ interpretante : « Statuta concilii præjudicare statutis Papæ, si contradicerent. » Nunc salva sunt omnia, si orbis extensivè quidem, non autem intensivè major esse dicatur : quasi de extensione, non de ipso pondere auctoritatis ageretur.

Neque minùs clarum erat in Gratiani dictis vulgaribusque Glossis quædam statuta papalia *fuisse contra Evangelium;* quasdam epistolas *decretales;* quædam responsa authentica, « evangelicis præceptis, evangelicæ et apostolicæ veritati penitùs esse adversas[2]. » Nùnc eas sanctiones, ea responsa, ea decreta, privata esse somniant; Pontificemque pro officio consultum, etiam ab ecclesiis, tamen pro privato doctore respondisse. At Melchior Canus Gratianum accensebat iis, qui pontificiam infallibilitatem negasse videantur[3] : nunc, credo, damnabitur, quem juris pontificii fontem, Romani Pontifices esse voluerunt.

His igitur constat quàm falsò dixerint, opiniones, quæ pontificiæ infallibilitati et superioritati derogent, fœdi illius post Gregorium XI schismatis esse fœtus, cùm eam doctrinam per manus traditam, ad extrema quoque sæcula devenisse, tot acta demonstrent. Quo etiam factum est, ut Ecclesia schismati provisura, œcumenicam synodum imploraret, non ut eam, cui extraordinaria potestas in schismate daretur; sed ut eam, « à quâ et in quâ solent gesta etiam Romanorum Pontificum quæcumque pertractari, decerni et judicari[4]. » En quàm consuetum esset illud remedium, quod nunc extraordinarium et schismati proprium esse contendunt. En quid synodis liceat in quæcumque gesta Romanorum Pontificum.

[1] Grat., dist. XCIII, c. XXIV; *ex Hieron*. ep. CI, ad *Evang.*, al. *epist.* LXXXV, ad *Evagr.*, — [2] *Dissert. præv.*, n. LII, *Caus.* XXXII, quæst. VII, c. XVIII. — [3] Melch. Can., *de Loc. Theol.*, lib. VI c. I. *Diss. præv.*, loc. cit. — [4] Sup., lib. V. c. IX. *Appel. Card. Greg.*, apud Ruin., tom. XVII, ann. 1408, n. 9.

IV.

In Constantiensi synodo nihil novum; sed antiqua in rei judicatæ auctoritatem necessariâ causâ transiisse : id qui negent in quot absurda cogantur.

Nunc posteà quàm omnium sæculorum traditione constitit, vim Ecclesiæ supremam et indeclinabilem in ipsâ consensione esse positam; intuendum sanè, quomodo datâ occasione causâque necessariâ, tanta res Constantiæ in rem judicatam transierit.

Qui id judicium incauti aspernantur, incredibile est in quot quantaque sese manifestò conjiciant incommoda.

Ac primùm quidem, ut sanctæ synodi mentem obscurent, sic verba torquent, ut *quilibet, quâcumque dignitate, etiam papali*, præditus, sit tantùm Papa dubius : tùm, ut *cujuslibet concilii generalis legitimè congregati* nomine, intelligatur concilium in schismate habitum : denique, ut ad causam schismatis concilii auctoritas constringatur, quam Patres non tantùm ad *schisma*, sed etiam *ad fidem, et ad reformationem in capite et in membris* patere definiant [1].

Hæc igitur ludibria vim illatam synodo tam apertè clamant, ut Turrecremata, hujus glossæ auctor, id ipse fateatur [2]: clarissimèque patuit ex gestis, Constantiensem eamque secutam Basileensem synodum, non modò potestatem sibi vindicasse in Papam etiam certum; sed etiam exercuisse, Romanis Pontificibus Martino V et Eugenio IV consentientibus, imò exequentibus [3].

Ex quo infirmantur ea quæ de Constansiensium decretorum fluxâ auctoritate commenti sunt.

Primùm enim constitit à ducentis Patribus communi consensu, sessionum IV et V canones, de quibus agitur, fuisse conditos; synodicoque decreto, non modò celeberrimas orbis academias, prælucente Parisiensi, omnesque religiosos Ordines; verùm etiam longè maximam Ecclesiæ catholicæ partem adhæsisse [4]; tùm

---

[1] *Dissert. præv.*, num. XXXVIII et seq. ; lib. V, c. II et seq. *Conc. Const.*, tom. XII *Conc.* — [2] Turrec., *Resp. ad Basil.*, part. II, n. 2 et 4 ; tom. XIII *Conc.* col. 1711. 1712. — [3] Vid. lib. V et VI. — [4] Sup., lib. V, c. XXI, et pass. tot lib.

horum canonum conditores eos fuisse, qui primi omnium extinguendo schismati manum admoverint, qui cæteros à schismate redeuntes in sinum susceperint, qui hæreticos Viclefum, Hussum aliosque compresserint : ut profectò pudere debeat aspernari; imò fœdis erroris ac schismatis notis tantum infamare cœtum, vel si etiam quod absit, pro œcumenicâ synodo non valeret.

Cùm id negare nemo possit, tùm verò Constansiensem synodum pro œcumenicâ jam inde ab initio valuisse, sessionumque IV et V canones conciliariter factos totâque Ecclesiâ approbatos, tot actis Martini V, Eugenii IV, Pii II, probavimus[1]; tot deinde decretis Senensis, Papiensis, Basileensis Florentinique œcumenicorum conciliorum; ac profecto Basileensis, dùm etiam ab Eugenio pro legitimoque œcumenico concilio habebatur[2], ut id in dubium revocari, nihil aliud sit, quàm contemnendis synodis viam pandere, tot retrò pontificibus illudere; ut unus Papa, summâ semperque indeclinabili auctoritate polleat, conciliis, ipsis pontificibus totique Ecclesiæ eam auctoritatem detrahere, uno verbo fidem evertere.

Jam quod aiunt, Constantienses canones in Florentinâ Lateranensique synodis antiquatos : primùm quidem satìs constitit, ne nominatos quidem, nec de illis quæsitum; imò pro certis esse suppositos, cùm eorum auctoritate in Florentinâ synodo, etiam Basileenses premerentur[3]; atque interim Græci Latinique, ipseque Eugenius IV, dictis factisque firmarent, summam tractandæ fidei auctoritatem, non in solo Papâ, sed in Ecclesiæ consensione esse positam[4].

De Lateranensi verò sub Leone X synodo, quod aiunt; tantùm abest, ut Constantienses canones abrogarit, ut ne Basileenses quidem, nisi post secundam dissolutionem[5], hoc est post sessionem XXIV; anteriores verò sessiones præsertim usque ad XVI; integras reliquerit; quibus certè sessionibus Constantienses canones tot decretis, atque Eugenii IV non modò consensione et approbatione, sed etiam executione atque obedientiâ firmati sunt[6].

[1] Sup., lib. V, c. XXIX, XXXI. — [2] Ibid., c. XIV et seq., et toto lib. VI. — [3] Sup., lib. VI, c. IX, X, XI. — [4] Lib. VII, c. XXXVII. — [5] Lib. VI, c. XVIII. — [6] Sup., lib. VI, c. I, II, III, IV.

Omninò enim Eugenius, et synodum dissolverat, et continuatam damnaverat; et tamen ad obedientiam sessionis v Constantiensis auctoritate adactus, Basileensibus hæsit; decreta sua rescidit, edito diplomate. An verax ac rectè decernens? confecta ergò res est. An errans? haud minùs confecta res; erroremque semel fassus, frustra deinde infallibilitatem obtenderis.

Quo ex loco duo fiunt : primùm, ut Constantienses canones, invictà auctoritate; tùm ut in Pontificem certum quoque et indubium, qualis erat Eugenius, valeant; stentque omninò synodi Constantiensis, et sensus, et auctoritas; neque jam revocari possint in dubium ea, quæ patres Gallicani suâ Declaratione complexi sunt[1].

V.

Constantienses canones postremis quoque Romanis Pontificibus intactos, quàm absurdum à privatis configi : quàm item absurdum ea, quæ Tridentina synodus, ac nostra etiam ætas tuta esse censuerit, repente damnari, et de Papæ auctoritate postulari plura, quàm ipse Duvallius aliique Romanæ Sedis studiosissimi poposcerint.

Quæ cùm ità sint, si quid Romani Pontifices contra Constantiensium canonum auctoritatem moliti essent, irritum caderet; utpote tot anterioribus firmisque decretis contrarium[2]. Nunc autem certum est, nihil ab ullo Romano Pontifice, contra eos canones gestum esse : imò tota Constantiensis synodus, æquè ac cæteræ concilii generalis titulo insignita, in editione Romanâ Pauli V jussu prodiit. Unus Binius tanto concilio ausus est hanc notam apponere : *Concilium Constantiense ex parte approbatum*[3], nullis ecclesiasticis gestis, nullâ auctoritate nixus; uno, scilicet Bellarmino[4], præeunte. Quæ si privatis liceant, nihil est quod theologi adversùs hæreticos, conciliorum œcumenicorum fixa et irrevocabilia decreta jactemus.

Tantùmque abest, ut Constantienses canones, ullo Ecclesiæ decreto læsi sint, ut Patres nostros eam fidem professos, syno-

---

[1] *Declar. Gall.*, c. II. — [2] Sup., lib. V, c. I, et pass., et lib. VI. — [3] Bin. tom. VII, part. II, p. 1134. — [4] Bell., *de Conc.*, c. VII.

dus Tridentina ac Pius IV susceperint¹ : ex eâ doctrinâ suos canones, ipsamque adeò fidei professionem temperaverint, diligentissimèque caverint, ne ea doctrina vel in speciem læderetur. Quæ si jam jaceant, nempè nihil in Ecclesiâ firmum fixumque est; dogmata quoque, quod absit, temporibus serviunt, omnisque ecclesiastica prostrata est auctoritas.

Jam illud quis non doleat, tot Ecclesiæ lumina, Alliacensem cardinalem, Gersonem, pium illum Dionysium sanctissimi Carthusiani ordinis decus, Tostatum Abulensem Hispaniæ lumen, cæteros innumerabiles, ipsumque Adrianum VI, nusquàm hactenùs reprehensos, imò summâ cum laude nominatos; quin ipsam Parisiensem academiam studiorum decus ac lucem, repente damnari²? Quid Turrecrematam? quid sanctum Antoninum? quid alios tot ac tantos eximios potestatis pontificiæ defensores commemorem, qui ultimum fidei robur in communi Ecclesiæ auctoritate collocarunt; qui in fidei negotio rebusque universam Ecclesiam tangentibus, concilium Papæ prævalere docuerunt? Quid autem hæc memorem? cùm ipsum Turrecrematam; Turrecrematam illum, quo capite tot illa absurda et nimia profluxerunt, planè et apertè docuisse constet fieri posse « ut Papa errorem definiat solemniter, et à Christianis asserat tenendum tanquam catholicum³. » Ergò Eugenii IV tempore, cùm summa omnia peterent, ab hoc tamen temperabant, ne mortalis unus infallibilis haberetur. An in eos quoque censura sæviat, novisque nova semper superstrui placet? Quid verò privatos memorare libet; cùm ipsas synodos, earumque sacrosancta decreta susque deque habita lugeamus?

An quia Bellarminus suam de pontificiâ superioritate sententiam, *ferè de fide;* Parisiensium Adrianique VI de infallibilitate sententiam, *videri sibi erroneam atque hæresi proximam* dixerit⁴, nova ac trepida privati doctoris censura; atque illud *videri*, pro certâ firmâque Ecclesiæ catholicæ fide habeatur; aut quia alii nunc de fide esse dixerint⁵, eorum sententiam pro certâ auctori-

---
¹ *Dissert. præv.*, num. xiv. — ² *Idem.*, n. xiii et seq. usq. ad xxxi. — ³ Turrec., *summ. de Eccles.*, lib. IV, part. ii, c. xvi. — ⁴ Bell., *de Conc. auct.*, c. xvii, *de R. P.*, lib. IV. c. ii. — ⁵ *Ibid.* et Suar., *de Fid. disp.* v, sect. viii, n. 4. Tapp., *Orat. theol.*, iii. Wig, Stap., etc., pass.

tate teneamus; ac *nunc* illud habeamus illius loco, *quod ubique, quod semper?* quam catholicæ fidei tesseram, cum Vincentio Lirinensi[1] omnes catholici celebrarunt. Absit hæc ab Ecclesiæ catholicæ gravitate ac majestate levitas.

Quid Andreas Duvallius? Nonne cum Edmundum Richerium et Simonem Vigorium adortus est; Parisienses doctores *à parte conciliorum generalium stetisse*, atque ad ea *ultimam analysim fidei retulisse* confitetur? nonne summi muneris loco postulat, ut non ea doctrina de fide habeatur? nonne ipse palam edixit sententiam, quæ concilium Papæ anteponat, neque esse hæreticam, neque erroneam, neque temerariam? pontificiam verò infallibilitatem, quàm apertè, quàm clarè non *videri de fide*, dixit? Neque tantùm dixit, sed argumentis probavit non esse de fide, et contraria argumenta studiosissimè solvit[2]. Hæc cùm anno 1612, 1614, 1636, doceret ac scriberet, tamen pontificiæ dignitatis acerrimus vindex Romæ quoque est habitus. Hunc cardinalis Ubaldinus Sedis apostolicæ nuntius præcipuè fovit. Notæ in Urbe sunt, ac doctorum inter manus ubique versantur ejusdem cardinalis litteræ, quibus id conscribitur; constatque Duvallii adversùs Richerium libros, Româ probante, Româ instigante, compositos et editos. Nunc adversarii Romam incendunt atrocibus dictis, ut quæ nostrâ ætate pro indifferentibus habuit, acri censurâ configat. Quo operæ pretio? An ut novitia ac repentè de fide fiant, ipseque jam Duvallius dignitatis apostolicæ proditor habeatur? Absurdum. Imò si hæc fierent, quod illi contendunt, nihil aliud ageretur, quàm ut novum experimentum novumque monumentum extaret publicum, Pontificem falli posse.

---

[1] Vinc. Lirin, *Comm. I*, c. III, tom. VII *Bibl. Patr.*, p. 250. — [2] *Dissert.*, n. XVII et seq. Duval., *Elenc.*, p. 9, 68, 105; et *in Tract. de R. P.*, etc., part. IV, quæst. VIII, p. 582; *ibid.*, part. II, quæst. I, p. 210.

VI.

De Pontificum lapsibus agnitis vel prævisis; deque conciliorum congregandorum causâ, quàm vana et absurda dicta sint.

Antiquorum Pontificum lapsus alios negant; quàm inani operâ res ipsa docet : alios, etiam corpori Juris insertos confitentur; sed Romanos Pontifices non eo animo egisse, ut docerent universalem Ecclesiam, neque pro cathedrâ dixisse contendunt : quâ quidem in responsione miris se involvunt ambagibus. Primùm enim ea errata vidimus, quæ ad universalem Ecclesiam ederentur : tùm absurdum illud est, Romanum Pontificem jussum universim confirmare fratres, officio fungi, cùm universos docet, non autem cùm singulos; imò cùm ritè consultus respondet Ecclesiis aut religiosis cœtibus; atqui eo ritu consultos Stephanum II, Gregorium II, Cœlestinum III, Innocentium III, aliosque egregios licèt Pontifices, falsa et erronea respondisse in confesso est. Ergò apostolico officio confirmandi fratres defuisse constat; eò quidem magìs, quò viam salutis quærentibus, cùm certa et infallibilia possent, dubia et errori obnoxia rescripta miserunt.

Jam illud toties dictum à doctoribus ipsoque Augustino; dictum ab ipsis Pontificibus, ipsoque Gelasio, Innocentio III, Joanne XXII, cæteris [1]; dictum ad ipsos Pontifices in conciliis sedentes; si quidem ipsi prava definirent, nihil id veritati, nihil Ecclesiæ nociturum an clevari putant, cùm responderint : Non id tanquam dubios, ut ipsa verba præferunt, *sed per impossibile* voluisse dictum? Quem verò non pudeat (a) doctrinæ catholicæ summam, ad hæc minuta et subtilia deduci?

Denique illud quàm invictum inconcussumque est : frustra convocari generales synodos, si tota definiendæ veritatis ratio in uno Pontifice constat. Quo uno argumento attoniti ac veluti pa-

---

[1] Sup., n. III, et lib. IX, c. XVIII, XIX, XXVI, XXVII, VLIV; lib. X, c. VIII; IX; et *Dissert. præv.*, n. XLVII, XLVIII.

(a) Qui ne rougiroit pas?.... Tous les amis du Siége apostolique; car c'est là vrai sens de ces passages.

labundi, in diversa fugiunt: sed undique præcipitia, neque quidquam perfugii est.

Ili nempè respondent consultores dari judicaturo Papæ. Consultores verò ei qui jam judicasset, ut de sancto Cœlestino, de sancto Leone, de sancto Agathone aliisque certum [1]: consultores ei, qui tàm longè abesset, qui legatos mitteret, non ad se relaturos, aut suam expectaturos sententiam, sed statim cum Patribus judicaturos: consultores eos, qui profectò non consultatoriam, sed decretoriam sententiam promerent. An non pudet episcopos toto orbe convocatos, non alio loco esse, quàm academias ac theologicas facultates, consultatoria decreta proferentes?

At fortè illud melius: convocari synodos elucidandæ rei? Cur ergò non tractatus et elucidationes, sed definitiones, sed anathemata, sed judicia et decreta jam irretractabilia produnt?

Denique decurrunt ad illud: convocatas synodos, quâcumque in quæstione, non ex necessitate, ad solvenda dubia; sed ex abundanti ad frangendos contumaces. Frangendos verò, an potius adjuvandos; si post infallibile, ut illi quidem volunt, Pontificis judicium, quæstio innovetur? Vel enim illusoria deliberatio est, ludibriumque sit de re jam confectâ quærere; vel vera seriaque habetur quæstio. Jam dubitante synodo, non modò contumaces, sed etiam modesti probique dubitare coguntur.

His victi alii, neque quidquam aliud habentes, quod concilio tribuerent; respondent Papam quidem per sese esse infallibilem; sed congregatâ synodo, ad totam synodum infallibilitatem transmitti, nec jam Papæ fas judicare soli. Quæ primùm nec sibi constant: absurdum enim est à Papâ, convocatâ synodo, abdicatam innatam potestatem: neque quæstionem solvunt; et remanet quæstio, cur operosa moliantur, cùm prompta et expedita suppetant. Denique qualis Papa in adunatâ Ecclesiâ, talis in diffusâ est: neque enim habed aliud adunata Ecclesia, quàm ut toto orbe diffusam repræsentet. Quare quæ in adunatâ virtus, ejus profectò radicem in diffusâ esse oportet. Quæ cùm ità sint, quæstionem nostram ipsâ conciliorum convocatione finitam contendimus. Compendiosa sanè et explorata demonstratio, quæ in ipso concilii nomine continetur.

[1] Sup., lib. VIII, c. XL.

VII.

Quàm grave sit Ecclesiæ catholicæ causam in tot absurdis collocari, cùm præsertim ea invidiosissima sint.

Hæc igitur absurda sunt, in quæ, nosque, seque, totamque Ecclesiam, quantùm in ipsis est, conjectum eunt. Quis autem non videt, quàm eadem invidiosa sint, summam Ecclesiæ ac fidei, uni homini summo quamvis, summâque dignitate prædito, sed mortali tamen, ne quid dicam ampliùs, permittendam? convocari episcopos ac viduari ecclesias, ut unum audiant? rem per se tantam, tam incredibilem, atque hùc usque pro dubiâ saltem habitam, pro certo Ecclesiæ fundamento collocari? denique ut id fiat, everti formulam ab apostolicâ usque ætate firmissimam, nempe illam; *Visum est*, non Petro, sed *Spiritu sancto et nobis*[1]? Quanta utem audent, qui Petro negata, Petri successoribus tribuunt.

Atque hanc apostolici concilii formam sanctus Cœlestinus, et sancta quinta synodus ad omnia deinde concilia pertinere putant[2]. Unde septima synodus : « Dominus Deus noster nos sacerdotii principes, beneficio suo undique convocavit, quatenùs deifica catholicæ Ecclesiæ traditio, communi decreto recipiat firmitatem[3].» Et octava synodus, quâ nulla sanctæ Sedi obedientior extitit : « Sanctissimi Vicarii seniosis Romæ, et nos qui reliquarum sedium vicarii sumus, hæc omnia dissolvimus (a), gratiâ Domini nostri Jesu Christi, qui dedit nobis summi sacerdotii potestatem justè et congruè ligandi et solvendi[4]. » En qui Papæ consultores atque vicarii habeantur. Tùm illud : « Spiritus enim sanctus, qui locutus est in sanctâ Romanâ Ecclesiâ credimus, quòd et in nostris ecclesiis locutus extiterit. » Meminerant enim illud : *Visum est Spiritui sancto et nobis* : quæ legati apostolici pronis animis suscepere; atque adjecere insuper ad imperatorem : « Sanctissi-

---

[1] *Act.*, xv, 28. — [2] Cœlest.; *ep.* inter act. *Conc. Eph.*, act. II, tom. III *Conc.*, col. 614. *Conc.* v, coll. VIII; tom. V, col. 662. Sup., lib. VII, c. VI. — [3] Sup., *ibid.*, c. XXX. *Conc.* VII act., VII; tom. VII, col. 554. — [4] Sup., *ibid.*, c. XXXII. *Conc.*, VIII, art. VI, tom. VIII, col. 1049.

(a) Nempè sacramenta quibus se Photio obligarant. (*Edit. Leroy.*)

mus Papa nos famulos suos direxit in hanc urbem, ad manifestationem veri et justi judicii in conspectu imperii vestri et sanctæ universalis synodi; ità un non habeant (Photiani scilicet) vocem appellationis vel repedationis; sed quemadmodum jam judicati sunt et dejecti, in sæculum maneant [1]. » En in quo vim summam collocarent, cùm scilicet capiti universa se Ecclesia conjunxisset. Quam modestiam omni elatione firmiorem qui infringere satagunt, Sedis apostolicæ principatum extollunt in speciem, re ipsâ deprimunt invidiamque tantùm non veram auctoritatem conciliant.

VIII.

Hæc absurda et invidiosa, etiam esse inania, neque prohiberi posse quin ad Ecclesiæ consensum necessariò recurratur : ex cathedrâ pronuntiari, quid sit.

At illa importuna, nimia, invidiosa sectati, nec sic proficiunt : hùc enim illis res redit, ut quantumlibet judicante Pontifice, tamen ad ultimum fidei stabiliendæ robur consensus Ecclesiæ requiratur quod ità conficimus.

Sanè qui Pontificem ut Pontificem, errare posse negant, non eamdem ineunt viam ; neque omnes conveniunt, illud, *pro cathedrâ pronuntiare*, quid sit. Turrecremata sic docet. « Si Romanus Pontifex efficitur hæreticus, ipso facto quo cadit à fide Petri, cadit à Cathedrâ et Sede Petri, ejusque judicium non esset judicium apostolicæ Sedis [2]. » Quid ergò. Repetendum, donec verum pronuntiet ? Unde autem vera dixisse constabit, nisi cùm Ecclesia consenserit ?

Nihil horum refugimus : placet non imputari Sedi apostolicæ, si quid erit noxium, si quid erroneum, si quid alienum ; quæ sanctus Antoninus paulò enucleatius explicare visus est. Is quidem sic distinxit : « Papam ut personam particularem, ex motu proprio agentem, errare posse in fide : at Papam ut personam publicam errare non posse [3]. » Personam autem publicam sic inter-

---

[1] Sup., *ibid.*, c. XXXII. *Conc.*, VIII, act. VI ; tom. VIII, col. 1056. — [2] Turrecr., *Summ. de Eccles.*, lib. II, c. CXII, fol. 260, mul. 258. — [3] Anton., *Summ. Theol.*, part. III, c. III, § IV, p. 418 vers.

pretatur, « utentem consilio et requirentem adjutorium universalis Ecclesiæ, quæ non habet maculam neque rugam. »

Sit ergò Pontifex ex officio interpres Ecclesiæ : quoties avita et Ecclesiæ tradita interpres attulerit, toties è cathedrâ dixerit, toties Pontificem personamque agat publicam privatus habeatur doctor, teste Antonino, cùm *ex motu proprio* in fidei negotiis egerit.

Hinc idem Antoninus pontificiam definitionem valere quidem dicit summâ et ultimâ firmitate; sed *acceptatam, examinatam, approbatam,* quemadmodum mox retulimus [1] : ut cùm varii varia, de eo quod sit pro cathedrâ dictum, attulerint, certissimum signum sit, pro cathedrâ esse dictum, cùm Ecclesiæ consensus accesserit.

Decorum magnificumque Pontifici, ut pari ferè loco atque concilia generalia habeatur. Certum est apud catholicos concilia generalia infallibilia esse; at cùm dubitari possit, conciliumne aliquod generale sit, id ex Ecclesiæ consensione repetatur; ità certum firmumque, si velint, habeatur Pontificem pro cathedrâ docentem esse infallibilem; at cùm dubitari possit, an pro cathedrâ dixerit, adhibitis omnibus conditionibus, ultima nota ac tessera sit Pontificis ex cathedrâ docentis, cùm Ecclesiæ catholicæ consensus accesserit.

Id si Romæ placeat pacique profuturum sit, haud equidem contradixerim; sed alia Bellarmino ac Duvallio placent. Placet quippè Pontificem, quoties adhibitâ formulâ aliquid Ecclesiæ proposuerit, saltem cum anathemate, esse infallibilem. An vel sic Ecclesiæ consensum excludent? Non sanè Andreas Duvallius, cujus verba, alio loco relata, adversùs Richerium disputantis, audivimus [2].

Neque verò Bellarminus, tametsi in speciem asperior, summâ ipsâ discrepat. Is enim est, qui dixerit, « definitiones de fide præcipuè pendere ex traditione apostolicâ et consensu Ecclesiarum : ut autem cognoscatur, quæ sit totius Ecclesiæ sententia, et quam traditionem servent, Ecclesiæ, non esse aliam meliorem rationem, quàm ut conveniant episcopi ex omnibus provinciis, et

---

[1] Sup. n. III; et Anton., part. IV, etc. — [2] *Dissert. præv.*, n. XXI.

quisque referat Ecclesiæ suæ consuetudinem ¹. » Addit necessaria videri concilia; « quia nonnulli apertè dicunt summum Pontificem potuisse errare ; » quorum nullam rationem haberi oporteret, nisi aut vera, aut saltem probabilia dicerent.

Quare quidquid illud est, quod Bellarminus dixerit, Parisiensium sententiam sibi *videri erroneam*, *atque hæresi proximam ;* sanè intellexit suum illud *videri*, minimè prohibere quominùs ea sententia adeò probabilis videatur, ut in celebrandis conciliis et quæstionibus summâ et indeclinabili auctoritate finiendis, ejus rationem haberi necesse sit.

Neque aliud, si satis attendimus, patres Gallicani voluerunt. Illic enim patere volumus Gallicanæ Declarationis arcanum; Gallicanos Patres non id edixisse, ne Romanus Pontifex infallibilis haberetur, de quo in scholis tantæ rixæ sint. Procul has scholæ voces rixasque habuerunt; non id episcopale suumque æstimarunt. Ad praxim maximè respicere placuit; atque illud pro certo figere, utcumque scholastica ac subtilis quæstio se habeat, tamen convenire inter omnes catholicos, pontificium decretum non haberi pro irreformabili, neque ultimum robur esse consecutum, nisi Ecclesiæ consensus accesserit. Quo dogmate constituto, tota infallibilitatis quæstio, speculativas inter vanasque quæstiones habeatur.

Hunc in sensum si accipi placet Gallicanam Declarationem, non ipsi Gallicani Patres, credo, refugient. Ego verò toto hoc tractatu id egi, ne tantoperè pro eâ infallibilitate litigent, quæ dubia saltem (pro dubiâ enim habemus in fidei negotio, quæ fide certa non sit) nunquam conciliare possit Pontificiis decretis certam et indeclinabilem auctoritatem: ut et illud omittam, nimis incredibile et absurdum videri, infallibilitatem, tantum munus à Christo Pontifici traditum, necdum Ecclesiæ revelatum fuisse. Interim quæ Sedis apostolicæ majestatem decerent et certâ traditione constarent, asserui clariùs ², quàm ut in dubium revocari possint. Nempè in Sede apostolicâ semper vivere ac victurum Petrum fidei principem; neque successionem ejus unquàm à fide abrumpendam, et catholicam fidem ad finem usque sæculi, non aliam

¹Bell., lib. IV, *de R. P.*, c. VII. Sup., lib. VIII, c. xx. — ² Sup., lib. X integ.

quàm Romanam futuram ; ex quâ fide quoties Romanus Præsul dixerit, tunc ex cathedrâ dictum videri. Atque his confido me talem exhibuisse papatum, qui resecatis dubiis, incommodis, invidiosis omnibus, ad hæc inanibus; sanctus et sanus, omnibus gratus venerandusque habeatur; prætereà tam sit ad fidem stabiliendam sufficiens, ut neque Duvallius, neque Bellarminus, quantumlibet infensus atroxque esse videatur, aliam postulent sufficientiam.

IX.

De regendâ disciplinâ discrepantes in speciem sententias summâ ipsâ convenire. Duvallii loci. Item locus anonymi, qui de Gallicanis libertatibus scripsit.

Jam ergò *magna et apostolica Sedes*, ex Declaratione Gallicanâ, secundùm Mennam, circa fidem obtinuit, quod suum est; nempè ut eam tueretur; quod est præcipuum ecclesiastici regiminis officium. De altero, quod ad servandos dispensandosque canones spectat, audiamus.

Hîc verò, sat scio, nihil difficultatis occurret, si quæ in confesso sint advertantur : namque Ecclesiam, et canone regi, et canones interdùm relaxari oportere constat [1]; neque quis diffitetur.

At enim fortè id postulant, ut Papa pro plenitudine potestatis, supra omnia concilia in omnibus pro arbitrio dispensare possit. At non ità Antoninus; tametsi enim negat Papæ à concilio præfigi posse legem, id tamen addit : « Dico quòd in concernentibus universalem statum Ecclesiæ, non potest Papa disponere contra statutum concilii, si statuendo decoloraretur status Ecclesiæ [2]. » Ità Turrecremata; ità omnes etiam pontificiæ potestatis studiosissimi confitentur.

Quid Duvallius : Quæstione, an sit absoluta Ecclesiæ monarchia, hæc habet : « Non potest suprema illa potestas (Romani Pontificis) statum ecclesiasticum in toto aut in parte minuere, nedùm evertere : verbi gratiâ, uni eidemque sexcenta be-

---

[1] Sup., lib. XI integ. — [2] Anton., *Summ. Theol.*, part. III, tit. XXIII, c. II, § VI, p. 418.

nescia conferre : pueros ad episcopatum promovere; ritus etiam generaliter per Ecclesiam ab omni ævo inviolabiliter observatos abolere, etc. Sic enim Ecclesiæ dignitas et splendor maximè minueretur, et ad certissimum exitium devolveretur¹.

Enumerant theologi canonistæque canones longè plurimos quos Romanus Pontifex rescindere nequeat : verbi causâ, canonem *latæ sententiæ* adversùs percussores clericorum; quod, eo rescisso, ecclesiasticus status decolorari videretur : quasi non alii sint innumerabiles, quibus conculcatis honos Ecclesiæ deflorescat magis.

Quin addit Duvallius, Benedicto XIII « meritò denegatam obedientiam, non modò quòd schismaticus esset, sed quòd de ecclesiasticis beneficiis, contra jus fasque, in detrimentum Ecclesiæ statuere præsumeret². » En quot canones Romanæ potentiæ invictos esse constet. Quid eos qui non universam, sed tamen singulares pessumdent ecclesias? An Romanus Pontifex abolere, et alios canones pro arbitrio statuere potest? Anonymus libertatum Gallicanarum oppugnator audiatur. Is uno verbo rem conficit; sic namque decernit : « nihil differre Gallicanam nationem à cæteris, in acceptandis, vel recusandis legibus ecclesiasticis; siquidem nulli non licet legum executioni supersedere, si vel annuat Ecclesia, vel pensatis rerum, locorum ac personarum conditionibus, injustum sit ejus mandatis ad litteram servire³. » En quid de abolendis statutis veteribus novisque inducendis sanciant, qui nos vexatos volunt.

An autem supersedere tantùm, non verò novam legem in totum respuere liceat, sequentia demonstrabunt : « Si is erat in Galliâ rerum status, ut ei sicut cæteris provinciis orbis christiani, leges illæ non convenirent, jure naturali et ipsâ legislatoris intentione, ab earum executione liberi extiterunt⁴. » Quid Gallos exagitant libertatum defensores, si cæteræ gentes, alio sub titulo aliove ritu, idem jus observent et exerceant?

At enim, inquies, se tutos Galli putant, non modò naturali

---

¹ Duval., *de Sup. R. P.*, etc., p. 1, quæst. II, p. 88; part. IV, quæst. IX, p. 615, edit. 1614. — ² *Ibid.*, p. 89. — ³ Anon., *Tract. de Libert. Gallic.*, lib. II, c. XII, n. 4. Sup., lib. XI, c. XXII. — ⁴ *Ibid.* n. 5.

jure, aut intentione Pontificis, sed etiam concilii generalis auctoritate superiori? Quid autem? An ideò in nos Vaticanâ ab arce fulmina detonabunt; quòd concilii generalis decreto legem naturalem ac Pontificis intentionem congruere rati, omnia in unum conjungimus, ac disciplinæ ecclesiasticæ servire cogimus?

Nempè, inquiunt, in Pontificem canonum eversorem, à concilio pro potestate, animadverti posse dicitis. Quò enim pertinebat concilii Constantiensis allegatus canon? Nonne ut constaret Pontificem concilio contumaciter inobedientem, *debitè puniendum* [1]? Jam ergò non nos Galli, sed tanta synodus, pacis ecclesiasticæ instauratrix, vapulat.

At enim Constantiense concilium de dubio Pontifice interpretandum erat. Absurdum. Fac tamen, ut mollioribus auribus parceremus, vim concilio illatam tortaque ejus verba. Quid deinde proficiunt? Nempè ostendimus scandalosum et contumacem, utpote jam hæresis suspectum, pro dubio, imò pro nullo Pontifice haberi ab optimis ac pontificiæ potestatis studiosissimis doctoribus [2]. Quid quòd mitiores ne sententiâ quidem, si rectè advertatur, sed verbis tantùm ab aliis discrepant? Hoc ergò peccamus, quòd Parisiensium, imò concilii Constansiensis simplicitate magìs, quam aliorum ambagibus ac subtilitate delectamur? Certè bonus et æquus Pontifex nihil metuit ab illis extraordinariis casibus, qui vix mille annis eveniant, uti ex Joanne Majore discimus. Sed tamen mortalem tantâ potestatę præditum, tot tentationibus obnoxium, tantâ adulatione circumdatum, aliquo canonum metu coerciri oportet.

X.

Sedis apostolicæ majestas et potestas.

Ille subit admirari Romanam potestatem, uniendæ Ecclesiæ natam, unde perducamur ad æternam charitatem, quâ in Deo unum simus. Petrus ergò et Petri successor, ne inter se dissen-

---

[1] *Conc. Const.*, sess. v. — [2] Dion. Carth., *de auct. Pap.*, etc., part. I art. xxxiv, fol. 342, vers. Dried., *de Libert., Christ.*, dist. xl, c. vi. Bell., Rosel. et alii pass.

tiant Ecclesiæ, communis traditionis interpres; ne incertis motibus fluitent, communium canonum executor, Sede apostolicâ auctore vel probante confectos custodit et vindicat. Hæc habens et exercens apostolica Sedes, tantâ antiquitùs auctoritate viguit, ut posteà, fidens dixerim, imminuta magis quàm aucta esse videatur.

En ille Leo Magnus ex Patrum traditione influentem in omnium animos edit epistolam; imperatorem adversum nactus, ad Ephesinam generalem synodum, invitus, nec suo loco positus, cogitur, nec auditur. Itaque antiqua condemnatur fides. At ille latrocinalem synodum valere non est passus; imperatoriâ potestate fretum Alexandrinum Dioscorum fregit, ad instaurandam cognitionem imperatorem perpulit; Chalcedonensis synodi auctor, ac deinde executor, ad constabiliendam communem Ecclesiæ fidem, invictâ potentiâ stetit.

Eâdem exequendi auctoritate freti, Gelasius, ac deinde seculi Romani Pontifices, adversùs imperatores ac regiæ urbis antistites, in Chalcedonensem synodum rebellantes, nullâ novâ synodo indigere se professi, tantâ egere confidentiâ tantâque vi, ut imperatores totamque Orientalem ecclesiam, ad condemnandos perduelles, solâ jam Sedis apostolicæ auctoritate perpulerint.

Quid ubi nulla synodus intervenit? Ecclesiarum consensione freti, haud minùs fiducialiter egerunt; Pelagianos nullo loco consistere passi sunt; ac superbis ne illud quidem solatium reliquerunt, ut ab œcumenicâ synodo damnati viderentur. Quis autem Pontifex posteriore ætate, quâ nonnullis potestate aucti videntur, tantâ auctoritate tanta gessit? Tanta potest, auctore et executore Petro, Capiti connexa ecclesiarum fides?

An ideò putamus infirmam Sedis apostolicæ auctoritatem, quia ecclesiarum consensum postulamus? Imò firmiorem. Id enim tantùm tribuimus ecclesiis, ut agnoscant, ut sentiant, an communis interpres, satis ex communi traditione dixerit; in eâ acquiescant (a), in eâ Spiritûs sancti magisterium collocatum, neque unquàm defuturum, certâ fide credant.

(a) Il faut bien comprendre ces paroles. Plusieurs ont accouru pour les renforcer, dans la crainte qu'elles n'affoiblissent les principes de l'église gallicane.

Nec minùs invicti fuerunt Romani Pontifices, cùm canones ab ecclesiis, Sede apostolicâ, sive auctore, sive probante, susceptos vindicarunt. His Constantinopolitanos præsules alta spirantes et principum gratiâ ferocientes, et à Nestorianis Acacianisque usque temporibus, Ecclesiæ graves, tanquam in schisma erupturos animo providerent, quâ gravitate poterant, coercebant, Orientali ecclesiæ, quæ novæ Romæ faveret, Nicænos canones opponebant; invictos se rati, quamdiu, ut ipsi profitebantur, secundùm canonum regulas paternorum rem gererent.

Itaque eorum tanta vis fuit, ut Agapetus Papa exul, et supplex Constantinopolitanum præsulem ad pristinam Trapezuntinam sedem, contra canones dimissam, amandaret; ab hâc quoque dejiceret, nisi rectam profiteretur fidem; ejus sociis certis conditionibus veniam indulgeret: ex quo illud, quod hujus Corollarii initio posuimus : « Magna et apostolica Sedes antiquum obtinet, rectam fidem tuens, sanctarum Ecclesiarum sanctiones servans [1]; » ubi oportuerit *indulgentiâ utens*.

Interim cum episcopis rectam fidem et regulam secutis, æquo propemodùm jure agebant. Eulogius Alexandrinus episcopus scripserat se sancti Gregorii Papæ jussa capessere. At ille ea verba jussionis vocem procul à se amolitus, hæc ait : « Quod verbum jussionis peto à meo auditu removete : loco enim mihi fratres estis, moribus patres. Non ergò jussi, sed quæ utilia visa sunt indicavi [2]. »

---

[1] *Conc. Const.*, sub Menn. Vid. suprà, n. 1. — [2] Greg. Mag., *indict.* I, lib. VIII, epist. XXX ; tom. II, col. 919 ; al. lib. VII, ep. XXX.

Ainsi le premier éditeur officiel de la *Défense*, M. Leroy, dit dans une note de la traduction françoise : « Ce que dit l'illustre auteur pourroit paroître foible à certaines personnes, qui n'auroient pas assez réfléchi sur les principes solides et luminenx établis dans tout son ouvrage. En effet, il sembleroit d'abord qu'on ne donne point d'autre droit aux églises, que celui de reconnoître la décision du Pape, de s'y conformer et d'y acquiescer : *Ut agnoscant, ut sentiant,...... acquiescant ;* mais ces expressions ne font plus de difficulté, pour peu qu'on se rappelle ce qui a été si solidement démontré par l'auteur, que les églises ne reconnoissent une doctrine que par l'examen qu'elles en font, et qu'elles ne s'y conforment et n'y acquiescent qu'en jugeant avec autorité. Ces principes sont si souvent répétés, surtout dans les quatre derniers livres et dans ce corollaire même, que l'auteur a cru sans doute qu'on ne s'y méprendroit pas, et qu'il seroit impossible à des lecteurs attentifs d'entendre ce qu'il dit ici dans un autre sens. » Nous sommes forcés de croire, malheureusement, que cette note exprime le vrai sens de Bossuet.

An non ergò ille se superiorem sentiebat? Id hæretici, id imperiti jactent : non enim intelligunt quænam à Domino constituta sit ecclesiasticæ potestatis ratio ac vis. At Gregorius, tàm modestus quàm fortis intelligebat: « Nam quod, inquit, se dicit (*a*) Sedi apostolicæ subjici, si quâ culpâ in episcopis invenitur, nescio quis ei episcopus subjectus non sit : cùm verò culpa non exigit, omnes secundùm rationem humilitatis æquales sunt[1]. » Quam communem regulam omnibus præpositis esse voluit: « Sit, inquit, rector bene agentibus per humilitatem socius, contra delinquentium vitia per zelum justitiæ erectus; ut et bonis in nullo se præferat, et cùm pravorum culpa exigit, potestatem protinùs sui prioratùs agnoscat[2]. » Quod ille multis exemplis, Scripturarumque testimoniis prosecutus, sic denique concludit : « Summus itaque locus bene regitur, cùm is qui præest, vitiis potiùs quàm fratribus dominatur. » Itaque ille Gregorius, tàm humilis, tàm modestus, tàm æquo cum cæteris jure usus, summâ potestate Constantinopolitanorum præsulum superbiam contudit[3]: acta synodica per Sedem apostolicam dissoluta cassataque memorat, et antecessoris eâ de re sententiam vindicat : neque ullus unquàm Pontifex majore constantia apostolicam auctoritatem exercuit. Quid ità? quia canones, quia priscas consuetudines, quia omnium fratrum jura æquè ac sua servabat, ut vidimus[4].

XI.

Quàm fœdam ecclesiastici regiminis pontificiæque potestatis ideam, adversarii, ac præsertim auctor anonymus proferant, quàmque hæreticis faveant, dùm papatui favere velle videntur.

Et auctor anonymus, qui de Gallicanis libertatibus scripsit, aliam papatûs ideam informavit[5]. Libro enim VI, quo caput III

---

[1] Greg. Mag., *indict.* I, lib. IX, *ep.* LIX, col. 976; al. lib. VII, *ep.* LXV. — [2] Id., *Reg. Past.*, part. II, c. VI; *ibid.*, col. 20, 22. — [3] Lib. IX, *ep.* XII; al. lib. VII, *ep.* LXIV; pass. in ejusd. *ep.* — [4] Sup., lib. XI, c. XII. — [5] Anon., *de Libert.*, etc., toto lib. VI.

(*a*) Byzacenus Primas.

Gallicanæ Declarationis aggreditur, id agit, ut, quia Romanus Pontifex omnium fidelium Pastor etiam immediatus habeatur, omnia pro arbitrio ad se trahere possit, nullis obstrictus canonum vel avitæ probatæque consuetudinis vinculis. Ac primum quidem eos affert locos, quibus universa Ecclesia, atque etiam Gallicana, Romano Pontifici subjecta sit, quod nemo nostrûm negat. Atque id ille sensit. Subdit verò : Hæc quidem ità in communi dicta negantur à nemine, quia nemini sunt incommoda; sed cùm ad praxim deducenda sunt, auctoritas concilii generalis, libertas Ecclesiæ, canones et similia opponuntur : quasi verò illa excepta intelligantur in verbis Christi, aut etiam in declarationibus solemnibus [1]. »

Eò ergò nos adigit, ut non modò ex solemnibus obedientiæ Romano Pontifici præstandæ declarationibus, sed etiam ex Christi verbis ad omnia extraordinaria et arbitraria teneamur : ut, quia Christus generalibus verbis Petro dixerit : *Quodcumque ligaveris, quodcumque solveris,* jam neque Ecclesiæ libertatem, neque canones, neque concilia generalia allegare liceat.

Sanè ille prævidit obstitura sibi primorum sæculorum tot ac tanta documenta, quibus Romanus Pontifex, antecessorum quoque auctoritate, canonibus servire jubeatur : quæ nos libro XI executi sumus. Quo loco id etiam ostendimus, promissam sanè obedientiam, sed secundum canones et jure servato; cui etiam professioni, Romanorum Pontificum antiqua professio responderet [2]. At anonymus, ne prisca illa traditio, verborum Christi interpres, sibi objici possit, commento illo cavet, quod jam conutavimus [3].

Ergòne, inquies, nulla tunc canonum relaxatio : imò aliqua, non promiscua; extorta necessitate, non ad libitum proflua; provida et modesta, non quæ se super omnia jura superferret. Hæc ad undecimum usque sæculum permanasse; hæc omnium cordatiorum, præsertim verò Gallorum animis inhæsisse, hæc in concilio Constantiensi stabilita esse; hæc paulò ante Constantiense concilium, à Durando Mimatensi, Clemente V jubente, scripta esse

---

[1] Anon., *de Libert.*, etc. c. II. — [2] Sup., lib. XI, c. VIII. Vid. quoque lib. IX, c. XXI. — [3] *Disser. præv.*, num. LXXX, LXXXI, LXXXII.

vidimus¹. Ille per dispensationes et exemptiones, impunem regnare licentiam, ac perdita esse omnia conclamabat; ille per synodos generales his adhiberi modum, utque Ecclesia Romana, *non omnia ad se traheret*, ne *omnia perderet*, postulabat ². Cætera alibi memorata, ac præsertim egregiam illam, jubente Paulo III, de reformandâ Ecclesiâ summorum virorum consultationem ³, atque ipsa decreta Tridentina prætermittimus. Quidnam ergò illud esse dicemus, quo potestatis pontificiæ, secundùm anonymum, totus sese *fulgor explicuit?* An cùm non jam ferè tutandis canonibus, sed exemptionibus, dispensationibus, reservationibus, denique extraordinariis arbitrariisque mandatis et imperiis eminere cœpit auctoritas, cùm Papa longè positus, tot capitula, tot monasteria, de quibus ne cogitare quidem vacat, immediatè regenda suscipit, proprios arcet episcopos, atque ab iis suum quoque clerum avellit; cùm episcopalem jurisdictionem in monachos atque in mulieres effundit aut effusam tutatur; cùm denique Romana Curia episcopos veluti adversos habere, in tot exemptis præsidium ac firmamentum ponere voluisse visa est? Iliccine ille est Ecclesiæ Romanæ fulgor explicitus! an fumus potiùs? At nos ex illo fumo dari lucem votis omnibus supplicamus. Id in concilio Tridentino, pro temporum quidem necessitate, inchoatum, Ecclesiæ gratulamur; certòque statuimus, nunquàm Ecclesiæ catholicæ, nunquàm Sedi apostolicæ suam dignitatem constituram, nisi defensis canonibus adscitisque episcopis, quos ipse Christus adjutores dederit.

¹ Vid. lib. XI, c. XVI, XVII, XVIII, XIX. — ² *Ibid.* Durand., *de Modo celeb. Conc.,* etc. Vid. *Dissert. præv.,* n. L.

XII.

Quàm falsò asserant Gallicaná Declaratione contentam doctrinam dissidiorum occasione proditam aut innovatam : cleri facultatisque Parisiensis antiqua monumenta replicantur : nova etiam produntur : quædam Gallis malevolentissimè ab anonymo objecta refelluntur : votum auctoris ejusdemque erga Ecclesiam catholicam Sedemque apostolicam devotus animus.

Jam luce est clarius pessimè objectum Gallis, quòd de Sede apostolicâ malè sentiant, cujus dignitatem confirmare et illustrare non cessant. Sed quandoquidem auctor anonymus *Tractatu de Libertatibus Gallicanis* eâ de re mendacissimè ac malevolentissimè scripsit, non feremus christianissimi regni impunè violari majestatem.

Ac primùm grave illud est, quòd semel atque iterùm inculcat [1], à Bonifaciani dissidii tempore, Gallorum in Sedem apostolicam studia refrixisse : cùm, ut cætera omittamus, id etiam imperitissimis rei historicæ notum sit, post ea dissidia, sub Benedicto XI et Clemente V, aliisque Pontificibus, Curiam pontificiam translatam ad Gallias, atque Avenione toto ferè sæculo residentem, cum Gallicano regno conjunctissimam, ejus obsequiis floruisse. Sed nos insulsissimum commentum jam confutavimus [2].

At anonymus graviora protulit. Nempè et id scribere ausus : quæ à Gallis scriptoribus de Romani Pontificis auctoritate proferuntur, « avitum ac ferè ingenitum testari illius nationis erga sanctam Sedem studium magìs fortè quàm modernorum affectum [3]; » tanquam ab eo studio moderni desciverint. Posteà : Quòd Galli aliquibus schismaticorum nomine suspecti sunt, aut inimicorum esse invidiam aut politicorum minas;.... aut fortè justum piorum metum; ne si crescat pontificiorum mandatorum neglectus, in contemptum transeat, qui à schismate solet non longè abesse : » quasi jam Gallis solemne sit pontificia mandata negligere. Gravius et

---

[1] Anon., lib. I, c. XVI, n. 2; lib. III, c. IX, n. 3. — [2] Sup., lib. III, c. XXIII, XXIV, XXV; lib. IV, c. XXII; lib. X, c. XXV. — [3] Anon., lib. VI, c. II, n. 1, 2.

acerbius illud : « Ferè pœnitere Galliam, quòd olim sanctam Sedem tantâ reverentiâ prosecuta fuerit, tantâ humilitate audierit, tanto zelo defenderit ¹. » At illud dirum et abominandum de Gallicanis etiam antistitibus dictum : » Frustra antistites Gallicani auctoritati pontificiæ gravissimum vulnus illaturi honorificâ præfaciunculâ ferrum occultant² : » ut parùm esse videatur, quòd Romano Pontifici adversentur, nisi etiam blandientium ac venerantium specie, parricidiales manus inferant. Quo argumento? quâ probatione? nullâ : nisi quòd avitam, Ecclesiæ catholicæ Sedique apostolicæ salutarem, certè tot retrò sæculis, à studiosissimis Sedis apostolicæ salutarem, certè tot retrò sæculis, à studiosissimis Sedis apostolicæ defensoribus pro innoxiâ habitam , sententiam, nullâ cujusquam offensione proponunt.

Et quidem toto anonymi tractatu sparsum illud priscas illas de Ecclesiæ catholicæ et conciliorum generalium auctoritate sententias, in Galliâ tunc esse prolatas, cùm reges à Romano Pontifice dissiderent³. » In his igitur Gallos « aulæ desideriis obsecutos, atque alicujus spei vel timoris impulsu » esse permotos ; quin ipsos episcopos Gallicanos, anno 1682, « odiosam et importunam objecisse doctrinam, ut summum Pontificem ab executione Lugdunensis de Regaliâ canonis deterrerent. » Sed hæc quàm falsa sint, quàmque iniquo animo exprobrata, alia ecclesiæ Gallicanæ acta testantur.

Vetusta omittimus; posteriorum sæculorum exempla proferimus. Nullum sanè erat christianissimo regno cum Martino V dissidium, cùm sacra Facultas Joannem Sarrazinum, qui conciliarium statutorum vigorem in summo Pontifice reponeret, repellebat, et ad ista adigebat ; quòd « tota auctoritas dans vigorem statutis conciliaribus, residet, non in solo pontifice, sed principaliter in Ecclesiâ catholicâ et Spiritu sancto ⁴. »

Nullum erat dissidium cum Romanis Pontificibus, eo tempore quo eadem Facultas ad hæc Lutheranos compellebat, ut Ecclesiæ catholicæ et conciliorum generalium determinationes absolutè

---

¹ Sup., lib. IX , præf. — ² Id., lib. VII, c. I, n. 3. — ³ Anon., lib. III, c. VIII , n. 9 , 10 ; lib. VIII , præf., n. 1 ; ibid., c. VIII , n. 2 ; lib. IX , c. X, n. 3, 4 ; in conclus. oper., n. 13, et pass. — ⁴ Sup., lib. VI, c. XXI.

admitterent ; decreta verò Romanorum Pontificum ità, « si ab Ecclesiâ recepta et approbata » essent [1].

Nullum erat dissidium, cùm editis adversùs Lutherum articulis, ecclesiasticam potestatem exponere aggressi Pontifici quidem suam; at, ut errare non posset, non nisi Ecclesiæ catholicæ et conciliis generalibus tribuebant.

Nullum erat dissidium, cùm toti orbi christiano Tridenti collecto, atque ipsi Pio IV testatum volebant, se in Constantiensibus iisque conjunctis Basileensibus decretis persistere, ac porrò perstituros, neque laturos unquàm, ut sacrosancta decreta ullâ vel ambiguâ formulâ læderentur [2].

Recentiora ac nostri sæculi exempla postulas? Nullum erat dissidium anno 1614, cùm gravis illa extitit de tertii Ordinis articulo, ac regum supremâ auctoritate dissensio : et tamen in actis Ordinis ecclesiastici conscriptum legimus : Lecto articulo, Patribus visum « eo articulo sterni viam ad schisma; ac fieri ut civiles Ordines nullâ auctoritate, nec potestate legitimâ de verbo Dei judicent, decernantque quid illi congruat; damnent ac ligent conscientias; quæ auctoritas concilio generali et Ecclesiæ universæ spirituali potestati reservata est [3]. » Quo etiam pomeridiano conventu iteratum; « hujus quæstionis judicium concilio œcumenico reservatum. »

At enim, inquies, non hîc tractabant quæstionem, neque conciliarem potestatem cum pontificiâ comparabant. Rectè. Tantò ergò magis, quæ animis erant insita, nullo contentionis studio proferebant; arduam quæstionem summâque inter catholicos dissensione agitatam, ubi etiam de Papæ auctoritate quæreretur, *concilio œcumenico,* sive ut explicitiùs in superiori congregatione dictum erat, nec jam repetere necessarium, *Concilio œcumenico et Ecclesiæ catholicæ potestati* reservabant; de fidei quæstionibus terminandis communem cleri consensum simplice animo testabantur; sancti et orthodoxi mirificas laudes à Paulo V summo Pontifice, Brevi speciali edito, referebant.

Nullum erat dissidium anno 1625, cùm clerus Gallicanus Ste-

---

[1] Sup., c. XXIII. — [2] *Dissert. præv.*, n. XIV. — [3] *Proc. verb. de la Chambre eccles.*, 1614, du mardi 30 Déc. *Mém. du Clergé*, tom. I, p. 198, édit. 1673.

COROLLARIUM, N. XII. 449

phani Louytrii decani Nannetensis, apostolicæ Sedis auctoritate prolatam sententiam adversùs episcopum Leonensem, declaratione editâ, impiam, sacrilegam, nullam esse censuit : accepto deinde nuntio declarationem à summo Pontifice esse abrogatam, regi christanissimo totius cleri nomine supplicavit [1] : si res pacificè neque Romæ, neque in Galliâ componi posset, « permitteret nationale concilium, ut consuleretur quid factu opus esset, et ut concilium œcumenicum peteretur. » Concessum à Rege, cum legato actum, missum Romam commonitorium, allatumque imprimis, « non potuisse à Papâ contra tot episcopos decerni, nisi illis auditis datâque commissione in partibus, juxta concordata et privilegia ecclesiæ Gallicanæ; ab episcopis Gallicanis postulatum nationale concilium ; ac nisi Breve apostolicum premeretur, daturos ibi operam, ne quid libertates et privilegia ecclesiæ Gallicanæ detrimenti caperent[2]. » Quid plura! Pressum Breve ; Louytrius à sententiâ destitit; Leonensi episcopo satisfecit.

Nullum erat dissidium anno 1650, cùm occasione viri illustrissimi Renati de Rieux de Sourdeac, episcopi Leonensis, à Commissariis apostolicis depositi, atque aliorum commissariorum sententia restituti, veritus est clerus ne provinciarum juri et canonico ordini noceretur. Itaque solemni protestatione editâ, et nuntio ritè intimatâ, id egerunt, « ut episcoporum judicia, congregatis in synodo provinciæ Patribus, salvo jure appellationum ad Romanam Sedem, antiquâ canonum auctoritate reservarentur; neve apostolicis litteris ullum sibi præjudicium fieri possit; neve trahantur eadem in exemplum, quo quisquam sibi putet contra salutarium reverentiam regularum temerè quid licere [3]. » Sic cavebant ne adversùs canones extraordinaria et arbitraria mandata valere putarentur.

Nullum erat dissidium anno 1656, cum sacræ Facultatis jussu, postulantibus ac probantibus episcopis, in ordinario ac frequenti consessu Lutetiæ congregatis, è Francisci Guillovii thesi hæc præsertim erasa sunt : « Concilia ad melius convocari; in his, à

---

[1] *Mém. du Clergé*, tom. 1, part. 1, tit. 1, c. L, n. 14, 15. Vid. *Rec. des Pièces concern. l'Hist. de Louis XIII*, tom. IV, p. 310 et seq. — [2] *Mém. du Clergé*, tom. 1, part. 1, tit. 1, c. L, n. 26. — [3] *Ibid.*, n. 37, 41.

Pontifice auditis episcoporum sententiis ac judiciis, pro suâ auctoritate certoque et infallibili charismate, verbum fidei pronuntiari [1]. » Substitutum illud : « Episcoporum jurisdictionem esse juris divini, et esse immediatè à Christo, eosque in conciliis generalibus verè esse judices, atque in his ex eorum judicio summum Pontificem pronuntiare. »

Denique nullum erat dissidium, cùm per eadem ferè tempora tot adversùs Jansenium acta confecta sunt, laudatique à Romanis etiam Pontificibus episcopi Gallicani; cùm tamen priscæ disciplinæ traditionisque memores, pontificias Constitutiones ità admitterent, exequendasque mandarent, ut à se factâ deliberatione datoque judicio, acceptatas et interpretatas, ut ex actis publicis fusè docuimus [2].

Memorat anonymus, libro VIII, inculcari frequenter ab episcopis Gallicanis, jurisdictionem episcoporum ità esse de jure divino, ut eam « à sanctâ Sede neutiquam accipiant; eo fine, ut Summum Pontificem à proferendo circa controversiam de Regaliâ judicio deterrerent; aut si quid pronuntiaret, minoris videretur esse auctoritatis [3]. » Tùm in eodem libro hæc habet: « Abstinuissemus ab hujus quæstionis tractatione, non solùm propter ejus difficultatem, sed etiam quia, cùm sacrum hunc Ordinem maximè veneremur, displicent nobis quæcumque venerationem illam possunt quâvis occasione imminuere : nisi animadvertissemus illustrissimos episcopos Parisiis congregatos suam in Deum jurisdictionem referre tùm maximè conatos, cùm justis Summi Pontificis decretis repugnabant [4]. » Quis ferat derisorem, reverentiæ specie, talia exprobrantem? Qui si ecclesiæ Gallicanæ et sacræ Facultatis acta toties publicata et à nobis relata [5], amico animo perlegisset; profectò fateretur jurisdictionem episcopalem, nullo non tempore, ut à Christo immediatè profectam apud nos prædicatam; neque nostrâ aut avorum memoriâ unquàm contigisse, ut quisquam hominum contrariam sententiam impunè propugnaret. Quæ nunc, si Deo placet, vir amicissimus et erga episco-

---

[1] Sup., lib. VI, cap. XXVI. — [2] Sup., lib. X, cap. XVII, XVIII. — [3] Anonym., lib. VIII præf. — [4] Ibid., cap. VIII, n. 1, 2. — [5] Sup , lib. VIII, cap. XIV, et pass. toto lib. et seq.

palem ordinem obsequentissimus, adversùs Pontificem comparata esse prædicat.

Hæc quidem sunt iniquissima : hoc verò absurdissimum, quòd appellationes ad concilium generale factas eo nemine elevat, quòd « occasione dissidiorum vel schismatis, natum sit genus illud appellationum, tùm si Papa negaret, quod ex parte regis rogaretur, aut vellet contra ipsum ejusve subditos procedere¹. » Quis enim appellaret, nisi aliquod existeret gravamen aut dissidium? An appellatum vellet ab eo qui omnia largiretur? Cæterùm de illis appellationibus, quàm schismate antiquiores sint, quàmque non tantùm à Gallis, sed etiam ab aliis frequentatæ, suo loco ostendimus². Ilic quidem commonere volumus, quàm non modò iniqua, sed etiam insulsa auctor anonymus contra Gallos scripserit.

Cujus etiam generis illud est quod passim exprobrat de dispensationibus apud Gallos maximè frequentatis³ : quasi alibi canones puræ obtineant; nullæ translationes; nulla pluralitas, nullæ commendæ sint; uni tantùm Galliæ in dispensandis gratiis desudet Curia? An quia non quemadmodum illi laicorum invasiones assiduè improperant, ita nos ad invidiam usque objicimus, oppressam ab Inquisitoribus ordinariam potestatem; erepta Episcopis de fide judicia, quibus maximè episcopatus constat, ecclesiasticos reditus, per gravissimas pensiones, easque resignabiles in frusta concisos, ac beneficiariis nudum propemodùm relictum titulum; aliaque hujus generis innumerabilia, à quibus puri sumus, ideo disciplinam apud nos profligatam confiteri oportet; florere apud eos, quos inter extraordinaria et arbitraria imperia sine more modoque vigent? Et quidem utinam omnes prophetarent! Cæterùm, si gloriari oportet, id dicam, quod exteros audimus sæpe memorantes : nullum esse regnum, in quo magis religio floreat, quàm hoc christianissimum; nullum, in quo sit Clerus doctior, sanctius sacerdotium, monastica disciplina castior ac severior, morum doctrina purior, Scripturarum et antiquitatum ferventius studium; nullam denique gentem, quæ accura-

---

¹ Anon., lib. X, c. VI, n. 6. — ² Sup., lib. V, c. VIII, IX; lib. X, c. XXIII, XXIV et seq. — ³ Anon., lib. VI, c. I, n. 2, et alibi pass.

tam disciplinam, si quis id fortiter aggressus sit, æquiore animo passura videatur.

Desinant ergo nos incessere calumniis, tanquam ea quam Galli tuemur, doctrina è dissidiis orta sit. Cogitent potiùs nostrâ memoriâ, aulicis artibus pressam, ultrò posteà erumpere ac facilè promi, quod est pectori insitum. Faxit autem Deus, ediscant Ecclesiæ regendæ principes, ecclesiasticum regimen, non aulæ flatibus ac motibus, sed æternâ veritate ac Patrum traditione niti oportere.

Denique quod objiciunt, cæterarum gentium consensione nos premi, ac posse à Pontifice securè damnari Galliam, decreto ex nostris quoque dogmatibus totius Ecclesiæ consensu valituro; tanquàm ecclesia Gallicana, tanta Ecclesiæ pars, eaque florentissima nihil sit. His quidem objectis, inscitiam hostilemque animum, non modò adversùs Galliam, sed etiam adversùs Ecclesiam universam produnt. Nempè dùm rex optimus ac pietate major quàm armis, tot egregiis ac immortalibus titulis, id etiam addit, ipso regnante, excisam hæresim in Galliis, tùm ipsam Galliam, sub tam pio principe, erroris aut schismatis damnari posse confidunt. Sed frustra sunt. Non ità œcumenici Constantiensis concilii jacebit auctoritas: non ità Ecclesia catholica repentè mutatur; nec per cæteras gentes, usque adeò prostratam veritatem arbitramur, ut ejus apud se tot vetusta, tot recentia monumenta oblitterari sinant. Quòd si tanta quæstio, tantis catholicorum altercationibus nobilis, in quâ conciliaris papalisque auctoritatis summa vertitur, jam finienda est, non sine œcumenico concilio eam finiri posse sentiunt: aderit omnium sæculorum firma traditio: evigilabunt sui memores episcopi, ac Spiritus sanctus veritatem vindicabit.

Illud etiam exprobrant, gratam hæreticis esse eam, quam episcopi gallicani de concilii auctoritate Declarationem ediderunt. At nos contrà experimur, obstinatis hæreticis eam esse molestissimam, quâ calumniandi causas detractas esse sentiant. Qui verò modestiores sunt ac pacatiores, hos in Ecclesiam catholicam Sedemque apostolicam propensiores evadere, toti Ecclesiæ gratulamur.

Ilis ergò intelligimus Petrum ab alto vocari, quemadmodum

olim in *Actis*[1], ut comedat *quadrupedia et serpentia terræ et volatilia cœli*, mundaque æquè ac immunda in sinum congerat, in corpus trajiciat, unitati servet aut reddat.

Jam qui Declarationem Gallicanam veram quidem esse, sed tamen præposteram objiciunt, neque ecclesiasticæ rei conducere, ut ultrò catholici nova et contentiosa tractent; hos quidem confutavimus[2]; neque iterare piget, à nobis non nova proferri, sed à majoribus quæsita, imo etiam definita, quæ catholicæ Ecclesiæ Sedisque apostolicæ æquitatem dignitatemque commendent.

De Regaliâ, cujus gratiâ Declarationem Gallicanam exortam esse volunt, alii dixerint. Ego hoc tantùm extensam forté nullo malo animo, sed ex prætenso ac dudùm præconcepto jure; Regaliam haud tantam esse rem propter quam jusque fasque videretur, ex apostolicâ Sede tantos intentari metus, tanquàm omnia ruerent.

Quod aiunt, Declaratione provisa esse remedia, si quid gravius immineret, arcanorum inscius quid dicam? Neque viri graves forté succenseant, si tot inter minas, christianissimo regno, ex avitis consuetisque dogmatibus, aliquid præsidii comparetur; quæ præsidia qui Gallis erepta esse velint, cogitent evenire posse. ea tempora, quibus Ecclesiæque, ac Sedi apostolicæ necessaria esse videantur.

Nunc postquàm de susceptâ quæstione dicta sunt omnia, de me uno verbo dicam. Ac primùm, Deo teste, profiteor, eum esse me, qui Sedi apostolicæ ac pontificiæ majestati impensissimè faveam; et confido fore ut, si qui bono animo hæc quærant, id sentiant; Sedi apostolicæ sua et antiqua et tuta, humilis pacificusque reddo; hostibus, ne per aliena et falsa eam oderint, consulo; catholicis hominibus, ne utrinque forté sint nimii, vera et æqua præmonstrare satago; Gallos meos, ac præsertim episcopos nonnullis suspectos, tanquam Sedi apostolicæ aliquid detractum velint, ab eâ contumeliâ vindico; tuta ab illis esse omnia, priscis exemplis monumentisque probo; Petrum has super aquas tutum incedere, neque frustra trepidare moneo et hortor; utcumque est, securus hanc causam ad Christi tribunal perfero. Si Sedes apostolica utrique parti, æquo jure consulens, silere interim edixerit,

---

[1] *Act.*, x, 12. — [2] *Dissert. præv.*, n. VII, VIII, IX, X, XI.

polliceor pariturum; denique ad supremum usque halitum, in Ecclesiæ catholicæ Romanæque et apostolicæ Sedis, in eâque sedentis Romani Pontificis potestate esse me futurumque profiteor. Ità me Deus salvum velit; ità me Petrus; ità me Pater sanctissimus habeat oviculam ad ejus pedes pro pace ecclesiasticâ; suspirantem, sub quo incurvari peto altitudinem sæculi frustra intumescentis. Turcicamque barbariem, hæreticamque et schismaticam, quocumque loco vel se exerit, vel latet, superbiam; atque id supplico ab his nostris abesse temporibus, ut hæc tam antiqua, tam sana, audens dixerim, tam pacifica, tam modesta, ferre non possint.

APPENDIX

AD DEFENSIONEM

DECLARATIONIS CLERI GALLICANI

DE ECCLESIASTICA POTESTATE

ANNI M. DC. LXXXII.

PRÆFATIO

Posteà quàm edita est *Cleri Gallicani de ecclesiasticâ Potestate Declaratio,* multa adversùs eam scripta prodierunt. Ac primùm divulgati libelli duo, quorum alteri titulus : *Ad illustrissimos et reverendissimos Galliæ episcopos, disquisitio theologico-juridica super Declaratione cleri Gallicani, factâ Parisiis* 19 *Martii* 1682. Alter inscribitur : *Doctrina quam de primatu, auctoritate et infallibilitate Romanorum Pontificum tradiderunt Lovanienses sacræ theologiæ magistri ac professores tàm veteres quàm recentiores, etc., Declarationi cleri Gallicani de ecclesiasticâ Potestate nuper editæ opposita.* Uterque anonymus. Ab utroque cleri Gallicani Declaratio non tantùm impugnatur, verùm etiam proscribitur, « ut quæ faveat hæreticis, Romanum Pontificem dignitate primatùs, divinâ ei ordinatione constituti, exuat, et Sedem apostolicam labefactet[1]; quin etiam exsuscitet Viclefi errores, à Constantiensi concilio condemnatos[2]. » Miram rem, ut quod synodus Constantiensis de supremâ conciliorum auctoritate sanxerit, in Viclefo ipsa proscripserit! Cæterùm Nicolaus Dubois, sacrarum Litterarum in universitate Lovaniensi professor primarius, se

---

[1] Doct. Lev., *Præf.* — [2] *Disq.*, art. IV. p. 21, 22.

Disquisitionis auctorem professus, alias scriptiunculas sparsit, ut si non vi ac pondere, nos numero saltem premere velle videatur. Atque hæc apud vicinos Belgas, magnis acta sunt clamoribus. Sic enim auctores illi de summâ catholicæ fidei agi vociferantur [1]; quasi hæ quæstiones in Ecclesiâ nunc primùm audiantur, non autem à multis sæculis, nullo erroris, nullo schismatis metu pertractatæ fuerint. Verùm ex longinquo gravioris belli metus; nec jam disquisitio aut tractatio, sed censura. Nempè illustrissimus Georgius Strigoniensis archiepiscopus, ac regni Hungariæ primas, ostentatâ primùm concilii nationalis auctoritate (credo ut clero Gallicano parem cleri Hungarici auctoritatem opponeret), ipse interim, *dum præfata synodus suo tempore celebretur*, cum quinque fortasse vel sex episcopis, non est veritus tot Gallicanorum episcoporum, ipsiusque adeò Ecclesiæ Gallicanæ « decreta configere, propositiones interdicere, proscribere, prohibere; ut quæ christianis auribus absurdæ, ac planè detestabiles, atque à Satanæ ministris disseminatæ, blandæ pietatis specie schismaticum virus instillent [2] : » etiam eam, si Deo placet, ut jam cæteras omittamus, quæ regiam potestatem à depositionis sententiis tutam illæsamque præstat; etiam eam quæ canonibus moderandum apostolicæ auctoritatis usum profitetur. Sic omnia subvertuntur : nec tantùm majestas regia, verùm etiam ecclesiastica libertas omnis è medio tollitur; nec jam canone, sed ad nutum regitur Ecclesia, ac majorum scita tot Romanorum Pontificum decretis firmata evanescunt. Sic innocui Galli avitas libertates, avitam doctrinam, publica Ecclesiæ regnorumque jura, absque ullâ cujusquam contumeliâ, ullâve censurâ propugnantes, indignis proscinduntur modis. Frustra canonum, frustra Patrum implorant opem. Ecce enim ille *Disquisitor* ab episcopis Gallicanis, « minimè fuisse discussos Patres ac canones, ad quos in hâc Declaratione fit relatio, sed simpliciter allegantibus creditum » sibi persuadet [3]. Qui si sacro cœtui, totque privatis conventibus per quatuor menses habitis adfuisset; si disserentes audisset illustrissimos archiepiscopos Parisiensem et Rhemensem, sacri cœtûs præsides, totque alios episcopos doc-

---

[1] Doct. Lavan, in fine. — [2] *Cens.* Arch. Strigon. Vid. in *Vind. Maj. Schol. Par.* — [3] *Disquis.*, art. xi, p. 44.

trinæ atque eloquentiæ laude conspicuos, eos verò maximè, qui ad id negotium deputati, Tornacensem dico, Meldensem, reliquos omnes sacræ theologiæ facultatis Parisiensis doctores, atque in sacrâ doctrinâ versatissimos; qui quidem, non nisi perpensis sacræ Scripturæ Patrumque omnium locis, atque ecclesiasticis ab ipsâ christianitatis origine gestis evolutis dixere sententiam : adhibitis quoque aliis secundi Ordinis deputatis ; Parisiensibus doctoribus et omni eruditione præstantibus viris; hos, inquam, si audisset, ipsumque adeò Tornacensem episcopum, tantâ pietatis ac doctrinæ laude celebratum, ad universum cœlum sua et collegarum sensa referentem; non profectò hæc unquàm incauta et temeraria de Gallicanorum episcoporum supinâ credulitate profudisset.

Interim, cùm alii subindè adversùs Gallicanam Declarationem tractatus, in Italiâ, in Germaniâ, in Hispaniâ ederentur, *Emmanuel* etiam *Schelstratus* nova acta produceret, eaque se retecturum arcana jactaret, quibus Basileensia simul et Constantiensia decreta statim conciderent; viri boni gravesque Gallicanos episcopos doctoresque hortabantur, ne avitam doctrinam, quâ prisca Ecclesiæ jura ac dogmata continentur, indefensam relinquerent; neque modò confutarent recentiores istos, qui plerumque, levi operâ, nihil aliud quàm Turrecrematæ, Cajetani, Bellarminique aliquot argumenta repetebant, verùm etiam rem totam ab origine panderent, atque ecclesiastica monumenta proferrent, quibus clerus Gallicanus, tantâ doctrinæ pietatisque famâ conspicuus, Declarationem suam munitam credidisset.

Ego qui deputatis adscriptus, publicis privatisque conventibus interfui, nec tantùm audivi religiosissimos episcopos, sed etiam quæcumque insigniora, ac memoratu digniora dicerentur, diligenter exscripsi, atque ipsius episcopi Tornacensis doctissimam juxta atque eloquentissimam relationem gestis insertam attentè perlegi; præcipua hîc momenta percurram, ut intelligat christianus orbis, à clero Gallicano nihil novi prolatum; sed vetustam atque constantem scholæ Parisiensis totiusque adeò ecclesiæ Gallicanæ, imò et universæ, sententiam repetitam; eamque à Scripturarum fonte, atque apostolicâ traditione manantem. Atque ea mo dicturum confido, quæ planè sufficiant ut hæc duo probentur : primùm doctrinam Gallicanam verè catholicam esse, et ab omni censurâ ac notâ liberam : tùm eam doctrinam absolutè esse veram; ac si censura adhibenda sit, adversam sententiam eâ animadversione dignam. Addam Corollarium, quo clarum perspectumque sit, primatum beati Petri et Romanæ Sedis, doctrinâ Gallicanâ non modò non obscuratum, verùm etiam illustratum confirmatumque esse; tùm censores nostros ad eum primatum propugnandum, falsa et dubia cum certis æquè congerentes, id omninò efficere, ut eam penitùs doctrinam convellant, quam se præ cæteris tueri glorientur.

Speramus autem Lovanienses, viros doctos ac pios, cùm hæc legerint, non modò ab iniquâ censurâ temperaturos esse, verùm etiam nobiscum ultrò consensuros; certè coercituros, si quidem id valeant, professorem suum *Nicolaum Dubois*, qui cùm alia multa, tùm illud præsertim æquè impotenter ac imperitè scribit : « Excommunicatos nos esse, aut saltem in periculo ad cautelam (a) absolvendos[1]. » Romanos quoque et Italos credimus, si jam liberas voces, christianas tamen ac modestas, atque ab ipsâ antiquitate depromptas audire sustineant, non adeò exarsuros : Pontificem certè, cujus majestatem in terris maximam, majorum more, tanto studio, tantâ religione ac fide colimus, facilè intellecturum, quàm sincero cultu Sedem apostolicam prosequamur; quippè quam invictam et immotam, non cæcâ pietate, aut humanis ratiociniis, sed manifestissimâ veritate ac traditionis robore, et canonum haud minùs auctoritate, quàm moderatione præstemus. Neque verò velimus, quod catholici omnes summique Pontifices meritò perhorrescant, Ecclesiæ, tanti corporis imbecille esse caput, ipsum scilicet Romanum Pontificem; sed firmissimum, valentissimum, conciliorum auctorem, principem, executorem, canonum custodem, atque ubi res postulet, æquum interpretem et dispen-

---

[1] *Consul.*, xii, p. 69.

(a) D. Dubois verba referam. « Timendum vobis est, inquit, ne incideritis in excommunicationem; et consequenter debetis petere absolutionem, ad minimum eam quam canonistæ vocant AD CAUTELAM. » (*Edit. Leroy.*)

satorem providum, imò etiam conditorem, fidei et traditionis toto orbe terrarum assertorem à Christo institutum; denique adversùs contumaces quosque, sive episcopos, sive alios, in Christi nomine, contemptæ Ecclesiæ præsentem vindicem. Quæ cùm in Romano Pontifice, ut à Christo profecta, veneremur, nihil quidquam ab ejus sede metuimus; sed ad Ecclesiæ pacem cessura omnia, Deo auctore, confidimus. Nos enim hîc non nostra argumenta, sed majorum testimonia et acta referemus; eaque integra et tota, ne fraudi et insidiis locus esse possit. Placuit enim in tantâ re perspicuitati potius quàm brevitati consuli; et acta quidem recensemus, non cleri Gallicani, aut universitatis Parisiensis (quanquam et hæc quoque, ut quæ cum Ecclesiæ catholicæ Sedisque apostolicæ traditione conjuncta sint), sed ipsius Ecclesiæ : neque illa recondita aut latentia, sed quæ in omnium sint manibus, imò quæ ab adversariis lecta, allegata, exscripta sint; sed tantâ occupatione animorum, ut interdùm non legisse, sed cursim transiliisse videantur. Quæ si quis attenderit, rem confectam, judicatam, definitam dabimus, majorum sententiis; neque, uti faciunt qui con'ra sentiunt, conciliaria decreta cum pontificiis, vel etiam conciliaria cum conciliaribus; Constantiensia, scilicet, cum Florentinis aut Lateranensibus collidemus, quòd hæretici rideant; sed quæ ad summam attinent, omnia coalescere atque uni omninò formæ reddi demonstrabimus; unde existit illa dogmatum consensio, ac planè unitas, in cujus amorem admirationemque hostes Ecclesiæ, vel inviti, rapiantur. Quòd si quid quæstionis supersit, fateantur omnes amicè disceptari pertractarique debere, uti inter fratres decet, qui non sua protervè tueantur, sed communi studio in unius matris Ecclesiæ auctoritate acquiescant.

Cæterùm eam secuti sumus scribendi rationem, quæ maximè perspicua sit. Ipsam orationem, licèt per se continuam, in capita distinximus; probationes atque documenta in sua quæque loca contulimus; præfixâ summâ juvamus memoriam, rerumque seriem indicamus. His quidem sublevare conamur attentum diligentemque lectorem. Nam qui tantas res claras perspectasque esse volunt, etiamsi mentis aciem nec adhibere curent, atque oculos tantùm hàc illàcque circumferant, hos non modò ab hâc tractatione, sed etiam ab omni theologicâ graviorique re alienos esse decernimus.

Verbis autem utimur vulgatissimis atque notissimis, nihil scilicet veriti fastidiosas aures, quæ nihil nisi ex Tulliano Terentianove penu depromptum admittant, hujus eloquii plerumque imperitissimi. Nos profectò, ut non sumus eorum numero, qui theologicam veritatem nonnisi horridâ incultâque ac scholasticâ oratione explicari posse putant; sic ab iis abhorremus, qui ne id quidem æquo animo patiantur, novas res, novis designari vocibus. Itaque *Investituras, Hominium, Feudos*, aliaque hujuscemodi tanquam venena horrent; at dùm refugiunt *Infallibilitatem, superioritatem* ejusdemque generis in Scholâ receptas usitatasque voces, in eos se verborum circuitus induunt, unde evolvere se non possit oratio. Sed hæc satis superque. Jam Cleri Gallicani acta referamus.

APPENDIX

AD DEFENSIONEM

DECLARATIONIS CLERI GALLICANI

DE ECCLESIASTICA POTESTATE

IN QUA PROBATUR DECLARATIONEM GALLICANAM AB OMNI CENSURA ESSE LIBERAM, ET EAM ROMANI PONTIFICIS AUCTORITATE NIHIL NOCERE.

LIBER PRIMUS

ID PROBATUR EX PROFESSIONE FIDEI, ET DOCTORUM CATHOLICORUM NOBISCUM SENTENTIUM AUCTORITATE.

CAPUT PRIMUM.

Cujus sit generis ea quæstio quam tractamus? Nullum hic patere locum ad nos vel hæreseos, vel erroris in fide incusandos : professio fidei à Pio IV edita ex concilii Tridentini mente, ut vera et sufficiens regula proponitur : articuli Parisienses anni 1542, adversùs Lutherum, huic præluxerunt ejusdemque sunt spiritùs.

Solet Ecclesia catholica exortis erroribus statim opponere plenam ac luculentam veritatis à Deo revelatæ declarationem, quâ nodum ipsum difficultatis expediat. Unde illud beati Augustini : « Dicatur ergò verum, maximè ubi aliqua quæstio, ut dicatur, impellit[1]. » Sic sacræ doctrinæ inserviunt omnia, et per hæreses quoque Ecclesia proficit. « Didicimus enim, ut præclarè idem sanctus Augustinus addit, singulas quasque hæreses intulisse Ec-

[1] Aug., *de Don. perse.*, lib. II. c. XVI, n. 40 ; tom. X , col. 843.

clesiæ proprias quæstiones, contra quas diligentiùs defenderetur Scriptura divina, quàm si nulla talis necessitas cogeret [1]. » Quâ diligentiâ fit illud, quod ait Vincentius Lirinensis, « ut intelligatur illustriùs, quod anteà obscuriùs credebatur [2]. » Quare, cùm postremis hisce temporibus Lutherani, et alii christianæ et catholicæ unitatis æquè ac veritatis hostes, Sedem apostolicam tantâ insaniâ oppugnarint, necesse planè erat ut Ecclesia catholica, plenâ et clarâ fidei professione, errorem elideret. Non quòd illi primi de Petri primatu quæstionem moverint; nam Viclefistæ et Hussitæ jam, et anteà Valdenses et Photiani seu Græci in eam Petram impegerant. Sed cùm hæretici hujus temporis in sacrosanctam potestatem vehementissimè debacchentur, ipsa veritas postulabat ut, quâ perspicuitate ac plenitudine Ecclesia catholica cæteros articulos Luthero et Calvino adversos proponebat; veram quoque et antiquam de primatu Petri, ejusque successorum Romanorum Pontificum profiteretur fidem. Hùc enim vel maximè pertinebat illud à jure desumptum, et in hoc argumento sæpè considerandum : « Error cui non resistitur, approbatur; et veritas (maximè lacessita et impetita) cùm minimè defensatur, opprimitur [3]. » Quod à Felice III, in causâ fidei primò pronuntiatum [4], ac deinde in iisdem causis ab ejus successoribus et ab omnibus Doctoribus, magno consensu frequentatum est.

Hinc Pius IV post concilium Tridentinum plenam fidei professionem edidit, quâ omnes articuli à novis hæreticis oppugnati ad sacræ synodi mentem exponantur. De Sede verò apostolicâ hæc habet [4] : « Sanctam catholicam et apostolicam Ecclesiam Romanam, omnium Ecclesiarum Matrem ac magistram agnosco, Romanoque Pontifici beati Petri apostolorum Principis successori, ac Jesu Christi Vicario, veram obedientiam spondeo ac juro [5]. » Hâc fide, qui intra Ecclesiam sunt, ad Ecclesiæ dignitates ipsasque adeò episcopales cathedras promoventur : hâc fide qui extra sunt, ad Ecclesiæ catholicæ castra revocantur. Si quid ultrà ad fidei plenitudinem exigitur, decipitur Ecclesia; decipiuntur hæ-

---

[1] Aug., *de Don. persev.*, lib. II, c. xx, col. 851. — [2] Vinc. Lirin, *Common.* I, c. xxxII; tom. VII *Bibl. Part.*, p. 239. — [3] *Dec.*, dist. LXXXIII, c. *Error*, III. — [4] Fel. III, *ep.* I, *ad Acac.*, tom. IV *Conc.*, col. 1051. — [5] Vid. Pii IV *fidei Prof.*

retici ad Ecclesiam quotidie hâc fide redeuntes, et catholica veritas à catholicis quoque Pontificibus proditur. Hæc verò sunt de quibus nulla inter catholicos controversia esse possit. Hâc stante fidei summâ, cætera, quæ deinde incurrunt, jam non in fide, sed in quæstione sunt posita, inter catholicos pacifico animo disceptanda. Quare clerus Gallicanus ea, ut sibi certa, ut Ecclesiæ Gallicanæ familiaria, ut Ecclesiæ universæ utilia, ut ab ipsa antiquitate deprompta, non ut eâdem fide credenda proponit. Habent hoc maxima quæque etiam mysteria, ut cùm de summâ constet, de modo tamen innoxiè, imò etiam utiliter disputetur. Sic de modo exponendæ apostolicæ potestatis, cùm de re apud omnes constet, amico et fraterno animo quærere nos oportet.

Hanc verò fidei catholicæ summam à clero Gallicano fundamenti loco sincerè esse positam, nemo negaeerit; cùm Romanos pontifices « Petri successores, Christique Vicaros » ubiquè prædicent; cùm « primatum beati Petri ejusque successorum Romanorum Pontificum, à Christo instituium, iisque debitam ab omnibus Christianis obedientiam, » atque in iisdem, utpote « Christi Vicariis, rerum spiritualium plenam potestatem » agnoscant [1].

Quod in fidei professione est scriptum : « Sanctam, catholicam et apostolicam Romanam Ecclesiam, omnium ecclesiarum Matrem ac magistram, » esse, quidam ipsam universalem Ecclesiam intelligunt; quæ proinde propriè ac strictè, ut aiunt, *catholica* sit, quæ verè *apostolica*, quòd apostolicâ successione gaudeat; quæ *omnium ecclesiarum* particularium, uti omnium fidelium *magistra et mater* meritò appelletur; quæ et Romana sit, vel maximè quòd Sedem Romanam ac Petri cathedram principem fidei et caput communionis agnoscat.

Alii romanæ, catholicæ, et apostolicæ Ecclesiæ nomine designatam volunt Sedem ipsam Romanam à Petro et Paulo fundatam, verèque apostolicam, catholicam quoque, eo sensu, quòd « ab eâ in omnes venerandæ communionis jura dimanent [2] : » omnium ecclesiarum Matrem ac magistram, quæ nos lacte alat doctrinæ salutaris, eamque tradat quâ vivamus omnes Romanam

[1] *Decl. Gall.*, præf. et cap. I et II. — [2] *Ep. Conc. Aquilei*, an. 381, tom. II, col. 999.

fidem. Quis hæc non fateatur? quis pro his non fundat sanguinem? Et utrumque sensum, ut summa et sententiâ unum, suâ Declaraone co mplexi patres Gallicani, « Sedis apostolicæ in quâ fides prædicatur et unitas servatur Ecclesiæ, venerandam omnibus gentibus majestatem » colunt; et « in fidei quoque quæstionibus præcipuas summi Pontificis esse partes, ejusque decreta ad omnes et singulas ecclesias pertinere » profitentur [1]. Quid plura postulas? Non *præcipuam*, inquis, sed *solam* atque in se omnia continentem ejus auctoritatem necesse est agnoscamus; et ab « ipso ut capite.... accipere Patres in conciliis œcumenicis congregatos, quòd sine errore recta decidant [2]. » Hunc fidei summam esse prædicas, quâ eversâ omnia quatiantur? Addis tu quidem ad fidem Ecclesiæ : nova profers, nos refugimus : nos à Spiritu sancto doceri credimus in synodis œcumenicis Domini sacerdotes; quòdque recta decidant, non à summo Pontifice accipere sed à Spiritu sancto, quo auctore dicant illud apostolicum : *Visum est Spiritui sancto et nobis* [3]; sed à Christo Doctore à quo audierint: *Ego vobiscum sum* [4]. Hæc tu interpretaris pessimè, ut nos quidem credimus. Verùm ea quæstio tantisper in suspenso sit, interim id audias velim. Sanè non ignorabant summi Pontifices, in Ecclesia catholica, de his rebus maximas esse quæstiones, nec verba deerant quibus multiplices nodos amputarent. Hæc omiserunt : Romano Pontifici veram deberi obedientiam decreverunt : id profitendæ fidei sufficere censuerunt.

Majores quidem nostri jam idem senserant. Anno enim 1542, posteà quàm Lutherana pestis in hoc quoque christianissimum regnum grassari cœpit, doctores Parisienses, collectâ facultate, hos articulos edidere [5]:

XVIII. « Tenetur quilibet christianus firmiter credere unam esse universalem Ecclesiam, in terris visibilem, quæ in fide et moribus errare non potest, cui omnes fideles, in iis quæ sunt fidei et morum obedire astringuntur.

XXII. « Certum est concilium generale legitimè congregatum,

---

[1] *Decl. Gall.*, Præf. et c. IV. — [2] *Cons.* Strigon. Vid. doct. Lov., p. 1 et 90. — [3] *Act.*, XV, 18. — [4] *Matth.* XXVIII, 20. — [5] D'Argentré, *Col. Jud.*, act., tom. I, p. 413 ; et apud Dried, tom. III. fol. 171.

universalem repræsentans Ecclesiam, in fidei et morum determinationibus errare non posse.

XXIII. « Nec minùs certum est unum esse jure divino Romanum in Ecclesiâ Christi militante Pontificem, cui omnes christiani parere tenentur [1]. »

Hæc fidei tessera ab episcopis et ecclesiis omnibus Gallicanis tradita, regiâ quoque auctoritate atque omnium Ordinum consensu excepta, divulgata et custodita est. Vides quàm diversis verbis de Ecclesia ac synodis œcumenicis, deque summo Pontifice gerint : *Ecclesiam et synodos errare non posse* dicunt : at *summo Pontifici jure divino ab omnibus christianis esse parendum.* Hæc sine consilio ità distincta scilicet ? Neutiquam. Non condebant, sed tradebant fidem ; quæ cuique competerent, non ex privatis opinionibus, sed ex communi omnium sensu tribuebant. Sic factum, ut iisdem quoque verbis Romanus Pontifex Pius IV Sedis suæ auctoritatem astrueret, et quidem cætera omitteret, nihil verò aliud jure divino, quàm *veram obedientiam* postularet.

At illa obedientia, inquis, omnimodam superioritatem, atque ipsam adeò infallibilitatem infert. Iterùm atque iterùm admoneo, ad communem fidem addis tua : ad ea quæ consequi putas, longâ nos et dubiâ, imò etiam falsâ, argumentatione deducis ; atque id ex tuis quoque rationibus efficiam clarè. An enim contendes obediendum nemini, qui non sit infallibilis ; non episcopo, non synodo provinciali, non nationali, non legato apostolico, non denique ipsi Pontifici, nisi de fide *ex cathedrâ* decernenti ? Absurdum. Nullumne ergò discrimen inter Papam et alios ? Certè maximum. Nam aliis suus quisque grex ; Papæ omnes obedire oportet ; et id signanter ipsa fidei professio ab omnibus poscit. Quid, si quis jam dixerit, eo quòd Romano Pontifici jure divino ab omnibus obedientia vera deberi fide catholicâ credatur, quidquid ille scripserit, edixerit, jusserit, quocumque in negotio, in jure, in facto, in Ecclesiâ, in republicâ, nihil nisi obediendum esse ; neque unquam obrepi posse, aut mala suaderi, occupatissimo licèt ; sed standum ubique jubentis voluntati, in eoque veram repositam esse pietatem ? Insaniat, inquis. Certè. Ergò illi obedientiæ tam

[1] D'Argentré, *Coll. Jud.*, etc., tom. I, p. 413 ; et apud Dried., tom. III, fol. 171.

justæ, tam necessariæ, sua quoque adhibenda cautio est. Quænam illa sit; quousque pateat; quid concilia; quid canones; quid ipsi Romani Pontifices; quid denique Scriptura et Scripturæ interpres traditio poscat; quoniam ambigua res est, pacificè et amicè quærere; non statim omnia clamoribus miscere nos deceat. Atque interim certum est à Pio IV Pontifice confessionem fidei requirente, ea selecta esse verba, quæ quæstiones omnes, in scholis quidem catholicis utrinque disputatas, relinquant integras; quæ autem ad fidem spectent, apertè et sine ullâ tergiversatione decidant.

CAPUT II.

De Pii IV professione diligentiùs quæritur : in synodo Tridentinâ consultò omissa quæ inter catholicos controversa essent : Pallavicinus cardinalis testis adducitur: de Florentinâ formulâ, quòd Romanus Pontifex regat universalem Ecclesiam. *Tridentini in medium allatâ atque omissâ, ne nostra sententia vel sub dubio læsa videretur : Claudi Sanctesii et Caroli cardinalis Lotharingiæ epistolæ : Pii IV responsum egregium : ea tantùm in concilio Tridentino definienda, in quæ omnes catholici conspirarent.*

Neque verò mirum est in professione orthodoxæ fidei à Pio IV prætermissa esse illa, quæ inter catholicos controversa essent, cùm eam professionem ex concilii Tridentini decretis, et ad eorum mentem esse à se editam ipse testetur. Cui quidem concilio, attestante Pallavicino, è societate Jesu cardinali, illius synodi nobili historico, idque centum in locis, nihil fuit antiquius, quàm ut à controversis in Ecclesiâ catholicâ quæstionibus abstineret; quod quidem vel studiosissimè, in eâ quam tractamus quæstione, factum esse idem historicus profitetur. Scribit enim sic, Joanne Giattino, ejusdem societatis interprete: « Potissima legatorum (pontificiorum) cautio fuit, ne dùm ageretur de rebus unde videbantur vincula posse injici manibus pontificiis, impingeretur in seditiosam quæstionem de prærogativâ inter ipsum et concilium[1]. » Hæc autem ad Pii IV pontificatum pertinent; cùm posteà, eodem Pontifice, de sacramento Ordinis ageretur, instaurentque permulti, Hispani præsertim, quibus se nostri adjungebant, de-

[1] Pallavicin., *Hist. Conc. Trid.*, lib. XIX, c. xi, p. 113, edit. Antuerp., 1673.

finiendum esse jurisdictionem episcopalem à Christo immediatè esse profectam, legati postulabant, ut quemadmodum de episcopis, ità etiam de Papâ vera exponeretur fides, et jam aliqui canones nostris propositi erant. « Tùm cardinalis Lotharingus ad se Paleotum accivit, eique significavit se non potuisse, quantâvis adhibitâ diligentiâ, suos et episcopos et theologos (Gallicanos scilicet, quorum ipse dux antesignanus esset), adducere ad decretum illud canonesque acceptandos, quòd imprimis non admittebant ea verba, *inesse potestatem summo Pontifici regendi Ecclesiam universalem,* cùm illa officerent sententiæ neganti eum esse superiorem concilio; ac proinde, loco *Ecclesiam universalem,* ponendum esse, *omnes Fideles et omnes ecclesias* [1]. »

Neque tamen nostri ignorabant ea verba à concilio Florentino, Græcis quoque approbantibus, in decreto unionis esse edita, atque optimo sensu, neque ipsis repugnante, intelligi posse, uti posteà videbimus. Sed cùm in diversam sententiam ab adversariis ea verba traherentur, nostri episcopi ac theologi summo consensu vehementissimè refugiebant. Adeò verebantur ne, vel ambiguis verbis, ab antiquâ atque animis penitùs infixâ doctrinâ discedere viderentur. Quorum sententia à Paleoto perlata ad legatos et ad Pium IV, statim perscripta est. Neque ita multo post regis christianissimi oratores, legatos pontificios eâ de re conveniunt. Quid autem egerint narrat Lansacius unus oratorum, duabus epistolis ad Lislium Romæ legatum [2]. Sed præstat audire ipsum cardinalem ità referentem.

« Tum, inquit, Ferrerius (Oratorum unus), quasi pro certissimo posuit, concilium supra Romanum Pontificem esse; religionem et ecclesiam Gallicanam non modò id sentire, sed profiteri, et jurejurando affirmare, tanquam articulum necessarium; idque jure optimo ex Constantiensis concilii auctoritate : præscribi quidem sibi in mandatis regiis, ne hujusmodi controversiam excitarent, sed simul ne liberum sinerent aditum cuilibet verbo, quod illi ipsorum religioni opponeretur; ac propioreà hujus rei declarationem à se retardatam fuisse, donec ab ipso tempore ac

[1] Pallavicin., *ibid.*, cap. XIII, p. 127. — [2] *Lett. de Lans.*, etc. *Mém. pour le Conc. de Trente*, p. 379, 381.

negotio cogerentur ¹. » Ad hæc verò legati, pontificiam quidem supra concilium auctoritatem efferre ; concilii Constantiensis decreta interpretari; apertè significare se minimè à proposito discessuros. Cæterùm in speciem ista; cùm et viderimus, quàm in eum scopulum impingere vererentur; et certum sit ea verba, quæ nostros movebant, in synodi decretis consultò prætermissa esse.

Neque id sine conscientiâ Pii IV factum esse, cùm ex se perspicuum est, tùm si quis addubitet, idem historicus memorat. Eo namque teste, Pius IV eâ de re monitus ità rescripsit, ut quanquam rationibus Florentinum decretum tuebatur, « subderet tamen, ubi arduitas in eo quoque ostenderetur sine dissidio insuperabilis : satis futurum Pontifici, si nec de suâ nec de episcoporum potestate quicquam exprimeretur, *illis tantùm editis definitionibus, in quas Patres unanimi consensu conspirarent*². » Quominùs admirere, in fidei professione non esse appositam illam formulam ab eo Pontifice, qui ab eâ quoque in synodi Tridentinæ decretis abstineri voluerit.

Cæterùm quod Pius IV scripsit, « ut eæ definitiones ederentur, in quas Patres unanimi consensu conspirarent, » id verò tantâ sede, tantoque Pontifice dignissimum fuit. Neque enim in fidei decretis, quid privati quique seorsim sentiant; sed quid communis traditio omnes doceat, attendendum est. Quare Pius IV non agit pugnaciter, neque ea sibi tribuenda contendit, quæ multi privato sensu, sed quæ omnes communi fide tribuerent, atque à formulâ Florentinâ, rectâ licèt, si bene intelligatur, sed tamen dubiâ, Gallis in tantâ re omnem ambiguitatem recusantibus, temperandum putat.

Quid autem Gallos nostros ad eam formulam Tridentini omittendam, moverit, unus, omnium quotquot in eâ synodo aderant Parisiensium theologorum doctissimus et sanctissimus Claudius Sanctesius, posteà Ebroicensis episcopus, fidei catholicæ adversùs Lutheranos et Calvinistas, scriptis quoque editis, defensor egregius, lucidissimè demonstrabit. Is enim ad Claudium Espencæum Doctorem item Parisiensem, virum eâ ætate doctrinæ ac pietatis

---

¹ Pal., loc. cit., c. xiv, p. 131. — ² Ibid. c. xv. p. 136.

laude commendatissimum, hæc scribebat 15 Junii 1563, quo tempore hæc Tridentini maximè tractarentur : « Rogo ut rescribas an placeat Papam definiri et appellari *Pastorem universalis Ecclesiæ, habentem plenam potestatem regendi et pascendi universalem Ecclesiam.* Neque hîc ignoramus nonnullos Romanos Pontifices ità locutos esse, et id recto sensu dici posse, sed quæstio est, an in concilio tam celebri, quàm istud est, determinari possit absque periculo; ne, quod aliquos velle videmus, hæc verba trahantur in eam sententiam quæ concilium Papæ subjicit ¹. » Vides apertè non modò quid nostri refugerint, sed etiam à quo posteà Tridentina synodus, Romano Pontifice auctore, temperarit.

Et eam quidem formulam ex Florentinâ synodo sumptam in eâdem epistolâ testatur Sanctesius. Sed nostri, Basileensi synodo addicti, synodum Florentinam eò factam putabant, «ut Romani Pontifices non concilio tantùm, sed etiam omni reformatione superiores essent. »

Atque in hâc sententiâ cum cæteris episcopis cardinalem etiam Lotharingum fuisse, docet ea epistola, quam his temporibus ad Bertònem suum Secretarium, tùm Romæ cardinalis nomine agentem, dedit. Quâ quidem epistolâ hæc summo Pontifici suo nomine significanda scribit : « Quod ad illum titulum spectat quem summo Pontifici ex Florentinâ formulâ dare satagunt, se quidem Gallum; neque inficiari velle se in Parisiensi universitate educatum, in quâ doceatur concilii auctoritatem pontificiâ superiorem esse, atque hæresis notentur qui contrà sentiant, et totam Galliam in concilii Constantiensis, ut œcumenici, decreta omnia consentire; Basileensem sequi; Florentinam, neque œcumenicam, neque legitimam habere; certumque Gallis mortem pati potiùs quàm se ab eâ sententiâ dimoveri sinant. Quare abstinendum jam esse ab iis vocabulis, ac Theologos quidem ad cœlum usque vocem sublaturos : regni privilegia hâc veritate niti; ità subverti omnia, si contraria sententia statuatur : expectare verò ut Gallorum ullus antistitum in id consentiat, stultum errorem esse. Oratores quoque regios solemni contestatione questuros, ac schismatis initium imminere². »

¹ *Mém. pour le Concile de Trente.* pag. 442. — ² *Lett. du card. de Lorr. à Bret., son secr.*, ibid., p. 556.

Quibus omnibus liquet quo tum loco res essent, et nostros quidem omnes, in antiquâ Parisiensis Academiæ, totiusque adeo Ecclesiæ Gallicanæ sententiâ publicè perstitisse, idque Pio IV renuntiatum esse; atque adeo abfuisse nostros ab illo decreto probando, quod pontificiam superioritatem adstrueret, ut Florentinam quoque formulam, quâ illam adstrui quibusdam videretur, omitti vellent; Pontificem verò in ea omnia ita consensisse, ut ab eâ formulâ non modò in synodo Tridentinâ, verùm etiam in edendâ fidei professione consultò abstineret.

CAPUT III.

Circa Florentinam formulam solemnis distinctio : quòd Romanus Pontifex regat universalem Ecclesiam distributivè non collectivè : de eâ distinctione Andreæ Duvallii locus : ea distinctio non merè scholastica, sed à concilio Constantiensi, Martino V expressè approbante, deprompta.

Ut autem pleniùs intelligatur rectus ille bonusque sensus, quem in Florentinâ formulâ nostri etiam agnoscerent, placet interpretem haud sanè suspectum adhibere, Andream Duvallium, qui inter theologos Parisienses antiquæ sententiæ abolendæ primus auctor extiterit, ac *Duvallistas* suo nomine fecerit. Is verò refert Eugenii IV ac synodi Florentinæ verba in decreto unionis, quibus definitur : « Romano Pontifici, ut Christi Vicario, Petri successori, totius Ecclesiæ Capiti, omnium christianorum Patri ac Doctori, pascendi, regendi, gubernandi universalem Ecclesiam plenam potestatem à Christo esse traditam [1]. » Sic autem interpretatur : « Satìs, inquit, constat concilium Florentinum, auctoritatem Papæ supra concilium non definivisse. Nam etsi definiat eum esse Christi Vicarium, totius Ecclesiæ Caput, et à Christo illi traditam potestatem regendi universalem Ecclesiam; *hoc tamen nemo eorum, qui contrà sentiunt, negat.* Illius enim potestatem in Ecclesiam universalem, ubique locorum diffusam admittunt, et omnium christianorum Patrem et Doctorem eum agnoscunt; sed contendunt concilium non propterea definivisse

[1] Tom. XIII Conc., post sess. XXV Conc. Flor., col. 515.

eum in Ecclesiam universalem, quatenùs est *legitimè congregata, et est in concilio aliquo generaliter per suos prælatos unita et consentiens;* potestatem habere. Tunc enim, inquiunt, Ecclesia universalis est totum quoddam, id quamlibet sui partem, etiam præcipuam, qualis est Romana Ecclesia, auctoritatem habens : ideòque cùm nomen hoc (*universalis Ecclesia*) dupliciter sumatur, *distributivè* quidem pro omnibus ecclesiis per Orbem diffusis, et *collectivè*, id est pro concilio generali; priori modo, aiunt concilium Florentinum definivisse summum Pontificem in Ecclesiam universalem habere auctoritatem, non tamen posteriori [1]. Perspicuè ille quidem, ut solet. Cæterùm illa distinctio *distributivè, collectivè*, ne vana ac nimis scholastica videatur, eam adversùs Viclefum synodus Constantiensis et Martinus V totaque Ecclesia catholica docuit.

Sic certè statuit sessione vııı Constantiense concilium : sic repetitum legimus Decretali *Inter cunctas*, quam contra Viclefum, sacro concilio Constantiensi approbante, Martinus V edidit. Propositio Viclefi xlı : « Non est de necessitate salutis credere Romanam Ecclesiam esse supremam inter alias ecclesias. Error est, si per Romanam Ecclesiam intelligat universalem Ecclesiam, aut concilium generale, aut pro quanto negaret primatum summi Pontificis super alias Ecclesias particulares [2]. En illud *distributivè* à concilio Constantiensi et Martino V disertè probatum : en quo sensu tanta synodus tantusque Pontifex decernant pontificiam potestatem in Ecclesiâ primam et supremam esse; hoc est ità supremam, non quòd sit super omnem conjunctim et *collectivè*, ut aiunt, Ecclesiam, sed quòd sit super omnes ecclesias particulares separatim ac *distributivè* sumptas. Hæc tamen, si placet, non urgeamus adhùc totis viribus : sit tantisper in suspenso quæstio, an Pontifex adunatæ et ex toto orbe collectæ Ecclesiæ obediat, an imperet : concilii Constantiensis decreta taceamus, et illam à concilio in Pontifices, etiam in fidei causis assertam potestatem. Certè concilium Florentinum in decreto unionis eâ voce utitur, quæ utrique sententiæ possit accommodari; adeò ab alterutrâ condemnandâ abhorrebat.

[1] Duv., *Tract. de sup. R. P. auct.*, part. iv, q. vii. — [2] Tom. XII *Conc.*, col. 265.

Atqui illud est unionis decretum, quo Constantiensia et Basileensia decreta penitùs elisa esse, et Cajetanus et Bellarminus posteà, et nunc Lovanienses aliique inclamant [1]. Nos ultima decreti verba, quæ nobis favent, consultò prætermittimus, et in alium rejicimus locum : ea tantùm promimus, quibus nos maximè urgeri putant, atque in his ipsis verbis à nostrâ sententiâ condemnandâ studiosissimè temperatum fuisse luce clarius, atque ipso Duvallio fatente, intuemur.

Quid ad hæc responderi possit haud equidem intelligo. Certè enim decreta Constantiensia præcesserant, et Florentini concilii tempore Basileense habebatur et de potestate concilii supra Papam, vel Papæ supra concilium, summâ utrinque contentione agebatur, et eâ disputatione omnia personabant : an Romanus Pontifex ità toti præesset Ecclesiæ, ut adunatâ quoque et collectâ superior esset : an ità, ut omnibus quidem particularibus præstaret Ecclesiis, sed in unum congregatis, et generale concilium facientibus obediret? Quid ergò quæstione ortâ factum oportuit, si decidi placebat? An non Florentinis et Eugenio IV idonea verba suppetebant, quibus alteri parti omne præcluderetur effugium? Cur ergò adhibent communes utrique parti voces? Nempè rem in integro saltem relinqui volebant, quodque in confesso esset Pontifici asserebant : summam illam in concilio potestatem omittebant, quam si ipsi vel maximè admitterent, neque Græci unquàm, neque reliquæ Ecclesiæ probaturi essent.

Et tamen illa etiam in Florentino concilio inter utramque, sententiam librata ac temperata verba, postquàm superioritatis assertores ea sibi planè favere jactarunt, non modò episcopi ac theologi Gallicani, verùm etiam tota synodus Tridentina, et ipse Pius IV, cùm in synodi decretis, tùm in fidei professione omissa voluere : ne scilicet parùm veritati consulerent, si cuiquam videri possent definire voluisse eo, quæ in scholis utrinque disputata, non satis firma constansque traditio attulisset.

Quod quidem divino planè concilio factum esse constat. Cùm enim hæ duæ fomulæ, illa Florentina scilicet, et ista Pii IV re ac summâ conveniant, eumdemque primatum alia aliis verbis,

[1] Doct. Lov. et Disq.

ambæ tamen pariter ac sufficientissimè prædicent, sanè oportebat anteferri eam, quæ cùm hæreticos æquè convelleret, catholicis aptior congruentiorque haberetur; ut quemadmodum veritas, ità etiam pax et charitas in Ecclesiâ catholicâ coleretur.

Neque nostros quidquam amplius flagitasse Pallavicinus refert. Tametsi enim post Constantienses canones sententiam suam ad fidem pertinere crederent, simul intelligebant, aliud esse quod ipsis videretur, aliud quod toti Ecclesiæ catholicæ definiendum putarent. Quare fovere pacem, et catholicos omnes charitate complecti, æquum arbitrabantur. Quæ quidem secuti eorum successores, in hâc postremâ Declaratione, simul et avitam sententiam, Ecclesiæ catholicæ, ne quid jam dicamus ampliùs, utilem, defenderunt, et ab omni prorsùs censurâ temperarunt.

At in eos tàm doctos, tàm modestos, tàm paci catholicæ consulentes, Strigoniensis archiepiscopus, aculeatæ censuræ gladium stringit; eorum articulos absurdos, detestabiles, schismaticosque pronuntiat, ut eam doctrinam, quam visam, agnitam, inculcatam, tot Pontifices, tot synodi intactam saltem illæsamque reliquerint, unus ille audacior validiorque conficiat.

CAPUT IV.

Ex antè dictis probatur cleri Gallicani Declarationem jam in tuto esse, nondùm licèt prolatis probationibus: Leonis X concilio Lateranensi et adversùs Lutherum acta, nihil ad rem facere, Tridenti acta et Pii IV professio probant.

Vide interim, lector candide, quantùm è jure nostro decedamus. Nondùm quæstionis arcana reseramus: quid Eugenius à synodo Basileensi postularet, in quibus convenirent, in quo dissiderent; quid posteà addiderunt, et quæ jam à nobis extorquere velint pontificiæ potestatis immodici atque improvidi, eoque jam nomine, non satìs idonei defensores, hæc nondùm explicamus; probationes nostras, instrumenta causæ, Constantiensia decreta sessionum IV et V nondùm producimus: illa, inquam, decreta quibus Patres totaque universalis synodus *declarant, statuunt, definiunt* conciliis œcumenicis quibuscumque potestatem à Christo immediatè datam eam, cui etiam Papa *obedire teneatur*[1] : neque tantùm in causâ schismatis, quam tractabant ; « sed etiam in iis quæ pertinent ad fidem et ad reformationem Ecclesiæ in capite et in membris; » hoc est, in omnibus causis, quæ generales essent, quæ ad statum universalis Ecclesiæ pertinerent, et maximè in fide, quæ sit omnium fundamentum. Hæc nondùm urgemus, necdùm asserimus, uti profectò, Deo dante, luce clarius faciemus, Constantiensis concilii, motâ quæstione, sensum perspicuum judicium firmum, certam et inconcussam auctoritatem. Nondùm proferimus decreta Pontificum Martini V, ipsius Eugenii IV, ac Pii II, aut concilii etiam Florentini, quibus Constantienses canones apertissimè comprobentur. Decretum unionis tantùm, eamque decreti, quæ maximè nobis objici soleat, partem exponimus; et jam ab omni censurâ, ab omni periculo tuti sumus : tanta causæ vis et veritas inest?

Nondùm, inquis, tuti. Nam etiamsi à Florentinis Tridentinisque decretis, ac Pii IV professione tuti, ad Leonem X et Lateranensia sub eo decreta hæreatis necesse est. Pontificiam namque superioritatem à concilio Lateranensi assertam Bellarminus et alii contendunt ; et Suarez nostram de pontificiâ infallibilitate sententiam à Leone X in Luthero damnatam, et quidem hæresis confidenter affirmat[2]. Hæc quidem dispungemus statim; et quàm trepida Bellarminus, quàm vana Suarez dixerit ostendemus. Interim quærimus an non ea omnia Tridentina synodus et Pius IV tenerent? Si transacta, confecta, definita res erat, cur omitti placuit ? Nam profectò Lutherus eam quæstionem moverat; et à Leone X rite damnatus, ad synodum universalem provocaverat; et Constantiense concilium obtendebat, et Parisienses auxilio advocabat. Id quoque censores nostri objiciunt[3], quasi necesse sit à nobis rejici ea omnia quibus sycophanta perditissimus abusus est. Ergò contemnamus theologicas facultates, quas frustra appellavit ; et episcopalem auctoritatem, quam in archiepiscopo Mogun-

---

[1] Vid. tom. XII *Conc.* — [2] Bell., lib. II, *de Conc. auct.*, c. XVII, et pass. Suar., *de Fide*; disp. V, sect. VIII, n. 5. — [3] *Disq.*, art. IX, pag. 43. Doct. Lov., art. XI, p. 69.

tino, et papalem quoque, quam in Leone X implorabat. An quia impurus nebulo sacra omnia nomina ordine invocavit, ut ausu sacrilego omnia conculcaret, nos catholici antiquam traditionem et judiciorum ecclesiasticorum ordinem evertemus? Sed profectò id verum, si contra fidem Ecclesiæ traditam, atque in legitimo concilio definitam homo audacissimus aliquid attentarit, id in Tridentinâ synodo, id in professione fidei quæ Luthero opponeretur, non dissimulatum, sed vindicatum oportebat. Tunc enim vel maximè valebat illud : « Error cui non resistitur, approbatur [1]; » ei illud Augustini : « Dicatur ergò verum, maximè ubi aliqua quæstio ut dicatur impellit [2]. » Cur ergò hic tanta synodus tantusque Pontifex conticescunt? An ut Gallis parcerent, catholicam veritatem, agnitam ab Ecclesiâ ac certâ sententiâ definitam, Luthero prodidere? Id velint scilicet Ecclesiæ hostes : id Frater ille Paulus Soavis (a) pro magno compararit: ille, inquam, Calvinista cucullatus et catholici nominis specie, non modò synodi Tridentinæ, verùm etiam fidei catholicæ insectator. Procul verò hæc à piis. Nempè ea omnia, quæ nobis objectantur, Tridentini Patres et ipse Pius IV omissa voluere, quòd ea omnia vel intellecta esse perperam, vel pro fidei decretis frustra venditari judicarent.

Atque hæc suo loco fusiùs exequemur; neque Lateranensibus nostra impugnari, sed asseri potiùs, quàm serio dicimus, tam perspicuè demonstrabimus; et anteriores synodos, anteriores Pontifices, qui nostra confirment, innumerabiles proferemus. Interim, ex his quæ diximus, satìs superque constat, quæ synodi, quique Pontifices, post exortam eam quam tractamus quæstionem de pontificiâ potestate, adversùs hæreticos et schismaticos decreverint, definiverint, fidei professionem ediderint, ab iis ità voces esse temperatas, ut nostram sententiam auditam, cognitam, totâque Ecclesiâ personantem, ab omni censura illæsam relinquerent.

[1] Decr., dist. LXXVIII, c. *Error.* — [2] Aug., *de Don. persever.*, lib. II, c. XVI, n. 40.

(a) Is est Fra-Paolo, adeò hæreticis amicus, ut lætaretur, si quando audiret prosperum quid illis contigisse; interim gemeret, quòd sibi non liceret eorum dogmata palam profiteri. (*Edit. Leroy.*)

CAPUT V.

Parisiensium doctorum veneranda auctoritas: horum antesignani Petrus de Alliaco Cameracensis cardinalis, et Joannes de Gersone Parisiensis Ecclesiæ et universitatis cancellarius, viri omni doctrinæ ac pietatis laude cumulati: hujus rei multi testes: de Joanne Gersone professoris Lovaniensis castiganda audacia.

Qui tot synodorum totque Pontificum auctoritate contempta, nihil jam in nos nisi censuras meditantur, cogitare oporteret quantâ virorum illustrium copiâ, quanto præsidio fulciamur. Ac, ne jam prisca sæcula replicemus, satis constat à Constantiensis, imò etiam Pisani primi concilii temporibus, re scilicet discussâ et in quæstionem vocatâ, multis jam sæculis eam sententiam, quæ in generalibus atque etiam in fidei negotiis conciliorum auctoritatem pontificiæ anteferret, doctissimis quibusque et sanctissimis viris placuisse, ut quæ et Scripturæ auctoritate niteretur, et vetustissimâ traditione constaret, et à concilio Constantiensi facto decreto approbata esset.

Possumus commemorare scriptores egregios, qui hæc summâ gravitate defenderint, imprimis Parisienses, et eorum antesignanos Petrum de Alliaco Cameracensem cardinalem, et Joannem Gersonem, quorum sententiam nullus ignorat: sed qui viri fuerint non omnes æquè sciunt.

Petrus Alliacensis is est, qui obscuro genere oriundus, ex tenuissimâ re Parisiis theologiæ doctor, regii Navarrici collegii magister, Universitatis cancellarius, tùm Cameracensis episcopus, ad Pisanum concilium Burgundi Ducis nomine legatus, à Joanne XXIII cardinalis factus, concilii Constantiensis totiusque Ecclesiæ lux, et optimi cujusque consilii auctor, rebus ibi præclarè gestis, extincto schismate, Viclefianâ Hussitanâque hæresibus ejus maximè operâ debellatis, à Martino V legatus in Galliam (a) missus, piè sanctèque obiit. Dictus *Aquila Galliæ* et *hæreticorum malleus indefessus*, et à Bellarmino quoque [1], non sine

---

[1] Bell., *de Script. Eccles.*, an. 1410.

(a) Sive potius in Germaniam. Vide ejus vitæ historiam. (*Edit Leroy.*)

laude inter scriptores ecclesiasticos recensitus, nec minùs pietatis christianæque prudentiæ quàm doctrinæ laude commendatus.

Joannes Charlierius, à natali vico in Rhemensi tractu *de Gersone* dictus, Petri de Alliaco discipulus, et in cancellarii Parisiensis officio successor [1], vir *doctus ac pius* à Bellarmino appellatus [2], omnium hæresum insectator, difficillimis Ecclesiæ reipublicæque temporibus, dùm factio Burgundica totâ Galliâ desæviret, impiamque doctrinam Joannis Parvi (a) de occidendis tyrannis in Ecclesiam induceret, regiæ majestatis atque familiæ, ad hæc catholicæ veritatis invictissimus propugnator, *Doctoris christianissimi* nomine est illustratus : qui posteà in concilio Constantiensi Caroli VI christianissimi regis, ecclesiæ Gallicanæ et academiæ Parisiensis legatus, sacrique conventûs pars maxima fuit : denique tam sanctè vixit ac scripsit, ut dignus haberetur, qui omni suaviorem unguento, *de Imitatione Christi* libellum edidisset. Cæterùm vera ejus scripta sanctitatem æquè ac doctrinam spirant, veræque pietatis non modò scientiam, sed etiam sensum gustumque præ se ferunt, atque ejus instaurandæ incredibile studium. Nec sine magno emolumento leguntur præsertim illa : *De simplificatione cordis : De probatione spirituum : De examinatione doctrinarum* [3]; quibus permotus Sixtus Senensis, hæc de Gersone scribit : « Is, inquit, ità scholasticas sublilitates dulcibus theologiæ mysticæ affectibus miscuit temperavitque, ut addubitandum sit an eruditione pietatem, vel pietate eruditionem superaverit [4]. » Eâ Gerson apud omnes existimatione fuit. Demum vir maximus atque sanc-

---

[1] Vid. ejus *Vit.* in edit. Dup. — [2] Bell., loc. cit. — [3] In edit. Dup., tom. I et III. — [4] Sixt. Senens., *Bibl. sanct.*, lib. IV, p. 333.

(a) Fleury, et ille qui ejus *Historiam ecclesiasticam* supplevit, Joannem Parvum addicunt Franciscanorum familiæ, quod falsum esse firmis rationibus probat P. Le Mercier ipse Franciscanus. Ut ut sit, Joannes Parvus primùm pro doctrinâ Gallicanâ de extinguendo schismate pugnaverat, et aliquid existimationis sibi comparaverat, quam deinde ipse violavit, libro edito, quo hanc propositionem defendit : Aurelianensem ducem justè à sicariis quos apposuerat dux Burgundionum fuisse occisum. Hanc doctrinam synodus Constantiensis hæreticam judicavit et damnavit. Haud scio utrum quisquam ante Joannem Parvum hanc parricidalem doctrinam in Ecclesiam invexerit. (*Edit Leroy*).

(b) Sixtus Senensis ex judaismo ad fidem conversus, ac Prædicatorum familiæ addictus, auctor est libri cui titulum fecit, *Bibliotheca sacra*. In eo libro exponit *auctores sacrorum librorum* et de horum interpretibus fert judicium, multasque prætereà quæstiones tractat. (*Edit. Leroy*.)

tissimus in pio officio docendi catechismi, Lugduni obiit, ubi ejus memoria in benedictione est, et *in odoris compositionem;* adeò ut, post indiculum Sanctorum Lugdunensium, inter pios Lugdunenses non vindicatos, ut sui sæculi omnium judicio rarum lumen, » miris cum laudibus à Theophilo Reynaudo Jesuità referatur [1].

Extant de eodem Gersone ab episcopo Basileensi ad clerum Lugdunensem, ejusdemque cleri ad episcopum Basileensem, anno 1504 conscriptæ epistolæ, quæ testentur Caroli VIII ejusque confessarii Laurentii Burelli Carmelitæ, ac posteà Sistaricensis episcopi, operà, erectum esse in divi Joannis Gersonis decus et laudem, devotum sacellum, ubi super altare ejus imago depicta est, magnusque populi concursus pro obtinenda ope divinâ affluit, et plurimi se adjuvari beati Gersonis precibus prædicant et testantur [2]: » quibus motus Andreas Saussæus, Tullensis episcopus, in martyrologio Gallicano de Gersone ad 4 Idus Julii hæc habet : « Sed beatitudinis famam ac cultum, Lugduni præsertim, ubi piam efflavit animam communi omnium ferè suffragio obtinuit [3]. » Quo loco multa de Gersonis virtutibus miraculisque refert. Sed hujus viri posteà, anno 1643, detectum sepulchrum, ejus celeberrimæ sanctitatis ac priscorum miraculorum, novis quoque additi, memoriam renovavit. Scripsit historiam Stephanus Piney Lugdunensis, et Alphonso Ludovico Richelio cardinali, Lugdunensi archiepiscopo, inscripsit [4]. Quæ non eo dicimus, ut inter Sanctos publicâ religione invocandos Gersonem appellemus, nondùm à sanctâ Sede apostolicâ vindicatum, sed ut tanti viri piam memoriam commendemus.

At eam invadit Nicolaus Dubois professor Lovaniensis, atque etiam Gersonem miræ simplicitatis virum, et christianæ paupertatis, si quis fuit unquàm, amantissimum, « Vertumnum, faventis auræ sectatorem ac beneficiorum appetentem [5], » haud minùs imperitè quàm ineptè, scripsit eoque processit amentiæ ac stuporis, ut vitio quoque Gersoni vertat, quòd « exosus factus omnibus, è Galliâ in exilium pulsus, ipsi quoque sere-

[1] Theoph. Rayn. Mantissa, etc., p. 391 — [2] *Vit. Gers.*, p. 171. — [3] Vid. hoc *Martyr*. — [4] Ant. Gers. op., p. 189. — [5] Pars. t ref., art. IV, n. 15, 16, 17.

nissimo Burgundiæ Duci, contra quem in synodo Constantiensi declamaverat, invisus fuerit. » Hæc de Gersone nostro Nicolaus Dubois, melior profectò Burgundus quàm theologus; qui non ferat in œcumenico concilio perorantem Gersonem adversùs serenissimum ipsius ducem Joannem Audacem Ludovici Aurelianensis cædi manantem, qui necem infandam horrendà hæresi tueretur. Hæc scribere non puduit theologiæ professorem, atque insuper sancto viro exprobrare exilia pro catholicâ fide tolerata, à nefario duce, qui Regis sui conculcatâ majestate, fratrisque ejus fuso sanguine, rerum in Galliâ potiretur.

Hæc de Alliacensi ejusque discipulo Gersone dicenda habebamus. Neque quod quidam objiciunt, eorum auctoritatem infringi putamus, quòd schismatis tempore scripserint. Imò verò eo firmari potiùs, quòd scripserint motâ quæstione; quòd « re discussâ et eliquatâ, ut ait Augustinus, atque ad plenarii concilii auctoritatem roburque perductâ [1]; » denique quòd ei doctrinæ schisma quoque ipsum tam tetrum, tamque inveteratum cesserit.

Hos verò post sanctos Patres et post sacratissimas œcumenicas synodos Pisanam et Constantiensem, hos, inquam, schola Parisiensis suæ sententiæ duces habuit; neque illos quidem, ut nonnulli jactant, in hoc argumento suspectos, imò verò apostolicæ Sedis ac pontificiæ majestatis contra Viclefum et Hussum studiosissimos defensores; atque extincto schismate instauratores egregios; ut quæ de conciliorum auctoritate dixerint, amore veritatis tuendæque fidei, ac instaurandæ ecclesiasticæ disciplinæ studio dixisse constet.

CAPUT VI.

An, ut quibusdam videtur, quæstio de superioritate à quæstione de infallibilitate, secundùm Alliacensem et Gersonem, separari possit? Refertur caput Si Papa, aliique ex decreto Gratiani loci et Glossæ celebres, quæ Parisiensibus præluxerunt : hinc pro certo assumptum, Papam etiam ut Papam esse fallibilem.

At fortè Romano Pontifici, non ut supremam illam in concilia

[1] Aug., *de Bapt.*, lib. II, c IV, n. 5.

generalia potestatem, ità etiam infallibilitatem detrahebant. Video enim qui has quæstiones separandas putent. Verùm auctores nostri ne id cogitabant quidem; imò non aliâ magis ratione synodum universalem ipso Papâ superiorem putabant, quàm quòd hic *deviabilis* sive *fallibilis;* illa *indeviabilis* et *infallibilis* esset. Vel ut alio modo ex eorum sanè verbis exponit Bellarminus [1], summam et absolutam potestatem in Ecclesiâ ponebant, ut in « regulante, quia Ecclesiæ est regulare et dirigere Papam, cùm ipsa non possit errare, Papa autem possit. » Quare alteram quæstionem, vel teste Bellarmino, ab alterâ suspendebant, nedùm sejungi posse suspicarentur.

Atque illi quidem multa ex Scripturis, multa ex antiquitate testimonia et exempla referebant, quibus Ecclesiæ, adeòque concilii eam repræsentantis auctoritas potior haberetur. Multa repetebant ex Decreto Gratiani et Glossis, quibus rebus tùm plurimum utebantur. Memorabatur imprimis caput *Legimus* [2], quod est Hieronymi: ex quo capite hæc verba promebant: « Si auctoritas quæritur, orbis major est Urbe. » Scio responderi et alicubi in Decreto ad marginem adscriptum: Major *extensivè*, non *intensivè:* dignam Turrecrematæ subtilitate distinctiunculam. Cæterùm, qualiscumque est, huic loco non congruit; quærebatur enim, non quis multitudine aut quantitate, sed quis auctoritate præstaret. Favet Glossa ad verbum « *major est*, et est hîc argumentum, quòd statuta concilii præjudicant statuto Papæ, si contradicant. » Quem textum unà cum glossâ suâ Petrus de Alliaco et alii Parisienses vehementissimè inculcabant. Sed inter omnia argumenta illud imprimis urgebant: *deviabilem*, nempe Pontificem, *indeviabili*, nempe Ecclesiæ atque concilio postponi oportere.

Porrò locutio hæc, *deviabilis*, et *indeviabilis*, adeò usitata nostris, à capite *Si Papa* duxit exordium. Sic autem habet caput illud apud Gratianum: « Si Papa suæ et fraternæ salutis negligens, deprehenditur inutilis et remissus in operibus suis, et insuper à bono taciturnus (quod magis officit sibi et omnibus), ni-

---

[1] Bell., *de Conc. auct.*, lib. II, c. xiv. — [2] Dist. xciii, c. xxiv. Hier., tom. IV, *ep.* ci ; al. tom. II, *ep.* lxxxv.

hilominus innumerabiles populos catervatim secum ducit, primo mancipio gehennæ, cum ipso plagis multis in æternum vapulaturos, hujus culpas istic redarguere præsumat mortalium nullus; quia cunctos ipse judicaturus, à nemine est judicandus, nisi deprehendatur à fide devius [1]. » Hinc nimirum illud *deviabile* in summo Pontifice, quòd ab Ecclesiâ *indeviabili* necessariò *reguletur*.

Neque verò cogitabant distinctionem illam, essetne *deviabilis*, ut privata persona an etiam ut Pontifex; vel ut Melchior Canus loquitur, *errore personali an judiciali* [2] : hæc nondùm cogitabant. Pontificem simpliciter nullâ reservatione, exceptione nullâ, posse esse *à fide devium* fatebantur.

Imò Gratianus etiam, *ut Pontificem et errore judiciali* à fide *deviare* posse apertè supponit, cùm de Decretalium auctoritate multa locutus, hæc addit: « Hoc autem intelligendum est de illis sanctionibus vel decretalibus epistolis, in quibus nec præcedentium Patrum decretis, nec evangelicis præceptis aliquid contrarium invenitur [3]. » Quo loco victus Melchior canus [4], Gratianum accenset iis qui pontificiam infallibilitatem negare videantur.

Affert quidem Gratianus hîc probationem infirmam; et Anastasii II Decretalem immeritò erroris insimulat; sed affert alio loco Gregorii II decretum authenticum, de quo meritò pronuntiet: « Illud Gregorii sacris canonibus, imò et evangelicæ et apostolicæ doctrinæ penitùs invenitur adversum [5]. »

Extat etiam aliud à Gratiano relatum Pelagii II constitutum [6], de quo Gregorius Magnus hæc habet: « Quod mihi durum et incompetens videtur: » ad quæ verba glossa apertè dicit: « Illa constitutio fuit iniqua; » et ad verbum, *durum* : « Statutum Pelagii fuit contra Evangelium.

Hoc autem statutum Pelagii II esse, ejus qui Gregorium proximè antecedit, probat eadem Glossa, ex capite *Multorum* [7], quod est ejusdem Gregorii Magni.

Hos Gratiani locos excutere hîc non est animus, sed tantùm

---

[1] Dist. XL, c. VI. — [2] Melch. Can., *de Loc. Theol.*, lib. VI, c. VIII. — [3] Dist. XIX, c. VII. — [4] Can., lib. VI, c. I. — [5] Caus., XXXII, quæst. VII, c. XVIII. — [6] Dist. LXXI, c. 1 : *Ante trien*. — [7] Caus., XXVII, quæst. II, c. XX.

explicare paucis quæ nostri pro *deviabilitate,* ut vocabant, Papæ, etiam circa fidem atque evangelicam veritatem, argumenta ducerent à jure communi communibusque glossis, et communi sententiâ; atque ab eo etiam canonum collectore, quem tùm potissimùm non modò nostri, sed tota etiam Schola, neque tantùm canonistæ, sed etiam theologi auctorem sequebantur.

CAPUT VII.

Quo sensu explicarent : Rogavi pro te, ut non deficiat fides tua, *Luc.,* XXII, 32. *Eâ de re Glossa notabilis, quâ maximè utebantur : sancti Thomæ, sancti Bonaventuræ et Nicolai Lyrani loci. Petri de Alliaco locus insignis : Gersonis sententia.*

Neque ullo modo movebantur hâc pollicitatione Christi ad Petrum : « Rogavi pro te, ut non deficiat fides tua. » Vulgaris enim erat interpretatio, hæc Christi pollicita referens, non ad fidem Petri aut Romani Pontificis etiam de fide decernentis, sed ad fidem Ecclesiæ catholicæ, quæ Petri diceretur (*a*) quòd eam primus

---

(*a*) Lisons tout le passage, *Luc,* XXII, 31 et suiv. : « Le Seigneur dit : Simon, Simon, Satan a demandé de vous cribler comme le froment. Mais j'ai prié pour toi, afin que ta foi ne défaille point; lorsque tu auras été converti, confirme tes frères. » Et comme Pierre protestoit de sa fidélité jusqu'à la mort, Jésus reprit : « Je te le dis, Pierre : le coq ne chantera point aujourd'hui, que tu n'aies trois fois nié de me connoître. »

Selon ces paroles, Satan vouloit cribler tous les apôtres, tous, puisque le texte sacré présente le nombre pluriel : *Expetivit vos;* mais Jésus pria pour Pierre, pour Pierre seulement, puisqu'il lui dit particulièrement, employant cette fois le singulier, après l'avoir appelé deux fois par son nom propre : « J'ai prié pour toi, » *pro te.*

Cependant on nous dit : « La prière du Seigneur ne se rapporte pas à la foi de Pierre ou du Pontife romain, mais à la foi de l'Eglise catholique, qui est dite la foi de Pierre. » Comment! *pour toi* ne veut pas dire *pour toi*, mais pour l'église catholique : dans quelle langue, s'il vous plaît, par quelle affinité d'expressions, selon quelle règle de l'herméneutique sacrée ? S'il est permis de traduire ainsi, l'Evangile n'a plus de sens, et je me charge de trouver dans tout passage toute doctrine. Et si le Seigneur a prié, non pour Pierre, mais pour l'Eglise universelle, c'est pareillement à l'Eglise universelle qu'il a dit : *Confirme tes frères.* Quels sont donc les frères de l'Eglise universelle ? Tordez les mots comme il vous plaira, je vous défie de me les nommer.

Mais « Pierre est tombé, nous dit-on partout : donc sa foi n'étoit pas indéfectible. » Je nie la conséquence; car le disciple a renié le divin Maître contre le témoignage de sa foi, non par incroyance, mais par foiblesse, sous l'empire de la crainte. D'ailleurs sa chute étoit prédite : *Le coq ne chantera point aujourd'hui :*

Petrus præ cæteris, ac pro cæteris prædicasset, maximè cùm diceret communi Apostolorum nomine : *Tu es Christus Filius Dei vivi* [1].

Hanc interpretationem firmabat glossa notabilis in caput *A rectâ*, quod est in Decreto Gratiani, quæ sic habet ad verbum *novitatibus:* « Quæro de quâ Ecclesiâ intelligas quod hîc dicitur, quòd Ecclesia errare non potest? Si de ipso Papâ, qui Ecclesia dicitur? Sed certum est quòd Papa errare potest. Responde : ipsa congregatio fidelium hîc dicitur Ecclesia, et talis Ecclesia non potest non esse; nam ipse Dominus orat pro Ecclesiâ : *Ego pro te rogavi, ut non deficiat fides tua,* et voluntate labiorum suorum non fraudabitur [2]. » Clarum est ubi intelligat non defecturam fidem : in Ecclesiâ catholicâ scilicet, non in ipso Papâ, qui errare possit. Loqui autem de Papâ ut est publica persona, vel ex eo patet, quòd de Papâ loquatur, ut est aliquo modo Ecclesia, quod Papæ, ut privata est persona, nullo modo congruit.

Nonnulli hæc promissa Christi referebant ad Ecclesiam Roma-

---

[1] *Matth.*, XVI, 16. — [2] Caus., XXIV, quæst. I, c. IX.

que tu n'aies trois fois nié de me connoître ; et c'est après cette défection, c'est après le retour de Pierre, c'est lorsque le regard du Seigneur aura pénétré son ame, quand la grace l'aura rempli d'un courage et d'une force invincible ; c'est alors, mais alors seulement qu'il devra « confirmer ses frères : » *Tu aliquando conversus, confirma fratres tuos.* Et cette considération légitime une nouvelle conséquence : c'est que Pierre est tombé comme simple mortel, comme enfant d'Adam, comme pécheur; non comme vicaire de Jésus-Christ, comme pasteur des ouailles et des brebis, comme celui qui devoit « confirmer ses frères. » Nous avons donc le droit de distinguer entre le docteur privé et le docteur public, entre le pontife parlant en particulier comme simple théologien et le pontife enseignant toute l'Eglise *ex cathedrâ* comme représentant le divin Maître. On se roidit vainement contre cette distinction; les faits l'imposent impérieusement, de même que la raison.

Et que sert-il aux ennemis des Papes de recourir à la tradition? Les autorités qu'ils invoquent ne prouvent rien, ou plutôt elles prouvent notre doctrine : voyez vous-même. Saint Thomas dit que « l'Eglise romaine n'a pas été dépravée par les hérétiques, » et c'est aux souverains Pontifes qu'elle le doit. Saint Bonaventure ajoute que « le Seigneur a prié, non pour que Pierre ne tombât pas, mais pour que sa foi ne défaillit point, » et c'est ce que nous disions tout à l'heure. Nicolas de Lyre enseigne que « la foi ne défaillira point jusqu'à la fin du monde, principalement dans l'Eglise romaine, qui a été fondée par Pierre après Jésus-Christ, » et nous aimons à le proclamer à notre tour. Les autres témoignages sont de la même force, et nous ne concevons pas qu'on ait pu se contenter de semblables preuves. Mais arrêtons-nous. Le lecteur examinera de près les paroles qui vont passer sous ses yeux ; cela nous suffit.

nam, etiam peculiarem à Petro fundatam; in eâque fidem Petri, hoc est fidem à Petro prædicatam, defecturam negabant.

Utrumque verò sensum antiquiores etiam Scholastici docuerant, imprimis sanctus Thomas, dùm ait: *« Universalis Ecclesiæ fides non potest deficere, Domino dicente : *Rogavi pro te, ut non deficiat fides tua.* »

De fide autem particularis Ecclesiæ Romanæ nunquàm defecturâ, idem hæc scripserat, *Commentario in Matthæum :* « Quamvis aliæ Ecclesiæ vituperari possunt per hæreticos, Ecclesia tamen Romana non fuit ab hæreticis depravata, quia supra petram erat fundata. Unde in urbe Constantinopoli fuerunt hæretici, et labor apostolorum amissus erat. Sola Petri Ecclesia inviolata permansit. Unde *Lucæ* xxii : *Ego rogavi pro te, ut non deficiat fides tua :* et hoc non solùm refertur ad Ecclesiam Petri, sed ad fidem Petri, et ad totam Occidentalem ecclesiam [1]. »

Congruit antè dictis sancti Bonaventuræ interpretatio in hæc verba : « *Rogavi pro te,* etc. Hîc rogavit Dominus; non ut Petrus non caderet, sed ut non deficeret; quia quamvis ceciderit, resurrexit. Vel potest illud referri ad Ecclesiam Petri, pro cujus fide rogavit Dominus, secundùm illud : *Non pro eis tantùm rogo, sed et pro eis qui credituri sunt per verbum eorum in me* [2], et hæc Ecclesia, quæ designatur per Petri naviculam, licèt concutiatur, tamen non naufragatur [3]. » En hîc refert precationem, sive pollicitationem Christi, vel ad ipsum præcisè Petrum, vel ad universalem Ecclesiam.

His favebat Nicolaus de Lyrâ, quem nostri multùm sequebantur in eumdem locum. *Luc,* xxii [4]: « Ex hoc patet fidem non deficere usque ad finem mundi, potissimè in Ecclesiâ Romanâ, quæ à Petro post Christum fundata est. »

Cùm ergò nostri intelligerent precationem Christi sic accipi passim ab interpretibus suo ævo celeberrimis, ut ad Petri Ecclesiam referatur, cogitabant non defecturam fidem in eâ Ecclesiâ, cujus Petrus princeps ac fundator fuisset; non autem

---

[1] Comment. *in Matth.*, cap. xvi. — [2] *Joan.*, xvii, 20. — [3] Bonav.. tom. II, *Exp. in Evang. Luc*, cap. xxii. — [4] Lyr., *in Gloss. ord.*, tom., V ad cap. xxii *Luc.*

proinde ejus successores errare et deviare non posse; tanquàm necesse esset iis errantibus, ruere Ecclesiam, eorumque culpam nullo aliunde auxilio resarciri.

Atque ex his omnibus Petrus de Alliaco sua illa deprompsit, quæ tractatu *de Auctoritate Ecclesiæ,* per concilii tempus Constantiæ edito, docuit : non esse, scilicet in Papâ, tantam plenitudinem potestatis, quanta est in concilio, « quia confirmatio in fide, de quâ dicitur, quòd Ecclesiâ non potest errare, juxta illud : *Petre, rogavi pro te, ut non deficiat fides tua;* illa non est in Papâ; quia hoc non est dictum de fide personali Petri, cùm ipse erraverit, sed de fide Ecclesiæ, de quâ dicitur : *Et portæ inferi non prævalebunt adversùs eam*[1]*,* scilicet Ecclesiam (*a*). Non enim dictum est adversùs te, scilicet Petrum. » Concluditque sic : « Igitur speciale privilegium est et singularis Ecclesiæ auctoritas, quòd non potest errare in fide [2]. »

Neque dicas loqui eum de *fide personali Petri*, hoc est de fide Petri, ut est privata persona; non autem de fide Petri, ut est summus Pontifex, edito decreto declarans veritatem. Non enim ea tùm animo cogitabant. Certè Alliacensis ab eis procul aberat, cùm fidei personali Petri quæ deficere posset, opponeret eam quæ deficere non posset fidem, non Petri pro potestate decernentis, sed universalis Ecclesiæ.

Cæterùm nihil est dubium quin Alliacensis, cùm Papæ fidem deficere posse docet, agat de Papâ decernente et judicante. Eò enim clarè pertinet tota argumentorum series ac vis. Cujus rei gratiâ allegat glossam illam suprà memoratam : « Quòd statutum concilii præjudicet statuto Papæ [3]. » Quâ quidem in glossâ certissimum est opponi, non privatam Papæ personam ejusdem

---

[1] *Matth.,* xvi, 18. — [2] *Tract. de auct.,* etc., part. iii, c. i. inter oper. Gers., tom. II, p. 949. — [3] Sup., cvi.

(*a*) Je nie, pour la troisième ou la quatrième fois, le *scilicet Ecclesiam.* Dans le texte : *Tu es Petrus, et super hanc petram ædificabo Ecclesiam meam, et portæ inferi non prævalebunt adversùs eam* , les derniers mots, *adversùs eam*, se rapportent aussi bien, même mieux, à *petra* qu'à *Ecclesia.* Pourquoi donc nous donner toujours, comme certaine, une interprétation qui est pour le moins douteuse? Au reste, qu'on l'entende comme on voudra : si l'Église est inébranlable, elle le doit à la *pierre* qui lui sert de fondement.

personæ publicæ ; sed statuta statutis, decreta decretis, et ubique spectari personam publicam.

Hinc doctissimus cardinalis hæc subdit : « Hoc privilegium (quòd Ecclesia errare non possit id fine) aliqui extendunt ad Romanam Ecclesiam, aliqui ad concilium generale, aliqui verò restringunt ad auctoritatem universalis Ecclesiæ; sed non potest extendi ad Papam, ut dictum est [1]. » Quo excludere intendit Papam, sive ut privatam personam, sive ut judicantem : alioqui nihil agit.

Quo autem sensu per ea tempora aliqui, præsertim ex canonistis, rei theologicæ imperitissimis, de concilio dubitarent, non est nunc quærendi locus ; neque item requirendum quo sensu Ecclesiam Romanam particularem à Papà distinguerent. Id constat, pro certo habuisse cardinalem, quocumque sensu diceretur fidem Ecclesiæ minimè defecturam, id quidem ad Papam, sive ut privatam personam, sive ut decernentem, pertinere non posse.

Unde statim infert : « Papam posse ab universali Ecclesiâ, vel à generali concilio eam repræsentante in multis casibus judicari et condemnari ; et ab eo ad concilium in multis casibus posse appellari, videlicet in casibus Ecclesiæ destructionem tangentibus [2]. » Addit : « Aliter, sequeretur ipsum Christum...., Ecclesiæ Caput...., eam non perfectè sufficienter ordinasse...., in casu quo Papa per hæresim manifestam et tyrannidem apertam, aut aliud notorium crimen conaretur eam subvertere, et nemo ei dicere posset : Cur ità facis? *per viam juris eidem resistendo, id est ab eo appellando,* eum accusando et per concilium judicando, » etc.

Ipsa *appellationis* vox satis profectò indicat hîc intelligi Papam etiam judiciario ordine procedentem, adeoque pro Papà agentem. Quò etiam pertinent quæ idem Alliacensis non suo tantùm, sed etiam totius Facultatis nomine, Avenione dixerat coram Clemente VII : « In causis fidei à Papà ad concilium appellari posse[3]. » Quæ nos alio loco aptiùs referemus.

Consentanea magistro scribit Gerson, cujus hæc sunt dicta:

[1] *Tract. de auct.*, etc., loc. mox cit. — [2] *Ibid.*, c. IV. — [3] Vid. *in Append.*, tom I Gers.

« Non reperitur in terris altera talis infallibilis regula, nisi generale concilium legitimè congregatum. In causis fidei non habetur in terrâ judex infallibilis, vel qui non sit deviabilis à fide, de lege communi, præter ipsam Ecclesiam universalem, vel concilium generale eam repræsentans. In causis fidei nulla determinatio judicialis episcopi, imò nec Papæ solius, præcisè ut est Episcopi vel Papæ, ligat fideles ad crendendum quòd ita sit de veritate fidei [1]. » Ac pro certo statuebat Papam errare posse, *sententiando contra fidem*. Unde passim infert Alliacensis, *indeviabilem* potestatem, concilii scilicet, *deviabili*, Papæ scilicet, anteferri oportere.

Hæc igitur docentes eos complectebantur omnes, nedùm cuiquam suspecti essent; cùm nempe constaret hæc ex Gratiano Gratianique glossis vulgaribus, atque omninò ex communi tritàque sententiâ esse depromta; quodque longè est maximum, tantæ firmitudinis ut iis quoque Constantiensia decreta niterentur.

Sacra namque synodus, cùm Pontifici concilium anteponit, causam quâ anteponatur, primam ponit fidem; fidei ut capiti adjungit cætera: *in fide*, inquit [2], *in schismate, in reformatione generali*: quâ doctrinâ positâ, nostri nullum relictum putabant pontificiæ infallibilitati locum; cùm nec ullum viderent adeò veritati inimicum, qui *infallibili*, hoc est ipsi veritati aliquid anteferret. Sed hæc suo loco fusiùs. Nunc enim non ipsam quæstionem exponimus, sed quid Alliacensem cardinalem, et ejus discipulum Gersonem, atque horum sententiam secutos Parisienses, totamque adeò academiam, de ecclesiasticâ potestate atque infallibilitate docuisse constet.

[1] Gers., *de Exam. doct. cons.* I, tom. I, p. 8. Tract. *An liceat in caus. fid. appel. à Papâ*: prop. II et IV, tom. II, p. 307. — [2] *Conc. Const.*, sess. IV, V, tom. XII.

CAPUT VIII.

Scholam Parisiensem in Alliacensis et Gersonis sententiâ perstitisse, toti orbi notum : eam sententiam egregii viri ubique docuerunt : cur Parisiensium doctrina dicta sit.

Neque sola Parisiensis Academia in eâ sententiâ stetit, sed etiam Coloniensis, Erfordiensis, Viennensis Academiæ in Germaniâ nobiles, Cracoviensis etiam, et Bononiensis, ipsa quoque Lovaniensis, et aliæ denique, quarum suo loco acta referemus (a).

Scholam Parisiensem omnium celeberrimam semper in eâ sententiâ perstitisse, annales nostri et ipsa gesta probant, suo posteà ordine recensenda. Unde nostri doctores Jacobus Almainus et Joannes Major, sub Ludovico XII et Francisco I scriptores nobiles, hæc habent : Almainus quidem : « Conclusio est quam tenent omnes doctores Parisienses et Galli, quòd potestas Papæ est subjecta potestati concilii; » et hanc vocat, « resolutionem Scholæ Parisiens et Ecclesiæ Gallicanæ[1]. » Hanc probat eâ maximè ratione, quâ Gersonem usum fuisse vidimus : quòd potestas quæ est in supposito « deviabili, debet dirigi secundùm potestatem indeviabilem : » pontificia scilicet per conciliarem. Hæc Almainus. Quid Major? Postquam eamdem sententiam probavit, hæc addit : « Et nostra Facultas à diebus concilii Constantiensis, in quâ plures exercitatos habebis theologos quàm in duobus vel tribus regnis, sic hanc partem fovet, quòd nulli licuit asserere oppositum probabile, et qui tenuerit, in campo revocare cogitur[2]. » Nota verba, *à diebus concilii Constantiensis non licuit:* hoc est non licuit, postquàm expressè discussa res est ; sed anteà quoque, Major et alii præcessisse traditionem docent.

---

[1] Alm., *de Pot. Eccl. et Laic.* cap. XVIII : in app., tom. II Gers., pag. 1070. —
[2] Maj., *de Auct. conc. sup. Pap.*, sol. arg. Caj., *ibid.*, p. 1444.

(a) Dans le XIV⁰ siècle, comme des prétentions rivales à la papauté déchiroient l'Europe, plusieurs docteurs enseignèrent que le Pape doit se soumettre au concile dans les temps de troubles et de schisme, où le chef légitime de l'Eglise n'est pas certainement connu : voilà tout. D'ailleurs on ne se laissera pas prendre par quelques phrases éparses, triées d'une main habile, isolées, mutilées, séparées du contexte, éloignées des mots qui les placent dans leur véritable jour.

Hos libros Almainus et Major jussu Facultatis ediderunt. Hæc verò cùm docerent, et toti Ecclesiæ testarentur, nulli tùm eversa omnia, et periclitari fidem, ac doctrinam illam *planè detestabilem ac schismaticam* inclamabant. Neque se Romani Pontifices commovere, aut libros ullâ notâ censuere dignos, quippè qui intelligerent hæc verè esse decreta sacratissimæ ac probatissimæ Facultatis.

Placet considerare quid de nostræ Facultatis sententiâ exteri quoque exscripserint. Primus Albertus Pighius dùm adversùs Constantiensia et Basileensia decreta pleno ore invehitur, hæc subdit : « Horum decretorum auctoritatem asseruit Joannes ille Gerson cancellarius Parisiensis, quem in hodiernum usque diem universa illa schola sequitur [1]. » Hæc scribebat anno 1538, is qui de pontificiâ potestate tam inaudita scripsit, ut eo nomine ferè ab omnibus contemnatur. Neque tamen scholam Parisiensem in Gersonis sententiâ, tantâ consensione permanentem, ullâ notâ sugillare ausus, Gersonem etiam *doctum* ac *pium* vocat.

Martinus ab Azpilcueta Navarrus, regno scilicet Navarrico oriundus, divini humanique Juris consultissimus, postquàm Salmanticæ et Conimbricæ docuit, Romam profectus est, summisque Pontificibus Pio V, Gregorio XIII et Sixto V charus, Romæ multa scripsit atque edidit [2]. Is in caput *Novit, de Judiciis*, hæc habet : « Non est consilium in præsentiâ definire cui principaliùs potestas ecclesiastica fuerit à Christo collata, an Ecclesiæ toti, an verò ipsi Petro, propter illam discordiam maximam Romanorum ac Parisiensium ; » Romanorum curialium certè aut privatorum doctorum, non profectò Pontificum, à quibus nostra firmata docebimus. Pergit : « Illi (Romani scilicet) tenent Petro et successoribus datam esse hanc potestatem, atque ideò Papam esse concilio superiorem : hi verò, quibus Joannes Gerson adhæret, docent datam esse toti Ecclesiæ, licèt exercendam per unum ; atque adeò in aliquibus saltem casibus concilium esse supra Papam : quarum illa (scilicet Romanorum) placuisse videtur sancto Thomæ, et Thomæ de Vio : altera verò placuit Panormitano (a), qui pro

---

[1] Pigh., lib. VI, *de Hierarch.*, c. II. — [2] Bell. et Labb., *de Script. Eccl.*

(a) Is est Nicolaus Tudeschi Catanensis, Jurisconsultus celeberrimus, primùm

Parisiensibus est, quem FREQUENTIUS nostri sequuntur, quem mordicùs tuetur Jacobus Almainus è Sorbonâ theologus, et Joannes Major, capite xvIII in *Matthæum*, qui idem facit; aiens, Romæ neminem permitti tenere Parisiensium et Panormitani sententiam, nec rursùs Academiam illam Parisiensem pati ut contraria opinio asseratur in eâ. » Iterùm, *de Pœnitentiâ* [1] utramque opinionem Italorum et Gallorum pari refert æquitate : Itali et Galli diversa sentientes, æquè catholici, nulloque discrimine habebantur.

Adeò autem hæc de Gallis sententia toto orbe permanavit, ut Franciscus de Victoria (a) Hispanus scripserit : « Notandum quòd de comparatione potestatis Papæ duplex est sententia : altera sancti Thomæ et sequacium multorum, et aliorum doctorum tam in theologiâ quàm in jure canonico; quòd Papa est supra concilium : altera communis est sententia Parisiensium, et multorum etiam Doctorum in theologiâ et canonibus, ut Panormitani et aliorum, contraria, quòd concilium est supra Papam [2]. »

Neque verò soli Galli hanc sententiam scriptis editis propugnarunt. Nempè et Navarrum dicentem audivimus eamdem sententiam secutum celebrem illum Nicolaum Catanensem archiepiscopum Panormitanum, *Lucernam Juris dictum* [3]; quem pro conciliorum etiam in Pontificem supremâ potestate multa scribentem, et concilio Basileensi semper inhærentem, adeòque à Felice Basileæ electo, cardinalem factum, Bellarminus tamen laudatum potiùs quàm condemnatum velit [4] : adeò non semper illam sententiam hostili animo insectantur qui eam vel maximè reprehendunt.

Panormitano in Italiâ præluxisse Panormitani magistrum

---

[1] Dist. II. — [2] Vid. relect. IV, *de Pot. Pap. et conc.* — [3] Labb., *de Script. Eccl.* — [4] Bell., *de Conc. auct.*, lib. II, c. XIV.

Abbas Catanensis, deinde Panormitanus Archiepiscopus, qui fuit synodi Basileensis pars maxima, et quem Bossuet sæpe, in eo tractatu, meritis laudibus celebrat. Allegatur vulgò apud Jurisconsultos sub nomine Panormitani, aut Nicolai Abbatis (*Edit. Leroy*).

(a) Franciscus *de Victoria* sic dictus ab urbe regni Navarrici Victoriâ, in quâ natus est : audivit discipulus in Universitate Parisiensi, in Salmanticensi magister docuit. Multus est in hujus viri laudes Bellarminus, quem vide (*Edit. Leroy*).

Franciscum Zabarellam (*a*), cardinalem Florentinum, virum maximum, Bellarminus fatetur[1]. Accedit è Germaniâ Nicolaus Cusanus (*b*) posteà cardinalis. Prodiit ex Hispaniâ Alphonsus Tostatus (*c*), episcopus Abulensis, tantâ doctrinæ opinione, ut Bellarmino miraculum fuerit, tot scilicet scriptis editis, *brevissimo tempore, cùm non vixerit nisi quadraginta annos*[2] : de quo meritò dictum sit, eodem Bellarmino teste : *Hic stupor est mundi*, nec minùs *sanctitate* clarus habebatur, ut idem Bellarminus memorat. Is in libro, qui dicitur, *Defensorium*, fusè probat, « à Christo institutum tribunal superius Papâ; nempè concilium, quod Papam corrigere et judicare possit, non solùm in fide, sed etiam in aliis casibus; solumque illud tribunal id habere ut errare non possit; Papam autem errare posse, etiam in damnandâ hæresi[3]. » Quem librum Bellarminus cautè legendum monet, propter hanc sententiam; sed alii libri ejusdem sunt spiritùs, neque hujus scripti tantique viri auctoritas, uno Bellarmini verbulo infringi queat.

Hîc cæteros scriptores recensere non est animus. Nimia nos copia opprimeret, et multi alii suo loco proferentur. Hîc quidem placuit appellare eos, qui in omnium ferè ore versarentur, quibus Alphonsum de Castro (*d*) Hispanum, patrum nostrorum memoriâ è Minorum Ordine theologum nobilem, et à nostro Feruardentio, ejusdem Ordinis, editum in lucem, Bellarminus accenset[4].

[1] Bell., *de Script. Eccles.*, an. 1410. — [2] *Ibid.*, an. 1440. — [3] Tost., tom. XII, *Defens.* part. II, c. xxx, lxix, lxx, etc. — [4] Bell., *de R. P.*, lib. IV, c. ii. Vid. Alph. de Cast., lib. I *Cont. hær.*, c. ii et seq.

(*a*) Franciscum Zabarellam Patavinum Joannes XXIII Florentinum archiepiscopum, mox cardinalem fecit. Is in concilio Constanticnsi plurimum valuit auctoritate et consilio, et ipse suasor fuit dejectionis Joannis XXIII. Scripsit multa in Decretales et Clementinas. Dum Constantiæ esset, librum eddidit *de Schismate*, qui liber, inquit Bellarminus, *de Script. Eccles.*, an. 1410, *in Indice librorum prohibitorum...... prohibitus est, donec corrigatur* (*Edit. Leroy*).

(*b*) Nicolaus Cusanus Brixinensis episcopus, deinde cardinalis, disciplinæ ecclesiasticæ studiosissimus fuit, et in theologiâ non parum doctus (*Edit. Leroy*).

(*c*) Alphonsus Tostatus scripsit commentaria copiosissima in Scripturam, quæ implent·xi vol. in fol., et plurima opuscula duobus vol. Erat Tostatus magni ingenii vir, erat immensæ doctrinæ, et multæ in scribendo facilitatis (*Edit. Leroy*).

(*d*) *Alphonsum de Castro*, Theologum doctissimum, historicum mediocrem commendat, præ cæteris ejus opusculis, liber *Adversùs hæreses*, quo eas quidem

Hinc liquidò patet, quam Parisiensium sententiam vocant, non ideò Parisiensibus attributam, quòd in eâ tuendâ singulares essent, sed quòd eam singulari studio et eruditione tuerentur : cæterùm in omnibus ecclesiis vulgatissimam extitisse, et à scriptoribus pietate ac doctrinâ præstantissimis ubique terrarum publicè, et cum laude esse defensam, nedum suspecta fuerit.

CAPUT IX.

Dionysius Carthusianus adducitur : ejus exemplum probat eos qui per eam ætatem pontificiæ auctoritati vel maximè favebant, summâ ipsâ in Parisiensium sententiam convenisse : Ecclesiæ soli eamque repræsentanti concilio generali ab eo doctore tributa infallibilitas : locus, Rogavi pro te, *etc., Luc.* XXII, 32, *cum eâ doctrinâ facilè conciliatus*

Dionysii Carthusiani auctoritas in hâc quæstione maximi erit ponderis, cùm propter singularem viri gravitatem, tùm quòd ejus exemplo constitutum sit omnibus, multos ubique terrarum scriptores gravissimos, qui à Parisiensium sententiâ abhorrere videantur, summâ tamen ipsâ in eam egregiè consensisse.

Is igitur paulò post Basileense concilium sub Nicolao V, Eugenii IV successore, floruit, sanctitatis nomine ab Odorico Rainaldo commendatus [1]. Atque eo quidem tempore Basileensis concilii quæstio de superioritate, doctorum omnium sermonibus, celebris habebatur, eratque Dionysius hic unus omnium, qui Papæ superioritatem, in Ecclesiam etiam congregatam vehementissimè tueretur; edito in eam rem libro, *de Auctoritate Papæ et concilii generalis* [2]. Is tamen articulo cui titulus : *Determinatio difficultatis præcipuæ, an scilicet Papa sit super concilium, an è contra,* habet : « Arbitror respondendum, quòd ibi sit excedens et excessum; id est, quòd in aliquibus, puta in his quæ propriè

---

[1] Odor. Rain., tom. XVIII, an. 1450, n. 11. — [2] Dionys. Carth., edit Col., 1532, tom. I, fol. 327. Tract. *de Auct. Pap. et Conc.*

omnes confutat; sed illas præcipuè quas ultima ætas peperit. Vix ullum reperies controversiarum scriptorem, qui ad hujus auctoris brevem perspicuitatem accedat (*Edit. Leroy*).

ac directè spectant ad forum generalis concilii, et propter quorum determinationem, seu expeditionem, illud celebratur, in his inquam, concilium videtur esse super Papam, ità quòd concilium dando voces seu vota, est liberum, nec Papa potestatem coercitivam habet super illud in hujusmodi causis, magìsque standum est determinationi concilii generalis quàm Papæ [1]. » En quo loco sit concilii auctoritas, in his causis propter quarum determinationem celebratur.

Quænam autem illæ causæ sint, quanquam obscurum non est, tamen à pio viro disertè explicatur. « Porrò, inquit, hæ causæ sunt : extirpatio hæreticæ pravitatis ac schismatis, declaratio fidei, atque editio symboli ejus, universalis reformatio Ecclesiæ in capite et in membris ejus [2]. » Hæc quidem ipsissima sunt quæ clerus Gallicanus ex concilio Constansiensi repetenda censuit. Pergit Carthusianus : « Itaque in expeditione istorum, major dicitur potestas concilii generalis quàm Papæ, quoniam Christus promisit Ecclesiæ, seu concilio ipsam repræsentanti, infallibilem directionem et gloriosam assistentiam incessantem ; ità quòd errare non potest in fide, neque in his quæ ad bonos mores pertinent, eo quòd, in talium determinatione, regatur immediatè à Spiritu sancto. Unde et Papa in talibus tenetur stare determinationi Ecclesiæ, seu statutis concilii, tanquàm ordinationi ac sententiæ Spiritûs sancti. « Cùmque Papa possit errare in fide et moribus ac cæteris quæ sunt de necessitate salutis, ejus judicio non videtur ultimatè ac certitudinaliter standum in istis, cùm non sit infallibilis regula, neque indeviabile fundamentum. » Quid clarius ? At cùm concilio tanta tribuat, Pontificis tamen superioritati nihil se derogasse putat ; quoniam, « infallibilis ista directio à Spiritu sancto, non videtur pertinere ad majoritatem potestatis ac jurisdictionis præsidentialis ; sed potiùs est supernaturale donum Spiritûs sancti, actuale magis quàm habituale ; idcirco ex hoc non satis probatur potestas Ecclesiæ esse super potestatem Papæ, sed quòd major sit gratia atque perfectio universalis Ecclesiæ. » Denique sic concludit : « Præthereà cùm Papa cons-

---

[1] Dionys. Carth., part. I, art. XXVII, fol. 840, vers.—[2] Ibid., art. XXXI, fol. 341, vers.

titutus sit totius Ecclesiæ summus generalisque custos, Pastor et Pontifex, fideique defensor, ac præcipuarum difficultatum Ecclesiæ determinator, non sic ad generale concilium pertinet hæreses et schismata extirpare, totius Ecclesiæ reformationi intendere, fidem declarare ac fidei symbolum edere, quin etiam hæc ipsa ad Papam, ratione sui officii, directè pertineant. Ideò neque ex his satis ostenditur, quòd potestas concilii sit, absolutè loquendo, major potestate papali, sed quantùm ad aliquid; quoniam hæc certiùs seu expeditiùs fiunt per generale concilium quàm per Papam duntaxat, eo quòd majoris gratiæ atque subsidii promissio sit facta Ecclesiæ quàm Papæ. »

Tùm postquàm protulit locum sancti Thomæ II-II, quæst. I, art. x, determinantis, quòd ad Papæ auctoritatem pertinet editio symboli, hæc addit : « Sed contra hæc quidam objiciunt, quòd cùm Papa possit errare, non potest quis ejus determinationi atque sententiæ, absque omni formidine tam actuali quàm habituali, assentire; sed determinationi Ecclesiæ, quæ errare non potest, certitudinaliter statur. Idcirco ad generale concilium pertinere videtur ULTIMA DECISIO credendorum, quod verum reor [1]. » En quæ pii doctique viri sententia sit; additque : « Nihilominus ad auctoritatem Papæ pertinet istud; quamvis persona, cui tanta auctoritas concessa est, sit similis aliis, mortalis et fragilis, atque peccabilis; idcirco sententiæ ejus, secundùm quod à tali personâ procedit, non ità certitudinaliter statur, sicut sententiæ universalis Ecclesiæ non errantis, ad quam etiam pertinet declarare editionem symboli à summo Pontifice factam, esse idoneam. » En quo sensu, et suam tueatur et sancti Thomæ exponat sententiam.

His cùm apertissimè doceat Papam in judicando de fide, esse fallibilem, locum illum de Petri nunquàm defecturâ fide sic interpretatur ex communi sententiâ [2], « quoniam Petro specialiter fuit committenda Ecclesia. Unde quod dicitur, *ut non deficiat fides tua*, exponitur, ut non deficiat fides Ecclesiæ tibi committendæ; sicque ex verbis his sumitur argumentum, quòd fides Romanæ Ecclesiæ, quam in eâ Petrus plantavit, sit usque in

---

[1] Dionys., *ibid.*, art. XXXII, fol. 342. — [2] Id., *in Evang. Luc.*, enarr., art. XLVIII p. 239, vers., edit. Par., an. 1536.

finem sæculi duratura.» Hæc scripsit in celebrem Evangelii locum, *Luc.*, XXII, 32; quo exemplo constat hæc duo à doctoribus in Romanæ dignitatis cultum propensissimis conciliari solita; et Romanum Pontificem, etiam de fide judicantem, posse deficere; et tamen Ecclesiæ Romanæ fidem nunquàm defecturam.

CAPUT X.

Idem Dionysius Carthusianus exponit quâ auctoritate in aliis præter fidem causis, Romanus Pontifex à concilio judicari possit.

His expositis, idem auctor quærit quomodo Papa, quem Ecclesiâ totâ, etiam collectâ et adunatâ, superiorem esse vult, ab eâ deponi ac judicari possit, non tantùm hæresis, sed etiam aliarum culparum causâ. Quem nodum sic solvit : « Dicendum quòd Papa, secundùm quod talis, ut putà in quantum summus Eccleclesiæ Pastor et Pontifex, non est à concilio generali sententialiter judicandus, aut per depositionem puniendus, quia, ut talis, est Superior et Prælatus, ac judex Ecclesiæ; sed in quantum esset intolerabiliter vitiosus, seu criminosus, sic esset inferior, et concilium haberet super eum potestatem ac jurisdictionem à Christo, à quo immediatè claves accepit Ecclesia, quam repræsentat concilium, cui etiam Christus dedit potestatem Ecclesiæ, abjiciendi membrum scandalizans, infectivum ac putridum. Sic ergo generale concilium potestatem et jurisdictionem habet in Papam, in quantum Papa; ratione culpæ, inferior redditur ipso concilio, imò insuper, et in quantum Papa consideratur ut membrum filiusque Ecclesiæ; putà ut determinata persona fidelis, seu unus christianus viator, peccabilis, et in quantum talis est, dicitur ei à concilio lex præfigi, ne suâ potestate abutatur, sed debitè dirigatur[1]. » Concluditque sic : « Ex his patet ad objecta solutio. Par enim potestatem non habet in parem, in quantum est talis, id est æqualis, sed ut aliquo modo extat inferior. Similiter minor non ligat, nec absolvit majorem secundùm quod major est, sed in quantum est quodammodo minor. Sic nec judex judicatur ut

[1] Dion. Cart., *de auct. Pap.*, etc., part. I, art. XXXIV, fol. 342, verr.

judex, sed ut publicè reus. » Hæc ille. Tùm, si doctorum insignium, qualis erat sanctus Thomas, objiceretur auctoritas, eam quidem commodâ, quantùm poterat, interpretatione molliebat; sed interim hæc erat prompta responsio : « Ista ex præfato scribimus doctore, non quia nunc sic prorsùs tenendum est, præsertim propter generalis concilii Constantiensis ad oppositum determinationem, cujus auctoritatas major est quàm cujuscumque Doctoris catholici [1]. »

CAPUT XI.

De Lovaniensi Facultate : eam cum Parisiensi et Coloniensi circa Constantiensem Basileensemque doctrinam consensisse : Nicolai Dubois Professoris Lovaniensis vana argumenta.

Tot egregiis toto orbe terrarum appellatis doctoribus, juvat de Lovaniensibus singularem habere quæstionem, cùm propter eximium ejus Facultatis splendorem ac famam, tùm quòd adversarii, quæ ad eam Facultatem attinent, haud plenâ fide ac diligentiâ tradiderunt.

Et quidem Nicolaus Dubois [2], rerum quoque suarum ac suæ Facultatis ignarus, id agit ut ea Facultas jam inde ab initio suæ fundationis, eam credatur amplexa sententiam, quæ extra schismatis causam concilio Pontificem anteponat : quam quidem sententiam hauserit ab universitate Parisiensi et Coloniensi, à quibus originem duxit. Sed hæc quàm falsa sint, luce clarius est.

Ac primùm, certum est Universitatem Lovaniensem, post Constantiense concilium, Basileensis concilii tempore, fuisse conditam. Quin ipse Nicolaus Dubois profitetur, qui Lovanii in theologicâ Facultate gradum susciperet, ante annum 1439 fuisse neminem; quo tempore maximè inter Eugenium IV, et Basileense concilium efferbuisse dissidia nemo nescit. Neque minùs liquet, non modò universitatem Parisiensem, sed etiam totam ecclesiam Gallicanam Basileensi concilio adhæsisse, quod D. Dubois et ipse testatur. Quid autem universitas Coloniensis per idem tempus

---

[1] Dion. Cart., lib. III, art. xix, fol. 370, vers. — [2] *Disq.*, art. x, n. 132 et seq., p. 47.

senserit, hæc declarat ad Theodorum Coloniensem archiepiscopum, anno 1438, edita responsio. Prima propositio : « Ecclesia synodaliter congregata habet supremam jurisdictionem in terris, cui omne membrum Ecclesiæ, cujuscumque dignitatis fuerit, etiam papalis, obedire tenetur, quam nemo sine ipsius Ecclesiæ synodali consensu dissolvere aut transferre potest. » In secundâ propositione legitur : « quòd omnes obedire tenentur Christo, suæque Sponsæ Ecclesiæ, in quâ prima præsidentia est Sedis apostolicæ super omnes alias ecclesias particulares, et sedes inferiores, *non super totam universalem prœlatœ*. » Cætera ejusdem sunt spiritûs. Atque hæc doctrina est, quam, à Parisiensibus et Coloniensibus fundatoribus suis, academia Lovaniensis, anno 1438, hoc est in ipso fundationis initio hauserit. Unde Æneas Sylvius hæc memorat (*a*) de Lovaniensibus ab Amedeo Lugdunensi archiepiscopo, regio oratore, viro omnium consensu doctissimo atque sanctissimo, ad Ludovicum Romanum protonotarium dicta : « Viros omnium doctissimos conclusiones nostras impugnare video, quæ certæ et verissimæ sunt, et ab illis qui nunc eas reprobant, aliàs approbatæ. Nec nos fugit Ludovicum protonotarium has veritates *Lovanii* ac Coloniæ prædicasse, easque illinc universalis studii auctoritate firmatas reportasse ; quare si ipse nunc mutatus est, veritas tamen non est mutata ¹. » Quid ad hæc Ludovicus à tanto Pontifice compellatus ? Pergit historicus : «Quo finiente illico Ludovicus assurgens: Verum est, ait, illas me apportasse veritates, vos tamen eas fidei veritates nuncupatis, quæ adjectio mihi subdubia est. » Hæc ille de Basileensibus illis

---

¹ Æn. Sylv., *de Gest. Basil.*, lib. I, p. 37.

(*a*) Rem, ut acta est, ex ipso Sylvio paucis narrabimus. Cùm Basileenses id quàm maximè contenderent, ut Eugenius meritò deponendus videretur, editis octo conclusionibus, probare conati sunt eum esse contumacem et in errore pertinacem; quippe qui, quanquam sæpè monitus, nequaquam à proposito dissolvendæ synodi deterreretur. Ab eâ sententiâ Panormitanus abscessit, et dixit : se quidem credere Papam concilio œcumenico submitti oportere; sed hanc suam opinionem haberi non posse pro certo fidei dogmate, cum expressè non legeretur in Symbolo, neque etiam in determinationibus Ecclesiæ. Tunc Amedeus de Talaru, archiepiscopus Lugdunensis, Panormitani sententiam longâ oratione confutavit, quam sententiam Ludovicus de Bacheinstein protonotarius defendendam suscepit; atque inde gravis exorta est inter Patres altercatio, quâ factum est ut, à se invicem divisi, plerique discederent (*Edit. Leroy*).

conclusionibus, quibus conciliorum potior auctoritas asseritur. Cæterùm id tantùm *subdubitare* se dicit, hæ veritates an fide certæ sint : veritates esse saltem theologicâ demonstratione certas, atque à se prædicatas, *Coloniæque et Lovanii universalis studii auctoritate firmatas,* nec ipse diffitetur.

Hæc tacet Nicolaus Dubois : quæ nihil ad rem faciant studiosè colligit. At enim sic objicit [1] : anno 1448, Nicolao V Eugenii IV successori universitas Lovaniensis declaravit se ipsi et Eugenio ut legitimis Pontificibus adhæsisse, legatis Basileensibus nequicquam contraria suadentibus. Verum; sed hoc nihil ad doctrinam concilii Basileensis, quam secuti Galli Germaniquc, haud minùs Eugenio IV licèt deposito, adhæsere. Neque proptereà concilio potestatem defuisse dicebant : sed an eâ in Eugenio justè ac necessariò usi essent ambigebant, et ne schisma fieret verebantur. Acta suo loco referenda rem clariùs demonstrabunt. Interim professor multa pollicitus, nihil tamen attulit, quo suos Lovanienses à concilii superioritate abhorruisse comprobaret: nos certa adduximus, quibus in eam apertè consensisse constet.

CAPUT XII.

Adrianus Florentius, mox Adrianus Papa VI, fucultatis Lovaniensis ornamentum, Parisiensium sententiam sequitur : quorumdam Lovaniensium cavillationes.

Post concilium Basileense atque academiæ Lovaniensis initia, primus inter theologos Lovanienses, nobilis scriptor extitit Adrianus Florentius Ultrajectinus, mox Papa Adrianus VI, scholæ Lovaniensis ornamentum, atque in eam effusissimè liberalis [2]. Is infimo genere ortus, primùm theologiam Lovanii magnâ cum laude docuit; tùm ordine factus est academiæ concellarius, Caroli V Augusti præceptor, episcopus Dertusanus, sanctæ Romanæ Ecclesiæ cardinalis, denique post Leonem X summus Pontifex : tantâ modestiâ, « ut nihil infelicius in vitâ duceret, quàm quòd

[1] *Disq.*, n. 137. — [2] Labb., *de Script. Eccl.*

imperaret[1]. » Is cum de Confirmationis administratione disputaret negaretque presbyteris permitti posse, sancti Gregorii celebrem locum sic solvebat : « Ad secundum principale de facto Gregorii, dico, quòd si per Ecclesiam Romanam intelligatur caput ejus, putà Pontifex, certum est quòd possit errare, etiam in iis quæ tangunt fidem, hæresim per suam determinationem aut decretalem asserendo ; plures enim fuere Pontifices Romani hæretici. Item et novissimè fertur de Joanne XXII, quòd publicè docuit, declaravit, et ab omnibus teneri mandavit, quòd animæ purgatæ ante finale judicium non habent stolam, quæ est clara et facialis visio Dei ; et universitatem Parisiensem ad hoc induxisse dicitur, quòd nemo poterat in eâ gradum in theologiâ adipisci, nisi primitùs errorem hunc pestiferum jurasset se defensurum et perpetuò ei adhæsurum. Item patet hoc de errore quorumdam Pontificum circa matrimonium, de quo in capite *Licèt de sponsâ duorum*. Item de errore quem ediderat Cœlestinus circa matrimonium fidelium, quorum alter labitur in hæresim, cujus error olim habebatur in aliâ compilatione Juris, capite *Laudabilem, de conversione conjugum*[2]. » Vide quàm apertè doceat omninò fieri posse, ut pontifex hæresim non jam ut homo privatus, sed ut Pontifex, *per suam determinationem aut decretalem asserat;* quàmque pestiferum errorem putet eum, quem Joannes XXII *publicè docuerit, declaraverit, et ab omnibus teneri mandaverit.* Neque hîc curamus an Joannes XXII et alii excusari possint : quid de illis senserit Adrianus VI, quid fieri potuisse putaverit, id verò quærimus; imò non quærimus : quis enim in re tam apertâ quæstioni locus? Sed apertam tanti doctoris sententiam tenemus. Et notandum est quod addit jam ad Gregorium rediens : « Non tamen dico Gregorium hîc errasse, sed evacuare intendo impossibilitatem errandi quam alii asserunt. » Quo quidem se demonstrat, nullâ tuendæ causæ quam susceperat necessitate adactum, ad hanc tamen sententiam deditâ operâ declarandam, solo veritatis amore adductum esse.

Neque verò eam sententiam Pontifex retractavit, uti profectò,

---

[1] Adriani VI *Epitaph.*, tom. XIV *Conc.*, còl. 401. — [2] Adr., in IV *Sent.*, quæst. *de Confirm.*

si erroneam putasset, facere debuisset. Nam ideò Pius II, qui se Basileæ, cùm synodo privatus interesset, errasse credebat, solemni retractatione sua scripta confixit : « Hæc enim scripta, ait, fortasse scandalum parient. Qui hæc scripsit, inquient, in beati Petri cathedrâ sedit....., nec invenitur mutasse propositum : qui cum elegerunt, et in summo apostolatùs vertice collocarunt, ab iis scripta ejus approbata videntur.... Cogimur itaque beatum Augustinum imitari [1]. » Nihil simile Adrianus; suaque scripta adeò non retractavit, ut potiùs Romæ, statim atque Pontifex factus est, edenda curaret, anno videlicet 1522, cùm anno 1521 Pontifex esset creatus [2]. Nempe si ipse, aut alius Pontifex in fidei quæstione determinandâ defecisset, non ideò Petri fidem et Ecclesiam Romanam defecturam putabat. Imò metuebat, ne illi errandi impossibilitati, quam privatus doctor olim improbaverat, vel Pontifex factus favisse videretur.

Hîc Lovaniensis anonymus, in *Doctrinâ Lovaniensium* mira refert sub hoc titulo : *Discutitur doctrina Adriani Papæ VI*. Summa est : non hîc egisse Adrianum « de pontificiâ definitione ex cathedrâ; sed de judicio super difficultatibus, quæ in facto occurrunt, donec si res sit ad fidem et mores tendens, pleniori examine ex cathedrâ definiatur [3]. » Quid autem illud est, nisi in re gravi ludere, sibique ipsi illudere? An loquitur de difficultatibus quæ in facto occurrant, qui *de fide*, *de hæresi* tam apertis verbis agit? Quodnam verò examen plenius? Quam decisionem narras, post eam quâ *de determinatum est;* quâ Pontifex aliquid *publicè docuerit, declaraverit, ab omnibus teneri mandaverit?* Quæ verba Adriani Lovaniensem nostrum referre et exscribere puduit, quòd iis statim perlectis ejus responsio evanescat.

At enim, inquit Joannes Viggers, ab anonymo laudatus, non id postulabat ea, quam Adrianus solvebat, difficultas, ut de pontificiorum decretorum infallibilitate disputaret, cùm de Gregorii facto duntaxat ageretur. Certè; idque monet vel ipse Adrianus, sed hæc à se dicta, quòd illam aliquorum de *errandi impossibilitate* sententiam, deditâ operâ, *evacuatam* vellet, neque in asse-

---

[1] Bull. Pii II, *Retract*, tom. XIII *Conc.*, col 1407. — [2] Labb., *de Script. Eccl.* — [3] Doct. Lov., art. L, p. 59.

rendis his, vanis certè, dubiis Sedis apostolicæ privilegiis, veræ pietatis partem ullam reponeret.

Pergit tamen Lovaniensis noster : « At Adrianus asserit certum esse quòd Pontifex possit errare : hoc si intelligeret de Pontifice, ut definiente et proponente toti Ecclesiæ aliquid fide credendum, neutiquam est certum: » tibi quidem forsitan, sed ipsi Adriano est certum: » At *è contra*, inquis, *id* nedùm certum sit, « manifestè est falsum, ejusque oppositum adeò certum, ut ab aliquibus habeatur de fide. » Quid ad nos, si ab aliquibus? Non ab Adriano quidem, qui eam sententiam *evacuare intendit*. Quare non Melchior Canus, quantumvis acerrimus pontificiæ infallibilitatis assertor, non ipse Bellarminus [1], ut Lovanienses illi tergiversandum putant. Verùm Adrianum VI nominatim accensent iis, qui pontificiam infallibilitatem non agnoscunt : neque eo secius Bellarminus, *virum optimum et doctissimum* appellat [2], « qui meritò doctrinæ et pietatis, ex humili domo in tantam dignitatem conscenderit. »

Jam verò Nicolaus Dubois, postquam Adriani verba retulit de Romano Pontifice ità affirmantis : *Potest errare, hæresim per suam decretalem asserendo ;* respondet : *Distinguo : si de potentiâ metaphysicâ loquatur Adrianus, etiam hoc transeat* [3]. Quàm doctè ! Erant scilicet qui assererent Pontificem nec *metaphysicè* loquendo aut de potentiâ absolutâ errare potuisse; eaque erat *errandi impossibilitas,* quam Adrianus evacuare intendebat. Et pulchrè *transeat,* nam si Professori bilem moveris, fortè asserturus est Romanum Pontificem, nec potentiâ metaphysicâ errare potuisse.

Quæ addit, quoniam non ad explicandum, sed ad confutandum Adrianum pertinent, hujus loci non sunt. Pudet tamen interim Adrianum tantum virum à professore Lovaniensi temeritatis fuisse incusatum [4]. At subdit Adrianum Pontificem factum, ea quæ hîc scripserat revocasse; nempè, inquit, docuerat Confirmationis sacramentum ex delegatione pontificiâ, non posse conferri à simplice sacerdote. Quid tum posteà? « Pontifex factus etiam

---

[1] Mel. Can., lib. IV, c. I. Bell., *de R. P.*, lib. IV, c. II. — [2] Bell., *de Script. Eccl.*, an. 1500. — [3] Part. I, *Ref. arg.*, etc., art. XV, n. 159, p. 82. — [4] Part. I, *ibid.*, n. 156, 157, 160.

ipsemet ejusmodi commissionem dedit; » quod pater Farvaquez ex Pallavicino probat[1]. Quid ad nos ? Id certè quærimus, an illam *impossibilitatem errandi,* quam nunc Lovanienses quidam veluti pro fidei fundamento ponere velle videantur, cùm privatus doctor *evacuare intendisset,* saltem Pontifex factus, constabilitam, ac sua anteriora retractata vellet. Neque ab eo scopo aberrare oportebat theologiæ professorem. Verùm hominem equidem vidi neminem, qui, quæ ad rem non faciunt, in exiguo quamvis libello, majore studio colligat et congerat.

Quare certum omninò est Adrianum VI eorum de quibus agimus nihil retractare voluisse. Quid jam Lovanienses quidam vociferantur in nos, perdita omnia et conclamata esse, « ac de summâ rei christianæ agi, cùm de infallibili supremâque Pontificis in universam Ecclesiam auctoritate agitur? » Neque intelligunt nos quidem peti ab ipsis per Adriani latus : nec nisi conculcato tanto Pontifice, doctissimo pariter atque sanctissimo, et quod pudere debeat, in se beneficentissimo suæque Facultatis ornamento, clerum Gallicanum oppugnari potuisse.

Quare Lovanienses ac Duacenos pios et doctos, quos oppidò diligimus et colimus, aliosque viros bonos, etiam atque etiam obsecramus, ut cogitent tantine illa sit summi Pontificis aut superioritas, aut etiam infallibilitas, à tot tantisque viris catholicâ fide ac pace florentibus impugnata, ut in eâ summam rei christianæ, aut firmissimam nostræ contra Lutheranos defensionis arcem, aut Sedis apostolicæ majestatem vimque Ecclesiæ, ac decus Israelis collocent. Nos certè alia, Deo dante, minùs licèt inflata verbis, re illustriora, meliora utilitate, atque auctoritate firmiora promemus.

[1] Farvac. Opusc. *de Conf.*, quæst. IV. Pallav., lib. IX , c. VII, n. 11, 12.

CAPUT XIII.

An sit verisimile Parisiensium doctrinam post Adrianum VI à Lovaniensibus condemnatam? Lovaniensium erga Adrianum reverentia singularis.

Etiamsi post Adrianum facultas Lovaniensis ejusque doctores, à priscis institutis deflexissent, non propiereà Parisienses vituperandi aut etiam condemnandi, sed potiùs laudandi essent, qui in antiquâ sententiâ perstitissent; atque ambæ Facultates pacem colerent, et à censurâ mutuâ temperarent. Sanè Parisienses et Lovanienses sese mutuò suspexerunt, atque suspiciunt; et ea quæ jam inde ab initio intercessit animorum mira conjunctio, nullo unquàm facto dictoque violata est.

Prima facultas Lovaniensis, anno 1519, certa doctrinæ Lutheranæ capita censurâ notavit: secuta Parisiensis, anno 1521, concordibus animis atque sententiis. Rursùs prima facultas Parisiensis in eumdem Lutherum et alios hæreticos, Francisco rege jubente, anno 1542, articulos edidit: secuta Lovaniensis, anno 1544, jubente Carolo V, visos Lovaniensibus Parisienses articulos, atque eodem spiritu in eumdem scopum collimatum fuisse, et temporis ratio, et accurata utrorumque lectio facilè comprobabit: adeòque nihil fuit quod Lovanienses in Parisiensium articulis improbarent, ut simul fuerint editi et excusi in Joannis Driedonis operibus [1], accurante editionem Ruardo Tappero, academiæ Lovaniensis cancellario ac sacræ theologiæ professore, quippè cùm conjunctos oporteret articulos utriusque Facultatis, ut concordia in Lutherum de catholicâ fide testimonia.

Utramque Facultatem, in tradendâ de Romani Pontificis potestate doctrinâ minimè dissensisse multa persuadent; imprimis summa facultatis Lovaniensis reverentia in Adrianum VI, quem in Parisiensium fuisse sententiâ, Bellarmino etiam teste, jam diximus. Primùm enim quo tempore illa edita est Lovaniensis facultatis in Lutherum censura, totum id Adriani, tum cardinalis

[1] Vid. post tom. III, Joan. Dried., fol. 170.

Dertusani, judicio factum. Id Jacobus Latomus major, cùm pro eâ censurâ scriberet, in præfatione luculenter exposuit; et censuræ præfixa ejusdem cardinalis epistola testatur, de quâ quidem Latomus itâ est præfatus : « Sufficere debuit judicium reverendissimi cardinalis Dertusensis, cujus probitas et sapientia, non modò præclaris libris editis, sed et maximis rebus Orbi nota est[1]; » ut proptereà diceret non videri necessarium articulorum reddere rationem. Ex quo intelligitur quàm probarert Adriani libros. Atque is annis post duobus ad Petri cathedram est evectus : ac facilè intelligi potest, quanto honore prosecuti sint Pontificem, qui non modò cardinalem, verùm etiam privatum tantopere suspexissent.

Edidit posteà Joannes Driedo sacræ theologiæ professor apud Lovanienses, anno 1533, librum *de Ecclesiasticis Scripturis et Dogmatibus*; neque itâ multò post librum *de Captivitate et Redemptione generis humani* : in cujus præfatione Adrianum VI miro affectu celebrat : « Observandissimus, inquit, meus in studiis theologicis præceptor, qui me in filium eruditionis susceperat, et præsidens mihi pileum magisterii in theologiâ imposuit, anno nativitatis Domini 1512, die 17 mensis Augusti; qui et usque in tempus fermè illud Lovanii resederat, totius nostræ Academiæ lumen et decus, posteà illius nominis Pontifex VI[2]. » Ex quibus intelligimus quanto amori et honori fuerit Lovaniensibus, quem nunc Nicolaus Dubois apertè contemnit[3]. Sed jam Lovanienses, qui circa Adriani tempora scripserint, theologos audiamus, quandoquidem eorum nobis tanto ambitu objicitur auctoritas.

CAPUT XIV.

Jacobi Latomi, Doctoris Lovaniensis, sententia.

Primus ab auctore anonymo *Doctrinæ Lovaniensium* designatur[4] Jacobus Latomus, qui pro pontificiâ infallibilitate scri-

---

[1] Lat., *Def. cens. Lov.* admon. et epist. dedic. — [2] Vid. hanc præf. — [3] Part. I, *Refut.*, etc., art. XV, p. 79, et pass. — [4] Doct. Lov., p. 2 et seq.

pserit, libro *de Primatu Romani Pontificis adversùs Lutherum*. Ego verò summâ diligentiâ nulloque partium studio, quippè cui liceret etiam adversantem repudiare Latomum, ejus libros, ac maximè eos ipsos quos objiciunt excutio locos; et quidem de primatu reperio, de infallibilitate ne unum quidem verbum. Quis autem ferat istos de primatu tanta testimonia congerentes, quasi quis primatum ullâ ex parte labefactatum, ac non potiùs omni ope constabilitum velit? Dic tu aliquando de infallibilitate, quandoquidem in eâ placet summam fidei collocari. Sed ipsum per se audire Latomum præstabilius est, posteà quàm constituerimus quo loco, cùm id scriberet, Lutheri res essent. Fuerat autem à Leone X hæreseos condemnatus. Sic ergo habet Latomus : « Nec valet, si dicatur judicium finale, in rebus fidei, esse apud generale concilium, à quo nondùm est hæresis Lutherana judicata et damnata : ergò non est ab omnibus pro hæresi habenda et vitanda : non, inquam valet; quia Lutherus non habet unam aliquam hæresim particularem novam, et quæ priùs non fuerit; sed habet hæreses olim in conciliis damnatas, Valdensium, Viclefistarum et Hussitarum, et similium, in quibus non est opus novâ sententiâ, sed antiqua sufficit... Dato etiam quòd novam hæresim fecisset, non tamen opus esset synodo ad ejus damnationem, ut apertè probant verba Augustini [1] » (nota illa scilicet quibus Augustinus ostendit sine synodo *factum* Pelagianis *esse competens sufficiensque judicium*); quo judicio facto, subjungit Latomus ex Augustino : « Ad sententiæ executionem procedendum est adversùs hæreticos. Aliud est enim judicium sufficientissimum, aliud sufficiens. Sufficiens est enim, quando debito ordine per judicem competentem exercetur : sufficientissimum verò, quando non solùm per judicem *competentem*, sed per judicem *supremum* cæteris paribus sententia fertur [2]. » Hæc verba video ab anonymo prætermissa, quæ maximè ad rem faciant. Pergit deinde Latomus : « Igitur non ingrediendo difficultatem, an Papa sit supra concilium, vel è converso; satis est præsenti proposito, quòd hæresis Lutherana à Sede apostolicâ

---

[1] Lat., *de Var. quæst.*, tit. *An Prim. R. P. sit à Christo;* edit. Lov., 1550, fol. 88, 89. — [2] Aug., lib. IV, *ad Bonif.*, tom. X, col. 492.

damnata est. Nemo enim, nisi nimiùm contentiosus, negabit apostolicam Sedem esse judicem competentem; cùm cautum sit canonibus, causas fidei ad Sedem apostolicam esse referendas. »

Quæ omnia si candidè et sincerè, uti theologum decebat, anonymus protulisset, nemo non statim videret judicium Sedis apostolicæ non proponi à Latomo tanquam *finale* (de quo tamen judicio præcisè in objectione agebatur), aut tanquam infallibile, aut etiam *supremum*, quod tùm ab ipso maximè dici oporteret, si tale esse sentiret : sed contrà proponi judicium illud Sedis apostolicæ, ut *competens*, quod etiam inferiori judici convenire possit, utque *sufficiens*, ad sententiæ scilicet; ut ipse hîc dixit Latomus, *executionem :* concilii verò, ut quod esset *sufficientissimum et supremum*. Quæ utcumque se habent, certè cum pontificiâ infallibilitate stare non possunt, cùm post infallibile judicium, nihil ulterius aut superius à quoquam desiderari possit. Quod verò Latomus scribit hæc à se dici, *non ingrediendo quæstionem, an Papa sit supra concilium, vel è converso;* ità videtur intelligere, quemadmodum à Carthusiano dictum vidimus: nempè ità ut Papa, licèt synodo absolutè superior, ei tamen tanquam potiori luce donatæ in fidei negotio credere teneatur. Quem sensum aliis quoque superioritatis pontificiæ defensoribus placuisse ostendemus. Cæterùm de quæstionibus fidei nobiscum sentit Latomus, qui pontificio judicio conciliare judicium tanto discrimine anteponit; quique τὸ *supremum*, ac proinde *finale*, de quo agebatur sententiæ pontificiæ in se consideratæ detrahit, cùm ei tribuat tantùm ut sit *sufficiens et competens;* et quidem id tribuat, opponendo *ad supremum sufficientissimum*.

Quomodo autem Latomus intelligat *sufficiens* illud, quod non sit finale, neque *sufficientissimum* et *supremum*, responderet, credo, id quod jam indicavimus: *sufficiens* esse ad id quod volebat, nempè ad sententiam exequendam. Nos autem quid sit illud apud Augustinum *sufficiens* et *competens* , Deo dante, exponemus : hîc quidem Latomi dicta à nobis referri, non autem præstari oportet.

Profert anonymus alium Latomi locum ex libro III adversùs Tyndalum, titulo ultimo : *De auctoritate et prælaturâ Romani*

Pontificis super Ecclesiam et quodlibet membrum ejus [1]. Hæc autem exscribit verba : « Quibus bene perpensis, apparet sano intellectui, quòd non justè Romani Pontificis auctoritati contradicatur negando eum esse supremum et ordinarium judicem omnium et singulorum christianorum, in fide, sacramentis et aliis omnibus. » Quo loco videtur pontificiæ auctoritati dare *supremum* illud, quod anteà denegaverat. Hæc ut concilientur, neque inducatur Latomus adversùs se ipsum indecorè pugnans, proferenda erant alia, quæ anonymus prætermisit. Sunt autem ejusmodi : « Non itaque rationabiliter dubitari potest, nec nisi impudenter negari hoc : Romanus Pontifex est ORDINARIUS JUDEX SUPREMUS super unumquemque christianum, et quodlibet PARTICULARE CONCILIUM Ecclesiæ catholicæ; quidquid sit de universali concilio plenario et totâ Ecclesiâ simul congregatâ [2]. Hîc Latomus exponit, quo sensu voluerit, Papam *supremum* esse *judicem* : duplici videlicet sensu : alter est, ut sit *supremus super unumquemque christianum et quodlibet particulare concilium;* quem sensum vidimus esse concilii Constantiensis et Martini V : alter est, ut sit *supremus ordinarius*, quæ verba sunt Latomi, hoc est *inter ordinarios supremus*, qui ordinariè semperque sedeat et judicet; cùm synodi universales, nonnisi ex certâ causâ et extra ordinem habeantur, quorum proinde auctoritatem, cùm de ordinariis tantùm agat Latomus, expressè reliquit integram. An verò hæc omnia dissimulari oportebat, premique nos ad invidiam usque auctoritate Lovaniensium, quorum clarissima quæque dicta omisisses ?

Tertio loco proponit anonymus [3] Jacobi Latomi responsionem quamdam adversùs Lutherum ità objicientem : « Concilium Constantiense determinavit concilium esse supra Papam, cujus tamen auctoritas à multis contemnitur. » Unde Lutherus concludebat sic : « Via nobis facta est enervandi auctoritatem conciliorum : nam ut dicunt, si in uno articulo errasse deprehenditur, jam tota ejus vacillat auctoritas. » Quâ in objectione solvendâ haud me-

---

[1] Doct. Lov., p. 4, 5. Lat. *adv. Tynd.*, lib. III, tit. ult., fol. 194, vers. — [2] Id., *de Var. quæst.*, fol. 87. — [3] Doct. Lov., art. II, p. 69, 70. Lat., *de Prim.*, cap. IV, fol. 81, 82.

diocriter Latomus laborabat. Reverâ enim Cajetanus adversùs Almainum nostrum ea recèns scripserat, quibus Constantiensis decreti auctoritatem elevaret, neque ipse, neque alii catholici cogitabant quem hæreticorum calumniis aditum aperirent. At Jacobus Latomus, qui neque catholicos accusare, præsertim Cajetanum tanti nominis cardinalem, neque quæstionis aliò traducendæ occasionem Luthero præbere vellet, multis agit, ut is quocumque modo victus esse, ac perperam objecisse concilium Constantiense videretur. Quare ait primùm à Luthero non posse adhiberi ejus concilii auctoritatem, cujus decreta in Viclefum lata ipse contemneret. Tùm addit non proptereà vacillare synodi auctoritatem, etiamsi in uno obscuriore articulo defecisset, quod tamen Latomus minimè fatebatur synodo contigisse. Negabat enim à Luthero vera relata esse concilii verba, aut extare concilii Constantiensis tale decretum quod *loqueretur universaliter de quâlibet synodo universali* Papæ anteponendâ. Quæ quidem et alia multa Latomus, dùm miserè nimis metuit ne quid Lutherus bene objecisse videatur, inficiatur contra gestorum fidem. Neque illud melius, quod negabat concilium, quo tempore ista decreta condiderat, fuisse œcumenicum, cùm nihilo magis œcumenicum esset, cùm ea ederet adversùs Viclefum decreta, quæ contra Lutherum Latomus tuebatur. Sed hæc aliàs. Id modò ad rem nostram pertinet, quòd Latomus dùm posteriora Constantiensia anterioribus opponit, illud decretum affert, quo adversùs Viclefum statuitur [1], « Papam habere supremam auctoritatem in Ecclesiâ, quòd, inquit Latomus, non stat simul cum eo, quòd concilium sit superius Papâ. » Addit, factâ in concilio Papæ electione, « supremam auctoritatem jam esse in electo; » et concludit « quòd quamvis Ecclesia sit major simpliciter quàm Papa, putà perfectione gratiæ et amplitudine virtutum, tamen potestate jurisdictionis unus peccator potest esse major multis justis, et Papa major toto residuo Ecclesiæ corpore. » Ubi vox *potest esse*, non est affirmantis, sed ejus qui demonstrare velit, quoquo modo se res habeat, Lutheri argumentum non ità esse efficax ac ille jactabat.

Utcumque est, hæc duo apud Latomum vidimus : et nunc

[1] *Conc. Const.*, sess. VIII.

Papam concilio superiorem, et alibi concilium in fide superius, cujus quippè judicium sit *sufficientissimum et supremum*, cùm Papæ judicium sit tantùm *sufficiens et competens*. Hic si anonymus Latomum suum Latomo repugnare velit, absolvet nos profectò ab ejus viri auctoritate, qui à se ipso dissentiat. Sin autem velit Latomum sapientem esse virum, qui iisdem semper placitis vestigiisque insistat, Latomum cum Latomo conciliabit ità, ut postremum hoc de concilii judicio *sufficientissimo et supremo* ad fidei negotium pertinere dicat. Cæterùm non concilium propterea absolutè superius esse, cùm Papà inferius esse possit, convocatione ipsà aliisque rebus gravissimis, quas Latomus ad rem suam minimè facientes, haud pertractare velit. Atque hanc sententiam non modò Dionysius Carthusianus supra memoratus, sed etiam Turrecremata et alii Eugenianarum partium, in Eugenii etiam aulâ propugnabant, ut statim demonstrabimus. Quæ cùm ità sint, Latomum in infallibilitatis quæstione apertè faventem, in aliis quæstionibus non adversum habemus : cùm id non agamus, ut semper, sed ut certis tantùm casibus, iisque gravissimis et extraordinariis, in Constantiensi decreto designatis, ad concilium recurratur. Quòd autem auctoritatem decreti Constantiensis Jacobus Latomus infregerit, ne Lutherus bene argumentatus esse videatur, parum certè curamus, et Constantienses canones à Latomo non satis consideratos esse ostendemus; et melioribus argumentis, non quidem uti Latomus, inficiando quæ certa sunt, Lutheri audaciam retundemus.

CAPUT XV.

Joannis Driedonis Lovaniensis sententia, de fide Petri nunquàm defecturâ.

Equidem intelligo fore quàm plurimos, qui nos in Jacobi Latomi explicandâ sententiâ plus laborasse sentient, quàm ejus viri, docti licèt, auctoritas postulabat. Atque iidem graviùs succensebunt, quòd in exponendo Joanne Driedone, multò plus opere collocaturi sumus. Sed cùm ea quæ dicemus, non modò ad intelligendos Lovanienses articulos, sed etiam ad hujus quæstionis statum animo informandum, multum opis allatura sint; labori non parcimus, ut ea elucidentur; speramusque futurum, ut lectores operæ in eâ positæ non pœniteat.

Joannes Driedo, quod ipse gloriatur, Adriani VI discipulus, anno 1533, opus edidit *De ecclesiasticis Scripturis et Dogmatibus*, ex cujus operis libro IV, capite III, parte II et III, anonymus multa transcribit [1], pleraque insincera, quod lectorem monemus, ut ipse perpendat si rem tanti esse putet, pleraque extra rem. Sed nos quæ ad rem conferant diligentissimè seligemus.

Igitur ex IV libro memorato, postquam anonymus suo more de primatu multa descripsit, hæc de Driedone subdit : « Deinde, inquit, parte tertiâ ejusdem capitis, pergens ad demonstrandam Romani Pontificis infallibilitatem, » etc. Atqui Driedo de eâ ne unum quidem verbum, sed nimirum de primatu quæstione absolutâ, alteram quæstionem, quæ una ad rem nostram faciat, exponit his verbis : « Jam operæ pretium considerare, quemadmodum sit accipienda sententia, ex Scripturis docens, fidem ad consummationem sæculi non deficere unquàm à Petri cathedrâ seu Ecclesiâ Petri [2]. » Hîc ergò videamus an Driedo, vel semel dixerit, ità eam accipiendam esse sententiam, ut Romanus Pontifex Petri successor, sive ut persona privata, sive ut persona publica, sit infallibilis.

Et quidem Driedo quæstionem soluturus, triplicem ponit intellectum hujus sententiæ, quòd fides Petri nunquàm deficiat. « Sciendum est, inquit, quòd verbum Christi Patrem rogantis pro Petro, potest concipi sub triplici intellectu : vel primùm pro eo ut fides nunquàm deficiat à corde Pontificis universalis Ecclesiæ, nec videlicet à personâ Petri, nec à personâ Pontificis :..... vel secundò, ut fides nunquàm deficiat à generali cathedrâ, à Sede, ab universali Ecclesiâ, seu ovibus ipsius Petri :..... vel tertiò, ut fides non deficiat unquàm à propriâ Sede, vel diœcesi, quam Petrus peculiariter pascendam, dirigendam et gubernandam suscepit. » Hîc nota divisionem quam Driedo ut adæquatam ponit : an fides sit defectura à personâ Pontificis, an ab Ecclesiâ universali quam regendam habuit, an à diœcesi quam peculiariter

---

[1] Doct. Lov., art. 1, p. 10, 11. — [2] Dried., *de Eccl.*, etc., fol. 233, vers.

regendam suscepit. Personam autem Pontificis indistinctè ponit, nulloque discrimine, an considerare velit ut personam privatam, an ut personam publicam; sed de Pontifice, quamcumque personam gerat, simul ac generatim quæstionem instituit : neque Pontificem ut privatam personam opponit Pontifici ut publicæ personæ, sed personam Pontificis generatim sumptam, opponit Ecclesiæ universali, ac diœcesi Romanæ. Quâ divisione factâ triplicique posito sensu, triplicem etiam proponit quæstionem. Ac primam, de Pontifice Petri successore, his verbis expedit : *Primus intellectus* (de fide non deficiente in corde et personâ Pontificis) *videtur esse extra intentionem Salvatoris.* Id probat, quia consequens esset, *omnes successores Petri ad perseverantiam fidei esse prædestinatos;* quod falsum esse supponit.

Absoluto primo verborum Christi intellectu, qui extra intentionem Salvatoris esset, jam se Driedo convertit ad duos intellectus, quos à Christo intentos esse docet : et secundum intellectum, de Cathedrâ et Ecclesiâ universali Petri, hoc est, ipsâ Ecclesiâ catholicâ, sic aggreditur : « Secundus intellectus, inquit, est fide tenendus propter verbum Salvatoris : « Ego vobiscum sum usque ad consummationem sæculi[1]; et : « Portæ inferi non prævalebunt adversùs eam[2]. » Ex quibus, inquit, consequens est Christum permansurum cum episcopatu et Ecclesiâ, et Sede Petri, usque in consummationem sæculi. Hoc autem non est sic consequens de episcopatibus seu ecclesiis aliorum apostolorum, deficientibus jam à fide suis ipsorum gregibus. »

Patet ergò de secundo intellectu : nempe de fide esse, Petri episcopatum seu Ecclesiam nunquàm defecturam; quòd ille episcopatus et Ecclesia Petri nihil aliud sit quàm ipsa Ecclesia catholica : quâ in re ipse Petrus multùm differt à cæteris apostolis; quòd hi, singularium ecclesiarum duces, totum gregem amittere, Petrus verò toti præpositus, non magis possit oves suas omnes amittere, quàm Christus; cùm Christus nullas habeat, quæ non etiam Petri sint sub Pastore Christo. Qui sensus planus est, et fide absolutè certus, ut meritò Driedo docet.

Jam ad tertium intellectum, an fides sit defectura in peculiari

[1] *Matth.*, XXVIII, 20. — [2] *Ibid.*, XVI, 18.

Ecclesiâ et diœcesi Petri, sic procedit : « Aliud potest intelligi Ecclesia seu Cathedra Petri, aliud Ecclesia seu diœcesis Romana. Siquidem Ecclesia seu diœcesis Romana potest intelligi esse destructa, permanente Cathedrâ Petri, quæ est Cathedra universalis Ecclesiæ. Unde et tertium intellectum pertinaciter hæretici refellunt[1]. » Ac paulò post : « Fuerunt jam olim et alii, qui non pertinaciter, sed quasi probabiliter, sententiam defendere voluerunt, ex Scripturis nobis incertum esse, an diœcesis Romana deficiat unquàm à fide, et idcirco esse temerarium asserere alteram partem quasi articulum fidei, cùm neutra sit ex Scripturis necessariò consequens; neque uspiam revelatum sit, quòd omnes christiani à Turcâ non expellentur unquàm à Romanâ diœcesi. » En tertius intellectus, quem ab aliquibus etiam non hæreticis, rejectum esse dicit. Atqui hunc intellectum confirmaturus ipse, primùm affert contraria argumenta, et addit : « Hæc et similia sunt, ex quibus hæretici et alii quidam nimiùm pertinaciter (*a*) arbitrantur stultum et temerarium esse, si quis doceat Ecclesiam Romanam super alias ecclesias præsidentem, sic à Christo esse privilegiatam, ut ab eâ non deficiat unquàm, neque fides, neque primatus pontificalis. »

Vides profectò quod quærat : ac primùm nihil jam de Pontifice, sive ut privato doctore, sive ut docente ex cathedrâ. Quæ ad personam pertinent, jam expedita sunt. Deinde nihil etiam de universali Ecclesiâ, cujus fidem deficere non posse, ex antè dictis constitit; sed quærit illud tantùm, an fides et cum fide primatus, in diœcesi Petri ejusque successorum unquàm interire possit.

Affert posteà probationes, quæ nihil ad nos attinent; cùm non hîc inquiramus rectène probaverit, sed quid concluserit. Concludit autem sic allatis Patrum testimoniis : « Non temerè igitur, sed piâ fide cum Patribus nostris prædecessoribus credimus, quòd fides et primatus Ecclesiæ et sedes seu cathedra Petri, claves regni cœlorum, potestas ligandi et solvendi, sunt à diœcesi Romanâ inseparabiles; et quòd Deo providente et beato Petro opem ferente,

---

[1] Dried., loc. cit.

(*a*) Mox dixit Driedo hæc doceri *non pertinaciter*. Ergo ille pugnantia loquitur (*Edit. Leroy*).

APPENDIX, LIB. I, CAP. XV.

Romanus Episcopus, seu populus sub Romanâ diœcesi, non deficiet unquàm totus à fide. »

Atque ut semel elucescat, ad quem scopum collimaverit, hæc ejus verba audienda sunt : « Defecit Hierosolymitana Ecclesia, cui Jacobus præsedit; defecit Achaia, ubi Andreas; Asia, ubi Joannes; India, ubi Thomas; Persis, ubi Judas; Æthiopia, ubi Matthæus; Græcia, ubi Paulus : Romana Sedes hactenùs manet in fide Christi erecta [1]. » Quæ quidem anonymum docere debuissent, quid Driedo aversetur; nempè id, si quis diceret Romanam Ecclesiam, etiam particularem, aliis similem esse, quæ cùm episcopo ipsâque episcopali sede à fide penitùs excideret, fieretque cathedra jam erroris aut schismatis. Id quidem Driedo docuit nunquàm Romæ eventurum; quod nos ultrò amplectimur; atque insuper addimus, quantumcumque in Romam fremerent inferorum portæ, ac sacræ urbis, quod absit, fundamenta concuterent, non proptereà prævalituras contra Petri Cathedram; sed eam semel à Christo Ecclesiæ catholicæ datam, integram permansuram, Sedique sacrosanctæ, modo quo sciverit, provisurum Deum, neque futurum unquàm ut ipsa Pontificum, qui Petri loco sint, successio ac series, à verâ fide avellatur; quod quidem et Driedo sensit, et omnes catholici confitentur.

Quod autem Driedo nunquàm futurum docet, ut in urbe Româ, in Romanâ diœcesi, in Romano solo, fides et primatus intereant (a), id quidem non video, ut in nos intorqueri possit. Neque enim

[1] Dried., *ibid.* Vid. Doct. Lov., art. 1, p. 12.

(a) Traduisons : « La foi et la primauté ne défailliront point dans la ville de Rome, dans le diocèse de Rome, dans le territoire de Rome. » Car, ainsi qu'on va nous le dire dans un instant, « si un Pape, usant mal de son office, enseignoit quelque chose, même par un décret dogmatique, contre la foi, tout le peuple romain ne devroit pas pour autant défaillir avec lui..... La défection d'un pape, quelle qu'elle fût, ne sauroit nuire à la ville de Rome et au diocèse de Rome, au point qu'il devînt nécessaire de transférer ailleurs le siége de Pierre. »

Ainsi le Seigneur, malgré l'assurance la plus formelle, n'a pas prié pour Pierre, mais pour *la ville de Rome, pour le diocèse de Rome, pour le territoire de Rome.* Ce n'est donc pas le successeur de Pierre, chargé de « confirmer ses frères » dans la foi, qui doit garder le dépôt de la vraie doctrine; c'est *le peuple de Rome, la ville de Rome, le territoire de Rome.* Et c'est encore ce *territoire,* cette *ville,* ce *peuple* qui est infaillible; et non pas le représentant de Jésus-Christ, le chef des successeurs des apôtres, celui qui doit « paître les agneaux et les brebis. » Voilà les conséquences qu'il faut dévorer, quand on veut remplacer les souverains Pontifes par le territoire romain!

clerus Gallicanus, somniavit fore ut Romana Ecclesia particularis seu Romana diœcesis cum Episcopo et plebe suâ penitùs intercidat, populusque Romanus totus cum suo Pontifice à fide abrumpatur, et primatus Ecclesiæ aliò transferatur, quæ hîc Joannes Driedo adversùs quosdam, ut ait, catholicos, explicanda, probanda, tuenda suscepit. Neque verò id ullo modo pertinet ad concilii Constantiensis decreta, quæ clerus Gallicanus suâ Declaratione complexus est; neque eam quæstionem synodus Constantiensis, vel leviter attigit. Neque si quis Pontifex suo officio malè functus aliquid contra fidem, etiam decreto facto docuerit, ideò populum totum, atque Ecclesiam totam particularem Romanam cum eo defecturam consequens est : cùm nec Joanni XXII hæresim prædicanti crediderit; ac nihilo magis etiam definienti, uti tum res erant (*a*), creditura fuisse videretur. Neque verò ille Pontificis, etiam contumacis, quantuscumque defectus, urbi Romæ Romanæque diœcesi fraudi esse posset, ut proptereà Petri Sedes loco moveretur, et primatus aliò traduceretur; sed pravum Pontificem statim amoveri, aliumque ab Ecclesiâ substitui oporteret, qui tamen haud secius sederet Romæ, uti Pisis primum atque iterùm Constantiæ decretum factumque est. Quare immeritò quidem moderni Lovanienses, ista Driedonis, nihil sibi profutura, jactant.

Id verò ad nostram quæstionem facit, quòd ille enumerans quæ ad interpretationem spectent divinæ pollicitationis hujus : *Rogavi pro te ut non deficiat fides tua*, eum sensum prætermisit, quo diceretur fides etiam in Pontificis corde deficiens, in ejus tamen, non modò Ecclesiâ illâ universali, aut etiam diœcesi particulari, Romanâ scilicet, sed etiam decretis permansura semper : quem sensum et prætermisit, et dominicis promissis contineri non posse intellexit.

Rogo enim ad quam tripartitæ divisionis partem pertinere velint eum sensum quem venditant? An ad fidem quæ personæ

(*a*) Populus Romanus suis infensus Pontificibus, qui Avenione degebant, erat propensior ad Papæ decretum etiam optimum respuendum, ne illi addictus, quàm ad malum recipiendum ut in illo colendo studiosus videretur.
(*Edit. Leroy.*)

Pontificis insit? an ad eam quæ universæ Ecclesiæ? an ad eam quæ Romanæ diœcesi? Non quidem ad fidem primo modo consideratam. Is enim est modus, quo fides deficere possit, in corde scilicet et personâ Pontificis; isti autem quærunt eam fidem quæ deficere nequeat: non ad eam quæ deficere non posse credatur, Ecclesiæ catholicæ, seu diœcesis Romanæ fidem : aliud enim est in Pontificis sive privatâ, sive publicâ personâ; aliud in Ecclesiâ universâ, aut in diœcesi Romanâ deficere non posse fidem. Nempè hæc duo sunt, quæ promissa à Domino fuisse Driedo asserit; ut ab Ecclesiâ catholicâ nunquàm avellatur fides; ut à diœcesi Romanâ, non fides, non Petri Cathedra primatusque apostolicus : quæ profectò stare vidimus, quidquid evenerit uni vel alteri Romano pont'fici eorumque fidei.

Neque verò Driedo hîc cogitavit fidei declarationem publicam et authenticam, quæ in Romano Pontifice labefactari non possit. Nec mirum: cùm enim hîc fidem interpretetur, non externam fidei declarationem, sed ipsam intùs fidem, quâ in Christum creditur; ad eum profectò sensum, nuda illa et externa fidei declaratio minimè pertinebat; certumque omninò erat Christi promissione minimè comprehendi omnes Petri successores, cùm eos infideles esse posse constaret. Quare haud immeritò illa nunquàm defectura fides, à Driedone redigitur ad Ecclesiæ catholicæ, aut ad peculiaris Ecclesiæ Romanæ fidem; quoniam Ecclesia catholica et peculiaris Romana omnium ecclesiarum Caput, infideles esse non possint.

Sic igitur patet cum ab Adriani magistri sententiâ non recessisse, neque ab iis interpretationibus, quas ab antiquis glossis auctoribusque depromptas, Petro Alliacensi, ac Dionysio Carthusiensi aliisque probatas esse vidimus.

At enim existimavit, inquies, « in Romanâ Sede hactenùs nullum sedisse hæresiarcham, qui docendo definierit aliquid fidei nostræ repugnans, neque hæresim ullam illinc sumpsisse initium [1]. » At quod factum non sit hactenùs, ille quidem dicit; an continuò dixerit nihil unquàm tale evenire posse, demonstrandum tibi erat. Certè multa mala, quæ nondùm evenerint, evenire

[1] Dried., *ibid.* Doc. Lov., art. 1, p. 18.

posce Driedo confirmat. Neque enim dicit fidem in alicujus Romani Pontificis corde defecisse; sed dicit tamen expressè, ne id unquàm fieret, Christum non fuisse pollicitum. Neque ait unquàm factum esse, ut aliquis in eâ Sede contumaci animo hæresim docuerit, sed planè id fieri posse asserit; et tùm nimirùm, « si contumax fuerit, deponendum esse, vel declarandum propter contumaciam ab Ecclesiâ fuisse depositum, à tempore ex quo talia docere aut prædicare cœperit[1]. » An autem quod ille contumax crediderit, docuerit, prædicaverit, etiam pertinaciter sub anathematis pœnâ, quò nunc omnia redigunt, definire non possit, Driedo ne quæsivit quidem: adeò absonum et à Christi pollicitis alienum visum est.

At, inquies, dixit totum id quod docuerit de diœcesi Romanâ indefectibili, Petri et successorum ejus privilegium esse. Certè et quidem maximum, quòd ei diœcesi præfecti sunt, quam nunquàm à fide abrumpi posse arbitretur. Magna gregis dignitas, quæ in Pastorem redundet.

At enim ea dignitas gregi convenit ratione Pastoris. Respondeo non ratione Pastoris hujus, vel illius, in cujus corde vel prædicatione fides deficere possit, teste Driedone, sed ratione *dignitatis pastoralis*, ut jam ipse dicebat: ratione *Primatûs Petri* in eâ Ecclesiâ divinâ ordinatione collocati. Hinc enim efficitur, ut neque illa Ecclesia, neque episcopatus ejus à fide penitùs avellatur unquàm, ne in eâ scilicet, unà cum ipsâ fide primatus intercidat.

Driedonem secuti sunt Lovanienses alii, eodemque sensu commendarunt Petri non defecturam fidem, ut Judocus Ravestein Tiletanus, in *Doctrinâ Lovaniensium* relatus [2]: qui sanè, quanquàm pontificiæ infallibilitati favebat, et Romanos Pontifices ab aliquòt historicis erroris incusatos, ab eâ notâ vindicandos putabat, non in eo tamen præcisè vim Cathedræ ac fidei Romanæ reponebat, sed in eo maximè, quòd « ut etiam concederetur, aliquos Pontifices Romanos privato errore laborasse, semper tamen ipsa fidei veritas in successione, tanquàm fidissimâ veritatis con-

---

[1] Dried., *ibid.*, c. IV, fol. 240. — [2] Doct. Lov., art. I, p. 13, 14.

servatrice; permansisse verissimè diceretur [1]; » quando errorem prædecessoris, succedens Pontifex continuò emendasset.

CAPUT XVI.

Articuli Lovaniensis Facultatis, anni 1544, ex præcedente doctrinâ explicantur, et cum Parisiensibus, anni 1542, conferuntur : Cathedra Petri nunquàm defectura.

Hæc certa et firma, atque à Driedone sunt præclarè explicata, ex quibus secuti Lovanienses, articulos composuerunt eos, quos aliquot annis post Driedonem mortuum, anno videlicet 1544, die 6 Decembris, Carolo V jubente, ediderunt.

XXI. « Firmâ fide tenendum est unam esse in terris veram atque catholicam Christi Ecclesiam, eamque visibilem, quæ ab apostolis fundata, in hanc usque nostram ætatem perdurans, retinet et suscipit quidquid de fide et religione tradidit, tradit et traditura est Cathedra Petri, super quam ità à Christo suo Sponso est ædificata, ut in iis quæ fidei sunt et religionis errare non possit.

XXV. « Certâ fide tenenda sunt, non solùm quæ in Scripturis expressè sunt tradita, sed etiam quæ per traditionem Ecclesiæ catholicæ credenda accepimus, et quæ definita sunt super fidei et morum negotiis, per Cathedram Petri, vel per concilia generalia legitimè congregata [2]. »

Quid sit Cathedra Petri, Driedo exposuit : hoc est primo loco, Cathedra universalis illa, Ecclesia scilicet catholica, primatu Petri gaudens, in quâ nullo modo defecturam fidem, ut de fide absolutè; ac secundo loco, Cathedra particularis, seu diœcesis Romana, in quâ etiam, ut Romana est, non defecturam fidem, *piâ sanctâque fide atque ex fidei pietate* crederet.

Quare nec à cathedræ quidem particularis illius, quæ nunc Romæ, Deo auctore, constituta est, perpetuâ traditione certoque et constanti dogmate aberrandum esse pervulgata jam erat sen-

[1] Judoc. Raveet. *Apol. cont. Illyr.*, c. x. — [2] Art. Lov., post tom. III. Dried., p. 170, 171.

tentia, quam tùnc Lovanienses ex hujus viri apud se et doctrinæ ac pietatis laude florentis sensu, in suos articulos transtulere.

Sic certâ fide tenendum esse docent, quòd *Cathedra Petri*, Ecclesia universalis, Petro ut Capiti adunata, definiat, articulo xxv. Quod autem ibidem disjunctivè dicunt : *Cathedram Petri, vel concilia generalia*, nempe significant non esse necesse semper ab Ecclesiâ congregatâ et concilio generali judicium proferri; sed valere omninò quæcumque Ecclesia catholica, universalis illa, et semper inconcussa Petri Cathedra protulerit, sivè expressè per se, in œcumenicâ synodo pronuntians, sive auctore Romano Pontifice, et in ejus decreta consentiens. Atque hoc certè erat quod aliis verbis, articuli Parisienses superiùs relati [1] dixerant: nempe articulo xviii, « Ecclesiam universalem errare non posse : » Item articulo xxii : « concilium generale, Ecclesiam universalem repræsentans, errare non posse; » cujus quidem Ecclesiæ catholicæ nomine, Parisienses, Petrum etiam, qui Caput sit, ejusque Cathedram comprehendunt; quemadmodùm Lovanienses Cathedræ Petri nomine universalem etiam Ecclesiam complectuntur, uti jam vidimus certissimis rationibus à Driedone esse confectum. Ità illud quòd concilium universale, sive illud, quòd Cathedra Petri certò et absolutè errare non possit, unum idemque est, Ecclesia scilicet catholica; quandoquidem Pontifici ex traditione definienti, non desit Ecclesia consentiens, et rursùs concilio judicanti adsit Pontifex, convocandi, agendi, decernendi auctor, ex cujus utriusque complexu existat illud, sub quo captivari omnem intellectum oporteat, Spiritùs sancti judicium.

Neque proptereà Cathedram universalem Petri ab ejus cathedrâ particulari, quæ nunc, Christo providente, Romæ est, ullo modo sejungimus ; neque refugimus, imò complectimur quod iidem Lovanienses de Cathedrâ singulari Petri credendum proponunt : nempè Ecclesiam ità « super eam à Christo esse fundatam, ut errare non possit [2] ; » cùm id profectò constet toti Ecclesiæ, hoc est, Capiti et membris fide et charitate connexis, à Christo esse promissum.

Suscipimus etiam cum Lovaniensibus « quidquid de fide et

[1] Sup., c. l. — [2] Art. Lov., xxi.

religione tradidit, tradit et traditura est Cathedra Petri, » etiam illa singularis, hoc est, profectò non quod unus forte Pontifex; sed quod ipsa Pontificum successio et series et Ecclesiæ Romanæ Ecclesiarum Matris, perpetua et constans et firma professio, pro certo fidei dogmate tenuerit, docuerit, prædicarit; cùm jam professi simus eam seriem ac successionem nunquàm à fide abrumpendam [1]; ac si quid unquàm, quod absit, erroris irrepserit, Deo adjuvante, fore ut, vel sedes Romana per se ipsa respuat, vel tota Ecclesia catholica pro capite connixa restituat.

Hæc summatim et breviter nondùm ut planè explicemus, atque argumentis probemus; sed ut interim doceamus Parisiensis matris et Lovaniensis filiæ, ab initio ad postrema usque tempora, unam et cohærentem esse sententiam. Neque ambæ de summo Pontifice diversa docent, cùm et Parisienses docuerint « unum esse jure divino Romanum Pontificem, cui omnes obedire tenentur; » et Lovanienses jam relatis articulis hos quoque interponant.

XXIII. Unus est Ecclesiæ summus Pastor, cui omnes obedire tenentur, ad cujus judicium controversiæ quæ super fide et religione existunt sunt referendæ.

XXIV. « Summam hanc præposituram primus omnium gessit sanctus Petrus, verus Christi in terris Vicarius et totius familiæ ejus Pastor : post Petrum verò, ex Christi institutione, omnes deinceps Pontifices, Petri in cathedrâ successores [2]. »

Vides in articulis Lovaniensibus, cùm Romanus Pontifex nominatur, ei attribui ut obediatur, et ad eum quæstiones fidei referantur, ut summam in Ecclesiâ præposituram gerat; quæ ab omnibus catholicis admittuntur. Cùm ad eam devenitur auctoritatem, quæ errare non possit, jam non ipsum Pontificem, sed *Cathedram Petri et generale Concilium* nominari : quæ quidem rectène an secus distinguantur, nondùm est disceptandi locus. Certè hîc distincta accuratè esse, et à Joanne Driedone sumpta perspicuum est : atque hæc ad fidem catholicam pertinentia, Lo-

---

[1] Sup., cap. xv. — [2] D'Argent., etc., tom. I, p. 413; et post tom. III Dried.; pag. 171, vers.

vanienses æquè ac Parisienses meritò hæreticis opponenda esse
censuerunt: haud ità veritati reique ecclesiasticæ consulturi, si
opponerent eaque etiam inter catholicos variare non ignorabant.

Neque abludebant aut ipse Driedo, aut reliqui Lovanienses Magistri ab Adriani sui sententiâ, cujus apud ipsos tanta erat auctoritas. Dicturus enim Adrianus, etiam in fidei determinationibus, errare posse Pontificem, sic præfatus erat : « Si per Ecclesiam Romanam intelligatur Caput ejus, puta Pontifex, certum est quòd possit errare [1]: » ne scilicet dicere videretur, in Ecclesiâ Romanâ sive universali, sive particulari statim defecturam fidem, si in Pontifice defecisset.

Quòd si obstinatè volunt per articulos Lovanienses damnatam esse doctrinam quæ Pontifici quoque infallibilitatem detraheret, ergò non modò Lutherum aliosque hæreticos, quod sibi proposuerant, verùm etiam Adrianum VI, Jacobum Latomum, et Joannem Driedonem sui temporis viros maximos ac suæ scholæ lumina condemnarunt : gratissimum facturi Lutheranis suæque censuræ elevaturi auctoritatem, quòd certa cum incertis æquè confudissent, et sanctissimorum virorum doctrinam cum infandâ hæresi unâ sententiâ reprobassent.

Neque Ruardus Tapperus post illos articulos scribens, Joannem Driedonem in his damnatum approbasset, cùm ejus librorum editionem accuraret : neque posteà Joannes Viggers, id quod jam audivimus [2], cùm de Adriano VI tractaremus, diceret, *ab aliquibus haberi de fide,* quòd Pontifex sit infallibilis: neque tam contemptim *aliquibus* tantùm de fide esse diceret, quòd sua Facultas condemnatura Lutherum in suos articulos retulisset.

Eumdem Viggerum posteà audiemus de eâdem infallibilitate dicentem, *communiter* hanc teneri, et contrariam sententiam judicari *improbabilem* [3].

Improbabilem verò tantùm, quam sua Facultas unâ cum Lutheri erroribus proscripsisset? Nemo id sanus dixerit, adeòque Lovanienses aliò spectasse, eò nempe quò vidimus, quod et nos rationibus adstruximus necessariis.

[1] Sup., c. XII. — [2] Ibid. — [3] Vid. Doct. Lov., art. 1, p. 39.

CAPUT XVII.

Joannis Driedonis sententia de superioritate Papæ cum Parisiensium sententiâ congruit : horum reverentia in summum Pontificem : locus Majoris.

Plerique eorum qui Papam concilio anteponunt, sic agunt ut Parisienses non rejiciant, sed ut eos, summâ ipsâ secuti, verborum magnificentiâ vicisse videantur, ut illi inflatiùs tantùm, nostri simpliciùs candidiùsque dixerint. Id, in hâc quæstione imprimis intellectu necessarium, vel unus Driedo maximè comprobabit. Atque is quidem primâ fronte à nostris vehementissimè discrepare videtur; quippè qui doceat Papam, « ex jure divino habere quòd à nemine possit judicari aut condemnari, neque ullam communitatem esse cui subjiciatur, neque subjici concilio ut superiori, et habenti sublimiorem potestatem supra ipsum[1]. »

At qui rem penitùs inspexerit, facilè comperiet Driedonem eorum esse numero, quos diximus à Parisiensibus abhorrere visos, summâ tamen ipsâ atque aliis verbis cum ipsis consentire.

Et primùm quidem docet Papam, « in causis fidei et schismatis personam ejus tangentis, subjici judicio universalis Ecclesiæ:... et si contumax fuerit deponendum, vel certè declarandum ab Ecclesiâ fuisse depositum[2] : » quæ in idem recidunt. Ergò ex tribus casibus, quibus Parisienses concilium Constantiense secuti, Papam synodo subjiciunt, fidei, schismatis et reformationis generalis in capite et in membris; jam profectò in duobus Driedone teste, Papa subjectus est. Nunc de tertio casu, reformationis scilicet, quid idem auctor sentiat audiamus.

Ac statim quidem occurrit ille locus ab anonymo Lovaniensi indignis mutilatus modis, quem nos integrum referemus : « Concilium generale, quamvis neque potest neque debet plenitudinem papalis potestatis à Christo commissam Petro et successoribus ejus tollere, aut diminuere; sed de illâ gratias agere Deo qui de-

---

[1] Dried., tom. IV, *de Libert. Christ.*, lib. I, c. IX, p. 31. — [2] Id., *de Script.*, etc., lib. IV, c. IV, fol. 240. Vid. Doct. Lov., art. II, p. 72.

dit talem potestatem hominibus: potest tamen, pro ædificatione
Ecclesiæ, usum illius potestatis limitare certis legibus et statutis,
quibus ipse Papa debet acquiescere, nimirùm subjectus æquitati
naturali ac divini juris¹. » Quæ sunt manifestè à Gersone sumpta.
Sic enim ait Gerson : « Ecclesia vel generale concilium, quamvis
non potest tollere plenitudinem potestatis papalis, à Christo supernaturaliter et misericorditer collatæ, post tamen ejus usum
limitare, certis regulis et legibus, in ædificationem Ecclesiæ; et
in hoc est totius Ecclesiæ reformationis stabile fundamentum². »
Neque verò nostri quidquam aliud volunt, cùm Papam in negotio
generalis reformationis subesse concilio ex Constantiensi canone
decernunt. Quare in reformationis casu, quod jam quærebamus,
assentitur Driedo Parisiensibus, pontificiam potestatem conciliari
potestate, limitari et temperari posse.

Atque hujus quidem loci primam partem, ea scilicet verba
quæ Pontifici superioritatem omnimodam asserere videbantur,
tanquàm absolutè dicta essent, anonymus protulit: sustulit verò
ea, quæ *usum limitarent* atque temperarent, ut profectò pudeat
theologiæ professorem in allegandis theologis tam infideliter esse
versatum.

Neque minùs fallaciter alios Driedonis locos retulit. Gravis ea
est quæstio, et à canonistis in utramque partem pertractata, quibus causis Pontifex à concilio generali judicari possit. Et quidem
qui pontificiæ potestati favere velle videntur, unam hæresis causam memorant propter quam Papa indubius ab Ecclesiâ judicetur. Hos Driedo sequi visus est, cùm dixerit, « Papam notoriè
hæreticum, vel de hæresi suspectum et diffamatum judicari quidem posse; sed eò tantùm casu, si videlicet sit notoriè hæreticus,
vel de hæresi suspectus et diffamatus³. » Quem locum anonymus
urget rectè; sed sequentia dissimulat : « Rationabiliter autem
præsumitur suspectus de hæresi, quando ipse adeò notoriè et
incorrigibiliter scandalizat Ecclesiam, ut vita ejus sit Ecclesiæ
tanquàm exemplum, et doctrina hæresis, seu fidei prorsùs à
Christo alienæ⁴. »

---

¹ Dried., *de Libert. Christ.*, lib. I, cap. XIV, cons. IX, fol. 40, vers. — ² Gers.,
tom. I, p. 419. — ³ Id., loc. cit. fol. 40. — ⁴ Doct. Lov., art. II, p. 72.

Nec mirum hæc sensisse, secutum alios canonistas multos, et glossam illam celebrem in caput *Si Papa :* « Certè credo quòd si notorium est crimen quodcumque et inde scandalizatur Ecclesia, et incorrigibilis sit, quod inde possit accusari : nam contumacia dicitur hæresis¹. »

Jam de indubitato Pontifice hæc Driedo dicit magnificis sanè verbis : « Ecclesia quandiu tenetur habere Papam pro indubitato Papâ, debet ipsum ut Vicarium Christi, custodem suum et Pastorem nominare, et ipsum, juxta Apostoli doctrinam, VELUT SENIOREM non increpare, sed obsecrare ut patrem², et honorare ut dominum : » quæ quidem anonymus statim arripuit; sed sequentia prætermisit : « Nihilominùs tamen hujuscemodi Vicarius, Ecclesiæ Sponsus, si fuerit frigidus, maleficiatus et adulter, adeòque sit ad generationem filiorum spiritualium inhabilis, ut nihil sibi sit curæ de Sponsâ Ecclesiâ, potiùs generans filios spurios Satanæ, jam existimari potest de hæresi suspectus; atque itâ rationabiliter Ecclesia potest dubitare, an persona illa sit indubitatatus Papa, sicuti rationabiliter tùm dubitare potest, an sit pertinax hæreticus. »

Hæc Driedo³ : ex quibus infert, contra ejusmodi Papam valere ea omnia, quæ in concilio Constantiensi contra dubios Pontifices scandalosos acta essent; atque hæc copiosissimè exequitur et probat : quæ lector, si tanti res est, ab ipso auctore repetat.

Hæc postquàm Driedo dixit, totum illud caput concludit his verbis : « Ex his diligenter consideratis perspicuum esse potest, quonam modo concilium universalis Ecclesiæ est supra Papam, et è contrario Papa supra concilium. » Sic mutuò sese exsuperant, sed diverso respectu : quæ itâ conciliantur, ut Pontifex in ordinario regimine et ordinariis casibus, concilium verò in extraordinariis, quæ à Driedone commemorata sunt, antecellat. Neque verò nostri, Cameracensis et Gerson et alii omnes aliter intelligunt. Unde Joannes Major noster Pontificem ait esse superiorem *regulariter* in ordinario regimine : concilium autem *casualiter* certâ causâ, certis casibus : et addit : « Hic modus cuilibet sapienti Pontifici debet esse gratior, licèt dicamus concilium esse

¹ Dist. XL, c. VI. Dried., loc. cit. — ² I *Tim.*, V, 1. — ³ Dried., loc. cit.

casualiter super Pontificem, et posse eum corrigere. Cum hoc enim dicimus Papam ex institutione Christi non esse deponibilem nisi gravissimâ causâ; quæ vix ter contigit mille annis [1]. »

Cur autem isti casus tam rari prævidentur, an necessariâ ratione, an pravo animo, ac maledicendi libidine? non jam à nostris, sed etiam à Driedone et aliis omnibus quærere te oportet. Respondebunt sanè Ecclesiam æternitatis suæ pariter atque infirmitatis humanæ consciam, canones condidisse, quorum operâ, adversùs insolitos etiam et extraordinarios casus certa remedia compararet : eò verò canones Constantienses esse institutos, eosque à Driedone Lovaniensi ità esse intellectos, ut nemo Parisiensium graviora et fortiora dixerit.

Clerus verò Gallicanus ne ea quidem attigit, sed tantùm Constantiense canones asseruit tanquàm disciplinæ ecclesiasticæ et reformationis omnis certissimum ac necessarium fundamentum.

Quare adeò Driedo nobis non est opponendus, qui aut nostra damnaverit, aut iis contraria sanxerit, ut potiùs eum ulteriùs quoque progressum esse videamus.

CAPUT XVIII.

Alii Driedonis loci excutiuntur. Iterùm de Cathedræ Petri auctoritate, ex eodem scriptore.

Ex his facile est reliqua intelligere quæ ex Driedone in hunc locum adducuntur.

Objicitur istud [2], quod decreta Contantiensia exponens, concilii auctoritatem in Papam, ad hæresis vel schismatis casum redigere videatur. « Papa, inquit, in causis fidei et schismatis personam suam tangentis atque concernentis, subjicitur judicio universalis Ecclesiæ. Quamobrem si ipse fieret hæreticus aut schismaticus, aut argumentis probabilibus de his suspectus,..... esset ab Ecclesiâ... monendus,... judicandus,... deponendus,... vel

---

[1] Maj., *de Auct. conc. sup. Pap.*, etc., in app., tom. II. Gers., p. 1139, 1140. et *Tract. de Eccl.*, *ibid.*, p. 1145. — [2] Doct. Lov., art. II, p. 72.

depositus... declarandus[1]. » Cui loco addit anonymus, « sicut ante jam exposuerat libro *de Libertate christianâ :* » ne id quidem cogitans, librum *de Libertate christianâ* esse ultimum opus Joannis Driedonis, cui componer do sit immortuus, ut vel præfatio testatur. Id gravius quod sequentia tacet : « Quamvis primatus Papæ *super omnes particulares ecclesias* sit constitutus jure divino, non hinc tamen oportet consequens esse eumdem Papam in causis propriis jus divinum concernentibus, non esse subjectum potestati universalis Ecclesiæ. » Ubi 1° notandum illud : *Papæ primatum jure divino constitutum,* non super universalem Ecclesiam, sed *super omnes particulares ecclesias,* quod ex Constantiensibus deductum fontibus, Driedo ubique inculcat, ut legenti patebit. Tùm illud : « Nihilo secius Papam esse judicandum ab universali Ecclesiâ, in causis propriis jus divinum concernentibus. » Quod quidem latiùs patet, quàm hæresis, vel schisma; et jura tantùm positiva excipere videtur. Quæ hîc generatim dicta, Driedo in libris *de Libertate christianâ* fusiùs, posteà, uti vidimus, et diligentiùs exequitur.

Objicitur et locus hîc[2] : « Quemadmodum Romana Ecclesia, in quâ residet apostoli Petri successor, est omnibus Ecclesiis prælata, ad quam fidei magistram et matrem, omnes majores totius Ecclesiæ causæ recurrunt, sumentes terminum seu finem, juxta sententiam ejusdem Ecclesiæ, cujus vis et potestas ecclesiastica est in Pontifice ejusdem Ecclesiæ; ità et Romanæ Ecclesiæ sententia prævalet omnibus sententiis aliarum Ecclesiarum, à Romanâ Ecclesiâ discrepantium, » particularium scilicet, uti mox audivimus ab ipso interpretatum, non autem *universarum* etiam in synodo collectarum. Neque tamen in omnibus casibus ad œcumenicam synodum recurri necesse est : rectè enim ait Driedo, majores etiam causas sumere terminum seu finem juxta sententiam ejusdem Ecclesiæ Romanæ, » regulariter scilicet et in ord'- nario regimine, in ordinariis casibus, non certè in extraordinariis, ut jam vidimus, in libro *de Libertate christianâ* ab hoc auctore unà cum Parisiensibus summo consensu fuisse traditum.

[1] Dried., *de Script.*, etc., lib. IV, c. IV, fol. 240. — [2] Dried., *ibid.* Doct. Lov., pag. 71,

In Romana etiam Ecclesiâ fidei quæstiones haut secus atque aliæ regulariter finem accipiunt, cùm sit plerumque tanta consensio, ut ad synodum œcumenicam non necessariò recurratur : quæ omnia ex antedictis clara et aperta sunt, et in sequentibus clariùs elucescent.

Diximus etiam itâ esse Ecclesiam catholicam constitutam, ut in Capite suo, in Petri scilicet Cathedrâ singulari prævalere et insidere non sinat hæresim, quâ per contumax propositum à fide abrumpatur penitùs, adeòque omnem Ecclesiam à certo et constanti Ecclesiæ Romanæ dogmate discrepantem, à fide alienam et schismaticam esse.

Et quidem certum est, quod ait Driedo, Ecclesiæ Romanæ particularis illius *vim et potestatem ecclesiasticam in suo Pontifice* esse. Neque enim Ecclesia Romana per se aut absolvit aut ligat; sed Pontifici Romano, Petri successori, id juris à Christo concessum est. Si tamen, quod absit, fides in Pontificis alicujus corde, aut etiam doctrinâ, prædicatione, decreto, vel ad contumaciam usque defecerit (quod ne fleret, negat Driedo, uti vidimus; à Christo esse promissum.) non proptereà Ecclesia Romana vim suam ac potestatem amitteret; nihilo profectò magis quàm, Pontifice mortuo, amittit; cùm semper supersit in Ecclesiâ semen, quo vis illa excitetur, seu potiùs explicetur; et Ecclesia Romana Mater ecclesiarum neque à fide abrumpatur, neque primatu excidat.

Atque hæc erant quæ de Jacobo Latomo et Joanne Driedone Lovaniensibus, pro lectoris expectatione fortasse nimia; pro Lovaniensium articulorum intellectu congrua; pro ipsius quæstionis summâ explicandâ et constituendo statu, necessaria diceremus. Quæ omnia, Deo dante, progressu orationis haud mediocriter illustranda et confirmanda esse confidimus. De aliis Lovaniensibus ætate posterioribus, quæ ratio postulaverit, loco suo exponemus.

LIBER SECUNDUS

QUOD DECLARATIO GALLICANA AB OMNI CENSURA SIT IMMUNIS, PROBATUR EX AUCTORIBUS PARISIENSIUM SENTENTIÆ ADVERSANTIBUS.

CAPUT PRIMUM.

Joannes à Turrecrematâ pontificiæ potestatis sub Eugenio IV defensor præcipuus, in fidei quæstionibus concilii auctoritatem Papæ auctoritati anteponebat : communis erat tùm illa sententia : Bulla, Deus novit, sub Eugenii nomine edita.

Hìc quærimus an antiquiores scholastici et canonistæ, qui conciliorum superioritati vehementissimè omnium adversantur, à nobis omninò diversa senserint, et an in quibus dissentiant, pari immodestiâ cum recentioribus sævierint? Eugenii IV certè tempore, quo maximè efferbuit illa contentio, è Fratrum Prædicatorum Ordine Joannes à Turrecrematâ, sacri Palatii apostolici magister extitit : acris ingenii vir, quem Eugenius ipse unum Basileensibus vel maximè opposuit, et de se benemeritissimum evexit ad purpuram. Is ergò, cùm Papam concilio superiorem vehementissimè assereret, tamen in apologiâ sive responsione pro Eugenio IV, quam cum ipsis Basileensibus coram Pontifice tractans, ejusdem Pontificis jussu, vivâ voce primùm, deinde etiam scripto protulit, hæc habet : « Si talis casus contingeret, quòd Patres universi in synodo universali convenientes unanimiter aliquam definitionem fidei facerent, cui sola persona Papæ contradiceret : dicerem judicio, quòd synodo standum esset, et non personæ Papæ. Judicium enim tantorum Patrum universalis unius synodi, in materiâ fidei, meritò præferendum videtur judicio unius hominis : in quo casu optimè venit illa glossa quæ habetur in caput *Anastasius*, distinctione XIX, *quòd ubi de fide agitur, Papa tene-*

tur requirere concilium episcoporum [1]; quod intelligendum est quando casus est valde dubius, et synodus convocari poterit, et tunc Synodus major est Papâ, non quidem potestate jurisdictionis, sed auctoritate discretivi judicii et amplitudine cognitionis [2]. »

Quid sit judicium discretivum, canonistarum et theologorum ejus ævi sensu, facilè intelliget, qui apud ipsos passim legerit duplicem clavem : alteram *discretionis* ac *scientiæ*, quâ verum à falso discernitur; alteram, *jurisdictionis* ac *potestatis*, cùm aliquid pro potestate et sub pœnâ decernitur. Porrò decretum illud, seu judicium juridicum, maximè in rebus fidei, discretivo judicio niti constat. Neque enim quis de fide decernat aliud, quàm quod discretione et scientiâ verum esse perspexerit. Quare Turrecrematæ certum erat, concilii auctoritatem, quocumque tandem nomine appellandam, Papæ auctoritati omninò anteponendam esse.

Quid si Papa esset contumax? Nam id quoque prævidit. Audi quid post relata verba statim subdiderit : « Ubi autem id ità eveniret, inquit, quòd talibus quæ ad fidem pertinere tota synodus, per apertissima testimonia sacræ Scripturæ aut sanctorum Patrum doctrinam, unanimiter declararet Papa acquiescere, obedire, et stare nollet, sed contumaciter contradiceret, talibus apertè ad fidem catholicam pertinere declaratis, jam utpote hæreticus, subjectus veniret concilio, sicut quilibet alius à fide devius [3]. » Vides apertissimè Papam in fidei quæstione à synodi sententiâ contumaciter discrepantem; neque eo seciùs à sanctâ synodo, Papa contradicente, supremo judicio quæstionem definitam, et in Papam pro potestate animadversum, et synodi stare sententiam. Hæc Turrecremata, cùm is pontificiæ auctoritati, quanta excogitare posset maxima, à Christo attributa esse vellet, ipso Pontifice audiente et approbante, dixit, ac jubente perscripsit.

Neque verò tùm quisquam eâ de re ambigebat. Idem enim docet eâdem ætate Petrus de Monte, episcopus Brixiensis, Jurisconsultus nobilis et Eugeniarum partium studiosissimus : nempè ubi

---

[1] Dist. xix, cap. ix. — [2] Turrec., *Apol., seu Resp. ad Basil.*, tom. XIII *Conc.*, col. 1701. — [3] Turr., *ibid*, col. 1701, 1702.

APPENDIX, LIB. II, CAP. I.

agitur de fide et schismatis causâ, etiam indubium Pontificem à synodo deponi posse, ac « si contrariatur sententia Papæ sententiæ concilii, potiùs standum esse sententiæ concilii [1]. » Quin etiam edita est tùm Eugenii IV nomine, Bulla *Deus novit*, à Turrecrematâ, ut videtur, dictata : adeò cum ejus scriptis, sensus, spiritus, ipsa denique verba conveniunt. Ibi, quantumcumque pontificiam potestatem in immensum extollerent, sic tamen dicebant : « Si Papa vel legatus ejusdem nollet disponere aliqua, contra concilium affectaret; Papæ sententia vel ejus legati personam Pontificis repræsentantis, non concilii voluntas sequenda foret; cùm super omnia concilia Papa habeat potestatem; *nisi forte quæ statuenda forent, catholicam fidem respicerent*, vel si non fierent, statum universalis Ecclesiæ principaliter perturbarent; quia tunc *concilii sententia esset potiùs attendenda* [2]. »

Video nunc plerosque eos qui conciliis Pontifices anteponant, ità animatos esse, ut pontificiam auctoritatem, eam quæ concilio antecellat, in fidei quæstionibus maximè eminere putent. At contrà Eugenii tempore, quo exarsit maximè illa de conciliorum auctoritate dissensio, cùm Pontificem synodo in omnibus anteferrent, generalia negotia, ac præcipuè fidei, excepta volebant : in iis concilium prævalere, ut certum supponebant.

Qui tamen si rogarentur an propterea concilio Papam subjicerent (mirum et incredibile) præfractè negabant. Nam tunc « synodum majorem esse Papâ, non potestate jurisdictionis, sed auctoritate discretivi judicii, et amplitudine cognitionis, » audivimus [3]: et « licèt reverâ sit ipso Papâ minor, majorem tamen dici, sed diverso respectu; quòd Papa cùm per hæresim à papatu cadat, factus est omni fideli minor. » Et alia hujusmodi ex anterioribus canonistis et glossis, subtiliora quàm solidiora jactant. Quæ si ad fidem pertinere pugnaciter velis, ac Pontificem re subjectum, et in ordinem à synodo redactum, verbis tamen superiorem dici, næ tu ad minuta et levia, christianæ doctrinæ gravitatem auctoritatemque deducis.

[1] Petr. de Mont., *Tract. de Monarch. in app.* II *Conc.* Labb. — [2] *Bull. Eug. IV,* tom. XII *Conc.*, col. 537. — [3] Turr., *ibid.*, col. 1702.

CAPUT II.

Alii Turrecrematæ loci de concilii potiori auctoritate in materiâ fidei; quòdque Summus Pontifex erronea solemniter definire possit. De pontificiâ infallibilitate ludibria et cavillationes.

Hæc quidem sunt, quibus Turrecremata cum Basileensibus agens, superioritatem pontificiam tuebatur. Nec minùs memoratu digna sunt, quæ jam cardinalis edidit ingenti opere, cui titulus est *Summa de Ecclesia.*

Hic libro III, capite LXIV, quæstionem proponit : *Cujus judicio standum sit, si in concilio universali contingat Patres à Papâ vel ejus Legato dissentire* [1] : quo loco varios casus ponit, sed hunc præcipuum, quo « prædicta contrarietas sit in materiâ fidei nondùm definitâ, sed quæ noviter per concilium veniret definienda : tunc, inquit, in tali casu ponitur ista conclusio, quòd magis regulariter standum foret judicio Patrum totius concilii, quàm judicio Romani Pontificis.»

Miraris Turrecrematæ conclusionem : audi probationes, imprimis verò hanc [2], « quòd ut Bernardus (a) dicit (Canonista quidam) quæ major superbia, quàm quòd unus homo toti congregationi judicium suum præferat, tanquàm ipse solus habeat Spiritum Dei? propter quod Archidiaconus (b) approbans glossam præfati capitis *Anastasius,* dicit : Periculosum esset fidem nostram committere arbitrio unius hominis. » Hæc ait de Papâ, eo casu, quo *materia fidei noviter definienda veniret per concilium;* quæ immane quantùm discrepant ab iis quæ nunc jactari audimus [3] : nempè quòd Papæ sententia totius concilii sententiæ anteponenda sit, et quòd in conciliis œcumenicis Patres à Papâ habeant ut recta decidant.

[1] Turr., sum., ed. Venet., 1560, fol. 352, vers.— [2] Ibid. fol. 353.— [3] Doc. Lov.

(a) Bernardus Compostellæ, qui tertius numeratur Decretalium collector, vixit XIII sæculo. Is Decretalium priores libros commentariis illustravit, quinque libris quæstiones addidit, ac prætereà quorumdam aliorum librorum auctor ipse est.

(b) Archidiaconus Bononiensis (Guido Basius), qui *Gratiani Decretum* commentatus est, vulgò allegatur sub eo nomine, *Archidiaconus,* ut Joannes Antonius de S. George, Præpositus Mediolanensis, ac deinde cardinalis Alexandrinus, alter *Decreti* commentator, sub illo nomine, *Præpositus* (*Edit. Leroy*).

Quod autem Turrecremata dixerat, concilii sententiam anteponendam esse *magis regulariter,* sic explicat, « quia, inquit, non esset impossibile, quòd quandoque unus homo et maximè Papa, multiplici respectu, in aliquâ materiâ meliùs sentiret cæteris omnibus. » At profectò si crederet Papam, vel solum, in materiâ fidei de quâ agit, esse infallibilem, et ab eo accipere Patres ut rectè decidant, neque Papam conferre debuisset cum alio quovis, neque verò sic dicere : « Impossibile non est quòd Papa melius sentiat cæteris omnibus; » sed è contra : impossibile est quin Papa meliùs sentiat quàm cæteri omnes, à quo quippe habent cæteri omnes ut recta decidant.

Neque valet distinctio discretivi ac definitivi judicii. Planè enim quem necesse sit in definitivo judicio, eumdem in discretivo quoque sentire meliùs, necesse est. Cùm nisi priùs *discreverit* verumque à falso subtilissimè separaverit, vera definire non possit.

Pergit Turrecremata : « Quando talis controversia in materiâ fidei orta esset inter Papam et Patres concilii » (nempè de quâ non itâ perspicuum est utri meliùs sentiant, nec omninò videtur impossibile unum meliùs sentire cæteris, etsi id quoque certò non constet), tunc, « licèt universitas Patrum sequenda esset, utpote judicio discretionis præeminentior et superior, nihilominùs nihil videretur conciliariter concludendum, quousque concorditer Papa et Patres in unam simul convenirent conclusionem et sententiam. »

Id quidem omninò intelligi patet de dubiis ac maximè ambiguis. Nam itâ dicentem audivimus[1] : quòd in iis « quæ ad fidem pertinere *tota synodus,* per apertissima testimonia sacræ Scripturæ aut sanctorum Patrum doctrinam unanimiter declararet, Papa concilio obedire teneretur, ac repugnans condemnandus deponendusque esset. »

Utcumque est, qui in solâ consensione Pontificis cum concilii Patribus vim certam definiendi reponit, et quandiu dissentiunt, rem totam in suspenso esse decernit, rogo bonâ fide, ecquid de pontificiâ infallibilitate cogitet? Nisi forte infallibilem, secluso concilio, statim, eo congregato, sua infallibilitas deserit, vacat-

[1] Vid. suprà, cap. i.

que tùm illud : *Non deficiat fides tua;* et : *Confirma fratres tuos;* quæ quis sanus dixerit?

Ac ne de Turrecrematæ sententiâ ampliùs litigetur, quid in eodem opere dixerit audiamus. Exponere aggreditur detegendæ pertinaciæ viginti modos : quo loco sic ait : « Decimus septimus modus convincendi specialiter Papam de pertinaciâ in hæreticâ pravitate est, si errorem definit solemniter, et à christianis asserit tanquam catholicum esse tenendum [1]; » quo quid est clarius?

Hæc libro IV docet connexa et apta cum iis quæ libro II scripserat : « Ad istam objectionem, cùm arguitur de Papâ, facto hæretico et definiente pro hæresi suâ, dupliciter respondetur : quidam enim volunt dicere, quòd casus non est possibilis quoad hoc, quòd Papa possit definire hæresim. Dicunt enim quòd in hoc casu Deus non permitteret eum definire hæresim, aut aliquid contra fidem, sed eum prohiberet [2]. » Hæc sibi ex aliorum mente objicit. At ipse paulò post : « Nobis autem aliter videtur dicendum. » Ergò rejicit eos qui negant à Romano Pontifice, dictâ sententiâ, hæresim definiri posse.

Quomodo autem hæc congruant cum iis quæ hoc loco et alibi passim inculcat : Sedem apostolicam, atque etiam Romanum Pontificem in decretis fidei esse infallibilem, sic explicat : « Nobis autem aliter videtur dicendum; videlicet quod ratio illa non sit ad propositum nostrum; quia si Romanus Pontifex efficitur hæreticus, ipso facto quo cadit à fide Petri, cadit à Cathedrâ et Sede Petri, et per consequens judicium quod faceret talis hæreticus, non esset judicium apostolicæ Sedis; imò nec judicium alicujus auctoritatis est dicendum aut momenti; quia cùm per hæresim cecidisset à prælatione, per consequens auctoritate judicandi privatus esset. »

Eò autem processit, ut diceret per occultam quoque ac *tantùm interiorem hæresim*, Papam statim, ipso facto, loco cadere, tanquam à Deo depositum [3]. Quo quidem facilè tuetur id quod sæpè dixerat : « Romani Pontificis judicium, in iis quæ fidei sunt, errare non posse. » Non quia Romanus Pontifex, datâ sententiâ,

---

[1] Turr., lib. IV, part. II, c. XVI, fol. 388. — [2] Id., lib. II, c. CXI, fol. 260, mal. 268. — [3] Id., lib. IV, c. XVIII, XIX, XX, et pass. Vid. lib. II, c. CIX, fol. 252, et pass.

errorem definire non possit, sed quòd definiendo, imò verò etiam credendo, desinat esse Pontifex : quo jure omni episcopo infallibilitatem facilè adscribemus, si cum eodem Turrecrematâ semel dicimus, qui prava credat et definiat, eum non jam episcopum esse, ipso scilicet errore dejectum; imò fideles omnes hæreticos esse posse negabimus, cùm hæresi fideles esse desinant.

Hæc quidem omnes, sat scio, vana et nugatoria esse dicent; sed habemus interim claram Turrecrematæ sententiam, quòd Romanus Pontifex non modò errare in fide, sed etiam errorem, prolato judicio, solemniter definire possit. Cæterùm haud me fugit, quàm parum sibi interdùm constare videatur : nobis ipsa fluctuatio ac variatio sufficit. Certè Turrecrematæ perpendi operosiùs et conciliari dicta, tanti non est.

CAPUT III.

Antonii de Rosellis ejusdem ævi canonistæ Eugenianarum partium sententia.

Florebat per eamdem ætatem Antonius de Rosellis Aretinus, consiliarius pontificius ac cæsareus, ejusdem ævi canonista nobilis, Eugenianarum partium, qui tamen in libro *de Monarchiâ* hæc habet : « Credo quòd si Papa statueret contra fidem, vel bonum universalis Ecclesiæ, vel in casibus, in quibus sibi non licet, et in quibus concilium est supra Papam, quòd, licèt ab iis statutis non posset appellari, quòd saltem poterit in talibus querelari ad concilium, et ad ipsum habere recursum, cùm sit superius per suprà dicta[1]. » Tùm : « Solius Papæ judicium submittitur judicio concilii universalis in his casibus, in causâ fidei, schismatis, et ubi agitur de bono universalis Ecclesiæ; et ità postremò statuit diebus meis generale Constantiense concilium[2]. »

Et ille quidem tradit : « Si Papa manibus propriis infinita homicidia commisisset, à nullo posse judicari. » Item : « Si commisisset millies simoniam[3]. » Denique in uno casu hæreseos Papam

---

[1] Anton., *de Ros. Monar.*, part. III, c. VII; Gold., tom. I, p. 252. — [2] *Ibid.*, c. XXVII, p. 446. — [3] *Ibid.*, p. 443.

à concilio judicari posse dicit, reprehenditque cardinalem Florentinum aliter sentientem; sed confestim addit : « Quòd item est in omni delicto scandalizante Ecclesiam, ut Papa possit pro ipso à concilio judicari, quando monitus, stat incorrigibilis, et in suâ obstinatione persistat. Nam talis contumacia dicitur hæresis; » quod quidem est à nostrorum sensu discrepare verbis, re ac sententiâ convenire.

Cùmque apertè doceat à Papâ, etiam lato judicio ac statuto edito, doceri posse hæresim, cogitur dicere ea verba, *ne deficiat fides tua*, referri non ad Pontificem ut privatam personam, non ad Pontificem etiam de fide decernentem, sed ad Ecclesiam : « Concilium, id est Ecclesia et collectio fidelium, errare non potest. Nam oravit Redemptor noster pro Ecclesiâ, *ne deficeret fides sua*, dùm Christus dixit : *Ego*, Petre, *pro te rogavi, ut non deficiat fides tua*. »

Unde paulò antè dixerat : « Concilium Africanum..... non dimisit ista pericula decidenda summo Pontifici soli; sed voluit concilium generale adhiberi. » Et paulò post : « Nam, ut dicit Archidiaconus, periculosum foret fidei causam unius hominis judicio relinquere. » Non igitur excogitabat Papam solitariè decernentem, sed Papam cum concilio, sive cum Ecclesiâ, pro cujus fide oravit Christus, esse infallibilem.

Hæc scribebant sub Eugenio IV, flagrantibus dissidiis, qui ei erant addictissimi, ab eoque opibus ac dignitatibus augebantur.

Dionysium Carthusianum, pontificiæ licèt potestatis studiosissimum, sub Nicolao V, Eugenii successore, eadem sensisse vidimus; ut communem eam fuisse sententiam certo certius sit.

CAPUT IV.

Sanctus Antoninus archiepiscopus Florentinus, an bonâ fide relatus ab anonymo auctore, qui de libertatibus Gallicanis *scripsit.*

Per eadem ferè tempora floruit sanctus Antoninus è Prædicatorum Ordine archiepiscopus Florentinus, quem auctor *Tractatûs de libertatibus*, veluti præcipuum pontificiæ potestatis atque infallibilitatis assertorem laudat. Et quidem nihil clarius videtur esse verbis illis, quæ idem anonymus profert : « Papa in his quæ pertinent ad fidem, errare non potest, scilicet ut Papa in determinando, etiamsi ut particularis et privata persona [1]. » Quem tamen locum cùm totum proferemus, liquidò apparebit nihil nocere nobis. Sed priùs Antonini universam doctrinam considerare placet.

Primùm ergò, *Summæ* tomo III, sive tertiâ parte, titulo XXIII, *de Conciliis universalibus,* capite primo, sic ait : « Basileense concilium congregatum priùs canonicè, sed post dissolutionem ejus, seu mutationem, per Eugenium Papam IV, anno 1437, factum est conciliabulum [2]. » Ergò anteriora Basileensia ante hanc dissolutionem, sive potiùs translationem, pro canonicè actis habet Antoninus, licèt in his actis Constantiensia decreta firmentur, ut suo loco videbimus.

Capitulo II, paragrapho 6, probandum suscipit, « quòd concilia generalia non possint præfigere legem Papæ, » quo loco superiorem conciliis Papæ potestatem videtur agnoscere. Sed addit : « In concernentibus fidem, concilium est supra Papam [3]; » ac paulò post : « Item dico quòd, in concernentibus universalem statum Ecclesiæ, non potest Papa disponere contra statutum generalis concilii, si statuendo decoloraretur status ipsius Ecclesiæ. » Hæc igitur sunt quæ restringant Antonini propositionem, « quod concilia generalia non possint præfigere legem Papæ. »

Eodem capitulo, paragrapho 7, quærit « quando concilium dicatur legitimè congregatum. » Quo loco hæc habet : « Ubi Papa esset hæreticus vel de hæresi suspectus, tunc ad eum non spectare videtur potestas congregandi concilium. » En ergò casus ab ipso Antonino admissus, quo concilium sine Papâ non modò congregetur, sed etiam de fide judicet.

Capitulo III, vehementissimè favere videtur potestati Papæ, ac probandum suscipit [4] « quòd non liceat appellare à Pontifice Romano ad ipsius successorem vel generale concilium, et quòd sen-

---

[1] Anton., *Summ. Theol.*, part. IV, tit. VIII, c. III, § V, p. 138, edit. Ven., 1582. Et Anon., *de Libert.*, lib. VII, c. XIII, n. 114. — [2] Anton., p. 410. — [3] *Ibid.*, ubi suprà, p. 415, 416. — [4] *Ibid.*, p. 417.

tire quòd à Romano Pontifice possit ad quemcumque appellari, est hæreticum manifestè. » Interim ex antecedentibus constat obtemperandum non esse, si contra concilii auctoritatem ea statueret, quibus *Ecclesiæ decoloraretur status*. Sic qui tanto studio appellare vetant, rationem tamen ineunt, quà decreta pontificia in universalibus causis cassa habeantur.

Ibidem, paragrapho 4, duas objectiones proponit; Secunda est ejusmodi : « Contingere posset, quòd Papa hæreticus esset, et vellet hæretica statuta condere; quod si contingeret, deficeret fides Petri, quia non esset qui in hoc casu posset resistere, nec teneretur Ecclesia hæreticis statutis ejus obedire. Videtur ergò, in hoc casu saltem, licitum esse ad aliquem appellare. Ad illud dicendum sicut priùs, quòd licèt ut persona singularis ex motu proprio agens errare posset in fide, sicut scribitur de Leone, contra quem Hilarius Pictaviensis ad concilium generale venit; tamen utens consilio et requirens adjutorium universalis Ecclesiæ, Deo ordinante, qui dicit : *Ego rogavi pro te,* etc., non potest errare. Nec potest esse quòd universalis Ecclesia accipiat aliquid tanquam catholicum, quod est hæreticum, quia Ecclesia universalis, quæ est Sponsa, et erit semper, et est non habens maculam neque rugam [1]. » En, secundùm Antoninum, quid sit Pontificem errare posse in fide, *ut personam singularem*. Non enim hîc intelligendus est Pontifex publicum et apostolicum officium exequens, quod nunc volunt, sed Pontifex *ex motu proprio agens*. Quid sit autem Pontifex agens ut Pontifex, idem Antoninus exponit; nempè ut sit Pontifex « utens consilio et requirens adjutorium universalis Ecclesiæ, » cujus proinde sententiam *Ecclesia universalis accipiat*. Quo sensu omnes cum Antonino profitemur Pontificem, ut Pontificem, errare non posse, atque omninò constat in eo esse vim, secundùm Antoninum, *quòd Ecclesia universalis errare non possit,* atque ut *Sponsa semper sit, non habens maculam neque rugam.*

Id ipsum liquidò constat *Summæ* IV parte, titulo XII, capite IV, *de errore Fraticellorum,* paragrapho 28, quo loco Fraticellis Joannis XXII Decretalem ut hæreticam, ut Nicolai III decretis

[1] Anton., ubi suprà, p. 418.

contrariam insimulantibus, sic respondet : « Sed ipsi pessimi homines sunt, hæretici veri, quia asserunt contra determinationem catholicam falsam per Ecclesiam et Joannem XXII, et omnes successores ejus, veros catholicos Summos Pontifices, et omnes alios prælatos Ecclesiæ et doctores utriusque (juris scilicet), et magistros plurimos in theologiâ cujuslibet religionis, acceptatam, examinatam et approbatam ut verissimam[1]. » Quo loco demonstrat quòd sit verum apostolicum et jam irreformabile pontificium judicium; nempè illud, quod à Papâ prolatum, ab universali Ecclesiâ *acceptatum, examinatum, approbatumque* sit. Sic ergò ex Antonini mente, Pontifex docens, ut Pontifex atque ut persona publica, sive, ut nunc loquuntur, *ex cathedrâ*, est Pontifex, ut vidimus, utens *concilio et adjutorio universalis Ecclesiæ, quæ errare non potest;* atque ex ejus sententiâ ità pronuntians, ut ejus sententiam *acceptatam et examinatam,* ipsa Ecclesia *approbet:* quod est certissimum.

Ex his clarè patet, quo sensu dixerit Papam errare non posse *ut Papam*, etiamsi errare possit *ut particularis et privata persona*. Quem locum anonymus non tantopere venditasset, si quid esset Papa, ut Papa, quid Papa ut persona particularis et privata ex aliis sancti Antonini locis scrutari voluisset.

Quin etiam eum locum, quem affert, non legit integrum : sic autem habet parte IV, titulo VIII, capite III, paragrapho 5 : « Fides universalis Ecclesiæ non potest deficere, dicente Domino Petro : *Ego pro te rogavi;* et quantùm quidem ad personam Petri intelligitur de defectu finali, ut scilicet, quòd non periret persistendo in negationis peccato : quantùm autem ad Ecclesiam, quæ intelligitur in fide Petri simpliciter verum, quia non potest Ecclesiæ fides deficere. Ratio quare Ecclesiæ fides in generali deficere non potest est, quia divinâ providentiâ Ecclesia regitur, scilicet à Spiritu sancto eam dirigente ut non erret, et licèt Papa in particulari errare possit, ut in judicialibus, in quibus proceditur per informationem; aliàs in his quæ pertinent ad fidem errare non potest, scilicet ut Papa in determinando, etiamsi ut particularis et privata persona possit[2]. »

[1] Anton., ubi suprà, p. 209. — [2] *Ibid.*, ubi suprà, p. 138.

Quæ cum antè dictis mirè congruunt, patetque Ecclesiam eam esse, quæ directa à Spiritu sancto errare non possit; Papam ex Ecclesiæ nomine et sensu pronuntiantem, errare non posse. Quod autem ex Ecclesiæ sensu pronuntiaverit, certum et ultimum argumentum esse, si Ecclesia Papæ sententiam *examinatam acceptet et approbet.*

Jam quod Antoninus ait in prædicto paragrapho 4, capite III, titulo XXIII tertiæ partis, nequidem à Papâ hæretico appellari posse, nihil habet difficultatis. Hujus enim rei causa est, ut ait Antoninus, quòd alioquin *Ecclesia* satis per se valet, ut non *teneatur hæreticis ejus statutis obedire.* Quæ docent in his omnibus, quæ adversùs appellationes à Papâ, tanto conatu agunt, de verbis potius quàm de ipsâ re agi, atque Antoninum summâ ipsâ nobiscum consentire. Jam quod de Leone et Hilario Pictaviensi scribit, lector eruditus viro sanctissimo condonabit, atque horum temporum inscitiam et ἀνιστορησίαν agnoscet.

CAPUT V.

Thomas à Vio, cardinalis Cajetanus, pontificiam infallibilitatem asserit, nullâ in adversarios censuræ notâ : primus omnium docuit erroneam esse sententiam quæ superioritatem concilio assignet, cui repugnat Turrecremata, et Cajetani tempore Dominicus Jacobatius cardinalis.

At initio anteacti sæculi, Thomas à Vio Cajetanus ex Prædicatorum Ordine, vir acris ingenii, argumentandi arte magis, quod apud omnes constat, quàm ecclesiasticæ antiquitatis scientiâ pollens, pontificiæ superioritatis acerrimus propugnator, atque ad cardinalatum evectus fuit; quo duce hæc sententia incrementum aliquod sumpsisse visa est. Atque is pontificiam quidem infallibilitatem asseruit, sed nullâ unquàm, quod sciam, adhibitâ censuræ notâ. In *Summam* sancti Thomæ, hæc ejus est conclusio : « Determinare finaliter quæ fidei sunt, pertinet ad auctoritatem Summi Pontificis : hoc quidam non admittunt[1]; » planè eo more

[1] Cajetan., in II-II S. Thom., q. 1, art. X.

modoque, quo dissentientes scholasticorum opiniones refert. Hæc de câ quæstionis parte quæ jam gravissima habetur.

Quoad superioritatem asperior. Parisiensium sententiam *erroneam* judicabat, sed neque ipse satìs unquàm se expedire visus; neque ità censuerant, quod sciam, qui ante eum scripserant; neque ejusdem ætatis scriptores sequebantur. Certè Turrecremata, quo tempore maximè contentio ferbuit, cùm de pontificiâ superioritate diceret, adversam sententiam *erroris et impietatis* accusabat; non tamen absolutè, sed ad eum præcisè sensum, qui cum Basileensibus controversus esset : « Juxta intelligentiam, ait, quam de eo practicant verbis et factis Basileenses, secundùm quam prosecutus sum responsionem istam [1]. » Et rursùs : « Ad illam intelligentiam, quam Basileenses verbis factisque practicant, » quod semper inculcat. Non ergò absolutè damnabat erroris, sed ad sensum Basileensium, qui conciliarem superioritatem extendebant, ad concilii translationem irritandam, et suam sententiam fide catholicâ certam esse definiebant, et contrariam hæresim judicabant, et Eugenium IV eâ causâ deponebant; quod quidem Turrecrematæ videbatur præsumptio maxima, et execrabilis temeritas, tali intelligentiâ datâ, definire decretum illud (Constantiense scilicet) veritatem esse catholicæ fidei. » Ergò Turrecremata rem ipsam quidem, pro suâ sententiâ refellit; at interim non rem, sed rei asserendæ modum, præsumptionis, erroris, impietatis accusat. Sic Cajetani antecessores in ipso contentionis articulo se gerebant.

Quod attinet ad eos qui eâdem ætate scriberent, eâ certè ætate ac sub Leone X, et doctrinâ et gratiâ et auctoritate florebat Dominicus Jacobatius cardinalis, is quem summis rebus eo tempore præfectum, et à summo Pontifice profecto Boloniam, ut cum Francisco I de pace ageret, Romæ Vicarium relictum esse comperimus. Is autem de concilio ingens opus conscripsit, quod Christophorus Jacobatius, item cardinalis, jam indicto concilio Tridentino, Paulo III inscripsit; placitura procul dubio, certè haud improbanda Pontifici suæ dignitatis retinentissimo oblaturus. Atque hic quidem scriptor pontificiam superioritatem pro virili,

[1] Turr. Apol. adv. Basil., tom. XIII *Conc.*, col. 1709, 1712.

factis argumentis, et undique conquisitis auctoritatibus, propugnat; sed diversam opinionem refert ut probabilem, nedùm censurâ premat. » Probabiliter, inquit, videtur argui, quòd claves fuerunt datæ Ecclesiæ [1]. » Hæc aliorum sententia est; suam anteponit sic : « Non teneo quòd plenitudo potestatis non sit in solo Papâ, sed in Ecclesiâ tanquam in fundamento, et in Papâ tanquam in principali ministro [2]. » En quantâ modestiâ cardinem ipsum difficultatis attingit. Non aversatur, non horret. Tantùm, inquit, *non teneo;* cùm aliam sententiam probabilem diceret, et suum illud *forte* et *videtur* semper inculcat. Sic duas sententias discrepantes, ut catholicas refert; Gersonem, Cameracensem, Florentinum, Panormitanum, æquè cum Felino Brixiensi, et aliis suæ sententiæ assoclis laudat; et id alii quoque passim præstant : adeò tùm obsoleverant, et diversas inter sententias pax christiana coaluerat [3].

CAPUT VI.

Idem Jacobatius cardinalis, pontificiæ superioritatis assertor, in infallibilitatis quæstione quid sentiat.

Quanquam autem Jacobatius pontificiæ superioritati omninò favebat, hæc tamen docuit, de fidei quæstionibus. « Si sumus in causâ fidei, et Papa vult aliquid statuere contra fidem, standum est potiùs sententiæ concilii [3]. » Et alibi pro certo supponit, quòd, « quando Papa est hæreticus, potest accusari et declarari depositus, quòd fieri non posset, si in iis staretur sententiæ ejus, potiùs quàm totius concilii, quia semper se tueretur ex suâ sententiâ [4]. » Papam pro potestate agentem videmus, qui se contra concilium suâ sententiâ tueatur; ac pro hæresi contra concilium dicat sententiam, ab ipso concilio dissolvendam. Item alio loco : « Si loquimur in causâ fidei, super articulo emergenti nondùm definito, et loquimur in judicio discretivo, in dubio videretur regulariter potiùs standum judicio universalis concilii contra Pa-

---

[1] Jacob., *de Conc.*, lib. V, p. 201, in *alterâ app. Conc. Labb.* — [2] Id., lib. IV, p. 443. — [3] Id. lib., VI, p. 238. — [4] *Ibid.*, p. 240.

pam solum contrarium sentientem; » et laudat sententiam Archidiaconi nobilis jurisconsulti dicentis, « quòd periculosum esset fidem nostram committere arbitrio unius hominis [1]. » Alios quoque doctores nominat idem sentientes, « quia, inquit, in his quæ concernunt fidem, Papa debet stare judicio concilii. »

Quo loco et id docet, quanquam *in dubiis fidem concernentibus*, pleniùs ac certiùs sancti Spiritùs lumen concilio affulgeat; tamen *in arduo ac maximo* dubio, decisionem concilii à Papâ posse suspendi. Suspendi certè, non tamen contra concilii sententiam aliquid definiri, quod procul dubio infallibili conveniret. Cæterùm idem cardinalis, si res certa claraque Patribus et sacro concilio videatur, nullo modo dubitat, quin statim quæstio decidatur, et Papa reluctans à concilio deponatur : « Alioquin, inquit, videretur sequi unum magnum inconveniens, quòd Papa esset hæreticus, et non posset propter hæresim à papatu amoveri, si ipse nollet in se ipsum sententiam ferre [2]. »

Quod quidem valere contendit de quacumque agatur hæresi, sive illa jam damnata sit, sive non; cum hoc tamen discrimine, quòd Papa professus obstinatè jam damnatam hæresim, statim depositus declaretur. « Si verò, inquit, lapsus est in hæresim nondùm damnatam, et est in papatu, quia nondùm judicatum est per concilium de crimine, tunc nullus eum judicat, nec potest in eum sententiam ferre, quia non habet superiorem; et cùm ipse sit caput concilii, non judicatur à concilio. Sed si postquam concilium cognovit de crimine, et judicavit esse hæresim, non resipiscit, tunc dicet illi : Te ipsum ore tuo judica. Quod si facere noluerit, concilium eum declarabit hæreticum et depositum, ut suprà dictum est [3]. »

Statum quæstionis adverte : agitur de articulo fidei nondùm declarato : eam doctrinam tuetur Pontifex quæ hæresis accusetur : eâ de re synodus convocata est : adest Papa, et quidem repugnans Patribus ; at illi, invito eo, de qualitate, ut aiunt, criminis judicant, et veram hæresim esse declarant, et tenet concilii sententia; eòque res recidit, ut Papa, concilio repugnans, quàm honorificentissimo ritu deponatur. Inclament censores nostri, non

[1] Jacob., lib. VI, p. 240, 329. — [2] Id., lib. IX, p. 389. — [3] *Ibid.*, p. 390.

id posse fieri, « imò habere Patres à Papâ ut recta decidant, et
solius Pontificis judicium, unanimi totius synodi suffragio esse
potentius ac prævalere; » ac nisi id credatur, « de Pontificis primatu, de fide actum esse [1]. » At contrarium scribunt duo cardinales; at Romæ; at ad Paulum III; at horum opus à duobus Jesuitis, Philippo Labbeo et Gabriele Cossartio, quos honoris causâ
nomino, in ipsâ conciliorum editione novissimâ publicatur. Duo
cardinales pontificiæ majestatis strenui defensores, ei à Patribus
abundè satisfactum putant, si Patres multa præfati, multaque adhortati Papam ejiciant.

Hæc quidem Jacobatius emollire velle videtur, quòd Patres id
faciant, non *ordinando*, sed *exequendo;* quod tamen plus esse
quàm ordinare idem docet. « Unde, inquit, virtualiter, magis est
sententia executionis quàm pronuntiationis, quia modicum refert
hoc casu, utrum concilium provideat ut cardinales ab eo recedant, et alium eligant; et ipsum tradant curiæ sæculari, an pronuntiet et exequatur; quia exequendo plus facit in effectu quam
pronuntiando [2]. »

Hæc quidem efficiunt ut, canonistarum quoque sententiâ, vel
eorum qui Romano Pontifici vel maximè favere velle videantur,
nostræ sententiæ summa in tuto sit; cùm ii quidem nobiscum de
de re consentiant, de eo uno laborent, ut subjectionis in Papâ, ac
potestatis in concilio nomine amputato, ipsa res maneat: quod
quidem, ut non præfractè refugimus, ità in his minutiis rem
theologicam collocandam minimè confitemur.

CAPUT VII.

De fide Petri nunquàm defecturâ, ejusdem Cardinalis loci.

Ex his Jacobatii sententiis facilè intelligi potest, quid de pontificiâ infallibilitate senserit. Licèt enim et eam sententiam aliquando referat, et in eam interim perpendere videatur, nihil
tamen disertè asserit (a). Et quidem id docet: Papæ « qui Eccle-

---

[1] Doct. Lov., art. 1, p. 1, 54. — [2] Jacob., lib. IX, p. 389.

(a) Le disciple va réfuter le maître : « Il faut pourtant, dit l'éditeur de la

siæ Caput est, verisimiliter magis assistere Spiritum sanctum, ex quo assumpsit eum in vicarium[1]. » En quàm modestè dixerit *verisimiliter*, sed cùm sit incerta res, concilii sententiam meritò anteponit.

Quin etiam eum locum : *Rogavi pro te, ut non deficiat fides tua*, ad glossæ supra relatæ sensum passim interpretatur, et ad Ecclesiæ fidem referre solet. « Ecclesia, inquit, non potest errare, quia Christus oravit pro eâ ne deficeret. » Alibi : « Ex crimine scandaloso Papæ non perit universalis Ecclesia, quæ nunquàm potest errare, et pro quâ Christus oravit. » Item : « Ecclesia semper eadem et illibata fide tenùs, quæ non potest errare, ut ibi dicitur, dicente Salvatore nostro : *Ego pro te rogavi, ut non deficiat fides tua* [2]. »

Atque ex eâdem glossâ fidem intelligit eam, quâ intus quoque credamus : unde probat nunquam deficere posse fidem Petri, pro quâ Christus rogavit; quia semper remanet, et si non in Petro sed tamen in aliis ea fides, puta in beata Virgine tempore Passionis dominicæ, » ut ostenderetur, inquit, quòd non posset deficere fides, pro quâ Christus oravit [3]. » Quo exemplo scriptores posterioris ævi frequenter utuntur, non quòd velint fidem in aliis omnibus penitùs defecisse, sed ut designent eam in qua non defecisse certissimum sit.

Probat etiam Jacobatius sententiam ea verba interpretantium *de fide Petri*, id est, *de fide Ecclesiæ ei specialiter commissæ* [4], Romanæ scilicet, quàm superiùs explicantem Driedonem audivimus, atque his interpretationibus contrariæ nobis sententiæ fundamenta convelli vdimus.

---

[1] Jacob., lib. VI, p. 239. — [2] Id., lib. IX, p. 421. — [3] Lib. VI, p. 242. — [4] *Ibid.*, p. 238.

Défense dans une note de la traduction françoise; il faut avouer que Jacobatius dit beaucoup de choses qui sentent l'infaillibiliste le plus outré : car n'est-ce pas soutenir expressément l'infaillibilité du pape, que d'assurer qu'il peut seul *tollere constitutionem frequens in concilio Constantiensi editam*; qu'il peut *tollere constitutionem antiquam à concilio editam, et novam edere forte sibi favorabilem et Romanis Pontificibus pro tempore*; il ajoute, *et de nudâ voluntate et potestatis plenitudine, si ista statueret, crederet servandam esse sententiam Papæ*. D'ailleurs il répète sans cesse qu'il n'est pas vraisemblable que le Pape puisse errer. » La Défense renferme beaucoup de jugements hasardés, pour ne rien dire de plus.

CAPUT VIII.

Bellarmini judicium : ab illo concilii Lateranensis auctoritas trepidè proferlur de sententiâ superioritatem synodis vindicante : ejusdem censuræ titubantes.

Nunc Bellarminus prodeat, unus omnium nobis infensissimus, quem etiam recentiores vel maximè secuti sunt. Duplex quæstio est : an Papa superior, an infallibilis. Bellarminus de prima sic : « Summus Pontifex simpliciter et absolutè est supra universalem Ecclesiam, et supra concilium generale, ità ut nullum in terris supra se judicium agnoscat. Hæc etiam est ferè de fide [1]. » Quid hoc monstri est? Quod est *ferè de fide*, totum de fide non est.

Placet enim analytico ordine, et subtili enucleatione resolvere ad sua principia illud *ferè de fide*. Vel enim ad primam Dei revelationem refert, vel ad Ecclesiæ consequentem declarationem, ut sensus sit, *ferè de fide*, quod Deus ferè revelaverit, vel *ferè de fide*, quod ferè Ecclesia definiverit. Atquid quod neque Deus planè revelaverit, neque Ecclesia planè definiverit, nullo modo de fide esse constat ; neque enim ex parte fides, sed ex toto plenoque et perfecto est.

Vel aliquem demonstra, non modò ex antiquitate illâ gravi et sobriâ, aut ex theologicis Facultatibus doctis illis celebratisque, sed etiam ex recentioribus privatisque Doctoribus alicujus nominis, qui, ante te, censuræ loco usurparit illud tuum *ferè de fide*. Hoc quidem probat condemnandi animum inesse, non causam.

Ut autem intelligamus quid sit illud *ferè de fide*, videamus oportet quid maximè Bellarminus urgeat; nempe concilii Lateranensis sub Leone X decretum, ubi dicitur : « Romanum Pontificem super omnia concilia auctoritatem habere [2]. » Quæ ubi protulit Bellarminus, hæc subit : « Ad hunc locum (concili Lateranensis) nihil potest responderi, nisi, vel non fuisse concilium generale, vel non fuisse ab Ecclesia receptum, vel non definivisse hoc tanquam de fide [3]. »

[1] Bell., lib. II, *de Conc. auct.*, c. xvii. — [2] Bull. Leon. X, in *Conc. Lateran*, sess. xi; tom. XIV, col. 321. — [3] Bell., loc. cit.

Ilas tres propositiones sigillatim probat. Sic primam : « Sed non fuisse generale vix dici potest. » O certam auctoritatem et ineluctabilem ! ô claram decisionem firmamque censuram : *Ferè de fide;* et : *Vix dici potest* (a).

Secundam responsionem, an fuerit receptum concilium illud, nihil moror. Si enim constaret et verè esse œcumenicum, et rem definivisse tanquàm de fide, omninò recipiendum esset. Sed jam œcumenicum fuisse, ipso Bellarmino teste, non constat.

De tertio quid dicat audiamus : « Quod concilium hoc rem istam non definierit propriè, ut decretum fide catholicà tenendum, dubium est. » Deus immortalis? Hoccine erat, cur nunc perdita omnia conclamarent?

Pergit porrò : « Et ideò non sunt propriè hæretici qui contrarium sentiunt, sed à temeritate magnà excusari non possunt. » De temeritate posteà videbimus; interim à graviore censurà, ab hæresi, ab errore, ipso Bellarmino judice, absoluti sumus, nostraque omninò fides, quidquid vociferentur, in tuto est.

Quid autem illud est *propriè hæretici?* Certè, si rem æquo animo disceptaret, nullo modo hæreticos pronuntiaret, cùm nec ipse quidem affirmare ausit à Leone X rem esse definitam tanquàm de fide; sed nimiùm pigebat absolvere, quos apertè condemnare non poterat.

Jam verò videamus *vix* illud Bellarmini quid sit. Lateranense concilium, sub Leone X, *non fuisse generale vix dici potest.* Quid ita? « Nam etsi fuerunt, inquit, episcopi paucissimi (nam ad centum non pervenerunt), tamen concilium patebat omnibus, et omnes vocati fuerant. » Quid tùm; cùm præter Italos, vix ulli convenirent, Galli universi apertissimè repugnarent? Et quidem vocati Romam; sed à quo? A Julio II, hoste infensissimo, flagrantibus non modò simultatibus, sed etiam bellis, ac posteà à Leone X, rebus necdùm bene compositis. Eo temporum articulo citati Galli, qui Româ in Lateranensi palatio de suis libertatibus,

---

(a) Jamais, dans aucun de ses autres ouvrages, l'illustre auteur n'a joué de cette sorte sur la pointe d'une aiguille. Qu'y a-t-il là de si ridicule ? *Ferè de fide* veut dire clairement, expressément, *près de la foi, qui touche à la foi.* Qu'on ne s'y trompe pas : loin de prêter à la plaisanterie, *ferè de fide* parle à la conscience un langage sérieux.

deque **Pragmatica-Sanctione**, suæ tùm disciplinæ arce, liberè scilicet et æquo jure disceptare possent : Italiâ interim tot bellis, tot incursionibus impeditâ, ut nullum aditum patere sibi Gallicani episcopi iterùm atque iterùm haut immeritò quererentur. Cùm res eo loco essent, inter Leonem X et Franciscum I, magnâ tùm victoriâ à Gallis reportatâ, repentè transactum est, et loco Pragmaticæ inductum Concordatum. Quo pacto fœdere, quid Pragmatica fieret, Franciscus non curabat; neque nunc cujusquam interest, an Lateranense illud sit œcumenicum. Sed tamen pro certo œcumenico haberi, Bellarmini cunctatio et fluctuatio non sinit. Cùm etiam in editione Romanâ, in ipso tomi IV capite, quo cætera concilia generalia recensentur, hoc Lateranense concilium extra lineam ac reliquorum ordinem, alio caractere sit positum. Sed nos de concilio isto Lateranensi suo loco disseremus pleniùs, docebimusque hæc omnia neque ad fidem pertinere; quippè quæ in transcursu, non in ipsâ definitione dicta sint; ac ne quidem ad quæstionem, cùm Papam superiorem faciant, non omnimodis, sed iis in rebus de quibus non agitur. Hæc, inquam, suo loco ostendemus. Nunc ipsum Bellarminum relinquimus, eique omnia trepidè cunctanterque dixisse sufficiat.

CAPUT IX.

Bellarmini circa pontificiam infallibilitatem censura æquè anceps : vis notarum ex Melchiore Cano.

Jam Bellarminus de hâc Parisiensium sententiâ, *Pontificem, etiam ut Pontificem, posse docere hæresim*, sic pronuntiat : « Hæc opinio non est propriè hæretica, nam adhùc videmus ab Ecclesiâ tolerari qui illam sententiam sequuntur; tamen videtur omninò erronea et hæresi proxima [1]. » Tolerari verò, quam totâ Ecclesiâ auditam, nusquàm damnatam, à tot viris, teste Bellarmino, doctis sanctisque defensam, eodem Bellarmino teste; « Adrianus quoque VI, Pontifex optimus atque doctissimus [2], » Patrum nostrorum memoriâ in celeberrimâ Lovaniensi Academiâ

---

[1] Bell., *de R. P.*, lib. IV, c. II. — [2] Id., *de Script. Eccl.*

docuerit, propugnaverit, ac factus Pontifex in ipsâ orbis luce, Romæ ediderit : hanc toleratam vocas, non probam procul dubio catholicamque sententiam. Nempè, inquit, *videtur omninò erronea*, et quod idem cum erroneo est, *hæresi proxima*. Gravis censura. Non hic *ferè de fide*, verùm *omninò erronea*, id est omninò contra fidem; hoc enim sonat *erronei* vox : sed *videtur*, inquit. Audio. Bellarmini opinio est, et valet illud Melchioris Cani censurarum notas æquâ lance trutinantis : *Verbum* VIDETUR *judiciorum infirmat certitudinem*[1]; neque tantùm sanctus Thomas, sed etiam alii, *verbo* VIDETUR *uti solent, cùm res non est plana ac definita*. Illud ergò Bellarmini ex opinione est, non ex certo firmoque judicio. Et quod de sancto Thomâ Canus, id ego de Bellarmino dixerim : « Cùm dixit *videri*, hoc ipsum sensisse, quod dixerit videri modò, non etiam oportere [2]. » At nunc illud *videri* Bellarmini. Lovanienses quidam et Dominus Strigoniensis in firmam fixamque sententiam vertunt, et de fide catholicâ desperatum esse clamant : illud *videtur* paucorum annorum circulo, tanta incrementa cœpit.

CAPUT X.

Suarez Parisiensium de superioritate sententiam relinquit integram : ipse suam de infallibilitate censuram infringit, falsaque ex Leone X adversùs Lutherum refert.

Post Bellarminum ex eâdem societate Suarez prodeat, ac de duplici quæstione nostrâ dicat. De superioritate sic : « Quando Pontifex solùm adest in concilio per legatos, sine instructione particulari, et totum concilium aliquid definit cum legatis, est grave dubium an tale concilium possit errare..... Nam in hoc sunt opiniones inter catholicos. Parisienses enim et alii, qui credunt tale concilium esse supra Pontificem, consequenter affirmant ejus definitionem esse infallibilem, quia est à supremâ potestate, et illud concilium universalem Ecclesiam repræsentat. Contrarium verò docet Cajetanus, et alii,...... quia verissimum est Papam esse supra tale concilium..... Ego autem breviter censeo concilium

[1] Melch Can, *de Loc. Theol.*, lib. V, c. v. — [2] Id., lib. VIII, c. v.

illud non esse regulam fidei, quia saltem ejus auctoritas infallibilis est sub opinione [1]. » Vides celeberrimum Jesuitam, qui totam de concilii superioritate quæstionem, quæque huic sunt consentanea, *sub opinione* relinquit inter catholicos variante; et quidem ipse contra Parisienses sentit, sed nullâ vel levissimâ censurâ.

De pontificiâ infallibilitate decernit graviùs : « Veritas, inquit, catholica est Pontificem definientem ex cathedrâ esse regulam fidei, quæ errare non potest..... Ità docent *hoc tempore* omnes catholici doctores, et censeo esse rem de fide certam [2]. » *Censeo :* opinionis res est. Non ità de his loquimur, quæ verè pertinent ad Ecclesiæ catholicæ fidem. Non hîc *censeo*, sed credo; nec *ego*, sed omnes. Et meritò ità Suarez loquitur, qui, cùm *omnes* ait ità credere, sed *hoc tempore*, anteriore certè tempore non ità creditum esse sensit. Non ergò notum illud obtinuit : *Quod ubique, quod semper;* quam quidem consensionem stabiliendæ fidei esse necessariam, cum Vincentio Lirinensi, omnes catholici profitentur.

Sed quid demum est, *hoc tempore?* A quanto tempore? à ducentis annis (a)? At cardinalis Cameracensis, at Gerson, at Tostatus, at Almainus, at Major, at alii innumerabiles tum in Ecclesiâ floruerunt. A centum annis ante Suarem? At, ut alios prætermittam, Adrianus VI, sanctissimus ac doctissimus, ac præthereà Summus Pontifex, patrum nostrorum memoriâ, non ità sentiebat. Vide illud, *hoc tempore,* quàm angustos habeat limites.

[1] Suar., *de Fid.,* disp. v, sect. vii, n. 11. — [2] *Ibid.,* sect. viii, n. 4.

(a) Tout ce chapitre roule encore sur un seul mot. On nous demande : Qu'est-ce que ce *hoc tempore?* quand est-ce qu'il a commencé? quelle époque embrasse-t il? La réponse est facile.

Les peuples et les Pères avoient professé, dans tous les temps, la suprématie et l'infaillibilité du vicaire de Jésus-Christ. Dans le xiv° et le xv° siècle, lorsque les scandales des antipapes et les commotions du schisme vinrent effrayer le monde, les docteurs tournèrent, pendant cette sorte d'interrègne de la papauté, leurs espérances vers le corps des évêques, et plusieurs enlevèrent en France, quoique d'une main tremblante, la supériorité et l'infaillibilité pour les conférer au concile œcuménique. La justice et la paix bannirent le trouble et l'usurpation; le légitime successeur de Pierre parut sur le trône apostolique entouré d'honneurs et d'hommages, et de droits incontestables et tout ensemble incontestés; la vérité frappa tous les regards, et l'ancienne croyance reprit son empire dans les intelligences.

Qu'est-ce donc que le *hoc tempore* de Bellarmin? à quelle époque se rapporte-t-il? Il se rapporte au xiv° et au xv° siècle, au temps du grand schisme d'Occident.

At forte aliquod judicium ecclesiasticum intervenit, quo factum sit ut jam nostro tempore id omnes credant, cùm anteà non crederent? Nullum. Laudat Suarez concilium Lateranense, sub Leone X, et ejusdem Leonis X Bullam in Lutherum, et quidem planè et confidenter, ut rem certam; cùm de concilio Lateranensi etiam Bellarminum hæsitare videamus. Bullæ in Lutherum Suarez verba ne quidem profert ulla. Affirmat quidem Lutheri propositionem xxiv, quòd hanc veritatem negaret, à Leone damnatam [1], et quidem præcisè ut hæreticam; xxiii voluit dicere, nam xxiv de conciliis agit, non de Romano Pontifice. Mendum fortasse sit. Jam ad rem ipsam. Quæ Suarez hîc ut certa supponit, falsa omnia. Falsum autem more Scholæ, nullà contumeliâ, et cum honore viri dictum volo. Falsum ergò talem fuisse Lutheri propositionem; falsum eam ut hæreticam esse damnatam; et quidem de hoc nulla dubitatio, cùm ex Lutheri allatis articulis, ne unum quidem verbum Leo absolutè condemnaverit, sed respectivè tantùm. « Hos, inquit, articulos respectivè hæreticos, aut scandalosos, aut falsos, aut piarum aurium offensivos, » etc. : quod bis terque inculcat, ne dubites.

Sed et Lutheri propositio immane quantùm à nostris abhorreat. Sic Lutherus : « Si Papa, cum magnâ parte Ecclesiæ, sic vel sic sentiret, nec etiam erraret, adhùc non est peccatum aut hæresis contrarium sentire; præsertim in re non necessariâ ad salutem, donec fuerit per concilium universale alterum reprobatum, alterum approbatum [2]. »

Quâ quidem in propositione impudens hæresiarcha multa peccabat, illud verò maximè, quòd universim Sedis apostolicæ, etiam rectè judicantis decreta de fide, usque ad concilii generalis sententiam suspendebat. Id enim multis modis falsum hæreticumque est, et à nostrâ Facultate, et ab omnibus catholicis sæpè damnatum. Nam quædam tàm clara sunt, ut statim indicasse sufficiat, qualia erant illa Lutheri immania, quibus ipsum Missæ sacrificium, adorandum corpus Domini Jesu Christi, à tot sæculis frequentatum, impiè conculcabat, aliaque ejusmodi, ab universali Ecclesiâ recepta, palam aspernabatur : quæ quidem violasse, vel

---

[1] Bull. Leon. X cont. Luth.. tom. Conc., xIV, col. 390. — [2] Ibid., col. 393.

ante pontificium decretum si tàm impium est, Romano quoque Pontifice ab excelsâ Petri Sede reclamante, quàm nefarium! Tùm illud certum est apud catholicos omnes, nostrique assiduè inculcant, non tantùm concilium, sed catholicam Ecclesiam absolutè infallibilem esse, etiam absque concilio. Sic enim Gerson et nostri : « Infallibilem esse Ecclesiam, et concilium generale illam repræsentans. » Si enim concilio tanta vis, quòd eam repræsentet, ipsam, ipsam inquam, quantâ veritatis certitudine ac luce præditam esse oportet! Quæ clerus Gallicanus secutus, Pontificis decretum non præcisè concilio, *sed Ecclesiæ consensu accendente, irreformabile* recognoscit[1]. Hæc quia Lutherus intelligere nolebat, suoque more omnia etiam optima pervertebat, ac, totâ Ecclesiâ ejus hæreses detestante, sub synodi nomine, non lucem, sed moras tempusque fallendi quærebat, omni profectò anathemate dignus erat.

Jam æquus lector judicet, an hæc Lutheri impia et nefanda, cum piorum Parisiensium doctrinâ confundi à Suare debuerint. Sed profectò si id quod vult factum est, si doctrina pontificiæ infallibilitati contraria, in Luthero jam à Leone damnata est, Suarez causâ cadit. Rogo enim, an Leonis X censuram pro ultimo judicio habeat, an non? Si pro ultimo judicio non habet, ergò causâ cadit, qui sententiam à Romano Pontifice de fide latam valere non putat. Si autem valuit, exinde jam certè, et à Leonis decreto cœperit *hoc tempus*, quo omnes jam sentire secum Suarez affirmat. Quid ergò Adriani VI ejus successoris libri Romæ recuduntur, ac pars Lutherani dogmatis, sub Romani Pontificis nomine excitatur? An fortè post Adrianum rem repentè determinavit Ecclesia? an in concilio Tridentino? an in professione Pii IV, post tridentinum concilium? Imò deditâ operâ à censurâ temperatum, resque in integro relictas luce clariùs vidimus. Quin igitur Suarez cogitabat, si vel maximè Parisienses in Luthero Leo damnare voluisset, quàm id parum valeret, quod à Tridentinâ synodo, et à Pio IV in ipsâ fidei professione, fuerit prætermissum. An aliqua posteà decreta extiterunt? nulla. Quid igitur? Sine Ecclesiæ novâ definitione, nova lux affulsit omnibus, qui

[1] *Decl. Cler. Gall.*, c. IV.

hoc tempore tecum sentiant? Id quidem gratis dicitur. Reponent alii contentione, metu, assentatione factum, ut ità consentirent; et Religiosos plurimos, eorumque nunc antesignanos tot privilegiis auctos, hanc vicem rependisse. Alii respondebunt illos sensu populari ductos esse, quo et rebus sanctis quoquo modo favere, et hæreticis quàm vehementissimè repugnare pium putant. Quid nostrà? Id liquet nihil esse certæ causæ, theologicæ quidem, cur à priore sæculo discrepemus.

CAPUT XI.

Andreas Duvallius Parisiensium de superioritate conciliorum sententiam, et Parisiensis facultatis esse agnoscit, et ab omni hæresis, erroris atque etiam temeritatis notâ absolvit. Pontificiam infallibilitatem non esse de fide, non modò asserit, sed etiam optimis argumentis probat.

Andream Duvallium, doctum virum, à Parisiensium sententiâ deflexisse, contrariamque sententiam studiosisssimè in Scholam induxisse nemo nescit. At ille Edmundi Richerii vehementissimus insectator, in his duabus quæstionibus ab omni censurâ utramque partem absolvit.

Posteà quàm editus est ejusdem Richerii libellus *de ecclesiasticâ et politicâ Potestate*, statim Duvallii responsio prodiit, sub hoc titulo : *Libelli de ecclesiasticâ et politicâ Potestate Elenchus, pro supremâ Romani Pontificis in Ecclesiam auctoritate, auctore Andreâ Duvallio;* 1612; *cum approbatione doctorum*. Quo in libro hæc leguntur : « Ex quo satìs cuivis constare potest eum (Edmundum scilicet Richerium) nondùm abjecisse erroneam illam opinionem quam in scholâ Dominicanorum Parisiensium, coram illustrissimo cardinale Perronio, nuper impudentissimè professus est : *De fide est concilium esse supra Papam*. Cujus falsitas à magno illo cardinale, validis rationibus, in amplissimis illis comitiis demonstrata est. Etsi enim Parisiensis Academia stet à partibus conciliorum generalium, non tamen proptereà unitatem cum cæteris academiis discindit, neque eorum doctores pro deviis à fide habet, aut unquam habuit [1]. » Posteà : « Etsi academia Pari-

[1] Duvall., *Elench.*, p. 9.

siensis infallibilitatem in decernendo ad concilium generale solum referat, ab eo tamen nunquàm abesse debet Pontifex [1]. » Denique : « Etsi Parisienses ad concilium generale ultimam fidei analysim referant, non tamen proptereà potestatem de fide decernendi Pontifici unquàm ademerunt, et meritò [2]. »

Vides primùm de sententiâ Academiæ nostræ, nondùm à quoquam fuisse dubitatum, quemadmodum posteà, gliscente ut fit audaciâ, factum est. Vides secundò quid erroneum Duvallius in Richerio reputaret, non certè doctrinam ejus, sed quod eam esse de fide contenderet. Summum id erat quod tùnc à nostrâ Facultate peteretur.

Idem Andreas Duvallius edidit posteà tractatum *de supremâ Romanorum Pontificum potestate, adversùs Vigorium Jurisconsultum*. Quo tractatu, quæstione : « Utrum de fide sit concilium esse supra Papam, et utrum concilium œcumenicum sit supra Pontificem, vel è contra; » apertè docet neutram harum opinionum esse de fide [3]. » Tùm : « Neutra, inquit, harum opinionum hæretica est, neutra erronea et temeraria, saltem temeritate opinionis. » Denique : « Sententia pugnantium pro conciliis non est hæretica et erronea, et in ratione opinionis temeraria. » Illud *in ratione opinionis* Duvallius addidit, ut à temeritate opinionem ipsam, non autem opinantes, quos ipse impugnabat, absolvere videretur. Sed quidquid sit de Duvallio ejusque adversariis, ipsam opinionem ab eo etiam à temeritate prorsùs absolutam esse satis superque est.

De infallibilitate sic habet : « Statuenda nobis est hæc conclusio,...... etiamsi de fide non videatur, saltem non ità evidenter constet summum Pontificem, seorsum à concilio, privilegio infallibilitatis, licèt agat ut Pontifex, gaudere, id tamen absolutè certum est et indubitatum [4], » ejus quidem sententiâ, cujus quisque eam quam voluerit habeat rationem, non ipsâ Ecclesiæ fide.

Neque tantùm dixit non esse de fide; verùm etiam probat : primùm, « quia nullibi id tanquam de fide expressè definitum

---

[1] Duvall., *Elench.*, p. 68. — [2] Id., p. 105. — [3] Id., *de Sup.*, etc., part. IV, q. VII, VIII, p. 438, 542, 550, 582. — [4] Id., part. II, q. I, p. 210, malè 102.

extat : » secundò, quòd « doctores contrariæ sententiæ, Alliacensis, Gerson, Almainus, Major, Cusanus, Adrianus VI et alii, neque in hâc parte, neque in ullâ aliâ ab Ecclesiâ sunt condemnati [1]; » et posteà : « Nusquàm in Ecclesiâ illius hæresis suspectos, convictos aut accusatos fuisse legimus. » Tertiò solvit Scripturarum et canonum textus, quibus id maximè docetur esse de fide, maximè verò illum locum *Matthæi*, XVI : *Tu es Petrus;* et *Lucæ*, XXII : *Ego rogavi;* et illum *Joannis*, XXI : *Pasce oves meas:* « ex quibus, inquit, sequitur non ità constare de fide esse, Summum Pontificem, etiamsi agat ut Pontifex, privilegio infallibilitatis gaudere [2]. » Quare Lovanienses hodiernos, qui Duvallium toties nobis objiciunt [3], ejus modestiam neminem condemnantis imitari par esset (a).

CAPUT XII.

Dominicus à sanctâ Trinitate, Carmelita discalceatus, libro Romæ recens excuso, docet pontificiam infallibilitatem aut superioritatem nullo Ecclesiæ decreto clarè definitam : quid illud sit, cùm privati doctores aliquid de fide esse dicunt, quoad se, non quoad nos ?

Id etiam perpendi velim quod, hoc ferè tempore, Romæ excusum est. Extat enim liber inscriptus : *Bibliotheca theologica*, auctore Fratre Dominico à sanctissimâ Trinitate, Carmelitâ discalceato provinciæ Parisiensis. Is de infallibilitate, postquàm eam et certam esse et ad fidem etiam pertinere, suâ quidem sententiâ, multis egit, hæc addit : « Nota me dixisse hanc nostram sententiam esse de fide quoad se. Si enim sermo sit de illâ quoad nos ; id non ausim affirmare, cùm nullibi expressè aut clarè definita, omnibusque fidelibus ad credendum proposita reperiatur : unde ab hæresi formali excusari possunt ac debent omnes doctores

[1] Duvall., *de Sup.*, etc., part. II, quæst. 1, p. 211. — [2] *Ibid.*, p. 213. — [3] *Disq.*, art. X, n. 143 ; part. I, *refut. arg.*, art. XIV, n. 139, et pass. et in *Doct. Lov.*

(a) Pourquoi s'acharner, je le demanderai toujours, à prouver une chose que personne ne conteste, savoir que l'infaillibilité du souverain Pontife n'est pas rigoureusement de foi, qu'ainsi les *Parisiens*, comme l'illustre auteur appelle les Gallicans, ne sont pas formellement hérétiques?

catholici qui contrarium docent [1]. » Hic quædam observari velim, quæ aliis quoque auctoribus exponendis conducere videantur.

Primò, ab hoc auctore apertè dici, nihil eâ de re clarè aut expressè definitum.

Secundò, inde colligi Florentina decreta, atque etiam antiquiora Lugdunensia, quæ in eam rem ab adversariis adducuntur, non haberi clara expressaque.

Tertiò, quòd ille auctor rem illam *in se* putet ad fidem pertinere, hoc est reverâ à Deo esse revelatam, etiamsi Ecclesia nondùm ut talem agnoverit : hanc quidem ipsius esse sententiam, quam sequi vel non sequi sit liberum; quemadmodùm est liberum physicam prædeterminationem aliasque huic cognatas sententias, aut eis contrarias, de gratiâ, opiniones tueri; tametsi sibi mutuò alii apertum Lutheranismum, alii merum putumque Semi-pelagianismum objiciant.

Quartò, his constat immeritò vociferari Lovanienses quosdam de summâ fidei reique christianæ agi, cùm de liberâ saltem, nec in fidei canonem vindicatâ doctrinâ agatur; eaque res, à multis jam sæculis, inter catholicos innoxiè pertractata ac disputata fuerit.

Quintò, neque fieri potest, si tanta res sit quantam volunt, ex quâ salus Ecclesiæ pendeat, ità dissimulanter ab Ecclesiâ actum esse, ut de eâ disputari in utramque partem tot sæculis permitteret; imò verò expressè ac deliberatè à censurâ temperet, uti in his quæstionibus à Florentinâ, Lateranensi, Tridentinâ synodis, Piique IV professione, factum esse constat.

Sextò, nihil enim mirum de rebus, quamvis maximis nullam interponi expressam Ecclesiæ definitionem, antequàm in controversiam adducantur; cùm Ecclesia non soleat ultrò movere quæstiones, verumque sit illud quod ait Pacianus : « Nostri nihil ultrò disputavere majores [2]; » sed motâ quæstione tam multis sæculis, si res quidem ad fidem reverâ pertinet, tantique est momenti quanti esse volunt, tùm verò tacuisse ac dissimulasse, aut nihil

---

[1] Dominic. à S. Trin., *Bibl. theol.*, tom. III, lib. III, sect. IV, c. XVI. n. 54.—
[2] Pacian. Barcin. episc., *ep.* III, tom IV *Bibl. Patr.*, p. 309.

expressum clarumque dixisse, neque etiam dicere voluisse, nihil esset aliud quàm veritatem prodidisse, atque omninò rediret illud: « Error (apertò defensus) cui non resistitur, approbatur; et veritas quæ non defensatur, opprimitur [1]. »

Hæc censores nostros et omnes viros bonos considerare volumus, atque ad exponendam Carmelitæ nostri, de Papæ superioritate, sententiam pergimus. Hæc autem sic se habet: « Quamvis Andreas Duvallius, tractatu de disciplinâ Ecclesiæ existimet istam sententiam non esse de fide, non desunt tamen alii doctores qui contrarium affirment, illamque fuisse definitam in conciliis Constantiensi et Florentino sub Eugenio IV, et Lateranensi sub Leone X. Verùm, quidquid sit, an in præfatis conciliis sufficiens quoad nos, vel adeò expressa de auctoritate Papæ supra concilium habeatur definitio, ut oppositum statim pro hæretico teneri debeat, de quo disputant aliqui doctores; duo in hâc re certa esse puto. Primo, quòd concilio generali summus Pontifex absolutè suâ auctoritate præcellat: secundò, quòd hæc sententia, si sermo sit de definitione Ecclesiæ, videatur magis ab eâ definita in præfatis conciliis quàm opposita [2]. » Quæ quàm incerta et vana sint omnes intelligunt. Certè in iis ab omni censurâ temperandum, ac veritatem pacificè, ut inter Catholicos, inquirendam, luce est clarius.

Quòd autem cum Florentinâ ac Lateranensi synodis, Constantiensem quoque pro Papæ superioritate, hic auctor, multos alios secutus, adducat, satìs ostendit quàm hæc omnia oscitanter legant.

CAPUT XIII.

Recentiorum Lovaniensium aliorumque sententia, ipso progressu immodestior et apertè nimia.

De antiquioribus Lovaniensibus, totâque adeò Lovaniensi facultate diximus, eosque nobiscum summâ ipsâ convenire ostendimus. Posteriores Lovanienses ab anonymo relati, etiamsi di-

---

[1] Pel. III, ep. ad Acac., tom. IV Conc., col. 1051. — [2] Dominic., etc., loc. cit., sect. V, n. VI.

versa à Parisiensibus senserint, an propterea in fidem peccasse eos et omnia evertisse crediderint, inquirendum restat.

Atque anonymus quidem ex Ruardo Tappero multa profert. Ego ab eo auctore, ut pontificiam infallibilitatem esse defensam fateor, ità contrariam sententiam, ullâ censurâ notatam esse nego. Ait enim : « An (Romanus Pontifex) falli possit in suâ sententiâ, quando cognoscit circa fidem et mores,...... ab annis centum quinquaginta cœptum est controverti et disputari. A tempore enim Constantiensis concilii et Basileensis, doctores quidam apud solum concilium œcumenicum docent esse infallibilis sententiæ privilegium : veteres verò scriptores, Petro et Romano Pontifici... hoc privilegium... tradunt;... ut verisimilius sit, eorum judicio, quòd nec concilio generali id conveniat, nisi nomine Petri, ejusque cathedræ auctoritate et quasi commissione [1]. » Nova certè illa est ac sanctis Patribus inaudita *commissio*. Sed si Tapperi doctrinam laudare non possumus, certè laudamus modestiam. Audis enim quàm timidè dixerit, *verisimilius*. At nunc, nisi dicamus solam Papæ sententiam omnibus prævalere conciliis, ab eoque habere concilia ut recta decidant, perdita omnia et conclamata sunt. Tantùm ab eo absunt, ut eorum quos laudant, modestiam assectentur.

Cæteros Lovanienses, qui Patrum nostrorum ætate vixerunt, à censurâ ferè temperasse comperio. Refertur ab anonymo Joannes Wiggers, postremis temporibus pro pontificiâ infallibilitate pugnans; atque hic: « Tenetur, inquit, communiter à catholicis, ità ut opposita sententia habeatur improbabilis. » Mentem ejus audio : censuram non audio. *Improbabilis* in Scholâ vox innocua, quæ utrinque jactatur. *Communiter*, quid importet, infrà explicabimus : certè à censurâ procul abest. Alibi idem Wiggers ait : « Pontificem, ut Pontificem, errasse unquàm, manifestè falsum; et oppositum ità certum, ut ab aliquibus habeatur de fide [2]. » Audi *ab aliquibus*. Hæc anonymus *Doctrinæ Lovaniensium* auctor, ex Joanne Wiggers protulit, subditque: « Siquidem de fide est, nullum omninò Pontificem, ut talem, errasse, definiendo aliquid

---

Tapp., *Orat. theol.*, III, *Doct. Lov.*, art. 1, p. 6, 7. — [2] Wigg., *de R. P*, dub. v, n. 177. *Doct. Lov.*, p. 39.

contra fidem. » At testis quem adduxeras, tantùm *ab aliquibus haberi de fide* dixerat, tu autem absolutè *de fide esse* decernis. Sic ubi non ratione, sed impetu agitur, sine more modoque verba exasperantur, exacuuntur iræ. Quod heri *improbabile* tantùm, hodie exitiosum schismaticumque habetur ; quod heri *ab aliquibus* timidè, id omninò Ecclesiæ limine arcendum hodie proponitur.

Quid verò Stapletonus de eâdem quæstione relatus in *Doctrinâ Lovaniensium?* « Vera, inquit, sententia est Romanum Pontificem de fide decernentem, hæreticum dogma non posse tradere. Hæc veritas est nunc apud catholicos certa et recepta [1]. » Audis nunc. Sic modò à Suare audivimus, *omnes hoc tempore.* Nos autem ibi diximus, quàm illud *hoc tempore*, infringat illud *omnes ;* addidimusque quàm sit debile, cùm rem ducentis annis saltem liberam ac dubiam, nullo interposito Ecclesiæ decreto, repentè theologi de fide facere volunt : quasi in eorum manu atque sententiâ fides Ecclesiæ verteretur. Nunc ad Lovanienses redeamus.

De superioritate graviùs quàm de infallibilitate statuunt. Joannes enim Wiggers : « Quòd Papa sit concilio superior, conclusio certò tenenda, utpote fidei proxima, et quæ ab omnibus penè communiter teneatur [2]. »

Quid sit illud *fidei proximum*, decretum scilicet ad arbitrium, nota ad libitum, ac nullâ certâ ratione prolata, jam suprà diximus. Quod autem hîc addit, *ab omnibus penè communiter*, dubii, vacillantis, neque quid dicat certò statuentis oratio est.

Graviùs Stapletonus : « Dicere quòd generale concilium sit supra Papam, opinio planè est erronea, qualem hæretici sustinerent [3]. » At is, Bellarmino ipso asperior, nimiâ ac præposterâ asseveratione sibi fidem detrahit. Quod enim Bellarminus, *ferè de fide*, is ità de fide censet, ut contrarium sit erroneum ; et addit immodicè sæviens, *quale hæretici sustinerent :* tot sanctis doctisque viris non modò insuper habitis, sed etiam cum hæreticorum

[1] Stapl., *Relect. Schol.*, contr. III, q. IV, art. unic.; *Doct. Lov.*, p. 29. — [2] Wigg., *de Conc.*, dub. III, n. 75; *Doct. Lov.*, p. 29. — [3] Stapl., *Controv.* VI, q. III; *Doct. Lov.*, art. II, p. 62.

fæce permixtis. Et Bellarminus quidem de superioritate Papæ
leviùs, graviùs de infallibilitate decernit; illi enim superioritas
est *ferè de fide* : de infallibilitate opinio negans *videtur erronea
et hæresi proxima*. Contrà Lovanienses isti de superioritate aspe-
riùs, de infallibilitate leviùs statuerunt; Adriani, credo, sui memores, cujus contra infallibilitatem expressa sententia, vel erat
notior, vel auctoritate gravior habebatur. Utcumque est, varios
illos animorum motus, nullâ exactâ certâque ratione firmatos,
procul à fidei rectitudine amoliri nos oportet.

Quare nec moveri debeat qui viderit Scholasticos posterioris
ævi, ex quo maximè cum Lutheranis decertari cœptum est, dùm
ab iis quàm maximè dissentire, et pontificiam majestatem tantis
eorum conviciis oppugnatam, quàm maximè amplificare atque
exaggerare pium putant; alia aliis, quasi certatim addidisse.
Passim enim eos videas catholicis nostræ sententiæ defensoribus
imputare, quòd non satis à Luthero aliisque pestibus abhorreant.
Ità dùm metuunt, ne non satis credantur abhorrere à Luthero
aut ejus asseclis, id agunt ut non modò Lutherum, sed etiam alii
alios supergressi esse videantur. Quare cùm quis dixerit : *Ferè de
fide;* alius *omninò esse de fide* addet: cùm quis : *Aliquibus de
fide;* superveniat qui *absolutè de fide esse* decernat. *Videtur erroneum*, ait ille; existent qui *erroneum planè* statim pronuntient.
Ita antiquiores modestiores fuere; verùm increscente, ut fit,
motu, recentiores, Christianus Lupus (a) Lovaniensis, quem alioquin honoris causâ nominatum volo; anonymus, Nicolaus Dubois; aliique adeò exarserunt, ut sibi quoque fidem demant.
Dominus verò Strigoniensis suum illud, *detestabile et schismaticum*, totis intentat viribus. Quin etiam ex Italiâ extitit Nicolaus
Cevoli (*b*), Comes Patricius Romanus, qui asserat, « Propositiones

---

(*a*) Christianus Lupus seu Wolf, Yprensis, Ordinis Eremitarum S. Augustini,
vir plurimæ doctrinæ et exquisiti judicii, in hoc uno reprehendendus esse videtur, quod cùm sit in opiniones Ultramontanas propensior, quæstiones quæ vulgò
ab Ultramontanis defenduntur, non eo animo sedato leniquo tractat, quo cæteras solet.

(*b*) Nicolaus Cevoli suo libro titulum hunc magnificum juxtà et ridiculum
fecit : *Antigraphum ad clerici Gallicani de Ecclesiasticâ potestate Declarationem,
optimo, maximo summoque Pontifici, Christi Vicario Innocentio XI, Urbis et Orbis
Domino, cœlorum, terrarum, inferorumque janitori unico, fideique oraculo infal-*

cleri Gallicani, ad unam omnes, ex *Institutionibus* Calvini esse desumptas ac planè hæreticales : episcopos, qui ipsas firmaverunt, uti hæreticos et schismaticos, non solùm esse extra Ecclesiam, sed etiam ipso facto caruisse jurisdictione episcopali, et ab omni communione evitandos esse, imò et comburendos [1]. » Cujus quidem viri intemperias ne memoratu quidem dignas esse censerem, nisi ipse, cùm argumentis nihil probet, certò argumento esset, supra omnem modum moremque inflari et exaggerari omnia, ubi falsa pietas zelusque præposterus imperitos animos occuparunt.

CAPUT XIV.

Quanta sit Scholasticorum auctoritas, ex Melchiore Cano constituitur, atque hinc efficitur ab omni nos erroris notâ esse liberos.

Quæret aliquis, an recentiores qui hoc sæculo scripserint, contemnamus, cùm ab eorum auctoritate discedimus. Equidem contemno neminem, et à Prophetâ admonitus, ità *veritatem* quæro, *ut pacem* colere cum omnibus velim. Cæterùm id apertè incunctanterque profiteor, fore ut in gravissimos errores impingat, qui non omnia sæcula totamque traditionis seriem mente complexus, recentioribus se addixerit : sed hæc aliàs. Nunc, ne quid arroganter dicere videar, Melchior Canus, Scholasticis certè haud iniquus, prodeat in medium, qui de Scholasticorum auctoritate decernat.

Sunt autem ab eo constituta quædam quæ gradatim geometrico ferè more, à nobis explicari debent, non quidem eo ordine quo sunt ab ipso tradita, cùm ille hæc toto opere, prout instituti sui ratio postulabat, hàc et illàc fuderit; nos autem aliò spectare oporteat.

Jam ergò ante omnia ponatur divisio, quæ statum quæstionis aperiat, nempè hæc : aliud esse Scholæ opinionem communem, aliud Scholæ placitum, decretum sive, ut alibi vocat, dogma,

---

[1] Cevoli, *Antiq.*, etc., p. 184 et seq.
libili, humiliter dicat, consecrat, præsentat Nicolaus Cevoli ex Marchionibus de Carretto, etc. (Edit. Leroy).

firmumque judicium : quæ divisio apud Melchiorem Canum ubique diffusa invenitur, maximè verò libro VIII, quo reprehendit quosdam qui errent « in eo, quòd Scholæ opiniones à certis constantibusque decretis non separant [1]. » Hoc autem etiam ad communes Scholæ opiniones pertinere sequentia docent : « Non disputo nunc, Scholæ communis opinio verane an falsa sit; sed id ago..., scholasticas opiniones oportere à decretis sejungere. »

Divisionem sequuntur definitiones duæ. Opinio versatur in his quæ non pertinent ad fidem : decreta verò in his quæ ad fidem pertinent. Hæc perspicua ex sese, ex iis quæ sequuntur patebunt clariùs. His ergò positis, propositiones explicandæ.

PRIMA. Nihil necesse esse sequi plurimorum opinionem, neque etiam communem, neque etiam omnium : quæ propositio tres habet partes.

Quoad plurimos attinet : « In scholasticâ, inquit, disputatione, plurium auctoritas theologum obruere non debet; sed si paucos viros, modò graves, secum habeat, poterit sanè adversùs plurimos stare : non enim numero hæc judicantur, sed pondere [2]. »

De communi opinione non Scholasticorum tantùm, sed etiam Patrum, ità decernit : « Si non quævis illorum (Patrum scilicet) etiam in re gravi, communis opinio fideles astringit, sed firmum constansque judicium; ecquid de recentioribus Scholæ theologis dicere nos oportet, quos veteres illi longè, et vitæ merito, et Scripturarum usu, et auctoritatis pondere superarunt [3] ? »

Quare eodem loco quæstionem illam tractans : « An Matrimonium sine Ecclesiæ ministro contractum, sit verè et propriè sacramentum, » cùm ille pro ministro pugnet, ac sacramentum esse neget, sibi quidem objicit doctorum multitudinem ab ipsius sententiâ abhorrentem; tum hâc responsione se tuetur : « Ostendam ergò primùm opinionem illam communem esse, non Scholæ dogma firmumque judicium [4]. » Ac paulò post : « Si Thomistæ omnes cum Scotistis existant, si cum antiquis juniores velint contra me pugnare, tamen superior sim necesse est. Non enim, quemadmodum nonnulli putant, omnia sunt in theologorum aucto-

---

[1] Melch. Can., lib. VIII, c. V, p. 320, 329. — [2] Ibid., c. IV, p. 317. — [3] Ibid., c. V, p. 320. — [4] Ibid., p. 323, 324.

ritate : est quædam tamen ità perspicua veritas, ut eam infirmare nulla res possit. »

Idem tamen in re gravi temerarium esse docet ab omnium omninò consensione recedere. Sic enim loquitur : « Ex auctorum omnium scholasticorum communi sententià in re quidem gravi, usque adeò probabilia sumuntur argumenta, ut ullis refragari TEMERARIUM sit [1]. » Vide quid efficiat, ubi de opinione agitur. Concors sententia theologorum omnium efficit scilicet probabile argumentum tantùm, quod contemnere sine temeritate non possis : sed ità, si sit omnium in re quidem gravi, concors sententia.

Hæc ille de opinione : sed quâ notâ internosci possit ab opinione decretum, sic exequitur.

SECUNDA PROPOSITIO. Cùm ex definitione decretum versetur in his quæ pertinent ad fidem, opinionis nota est, ubi non adscribitur illud, « hæreticum, erroneum, aut id firmiter catholicis amplectendum, aut aliquid simile [2]; sed id quoque oportet ex certo judicio, non ex opinione dicatur. Nam

TERTIA PROPOSITIO est : An aliquid sit de fide, ad quæstionem et opinionem pertinere potest. Unde emergit

QUARTA PROPOSITIO. Certa nota est aliquid tradi, ut quod sit verè de fide, neque in quæstione et opinione versetur, « si expressè et propriè à fidelibus firmiter credendum, aut tanquàm dogma fidei catholicæ accipiendum dicatur; vel aliis similibus verbis, aliquid esse Evangelio doctrinæve apostolorum contrarium dicatur. Dicatur, inquam, non ex opinione, sed certo et firmo decreto. » Ergò et illud *de fide est, hæreticum est, erroneum est*, ex opinione dici potest; neque tùm quæstio statim transfertur ad Scholæ decretum, sed intra opinionis lineam continetur. Exemplum affert : « Licèt enim Durandi (a) opinio reprobetur,

---

[1] Melch. Can., *ibid.*, c. IV, p. 317. — [2] *Ibid.*, c. V, p. 324.

(a) Is est episcopus ille Mimatensis, canonistarum VIII sæculi facile princeps, qui *Speculator* dictus est, edito nempe libro, cui titulum fecerat : *Speculum Juris*. Observandum est Durandi nomen, in allegatâ Decretali nusquàm reperiri, et hanc esse damnatam propositionem : « Quia Pagani circa plures insimul feminas affectum dividunt conjugalem, utrùm post conversionem omnes, aut quam ex omnibus volunt retinere valeant, non immeritò dubitatur. » (*Edit. Leroy*).

capite *Gaudemus, de Divortiis* : sed qui dixit : *Verùm absonum hoc videtur, et inimicum fidei christianœ,* (quæ verba sunt Decretalis) is noluit hæreseos illum condemnare : verbum enim VIDETUR, judiciorum infirmat certitudinem [1]. »

Quod hîc de conciliorum summique Pontificis sententiâ dixit, alibi ad privatos doctores meritò confert; ac jam audivimus ità de beato Thomâ disserentem : « Cùm dixerit VIDERI, hoc ipsum sensisse quòd dixerit, VIDERI modò, non etiam oportere [2]. »

Quare quos audimus dicentes : *Existimo, censeo, videtur esse de fide, vel mihi, vel aliquibus est de fide,* quæ in hâc quæstione, etiam posterioris ævi doctorum pars longè est maxima, eos, auctore Cano, ex opinione, non ex certo firmoque judicio dixisse scito; et cùm res opinionis sit, valere nimirùm ea, quæ de opinione diximus.

Non tamen sufficit, ut aliqui, vel multi, vel unius ætatis etiam plurimi, majore fortè confidentiâ quàm doctrinâ, absolutè certòque dicant : *De fide est, erroneum est, hæreticum est.* Sed

QUINTA et ultima PROPOSITIO, quam ex Cano depromimus, hæc est : « Concordem omnium theologorum Scholæ, de fide aut moribus sententiam contemnere, si hæresis non est, at hæresi proximum est [3]. » Et alibi apud eumdem : « Si scholastici theologi aliquam itidem conclusionem firmam et stabilem uno ore omnes statuerint, atque ut certum theologiæ decretum fidelibus amplectendum constanter et perpetuò docuerint, illam ut catholicam veritatem fideles sanè amplectemur [4]. »

Vides quæ certa, fixaque et inviolata theologiæ decreta sint, in ea consentire debere firmam stabilemque ad perpetuam scholasticorum omnium, non ex opinione, sed ex certo firmoque judicio profectam sententiam. Quâ ex re confirmatur id quod sæpe diximus : qui ità concludunt, *nunc,* vel, *hoc tempore omnes Scholastici ità sentiunt,* ab his suam quoque enervari statim infirmarique conclusionem : ut exinde constet id, quod statuunt, ad hæresim aut errorem in fide minimè pertinere posse; cùm vel hinc, ipsis quoque testibus, traditionem certam ab eorum

---

[1] Melch. Can., *ibid.* Vid. Decr. Greg. IX, lib. IV, tit. IX, c. VIII. — [2] Can., ib. VIII, c. V, p. 321. — [3] *Ibid.,* c. IV, p. 318. — [4] *Ibid.,* lib. XII, c. VI, p. 492.

sententiâ abesse constet. *Fides* enim *non est temporum*, ut aiebat ille præclarè, *sed Evangeliorum*.

Quæ quidem à me dicta sunt, ut sæpe monui, eo rerum statu, quo nullum novum interpositum est Ecclesiæ decretum, ad antiquam traditionem clariùs et expressiùs declarandam. Qui enim in quæstionibus, quales nostræ sunt, quæ à trecentis ferè annis inter catholicos agitentur, nullâ ejusmodi auctoritate ducti, ad novas censuras repentè prosiliunt, eorum profectò numero sunt. quos dicebat Canus, « de rebus gravissimis temeritate quâdam, repentino quasi vento incitatos, ferre sententiam [1]: » qui quidem quò vehementiùs alios condemnarint, eò profectò luculentiùs, non in illis hæresim vel errorem, sed in seipsis temeritatem, inscitiamque produnt.

Quare, his positis, omni ratione pervicimus, nos ab omni ejusmodi censurâ planè absolutos esse. Quadruplici enim veluti gradu tuti invictique consistimus. Primus est : tantùm abest ut motâ quæstione concors fuerit adversùm nos ac perpetua et stabilis Scholasticorum omnium sententia, ut attentâ quidem universâ temporum serie, non tantùm auctorum gravitate, verùm etiam numero, superiores simus : neque tantùm privatos doctores innumerabiles, verùm etiam theologicas Facultates multas, easque celeberrimas, decreto quoque facto, consentientes habeamus. Hoc primum. Alterum : tantùm abest ut motâ quæstione, Ecclesia congregata ipsique Pontifices judicium interposuerint suum, ut potiùs consultò à judicando saltem temperarint, resque integras reliquerint. Tertium : ex eo consequens est, ut si privati doctores posterioris ævi, consultò tacente Ecclesiâ, censorias notas vel maximè adhibuissent, non nisi temerariæ præcipitesque haberi possint. Postremum : nequidem id fecerunt, certo judicio concordique sententiâ, sed his planè verbis, quæ opinionem, non autem firmum decretum indicent.

Jam verò cùm certa pro nobis, atque omni auctoritate firmata, synodi Constantiensis decreta proferemus, quinta quæstio erit : quo illi loco sint, qui tantæ auctoritati contradicant? Sed eam

---

[1] Can., lib. VIII, c. v, p. 320.

quæstionem ad aliam hujus operis partem reservamus. Ilic nos tutos esse probasse sufficiat.

Cæterùm cùm Melchioris Cani proferimus auctoritatem, non proptereà omnia, quæ hæc tractando, magnificè de scholasticis doctoribus edixerit, à nobis comprobata esse volumus, quale est illud : « Scholæ auctoritate res plurimas ab Ecclesiâ esse definitas [1]; » cùm potiùs videatur dicere debuisse, perpetuæ traditionis auctoritate definitas fuisse : cujus traditionis Scholæ doctrina, pars aliqua haud quidem contemnenda fuerit. Neque magis probamus illud : « Omnes simul Scholæ theologos, uti retulimus, errare non posse;... quòd eorum error, error esset Ecclesiæ, utpote, cùm ad decernendum hujusmodi res, non alios Ecclesia quàm theologorum oculos habeat, qui si fallerentur, totum Ecclesiæ corpus, in suo facerent errore versari [2]. » Quasi episcopi, veri Ecclesiæ doctores à Christo instituti, nihil ipsi per sese sapiant et intelligant; aut Scholastici tantùm, non autem vel maximè, qui in publicâ Ecclesiæ cathedrâ, verbum divinum catechismumque tradant, audiendi sint : quæ et alia quo sensu probanda, vel intelligenda sint, in medio relinquimus. Id unum contendimus, ut illius quoque, qui Scholasticis plurimùm tribuat, calculo, à quorumdam Scholasticorum censuris tuti et illæsi simus.

CAPUT XV.

Aliæ notæ : quæ ad fidem pertinent paucis diluuntur : sapiens hæresim, malé sonans, periculosum in fide quid sit: schismaticum à D. Strigoniensi inustum, sed ne hujus quidem nominis significatione perspectâ.

Noster quidem Gerson, quo auctore à nostrâ Facultate multas, easque accuratas, et ad regulam exactas censuras esse editas, omnes consentiunt, de censurarum notis, multis libris agit. Sed in eo libro maximè, cui est titulus, *Declaratio veritatum quæ credi debeant* [3]. Quo loco, post hæretici erroneique notas, docet propositionem quæ hæresim sapiat definiri posse eam, « ex cujus concessione, coassumpto aliquo, quod non potest rationabiliter

---

[1] Can., lib. VIII, c. v, p. 319. — [2] *Ibid.*, lib. XII, c. vi, p. 493. — [3] Gers., tom. I, p. 22, 23.

negari, sequitur hæresis. » Talis esse videretur hæc propositio : *Gregorius Magnus non fuit Papa*. Assumpto enim eo, quod non fide quidem sed aliunde certissimum est : *Gregorius Magnus ritè fuit electus in Papam;* sequeretur eum qui canonicè in Papam sit electus, non esse Papam, quod esset hæreticum. Unde existit illud, *sapiens hæresim*, in eâ propositione, *Gregorius Magnus non fuit Papa;* quam definitionem à Gabriele Biel (a) Gerson deprompsit integram [1]. Totum verò illud, *sapiens hæresim*, à nostrâ sententiâ excluditur, cùm illud *coassumptum*, quod licèt non fide certum, alioqui evidens per se sit, nequidem fingendo excogitare quis valeat.

Malè sonans in fide, quantùm capio, haud facile secernas ab eo quod *sapit hæresim* sive errorem; sed ut id quod *sapit hæresim* ad gustum quemdam, ità id quod *malè sonat*, magis refertur ad aures : quòd cùm subtiliter apud te pensitaveris, in idem recidere facilè comperies; quanquàm *malè sonans* à Melchiore Cano confunditur cum eo, quod sit *piarum aurium offensivum* [2], de quo dicemus posteà.

Neque ab iis multùm distat istud quod *periculosum in fide* dicitur : cujus quidem notæ insigne exemplum habemus in censurâ Vernantii nostræ Facultatis, 24 Maii 1664. Erat hæc Vernantii propositio : « Si Papa non est infallibilis in Scripturis interpretandis, nostra fidei professio mutanda est, neque dicendum ampliùs nos sanctam Ecclesiam catholicam et Romanam credere [3]. » Quæ propositio, quoniam ea quæ fide certa essent, cum incertis dubiisque implicabat, remque fidei solâ opinione fundabat, ipsa fides in periculum vocabatur; quippè quæ cum opinione in ejusdem casûs consortium trahi posset. Atque id sacra Facultas cùm intelligeret, præclarè pronuntiavit : « Hæc propositio est falsa,

[1] Gabr. Biel., in IV *sent.*, dist. XIII, q. II, art. III, dub. 1. — [2] can., lib. XII, c. XI. — [3] Vid. d'Argentré, etc., Vern. *Def.*, etc., p. 247.

(a) Gabriel Biel, savant scholastique, enseigna longtemps la philosophie et la héologie à l'université de Tuhingue, qui nous a donné le plus grand théologien de ce siècle, l'illustre auteur de la *Symbolique*, et qui compte encore Hefele et Kuhn parmi ses professeurs. Gabriel Biel a publié des *Commentaires* sur les livres des *Sentences* et une *Exposition du Canon de la messe*, etc. — Notre auteur vient de dire : « Gerson a pris cette proposition dans Gabriel Biel; » c'est, au contraire, Gabriel Biel qui l'a prise dans Gerson. Mille négligences nous disent partout que Bossuet ne destinoit pas la *Défense* à la publicité.

temeraria, scandalosa, periculosa in fide. » Quam censuram incurrunt nunc, qui primatûs fidem totamque Ecclesiæ catholicæ auctoritatem, cum eâ quam imbiberunt opinione, connectunt.

Jam profligatis iis quæ nostram fidem incusent, facilè efficiemus, ut illo schismatici elogio, quod Dominus Strigoniensis iratus effudit, nihil quidquam sit inanius. Et quidem doctrinam nostram contra potestatem indirectam, non modò Perronius cardinalis, sed etiam, eodem teste Perronio[1], ipse Bellarminus hujus potestatis propugnator acerrimus, absolvit ab anathemate. « Cæterùm, ait Perronius, ipse Bellarminus monet id quod de Pontificis in temporalia potestate indirectâ docet, non à se haberi ut fidei doctrinam, aut sub pœnâ anathematis et excommunicationis à fidelibus tenendam. Quare hæc omnia communioni ecclesiasticæ sanciendæ impedimento esse non possunt; » certissimèque constat à Domino Strigoniensi inustam schismatis notam, ne illius quidem definitione perspectâ.

Primùm enim schisma separationem sonat; quare schismatis nomen sponte corruit, ubi nulla separatio est. Atqui clerus Gallicanus, neque se à quoquam, neque quemquam à se separat : ergò schismatis nomen, ipsâ nominis significatione statim vacat. Si autem vacabat in nos, necessariò recidebat in auctorem; cùm procul dubio sit ipse reus schismatis, qui pacificis ac fratribus schismatis crimen intentat. At enim ejus nomine respondebunt : Vos Galli nondùm schismatici, sed propositiones vestræ schismaticum virus instillant. — Quo pacto? — Ideò certè quia ad separationem inducunt. — At quâ in re? In doctrinâ scilicet, cùm res doctrinæ sit. — An ergò docemus rem à communi omnium fide abhorrentem ? Id si ità est, jam non schisma, sed hæresis aut error est, quod cùm nec ipse dixerit, certè schismatis nomen, nullâ re nixum, inane esse docet. An forte schismatici sumus; quòd de doctrinâ necessariâ litigamus? Atqui ne litigamus quidem; nostra proponimus; ab omni contumeliâ et censurâ temperamus.

Ecclesiæ antiquitùs aliæ alias Scripturas admittebant : non easdem omnes. Erant qui *Epistolam ad Hebræos*, erant qui *Apocalypsim* respuerent, et in iis quidem à Romanâ Ecclesiâ dissenti-

[1] *Repl. de Dupe.*, p. 543, edit. 1622.

rent : nullum tamen erat schisma, quod innocuè et citra cujusquam injuriam dissiderent, neque alii alios condemnarent; quæ longè profectò gravioris momenti, quam hæc nostra erant.

Nostri certè episcopi neminem condemnarunt. Si verò schismatici sunt, ideò quòd non laturi esse videantur, apud nos doceri suis decretis contraria; jam sunt schismatici, qui in aliis regionibus nostra proscribunt, aut verò condemnata ea esse, demonstrare oportet. Quod tu si crederes, non jam schismaticos, sed hæreticos nos diceres.

Summa sit. Duo sunt quæ in Declaratione Gallicanâ proponuntur : alterum communis omnium fides de primatu Petri; alterum sententia Parisiensium et Ecclesiæ Gallicanæ, quam à synodo Constantiensi et antiquâ traditione manasse arbitramur. Sanè cùm fidem proponere aggredimur, ea tantùm producimus, quæ omnes catholici uno ore suscipiunt. Neque verò aliter egit Dominus Strigoniensis, in eâ quam cum ipsâ censurâ edidit fidei professione solemni. « Profitemur, inquit, atque spondemus sanctæ Romanæ Ecclesiæ, quæ unica est, perpetuò adhæsuros, neque ab ejus institutis totius orbis consensu approbatis, ubique florentibus ac dilatatis, quovis prætextu discessuros[1]. » Non ergò privatas sententias adducat, oportet, qui fidem profitetur; sed quæ totius orbis consensu approbata, ubique florentia ac dilatata sint.

At dices : Quid ergò additis alia? Addimus quæ utilia Ecclesiæ, quæ familiaria nobis, quæ posteris profutura : addimus quæ primatum ipsum, atque amplitudinem Romani Pontificis firment, invictamque et in animos suaviùs influentem præstent; sed ea asserentes, condemnamus neminem; veritatem pariter pacemque diligimus.

Exploso schismatici titulo, *illud absurdum et detestabile* Domini Strigoniensis, quippè quòd plus irarum quàm censurarum habeat, omittimus. Nihil enim videtur dixisse, qui cùm nihil perspicuum haberet dicendum, vagâ confusâque sententiâ detestabilem esse doctrinam effutiit eam, quam fidei repugnare nec ipse diceret.

[1] *Cens. Strig., in Vind. Schol.,* etc.

LIBER TERTIUS

QUOD DECLARATIO GALLICANA AB OMNI CENSURA IMMUNIS SIT, EX IPSO STATU QUÆSTIONIS DEMONSTRATUR.

CAPUT PRIMUM.

Adversarii falsa imputant Parisiensibus, ac pessimè constituunt statum quæstionis : anonymus auctor tractatûs de Libertatibus Ecclesiæ Gallicanæ *: Papæ suprema potestas et monarchia ecclesiastica à Gersone et aliis Parisiensibus agnita : Constantiensis concilii loci à Cajetano et aliis objecti : an recursus ad concilium in extraordinariis casibus supremam Papæ impediat in ordinariis casibus potestatem?*

Animadverti eos, qui antiquam Parisiensium sententiam, eique congruam cleri Gallicani Declarationem censoriis configunt notis, id facere ex conceptis de hoc dogmate falsis opinionibus, quos proinde, constituto statu quæstionis, facilè refellemus.

Atque ille quidem, qui *de Libertatibus Gallicanis* scripsit anonymus, quæstionem de conciliorum potiore potestate itā constituit : « Sed quæstio est, penès quem sit suprema potestas, an penès episcopos sine summo Pontifice, an penès summum Pontificem sine episcopis, dùm invicem distinguuntur[1]. » Quare toto libro v, quo hanc quæstionem tractat, ubique profitetur agere se de concilio, à quo Summus Pontifex ejusque legati absint. At profectò constat non in eo positam quæstionem : an Papa concilio subsit ei, quod sine ipso congregetur : quæ specialis est controversia tractata ab Orientalibus, tempore concilii quinti, congregati sine Vigilio; sed an Pontificis decreta de fide aliisque hujus generis rebus, ea sint quæ à synodo retractari possint, atque interdùm debeant; et an congregato, ut nunc ordinariè canones jubent, ejus auctoritate concilio, ipsius, an Patrum ac sacri consessûs sententia prævaleat.

[1] Anon., *de Libert.*, etc., lib. V, c. V, VI, XI, XV, XVI, et pass.

In eodem errore versatus est Emmanuel Schelstratus ac cæteri passim, qui intelligunt ejus tantùm à nobis asseri concilii potestatem, quod seorsim à Papâ fiat. Quo uno clarum est, à toto quæstionis statu aberrare eos, eorumque argumenta, censuras, tractationes universas in irritum cadere.

Sanè apud omnes constat, certis quidem in casibus extraordinariis concilium absque Papâ congregari posse; idque non modò in schismatis casu, si Papa sit dubius, sed etiam extra schisma, si sit hæreticus, si detentus, si mente captus, si apertè simoniacus, si ea moliatur quibus universam pessumdet Ecclesiam, aliis denique in casibus, *qui dilationem remedii non paterentur*, quos casus evenire posse, theologi canonistæque omnes, et ipse etiam agnoscit anonymus [1]; atque iis in casibus, Papæ concilium anteponi oportere nemo diffitetur. Quorsum enim attineret concilium absque Papâ fieri, nisi auctoritas concilii prævaleret? Rursus autem confitemur generale concilium absque Papa congregatum, nisi id ipsa necessitas expresserit, ipso jure esse nullum, ut iis de rebus litigasse, nihil aliud sit, quàm operam ludere et aliis invidiam conflare voluisse.

Sunt alia quæ nobis imputent æquè falsa. Primùm negari à nobis, eam quâ Romanus Pontifex, Christo auctore, gaudeat supremam in Ecclesia potestatem, ac monarchicum Ecclesiæ Romanæ statum, sive ut Patrum magis utamur vocibus; illam perfectissimam unitatem, in quam Ecclesiæ administrandæ ratio tendere ex Christi instituto debeat. Hoc primùm nobis imputant; tùm illud ex eo profluens, nullum à nobis poni controversiis

---

[1] Anon., *ibid.*, c. v, n. 13.

(*a*) Tous les catholiques, ceux qui attaquent les prérogatives du saint Siége comme ceux qui les défendent, reconnoissent que le concile ne peut exister sans le Pape, puisque le Pape doit convoquer, présider et confirmer le concile. Mettez d'un côté six cents évêques contre le Pape, de l'autre cent évêques avec le Pape : là, vous aurez un conciliabule destitué de toute autorité ; ici, vous serez obligé de reconnoître un véritable concile revêtu du pouvoir souverain. Donc, point de concile sans Pape : par conséquent, point de concile au-dessus ni à l'encontre du Pape. Le Pape et les évêques réunis en concile forment un seul corps : pourquoi séparez-vous le chef des membres ? Le successeur de Pierre et ses *frères* sont unis *comme le Père et le Fils* : pourquoi les divisez-vous ? Ah! pourquoi brisez-vous les liens de foi et de charité que le souverain Pasteur a jetés autour de son bercail ?

oborturis finem, nisi concilio generali congregato totoque orbe commoto; quod cùm sit difficillimum, ac sæpe ne possibile quidem, hînc dari hæreticis grassandi, et omnia perturbandi locum. Denique addunt, si fieri possit, id quod Parisienses asserunt, Romanum Pontificem de fide decernentem aliquando falli, etiam fieri posse, ut quæ catholica fides et Ecclesia est, non eadem semper Romana fides et Ecclesia sit. Ea verò esse quibus maximè moveantur, et quibus libros impleant, qui bonâ fide agat, nemo negaverit. Atqui ea ne objicerent quidem, si vel statum quæstionis cogitare vellent.

Supremum enim illud, ut inde ordiamur, ex concilio maximè Constantiensi repetendum putant. Vel Cajetanum audi contra nostros disputantem. Statim fundamenti loco ponit illud [1], in Constantiensi synodo per Martinum V ità definitum : « Papa supremam habet auctoritatem in Ecclesiâ Dei [2]. » Cui est geminum illud; ab eâdem synodo in Viclefo damnatum, et à Martino V, approbante synodo, repetitum : « Non est de necessitate salutis credere Romanam Ecclesiam esse supremam inter alias ecclesias, » Idem urgent omnes, et eo maximè argumento Nicolaus Dubois Declarationem Gallorum oppugnat [3].

Optimè interim, quòd ex eâ synodo maximè argumentantur, quam maximè auctorem secuti sumus. Neque immeritò ex eâ synodo supremæ auctoritatis vocem ac titulum constabilitum volunt, qui in eâ synodo primùm appareat. Res enim ipsa antiqua; sed prima, quod sciam, synodus Constantiensis fuit, quæ supremæ auctoritatis adhibitâ voce, Romanæ Ecclesiæ primatum commendaret. Hinc nostrum postulatum, ut ex eâ synodo, supremum illud interpretemur, in quâ primùm fuerit summâ auctoritate proditum. Hîc jam adversarios trepidare videas. Satis enim sciunt synodum Constantiensem eam esse, quæ apud ipsas malè audiat, quòd consiliorum faveat auctoritati; sed profectò necesse est, vel omnia jura conturbent, vel eo utantur judice quem ipsi elegerint.

[1] Cajetan., *de Auctor. Pap.*, c. 1; post tom. III *Comm.* in *Summ.* S. Thom.; n. 6. — [2] Bull. Martin. V *Inter cunctas*, tom. XII *Conc.*, col. 265. — [3] *Disq.*, art. IV, pag. 21.

Nos inquiunt, non protulimus sessionum IV et V decreta, quæ concilium Pontifici anteponunt : nondùm enim omnes obedientiæ convenerant. At nihilo magis convenerant sessione VIII, cùm illud in Viclefo damnatum est : « Romana Ecclesia non est suprema inter alias Ecclesias. » Una tam convenerat Joannis XXIII obedientia quæ sessionum IV et V edidit canones, quos pertimescitis. Certè sanctam synodum tam citò à sententiâ discessisse, atque à sessione V ad sessionem VIII tantam rerum esse conversionem factam, nec vos ipsi creditis. Ergò suprema illa auctoritas Pontifici attributa, cum eâ quam Constantienses conciliis asserunt auctoritate, non repugnat. Illud tamen omittamus : sessionum IV et V decreta in alium locum differamus. At certè adversarii non negabunt in sessione V ità intelligendam esse supremæ auctoritatis vocem, ut sessione VIII explicata est; atqui in sessione VIII ità explicatum est supremam esse Ecclesiam Romanam ipsumque Pontificem, « quatenùs primatum habet super omnes ecclesias particulares. » At fortè Cajetanus ne eum quidem locum, tametsi est à Martino V apertè comprobatus, proferre voluerit : obscurus, ambiguus nimisque conciliaris est ille locus. Audiamus ergò tandem quid ex Martino V prolatum voluerit. Nempe id in Bullâ *Inter cunctas*, sacro Constantiensi concilio approbante, editum : « Quòd Papa canonicè electus.... sit successor beati Petri, habens supremam auctoritatem in Ecclesiâ Dei. » At ne illud quidem cogitas *supremam* dixisse *in Ecclesiâ Dei*. Tu continuò infers : ergò super omnem Ecclesiam, etiam congregatam. Statum quæstionis, et ipsa quæ laudasti verba mutas. Nos autem fatemur, supremam *in Ecclesiâ*, non totâ Ecclesiâ, etiam congregatâ, superiorem, sive quod idem est, et in concilio Basileensi positum : « Papa in Ecclesiâ major, non tamen totâ Ecclesiâ major. »

At enim Cajetanus ita philosophatur [1] : Non est ille supremus etiam in Ecclesiâ, qui supra se agnoscit aliquam in Ecclesiâ potestatem, cui subsit ; atqui Parisienses talem Papam faciunt; qui conciliari potestati subsit : non ergò papalem, sed conciliarem supremam faciunt potestatem. Cui argumento facilè responde-

[1] Cajet., loc. cit., c. VII.

mus, utramque supremam esse diverso respectu : supremam alteram, nempè pontiflciam, tanquàm ordinariam; supremam alteram, nempe conciliarem, extraordinariis in casibus, ac rarò eventuris : quam distinctionem, ne ea quidem, quâ plurimum Cajetanus utitur, philosophia respuat. At enim supremi vocem strictissimè vult acceptam, etiam in Constantiensi quod laudat decreto; siquidem id fingit, omnes concilii Patres, quidquid anteà cogitarint, edixerint, sanxerint; Martinum vero V, quidquid audierit, approbaverit, exscripserit, oblitum esse penitùs. Rectè. Sin autem non ità est, ipse profectò Cajetanus est nimius, et suprema Papæ potestas, ex Constantiensi quo utitur decreto, mitiùs intelligenda est.

Vis monarchiæ vocem ? Nostri ultrò amplectuntur, et apertè Gerson : « Plenitudo potestatis ecclesiasticæ.... à Christo collata est supernaturaliter Petro sicut Vicario suo et Monarchæ primo, pro se et successoribus usque in finem sæculi [1]; » et posteà pro absurdo habet, « regimen ecclesiasticum non esse monarchicum, et habere multiplex caput : quod quidem, inquit, est apertè hæreticum, » et tractatu celebri, *de Auferibilitate Papæ*, postquàm humanas monarchias in aristocratias aliquando converti posse memoravit, ut olim in republicâ Romanâ factum est, addit : « Non sic de Ecclesiâ Christi, quæ in uno Monarchâ supremo.... fundata est à Christo...., et oppositum sentientes.... errant in fide.... contra articulum illum : *Et unam sanctam Ecclesiam* [2]. »

Quod factum esse docet, ut non schisma fieret, sed reductio ad unum supremum; et idem ipse, nostrique semper inculcant. Neque eo seciùs ipse, et alii iisdem in locis, concilii superioritatem ex Constantiensibus decretis vel maximè propugnant. Quare totum illud de supremâ potestate, deque monarchiæ statu, extra quæstionem est, et nobis invidiosè objectum.

At enim Richerius hanc monarchiam odit, et ubique insectatur, et aristocratiam ecclesiasticam laudat. Non ille quidem absolutè, sed monarchicum esse Ecclesiæ statum suo sensu profitetur. Verùm, utcumque est, ipse viderit : non clerus Gallicanus

[1] Gers., *de Potest. Eccl.*, cons. x; tom. II, p. 239; et concl. II, p. 239, 256.
— [2] Id., tract. *de Aufer. Pap.*, consul. VIII; *ibid.*, p. 213.

tutandum eum suscepit : Gersonem potiùs et Parisienses tueretur. Sed ne ipsos quîdem, nisi quatenùs antiquæ traditioni, et synodo Constantiensi consentiunt. At, inquis, non est supremus Romanus Pontifex, si semper ab eo ad concilium recurratur : et hoc nobis imputas extra quæstionem. Ad certos enim casus, eosque extraordinarios atque generales, quibus Ecclesia tota concutitur, sese ipsa redigit Constantiensis synodus, quam sequimur ducem. Eo verò prætextu continuò sollicitari Ecclesiam, ac christianum orbem commoveri, Sedisque apostolicæ auctoritatem, in ordinario etiam regimine et quocumque casu dato, à concilii auctoritate suspensam, adeòque impeditam semper, et invalidam teneri, ac nomen nudum esse pejus omnibus malis odimus. Neque eo magîs probamus Pontifici etiam delinquenti, aut delinquere viso, semper intentari concilii generalis auctoritatem, ac sub concilii nomine schismati præberi fomitem : Gerson enim et alii inculcant assiduò, valere concilii auctoritatem ad Papam judicandùm, certis casibus [1], iisque ita extraordinariis, ut vix mille annis, bis aut ter eveniant : quibus tamen haud secùs ac quotidianis casibus in antecessum provideri, stabilità concilii auctoritate necesse sit, quod scilicet Ecclesiæ ipsi in æternum duraturæ, mille anni sint tanquam dies unus; totque tentationes expertam ac tantis præliis præparatam, vigilare sibique cavere oporteat.

Neque ex eo quòd Constantiensis synodus Papam subesse concilio velit, etiam in negotio reformationis generalis, ideò probamus reformationem eam quam sine Papâ aggredi vellent. Nam Cameracensem audimus, ità concionantem in ipso Constantiensi concilio : « Manifestum est quòd Ecclesia fuit multipliciter deformata, indiguitque et nunc maximè indiget, ut in fide et in moribus reformetur; » explicatâ fide scilicet, ejectis hæreticis purgatisque moribus. « Sed nunc membris Ecclesiæ separtis à Capite, per tetrum illud schisma, et apostolico dispensatore et directore carentibus, nequaquam bene fieri posse speratur [2]. » Quod quidem secuta synodus Constantiensis, reformationem distulit, et electionem Pontificis expectavit.

[1] Gers., *de Potest. Eccl.*, loc. cit. — [2] Vid. P. Alliac., inter op. Gers

CAPUT II.

Falsò imputari Parisiensibus, quòd saltem in fidei causis, recursus ad concilium semper sit necessarius.

At illud ineluctabile esse putant, quòd, saltem in fidei causis, recursus ad concilium semper sit necessarius, si Papam negemus esse infallibilem. Quâ unâ doctrinâ prævalere hæreses, cùm in ea incidunt tempora, quibus concilium vix ac ne vix quidem congregari possit. Hoc adversarii omnes ad unum inclamant; sed hæc omnia frustra sunt. Jam enim Lutherum omni anathemate prosecuti sumus, quòd ad generale concilium omnia fidei decreta suspenderet; et nostra Facultas eamdem doctrinam in Milleterio condemnavit atrocibus notis : quam censuram integram suo loco referemus. Neque obscurum est Gersonem et alios, id non tantùm concilio generali et congregatæ Ecclesiæ, sed etiam ubique diffusæ tribuisse, ut errare non possit ; nec mirum, cùm concilium ipsum eo sit infallibile, quòd Ecclesiam repræsentet : quo fit ut Ecclesiam per se esse infallibilem negare nequeat, qui vel intelligat repræsentare quid sit. Denique pestiferam doctrinam clerus Gallicanus, novissimâ illâ, quam totis studiis impugnant, Declaratione confixit, dùm sine concilio quoque Ecclesiæ consensum valere professus est. Sed illum quem laudamus, Ecclesiæ consensum irridet Nicolaus Dubois, dùm ea verba tractat Declarationis Gallicanæ : *Nisi Ecclesiæ consensus accesserit.* Sic enim interrogat : « Cujus Ecclesiæ? An universalis, omniumque prælatorum et episcoporum, etiam capitulorum, tam cathedralium quàm collegiatarum ? » Ut ludit vir suavis, sibique et aliis offundit nebulas ! Pergit porrò : An omnium episcoporum totius orbis, etiam Japonum, Indiarum et aliorum apud infideles vel hæreticos latitantium? Quandonam tandem hic habebitur? Dùm expectabitur ab aliquibus aliorum consensus, ex his forsan mortui erunt plures, qui forté consenserint, sed de quorum consensu non constet authenticè. Illorum igitur qui successerint novus consensus erit expectandus... An majoris partis...... Facti quæstio inextricabilis, quia unde scietur, quòd illi quos consensisse constabit authenticè, majorem partem Ecclesiæ constituunt [1]. » Quin episcoporum labori ac sumptibus parcit vir providus : « Quanta, inquit, singulis episcopis molestia et sumptus, ut ex toto orbe, ab omnibus ecclesiis vel saltem majori earum parte obtineant authenticam consensùs demonstrationem? » Metuit etiam Galliæ ab iis, qui prætendunt pontificias Bullas de Janseniano negotio, non esse receptas : « Satìsque, inquit, ipsis erit si negent; quia... illi incumbit probatio, qui affirmat, non qui negat. » Hæc tamen et alia, quæ operosè et anxiè vir bonus congerit, eo fundamento nituntur, quòd consensus, nisi certâ consentientium omnium, per peculiare instrumentum, testificatione constare non possit; quòd cùm sponte et uno veluti flatu corruat, tùm omnis machina concidat necesse est, et inanes terriculæ, uti illa in nubibus efficta monstra, evanescunt.

Paribus argumentis si quis adoriatur nostrum auctorem, rogetque aliqua lex recepta, an obsoleta sit? Credo, plebiscitum requiret, quo ipsi quidem constet plebem decreto facto legi obstitisse, aut verò consensisse: vel quandoquidem plebi subditæ non est datum abrogare legem à principe latam, nisi aliquo modo princeps consenserit, noster hæsitabit quoad de abrogatâ lege diploma principis afferatur: totumque illud, quo de explicito et implicito, interpretativoque consensu, theologi, philosophi, jurisconsulti sanciunt ad unum omnes, futurum est irritum. Hos in re tam seriâ ludos agunt.

Neque cogitant consensum publicum non eo constare, quòd aliquod de illo extet commune et publicum instrumentum. Quin illud est persæpe multò validissimum, ut in omnibus imperiis, ità in imperio Christi, quod nullo peculiari instrumento consignatum, sed omnium inscriptum mentibus, omnium sermone usuque celebratum. Atque illud in Ecclesiâ plerumque contingere, et ex sese perspicuum est, et suo loco fusiùs exequemur, et vel nunc satis liquet de decretis pontificiis nullam dubitationem

[1] *Disq.*, art. VIII, n. 107, 108, 109, 110 et seq., p. 38, 39. Vid. etiam part. refut., etc., p. 78.

esse posse, receptane sint annon? Quis enim nesciat nullis missis nuntiis, nullis perlatis litteris, de janseniano negotio diplomata ubique obtinere, cùm neminem obstrepere ac reclamare audiamus? Quod cùm sit, tunc concilium non est necessarium. Sic enim suâ sponte per pronos animos, ab altâ Sede Petri, vera doctrina prolabitur, ac Romano Pontifice omnium explicante doctrinam et sententiam, nihil necesse est, ut congregatâ synodo, ipsa per se tota quid censeat Ecclesia eloquatur. Denique quocumque modo fiat, ut Ecclesia consentiat, transacta planè res est. Neque enim fieri potest unquàm ut Ecclesia, Spiritu veritatis instructa, non repugnet errori. Sic res janseniana processit. Sed hoc quoque suo loco. Interim, satis constat totum illud tantoperè à *Disquisitore* aliisque jactatum, de sumptibus atque laboribus, deque nuntiis ac litteris quòcumque mittendis, ludicrum vanumque esse.

CAPUT III.

Quòd si unus vel alter Romanus Pontifex in decreto fidei aberraret, nihil fidei Romanæ, nihil Romanæ cathedræ Sedique apostolicæ noceretur.

Jam si eveniret illud, quod absit, ut à Romano Pontifice quæstionem fidei malè judicante (*a*) reliqua Ecclesia dissentire coge-

(*a*) Tout ce chapitre, comme ceux qui vont suivre, comme cent autres, repose uniquement sur ces mots : Mais *si le Pape juge mal une question de foi* ; mais s'il enseigne une erreur fondamentale, mais s'il tombe dans l'hérésie... Grâce à la force de la vérité, malgré votre incomparable génie, je vous arrête, comme je l'ai déjà fait, d'un seul mot : Vous tombez dans une pétition de principe. Tous les catholiques par toute la terre, tous si j'en excepte une seule catégorie dans un seul pays, se confient dans la prière et dans les promesses, et dans l'institution du divin Maître; ils croient que le successeur de Pierre, enseignant du haut de la chaire pontificale, ne peut tomber dans l'erreur. Quand donc vous venez nous dire sans cesse : Mais si *le Pape juge mal une question de foi...*, vous supposez ce qui est en question. Mais j'accepte pour un instant votre supposition, et je vous demande à mon tour : Si le Pape tombe dans l'erreur, s'il enseigne une fausse doctrine, s'il sape l'Évangile par la base, qu'est-ce qui sauvera l'Église? Vous nous l'avez déjà dit et vous le répétez : Ce sera la chaire de Pierre la ville de Rome, et le territoire de Rome. Or qu'est-ce que cela, si vous ôtez le Pape? Pour parler clairement et sans figure, la chaire de Pierre, c'est un fauteuil; la ville de Rome, c'est un amas de pierres; le territoire romain, ce sera tout ce que vous voudrez, moins le Père et le docteur des chrétiens. Et c'est cela, non le successeur de Pierre, vicaire de Jésus-Christ; ce sont ces choses inanimées

retur, non propterea fides et Ecclesia Romana interiret, aut vera Ecclesia fidesque Romana esse desineret. Id jam docuimus, cùm de Joanne Driedone loqueremur [1]: quo loco constituimus Romanam, hoc est Petri, non defecturam fidem eam esse, quæ à Petro primo, per successorum seriem ad nos devoluta jam coaluit. Neque verò Romana fides in solo aliquo Pontifice est; alioquin intereunte Pontifice, Romana interiret fides. At etiam vacante Sede, Romana fides viget, vigeretque profectò, etiamsi Pontifex plusquàm mortuus, quocumque tandem modo, à fide deficeret; et in infando illo schismate, quo quadraginta ferè annorum spatio non erat in Ecclesiâ Pontifex, nisi dubius, ac proinde nullus, si Bellarmino aliisque credimus, haud propterea minus Romana fides, Romana Ecclesia stetit. Unde Joannes à Turrecrematâ, Dominicus Jacobatius et alii canonistæ, sive antiquiores, sive posteriores, suo quodam modo Sedem apostolicam et Romanam fidem ab ipso Pontifice sejungunt; et ipse Turrecremata scripsit: « Si vel maximè Eugenius IV synodi Basileensis sessiones prima confirmare voluisset, Sedem apostolicam passuram non fuisse [2]; » quæ quidem, an, et quatenus rectè distinxerit, alibi inquiremus. Illinc profectò clarè perficimus, etiam eorum auctoritate qui Romano Pontifici maximè favere velint, eos à sede suâ certo quodam modo ita esse distinctos, ut vel iis labentibus, sedes immota stare possit; quod huic loco sufficit.

CAPUT IV.

Adversarii quæstionem de superioritate Papæ ad vana redigunt; casus hæresis evertit eorum generales regulas : Cajetani argutiæ recitantur.

Repulimus ea quæ Parisiensibus falsa imputantur, sed odia profectò omnia, quibus hanc sententiam prosequuntur, necesse

---

[1] Sup., lib. I, c. xv. — [2] Turr., de Eccl., lib. II, cap. c.

qui doivent arracher l'Eglise de l'erreur et la ramener à la vérité! O mon sauveur Jésus-Christ, je vous en conjure par les mérites de Pierre, le prince de vos apôtres, faites que les enseignemens de votre représentant sur la terre nous préservent des séductions et de l'aveuglement de l'erreur.

est ut concidant, cùm ea viderimus, quæ ipsi, vel tanquàm necessaria, vel tanquàm probabilia confitentur.

Placet primùm audire quid illi velint, qui vehementissimi omnium fuerint. Ili dicent statim, Papam supra omnia concilia esse; nullo casu à sibi subjectis judicari; neque enim duas potestates supremas esse posse; contrariam sententiam erroneam esse. Ità Cajetanus [1], primus omnium, quòd sciam, erronei affixà notà, satis confidenter (quippe quem nec alii sequerentur). Sed ipsum tanta dicentem audiamus. Statim hæret ad canonem *Si Papa* [2], et ad illud, *nisi fuerit à fide devius?* Tunc enim accusari, damnari, deponi Pontificem, velit, nolit, confitetur. At forsitan declarativè tantùm, non autem destitutivè, ut aiunt : Papam enim volunt per hæresim ipso jure cadere à papatu, ac declaratione tantùm opus esse. Hæc alii, non ipse Cajetanus; atque omninò asserit non id divino jure, non humano esse cautum. Sic denique statuit : « Papa hæreticus non est ipso facto depositus, sed deponendus [3]. » Sagacis enim ingenii vir satis intelligebat ad quam pontificii status ac publicæ securitatis perniciem pertineret illud, *ipso facto depositus*. Statim enim, hæresis mentione factâ, contemni impunè Pontificem à quocumque privato, et ejus acta haberi nulla et irrita, et totam concuti Ecclesiam : quæ Gerson intuens docebat, « Papam non cessare, ipso facto, quo cadat in hæresim, sicut nec alius episcopus, propter incertitudinem ecclesiasticæ politiæ [4]. » Neque erat quod ad notorietatem recurrerent. Primùm enim de ipsâ notorietate luditur, periculosissimumque est notorietate agere, nisi ipsa notorietas certo supremoque judicio declaretur. Tùm si ad notorietatem solam animadversio necessaria redigitur, maximum erat periculum, permitti Ecclesiam hæretico Pontifici, certa in fidem, licet nondùm notoria machinanti. Quo in genere, quæ occultiora, ea periculosiora sunt. Quare nec canon, *Si Papa*, in notoriâ tantùm hæresi Papam judicari vult, sed generatim, *si sit à fide devius*, honorique ac securitati ipsius Pontificis datur, ut nonnisi à concilio generali judicandus veniat. His qui lem

---

[1] Cajet, *de Comp. Pap. et Conc.*, loc. cit., et pass. — [2] Dist. XL, cap. VI. — [3] Cajet., ibid., cap. XVII, XVIII et seq., p. 19 et seq. — [4] Gers., tract. *An liceat appellare à Papâ*, tom. II, p. 305.

rationibus victus Cajetanus assensit. At illâ interim praeclara quam animo informaverat, pontificatûs idea effluebat. « Magna enim, inquit, restat ambiguitas quomodo et à quo judicabitur Papa deponendus...; cùm judex in quantùm judex, sit superior eo qui judicatur [1]. » Magna certè et inextricabilis difficultas. Videamus quomodo se expediat. Primùm refert à quibusdam dici, « quòd licèt absolutè Papa non habeat superiorem in terris, ipse tamen, in casu haeresis, habet superiorem in terris Ecclesiam universalem; et sanè, inquit, est via communis. » Verùm eam ipse rejicit, malè sibi metuens, ne scilicet ex illo casu pulsus in alium, nullo loco possit consistere. Neque enim Christus peculiare quidquam, universali Ecclesiae tribuit in solo haeresis casu; atque omninò tota illa de perfectissimâ, hoc est, in omni casu supremâ et absolutâ Pontificis monarchiâ, tota, inquam, illa Cajetani idea ac regula perit, si vel in uno casu haeresis fallit. Attamen sic elabitur : « Posse dici quòd Papa nec simpliciter, nec in casu haeresis habet superiorem in terris, sed subest potestati ministeriali universalis Ecclesiae, quoad solam depositionem. » At interim extorquetur vel ab invito illud, *subest;* neque efficiet ullâ arte Cajetanus, eum qui, ut deponatur, subest, non etiam subesse, ut convincatur et ut judicetur. Neque item efficiet, ut is qui habeat judicem, non habeat superiorem. Quis autem negaverit *ministerialem* esse Ecclesiae potestatem? Respectu Christi certè; Papae quidem respectu, ministerialem esse, quâ Papa judicetur ac deponatur; nec si millies dixerit Cajetanus, omnesque argutias exhauserit, ulli persuadebit.

Sanè operae pretium est intueri ut se torqueat, dùm potestatem illam ministerialem exponit. Ait enim potestatem illam, quâ Papa deponitur, tripliciter considerari posse. « Tria enim, inquit, inveniuntur in Papâ; scilicet papatus, persona quae est Papa, putà Petrus, et conjunctio utriusque..., ex quâ conjunctione resultat Petrus Papa. » His positis subdit : « Et quoniam amotio Papae, sive per renuntiationem, sive per depositionem, sive per ejectionem non est corruptio papatûs, nec Petri, sed conjunctionis papatûs et Petri; idcirco diligentissimè et cautissimè oportet pro

[1] Caj., *de comp.,* etc., cap. xx.

regulâ habere ante mentis oculos, cùm de amotione Papæ tractatur, quòd non requiritur potestas superior Papâ, sed superior conjunctione inter Petrum et papatum. »

Hæc Cajetanus operosissimè tribus exequitur prolixissimis capitibus xx, xxi et xxii. Quâ sanè doctrinâ facilè demonstraveris, ne Nestorium quidem, exempli gratiâ, ab Ephesino concilio, tanquam superiore fuisse depositum. Quis enim non videt depositionem eam non esse corruptionem episcopatùs, qui sanè in Ecclesiâ catholicâ manet integer; neque etiam Nestorii, qui incolumis superest; sed conjunctionis episcopatùs cum Nestorio : atque adeò concilii Ephesini potestatem non esse superiorem episcopo Nestorio, sed *superiorem conjunctione* inter Nestorium et episcopatum : quæ quàm vana et absurda sint omnes intelligunt (*a*).

Quare et illud vanum est, quòd *illa potestas* quâ Papa hæreticus deponitur, « licèt minor papatu, habet tamen vim coactivam, non super Petrum Papam, sed super conjunctionem papatûs et Petri..., in causâ hæresis; ità quòd illa potestas relata ad Papam est ministerialis, relata ad conjunctionem Petri et papatûs in fieri vel dissolvi, subjecto existente disposito, est auctoritativa [1]. »

Illuc denique recidunt qui paradoxa fingunt, ut altiora quàm ipse Christus de Christi Vicario meditentur. Quæ Cajetanus, ut ipse profitetur, ex intimo philosophiæ sensu quantumvis deprompserit, omnemque scholasticæ suæ artem excusserit, non tamen perfecerit ut ad hæc inania, theologiæ gravitas, ne dicam fidei, redigatur auctoritas.

[1] Caj., *de comp.*, etc., cap. xxi.

(*a*) On n'a pas oublié que, dans cette question, tous les raisonnemens de l'auteur reposent sur la supposition impossible que le Pape, enseignant *ex cathedrâ*, comme chef de l'Eglise, peut tomber dans l'erreur. Quelles que soient les explications des théologiens, nous répondons à tout d'un seul mot, en niant l'hypothèse.

CAPUT V.

Suaris labores æquè irriti circa depositionem Papæ in hæresim lapsi.

Vidit Suarez Cajetani mirum in modum laborantis conatus irritos. « Hìc, inquit, Cajetanus mirè se vexat, ne cogatur admittere in casu etiam hæresis concilium stare super Pontificem [1]. » Et ille quidem assentitur Cajetano neganti casum ullum esse, quo certus et indubitatus Pontifex superiorem agnoscat, et ad illud recurrit : in casu hæresis, Pontificem ipso facto depositum esse. Ne tamen in illa quæ jam relata sunt, incurrat incommoda, illud, ipso facto, non valere dicit, nisi post Ecclesiæ declarationem. At jam illa omnia redeunt : si Papa accusandus, citandus, judicandus veniat, ergò habet superiorem; ac prohibere nemo potest, quin illa, quam Suarez postulat, declaratio Ecclesiæ, non sit illius judicantis actus.

Id quidem sentit vir sagax. Cæterùm sic se expedit : « Quando Ecclesia Papam hæreticum deponeret, non ipsa tanquàm superior, sed ex consensione Christi Domini juridicè declararet eum hæreticum esse, atque adeò prorsùs indignum Pontificis dignitate, tumque ipso facto immediatè deponeretur à Christo [2]. » Quid sit autem illud *consensione Christi Domini*, hæreticum adeòque indignum declarare, et quæ tandem illa sit Christi Domini *consensio?* specialisne ea, an generalis, et quatenùs nobis comperta sit, exponat qui potest. Certè quæ in Ecclesiâ rectè legitimèque fiunt, Christi, non dico consensione, sed auctoritate fieri confitemur, et eatenùs Christus verè in Ecclesiâ est per suum Spiritum omnia administrans. Cæterùm *immediatè*, hoc fieri, id est, nullâ interpositâ Ecclesiæ auctoritate, nec Suarez dixerit, ut profectò ipse, haud minùs quàm Cajetanus sese inani operâ vexasse videatur.

At enim Suarez ait : Ut, in electione Papæ, electores non conferunt ei potestatem, sed personam designant, cui Christus conferat; ità qui deponunt, personam designant, cui Christus abro-

---

[1] Suar., *de Fid.*, disp. x, sect. vi, n. 9. — [2] Id., n. 10.

get potestatem : neque absimilia dixerat Cajetanus; sed hæc nihil ad nos. Id certè quærimus, an non Ecclesia aliquam exerceat jurisdictionem super eum quem citet, quem convincat, quem declaret inhabilem ac potestate destitutum. Verba quærunt illi; nos rem ipsam intuemur. Certè electores Papæ genus aliquod jurisdictionis exercent in electum, quippè qui eidem papatum conferant, cujus detrectantis excusationes admittere, si justæ videantur, vel si iniquæ, respuere, atque ad onus suscipiendum cogere omninò possint. Sed ut ut sit, jus illud in privatum exercent : non enim electus verè perfectèque est Pontifex, antequam saltem acceptaverit : in depositione verò potestas exercetur in certum Pontificem, qui proinde non ut homo privatus, sed jam ut Pontifex judicanti subsit, ac proinde aliquo in casu, nempè in casu hæresis, inferior habeatur.

Hùc accedit quòd non tantùm certò hæreticum, sed etiam suspectum et diffamatum judicare, adeòque vel damnare, vel absolvere debeat Ecclesia, ut et Joannem Driedonem dicentem audivimus, et doctissimi quique confitentur, propter ingens fidei periculum. Unde Glossa in caput *Si Papa*, distinctione XL, verbo, *à fide*, sic habet : « Hìc specialiter fit mentio de hæresi, ideò quia etsi occulta esset hæresis, Papa de illâ posset accusari, sed non de alio occulto crimine : » quo casu nec recurri possit ad illud : Papam ipso facto esse depositum. Neque enim suspectus de occultâ hæresi, aut etiam diffamatus', ipso jure est depositus; sed venit accusandus, convincendus, deponendus, si contumax esse judicetur et *incorrigibilis*. Neque verò hæc commemoramus quòd illud, *declarativè* aut *destitutivè* deponi Pontificem, magni ad fidem catholicam momenti esse putemus. Ea namque omnia, cùm in idem re ipsâ redeant, habemus promiscuè; quanquam nostra, ut planiora ac simpliciora, præferimus. Neque placet per verborum circuitus et ambages in ea recidere, à quibus primâ specie abhorrere videaris.

CAPUT VI.

Cajetani ac Suaris absurda effugia, nonnisi aliis absurdioribus evitari posse. Alberti Pighii sententia, quòd Papa, nec ut privatus, fieri possit hæreticus : alii quoque casus, quibus Papa concilio habetur inferior.

At enim objiciunt unum casum afferri à nobis, hæreseos scilicet. Esto interim habeamus unum; alii enim plures ultrò se ingerent, et tamen ille unus sufficit ad evertendam eam, quam de fide esse vellent omnimodam, et quocumque in casu absolutam Romani Pontificis potestatem. Id egregiè sensit Albertus Pighius Campensis, et Cajetanum irrisit, falsa et inania, ac verba potiùs quàm argumenta proferentem. Sic enim arguit virum : « Hoc vide, quo pacto non sit evidens repugnantia; posse Ecclesiam, aut concilium deponere Papam hæreticum, et tamen nullo unquàm casu super ipsum auctoritatem habere. Planè contradictionem implicat ut judex non sit supra reum, atque eum in quem profert damnationis sententiam [1]. » Accumulat alia quæ depositionis sententiam præcedant; reum citare, examini subdere, ut ad interrogata respondeat cogere, *quæ sine coactivâ potestate non possint fieri*. Neque Cajetani responsiones prætermittit : « Nihil, inquit, prodest hic subterfugere, et latebras et diverticula quærere, dicendo Ecclesiam aut concilium in hæresis casu ex ministeriali illâ potestate habere vim coactivam, non quidem super Clementem et Julium, sed super conjunctionem papalis auctoritatis cum illis, idque non simpliciter, sed in solo casu hæresis. Nugari enim est istud, et non ad rem respondere [2]. » Et urget nullo casu subditum fieri posse concilio eum, quem absolutè supremum conciliisque omnibus superiorem Christus constituerit; nullamque aliam huic reperit difficultati expediendæ viam, quam suum illud, oppidò nimium et absurdum : Papam hæreticum esse non posse, nequidem ut privatum.

Ità cùm adversarii alii in angustias redigantur, alii vana et ridenda, alii nimia et apertè absurda excogitare cogantur, nobis

[1] Pigh., *Assert. Hierarch. Eccl.*, lib. VI, c. XIV, XVI. — [2] *Ibid.*, c. XVIII.

certè hæc effugere omnia, et in avitâ sententiâ planâ et simplice permanere licet.

Idem Albertus Pighius quærit, post canonistas atque theologos omnes, quid fieret si Papa captivus, si perpetuâ mentis alienatione teneretur. Tunc enim concilium sine Pontifice congregari posse, et de ipso decernere passim asserebant et necessarium videbatur. At ille ideæ, quam informaverat, superioritatis intentus, in captivitatis casu expectandum esse asserit, cùm tamen ea tam diuturna esse queat; ut Ecclesiæ provideri necesse sit: de mentis alienatione, ut à quindecim sæculis nunquàm evenerit, *itâ nec futurum unquàm esse* confidit. Quæ cùm optantis potiùs quàm disputantis sint, en alios præter hæresim casus, quibus concilium supremâ auctoritate ac sine Pontifice, de Pontifice decernere reique ecclesiasticæ providere debeat (*a*).

Albertus Pighius unum esse ejusmodi casum admittit, cùm est dubia incertaque Pontificis electio. At miror cur eum casum, ut alios, possibilem esse non neget. Quid enim absurdius est, aut Ecclesiæ periculosius, hæreticum esse Pontificem, aut diutissimè captivum, aut mente captum, quàm itâ dubium, ut longâ annorum serie, nec agnosci certò possit, etiam à rectè quærentibus? Interim grassantur hæreses per Ecclesiam, nulloque gubernatore certo Petri navicula fluctuat, atque in eâ navigantes hàc illàcque jactantur : quod in infando illo schismate sæculi xiv factum esse constat. Id antequàm contigisset, si à Pighio quæreretur, an fieri posset, ex illis ideis præclaris, quod nunquàm hactenùs tot antè elapsis sæculis factum esset, nec fieri posse confideret. Sed casus improvidos, ac si quæ mortalibus mala evenire possint, nonnisi experientiâ magistrâ discimus.

Respondebunt alii his improvisis casibus, si occurrerint, Deum provisurum, neque tàm sollicitè quærendum nobis, quid tum facto opus esset. Quis autem hoc neget, Ecclesiæ suæ provisurum Deum? Sed planè provisurum intelligimus, non novâ in terris

(*a*) Pendant la captivité du Pape, l'Eglise attend ou sa liberté pour recevoir ses enseignemens, ou sa mort pour lui donner un successeur. Et, puisqu'on ne recule devant aucune hypothèse, dans le cas de démence, ou l'Eglise attendroit encore, ou elle nommeroit un nouveau Pape comme dans la vacance du siége. Où voyez-vous la supériorité du concile?

constitutâ potestate. Quare eam potestatem, quâ provideri possit servari integram, non pessumdari evertique oportet.

CAPUT VII.

Papam etiam certum, non modò hæreticum, sed et absque hæresi, schismaticum fieri posse Duvallius docet ex Turrecrematâ et Cajetano cardinalibus, eumque Ecclesiæ auctoritate statim dejiciendum.

Iterùm tertium quartumve casum habemus, quo concilium de Papâ judicet, et quidem se nesciente, universalis Ecclesiæ auctoritate collectum; casum nempè schismatis. Neque hìc tantùm reponimus eum schismatis casum, quo ex dubiâ electione dubius esset Pontifex, ut in illo fœdo schismate xiv sæculi, sed etiam quo certus Pontifex fiat schismaticus.

Id autem ne dubites posse contingere, triplicem hujus rei casum Andreas Duvallius, non suspectus auctor, ex Turrecrematâ et Cajetano cardinalibus, non item suspectis, adducet: « Ii, inquit, dignitatis pontificiæ acerrimi propugnatores affirmant Papam posse esse schismaticum in his casibus: primò, si se à communione totius Ecclesiæ, et omnium episcoporum, ob aliquam causam injustam separet, et solùm cum quibusdam sibi cohærentibus communicare velit,.... Secundò, si nollet ampliùs officio Pontificis fungi, nec tamen subesse ei qui pro se eligeretur, sed se schismaticorum conventiculis adjungeret. Tertiò, aiunt quidam, si antiquos Ecclesiæ ritus et consuetudines ab apostolicâ traditione manantes immutare vellet [1]. » Tunc schismaticus, nec minùs quàm hæreticus dejiciendus esset. Quâ potestate? an recens à Christo creatâ et constitutâ? an ipsi Ecclesiæ jam inde ab initio concreditâ? exponant, si possunt, qui omnem Ecclesiæ potestatem in unum Papam concludunt, eumque in omni casu superiorem esse volunt. Nos verò hos casus non studiosè conquirimus, neque ultrò ingerimus huic quæstioni; sed ex Duvallio et aliis non suspectis auctoribus, ut huic loco necessarios inserimus.

[1] Duval., *de Supr. R. P. potest.*, part. III, quæst. IX, p. 433.

CAPUT VIII.

De concilii auctoritate, quâ Papa teneatur in fidei causis, Duvallii locus.

Addamus aliam ex Duvallio quæstionem : An concilium legitimo modo coactum et legitimo modo procedens, Papâ per legatos præsidente, in iis, quæ ex unanimi legatorum ac Patrum consensione de fide decreta sint, « ante confirmationem sit infallibile, quamvis Pontifex nullam hujus decreti instructionem dederit[1]? » Negat Bellarminus et moderni quidam Lovanienses, ex suis regulis; quòd nimirùm doceant à Papâ Patres accipere, quòd recta decidant, neque posse à Papâ infallibilitatem suam transferri in legatos. At Duvallius tale concilium infallibile esse concludit cum Soto[2] et aliis; quòd nempè in eo sit tota Ecclesia repræsentata : hoc est, eodem interpretante Duvallio, « ipsamet Ecclesia secundùm auctoritatem definiendi legesque condendi, quæ falli non possit, utpote *columna et firmamentum veritatis*. Concilium namque œcumenicum legitimè coactum, et legitimo modo procedens, non à Pontifice, sed à Spiritu sancto sibi assistente, suam infallibilitatem habere ex vi ordinationis et promissionis Christi, quâ promisit et statuit se Spiritumque suum Ecclesiæ jugiter affuturum... Quare teneri Pontificem talis concilii tam in fide quàm in moribus, sententiæ consentire et stare, non quasi sit inferior concilio, eique tanquam superiori obediens, sed ut obediens veritati per Spiritum sanctum revelatæ. » Hîc oppidò vides, qui pontificiæ potestati præ aliis favere se jactant, nihil aliud quærere, quàm verborum offucias, et ut verbis minuant quod ipsâ re fatentur. Ecce enim Duvallius confitetur talis concilii decretis teneri Papam, quod est res ipsa quam nos quoque dicimus. Ergòne concilio obediens erit tanquam superiori? Cave dixeris : abominandam vocem ! Sed dicas obedire ipsi veritati per Spiritum sanctum revelatæ. Quasi nos turba fidelium conciliis aliter obediamus, quàm quòd certâ fide credimus,

---
[1] Duval., part. IV, q. VI, p. 525. — [2] Dom. Soto, in IV *Sent.*, dist. XX, q. I, art. IV; Duval. loc. cit., p. 531 et seq.

per illa concilia veritatem, cui paremus, à Spiritu sancto esse revelatam.

Ut cumque est, licet per Duvallium credere Patres in conciliis non accipere à Papâ; sed à Spiritu sancto, ut recta decidant; eamque vim talis decreti esse, ut ei decreto se nesciente facto, ipse Pontifex consentire et stare teneatur : tanta Ecclesiæ consentienti ad fidem explicandam inest auctoritas.

Atqui eam auctoritatem non facit Papæ infallibilitas, quam reverâ in legatos transmittere non potest; sed Ecclesiæ totius, non ab ipso Pontifice profecta, sed à Christo collata; quæ cùm Duvallius concesserit, si ab ipso quæratur, an non etiam possit, dissentientibus legatis, valere decretum, haud facilè videtur se expedire posse. Legati enim ipsi non sunt infallibiles, quibus adhærere synodus teneatur, sed tota synodus id à Christo habet, adeòque decretum, præsidentibus legatis, non tamen necessariò consentientibus, fieri et stare posset : alioquin nec sufficeret formula Tridentina : « Sacrosancta œcumenica et generalis Tridentina synodus, in Spiritu sancto legitimè congregata, præsidentibus in eâ Sedis apostolicæ legatis, statuit, decernit, definit, etc.» nisi etiam *consentientibus* adscripsisset.

Quid autem tali decreto, ex sententiâ Duvallii, facto, confirmatio addat, alia difficultas alibi extricanda. Hîc certè sufficit tale concilium necessariò confirmandum à Pontifice, qui ejus auctoritati stare teneatur.

CAPUT IX.

Propter quæ scelera in Pontificem animadverti possit; canonistas ferè omnes, non iisdem licèt verbis, in eamdem rerum summam convenire.

Memoratum à nobis est sub Eugenio IV ab ipsi obedientibus, summâ contentione animorum fuisse agitatum, propter quæ scelera Pontifex indubitatus accusari ac judicari posset. Ac passim consentiebant nunquàm id fieri posse, nisi propter unam hæresis causam. Cæterùm non eo seciùs in varias sententias abierunt. Pars enim aiebat Papam si *scandalosus et incorrigibilis* videatur, de hæresi suspectum, neque jam indubitatum esse Pontificem :

quo jure asserebant in eum animadverti posse, extremâ etiam sententiâ, eâ glossâ nixi, quòd *contumacia sit hæresis* [1]. Hæc docebant in ipsâ Eugenii curiâ Ludovicus Romanus, Antonius Rossellus aliique complures quos quidem, cùm de Dionysio Carthusiano et Joanne Driedone ageremus, facilè ostendimus summâ ipsa consentire cum iis, qui de Papâ scandaloso gravissima dicerent.

At pars alia, quæ magìs Pontifici gratificari videbatur, haud multò leviora proferebat. Nam etsi Pontificem *notoriè* etiam et *contumaciter* scandalosum deponi posse negabat; at invito eo colligi synodum à cardinalibus; at cardinalibus deficientibus, Patres ultrò convenire posse; at moneri Pontificem; at corripi; at si cogentes synodum impedire velit, impunè contemni : quin etiam, si excommunicet, pro schismatico haberi; quippè qui cum catholicis episcopis legitimâque synodo communicare teneatur, ac deinde deponi. At si ecclesiasticam pervertat disciplinam, si clerum vilipendere, si latâ sententiâ canonem de percussoribus clericorum tollere, si alia facere unde Ecclesiæ status decolorari videatur, si hæreticos à pœnis hæreticorum in præjudicium officii sanctæ Inquisitionis absolvere, si dispensationes noxias concedere aggrediatur, repugnantibus canonibus, non modò non parendum esse, neque iniqua mandata, aut injustissimas excommunicationes admittendas esse; verùm etiam contra eum brachium sæculare implorari, ac vim vi pelli posse consentiebant. Hæc passim Jacobatius; hæc deinde Duvallius [2]; hæc alii omnes, quorum proinde certas constantesque sententias referre pigeat; ut profectò Pontifici quoque præstet, coram synodo semel æquo jure agere, ac legitimum judicium experiri, quàm hæc extraordinaria pati à subjectis, omnibusque risui ac contemptui esse, ac nihilo secius loco dejici; et declarari schismaticum, si excommunicatione tueri se pergat. Et hæc tamen sunt, propter quæ hodie omnia concuti atque everti clament; imò verò non hæc, sed longè leviora, cùm ne hæc quidem, passim à canonistis firmata, clerus Gallicanus proferat.

---

[1] Gloss., in cap. *Si Papa*, dist. XL. — [2] Duval., loc. cit., part. I, q. II, p. 88. Jacob., lib. V, VII, IX, pass. Vid. in *alter. Append.* Labb.

Quæ cùm apud me reputo, subit admirari quantùm in homines possit inanis verborum sonus, qui, cùm audierint synodum Papâ superiorem esse, statim reclamabunt, ac si fortè ea vox in buccam venerit, erroneum dicent : iidem, si per alia verba, ac veluti per circuitum molliorem in eadem venias, sedati pacatique admittent : at profectò non efficient, ut erroneum sit planis ac simplicibus verbis explicare mentem, atque eum, qui sit judex, appellare superiorem.

Quòd verò conciliis œcumenicis datam universim à Christo immediatè potestatem nolunt, haud equidem intelligo, quo pacto stare possit cum iis, quæ ipsi asserunt. Nam ultrò confitentur, meritò à concilio Constantiensi pronuntiatum esse, potestatem conciliis à Christo immediatè datam, his certè casibus; si Papa sit hæreticus, vel schismaticus, vel dubius. At ego lubens quæsivero quo loco Christus in illis speciatim casibus eam potestatem synodo immediatè contulerit? Certè in Scripturis nullam invenimus à Christo in Ecclesiæ ministros sive dispersos sive congregatos collatam potestatem, nisi ubi dicit : « Quodcumque ligaveritis, quodcumque solveritis; » etc.; et : « Si Ecclesiam non audierit, » etc.; et : « Qui vos audit, me audit; » aliaque ejus generis : quæ qui dixerit ad hæretici, aut schismatici, aut omninò dubii Pontificis casum meritò pertinere, rideatur. Certum est ergò intelligi hæc universim dicta, neque aliter pertinere ad illos speciatim casus, nisi quòd universim dictis, hos quoque speciales casus comprehendi necesse sit.

Quæ ratio cardinalem Jacobatium de superioritate tractantem movit usque adeò, ut statim exclamaret : « Profectò iste passus mihi valde est difficilis; quia si concludam nullam potestatem clavium datam esse Ecclesiæ, quomodo poterimus dicere, quòd Ecclesia et concilium judicet de titulo papatûs, quia sine jurisdictione non rectè quis judicat[1]. » Ac reverâ, synodus quo jure judicat de papatu litigantes? Pontificem hæreticum, quo jure deponit, seu declarat depositum? Quo jure tot aliis in casibus ab ipso Jacobatio probatis, invito Pontifice, synodus seipsa colligit, ut delinquentem moneat atque corripiat : à quo eam omnem su-

[1] Jacob., lib. V.

bitò accipit potestatem, si nullam à Christo immediatè potestatem jurisdictionis accipit? An fortè à Pontifice in ipsum Pontificem? At revocare posset positivo tantùm jure concessam, cujus dominum esse volunt. An fortè quòd scriptum sit : *Hæreticum devita*[1], quanquam id haud magis ad Pontificem spectat quàm ad quoscumque alios? Sed etiam scriptum est : « Ut subtrahatis vos ab omni fratre ambulante inordinatè[2] : » neque tantùm de hæreticis verùm etiam de fornicariis, avaris, ebriosis, cæterisque scriptum est, *cum hujusmodi nec cibum sumere*[3]; ut si hæc et similia in certis casibus videantur dare episcopis aliquam potestatem, ea ad alios casus æquo jure trahatur. Non alia tamen hujus causæ præsidia apud doctissimos invenias, nisi fortè addas rationem naturalem et jus naturale defensionis; et ipsam necessitatem, et alia ejusmodi; quæ utcumque se habeant, certè patere longiùs quàm ad schisma et hæresim alii contenderint. Quare nulla solutio est, nisi nobiscum agnoveris et generatim traditam à Christo potestatem esse, et hujus administrandæ rationem à Patrum traditione esse repetendam.

CAPUT X.

De infallibilitate, positis quæ necessariò conceduntur, nullam superesse veram difficultatem : unum Albertum Pighium consentanea dixisse, sed nova, et inaudita, et ferè ab omnibus spreta, in quæ tamen adversarii necessariò deducuntur, si sua cohærenter tueri velint.

Ergò jam sola occurrit de infallibilitate difficultas, et illud : *Rogavi pro te, ne deficiat fides tua*[4], ne alii cribrentur, et in areâ ventilentur : *Confirma fratres tuos*, petræ firmitate : et illud : *Super hanc petram ædificabo Ecclesiam meam, et portæ inferi non prævalebunt adversùs eam*[5]; ideò, inquiunt, quia ædificata est super illam petram. Quæ si ità valent, ut pontificiæ infallibilitatis propugnatores urgent, Pontificem per se petram, ipsâ Ec-

[1] *Tit.*, III, 10. — [2] II *Thess.*, III, 6. — [3] 1 *Cor.*, V, 11. — [4] *Luc.*, XXII, 32. — [5] *Matth.*, XVI, 18.

clesiâ per eam sustentatâ firmiorem esse necesse sit; neque rem aliter se habere contendunt. Verùm id refugit animus. Quæproinde petra, ipsâ Ecclesiâ per eam sustentatâ sit firmior, expendamus. Atque ego hîc si Scripturam penitùs, per avitam ac perpetuam traditionem explicare cœpero, agam præposterè, qui in ipso limine totum ædificium collocare aggrediar. Placet ergò ad ipsum recurrere quæstionis fontem, et quæ inter catholicos certa sint memorare. Ac profectò certum est, ferè omnium consensu, præter Albertum Pighium, nec memoratu dignum; certum, inquam, errorem à Pontifice, non modò intus credi, sed etiam palam doceri ac prædicari posse, quod Joannem XXII fecisse satis constat; et quod Joanni XXII non contigit, certum est prædicari posse usque adeò contumaciter, ut ejus pervicaciæ causâ, ut hæreticum et infidelem deponi necesse sit. At id Ecclesiæ evenire posse, ut sit hæretica et infidelis, nemo, nisi impius et hæreticus ausit asserere. Ergò absurdissimum est non esse Ecclesiam Romano Pontifice firmiorem. Tùm Ecclesiam errare non posse certâ et catholicâ fide ab omnibus creditur, et apertè est in apostolico Symbolo pronuntiatum, quo Papa ipse salvus est : « Credo in Spiritum sanctum, sanctam Ecclesiam catholicam. » De Pontifice, quatenùs separatim, etiam ut Pontifex, sententiam dicit, inter sanctos et catholicos adhùc litigatur. Partim asserunt, partim dubitant, partim negant, et ab Ecclesiâ ipsâ post motam quæstionem à tot jam sæculis saltem suspensa sententia est (*a*). Falsum ergò et commentitium, ne quid dicam gravius, majorem esse in Pontifice quàm in ipsâ Ecclesiâ firmitudinem; imò verò absurdum in Ecclesiâ non esse majorem, quæ certiore auctoritate et traditione constet. Hæc interim ex communi omnium sententiâ; nunc rem funditùs excutere liceat.

Jam illud : *Rogavi pro te, ut non deficiat fides tua,* certum est intelligi de ipsâ interiori fide, quâ Christo corde creditur. Notum illud Augustini : « Quando rogavit pro Petro, ne fides ejus

---

(*a*) Qu'on remarque ce passage : Le souverain Pontife peut-il enseigner l'erreur comme chef de l'Eglise? Cette question est controversée entre les catholiques; les uns affirment, les autres doutent, plusieurs nient. Néanmoins, dans ce doute et cette incertitude, au milieu de ces disputes et de ce conflit, on avance partout la négative comme sûre et certaine, comme incontestable et incontestée.

deficeret, quid aliud rogavit pro nisi ut haberet in fide liberrimam, fortissimam, invictissimam, perseverantissimam voluntatem [1]? » Ità deinde sentiunt omnes interpretes : ipse Cajetanus, in *Lucam*, xxii, 32 : *Ut non deficiat fides tua;* « non dicit, ut non deficiat charitas tua : non dicit : Ut non deficiat confessio fidei tuæ, sed fides tua, quæ est in corde [2]. » Ergò ista promissio nemini convenit, nisi ei in cujus corde certum sit nunquàm defecturam fidem. Non autem talis est Romanus Pontifex : non ergò profectò hæc ei promissio convenit; neque hic distingui potest inter personam privatam et publicam, tanquàm Romanus Pontifex saltem quæstionem fidei judicaturus, infidelis aut hæreticus in corde esse non possit. Neque enim id ei tribuere audent; sed eo se tuentur quòd Deus ab infideli veritatem extorqueat, ut à Caïphâ prophetiam, ab asinâ Balaam vocem : quæ exempla non conveniunt ei qui intus sit fidelis. Ergò nec asserere audent, Romano Pontifici promissum à Christo, ut publicam personam agens, fide non careat. Quare interpretes aliud quæsisse videmus, in quo fides non deficeret : nempè vel ipsum Petrum, quem in fide confirmatum esse constat; vel sub Petri nomine ac figurâ, Ecclesiam universalem, Romanamve peculiarem, ut Ecclesiæ universalis caput. Hæ enim solæ sunt, quæ, ipsâ intus inhabitante fide ex Christi promisso, eâ carere non posse credant. Quo uno omnis adversariorum argumentatio statim corruit. Quin ipse Duvallius apertè jam edixit ad illum de Petro locum responderi posse : « Christum rogando pro Petro, pro Ecclesiâ universali in eo repræsentata rogasse [3]; » atque hanc responsionem eatenùs probat, ut ab omni erroris notâ eximatur; quod hîc nobis sufficit.

Hîc respondere solent, in Christi promissione seu precatione illâ singulari, respectu quidem Petri fidem ipsam intelligi, quâ intus creditur; at in successoribus saltem intelligi fidei professionem quâ fratres confirmantur. Quæ responsio non satis sibi constat; variumque hoc et arbitrarium ad arbitraria nos et incerta deducet; quique ità interpretantur, semel loco moti et à litteræ quam tueri velle videbantur simplicitate dejecti, ad alia atque

---

[1] Aug., *de Corrept. et Grat.*, c viii, n. 17; tom. X, col. 759. — [2] Cajetan., Comm. — [3] Duval., *de Sup. R. P. pot.*, part. iv, q. viii, p. 211, edit. 1614.

alia facilè propellentur. Quare ne stare quidem possunt in ipsâ, quæ Romano Pontifici promissa à Christo fuerit, fidei professione, ut fratres confirmet: tanquam ei officio Romanus Pontifex deesse non possit. Ecce enim fatentur à Summo Pontifice doceri posse et prædicari hæresim ad contumaciam usque, cujus contumaciæ nomine, vel sit ipso jure depositus, vel saltem deponendus. Audivimus confitentes uno ore omnes, et canon *Si Papa* id clarè efficit, atque in Petri Ecclesiâ, hoc est in Romanâ, omnium Ecclesiarum matre ac magistrâ, prædicare Petri fidem, ad personam publicam et ad officium confirmandi fratres procul dubio pertinebat. Cui tamen officio deesse posse Pontificem necesse est fateare. An fortè placeat id, quòd Romanus Pontifex hæresim ultrò docere ac prædicare possit, consultus pro pontificii officii debito, non possit? Quanquàm id absurdum est (nullà in Christi verbis consultationis vel minimâ mentione) vim in consultatione facere; tamen, ne tu quidem illud, quo refugis, diu tueare.

Adsunt enim mihi Melchior Canus, Bellarminus cardinalis, Odoricus Rainaldus, et alii pontificiæ infallibilitatis defensores, qui te ab hâc arce dejiciant. Omnes enim confitentur non deesse responsa Romanorum Pontificum etiam in corpore Juris, quæ cum Ecclesiæ traditione et evangelicâ veritate stare omninò non possint. Res enim in confesso est; atque hos secutus Nicolaus Dubois, hæc novissimè scripsit: « Aliquando super casibus propositis aliqui (Pontifices) rescripserunt, secundùm opinionem illorum tempore probabilem [1]. » Quid est, *rescripserunt?* Consulti responderunt, hoc enim esse rescriptum. Unde omnia penè jura conflata sunt. At opinionem probabilem vocat certissimè falsam, et Evangelio repugnantem. Sic enim refert: « Stephanus II, anno circiter 752, in responsis, capite II, dixerat: Si quis se in conjugio copulaverit, et uni eorum contigerit, ut debitum reddere non possit, non liceat eos separare, nec pro aliâ infirmitate, excepto si dæmonii infirmitas, aut lepræ macula supervenerit [2]. » Addit *Disquisitor:* « Hoc responsum de dissolutione quoad vinculum docti intelligunt. » Ergò rescriptum docti intel-

---

[1] *Disq.*, art. 1, n. 7. — [2] *Ibid.*, n. 9. *Resp. Steph. II*, cap. II, tom. II *Conc. Gall.*, pag. 14.

ligunt eo profectò sensu, qui cum Evangelio stare non possit (*a*).

Quid memorem alia ejusdem Papæ responsa, atque imprimis illud : « Si quis in vino, proptereà quòd aquam non inveniebat, omninò periclitantem infantem baptizarit, nulla ei adscribitur culpa. Infantes sic permaneant in ipso baptismo [1]. Quo responso et baptizans in errore firmatur, et infans christiano baptismo caret. Quid illud Gregorii II, ad sancti Bonifacii Moguntini interrogata respondentis, « ut novum conjugium permittatur viro, si mulier infirmitate correpta non valuerit debitum reddere [2]? » Quam responsionem idem Gregorius vocat « apostolici vigoris doctrinam, eamque traditam per beatum Petrum, à quo et apostolatùs et episcopatùs principium extitit. » Quæ verba præ se ferunt pontificii responsi plenam auctoritatem, et tamen responsum illud, ut Gratiani verbis utar, « evangelicæ et apostolicæ doctrinæ penitùs invenitur adversum [3]. » Nec illud quisquam diffitetur. Quid quod Cœlestinus III, matrimonii vinculum inter christianos, superveniente alterutrius infidelitate, solverat, errore manifesto contra Evangelium; unde ejus Decretalem, vetustis insertam collectionibus, Innocentius III reprobavit [4].

Possem hîc commemorare Liberium, possem Honorium, possem alios; sed huic loco ista sufficiant (*b*). Nempè hæc in confesso sunt; atque à Bellarmino, et aliis quoque recèns contra nos insurgunt, id extorquemus, ut Romani Pontifices pro officio consulti, falsa, ac sanæ doctrinæ adversa responderint; nempè, inquiunt, eatenùs probabilia, necdum ab Ecclesiâ definita sectati : tanquàm non id eis officii incumberet, ut doctrinis peregrinis et apertè falsis fallacem illam vanæ probabilitatis speciem ac larvam detraherent.

Neque Bellarminum juvat decantatum illud : Romanum Pon-

[1] Steph. II, *ibid.*, c. xl. — [2] Greg. II, *Epist.* ix ; tom. I *Conc. Gall.*, p. 519, 520. — [3] Dist. xxxii, q. vii. — [4] Vid. *Decr.* Greg. IX, lib. IV, tit. xix, *de Divort.*, c. vii, *Quanto.*

(*a*) Nicolas Dubois et les auteurs nommés dans le texte parlent du souverain Pontife comme théologien particulier, non comme docteur public, parlant à l'Eglise universelle.

(*b*) Toutes ces accusations contre les papes ont été réfutées d'une manière victorieuse, et réfutées, le plus grand nombre, par des protestans. On sait cela : nous n'avons pas besoin d'insister.

tificem pro privato doctore ista docuisse. Certè enim constat, ab iis qui interrogabant fuisse consultum, non ut virum doctum, sed ut eum qui apostolicæ cathedræ præsideret. Quo casu respondisse pro privato doctore manifesto ludibrio, nihil aliud erat, quàm apostolico officio defuisse.

Neque pluris valet quod jactant, responsa ista esse particularia, ad homines scilicet, vel ad ecclesias singulares, non ea quæ universam spectent Ecclesiam. Etenim ad officium confirmandi fratres procul dubio pertinebat, ut Romani Pontifices, non tantùm ad ea responderent quæ universam Ecclesiam, sed etiam ad ea quæ spectarent singulares Ecclesias ; imò etiam ad ea quæ privatos homines, de salutis negotio consulentes eum, quem proposuit Deus, non tantùm omnibus, sed etiam singulis.

Ea tamen omittamus : veniamus ad id in quo vim collocant : nempè id fieri non posse, ut Romanus Pontifex declarandæ fidei officio desit, cùm res in eo vertatur cardine, ut toti Ecclesiæ proponenda sit fides. Ad id ergò redigis illud *Confirma fratres tuos*. At quanquam erat præstabilius hunc locum semel omittere, quàm ei tot alienas neque à Christo judicatas insarcire sententias, accipio conditionem, et contendo rem ipsam, ex iis quæ concessa sunt, jam esse confectam. Casum enim ponamus hunc : quæstio de fide instituitur ; ad eam definiendam concilium generale convenit. Quid hîc Turrecremata. Quid Jacobatius aliique pontificiæ auctoritatis vehementissimi defensores dixerint, recordemur. Id scilicet, tùm fieri posse ut Papa à concilio dissentiat, et quidem ad finem usque, et invito eo concilium definiat, et Pontificis judicium sententiamque spernat, et valeat concilii decretum, et ab ipso concilio Pontifex deponatur. An forte tùm vacat officium confirmans fratres? Absit ; sed Pontifex, in ipso definiendo fidei cardine, suo officio planissimè defuerit.

An forte dices, non esse tunc necessarium Papæ officium, cùm concilium adsit, à quo suppleri possit? Quanquam illud vanum est, nec licet Christi verba urgere, aut omittere ad arbitrium, admittamus tamen. Hic in promptu mihi est respondere illud, non quidem semper adesse concilium, sed semper adesse Ecclesiam, semper Spiritum sanctum, qui quocumque ritu prolatam à Papâ sententiam, si ea quidem falsa sit, prævalere vetet.

At instant, et id validissimum putant, obedire oportere decernenti Pontifici, cùm non adsit concilium, quo ejus sententia dissolvatur; adeoque si tunc erraret Pontifex, tota cogeretur (id quidem mirum) Ecclesia in errorem. Jam ergò sit ut vis: sit firmum fixumque, ut nullo casu liceat pontificia jussa detrectare. At non id ipse dicebas, cùm alia tractaremus. Obedire certè Romano Pontifici dicebas necessarium, cum hâc exceptione, nisi contra divina præcepta, contra canones summè necessarios, contra publicam Ecclesiæ tranquillitatem aliquid edixerit. At quantò æquior erit excusatio, si contra ipsam fidem? At enim id possibile non est: assertionem tuam audio, probationem requiro, volvis nos in circulum, uno verbo, principium petis: Papæ obediendum est in fidei negotio, quia est infallibilis: infallibilis est, quia obediendum ei est in fidei negotio. Nos clarè decreta ejus de fide eamdem ac reliqua habere exceptionem, nempè hanc, nisi quid contra Dei leges ac traditionem edixerit, sin tale quid edixerit, eatenùs obediendum, ut ne scandala fiant, ut concilii judicium modestè expectetur efficaciterque requiratur; non sanè ut pro certis fixisque, incerta ac suspensa habeantur.

Id alio quoque modo confici potest. Quæro Pontifex hæreticus et professus hæresim, ac sic ipso jure, ut passim aiunt, depositus, eone privilegio gaudet, ut non possit eam quam profitetur hæresim decreto facto statuere? Si respondes non posse, ingens privilegium tu mihi narras Pontificis ipso jure dejecti. Quòd si posse responderis, eo quòd Pontificis jam hæresim professi sententia nulla sit, utpote ab eo profecta qui sit jure quidem, etsi nondum effectu depositus, tum ego respondebo: si hæresim ipso statim decreto prodat, non eo magis tale decretum valiturum fore; imò quæcumque ejusmodi sunt, quocumque tempore modoque prolata, statim vacuâ auctoritate esse, ac ne ad cathedram quidem pertinere; nedum ab episcopis promulgentur, aut illis ea, quæ ex fide est, obedientia præbeatur.

Ergò, inquis, non concilium tantùm, sed singulos episcopos Papæ judices facis. Egone? Haud equidem magis ac tu, cùm Pontifici canones solventi, simoniam exercenti, contra Dei jussa præcipienti, in necessariâ causâ, quandocumque occurrerit, concilium neganti, ac sibi repugnantes sine discrimine excommunicanti parendum esse negas : suspendi enim rem eo casu, ex certâ et necessariâ causâ, non autem Pontificem sine concilio œcumenico judicari, tecum certè dicimus. At interim, inquies, qui dissenserit pelletur pro hæretico : at ille qui in aliis à te comprobatis casibus non obedierit, pelletur pro contumace et rebelli. Rectène an secùs, quæstio erit, eaque, si tanta res sit, à totâ Ecclesiâ judicanda. At fides, inquies, subortâ quæstione, non potest esse in suspenso. Quasi verò, te fatente, in suspenso non sit aliquatenùs, antequàm ab ipso Papâ sententia proferatur.

Quid hîc sequi debes? Nempè id quod Augustinus habet in quæstione de hæreticis rebaptizandis : vetustæ consuetudinis robore ac traditione teneri ac sustentari Ecclesiam, quoad, expensâ sententiâ, quæstio finiatur. Rectum id et probum. Sed nos quoque eo utamur. Certè nihil omninò objicere potes, quod non in te statim invicto robore refundamus et retorqueamus. Quæ mihi cogitanti, atque animo, ut par est, sæpè revolventi, unus semper visus est Albertus Pighius [1], ut falsa et absurda, ità consentanea et apta dixisse, Posteaquàm enim semel statuit illud, *ne deficiat fides tua*, et de verâ fide, quam non modò profitemur, sed etiam habemus intus, et de omnibus ac singulis Petri successoribus esse dictum; consequenter sibi dicendum esse vidit, eorum neminem hæreticum unquàm esse potuisse aut deinceps esse posse. Et ille quidem caput *Si Papa*, primùm haud multi facit, à privato auctore sancto Bonifacio depromptum : tùm eam capitis partem, quâ dicitur non esse Papam judicandum, *nisi esset à fide devius*, conditionalem esse ait, quâ Bonifacius significet, *non se credere quod ità esse possit, sed si fortè esset*. Quo responso miros triumphos agit, et ineluctabilem aliis pontificiæ superioritatis assertoribus difficultatem unum evasisse se gloriatur, uti jam vidimus. Neque enim eludi posse concilii superioritatem in judicando Pontifice, nisi semel posito casum hæresis in ipsum non posse cadere, eumque hæreticum, quin etiam nec mente captum esse non posse; ut profectò mirum sit, cur non eodem

[1] Pigh., lib. VI, cap. XIV, XVI.

impetu impeccabilem fecerit, unoque responso omnia incommoda propulsaverit. Hæc ille omnium primus, et contra omnium mentem, ut ipse profitetur : « Non sum enim nescius, inquit, in ipso statim limine exclamaturos quosdam per se malè affectos hierarchiæ ecclesiasticæ, adulari hîc nos Romanis Pontificibus, et ex hominibus deos facere, qui negamus eos posse fieri hæreticos, quod concedit schola canonistarum universa, ex capite *Si Papa:* quod et theologi omnes quicumque hâc de re prodiderunt et scripserunt aliquid [1]. » En quæ statim proferant talium assertores, *per se malè affectos hierarchiæ*, qui hæc adulatoria magis quàm vera suspicentur. Eam verò sententiam Bellarminus et Suarez probabilitatis ac pietatis nomine amplectuntur, adeò probabilitati ac pietati parum officere putant, ab omnibus quotquot sunt canonistis et theologis dissensisse.

Cæteri verò infallibilitatis pontificiæ defensores passim cum Melchiore Cano [2], Alberti Pighii *novam opinionem aspernantur*, et caput *Si papa*, aliosque ejusdem sensûs nativâ ac propriâ significatione et omnium scriptorum censionem confirmant; qui tamen cùm à Pighio discedunt, sua labefactant. Maximo enim argumento est eos omnes à verâ Christi sententiâ aberrasse, cùm eum ipsum contemptum et solitarium relinquant, qui omnium congruentissima atque aptissima in medium attulerit.

Urgebit enim ille et à Christo fidem ipsam, non fidei professionem tantùm esse promissam : et *Confirma fratres tuos* dictum latissimè de toto pontificali munere, circa quæstiones fidei exequendo, non de eo tantùm quo toti Ecclesiæ aliquid proponatur; ac, si vel in uno vacillet promissa fides, in toto vacillare, et semel admissa interpretatione arbitraria, vim omnem hujus textûs solutam, atque aliis patere januam quâ sua quoque introducant.

Illic, si ratione victi, ad conciliorum, Patrum, ipsorumque Pontificum traditionem se conferant, id quidem facere et nobis gestit animus; sed cohibendus est impetus, nec placet alteri loco ponere, quæ suo reservantur. Satis erit ex iis quæ ipsi adversarii concesserunt, atque omninò ex ipso quæstionis statu, ostendisse, nihil nos premi locis evangelicis quos urgebant, iisque rationibus quas

---

[1] Dist. XL. — [2] Melch. Can., lib. VI, cap. XXIII.

invictas putabant : quin, nostram doctrinam, undecumque aggrediantur, in tuto esse positam, atque adversarios ad vana et ludicra referentes magnum fidei mysterium, omninò frustra esse, neque immeritò dixisse Duvallium [1], nullos esse Scripturæ locos, nulla Ecclesiæ decreta, quibus pontificia, sive superioritas, sive infallibilitas demonstretur.

CAPUT XI.

Ex his consequi Romanos Pontifices in hâc quæstione non se commoturos, cujus rei multa sunt argumenta : primum, ex Declarationibus sacræ Facultatis, anno 1663, toto regno promulgatis, ipsis Pontificibus nihil conquerentibus.

Quæ cùm ità sint, Romani Pontifices ad tam exilia redigi fidei quæstionem haud sese omninò commoveri sinent; fremant multi licèt, impetu magis ut vidimus, quàm ratione incitati, in articulos Gallicanos, ut Sedis apostolicæ censuram provocent. Non illa à priscâ gravitate discedet, aut innocuam sententiam, post tot sæcula condemnabit. Cujus quidem rei duo hìc argumenta proferemus. Ac primùm. Plus viginti anni sunt ex quo editæ fuere *Declarationes Facultatis Parisiensis, factæ apud Regem super quibusdam propositionibus, quas nonnulli voluerunt adscribere eidem Facultati, die* 8 *Maii* 1663 [2].

1° « Non esse doctrinam Facultatis, quòd Summus Pontifex aliquam in temporalia regis christianissimi auctoritatem habeat : imò Facultatem semper obstitisse, etiam iis, qui indirectam tantummodo esse illam auctoritatem voluerunt.

2° » Esse doctrinam Facultatis ejusdem, quòd rex christianissimus nullum omninò agnoscit, nec habet in temporalibus superiorem, præter Deum; eamque suam esse antiquam doctrinam, à quâ nunquàm recessura est.

3° » Doctrinam Facultatis esse, quòd subditi fidem et obedientiam regi christianissimo ità debent, ut ab iis nullo prætextu dispensari possint.

[1] Duval., part. IV, q. VII, VIII. — [2] Vid. apud D'Argentré, tom. III, pag. 90 et seq.

4° » Doctrinam Facultatis esse, non probare nec unquàm probasse propositiones ullas regis christianissimi auctoritati, aut germanis ecclesiæ Gallicanæ libertatibus, et receptis in regno canonibus contrarias: verbi gratiâ, quòd Summus Pontifex possit deponere episcopos adversùs eosdem canones.

5° » Doctrinam Facultatis non esse quòd Summus Pontifex sit suprà concilium œcumenicum.

6° » Non esse doctrinam vel dogma Facultatis, quòd Summus Pontifex, nullo accedente Ecclesiæ consensu, sit infallibilis. »

Hi sex articuli continebant ea, quæ « regi christianissimo declaranda erant, ex parte Facultatis per os illustrissimi Domini archiepiscopi Parisiensis designati, cum amplissimo comitatu magistrorum ejusdem. »

Quæ cùm à deputatis, « juxta decretum pridie in congregatione generali factum, deliberata essent, eâdem die 8 mensis, illustrissimus Parisiensis archiepiscopus designatus Harduinus de Perefixe, easdem declarationes pronuntiavit apud christianissimum regem nostrum Ludovicum XIV, cùm secum adessent quàmplurimi sacræ Facultatis theologiæ doctores, secundùm quod statutum fuerat in conventu ejusdem Facultatis. »

IIæ declarationes sacræ Facultatis, re ac sententiâ planè conveniunt cum Declaratione cleri Gallicani. Et quidem quod attinet ad regiam potestatem, ab omni depositionis metu absolvendam, nulla est difficultas, neque verò obstat quòd duæ postremæ declarationes in negativam formam conscriptæ fuerint: « Non est doctrina Facultatis quòd Summus Pontifex sit supra concilium; » aut « sit infallibilis, nullo accedente Ecclesiæ consensu. » Hâc enim negativâ formâ sacrâ Facultas sufficienter declarabat, quàm graviter ferret has propositiones adscribi sibi, quemadmodùm ipse titulus à nobis relatus præferebat. Et quidem adeò graviter tulit, ut id ipsi regi per tantum archiepiscopum, ejus præceptorem, Facultatis doctorem ac Sorbonæ provisorem, magno cum comitatu publicè declararet.

Neque verò ità mentem declaravit suam, ut utramque quæstionis partem indifferentem haberet; quod ut fieret ità pronuntiandum esset: « Non esse doctrinam Facultatis Pontificem superiorem esse : » neque item « ejus doctrinam esse, non esse superiorem; » sed unam duntaxat partem aversata Facultas, nempè quod Pontifex superior esset, significavit se maximè metuisse ne alteri parti favisse videretur. Idem de infallibilitate dicendum est.

Quis autem ferat tam gravem magistrorum theologiæ cœtum, ac tam celebrem Facultatem tanto studio amoliri à se, non dicam quæ fide certa sint, aut cum fide conjuncta, aut quocumque modo necessariò propugnanda; verùm etiam ea quæ usquequaque tuta et innocua essent? Fac enim Facultatem declarare sic : « Non est doctrina Facultatis Ecclesiam esse infallibilem; » impium erit et hæreticum, cùm id adversetur, quod fide certum est. Fac autem declarare sic, exempli gratiâ : « Non est doctrina Facultatis gratiam per se efficacem stare cum libero arbitrio, veráque et activa indifferentiâ : » absurdum erit tanto studio avertere à se, quod sit usquequaque tutum et innocuum.

Quare quocumque sensu sacræ Facultatis declarationes accipias, certum omninò erit eam propulsare à se aliquid voluisse, quod sibi vitio dari intelligeret, et indecorum sibi esse arbitraretur. Certè, quod nemo negare possit, id pro explorato habebat, non esse à catholicis necessariò propugnanda quæ à se amoveret; adeoque saltem doctrinam quæ pontificiam superioritatem ac infallibilitatem negaret, ab omni censurâ esse liberam, quod ad hanc quæstionem sufficit.

Imò verò id sufficit ut pro certo asseratur, quòd nemo sanus, rebus ut sunt constitutis, inficiari possit ; pontificium judicium in rebus fidei non posse absolutè esse supremum, cùm dubia infallibilitas id habere non possit. Quin etiam quid sit dubia infallibilitas, ne quidem intelligi potest. Quò enim pertinet infallibilem esse, qui non certò infallibilis agnoscatur? Nam Christus tale munus in Ecclesiâ suâ ordinarium nemini concesserit, nisi Ecclesiæ profuturum; atqui profiturum non est, quod non ipsi Ecclesiæ reveletur, vel non ità reveletur ut à conciliis atque à Pontificibus, motâ saltem quæstione, agnosci ac definiri queat. Quod enim non fuerit ità revelatum, involutum potiùs quàm revelatum dixerim. Liceat ergò dicere reputari à Facultate ut nullum, quod ab eâdem saltem ut dubium asseratur. Quæ cùm vera omninò sint, tùm illud profectò certissimum, articulos Facultatis, uti nos diximus, cum cleri Gallicani articulis re ac sententia convenire; quanquàm episcopi in tantum congregati cœtum tantoque succincti presbyterio, sui officii esse duxerint, ut mentem rotundiùs ac simpliciùs promerent,

Atque ea doctrina erat, quam perferri Facultas suo nomine vellet ad christianissimum regem, ab eo archiepiscopo, quo præceptore, religionis prima elementa hauserat : ut eo magis hæreret memoriæ, quò splendidiùs, tanti quoque præsulis ac regiæ urbis futuri pontificis interventu relata, atque auctoritate confirmata erant,

Nemo verò nescit illustrissimum archiepiscopum Sedis apostolicæ studiosissimum fuisse, ut profectò nihil unquàm afferre vellet tanto discipulo, quod à Sedis apostolicæ majestate ac verâ pietate abhorreret.

Eæ declarationes sunt posteà ad Parlamentum perlatæ à decano et syndico, aliisque doctoribus nostræ Facultatis in eam rem accersitis, summoque omnium plausu acceptæ, Curiæ quoque Actis insertæ sunt, atque ad omnia deinde tribunalia transmissæ, vetitumque, ne quid contrarium doceretur. Quod Senatus consultum, 30 Maii 1663, gravissimâ auctoritate perscriptum est.

Denique declarationes eædem à christianissimo rege ad omnia Parlamenta missæ, edicto edito 4 Augusti 1664, vetitumque item, ne quid contrarium doceretur, gravi interminatione, eâque formulâ, qua regia auctoritas maximè explicetur.

Quæ tam solemni ritu toto regno pervulgata ac promulgata, neque Alexander VII tùm in cathedrâ Petri sedens; neque secuti Summi Pontifices unquàm improbarunt, aut eâ de re questi sunt, cùm idem Alexander VII censuras Facultatis aliquas consecutas, dato diplomate, improbarit. Illud quidem diploma ejusmodi est, ut formâ in regno receptâ et consuetâ neque in Galliam transmissum, neque omninò sit cognitum, quod quidem per sese est maximum; sed illud multò majus ac certius, quòd sacræ Facultatis declarationes solemnissimo ritu promulgatas, Romani nullo decreto læsas, sed prorsùs intactas esse voluerint : quo argumento certi sumus, à Sede apostolicâ doctrinam nostram haberi saltem, ut eam quæ nullâ censurâ notari ac prohiberi possit.

CAPUT XII.

Expositio Doctrinæ catholicæ illustrissimi ac reverendissimi Domini Meldensis Episcopi in medium adducitur : duo Innocentii XI Brevia ad eam approbandam : his consentiens Perronii cardinalis locus.

Idem comprobamus altero argumento, et Innocentii XI hodie sedentis gravissimâ auctoritate. Jam non modò toti regno, sed toti orbi christiano notus est libellus illustrissimi ac reverendissimi Domini Meldensis episcopi, serenissimi Delphini Præceptoris, cui titulus : *Expositio Doctrinæ catholicæ*, anno 1671 gallicè editus, non modò in Latinam linguam, verùm etiam in Germanicam, Anglicanam, Hibernicam, Belgicam denique ac Italicam versus, quæ Italica versio Romæ est edita anno 1678, typis congregationis *de Propagandâ fide*, ejusque congregationis cardinalibus summâ cum operis commendatione inscriptus; item cum approbatione summorum virorum Michaelis Angeli Riccii, et Laurentii Brancati de Laureâ, posteà Ecclesiæ Romanæ cardinalium, ac Stephani Gradi Abbatis, viri doctissimi ac facundissimi, bibliothecæ Vaticanæ præfecti : item cum approbatione et permissione Raymundi Capisucchii, tunc sacri Palatii magistri, nunc sanctæ Romanæ Ecclesiæ amplissimi cardinalis, qui omnes, cùm in congregatione sancti Officii, sive generalis Inquisitionis, præcipuis muneribus fungerentur, hujus libri doctrinam miris laudibus extulerunt. Antecesserat per litteras, iisdem cum laudibus, approbatio ipsius cardinalis Bona, quem nominasse laudasse est, Sigismundi Chigii item cardinalis, atque Hyacinthi Libelli, tùm sacri Palatii magistri ac posteà archiepiscopi Avenionensis, cujus memoria in benedictione est, virorum ornatissimorum approbatio. Quas approbationes videre est in eâ editione libelli, quæ anno 1679, præfixâ auctoris admonitione, adornata est. Sed omnem commendationem exsuperat Breve apostolicum Innocentii XI, ad eumdem episcopum in hæc verba scriptum, quod in eâdem editione visitur : « Venerabilis Frater , salutem et apostolicam benedictionem. Libellus *de catholicæ Fidei Expositione,* à fraternitate tuâ compositus nobisque oblatus, eâ doctrinâ eâque methodo ac prudentiâ scriptus est, ut perspicuâ brevitate legentes doceat, et extorquere possit etiam ab invitis catholicæ veritatis confessionem. Itaque non solùm à nobis commendari, sed ab omnibus legi atque in pretio haberi meretur. Ex eo sanè non mediocres in orthodoxæ fidei propagationem, quæ nos præcipuè cura intentos ac sollicitos habet, utilitates redundaturas, Deo bene juvante, confidimus; ac vetus interim nostra de tuâ virtute ac pietate opinio comprobatur, » etc. Quæ nemo pius bonusque, sine summâ animi voluptate legerit; adeò apostolicam pariter gravitatem ac pietatem spirant. Datum 4 Januarii 1679.

Cùm autem utilissimi libelli auctor articulos fidei pro instituto secrevisset ab eâ doctrinâ, quam vel omninò falsam, vel non eâdem fide certam, hæretici Ecclesiæ catholicæ tanquàm ejus dogma necessarium imputarent, devenit ad eum locum, quo de Sede apostolicâ vera Ecclesiæ fides exponenda esset. Eam autem ità exposuit, ut hæc stabiliret tantùm : nempè, « Ecclesiam unitate nixam, tuendæ ac firmandæ unitati primatum sancti Petri à Christo institutum, Sedemque apostolicam hujus unitatis centrum ac radicem esse, ac proptereà Petri successoribus deberi obedientiam eam, quam concilia ac Patres semper agnoverint [1]. »

Hæc erant quæ certâ fide stabilita esse vellet ; hoc est, ea tantùm in quæ omnes catholici consentirent. Quibus explicatis D. Meldensis etiam hoc addidit : « Quod attinet ad ea de quibus in scholis variæ sunt ac discrepantes sententiæ, etsi ministri ea catholicæ Ecclesiæ imputare solent, ut pontificiæ potestati invidiam conflent, nihil attinet hîc commemorari, cùm de fide catholicâ non sint. Sufficit agnoscere caput à Deo institutum, ad gregem universum in viâ Domini gubernandum. »

Vides quid sufficere D. Meldensis dixerit, quid deinde Romani doctores, atque etiam cardinales, et ipse etiam Summus Pontifex approbarit : nempè, id sufficere de quo omnes consentiant ; alia, de quibus in scholis disputatur, sive superioritatem, sive infalli-

[1] Exp., art. XXI.

bilitatem spectent, sive illam directam vel indirectam in temporalibus potestatem; non esse necessaria; atque id nationes omnes christianæ, dùm huic libro applaudunt, et ipse Innocentius XI confitetur.

Nec mirum ità esse quæstionem à doctissimo antistite constitutam, aut his comprehensam finibus ab omnibus catholicis, ipsoque adeò summo Pontifice comprobatam; cùm pridem Pius IV ac Tridentina synodus, et antè Florentina et Eugenius IV, aliique Pontifices, in eo voluerint fidem collocatam, de quo omnes convenirent.

Quare qui controversias optimè tradiderunt, iisdem finibus quæstionem circumscriptam volunt. Notum illud doctissimi cardinalis Perronii in epistolâ ad Casaubonum, Apologiæ præfixâ: « Ecclesiam Romanam radicem episcopalis unitatis et ecclesiasticæ communionis esse....; eique ab omni antiquitate delatum esse primatum, et præfecturam earum rerum quæ ad religionem et Ecclesiam pertinerent, idque unum esse quod Ecclesia postulet ab iis qui ejus communionem amplectantur: quâ tesserâ secernat societatem suam à Græcis eorumque asseclis, qui se à visibili ac ministeriali Ecclesiæ capite ab aliquot sæculis segregarunt [1]. »

Ex his doctissimi cardinalis verbis discimus id quidem ab omnibus agnoscendum esse, quo Ecclesia ab hæreticis secernatur, non autem id quo Scholæ doctores à se mutuò differant. Atque id vir maximus luculentiùs posteà exponit his verbis : « Quæstio de auctoritate Papæ inter catholicos agitata sive in spiritualibus respectu conciliorum œcumenicorum, sive in temporalibus respectu jurisdictionum sæcularium, quatenùs saluti animarum obsunt, non est quæstio ejusmodi, quæ res complectatur ab alterutrâ parte inter articulos fidei recensitas, aut quæ ab iis exigantur qui ad Ecclesiam redeunt; ità ut alii alios pro hæreticis habeant, aut à se mutuò quoad communionis vinculum separentur. Quare ea omnia communioni ecclesiasticæ sarciendæ impedimento esse non possunt; cùm hujus conditionis sint, ut quamcumque partem serenissimus Rex amplectatur, haud eo secius ab utrâque parte jus et nomen catholici obtineat [2]. » Quare

---

[1] Du Perr., *Repl.*, etc., *ep. à Casaub.* — [2] *Ibid.*, lib. IV, p. 745.

ex doctissimi cardinalis verbis, erroris, hæreseos atque omninò anathematis et excommunicationis metus, quocumque prætextu, procul abest ab iis opinionibus; reique essent Ecclesiæ violatæ pacis, qui eas sub excommunicationis metu prohibendas putarent.

Quæ cùm animadvertisset D. Meldensis episcopus eas opiniones, et omnibus notas, atque à præstantissimis controversiarum auctoribus designatas, ad catholicam fidem pertinere meritò negat; quod iterum atque iterum inculcandum putavit in eâ Monitione, quam suprà memoravimus post Innocentii XI approbationem suæ *Expositioni* esse præfixam. Sic autem in eâ legitur : « Neque miretur quis, tam facilè approbatam Meldensis episcopi *Expositionem* eam, quæ auctoritatem Sedi apostolicæ divinâ institutione concessam, iis in rebus collocaret, de quibus scholæ catholicæ omnes consentirent. Nihil enim eget Cathedra Petri concertationibus nostris; quodque in eâ catholici omnes unanimi consensione venerantur, planè sufficit ad eam tuendam potestatem, quam Sedes apostolica ad ædificationem, non autem ad destructionem accepit [1]. » Vides iterum atque iterum quid sufficere edoceat. At hanc monitionem uti diximus, *Expositioni* præfixam, cùm idem episcopus Innocentio XI obtulisset, hoc tulit responsum : « Venerabilis Frater, salutem et apostolicam benedictionem. Accepimus libellum *de Catholicæ Fidei Expositione*, quem, piâ, eleganti, sapientique ad hæreticos in viam salutis reducendos, oratione auctum; reddi nobis curavit fraternitas tua, et quidem lubenti animo confirmamus uberes laudes quas tibi de præclaro opere meritò tribuimus, et susceptas spes copiosi fructûs exinde in Ecclesiam profecturi, etc. Datum Romæ, 12 Julii 1679. »

Quæ cùm sacro cœtui D. Meldensis episcopus rogatus legeret, pietatem incomparabilem, charitatem ac prudentiam singularem sancti Pontificis miris laudibus commendabat, quod, quantùm in ipso esset, omnes difficultates remotas esse vellet, quibus oves perditas laborare, atque ex grege suo aberrare intelligeret.

Nempè cùm alia multa vera et utilia Summus Pontifex iterum atque iterum approbabat, tum illud imprimis, Sedis apostolicæ

[1] *Expos. Avert.*, edit. 1679.

majestatem in his rebus esse positam, de quibus catholici consentirent; idque ad ejus Sedis sanciendam potestatem sufficere testatus, ex eâ *Expositione* uberes fructus expectabat.

Neque falsus animo est : nam innumerabiles hæretici hâc *Expositione*, seu potiùs sancti Pontificis auctoritate victi, ad unitatem redierunt, et redire porrò pergunt, adeò necessarium erat cùm in omnibus articulis, tùm in hunc maximè, quem hæretici omnium invidiosissimè proponebant, id clarè doceri, quod Ecclesia catholica ut necessarium pariter, ac sufficiens postularet. Hoc enim facto, catholicam doctrinam ex omni parte splendentem, nullo fastu turgidam, ubique moderatam, atque inter prærupta et extrema tutò incedentem, agnitam dilexerunt eique adhæserunt.

Jam si rescinderentur ea, et alia requirerentur quàm quæ summi Pontifices, et maximè Pius IV, et ipse Innocentius XI postulavit; quid aliud eveniret, quàm ut tot hominum millia deceptos se esse ab Ecclesiâ catholicâ quererentur, atque eorum, quod absit, vacillaret fides; cæterorum verò odia concitarentur ea, quæ cùm nullâ responsione lenire possemus, infelices animæ perderentur, et Sedis apostolicæ, quam firmam et inconcussam esse oportet, labasceret auctoritas ; Sedisque ejusdem majestate indignum videretur, negare fidem in eo esse reponendam, in quo catholici omnes uno ore consenserunt (*a*) ?

CAPUT XIII.

Explosâ hæreseos, erroris ac schismatis notâ, aliæ notæ excutiuntur : articulos Gallicanos neque esse temerarios, neque scandalosos, neque piarum aurium offensivos : vera pietas cum veritate et traditione conjuncta : censuræ vagæ et inconditæ : sancti Ambrosii locus : prima pars concluditur.

Explosis hæreseos, erroris ac schismatis, quas quidam inustas nobis volunt, notis, supervacaneum videri posset de aliis notis

---

(*a*) L'auteur parle de l'*Exposition* dans cette partie de son ouvrage comme tierce personne, tandis qu'il en a parlé en son propre nom dans la *Dissertation préliminaire* ; c'est pour cela qu'il l'élève ici plus haut qu'il n'a fait précédemment.

dicere; cum facilè intelligatur ex dictis, cleri Gallicani Declarationem tantâ auctoritate nixam, nihil immodestè aut contumeliosè asserentem, nihil novi christianis auribus afferentem, neque temerariam, neque scandalosam, neque piarum aurium offensivam esse. Ne tamen aliquid omittere videamur, has quoque perpendamus notas.

Non deerunt fortè rerum ecclesiasticarum imperiti, qui patres Gallicanos eo nomine temeritatis accusent, quòd de primæ Sedis auctoritate, et quidem nullà necessitate, statuere ac judicare videantur.

At illi, si qui sunt, theologiam ne primo quidem, ut aiunt, limine salutarunt. Solet enim theologia de Deo, divinisque personis, atque aliis fidei christianæ mysteriis quæ tradita sunt, dicere, summâ cum reverentiâ divini Numinis. Eodem planè ritu de Sede apostolicâ tractat, neque ullam sibi vindicat in ejus jura auctoritatem, cùm ea, quæ de ipsâ sint tradita, exequitur et exponit. Ità clerus Gallicanus magnum unitatis pacisque mysterium in Sede apostolicâ collocatum, cum omnibus catholicis impensè veneratur: quâ in re à Christo constituta sit ejus auctoritas, ne aliena, ne prava, ne invidiosa affingantur, summâ cum reverentiâ ex Patrum traditione declarat.

Temerarium passim theologi definiunt, quod novè, insolenter et audaciter nullâ doctorum auctoritate dicitur; quæ multùm à nostris abesse ipsi adversarii confitentur, cùm gravissimos nostræ sententiæ defensores nominent. At verò quantò magis ab omni temeritatis crimine nostros articulos eximemus, cùm probationibus expeditis conciliorum atque Pontificum decretis niti ostendemus? « Est et ea, inquit Canus, temeraria propositio, quæ in doctrinâ fidei, cum celebris universitatis communi decreto ac definitione pugnat. Quanquam enim circumferuntur articuli Parisienses, qui non sunt fidei articuli omnes, quoniam ne hanc quidem vel longissimè tangunt; sed ejus Academiæ tamen de fide et religione fixa constantiaque decreta semper Christi Ecclesia suspexit; qui verò contempserunt, inaniaque et levia ac pro ni-

---

Mais pourquoi attache-t-on tant de prix à l'approbation du saint Siége, et pourquoi fait-on tant d'efforts pour prévenir la censure de la Déclaration gallicane?

APPENDIX, LIB. III, CAP. XIII.

hilo existimaverunt, omnes ad unum periclitati sunt. » Quâ regulâ non profectò nos, sed ii sunt temerarii vel maximè, qui nos Parisiensis Academiæ defensores exosi, etiam temeritatis, quodque est gravius, erroris ac schismatis accusant.

An forsitan temerè allata sunt in medium, quæ tractari necessitas nulla cogebat? Verùm aliud est nova sine necessi'ate quærere, aliud vetera et ab antiquis sæpe tractata, atque ab ipsis synodis Constantiensi et aliis, summâ necessitate quæsita et decisa retinere. Cur autem ea repeterent Gallicani Patres, in præfatione Declarationis, atque in epistolâ ad episcopos scriptâ, causas idoneas protulerunt, quas æqua posteritas probatura sit, neque jam improbent ii, qui necessariam doctrinam omni arte opprimi atque oblitterari pridem ingemiscebant.

Neque fas erat cleri deputatis omittere ea, cùm illis mandatum esset Ecclesiæ Gallicanæ antiquas et canonicas libertates asserere, quarum fundamenta ac summa his articulis continentur.

Sanè quâ modestiâ viros ecclesiasticos esse oportet, Lovaniensium quorumdam gravibus querelis ac Domini Strigoniensis censurâ moveremur, si afferremus nova. Cæterùm, cùm ea afferamus quæ saltem à trecentis annis toti Ecclesiæ nota (a) à conciliis et Pontificibus, ut nos quidem credimus, approbata, ut autem etiam adversarii confitentur, et res ipsa docet, sine ullâ censurâ relicta sunt; non nos profectò, sed iniqui censores temeritatis incurrunt notam: quod quidem à censoribus nostris consideratum volumus. Sanè id advertant quod dicimus: non enim dicimus non posse universim reprobari, nisi ea quæ Ecclesia expressè condemnavit; sed, cùm rebus pensatis, sæpe et consultò noluit aliquid condemnare, nemo jam nisi temerè condemnare potest. Ecclesia enim perspexit non esse condemnationi locum.

Quæ ratio ostendit procul abesse à nobis scandali aut offensæ pietatis suspicionem. Quod enim Ecclesia à tot sæculis æquis au-

---

(a) Remarquez-le bien : « La doctrine gallicane est connue dans l'Église au moins depuis trois siècles. » Trois siècles! qu'on se le dise! Trois siècles de troubles, de désordres, de commotions violentes, de crimes et d'erreurs! Antiquité respectable, commençant au schisme d'Occident, et traversant la réforme de Luther pour aboutir à la fameuse Déclaration! Pourquoi donc nous a-t-on rappelé vingt fois le mot de Vincent de Lérins : *Quod semper, quod ubique, quod ab omnibus?*

ribus pacatoque animo audiat, id repentè scandalo aut offensioni vertere, nihil aliud est, quàm commovere turbas, et perturbare pacem ecclesiasticam.

De pietate quod objiciunt, placet audire Melchiorem Canum, cùm illud tractaret quod sit piarum aurium offensivum. Ibi verò demonstrandum aggreditur, « Ecclesiam propositionum absonarum consonarumque judicium in vulgi auribus minimè collocasse. » Quo loco hæc habet : « Hic si abusus reprehendas, qui in imaginibus et colendis et ornandis, in sacellis, templis, monasteriis, sepulchrorum monumentis, sempiternisque memoriis condendis, invaluerunt plurimi ; si affirmes in ejuscemodi interdùm, vel potiùs nimium sæpè, plus vanitatem valere quàm religionem, diabolum quàm Christum ; hi fortasse dicent, te Lutheranis opinionibus occupatum intolerabiles sonos fundere ; adeò in optima quæque vulgus inconditum, falsâ pietate, vanitatem, aut etiam superstitionem inducit. » Pergit : « Non est igitur habenda ratio vulgi promiscuè imbecillis, perturbati, imprudentis ; sed prudentis, sinceri, pii, incorrupti ; nec theologia modò requirenda est, sed pietas et prudentia [1]. »

Neque nos fugit quanta sæpè pars turbæ sint, qui etiam se peritos ac theologos videri volunt ; atque ut cætera taceamus, quot videmus, qui Luthero et Calvino per nimia et extrema repugnare pium putant, à quorum sententiâ nos alienissimos esse ultrò profitemur ? Non enim si quid privati aliqui doctores adversùs Lutheranos urgendum putarunt, id nos statim ut fidei decretum amplecti oporteat ; sed nempè, ut dicebat olim sanctus Cœlestinus Papa : « Sufficere credimus quod apostolicæ Sedis nos scripta docuerunt ; » scilicet Pii IV professionem, quâ planè perfectèque hæretici condemnentur ; atque id gravioribus theologis ac doctoribus, cardinali Perronio, eumque secuto Meldensi episcopo, ac tot cardinalibus Romanisque prælatis, ipsique adeò sancto Pontifici Innocentio XI placuisse gaudemus in Domino, totique Ecclesiæ gratulamur. Ulteriora extorquere non suadet vera pietas. Ut enim nihil à fide demi, ità nihil addi fidei debet ; reique animarum sunt, qui plus ab hæreticis postularint, quàm communi

[1] Melch. Can., lib. XII, cap. II.

omnium fide requiratur. Neque minùs absurdum est aliud à catholicis doctoribus extorquere velle, nisi fortè aliam fidem in Ecclesiâ docemus, aut tuemur in scholis, aliam contra hæreticos propugnamus.

Pietatis verò nomine ad aliud nos cogi, nec ipsa sinat pietas. Vera enim pietas non cæco affectu, sed majorum auctoritate ac traditionis regulâ ducitur. Quæ ab his aberrant finibus, sine more modoque crescunt, veramque pietatem falsis et alienis, ex arbitrariâ pietate superstructis, obscurant et offuscunt. Hæc arbitraria pietas multis persuasit sancti Petri successores, non tantùm ex officio sanctos, sed etiam vitâ necessariè pios esse; ut grave haberet bonus Otho Frisingensis, vir alioqui doctus et diligens, de Joanne etiam XII dici : « Sic reprehensibiliter eum vixisse et super hoc ab episcopis aliisque subditis suis conventum fuisse; cui rei, inquit, durum videtur fidem accommodare; quia Romana Ecclesia hoc speciale privilegium sacerdotibus suis adscribere solet, quòd meritis Petri supra firmam petram fundati, nulla eos vel porta inferorum, vel turbo tempestatum ad exitialem ruinam involvat [1]. » Quæ ab Ennodio Ticinensi deprompta [2], ac pro tempore laudata, Gregorius VII, quantùm potuerat, confirmaverat (a), novo genere pietatis, quo vel negare manifesta, vel infanda, non tantùm tacere, verùm etiam probare cogeremur.

« At, inquit Baronius in hunc Othonis locum, non tanta nos vindicamus, ut esse non possit, quin fœdus turpisque moribus irrepat vel irrumpat in Sedem illam; fide autem impius nullo modo [3]. » Quasi magis illud ad pietatem pertineat, ut nullus fide impius Pontifex esse possit, aut transire cogamur ad illam ferè ab omnibus explosam, et canonistis omnibus, theologis omnibus repugnantem Alberti Pighii sententiam, nullum Pontificem hæreticum esse posse. Hæccine ergò est pietas, omnibus ac singulis Pontificibus, quasi sub Christi nomine (quis enim tanquàm ex

---

[1] Oth. Fris., lib. VI, c. xxiii. — [2] Vid. tom. IV *Conc.*, col. 1340. — [3] Baron., ann. 863, tom. X, p. 777.

(a) La *confirmation* n'existe que dans le texte falsifié de ce grand Pape : nous l'avons montré plus haut.

proprio nomine audeat) ista polliceri, ut, si quid, occulto Dei judicio, vel tale contingit, vel aliquando contingat, tùm labascere incipiat, vanâ scilicet expectatione delusa, infirmorum fides, ac ipsa quoque Christi promissa vacillare putet. Atque hanc pietatem Bellarmino quoque et Suari placuisse vidimus. Neque, ista referentes, viros doctos ultro lacessimus, aut eorum pietati detractum volumus quidquam, quorum alioqui (Deus testis est) favemus laudibus. Id tantùm advertimus, viris etiam maximis contigisse, ut vana saperent, quoties cæcis illis, quos pios vocare volunt, affectibus aliquid indulserunt.

Piget commemorare quot opinionum monstra ejusmodi pietas in Ecclesiam induxerit. Hinc enim etiam illud quo totus orbis circumsonat : « Pontificem utriusque potestatis apicem tenere, regna ac diademata dare ac detrahere, orbis dominum etiam in temporalibus, ac monarcham esse Christi Regis Vicarium, sive Viceregem, in regnis et imperiis omnia posse; neque tantùm indirectè, sed directè; falli Bellarminum indirectâ potestate contentum, neque postulantem ut ea tanquàm de fide certa credantur; hæc enim omnia de fide esse et qui negent esse hæreticos; neque propterea quidquam iniqui regibus et imperiis metuendum, cùm is à quo pendent, neque errare, neque quidquam injusti moliri possit [1]. » Neque satisfiet nobis, si eum, qui recens hæc scripserit Marchionem, in rebus quidem theologicis ineptum imperitumque esse dicant. Ecce enim Nicolaus Dubois, theologiæ Professor primarius, nos seriò et graviter ad hujus viri tractationem remittit, eumque cum honore nominat. Idem D. Dubois ait non posse constare Romano Pontifici summam illam potestatem, à Florentinâ synodo in decreto unionis attributam, nisi potestas etiam indirecta tribuatur : quin, illâ eversâ, eam partem decreti stare omninò non posse. Quare et D. Strigoniensis, illum Declarationis Gallicanæ articulum, quo potestas indirecta rejicitur, cum reliquis articulis, ut æquè detestabilem, æquè schismaticum damnat.

Nequeverò placet indirectæ potestatis nomine, ac mutato tantùm vocabulo res eadem, idem jugum imperiis impositum : neque probare possumus potestatem illam, quæ priscis inauditâ

[1] *Coroll.* Antigr.

sæculis, conciliandis christianis, ac propagando Evangelio, publicæ denique paci inimica, invidiosis æquè ac inanibus titulis Petri Cathedram oneret, eamque doctrinam reducere moliatur, quæ quoties exequenda prodiit, toties orbem christianum infandis bellis et cædibus cruentavit.

Neque etiam placent, pietatis licèt nomine venditata, quæ passim apud canonistas legimus: « Posse Pontificem omnia in orbe terrarum : posse quæcumque Deus possit, excepto peccato, neminem ab eo rogare posse : Quid ità facis ? Legibus et statutis omnibus et generalibus conciliis posse eum contravenire legitimè; » et alia ejusmodi, Pontificibus bonis modestisque æquè ac nobis exosa. Hæc ipsi canonistæ, puto, erubescant, nisi interpretatione molliantur. At pietas non est, inflare et exaggerare verbis Petri privilegia, tanquàm exigua sint, quæ per sese sunt maxima; eaque comminisci, quæ cùm interpretatione rectâ evanescant atque effluant, malevolis interim calumniandi ansam præbeant, tendant laqueos imperitis, audaciores ad extraordinaria quæque contra regulam postulanda, aut etiam per obreptionem impetranda incitent, atque ità censuram canonum ac vim disciplinæ resolvant, ejusdemque instaurandæ spem omnem incidant. Cæterùm cùm talia nullus unquàm docuerit Pontifex, neque unquàm comprobarit, id unum à nobis scilicet vera pietas postulat, ut admiremur gravissimam, sapientissimam atque à Deo protectam Sedem, quæ tantâ etiam assentatione circumdata modum tenuerit. Interim cùm hæc nimia, pietas incomposita suaserit, certum nobis est nullam pietatem agnoscere, nisi cum veritate et traditione conjunctam.

Hæc erant quæ de particularibus censuris dicenda habebamus, quantùm earum vim intelligere possumus, ex doctorum scriptis; quæ arbitrariæ inani tantùm strepitu teneant imbecilles animos, nulloque certo titulo, nullâ certâ ratione, tantùm anathemata crepent, atque intentare non cessent. Eas ut veritate contemnimus, ità charitate refugimus, qui veritatem pacemque diligamus; atque interim opponimus illud Ambrosii : « Fucum faciunt, qui non audent explicare quod sentiunt, censoriè [1]. » A

---

[1] Amb., *de Fide*, lib. I, c. xviii, al. viii; tom. II, col. 467.

Sede certè apostolicâ, quæ et paci consulere, et antiquâ revolvere, et posteritatem respicere, et omnia sæcula mente complecti soleat, nihil tale metuimus; præsertim posteà quàm, uti jam facere aggredimur, nostra à conciliis et Romanis Pontificibus expressè et sæpè probata esse demonstraverimus. Nam hactenùs iniquâ certè conditione luctamur, qui tantùm ictus declinamus, nondum arma expedimus. Nunc, cùm probationes nostras allaturi simus, nostra jam liberior decurret ac lætior, ac veluti scopulos et syrtes prætervecta, plenis jàm velis oratio navigabit.

Sancti Eusebii Romani Presbyteri ac Martyris acta referuntur (a).

Tùnc Eusebius Romanus presbyter martyrium passus est, cujus memoriam 14 Augusti cum Ecclesiâ Romanâ agimus; quo die in Martyrologio Romano celebratur.

Hujus acta Baronius in Annalibus paucis refert[1]: in notis ad Martyrologii diem 14 Augusti remittit ad Boninum Mombritium Mediolanensem, ex quo ejusdem Eusebii uberiora acta promamus.

Sed quandoquidem Mombritius in paucorum est manibus, non pigebit antiqua sancti Eusebii acta memorare, prout ea ex illustrissimi archiepiscopi Rhemensis excuso codice diligenter exscripsimus. Is igitur sic habet, tom. I, p. 515[2]: « Tempore quo Liberius de exilio revocatus fuerat à Constantio Augusto hæretico, in eodem tantùm dogmate, ut non baptizaret populum, sed unâ communione contaminaret plebem, Eusebius presbyter urbis Romæ cœpit declarare Liberium hæreticum et amicum Constan-

---

[1] Baron., tom. III, n. 357. — [2] Vid. hæc act. ap. Baluz. *Miscell.*, tom. III p. 141, 142.

(*a*) In plerisque manuscriptis codicibus hujus *Defensionis*, quos omnes diligenter evolvimus, reperimus post cap. xxxiv, lib. IX, caput unum integrum ab ipso auctore deletum. Nam vir eliquatissimi judicii, postquàm acta sancti Eusebii à Mombritio relata diligentiùs introspexit, facilè intellexit ea illa esse, quæ, aut nullius, aut infirmæ admodùm auctoritatis apud doctos haberentur. Quapropter statueramus obsequi Bossuet voluntati, et caput illud omninò omittere; sed ne quis queri posset de omisso illo capite, quod etiam extat in editione hujus operis anni 1730, Illud ad calcem hujus *Appendicis* adjecimus (*Edit. Leroy.*)

tii; cumque multi in sanctâ confessione et catholicâ fide vitarent communionem Liberii per Eusebii presbyteri doctrinam, occupantur Ecclesiæ à Liberio, ejicitur Felix de episcopatu, subrogatur Liberius, tenetur Eusebius presbyter, et quòd in domo suâ, quam ipse construxerat, populum congregaret, et quia plebem sanctam exhortabatur. Tunc Constantius imperator aggreditur cum Liberio Eusebium presbyterum, dicens : Tu solus christianus es in urbe Româ? Eusebius presbyter respondit : Sic confidimus in Domino, quia fideles non inveniet Christus, sicut et baptizati sumus, et benedictionem, quam à beato Julio suscepimus, tenemus. Liberius dixit : Nos cujus fungimur vice? Nonne Julii antecessoris nostri? Eusebius presbyter dixit : Si perseverasses in fide quam in persecutione primò tenere visus fueras. Liberius dixit præsente Augusto : Tam contumacem me existimas? Eusebius dixit : Res ipsa te docet et declarat. Imperator Constantius dixit : Et quid est inter fidem et fidem? Eusebius presbyter respondit : Quantùm ad nos peccatores, integrè tenentes fuimus : quantùm ad vos, insania diaboli et invidia superstitionis vestræ, ut Felicem episcopum, quem vos non tenuistis catholicum, et Dominum Jesum Christum invocantem, purum sacerdotem ab omnibus declaratum, in damnationis causam exilio direxistis ; qui tamen in prædiolo suo orationibus vacat. Et quidem jussu tuo Christianis occisionem et necem præcepisti inferri, maximè clericis, presbyteris et diaconis. Tunc iratus Constantius sub rogatu Liberii inclusit Eusebium presbyterum in quodam cubiculo domûs suæ, quod humile erat, in latitudine pedes quatuor ; et ibi multis diebus in oratione constanter perseverans, inclusus tamen post menses septem dormitionem accepit, 19 Kalendas Septembris : cujus corpus collegerunt Gregorius et Orosius presbyteri, et parentes ejus, et sepelierunt in cryptâ juxta corpus B. Xysti martyris et episcopi, in viâ Appiâ, in cimeterio Callixti ; ubi et titulum ipsius scribentes, posuerunt pro commemoratione ejus : EUSEBIO HOMINI DEI. In eodem tempore auditum est à Constantio imperatore, quòd Gregorius et Orosiu presbyteri collegissent corpus Eusebii presbyteri, et in eâdem cryptâ vivum præcepit includi Gregorium. Tunc Orosius presbyter collegit semivivum B. Gregorium noctu occultè, propter Constantium Augustum, et emisso spiritu, sepelivit eum juxta corpus sancti Eusebii presbyteri; qui etiam Orosius hæc gesta scripsit. Ab eodem die intra Ecclesias, jussu Constantii imperatoris, quisquis inventus fuisset non sic confiteri et participare sicut Liberius, indiscussus gladio puniretur. Qua propter in plateis, et in vicis, et in ecclesiis, sive in balneis gladio trucidabantur, persequente Constantio christianos unà cum Liberio. Mortuo autem Liberio, levatur Damasus, qui voce publicâ damnavit Liberium, factâ synodo cum episcopis viginti octo et presbyteris viginti quinque, et cessavit persecutio; non tamen multum tempus, donante Domino Jesu Christo, qui vivit et regnat in sæcula sæculorum. Amen. »

Huc usque acta, ubi innatâ simplicitate ipsa se prodit antiquitas; et quibus ejus generis actorum aliquis inest gustus, hoc sapiunt. Tum Usuardus monachus et Ado Viennensis hæc acta viderunt, ex quorum quippe verbis, brevem illam, quam suis Martyrologiis inserant, sancti Eusebii contexunt historiam. Cæterùm id quod hîc de Damaso in fine actorum scriptum est, quòd « voce publicâ damnavit Liberium, facta synodo, » ad Damasi pontificatum referendum non est : pridem enim Liberius resipuerat; sed hæc fecit Damasus tum presbyter, ac, deficiente Liberio, Synodum fieri procuravit; innuuntque obiter acta, eum qui hæc fecerit, meritò Liberio subrogatum fuisse.

Quòd autem in his actis, ut et in vitâ Liberii, scriptum est de rebaptizatione ab Arianis factâ, non debet movere doctos, qui apud Ambrosium de Auxentio legerint[1] : « Cur igitur rebaptizandos Auxentius fideles populos putat, baptizatos in nomine Trinitatis, cùm Apostolus dicat : *Una fides, unum baptisma*[2]. » Hoc igitur Liberius reservavit, ne Romani rebaptizari cogerentur. Quid autem egerit, quàm à rectæ fidei defensione defecerit, quam persecutionem moverit adversùs fratres, quos confirmare in fide jubebatur, satìs patet ex actis.

[1] Ambr., Serm. cont. Aux. post epist. XXI, n. 37; tom. II, col. 874. — [2] *Ephes.*, IV, 5.

MÉMOIRE

DE

MONSEIGNEUR BÉNIGNE BOSSUET

ÉVÊQUE DE MEAUX,

PRÉSENTÉ AU ROI,

Contre le livre intitulé : *De Romani Pontificis auctoritate*, etc., divisé en trois tomes *in-folio*, par dom frère Jean-Thomas de Roccaberti, autrefois général de l'ordre de Saint-Dominique, archevêque de Valence (a).

I.

Idée générale du livre, et de quoi le roi se peut plaindre.

Pour donner d'abord l'idée de ce livre; il est composé de trois gros volumes, dont les deux premiers regardent l'infaillibilité du Pape, et le troisième contient trois livres, *où sa souveraine puissance, tant directrice que coactive, sur le temporel, est amplement prouvée*, ainsi que le porte le titre.

Le dessein du livre est d'attaquer et de condamner en tout et

---

(a) Roccaberti, dominicain espagnol, fut provincial d'Aragon, général de son ordre, archevêque de Valence, vice-roi de cette ville et grand inquisiteur de la foi. Ses principaux ouvrages sont, d'abord celui dont on vient de voir le titre, *de Romani pontificis auctoritate*; ensuite la *Bibliotheca pontificia* : vaste recueil de différents traités composés par différents auteurs sur l'autorité et l'infaillibilité du souverain Pontife, 21 volumes *in-folio*. Innocent XII lui adressa deux brefs qui louent, comme nous le verrons, « la diligence, l'étude, l'affection, le zèle, l'érudition et l'esprit que l'auteur emploie à l'avancement du saint Siège. »
Dans le *Mémoire* que nous allons lire, Bossuet proposa deux choses au roi : la première, de défendre l'ouvrage *de l'Autorité du Pontife romain*; la seconde, de demander au pape des explications sur les brefs donnés à l'auteur. Le parlement, dans un arrêt du 20 décembre 1696, défendit la vente des ouvrages de Roccaberti; mais le Pape ne donna, dit le cardinal Bausset, *aucune explication satisfaisante*.

partout la Déclaration du clergé de France, de la manière la plus outrageante ; et après qu'on est d'accord avec Rome, et que Sa Sainteté a été contente des devoirs et des soumissions que les évêques lui ont rendus, ce prélat espagnol, poussé de la haine de sa nation contre ce royaume, non-seulement tâche de son côté de renouveler la querelle, mais encore il n'oublie rien pour exciter le Pape à la recommencer.

Ce qui est à considérer dans ces livres, c'est, premièrement le corps de l'ouvrage ; secondement, les épîtres dédicatoires et les préfaces de l'auteur ; troisièmement, les approbations qui sont imprimées à la tête.

Aux deuxième et troisième tomes, on voit deux brefs du Pape à l'auteur, dont il faudra parler à part ; et voilà de quoi sont composés ces trois gros volumes.

Sans entrer dans le fond des matières, le roi a toujours sujet de se plaindre de cet ouvrage, à cause de l'aigreur qu'il inspire partout au Pape et à tout le monde contre la France, et de la manière dont y est traité, non-seulement tout le clergé, mais encore la personne auguste et sacrée de Sa Majesté.

II.

L'auteur traite les François comme hérétiques sur l'infaillibilité du Pape.

Dès le commencement du livre, il propose la question de l'infaillibilité du Pape, ou de « la constance des Pontifes romains dans la foi, comme une importante question entre les catholiques et les hérétiques : les hérétiques, dit-il, comme ennemis déclarés de l'autorité du Pape, soutenant la négative, et les orthodoxes qui ont à cœur la religion catholique, combattant pour l'affirmative comme pour les autels et les temples [1]. »

Cependant il nomme lui-même, pour l'opinion qui n'admet pas l'infaillibilité, des auteurs très-célèbres et très-catholiques de toutes les nations, et non-seulement de la France, comme Gerson et Almain, mais encore des autres pays, comme Alphonse de

[1] Tom. 1, lib. 1, *præf.*, p. 1.

Castro et Jean Driédo, fameux docteurs de Louvain[1]. Il est vrai qu'il cite le moins qu'il peut de ces auteurs, passant par-dessus le cardinal Pierre Dailly, évêque de Cambray, par-dessus Tostat, Espagnol; et, ce qui étoit bien plus important, par-dessus le pape Adrien VI, autrefois précepteur de Charles-Quint, compté par le cardinal Bellarmin entre les défenseurs de la doctrine opposée à l'infaillibilité du Pape, et qui a fait imprimer à Rome durant son pontificat le livre où il s'étoit expliqué sur cette matière, étant simple docteur de Louvain et professeur en théologie de cette savante université.

Ce qu'il y a de plus remarquable, c'est qu'en rapportant de si graves auteurs, il ne produit contre eux aucune condamnation directe ou indirecte du saint Siége; et au contaire, il cite le cardinal Bellarmin[2], qui tout zélé défenseur qu'il est de l'opinion de l'infaillibilité, avoue que la doctrine opposée *n'est pas proprement hérétique*, et que tout ce qu'on peut en dire, c'est *qu'elle semble erronée et approche de l'hérésie*; n'osant pas même l'assurer absolument, mais disant seulement *qu'il semble*, VIDETUR.

Il rapporte aussi lui-même l'endroit de ce cardinal[3], où, poussant le plus loin qu'il peut sa censure contre la doctrine de la supériorité du concile au-dessus du Pape, il n'a pourtant pu dire autre chose, sinon que le sentiment opposé est *presque de foi*, qui est la note la plus légère qui pût sortir de la bouche d'un homme aussi prévenu.

Après cela il est étonnant que lui et ses approbateurs traitent partout d'hérétique le clergé de France et le sentiment des anciens docteurs de Paris, qui étoit commun de leur temps dans les universités des autres royaumes, et fassent de si grands efforts pour aigrir le Pape contre la France, comme si l'on y défendoit « des monstres d'erreur qu'il faut exterminer de tout le monde chrétien, et des dogmes pernicieux qui agitent la nacelle de saint Pierre par des flots sortis de l'enfer. » Ce sont les propres paroles de l'auteur dans l'épître dédicatoire à sa Sainteté, à la tête du premier tome.

Il est encore plus outré dans ses préfaces, puisqu'il ose s'en

[1] Tom. I, lib. I, c. 1, n. 5, 6, 7, 8, 9. — [2] *Ibid.*, n. 16. — [3] *Praef.*, tom. I.

prendre jusqu'à la personne du roi, lui reprochant de faire enseigner « par violence et par des menaces de peines et de supplices, des propositions si éloignées de la piété chrétienne, des propositions si déshonorantes de la suprême autorité du saint Siége apostolique, et qu'on ne peut attribuer qu'à l'impiété et à l'hostilité par laquelle les hérétiques s'emportent contre ce siége. » C'est ici qu'il ose nommer ouvertement le nom auguste de *Louis XIV*, comme de celui qui, le premier « depuis Clovis, est l'auteur de ces violences, aux louanges duquel, dit-il, il ne manque que d'éteindre tout à fait les erreurs dont les perfides hérétiques tâchent d'infester ce royaume très-chrétien, en y rendant comme odieuse l'autorité du Pape [1]; » qui est accuser le Roi de manquer à un devoir essentiel d'un roi chrétien.

III.

Il traite d'impie, hérétique et schismatique, la doctrine de l'indépendance des rois dans leur temporel.

Ce n'est pas seulement la doctrine de l'infaillibilité qui le fait emporter à cet excès : il condamne également le clergé et le royaume de France, sous prétexte qu'on s'y oppose « à la suprême autorité des papes sur le temporel des rois, et à la puissance coactive qu'ils prétendent pouvoir exercer en les déposant. » Dès l'entrée de son troisième tome, il range cette controverse au nombre de celles « qui se sont élevées entre les catholiques et les hérétiques [2]. » Il tâche de rendre odieuse la doctrine de l'indépendance des rois dans leur temporalité, en l'attribuant « à Calvin, à Pierre Martyr, et aux autres hérétiques ennemis déclarés de l'autorité et de la gloire pontificale [3]. » Comme si les hérétiques étoient hérétiques en tout, ou qu'on ne sût pas qu'ils retiennent beaucoup de vérités essentielles, et qui n'en sont pas pour cela moins vénérables.

Cependant, sous ce prétexte, il traite l'opinion qui défend l'indépendance des rois dans leur temporalité, *d'impie et de fausse*:

[1] Tom. I, *Præf.*, n. 31. — [2] Tom. III, lib I, *Præf.* — [3] *Ibid.*, c. I.

il rapporte le décret de l'inquisition de Tolède, « qui condamne comme erroné et schismatique de dire que le Pape ou l'Eglise n'aient pas une puissance directe ou indirecte pour dépouiller les rois de leur domaine¹; et s'étonne que le clergé de France soutienne la proposition que ce tribunal sacré et souverain condamne d'erreur et de schisme²; » comme si la France étoit obligée à reconnoître l'autorité de l'inquisition de Tolède. Il porte son venin contre la France jusqu'aux pieds du Pape, dans la lettre dédicatoire, où il présente à Sa Sainteté ce troisième tome. Il s'y glorifie dès l'entrée qu'en entreprenant de défendre « la suréminente autorité du Pape sur le temporel des rois, il traite une matière que peu ont traitée exprès; » ce qui devoit lui faire sentir qu'elle n'est donc pas fort essentielle au service de Dieu. Il ajoute que nier cette autorité, c'est faire « une guerre ouverte au saint Siége. » A l'entendre, on est l'ennemi du saint Siége, si l'on n'attribue au Pape, « de droit divin, cette plénitude de puissance sur le temporel des rois. » Sous prétexte de consulter Sa Sainteté sur cette matière, il veut faire accroire à tout le monde chrétien, qu'il en va naître des *calamités* infinies, et même « un schisme imminent auquel la Déclaration gallicane ouvre une entrée manifeste. » Il dissimule que cette dispute et toutes les autres, où chacun soutient son sentiment, sans vouloir condamner ceux qui n'en sont pas, n'ont jamais fait aucune rupture; et que la Déclaration du clergé de France, qu'il attaque perpétuellement comme *schismatique*, n'est pas écrite dans un autre esprit.

Sur cela néanmoins il reproche à ceux « qui se glorifient d'être très-chrétiens, de conspirer avec les hérétiques et de souscrire à leur doctrine. »

Sous prétexte de ce péril imaginaire de schisme, il presse le Pape avec toute l'amertume de son style, « d'en venir aux remèdes les plus efficaces pour remédier aux maux dont la France est menacée, et de prévenir le schisme qui va, dit-il, rompre la tunique sans couture de Notre-Seigneur, au sujet des propositions du clergé de France, que les autres royaumes jugent erronées, impies et schismatiques. »

¹ Tom. III, lib. I, cap. II, n. 52, 73. — ² *Ibid.*, n. 59.

Voilà où pousse les choses un évêque qui fait le zélé pour le saint Siége : mais on voit bien où il tend ; et s'il aimoit le saint Siége, il ne donneroit pas au Pape le violent conseil de sévir contre les plus soumis de tous ses enfans; et plus Espagnol que chrétien, il ne travailleroit pas à troubler un accord dont le Pape lui-même est content.

IV.

Excès des approbateurs sur la temporalité des rois.

Ses approbateurs sont encore plus violens que lui : mais il en adopte tous les excès en les imprimant à la tête des trois tomes de son ouvrage, et principalement dans le second, comme faisant partie de ses preuves.

On n'a jamais vu d'approbations en cette forme, ce sont pour la plupart de longs traités sur la matière; et tous sont d'outrés panégyriques de l'auteur, composés par des religieux de son ordre ou de son diocèse, et par d'autres religieux également complaisans pour un archevêque si autorisé, qui avoit été vice-roi du royaume de Valence, et qui est à présent grand inquisiteur de toute l'Espagne.

Ce prélat non-seulement s'y laisse flatter de la vanité d'être de race royale, et d'avoir toutes les qualités dont le cardinal Cajetan compose un prince[1] : mais encore, ce qui n'est pas supportable, il se laisse dire, comme on feroit de « Jésus-Christ, que qui le suit ne marche point dans les ténèbres[2], et que comme l'Eglise s'écrie : *Heureuse faute d'Adam, qui a mérité d'avoir Jésus-Christ pour rédempteur!* il faut de même s'écrier : Heureuse faute du clergé de France, qui a mérité d'avoir l'illustrissime Roccaberti pour adversaire[3]. »

Pour autoriser cette souveraine puissance sur le temporel de tous les empires du monde, la première approbation que cet auteur fait paroître, dit qu'à raison « de cette puissance du droit

---

[1] *Approb. colleg. Salamantic.*, tom. II. — [2] *Approb. Col. Herd. Carmel. Discalc.*, tom. II. — [3] Ibid., *Approb. de Jean Goyri*, etc.

divin, non-seulement sur le spirituel, mais encore sur le temporel, que les hérétiques tâchent d'enlever au Pape, il est le Roi des rois, et le Seigneur des seigneurs, absolument et sans aucune restriction [1]; » ce qui n'a jamais été dit que de Jésus-Christ. Voilà ce qu'étale ce prélat à la tête du IIIᵉ tome, où il entreprend d'établir cette puissance absolue sur la temporalité des rois.

V.

Ce que disent les approbateurs sur les priviléges et les libertés de nos rois et de l'église de France.

Ses approbateurs disent ailleurs : « Les François nous opposent des priviléges et des libertés : mais les priviléges, qui sont une défection de la souveraine puissance de la Chaire de saint Pierre, ne sont pas des priviléges, mais des iniquités : *Non privilegia, sed pravilegia*. Tout ce qui s'élève dans la maison de Dieu est au-dessous de la Chaire de saint Pierre, et est l'escabeau de ses pieds. Tout ce qu'il y a de juridiction, de graces, de privilége et de liberté dans les patriarches, dans les primats, dans les princes, dans les rois et dans les empereurs, ils l'empruntent (*emendicant*), ils le participent, ils le puisent du Pape et de sa parole révocable [2]. » Je ne crois pas qu'on ait jamais dit avec tant d'excès que toute juridiction temporelle et spirituelle émane du Pape, ni que sa parole soit révocable à sa volonté, ce que néanmoins ces mêmes approbateurs confirment, en disant que « le Pape comme suprême monarque de l'Eglise, peut révoquer, casser et abroger à sa volonté, *pro suo arbitrio*, et annuler tous et un chacun des priviléges et libertés du clergé de France, du peuple et du roi; » sans songer qu'une très-grande partie de ces priviléges et libertés est fondée sur des concordats exprès entre les Papes et le saint Siége, et les rois et le royaume de France. Et néanmoins tout cela est également abandonné à la volonté du

---

[1] Tom. III, *Censura Kier. Monterd.* — [2] Tom. II, *appr. Compl. ord. in Beat. Mar. de Merced.*

Pape et à *sa parole révocable;* ce qui détruit tous les fondemens de la foi publique.

Si c'est là un zèle pour le Pape, ou plutôt un moyen de rendre odieuse la puissance la plus vénérable qui soit sur la terre, et d'empêcher les potentats hérétiques de s'y réunir, on le laisse à considérer aux gens sages et modérés. L'auteur propose cela à la tête de ses ouvrages comme les preuves de sa doctrine, ainsi qu'il a déjà été remarqué : et tout est si outré dans ces approbations étalées avec tant de faste, qu'on ajoute à tous ces excès : « Que le Pape ne peut errer dans la foi, même comme personne privée; » ce qui a paru si excessif, que le cardinal Bellarmin et les autres l'ont rejeté.

VI.

Outrages contre la France, et manquement de respect envers le roi dans les approbateurs et dans l'auteur même.

L'auteur se fait partout donner la louange d'avoir exterminé une Déclaration « d'où l'on devoit craindre avec horreur l'extirpation du culte divin, la ruine de la religion, le renversement des royaumes, la dégradation des magistrats légitimes, l'oppression du saint Siége, le mépris du vicaire de Jésus-Christ, et la révolte contre ce divin monarque de tout le monde, et ce roi des rois[1]. » De si prodigieuses exagérations, et les outrages qu'on trouve partout contre les François, pour relever la gloire de l'auteur, comme de celui qui les abat à ses pieds, font voir dans ces Espagnols, et dans celui qu'ils entreprennent de faire valoir, non pas des théologiens qui enseignent sérieusement et gravement, mais des ennemis emportés, qui sous prétexte d'élever la puissance pontificale, que la France n'a jamais cessé un seul moment de révérer, ne songent qu'à contenter leur aigreur, et à l'inspirer au Pape et à tout le monde.

C'est sur ce fondement qu'ils promettent à l'auteur le chapeau de cardinal, « que les astres et les destins lui doivent[2]; » et on voit bien à quel prix ce prélat le veut acheter.

[1] Loc. mox cit. — [2] *Approb. Lud. Tarr., è Societ. Jes.*, tom. II.

C'est ce qui lui fait remplir des outrages que nous avons vus contre la France jusqu'à ses Epîtres dédicatoires au Pape[1], où la révérence de Sa Sainteté devoit du moins lui inspirer quelque sorte de modération. Sa préface est encore plus injurieuse; et ce prélat y affecte de raconter au long avec une aigreur extrême, ce qui s'est passé sur la Régale[2] : matière très-éloignée de son sujet, et sur laquelle on sait que le roi a plus donné à l'Eglise qu'on ne prétend qu'il lui a ôté; en tout cas, il sied mal à un archevêque et à des théologiens, de venir avec un esprit d'hostilité troubler une négociation pacifique, où l'on tâche de concilier les esprits, et de donner au saint Siége toute sorte de contentement par des expédiens convenables.

Cependant l'archevêque de Valence et ses approbateurs prennent cette occasion d'imputer au roi tout ce qui est le moins convenable à un si grand prince, dont on sait que le cœur est tout tourné à la piété, à la douceur et à un respect sincère envers le saint Siége. Quoique cette vérité soit constante, on le représente au Pape et à toute la chrétienté, « comme ayant blessé les Clefs de saint Pierre et la puissance ecclésiastique [3], et comme s'étant publiquement ligué avec l'ennemi commun de la chrétienté : on lui reproche d'avoir empêché l'Empereur *de délivrer la Terre Sainte*[4]*;* comme si l'on ne pouvoit pas, avec beaucoup plus de raison, reprocher si l'on vouloit, à la maison d'Autriche, d'avoir mieux aimé se liguer avec le parti protestant et avec l'ennemi le plus déclaré de la catholicité et de la royauté, pour détruire la France et pour augmenter dans l'Empire la puissance des protestans, que de poursuivre ses victoires contre les infidèles.

Sur ce fondement, un des approbateurs adresse la parole au Pape et à l'empereur, pour les animer contre le roi et contre la France, et pour rendre la guerre immortelle, jusqu'à dire au pape Innocent XII : « Servez-vous de l'occasion qui vous est offerte pour opprimer les perfides, » c'est-à-dire, les François, qu'il nomme dans tout son discours comme les ennemis du saint Siége.

---

[1] *Epist. dedic.*, tom. III. — [2] *Præf.*, tom. I. N. *sur la Régale.* — [3] Tom. II, *Approb. Isid. Aparicii. Gilart*, etc. — [4] N. *sur le Turc.*

VII.

Deux Brefs du Pape à l'auteur, à la tête du tome II et du III

On voit donc dans l'archevêque de Valence et dans les approbations qu'il met à la tête de son livre, un zèle amer contre la France ; et quoiqu'on ne doute pas que la grande sagesse du Pape et sa bonté paternelle ne méprise ces déclamations emportées, on ne laisse pas de connoître les desseins ambitieux de ce prélat ; et on a même sujet de craindre que les ennemis de la France ne se vantent à la fin, quoique sans raison, d'avoir fait entrer Sa Sainteté dans leurs sentimens.

Ce qui pourroit le faire soupçonner, ce sont deux Brefs du Pape à cet archevêque : l'un à la tête du tome II, en date *de Rome, à Saint-Pierre, du 30 Janvier* 1693; et l'autre à la tête du III° tome, pareillement en date de *Rome, à Sainte-Marie-Majeure, le* 21 *Novembre* 1694; où l'on spécifie expressément le livre qui a été présenté à Sa Sainteté de la part de ce prélat, « sur la constance des Papes dans la foi, et sur leur suprême puissance dans la temporalité. »

Quoique le Pape lui donne de grandes louanges, et lui promette dans l'occasion, selon le style ordinaire, des marques de sa bonté paternelle, on voit bien que l'intention de Sa Sainteté n'est pas d'approuver le fond de ces livres, mais de louer seulement « la diligence, l'étude, l'affection et le zèle, l'érudition et l'esprit que l'auteur emploie à l'avantage du saint Siége, » qui sont les termes des Brefs de Sa Sainteté : néanmoins il est fâcheux de voir à la tête de cet amas d'invectives contre un si grand roi, deux Brefs du Pape à la louange de celui qui les étale avec tant d'aigreur, et qui ose répandre son venin contre un prince si pieux, dans ses Préfaces et jusque dans les Epîtres qu'il adresse à Sa Sainteté.

VIII.

Quel remède on peut apporter à ce livre injurieux : trois choses proposées au roi sous son bon plaisir : la première.

Après cela, il paroît que Sa Majesté peut faire trois choses : la première, de faire défendre, par un arrêt de son Parlement, le débit dans son royaume d'un ouvrage de cette nature.

On a prononcé souvent des condamnations plus rigoureuses contre des livres semblables, quoique beaucoup moins envenimés, puisqu'ils ne contenoient rien de personnel : on les a lacérés par la main du bourreau et condamnés au feu ; on les a flétris par des censures de la Sorbonne, comme il paroît par celle de Sanctarel et des autres. Mais il semble que par sa bonté et par sa clémence, même par une espèce de respect pour les Brefs du Pape qui sont à la tête, le roi puisse prendre des sentimens plus modérés.

IX.

Seconde et troisième chose que le roi peut faire.

La seconde chose que le Roi peut faire, c'est de faire supplier Sa Sainteté qu'elle veuille bien s'expliquer sur l'intention de ses Brefs, de peur qu'on n'en étende les louanges jusqu'aux invectives irrespectueuses dont sont remplies les Préfaces et les Épîtres dédicatoires de l'archevêque de Valence au Pape même.

Il ne paroît pas que le Pape puisse refuser de faire sur ce sujet une réponse et déclaration avantageuse qu'on pourra trouver moyen de rendre publique.

En troisième lieu, il paroît qu'en tout cas le roi pourroit faire supplier le Pape d'empêcher les Espagnols et tous les autres de traiter la France et son clergé d'hérétiques et de schismatiques, sous prétexte d'opinions que le saint Siége n'a jamais notées d'aucune censure.

Il n'est plus question d'invectiver contre la Déclaration du clergé de France, sur laquelle le Pape est content et le clergé ne dit mot : mais sous prétexte de s'y opposer, outrer la censure jusqu'à vouloir qu'on soit hérétique ou schismatique, pour ne pas suivre des sentimens qu'on agite depuis trois cents ans dans les écoles, sans que les Papes les aient notés ou défendus, même pour ne pas reconnoître dans le saint Siége la puissance de déposer les rois et de disposer de leur temporel; c'est un excès si étrange qu'on ne le peut dissimuler.

La France est pleine de gens savans et de plumes très-éloquentes, qui, sans déroger aux droits et à l'autorité du saint Siége, pourroient faire voir l'injustice de ces censures, et montrer à l'archevêque de Valence et à ses semblables leur ignorance et leur emportement. Ils pourroient faire voir aux Espagnols que pour ne pas appeler le Pape *Roi des rois sans restriction*, et pour ne pas venir devant lui, comme parle l'un des approbateurs, *l'encens d'adoration à la main*[1], ils n'en savent pas moins défendre *la constance des Pontifes romains dans la défense de la foi*, et les autres prérogatives de leur siége. On pourroit aussi relever les excès où les Espagnols, qui font tant les religieux, se sont laissé emporter contre le saint Siége, pour peu qu'ils aient cru être blessés. On n'épargneroit pas l'archevêque de Valence ni ses vaines dissertations sur le phénix et sur les antipodes, ni le fatras de ses ignorantes et inutiles citations entassées sans choix et sans jugement. Si l'on ne fait point de justice au roi sur ce sujet, et qu'on permette toujours de condamner la France comme hérétique ou schismatique, quoiqu'il n'y ait aucun royaume où la foi soit défendue plus fortement et plus purement, à la fin il faudra laisser repousser ces outrageux discours, et montrer à nos ennemis qu'ils n'en sont pas plus orthodoxes, mais seulement plus emportés et plus injustes, pour condamner ou de schisme ou d'hérésie tout ce qui ne s'accorde pas avec leurs excès.

[1] *Cens. Complut.*, tom. II.

X.

Remarques sur ce Mémoire, et ce qu'il semble qu'on doit éviter dans cette occasion.

On a tâché de ne rien dire jusqu'ici (sauf le meilleur jugement de Sa Majesté) qui ne paroisse pouvoir être porté au Pape de vive voix et par écrit, par ceux qui sont chargés à Rome des affaires de Sa Majesté, en ajoutant ou retranchant ce que le roi trouveroit à propos par sa prudence, et selon les conjonctures présentes. On se croit après cela obligé de dire plus expressément ce qu'il semble qu'on doit éviter dans cette occasion.

On doit éviter, premièrement, de faire faire une censure de Sorbonne, pour deux raisons : la première, parce qu'il y en a déjà plusieurs sur tous ces sujets ; la seconde, parce que ce seroit donner à Rome sans nécessité une occasion de querelle ; ce qui semble ne convenir pas à la conjoncture présente.

Secondement, il semble encore, pour cette dernière raison, qu'on doit éviter dans l'arrêt qui se donnera, les termes injurieux de lacérer ou de brûler par main de bourreau. Pour repousser les injures, de simples défenses du débit suffisent, et le Pape ne peut s'en offenser à cause des invectives et outrages dont le livre est plein.

Troisièmement, on suppose que MM. les gens du roi, en disant ce qui sera essentiel à l'affaire, sauront éviter par leur prudence les termes qui pourroient causer de l'aigreur.

M. Roccaberti s'étend beaucoup sur des faits particuliers, comme sont celui de la procédure de feu M. l'archevêque de Toulouse, et celui de la condamnation et exécution en effigie du frère Jean Cerle (a), et autres de cette nature. On les a omis dans ce

(a) Le Père Jean Cerle, chanoine régulier de la cathédrale de Pamiers, et précenteur de cette Eglise, avoit été élu par le Chapitre, vicaire-général du diocèse, le siége vacant par la mort de M. Caulet. La Cour étoit alors irritée contre ce Chapitre, à cause de son opposition aux droits de Régale que le roi prétendoit avoir sur tous les archevêchés et évêchés de son royaume. Ce fut ce qui engagea M. Joseph de Monpezat de Carbon, archevêque de Toulouse, à procéder contre les Pères Cerle et Charlas, vicaires-généraux : il déclara nulle leur nomination,

mémoire, et on croit pour de très-bonnes raisons qu'il n'est pas besoin d'en parler.

Pour ceux qu'on a relevés, comme il pourroit y avoir de l'inconvénient à dissimuler tout à fait des outrages et des invectives publiés avec tant d'apparat, il n'y en auroit pas moins à pousser les choses si loin, que le cours des négociations nécessaires avec le saint Siége en fût retardé.

et nomma en leur place un autre grand-vicaire. Le frère Cerle en appela au saint Siége, qui confirma sa nomination. Le Parlement de Toulouse, sur les ordres du roi, le condamna à avoir la tête tranchée; ce qui fut exécuté en effigie dans les villes de Toulouse et de Pamiers (*Edit. Leroy*).

FIN DU MEMOIRE PRÉSENTÉ AU ROI.

EPISTOLA

CLERI GALLICANI

PARISIIS CONGREGATI ANNO 1682

AD SANCTISSIMUM DD. NOSTRUM

INNOCENTIUM PAPAM XI.

BEATISSIME PATER,

Quam consecrandi fecimus apostolicæ Sedi canonicæ obedientiæ professionem, ea nos impellit, ut quæ Parisiis jussu regio congregati gessimus, ad apostolatum vestrum referamus, gravesque metus nostros paternum in sinum effundamus. « Cùm enim te Dominus, gratiæ suæ præcipuæ munere, in Sede apostolicâ collocavèrit, talemque nostris temporibus præstiterit, ut nobis potiùs ad culpam negligentiæ valeat, si apud venerationem tuam quæ pro Ecclesiâ suggerenda tacuerimus, quàm ea possit Sanctitas Vestra, vel fastidiosè, vel negligenter accipere; *non ambigimus quin* magnis periculis *nostris* pastoralem diligentiam adhibere digneris* [1]. »

Sanè, beatissime Pontifex, à majoribus nostris, sanctis, gravibusque viris accepimus, regni et sacerdotii tutâ piàque concordiâ res humanas niti, « dum unum ab altero impugnatur, periclitari utrumque; eâ occasione et de regno tolli justitiam et de Ecclesiâ pacem, schismata et scanda'a suscitari, et fieri ani-

[1] *Epistola concilii Milevitani ad papam Innocentium* : inter *epistolas S. August.*, epist. CLXXVI.

marum perditionem simul et corporum, sine horum concordiâ
res humanas nec incolumes esse posse, nec tutas [1]. » Hæc Goffridus Vindocinensis; hæc Ivo Carnotensis, sanctissimi, gravissi-
mique Ecclesiæ Gallicanæ præsules immortalibus scriptis testata
reliquerunt; hos in medium afferre et ad Vestram Sanctitatem
allegare juvat, quos pro ecclesiasticâ libertate, atque apostolicâ
auctoritate multa perpessos sancti vestri decessores, non tantùm
ut probabiles magistros, sed ut præcipuos, singularesque filios
semper habuerint. Ilis accedat tertius Clarævallis abbas, non
Gallicanæ tantùm, sed universæ Ecclesiæ lumen, sanctus Bernardus, ille canonum propugnator, ac fortissimæ cujusque sententiæ gravissimus auctor : ubi nimio rigore regnum et sacerdotium dividi, atque « inconsutilem Christi tunicam [2] » scindi
animadvertit, utili condescensione temperari canones supplicavit,
ac pacem utriusque potestatis, quæ utramque fulciat, retineri,
præsertim in Galliâ, ubi « nullam unquàm regnum inter et sacerdotium divisionem fuisse [3], » antiquiores episcopi gloriati
erant; ubi deniquè, ipso teste Bernardo, toto orbe colliso, ipsisque pontificibus gravi toties tempestate jactatis, non modò nullæ
scissuræ factæ essent, sed etiam « solerint scissuræ aliæ resarciri [4]. »

Nec minore studio apostolici præsules, Vestræ Sanctitatis antecessores [5], eam concordiam commendarunt, cùm geminâ potestate res humanas regi ex sacris Litteris accuratissimè tradidere;
quarum proindè concordiâ publicam pacem, totiusque generis
humani statum contineri certissimum sit, dicente Prophetâ :
Ecce vir Oriens nomen ejus, Zorobabel in personâ, in figurâ
Christus, certè populi Dei dux et princeps; *et ipse extruet templum Domino; et ipse portabit gloriam, et sedebit, et domina-
bitur super solio suo : et erit sacerdos super solio suo, et consilium
pacis erit inter illos duos* [6]. Stet ergo utrumque solium, alterum
principis, alterum sacerdotis, auxilio mutuo, mutuâ consensione
munitum : hinc populi salus, hinc non tantùm corporum, sed

---

[1] Goffridus Vindocinensis, Opusculo IV. Ivo Carnot. Ep. LX. — [2] S. Bernard.,
Epist. CCXIX. — [3] Ivo Carnot. Epist. CCXXXVIII. — [4] S. Bernard., Ep. CCXIX.
— [5] Gelasius papa, Ep. VIII. *ad Anastasium imp.*— [6] Zachar., VI, 12 et 13.

etiam animarum lucra proveniant : hinc denique res humanæ stabili, ac Deo pariter hominibusque placitâ tranquillitate decurrant.

Quæ cùm ex patrum traditione, ipsâque adeò propheticâ ac divinâ auctoritate descenderint, ubi cam pacem nostris temporibus occasione Regaliæ sollicitari vidimus, cœpimus cogitare quid majores nostri, quid antiqui Sedis apostolicæ antistites præscriberent; pro certo habituri quod verbo pariter et exemplo docuissent. Sic autem comperimus quæ evangelicâ auctoritate, quæ æternâ lege sancita essent, manere inconcussa, quæ ecclesiasticâ prohibitione constarent, in his ecclesiarum principes multa pro tenore canonum districtiùs judicasse, multa pro temporum necessitate tolerasse, ubi non periclitatur fidei veritas aut morum honestas, quædam instituta temperari; non cæcâ tamen et indiscretâ relaxatione disciplinæ, sed si adesset necessitas, ex quâ leges quoque mutari contingeret; sanctos enim pontifices antecessores vestros ita præcepisse, « ubi necessitas non est, sanctorum Patrum decreta manere inconvertibilia [1] : » eadem ergo decreta ex necessitate interdùm temperanda; eam verò necessitatem esse, si graves dissensiones, si turbulenti motus, tumultusque imminerent, quam *populorum stragem* sancti Patres vocant [2]; tunc enim charitatem, quæ summa Ecclesiæ lex sit, alias emollire ac temperare leges, ac « detrahendum aliquid canonum severitati; ut majoribus morbis sanandis charitas sincera subveniat [3] : » hinc nempè profectam à sanctis Patribus, ipsâque apostolicâ Sede toties celebratam moderationem canonum, quæ utili dispensatione et providâ compensatione libratâ Ecclesiam ædificet, propulset dissidia, regnum et sacerdotium firmâ pace componat.

Hæc ex sancto Augustino, aliisque Patribus; hæc ex sanctis pontificibus Leone, Gelasio, cæterisque majores nostri didicerunt, nobisque tradiderunt : « Salvo scilicet fidei fundamento et communi morum regulâ, toleranda quædam, quædam etiam facienda quæ infirma videantur; hæc enim facit charitas, quæ operit multitudinem peccatorum, quæ cum infirmantibus infirmatur, cum scandalizatis uritur, et omnibus om-

[1] S. Bernard., Tract. *de Præcep. et Dispensat.*, cap. IV. — [2] S. August., Epist CLXXXV, n. 45. — [3] *Ibid.*

nia fit, ut omnibus prodesse mereatur¹. » Quod si jus illud regium, quam *Regaliam* dicimus, aut fidei fundamentis, aut morum regulis esset adversum, non illud utique sancti Pontifices doctrinâ et pietate conspicui, Alexander III, Innocentius III atque alii comprobassent : non illud denique sacrum generale Lugdunense concilium ², tot personis, totque sub titulis suâ auctoritate firmasset. At enim extendi vetuit ad eas ecclesias, quæ primævâ atque innatâ libertate gauderent : sed ut hanc interim quæstionem omittamus, neque minutatim verba concilii variosque sensus, quæque antegressa, quæque consecuta sint, expendamus; id sanè liquidò constat nullum esse periculum, ut extensum fidei moribusque noceat, quod illæsâ fide, salvâque morum regulâ, longè latèque propagatum, plurimas jam regni ecclesias occuparit : ex quo illud efficitur, *regaliæ* causam non ad fidei morumque regulam, quæ « immobilis et irreformabilis sit ³; » sed ad disciplinam, quæ pro locis ac temporibus subinde mutetur, quæque temperamenta, ac salubrem illam moderationem admittat, omninò pertinere.

Jam ergo constituto quæstionis statu, beatissime Pater, quantùm intelligimus, rem totam expediri haud difficile fuerit; cùm id unum inquirendum restet, justane causa fuerit cur post ecclesiarum quarumdam libertatem totis sexaginta annis strenuè propagatam, victi in eo tribunali, quod ipsi antiquo more regni appellavimus, acquiescere potiùs quàm omnia commovere, regiam potestatem cum pontificali committere, nova denique bella ciere vellemus. Nos pacem anteponimus, nec in simili causâ piget imitari Vindocinensem abbatem, non minùs fortitudine, quàm prudentiâ clarum, cujus verbis dicimus : « Habeat Ecclesia suam libertatem ; sed summoperè caveat, ne dùm nimis emunxerit, eliciat sanguinem; et dùm rubiginem de vase conatur eradere, vas ipsum frangatur ⁴. »

Neque verò publicam pacem, ac sub tanto rege prosperum rerum ecclesiasticarum cursum turbatum oportebat. Adhibe pias aures, sanctissime Pontifex, et tantisper cogita quem regem

---

¹ Ivo Carnot., Ep. CCXIV. — ² Cap. XII. — ³ Tertull., *de Virginib. veland.* —
⁴ Goffridus Vindocin. Opusc. IV.

habeamus : non invictam bello dexteram, ac decora victoriarum praedicaturi sumus pacifici sacerdotes; habent illæ laudem suam universis gentibus celebratam, ac pacis gloriâ cumulatam. Utinàm, beatissime Pater, rebus nostris interesse et coràm intueri posses, paternis sanè oculis dignum spectaculum, quàm benignissimè optimus princeps episcopos audiat, quàm rebus Ecclesiæ faveat, quàm bonos fulciat, quàm invictâ auctoritate frangat contumaces, quàm cœlestem illam nobis à Domino traditam potestatem intemeratam velit! Eo protegente, jurisdictio episcopalis propemodùm profligata emergit è tenebris; nostris jam decretis, nostræ auctoritati parlamenta obsecundant, ac regia decreta canonicæ disciplinæ ancillantur. Jàm verò hæresis quot accipit subinde salutares plagas? quot edictis comprimitur? quot amissa templa luget? quantas nobilium, plebeiorumque turbas ad Petri, hoc est, Christi ovile revocatas? Quid deindè referemus, ut regius animus exosas habeat novitates omnes, nulloque regni loco consistere patiatur? Est profecto Ludovicus Magnus alter ille Mauritius à sancto Gregorio antecessore vestro toties commendatus, « cujus temporibus hæreticorum ora conticescunt; quia etsi eorum corda in insaniam perversi sensùs ebulliunt, catholici tamen principis tempore, prava quæ sentiunt, eloqui non præsumunt [1]. »

Hæc coràm admiramur; hæc luculentiùs Vestra quoque Sanctitas ab altissimâ illâ, cui totus orbis subest, Petri Sede commemorat; his apostolicum vestrum pectus exultat. Si quid fortasse tot inter prospera emergit incommodi, non omnia proinde ad juris apices exigimus; magno enim Cyrillo Alexandrino præsule docente [2], didicimus œconomiâ rerum plerùmque cogi nos, etiam à stricto et confesso Ecclesiæ jure discedere. Quanti verò æstimamus illa privilegia aliquot ecclesiarum, si emolumentis damna contendimus? Quidquod illud onus vix ecclesiæ sentiunt, vacantium ecclesiarum fructibus, quos reges vindicare fisco in ecclesiarum longè maximâ parte non dubiâ consuetudine poterant, successori reservatis, rebusque ad canonum auctorita-

---

[1] Lib. XI, Epist. XLVI. — [2] Epist. *ad Gennadium presbyterum et archimandritam.*

tem Ludovici XIII augustæ memoriæ edicto redactis? Quidquod
in quibudsam præbendis ac dignitatibus conferendis, siquid erat
asperius, nobis supplicantibus, à rege mollitum tanti principis
pietatem, largitatemque commendat? Quidquod capitulis sua
jura servata, certique judicibus præscripti limites, ne *Regaliæ*
nomine omnia invadantur? Id subjuncta his litteris gesta testantur, certoque indicio sunt quàm bene illi aliqua conceduntur,
qui multa jam sibi possessione vindicata ultrò concedat.

Sed enim exprobrabunt qui votis suis omnia metiuntur, leve
illud quoque, sic enim sentiunt, quod rex christianissimus tanto
studio assertum coronæ suæ velit, nobis auctoribus ac flagitantibus potuisse dimitti : næ illi falsi sunt, rerumque nostrarum
imperitissimi. Liceat verò nobis, beatissime Pater, quando eo in
cardine totius negotii summa versatur, paulò liberiùs interturbare graves illas curas apostolicæ mentis, ac jus regaliæ Francorum regibus, totique regno infixum, prout nostris hominibus
insitum, inditumque est, ab ortu repetere.

Sic nempe inclamant regii magistratus, christianissimos reges
jam inde à Clodovæo, ac primis christianæ regionis exordiis,
ecclesiarum omnium ut pietate filios, ita effusissimâ liberalitate
nutritos, et regiâ defensione propemodùm patronos ac tutores
extitisse : ea verò quæ ecclesiæ in fundis haberent, teste Augustino, jure Cæsareo, hoc est, regio obtineri, supremamque eorum omnium potestatem penes reges esse : hinc à priscis temporibus, vacantium ecclesiarum regiâ manu occupata bona, mox
reddita successoribus; nec à Sede apostolica reprobata, quæ huic
juri tuendo antiquissimis etiam temporibus reges Francorum fecissent; præbendas quoque, hoc est, nativo sensu, stipendia
clericorum, partem ecclesiasticæ possessionis ac proventùs, nec
dum à toto discretas, si vacarent ecclesiæ, eodem quoque jure à
principibus collatas; quarum quippe collatio et antiquo jure à
solidâ massâ decidi non posse, et recentioribus quoque juris
pontificii institutis in fructu haberetur : hæc omnia ab antiquo
regibus de se bene meritissimis concessisse Ecclesiam, sanè consensisse, jusque illud utriusque potestatis consensione firmatum,
regiæ majestati proprium atque congenitum ita coaluisse, ut

distrahi nequeat : neque verò fas esse ut ecclesiæ, primis Francici imperii temporibus, diverso jure haberentur, quas eâdem regiâ protectione fulciri, eâdem libertate ditari, ejusdem majestatis reverentiâ ac potestate contineri certum esset : si quid ergo tristioris diversitatis exortum sit, id esse referendum ad illa tempora queis scissum regni corpus, ducumque et comitum olim innocuo, tunc infausto nomine avulsa ac discerpta membra vix inter se cohærerent; hos enim principes, regalibus occupatis, sæpe etiam sine regum conscientiâ relaxatis, omnia perturbasse : at postquàm regia potestas distractas provincias ad sese revocavit, et afflictum diu dissipatumque regnum suam demùm integrè sub uno capite nobilissimo pariter ac valentissimo sanitatem intellexit, tunc obliterandam, quæ laceros artus olim dehonestabat, fœdam diversitatem, nec regio juri, ex antiquissimis receptissimisque regni Francici legibus, nocere potuisse possessionem intermissam, quam et per principes sibi subditos diu retinuissent, nec ipsi unquàm animo dimisissent ; universasque ecclesias, non tantùm ad decorem, sed etiam ad robur, firmamque compagem, eodem denique jure componendas : neque verò obstare Lugdunense concilium, quippè quod nec reges nominet, éx pontificiis quoque decretis pro suâ majestate specialiter appellandos, nec de præbendis loquatur, et aliò verti possit; neque à pontificibus, regibusve in quæstione *regaliæ,* cùm de eâ maximè ageretur, memoratum aut leviter saltem indicatum fuerit.

Hæc utcumque se habent, neque enim lubet commemorare quæ antecessores nostri reposuerint, aut litigare est animus coràm Vestrâ Sanctitate pacis negotium tractaturis; hæc, inquam, adeò regiis magistratibus infixa menti sedent, ut à se avelli nullâ ratione patiantur, causâque cociderimus, eorum quoque sententiâ qui et æquitatis laude florerent, et in nostrum ordinem essent propensissimi : quâ consensione victus rex maximus, satisque sibi conscius quàm ab invadendis ecclesiarum juribus abhorreret, jus regium putat, quod in universum regnum pene diffusum, suo velut cursu undique protendatur, rerum similitudine, parique ecclesiarum conditione, velut in proclive ductum.

Quid hîc nobis mentis, sanctissime Pontifex, planè, simpliciterque dicemus. Hæc neque omnia ut certa proponimus, nec ut erronea et fidei regulis adversa propulsamus; ac dispensationi providæ locum esse censemus, gravissimos scilicet auctores secuti apostolicos viros antecessores vestros.

Prodeat sanè vir maximus, non minùs in sacris Litteris quàm in canonum disciplinâ versatus, Innocentius III; atque in simili causâ quid agendum sit, doceat : de regalibus agebatur; jure autem regalium multa contineri quæ jam ecclesiis regum liberalitate remissa sint, certò certius est : primùm jus procurationis, sive hospitii, quo episcopi, abbatesque regem domo excipere, totamque cum ipso curiam, publicasque personas alere certis temporibus; tùm jus exercitûs, quo certos milites ad regium exercitum ducere, eosque alere deberent; et quidem occupari à rege ecclesiarum bona, non modò si illæ vacassent; verùm etiam si episcopi consueta, quæ vocabant, servitia omisissent, eaque omnia ab eodem fonte regalium existere, et perspicuum ex sese est, et ipse Innocentius profitetur. Duo ergo episcopi à rege accusati, quòd illius injussu milites abduxissent, eorum regalia manu regiâ confestim invaduntur, nullâ judicii formâ; nec tantùm regalia, sed etiam alia bona quæcumque possiderent; id enim juris regii esse rex contendebat : episcopi id negare, tum factum excusare, vim illatam conqueri, gravissimasque expostulationes deferre ad Innocentium.

Quid ergò tantus pontifex? susceptâ, ut decebat, episcoporum causâ, Philippum Augustum aggreditur multa interminatus, multisque adhortatus, « ne inter regnum et sacerdotium scandalum oriretur [1]; » intentato quoque apostolicæ censuræ metu, nisi episcopis regalia, aliaque omnia præter jus fasque, sic enim ferebat, occupata relaxaret. Gravis sanè causa, in quâ rex maximus « censurâ cohibendus » esse videretur [2]. Sed interim Innocentius ad episcopos scribit : « Fraternitati Vestræ consulimus bonâ fide, quatenùs cum charissimo filio nostro rege, quantò meliùs poteritis, componere studeatis; quoniam arcus qui semper est tensus vires amittit, et nonnunquam reges meliùs vincuntur mansuetudine quàm rigore [3]. »

[1] Lib. I, Epist. cxc. — [2] Lib. III, Epist. xi. — [3] *Ibid.*, Epist. cvii.

Præclarè ille quidem ubi nullum fidei, nullum morum regulæ creatum periculum est. Sed particulare factum, inquient, nec in exemplum trahendum. Et tamen agebatur, uti prædictum est, non tantùm de episcoporum facto, sed etiam de regalium jure, quousque pateret, quæ bona complecteretur, quâ formâ exerceri posset : sed hæc omittamus. Quid Benedictus Duodecimus, unus omnium pontifex et constantiæ et prudentiæ laude ornatissimus? Is Philippum Valesium regem, editâ Philippinâ, multa regaliæ juri ab antiquo more diversa velut inserentem, gravissimis monitis ab eâ tutandâ lege deterruit[1] : sed præclarè functus officio, ab negotio destitit; neque enim omnia urgenda pontifici, nec exactè semper ad minutos quosque apices res ecclesiasticas deducendas; Philippinaque ad nostra usque tempora stetit incolumis.

Sed ne Vestræ Sanctitati molesti simus, postremum commemoramus Bonifacium Octavum; nec tamen refricamus infausta illa dissidia, quæ nec sine lacrymis legi queant : abeant illa in tenebras æterno sepelienda silentio : id de Bonifacio referre lubet, quod ad pacem conducat, quod dignitatem pariter atque clementiam summæ Sedis deceat. Grave erat Bonifacio à Philippo Pulchro pleno etiam jure conferri præbendas, seu regaliæ, seu quovis alio titulo ; nec tamen negabat pontifex, imò profitebatur id « fieri posse Ecclesiæ consensu tacito vel expresso. » Rex interim se possessione tuebatur; eo enim jure à se conferri præbendas, « quo à majoribus et à sancto Ludovico avo datæ essent [2]. »

Rectè ille et ordine, ut videtur : satis enim constabat, reclamante nemine, eo jure usos, neque fraudi esse poterat optimis regibus, quòd ad jus regium ea revocabant : id enim jus regium esse, quod coronæ regiæ ab antiquo insitum coalitumque sit. Atque, ut ex simili rem conficiamus, an non patronatus, quos vocant laicos, ipsis quoque terris atque dominiis ex possessione inhærere, ac quasi temporalis juris loco esse constat; cùm tamen id juris ex ecclesiasticæ potestatis fonte profluere nemo non fateatur? Quantò ampliora regibus et beneficentia et propria majestas conciliare potuit? Neque id Bonifacium juris consultissimum

---

[1] Raynaldus ad ann. 1337, n. 17. — [2] *Histoire du différend de Boniface VIII et de Philippe le Bel*, p. 78 et 93.

fugiebat ; sed cùm in ancipiti esse videretur, quatenùs juri regio præbendas conferendi Ecclesiæ consensus accessisset, quod dubium, quod illicitum reputabat pontifex, de potestatis plenitudine concedebat, ac licitum faciebat. Quid enim litigamus, inquit? « Volumus ut rex faciat licitè quod facit illicitè : volumus super hoc sibi facere gratiam omnem quam poterimus [1]. » Sic quem nodum solvere, ex pontificis sensu, antiqua monumenta juraque non poterant, apostolicæ potestatis gladio amputabat.

Atque id Bonifacius Octavus, tot inter simultates conferre ultrò voluit in Philippum Pulchrum; quanta Innocentius Undecimus, benevolentissimus et propensissimus in Ludovicum Magnum? Neque verò ambiguum quid orbis christianus expectet, si pontifici pontificem, regem denique regi componamus : id tantùm postulamus ne plus æquo audiantur, qui in jure coronæ novas hæreses fingunt, nimisque intelligendo faciunt, nihil ut intelligant præposteri homines, qui quem exsufflant pulverem, ut præclarè sanctus Augustinus [2], in suos aliorumque excutiunt oculos. Vestra verò Sanctitas hæc omnia supergressa, christianique orbis intenta commodis, tantas contentiones ex tenui ortas, sed in gravissima mala, nisi Deus avertat, aliquando erupturas apostolicà auctoritate componat. Pacem expetimus, pacem flagitamus, pacem quæ vestrum nomen tantâ pietatis ac sanctitatis laude omnibus gentibus, ipsisque adeò Ecclesiæ hostibus clarum, venerandumque immortalitati consecratura sit. Satis jam superque parens optimus devotissimusque filius, repugnante animo, altercantur.

Nos quidem, beatissime Pater, ut gratias agimus quas possumus maximas, quòd jura quarumdam ecclesiarum, quæ nobis omnibus communia facit ipsa fraternitas, sarta tectaque esse vultis; ita nostrâ causâ concuti orbem, pacemque christianam conturbari nolumus : quare eo quoque, quidquid inerat, jure decessimus; id in regem optimum atque beneficentissimum ultrò contulimus. « Et si forte propter canonum rigorem minùs licebat, factum est tamen, quia ecclesiasticæ paci sic expediebat : cùm enim pleni-

---

[1] *Histoire du différend de Boniface VIII et de Philippe le Bel*, p. 78 et 93. —
[2] *Confess.*, lib. XII, cap. XVI.

tudo legis sit charitas, in hoc legibus obtemperatum esse credimus, in quo charitatis opus impletum esse cognovimus[1]. »

Quæ à nobis acta, si Vestra Sanctitas dignetur inspicere, probaturam esse pro suâ æquitate confidimus : sanè summâ consensione, pronâque omnium nostrûm voluntate gesta esse testamur : cùm præsertim nemo sit, qui, rebus nostris intellectis ac perpensis omnibus, quæ recens nobis supplicantibus à rege maximo statuta sunt, non ultrò fateatur plura et ampliora concessa quàm dimissa, atque Ecclesiæ causam regiâ æquitate ac liberalitate, meliore nunc omninò conditione esse. Quamobrem obsecramus ut quæ à nostrâ humilitate, non modò publicæ pacis intuitu, sed maximo Ecclesiæ emolumento gesta sunt, quæque rex maximus tanto religionis studio, tantâque omnium nostrûm obtestatione concessit, regiis magistratibus necquidquam reclamantibus, sic Vestra Sanctitas complectatur, ut sacerdotii regnique concordiam æternùm firmet et sanciat.

Quid enim luctuosius, quàm sub tanto Pontifice ac tanto rege, quorum consensione tot in Ecclesiam bona redundatura sint, per invisa et importuna dissidia eludi expectationem orbis, et publica commoda retardari? Sanè ex quo Ecclesia est, Sede apostolicâ regnoque Francorum nihil conjunctius fuisse, et maximo honori ducimus, et vestri antecessores libentissimè prædicant : hanc verò perpetuam conjunctionem animorum, nostris quoque temporibus auctam oportuit. Quid enim videt orbis Magno Ludovico majus? quem Turcæ sævienti graviorem hostem? quam expeditiorem manum? quem animum promptiorem? quem idoneum magis quicum ea quæ vos assiduè pulsant, coercendi hostis atque amplificandæ Ecclesiæ, communicare consilia? quem ad ardua quæque jam spontè currentem incitare possitis?

Ne verò prohibeat Vestram Sanctitatem ecclesiarum aliquarum, haud tantis sanè motibus digna, libertas. Solet Ecclesia Christi quædam omittere, ut alia eaque potiora servet, multa quoque in melius, ferendo, commutare. Ipsa regalia quantùm imminuta est, cùm pii principes à potiundis fructibus jam abstinuerint, et gravissima onera alendorum militum ac procurationum spontè

[1] Ivo Carnotensis, *Epist.* cxc.

remiserint, ut jam illi à nobis, si necesse sit, memorem animum suo quodam jure reposcere videantur?

Quid attinet commemorare in episcopis atque abbatibus eligendis, in investituris, in jussionibus, permissionibus, assensionibus regiis, in episcopatuum et abbatiarum concessione et dono, in hominis quoque et sacramentis fidelitatis, quàm multa primùm censuris gravissimis reprobata, mox ultrò concessa sint? Ipsa apostolica Sedes, arx ecclesiasticæ libertatis, quàm multa principum in se ipsam quoque jura tolerarit, imò aliquando concesserit, ipsâ temporum morâ excussa cervicibus, et in optimum statum spontè restituta? An ergò Ecclesia *levitate usa est, fuitque in illâ est et non*[1]*?* Absit; sed satis sibi conscia æternitatis suæ, ipsique veritati semper immobili animo adhærescens, aliquâ sui parte humanis se rebus utcumque accommodat, nec tam temporibus quàm animarum saluti servit. « Hæc dicendo doctam Paternitatem Vestram non docemus, sed eamdem consulendo et rogando monemus; ut ibi consilii et pietatis studeatis visceribus abundare, ubi fas non est fortitudinem exercere[2]. »

Quare, beatissime Pater, ad sacros vestros pedes ritè provoluti, atque apostolicam benedictionem expectantes, summum illum Ecclesiæ, vestrique unici primatûs Auctorem oramus, obsecramus; uti mentem vestram ad pacis consilia inflectat; et quæ pacis studio, exemplo majorum, Sanctitas Vestra gesserit, ea in vestram gloriam, quam in Christo habetis, totique Ecclesiæ utilitati vertat.

Obsequentissimi et devotissimi filii ac servi vestri archiepiscopi, episcopi, et alii ecclesiastici viri in comitiis generalibus Cleri Gallicani Parisiis congregati.

FRANCISCUS, archiepisc. Parisiensis, præses.

De mandato illustrissimorum et reverendissimorum archiepiscoporum, episcoporum, totiusque cœtûs ecclesiastici in comitiis generalibus Cleri Gallicani Parisiis congregati.

Maucroix, canonicus Remensis, à secretis.

Courcier, theolog. eccl. Parisiensis, à secretis.

Datum Parisiis, tertio Nonas Februarii, ann. 1682.

[1] II *Cor.*, 1, 17. — [2] Ivo Carnot., *Ep.* cxc.

INNOCENTII XI

AD CLERUM GALLICANUM

RESPONSA.

Innocentius papa XI,

Venerabiles Fratres ac dilecti Filii, salutem et apostolicam benedictionem. Paternæ charitati quâ charissimum in Christo filium nostrum Ludovicum regem christianissimum, ecclesias vestras, vos ipsos et universum istud regnum amplectimur, permolestum accidit ac planè acerbum cognoscere ex vestris litteris, die tertiâ Februarii ad nos datis, episcopos clerumque Galliæ, qui corona olim et gaudium erant apostolicæ Sedis, ita se erga illam in præsens gerere, ut cogamur multis cum lacrymis usurpare propheticum istud : *Filii matris meæ pugnaverunt adversùm me*[1]. Quanquàm adversùs vos ipsos potiùs pugnatis, dùm nobis in eâ causâ resistitis, in quâ vestrarum ecclesiarum salus ac libertas agitur, et in quâ nos pro juribus, et dignitate episcopali in toto regno tuendâ, ab aliquibus ordinis vestri piis et fortibus viris appellati, absque morâ insurreximus, et jam pridem in gradu stamus, nullas privatas nostras rationes secuti, sed debitæ ecclesiis omnibus sollicitudini, et intimo amori erga vos nostro satisfacturi.

Nihil sanè lætum et vestris nominibus dignum eas litteras continere, in ipso earum limine intelleximus. Nam præter ea quæ de normâ in comitiis convocandis peragendisque servata afferebantur, animadvertimus eas ordiri à metu vestro, quo suasore nunquàm sacerdotes esse solent in ardua et excelsa pro religione

[1] *Cant.*, I, 5

et ecclesiasticâ libertate, vel aggrediendo fortes, vel perficiendo constantes. Quem quidem metum falsò judicavistis posse vos in sinum nostrum effundere. In sinu enim nostro hospitari perpetuò debet charitas Christi, quæ foràs mittit timorem; quà charitate erga vos regnumque Galliæ paternum cor nostrum flagrare, multis jam ac magnis experimentis cognosci potuit, quæ hîc referre non est necesse. Sed quid est autem in quo bene merita de vobis sit charitas nostra, esse imprimis putamus ob ipsum regale negotium, ex quo, si seriò res perpendatur, omnis ordinis vestri dignitas atque auctoritas pendet?

Timuistis ergò ubi non erat timor. Id unum timendum vobis erat, ne apud Deum hominesque redargui jurè possetis, loco atque honori vestro, et pastoralis officii debito defuisse. Memoriâ vobis repetenda erant quæ antiqui patres illi sanctissimi et præsules, quos quàm plurimi posteà quâlibet ætate sunt imitati, episcopalis constantiæ et fortitudinis exempla in hujusmodi casibus, ad vestram eruditionem ediderunt. Intuendæ imagines prædecessorum vestrorum, non solùm qui patrum, sed qui nostrâ quoque memoriâ floruerunt; et qui Ivonis Carnotensis dicta laudatis, debuistis facta etiam, cùm res posceret, imitari. Nostis quæ is fecerit, passusque sit in turbulentâ illâ ac periculosâ contentione inter Urbanum pontificem et Philippum regem, muneris sui arbitratus contra regiam indignationem stare, bonis spoliari, carceres et exilia perferre : deserentibus aliis causam meliorem.

Officii vestri erat Sedis apostolicæ auctoritati studia vestra adjungere; et pastorali pectore, humilitate sacerdotali causam ecclesiarum vestrarum apud regem agere, ejus conscientiam de totâ re instruendo, etiam cum periculo regium in vos animum irritandi; ut possetis in posterum sine rubore, in quotidianâ psalmodiâ Deum alloquentes, Davidica verba proferre : *Loquebar de testimoniis tuis in conspectu regum, et non confundebar* [1].

Quantò magis id vobis faciendum fuit, tam perspectâ atque exploratâ optimi principis justitiâ et pietate, quem singulari benignitate episcopos audire, ecclesiis favere, et episcopalem potestatem intemeratam velle vos ipsi scribitis, et nos magnâ cum

[1] *Psal.* CXVIII, 46.

voluptate legimus in vestris litteris? Non dubitamus, si stetissetis ante regem pro causæ tam justæ defensione, neque defutura vobis verba quæ loqueremini, neque regi cor docile quo vestris annueret postulatis.

Nunc cùm muneris vestri et regiæ æquitatis quodam modo obliti, in tanti momenti negotio silentium tenueritis, non videmus quo probabili fundamento significetis, vos ad ita agendum adductos, quòd in controversiâ victi sitis, quòd causâ cecideritis. Quomodò cecidit qui non stetit? Quomodò victus est qui non pugnavit? et quis vestrûm tam gravem, tam justam causam, tam sacrosanctam oravit apud regem? Cùm tamen prædecessores vestri eam in simili periculo constitutam, non semel apud superiores Galliæ reges, imò apud hunc ipsum liberâ voce defenderint, victoresque à regio conspectu discesserint, relatis etiam ab æquissimo rege præmiis pastoralis officii strenuè impleti. Quis vestrûm in arenam descendit, ut opponeret murum pro domo Israel[1]? quis ausus est invidiæ se offerre? quis vel vocem unam emisit, memorem pristinæ libertatis? Clamarunt interim, sicuti scribitis, et quidem in malâ causâ, pro regio jure clamarunt regis administri, cùm vos in optimâ pro Christi honore silueritis.

Neque illa solidiora quòd reddituri nobis rationem, seu veriùs excusationem allaturi rerum in hujusmodi comitiis per vos actarum, exaggeratis periculum ne sacerdotium et imperium inter se collidantur, et mala quæ exinde in Ecclesiam et rempublicam consequi possent : proinde existimasse vos ad officium vestrum pertinere aliquam inire rationem tollendi de medio gliscentis dissidii, nullam verò commodiorem apparuisse remedio ab Ecclesiæ patribus indicato, utili condescensione canones temperandi pro temporum necessitate, ubi neque fidei veritas, neque morum honestas periclitentur; deberi ab ordine vestro, deberi à Gallicanâ, imò ab universâ Ecclesiâ plurimùm regi tam præclarè de catholicâ religione merito, et in dies magis mereri cupienti; proptereà vos jure vestro decedentes, illud in regem contulisse.

Mittimus hîc commemorare quæ significatis de appellato à

[1] *Ezech.*, XIII, 5.

vobis sæculari magistratu, à quo victi discesseritis : cupimus enim hujus facti memoriam aboleri ; volumus ea vos verba è litteris vestris expungere, ne in actis cleri Gallicani resideant ad dedecus vestri nominis sempiternum.

Quæ de Innocentio III, Benedicto XII, Bonifacio VIII, in vestram defensionem adducitis, non defuere qui doctis lucubrationibus ostenderint quàm frivola atque extranea sint huic causæ ; et magis notum est, quàm ut opus sit commemorare quo zelo, quâ constantiâ eximii illi pontifices Ecclesiæ libertatem defenderint adversùs sæculares potestates ; tantùm abest ut eorum exempla possint errori vestro suffragari.

Cæterùm ultrò admittimus et laudamus consilium relaxandi canonum disciplinam pro temporum necessitate, ubi fieri id possit sine fidei et morum dispendio : imò addimus cum Augustino [1], toleranda aliquando pro bono unitatis, quæ pro bono æquitatis odio habenda sunt ; neque eradicanda zizania, ubi periculum sit ne simul etiam triticum eradicetur. Id ita tamen accipi oportet, ut in aliquo tantùm peculiari casu, et ad tempus, et ubi necessitas urget, licitum sit, sicuti factum est ab Ecclesiâ, cùm Arianos et Donatistas episcopos ejurato errore suis ecclesiis restituit, ut populos qui secuti eos fuerant in officio contineret.

Aliud est ubi disciplina Ecclesiæ per universum amplissimi regni ambitum, sine temporis termino, et cum manifesto periculo ne exemplum latiùs manet, labefactatur ; imò evertitur ipsius disciplinæ et hierarchiæ ecclesiasticæ fundamentum, sicuti evenire necesse est, si quæ à rege christianissimo in negotio *Regaliæ* nuper acta sunt, conniventibus, imò etiam consentientibus vobis, contra sacrorum canonum, et præsertim generalis concilii Lugdunensis auctoritatem, contra notam jampridem vobis in eâ re mentem nostram, et contra ipsam jurisjurandi religionem, quâ vos Deo, Romanæ, vestrisque ecclesiis obligatis, cùm episcopali charactere imbueremini.

Hæc sancta Sedes executioni mandari, et malum invalescere diutiùs differendo permitteret ; si non ea nos pro traditâ divinitùs humilitati nostræ supremâ in Ecclesiam universam potestate,

[1] *Epist.* XLII.

solemni more, prædecessorum nostrorum vestigiis inhærentes, improbaremus : cùm præsertim per abusum *regaliæ,* non solùm everti disciplinam Ecclesiæ, res ipsa doceat; sed etiam fidei ipsius integritatem in discrimen vocari, facilè intelligatur ex ipsis regiorum decretorum verbis, quæ jus conferendi beneficia regi vindicant, non tanquàm profluens ex aliquâ Ecclesiæ concessione, sed tanquàm ingenitum et coævum regiæ coronæ.

Illam verò partem litterarum vestrarum, non sine animi horrore legere potuimus, in quâ dicitis, vos jure vestro decedentes, illud in regem contulisse; quasi ecclesiarum, quæ curæ vestræ creditæ fuere, essetis arbitri, non custodes; et quasi Ecclesiæ ipsæ et spiritualia earum jura possent sub potestatis sæcularis jugum mitti ab episcopis, qui se pro earum libertate in servitutem dare deberent. Vos sanè ipsi hanc veritatem agnovistis et confessi estis, dùm alibi pronuntiastis jus *regaliæ* servitutem quamdam esse, quæ, in eo præsertim quod spectat beneficiorum collationem, imponi non potest, nisi Ecclesiâ concedente, vel saltem consentiente. Quo jure vos ergò jus illud in regem contulistis? Cùmque sacri canones distrahi vetent jura ecclesiarum, quomodò ea vos distrahere in animum induxistis, quasi eorumdem canonum auctoritati derogari liceat vobis?

Revocate in memoriam quæ inclytus ille conterraneus vester Clarevallensis abbas, non Gallicanæ modò, sed etiam universalis Ecclesiæ lumen à nobis meritò nuncupatus, Eugenium pontificem officii sui admonens, reliquit scripta præclarè: meminisset se esse « cui claves traditæ, cui oves creditæ sunt : esse quidem et alios cœli janitores et gregum pastores; » sed cùm « habeant illi assignatos greges, singuli singulos, ipsi universos creditos, uni unum; non modò ovium, sed et pastorum Eugenium esse pastorem; » adeoque juxta canonum statuta « alios episcopos vocatos fuisse in partem sollicitudinis, ipsum in plenitudinem potestatis [1]. »

Ex quibus verbis, quantùm vos admoneri par est, de obsequio et obedientiâ quam debetis huic sanctæ Sedi, cui nos, Deo auctore, quanquàm immeriti præsidemus; tantùmdem pastoralis nostra

[1] *De Considerat.,* lib. II, c. VIII.

sollicitudo excitatur ad inchoandam tandem aliquando in hoc negotio, quam nimia fortasse longanimitas, vestræ dùm pœnitentiæ spatium damus, hactenùs distulit, apostolici muneris executionem.

Quamobrem per præsentes litteras, traditâ nobis ab omnipotenti Deo auctoritate improbamus, rescindimus et cassamus quæ in istis comitiis acta sunt in negotio *regaliæ*, cum omnibus inde secutis, et quæ in posterum attentari continget, eaque perpetuò irrita et inania declaramus : quamvis cùm sint ipsa per se manifestè nulla, cassatione aut declaratione non egerent.

Speramus tamen vos quoque, re meliùs consideratâ, celeri retractatione consulturos conscientiæ vestræ et cleri Gallicani existimationi. Ex quo clero, sicuti huc usque non defuere, ita in posterum non defuturos confidimus, qui boni pastoris exemplo libenter animam ponere parati sint pro ovibus suis, et pro testamento patrum suorum. Nos quidem pro officii nostri debito parati sumus, Dei adjutrice gratiâ, sacrificare sacrificium justitiæ, et Ecclesiæ Dei jura ac libertatem, et hujus sanctæ Sedis auctoritatem dignitatemque defendere : nihil de nobis ; sed omnia de eo præsumentes qui nos confortat et operatur in nobis, et qui jussit Petrum super aquas ad se venire : *Præterit enim figura hujus mundi*[1], et dies Domini appropinquat.

Sic ergò agamus, venerabiles Fratres, ac dilecti Filii, ut cùm summus Paterfamilias et Princeps pastorum rationem ponere voluerit cum servis suis, sanguinem pessumdatæ ac laceratæ Ecclesiæ, quam suo acquisivit, de nostris manibus non requirat.

Vobis interim omnibus apostolicam benedictionem, cui cœlestem accedere optamus, interno paterni amoris affectu impertimur.

Datum Romæ, apud sanctum Petrum, sub annulo Piscatoris, die 11 Aprilis 1682, pontificatûs nostri anno sexto.

Marius Spinula.

Venerabilibus Fratribus archiepiscopis et episcopis, ac dilectis Filiis aliis ecclesiasticis viris, nomine cleri Gallicani, Parisiis congregatis.

[1] *I Col.*, vii, 81.

EPISTOLA

CLERI GALLICANI

ANNO 1682

IN COMITIIS GENERALIBUS CONGREGATI

AD OMNES PRÆLATOS

PER GALLIAS CONSISTENTES ET UNIVERSUM CLERUM.

Pervenit ad nos, totâ jàm Galliâ, toto fere christiano orbe vulgatum Breve apostolicum, quo sanctissimus Papa nostris respondet litteris, die tertiâ Februarii ad se datis. Quis noster fuerit in eo perlegendo, quis in considerando sensus, quanta sollicitudo pro ecclesiasticâ pace, quid deniquè tanto in discrimine cogitemus, significare nos oportet et causæ communis nobis delegatæ reddere rationem. Quo in officio peragendo nihil poterat tristius contigisse, quàm ut opposito nobis Innocentii XI tanti Pontificis nomine, adhuc tueri nos necesse haberemus. Tacere enim, et orare, et expectare in silentio salutare Dei, nec Pontificis epistolæ ullâ ratione vel leviter obluctari, ut pacatius ex se et plerumque religiosius; ita nobis jucundius et præstabilius esse videretur, si aut pacis curam à vobis demandatam, et utilissimi consilii defensionem abjicere licuisset, aut personarum vestrarum nobis impositam vilem habere dignitatem.

Et quidem testamur cordium inspectorem Deum, nullâ nos nostri nominis injuriâ permoveri. Etsi enim permolestum fuit parentem optimum in nos exacerbatum, rescissa, nec sine gravi ignominiæ notâ, quæcumque pacis studio magnâque Ecclesiæ utilitate in negotio regaliæ gessimus; quin ea pontifici horrori fuisse, nosque reprehensos, ut qui metu et ignaviâ Ecclesiæ libertatem, hierarchiæ disciplinam, salutem quoque ipsam, omnemque Ordinis nostri dignitatem atque auctoritatem prodidissemus, fidem denique ipsam, quo nihil in episcopos gravius dici potuit, in discrimen adduci; æquo animo passi simus; solatio enim erat apostolicum illud: *Gloria nostra hæc est, testimonium conscientiæ nostræ*[1].

Scrutamur enim vias nostras coràm Domino; et quò vehementiora sunt quibus incessimur, eò magis constat iis non lædi nos, à quibus nihil gestum quod non è re Ecclesiæ esset, et appellata conscientia renuntiet, et omnes regni Ordines profiteantur. Quod verò Pontificem adeò gravem et infensum habeamus, admiretur nemo qui vel cogitaverit quàm ei omnia nostra dicta gestaque tetris, sed non suis, picta coloribus, exhibita fuerint : adverterunt omnes et obstupuerunt.

Quis ille sit demùm qui in ipso initio Brevis apostolici toti nostro cœtui exprobretur metus? Nempè metuebamus ne, ruptâ concordiâ sacerdotii et imperii, pax Ecclesiæ turbaretur atque inde illa emergerent mala quæ nostri antecessores, viri fortissimi, metuissent. Inde verò exorsi nostram epistolam, statim significavimus, adhibitis etiam Patrum Africanorum verbis, et quis ille metus foret, et quanta pericula ex eâ dissensione Ecclesiæ imminerent, quàmque illa nostra essent propter susceptam Ecclesiæ curam, et quantùm nos juvaret graves illas curas in sinum Pontificis optimi parentis effusas quodammodò deponere, et collaborante nobiscum apostolicâ charitate veluti partito onere sublevari. Hìc nos incusatos, quasi indigno et præpostero metu dissoluti, pontificii quoque pectoris robur infringere aggrediamur; quàm ab Innocentio XI alienum est, tam aliundè suggestum intelligere nos oportet; et hæc omnia leviter transilire, neque his immorari quæ tanto nomini haud congrua in Brevi pontificio scripta doleremus; quæ nec memoraremus, nisi et solatio et præsidio esset pontificis animum, nonnisi instigatum et omni arte deceptum, in nos adeò exarsisse.

[1] II *Cor.*, I, 12.

Ex illo epistolæ Pontificis initio, statim intelleximus secuturas graves iras et infausta fore omnia; nec tamen charitatem optimi Pontificis defuisse; sed ei occultata esse nostra consilia, eaque maximè in quibus totum negotium, totaque rerum à nobis gestarum ratio versaretur. Id ita se habere qui litteras pontificis legerit et cum nostris contulerit, inficiari nemo poterit.

Et quidem rectè et ordine factum, quòd rescriberet Pontifex ad episcopos, ipsum negotium more majorum, pensatis undique rationum momentis, copiosè tractatum. Sed cùm duo sint quibus hæc causa nititur, eaque in epistolâ ad ipsum Pontificem diligentissimè explicata : primum quod jure nostro ita discesserimus, ut majore emolumento damnum sarciretur; tum quòd ejusmodi esset regaliæ negotium, quod temperamenta ac salubrem illam canonum moderationem admitteret, imò pro temporum necessitudine postularet. Primum illud totum in Brevi apostolico prætermissum est; alterum ita involutum, ut pateret omnibus nihil magis extimuisse sancti Pontificis in hoc quidem negotio consiliarios, quàm ne is agnità veritate anteferret eos, qui in re non summa æquiora et mitiora suasissent.

Et quidem cùm edictum à nobis postulatum, mense Januario in publicum prodiit, quanta Ordinis nostri lætitia et gratulatio fuerit, meministis, sanctissimi et religiosissimi consacerdotes. Omnes admirari sublatum à regalia quo maximè Ecclesiæ gravarentur per quingentos annos revocatas ad Ecclesiæ auctoritatem sive præbendas sive dignitates, quibus singulari titulo cura animarum vel aliqua jurisdictionis ecclesiasticæ pars annexa esset; tantam rem per tot sæcula, nescio quo casu, nullo certè reclamante, non clero, non episcopis, non ipsis etiam Pontificibus, imò his ultrò assentientibus, regiæ potestati relatam, atque optimis regibus sancto etiam Ludovico usitatam, à Ludovico Ecclesiæ restitutam ; ad hæc lites infinitas uno edicto præcisas, plerisque capitulis redditam libertatem, inventum denique quo, post perditam integro fere sæculo propugnatam causam, victa Ecclesia meliore conditione : laudare consilium omnes; efferre meritum optimi principis, qui antecessores inclytos belli pacisque artibus supergressus, sancti quoque Ludovici celebratissimam omnibus

gentibus pietatem aliquâ parte vicisset : nos quoque beatissimos
prædicare, qui, regiis magistratibus tanto studio reluctantibus,
id impetrassemus: nobiles et plebes in gratulationem effundi :
nemini dubium esse quin regis prudentia tanto ecclesiarum bono
faceret, ac pacem ecclesiasticam his conditionibus stabilitam
vellet. Nec immeritò : satis enim ostendimus pietate regum nostrorum eo demùm redactum regaliæ negotium, ut jam una quæstio superesset, ea scilicet quæ in conferendis beneficiis versaretur.

Neque verò quidquam in regaliâ gravius quàm decanatus, ar-
chidiaconatus, pœnitentiarias ac theologatus, etc., sive præbendas sive dignitates quæ ex suo titulo singulari, novo vel antiquo
jure, curam animarum gererent, vel aliquam partem ecclesiastici muneris obirent, vacantibus ecclesiis ita in regiâ potestate
esse; ut non modò nulli canonico et ecclesiastico examini subderentur, sed etiam nullam aut missionem aut approbationem ecclesiasticam obtinerent. Id verò ejusmodi est adeò alienum à canonicâ disciplinâ, et ita Ecclesiæ grave et intolerandum; ut quâ
arte in mores nostros irrepserit, vel tot sæculis servari potuerit,
vix ipsi intelligamus. Etsi enim satis constabat nonnisi aliquâ
Ecclesiæ consensione potuisse id juris transferri in principes;
primùm quidem tantam rem, tam ecclesiasticam ad laicos translatam minimè oportuit; tum illud Ecclesiæ periculosissimum, ne
hujus quidem concessionis ullum in actis publicis, ullum in annalibus esse vestigium, ac necesse recurri ad tacitum consensum,
quo nihil est infirmius aut inhonestius. Quamvis esset id ex se
grave; quæ deinde incommoda secuturis temporibus meritò timeremus? quantam gliscente licentiâ ecclesiastici muneris occu-
pationem? cùm res obvia sit, commemorare nil attinet. Hæc sublata penitùs edicto Januarii mensis à nobis impetrato, et à gravi
morbo, graviore periculo liberata Ecclesia est.

Jam illud liquidò constat earum ecclesiarum ad quas extensa
sit maximam partem, ex recentiore edicto, ejusmodi esse, nihi
ut in eis juris regi relinquatur: ac profectò si placeat initâ ratione
vel subductis calculis numerare ecclesias vel præbendas, et quæ
ex nostrâ cessione et edicto 1673, regaliæ attributæ essent, et quæ

novo edicto ab eâ vindicatæ; has numero vincere, et eâ quoque parte profecisse Ecclesiam certum perspectumque est : ut regi quidem honestius visum sit communi lege extendi Regaliam ad omnes provincias, nobis verò è re Ecclesiæ visum quàm plurimas ecclesias et præbendas præstare liberas. Quæ minutiora licet, neque comparanda iis quæ ad jurisdictionem spectant, hîc quoque à nobis excuti oportuit; ut intelligat universa Ecclesia quàm ad tenues res tantam controversiam, tantos animorum motus, tantamque expectationem christiani orbis redire necesse sit, si negotium urgeatur.

His ita constitutis, non tantùm æquus æstimator, sed rigidus quoque ecclesiastici juris exactor fateatur à nobis diligentissimè ac religiosissimè tractatam Ecclesiæ rem; idque planè evinceremus si res integra esset, et æquo adhuc jure, nullo judicio victi disceptaremus; non potuisse tamen meliore conditione transigi; imò, si optio detur, id magis eligendum quod victi impetravimus, quàm id quod victores jure nostro obtinere potuissemus. Hæc nobis evenisse, in eam nos temporum necessitudinem incidisse, ab optimo principe tam fausta impetrasse, tam exigua, imò verò tam nulla jam concessisse, tanta verò recuperasse, victosque quàm victores meliore omninò conditione esse; quis demùm præstitit nisi Deus noster, in cujus manu et temporum vices et corda regum sunt. Ipse enim humiliat et exaltat, nec deficere unquàm, sed in spem contra spem proficere jubet Ecclesiam suam.

Nec in tanto Ecclesiæ bono sanctissimus Pontifex conticesceret; sed pro suâ pietate effunderet cor suum ante Dominum, et lacrymas in gaudium verteret, si vel id advertere dignaretur quod eâ de re in epistolâ nostrâ accuratissimè pertractavimus : neque horrori fuisset, sed potiùs voluptati nostra illa non jam cessio, sed optima et saluberrima et maximè necessaria permutatio. Verùm eum locum epistolæ nostræ, nescio quo animo, sanctissimo Pontifici tacuerunt harum turbarum auctores : qui si id quoque ut cætera nostra improbabant, quin apertè et liberè, ut reliqua omnia quæ scripsimus et gessimus, confutare aggrederentur? Sin autem occultè approbabant, viderint æquone animo hoc prætermiserint, ipsique Pontifici dissimulaverint quo se causa nostra maximè tueretur; ut omissâ scilicet optimâ defensione, in episcoporum famam liberior ac plenior, ne dicam violentior, animadversio desæviret.

Atque utinàm prætermisso maximo hujus causæ præsidio, quæ pontifici exhibenda senserunt, ea saltem integra protulissent. Sed enim metuebant ne meritò conquereretur æquissimus pontifex se in regem maximum Ecclesiæ primogenitum ejusque amantissimum, in Galliam universam clerumque Gallicanum, Sedi apostolicæ obsequentissimum, plusquàm ipsa causæ ratio pateretur, incitatum atque exasperatum fuisse. Quo enim pertinebat tantâ vehementiâ, tam exquisitis verbis atque sententiis exaggerari gravitatem hujus causæ : ab eâ pendere salutem Ecclesiæ et omnem episcopalis ordinis reverentiam, overti disciplinam, imò disciplinæ atque hierarchiæ ecclesiasticæ fundamenta, fidei quoque ipsius integritatem in discrimen vocari? Usque adeòne à quingentis annis, ne vetustiora sectemur, atque in maximâ certè christianissimi regni parte profligata Ecclesia est, ac fidei integritas in discrimen adducta? Non id advertisse tot reges optimos, nec religiosissimos fidei defensores antecessores nostros, à Romanis pontificibus toties commendatos, non ipsos etiam pontifices Innocentium III, Alexandrum III, innumerabiles alios qui Regaliam consensione approbarunt; quin ipsum etiam sacrum generale Lugdunense concilium, roboratâ Regaliâ ubicumque viguisset, errori favisse ac tantum malum tantâ auctoritate firmasse?

An verò Regalia anteactis temporibus innocua erat, cùm fructus vacantium Ecclesiarum occuparet omnes; cùm abbates, cùm episcopos ad arma cogeret; cùm gravissimo procurationum[1] onere premeret Ecclesias; cùm beneficia omnia, etiam quæ jurisdictionem ecclesiasticam proprio nomine exercerent, nullo ecclesiastico examine, nullâ approbatione conferret? Nunc verò evertit Eccle-

---

[1] On appeloit *procuration* la réception que les vassaux étoient obligés de faire à leurs seigneurs, lorsqu'ils venoient sur leurs terres. Ces procurations qu'on appeloit aussi *gîtes*, se commuoient quelquefois en une certaine somme d'argent. Dans les monastères où l'abstinence de la chair étoit établie, on étoit expressément dispensé d'en servir à ceux qui avoient droit de procuration. Voyez le *Glossaire* de du Cange (*Edit. Leroy.*).

siæ libertatem, hierarchiæ disciplinæque fundamenta, ac fidem ipsam infandum aggreditur; cùm his amotis ac velut abstersis omnibus, nihil jam sibi reliquit unde vel nostris vel secuturis temporibus noceat. Sed nimirùm nisi ista dicerentur, nec irritari pontifex, nec illa rejici quam suadebamus moderatio canonum, nec increpari nos clerumque Gallicanum tam immitibus verbis, nec tanto fragore Romana facundia detonare posset.

Nobis quidem tot inter minacia et aspera quæ in Brevi legebamus, aliqua tamen, ut in magna tempestate, spes serenitatis illucescere visa est ex his verbis : « Cæterùm ultrò admittimus et laudamus consilium relaxandi canonum disciplinam pro temporum necessitate, ubi fieri id possit sine fidei et morum dispendio [1]. » Quo semel admisso, quis jam non speraret exortam aliquam conciliandi haud sanè inexpiabilis dissidii rationem, et Pontificis epistolam in aliquid tandem lætius desituram, cùm et gravis necessitas urgere videretur, satisque constaret Regaliæ causam non ad fidem illam quâ christiani sumus, aut ad fidei conjunctam certissimam morum regulam pertinere; sed in eâ parte versari disciplinæ quæ variari possit pro temporum ac locorum conditionibus, quæque temperamenta ac salubrem canonum moderationem admitteret? Sed posteà advertimus ita esse laudatam apud Pontificem saluberrimam illam et conciliatricem animorum prudentiam, ut simul demonstraretur nullum ei relinqui in hâc causâ locum. Sic enim concedit temperamenta canonum accipi oportere, « ut in aliquo peculiari casu, et ad tempus, et ubi necessitas urget, licitum sit [2]; » quæ hîc scilicet locum non habeant.

Hîc consistamus oportet, suo deinde loco cætera exequemur. Ergone parum gravis illa necessitas ubi de concordiâ sacerdotii in imperii in amplissimo regno agitur, ubi Galliarum regi ac magistratibus, episcopis quoque conciliandæ pacis viam aggressis extrema omnia Pontifex minitatur? An verò moderandorum canonum ratio tantùm valet in peculiari casu et ad tempus? Pudet verò eorum qui hæc suggerere pontifici non verentur, coguntque nos, aliis exemplis prætermissis, vel illud revolvere quod

[1] Brev., pag. 216. — [2] Ibid.

Leo X, Lateranensis approbatione concilii, ecclesiis nostris Gallicanis abstulerit, quod in reges contulerit. Nunc post amplissimas Ecclesiæ dignitates in regum potestate positas, de aliquot canonicatibus litigabitur, nec jam ullus relinquetur compositioni locus; et regi, quotquot sunt, non tantùm maximo, sed etiam optimo et in Ecclesiam longè beneficentissimo ea intentabuntur, quæ referre horret animus. Cujus consilii auctores quantò æquiùs considerarent quæ nos in extremâ epistolæ parte velut conglobatim posita, ne in immensum quæstio excurreret, tantùm indicavimus. Et ne ab hâc Regaliæ causâ discedamus; annon eam, ubicumque invaluerat, Lugdunense concilium contra priscam Ecclesiæ disciplinam retinuit et in perpetuum confirmavit; ut in eo quoque decreto, quo vel maximè pontifex nititur, exemplum habeatur illius, quam duce charitate suadebamus, paternæ canonum moderationis. Neque verò minùs tum regalia protendebatur; cùm è contrà, si universam spectemus Ecclesiam, se quoque protenderet latiùs, quippe quam non modò Gallicani, verùm etiam Anglicani et alii reges, et multi principes inferioris ordinis sibi vindicarent; nunc verò certum sit uno fere Galliæ regno contineri. Quare nec illud metuendum erat quod ut pontificem à pace averterent memorarunt, « manifestum esse periculum, ne exemplum latiùs manet[1]; » quasi ullum aliud jam præter Gallicanum in Ecclesia catholica regnum esset, ubi jus illud valeret; aut non reges singuli præter communia jura regnorum, peculiaria quædam, nec in exemplum trahenda, possiderent.

Quàm ergò vana sint quæ paci opponuntur, et vos advertitis, sapientissimi præsules, nec ipsos fugiebat qui maximè in nos pontificis animum instigarunt. Quare decurrendum tandem fuit ad illud extremum, nempe per regaliam convelli ipsa Ecclesiæ fundamenta, ipsamque adeò fidem, quam immobilem et irreformabilem, nec per ulla temperamenta unquàm inflexam esse nostra quoque epistola prædicaret. Quæ accusatio quàm gravis ex sese est, tàm potest à nobis facilè propulsari; neque aliud postulandum quàm ut ipsa Brevis apostolici verba perlegantur ut quantum deceptus sit optimus pontifex omnibus pateat. Sic

[1] Brev., pag. 217.

ergò scriptum legitur : « Per abusum Regaliæ, non solùm everti disciplinam Ecclesiæ, res ipsa doceat; sed etiam fidei ipsius integritatem in discrimen vocari, facilè intelligatur ex ipsis regiorum decretorum verbis, quæ jus conferendi beneficia regi vindicant, non tanquam profluens ex aliquâ Ecclesiæ concessione, sed tanquam ingenitum et coævum regiæ coronæ[1]. »

Liceat simpliciter dicere summâ cum reverentiâ apostolici nominis quod ipsa necessitas exprimit. Decretum illud regium anni 1673 hîc allegatum non negat jus profluere ab aliquâ Ecclesiæ consensione; non asserit ingenitum coronæ regiæ, non denique ei coævum; id tantùm dicit, jus illud unum esse ex antiquissimis regiæ coronæ juribus : quo non significatur ipsi coronæ ac regiæ potestati ex sese ingenitum, nec aliundè profluens; sed ex his esse juribus quæ, labente tempore, potestati regiæ accrescere et coalescere soleant, utcumque se habeant et undecumque sint. Verba perpendite, sanctissimi consacerdotes; quid Gallicanis auribus sonent æstimate; et nobiscum dolete optimo regi aliena et perversa imputari Pontificis nomine, qui et dubia quoque in conquirendo sensum paterno animo interpretari debuisset, et suo ingenio fecisset.

Sanè ab antiquissimis regibus Ludovico VII et Philippo Augusto totum id quod *Regaliam* dicimus, antiquis regni sui, hoc est alio nomine coronæ suæ juribus accenseri solitum : nec ab eo jure destitisse sanctum Ludovicum, imò à se quoque more majorum exercitum ad nepotes transtulisse annales nostri produnt : quæ post tot sæcula Ludovico Magno culpæ imputari, aut tanquam adversantem fidei accusari, nec Deo nec hominibus placeat.

Neque abs re monueramus in epistolâ nostrâ, non esse audiendos qui in illo coronæ jure novas hæreses fingerent. Id enim ad jus regium pertinere, non tantùm quod regiæ coronæ ex sese innatum, ut belli pacisque jus; sed quod undecumque insitum coalitumque sit, ab Ecclesiâ licet profluat, ratione et exemplis abundè firmavimus : quæ omnia, quanquàm in his causa versaretur, Breve apostolicum prætermisit.

[1] Brev., pag. 217.

Hic autem ad cumulum probationis addimus, reges nostros adeò non movisse litem Ecclesiæ de hujus origine juris, ut advocatus regius quo Philippus Pulcher, hujus quidem juris vehemens assertor, ad illud tuendum usus, ultrò profiteatur ab Ecclesiæ concessione profectum : ut planè ac liquidò constet optimos principes id tantùm persuasum habuisse, à se optimo jure ac debitâ concessione gestum, quod ab antecessoribus manasse ad se intelligerent.

Quòd si Ludovicus Magnus id quoque judicavit, jus illud ab antiquo in universum regnum regibus convenisse, neque adeò unquàm ex communi lege regni alienari potuisse, aut ullâ temporum præscriptione violari : sit illud sanè dubium ; sit Pontifici manifestè falsum ; sit, si lubet, iniquum : ad fidem pertinere quâ christiani sumus nec ullus dixerit ; nec nostri antecessores, cùm teste Pontifice tam strenuè hanc causam agerent, id unquàm in medium attulere ; aut reges fidem apostolico ore laudatam ad hæc levia quoque et minuta descendere vel suspicati sunt.

Nos verò aliquid amplius egimus ; et si quid dubii in illo coronæ jure latere potuisset ; planè sustulimus clarè et apertè professi cùm in congregationibus nostris, quod ipse quoque Pontifex attestatur, tum in ipsâ epistolâ ad Pontificem datâ, Regaliæ onus eâ maximè parte quæ beneficiorum collationem spectat, non potuisse imponi nisi Ecclesiâ concedente vel saltèm consentiente : quod à nobis pronuntiatum, ac per totam Galliam totumque christianum orbem divulgatum, neque rex ægrè tulit, neque tam apertâ juris ecclesiastici declaratione jus suum lædi aut imminui queritur. Quin nostra illa cessio, à summo Pontifice tam acerbè vexata, clamat quàm certum haberemus illud jus regium ab Ecclesiæ auctoritate originem ducere, quod, vel amissâ causâ, nostrâ quoque concessione et consensione firmari, et extra omnem litis aleam poni potuisse judicaremus. An verò sineret rex suorum jurium scientissimus ac fortissimus vindex, ut quod plenè et absolutè juris regii esset, id quâcumque ratione in eum à nobis transferri jactaremus, ac non eam cessionem ut regiæ majestati contumeliosam aversaretur?

An verò quis meritò vel suspicari possit ab eo rege invadi vllam partem ecclesiasticæ potestatis, aut juri regio plenè et absolutè vindicari potuisse, qui edicto Januarii tot ac tanta dimiserit, quod nobis agentibus ecclesiastico et episcopali juri nocitura intelligeret? Quare quisquis ille est qui in illo coronæ jure latere hæresim Pontifici persuasit, metum deponat ille tandem ; neque fateri erubescat ab eo errore tutam Ecclesiam, et antiquâ Gallorum declaratione, et pietate regis, et nostrâ quoque operâ, nostrâque doctrinâ, nostrâ etiam episcopali cessione præstari.

Quæ cùm ita sint, jam Ecclesiæ fidem ac fidei conjunctam certissimam morum regulam in tuto collocatam ; atque adeò hanc causam in eâ parte versari disciplinæ quæ variari possit, quæque temperamenta non tantùm admittat, sed etiam postulet, certò ac liquidò constat ; illudque fundamentum totius epistolæ institutique nostri inconcussum manet ; quo quidem necesse est non modò corruant, sed etiam, audenter dicimus, nobis laudi vertantur quæcumque immerentibus ingesta sunt probra. Neque enim quidquam in Brevi apostolico aut vehementius allatum est, aut etiam plausibilius, quàm ut Ivonis Carnotensis, cujus dicta laudavimus, facta imitaremur. Nos verò propositum à sanctissimo Pontifice exemplum admittimus, ac nobis gratulamur probari Pontifici eum quem maximè secuti sumus temperandorum canonum et conciliandæ pacis auctorem. Hujus gesta præclara, hujus exilia et carceres in illâ turbulentissimâ contentione inter Urbanum II ac Philippum I fortiter toleratos, in mentem nobis à summo Pontifice revocatos grato animo accipimus, quos et in epistolæ nostræ principio retuleramus. Suspecta enim fuisset in homine molli illa prudentia canonum moderatrix, nec profectò, à nobis laudari oportebat pacificè condescendentes auctores, nisi anteà rebus pro Ecclesiâ fortiter gestis, non tantùm æquo et modesto, sed etiam magno et erecto animo fuisse constitisset.

Sed tamen cogitandum est quæ causa illa fuerit. Quid enim? Annon constat à Philippo I, Evangelii legem apertè violatam, neque tantùm nullâ versâ causâ repudiatam uxorem suam, sed etiam alienam, eamque cognatam, et indignissimè raptam, et publicè ductam ; regem nec admonitum, nec increpatum ab infando facinore cohibere potuisse, et omnem morum regulam exemplo solvisse; cùm in eodem facinore et adulterium, et raptus, et incestus, et sacrilegium, et immane scandalum, omnia denique flagitia pariter et scelera concurrerent. Tùm verò Evangelii causam suscipiente Urbano, si episcopi defuissent, et commaculari sinerent tali dedecore virginitatem Ecclesiæ; si condescendentes præposterè laudassent, et contra Evangelii legem ac necessarium disciplinæ vigorem indigna et impia temperamenta quæsissent; si denique bonorum damna, aut etiam exilia et carceres formidassent, quid jam impedimenti obstaret quominùs in evangelicam disciplinam humana licentia impunè grassaretur? Meritò in eâ causâ episcopus Carnotensis non jam prudentiam canonum moderatricem, sed executricem evangelici præcepti sequitur auctoritatem : quippe cùm de lege Dei ageretur, ubi nulla relaxatio, nulla dispensatio est. Et id ultrò profitetur : « Omnia enim, inquit, perferam pro lege Dei mei [1]. » Attendite verba, sancti consacerdotes. Ideò nullam dispensationem admittit, quòd nimirum agatur de ipsâ lege Dei, quam infractam invictamque, ac pleno robore constare necesse sit.

Jam verò videamus quid in iis causis cogitet, ubi non de lege Dei, sed de ecclesiasticâ auctoritate ageretur : neque à Philippi I exemplo discedendum. Ubi enim hujus regis uxore mortuâ, res eò devenerat ut pellicem suam jam in legitimum conjugium posset adsciscere, si Ecclesiæ auctoritas accessisset; Ivo Carnotensis erga impium regem dispensandi auctor fuit [2]; et quod divina lex jam in tuto esset, canonum temperamenta ultrò proposuit; non sanè mutatus, sed mutatâ personarum rerumque conditione alia consilia executus.

Sed quandoquidem Ivonis exempla et dicta placent, quid in aliâ causâ, eâque nostræ simillimâ, idem Ivo gesserit, tantisper consideremus. Nempe idem Urbanus II in Claromontano concilio, utique in Galliis facto cum ducentis episcopis ferè Gallicanis, nemine repugnante, sanxerat, « ne episcopus vel sacerdos regi, vel alicui laico in manu ligiam fidelitatem faceret [3]; » quam quidem fidelitatem fontem regaliæ esse harum rerum periti sciunt.

[1] *Epist.* xxxv. — [2] *Epist.* cxliv. — [3] Lab., tom. X, can. xvii, col. 508.

Cùm rex et optimates posteà contradicerent, et sub Paschali II Urbani successore ab archiepiscopo Remensi sacramentum exigerent; Ivo Carnotensis, quo in aliis causis nemo fidelior aut disciplinæ studiosior extitisset, idem in hâc causâ condescendendi auctor fuit; et archiepiscopum ad regem ipse deduxit, et sacramentum præstari voluit; et præclaram illam ad Paschalem epistolam à nobis commemoratam scripsit [1]; et quæ non evangelicâ sed ecclesiasticâ tantùm prohibitione constarent, quantàcumque canonum auctoritate firmata, omittere non dubitavit ob publicam pacem : nec tùm discedi à lege : sed super ecclesiasticam legem observari charitatem, multis Scripturæ et Patrum testimoniis affirmavit. Quod si præter pacem alia quoque maxima bona retulisset; et remisso canonum rigore, majorem Ecclesiæ gloriam libertatemque peperisset, ejusque conditionem meliorem præstitisset, uti nos, non judiciorum nostrorum, sed temporum opportunitatibus à Deo præviis et dispositis factum satis demonstravimus; quantâ fiduciâ ab æquo Pontifice non jam veniam, sed laudem postulasset? Hujus dicta laudamus, hujus in re simili facta imitamur; imò singulari Dei beneficio superamus : hujus denique exemplo ab ipso Pontifice comprobato, gesta quoque nostra tandem aliquandò probanda confidimus; ac si res potiùs quàm verba attendantur, jam probata gloriamur.

Silentium nobis objicit sanctissimus Pontifex; nec tantùm in hoc Brevi, sed etiam in aliis antecessorum nostrorum, meritis sanè laudibus, extollit fortitudinem : illos quidem hanc causam in simili periculo constitutam non semel apud superiores reges, imò apud hunc ipsum liberâ voce defendisse, et à regio conspectu victores discessisse, relatis etiam ab æquissimo rege præmiis pastoralis officii strenuè impleti; nos verò indecores, sine pugnâ, sine defensione victos, nec causâ cecidisse qui nec unquàm stetissemus. Multa hîc prætermittimus, quæ non tam ad antecessorum nostrorum commendationem, quàm ad nostram invidiam dicta videantur.

Neque enim antecessores nostri causam hanc in simili periculo defenderunt, cùm illi eam integram, nos verò judicio perditam

[1] *Epist.* CXC.

desperatamque haberemus; nec victores unquàm à regis conspectu recesserunt, qui dilato judicio ea tantùm impetrassent, quæ indefinito decreto nocitura potiùs quàm profutura essent : id actis probare, nullo operæ pretio, non aggredimur. Quod autem præclari viri ab æquissimo rege pastoralis officii bene gesti præmia reportarint, nihil sanè ad hanc causam, nisi quod vel eo constet et causam summâ libertate actam, et æquo animo auditam, posteà tandem esse amissam ; adeò jus regium ipsi regi regioque consilio certum est visum ; et auditis omnibus nulla jam clero spes, prolato judicio, relicta erat.

Hæc verò omnia, si lubet, omittamus; graviora enim urgent : nempe quod scripsimus, datis ad Pontificem litteris, sæcularem magistratum à nobis appellatum, à quo victi discesserimus. Id ita abominatur Pontifex optimus, ut e litteris nostris expungi jubeat, « ne, inquit, in actis resideant ad nostri nominis dedecus sempiternum [1]. » O nos miseros, quibus dedecori antecessorum quoque nostrorum gesta imputentur ! Sanè ad Pontificem scripsimus nos causâ cecidisse, et hâc quidem causâ totis sexaginta annis strenuè propugnatâ, in eo tribunali victos quod ipsi, antiquo regni more, appellassemus, in regio scilicet consistorio et apud regem ipsum : quæ à nobis prolata non præsentis cœtûs nostri peculiari nomine, sed cleri totius assumptâ quam gerimus personâ, res ipsa clamabat. Neque enim nos ipsi, sed nostri antecessores totis sexaginta annis hanc causam defenderunt : illi profectò non nos à parlamento Parisiensi ad regis consistorium rem totam detulimus; idque factum ab ipsis ipso anno 1608, cùm primùm de Parisiensis parlamenti decreto ad regem questi sunt; neque deinde illam causam apud alium judicem egerunt. Si tanta hæc culpa est, ut consciis inferat dedecus sempiternum, non nostra illa fuit. Nos tamen perscindimur atrocibus dictis : nostri sanè antecessores fortitudinis nomine commendantur, nos ipsorum quoque laudibus premimur ; ac si eos ad invidiam nostram laudari oporteret, nec tàm ut ipsi clari honestique haberentur, quàm ut splendore suo nos urerent, et infra se positos prægravarent. Quæ quò magis absunt à Pontificis majestate et Innocen-

[1] Brev., pag. 216.

tii mente, eò magis non in nos sed in Pontificem peccarunt, qui tanto nomine ista scripserunt.

Jam si curæ graves et sollicitudo omnium ecclesiarum sinunt à summo Pontifice et nostra et antecessorum gesta penitùs introspici, satis apparebit et nos et illos gessisse quæ temporibus congruebant. Illi enim non immeritò Regaliæ causam ad regem detulerunt, quam intelligerent jam inde ab initio in regiâ curiâ fuisse tractatam ; et à trecentis annis innumera ejusdem curiæ decreta suppetebant, quibus ecclesiæ vel ab eâ liberæ vel eidem addictæ pronuntiarentur. Neque unquàm pontificem eâ de re interpellatum prodebant annales; sed potiùs pontifices ultrò fatebantur, auctoritate et appellatione regno consuetis, Regaliæ causas à regiâ curiâ solere decidi : atque hæc ipsa causa sexaginta annis toto regno celebrata, et publicè toties coràm rege acta, neque per nuntios, neque per legatos apostolicæ Sedis, neque per pontifices ad apostolicum tribunal revocata unquàm fuit; neque antecessores nostri cum Sede apostolicâ conjunctissimi, et rerum ecclesiasticarum strenui defensores, animum induxerunt ut hoc in negotio pontificiam implorarent opem ; adeò infixum erat hæc in ipsâ Galliâ disceptari oportere.

Quid igitur victis faciendum fuit ? Cùm sexaginta annis nihil prætermisissent quo causam tuerentur, an iterùm litigare frustrà et clamoribus agere, ac totum regnum, totamque adeò Ecclesiam commovere oportebat; neque ut loquendi, ita etiam tacendi tempus agnoscere, aut unquàm audire illud : *Tempus belli, et tempus pacis*[1] *?* Annon è re ecclesiasticâ magis erat ab infaustâ litigatione convertere animum ad consilia pacis ; et captatâ opportunitate, ab optimo rege recuperare quæcumque licuisset? Quid verò aliud noster cœtus præstitit? An igitur præstabat incendere clamoribus pontificium animum et concitare, quàm conciliare regem à quo meliora reportaremus ; ac fortitudinis gloriam aucupari, negligere prudentiæ, et Ecclesiæ commoda, ubi locus esset, omittere? Non id postulabat credita Ecclesiæ dispensatio et vestræ nobis delegatæ vices, non in regem noster amor propensissimus et fides, non ipsa regis magnanimitas et pietas singularis, quem intelli-

[1] *Eccles.*, III. 8.

geremus nihil unquàm Ecclesiæ [1] malo animo sustulisse, et ultrò
etiam, si fandi tempora modumque nosceremus, potiora redditurum. Non id suadebant nostri antecessores invictâ fortitudine
multa ausi, multa lucrati, sed interdùm quoque temporibus servientes. Non id denique docebat ille fortissimus Ivo Carnotensis,
cujus inter alia præclarè dicta illud etiam laudavimus : « Salvo
fidei fundamento et communi morum regulâ, toleranda quædam,
quædam etiam facienda quæ infirma videantur [2]; » neque adeò
tantùm enitendum episcopis, ut fortitudinis gloriâ commendati,
sed etiam ut christianâ prudentiâ utiles esse possint.

Nec minùs nobis favent in epistolâ nostrâ relati Innocentius III,
Benedictus XII, Bonifacius VIII, quorum quidem pontificum verba
et exempla in epistolâ nostrâ diligenti et optimâ fide tractata qui
consideraverit, an extranea causæ sint facilè judicabit. Certè constabit illud, à pontificibus ultrò remissa pacis intuitu, quæ à regibus quoque intentato anathematis metu reposcenda censuissent i
adeò gravia et necessaria videbantur. Cæterùm tanta res in Brev;
pontificio uno verbo transigitur, memoratâ breviter lucubratione
quam nec factam audivimus. Quod autem additur eximios illos
pontifices in tuendâ contra principes sæculares ecclesiasticâ libertate, constantiores fuisse quàm ut eorum exempla possint errori
nostro suffragari; primùm à Pontifice parente optimo, sed in nos
exasperato, postulamus, liceat nobis quærere summâ cum reverentiâ apostolici nominis : Ecquid necesse fuerit episcopos Gallicanos gravi erroris notâ dedecorari apud plebem gregesque commissos, quod in re controversâ, nullo catholicæ fidei ac sanæ
doctrinæ periculo, compositionem utilem exitiosissimæ dissensioni
anteponant? Deindè obtestamur ne contra sæculares principes
Innocentio XI, tantâ modestiâ, tantâ benignitate pontifici, Bonifacii quoque VIII concilia placeant, aut ut ea magis placeant,
quæ, pacis ac publicæ utilitatis intuitu, talis quoque pontifex
indulgere voluit. Rogamus deniquè, ut cùm pontifex viderit quos
etiam episcopos summosque Pontifices fortitudinis laude commendaverit, eos ex rigore canonum tanta relaxasse, ne pax necessaria

---

[1] M. Bossuet a mis ici en marge de son manuscrit ces mots : « Préoccupé par une opinion universelle sur son droit. » (*Edit. de Déforis.*) — [2] *Epist.* CCXIV.

sacerdotium inter et imperium scinderetur; nos eodem metu ad pacis consilia inflexos, neque tantùm pacem, verùm etiam alia ingentia commoda ex eo consilio reportantes, in paternum sinum lætus recipiat.

Posteaquàm satis constitit utilia esse nostris ecclesiis cleroque universo, quæ vestro nomine et ejusdem cleri auctoritate gessimus, nec potuisse meliore conditione transigi hanc causam, quæ et ejusmodi esset et loco posita, ut æqua et ad pacem communemque utilitatem temperata consilia postularet; nemini dubium esse potest quin eam inire viam componendæ litis necesse haberemus, si id in nostrâ potestate esset.

Sed, inquiunt, superest an clerus Gallicanus nosque ejus nomine id agere potuerimus, quod adeò necessarium et è re nostrâ esset. Nostræ quidem potestati hæc obstare videbantur : primum quod Ecclesiæ res, idem enim de cæteris juribus statuendum, alienare non liceat episcopis sine Romani Pontificis licentiâ et consensu : alterum, quod hæc à concilio generali Lugdunensi olim definita in dubium à nobis revocari non licebat : tertium, quod in hâc causâ pontifex appellatus; quare in negotio ad eum devoluto nihil nobis juris aut cognitionis jam relictum esset.

Primùm ergo inquiramus quid ad commutandas Ecclesiæ res antiquis decretis requiratur. Hoc sanè à Magno Leone olim promulgatum, et juri quoque insertum : « Ne episcopus de Ecclesiæ suæ rebus audeat quidquam vel donare, vel commutare, vel vendere, nisi ut meliora prospiciat; et cum totius cleri tractatu atque consensu, id eligat, quid non sit dubium Ecclesiæ profuturum[1]. » Cùm hîc à Leone duo decernantur; primum illud ad res ipsas spectat, « ut meliora prospiciant : » alterum ad agendi formam, « ut totius » cleri consensus habeatur. Primum illud à nobis præstitum satis demonstravimus : alterum profectò, de consensu cleri, nec in dubium revocatur.

Sanè additum esse posteà decreto, « Ne quid episcopi de ecclesiarum jure concederent absque Romano pontifice; » adeò non negamus ut è re Ecclesiæ, nostraque omninò esse ultrò fateamur. Verùm ista imprimis in hoc negotio notari postulamus : primò in

[1] Epist. XVII *ad univers. Episc. per Sicil. constit.*

permutationibus quæ evidenter essent utiles, qualis hæc nostra
est, hanc formam non exactè esse servatam, et plerasque per
sese ex totius cleri consensu valuisse ipso decreto Leonis, ubi
absque dubio esset Ecclesiæ profuturas : deinde aliam esse rationem eorum jurium quæ confessa essent, aliam eorum quæ in
litem vocata et adversùs maximas potestates, totoque adversante
regno, tuenda, et judicio quoque summâ auctoritate prolato
essent amissa : has enim temporum necessitudines et extraordinarios casus consuetis legibus non esse comprehensos; sed semper licuisse quàm optimâ conditione transigere, cùm non eo dis-
cedatur ab Ecclesiæ jure, sed potiùs sit jus læsum, aut potiùs
nullum, restituere in integrum, ac deinceps tutum præstare.
Tertiò, in his spectandam casibus ipsam necessitatem, et magnis
negotiis utiles opportunitates et occasiones nunquàm impunè ne-
glectas; neque committendum, ut cùm statim maxima impetrare
possis, ea longo tractatu ac solitis negotiorum ambagibus involvi
ac periclitari sinas : sed tunc pro lege sit ipsa necessitas, ipsaque
Ecclesiæ utilitas maturo consilio et communi deliberatione perspecta. Quæ qui attenderit, præclarè profectò à nobis gestam Ecclesiæ rem ultrò fateatur.

Postremò si ad ipsos juris apices redigamur, nec quidquam
peccasse nos fidenter asserimus. Sit enim additum Leonis decreto
à nobis memorato, non posse quidquam è re ecclesiasticâ sine
pontifice Romano concedi aut permutari : hoc quidem sic additum, ut duo illa priùs à Leone sancita robur obtineant, ut et cleri
consensus sit necessarius, et id omninò fiat quod non sit dubium
Ecclesiæ profuturum. Cùm ergo et noster et pontificis consensus
stricto illo jure sit necessarius, quid nos peccavimus qui et consensum præstitimus, et quantùm in nobis fuit rem ipsam transe-
gimus, et ad pontificem acta transmisimus, et his approbatis firmari Ecclesiæ pacem efflagitavimus? Quæ si minùs probarentur,
non ea ut malè gesta et attentata temerè, rescindi oportebat; sed
simpliciter rejici, ac ne rejici quidem si Ecclesiæ profutura essent; nam nec pupilli acta rejici aut improbari, si rem suam bene
gesserit.

Quare pontificis approbationem nos quodam jure nostro et canonum auctoritate reposcere potuimus, quos manifestâ Ecclesiæ utilitate transegisse res ipsa demonstret, nec ipse pontifex in Brevi apostolico negaverit. Cùm enim epistolam nostram ad ipsum datam tam atrocibus verbis ubique insectetur, eam sanè partem intactam reliquit quâ professi sumus plura et majora nos retulisse quàm concessisse. Quod nisi verum agnoscerent qui pontificem in nos tanto studio instigarunt, quâ hîc eloquentiâ insurgerent? quàm nos exagitarent? quàm fervida et vehemens sese efferret oratio? Cùm enim tam graviter reprehensi simus quòd ea egerimus quæ à nobis fieri non potuisse contendunt, pontificis scilicet invisâ auctoritate, quantò acriùs inveherentur si nec utilissimè egissemus, si frustrà jactaremus concessionem nostram, edicto Januarii impetrato nixam, maximo Ecclesiæ emolumento fuisse? Quod profectò cùm taceant, rem ipsam à nobis bene gestam, canonicam tantùm agendi formam omissam fuisse profitentur. Id et purgavimus, et quod jam à Pontifice canones postulent, demonstravimus, et concessionem nostram undique tutam præstitimus.

Neque nobis obsunt decreta còncilii Lugdunensis, sive illud XII in hâc quidem causâ toties celebratum, sive XXII, pontificiis litteris, ut videtur, indicatum. Ut enim omittamus quæ de XII in epistolâ ad Pontificem scripta diximus, id nobis sufficit quod ita rem gessimus, ut non tam extensa quàm restricta regalia sit; nec tam sæculari potestati subjecerimus Ecclesiam, quàm majore et meliore parte, eâ scilicet quæ jurisdictionem spectat, absolutam præstaremus.

Neque jam valet illud quod appellatione factâ, reque ad pontificem delatâ, ejus judicium expectare deberemus, non autem ei causam etiam maximam suscipienti repugnare. Quid enim judici appellato nocet, si partes componant? An verò appellatio unius episcopi prohibere potuit quin universus clerus, cujus causa maximè agebatur, optimis conditionibus cum rege convenire, ecclesiasticam jurisdictionem asserere, seque à tanto periculo expedire posset? Pontifici verò causam nostram suscipienti adeò non obstitimus, ut publicè gratiis actis quòd eam suscepisset, ejus quoque consilia juvaremus. Quid enim cogitabat Pontifex, nisi ut opitularetur Ecclesiæ laboranti? Quid autem nos [1] egimus, nisi ut Ecclesia magnis se difficultatibus exsolveret; ac projectis quibusdam, maxima recuperaret, libertatemque suam ac jurisdictionem optimâ sui parte vindicaret? An verò pontifici decorum eum fructum esse interventionis suæ, ut nostrâ scilicet concessione rescissâ, rex ea reposcat à nobis quæ edicto concessit, quæque ab antiquo, nullis pontificibus imò nec Innocentio XI reclamantibus, possidebat : præclarum verò facinus si amittantur iterùm, tanto studio nostro, tantâ pietate optimi regis tot ac tantæ ad Ecclesiæ auctoritatem revocatæ dignitates? An verò iis retentis quæ a rege concessa sunt, jam de concessione nostrâ litigandum erit, ac ludibrio habendæ maxime ac beneficentissimæ in Ecclesiam potestates? Quæ non eò dicimus tanquam ab optimo rege aliquid metuamus : neque enim eum unquàm rectè facti pœniteat, aut Ecclesiæ sanctè pièque reddita ad se revocare placeat ; sed quò demonstremus deveniendum esse tandem ad consilia pacis, et à nobis gesta, quoquo id modo fiat, omninò firmanda.

Quæ cùm ita sint, sanctissimi præsules, magna nos spes tenet pacis Ecclesiæ : neque ab eâ spe Brevis apostolici quantumvis aspera verba nos abducunt : ad quæ intelligamus summum Pontificem, nonnisi occultatâ rerum veritate, adduci potuisse. Et quidem videtis quid de Brevi sentiendum, quàmque irritum cadat ex se, quo vel solo constet optima hujus causæ præsidia, et gestorum seriem Pontifici optimo, non modò involutam, verùm etiam omninò tectam. Sed unde malum exortum, inde spes illucescit. Satis enim apparet habere nos pontificem, qui occultatâ veritate aliquanto tempore exasperari possit; cæterùm tantæ caritatis : tam apostolici pectoris, tam paterni animi, ut non omnia semper turbidis ingeniis permissa esse videantur. Qui sanè homines, sive inimico animo in nos agunt, vel privatis studiis, vel ab hujus regni hostibus occultè instigati, sive rem semel aggressos ad æquiora se referre piget pudetque; certè intelligant et opus

---

[1] On lit ici en marge du manuscrit ces mots également écrits de la main de M. Bossuet : « Remarquez que le Pape ne dit rien de tout ceci dans ses brefs ; » nous, mieux instruits, avons touché là où est le grand mal. »

(*Edit. de Déforis.*)

fuisse dissimulatâ veritate ut tantas iras commoverent, et eam aliquandò ad pontificiam Sedem vel nostris clamoribus perrupturam.

Cæterùm in cathedrâ Petri tantæ fortitudinis sedere Pontificem, assiduè vigilantem, et in gradu stantem pro ecclesiasticâ libertate; ac semper paratum, jubente Domino, ambulare super aquas quantumvis turbidas et elatas, Ecclesiæ gratulamur : cui obedire omnia, ac sub ejus pedibus incurvari altitudinem sæculi sanè intumescentis, summa votorum est : sed tantam fortitudinem gravioribus malis objicere sese, nec pontificatum tantæ sanctitatis atque expectationis in impare negotio occupari totum, ex animo cupimus. Dabimus sanè operam, quantùm in nobis erit, ut opportunissimo tempore summâ cum reverentiâ ad sese prolatam veritatem intelligat, et ad consilia pacis pius ac paternus animus inflectatur.

Adjuvate nos orationibus vestris, pro pace Ecclesiæ mandato vestro assiduè laborantes. Pax enim à Christo est, pax nostra ipse Christus : ipse increpabit ventos, et imperabit mari, et repentè fiet tranquillitas magna; ut Pontifex quoque frustrà trepidasse videatur. Neque verò dubitamus quin et preces publicas indicturi sitis et plebem hortaturi, ut in regis maximi ac religiosissimi consiliis, uti facit, acquiescat : neque quidquam metuant unquàm in Sedem apostolicam moliendum. Hæret enim tantæ Sedi intimo corde Gallicana ecclesia; et quò magis eam potestatem ad antiquos canones et Christi instituta exigendam putat, eò magis animo atque visceribus infixam habet. Dabit Deus vestris plebisque catholicæ precibus, ut in apostolico ordine quàm maxima apostolicæ Sedis reverentia vigeat, nulloque decreto tantæ potestatis communem dignitatem pacemque tueamur. Quâ sanè reverentiâ, more majorum, pro ecclesiæ Gallicanæ et episcopatùs juribus decertaverimus, missa nuper ad vos acta testantur. Eo ab obsequio nunquàm discessuros, nihil nos necesse est dicere, cùm à nemine in dubium revocetur. Quare, ut egimus, ita porrò agemus, et regi pacis cupidissimo summâ fide obsecundabimus; idque eventurum speramus, ut ejus auspiciis et promoveamus sanctum pacis opus, neque deveniamus unquàm ad extrema illa remedia juris, quæ nec unquàm dimitti, cue nisi summâ necessitate adhiberi par est.

Quod autem sanctus Pontifex metuit, ne de manibus nostris pessumdatæ et laceratæ Ecclesiæ sanguis requiratur; sanè recordetur quod sanctus Irenæus unus ex antecessoribus nostris antecessori ejus sancto Victori scripserit : « Laceratur Ecclesia non tantùm ab iis qui mala obstinatè, sed etiam ab iis qui bona quædam plus æquo urgeant; » nedùm abjicere liceat quæ non modò nullo Ecclesiæ malo, sed etiam maximo fuerint commodo comparata.

EPISTOLA

CONVENTUS CLERI GALLICANI

ANNI 1682

AD OMNES PRÆLATOS

ECCLESIÆ GALLICANÆ.

Archiepiscopi et episcopi cæterique ecclesiastici viri à Clero Gallicano deputati, mandato regio Parisiis congregati, archiepiscopis et episcopis in toto Galliarum regno constitutis, salutem.

Reverendissimi ac religiosissimi consacerdotes,

Non vos latet concussam aliquatenùs nuper fuisse Ecclesiæ Gallicanæ pacem, quandoquidem nos misit vestræ fraternitatis charitas ad illud periculum propulsandum.

Fidenter cum beato Cypriano pronuntiamus, charissimi collegæ, « Christum, ut unitatem manifestaret, unam cathedram constituisse, et unitatis originem ab uno incipientem suâ auctoritate disposuisse; eumque qui cathedram Petri, super quam fundata est Ecclesia, deserit, in Ecclesiâ non esse; qui verò Ecclesiæ unitatem non tenet, nec fidem habere [1]. » Quare nihil nobis antiquius fuit statim atque *congregati sumus in nomine Christi* [2], quàm ut *unius corporis* [3], quod nos omnes esse inclamat Apostolus, *unus esset spiritus, nec essent in nobis schismata* [4], nedùm vel minima cum totius Ecclesiæ capite dissensionis suspicio. Hoc autem eò magis pertimuimus, honoratissimi præsules, quòd cum pontificem inpræsentiarum nobis providit Deus optimus maxi-

[1] S. Cypr., lib. *de Unit. Eccl.* — [2] *Matth.*, XVIII. — [3] *Epges.*, IV. — [4] I *Cor.*, I.

mus, quem ob eximias, quibus abundè præditus est, omnium pastoralium virtutum dotes, non modò Ecclesiæ petram; sed etiam tanquam *fidelium* atque *in omnibus exemplum bonorum operum* [1], debemus jure merito venerari.

Hanc nostræ concordiæ, et ad tuendam Ecclesiæ unitatem conspirationis ideam, tàm piè, tàm doctè, tàm facundæ in omnium nostrùm animis præformavit illustrissimus orator, qui primus quasi nostrorum comitiorum os aperuit, dùm Spiritùs sancti gratiam et auxilium communibus votis, sacrificante illustrissimo Parisiensi archiepiscopo, nostro dignissimo præside, invocavimus; ut inde nostri conventùs felicissimus exitum ominati sint universi.

Non dubitamus equidem, consacerdotes reverendissimi, quin pergratum vobis fuerit, quod à regis nostri christianissimi pietate obtinuimus, quodque vicissim ad pacem servandam, ac tanti principis gratiam conciliandam, simul et ad memoris nostri animi testificationem rependimus; quodque tandem scripsimus ad sanctissimum Pontificem. Sed operæ pretium esse duximus aliquid ulterius explicare, ne quid unquàm contingat, quod possit Ecclesiæ quietem ordinisque tranquillitatem tantisper commovere.

Sanè, cùm vel ad levissimam discordiæ umbram unusquisque nostrùm exhorruerit, existimavimus maximè nos Ecclesiæ unitati profuturos si certas regulas conderemus, vel potiùs antiquas in fidelium memoriam revocaremus, quibus tota Ecclesia Gallicana, quam *nos regere posuit Spiritus sanctus* [2], ita secura esset; ut nemo unquàm vel deformi assentatione, vel abruptà falsæ libertatis cupiditate, *terminos transgrederetur quos posuerunt patres nostri* [3]; sicque nos ab omni dissensionis periculo explicata veritas liberaret.

Quandoquidem verò non modò tenemur catholicorum paci studere, sed etiam procurandæ eorum reconciliationi, qui « à Christi sponsa segregati adulteræ conjuncti sunt, et à promissis Ecclesiæ separati [4], » adhuc ea ratio nos impulit, ut eam aperiremus quam veram esse arbitramur catholicorum sententiam : sic enim

[1] *Tmi.*, IV; *Tit.*, II. [2] — *Act.*, xx. — [3] *Prov.*, XXII. — [4] S. Cyp., lib. *de Unit. Eccl.*

factum iri speravimus, ut « nemo amplius fidelium fraternitatem mendacio fallat, aut fidei veritatem perfidâ prævaricatione corrumpat. » Et qui in Romanam Ecclesiam, erroris nobis afflicti specie, velut in reprobatam Babylonem hactenùs debacchati sunt, quia mentem nostram vel ignorarunt, vel se ignorare simularunt, detractâ tandem falsitatis larvâ, à calumniis suis in posterum temperent, et in suo schismate, quod « tanquam ipsâmet idololatriâ detestabilius crimen [1] » execratur Augustinus, diutiùs non perseverent.

Profitemur itaque, illustrissimi præsules, quamvis *duodecim, quos elegit Jesus et apostolos nominavit* [2], sic ad regendam « in solidum » suam Ecclesiam constituerit, ut essent « pari, sicut loquitur sanctus Cyprianus, honoris et potestatis consortio præditi [3], » primatum tamen Petro divinitùs fuisse concessum; quod et ab Evangelio discimus, et tota docet ecclesiastica traditio. Quare in Romano pontifice, Petri successore, « summam, licet non solam, cum beato Bernardo [4], à Deo institutam apostolicam potestatem » venerati, servato crediti nobis Christi sacerdotii honore, claves primùm uni traditas esse, ut unitati servarentur, cum sanctis patribus, Ecclesiæque doctoribus prædicamus; sicque summorum Pontificum, seu quoad fidem, seu quoad generalem disciplinæ morumque reformationem, decretis fideles omnes censemus esse obnoxios, ut supremæ illius spiritualis potestatis usus per canones totius orbis observantiâ consecratos, determinandus moderandusque sit : si qua autem ex ecclesiarum dissensione gravis difficultas emerserit, « major, ut loquitur Leo Magnus [5], ex toto orbe sacerdotum numerus congregetur, generalisque synodus celebretur, quæ omnes offensiones ita aut repellat aut mitiget, ne ultrà aliquid sit vel in fide dubium, vel in charitate divisum. »

Cæterùm, fratres religiosissimi, cùm respublica christiana non sacerdotio tantùm, sed etiam regum et sublimiorum potestatum imperio gubernetur; ita quoque ut prospeximus, ne schismatibus dividatur Ecclesia, sic et debuimus omnibus imperii tumulti-

---

[1] S. Aug., *Ep.* XLIII. — [2] *Luc.*, VI. — [3] S. Cyp., *de Unit. Eccl.* — [4] S. Bern., lib. III. *Cons.* — [5] S. Leo, *Ep.* XXXIX ad Th. Aug.

bus, populorumque motibus obviam ire, in eo præsertim regno, in quo tot olim, specie religionis, perduelliones exortæ sunt, ac proptereà regiam auctoritatem, quoad temporalia, à pontificiâ liberam esse pronuntiavimus; ne si fortè ecclesiastica potestas crederetur aliquid moliri quod temporalem minueret, christiana tranquillitas turbaretur.

Rogamus porrò fraternitatem pietatemque vestram, reverendissimi præsules, ut quondàm concilii Constantinopolitani primi Patres rogabant Romanæ synodi episcopos, ad quos synodalia sua gesta mittebant; ut de iis, quæ ad Ecclesiæ Gallicanæ perpetuò sartam tectam conservandam pacem explicuimus, nobis congratulemini [1]; et idem nobiscum sentientes, eam, quam communi consilio divulgandam esse censuimus, doctrinam in vestris singuli ecclesiis, atque etiam universitatibus et scholis vestræ pastorali curæ commissis, aut apud vestras diœceses constitutis, ita procuretis admitti, ut nihil unquàm ipsi contrarium doceatur. Sic eveniet ut quemadmodùm, Romanæ synodi patrum consensione, Constantinopolitana universalis et œcumenica synodus effecta est, ita et communi nostrùm omnium sententiâ noster consessus fiat nationale totius regni concilium; et quos ad vos mittimus doctrinæ nostræ articuli, fidelibus venerandi et nunquàm intermorituri Ecclesiæ Gallicanæ canones evadant.

Optamus vos semper in Christo bene valere, precamurque Deum immortalem, ut vestram fraternitatem, ad Ecclesiæ suæ bonum, florentem et incolumem servet.

Vobis addictissimi collegæ archiepiscopi, episcopi et cæteri ecclesiastici viri à Clero Gallicano deputati.

FRANCISCUS, archiepisc. Parisiensis, præses.

De mandato illustrissimorum et reverendissimorum archiepiscoporum, episcoporum, totiusque cœtûs ecclesiastici in comitiis generalibus Cleri Gallicani Parisiis congregati.

MAUCROIX, canonicus Remensis, à secretis.

COURCIER, theolog. eccl. Parisiensis, à secretis.

Parisiis, 14 kalend. April., ann. 1682.

FINIS EPISTOLARUM.

[1] Epist. Synod. Conc. Const. I, ad Conc. Rom.

DECRETUM

DE

MORALI DISCIPLINA

QUOD ERAT A CLERO GALLICANO PUBLICANDUM IN COMITIIS GENERALIBUS
ANNI 1682 (a)

Moralem theologiam decus maximum ac præcipuum fructum evangelicæ prædicationis, his posteris temporibus pravâ ingeniorum licentiâ ac subtilitate corruptam: *mutatumque in scoriam argentum optimum* [1] ac probatissimum christianæ disciplinæ, dudùm boni omnes, totaque Ecclesia ingemiscit. Quo animarum periculo permotæ doctissimæ ac celeberrimæ theologiæ faculta-

---

[1] *Isa.*, I, 22.

(a) Bossuet composa ce *Décret* comme Pascal avoit composé les *Provinciales*, avec des propositions que des mains habiles et peu bienveillantes tirèrent d'un grand nombre de volumes *in-folio*.

Plusieurs de ces propositions, telles qu'on les présente, séparées du contexte, prises comme des décisions pratiques, et non comme des théorèmes purement spéculatifs, sont à la vérité d'un laxisme injustifiable; mais la condamnation d'autres propositions respirent un rigorisme non moins répréhensible. Les calvinistes et leurs neveux les jansénistes crioient à la morale relâchée, et les censeur entendoient de leur siège ces clameurs poussées par cent voix éloquentes.

L'assemblée de 1682 devoit porter ses délibérations sur le projet de décret rédigé par Bossuet; elle n'en eut pas le temps. Trouvant son clergé d'une extrême docilité et ne voulant point de déclaration trop gallicane, Louis XIV coupa court aux discussions; suspendue depuis le 9 mai, l'assemblée entendit le 23 juin la lecture de la lettre qui prorogeoit indéfiniment sa session.

Le projet, revu et augmenté, sous le nom de *Censura et declaratio*, fut soumis à l'assemblée de 1700, qui le ratifia. On verra cela plus loin.

Nous croyons inutile de donner le nom des auteurs qui avoient avancé les propositions censurées. Louis XIV, plus charitable et plus prudent que les membres de l'assemblée, défendit de les publier en 1700.

tes, maximè verò Parisiensis, pro officio suo gliscentem in dies novandi libidinem represserunt. Fratres quoque nostri presbyteri ecclesiarum, vocem suam exaltaverunt in viis Sion, atque episcopos in altiore speculâ constitutos assiduis efflagitationibus excitarunt. Qui quidem, pro loci sui auctoritate, valentiore manu « gladium spiritûs assumpserunt, quod est verbum Dei [1], ad dirumpenda cervicalia et pulvillos inani arte consutos sub omni cubito manûs [2] : » ne infelices animæ in morte obdormiscerent, ac per falsæ pacis somnium, ad æterna supplicia traherentur, ubi jam « vermis eorum non moreretur, et ignis non extingueretur [3]. »

Neque tantùm episcopi, præsertim Gallicani, in suis diœcesibus ascenderunt ex adverso, sed et plenitudo exercitûs Israel, clerus scilicet universus Parisiis congregatus, gravissimo judicio suo damnavit perversam ac falsi nominis scientiam, quâ instructi homines, « non jam accommodarent mores suos ad evangelicæ doctrinæ normam, sed et ipsam potiùs regula ac sancta mandata ad cupiditates suas inflecterent ac detorquerent, novaque et inani philosophia christianam disciplinam in academicas quæstiones ac dubias fluctuantesque sententias verterent [4]. »

Illud verò judicium sancti Caroli Borromæi commonitionibus ad confessarios datis præfixum, ad collegas suos sanctos ecclesiarum Gallicanarum episcopos transmiserunt, ac deploratâ sæculi cæcitate, id quoque indoluerunt, quod in ipso comitiorum exitu, oppressi negotiis, congruâ medicinâ pestiferam doctrinam exscindere non potuerint. Quibus sanè verbis ea remedia non omisisse, sed in opportuniora tempora distulisse, eamque provinciam secuturis conventibus demandasse visi sunt.

Neque in eo discrimine Romana Ecclesia omnium ecclesiarum Mater, ac sanæ doctrinæ Magistra conticuit. Nullius est enim tam ferreum pectus, cui lacrymas non excutiat paterna illa oratio felicis memoriæ Alexandri VII, quâ « magno animi sui mœrore testatur complures opiniones christianæ disciplinæ relaxativas, atque animarum perniciem inferentes, partim antiquatas iterùm

---

[1] *Ephes.*, VI, 17. — [2] *Ezech.*, XIII, 18 et seq. — [3] *Marc.* IX, 43. — [4] Convent. Cleri Gallic. 1655. *Epist. ad Episcop.*, etc., præfixâ editioni libelli cui titulus : *Instruct. de saint Charles aux confesseurs.*

suscitari, partim noviter prodire, ac summam illam luxuriantium ingeniorum licentiam in dies magis excrescere, per quam in rebus ad conscientiam pertinentibus modus opinandi irrepsit alienus omninò ab evangelicà simplicitate sanctorumque Patrum doctrinâ, et quem si pro rectâ regulâ fideles in praxi sequerentur, ingens eruptura esset christianæ vitæ corruptela [1]. » Neque verò satis fuit sanctissimo pontifici, novam hanc methodum ludificante conscientiæ atque involvendæ veritatis, hoc est, ipsum mali detexisse fontem; sed exitiabilis doctrinæ rivulos insectatus, complures propositiones, « ut minimum tanquàm scandalosas, » non probatis aliis quæ occurrere possent, « sub interminatione divini judicii, atque excommunicationis pœnâ, à quâ nemo posset præterquàm in articulo mortis, nisi à Romano pontifice absolvi, damnavit et prohibuit. » Quod salubre opus Innocentius XI, pro suâ pietate prosecutus, alias longè plures, parique doctrinæ ac diligentiæ laude selectas, nec probatis aliis, sub iisdem pœnis damnavit et prohibuit; dùmque eas omnes *ut minimum tanquàm scandalosas et in praxi perniciosas* damnandas censuit non tantùm à libris ac prædicatione, sed ab omni etiam vitâ christianâ procul amandandas judicavit.

Atque utinàm sanctissimi pontifices decretum formulis nostro usu receptis, quæque ad universas ecclesias pertinerent. infandam doctrinam proscripsissent. Sed dùm speramus fore, ut Innocentius XI tantum opus, tanto Pontifice dignum, more majorum, Sedis apostolicæ plenâ auctoritate perficiat, et adversùs perniciosissimas novitates gladio Petri dextra omnium armet antistitum, nos archiepiscopi et episcopi Parisiis permissu regio congregati, ecclesiam Gallicanam repræsentantes, unà cum cæteris ecclesiasticis viris nobiscum deputatis, ne dirum virus serperet, ac Satanæ laqueis incautæ animæ caperentur, rei gravitate totque episcoporum, et quod est maximum, Summorum Pontificum exemplo atque auctoritate permoti, has propositiones à prædictis pontificibus damnatas, primùm, ut magis in promptu essent, in certa capita redigendas, tùm, ad ampliorem cleri et christianæ plebis informationem, suis quasque censuris notandas esse duximus. Ab-

[1] *Decret. Alex. VII.* 24 *Septemb.* 1665, *in præfat.*

sit autem cæteras haud leviore notâ dignas, approbare credamur, præsertim verò eas quas censuris pontificiis reprobatas, quòd ad mores nostros minùs pertinerent, aut in his partibus minùs pervulgatæ essent, hic commemorare nihil necesse habuimus. Addidimus aliquas unde gregibus nostris certam perniciem meritò timeremus, atque ut errores non tantùm notarentur, sed etiam suppeteret certa doctrina quâ coargui possent, nos quædam selegimus, quæ et illustria maximè essent et præsenti corruptelæ sanandæ cohibendæque opportunissima esse videretur. Sequuntur autem damnatæ propositiones.

PARS PRIMA DECRETI

CONTINENS DAMNANDAS PROPOSITIONES (a).

I. De virtutibus theologicis

7. 1. Homo nullo unquàm suæ vitæ tempore tenetur elicere actum fidei, spei et charitatis, vi præceptorum divinorum ad eas virtutes pertinentium.

2. Fides non censetur cadere sub præceptum speciale et secundùm se.

8. 3. Satis est actum fidei semel in vitâ elicere.

De fidei professione.

10. 4. Si à potestate publicâ quis interrogetur, fidem ingenuè confiteri, ut Deo et fidei gloriosum consulo; tacere, ut peccaminosum per se non damno.

(a) Numerus margini appositus eas indicat propositiones quas clerus Gallicanus, in comitiis anni 1700, censurâ notavit, et quo sint ordine damnatæ, duabus quandoque in unam coactis.

De assensu supernaturali in rebus fidei.

5. Voluntas non potest efficere ut assensus fidei in seipso sit magis firmus quàm mereatur pondus rationum, ad assensum impellentium.

6. Hinc potest quis prudenter repudiare assensum quem habebat supernaturalem.

7. Assensus fidei supernaturalis et utilis ad salutem, stat cum notitiâ solùm probabili revelationis, imò cum formidine quâ quis formidat ne non sit locutus Deus. 9.

De rebus explicitâ fide credendis.

8. Non nisi fides unius Dei necessaria videtur necessitate medii, non autem explicita Remuneratoris. 13.

9. Fides latè dicta ex testimonio creaturarum similive motivo ad justificationem sufficit. 14.

10. Absolutionis capax est homo, quantumvis laboret ignorantiâ mysteriorum fidei, et etiamsi per negligentiam etiam culpabilem nesciat mysterium sanctæ Trinitatis et Incarnationis Domini nostri Jesu Christi. 15.

11. Sufficit illa mysteria semel credidisse.

II. De Dei dilectione.

12. An peccet mortaliter qui actum dilectionis Dei semel tantùm in vitâ eliceret? Condemnare non audemus. 17.

13. Probabile est ne singulis quidem rigorosè quinquenniis per se obligare præceptum charitatis erga Deum. 18.

14. Tum solùm obligat quandò tenemur justificari, et non habemus aliam viam quâ justificari possumus. 19.

15. Præceptum amoris Dei per se tantùm obligat in articulo mortis. 20.

16. Præceptum amoris Dei et proximi non est speciale, sed generale, cui per aliorum præceptorum adimpletionem satisfit. 21.

III. *De proximi dilectione.*

18. Non tenemur proximum diligere actu interno et formali.

22. 19. Præcepto proximum diligendi satisfacere possumus per solos actus externos.

23. 20. Si cum debitâ moderatione facias, potes absque peccato mortali, de vitâ alicujus tristari et de illius morte naturali gaudere, illam inefficaci affectu petere et desiderare, non quidem ex displicentiâ personæ, sed ob aliquod temporale emolumentum.

24. 21. Licitum est absoluto desiderio cupere mortem patris, non quidem ut malum patris, sed ut bonum cupientis, quia nimirùm ei obventura est pinguis hæreditas.

22. Licet matri optare mortem filiarum, quas dotare non possit.

IV. *De festis.*

26. 23. Præceptum servandi festa non obligat sub mortali, seposito scandalo, si absit contemptus.

V. *De homicidio.*

27. 24. Licitum est filio gaudere de parricidio parentis à se in ebrietate perpetrato, propter ingentes divitias inde ex hæreditate consecutas.

28. 25. Est licitum religioso vel clerico, calumniatorem gravia crimina de se vel de suâ religione spargere minitantem occidere, quandò alius modus defendendi non suppetit, uti suppetere non videtur, si calumniator sit paratus vel ipsi religioso vel ejus religioni, publicè et coràm gravissimis viris prædicta impingere, nisi occidatur.

29. 26. Licet interficere falsum accusatorem, falsos testes, ac etiam judicem à quo iniqua certò imminet sententia, si aliâ viâ non potest innocens damnum evitare.

27. Non peccat maritus occidens propriâ auctoritate uxorem in adulterio deprehensam.

28. Fas est viro honorato occidere invasorem qui nititur calumniam inferre, si aliter hæc ignominia vitari nequit. Idem quoque dicendum si quis impingat alapam, vel fuste percutiat, et post impactam alapam, vel ictum fustis fugiat.

29. Regulariter possem occidere furem pro conservatione unius aurei.

30. Non solùm licitum est defendere defensione occisivâ quæ actu possidemus, sed etiam ad quæ jus inchoatum habemus et quæ nos possessuros speramus.

31. Licitum est tam hæredi quàm legatario, contra injustè impedientem ne vel hæreditas adeatur, vel legata solvantur lethaliter defendere, sicut et jus habenti in cathedram vel præbendam, contra eorum possessionem injustè impedientem.

32. Licet procurare abortum ante animationem fœtûs, ne puella deprehensa gravida occidatur aut infametur.

33. Videtur probabile omnem fœtum quamdiù in utero est, carere anima rationali, et tùm primùm incipere eamdem habere cùm paritur, ac consequenter dicendum erit in nullo abortu homicidium committi.

34. Vir equestris ad duellum provocatus, potest illud acceptare, ne timiditatis notam apud alios incurrat.

35. Potest etiam duellum inferre, si non aliter honori consulere possit.

VI. *Circa castitatem.*

36. Est probabilis opinio quæ dicit esse tantùm veniale osculum habitum ob delectationem carnalem et sensibilem quæ ex osculo oritur, secluso periculo consensûs ulterioris et pollutionis.

37. Non est obligandus concubinarius ad ejiciendam concubinam, si hæc nimis utilis esset ad oblectamentum concubinarii, dùm deficiente illâ, nimis ægrè vitam ageret, et aliæ epulæ concubinarium tædio magno afficerent, et alia famula nimis difficilè inveniretur.

38. Tam clarum videtur fornicationem secundùm se nullam involvere malitiam et solùm esse malum, quia interdicta, ut contrarium omninò rationi dissonum videatur.

39. Mollities jure naturæ prohibita non est; unde si Deus eam non interdixisset, sæpè esset bona et aliquandò obligatoria sub mortali.

40. Copula cum conjugatâ, consentiente marito, non est adulterium, adeòque sufficit in confessione dicere se esse fornicatum.

VII. *De furto, turpi lucro, et judicum corruptelis.*

41. Permissum est furari, non solùm in extremâ necessitate, sed etiam in gravi.

42. Famuli et famulæ domesticæ possunt occultè heris suis surripere ad compensandam operam suam, quam majorem judicant salario.

43. Potest uxor viro surripere pecuniam etiam ad ludendum, si mulier talis sit conditionis, ut ludus honestus pari loco cum alimentis et victu habeatur.

44. Non tenetur quis sub pœnâ peccati mortalis restituere quod allatum est per pauca furta quantumcumque sit magna summa totalis.

45. Qui alium movet aut inducit ad inferendum grave damnum tertio, non tenetur ad restitutionem illius damni illati.

46. Etiamsi donatario perspectum sit bona sibi donata à quopiam eâ mente ut creditores frustretur, non tenetur restituere, nisi eam donationem suaserit vel ad eam induxerit.

47. Incantatores, aliique ejusmodi deceptores et pessimis quibusque artibus captantes lucrum, licitè servare possunt bona iis mediis acquisita.

48. Quandò litigantes habent pro se opiniones æquè probabiles, potest judex pecuniam accipere pro ferendâ sententiâ in favorem unius pro alio.

49. Possunt judices accipere munera à litigantibus, nec tenentur restituere quæ acceperint ad pronuntiandam sententiam.

VIII. De usurâ.

50. Contractus Mohatra (*id est, ille contractus quo à mercatore res majore pretio ad certum tempus solvendo distrahuntur, ac statim ab eodem, stante eo contractu, minore pretio, præsente pecuniâ redimuntur*) (a) licitus est, etiam respectu ejusdem personæ et cum contractu redivenditionis præviè inito, cum intentione lucri.

51. Cùm numerata pecunia pretiosior sit sperandâ, et nemo sit qui non majoris faciat pecuniam præsentem quàm futuram, potest creditor aliquid ultra sortem à mutuatario exigere, et eo titulo ab usurâ excusari.

52. Usura non est dùm ultra sortem aliquid exigitur tanquàm ex benevolentiâ et gratitudine debitum, sed solùm si exigatur tanquàm ex justitiâ debitum.

53. Licitum est mutuanti aliquid ultra sortem exigere, si se obliget ad non repetendam sortem usque ad certum tempus.

54. Tàm licet ex alienatione per aliquot annos censum annuum exigere, quàm licet exigere censum perpetuum ex alienatione perpetuâ.

55. Promissiones obligatoriæ quibus supra sortem certo tempore solvendum aliquod lucrum exigitur, majori animositate quàm ratione condemnantur.

56. Usura est recipere aliquid ratione mutui, non autem ratione periculi recuperandæ sortis, neque ullus potest ità esse securus, quin possit aliquod intervenire periculum, vel saltem aliqua difficultas vel labor in re habendâ.

57. Datâ pecuniâ ex certo contractu, altero contractu licet de certo emolumento pacisci: tùm tertio contractu minore emolumento pacisci, ut sibi de periculo caveatur; neque id est usurarium, etiamsi posteriores contractus in ipso exordio ineundæ so-

(a) Le dictionnaire de l'Académie traduit ainsi ces mots : « Contrat ou marché usuraire, par lequel un marchand vend très-cher à crédit ce qu'il rachète aussitôt à très-vil prix, mais argent comptant.

cietatis intenti sint, nec ulla ratio reddi potest cur non liceat statim inire hunc postremum contractum.

IX. *De falso testimonio, mendacio et perjurio.*

58. Vocare Deum in testem mendacii levis, non est tanta irreverentia propter quam velit aut possit damnare hominem.

59. Cum causâ licitum est jurare, sine animo jurandi, sive res sit levis, sive sit gravis.

60. Si quis vel solus, vel coràm aliis, sive interrogatus, sive propriâ sponte, sive recreationis causâ, sive quocumque alio fine juret se non fecisse aliquid, quod reverâ fecit, intelligendo intra se aliquid aliud quod non fecit, vel aliam viam ab eâ, in quâ fuit, vel quodvis aliud additum verum, reverâ non mentitur, nec est perjurus.

61. Causa justa utendi his amphibologiis est, quoties id necessarium aut utile est ad salutem corporis, honorem, res familiare tuendas, vel ad quemlibet alium actum virtutis, ità ut veritatis occultatio censeatur tunc expediens et studiosa.

62. Qui mediante commendatione, vel munere, ad magistratum vel officium publicum promotus est, poterit cum restrictione mentali præstare juramentum quod de mandato regis à similibus solet exigi, non habito respectu ad intentionem exigentis, quia non tenetur fateri crimen occultum.

X. *De calumniâ.*

63. Quidni nonnisi veniale sit detrahentis auctoritatem magnam sibi noxiam falso crimine elidere.

64. Probabile est non peccare mortaliter, qui imponit falsum crimen alicui, ut et suam justitiam et honorem defendat; et si hoc non sit probabile, vix ulla erit opinio probabilis in theologiâ.

XI. *De adjuvantibus ad scelera.*

65. Famulus qui submissis humeris scienter adjuvat herum

suum ascendere per fenestras ad stuprandam virginem, et multoties ei subservit deferendo scalam, aperiendo januam, aut quid simile cooperando, non peccat mortaliter, si id faciat metu notabilis detrimenti, puta ne à domino malè tractetur, ne torvis oculis aspiciatur, ne domo expellatur.

XII. *De simonia et beneficiis conferendis.*

66. Non est contra justitiam beneficia ecclesiastica non conferre gratis, quia collator conferens illa beneficia ecclesiastica, pecuniâ interveniente, non exigit illam pro collatione beneficii, sed veluti pro emolumento temporali quod tibi conferre non tenebatur.

67. Dare temporale pro spirituali non est simonia, quandò temporale non datur tanquàm pretium, sed duntaxat tanquàm motivum conferendi, vel efficiendi spirituale, vel etiam quandò spirituale sit solùm gratuita compensatio pro spirituali, aut è contra.

68. Et id quoque locum habet, etiam si temporale sit principale motivum dandi spirituale, vel etiam si sit finis rei spiritualis, sic ut illud pluris æstimetur quàm res spiritualis.

69. Cùm dicit concilium Tridentinum eos alienis peccatis communicantes mortaliter peccare, qui non quos *digniores* et Ecclesiæ *magis utiles* ipsi judicaverint, ad ecclesias promovent; concilium vel primò videtur per hos *digniores*, non aliud significare velle nisi dignitatem eligendorum, sumpto comparativo pro positivo; vel secundò, locutione minùs propriâ, ponit digniores ut excludat indignos, non verò dignos; vel tantùm loquitur tertiò, quandò fit concursus.

XIII. *De simulata sacramentorum administratione.*

70. Urgens metus gravis est causa justa sacramentorum administrationem simulandi.

XIV. *Circa sacrum Eucharistiæ sacramentum et Missæ sacrificium.*

71. Satisfacit præcepto Ecclesiæ de audiendo sacro, qui duas ejus partes, imò quatuor simul à diversis celebrantibus audit.

72. Eidem præcepto satisfit per reverentiam exteriorem tantùm, imò licet voluntariè in alienâ, imò et pravâ cogitatione defixo.

73. Præcepto communionis annuæ satisfit per sacrilegam Domini manducationem.

74. Frequens confessio et communio, etiam in his qui gentiliter vivunt, est nota prædestinationis.

XV. *Circa confessionem sacramentalem.*

75. Qui habuit copulam cum solutâ, satisfacit confessionis præcepto, dicens: Commisi cum solutâ grande peccatum contra castitatem.

76. Peccata in confessione omissa seu oblita ob instans periculum vitæ, aut ob aliam causam, non tenemur in sequenti confessione exprimere.

77. Qui facit confessionem voluntariè nullam, satisfacit præcepto Ecclesiæ.

78. Qui beneficium curatum habent, possunt sibi eligere in confessarium simplicem sacerdotem non approbatum ab ordinario.

79. Mandatum concilii Tridentini, factum sacerdoti sacrificanti ex necessitate cum peccato mortali, confitendi quamprimùm, est consilium, non præceptum.

80. Illa particula *quamprimùm* intelligitur, cùm sacerdos suo tempore confitebitur.

81. Non tenemur confessario interroganti fateri peccati alicujus consuetudinem.

82. Si confessarius petat quantitatem furti, pœnitens potest dicere: Non teneor ad hoc confitendum.

84. Licet sacramentaliter absolvere dimidiatè tantùm confessos,

ratione magni concursùs pœnitentium, qualis, verbi gratiâ, potest contingere in die magnæ alicujus festivitatis aut indulgentiæ.

84. Tenetur sacerdos in confessione judicare secundùm opinionem pœnitentis.

XVI. *Circa pœnitentium absolutionem et dispositiones pœnitentis, maximè circa occasiones proximas.*

85. Pœnitens potest propriâ auctoritate sibi substituere alium qui loco ipsius pœnitentiam adimpleat.

86. Absolvi potest pœnitens nullâ satisfactione impositâ, sed in purgatorium dilatâ.

87. Probabile est sufficere attritionem naturalem, modò honestam.

88. Pœnitenti habenti consuetudinem peccandi contra legem Dei, naturæ aut Ecclesiæ, etsi emendationis spes nulla appareat, nec est deneganda, nec differenda absolutio, dummodò ore proferat se dolere et proponere emendationem.

89. Potest aliquandò absolvi, qui in primâ occasione peccandi versatur, quam potest et non vult omittere, quinimò directè et ex proposito quærit aut ei se ingerit.

90. Proxima occasio peccandi non est fugienda, quandò causa aliqua utilis aut honesta non fugiendi occurrit.

91. Licitum est quærere directè occasionem proximam peccandi, pro bono spirituali vel temporali nostro, vel proximi.

92. Nemo tenetur vitare occasionem proximam cum magno suo detrimento.

XVII. *Circa jejunium.*

93. Frangens jejunium Ecclesiæ ad quod tenetur, non peccat mortaliter, nisi ex contemptu vel inobedientiâ hoc faciat, puta quia non vult se subjicere præcepto.

94. In die jejunii qui sæpiùs modicum quid comedit, etsi notabilem quantitatem in fine comederit, non frangit jejunium.

95. Omnes officiales qui in republicâ corporaliter laborant, sunt

excusati ab obligatione jejunii, nec debent se certificare an labor sit compatibilis cum jejunio.

96. Excusantur absolutè à præcepto jejunii omnes illi qui iter agunt equitando, utcumque iter agant, etiam si iter necessarium non sit, et etiam si iter unius diei conficiant.

97. Non est evidens quòd consuetudo non comedendi ova et lacticinia in quadragesimâ obliget.

XVIII. *De intemperantiâ et matrimonii usu.*

98. Comedere et bibere usque ad satietatem ob solam voluptatem non est peccatum, modò non obsit valetudini, quia licitè potest appetitus naturalis suis actibus frui.

99. Opus conjugii ob solam voluptatem exercitum omni penitùs caret culpâ ac defectu veniali.

XIX. *De Horis canonicis.*

100. Restitutio à Pio V imposita beneficiariis non recitantibus, non debetur in conscientiâ ante sententiam declaratoriam judicis, eò quòd sit pœna.

101. Habens capellaniam collativam, aut quodvis aliud beneficium ecclesiasticum, si studio litterarum vacet, satisfacit suæ obligationi, si officium per alium recitet.

102. Restitutio fructuum ob omissionem Horarum suppleri potest per quascumque eleemosynas, quas anteà beneficiarius de fructibus beneficii sui fecerit.

103. In die Palmarum recitans officium Paschale satisfacit præcepto.

104. Unico officio potest quis satisfacere duplici præcepto pro die præsenti et crastino.

105. Qui non potest recitare Matutinum et Laudes, potest autem reliquas Horas, ad nihil tenetur, quia major pars trahit ad se minorem.

106. Præcepto satisfacit, qui voluntariè labiis tantùm, non autem mente orat.

XX. De regularibus.

107. Mendicantes possunt absolvere à casibus reservatis, non obtentâ ad id episcoporum facultate.

108. Satisfacit præcepto annuæ confessionis qui confitetur regulari episcopo præsentato, sed ab eo injustè reprobato.

109. Regulares possunt in foro conscientiæ uti privilegiis quæ sunt expressè revocata per concilium Tridentinum.

XXI. De legibus principum.

110. Populus non peccat, etiamsi absque ullâ causâ non recipiat legem à principe promulgatam.

111. Subditi possunt justè tributa non solvere.

XXII. De censuris Ecclesiæ.

112. Quoad forum conscientiæ, reo correcto ejusque contumaciâ cessante, cessant censuræ.

XXIII. De eleemosynâ.

113. Vix in sæcularibus invenies, etiam in regibus, superflua statui, et ità vix aliquis tenetur ad eleemosynam, quandò tenetur tantùm ex superfluis statui.

XXIV. De regulâ morum et probabilitate.

114. Doctrina fidei à veteribus, doctrina morum magis à junioribus petenda.

115. Puto omnia esse hodie meliùs examinata, et hanc ob rem in omni materiâ et præcipuè in morali libentiùs juniores quàm antiquiores lego et sequor.

116. Non ergò opinio improbanda, eò quòd ab antiquioribus non fuerit tradita.

117. De sententiâ doctorum antiquorum verum sciri non poterit, nisi ipse Thomas aut Augustinus, aut alii excitentur à mortuis. Præstat igitur adire vivos quàm recurrere ad mortuos qui nequeunt mentem suam explicare.

118. Hæc objectio : *Opinio nova videtur*, doctum urgere nequit. Nam tota moralis theologia nova est. Quis enim negare audebit esse hodie in Dianâ centenas opiniones probabiles quæ Augustino et antiquis patribus ignotæ erant.

119. Licet ex solo rationis lumine dijudicare quandò quis privatus possit pro tuendâ vitâ, vel bonis, vel honore aliquem occidere.

120. Omnem probabilitatem, sive extrinsecam, sive intrinsecam, in conscientiâ satisfacere putamus, nec exemplis urgebimur. Ubique enim eodem omninò modo philosophamur.

121. Auctoritas unius probi et docti reddit opinionem probabilem.

119. {
122. Hæc positio : *Sexdecim ad probabilitatem requiruntur*, non est probabilis. Si sufficiunt sexdecim, sufficiunt quatuor; si sufficiunt quatuor, sufficit unus.

123. Ad probabilitatem sufficiunt quatuor : sed quatuor, imò viginti et supra testantur unum sufficere : ergò sufficit unus.
}

118. 124. Ex auctoritate unius tantùm potest quis opinionem amplecti, licet à principiis falsam et improbabilem existimet.

120. 125. Si liber sit alicujus junioris et moderni, debet opinio censeri probabilis, dùm non constet rejectum esse à Sede apostolicâ tanquàm improbabilem.

121. 126. Non sunt scandalosæ aut erroneæ opiniones quas Ecclesia non rejicit.

122. 127. Generatim dum probabilitate, sive intrinsecâ, sive extrinsecâ, quantumvis tenui, modò à probabilitatis finibus non exeatur, confisi aliquid agimus, semper prudenter agimus.

128. In quæstionibus de bono vel malo, licito vel illicito, jure divino vel humano, judicium fundatum in opinione tantùm probabili, semper est prudens et in praxi tutum.

129. In iisdem quæstionibus de bono vel malo, licito vel illicito, jure divino vel humano, potest quis sequi opinionem minùs

probabilem minùsque tutam, relictâ probabiliore et magis tutâ, etiamsi notâ ut tali.

130. Licet consultori consilium dare secundùm eam opinionem quæ ipsi minùs probabilis minùsque tuta videatur.

131. Si quis vult sibi consuli secundùm eam opinionem quæ sit faventissima, peccat qui non secundùm eam consulit.

132. Hæc regula : *In dubiis tutius eligendum*, perfectionis est, non obligationis, seu consilii, non præcepti.

133. In dubiis de bono vel malo, licito vel illicito, jure divino vel humano, nullo præponderante argumento quo dubitare cessemus, licet utramlibet partem amplecti, nec tenemur anteferre eam in quâ constet nullum esse peccatum.

134. Omnes opiniones probabiles sunt per se æquè tutæ et securæ. Benigniores etsi aliquandò sint minùs probabiles, per accidens sunt semper utiliores et securiores.

135. Homo non est suarum opinionum mancipium, ideòque probabiles quasvis sententias potest ad libitum mutare.

136. Potest etiam ad libitum consulere, modò secundum unam, modò secundùm aliam sententiam, dummodò caveat ne incurrat levitatis notam.

137. Non est illicitum in sacramentis conferendis sequi opinionem probabilem de valore sacramenti relictâ tutiore, nisi id vetet lex, conventio, aut periculum gravis damni incurrendi. Hinc sententiâ probabili tantùm utendum non est in collatione baptismi, ordinis sacerdotalis, aut episcopalis.

138. Probabiliter existimo judicem posse judicare juxta opinionem etiam minùs probabilem.   125.

139. Ab infidelitate excusabitur infidelis non credens ductus opinione minùs probabili.   126.

140. In morte mortaliter non peccas, si cum attritione tantùm sacramentum suscipias, quamvis actum contritionis tunc omittas liberè. Licet enim unicuique sequi opinionem minùs probabilem, relictâ probabiliori.   127.

PARS SECUNDA DECRETI

CONTINENS DOCTRINAM OPPOSITAM DAMNANDIS PROPOSITIONIBUS.

Quæ condemnandis propositionibus recta dogmata opponamus hæc maximè sunt. Ac de negativis mandatis, cùm ea in censuris non obscurè explicata videantur, pauca subjungimus. In affirmativis, quorum executio à novis doctoribus involuta magis fuit, diligentiùs versari nos oportet; tùm ipsam morum regulam accuratiùs pertractari, ut non tantùm sciant à quibus abstinere, sed etiam quæ amplecti ac docere debeant.

1. *De affirmativis præceptis, ac primùm de fide, spe et charitate generatim.*

Doceantur fideles affirmativis præceptis vitæ christianæ partem maximam contineri, dicente Psalmistâ: *Declina à malo et fac bonum*[1]; atque Apostolo attestante, apparuisse Dominum, *ut mundaret sibi populum acceptabilem, sectatorem bonorum operum*[2]; ipsoque Domino pronuntiante: *Inutilem servum ejicite in tenebras exteriores*[3], et: *Ut quid etiam terram occupat*[4]? toto denique Evangelio proclamante non esse regnum cœlorum, nisi eorum qui justitiæ fructibus abundarint.

Inter affirmativa præcepta, præcipua esse de fide, spe et charitate, quibus Deo adhærescimus[5], et Novi Testamenti cultum exhibemus in spiritu et veritate; quas proindè virtutes non tantùm haberi, sed etiam excoli atque exerceri necesse sit : ne nostræ negligentiæ pertæsus, ab ingratis abscedat spiritus, ac desidi

---

[1] *Psal.*, XXXIII, 14. — [2] *Tit.*, II, 14. — [3] *Matth.*, XXV, 30. — [4] *Luc.*, XIII, 7.— [5] Part. I, c. I, II et III.

servo commissum talentum auferat [1], eo solo nomine quòd sit infrugiferum.

Harum virtutum actus, quò magis sunt ad pietatem christianam necessarii, eò minùs certis præcisè temporibus ac circumstantiis alligari, sed in universam vitam christianam diffundi oportebat [2], dicente Psalmistâ: *In lege Domini voluntas ejus, et in lege ejus meditabitur die ac nocte* [3]. Non ergò propereà negligendos illos actus, quòd certo præcisè tempore fortè non obligent; sed è contra tanto studio frequentandos, ne ullum negligentiæ vel etiam comtemptùs periculum subeat.

Neque sibi blandiantur, quòd hujus negligentiæ peccatum, quo præcisè tempore quâve occasione commissum sit, definiri vix possit; hæc enim occulta et tamen gravissima esse peccata, propter quæ maximè inclamandum: « Delicta quis intelligit? ab occultis meis munda me [4]; » et: « Nihil mihi conscius sum, sed non in hoc justificatus sum : qui autem judicat me Dominus est [5]. »

Quare vanas esse plerùmque, imò et noxias ejusmodi quæstiones, quo præcisè tempore, quâ circumstantiâ, ad fidei, spei, charitatis actus, aut ad vigilandum, aut ad orandum obligemur; cùm verè christianus tales tantosque actus magis ingemiscat vitæ necessitatibus intermissos, quàm eorum studium relaxandum putet, quòd certo tempori addicti non sint.

Sic ergo omninò non ex contentione, sed bonâ fide agendum, quemadmodùm in rebus humanis fit. Cùm enim quis uxorem, liberos, familiam, rem denique suam curare, ipsâ rectâ ratione, ac naturali lege jubetur: non id sanè jubetur ut huic curæ certum præcisè tempus adscribat, vel si non certum, nullum; sed omninò, sic agat, sic tempore utatur, sic universam vitæ rationem instituat, ut hæc ei curæ sint, utque quàm optimè se habeant. Quantò magis christianus quocumque modo ac tempore sic agat, ut in ipso fides, spes et charitas quàm maximè vigeant; idque ab ipso fiat, quod toto corde, toto intellectu totisque viribus facere jubeatur.

---

[1] *Matth*, xxv, 26, 28. — [2] Part. I, loc. cit., et speciatim advers. prop. 1, 2, 3, 12, 13, 14, 139. — [3] *Psal.*, 1, 2. — [4] *Psal.* xviii, 3. — [5] I *Cor.*, iv, 4.

II. *De fide.*

Fidem divinâ revelatione niti, ideoque esse firmissimam atque certissimam [1] : quæ humanis tantùm ratiociniis, non ipsâ Dei revelatione nitatur, non esse eam fidem quâ christiani sumus, dicente Domino : « Beatus es, Simon Barjona, quia caro et sanguis non revelavit tibi, sed Pater meus qui in cœlis est [2] ? »

In fide christianâ quædam esse capitalia, quæ, qui ratione utantur, sine periculo salutis ignorare non possint, eaque esse, Deum unum, Patrem, Filium et Spiritum sanctum, Filii incarnationem, passionem, mortem pro nobis toleratam, resurrectionem quoque et ascensionem, resurrectionem carnis, et futurum judicium et æternam vitam. Neque verò christianum esse qui nesciat in ipso baptismo, hoc est, in ipso initio vitæ christianæ, quo nomine consecratus, quo sanguine sit lotus, quam in spem regeneratus. Horum enim summam esse, Deum Creatorem, bonorum Remuneratorem et malorum Vindicem, tùm Mediatorem ac Redemptorem Christum : alienos ergò à vitâ christianâ christianisque sacramentis esse, qui non ea explicitè crediderint. Ilis enim comprehendi vitæ humanæ et christianæ finem, ejusque adipiscendi unicam viam, Christum à quo et dictum est : « Ego sum via, veritas et vita ; » et : « Nemo venit ad Patrem nisi per me ; » et : « Creditis in Deum et in me credite [3] ; » et : « Hæc est vita æterna ut cognoscant te solum Deum verum, et quem misisti Jesum Christum [4]. »

Hæc assiduè in prædicationibus inculcanda : hæc præsertim in pœnitentiæ sacramento, ab omnibus, maximè verò à rudioribus requirenda, secundùm eam formam dominicæ et apostolicæ interrogationis: *Tu credis in Filium Dei*[5]*?* et : *Si credis ex toto corde licet baptizari;* et : *Credo Filium Dei esse Jesum Christum*[6]. Non ergò sine eâ fide etiam actuali, quemquam justificari posse, dicente Apostolo : « Sine fide impossibile est placere Deo [7] ; » et : « Justus ex fide vivit ; » et « Per fidem ambulamus [8], ac meritò

---

[1] Advers. prop. 5. 6, 7, 9. — [2] *Matth.*, xvi, 17. — [3] *Joan.*, xiv, 1, 6. — [4] *Ibid.*, xvii, 3. — [5] *Joan.*. ix, 35. — [6] *Act.*, viii, 36, 37. — [7] *Hebr.*, xi, 6. — [8] *II Cor.*, v. 7.

prædicatur à Gregorio papâ VII neminem in pœnitentiâ justificari, « qui non ad fidei recurrat originem. » In quo enim nomine baptizamur, in eo et pœnitentiam agimus, et per pœnitentiæ lacrymas ac labores, secundi baptismi recipimus gratiam.

III. *De spe et charitate.*

Pari quoque studio spem esse excolendam[1], hoc est, eam virtutem quâ speramus vitam æternam, quia eam *repromisit Deus diligentibus se*[2]; *Deus*, inquam, *qui non mentitur*[3]; eâque mercede, hujus vitæ, quæ militia est et tentatio, ærumnas consolamur : quàm sanè mercedem Deum ipsum esse maximè, intelligere debeamus, et cum Psalmistâ dicere : « Quid mihi est in cœlo, et à te quid volui super terram? Deus cordis mei, et pars mea Deus in æternum[4]. »

Eâ spe incitari et inflammari nos ad amorem Dei, dùm eum in hâc vitâ desideramus et amamus, quem æternâ charitate dilecturi sumus; quoniam scriptum est : « Charitas nunquàm excidit[5].»

Hoc ergò *mandatum primum et maximum*[6], ac beatæ æternitatis initium, iis verbis à Deo ipso est traditum, quibus non jubeatur unus aut alter actus; sed tota christiana vita atque ipsa mentis intentio in unum Deum transferatur[7]. Scriptum est enim: *Audi Israel:* intentos nos vult ad rem omnium maximam : *Dominus Deus tuus, Deus unus est.* Hoc est caput; tùm hæc consectanea : *Et diliges Dominum Deum tuum ex toto corde tuo, et ex totâ animâ tuâ, et ex toto intellectu tuo, et ex omnibus viribus tuis, et ex totâ fortitudine tuâ*[8] : quibus sententiis sapientia divina vim omnem suam non tantùm exeruisse, sed etiam exhausisse videatur, ut imponeret nobis tàm necessarium quàm suave diligendi jugum, quo non graventur animæ, sed potiùs releventur : « Jugum enim meum suave est, et onus meum eve[9]. »

---

[1] Advers. prop. I. — [2] *Jac.*, I, 12. — [3] *Tit.*, I, 2. — [4] *Psal.*XXXII, 25, 26. — [5] I *Cor.*, XIII, 8. — [6] *Matth.*, XXII, 38. — [7] Advers. prop. 12, 13, 14, 15, 16, 47, 140. — [8] *Deut.*, VI, 7. *Marc.*, XII, 29, 30. *Luc.*, X, 27. — [9] *Matth.*, XI, 30.

Eum amoris actum, non conceptis formulis, sed vero corde exercendum, dùm Deum cogitamus, in Deo oblectamur, sicut scriptum est : *Delectare in Domino*[1] ; Deum invocamus castæ dilectionis auctorem, idque sedulò agimus, ut maximè et præ omnibus Deus nobis cordi sit, non semper tenero illo pietatis sensu, sed sanè vehementi firmoque mentis affectu. « Hunc enim, teste beato Augustino[2], rectum esse et simplicem oculum, quo totum corpus nostrum, hoc est omnia opera nostra sunt lucida[3], cùm illud aspicimus quod aspiciendum est, atque intelligimus omnia opera nostra tunc esse munda et placere in conspectu Dei, si fiant simplici corde, id est intentione supernâ, fine illo charitatis, *quia et plenitudo legis est charitas*[4]. » Hanc veram observantiam mandatorum Dei : « Ama, inquit, Dominum Deum tuum, et observa præcepta ejus[5]; » et : «Si quis diligit me, sermones meos servabit; » et : «Qui non diligit me, sermones meos non servat[6]; » ut qui non diligit, tot divinis constrictus vinculis, quò se vertat nesciat.

Hâc etiam charitate, divina mandata, non tantùm observari, sed etiam diligi : *Mandata*, enim, *tua dilexi;* et : *Servus tuus dilexit illa*[7]; cùm pius animus non tàm minis legis territus, quàm justitiâ ac veritate delectatus, est amicus legis, et mandata recogitat et scrutatur, fitque illud quod dicitur : « Liga ea in corde tuo jugiter, et circumda gutturi tuo. Cùm ambulaveris, gradiantur tecum ; cùm dormieris, custodiant te, et evigilans loquere cum eis[8]. » Quæ dicta Salomonis ex ipso legis præscripto manasse intelliget quisquis hæc legerit : « Eruntque verba hæc, quæ ego præcipio tibi hodie, in corde tuo, et meditaberis in eis sedens in domo tuâ, et ambulans in itinere, dormiens atque consurgens[9]; » atque hæc ab ipso Dei amore proficisci docet de amando Deo præfixa sententia : « Diliges Dominum Deum tuum ex toto corde, » cui deinde reliqua ut consectanea attexantur.

Cùmque omnes actus vitæ christianæ charitas complectatur, tùm habet illa quidem singulares actus suos, quibus ad amandum

---

[1] *Psal.*, XXXVI, 4. — [2] *Aug'*, II, *De serm. Dom in monte*, 13. — [3] *Matth.*, VI, 22. — [4] *Rom.*, XIII, 10. — [5] *Deut.*, XI, 1. — [6] *Joan.*, XIV, 23, 24. — [7] *Psal.* CXVIII, 127 et 140. — [8] *Prov.* VI, 21. — [9] *Deut.*, VI, 6, etc.

Deum mens ipsa se excitet, sicut à sanctis dictum legimus : *Diligam te, Domine, fortitudo mea*[1]; et : *Cor meum et caro mea exultaverunt in Deum vivum*[2]; et : *Mihi vivere Christus est, et mori lucrum*[3]; et : *Desiderium habens dissolvi, et esse cum Christo, multò magis melius*[4]; et alia, quibus divini amoris ignis vel excitetur vel erumpat.

Quod autem quidam eò se ab actu amoris excusatos putant[5], quòd habituali infusà charitate informentur, atque ità habitu ipso legi satisfaciant, longè est absurdissimum. Cùm enim adsint habitus, ut actus faciliùs, promptiùs, constantiùs, frequentiùs atque omninò, ut aiunt, connaturaliùs exerceri possint, vanissimum juxta ac turpissimum est aucupari cessandi occasionem, unde profluere actus ipse, ipsum exercitium debeat. Neque enim habitus ad supplendos actus, sed ad incitandos eos instigandosque institutus, aut præcepti exercendi obligationem tollit, sed quò faciliorem ac promptiorem, tantò strictiorem atque arctiorem facit.

Quàm verò familiaris ipse actus amoris esse debeat, ipsa quotidiana oratio docet, cùm nihil aliud nisi amorem spiret illud : « Sanctificetur nomen tuum; » et : « Adveniat regnum tuum; » et : « Fiat voluntas tua; » ipsum denique patris nomen amorem eliciat atque advocet.

Quis verò adeò in amando segnis ac frigidus[6], ut communione dominici sacramenti ad amorem non inardescat, cùm Christus adveniens, suum illud ingeminare et inculcare videatur : *Sicut misit me vivens Pater, et ego vivo propter Patrem, sic qui manducat me et ipse vivet propter me*[7] ? Sed nec existiment communionis actu coerceri præcepti vim, cùm vivere propter Christum, non unum actum sonet, sed totius animi stabilem ac perpetuam conversionem in Deum.

Occurrat etiam incentivum divini amoris : « Hoc facite in meam commemorationem[8]; » quo quidem verbo ipso ratio, ipse finis, ipsa vis dominici sacramenti et à Christo traditur et fidelium ani-

---

[1] *Psal.* XVII, 1. — [2] *Ibid.*, LXXXIII, 3. — [3] *Phillp.*, I, 21. — [4] *Ibid.*, 23. — [5] Speciatim advers. prop. 16, 140. — [6] *Ibid.*, 72, 73, 74, 140 — [7] *Joan.*, VI, 58. — [8] *Luc.*, XXII, 19; 1 *Cor.*, XI, 24.

mis inculcatur. Dùm enim Christus jubet meminisse nos sui, amantem se testatur qui redamari velit. Neque enim frigidos et amoris expertes esse sinit illa suavissima Christi morientis recordatio. Quare manducatio victimæ salutaris ità mentem nostram in mortis dominicæ cogitatione defigat, ut assiduè hæreat illud : « Sic Deus dilexit mundum ut Filium suum unigenitum daret[1], » flatque id quod ab Apostolo dicitur : « Charitas Christi urget nos, æstimantes hoc, quoniam si unus pro omnibus mortuus est, ergò omnes mortui sunt et pro omnibus mortuus est Christus, ut et qui vivunt jam non sibi vivant, sed ei qui pro ipsis mortuus est et resurrexit[2]. »

Sanè non est dubium in excitandâ charitate, cùm languescere ac deficere videatur, majorem operam impendi ac veluti oleum deficienti lucernæ adhiberi oportere, ne à Sponso audiatur illud : *Nescio vos*[3], et à nuptiali convivio fatuæ et improvidæ animæ arceantur; sed cùm id viderint quàm propè, ex negligentiâ, extincta charitas sit, id agant profectò necesse est, ut ipso periculo magis evigilent, « ne deterius illis aliquid contingat[4]. »

Nemo ergò christianus quærat, quandò et quibus circumstantiis, actum amoris elicere teneatur. Hoc enim ipsa unctio, hoc ipse amor docet, nec se otiosum esse sinit. Hoc quærant qui non amant; nam *qui spiritu Dei aguntur*[5]; qui verè *filii Dei sunt*, et, Christum imitati, credunt *in his quæ Patris sunt se esse oportere*[6]; magis profectò quærunt, amorem ultrò interrumpendo quantùm peccent, quàm quomodò et quandò interrumpendo non peccent.

Qui verò modum amori ultrò imponat, is nec præcepti vim, nec ipsum amoris nomen attendit : *Diliges* enim *Dominum Deum tuum ex toto corde tuo, et ex omnibus viribus tuis*[7]; quas sanè vires constat amando crescere, neque esse christianos qui non eò enitantur, ut quàm maximè Deum diligant, et « veritatem facientes in charitate, crescant in illo per omnia qui est caput Christus[8]. »

Nec tamen charitatis perfectionem arbitrentur statim exigendam esse, nec infirmos à Christo repellendos; sed eorum chari-

[1] *Joan.*, III, 16. — [2] II *Cor.*, V, 14, 15. — [3] *Matth.*, XXV, 12. — [4] *Joan.*, V, 14. — [5] *Rom.*, VIII, 14. — [6] *Luc.*, II, 49. — [7] *Ibid.*, X, 27. — [8] *Ephes.*, IV, 15.

tatem etiam incipientem, sacramentis alendam, atque ad ulteriora provehendam esse, neque enim rejici qui cum Psalmistâ dicat : *Concupivit anima mea desiderare justificationes tuas*[1]. « Nam et ægrotus, teste Augustino, qui fastidio laborat et vult evadere hoc malum, concupiscit utique desiderare cibum, dùm concupiscit non habere fastidium [2]. »

Quare à concilio Tridentino meritò admitti ad baptismum, « qui Deum tanquàm omnis justitiæ fontem diligere incipiant, ac proptereà moveantur adversùs peccata per odium aliquod ac detestationem [3]. » Deus enim non tantùm justus et rectus, sed etiam ipsa rectitudo ipsaque justitia est; atque eâ rectitudine et justitiâ quâ ipse rectus et justus est, fons justitiæ omnibus qui recti justique fiunt, gratuitâ scilicet bonitate suâ justificans impium. Sanè qui in Deo diligere incipit, aversatur peccatum, ei rectitudini ac justitiæ, quæ Deus est, aversans, atque ex eo bonæ voluntatis ac sanctæ dilectionis initio, Deo inspirante, accepto, fit idoneus ut gratis justificetur, jamque inter Dei filios numeretur.

Divinæ verò justitiæ ac gehennæ timor et viam dilectioni paret, et jam cordi insitam firmet ac muniat, donec adolescat, « et perfecta charitas foras mittat timorem [4]. »

Bonus ergò ille timor et à bono Domino commendatus : « Ità dico, vobis hunc timete [5]; » et à bono datus spiritu, nondùm licet inhabitante, sed tamen movente et impellente [6], ut scilicet inhabitet, et inspiratâ charitatis suavitate, novis subinde incrementis totum ad se hominem rapiat.

IV. *De charitate proximi.*

Primo huic et maximo præcepto de diligendo Deo [7], annectitur *secundum simile huic : Diliges proximum tuum sicut te ipsum* [8]. Quia enim verè jam se ipsum diligit, qui diligit Deum, restat ut

---

[1] *Psal.* CXVIII, 20. — [2] Aug., serm. VIII *in Ps.* CXVIII. — [3] *Conc. Trid.*, sess. VI, c. 6. — [4] I *Joan.*, VI, 18. — [5] *Luc.*, XII, 5. — [6] *Conc. Trid.*, sess. XIV, c. 4. — [7] Advers. prop. 1, 16, 18, 19, 20, 28, 32. 34, 35. — [8] *Matth.*, XXII, 35.

proximum sicut se ipsum diligat, et eâdem secum donatum gra
tiâ, fraterno animo complectamur.

Hæc est autem charitas, « ut fratres diligamus non verbo neque linguâ, sed opere et veritate. In hoc enim cognoscimus quoniam ex veritate sumus[1]. » Neque tantùm adsint externa obse-
quia, sed purus et germanus charitatis affectus, ad quem attentos
nos esse jubet Apostolus dicens : « Animas vestras castificantes
in obedientiâ charitatis, in fraternitatis amore, simplici ex corde
invicem diligite attentiùs : » ἐκτενῶς[2].

Charitas ergò ad omnes pateat, etsi non ad omnes charitatis
officia pertinere possunt. Quare ordine quodam administranda
illa sunt, ipso charitatis agente spiritu, ac præclare Augustinus :
« Omnes homines æquè diligendi sunt, sed cùm omnibus prodesse non possis, his potissimùm consulendum est, qui locorum et
temporum, vel quarumlibet rerum opportunitatibus constrictiùs
tibi, quasi quâdam sorte junguntur[3]. » Quo intelligimus, ex communi quodam charitatis fonte, suum ad singulos manare rivu-
lum, et in singulis quibusque ipsam fraternitatem communemque naturam, Deum denique ipsum et Christum diligi, cujus
omnes membra sumus.

Quare nullo cujusquam odio, nullâque injuriâ extingui debere
christianam charitatem, neque christianum esse qui non ità sit
animo comparatus, ut injuriam perferre quàm inferre, imò referre
malit, et eos qui per cædes et infanda facinora famam asseri posse
vel speculativè doceant, nec philosophos esse, nedùm Christum
audiant.

V. *De oratione et eleemosynâ.*

Fidei, spei et charitatis præcepto adjungendum illud quod cætera Dei dona custodiat [4]. « Vigilate et orate, ut non intretis in
tentationem [5], » quod orandi studium, non tantùm in tentatione
necessarium, cùm Christus non dixerit : Orate in tentatione, sed :
Orate, ne intretis in tentationem; et quotidie rogare Deum do-

---

[1] I Joan., III, 18, 19. — [2] I Petr., 1, 22. — [3] Aug., *de Doct. Christ.*, lib. I, c. XXVIII, n. 29. — [4] Advers. prop. 71. 72. 73. 77, 106, 113. — [5] *Matth.*, XXVI, 41.

ceamur, *ne nos in tentationem inducat*[1]. Quædam enim non oranti esse impossibilia, probat illud celebre dictum sancti Augustini, à sacrâ œcumenicâ Tridentinâ synodo consecratum : « et facere quod possis, et petere quod non possis[2]. » Ne ergò vigilandi et orandi negligentia ulla subrepat, ex quâ meritò deseramur variis tentationibus subvertendi, « quoniam adversarius noster assiduè vigilat[3], » et dies tentationum dies isti, et omnes creaturæ sunt in tentationem et in muscipulam : quod qui non attenderint, gravis lapsus docebit quàm et anteà graviter occultiùs licet, negligendo vel superbiendo peccaverint.

Nec minore periculo negligitur orationis adjutrix eleemosyna[4]: « Judicium enim sine misericordiâ illi qui non fecit misericordiam[5]; » et ex neglectâ eleemosynâ damnari homines clamat Evangelium. Quare omninò eleemosyna spectat ad præceptum fraternæ charitatis, suo tamen loco suoque tempore pro pauperum necessitatibus et largientium facultate, aliisque opportunitatibus facienda. Quod cùm pertineat ad eas res, quæ certâ regulâ certâque ratione determinari non possint, rectè committitur prudentiæ et fidei dispensantis ; adhibito, ubi necesse fuerit, prudente earum arbitro et consiliario. Sic agendum sub oculis Dei, ut quisque actum suum Domino judici sed misericordi probare se posse confidat. Quòd verò nonnulli tàm fautores cupiditatis quàm fraternæ charitatis impii contemptores, in amplissimâ fortunâ vix superfluum inveniri posse docent, quod pauperibus erogetur, meritò detestandum ; et è contra statuendum, quemadmodum in amplissimâ quoque ac lautissimâ re, nihil supersit, si cupiditatibus omnia permittantur, ità in exiguâ quamvis ac tenui, facilè inveniri quo fraterna inopia sublevetur, si adhibeatur cupiditati modus. Est enim « quasi dives cum nihil habeat, et est quasi pauper cùm in multis divitiis sit[6]; » et iterùm : « Mutuabitur peccator et non solvet, justus autem miseretur et tribuet[7]. » Talem pauperibus proventum parat magis magisque in dies crescente charitate circumcisa cupiditas et compressa superbia, et in rebus administrandis diligentia et modus.

[1] *Matth.*, VI, 13. — [2] *Conc. Trid.*, sess. VI, cap. IV. — [3] 1 *Petr.*, V, 8. — [4] Adversùs prop. 113. — [5] *Jac.*, II, 13. — [6] *Prov.*, XIII, 7. — [7] *Psal.* XXVI, 21.

VI. *De Pœnitentiæ sacramento.*

Jam quid à peccatoribus requirendum ex ante dictis patet[1], et synodus Tridentina apertè prædicat; nempe ut credant, ut timeant, ut sperent, « ut diligere incipiant[2]. » Hæc sacerdos admoneat, quæ nec ipse impunè omittere, nec verè pœnitentes recusare aut negligere possint. Nec minorem arbitrentur in reparandâ gratiâ quàm in comparandâ dilectionis sensum esse oportere, aut plura donaturum Dominum minùs diligendum, cùm ipse dixerit Dominus: « Cui minùs dimittitur, minus diligit[3]. » An ergò minùs diligatur optimus Dominus, qui et prioris gratiæ objectæ et contemptæ dimittat injuriam, aut amorem non eliciat ac postulet tàm impetrati beneficii sensus quàm spes impetrandi? Qui ergò est sanctificatus ac spiritu plenus, purè jam ac perfectè Deum diligat : qui sanctificandus et à spiritu motus, saltem diligere incipiat.

Quibus verò etiam confessis absolutionem dare non liceat, hos commemoramus[4].

Qui, proximas quamvis, peccandi occasiones, hoc est, eas quibus in peccatum induci soleant, non statim dimittant, neque attendere velint, quàm temerè et contumeliosè Deo supplicantes dicant: « Ne nos inducas in tentationem, sed libera nos à malo[5], à qui se in maximam tentationem immittant, seque ipsi inducant in Satanæ laqueos.

Qui consuetudine peccati victi, nullo vel penè nullo pœnitentiæ fructu sacramenta perceperint, nec sibi caverint, neque operam dederint, ut à peccato peccandique periculo quàm longissimè absint, quo experimento nullam spem probabilem emendationis præbeant. Nemo verò illis temeranda sacramenta commiserit, « ne de dominicâ communione ludant[6], contingatque eis, » vetante apostolorum principe, « illud veri proverbii : *Canis reversus ad suum vomitum, et sus lota in volutabro luti*[7]: Nolite enim,

---

[1] Advers. prop. 1, 2, 3, 8, 10, 11, 12, 14, 73, 74, 87, 107, 108, 109. — [2] *Conc. Trid.*, sess. VI, c. 6. — [3] *Luc.*, VII, 47. — [4] Advers. prop. 81, 85, 86, 88 89. 90, 91. 92. — [5] *Matth.*, VI, 13. — [6] *Conc. Illib.*, c. 2. — [7] II *Petr.* II, 22.

ait, ipse Dominus, dare sanctum canibus, neque mittatis margaritas vestras ante porcos [1]. »

Qui gravissimorum scelerum conscii congruam satisfactionem à sacerdote injunctam non accipiant. Neque enim sanari velit qui remedia respuat.

De injuriis dimittendis et restitutione sive honoris, sive fortunarum [2], aliisque hujusmodi omittimus, quia pervulgatum et vix etiam à corruptissimis in dubium revocantur.

Audiant sanè Domini sacerdotes ipsique pœnitentes sanctam œcumenicam synodum Tridentinam graviter admonentem : « Debent sacerdotes Domini, quantùm spiritus et prudentia suggesserit, pro qualitate criminum et pœnitentium facultate, salutares et convenientes satisfactiones injungere, ne si fortè peccatis conniveant et indulgentiùs cum pœnitentibus agant, levissima quædam opera pro gravissimis delictis injungendo, alienorum peccatorum participes efficiantur. Habeant autem præ oculis, ut satisfactio quam imponunt, non sit tantùm ad novæ vitæ custodiam, et infirmitatis medicamentum, sed etiam ad præteritorum peccatorum vindictam et castigationem. Nam claves sacerdotum non ad solvendum duntaxat, sed et ad ligandum concessas, etiam antiqui Patres et credunt et docent [3]. » Quare ad contemptum Clavium pertinere, si vel à sacerdotibus vel à pœnitentibus necessaria illa et congrua delictorum vindicta negligatur ; neque adeò prudentiam à synodo commendatam, humanam esse prudentiam, sed à spiritu gubernatam, quæque omninò non carnis, sed spiritùs prudentiâ sit ; et itâ consulet infirmitati, ne desidiam foveat ac negligat regulam.

Hæc ergò nec Dei sacerdotes omittant, nec ex eâ regulâ agentibus succensere audeant pœnitentes. Etsi enim refrigescente charitate pridem canonum est emollitus vigor, non propterea evangelica disciplina, aut ecclesiastica penitùs soluta censura est.

Hæc autem sacerdotes non affectatione severioris instituti aut atrocioris ingenii acerbitate, sed ex verâ charitate et certâ medicinæ administrandæ ratione faciant ; et quos necessitate, dolentes

---

[1] *Matth.*, vii, 6. — [2] Advers. prop. 44, 45, 46, 49, 63, 64. — [3] *Conc. Trid.*, sess. xiv, *de Pœnit.*, c. 8.

illi quidem et gementes, sine absolutione, non eos certè sine paterna consolatione dimittant, aut eorum curam abjiciant. Quibus enim graviora ex artis præscripto adhibenda remedia sint, his major diligentia magisque sollicita curatio impendatur, ne peccatum desperatione cumulent, « et absorbeantur à Satanà ¹? »

Quæ hic desint, facilè addiscent pœnitentiæ ministri, ex sancti Caroli Borromæi admonitionibus, quas ipso tanti viri nomine commendatas, et clerus Gallicanus et vigilantissimi quique episcopi per universam Ecclesiam suis presbyteris commendaverint ², et nos majorem in modum in Christi nomine commendamus.

VII. *De cultu Dei et festis observandis.*

Meminerint sanè fideles, festos dies institutos ut divina beneficia recolamus ³, Christi mysteriis et sanctorum exemplis provocati. Eos ergò dies credendo, sperando, amando, orando sanctificent, non ut his finibus hos coerceant actus, sed ut ad eos promptiores exercitatioresque facti, seculis quoque diebus totoque vitæ tempore his se dedant.

Hos omnes actus sacrosancto Missæ sacrificio potissimùm contineri cogitent. Ibi enim et fidei mysterium, et spes consequendæ per novum et æternum Christi testamentum hæreditatis et ex memoriâ dominicæ passionis amoris incentivum; atque ex his omnibus et preces et obsecrationes et gratiarum actiones Christi corpore et sanguine consecratæ : quæ si quis omiserit nulloque religionis sensu in Deum se erexerit et animum ultrò ad prava, vel etiam ad vana detorserit, is nec sacro verè interfuisse, aut ullam partem christiani sacrificii attigisse, nec Ecclesiam audisse, cùm Christum contemnat, et præcepto satisfecisse putandus est.

Quantò minùs ii qui aperti contemptores tremendo sacrificio interesse videantur, ut tanti mysterii sanctitatem, et testes angelos et christianæ plebis conscientiam, et Christum præsentem ac vindicem videant.

¹ II *Cor.*, II, 7, 4. — ² *Conv. cleri Gall.* 1655, de quo in *præf.* — ³ Adversus prop. 1, 2, 3, 8, 11, 12, 13, et seq., 23, 71, 72, 73, 74, 77, 106, 107, 108, 110.

De parochiali Missâ, et conventu totiùs christianæ fraternitatis dominicis maximè diebus frequentando, quid episcopi ex apostolicis canonicisque institutis et ex sacræ synodi Tridentinæ decretis moneant, diligenter audiendum faciendumque est. Omninò enim ad episcopalem providentiam: et christianæ plebis officium ac disciplinæ observantiam pertinere, ut sacer ille cœtus et christianorum collecta, et unâ voce dictum *Amen*, et communibus votis oblatio celebrata, et prædicatio pastoralis, et doctrinæ panis cum eucharistico pane conjunctus, et communione cœlestium sacramentorum sancita fraternitas quàm decentissimè à clero, à populo verò quàm religiosissimè frequentetur.

De confessione item præsertim annuali et paschali sacramento, et feriis observandis, diligenter advertant et opere præstent, quid divina mandata præscripserint [1], quid episcopalis cura per synodica constituta, sive diœcesana, et rituales libros ad salutem animarum et disciplinæ ordinem sanciendum tuendumque decreverit. Scriptum est enim : « Obedite præpositis vestris et subjacete eis; ipsi enim pervigilant tanquam rationem pro animabus vestris reddituri [2]; » et : « Omnia honestè et secundùm ordinem fiant [3]; » et : » Spiritu vobiscum sum, gaudens et videns ordinem vestrum et firmamentum ejus quæ in Christo est fidei vestræ [4]; » et : « Cætera cùm venero disponam [5]. »

Hæc ferè de affirmativis præceptis. Summa est idque iterùmque inculcandum, eorum præceptorum non modò contemptum, sed etiam negligentiam periculosissimam et exitiosissimam esse, et, si diuturna et gravis, præsentem animæ pestem inferre, et omninò mortiferum, licet fortè occultum, esse peccatum. Nec levius esse periculum minoremque culpam in iis omittendis præceptis, quod eorum exercendorum locus et tempus christianæ prudentiæ relinquatur. Imò inde graviter conscientiam onerari, si ea, quòd hoc fortè tempore potiùs quàm alio non obligent, in universum omittantur, aut quod in idem recidit, differantur; idque ad manifestum divini nominis contemptum et injuriam pertinere. Neque verò singularem esse difficultatem de præcepto

---

[1] *Conc. gener. Later.* — [2] *Hebr.* XIII, 17. — [3] *I Cor.*, XIV, 41. — [4] *Coloss.*, II, 5. — [5] *I Cor.*, XI, 34.

charitatis, cùm nihilo magis certum adscribatur tempus, quo credere, sperare, orare, vigilare, curare familiam et enutrire liberos in timore Domini, de Deo denique ipso cogitare aut divinorum etiam judiciorum metu cupiditates coercere jubeamur. Ac si infandæ excusationi detur locus, id necesse sit consequatur, ut vita christiana, non vita, sed stupor et sopor lethalis esse videatur. Quin et per eam negligentiam negativa præcepta pessumdari, cùm non eò verè observentur, quòd quis fortè non occidat, nec adulteretur, nec furetur; sed quòd obfirmato animo et constanti voluntate ab his abhorreat. Cùm ergò nec singulare tempus addicatur quo sit animus adversùs illa obfirmandus, atque id omninò ad affirmativa præcepta pertineat, eum quoque actum pari excusatione in longum duci aut etiam omitti consectaneum est; quæ non quæstionibus theologicis, sed diabolicis commentis accensenda nemo pius non videat.

VIII. *De præceptis negativis, præsertim secundæ tabulæ.*

In præceptis negativis secundæ præsertim tabulæ, haud minùs quàm in affirmativis relaxandis, prava recentiorum se industria exeruit; quo fit, ut alia multis casibus eluserint, ut cædes, furta, mendacia, quamvìs nocentissima, imò et perjuria; aliis verò, quæ excusare nullo casu licuit apud christianos, quales sunt impudicitiæ aut fornicationes, et ipsa etiam libidinum monstra, vel aperuerint januam, permissis occasionibus etiam proximis, vel reliquerint illecebras, vel detraxerint odium, hoc est, eam, quæ metum incuteret animis, fœdam et horridam faciem, imminutà scilicet flagitii gravitate et sublatis præsidiis quæ adversùs blanda et insidiosa vitia ex naturali quoque ratione ducantur; tanta corruptela incessit! Quo magis necesse est, legum divinarum ex ipsis Scripturis ac traditione Patrum causas expromamus, atque hæc præcipuè paucis commemoremus.

Primum [1] : humani generis procreatorem Deum, quo inspirante vitæ spiritum accepimus, quo proinde ut auctore, ità defensore ac vindice vita humana gaudeat, tùm, ne cædes flerent,

---

[1] VII Mandat. advers. prop. 20, 21, 22, 25, 25, 26, 27, 28, 29, 30, et seq.

non modò privatam ultionem, sed etiam odia et simultates prohibuisse, « *nec malum pro malo, aut maledictum pro maledicto*[1], » et contumeliam pro contumeliâ reddi voluisse, nedùm pro maledicto, vel contumeliâ et injuriâ, cædem.

Eâdem providentiâ futuris quoque cavisse fœtibus[2], quique iis vitam quam daturus esset creator optimus inviderent, parricidii condemnasse.

Idem humani generis parens, ut homines non modò honestiùs, verùm etiam certiùs nascerentur, suosque agnoscerent, et agnoscerentur à suis, communique ac perpetuâ parentum curâ et educerentur in lucem et adolescerent, et traditâ per manus vivendi regulâ ad pietatem bonosque mores informarentur, vagam et promiscuam libidinem in matrimonii leges ac jura contulit, virumque ac fœminam jam inde ab initio individuâ societate conjunxit ; quippè qui duo licet jam in unam carnem essent, et arctiùs quoque per communes liberos coalescerent. Quare post diuturna, nec tamen tàm permissa, quàm *ad cordis duritiam*[3] aliquanto tempore tolerata (divortia) et post plures fœminas uni etiam viro patriarcharum legisque Mosaicæ temporibus, ex certâ dispensatione et propagandi populi quem Deus elegisset ratione, concessas, æquum erat ut Christus Illuminator antiquitatum et orbis Instaurator, nuptiarum fœdus ad prima et originalia jura revocaret, duosque nec plures in idem jugum cogeret, fidemque devinciret insolubili vinculo dicens : « Quod Deus conjunxit homo non separet[4] ; » eo denique ritu consignaret *magnum* et jam inde à mundi initio præformatum *sui et Ecclesiæ sacramentum*[5]. Quo tanto nuptiarum bono, mala concupiscentia, non modò humani generis ipsiusque Ecclesiæ serviret incrementis, sed et ipsa quoque remedium acciperet, et in nonnullis veniam, hoc est ex Apostolo et Patrum traditione, quidam ejus excessus, propter nuptiarum bonum, veniali delicto jam deputarentur, intentato deinceps mortis æternæ metu, si honestissimâ et saluberrimâ lege constitutâ, extra eum ordinem et sacra connubii jura libido vagaretur. Hæc christianorum regula, quæ regnare non sinat effrænes

---

[1] *I Petr.*, III, 9. — [2] Advers. prop. 33; Tertul., in *Apolog.*, — [3] *Matth.*, XIX, 8. — [4] *Ibid.* — [5] *Ephes.*, V, 32.

voluptates, neque eis animum ad Dei imaginem conditum, contaminandum enervandumque tradat, magno generis humani non tantùm dedecore, verùm etiam damno ; sed edomitas et castigatas ad optimum finem redigat, moresque reformet ad verecundiam. Hæc verò argumenta, quibus impudicitia revincatur, castè quidem et modestè, sed interim graviter et luculenter, etiam datâ occasione explicari debent, ne perditi homines ac pravis libidinibus dediti, insuper bono Domino succenseant, quod actus per se innoxios nimiâ acerbitate damnarit, nihil tale postulante verâ ratione ; tanquàm oporteret Legislatorem Christum id quidem præscribere, quid jam nati homines facerent, id autem prætermittere, undè nascerentur et existerent. Quæ errorum blandimenta à privatis etiam arcenda colloquiis, in scholis theologorum atque ab ipsis doctoribus audiri nefarium est. Quin fallax malum omni ratione expugnandum ; adeòque non ferendi, qui peccati periculum præsens, et ipsa cupiditatum incitamenta non horreant, ut è contra doceantur in eo tentationum genere, ubi, Augustino teste, tàm continua pugna et tàm rara victoria est, vix ullum peccatum non esse lethiferum, vix ullum periculum non esse præsens ac proximum, unicum denique in fugâ esse præsidium, quemadmodùm scriptum est : *Fugite fornicationem ;* mulierum quoque ornatus castigandos, nedùm excusentur, quæ scientes volentesque ipso habitu venena præbeant.

Quæ furtis ac turpibus lucris faveant, fere in censuris notata [1]. Addimus aliquid singulari capite de usurâ, et altero de simoniâ, quæ singulares fraudes habeant.

Restrictiones mentis [2], quibus id quod reverè ac planè dicitur occulto murmure, vel tacitâ etiam cogitatione, in alienum et contrarium sensum trahitur, in privatis sermonibus, turpe ludibrium ; in negotiis, dolus ; in legitimâ interrogatione, contemptus legum ac publicæ potestatis ; Dei adhibito nomine, quantumcumque fucatum, verum perjurium est : cùmque Christus tam veracem ac simplicem christianum esse voluerit, ut ei vel injurato credatur, id agunt hujusmodi fallaciarum auctores, ut nec jurato

---

[1] VII Mandat. advers. prop. 41, 42, et seq. — [2] VIII Mandat. advers. prop. 58, 59, 60, et seq.

credi possit. « Sit ergò sermo vester : Est, est; Non, non [1]; » neque nomina permutentur ut in ipso *est* lateat *non;* et ipso *non* designetur *est*, præsertim in publico judicio, ubi et meminisse debeant Christum Jesum, cùm sæpe missionem quoque suam certâ dispensatione tacuerit, et Herodem nullâ auctoritate interrogantem silentio eluserit [2], adjuratum à Caïphâ pontifice respondisse : « Tu dixisti [3], » et jussum « sub Pontio Pilato, reddidisse testimonium bonam confessionem [4]. »

Qui dixit : *Non concupisces* [5], is, et quæ concupiscentiam alerent, quæri universa prohibuit, et crescere in dies magis magisque charitatem voluit, quâ concupiscentia minueretur; ac præclarè sanctus Augustinus : « Ne fiat malum excedendi, resistendum malo concupiscendi. »

IX. *De usurâ.*

Usuram sive fœnus [6], hoc est ex mutuo lucrum, Mosaicis, propheticis et evangelicis Scripturis universim inter fratres vetitum, Ecclesia catholica semper intellexit, eaque constans et perpetua Patrum omnium et sæculorum omnium traditio est.

Heterodoxi scripsere Mosaicum de usurâ interdictum antiquæ legis finibus coerceri, nec permanasse ad populum christianum, magnâ christiani nominis contumeliâ, quòd in moralibus, ipsâque fraternâ charitate exercendâ, justitia Pharisæorum plus quàm christianorum abundare intelligatur; cùm Christus dixerit: « Nisi abundaverit justitia vestra plusquàm Scribarum et Pharisæorum, non intrabitis in regnum cœlorum [7]. » In eo ergò abundaverit justitia christiana, quòd à christianâ fraternitate nemo sit alienus, sed omnes homines pro fratribus habeantur.

Frustrà iidem heterodoxi, aut gravem tantùm usuram, aut tantùm erga pauperes, vetitam docent, cùm usuram definiri, « quod est ultra sortem, » idque universim et adversùs omnes vetitum, eâdem Scripturarum et catholicæ traditionis auctoritate

---

[1] *Matth.*, v, 37. — [2] *Luc.*, xxiii, 9. — [3] *Matth.*, xxv, 63, 64. — [4] I *Tim.*, vi, 13, — [5] ix et x Mandat. *Exod.* xx, 17; *Deut.*, v, 21. — [6] Advers. prop. 50, 51, 52, et seq. — [7] *Matth.*, v, 20.

constet, contrariamque sententiam Ecclesia catholica hæreticam declaraverit.

Hæc heterodoxis in testimonium. Catholici verò quidam doctores, nil ausi repugnare tàm perspicuis Ecclesiæ decretis, id egerunt, ut, sublato usuræ nomine, res ipsa valeret, nihilo consultiùs. Neque enim Domino verba et voces, sed res ipsa displicet; hoc est ipsum profectum et intentum ex mutuo lucrum. Scrutatur enim corda Dominus, nec eum fallit malus animus, quibuscumque falsorum contractuum ambagibus se involvat. Quare nec placeat pecuniam accipi pro periculo amittendæ post mutuum sortis, cùm per eam fraudem deterrimum quoque et invidiosissimum usuræ inducatur genus, id scilicet, quo pauperrimi quique maximè opprimantur.

Sanè pro damno emergente vel lucro cessante, cùm id, non ad mutuum, sed ad id quod interest, spectet, liceat accipere ex æquo bonoque, quo legitima damna vel lucra sarciantur, duplici tamen conditione: primùm, ut verum, reale, præsens damnum vel lucrum sit, ne figmenta avaræ ac trepidæ mentis, spesque incertæ, aut vagi pretio redimantur et compensentur metus, atque ità è medio tollatur usuræ interdictum : tùm verò, ut serventur ecclesiasticæ ac civilis legis cautiones contra palliatam ac fucatam usuram. Scriptum est enim : « Ab omni specie malâ abstinete vos[1]; » et : « Ne licentia vestra offendiculum fiat infirmis[2]; » et : « Quæ pacis sunt sectemur, et quæ ædificationis sunt invicem custodiamus[3]. »

Absit autem ut christiani metuant, ne christiana lex, adversùs usuræ malum exactè observata, reipublicæ noceat; cùm è contra nihil sit humanæ vitæ exitiosius, quàm ut ipsa liberalitas, ipsaque charitas venalis habeatur; tùm ut per usurariæ non minùs otiosæ quàm fraudulentæ artis promptiora compendia, non modò veræ artes ac vera languescat industria, sed etiam pereant ipsa naturæ bona, et hominum altrix agricultura sordescat.

[1] *Thess.*, v, 22. — [2] I *Cor.*, viii, 9. — [3] *Rom.*, xiv, 19.

X. *De simonia.*

Quæ adversùs usuram adhibitæ cautiones, eò magis valent adversùs execrandum simoniæ vitium [1], quò magis necesse est divina et ecclesiastica beneficia purè ac liberaliter dari. Sit ergò simonia omnibus detestata legibus, quoties res spiritalis vel ecclesiasticum beneficium cujuscumque rei temporalis intuitu vel impetratur vel datur, sive illud temporale adhibetur tanquàm pretium, sive tanquàm motivum, sive tanquàm debitæ benevolentiæ merces; manu, linguâ, obsequio, expresso vel tacito aut interpretativo contractu; cùm nullo possit artificio decipi qui dixit: « Gratis accepistis, gratis date [2]; » et Petro inspiravit: « Pecunia tua tecum sit in perditionem [3]. »

Quare qui aliquid pro ingressu religionis exigunt et paciscuntur, simoniaci sunt. Non tamen simonia est aliquid exigere ad sustentationem recipiendæ personæ, si monasterio desint necessariæ facultates: sin autem, sufficienter etiam dotatis monasteriis, aliquid spontè offeratur, ut munus Deo placitum et voluntarium cordis, Deo teste ac judice, accipere licet; non autem sibi applaudere, si pecuniâ pessimis artibus corrodendâ, suam quoque conscientiam luserint.

In his atque ejusmodi, ubi fallax intentio, quasi occultato capite per actus se exerit : ne sibi blandiatur quocumque nomine tecta cupiditas; cùm non ad ejus excusationem, sed ad certissimam damnationem pertineat, si usuræ, simoniæ aliisque vitiis addatur hypocrisis, eò damnatior, quòd sibi quoque ipsa imponere nititur, et conscientiæ repugnantis etiam recursantes curas non sanare sed premere. Neque enim unquàm esse vitium detestabilius aut nocentius, quàm cùm speciem quoque et auctoritatem virtutis assumit, et « semper in illis, teste Innocentio III, magis plectibilis est offensa per quos ad excusandas excusationes in peccatis delinquendi auctoritas usurpatur [4]. »

---

[1] Advers. prop. 66, 67, 68. — [2] *Matth.*, X, 8. — [3] *Act.*, VIII, 20. — [4] Cap. *Inter dilectos, de excess. præl.*

XI. *De regulâ morum et probabilitate* (a).

Nemo potest ponere aliam regulam præter eam quæ posita est [1], quod est verbum Dei scriptum et non scriptum, à primis sæculis perpetuâ Patrum doctrinâ et traditione per universam Ecclesiam prædicatum : « Sermo enim quem locutus sum, ille judicabit in novissimo die [2]. »

Hanc verò christianis exponendæ fidei et informandæ vitæ datam esse regulam, et Ecclesia catholica semper intellexit, et synodus Tridentina in ipsis principiis declaravit [3], professa, scilicet hâc doctrinâ statim positâ : « Omnibus innotescere quo ordine et viâ progressura esset, et quibus potissimùm usura esset testimoniis ac præsidiis in confirmandis fidei dogmatibus, et instaurandis moribus. »

Lex verò naturalis insita quidem illa est humanæ menti ab eo « qui illuminat omnem hominem venientem in hunc mundum [4]: » ejusque prima saltem et simplicissima principia, nemini qui attenderit, ignota esse possunt. Scriptum est enim : « Signatum est super nos lumen vultûs tui, Domine [5]; » et : « Gentes legem non habentes ipsi sibi sunt lex [6]. » Cùm tamen per peccatum et concupiscentiam eadem lex naturalis obscurata fuerit, fatendum est eam et copiosiùs et luculentiùs verbo Dei explicari.

Ilis accedunt ad sanciendam Ecclesiæ disciplinam, jura positiva, hoc est recepta et approbata Ecclesiæ usu decreta, conciliorum, Romanorum Pontificum et episcoporum, et Ecclesiæ consuetudines atque instituta Patrum, quæ pro locorum ac temporum ratione variantur; quanquàm in iis decretis multa ad divini naturalisque juris interpretationem faciunt, et ipsa ecclesiastica jura divinis legibus muniendis constituta, ad divinam quoque revocantur auctoritatem, dicente Domino : « Qui vos audit, me audit [7];

---

[1] Advers. prop. 114, et seq. usq. ad 140. — [2] *Joan.*. xII, 48. — [3] Sess. IV, sub fin.— [4] *Joan.*, I, 9. — [5] *Psal.* IV, 7. — [6] *Rom.*. II, 14. — [7] *Luc.*, x, 16.

(a) Extat quidem in autographo ipsâ auctoris manu exaratus *Titulus XI, de Ecclesiæ præceptis non externo tantùm actu adimplendis*. Verùm, cùm constet articulum nequidem ab auctore tentatum fuisse, titulum etiam omittimus.

et: « Si quis Ecclesiam non audierit, sit tibi sicut ethnicus et publicanus [1]. »

Recta quoque ratio consulenda [2]. Sed tunc certissimè sana et recta est, cùm non sibi relicta, sed Dei verbo, Patrum traditione et Ecclesiæ aut regulis aut moribus regitur : « Ego enim Dominus Deus tuus docens te utilia, gubernans te in viâ quâ ambules [3]; » et iterùm : « Erunt oculi tui videntes præceptorem tuum, et aures tuæ audient verbum post tergum monentis : Hæc est via, ambulate in eâ, et non declinetis neque ad dexteram neque ad sinistram [4]. » Hinc dictum de hominibus sapientiæ quoque nomine commendatis : « Exquisitores prudentiæ et intelligentiæ, viam sapientiæ nescierunt, neque commemorati sunt semitas ejus [5]; » de Deo autem additum : « Hic adinvenit omnem viam disciplinæ, et tradidit illam Jacob puero suo et Israel dilecto suo : post hæc in terris visus est, et cum hominibus conversatus est [6]. » Usque adeò nulla est vera sapientia, nisi à Deo et Christo ejus tradita.

Hinc etiam arbitra morum conscientia ejusque censorium lumen, neque unquàm sine peccato contemptum judicium : « Omne enim quod non est ex fide peccatum est [7]; » et : « Finis præcepti charitas de corde puro et conscientiâ bonâ et fide non fictâ [8]; et : « Bonam conscientiam repellentes circa fidem naufragaverunt [9]. »

Certa ergò et firma per se christianæ vitæ forma, et doctrina morum stabilis, et simul cum fidei doctrinâ, eodem modo, eâdem auctoritate est tradita, Christo scilicet doctore et Ecclesiâ servante verbi depositum. Quo enim modo, quâ auctoritate mysteria fidei, eodem sanè modo, eâdem auctoritate de usuræ peccato, exempli gratiâ, est traditum et definitum.

Probabiles rationes [10], hoc est, eæ quæ cogitantes nos, ac veritatem diligenter inquirentes in aliquam partem inducunt et inclinant, non tamen planè convincunt, adhibentur illæ quidem, cùm ad illustrationem agnitæ veritatis, tùm ex ignorantiâ ipsius veri-

---

[1] *Matth.*, XVIII, 17. — [2] Advers. prop. 119. — [3] *Isa.*, XLVIII. 17. — [4] *Ibid.*, XXX, 20, 21. — [5] *Baruch.*, III, 23. — [6] *Ibid.*, 37, 38. — [7] *Rom.*, XIV, 23. — [8] 1 *Tim.* 1, 5. — [9] *Ibid.*, I, 19. — [10] Advers. prop. 124. 127, 128.

tatis, ubi aliqua pars moralis doctrinæ à quibusdam ignoratur, necdùm plenè eliquata est et asserta Ecclesiæ auctoritate et consensu. Cæterùm in iis ferè versantur quæ per se contingentia incertaque sint, quæque ex factis, locis, temporibus, personis, earumque affectibus pendeant. Esto enim exemplum : Animarum curam viro ad eam gerendam maximè idoneo committi oportet, ne tanto pretio, Christi scilicet sanguine acquisitæ pereant; vel nemini christiano licet in occasione peccandi proximâ seu incerto ac præsenti peccandi periculo permanere. Hæ fixæ regulæ. Quis sit ille vir optimus, et huic plebi regendæ maximè idoneus : an ità ille homo sit affectus, et in illâ occasione illisve circumstantiis peccaturus sit, probabili tantùm ratione concluditur.

In juribus quoque ecclesiasticis figendis, refigendis, interpretandis et enucleandis, eorumque dispensatione, probabiles rationes valent : de consuetudine autem, quâ ea jura positiva, quatenùs positiva sunt, abrogari constet, diligenter advertant non omni consuetudini eam vim inesse, multasque esse etiam in positivis ac facti rebus consuetudines quæ *corruptelæ* poliùs et *vetustas erroris* in jure appellentur : tùm ergo consuetudine abrogatam intelligi ecclesiasticam vel etiam civilem legem, cùm omissam à plebe scientes videntesque præpositi publicè nil reclamant; non autem cùm judiciis aut decretis, vel aliâ publicâ obtestatione in gliscentem corruptelam nituntur, ac veluti fugientem legem revocare tentant : quæ probabilibus rationibus fere confici et decidi solent.

Jam innatum est cupiditati, ut regulam quoque obscuret et torqueat; sed longè periculosius in probabili ludit ac latebras quærit. Cæterùm vir bonus et Deum quærens in veritate et simplicitate cordis, sequentibus regulis facilè se expedire et tutam salutis viam inire potest.

Prima : Nemo rationis compos, totius legis naturalis prætexat ignorantiam, cùm illius saltem prima et simpliciora decreta ultrò se ingerant ratione utentibus, multaque paulatim sese aperiant iis qui notiora diligenter attenderint. Quare attendant in moralibus quid pudorem incutiat, quid metum aut etiam horrorem injiciat conscientiæ, et ubi conscios homines, ibi maximè testem conscientiam Deumque vereantur. « Omne enim crimen aut horrore aut pudore natura perfudit; » inquit Tertullianus [1].

Secunda : Nemo se ignorantiâ juris divini vel humani in Ecclesiâ Christi, ubi tàm patenter veritas prædicatur universim excusatum putet, cùm plerumquè addiscendi negligentia subsit, ac tùm valeat illud : « Si quis ignorat, ignorabitur [2]; » et : « Servus qui non cognovit voluntatem domini sui, vapulabit paucis [3]. »

Tertia : Nemo ignorantiam universim prætexat, ubi suborta est dubitatio, cùm vel ipsa admoneat tranquillandæ conscientiæ et stabiliendæ, atque assecurandæ salutis assectandam viam.

Quarta : In eâ viâ assectandâ christianus id quàm maximè curet, ut quoad rei natura fert, inveniat quod certum est [4] : « Satagite, » enim, « ut per bona opera certam vestram electionem et vocationem faciatis [5]. »

Quinta : Hinc illa est toties inculcata regula juris ; *In dubiis debemus sententiam eligere tutiorem;* hoc est, in dubiis, an quid verbo Dei scripto vel non scripto, legique sit adversum, nullâ præponderante ratione quâ dubitare cessemus, eam anteferri partem oportere, in quâ certissimum sit nihil esse illicitum aut lege vetitum, atque omninò malum ; neque commitendum, ut ab eo gradu in quo tuti simus ab omni peccandi Deoque displicendi periculo, ullis illecebris, ullove commodo dimoveri nos sinamus, atque animæ saluti quidquam anteponamus. « Quid enim prodest homini si mundum universum lucretur, animæ verò suæ detrimentum patiatur? aut quam dabit homo commutationem pro animâ suâ [6] ? »

Sexta : In merè probabilibus, liceat sinè id negare cupiditati quod probabilius, te ipso judice, negare jubearis. Danda enim opera ut ad Deum quoad fieri potest *vero corde accedamus* [7]; neque veritatem diligit qui non eò tendit, ubi major ei lux veritatis affulget : *Ubi potiùs lux veritatis assistit* [8].

Ea verò ratio non tantùm ubi agitur de lege divinâ, verùm etiam in juribus ecclesiasticis valeat : atque omninò in conscientiæ

---

[1] In *Apolog.* — [2] I *Cor.*, xiv, 38. — [3] *Luc.*, xii, 48. — [4] Advers. prop. 120, 124, 127, 128, etc. — [5] II *Petr.*, 1, 10. — [6] *Matth.*, xvi, 26. — [7] *Hebr.*, x, 22. — [8] Licet causam de preb. in nostra de Test. et attest.

negotiis, ubi periculum est displicendi Deo, fiat apostolicum illud : « Ut probemus quæ sit voluntas Dei[1] : et quid sit beneplacitum Deo [2]. » Frustrà autem probaveris, nisi etiam id sequare quod verò cogitanti atque omnia exploranti sit probatissimum, cùm eidem Apostolus dixerit : « Omnia probate, quod bonum est tenete [3]; » et iterùm : « Ut probetis potiora, ut sitis sinceri et sine offensâ in diem Christi [4]. »

Cogitemus sanè nec sæculi principes [5], si corda inspicerent, probaturos ut ministri faciant quod ipsius principis rationibus ac voluntati adversari iidem ministri probabiliùs putent. Quin ergo christiani cordium Scrutatorem extimescamus Deum.

An quia beato et potenti Deo, ejusque imperio ac felicitati nullâ nostrâ culpâ detrahi quidquam potest, ideò minùs seduli in illius exquirendâ voluntate simus, eòque minùs metuendum eum putamus, quò illius inconcussum solium, æternumque imperium et invicta potentia sit?

Vani omninò sunt qui hæc comminiscuntur; vani qui inexcusabiles quidem arbitrentur minùs probabilia simulque minùs tuta sectatos, si ex ipsorum actu res ità immutetur ut alteri quoque creatum sit periculum ; nullam autem culpam esse, si tantùm de ipso vero ac falso atque inde secuto licito vel illicito periculum sit. Vana sanè hæc omnia, cùm illud liquidò constet in plerisque casibus, in iis scilicet quibus de usurâ deque simoniâ, seu de adulterio ac fornicatione, deque honore ac fortunis proximo restituendis, eique debitâ charitate vel justitiâ, aliisque innumeris privatis ac publicis rebus agatur, ex opinionibus atque inde secutâ praxi, certum vel privatis vel etiam publico creari periculum atque etiam damnum; nec minùs certum sit, nullo etiam aliis creato periculo, id advertendum esse maximè quantùm ipsi periclitemur, si minùs quàm oporteat mente ac opere veritatem diligamus.

Neque verò prudentia et cautio quam terrenis quoque rebus adhibere soleamus id ferat, ut in iis sectemur quæ minùs probabilia simulque minùs tuta sentiamus [6] : neque committendum ut à justo Judice exprobretur illud : « Filii hujus sæculi pruden-

[1] *Rom.*, XII, 2.— [2] *Ephes.*, V, 10.— [3] *I Thes.*, V, 21.— [4] *Philip.*, I, 10. — [5] Adversus prop. 120, 124, 126, etc. — [6] Advers. prop. 129, 130, 133.

tiores filiis lucis in generatione suâ sunt ¹; » dùm illis sectantibus quæ ad rem suam probabiliùs conducere putant, hi contrà amplectantur quod Dei voluntati suoque adeò ultimo fini adversari putant probabilius; atque id insuper prudentiam vocent, ex eâ opinione vitam instituere quam minùs probaverint; cui proindè assentiri in eo sanè statu recta ratio non sinat.

Neque eo se consolentur subdoli homines, atque in suam perniciem subtiles et acuti, quòd quæ Dei quoque adversa voluntati ex probabili ratione fecerint, ignorantia invincibilis excuset, ideòque suum istud, stricto etiam jure, sit materiale tantùm, ut aiunt, non autem expressum et formale peccatum. Nec cogitant quàm parùm invincibilis ea sit ignorantia quæ minùs probabili ratione nitatur; ad hæc quàm ignorantia parùm suffragetur iis qui nec id satis metuunt, ne ex ignorantiâ peccent.

Nec magis audiendi qui in hâc regulâ ludant: *Promptiora esse jura ad absolvendum quàm ad condemnandum.* Hæc enim valere in humanis judiciis, ubi latente scelere, vel sceleris pœnâ non satis constitutâ perplexus animus ex fraternâ charitate innocentiæ favet aut humanæ naturæ parcit. Sint et aliæ ejusmodi, cùm in criminalibus, tùm etiam in civilibus causis præsumptiones humani juris : Deum verò cui et criminum et pœnarum aliarumque rerum omnium certissima ratio constet, ex his præsumptionibus judicare, quis vel insipiens dixerit? Quod verò eo quoque vertunt pervulgatum illud : *Odia restringenda, favores ampliandi, et libertati favendum;* quasi favorabilis cupiditas, lex verò odiosa sit, aut sit ulla christianis quærenda libertas præterquàm eam quâ *nos ipsa veritas liberaverit* ²; id verò non modò absurdum; verùm etiam impium blasphemumque est; et omninò cavendum apostolicum illud : « In libertatem vocati estis, tantùm ne libertatem in occasionem detis carnis ³. »

Hæc de peritioribus. Si qui ità imperiti sunt ⁴, ut rerum veritatem in obscuris et dubiis nec moniti intelligere possint, seque aliorum judicio permittant, hi sanè quem noverint *operarium inconfusibilem* ⁵ rectè tractantem verbum veritatis, vitâque et

---
¹ *Luc.*, XVI, 8. — ² *Joan.*, VIII, 32. — ³ *Gal.*, V, 13. — ⁴ Advers. prop. 130, 131, 133. 135. — ⁵ II *Tim.*, II, 15.

doctrinâ probatum sic adeant, ut vera sibi verisque proxima, non placentia responderi petant. Pastores præsertim suos, quos etiam potissimùm audire jubeantur; his enim singularem datam pro gregibus suis regiminis gratiam, et suavis ratio providentiæ divinæ, et ipse divinâ auctoritate constitutus et promissione servatus Eccle iæ ordo declarat. Nec dubitent si rectâ intentione sint, saluti suæ consulturum Deum, qui neminem in necessariis, nisi justissimâ peccati pœnâ decipi patiatur. Deceptus en'm Achab, sed qui decipi vellet, et vera dicentem odisset Michæam[1]; *Et erant falsi prophetæ, mentientes,* inquit, *populo meo, sed credenti mendaciis*[2]; et: *Prophetæ prophetabant mendacium, et sacerdotes applaudebant manibus*[3]. Sed et erroris causa subjungitur; *Et populus meus dilexit talia;* et seducentibus traditi, sed *qui dicerent Videntibus: Nolite videre, loquimini nobis placentia, videte nobis errores*[4]; deniquè: *Hoc est judicium, quia lux venit in mundum, et dilexerunt homines magis tenebras quàm lucem; erant enim eorum mala opera*[5], ait ipse Dominus.

Esto ergo in obscuris consultor optimus et probatissimus, conscientia bona, et recta intentio et veritatis amor : « Principium enim sapientiæ, postula sapientiam [6]; » et ipsius sapientiæ vox est: « Ego diligentes me diligo, et qui manè vigilant ad me, invenient me [7]. »

Sic sanè, ut ordine in Ecclesiâ constituto incedant, quæ maxima pars christianæ sapientiæ est; undè in obscurioribus episcopi consulentur, qui si tanta res sit, more Patrum ad Sedem apostolicam referant, undè lux et doctrina præsto sit.

Neque ideò quòd vir bonus et simplex, et quærens Deum, ubi res dubia et perplexa est, in unius sæpè responso meritò acquiescat, ideò consequens est, ut unius auctoritas quanticumque sit nominis, ad statuendum dogma sufficiat. Tunc enim profectò cavendum quod dicitur : « Tentat enim vos Dominus Deus vester, ut palàm fiat utrùm diligatis eum annon, in toto corde vestro et in totâ animâ vestrâ [8]. »

Sed nec conspirantium in unam sententiam multitudo pro de-

---

[1] II *Paral.*, XVIII, 7.— [2] *Ezech.*, XIII, 19 — [3] *Jerem.*, V, 31.— [4] *Isa.*, XXX 10.— [5] *Joan*, III, 19. — [6] *Prov.*, IV, 7. — [7] *Ibid.*, VIII, 17. — [8] *Deut.*, XIII, 3.

creto semper habeatur : « Non enim sequeris turbam ad faciendum malum, nec in judicio plurimorum acquiesces sententiæ ut à vero devies [1]. »

Cæterum scitum illud ac pervulgatum : quæ doctrina ubique, quæ semper sit tradita, eam ab apostolis et à Christo esse : quæ secùs habeat, non pertinere ad Ecclesiam. Nec Dominus, cùm ad judicandum venerit, ex plurium qui unâ fortè ætate scripserint, decreto, promisit aut statuit se prolaturum sententiam. Est enim illius certa et tremenda iterùmque commemoranda sententia : « Sermo quem locutus sum, ille judicabit in novissimo die [2]. »

Quare in hoc postremo sæculo, in quo tot scriptores cupiditatum adulatores ecclesiasticâ censurâ notati sint [3], qui et probabile putent quod nec probabile est, et ipsum probabile quam vim habeat ignorent, diligenter attendant Domini sacerdotes, ut verum ac probum à falso secernant, nec facilè auctoribus recentioribus credant, quòd alii alios adducant in medium; sed diligentissimè pensent quid verbo Dei, Patrum testimoniis et Ecclesiæ canonum auctoritate, atque ex his firmatâ ratione constituant ac roborent.

Ac si proficere volunt in morali disciplinâ [4], præ omnibus libris Scripturam ipsam legant, ei se totâ mente submittant, eam assiduo labore versent, « in eâ meditentur die ac nocte [5] : » eam non ex ingenio suo, sed ex certissimâ Ecclesiæ catholicæ methodo, juxta Patrum sententiam interpretandam putent : adhibeant optimam sancti Augustini regulam, quâ intelligant in Scripturâ nihil præcipi nisi charitatem, nihil vetari nisi cupiditatem [6] : tùm in eâ perlegendâ supra spem omnem magis magisque veritas illucescet, dubia et incerta morum sese ultrò in dies aperient et evolvent, « et erunt prava in directa et aspera in vias planas [7] : » deniquè non jam tantùm monente Apostolo, sed magistrâ experientiâ comprobabunt, quàm sit « omnis Scriptura utilis ad docendum, ad arguendum, ad corripiendum, ad erudiendum in justitiâ [8]; » hoc est planè ad expediendas omnes diffi-

---

[1] *Exod.*, xxxiii. 2. — [2] *Joan.*, xii, 48. — [3] Advers. prop. 114, 118, 123, 127, 128. — [4] A vers. universam probabilitatem. — [5] *Psal.* 1, 2. — [6] Aug., *de Doct. chris'.*, lib. III, c. x. — [7] *Isa.*, xl, 4. — [8] II *Tim.*, iii, 16, 17.

cultates, « ut perfectus sit homo Dei ad omne opus bonum instructus. »

Id verò generatim omni dubitanti imprimis cordi sit, ut Deum quàm maximè oret, ut cupiditates quàm maximè comprimat. Sic enim fiet ut et fidei lumen et conscientiæ sensus quàm maximè se exerat et pleraque dubia statim evanescant.

Hæc teneant, hæc sectentur qui viam vitæ volunt. Admonemus autem compresbyteros nostros, sive sæculares, sive regulares, quicumque episcopali auctoritate, vel verbum Dei prædicant, vel sacramenta administrant, « ne ullo unquàm tempore viam salutis quam suprema veritas Deus, cujus verba in æternum permanent, arctam esse definivit, in animarum perniciem dilatari, seu veriùs perverti sinant, plebemque christianam ab ejusmodi spatiosâ latâque, per quem itur ad perditionem, viâ, in rectam semitam evocent [1]. » Quæ verba Alexandri seu potiùs Christi ab ipso Pontifice inculcata altè animis insidere optamus et oramus, speramusque in Domino fore ut quicumque hactenùs laxiores illas sententias nullâ certâ ratione, sed alii alios secuti docuerunt, docere jam desinant; quippè quas et episcopi, ipsique adeò Romani pontifices detestentur; hæretici verò, immeritò illi quidem, sed tamen pro more suo Ecclesiæ imputent atque invidiæ vertant : sæculi quoque homines ut vanas rideant. Quare vanam illam, Deoque et hominibus exosam sophisticen aliquandò aversati, auctore sancto Hieronymo, ad recta se conferant, « ut qui priùs populum blandimentis decipiebant, posteà vera annuntiando deterreant, et ad rectam revocent viam, *et* qui causa erroris fuerant, incipiant mederi vulneribus quæ intulerant, *et* esse occasio sanitatis [2]. »

Datum Parisiis, in comitiis generalibus cleri Gallicani, die... anno M. DC. LXXXII.

[1] Alex. VII, in *præf. Dec.*, 24 septembris 1665, sup. cit. — [2] Hier., in *Mich*, c. III, ad illa verba : *Hæc dicit Dominus*, etc.

EXPLICIT DECRETUM DE MORALI DISCIPLINA.

CENSURA ET DECLARATIO

CONVENTUS GENERALIS

CLERI GALLICANI

CONGREGATI IN PALATIO REGIO SAN-GERMANO

ANNO MDCC.

IN MATERIA FIDEI ET MORUM

EXTRAITS

DES PROCÈS-VERBAUX

DE L'ASSEMBLÉE GÉNÉRALE DU CLERGÉ DE FRANCE DE 1700.

Du jeudi 26 août, à huit heures du matin.

Monseigneur le cardinal de Noailles, président.

Monseigneur l'évêque de Meaux, chef de la commission, après avoir imploré l'assistance du Saint-Esprit dans une matière si importante, a dit que, pour entrer dans l'esprit de l'assemblée qui avoit établi cette commission, il falloit également attaquer les erreurs, même opposées, qui mettoient la vérité en péril : que si l'on n'avoit à consulter que la sagesse humaine, on auroit à craindre de s'attirer trop d'ennemis de tous côtés ; mais que la force de l'épiscopat consistoit à n'avoir aucun foible ménagement : *Arma militiæ nostræ non carnalia sunt, sed potentia Deo*[1], et à détruire également toute hauteur qui s'élève contre la science de Dieu : que la victoire par ce moyen étoit assurée à l'Eglise : qu'on devoit enfin croire que Jésus-Christ seroit au milieu de nous, selon sa promesse, puisque nous étions assemblés en son nom ; qu'au reste

---

[1] II *Cor.*, x, 4.

on doit regarder comme un malheur la nécessité de rentrer dans les
matières déjà tant de fois décidées, et d'avoir à nommer seulement le
jansénisme; mais puisqu'on ne se lassoit point de renouveler ouvertement les disputes par des écrits répandus de toutes parts avec tant
d'affectation, en latin et en françois, l'Eglise devoit aussi se rendre attentive à en arrêter le cours : que l'autre sorte d'erreurs qui regardent
le relâchement de la morale, n'étoit pas moins digne du zèle des
évêques; que chacun savoit le dessein de l'assemblée de 1682, et qu'on
ne pouvoit rien faire de plus utile que d'en reprendre les projets :
qu'au surplus on ne devoit point s'étonner du grand nombre des propositions de morale, puisque l'expérience même avoit fait voir dans
la commission combien il étoit aisé de tomber d'accord des censures
nécessaires : qu'il falloit seulement observer qu'il y avoit deux points
importans sur lesquels la commission par sa prudence avoit jugé à
propos, sous le bon plaisir de l'assemblée, de procéder plutôt par une
déclaration de la saine doctrine que par des qualifications expresses,
comme il paroîtroit par le compte que l'on en rendroit à la Compagnie, lorsqu'on traiteroit cette matière.

Après l'explication de ce dessein de l'assemblée, lecture faite des
quatre premières propositions et de leurs qualifications, Monseigneur
l'évêque de Meaux a ajouté que, sans qu'il fût besoin de répéter des
choses que l'assemblée avoit si présentes par l'usage qu'on en avoit
fait pour l'acceptation de la constitution sur le quiétisme, il suffisoit
de se souvenir de la relation de l'assemblée de 1655, et en particulier
de la lettre du 28 mars 1654, à notre très-saint Père le Pape Innocent X,
et de celle du 10 mai 1655, aux archevêques et évêques, où les difficultés qu'on renouveloit à présent dans les quatre propositions, étoient
prévenues; qu'il n'y avoit donc qu'à s'arrêter uniquement aux constitutions apostoliques et aux jugemens des évêques : *Nullus, ad aures
vestras perniciosis mentibus subrependi, pandatur accessus; nulla retractandi quippiam de veteribus constitutis, fiducia concedatur :* qu'ainsi les
qualifications proposées ne recevoient aucun doute, et qu'aussi elles
avoient été approuvées par l'avis unanime de la commission.

Du vendredi 27 août, à huit heures du matin.

Monseigneur le cardinal de Noailles, président.

En procédant au rapport des cinquième et sixième propositions,
sous le titre *De Gratiâ*, et des qualifications y apposées, Monseigneur
l'évêque de Meaux a cité le passage du *Deutéronome*, chapitre VII, verset 7, et chapitre IX, verset 4, 5, 6 et suivans, où Dieu dit expressément aux Israélites qu'il ne les a choisis ni pour leur nombre, ni pour

leurs justices et leurs mérites, puisqu'au contraire ils étoient le moins nombreux et le plus rebelle de tous les peuples; mais à cause qu'il lui a plu par sa seule bonté de les aimer : que Jésus-Christ avoit tranché la question encore plus brièvement par ces paroles : *Non vos me elegistis, sed ego elegi vos* [1] : que c'étoit sur ce fondement et sur les autres passages qu'il a marqués, que l'Eglise avoit décidé contre les pélagiens que la grace n'étoit pas donnée selon les mérites, ce qui excluait précisément les mérites naturels, et tout ce qui pouvoit faire croire que le discernement entre les justes et ceux qui ne l'étoient pas, se rapportât finalement aux dispositions et aux œuvres naturelles, contre ces paroles de l'Apôtre : *Quis te discernit* [2] ? Qu'à la vérité on ne pouvoit disconvenir qu'il n'y eût quelques anciens scholastiques qui établissoient un mérite *de congruo* dans des œuvres purement naturelles par rapport à celles de la grace, mais que c'étoit une opinion généralement abandonnée comme demi-pélagienne, et qu'on s'en tenoit à la décision de S. Thomas, l* II*ᵉ, *quæst.* 109, *art.* 6, *ad secundum*; et *quæst.* 112, *art.* 3, où ce saint docteur ne recevoit l'axiome : *Facienti quod in se est*, etc., qu'à l'égard de celui qui faisoit *quod in se est secundum quod est motus à Deo*.

Et quant au prétendu pacte entre Dieu et Jésus-Christ, dont il est parlé dans la sixième proposition, par lequel les nouveaux théologiens disent que Dieu s'oblige à donner sa grace selon les dispositions purement naturelles; que l'Ecriture et la tradition ne connoissent point de tel pacte : que le seul pacte connu dans l'Ecriture est celui dont parle saint Paul aux Hébreux, chapitre VIII, verset 8, et chapitre X, verset 16, après Jérémie, au chapitre XXXI, verset 31 de sa prophétie, où Dieu promet la rémission gratuite des péchés, sans que jamais il soit parlé d'œuvres naturelles ; et que le sang du Nouveau Testament n'avoit point été versé pour faire valoir de telles œuvres, ou les faire entrer dans le pacte de la nouvelle alliance ; de sorte que sans chercher dans la nature des causes et des occasions de la grace, il ne restoit plus qu'à s'écrier avec saint Paul : *O altitudo!* et encore : *Quis prior dedit illi?* et enfin : *Quoniam ex ipso, et per ipsum, et in ipso sunt omnia* [3]; sans que la gloire qui lui appartient aux siècles des siècles dans la sanctification de ses élus, puisse être en aucune sorte partagée avec les œuvres de la nature; après quoi il n'y avoit qu'à conclure suivant le sentiment de la commission, si l'assemblée l'avoit agréable, à la condamnation et qualification des deux propositions, ainsi qu'elles venoient d'être lues. Mondit Seigneur l'évêque de Meaux a continué son rapport depuis la septième proposition *De Virtutibus theologicis*, où commencent les questions sur la morale, jusqu'à la quarante-unième inclusivement du titre *De Homicidio*, où, après avoir

[1] *Joan.*, XV, 16. — [2] I *Cor.*, IV, 7. — [3] *Rom.*, XI, 33, 35, 36.

parlé en peu de mots sur chaque proposition et qualification, il s'est arrêté à remarquer avec quelle facilité toutes ces propositions pouvoient être décidées, puisque la commission n'y avoit formé aucun doute, et qu'apparemment l'assemblée n'y trouveroit pas plus de difficulté.

Du samedi 28 août, à huit heures du matin.

Monseigneur le cardinal de Noailles, président.

Monseigneur l'évêque de Meaux a continué son rapport et a remarqué sur la cinquante-unième proposition, qui commence *Incantatores*, la distinction entre les arts corrompus et criminels dont le fondement est réel, et ceux qui sont faux, nuls pour ainsi dire, et qui ne consistent qu'en tromperies et déceptions; que de ce nombre sont les enchantemens, l'astrologie judiciaire et les autres de même nature, dont l'Ecriture prononce la fausseté et la nullité. *Irrita faciens verba divinorum*, Isaïe, chapitre XLIV, verset 25 : *Stent et salvent te augures cœli, qui contemplantur sidera*, dans le même prophète, chapitre XLVII, verset 13, qu'on lit aussi dans les *Proverbes*, chapitre XXIII, verset 7 : *In similitudinem arioli et conjectoris, œstimat quod ignorat*. Ce sont ces sortes d'arts, si on les peut appeler de ce nom, qui ne peuvent rendre ceux qui les exercent légitimes possesseurs du salaire qu'ils exigent, parce qu'ils ne sont que des trompeurs.

Mondit Seigneur l'évêque de Meaux étant venu à l'article de l'usure (a), après avoir supposé par le droit civil et canonique les définitions du prêt et du profit qui en provient, avec la distinction d'entre ces contrats et ceux de société, de vente, d'aliénation et autres semblables, il a remarqué en premier lieu, les condamnations des conciles, des papes et de tous les Pères unanimement, des facultés de théologie, et en particulier de l'assemblée de 1655, qui ne laissoit aucun doute sur cette matière.

En second lieu, que la règle pour connoître la nature des contrats étoit d'en regarder l'intention et l'effet; Dieu en défendant l'usure, défend en même temps tout ce qui est équivalent; ainsi tout ce qui dans le fond fera tout l'effet de l'usure, que Dieu défend, doit être regardé comme également défendu, quelque nom qu'on lui donne, le dessein de Dieu n'étant pas de condamner ou des mots, ou des tours d'esprit et de vaines subtilités, mais le fond des choses que ces contrats frauduleux laissent dans leur entier.

En troisième lieu, il a observé qu'il ne falloit point s'étonner de quelque diversité dans les lois civiles, puisque les saints Pères avoient

(a) On sait que le saint Siége a défini dans ces derniers temps, relativement à l'usure, qu'on peut recevoir l'intérêt légal, jusqu'à décision contraire.

décidé qu'elles ne pouvoient préjudicier à la loi de Dieu. Saint Augustin le dit expressément dans la lettre à Macédonius [1]; on trouve la même vérité dans saint Chrysostome, qui remarque entre autres choses, que la loi civile permettant l'usure au commun des citoyens, la défendoit aux sénateurs; d'où il concluoit qu'elle étoit réputée honteuse, et par là encore plus indigne des chrétiens que la loi civile ne la réputoit indigne des sénateurs. Il en étoit de même des divorces que la loi civile permettoit; et quoique ces lois, qui avoient été faites dans le paganisme, subsistassent encore sous les princes chrétiens, l'Eglise ne laissoit pas de les rejeter.

En quatrième lieu, que ces lois qui autorisoient l'usure, dans la suite des temps avoient été corrigées par les empereurs, dont le premier fut Léon le Philosophe, qui avoit été suivi par Charlemagne dans ses Capitulaires, par les autres empereurs françois, et par tous nos rois, aussi bien que par les autres rois chrétiens.

En dernier lieu, qu'il étoit vrai que dans quelques provinces on avoit introduit des pratiques contraires; mais qu'outre qu'elles étoient contre les ordonnances, elles ne pouvoient prescrire contre la loi de Dieu qui étoit expresse; qu'il ne falloit pas néanmoins pousser le zèle trop avant en procédant par censures contre les contrevenans, à cause de leur grand nombre, et que c'étoit le cas de garder la règle de saint Augustin : *Severitas exercenda erga peccata paucorum.*

Que sur le même sujet de l'usure, le conseil de Gerson dans le le *Traité des contrats*, étoit que l'Eglise se contentât d'enseigner la vérité dans les prédications et les confessions, sans en venir aux peines ecclésiastiques.

Que la condamnation de la proposition cinquante-neuvième ôtoit toute excuse aux chrétiens sur l'usure, en combattant Grotius, Calvin et les autres hérétiques, qui soutenoient que la loi donnée aux Juifs contre ce péché étoit abolie dans la nouvelle alliance, et que leur erreur avoit été renouvelée par l'auteur du *Traité des Billets*; après quoi il n'y avoit qu'à conclure avec la commission contre les propositions rapportées.

Du lundi 30 août, à huit heures du matin.

Monseigneur le cardinal de Noailles, président.

Monseigneur l'évêque de Meaux a dit que la plupart des qualifications sur les propositions qui avoient été lues, portoient leurs raisons avec elles; mais qu'il y en avoit quelques-unes dignes d'une attention plus particulière, entre autres celles où l'on osoit attribuer des équi-

[1] Epist. LIII *ad Maced.*, n. 15.

voques et des restrictions mentales, non-seulement aux prophètes et aux anges, mais encore à Jésus-Christ même : que pour condamner cette impiété, il ne faut qu'entendre d'abord qu'user d'équivoques ou de restrictions mentales, c'est donner aux mots et aux locutions d'une langue une intelligence arbitraire, forgée à sa fantaisie, entendue seulement de celui qui parle, et qui est opposée à la signification ordinaire que leur donnent les autres hommes.

Qu'on a vu dans la condamnation des propositions précédentes, soixante-troisième et soixante-quatrième, que c'est là un vrai mensonge; mais qu'il n'y a rien de plus faux que d'attribuer, par exemple, un tel langage à Abraham, lorsqu'il appela Sara sa sœur, puisque bien loin que cette expression fût faite à plaisir, il est certain au contraire que dans le langage usité, on donnoit le nom de frère et de sœur à ceux qui descendoient d'un père ou aïeul commun, comme Abraham prend soin lui-même de l'expliquer, *Genèse*, chapitre xx, verset 2 et 12 : *Indicavit sororem, non negavit uxorem*, comme dit saint Augustin [1].

Que personne n'ignore ce que le même Père a enseigné si doctement sur la bénédiction de Jacob, dans le sermon quatre, *de Jacob et Esaü*, au livre premier des *Questions sur la Genèse*, question quatre-vingt, et dans le livre *du Mensonge*. Il suffit seulement de remarquer, selon la doctrine de ce grand homme, que Jacob ne s'étoit point attribué à lui-même le nom et la qualité d'aîné; que la chose avoit été préparée dès la *Genèse*, chapitre xxv, verset 22 et 23 ; que dès lors et avant leur naissance, Esaü et Jacob avoient été désignés à Rébecca comme portant la figure de deux peuples, à savoir les Iduméens et les Israélites, dont les derniers, quoique les cadets, devoient prévaloir sur les autres, comme la suite de l'histoire le fit paroître : que dans une signification encore plus haute, ces deux enfans figuroient, dès le sein de leur mère, l'ancien peuple et le nouveau; et encore en un sens plus haut, selon saint Paul, les élus et les réprouvés : que Rébecca destinée de Dieu pour être en cette occasion la figure de l'Eglise, savoit tout le mystère et conduisit tout l'ouvrage : que ce ne fut pas sans raison qu'elle fit prendre à Jacob le nom et la qualité de l'aîné, qui lui avoit vendu son droit d'aînesse, *Genèse*, chapitre xxv, verset 25, et 31 : que pour accomplir la figure, c'étoit sous le nom d'Esaü que Jacob devoit recevoir la bénédiction paternelle, parce que le nouveau peuple devoit être béni sous le nom et sous la figure du peuple ancien : qu'il n'y avoit rien là d'arbitraire, mais que tout avoit été préparé de loin par un ordre exprès de Dieu : que c'étoit donc ici une grande prophétie, non par discours, mais par faits, ou, comme l'ap-

---

[1] S. Aug., lib. XXII *cont. Faust.*, cap. 34.

pelle saint Augustin, un grand sacrement, un grand mystère, *magnum sacramentum*, *magnum mysterium*; mais ce qu'il y a de plus manifeste et de plus certain, c'est qu'Isaac ne fut point trompé; car encore qu'il semblât hésiter selon les sens, une lumière intérieure lui faisoit sentir que Jacob devoit être béni : *Benedixitque ei, et erit benedictus* ; Genèse, chapitre XXXVII, verset 23 : que la bénédiction lui devoit demeurer, qu'il la devoit confirmer, et que Dieu l'avoit ratifiée : *Nam ille doloso homini benedictionem non confirmaret, cui debebatur justa maledictio :* sanctus Augustinus, *de Jacob et Esaü*, sermon. IV, cap, XXII, num. 23. Théodoret, le plus savant interprète qui soit parmi les Pères grecs, enseigne aussi la même chose sur la *Genèse*. Il paroît donc qu'Isaac avoit entendu tout le secret, et il est fort à remarquer que l'Ecriture donne à Jacob le caractère d'homme simple, comme traduisoient les Septante, *sine dolo*, Genèse, chapitre XXV, verset 27, par où elle éloignoit toute idée de conduite frauduleuse : qu'ainsi cette fraude apparente étoit un véritable mystère : *Dolus hic, non est dolus*, dit saint Augustin *ibidem*, num. 22. Il n'est pas jusqu'à la qualité de chasseur que Jacob s'attribue, qui ne soit mystérieuse. Il figuroit ces pêcheurs et ces veneurs spirituels qui sont promis; Jérémie, chapitre XXI, verset 16 : *Mittam piscatores... Mittam venatores, et venabuntur eos de omni monte... et de cavernis petrarum :* que saint Ambroise avoit remarqué que Jacob devoit à son père, *non venatu aspero prædam agrestem, sed mitium cibos morum et teneræ mansuetudinis atque pietatis, pio patri dulces epulas* : Ambrosius, libro II *de Jacob*, capite II. Qu'il seroit inutile de raconter toutes les circonstances de cette histoire prophétique, puisqu'on n'en a que trop dit pour une Compagnie si savante, et qu'on voit manifestement qu'il n'y a ici ni équivoque, ni restriction arbitraire, ni personne qui soit trompé, mais une vérité pure, enveloppée de mystères qui la rendent plus vénérable à ceux qui savent la chercher avec respect.

Quant à l'ange de Tobie, il n'y a rien de plus grossier que de lui attribuer des équivoques ou des restrictions mentales. Ce n'étoit point par une signification arbitraire qu'il se disoit Azarias, fils du grand Ananias. Outre le mystère qui est dans ces mots, il n'y a rien de plus naturel que d'entendre qu'il a parlé au nom de celui dont il avoit véritablement revêtu la figure.

Que pour Jésus-Christ, qui étoit la vérité même, toute cette assemblée a témoigné de l'horreur à lui entendre attribuer des équivoques trop indignes de lui. On sait assez qu'il parle souvent, ou en sa personne comme Chef de son Eglise, ou en celle de ses membres avec une diversité qu'il faut adorer : que les prophètes ont parlé de lui avec les mêmes figures : qu'au reste on n'est pas obligé de garantir toutes les paroles des saints hommes, à qui il peut avoir échappé quelques mensonges; mais qu'il vaudroit mieux les appeler tout simplement de leur nom, comme des foiblesses humaines, que de les vouloir excuser sous les artificieuses expressions d'équivoques et de restrictions mentales, où le déguisement et la mauvaise foi seroient manifestes : qu'ainsi il concluoit, avec la commission, à condamner la proposition soixante-sixième, où l'on attribuoit l'équivoque aux discours et aux actions prophétiques, allégoriques et mystérieuses, sans épargner la majesté de Jésus-Christ même.

Le rapport a été continué jusqu'à la septante-deuxième proposition, qui commence : *Cùm dixit concilium*, et Monseigneur l'évêque de Meaux a dit que le dessein du concile étoit manifeste par les deux chapitres, premier et dix-huitième de la session vingt-quatrième, *De reformatione*; que dans le premier, où il est parlé des évêques, le concile décide nettement qu'on est obligé, à peine de péché mortel, de choisir les plus dignes; ce qu'il explique par ces mots : *Les plus utiles à l'Eglise*, afin d'ôter tout scrupule : que dans le chapitre dix-huit, où il vient au choix des curés, il n'avoit pas pu établir des moyens particuliers pour obliger ceux qui ont quelque droit dans la promotion des évêques à choisir les plus dignes, à cause de la qualité des personnes, où il falloit s'en remettre à leur bonne foi, en leur montrant seulement leur obligation; mais comme il avoit toujours la même fin d'obliger au choix des plus dignes, il choisit la voie du concours comme la meilleure, pour parvenir à l'exécution de ce dessein : qu'ainsi on voyoit, par les paroles du concile, qu'il veut établir en toute manière l'élection du plus digne et du plus propre, comme également nécessaire, toute proportion gardée, pour tous les bénéfices à charge d'ames.

Que le pape Innocent XI, qui a connu cette intention du concile, a condamné la proposition qui en éludoit le sens, et que tout cela ensemble tend à accomplir la parole de Jésus-Christ, qui a dit à saint Pierre : *Simon Joannis, diligis me plus his?* par où il montre qu'on doit chercher la plus grande perfection dans ses ministres, à mesure qu'ils sont chargés plus particulièrement du soin des ames.

La lecture des propositions étant continuée jusqu'à la quatre-vingt-sixième et quatre-vingt septième, Monseigneur de Meaux a dit qu'on a expressément qualifié ces deux propositions, où il est parlé de l'amour de Dieu commencé dans le sacrement de pénitence, tant à cause de la manière outrée dont la première l'exclut, qu'à cause de ce que la seconde avance scandaleusement et témérairement sur les anathèmes du concile : qu'au surplus il y aura un autre lieu, où on traitera plus expressément cette matière.

Du mardi 31 août, à huit heures du matin.

Monseigneur le cardinal de Noailles, président.

Monseigneur l'évêque de Meaux a commencé par la centième proposition : *De jurisdictione et regularibus*, et a marqué d'abord son étonnement sur ce que dans une matière si clairement décidée par le concile de Trente, par les Papes et même par des arrêts solennels, il se trouve encore des contredisans, qu'il étoit nécessaire de réprimer par une sévère censure, pour maintenir l'ordre hiérarchique et la paix de l'Eglise.

Il a ajouté qu'il n'y avoit rien de particulier à remarquer sur les propositions 109, 110 et 111.

Que l'affinité de la cent douzième avec la cent treizième, condamnée par Alexandre VIII avec le péché philosophique, étoit manifeste, et que c'étoit un aveuglement déplorable de chercher une excuse au crime dans l'endurcissement du pécheur. Il a passé à la cent quatorzième et la cent quinzième proposition, où il a marqué en peu de paroles l'égarement de l'auteur, qui avoit causé de l'horreur à tout le monde.

Du mercredi premier de septembre, à huit heures du matin.

Monseigneur le cardinal de Noailles, président.

Monseigneur l'évêque de Meaux a dit qu'après avoir expliqué la censure des propositions particulières, il étoit temps de venir à la source de tout le mal, qui étoit les opinions sur la probabilité : que la commission avoit qualifié certaines propositions, et qu'en même temps sous le bon plaisir de l'assemblée, elle en avoit réservé quelques autres, sur lesquelles on s'expliqueroit par forme de déclaration : qu'il auroit à rendre compte des dernières à la Compagnie, quand il lui plairoit de l'ordonner, et qu'à présent il s'agissoit des propositions qualifiées ; mais qu'afin d'en faire voir la fausseté et le venin, il falloit reprendre la chose de plus haut.

Que le grand inconvénient de la probabilité consistoit dans la manière d'examiner les questions de morale : que par cette nouvelle méthode, on ne cherchoit plus ce qui étoit vrai ou faux, juste ou injuste par rapport à la vérité et à la loi éternelle, mais seulement ce qui étoit probable ou non probable ; c'est-à-dire que sans plus se mettre en peine de ce que Dieu avoit ordonné, on cherchoit uniquement ce que les hommes pensoient de ses ordonnances, ce qui conduisoit insensiblement à réduire la doctrine des mœurs, à l'exemple des pharisiens, à des commandemens et à des traditions humaines, contre la parole expresse de Notre-Seigneur : que c'étoit aussi ce que déploroit le docte et pieux cardinal d'Aguirre, dans la dissertation qu'il a mise à la tête de son édition des conciles d'Espagne : qu'il y avouoit son erreur, en ce que laissant à part la question du vrai et du faux, il ne s'attachoit qu'à la probabilité, et se reposoit, dit-il, sur le probabilisme : *In probabilismo, sicut in pulvino molliter quiescebam* [1] : il loue Dieu d'être revenu de cet égarement par la lecture des savantes censures des évêques de France, et des autres écrits publiés dans ce royaume : il y allègue aussi un beau passage du cardinal Bellarmin, dans une lettre à son neveu, nouvel évêque, qu'il vouloit instruire de ses devoirs : *Si quis velit in tuto salutem suam collocare, is omninò debet certam veritatem inquirere, et non respicere quid multi hoc tempore dicant aut faciant*, etc.; d'où Bellarmin concluoit qu'on devoit prendre le plus sûr en matière de salut : que le P. Thyrsus Gonzalez rapporte le même passage et la solennelle rétractation du cardinal Pallavicin, autrefois prévenu de la même doctrine, mais qui depuis l'avoit rétractée publiquement : qu'ainsi il faut regarder cette opinion comme décriée et abandonnée par les plus grands hommes et les plus pieux; les qualifications suivantes faisant voir que tous les fondemens en sont renversés; que la cent dix-septième proposition préfère les nouveaux auteurs aux anciens, contre l'autorité de l'Ecriture : *Interroga majores tuos, et dicent tibi* [2] : *Non te prætereat narratio seniorum, ipsi enim didicerunt à patribus suis* [3], etc. Mais dès là que cet amour de la nouveauté est condamné, il faut que le probabilisme tombe, puisque ce n'est en soi qu'une opinion nouvelle, dont on sait la date, qui est de 1577 ; et l'auteur certain, qui est Barthélemi Medina. C'est ce que le P. Thyrsus Gonzalez a démontré, et les plus zélés probabilistes confessent eux-mêmes que leur opinion n'a qu'un siècle; ce qui fait qu'on peut leur appliquer ce passage de Tertullien : *Aliquos Valentinianos liberanda veritas expectabat* [4]; et que le P. Gonzalez leur applique celui du vénérable Guigues, prieur de la Chartreuse : *O infelicia apostolorum tempora, qui hæc compendia nesciebant!* que la condamnation des cent dix-huit et cent dix-neuvième propositions renverse un autre fondement du probabilisme, qui est la probabilité extrinsèque : que c'est à celle-ci que se réduit la nouvelle doctrine ; et ces auteurs n'ont point d'autres principes pour établir la probabilité des opinions, sinon qu'on ne doit pas présumer que des docteurs graves les embrassent sans fondement; or est-il que cela se dit sans raison, la proposition cent dix-neuvième prouvant très-bien qu'il n'y en a point à demander, pour la

---

[1] Tom. I, *Conc. Hisp.*, edit. noviss., præf., p. 6. — [2] *Deuter.*, XXXII, 7. — [3] *Eccli.*, VIII, 11. — [4] Tertull., lib. *de Præscr. hær.*, cap. XXIX.

probabilité, plutôt seize docteurs que douze, ni douze plutôt que quatre, ni quatre plutôt qu'un seul ; ce qui rend la chose arbitraire, contre ce passage de saint Jérôme sur le chapitre douze de l'*Ecclésiaste* : *Nec auctoritati unius, sed concilio atque consensu magistrorum omnium, sententia proferatur.*

Que c'est un troisième fondement de la probabilité, d'argumenter par le silence de l'Eglise, ou du saint Siége apostolique; comme si ce qu'on laisse passer durant quelque temps sans censure, induisoit une approbation ; mais le saint Siége lui-même a remédié à cette induction, en condamnant la proposition cent vingtième.

Enfin, que c'est un fondement du probabilisme, de croire qu'on agit toujours avec prudence, lorsqu'on agit par la probabilité, quelque petite qu'elle soit; mais cette fausse prudence est rejetée par la condamnation de la cent vingt-deuxième proposition, qui est la vingt-septième parmi celles d'Alexandre VII. Au surplus c'est une chose arbitraire, et où il n'y a point de règle, d'appeler la probabilité petite ou grande. Il y a une règle pour fixer la vérité; mais pour la probabilité, il n'y a que la fantaisie. Sur quoi Monseigneur l'évêque de Meaux a remarqué que recherchant dans les auteurs quelle règle ils établissoient pour la probabilité, petite ou grande, il n'en avoit pu trouver d'autre que la distinction de *probablement probable, probablement improbable, certainement probable, certainement improbable*; mais que cela même est imaginaire, et qu'on ne peut établir cette distinction sur aucun principe; que par ce moyen les fondemens du probabilisme sont renversés, et la condamnation des six propositions qu'on vient d'entendre est établie; que la fausseté de cette doctrine paroît encore plus évidemment par les inconvéniens qui sont marqués dans les cinq dernières propositions : car dans la cent vingt-troisième, les directeurs et les confesseurs sont réduits à refuser à leurs pénitens l'instruction nécessaire, et on les force à les conseiller suivant les préventions qu'ils trouvent dans leurs esprits ; ce qui est contraire à la qualité de juges et de docteurs, qui leur appartient par leur caractère. D'ailleurs si la moindre probabilité a lieu dans la conduite ordinaire de la vie humaine, on ne peut alléguer aucune bonne raison pour l'exclure de l'administration des sacremens et de la fonction de juge, car chacun est son juge à soi-même, comme les juges le sont des autres. C'est ce qu'on peut remarquer sur les propositions 124 et 125. A l'égard de la cent sixième, si le probabilisme avoit lieu, rien ne pourroit empêcher celui qui seroit parvenu à croire que la religion catholique est du moins la plus probable, de suivre néanmoins l'autre, quoique moins probable selon lui ; ce qui mettroit un obstacle manifeste au progrès de la grace de Dieu. Enfin l'autorité et la préférence de la moindre probabilité est poussée au dernier excès par la cent vingt-septième et dernière proposition, puisqu'elle va à faire omettre l'amour de Dieu jusqu'à l'article de la mort.

Après quoi Monseigneur l'évêque de Meaux a remarqué en général les longues et fréquentes conférences que la commission avoit tenues pour préparer les censures, selon les ordres de l'assemblée ; mais que ce seroit l'assemblée elle-même qui par ses sages réflexions et décisions y ajouteroit non-seulement la force et l'autorité, mais encore la perfection et la précision.

Il a dit enfin qu'il restoit encore à rendre compte à la Compagnie de ce que la commission avoit jugé à propos d'expliquer par forme de déclaration ; ce qu'il étoit prêt à faire le lendemain, ou quand l'assemblée l'ordonneroit.

Du jeudi 2 septembre, à huit heures du matin.

Monseigneur le cardinal de Noailles, président.

Monseigneur l'évêque de Meaux a fait le rapport de la proposition cent sixième, tirée du même livre d'où l'on avoit extrait les deux propositions, et dont la Compagnie lui avoit ordonné de dresser la censure ; elle a été lue et approuvée. Ensuite Monseigneur le président a dit que la censure étant achevée, il restoit à examiner le projet du discours qu'on devoit mettre à la tête, et la déclaration qui devoit terminer l'ouvrage. Ce fait, Monseigneur l'évêque de Meaux qui avoit été chargé de ce travail, a mis le tout sur le bureau. La lecture faite du commencement du discours préliminaire, dont il a rendu raison en peu de mots, il a dit que la conclusion étoit ce qu'il y avoit de plus important, puisqu'elle devoit contenir la déclaration de deux points de doctrine très-essentiels, dont l'un regardoit la nécessité de l'amour de Dieu dans le sacrement de pénitence, et l'autre la matière de la probabilité. Pour ce qui regarde l'amour de Dieu, il a supposé qu'on ne devoit pas demander une moindre disposition pour le sacrement de pénitence que pour celui du baptême, puisque même la pénitence étoit appelée par les saints Pères et par le concile de Trente, un baptême laborieux. Il paroît par la comparaison que fait le concile de ces deux sacremens, dans la session VI, chapitre XIV, et XIVe session, chapitre II, que les dispositions devoient être les mêmes dans les deux sacremens, et que la différence entre les deux ne venoit point de ce côté-là. Ce fondement supposé, comme il n'étoit pas permis de douter que l'amour de Dieu, du moins commencé, ne fût requis dans le baptême, il falloit faire le même jugement de la pénitence ; il a rapporté les paroles célèbres du concile de Trente, chapitre VI, session VI, où il est clairement expliqué qu'outre les actes de foi et d'espérance, il faut encore commencer à aimer Dieu *tanquàm omnis justitiæ fontem;* il a ajouté qu'il y avoit ici deux écueils à éviter : l'un, d'exclure des dispositions de ce sacrement le commencement d'amour; et l'autre, d'y requérir un amour justifiant : que le concile s'étoit expliqué sur le premier point dans les paroles qu'on venoit d'entendre, et avoit décidé le dernier en ajoutant ces mots : *Hanc dispositionem seu præparationem, justificatio ipsa consequitur.* En la même session, chapitre vii, le même concile avoit pareillement décidé, à l'égard du sacrement de pénitence, qu'il n'y falloit point requérir la contrition qu'il appelle *contritionem charitate perfectam;* car encore, dit ce saint concile, qu'elle puisse se trouver dans le pénitent avant qu'il reçoive actuellement le sacrement, néanmoins il ajoute expressément, que ce n'est que quelquefois, *aliquandò,* et non pas toujours que cela arrive, *aliquandò contingat.* Il n'est pas ici question d'examiner comment cela se fait, et la discussion en seroit trop longue; il suffit que l'expression du concile ne laisse aucun doute de son intention, qui consiste à bien faire entendre, que ce n'est point un amour parfait, mais un amour commencé qui est ici nécessaire. Il a exposé qu'il y avoit plusieurs siècles que la nécessité de l'amour de Dieu pour le baptême avoit été déterminée; et il a apporté le décret du concile d'Orange, où il est dit que Dieu nous inspire son amour pour nous préparer à demander le baptême, ce qui montre qu'il y étoit nécessaire : *Ipse nobis et fidem, et amorem sui priùs inspirat, ut et baptismi sacramenta fideliter requiramus, et post baptismum cum ipsius adjutorio, ea quæ sibi placita sunt, implere possimus* [1]. Que s'il étoit besoin de remonter plus haut, il rapporteroit cent témoignages de saint Augustin [2], par lesquels il est constant que le cœur humain ne peut être sans amour; de sorte que, s'il n'a pas du moins l'amour de Dieu commencé, il s'ensuit qu'il est livré à l'amour de la créature. Il a fait encore quelques remarques sur cette matière, qui sont suffisamment expliquées dans la déclaration. Ensuite, il est venu à la matière de la probabilité, qu'il s'est proposé de décider par trois déterminations expresses du droit; la première consiste en cette maxime : *In dubiis tutius.* Le cas de cette règle est précisément celui dont il s'agit. Une chose est véritablement douteuse, quand les raisons de part et d'autre paroissent également probables à celui qui doit agir, sans qu'il y ait rien qui le détermine à un côté plutôt qu'à l'autre. C'est donc aux probabilistes une manifeste contravention à cette règle, que de choisir en ce cas ce qui n'est pas le plus sûr; mais il faut bien remarquer que cette règle est établie par rapport à la nécessité du salut. Il y a beaucoup de cas où il est prescrit de suivre l'opinion la plus douce, *benigniorem sententiam,* comme en

[1] *Conc. Arausic.*, II, cap. xxv, in fine. — [2] *In Psal.* xxxi, n. 5, enarr. 2 et in xxxii, n. 6, enarr. 2.

cas de causes criminelles, et autres qu'il n'est pas besoin de rapporter parce qu'elles sont trop communes; mais quand il s'agit du salut et de la conformité nécessaire de nos actions avec la loi de Dieu, c'est le cas où dans le doute on se rend coupable, en ne prenant pas le plus sûr. Ceux qui prennent cette maxime pour un conseil, vont directement contre le dessein, et de la règle, et des papes qui s'en servent; de la règle, puisque l'obligation de la conscience y est spécifiée : *Attendentes quòd in his quæ animæ salutem respiciunt* : Clementina, *Exivi, de Verborum significatione*; des papes, parce que dans les Décrétales où cette règle est employée, on ne leur demandoit pas un conseil de perfection, mais une décision sur l'obligation du précepte. Que s'il falloit entendre cette règle au sens des probabilistes, il eût fallu dire dans le doute, non pas : Prenez le plus sûr; mais : Faites ce que vous voudrez. Que si dans le doute on est obligé de suivre le plus sûr, à plus forte raison ne peut-on pas suivre le moins sûr, quand il paroit en même temps le moins probable. C'est aussi la seconde détermination tirée du droit, qu'on avoit promis de rapporter. Monseigneur de Meaux a lu en ce lieu la décision de la Clémentine unique, *de Summâ Trinitate*, où le concile œcuménique de Vienne détermine une question par la plus grande probabilité. Il ne faut pas dire qu'il s'agissoit de matière spéculative, telle qu'est celle des vertus infuses, puisque la nécessité de la suivre dans la doctrine des mœurs est encore plus forte et plus concluante : il faut donc demeurer d'accord qu'en embrassant l'opinion qu'on croit la moins probable, on s'éloigne de la conduite et de la décision d'un concile œcuménique.

La dernière décision est tirée du chapitre *Inquisitioni*, etc., *de sententiâ excommunicationis*, que Monseigneur de Meaux a rapporté tout entier, et a fait voir que la conscience étoit liée, non-seulement par la croyance que le pape Innocent III appeloit évidente et manifeste, mais encore par celle qu'il appeloit probable et discrète : *Ex credulitate probabili et discretâ, licet non evidenti et manifestâ*. Or c'est là précisément notre cas, puisqu'on y présuppose en termes formels une croyance probable et discrète, et que le pape décide que tant qu'elle dure, si on agit au contraire, on pèche contre la loi ou contre sa conscience : *Vel contra legem, vel contra judicium conscientiæ committit offensam*; ce qui a rapport au chapitre *Litteras de restitutione spoliatorum*, du même Pape, et au chapitre *Per tuas, ij. de Simoniâ*, encore du même Pape, où il faut remarquer que ce grand Pape appuie son sentiment du passage de saint Paul : *Omne quod non est ex fide, peccatum est* [1]; ce qui achève de démontrer que toutes les fois qu'on agit contre ce qu'on croit plus probable, on pèche contre sa foi, c'est-à-dire, selon

[1] *Rom.*, xIV, 23.

ce Pape, contre sa conscience et sa persuasion. Après des décisions si expresses, cette question ne peut plus souffrir aucun doute. Il ne faut point s'arrêter aux casuistes, ni au grand nombre de sectateurs de cette nouvelle opinion, puisqu'ils ont manifestement innové contre la règle : *Quod ubique, quod semper, quod ab omnibus*, qui n'est pas seulement de Vincent de Lérins, *Commonitorio* I, chapitre 3, mais encore de saint Augustin, livre premier et second *contre Julien*, de Tertullien, *de Præscriptionibus*, et de tous les Pères. Ainsi l'autorité de tous ces docteurs est fort foible. Il ne faut donc pas s'étonner si l'opinion de la probabilité a été censurée par nos prédécesseurs. Elle l'est précisément dans le diocèse où nous sommes ; elle l'est dans la province de Sens, dans la province de Bourges et dans beaucoup d'autres. On ne peut se dispenser de rapporter ici le sentiment d'un grand personnage, qui est le P. Mutius Vitelleschi, général des Jésuites, qui écrit ainsi à sa Compagnie le quatrième de janvier 1617. « Nonnullorum ex societate sententiæ in rebus præsertim ad mores spectantibus plus nimio liberæ, non modò periculum est, ne ipsam evertant, sed ne Ecclesiæ etiam Dei universæ insignia afferant detrimenta : omnia itaque studio perficiant, ut qui docent, scribuntve, minimè hâc regulâ et normâ in delectu sententiarum utantur : *Tueri quis potest ; probabilis est ; Auctore non caret* ; verùm nostri ad eas sententias accedant, quæ tutiores, quæ graviorum, majorisque nominis doctorum suffragiis sunt frequentatæ, quæ bonis moribus conducunt magis, quæ deniquè pietatem alere et prodesse queunt, non vastare, non perdere. »

Le P. Thyrsus Gonzalès suit encore aujourd'hui les vestiges de son pieux et savant prédécesseur ; et démontre que la prudence, qui dans la matière du salut préfère le moins probable, quand il est en même temps le moins sûr, ne peut être que la prudence de la chair. Car, dit-il, que pourront répondre dans le jugement de Dieu ceux qui, par exemple, auront passé un contrat qu'ils jugent plus probablement être illicite ? Diront-ils, pour s'excuser, qu'ils ont suivi l'opinion de tels et tels ? Mais le juge leur répondra que leur autorité qui n'avoit pu leur faire changer de sentiment, ne devoit pas être la règle de leur conduite. Répondront-ils qu'ils ont été touchés de leurs raisons ? Mais il leur sera dit par le juge : Tu seras jugé par ta propre bouche, mauvais serviteur ; et puisque tu croyois les raisons de ton sentiment les meilleures et les plus probables, tu les devois suivre plutôt que les autres. Ainsi toute iniquité aura la bouche fermée : *Omnis iniquitas oppilabit os suum*[1]. Car aussi pourquoi tant chercher le plus probable dans la matière des mœurs, si après qu'on a cru le trouver, tout le fruit de cette recherche est de le mépriser ouvertement ? Que servent ici les ré-

[1] *Psal.* CVI, 42.

flexions sur les opinions et sur les raisons des autres, puisqu'on sent en sa conscience qu'elles ne peuvent prévaloir sur notre esprit ? Que sert aussi de demander à Dieu la connoissance de la vérité, et de dire avec David : *Da mihi intellectum, et scrutabor legem tuam* [1], si après avoir reçu une plus grande lumière favorable à la loi de Dieu, on n'en fait que ce qu'on veut contre sa propre pensée ? C'est ainsi que ce savant homme a traité le probabilisme.

Si quelques docteurs de l'ordre de saint Dominique l'ont proposé au commencement, tout le même ordre l'a abandonné depuis les savans écrits des PP. Mercorus et Baron, conformément à l'exhortation faite à leur chapitre général par le pape Alexandre VII, de s'opposer au relâchement de la morale. Cette exhortation est rapportée par Fagnani. Ainsi il y a raison de conclure que, comme on doit improuver l'excès de ceux qui rejettent les opinions, même celles qui sont les plus probables entre les plus probables, il ne faut pas moins s'opposer à l'autre excès, qui est celui où dans le doute on suit le moins sûr en matière de salut; où, ce qui est encore plus dangereux, on suit le moins probable et le moins sûr tout ensemble.

[1] *Psal.* CXVIII, 34.

MANDATUM

ILLUSTRISSIMI AC REVERENDISSIMI

DD.

EPISCOPI MELDENSIS

AD CENSURAM AC DECLARATIONEM CONVENTUS CLERI GALLICANI ANNI 1700, PROMULGANDAM IN SYNODO DIOECESANA, DIE 1 SEPTEMB. ANNI 1701.

Jacobus Benignus, permissione divinâ, episcopus Meldensis, etc., clero Meldensi in synodo ordinariâ congregato, Salutem et benedictionem.

Posteaquàm conventus cleri Gallicani, anno 1700, in palatio San-Germano jussu regio celebratus, gravissimâ censurâ proscripsit diversi generis errores qui per Ecclesiam serperent, et quorumdam articulorum veritatem perspicuè declaravit, nihil fuit nobis optatius quàm ut dictam censuram, eique conjunctam Declarationem promulgaremus, earumque auctoritati diœcesani auctoritatem adderemus. Ut autem tanta res solemniùs atque utiliùs ageretur, visum est nobis synodi nostræ generalis et annuæ celebritatem expectari oportere. Vobis igitur in eâdem synodo, feriâ quintâ quæ est prima dies septembris, pro more congregatis, easdem Censuram ac Declarationem publicâ promulgatione notas facimus; districtè prohibentes sub pœnis adversùs inobedientes in jure contentis, aliisque pro rei gravitate nostro judicio infligendis, ne quis è clero tàm sæculari quàm regulari, etiamsi immunem et exemptum sese contenderit, earumdem Censuræ ac Declarationis auctoritatem infringere, aut quidquam quod in illâ sit Censurâ damnatum, verbo vel scripto docere præsumat.

His addimus epistolam ab eodem conventu ad universum clerum per Gallias consistentem : eaque acta monumentaque simul edi, vobisque præsentibus observanda tradi, absentibus verò capitulis, congregationibus ac religiosis cœtibus, nostri promotoris operâ in manus consignari jussimus.

Agite igitur, dilectissimi Fratres, his instructi disciplinis, ductuque et auspiciis tanti conventûs ac nostris, oppugnate omnem doctrinam undecumquè insurgentem adversùs scientiam Dei, non declinantes neque ad dexteram neque ad sinistram, neque quidquam detrahentes doctrinæ veritatis, et jugo dominico, aut ei quidquam specie pietatis, aut disciplinæ sanctioris, addentes.

Vobis etiam impensissimè commendamus id quod nobis præluxit, eminentissimi ac reverendissimi D. D. cardinalis de Noailles, archiepiscopi Parisiensis, metropolitani nostri Mandatum, ad promulgandas easdem Censuram ac Declarationem, datum Lutetiæ Parisiorum, tertio Nonas octobris, anno salutis M. DCC, quo nihil est doctius ac sanctius.

Speramus autem fore, ut antecessorum exemplo, quo quisque majore studio veritatis ac morum disciplinæ tenebitur, eo promptiùs atque alacriùs hujus Censuræ Declarationis tutelam suscipiat, ad gloriam Christi et collegii sacerdotalis unitatem ac dignitatem.

Omnes verò, quotquot rem theologicam tractant, adhortamur in Domino, ut omittant adulatricem scientiam, nec modò singulares, verùm etiam novas quasque fluctuantesque sententias, quæ cupiditatibus faveant, vimque et stimulos conscientiæ reclamantis obtundant, aut à sanctis Patribus, eisque adhærentium optimorum magistrorum probatissimis decretis atque sententiis, imò verò ab unius magistri Christi mundum condemnantis et vincentis, præceptis et exemplis, christianorum animos amoveant. Meminerint autem *Ecclesiastæ* dicentis : « Verba sapientium sicut stimuli, et quasi clavi in altum defixi, quæ per magistrorum consilium data sunt à pastore uno [1]. » Quo loco sanctus Hieronymus : « Dicit verba sua verba esse sapientium, quæ in similitudinem stimulorum corrigant delinquentes, et pigros

[1] *Eccles.*, XII, 11.

mortalium gressus aculeo pungente commoveant; sicque sint firma, quasi clavi in altum solidumque defixi : nec auctoritate unius, sed consilio atque consensu magistrorum omnium proferantur. » Subdit : « Simul et hoc notandum est, quòd dicantur verba sapientium pungere : non palpare, nec molli manu attrahere lasciviam : sed errantibus, et, ut suprà diximus, tardis, pœnitentiæ dolores et vulnus infigere.... Hæc autem et firma sunt, et à consilio sanctorum data, atque ab uno pastore concessa, et solidà radice fundata sunt. » Datum Meldis, in synodo nostrà ordinariâ, die primâ septembris, anno Domini millesimo septingentesimo primo. Subscripsit.

† J. BENIGNUS, Episcopus Meldensis.

Et infrà :

De mandato præfati illustrissimi ac reverendissimi Domini mei D. episcopi Meldensis :

ROYER, Notarius.

CENSURA ET DECLARATIO

CONVENTUS GENERALIS

CLERI GALLICANI

CONGREGATI IN PALATIO REGIO SAN-GERMANO

ANNO M. DCC.

IN MATERIA FIDEI ET MORUM

Religionem christianam fide et moribus constare, dogmatum autem tùm fidei, tùm morum eumdem esse fontem, ac bene vivendi regulam ad ipsum fidei caput pertinere, Ecclesia catholica semper intellexit. Nec minùs certum est, illud omninò esse depositum, quod à Christo et apostolis episcopi horum successores ad finem usque sæculi custodiendum receperunt. Cùm igitur hisce temporibus, fides dogmatum, et regula morum vitæque christianæ, variis erroribus impetatur, ac resecta licet mala subindè repullulent : nos cardinales, archiepiscopi et episcopi, permissione regiâ, in palatio San-Germano congregati, assistentibus aliis ecclesiasticis viris nobiscum deputatis, loci nostri memores, atque antecessorum nostrorum, in comitiis quoque generalibus, monitis et exemplis permoti, his Ecclesiæ laborantis incommodis occurrere, quantum Dominus ex alto concesserit, omni ope decrevimus; atque unanimitatem nostram tot tantisque dissidiis opponendam duximus, in spiritu charitatis, nulli personæ graves, nullis, quoad ratio temporis sinet, erroribus parcituri.

Sanè recentissimè, quippè hoc ipso anno M. DCC, prodiit huic cœtui dedicatus [1], et à censore legitimo approbatus liber, quo

---

[1] *Augustana Ecclesiæ Romanæ doctrina*, etc., col. 1700.

tractatui, cui titulus : *Nodus prædestinationis dissolutus*, graves notæ inuruntur, Semipelagianismo quoque sæpiùs imputato. Sed cùm interim in præfatione libri (nobis dedicati) quædam occurrerent, quæ constitutionum apostolicarum de quinque famosis propositionibus infirmarent auctoritatem, hæc et alia ejusmodi variis libellis sparsa et ad nos delata, coercenda decrevimus, nec probatis reliquis quæ in eisdem occurrunt; neque patimur, ut spes ulla cuiquam superesse possit, nostri cœtùs pertrahendi in ullas veritati contrarias partes.

Neque proptereâ tolerari volumus importunos ac malevolos homines, qui viris bonis doctisque et ecclesiasticæ rei studiosis, vagam et invidiosam Jansenismi accusationem inferunt, eo quoque nomine, quod morum corruptelas acriter insectentur; cùm nos pro candore et æquitate episcopalis ordinis, neminem pro suspecto habituri simus, nisi eum qui aut constitutionibus apostolicis detrahat, aut aliquam ex damnatis propositionibus tueatur : quod etiam ab antecessoribus nostris sæpè sancitum, et regiâ auctoritate firmatum [1], et ab optimo maximoque pontifice Innocentio XII, applaudente totâ Ecclesiâ, constitutum est [2].

De cardinali verò Cœlestino Sfondrato *Nodi dissoluti* auctore, quid est quod solliciti simus; cùm ad Sedem apostolicam atque ad optimum verèque sanctissimum pontificem ejus causa delata sit, quam et pontifex pro apostolicæ potestatis officio judicandum susceperit, et id ipse perscripserit ad quinque è nostris, dato Brevi die 6 maii, sui pontificatûs anno sexto; quo nihil erat optatius? Quare et à libro examinando nos abstinere par est; nec interim oblivisci doctrinæ adversùs Semipelagianos à sancto Augustino traditæ, quam et Ecclesia Romana suam fecit, et ecclesiæ Gallicanæ jam inde ab initio commendavit.

Nunc, ut ad aliud fidei caput veniamus, ad moralem scilicet theologiam, his postremis temporibus pravâ ingeniorum licentiâ ac subtilitate corruptam, præmittenda putamus verba felicis memoriæ Alexandri VII, quibus « magno animi sui dolore testatur, complures opiniones christianæ disciplinæ relaxativas,

---

[1] *Arrêts du Conseil d'Etat* des 13 avril 1661, et 28 oct. 1668.— [2] *Breve* 6 feb. 1694 *Breve* 24 nov. 166, 1697.

atque animarum perniciem inferentes, partim antiquatas iterùm suscitari, partim noviter prodire : et summam illam luxuriantium ingêniorum licentiam in dies magis excrescere, per quam in rebus ad conscientiam pertinentibus modus opinandi irrepsit alienus omninò ab evangelicâ simplicitate, sanctorumque Patrum doctrinâ, et quem si pro recta regula fideles in praxi sequerentur, ingens eruptura esset christianæ vitæ corruptela [1]. » Quâ sententiâ non modò errores increvisse queritur, verùm etiam, quod caput est, adnotari voluit ipsam rei tractandæ rationem eam introductam esse, undè videremus corruptelam morum non modò secuturam, verùm etiam facto velut impetu irrupturam, quam vix cohihere possimus.

Neque verò satis fuit sanctissimo Pontifici novam hanc methodum ludificandæ conscientiæ et involvendæ veritatis, hoc est ipsum mali detexisse fontem : sed exitiabilis doctrinæ rivulos insectatus, complures propositiones, « ut minimùm tanquàm scandalosas (non probatis aliis quæ occurrere possent), sub interminatione divini judicii, atque excommunicationis pœnâ, à quâ nemo posset, præterquàm in articulo mortis, nisi à Romano pontifice absolvi, damnavit et prohibuit [2]. » Quod salubre opus Innocentius XI pro suâ pietate prosecutus, plures alias parique doctrinæ ac diligentiæ laude selectas (nec probatis cæteris) sub iisdem pœnis damnavit et prohibuit : dùmque eas omnes, « ut minimùm tanquàm scandalosas, et in praxi perniciosas, damnandas statuit et decrevit [3], » non tantùm à libris ac prædicatione, sed ab omni etiam vitâ christianâ procul amandas judicavit.

Atque utinàm sanctissimi pontifices decretorum formulis antiquo ac nostro usu receptis, quæque ad universas ecclesias pertinerent, infandam doctrinam proscripsissent : sed dùm expectamus, fore ut tantum opus more majorum et canonico ordine perficiant: Nos interim cardinales, archiepiscopi et episcopi in unum congregati, ne dirum virus serperet, has propositiones à prædictis Pontificibus, uti memoravimus, applaudente toto orbe christiano condemnatas, earum præcipuis expressè adnotatis, primùm

---

[1] *Decr. Alex. VII*, 24 sept. 1665, in præf. — [2] *Decret. Alex. VII*, 24 sept. 1665, et 18 martii 1666 in fine. — [3] *Decret. Innoc. XI*, 2 mart. 1679.

ut magis in promptu essent, ad certa capita redigendas; tùm censoriè notandas, et ad ampliorem cleri et christianæ plebis informationem, suis quasque censuris configendas esse duximus.

Sed enim incredibile dictu est, ex pessimis principiis, totà licet Ecclesiâ reluctante, quanta malorum incrementa pervenerint; subtilioribus ingeniis in id unum intentis, ut eò quisque se vel maximè theologum videri velit, quò plura ejusmodi inventa in probabilitatis auctoritatem adduxerit. Verùm hæc constabilire, aut per eam speciem mentes infirmorum in falsam et noxiam securitatem inducere, nihil est aliud quàm animas perdere, ac *doctrinas et mandata hominum* [1] vanasque traditiones, exemplo Pharisæorum, divini mandati loco obtrudere. Quare tot errorum experientiâ victi, necesse habuimus ipsam malorum radicem exscindere, eam scilicet opinandi rationem, quæ ignota sanctis Patribus, tanta de rebus maximis dissidia peperit, ut iisdem in parochiis, iisdem in templis passim cerneremus ab aliis teneri et ligari, quæ ab aliis solverentur, ac plebem christianam in varia atque incerta discerpi, nec scire quibus credat; magno de decore ecclesiasticæ auctoritatis, magnâque apertâ januâ ad salutis incuriam et indifferentiam, quam vincere non episcopi singulares, sed sola episcopalis unanimitas et auctoritas possit, dicente Apostolo : « Obsecro vos, fratres.... ut idipsum dicatis omnes, et non sint in vobis schismata [2]. » Sequuntur autem damnatæ propositiones, nec probatis aliis propositionibus aut erroribus, quos pro angustiâ temporis prætermisimus.

[1] *Matth.*, xv, 9. — [2] I *Corinth.*, i, 10.

CENSURA PROPOSITIONUM

I.

De observandis Innocentii X et Alexandri VII Constitutionibus circa quinque propositiones damnatas.

1. Jam tandem Ecclesiæ et regnorum principes ex hoc clarissimo argumento agnoscant, phantasma Jansenismi quæsitum ubique, sed nusquàm repertum, præterquàm in laboranti quorumdam phantasiâ. *Præfat. libri cui titulus : Augustiniana Ecclesiæ Rom. doctrina*, etc.

2. Constitutione Innocentii X nihil aliud actum, quàm ut renovarentur, atque exacerbarentur disputationes... In eamdem viam pertractus est Alexander VII, ut homo ab hominibus facilè impellendus in eas res, quæ parùm ejus officio convenirent... Innocentius quoque XII cùm ex officio teneretur claram proferre sententiam, generalibus æquivocisque verbis adhibitis, dat locum existimandi se non ausum esse clariùs loqui, tanquàm errare metuentem;..... atque illud, *in sensu obvio*, ejusdem Pontificis, magis adhuc generale est et vagum quàm verba Alexandri VII, *in sensu à Jansenio intento*... Episcopi denique Gallicani libertates ecclesiæ Gallicanæ sub earum asserendarum specie labefactarunt, super recipiendâ constitutione Innocentii X contra Jansenium.

3. Aliquam huic malo medicinam attulisse videbatur Innocentius XII in Brevi suo 6 februarii 1694. Verùm mitigationem illam præsumptam non parùm extenuavit Brevi 24 novembris 1696, ubi Pontifex disertè negat, constitutionem aut formularium Alexandri VII Brevi suo alterata aut reformata..... in aliquâ minimâ ejus parte..... Nec placet eorum opinio, quæ ex ipso primo Brevi 6 februarii 1694 edito, aliquid mitigationis circa factum tentavit exculpere :... sed et nihilo majorem in quæstione juris progressum factum esse, jam quoque convenit ostendere.

4. Circa condemnationem *Augustini* Jansenii, opus esset collatione regulari habitâ, vel coràm judicibus à Romano Pontifice, vel à rege datis... Nondùm omnes interierunt qui sciunt deliberationes (de Janseniano negotio) quas nunc episcopi ut regulas suarum hodiernarum deliberationum (circa novum Quietismum) sumunt, cleri Gallicani æternùm fore propudia.

CENSURA.

Hæ quatuor propositiones, quibus inquieti homines Innocentii X et Alexandri VII Constitutiones, Innocentii quoque XII Brevia æquissima, et ab omnibus approbata apertè contemnunt, episcopos Gallicanos rebus judicatis adhærentes incessunt maledictis, et causam hanc de integro retractari postulant, tanquàm tot Constitutionibus apostolicis, etiam accedente ecclesiarum consensione, causa nondùm finita fuerit : falsæ sunt, temerariæ, scandalosæ, contumeliosæ in clerum Gallicanum, summos Pontifices et in universam Ecclesiam, schismaticæ et erroribus condemnatis faventes.

II.

De gratiâ.

5. Axioma illud theologicum : *Facienti quod in se est Deus non denegat gratiam*, non solum verissimum est, atque doctrinæ Scripturæ, conciliorum et Patrum maximè consentaneum : verùm etiam per illud significatur obligatio, quam Deus habet dandi gratiam facienti quòd in se est, nec solum facienti quòd est ex se viribus gratiæ ; sed etiam illi, qui cùm non habeat gratiam *facit quod est in se viribus naturæ.*

6. Quia tamen opera viribus solius naturæ elicita omninò sterilia sunt, atque incapacia merendi dona intrinsecè et theologicè supernaturalia : ideò dicimus obligationem, quam Deus habet conferendi gratiam facienti quod est in se viribus naturæ, seu viribus gratiæ purnaturalis, sive non theologicè supernaturalis, non oriri ex bonitate talium operum, aut ex ullo merito sive condigno, sive congruo, quod insit in illis operibus in ordine ad gratiam, sed *ex pacto* inter Christum Fidejussorem nostrum et Patrem inito, ad gratiam hominibus conferendam propter Christi merita ; respiciendo ea naturalia opera ut purum terminum, non ut meritum ullum aut rigorosam conditionem.

CENSURA.

Hæ duæ propositiones, quâ parte, causam discernendi inter justos et non justos, in opera merè naturalia referunt, Semipelagianismum instaurant, mutatis tantùm vocibus. Pactum autem quod inter Deum et Christum asseritur, commentum est temerarium, erroneum, nec solùm tacente, sed etiam adversante Scripturâ et sanctorum Patrum traditione prolatum.

III.

De virtutibus theologicis.

De fide.

7. Homo nullo unquàm vitæ suæ tempore tenetur elicere actum fidei, spei et charitatis, ex vi præceptorum divinorum ad eas virtutes pertinentium. I *Alex.* VII.

8. Satis est actum fidei semel in vitâ elicere. 17 *Innoc.* XI.

CENSURA.

Hæ duæ proposititiones sunt scandalosæ, in praxi perniciosæ, erroneæ, fidei et Evangelii oblivionem inducunt.

9. Assensus fidei supernaturalis et utilis ad salutem, stat cum notitiâ solùm probabili revelationis, imò cum formidine, quâ quis formidet, ne non sit locutus Deus. 21 *Innoc.*

CENSURA.

Hæc propositio scandalosa est, perniciosa et apostolicam fidei definitionem [1] evertit.

De fidei professione.

10 Si à potestate publicâ quis interrogetur, fidem ingenuè confiteri, ut Deo, et fidei gloriosum consulo; tacere, ut peccaminosum per se non damno. 18 *Innoc.*

CENSURA.

Hæc propositio scandalosa est, præceptis evangelicis et apostolicis apertè contraria, et hæretica.

De motivis credibilitatis.

11. Religio christiana est evidenter credibilis; nam evidens est prudentem esse, quisquis eam amplexatur : non evidenter vera : nam aut obscurè docet, aut quæ docet obscura sunt. Imò qui aiunt religionem

[1] *Hebr.*, XI, 1.

christianam esse evidenter veram, fateantur necesse est falsam evidenter esse. Infer hinc evidens non esse : 1° Quòd existat nunc in terris aliqua vera religio : undè enim habes, non *omnem carnem corrupisse viam suam* ? 2° Quòd omnium quæ in terris existunt veræ simillima sit christiana : an enim terras omnes aut peragrasti, aut peragratas ab aliis esse nosti ? 3° Quòd et apostolis et dæmonibus manifesta fuerit divinitas Christi; id enim si doces, docere te oportet Christum manifestò Deum esse. 4° Quòd afflante Deo fusa sint prophetarum oracula; quid enim mihi opponas, si vel negem illa fuisse vera vaticinia, vel affirmem fuisse conjecturas ? 5° Quòd vera fuerint, quæ à Christo edita fuisse commemorantur miracula, quanquam negare hæc nemo prudenter potest.

CENSURA.

Doctrina hâc propositione contenta, impia est, blasphema, erronea et inimicis christianæ religionis favet.

12. Evidens non est evidentiâ morali, propriè dictâ, et physicâ, religionem catholicam esse veram.

CENSURA.

Hæc propositio doctrinam superiori propositioni consentaneam continens, temeraria est, et in errorem inducens.

De rebus explicatâ fide credendis.

13. Nonnisi fides unius Dei necessaria videtur necessitate medii, non autem explicita remuneratoris. 22 *Innoc.*

14. Fides latè dicta ex testimonio creaturarum similive motivo ad justificationem sufficit. 23 *Innoc.*

15. Absolutionis capax est homo quantumvis laboret ignorantiâ mysteriorum fidei, et etiamsi per negligentiam etiam culpabilem nesciat mysterium sanctissimæ Trinitatis, et incarnationis Domini nostri Jesu Christi. 64 *Innoc. Cens. Lovan.* 1653. *Prop.* 17.

CENSURA.

Hæ tres propositiones in Deum Remuneratorem, et in Christi Mediatoris nomen [1] contumeliosæ sunt, erroneæ et hæreticæ.

[1] *Hebr.*, xi, 6; *Act.*, iv, 12.

IV.

De Dei dilectione.

16. Sufficit ut actus moralis tendat in finem ultimum interpretativè : hunc homo non tenetur amare, neque in principio neque in decursu viæ suæ moralis. *Decretum Alex. VIII. 24 Aug. 1690.*

CENSURA.

Hæc propositio est hæretica.

17 An peccet mortaliter qui actum dilectionis Dei semel tantùm in vitâ eliceret, condemnare non audemus. 5 *Innoc.*
18. Probabile est, ne singulis quidem rigorosè quinquenniis, per se obligare præceptum charitatis erga Deum. 6 *Innoc.*
19. Tunc solùm obligat, quandò tenemur justificari, et non habemus aliam viam, quâ justificari possimus. 7 *Innoc.*
20. Præceptum amoris Dei per se tantùm obligat in articulo mortis.
21. Præceptum affirmativum amoris Dei et proximi non est speciale, sed generale, cui per aliorum præceptorum adimpletionem satisfit. *Censura Guimen. Edit, Paris. 1665, pag. 6.*

CENSURA.

Hæ propositiones sunt scandalosæ, perniciosæ, piarum aurium offensivæ, erroneæ, impiæ, primum et summum mandatum irritum faciunt, atque evangelicæ legis spiritum extinguunt.

V.

De proximi dilectione.

22. Non tenemur proximum diligere actu interno et formali... Præcepto proximùm diligendi satisfacere possumus per solos actus externos. *Innoc. 10 et 11.*
23. Si cum debitâ moderatione facias, potes absque peccato mortali, de vitâ alicujus tristari, et de illius morte naturali gaudere, illam inefficaci affectu petere et desiderare, non quidem ex displicentiâ personæ, sed ob aliquod temporale emolumentum. 13 *Innoc.*
24. Licitum est absoluto desiderio cupere mortem patris, non quidem ut malum patris, sed ut bonum cupientis, quia nimirùm ei obventura est pinguis hæreditas. 14 *Innoc.*

25. Injuriarum condonatio commendatur nobis ut quid perfectius, sicut commendatur virginitas præ conjugio.

CENSURA.

Harum proportionum doctrina scandalosa et perniciosa est, piarum aurium offensiva et secundo charitatis præcepto contraria, respectivè hæretica, et omnem vel in ipsis parentibus et liberis humanitatis sensum extinguens.

VI.

De festis.

26. Præceptum servandi festa non obligat sub mortali, seposito scandalo, si absit contemptus. 52 *Innoc. Cens. Lovan.* 1653. *Prop.* 8.

CENSURA.

Hæc propositio est scandalosa, ad violandas leges tùm civiles, tùm ecclesiasticas, vel etiam apostolicas viam aperit, ac proindè superiorum auctoritate prohibenda.

VII.

De homicidio.

27. Licitum est filio gaudere de parricidio parentis à se in ebrietate perpetrato, propter ingentes divitias inde ex hæreditate consecutas 15 *Innoc.*

CENSURA.

Hæc propositio est falsa, scandalosa, execranda, pietati erga parentes contraria, viam crudelitati et avaritiæ aperiens.

28. Est licitum religioso vel clerico, calumniatorem gravia crimina de se vel de suâ religione spargere minantem occidere, quandò alius modus defendendi non suppetit, uti suppetere non videtur, si calumniator sit paratus vel ipsi religioso, vel ejus religioni, publicè et coràm gravissimis viris prædicta impingere, nisi occidatur. 17 *Alex. Cens. Lovan.* 1653. *Prop.* 7.

29. Licet interficere falsum accusatorem, falsos testes, ac etiam judicem, à quo iniqua certò imminet sententia, si aliâ viâ non potest innocens damnum evitare. 18 *Alex. Cens. Lovan.* 1657. *Prop.* 5.

CENSURA.

Hæ duæ propositiones sunt scandalosæ, erroneæ, Decalogo apertè repugnant, cædibus patrocinantur, et magistratibus ipsique humanæ societati perniciem intentant.

30. Non peccat maritus occidens propriâ auctoritate uxorem in adulterio deprehensam. 19 *Alexand.*

CENSURA.

Hæc propositio est erronea, crudelitatem, privatamque vindictam approbat.

31. Fas est viro honorato occidere invasorem qui nititur calumniam inferre, si aliter hæc ignominia vitari nequit: idem quoque dicendum, si quis impingat alapam vel peculiat, et post impactam alapam vel ictum fustis fugiat. 30 *Innoc. Cens. Lovan.* 1657. *Prop. 4.*

CENSURA.

Hæc propositio est scandalosa, erronea, mundano honori servit, ultionem et homicidia excusat.

32. Licet procurare abortum ante animationem fœtûs, ne puella deprehensa gravida occidatur, aut infametur. 34 *Innoc. Cens. Lovan.* 1657. *Prop. 9.*

33. Videtur probabile omnem fœtum, quandiù in utero est, carere animâ rationali, et tunc primùm incipere eamdem habere cùm paritur; ac consequenter dicendum, in nullo abortu homicidium committi. 35 *Innoc. Cens. Lovan.* 1657. *Prop. 6.*

CENSURA.

Hæ propositiones sunt scandalosæ, erroneæ, infandis homicidiis et parricidiis procurandis aptæ : « Homicidii enim festinatio est prohibere nasci; nec refert natam quis eripiat animam, an nascentem disturbet [1]. »

34. Regulariter occidere possum furem pro conservatione unius aurei. 31 *Innoc.*

35. Licitum est tàm hæredi quàm legatario, contra injustè impedientem, ne vel hæreditas adeatur, vel legata solvantur, se taliter defen-

[1] Tertull., *Apoloq.*, cap. 9.

dere (defensione occisivâ) ; sicut et jus habenti in cathedram vel præbendam, contra eorum possessionem injustè impedientem.

36. Non solùm vitam, sed etiam bona temporalia, quorum jactura esset damnum gravissimum, licitum est defensione occisivâ defendere... Fatemur rariùs licitum esse ecclesiasticis... Si tamen aliquandò futurum contingat tale malum (id est gravissimum damnum) etiam ipsis licitum erit bona ista cum occisione furis defendere. 33 *Innoc. Cens. Lovan.* 1653. *Prop.* 13.

CENSURA.

Ilæ propositiones legi Dei et ordini charitatis divinitùs instituto [1] contrariæ sunt perniciosæ et erroneæ.

37. Quandò quis decrevit te occidere et hoc alicui manifestavit, sed nondùm cœpit id exequi, potes eum prævenire (occidendo), si aliter non potes effugere : ut si maritus pugionem habeat sub cervicali ad occidendam noctu conjugem, si quis venenum tibi propinandum paraverit, si rex unus adversùs alium classem adornarit.

38. Si arma quidem necdùm paravit, sed habet tantùm decretum firmum et efficax te occidendi, quod tibi vel revelatione divinâ, vel manifestatione confidenter amicis factâ innotescat, potes prævenire, quia per istud decretum, etsi purè internum, sufficienter censetur esse aggressor.

CENSURA.

Doctrina his duabus propositionibus contenta, juri naturali, divino, positivo, et gentium contraria est, nefandis cædibus et fanatismo viam sternens, societatis humanæ perturbativa, regibus quoque præsentissimum periculum creat.

39. Ubi est scripta expressa permissio à Deo, ut reges et respublicæ possint interficere reos ? An est in Scripturâ ? an in traditione ? Estne fidei articulus? Si solo lumine naturali eò ducimur, patere ut ex eodem lumine naturali judicemus, quid cuique privato liceat in occidendo aggressore non solùm vitæ, verùm etiam honoris et rei.

CENSURA.

Doctrina hâc propositione contenta et illata, scandalosa est, erronea et hæretica, regibus et rebuspublicis injuriosa, vanis ratiociniis et regulis vitam hominum et morum decreta subjiciens.

[1] *Exod.*, XXII, 2. 3.

VIII.

De duello.

40. Vir equestris ad duellum provocatus potest illud acceptare, ne timiditatis notam apud alios incurrat. 2 *Alex. Cens. Lovan.* 1653. *Prop.* 15. *Cens. Guimen. pag.* 5.

41. Potest etiam duellum offerre, si non aliter honori consulere possit.

CENSURA.

Doctrina his propositionibus contenta, falsa est, scandalosa, contraria juri divino et humano, tàm ecclesiastico quàm civili, imò et naturali.

IX.

Circa castitatem.

42. Tam clarum videtur fornicationem secundùm se nullam involvere malitiam, et solùm esse malam, quia interdicta, ut contrarium omninò rationi dissonum videatur. 48 *Innoc.*

43. Copula cum conjugatâ, consentiente marito, non est adulterium, adeòque sufficit in confessione dicere, se esse fornicatum. 50 *Innoc. Cens. Lovan.* 1653. *Prop.* 3.

CENSURA.

Doctrina his propositionibus contenta, scandalosa est, perniciosa, castarum et piarum aurium offensiva et erronea.

44. In hâc vi et metu infamiæ mortisque, poterat Susanna dicere: Non consentio actui, sed patiar et tacebo, ne me infametis, et adigatis ad mortem... Fortè Susanna id vel non sciebat vel non cogitabat: sic enim honestæ castæque virgines putant se esse reas, seque consensisse lenonibus, si non clamore, manibus totisque viribus resistant... Potuisset Susanna, in tanto periculo infamiæ et mortis, negativèque se habere ac permittere in se eorum libidinem, modò interno actu in eam non consensisset, sed eam detestata et execrata fuisset, quia majus bonum est vita et fama quàm pudicitia unde hanc pro illâ exponere licet.

CENSURA.

Hæc propositio temeraria est, scandalosa, castarum aurium offensiva, erronea et legi Dei contraria [1].

X.

De furto, turpi lucro, et judicum corruptelis.

45. Permissum est furari non solùm in extremâ necessitate, sed etiam in gravi. 36 *Innoc. Cens. Lovan.* 1657. *Prop.* 8. *Cens. Guimen. p.* 19.

CENSURA.

Hæc propositio, quatenùs furtum permittit in gravi necessitate, falsa est, temeraria, et reipublicæ perniciosa.

46. Famuli et famulæ domesticæ possunt occultè heris suis surripere ad compensandam operam suam, quam majorem judicant salario quod recipiunt. 37 *Innoc. Cens. Lovan.* 1657. *Prop.* 9.

CENSURA.

Hæc propositio falsa est, furtis viam aperit, et famulorum fidem labefactat.

47. Potest uxor viro surripere pecuniam, etiam ad ludendum, si mulier talis sit conditionis, ut ludus honestus pari loco cum alimentis ac victu habeatur. *Vic. Gen. Paris. Cens. Apol.*, p. 18.

CENSURA.

Hæc propositio temeraria est, scandalosa, et familiarum pacem perturbat. Quod autem de ludo alimentis æquiparando additur, furti iniquitati pessimas fallendi artes adjungit; et in vitam humanam necessitates inducit à christianâ simplicitate et honestate abhorrentes.

48. Non tenetur quis sub pœnâ peccati mortalis restituere quod ablatum est per pauca furta, quantumcumque sit magna summa totalis. 38 *Innoc. Cens. Lovan.* 1653. *Prop.* 16.

[1] *Deut.*, XXII, 23-27.

CENSURA.

Hæc propositio est falsa, perniciosa et furta etiam gravia approbat.

49. Qui alium movet aut inducit ad inferendum grave damnum tertio, non tenetur ad restitutionem istius damni illati. 39 *Innoc. Cens. Lovan*. 1657. *Prop*. 12.

50. Etiamsi donatario perspectum sit bona sibi donata à quopiam, eâ mente ut creditores frustretur, non tenetur restituere, nisi eam donationem suaserit, vel ad eam induxerit. *Vic. Gen. Paris. Cens.*, p. 16.

CENSURA.

Hæ propositiones falsæ sunt, temerariæ, fraudibus et dolis patrocinantur, et justitiæ regulis repugnant.

51. Incantatores, aliique ejusmodi deceptores (magi, astrologiæ judiciariæ professores, arioli, conjectores) ex pessimis quibusque artibus captantes lucrum, licitè servare possunt bona his mediis acquisita. 26 *Alex. Cens. Lovan*. 1657. *Prop*. 11.

CENSURA.

Hæc propositio intellecta de prædictis falsis ac deceptoriis artibus, falsa est, temeraria, fovendis fallaciis etiam diabolicis idonea.

52. Quandò litigantes habent pro se opiniones æquè probabiles, potest judex pecuniam accipere pro ferendâ sententiâ in favorem unius præ alio.

53. Possunt judices accipere munera à litigantibus, nec tenentur restituere quæ acceperint ad pronuntiandam sententiam injustam. *Vic Paris. Cens.*, p. 14. *Senon.*, p. 13. *num*. 10 *et* 11.

CENSURA.

Hæ propositiones falsæ sunt, perniciosæ, verbo Dei contrariæ et judicum corruptelas inducunt.

XI.

De usura.

54. Contractus Mohatra (*id est, ille contractus quo à mercatore res ma-*

jure pretio ad certum tempus solvendo distrahuntur, ac statim ab eodem, stante eo contractu, minore pretio, præsente pecuniâ redimuntur) licitus est etiam respectu ejusdem personæ, et cum contractu retrovenditionis præviè inito, cum intentione lucri. 40 *Innoc. Cens. Lovan.* 1657. *Prop.* 14. *Cens. Vic. Gen. Paris.*, p. 13, 14 *et seq. Cens. Apol. Fac. Paris.* 1658, p. 15. *Cens. Guimen.*

55. Cùm numerata pecunia pretiosior sit numerandâ, et nullus sit, qui non majoris faciat pecuniam præsentem quàm futuram, potest creditor aliquid ultra sortem à mutuatario exigere, et eo titulo ab usurâ excusari. 41 *Innoc. Cens. præd.*

56. Usura non est, dùm ultra sortem aliquid exigitur tanquàm ex benevolentiâ et gratitudine debitum, sed solùm si exigatur tanquàm ex justitiâ debitum. 42 *Innoc. Præd. Cens. Lovan.* 1657. *Prop.* 13.

57. Licitum est mutuanti aliquid ultra sortem exigere, si se obliget ad non repetendam sortem usque ad certum tempus. 42 *Alex. Præd. Cens. et Bituric.* 1659. *tit.* 7.

58. Tàm licet ex alienatione per aliquot annos censum annuum exigere, quàm licet exigere censum perpetuum ex alienatione perpetuâ.

CENSURA.

Hæ propositiones, in quibus mutato tantùm mutui et usuræ nomine, licèt res eòdem recidat, per falsas venditiones et alienationes, simulatasque societates, aliasque ejusmodi artes et fraudes, vis divinæ legis eluditur; doctrinam continent falsam, scandalosam, cavillatoriam, in praxi perniciosam, palliativam usurarum, verbo Dei scripto ac non scripto contrariam, jam à clero Gallicano reprobatam [1], conciliorum ac pontificum decretis sæpè damnatam.

59. Usura etsi esset prohibita Judæis, non tamen christianis, lege veteri in judicialibus præceptis abolitâ per Christum.

CENSURA.

Hæc propositio verbo Dei contraria est, novæ legis perfectionem, et gentium omnium in Christo adunatarum fraternitatem tollit.

[1] *Procès-verbal du clergé* en 1657, p. 1268.

XII.

De falso testimonio, mendacio, et perjurio.

60. Cum causâ licitum est jurare sine animo jurandi, sive res sit levis, sive sit gravis. 25 *Innoc.*

61. Qui jurandi intentionem non habet, licet falsò juret, non pejerat, etsi alio crimine tenetur, puta mendacii alicujus.

62. Qui jurat cum intentione non se obligandi, non obligatur ex vi juramenti.

CENSURA.

Hæ propositiones sunt temerariæ, scandalosæ, perniciosæ, bonæ fidei illudentes et Decalogo contrariæ.

63. Si quis vel solus, vel coràm aliis, sive interrogatus, sive propriâ sponte, sive recreationis causâ, sive quocumque alio fine juret se non fecisse aliquid, quod reverà fecit, intelligendo intra se aliquid aliud quod non fecit, vel aliam viam ab eâ in quâ fecit, vel quodvis aliud additum verum, reverà non mentitur, nec est perjurus. 26 *Innoc. Cens. Lovan.* 1653. *Prop.* 5.

64. Causa justa utendi his amphibologiis est, quoties id necessarium, aut utile ad salutem corporis, honorem, res familiares tuendas, vel ad quamlibet alium virtutis actum; ità ut veritatis occultatio censeatur tunc expediens ac studiosa. 27 *Innoc.*

CENSURA.

Hæ propositiones temerariæ sunt, scandalosæ, perniciosæ, illusoriæ, erroneæ; mendaciis, fraudibus, et perjuriis viam aperiunt, et sacris Scripturis adversantur.

65. Qui mediante commendatione, vel munere, ad magistratum vel officium publicum promotus est, poterit cum restrictione mentali præstare juramentum, quod de mandato regis à similibus solet exigi, non hab:to respectu ad intentionem exigentis, quia non tenetur fateri crimen occultum. 28 *Innoc. Cens. Lovan.* 1657. *Prop.* 19.

CENSURA.

Hæc propositio scandalosa est, perniciosa, patrocinatur humanæ ambitioni, perjuria excusat, publicæ potestati contra Dei mandatum adversatur.

66. Patriarchæ et prophetæ, angeli, ipse Christus, nedùm viri justi et sancti, æquivocationibus sive amphibologiis, et restrictionibus mentalibus usi sunt.

CENSURA.

Hæc propositio scandalosa est, temeraria : mysticè, parabolicè, sive œconomicè ad insinuandam altiùs veritatem dicta, vel tacita, cum vulgaribus gestis confundit : sanctorum Patrum acta ludibrio vertit, ipsis etiam angelis injuriosa, erga Christum contumeliosa et impia.

XIII.

De calumniâ.

66. Probabile est non peccare mortaliter, qui imponit falsum crimen alicui, ut suam justitiam et honorem defendat ; et, si hoc non sit probabile, vix ulla erit opinio probabilis in theologiâ. 44 *Innoc. Cens. Præd. Apolog. Lovan.* 1657. *Prop.* 3.

CENSURA.

Hujus propositionis doctrina falsa est, temeraria, scandalosa, erronea, spatiosam calumniatoribus et impostoribus portam aperit, et clarè detegit quàm nefaria placita probabilitatis nomine inducantur.

XIV.

De adjuvantibus ad flagitia.

68. Famulus, qui submissis humeris scienter adjuvat herum suum ascendere per fenestras ad stuprandam virginem, et multoties eidem subservit deferendo scalam, aperiendo januam, aut quid simile cooperando, non peccat mortaliter, si id faciat metu notabilis detrimenti, puta ne à domino malè tractetur, ne torvis oculis aspiciatur, ne domo expellatur. 51 *Innoc. Cens. Vicar. Gener. Paris. adversùs Apol.*, p. 15.

CENSURA.

Hæc propositio scandalosa est, perniciosa, verbis dominicis et apostolicis apertè contraria, et hæretica. « Quam *enim* dabit homo commutationem pro anima sua[1]? » et : « Digni sunt morte,

[1] *Matth.*, XVI, 26.

non solùm qui ea faciunt, sed etiam qui consentiunt facientibus [1]. »

XV.

De simoniâ et beneficiis conferendis.

69. Non est contra justitiam beneficia ecclesiastica non conferre gratis, quia collator conferens illa beneficia ecclesiastica, pecuniâ interveniente, non exigit illam pro collatione beneficii, sed veluti pro emolumento temporali, quod tibi conferre non tenebatur. 22 *Alex. Cens. Præd. Apol. et Guim., p.* 7.

70. Dare temporale pro spirituali non est simonia, quandò temporale non datur tanquàm pretium, sed duntaxat tanquàm motivum conferendi, vel efficiendi spirituale; vel etiam quandò temporale fit solùm gratuita compensatio pro spirituali, aut è contrario. 45 *Innoc. Cens. Lovan.* 1657. *Prop.* 15.

71. Et id quoque locum habet, etiamsi temporale sit principale motivum dandi spirituale, imò etiamsi sit finis ipsius rei spiritualis, sic ut illud pluris æstimetur, quàm res spiritualis. 46 *Innoc. et prædicta Censura.*

CENSURA.

Hæ propositiones temerariæ sunt, scandalosæ, perniciosæ, erroneæ; hæresim simoniacam, sacrâ Scripturâ, canonibus et pontificiis constitutionibus reprobatam, mutato tantùm nomine per fallacem mentis sive intentionis directionem inducunt.

72. Cùm dixit concilium Tridentinum, eos alienis peccatis communicantes mortaliter peccare, qui non, quos *digniores* et Ecclesiæ *magis utiles* ipsi judicaverint, ad ecclesias promovent: concilium, vel primò videtur per hoc, *digniores*, non aliud significare velle nisi dignitatem eligendorum, sumpto comparativo pro positivo: vel secundò, locutione minùs propriâ, ponit *digniores*, ut excludat indignos, non verò dignos: vel tantùm loquitur tertiò, quandò fit concursus. 47 *Innoc. Conc. Trid., sess. XXIV, cap.* 1, *de Refor.*

CENSURA.

Hæc propositio concilio Tridentino contraria est, Ecclesiæ utilitati ac saluti animarum, quæ à pastorum delectu præcipuè pendet, adversatur.

[1] *Rom.,* 1, 32.

XVI.

De Missæ sacrificio et sacrâ communione.

73. Satisfacit præcepto Ecclesiæ de audiendo sacro, qui duas ejus partes, imò quatuor, simul à diversis celebrantibus audit. 53 *Innoc.* *Cens. Lovan.* 1657. *Prop.* 17; *et Senon.*, *pag.* 19.

CENSURA.

Hæc propositio absurda est, scandalosa, illusoria. communique christianorum sensui repugnat.

74. Eidem præcepto satisfit per reverentiam exteriorem tantùm, animo licet voluntariè in alienâ, imò et pravâ cogitatione defixo. *Cens. Vic. Gen. Paris.*, *pag.* 18 *et* 19.

75. Præcepto communionis annuæ satisfit per sacrilegam corporis Domini manducationem. 55 *Innoc.*

CENSURA.

Doctrina his duabus propositionibus contenta, temeraria est, scandalosa, erronea, impietati et sacrilegio favet et præceptis Ecclesiæ illudit.

76. Frequens confessio et communio, etiam in his qui gentiliter vivunt, est nota prædestinationis. 56 *Innoc.*

CENSURA.

Hæc propositio temeraria est, scandalosa, erronea, impia et sacris Litteris contraria.

XVII.

De Missâ parochiali.

77. Nullus in foro conscientiæ parochiæ suæ interesse tenetur, nec ad annuam confessionem, nec ad missas parochiales, nec ad audiendum verbum Dei, divinam legem, fidei rudimenta morumque doctrinam, quæ ibi in catechesibus annuntiantur et docentur. *Prop.* (4 *inter sex damnatas in Comitiis generalibus cleri Gallicani an.* 1656, *pag.* 412 *du Procès-Verbal.*

78. Talem legem in hac materiâ, nec episcopi, nec concilia provin-

ciarum nec nationum sancire ; nec delinquentes aliquibus pœnis, aut ecclesiasticis censuris mulctare possunt. *Prop.* 5. *ex sex præd.*

79. Plebs virtute concilii Tridentini cogi non potest censuris et pœnis ecclesiasticis, ut eat ad suam parochiam diebus dominicis ad audiendam missam (parochialem scilicet).

CENSURA.

Harum propositionum doctrina falsa est, temeraria, scandalosa, jam à clero Gallicano graviter condemnata, sacris canonibus, concilio Tridentino [1], et apostolicæ traditioni contraria, dicente Apostolo : « Non deserentes collectionem nostram, sicut consuetudinis est quibusdam [2]. »

XVIII.
Circa confessionem sacramentalem.

80. Peccata in confessione omissa seu oblita ob instans periculum vitæ, aut ob aliam causam, non tenemur in sequenti confessione exprimere. 11 *Alex.*

CENSURA.

Hæc propositio est temeraria, erronea, et confessionis integritati derogat.

81. Qui facit confessionem voluntariè nullam satisfacit præcepto Ecclesiæ. 14 *Alex.*

CENSURA.

Hæc propositio temeraria est, erronea, sacrilegio favet et præceptis Ecclesiæ illudit.

82. Mandatum concilii Tridentini factum sacerdoti sacrificanti ex necessitate cum peccato mortali, confitendi quamprimùm est consilium non præceptum... Illa particula, *quamprimùm*, intelligitur, cùm sacerdos suo tempore confitebitur. *Alex.* 38, 39. *Sess.* XIII, *cap.* 7.

CENSURA.

Hæc propositio est falsa, perniciosa, apertum concilii Tridenini decretum intervertit.

[1] *Concil. Trid.*, sess. XXII; *Decret. de observ.*, etc., sess. XXIV, cap. IV. —
[2] *Hebr.*, x, 25.

83. Non tenemur confessario interroganti fateri peccati alicujus consuetudinem. 58 *Innoc.*

84. Licet sacramentaliter absolvere dimidiatè tantùm confessos, ratione magni concursùs pœnitentium, qualis, verbi gratiâ, potest contingere in die magnæ alicujus festivitatis, aut indulgentiæ. 59 *Innoc. Cens. Lovan.* 1553. *Propos.* 4.

CENSURA.

Doctrina his duabus propositionibus contenta, falsa est, temeraria, in errorem inducit, sacrilegiis favet, christianæ simplicitati, ministrorum Christi judiciariæ potestati, confessionis integritati atque ipsius sacramenti institutioni ac fini derogat.

XIX.

Circa dispositiones et absolutionem pœnitentis. Circa occasiones proximas.

85. Probabile est sufficere attritionem naturalem modò honestam. 57. *Innoc.*

CENSURA.

Hæc propositio est hæretica.

86. Attritio ex metu gehennæ sufficit, sine ullâ dilectione Dei, sive sine ullo ad Deum offensum respectu; quia talis honesta et supernaturalis est.

CENSURA.

Hæc propositio, quâ à dispositionibus necessariis ad absolutionem excluditur quilibet ad Deum offensum respectus, temeraria est, scandalosa, perniciosa, et in hæresim inducit.

87. Concilium Tridentinum adeò expressè definivit attritionem, quæ non vivificet animam, quæque supponatur sine amore Dei esse, sufficere ad absolutionem, ut anathema pronuntiet adversùs negantes. 8° *des onze propositions censurées par quarante-six docteurs de la faculté de Paris le* 26 *mai* 1696.

CENSURA.

Hæc propositio falsa est, temeraria, concilio Tridentino contraria, et in errorem inducit.

88. Pœnitenti habenti consuetudinem peccandi contra legem Dei, naturæ, aut Ecclesiæ; etsi emendationis spes nulla appareat, nec est

deneganda, nec differenda absolutio, dummodò ore proferat se dolere, et proponere emendationem. 60 *Innoc. Cens. Lovan.* 1653. *Prop.* I. *Præd. Cens. Paris. Bitur. Senon.*, etc.

CENSURA.

Hæc propositio est erronea, et ad finalem impœnitentiam ducit.

89. Potest aliquandò absolvi, qui in proximâ occasione peccandi versatur, quam potest et non vult omittere; quin imò directè et ex proposito quærit, aut ei se ingerit. 6, *Innoc. Cens. Lovan.* 1651. *Prop.* 2; *et præd. Cens. Apol.*

90. Proxima occasio peccandi non est fugienda, quando causa aliqua utilis aut honesta non fugiendi occurrit : unde non est obligandus concubinarius ad ejiciendam concubinam, si hæc nimis utilis esset ad oblectamentum concubinarii, dùm deficiente illâ nimis ægrè vitam ageret et aliæ epulæ concubinarium tædio magno afficerent, et alia famula nimis difficilè inveniretur. 62 *Innoc. Præd. Cens.* 41 *Alex. Cens. Lovan.* 1567. *Prop.* 2.

91. Licitum est quærere directè occasionem proximam peccandi, pro bono spirituali vel temporali, nostro vel proximi. 63 *Innoc. Præd. Cens. et Lovan.* 1657. *Prop.* 1.

CENSURA.

Hæ propositiones scandalosæ sunt, perniciosæ, hæreticæ, apertè repugnantes præcepto Christi jubentis manum, pedem, oculum quoque dextrum scandalizantem abscindere et projicere[1].

XX.

De jejunio.

92. Frangens jejunium Ecclesiæ ad quod tenetur, non peccat mortaliter, nisi ex contemptu vel inobedientiâ hoc faciat, puta quia non vult se subjicere præcepto. 23 *Alex.*

93. In die jejunii, qui sæpiùs modicum quid comedit, etsi notabilem quantitatem in fine comederit, non frangit jejunium. 29 *Alex. Cens. Guim. pag.* 11.

94. Omnes officiales qui in republicâ corporaliter laborant, sunt excusati ab obligatione jejunii, nec debent se certificare, an labor sit compatibilis cum jejunio. 30 *Alex. Cens. Lovan.* 1657. *Prop.* 23.

95. Excusantur absolutè à præcepto jejunii omnes illi qui iter agunt

---

[1] *Matth.*, v, 29, 30; XVIII, 8, 9.

equitando, utcumque iter agant, etiamsi iter necessarium non sit, et etiamsi iter unius diei conficiant. 31 *Alex.*

CENSURA.

Doctrina his quatuor propositionibus contenta, falsa est, temeraria, scandalosa, perniciosa, ecclesiasticorum mandatorum incuriam inducit, jejunii leges pravis artibus eludit.

XXI.

De intemperantiâ.

96. Comedere et bibere usque ad satietatem, ob solam voluptatem, non est peccatum, modò non obsit valetudini, quia licitè potest appetitus naturalis suis actibus frui. 8 *Innoc. Cens. Vic. Gen. Paris. pag.* 17.

CENSURA.

Hæc propositio temeraria est, scandalosa, perniciosa erronea, et ad Epicuri scholam ableganda.

XXII.

De Horis canonicis.

97. Restitutio à Pio V imposita beneficiatis non recitantibus, non debetur in conscientiâ ante sententiam declaratoriam judicis, eò quòd sit pœna. 20 *Alex.*

98. Qui non potest recitare Matutinum et Laudes, potest autem reliquas Horas, ad nihil tenetur, quia major pars trahit ad se minorem. 54 *Innoc.*

CENSURA.

Hæ propositiones falsæ sunt, temerariæ, cavillatoriæ, ac præceptis ecclesiasticis illudunt.

99. Præcepto satisfacit, qui voluntariè labiis tantùm, non autem mente orat?... Respondeo me totâ hebdomadâ, toto mense, toto anno legisse (Horas) sine culpâ veniali; et me non peccavisse venialiter tam certo scire, ut possim juramento firmare... Homo sum..., distractiones non evito, involuntarias millies, interdùm etiam voluntarias; et nihilominùs nullo crucior scrupulo, nullo dubio angor, quia prudenter suppono me ad actionem internam non teneri; cum habere bonum

esse, et eâ carere ne quidem levem esse culpam, me ad lectionem tantùm et attentionem externam obligari.

CENSURA.

Hæc propositio est absona, verbo Dei contraria, hypocrisim inducit à prophetis et Christo damnatam, his verbis : « Populus hic labiis me honorat ; cor autem eorum longè est à me [1]. »

XXIII.

De jurisdictione et regularibus.

100. Qui beneficium curatum habent, possunt sibi eligere in confessarium simplicm sacerdotem non approbatum ab ordinario. 16 *Alex.*

CENSURA.

Hæc propositio est falsa, temeraria, concilio Tridentino contraria [2].

101. Mendicantes possunt absolvere à casibus episcopis reservatis, non obtentâ ad id episcoporum facultate. 12 *Alex. et in causâ Andeg. Prop.* 3.

102. Satisfacit præcepto annuæ confessionis qui confitetur regulari, episcopo præsentato, sed ab eo injustè reprobato. 13 *Alex.*

103. Regulares possunt in foro conscientiæ uti privilegiis suis, quæ sunt expressè revocata per concilium Tridentinum. 36 *Alex.*

104. Non possunt episcopi restringere vel limitare approbationes[1], quas regularibus concedunt ad confessiones audiendas : neque illas ex causâ revocare : quin imò Ordinum mendicantium religiosi ad eas approbationes obtinendas non tenentur : et si ab episcopis religiosi non probentur, rejectio illa tantùm valet ac si approbatio concessa fuisset. *Alex. VII Decr.* 30 *Jan.* 1659. *Prop.* 2 *in causâ Andeg. apud Fagn. de probab., pag.* 328, *edit. Bruxell.* 1657. *Cler. Gallic. in Com. gen. an* 1656, *pag.* 412 *du Procès-Verbal. Cens. Fac. Paris. an.* 1642. *tit.* 12.

CENSURA.

Doctrina his propositionibus contenta, falsa est, temeraria, scandalosa, erronea, in hæresim et schisma inducens, concilio Tridentino contraria, ecclesiasticæ hierarchiæ destructiva, inva-

[1] *Matth.*, xv, 8. — [2] *Sess.* XXIII, *de Reform.*, cap. xv.

lidis confessionibus viam aperit, jam olim à summis Pontificibus et clero Gallicano damnata.

105. In ministro pœnitentiæ requiritur etiam approbatio ordinarii, quæ potest limitari, sed non revocari sine causâ.

106. Minister pœnitentiæ approbatus in unâ diœcesi, etiamsi habeat suam jurisdictionem immediatè à Papâ, non potest tamen in alterâ, sine diœcesani episcopi approbatione, audire pœnitentes, saltem in loco ubi adest diœcesanus episcopus.

CENSURA.

Doctrina his propositionibus contenta, quatenùs negat approbationem revocari posse sine causâ, eamque esse necessariam in loco unde abest diœcesanus episcopus, falsa est, temeraria et episcoporum jura labefactat.

107. Vi concilii Tridentini, approbatio unius episcopi sufficit pro universâ Ecclesiâ, id est, approbatus ab uno episcopo potest ubique absolvere, modò jurisdictionem habeat; et ad eam accipiendam sufficit, vi concilii Tridentini, unius episcopi approbatio.

108. Religiosæ exemptæ possunt absolvi à sacerdote non approbato ab episcopo, sive sacerdos ille sit sæcularis, sive regularis.

CENSURA.

Hæ propositiones sun falsæt, temerariæ, à concilii Tridentini mente alienæ, jurisdictioni episcoporum et ecclesiasticæ disciplinæ contrariæ.

XXIV.

De legibus principum eorumque potestate.

109. Populus non peccat, etiamsi absque ullâ causâ non recipiat legem à principe promulgatam. 28 *Alex.*

110. Subditi possunt justa tributa non solvere. **Cens. Guimen.**, *p.* 10.

CENSURA.

Hæ propositiones seditiosæ sunt, apostolicæ doctrinæ ac dictis dominicis apertè contradicunt.

XXV.

De eleemosyná.

111. Vix in sæcularibus invenies, etiam in regibus, superfluum statui : et ità vix aliquis tenetur ad eleemosynam, quandò tenetur tantùm ex superfluo statûs. 12 *Innoc. Cens. Lovan.* 1657. *Prop.* 20.

CENSURA.

Hæc propositio est temeraria, scandalosa, perniciosa, erronea, evangelicum de eleemosyná præceptum pessumdat.

XXVI.

De obduratis.

112. Si peccatores consummatæ malitiæ, cùm blasphemant et flagitiis se immergunt, non habent conscientiæ stimulos, nec mali quod agunt notitiam, cum omnibus theologis, propugno eos hisce actionibus non peccare. *Cens: Senon.*, *pag.* 11.

CENSURA

Hæc propositio falsa est, temeraria, perniciosa, bonos mores corrumpit, blasphemias aliaque peccata excusat, et ut talis à clero Gallicano jam damnata est.

XXVII.

De peccato philosophico.

113. Peccatum philosophicum seu morale, est actus humanus disconveniens naturæ rationali et rectæ rationi. Theologicum verò et mortale, est transgressio libera divinæ legis. Philosophicum quantumvis grave, in illo qui Deum vel ignorat, vel de Deo actu non cogitat est grave peccatum, sed non est offensa Dei, neque peccatum mortale dissolvens amicitiam Dei, neque æternâ pœnâ dignum. *Cler. Gal. in Com. gen. an.* 1641, 12 *Aprilis. Alex. VIII Decret.* 24 *Augusti* 1690.

CENSURA.

Hæc propositio scandalosa est, temeraria, piarum aurium offensiva, et erronea.

XXVIII.

De peccato mortali.

114. Pleraque peccata, de quibus ait Apostolus, quod qui talia agunt, regnum Dei non possidebunt, et quæ expressè adversantur præceptis Decalogi, mortalia dici possunt,... quoniam... horum facinorum rei aut amisere omnem charitatis sensum, aut exiguum retinent, ità ut ipsis omninò dominetur cupiditas.

115. Id tamen intelligi posset, adhibito eo temperamento, ut qui planè repugnantes ac velut invita ista perpetrassent, aut gravis mali impendentis metu, aut æstu libidinis abrepti, ità ut ab istis angustiis liberati acri dolore tangerentur ob commissum peccatum; tam certò affirmari non potest, excidisse illos gratiâ, aut incurrisse pœnam damnationis; quanquàm enim hoc momento dominata sit cupiditas brevis et transitoria, potuit esse ejusmodi dominatio, quâ voluntatis intima dispositio non mutatur... Hoc temperamentum naturaliter consequitur ex doctrinâ sancti Augustini.

CENSURA.

Hæ propositiones, quæ divinæ charitatis habitum docent, aut significant posse consistere cum peccatis adversùs Decalogum, ac de quibus ait Apostolus, quòd qui talia agunt regnum Dei non possidebunt, falsæ sunt, perniciosæ, erroneæ, verbo Dei contrariæ : « Quæ enim participatio justitiæ cum iniquitate;..... aut quæ conventio Christi ad Belial [1]? » Ad excusanda et imminuenda cujusvis generis peccata viam aperiunt, et imponunt sancto Augustino.

XXIX.

De cogitationibus sive delectationibus morosis.

116. Hinc inferre debemus, eum consensum qui præbetur suggestionibus pravis, cùm tendit ad delectationem cogitandi tantùm de re illicitâ, puta de ulciscendâ injuriâ, secundùm sanctum Augustinum, non aliud esse quàm veniale peccatum, licet ipse ultionis actus, cujus cogitatione animus delectatur, sit pessimus et certissimum mortale peccatum.

[1] II *Cor.*, VI, 14. 15.

CENSURA.

Hæc propositio quaslibet cogitationes et delectationes, quas morosas vocant, regulariter imputans peccato veniali tantùm, falsa est, temeraria, scandalosa, in praxi perniciosa, concupiscentiam fovet, in tentationem et in gravius peccatum inducit, contraria et injuriosa sancto Augustino [1].

XXX.

De regulâ morum et probabilitate.

117. Puto omnia esse hodie meliùs examinata, et hanc ob rem in omni materiâ et præcipuè in morali libentiùs juniores quàm antiquiores lego et sequor... Doctrina fidei à veteribus : doctrina morum magis à junioribus petenda. *Cens. Guimen., pag.* 6.

CENSURA.

Hæc propositio temeraria est, scandalosa, perniciosa, erronea, sanctis Patribus et antiquis doctoribus contumeliosa ; spretâ in moribus christianorum componendis necessariâ Scripturarum ac traditionis auctoritate et interpretatione, moralem theologiam arbitrariam facit, viamque parat ad humanas traditiones et doctrinas, Christo prohibente, stabiliendas.

118. Ex auctoritate unius tantùm potest quis opinionem in praxi amplecti, licet à principiis intrinsecis falsam et improbabilem existimet. *Cens. Guimen., pag.* 6.

119. Hæc positio, sexdecim ad probabilitatem requiruntur, non est probabilis. Si sufficiunt sexdecim, sufficiunt quatuor : si sufficiunt quatuor, sufficit unus... Ad probabilitatem sufficiunt quatuor : sed quatuor, imò viginti et suprà testantur unum sufficere : ergò sufficit unus. *Ibid.*

CENSURA.

Hæ propositiones falsæ sunt, scandalosæ, perniciosa, spretâ veritate quæstiones morum ad numerum auctorum exigunt, et innumeris corruptelis viam aperiunt.

120. Si liber sit alicujus junioris ac moderni, debet opinio censeri

[1] Lib. XII *De Trin.*, cap. XII, n. 18.

probabilis, dùm non constet rejectam esse à Sede apostolicâ tanquàm improbabilem. 27 *Alex.*

121. Non sunt scandalosæ aut erroneæ opiniones, quas Ecclesia non corrigit. *Præfatio Cens. Guimen., pag. 3.*

CENSURA.

Hæ propositiones, quatenùs silentium et tolerantiam pro Ecclesiæ vel Sedis apostolicæ approbatione statuunt, falsæ sunt, scandalosæ, saluti animarum noxiæ, patrocinantur pessimis opinationibus quæ identidem temerè obtruduntur, atque ad evangelicam veritatem iniquis præjudiciis opprimendam, viam parant.

122. Generatim dùm probabilitate, sive intrinsecâ, sive exintrinsecâ, quantumvis tenui, modò à probabilitatis finibus non exeatur, confisi aliquid agimus, semper prudenter agimus. 3 *Innoc.*

CENSURA.

Hæc propositio falsa est, temeraria, scandalosa, perniciosa, novam morum regulam novumque prudentiæ genus, nullo Scripturarum aut traditionis fundamento, cum magno animarum periculo statuit.

123. Si quis vult sibi consuli secundùm eam opinionem quæ sit faventissima, peccat qui non secundùm eam consulit. *Cens. Guimen., pag. 6.*

CENSURA.

Hæc propositio, quæ docet blanda et adulatoria consilia et contra jus exquirere, et contra conscientiam dare, falsa est, temeraria, scandalosa, in praxi perniciosa, viamque deceptionibus aperit.

124. Non est illicitum in sacramentis conferendis sequi opinionem probabilem de valore sacramenti, relictâ tutiore; nisi id vetet lex, conventio, aut periculum gravis damni incurrendi : hinc sententiâ probabili tantùm utendum non est in collatione Baptismi, Ordinis sacerdotalis, aut episcopalis. 1 *Innoc.*

125. Probabiliter existimo, judicem posse judicare juxta opinionem etiam minùs probabilem. 2 *Innoc.*

126. Ab infidelitate excusabitur infidelis non credens, ductus opinione minùs probabili. 4 *Innoc.*

127. In morte mortaliter non peccas, si cum attritione tantùm sacramentum suscipias, quamvis actum contritionis tunc omittas liberè; licet enim unicuique sequi opinionem minùs probabilem, relictâ probabiliori.

CENSURA.

Doctrina his propositionibus contenta, est respectivè falsa, absurda, perniciosa, erronea, probabilitatis pessimus fructus.

DECLARATIO

DE DILECTIONE DEI

IN POENITENTIÆ SACRAMENTO REQUISITA

Post absolutas propositionum censuras, supersunt quædam pro rei gravitate enucleatiùs exponenda, et ab ipsis principiis in apertam lucem deducenda.

Et quidem de dilectione Dei, sicut ad sacramentum Baptismi in adultis, ità ad sacramentum Pœnitentiæ, quæ est laboriosus baptismus [1], requisita, ne necessariam doctrinam omittamus, hæc duo imprimis ex sacrosanctâ synodo Tridentinâ monenda et docenda esse duximus. Primum, ne quis putet in utroque sacramento requiri, ut præviam contritionem, eam quæ sit charitate perfectâ, et quæ cum voto sacramenti, « antequàm actu suscipiatur, hominem Deo reconciliet [2]. » Alterum, ne quis putet in utroque sacramento securum se esse, si præter fidei et spei actus, « non incipiat diligere Deum tanquàm omnis justitiæ fontem [3]. »

Neque verò satis adimpleri potest utrique sacramento necessarium vitæ novæ inchoandæ, ac servandi mandata divina propositum; si pœnitens primi ac maximi mandati, quo Deus toto corde diligitur, nullam curam gerat; nec sit saltem animo ità præparato, ut ad illud exequendum, divinâ opitulante gratiâ, sese excitet ac provocet.

Placet etiam caveri à sacramenti Pœnitentiæ administris, ne in hoc Pœnitentiæ sacramento, aliisque « sacramentis conferendis, sequantur opinionem probabilem de valore sacramenti, relictâ tutiore [4], » neve pœnitentes ipsorum fidei animam suam committentes admonere cessent, ut in pœnitendo inchoatæ sal-

---

[1] Sess. XIV, cap. II. — [2] Sess. XIV, cap. IV. — [3] Sess. VI, cap. VI. — [4] 1 Prop. Inn. XI.

tem dilectionis Dei ineant viam, quæ sola secura sit, graviter peccaturi in hoc salutis discrimine, « vel eo solo quòd certis incerta præponant [1]. »

DE OPINIONUM PROBABILIUM USU.

Absit verò ut probemus eorum errorem, qui negant « licere sequi opinionem vel inter probabiles probabilissimam : » sed ad rectum usum probabilium opinionum, has regulas à jure præscriptas agnoscimus. Primùm, ut in dubiis de salutis negotio, ubi æqualia utrinque animo sese offerunt rationum momenta, sequamur id quod tutius, sive quod est eo in casu unicè tutum : neque id consilii sed præcepti loco habeamus, dicente Scripturà : « Qui amat periculum in illo peribit [2] : » hæc prima regula. Altera, ut circa probabiles de christiana doctrina sententias, sequamur id, quod Viennense œcumenicum concilium circa infusas tàm parvulis quàm adultis in Baptismo virtutes decrevit his verbis : « Nos *hanc* opinionem... tanquàm probabiliorem, et dictis sanctorum ac doctorum modernorum theologiæ magis consonam et concordem... duximus eligendam [3]. » Quod concilii judicium eò magis ad regendos mores pertinere constat, quò magis ex ipsis fidelium sanctitas ac salus pendet.

Ex hâc igitur regulâ sit consequens : primùm, ut in rebus theologicis ad fidei et morum dogmata spectantibus, theologos quidem etiam modernos audiamus, si tamen consonas sanctis Patribus tradant sententias. Deinde, ut si ab eis recedant, harum opinionum inhibeatur cursus, nedùm earum aliqua ratio habeatur, aut ulla eis tribuatur auctoritas. Denique, ut nemini liceat eligere eam sententiam, quam non veritati magis consentaneam duxerit.

Quod ergò in praxi eam nobis liceat sequi sententiam, quam nec ipsi ut probabiliorem eligendam judicemus, hoc novum, hoc inauditum, hoc certis ac notis auctoribus postremo demùm sæculo proditum, et ab iisdem pro regulâ morum positum, repugnat huic effato à Patribus celebrato, « quod ubique, quod

---

[1] S. August., lib. *contra Donatist.*, cap. III et VII. — [2] *Eccli.*, III, 27. — [3] Clem. unica, *de sum. Trin. et sed Cathol.*

semper, quod ab omnibus [1], » nec habere potest christianæ regulæ securitatem.

Hoc initium malorum esse atque omnium antè dictarum corruptelarum caput, et doctrinæ consecutio et series temporum ostendit. Hoc ab antecessoribus nostris viris fortibus ac religiosis censoriè notatum [2], hoc sæpè reprehensum, hodieque reprehendi nullo incusante, imò bonis probantibus, diffiteri nemo potest.

Nos quoque iis de causis, has novas sententias, in salutis negotio periculosas, re diligenter inspectâ, summâ ope caveri, ac prohiberi oportere censuimus ac censemus. Placeat autem illa prudentia, ut ante omnia custodiamus, et in tuto collocemus, id quod *unum est necessarium* [3], fiatque illud dominicum : *Estote prudentes sicut serpentes* [4], qui protecto, quod præcipuum est, capite sibi consulunt : neque quisquam in dubio salutis ad actum prosiliat, nisi ipso dubio, non ad nutum voluntatis, aut ex cupiditatis instinctu, sed ex rectâ ratione deposito, dicente Scripturâ : « Rationabile obsequium vestrum [5]; » et iterùm : « Sapiens timet et declinat à malo, stultus transilit et confidit [6]; » postremò audiatur apostolicum illud : « Omnia probate, quod bonum est tenete [7]; » et iterùm : « Omne quod non est ex fide, » id est ex conscientiâ, sive ex persuasione, « peccatum est [8]; » denique, « Testimonium reddente illis conscientiâ ipsorum [9]; » non aliorum utique sed ipsorum et suâ.

ADMONITIO ET CONCLUSIO.

Admonemus autem compresbyteros nostros, sive sæculares, sive regulares, quicumque episcoporum auctoritate, vel verbum Dei prædicant, vel sacramenta administrant; « ne ullo unquàm tempore viam salutis, quam suprema veritas Deus, cujus verba in æternum permanent, arctam esse definivit, in animarum perniciem dilatari, seu veriùs perverti sinant, plebemque christianam ab ejusmodi spatiosâ latâque per quem itur ad perditionem viâ, in rectam semitam evocent [10]. Quæ Christi verba ab Alexan-

---

[1] Vincentius Lirin., *Common.*, I, cap. III. — [2] In *Censuris Apolog. Casuist.* — [3] *Matth.*, X, 16. — [4] *Luc.*, X, 42. — [5] *Rom.*, XII, 1. — [6] *Prov.*, XIX, 16. — [7] I *Thessal.*, V, 21. — [8] *Rom.*, XIV, 3. — [9] *Ibid.*, II, 16. — [10] Alex. VII in præf. Decr. 24 sept. 1665.

dro VII inculcata, altè animis insidere optamus, et oramus; speramusque in Domino fore, ut quicumque hactenùs laxiores illas sententias, nullâ certâ ratione, sed alii alios secuti docuerunt, docere ipsas jam desinant; quippè quas et episcopi, ipsique Romani Pontifices reprehendant; hæretici verò, immeritò illi quidem, sed tamen pro more suo Ecclesiæ imputent, atque invidiæ vertant, filii quoque sæculi ut vanas rideant. Quare inanem, Deoque et hominibus exosam sophisticen aliquandò aversati, auctore sancto Hieronymo, ad recta se conferant : « Ut qui priùs populum blandimentis decipiebant, posteà verò annuntiando deterreant, et ad rectam revocent viam; et qui causa erroris fuerant, incipiant mederi vulneribus quæ intulerunt, et esse occasio sanitatis [1]. »

Datum in palatio regio San-Germano, in comitiis generalibus cleri Gallicani, die quartâ mensis septembris, anno millesimo septingentesimo.

Sic signatum in originali.

L. A. Card. de Noailles, arch. Paris. Præses.

Infrà subscripserunt deputati utriusque ordinis.

[1] Hieron., *in Mich.*, cap. III, ad illa verba : *Hæc dicit Dominus*, etc.

CARDINALES
ARCHIEPISCOPI, EPISCOPI

ALIIQUE ECCLESIASTICI VIRI, PERMISSIONE REGIA, IN REGIO PALATIO SAN-GERMANO CONGREGATI,

Cardinalibus, archiepiscopis, episcopis et universo Clero per Gallias consistenti, salutem in Christo.

Fuit is pridem decor christianæ disciplinæ, quem beatus Apostolus commendaret his verbis : « De cætero, Fratres, quæcumque sunt vera, quæcumque pudica, quæcumque justa, quæcumque sancta, quæcumque amabilia, quæcumque bonæ famæ; si qua virtus, si qua laus disciplinæ, hæc cogitate [1]. » Hæc enim illa est pulchritudo justitiæ : hoc veri studium; is splendor sanctitatis : hæc amabilitas morum : hæc christiani nominis fama, quæ ad Christum omnia facilè pertraheret : neque aliud fuit, quo scandalum crucis, quo prædicationis stultitia magis nobilitari posset. Quare, cùm ad extrema ventum est tempora, in quibus decor pristinus, imminutâ fide, refrigescente charitate, labente disciplinâ, morum corrruptelis, ac denique, ut fit, fallacium opinionum illuvie deteri videbatur; id egerunt omnes pii, atque ipsa præsertim ecclesia Gallicana, ut moralis theologiæ dignitatem vindicarent. Huic igitur operi ut jam vel maximè salutares admoveatis manus, et nostra judicia vestrâ consensione firmetis, communis officii ratio, et charitatis vinculum, et collegii nostri unitas, et auctoritas, suo quodam jure postulant.

Et quidem doctissimæ ac celeberrimæ theologicæ Facultates, maximè verò Parisiensis cum Lovaniensi conjuncta, etiam interrogantibus episcopis, pro officio suo gliscentem novandi libidinem represserunt. Compresbyteri quoque nostri parochialium ecclesiarum rectores, cæterique doctores in amplissimis civitatibus constituti, ad nostra usque tempora non cessarunt exaltare vocem suam in plateis Sion, atque episcopos in altiore speculâ

[1] *Philip.*, IV, 8.

collocatos assiduis efflagitationibus incitarunt : qui quidem eorum vocibus et ipsâ rei necessitate commoti, pro loci sui auctoritate, valentiore manu *gladium spiritûs* assumpserunt *quod est verbum Dei* [1], ad dirumpenda *cervicalia et pulvillos* inani arte consutos *sub omni cubito manûs* [2] *:* ne infelices animæ in morte obdormiscerent, ac per falsæ pacis somnium ad æterna supplicia raperentur. Neque tantùm Fratres nostri, apostoli ecclesiarum, gloria Christi, in suis quique diœcesibus ascenderunt ex adverso, sed et plenitudo exercitûs Israel, ipsi nempè conventus cleri Gallicani, in Christi nomine ritè adunati, de fide et moribus ediderunt præclara constituta, gravesque censuras, quarum haud exiguam partem commemorandam repetendamque censuimus.

Nec tacere possumus, religiosissimi Patres, memorabilem sententiam quâ maximus ac doctissimus cœtus, anno 1655 et sequentibus, Parisiis congregatus, gravissimo judicio suo damnavit perversam ac falsi nominis scientiam, quâ instructi homines « non jam accommodarent mores suos ad evangelicæ doctrinæ normam, sed et ipsam potiùs regulam ac sancta mandata ad cupiditates suas inflecterent et detorquerent, novâque et inani philosophiâ christianam disciplinam in academicas quæstiones, ac dubias fluctuantesque sententias verterent [3]. » Hæc illi : quâ sententiâ, versatilem illam ac noxiam opinionum flexibilitatem, hoc est, ipsum mali caput conterebant. Illud verò judicium, sancti Caroli Borromæi *Commonitionibus ad ministros pœnitentiæ* datis præfixum, ad collegas suos sanctos ecclesiarum Gallicanarum episcopos transmiserunt, ac deploratâ sæculi cæcitate, id quoque indoluerunt, quod in ipso comitiorum exitu, oppressi negotiis, congruâ medicinâ grassantes morbos propellere non potuerint. Quibus sanè verbis ea remedia non omisisse prorsùs, sed in opportuniora tempora distulisse, eamque provinciam secuturis conventibus demandasse visi sunt.

Hanc paternam velut hæreditatem cleri Gallicani cœtus, anno 1682 Parisiis congregatus, exceperat, sed conventu interrupto, ne salutaris consilii memoria intercideret, sapientissimi Patres

---

[1] *Ephes.*, VI, 17. — [2] *Ezech.*, XIII, 18. — [3] Conventûs 1655, *Epist. ad Episc.*, etc., prætixa editioni libelli cui titulus : *Instructions de saint Charles aux confesseurs.*

pravarum propositionum indiculum, anteaquàm discederent, edi, ac per ecclesias mitti voluerunt, ut futuris conventibus velut digito indicarent, quid tùm Gallicana pararet ecclesia, aut quid à posteris expectari par esset.

Ex his profectò liquet, episcopis Gallicanis, ad Dei gloriam semper intentis, non animum unquàm sed opportunitatem defuisse, quam nacti, occultâ quâdam divini numinis providentiâ, opus in manus resumpsimus, hoc vel maximè tempore, quo fratres nostros à fide catholicâ devios, maximo rege præeunte, revocare nitimur ad Ecclesiam, cùm nihil sit quo magis optimi ac religiosissimi principis studia adjuvare possimus, quàm si demus operam, ut christianæ de moribus regulæ castitas et honestas, magis magisque in dies, nec tantùm decretis atque sententiis, verùm etiam factis et executione enitescat : quippè quâ vel maximè ad Christum omnia trahi, atque etiam infideles ab extremo orbe ad fidem converti solere diximus.

Nec defuturam speramus Ecclesiæ laboranti eam, quæ semper adfuit, regiam auctoritatem. Exstant nostris temporibus [1], rege ipso præsente regii consilii suprema judicia de coercendis erroribus, qui ad Ecclesiæ ac reipublicæ exitium publicè docerentur, castigatis quoque ac repressis eorum auctoribus. Neque quidquam est boni utilisque consilii, quod Ludovici Magni temporibus non expectari possit; aut est quidquam hujus regni gloriæ ac splendori congruentius, quàm ut religionis ac disciplinæ puritas sanctitasque floreat.

Hujus ergo rei gratiâ, nos in Spiritu sancto et in Christi nomine adunati ejusque ope freti, non tàm novum opus aggredimur, quàm sancta decreta, quoad fieri potuit, colligimus, ordinamus, adhibitis notis certisque principiis indicatis, quibus instructi cooperatores nostri sacramentorum administri, errores subinde in Ecclesiâ renascentes non modò perspicere, verùm etiam facile confutare possint. Hoc opus non tàm nostrum quàm vestrum, vestris quippè auspiciis, vestro spiritu gestum, sanctissimi ac religiosissimi consacerdotes, vestræ pietati, vestræ fidei commendamus, hoc in tutelâ præsidioque vestro ponimus:

[1] An. 1644.

hoc fidele depositum cum cæteris egregiis monumentis vestrorum cœtuum componendum, et in communes ecclesiarum usus adhibendum relinquimus; ut in Christo Jesu, quo uno confidimus, ecclesiæ Gallicanæ, imò etiam catholicæ gloria inclarescat. Valete in Domino.

Datum in palatio regio San-Germano, kal. octobris M. DCC.

Et subscripserunt iidem qui suprà.

Acta fuerunt hæc, statuta et ordinata, lecta et publicata in synodo generali Meldis celebratâ, in palatio episcopali, die et anno prædictis : Et subscripsit ROYER, *notarius.*

EXPLICIT CENSURA ET DECLARATIO CONVENTUS ANNI 1700.

RÈGLEMENT

POUR LES RELIGIEUX

QUI DEMANDENT L'AUTORISATION DE PRÊCHER ET D'ADMINISTRER LES SACREMENS DANS LES DIOCÈSES,

Décrété par l'assemblée du clergé, en 1700 (a).

Le 21 août, Monseigneur le président a supplié la Compagnie de se souvenir de ce qu'il eut l'honneur de lui dire le 23 du mois de juin, sur le fait de son Ordonnance du vingt-quatrième jour de mai de l'année 1697, pour l'approbation des réguliers dans son diocèse. Il a ajouté que cette Ordonnance, dont l'assemblée a entendu la lecture, ayant été remise selon son ordre à la commission des réguliers, il en

(a) Nous avons parlé dans un autre volume du différent où l'on vit s'agiter, d'une part les disciples de saint Ignace, de l'autre M. le Tellier, archevêque de Reims.
Bientôt après l'archevêque de Reims sentit le besoin d'assurer, à l'endroit des Ordres religieux, la sainteté du ministère sacré : il statua dans une Ordonnance que les prêtres réguliers, pour obtenir l'autorisation d'exercer les fonctions pastorales dans son diocèse, devroient présenter un certificat de leur provincial, puis des lettres testimoniales de l'évêque qui les auroit employés en dernier lieu dans la dispensation de la parole divine et des sacremens; bien plus, il enjoignit aux supérieurs de dénoncer pour ainsi dire à l'évêque, en lui laissant une espèce de signalement, les religieux « qu'ils jugeroient à propos de renvoyer... pour fautes commises. »
Non content d'avoir fait admettre ce règlement dans plusieurs diocèses, il le soumit à l'assemblée générale de 1700, et vit les représentans du clergé lui donner leur sanction dans la séance du 17 septembre.
Le lecteur jugera sans doute que le règlement le Tellier, non-seulement outrageoit les sociétés religieuses dans leur honneur, mais les soumettoit à une sorte de police inquisitoriale qui devoit s'étendre d'un bout à l'autre du royaume. Aussi l'opinion publique ne vit-elle pas, dans ces mesures préventives, une preuve de bienveillance pour les religieux, ou pour les *mendians*, comme le haut clergé les appeloit souvent. Les réclamations s'élevèrent de toute part ; et le Tellier déclara dans l'assemblée, lui président, que le général des jésuites avoit défendu à ses religieux de demander aux évêques les lettres testimoniales.
Bossuet n'approuvoit pas sans réserve le zèle de l'archevêque de Reims. Parlant à son neveu de l'Ordonnance de ce prélat : « Je ne me signalerai pas, dit-il, par de semblables actes. C'est à ceux qui remplissent les grands sièges à parler; pour moi, je me contenterai de faire les choses sans éclat. » (*Lettre* du 29 juillet 1697; vol. XXIX, p. 120).

avoit conféré avec Messeigneurs les commissaires, et que si elle le trouvoit bon, lesdits Seigneurs commissaires prendroient le bureau, pour lui rendre compte de ce qu'ils ont résolu de proposer à la Compagnie sur ce sujet et sur le fait de leur commission.

Messeigneurs les commissaires des réguliers ont pris le bureau; et Monseigneur l'évêque de Meaux, chef de la commission, a dit que le gouvernement ecclésiastique se régloit ou par le droit étroit et par les canons, ou par la condescendance et par l'équité; qu'à regarder le droit et les canons, il n'y avoit rien de mieux établi que la disposition de l'Ordonnance de Monseigneur l'archevêque de Reims; que les lettres testimoniales se trouvoient dès l'origine du christianisme, et même dans les *Epitres* de saint Paul; que c'est pour cela qu'il demandoit aux Corinthiens : « Avons-nous besoin de lettres de recommandation auprès de vous [1] ? » que lorsqu'il s'agit de porter à Jérusalem les aumônes des églises, le même saint Paul avoit expressément marqué qu'on en chargeroit ceux qui seroient approuvés par leurs lettres, *quos probaveritis per epistolas* [2] : que s'il falloit avoir un bon témoignage pour porter des trésors temporels, combien plus en avoient besoin ceux qui étoient les dispensateurs des graces spirituelles : que la coutume des lettres testimoniales venoit même par la tradition de l'ancien peuple; en sorte que le même saint Paul étant arrivé à Rome, les Juifs lui dirent qu'ils n'avoient reçu de Judée aucune lettre ni aucun témoignage contre lui [3] : qu'il n'étoit pas nécessaire de marquer, dans toute la suite des siècles, la continuation d'un usage si nécessaire; que les religieux ne doivent point être exempts de cette obligation; et que s'ils devoient recevoir le témoignage de leur régularité par les supérieurs de leur ordre, ils devoient à plus forte raison recevoir le témoignage des évêques pour ce qui regarde l'administration des sacremens : qu'ainsi l'Ordonnance de Monseigneur l'archevêque de Reims étoit excellente et très-canonique, et qu'elle contenoit le vrai remède pour empêcher que les évêques ne fussent trompés; que ce prélat en avoit usé avec une bonté paternelle, et avec tous les égards possibles envers les religieux qui ne s'étoient pas soumis à cet ordre : qu'au reste la Compagnie pouvoit se souvenir de ce que mondit Seigneur le président avoit dit le 23 du mois de juin dernier, que si elle croyoit qu'il y eût quelque tempérament à prendre, pour concilier la délicatesse des réguliers avec le devoir d'un évêque dans un article si essentiel à la discipline, il se feroit un honneur de marquer à l'assemblée le respect et la déférence qu'il a pour elle; qu'en effet il a proposé lui-même à la commission assemblée le Règlement qui s'ensuit, dont on a fait la lecture.

[1] II *Cor.*, III, 1. — [2] I *Cor.*, XVI, 3. — [3] *Act.*, XXVIII, 21.

RÈGLEMENT POUR LES RÉGULIERS.

Pour éviter l'inconvénient où les évêques pourroient tomber, en approuvant des réguliers dont les approbations ont été révoquées dans un autre diocèse, ou qui y ont été interdits, ou qui de concert avec l'évêque diocésain ont été renvoyés par leurs supérieurs pour des fautes qui ne sont connues que de l'évêque du diocèse duquel ils sortent; chaque régulier, de quelque ordre, congrégation et société qu'il soit, que son supérieur immédiat jugera à propos de présenter à son évêque, pour recevoir de lui ou de son grand-vicaire une approbation pour prêcher ou pour confesser, sera porteur d'un certificat en bonne forme, signé de son provincial, ou de celui qui dans son ordre fait sous un autre nom les fonctions de provincial ; par lequel certificat ledit provincial rendra un bon témoignage de ses vie et mœurs ; et ce certificat marquera de plus dans quel diocèse ce régulier, qu'on présentera pour être approuvé, aura fait sa dernière demeure pendant un temps considérable.

Lorsque les supérieurs desdits réguliers feront sortir un de leurs inférieurs d'un diocèse de concert avec l'évêque pour fautes commises par ledit inférieur et connues par l'évêque, le supérieur immédiat des réguliers sera tenu de déclarer audit évêque, en quelle maison ou couvent de son ordre le provincial de cet ordre aura jugé à propos d'envoyer ce régulier ; et en ce cas ledit évêque est exhorté d'avertir celui de ses confrères, dans le diocèse duquel il saura que ce régulier aura été envoyé par ses supérieurs.

La lecture du Règlement étant achevée, Monseigneur l'évêque de Meaux a ajouté que l'avis de Messeigneurs les commissaires avoient été que ce Règlement seroit très-utile, et devoit être suivi sous le bon plaisir de la Compagnie.

Monseigneur l'évêque de Meaux a dit ensuite, que la Compagnie sait qu'il n'y a rien de plus sage que les règlemens des réguliers faits dans les assemblées de 1625, 1635 et 1645 ; que Messeigneurs les commissaires estimeroient qu'il y auroit quelque chose à y ajouter ; mais que ces règlemens ayant été faits dans les assemblées qu'on appelle

Grandes, parce qu'elles sont plus nombreuses que celle-ci, on avoit jugé dans la Commission qu'on devoit remettre à la prochaine assemblée la revue de ces anciens règlemens, et exhorter cependant Messeigneurs les archevêques et évêques de tenir exactement la main à leur exécution.

L'assemblée, délibération prise par provinces, a approuvé la proposition de Messeigneurs les commissaires en tous ses points, et particulièrement le règlement projeté par Monseigneur le président : et en conséquence elle a ordonné qu'il sera imprimé au plus tôt, et envoyé avec la présente délibération à tous Messeigneurs les archevêques et évêques, en conformité de laquelle l'assemblée leur écrira une lettre : et à l'instant Monseigneur le président a prié Monseigneur l'évêque de Meaux de faire ladite lettre.

Le 17 septembre, de relevée, Monseigneur l'évêque de Meaux a lu la lettre qu'il avoit été chargé de faire dans la séance du samedi 21 août, pour accompagner le règlement que l'assemblée a fait au sujet des réguliers : ladite lettre a été approuvée et signée ; et la Compagnie a ordonné à MM. les agens de la faire imprimer, et de l'envoyer avec ledit règlement à tous Messeigneurs les archevêques et évêques du royaume.

LETTRE

AUX ARCHEVÊQUES ET ÉVÊQUES DU ROYAUME.

Nous vous envoyons un règlement que nous avons cru devoir faire, pour empêcher les évêques d'être surpris dans les permissions qu'ils donnent de prêcher et de confesser dans leurs diocèses, aux religieux qui leur sont présentés par leurs supérieurs. L'Evangile nous apprend que les trésors célestes, tels que sont la prédication de la parole de Dieu et l'administration du sacrement de Pénitence, doivent être mis entre des mains sûres et distribués à chacun selon sa propre vertu, *secundùm propriam virtutem ;* de peur que si la dispensation de ces graces, qui font toute la richesse de l'Eglise, étoit commise indifféremment et sans connoissance à toutes sortes de sujets, elle n'échût trop facilement et contre notre intention au serviteur inutile qui ne sauroit pas les faire valoir. C'est pour éviter cet inconvénient que plusieurs prélats avoient réglé, depuis quelques années, que les religieux qu'on enverroit pour travailler dans leurs diocèses, n'y paroîtroient pas sans le témoignage non-seulement de leurs supérieurs par rapport à la régularité, mais encore et à plus forte raison sans celui des évêques du lieu où ils auroient servi, par rapport aux fonctions ecclésiastiques. Quoique ce règlement soit très-sage, quelques ordres religieux ne s'y sont pas soumis pour des raisons que nous n'avons pas approuvées. La nature du gouvernement épiscopal, qui pour être tout paternel, doit être rempli de charité et de douceur, nous a engagés à chercher des tempéramens qui pussent en même temps satisfaire au devoir de nos consciences, et contenter la délicatesse des réguliers que nous chérissons comme nos enfans. C'est ce qui nous a portés à faire un nouveau règlement, qui en remédiant à un mal constant et trop commun, ne leur donnera pas le moindre prétexte de dire qu'on veuille entamer leurs priviléges. Nous vous l'envoyons avec la délibération que nous avons prise sur ce sujet le 21 août dernier. Vous y verrez les raisons pour lesquelles nous avons cru devoir réserver aux assemblées plus nombreuses que celles-ci, la revue des anciens règlemens faits pour les réguliers dans les assemblées de 1625, 1635 et 1645. Nous avons seulement jugé à propos de vous prier de tenir la main à leur exécution, et de redoubler vos soins pour obliger vos diocésains à fréquenter la messe et l'office paroissial : c'est une pratique où toute l'Eglise et nos prédécesseurs en particulier, ont fait le plus consister la piété et l'exercice de la communion ecclésiastique. Nous sommes, etc.

A Saint-Germain-en-Laye, ce 17 septembre 1700.

FIN DU VINGT-DEUXIÈME VOLUME.

TABLE

DES MATIÈRES CONTENUES DANS LE VINGT-DEUXIÈME VOLUME.

DEFENSIO DECLARATIONIS CLERI GALLICANI

DE ECCLESIASTICA POTESTATE.

PARS TERTIA,

DE PARISIENSIUM SENTENTIA AB IPSA CHRISTIANITATIS ORIGINE REPETENDA.

LIBER SEPTIMUS,

Conciliorum generalium traditio.

CAPUT PRIMUM. Infallibilitas quibus verbis ab antiquis explicetur, ubi sita sit quæritur. — 1

CAP. II. Sententia Parisiensium res inter judicatas reponenda, ex dictis de concilio Constantiensi. — 2

CAP. III. Alia modernorum quorumdam cavillatio confutatur : ostenditurque, ex ipsis concilii Constantiensis verbis ac gestis, Papam non modò teneri conciliaribus de fide decretis jam factis, sed etiam in quærendo et tractando, in concilii potestate esse. — 3

CAP. IV. Aliæ cavillationes : Papam subjici quidem concilio in fidei quæstionibus, sed tantùm postquàm se illi sponte submisit : tum esse quidem illum per sese infallibilem, si non adsit concilium, sed præsente concilio, jam illi subesse. — 5

CAP. V. An concilii Constantiensis judicium antiquâ traditione nitatur : præmittimus quædam, ex Vincentio Lirinensi, de Ecclesiæ catholicæ toto orbe diffusæ auctoritate : hinc valere concilia œcumenica : duplex ratio agnoscendæ ecclesiasticæ consensionis, ac finiendarum fidei quæstionum ; altera per concilia œcumenica ; altera sine conciliis œcumenicis : utraque suo ordine tractanda suscipitur : à primâ ordimur : atque octo primorum conciliorum generalium traditionem ac praxim explicare incipimus.

CAP. VI. Concilium apostolicum Hierosolymis habitum de legalibus, ut omnium conciliorum generalium forma proponitur : perpenditur illud ; VISUM EST SPIRITUI SANCTO ET NOBIS : vis Spiritûs in ipsâ consensione posita : in eam rem egregiæ concilii V, ac sancti Cœlestini Papæ in concilio III auctoritates. — 9

CAP VII. Concilii Nicæni primi decreta adversùs Arianos, ipsâ Patrum consensione valuerunt, nullo antè gestam, nullo post gestam synodum Sedis apostolicæ speciali decreto : in eo concilio ipsius consensionis auctoritate tres præcipuæ finitæ quæstiones : ad Sedem apostolicam communis decreti executio pertinet. 13

CAP. VIII. Constantinopolitana prima synodus, secunda generalis, in medium adducitur : ex eâ demonstratur quæstiones fidei solâ Ecclesiarum consensione finitas. 16

CAP. IX. Ad Ephesinam synodum devenimus : referuntur ea quæ synodum præcesserunt, demonstraturque à sancto Cœlestino Papâ totâ Sedis apostolicæ auctoritate in Nestorii hæresim ac personam pronuntiatum fuisse : an tale judicium pro irreformabili sit habitum : quæstio ex actis postea dissolvenda. 17

CAP. X. Dicta à Cœlestino Papâ de fide, totâ Sedis apostolicæ auctoritate, sententia concilii universalis mentione et convocatione suspenditur : id canonicè et ordine factum omnes episcopi et Papa ipse confitetur. 19

CAP. XI. Acta synodi Ephesinæ recensentur : ejus actio prima probat synodus omnia quæ à Cœlestino decreta essent in suspenso manere, usque ad synodi sententiam : quæ de fide gesta sunt referuntur, ostenditurque prolatum à Papâ judicium ad examen legitimum fuisse revocatum. 21

CAP. XII. Continuatio actionis primæ concilii Ephesini : quæ circa Nestorii personam à Cœlestino Papâ decreta essent, ad synodale examen et ipsa revocantur, nec nisi quæstione habitâ comprobantur. 24

CAP. XIII. Gesta actionis secundæ quibus præcedentia comprobantur : quid sit confirmare decreta, stylo ecclesiastico, ex gestis demonstratur : in synodi examine atque judicio quæstionis finem non modò sacra synodus, sed etiam legati apostolici, atque ipse etiam Papa Cœlestinus agnoscunt. 26

CAP. XIV. Ephesinæ synodi praxis quâ doctrinâ nitatur : episcoporum auctoritas in apostolis instituta : iis omnibus fidei depositum in commune traditum, et communi curâ custodiendum : apostolici in Hierosolymis concilii auctoritas in secutis conciliis : hæc ex Cœlestini epistolâ Ephesi lectâ, quâ confutantur ii, qui docendi auctoritatem à Papâ in episcopos manare contendunt. 30

CAP. XV. Chalcedonensis concilii quarti generalis acta proponuntur; referuntur ea quæ antecesserint : ex his demonstratur, etiam in fidei causis, post Romani Pontificis judicium, à totâ Ecclesiâ ipsoque Romano Pontifice plenius ac majus, jamque irrefragabile judicium expectari. 32

CAP. XVI. In Chalcedonensi concilio duo ad rem faciunt; alterum, Dioscori Patriarchæ Alexandrini; alterum, examen epistolæ Leonis : hic de Dioscoro : demonstratur in causis, quæ universalem Ecclesiam spectant, in ipsâ consensione vim summam et indeclinabilem esse repositam. 35

CAP. XVII. Alterum caput in synodo Chalcedonensi tractatum, de expositâ fide : sancti Leonis epistola non nisi facto examine comprobata : Gallorum et Italorum ante Chalcedonense concilium de recipiendâ Leonis epistolâ, litteræ ejusdem spiritûs referuntur : decretum apostolicæ Sedis, non nisi consensione Ecclesiarum, irretractabile fieri, Christiani omnes et ipse Leo confitentur. 37

CAP. XVIII. Adversariorum effugia : Bellarminus et Baronius diversa sectantur : aliorum cavillationes de Theodoreto in sedem restituto agitur, ex eoque facto nostra sententia confirmatur. 41

CAP. XIX. Concilium quintum generale, seu Constantinopolitanum II, in medium adducitur : in eo referuntur tertiæ et quartæ synodi acta, jam à nobis recensita; et clarè docetur Romanorum Pontificum, ut et aliorum scripta, non nisi inquisitione factâ à synodis comprobari : unde trium simul synodorum œcumenicarum auctoritas nostram sententiam firmat. 46

TOM. XXII. 50

CAP. XX. Synodus V invitato ac repugnante Vigilio Papâ habetur : ejusdem Vigilii CONSTITUTUM solvit : Ibæ epistolam ipsius sententiâ ab hæresi absolutam, impiam et hæreticam judicat : à Romanis Pontificibus comprobatur. 48

CAP. XXI. In synodo VI generali, quæ Constantinopolitana est III, causa Honorii Papæ per synodum condemnati : tria effugia proponuntur : quæstiones aliquot ex actis suo ordine resolvendæ : brevis Monothelitarum historia præmittitur. 50

CAP. XXII. Honorius, Cyri Alexandrini et Sergii Constantinopolitani scripta dogmatica, in sextâ synodo condemnata, directè probat : Sophronii Hierosolymitani ab eâdem sextâ synodo, atque ab omnibus orthodoxis comprobata, improbat : ejus legatos à veritate deterret : consultus à tribus patriarchis prava rescribit : ejus litteræ toto oriente vulgatæ : his Monothelitæ præcipuè nitebantur : an hæc pro privato doctore scripserit? cæ epistolæ dogmaticæ habentur, hoc est, decretales : dogmatis nomen explicatur : confutantur effugia. 51

CAP. XXIII. Bellarmini ac Baronii effugium : quòd hæc Honorius dispensatoriè pacis gratiâ scripserit, quoad rem exactiùs definiret : id ipsius Honorii verbis confutatur, doceturque Honorium cum Monothelitis, à Romanis Pontificibus, ac præsertim à sancto Martino, presso licèt nomine, condemnatum. 56

CAP. XXIV. De synodo VI generali : ea post Romanorum Pontificum, atque imprimis sancti Martini, exquisitissimas definitiones est habita : in eâ de sancti Agathonis, totiusque Occidentalis synodi litteris ritè deliberatur : quo sensu synodus suscipiat, quæ à sancto Agathone de Sede apostolica prædicantur. 58

CAP. XXV. Sextæ synodi in Honorium dicta sententia : ejus sententiæ frequens repetitio : cur synodus eum damnatum voluerit, quem Romani Pontifices excusare videantur. 06

CAP. XXVI. Actio falsi intentata synodalibus gestis, ac duabus Leonis II epistolis, temeraria et absurda; repugnantibus omnibus scriptoribus actisque publicis. 62

CAP. XXVII. Potissimum argumentum falsitatis ex Agathonis epistolâ ductum : quàm vanum illud sit : Agatho et Leo II inter se componuntur : etsi Honorius de fide pravâ docuerit, haud minùs Ecclesiæ Romanæ permanere inconcussam fidem. 69

CAP. XXVIII. Quæstio de Honorio concluditur; atque, utcumque illius res se habent, invictum manet ex his petitum argumentum. 73

CAP. XXIX. Patres Toletani concilii XIV, synodum VI pro œcumenicâ non habent, eò quod Hispani ad eam vocati non essent; neque eam probant nisi facto examine, tametsi à Leone II probatam constitisset. 75

CAP. XXX. Synodus Nicæna II, seu generalis VII, more antecedentium synodorum, de Adriani I litteris quæstionem habet : locus egregius, quo eadem synodus docet vim illam ineluctabilem in Ecclesiæ catholicæ consensione esse positam. 77

CAP. XXXI. Galli synodum VII seu Nicænam II, Adriano præside habitam, pro œcumenicâ non habent, eo quòd ad illam nec ipsi, nec alii Occidentales vocati essent : egregius eâ de re Jacobi Sirmundi locus : Romanorum Pontificum de Gallis sententia. 79

CAP. XXXII. Synodus VIII generalis, Constantinopolitana IV, æque ac cæteræ, de Romanorum Pontificum judiciis judicat : traditam sibi à Christo, ut et Romanæ Ecclesiæ ligandi ac solvendi potestatem agnoscit et exercet : post synodi judicium, nulla jam appellatio, nulla alia spes est. 82

CAP. XXXIII. Concluditur argumentum ab octo primorum conciliorum auctoritate repetitum : eorum acta adversarii nec considerasse videntur : sancti Gelasii et sancti Gregorii locus de irretractabili ecclesiasticorum judiciorum auctoritate. 84

CAP. XXXIV. Alia concilia generalia memorantur : in iis perstitit antiqua traditio, ut summæ quæstiones ad concilia generalia referrentur, nec Pontifex decerneret, nisi SACRO APPROBANTE CONCILIO : referuntur quatuor prima Lateranensia œcumenica concilia sub Calixto II, sub Innocentio II, Alexandro III, Innocentio III; et Lugdunense primum sub Innocentio IV. 86

CAP. XXXV. Concilium generale Lugdunense II, sub Gregorio X, de reconciliandis Græcis : hujus acta præcipua referuntur. 88

CAP. XXXVI. Decretum concilii Lugdunensis II de Papæ auctoritate producitur : ostenditur nihil favere adversariis. 90

CAP. XXXVII. Idem ex Græcorum in Basileensi et Florentinâ synodis doctrinâ, Eugeniique Papæ ac Latinorum consensu ostenditur. 93

CAP. XXXVIII. Viennense concilium sub Clemente V, ejus ævi scriptor nobilis Guillelmus Mimatensis episcopus, Speculator dictus, à Papâ jussus de habendo concilio scribere, quid senserit. 96

CAP. XXXIX. Lateranensis synodus sub Julio II : ex eâ conciliorum necessitas et auctoritas. 98

CAP. XL. Post Lutheranam pestem, concilii generalis habendi necessitas ab omnibus adeoque à Romanis Pontificibus agnoscitur : eâ re concilium Tridentinum convocatur. 101

LIBER OCTAVUS.

Solvuntur objectiones quædam, ac præsertim illa quæ ex conciliorum confirmatione petitur : ad idem caput quartum Gallicanæ declarationis.

CAPUT PRIMUM. Objectio de confirmatis à Romano Pontifice synodiis generalibus proponitur : hujus dissolvendæ ratio atque ordo explicatur. 104

CAP. II. Quid sit CONFIRMARE, ecclesiastico stylo, et quid auctoritatis invehat : CONFIRMARI decreta non modò ab æqualibus, sed etiam ab inferioribus passim : tum speciatim explicatum non modò à Romanis Pontificibus conciliaria decreta, sed et à conciliis etiam particularibus Romanorum Pontificum decreta CONFIRMARI. 105

CAP. III. Quid in confirmandis conciliis gestum sit : Nicæna, Constantinopolitana, Ephesina synodus; nihil in his de illâ, quam quærimus, confirmatione actum : de Ariminensi synodo; de epistolis Eutherii et Helladii ad Sixtum III, adversùs Ephesina decreta : Christiani Lupi vanæ notæ. 110

CAP. IV. De Ephesino latrocinio : quid Leo egerit : ut ultimam sententiam futuræ universali synodo reservarit. 113

CAP. V. A Chalcedonensi synodo nullam in fidei negotiis confirmationem petitam : cujus modi sit ea, quam sanctus Leo ultro dederit. 115

CAP. VI. Quintum, sextum, septimum, octavum concilium. 116

CAP. VII. Reliquæ synodi usque ad Tridentinam. 119

CAP. VIII. De canonibus conciliorum generalium à Sede apostolicâ confirmatis vel infirmantis : Constantinopolitani canones, præsertim III; Chalcedonenses, ac præsertim XXVIII. 121

CAP. IX. Recapitulatio eorum, quæ de confirmatione ex conciliorum actis dicta sunt : hinc confutantur allati à quibusdam recentioribus pontificiæ confirmationis effectus : Ecclesiæ consensus, quatenus ultima synodi bene gestæ testificatio : sancti Gelasii locus. 124

Cap. X. Andreæ Duvallii de confirmatione sententiæ confutatur; nempe quòd ante eam conciliorum anathemata valeant, tantùm sub spe rathabitionis futuræ : concilii octavi locus egregius. 127

Cap. XI. Ex antedictis resolvitur illud, duodecim sæculis inauditum; quòd episcopi jurisdictionem omnem à Papâ mutuentur; quòdque Papæ assistant, ut consiliarii tantùm, non ut judices. 128

Cap. XII. Quo sensu dictum sit ab antiquis, à Petro et per Petrum esse episcopatum, sancti Augustini locus. 130

Cap. XIII. Patres ante Augustinum: alii Augustini loci : traditio sequentis ætatis. 133

Cap. XIV. Cleri Gallicani ab antiquâ traditione ducta sententia : conventûs generalis anni 1655 adversùs Joannem Bagotium acta memorantur. 136

Cap. XV. Auctoris anonymi, de jurisdictione episcopali à summo Pontifice profectâ, vanæ commentationes : sancti Gregorii loci : Bellarmini objectio : sancti Felicis III locus. 139

Cap. XVI. Loci sancti Joannis Chrysostomi, à novissimo auctore anonymo objecti. 143

Cap. XVII. Alius Chrysostomi locus, in Acta Apostolorum. 146

Cap. XVIII. Sancti Augustini locus ab eodem anonymo objectus, contra conciliorum auctoritatem indeclinabilem. 149

Cap. XIX. Alii loci Augustini ab eodem objecti : an Papa Ecclesiam catholicam repræsentet. 151

Cap. XX. Repetuntur et urgentur quæ pro Parisiensium sententiâ, ab auctoritate et convocatione Conciliorum generalium dicta sunt : confutantur vana suffugia : Bellarmini etiam responsionibus antedicta firmantur. 153

LIBER NONUS.

De quæstionibus præsertim fidei, extra concilia generalia, per consensum Ecclesiæ definitis.

Caput primum. Consensionis universalis vis et auctoritas ante omne judicium ecclesiasticum: multò major, cùm Romani Pontificis decreta, nullo reclamante, obtinent. 161

Cap. II. Locus Augustini de Pelagianis, Causa finita est : quænam illæ causæ sint, quæ sine synodis finitæ intelligantur ; duo Actorum loci comparantur : causæ Pelagianæ status ex Augustino : sufficiens judicium eidem Augustino quid sit : Capreoli Carthaginensis locus : concilii Ephesini de Pelagianis decretum. 163

Cap. III. Quæ causæ sine synodo finiri possint, quæ finiri non possint, ex sancto Augustino, et quæstione rebaptizationis, ostenditur. 169

Cap. IV. Sancti Stephani Papæ contra rebaptizationem decretum, totâ Sedis apostolicæ auctoritate factum, et tamen concilii generalis sententiam meritò expectatam : sancti Augustini loci. 171

Cap. V. Non tantùm pertinaces, sed Sancti post papele decretum, aliud quid desiderant. 172

Cap. VI. Quæstionem rebaptizationis à Cypriano et asseclis inter adiaphora non fuisse repositam. 173

Cap. VII. An Augustinus aliique Patres eam quæstionem inter adiaphora habuerint. 174

Cap. VIII. Quid objiciant qui hæc referunt inter adiaphora : Firmiliani et Basilii locus. 177

Cap. IX. Quæ sit illa synodus universalis, quam in hâc quæstione Augustinus memoret : Nicænam eam esse; sed, utcumque sit, nostra immota esse. 179

CAP. X. Non tantùm fidei causa, sed etiam aliæ quæ universalem spectarent Ecclesiam ab universali Concilio retractandæ, nec nisi consensione orbis finitæ esse creduntur ; causa Cæciliani : sancti Augustini locus. 180

CAP. XI. Causa sancti Joannis Chrysostomi. 181

CAP. XII. Decreta adversùs Origenistas: Theophilus Alexandrinus sanctum Anastasium Papam prœit, ac Romam ipsam liberat : in consensione vis posita : sancti Hieronymi loci. 182

CAP. XIII. Turbæ post Chalcedonensem synodum : de iis seorsim per encyclicas epistolas Ecclesiæ consuluntur : responsa mittuntur : communi consensione quæstiones finiuntur. 184

CAP. XIV. Sancti Simplicii Papæ locus de decretis apostolicis irrefragabilibus Ecclesiæ universalis assensu. 185

CAP. XV. Sancti Gelasii locus, in epistolâ ad Episcopos Dardaniæ. 186

CAP. XVI. Propositio : UNUS TRINITATIS CRUCIFIXUS, à Scythis Monachis Constantinopoli agitatur : Monachi Hormisdam consulturi pergunt : professio Justiniani, eâdem de re Romanum Pontificem consulentis, pro ejus infallibilitate objicitur. 188

CAP. XVII. Viri boni sanctique consulendos docent per orbem terrarum episcopos : quæstionis finem ab Ecclesiæ universalis auctoritate expectandum. 190

CAP. XVIII. Sancti Hormisdæ epistola ad Possessorem, quâ Scythæ Monachi condemnantur; illi Ecclesiæ catholicæ sententiam expectant : eorum propositio vincit : non nisi Ecclesiæ universalis consensione quæstioni finis imponitur. 193

CAP. XIX. Formula consulendi Romani Pontificis, rei gestæ serie, ac Patrum traditione explicatur. 196

CAP. XX. Quæstio Elipandi de Christo adoptivo Dei Filio, Romani Pontificis, et Ecclesiarum consensione finitur : particula FILIOQUE per eadem ferè tempora symbolo addita. 198

CAP. XXI. Tricassina secunda synodus sub Joanne VIII : professio obedientiæ Romano Pontifici facta secundùm Canones ab Hincmaro Rhemensi : episcopi conjunctâ auctoritate cum Papâ judicant : ex consensione robur. 200

CAP. XXII. Objecta solvuntur : Turonensis secundi concilii canon : statuta Nicolai Papæ : canones Pontigonensis synodi : quæ Petri privilegio facta habeantur : sancti Leonis insignis locus. 203

CAP. XXIII. Aggredimur demonstrare viros bonos sanctosque, post Romanorum Pontificum decreta etiam de fide, suspenso animo mansisse, quoad universalis consensus accederet : sancti Victoris Papæ decretum de Paschate proponitur : sancti Stephani de rebaptizatione paucis repetitur. 206

CAP. XXIV. Pelagii I piis et orthodoxis suspecta fides propter approbatum synodum V, non ut Doctor privatus, sed ut Papa suspectus, expositâ fide, non allegatâ infallibilitate, se purgat. 208

CAP. XXV. Bonifacius III seu IV eâdem causâ sancto Columbano Presbytero suspectus. 210

CAP. XXVI. Romani Pontifices professi se apostolico officio fungentes esse errori obnoxios, in auctoritate universalis Ecclesiæ acquiescunt : locus Innocentii III. 213

CAP. XXVII. Joannis XXII fidei professio, omnia quæ in apostolico officio gessit, etiam circa fidem, iterum examinari posse demonstrat. 214

CAP. XXVIII. Ejusdem Joannis XXII de animarum statu speciatim publico diplomate declarata fides, à Benedicto XII successore ad examen revocatur. 215

CAP. XXIX. Gregorii XI ac Pii IV professio. 217

CAP. XXX. Ecclesiæ catholicæ auctoritas multis casibus Ecclesiæ Romanæ laborantis auctoritatem supplet : primum exemplum, sæculi decimi invasores. 219

CAP. XXXI. Alia exempla : turbæ sub Sergio III, ordinationum Formosi Papæ gratiâ : Auxilii Presbyteri locus : aliæ turbæ sub Joanne XII : turbæ graviores, atque incertior status in diuturno schismate inter Urbanum VI et Clementem VII. 221

CAP. XXXII. Ex his ostenditur, etsi quis Romanus Pontifex falsa definiat, catholicam tamen Ecclesiam Sedemque apostolicam manere suo pondere constitutam. 223

CAP. XXXIII. Lapsus Romanorum Pontificum nihil Ecclesiæ, nihil fidei, nihil Sedi apostolicæ nocuerunt : Liberius ordine temporum primus recensetur. 226

CAP. XXXIV. Adversariorum effugia præcluduntur : nostra argumenta firmantur. 228

CAP. XXXV. Sanctus Zozimus Cælesti Pelagiani confessionem apertè hæreticam probat : ejus epistola ad Africanos episcopos : sancti Augustini loci. 231

CAP. XXXVI. Hormisdæ atque Honorii gesta uno verbo repetuntur : Joannes VII Trullanam synodum, quâ Romana Ecclesia erroris accusatur, suo judicio subditam, relinquit intactam. 235

CAP. XXXVII. Stephani II, Gregorii II, Sergii III, Gregorii VII, ejusque occasione Bonifacii VIII decreta et gesta referuntur : decretalis *Unam Sanctam*. 237

CAP. XXXVIII. Paschalis II : gesta Lateranensis synodi : Guidonis Viennensis, mox Callixti II, decreta in synodo Viennensi à Sede apostolicâ comprobata : hujus decreti verba ad Papam : *Nos à vestrâ obedientiâ repellelis*. 240

CAP. XXXIX. Alexandri III in exponendâ Scripturâ manifestus error, omnium sententiâ reprobatus : caput *Cùm esses; de Testamentis*. Item Innocentii III falsa Scripturæ expositio : Cap. *Per venerabilem; Qui filii sint legitimi*. 242

CAP. XL. Ejusdem Alexandri III decretum, quo anteriorum Pontificum, de matrimonio per verba de præsenti, statuta solvuntur : Innocentii III de revelandâ confessione rescriptum ad Cistercienses : idem Innocentius III Cœlestini III erroneam Decretalem solvit. 244

CAP. XLI. Franciscana controversia : primo loco ponitur Decretalis *Exiit* Nicolai III : probatur hanc veram esse definitionem doctrinalem ac dogmaticam. 246

CAP. XLII. Decretalem *Exiit* confirmarunt Clemens V, Clementinâ *Exivi*, et Joannes XXII, extravagante *Quorumdam*: mox idem Joannes ejusdem Decretalis auctoritatem infringere aggreditur. 248

CAP. XLIII. Joannis XXII Extravagans *Ad conditorem canonum* : ea Decretalis *Exiit* dogma rejecit. 250

CAP. XLIV. Joannis XXII Extravagans *Cùm inter nonnullos* : ea Decretalis *Exiit* doctrinam de Christi et Apostolorum paupertate hæreseos damnat : à Romanis Pontificibus erronea definiri posse demonstrat : Franciscani appellantes in materiâ fidei à Papâ ad concilium, ejus rei gratiâ nullam censuram ferunt. 251

CAP. XLV. Bellarmini ac Rainaldi effugia. 253

CAP. XLVI. Quæstio de visione beatificâ ante universalem resurrectionem :

in eâ Joannes XXII falsa prædicat, et suadere nititur : Gallis obsistentibus, Ecclesiæ catholicæ consensione cedit. 255

LIBER DECIMUS.

Quo probatur convenire cum Declaratione Gallicanâ hæc : quòd Romana Sedes fidesque nunquam defectura sit, et quòd prima Sedes non judicetur a quoquam.

CAPUT PRIMUM. Fides Petri quid sit : verba Petri: *Tu es Christus;* et Christi: *Tu es Petrus, etc.* Petri fides Ecclesiæ fundamentum : ad locum Matt., XVI, 16 et seq. 259

CAP. II. Ipse Petrus et Petri successores, propter injunctum officium prædicandæ et asserandæ fidei, Ecclesiæ fundamentum ; huic officio meritò adjunctæ claves. 260

CAP. III. Locus : *Rogavi pro te;* et : *Confirma fratres tuos,* Luc., XXII, 32. Aliud præceptum, aliud promissum : præceptum : *Confirma fratres,* quid sit. 263

CAP. IV. Promissio in illâ precatione : *Ut non deficiat fides tua* : fides Petri quid sit? nunquam defectura, neque in ipso Petro; neque in catholicâ Ecclesiâ; neque in Sede apostolicâ, seu peculiari Petri Ecclesiâ. 264

CAP. V. Petrus ejusque successores cuidam peculiari Ecclesiæ ac sedi præsidere debent : Petri fides in Petri sede et in successorum serie non deficit. 266

CAP. VI. Traditio Patrum de fide et Ecclesiâ Romanâ, deque Sede apostolicâ nunquam defecturâ : Romanorum Pontificum de suæ Sedis dignitate tuendâ traditio. 268

CAP. VII. Libellus à sancto Hormisdâ ad ecclesias Orientales missus : ab eisdem ecclesiis subsignatus mittitur eidem Papæ : tum sancto Agapeto, Nicolao I, atque Adriano II, prædicata in eo libello Romana fides nunquam defectura. 272

CAP. VIII. Concilium Lateranense sub sancto Martino Papâ : sancti Agathonis ad synodum sextam epistola : item Benedicti XII de visione beatificâ decretalis. 274

CAP. IX. Sancti Gelasii Papæ epistola ad Anastasium Imperatorem nobis objicitur. 277

CAP. X. Leonis IX et Gregorii VII loci objiciuntur nobis. 279

CAP. XI. Innocentii III ab anonymo auctore locus objicitur, sed truncus et mutilus. 281

CAP. XII. Petri Cardinalis de Alliaco, de Sede apostolicâ nunquam defecturâ, deque Pontifice interim fallibili et deviabili, sententia. 284

CAP. XIII. Joannis Gersonis eadem de re sententia : confutantur qui putant variasse Gersonem : Dionysii Carthusiani loci repetuntur. 286

CAP. XIV. Dubium resolvitur : Ecclesiæ Sedisque Romanæ firmitas, ab Ecclesiæ catholicæ firmitate : Ecclesiæ Romanæ traditio, universalis traditionis pars ac specimen. 287

CAP. XV. Ex Sedis apostolicæ immobili firmitate concludi causas fidei ad eam Sedem referendas; non autem propterea infallibili judicio finiendas : formulæ interrogandi Romani Pontificis, de ejus judicio piam præsumptionem, non tamen continuò certam fidem fuisse; cujus rei exempla proferuntur. 290

CAP. XVI. De sancto Thomâ et sancto Bonaventurâ Facultatis Parisiensis doctoribus, quid Gerson senserit : utriusque ac præsertim Angelici Doctoris sententia explicatur. 296

CAP. XVII. Testimonium ex Cleri Gallicani cœtu anno 1626 petitum : alia argumenta ex Janseniano negotio deprompta solvuntur : conventus anni 1653, Bullæque solemnis acceptatio. 301

CAP. XVIII. Tres aliæ secutæ cleri Gallicani congregationes probant necessariam episcoporum consensionem, atque hanc pro ecclesiastico judicio esse habendam 305

CAP. XIX. Duo exempla ab antiquitate deprompta, quibus Gallicanarum congregationum gesta firmantur : sancti Siricii de Joviniano judicium : Capuana synodus, et ejusdem Siricii responsio ad Macedonas. 308

CAP. XX. Dictum illud : PRIMA SEDES NON JUDICATUR A QUOQUAM, cujus virtutis sit; an cum declaratione Gallicanâ consentiat : duplex ejus sensus; alter de personâ Papæ; alter de sententiâ ab eo dictâ : de particularibus synodis intelligendum : Sinuessana synodus : Romana concilia sub Symmacho Papâ. 311

CAP. XXI. Persona Pontificis quatenus ab œcumenicis conciliis judicari non possit : Photii gesta Nicolaum Papam excommunicantis : concilii octavi canon XIII. 315

CAP. XXII. De sententiis Romanarum Pontificum non retractandis; eâ de re relati canones, eorumque vis : Gelasii Papæ loci. 316

CAP. XXIII. Appellationes à Papâ ad concilium : non esse de iis in Gallicanâ declaratione quæsitum : quo sensu improbari possint : Petrus de Marcâ appellationes eas à vetere disciplinâ alienas, non satis cautè dixit : varii appellationis effectus ; instaurata cognitio, prolatæ sententiæ suspensa executio : tutela et præsidium in Ecclesiæ catholicæ auctoritate adversùs papalem etiam sententiam, in certis quidem causis, res est antiquissima. 319

CAP. XXIV. Sanctus Gelasius non eo sensu appellationes à Papâ vetuit, quo sunt postea in Ecclesiâ frequentatæ. 321

CAP. XXV. Ante schismatis magni tempus appellationes à Papâ ad concilium, exactæ pecuniæ gratiâ, frequentatæ ab Anglis : adversùs Bonifacium VIII à Gallis : adversùs Joannem XXII à Franciscanis, nullo pontificio decreto condemnatæ. 322

CAP. XXVI. Appellationes à Papâ ad concilium primus omnium condemnavit Petrus de Lunâ in schismate obduratus : ejus eâ de re decretum in concilio Constantiensi revocatum. 325

CAP. XXVII. Martini V Bulla de non appellando à Papâ ad concilium, quàm perperam objecta. 326

CAP. XXVIII. Bulla *Execrabilis* Pii II in conventu Mantuano : quâ occasione lata : nostri intellexerunt de privatis tantùm negotiis, fundamento ex Bullæ verbis petito : nec recepta est in Galliâ, et ab eâ quoque appellatum : appellationes postea frequentatæ. 330

CAP. XXIX. Bulla *Suspecti regiminis* Julii II : in eâ clausulæ extra omnem ordinem : non publicata apud nos, nedum recepta : appellationes postea frequentatæ, non tantùm à nostris, sed etiam ab aliis. 332

CAP. XXX. Bullæ Pii II et Julii II, occasione litium ac dissidiorum temporalium editæ : qui appellationes respuunt, quàm incommoda remedia adhibeant. Andreæ Duvalli locus. 333

CAP. XXXI. Variæ de conciliis generalibus novissimi auctoris anonymi vitilitigationes : quæstionem ab eo pessimè constitutam : an concilia inter res incertas numeranda? Quæstiones generales à particularibus, ad Constantiensis synodi mentem, jam indè ab initio distinctæ. 336

CAP. XXXII. Recapitulatio eorum, quæ ad caput IV declarationis Gallicanæ dicta sunt, atque imprimis eorum quæ libro VII et VIII. 340

CAP. XXXIII. Recapitulatio eorum quæ sunt in libro IX. 343

TABLE. 793

CAP. XXXIV. Recapitulatio eorum quæ hoc postremo libro dicta sunt, de Romanæ Sedis ac fidei firmitate, ac de illis verbis : *Tu es Petrus*. ... 347

CAP. XXXV. Recapitulatio eorum quæ hoc postremo libro dicta sunt circa illud : *Rogavi pro te*. ... 350

CAP. XXXVI. An quemquam hominem infallibilem esse sit congruum, aut Ecclesiæ necessarium ? an nulla sit Papæ, nisi infallibilis auctoritas ? an Papâ errante nullum remedium ? ... 352

CAP. XXXVII. An contraria sententia dignum aliquid ecclesiasticâ gravitate dicat ? ... 354

LIBER UNDECIMUS.

De pontificiæ potestatis usu per canones moderando; ad caput tertium Gallicanæ Declarationis.

CAPUT PRIMUM. Refertur caput tertium Gallicanæ declarationis. ... 359

CAP. II. Exponitur tertium caput Gallicanæ declarationis : hujus duæ partes : id probandum suscipitur, ecclesiasticam disciplinam, sive universam, sive particulares spectet ecclesias, à Romano Pontifice regi, adhibitis regulis, sive universim, sive particulatim receptis, ... 359

CAP. III. Ecclesia Romana iisdem canonibus regit ecclesias, quibus ipsa regitur : probatur ex Roman Pontificibus. ... 360

CAP. IV. Idem probatur ex gestis sub Bonifacio II; et ex concilio Romano sub Joanne IX, de translationibus. ... 363

CAP. V. Aliud exemplum : concilium Romanum sub Joanne XII. ... 365

CAP. VI. Nova et insudita Gratiani interpretatio, xxv, Quæst. I, p. 2, *Sit ergo*. ... 367

CAP. VII. Concilium Mosomense : Rodulphi Glabri locus : concilium Ansanum : de eo anonymi responsiones : de exemptionibus obiter : Petri Venerabilis, et sancti Bernardi loci : an monachis Cluniacensibus profuerit, quòd Romanum Pontificem peculiarem episcopum habere vellent. ... 368

CAP. VIII. Concilium Lemovicense II : Gregorius VII : concors Romanorum Pontificum et episcoporum professio de regendo et obediendo secundùm canones. ... 372

CAP. IX. Libertas in jure antiquo et communi : Pragmatica-Sanctio sancti Ludovici : an ab anonymo idoneis probationibus falsi arguatur. ... 374

CAP. X. Edictum Caroli VI : decretum Florentinum : nulla sunt, quæ contra canones : Romanus Pontifex contra canones agere nolle præsumitur, nec ipse adversetur sibi : locus insignis concilii Basileensis. ... 383

CAP. XI. De decretalibus epistolis, deque consuetudine receptâ, et canonum origine. ... 385

CAP. XII. Jura, canones, consuetudines particularium ecclesiarum retinenda : in iisque pars libertatis ecclesiasticæ : cæterarum gentium eam in rem cum Gallis concors sententia. ... 387

CAP. XIII. Jura novella necessaria : ad vetera collimandum : Patrum Gallicanorum eâ de re in concilio Tridentino sensus : ipsum Tridentinum concilium eodem animo fuit. ... 390

CAP. XIV. Ecclesia Gallicana antiquam et sanctam, sub Aurelio et Augustino, Africanam Ecclesiam sequitur : Christiani Lupi hallucinationes : summa doctrinæ de libertatibus. ... 392

CAP. XV. Libertates quo sensu privilegia dicantur, nempe ut jura antiqua, libertatum radix : an Petrus de Marcâ audiendus, qui conciliorum superiorem potestatem à libertatibus separat. ... 395

CAP. XVI. Hæc doctrina non obest dispensationibus apostolicæ Sedis : concilii Basileensis locus : Gersonis doctrina à sancto Bernardo ducta. ... 399

TABLE.

Cap. XVII. Dispensationes sine causâ : canon Lugdunensis in earum gratiam à Petro de Marcâ citatus, an id efficiat. 401

Cap. XVIII. De dispensationibus *sine causâ* sententia cardinalium sub Paulo III : concilii Tridentini decreta memoranda. 403

Cap. XIX. Natura ipsa dispensationis ex sancto Symmacho et sancto Gelasio, Romanis Pontificibus. Hinc dispensationes *sine causâ* evertuntur. 405

Cap. XX. An auctor anonymus *Tractatûs de Libertatibus*, ad tertiam propositionem declarationis Gallicanæ rectum aliquid, aut ad rem dixerit. 406

Cap. XXI. Auctor anonymus libro primo nihil agit; à scopo quæstionis aberrare se docet. 410

Cap. XXII. Anonymi liber II : primùm multa agit extra rem : tum in eumdem sensum nobiscum congruit. 413

Cap. XXIII. De reliquis libris à III usque an XII et ultimum uno verbo transigitur : ostenditur quòd in toto opere vix tertia pars ad confutandam Declarationem spectet. 415

Cap. XXIV. An auctor anonymus Gallicanas libertates odiosas meritò esse dixerit. 416

COROLLARIUM.

Quòd doctrinâ nostrâ primatus Romanus non obscuratur, sed illustratur et confirmatur.

I. Regimen ecclesiasticum in duobus positum; docendâ fide, administrandâ disciplinâ : Mennæ Patriarchæ dictum in Constantinopolitanâ synodo : hæc duo à nobis illustrari. 419

II. De fide : in quot absurda adversarii se induant, è re ecclesiasticâ esse ea resecari; ac primùm in antiquis. 420

III. De posterioris ætatis monumentis, quæ Constantiensem synodum antecesserunt, adversarii quot absurda congesserint. 424

IV. In Constantiensi synodo nihil novum; sed antiqua in rei judicatæ auctoritatem necessariâ causâ transiisse : id qui negent in quot absurda cogantur. 427

V. Constantienses canones postremis quoque Romanis Pontificibus intactos, quàm absurdum à privatis configi : quàm item absurdum ea, quæ Tridentina synodus, ac nostra etiam ætas tuta esse censuerit, repente damnari; et de Papæ auctoritate postulari plura, quàm ipse Duvallius aliique Romanæ Sedis studiosissimi poposcerint. 429

VI. De Pontificum lapsibus agnitis vel prævisis; deque conciliorum congregandorum causâ, quàm vana et absurda dicta sint. 432

VII. Quàm grave sit Ecclesiæ catholicæ causam in tot absurdis collocari, cùm præsertim ea invidiosissima sint. 434

VIII. Hæc absurda et invidiosa, etiam esse inania, neque prohiberi posse quin ad Ecclesiæ consensum necessariò recurratur : ex Cathedrâ pronuntiari, quid sit. 435

IX. De regendâ disciplinâ discrepantes in speciem sententias summâ ipsâ convenire. Duvallii loci. Item locus anonymi, qui de Gallicanis libertatibus scripsit. 438

X. Sedis apostolicæ majestas et potestas. 440

XI. Quàm fœdam ecclesiastici regiminis pontificiæque potestatis ideam, adversarii ac præsertim auctor anonymus proferant, quàmque hæreticis faveant, dum papatui favere velle videntur. 443

XII. Quàm falso asserant Gallicanâ declaratione contentam doctrinam dissidiorum occasione proditam aut innovatam : cleri Facultatisque Parisiensis antiqua monumenta replicantur : nova etiam produntur : quædam Gallis malevolentissimè ab anonymo objecta refelluntur : votum auctoris ejusdemque erga Ecclesiam catholicam Sedemque apostolicam devotus animus. 446

APPENDIX

AD DEFENSIONEM DECLARATIONIS CLERI GALLICANI,

DE ECCLESIASTICA POTESTATE,

In quâ probatur Declarationem Gallicanam ab omni censurâ esse liberam, et eam Romani Pontificis auctoritati nihil nocere.

PRÆFATIO. 455

LIBER PRIMUS.

Id probatur ex professione fidei, et Doctorum catholicorum nobiscum sententium auctoritate.

CAPUT PRIMUM. Cujus sit generis ea quæstio quam tractamus ? Nullum hîc patere locum ad nos vel hæreseos, vel erroris in fide, incusandos : professio fidei à Pio IV edita ex concilii Tridentini mente, ut vera et sufficiens regula proponitur : articuli Parisienses anni 1542, adversùs Lutherum, huic præluxerunt, ejusdemque sunt spiritûs. 461

CAP. II. De Pii IV professione diligentiùs quæritur : in synodo Tridentinâ consultò omissa quæ inter catholicos controversa essent : Pallavicinus cardinalis testis adducitur : de Florentinâ formulâ, quòd *Romanus Pontifex regat universalem Ecclesiam*, Tridentini in medium allatâ, atque omissâ, ne nostra sententia vel sub dubio læsa videretur : Claudii Sanctesii, et Caroli cardinalis Lotharingiæ epistolæ : Pii IV responsum egregium : ea tantùm in concilio Tridentino definienda, in quæ omnes catholici conspirarent. 466

CAP. III. Circa Florentinam formulam solemnis distinctio : quòd Romanus Pontifex regat universalem Ecclesiam *distributivè*, non *collectivè :* de eâ distinctione Andreæ Duvallii locus : ea distinctio non merè scholastica, sed à concilio Constantiensi, Martino V expressè approbante, deprompta. 470

CAP. IV. Ex antè dictis probatur cleri Gallicani declarationem jam in tuto esse, nondum licèt prolatis probationibus : Leonis X in concilio Lateranensi et adversùs Lutherum acta, nihil ad rem facere, Tridentini acta, et Pii IV professio probant. 473

CAP. V. Parisiensium doctorum veneranda auctoritas : horum antesignani Petrus de Alliaco Cameracensis Cardinalis, et Joannes de Gersone Parisiensis Ecclesiæ et Universitatis cancellarius, viri omni doctrinæ ac pietatis laude cumulati : hujus rei multi testes : de Joanne Gersone Professoris Lovaniensis castiganda audacia. 476

CAP. VI. An, ut quibusdam videtur, quæstio de superioritate à quæstione de infallibilitate, secundùm Alliacensem, et Gersonem, separari possit ? Refertur cap. *Si Papa*, aliique ex Decreto Gratiani loci et Glossæ celebres, quæ Parisiensibus præluxerunt : hinc pro certo assumptum, Papam etiam ut Papam esse fallibilem. 479

CAP. VII. Quo sensu explicarent illud : *Rogavi pro te, ut non deficiat fides tua*, Luc.. XXII, 32. Eâ de re Glossa notabilis, quâ maximè utebantur :

sancti Thomæ, sancti Bonaventuræ et Nicolai Lyrani : loci Petri de Alliaco locus insignis : Gersonis sententia. 482

CAP. VIII. Scholam Pariensem in Alliacensis et Gersonis sententiâ, perstitisse, toti orbi notum : eam sententiam egregii viri ubique docuerunt : cur Parisiensium doctrina dicta sit. 488

CAP. IX. Dionysius Carthusianus adducitur : ejus exemplum probat eos qui per eam ætatem pontificiæ auctoritati vel maximè favebant, summâ ipsâ in Parisiensium sententiam convenisse : Ecclesiæ soli eamque repræsentanti concilio generali ab eo doctore tributa infallibilitas : locus, *Rogavi pro te*, etc. Luc., XXII, 32, cum eâ doctrinâ facilè conciliatus. 492

CAP. X. Idem Dionysius Carthusianus exponit quâ auctoritate in aliis præter fidem causis, Romanus Pontifex à concilio judicari possit. 495

CAP XI. De Lovaniensi Facultate : eam cum Parisiensi et Coloniensi circa Constantiensem Basileensemque doctrinam consensisse : Nicolai Dubois Professoris Lovaniensis vana argumenta. 496

CAP. XII. Adrianus Florentinus, mox Adrianus Papa VI, Facultatis Lovaniensis ornamentum, Parisiensium sententiam sequitur : quorumdam Lovaniensium cavillationes. 498

CAP. XIII. An sit verisimile Parisiensium doctrinam post Adrianum VI à Lovaniensibus condemnatam? Lovaniensium erga Adrianum reverentia singularis. 503

CAP. XIV. Jacobi Latomi, doctoris Lovaniensis, sententia. 504

CAP. XV. Joannis Driedonis Lovaniensis sententia, de fide Petri nunquam defecturâ. 509

CAP. XVI. Articuli Lovaniensis Facultatis, anni 1544, ex præcedente doctrinâ explicantur, et cum Parisiensibus, anni 1542, conferuntur : cathedra Petri nunquàm defectura. 517

CAP. XVII. Joannis Driedonis sententia de superioritate Papæ cum Parisiensium sententiâ congruit : horum reverentia in summum Pontificem: locus Majoris. 521

CAP. XVIII. Alii Driedonis loci excutiuntur. Iterùm de cathedræ Petri auctoritate, ex eodem scriptore. 524

LIBER SECUNDUS.

Quòd Declaratio Gallicana ab omni censurâ sit immunis, probatur ex auctoribus Parisiensium sententiæ adversantibus.

CAPUT PRIMUM. Joannes à Turrecrematâ pontificiæ potestatis sub Eugenio IV defensor præcipuus, in fidei quæstionibus concilii auctoritatem Papæ auctoritati anteponebat : communis erat tum illa sententia : Bulla *Deus novit*, sub Eugenii nomine edita. 527

CAP. II. Alii Turrecrematæ loci de concilii potiori auctoritate in materiâ fidei ; quòdque summus Pontifex erronea solemniter definire possit. De pontificiâ infallibilitate ludibria et cavillationes. 530

CAP. III. Antonii de Rosellis ejusdem ævi Canonistæ Eugenianorum partium sententia. 533

CAP. IV. Sanctus Antoninus archiepiscopus Florentinus, an bonâ fide relatus ab anonymo auctore, qui de libertatibus Gallicani scripsit. 534

CAP. V. Thomas à Vio, cardinalis Cajetanus, pontificiam infallibilitatem asserit, nullâ in adversarios censuræ notâ : primus omnium docuit erroneam esse sententiam quæ superioritatem concilio assignet, cui repugnat Turrecremata, et Cajetani tempore Dominicus Jacobatius Cardinalis. 538

Cap. VI. Idem Jacobatius cardinalis, pontificiæ superioritatis assertor, in infallibilitatis quæstione quid sentiat. 540

Cap. VII. De fide Petri nunquàm defecturâ, ejusdem cardinalis loci. 542

Cap. VIII. Bellarmini judicium : ab illo concilii Lateranensis auctoritas trepidè profertur de sententiâ superioritatem synodis vindicante, ejusdem censuræ titubantes. 544

Cap. IX. Bellarmini circa pontificiam infallibilitatem censura æque anceps: vis notarum ex Melchiore Cano. 546

Cap. X. Suarez Parisiensium de superioritate sententiam relinquit integram : ipsam suam de infallibilitate censuram infringit, falsaque ex Leone X adversùs Lutherum refert. 547

Cap. XI. Andreas Duvallius Parisiensium de superioritate conciliorum sententiam, et Parisiensis Facultatis esse agnoscit, et ab omni hæresis, erroris atque etiam temeritatis notâ absolvit. Pontificiam infallibilitatem non esse de fide, non modò asserit, sed etiam optimis argumentis probat. 551

Cap. XII. Dominicus à sanctâ Trinitate, Carmelita discalceatus, libro Romæ recèns excuso, docet pontificiam infallibilitatem aut superioritatem nullo Ecclesiæ decreto clarè definitam : quid illud sit, cùm privati doctores aliquid de fide esse dicunt, quoad se, non quoad nos ? 553

Cap. XIII. Recentiorum Lovaniensium aliorumque sententia, ipso progressu immodestior et apertè nimia. 555

Cap. XIV. Quanta sit scholasticorum auctoritas, ex Melchiore Cano constituitur, atque hinc efficitur ab omni nos erroris notâ esse liberos. 559

Cap. XV. Aliæ notæ : quæ ad fidem pertinent paucis diluuntur : sapiens hæresim, malè sonans, periculosum in fide quid sit : schismaticum à D. Strigoniensi inustum, sed ne hujus quidem nominis significatione perspectâ. 564

LIBER TERTIUS.

Quòd Declaratio Gallicana ab omni censurâ immunis sit, ex ipso statu quæstionis demonstratur.

Caput primum. Adversarii falsa imputant Parisiensibus, ac pessimè constituunt statum quæstionis : anonymus auctor *Tractatûs de libertatibus Ecclesiæ Gallicanæ :* Papæ suprema potestas et monarchia ecclesiastica à Gersone et aliis Parisiensibus agnita : Constantiensis concilii loci à Cajetano et aliis objecti : an recursus ad concilium in extraordinariis casibus supremam Papæ impediat in ordinariis casibus potestatem? 568

Cap. II. Falsò imputari Parisiensibus, quòd saltem in fidei causis, recursus ad Concilium semper sit necessarius. 574

Cap. III. Quòd si unus vel alter Romanus Pontifex in decreto fidei aberraret, nihil fidei Romanæ, nihil Romanæ cathedræ Sedique apostolicæ noceretur. 576

Cap. IV. Adversarii quæstionem de superioritate Papæ ad vana redigunt; casus hæresis evertit eorum generales regulas : Cajetani argutiæ recitantur. 577

Cap. V. Suaris labores æquè irriti circa depositionem Papæ in hæresim lapsi. 581

Cap. VI. Cajetani ac Suaris absurda effugia, non nisi aliis absurdioribus evitari posse. Alberti Pighii sententia, quòd Papa, nec ut privatus, fieri possit hæreticus : alii quoque casus, quibus Papa concilio habetur inferior. 583

Cap. VII. Papam etiam certum, non modò hæreticum, sed et absque hæ-

resi, schismaticum fieri posse Duvallius docet ex Turrecrematâ et Cajetano cardinalibus, eumque Ecclesiæ auctoritate statim dejiciendum. 585
CAP. VIII. De concilii auctoritate, quâ Papâ teneatur in fidei causis, Duvallii locus. 586
CAP. IX. Propter quæ scelera in Pontificem animadverti possit, Canonistas ferè omnes, non iisdem licèt verbis, in eamdem rerum summam convenire. 587
CAP. X. De infallibilitate, positis quæ necessario conceduntur, nullam superessé veram difficultatem : unum Albertum Pighium consantanea dixisse, sed nova, et inaudita, et ferè ab omnibus spreta, in quæ tamen adversarii necessariò deducuntur, si sua cohærentur tueri vellint. 590
CAP. XI. Ex his consequi Romanos Pontifices in hâc quæstione non se commoturos, cujus rei multa sunt argumenta : primum, ex Declarationibus sacræ Facultatis, anno 1663, toto regno promulgatis, ipsis Pontificibus nihil conquerentibus. 599
CAP. XII. *Expositio Doctrinæ catholicæ* illustrissimi ac reverendissimi Domini Meldensis episcopi in medium adducitur : duo Innocentii XI Brevia ad eam approbandam : his consentiens Perronii Cardinalis locus. 603
CAP. XIII. Explosâ hæreseos, erroris, ac schismatis notâ, aliæ notæ excutiuntur : articulos Gallicanos neque esse temerarios, neque scandalosos, neque piarum aurium offensivos : vera pietas cum veritate et traditione conjuncta : censuræ vagæ et inconditæ : sancti Ambrosii locus : prima pars concluditur. 607
Sancti Eusebii Romani presbyteri ac Martyris acta referuntur. 614

MÉMOIRE

DE M. BÉNIGNE BOSSUET, ÉVÊQUE DE MEAUX,

PRÉSENTÉ AU ROI,

Contre le livre intitulé : *De Romani Pontificis auctoritate*, etc., divisé en trois tomes *in-fol.* par dom frère Jean-Thomas de Roccaberti, autrefois général de l'ordre de Saint-Dominique, archevêque de Valence.

I. Idée générale du livre, et de quoi le Roi se peut plaindre. 617
II. L'auteur traite les François comme hérétiques sur l'infaillibilité du Pape. 618
III. Il traite d'impie, hérétique et schismatique, la doctrine de l'indépendance des rois dans leur temporel. 620
IV. Excès des approbateurs sur la temporalité des rois. 622
V. Ce que disent les approbateurs sur les priviléges et les libertés de nos rois et de l'Eglise de France. 623
VI. Outrages contre la France, et manquement de respect envers le Roi, dans les approbateurs et dans l'auteur même. 624
VII. Deux brefs du Pape à l'auteur, à la tête du tome II et du III. 626
VIII. Quel remède on peut apporter à ce livre injurieux : trois choses proposées au Roi sous son bon plaisir : la première. 627
IX. Seconde et troisième chose que le Roi peut faire. 627
X. Remarques sur ce Mémoire, et ce qu'il semble qu'on doit éviter dans cette occasion. 629

EPISTOLA CLERI GALLICANI,

PARISIIS CONGREGATI ANNO 1682

AD SS. DOMINUM NOSTRUM INNOCENTIUM PAPAM XI.

Innocentii XI ad Clerum Gallicanum responsa.	643
Epistola Cleri Gallicani, anno 1682, in comitiis generalibus congregati, ad ad omnes prælatos per Gallias consistentes, et universum clerum.	649
Epistola conventûs Cleri Gallicani anni 1682, ad universos prælatos Ecclesiæ Gallicanæ.	672

DECRETUM DE MORALI DISCIPLINA,

Quod erat à clero Gallicano publicandum in comitiis generalibus anni 1682.

PARS PRIMA DECRETI, continens damnandas propositiones.	678
PARS SECUNDA DECRETI, continens doctrinam oppositam damnandis propositionibus.	692
I. De affirmativis præceptis, ac primùm de fide, spe et charitate generatim.	692
II. De fide.	694
III. De spe et charitate.	695
IV. De charite proximi.	699
V. De oratione et eleemosyna.	700
VI. De Pœnitentiæ sacramento.	702
VII. De cultu Dei et festis observandis.	704
VIII. De præceptis negativis, præsertim secundæ tabulæ.	706
IX. De usurâ.	709
X. De simoniâ.	711
XI. De regulâ morum et probabilitate.	712

CENSURA ET DECLARATIO
CONVENTUS GENERALIS CLERI GALLICANI,

CONGREGATI ANNO MDCC.

IN MATERIA FIDEI ET MORUM.

Extraits des procès-verbaux de l'assemblée générale du clergé de France de 1700.	721
MANDATUM ad Censuram et Declarationem conventûs cleri Gallicani anni 1700, promulgandam in synodo diœcesanâ.	737
CENSURA ET DECLARATIO CONVENTUS CLERI GALLICANI.	740
CENSURA PROPOSITIONUM. I. De observandis Innocentii X et Alexandri VII constitutionibus circa quinque propositiones damnatas.	744
II. De gratiâ.	745
III. De virtutibus theologicis. — De fide.	746
IV. De Dei dilectione.	748

V. De proximi dilectione.	748
VI. De festis.	749
VII. De homicidio.	749
VIII. De duello.	752
IX. Circa castitatem.	752
X. De furto, turpi lucro, et judicum corruptelis.	753
XI. De usurâ.	754
XII. De falso testimonio, mendacio et perjurio.	756
XIII. De calumniâ.	757
XIV. De adjuvantibus ad flugitia.	757
XV. De simoniâ, et beneficiis conferendis.	758
XVI. De Missæ sacrificio, et sacrâ communione.	759
XVII. De Missâ parochiali	759
XVIII. Circa confessionem sacramentalem.	760
XIX. Circa dispositiones et absolutionem pœnitentis, et occasiones proximas.	761
XX. De jejunio.	762
XXI. De intemperantiâ.	763
XXII. De horis canonicis.	763
XXIII. De jurisdictione et regularibus.	764
XXIV. De legibus principum eorumque potestate.	765
XXV. De eleemosynâ.	766
XXVI. De obduratis.	766
XXVII. De peccato philosophico.	766
XXVIII. De peccato mortali.	767
XXIX. De cogitationibus sive delectationibus morosis.	767
XXX. De regulâ morum et probabilitate.	768
Declaratio de dilectione Dei in sacramento Pœnitentiæ requisitâ.	771
De opinionum probabilium usu.	772
Admonitio et conclusio.	773
Epistola conventus cleri Gallicani anni 1700, ad cardinales, archiepiscopos, episcopos, et universum clerum per Gallias consistentem.	775
Règlement pour les religieux.	781
Lettre aux archevêques et évêques du royaume.	782

FIN DE LA TABLE DU VINGT-DEUXIÈME VOLUME.

OEUVRES COMPLÈTES

DE

S. JEAN CHRYSOSTOME

TRADUITES INTÉGRALEMENT DU GREC EN FRANÇAIS

PAR

L'ABBÉ BAREILLE

ÉDITION AUGMENTÉE D'UNE TABLE GÉNÉRALE ANALYTIQUE

Traduction française, avec le texte en regard, 21 vol. in-4º, à deux colonnes, sur papier vergé anglais à la colle animale. Prix : 400 fr.
Traduction française seulement, 21 vol. in-8º, sur papier vélin satiné. 130
Traduction française seulement, 11 vol. in-4º, à deux colonnes, papier vélin satiné. 88

Nous ne louerons pas saint Jean Chrysostome; chacun sait qu'il est le prince des orateurs chrétiens et le Père de l'Église dont les ouvrages sont le plus pratiques. Il n'est pas de prêtre qui ne désire le lire et l'étudier.

Nous ne louerons pas plus notre traduction. Son mérite a fait désirer qu'elle eût une place d'honneur, pour ainsi dire; et, d'après l'avis de prêtres distingués, nous lui avons donné l'original pour cortége, en publiant notre édition grecque-française.

Par cette dernière publication, nous donnons satisfaction à tous ceux qui veulent lire saint Jean Chrysostome dans la langue qu'il a parlée. De plus, nous donnons aux jeunes ecclésiastiques le moyen de se perfectionner dans la connaissance de la langue grecque, tout en se formant à la prédication. On ne pourrait, certes, choisir un meilleur modèle; saint Jean Chrysostome parle la langue de Démosthène avec une rare perfection.

Cette traduction est la seule qui ait été couronnée par l'Académie française. Ne pas la confondre donc avec celles qui ont été publiées en concurrence.

Paris. — Imp. Vᵛᵉ P. Larousse et Cⁱᵉ, rue du Montparnasse, 19.

www.ingramcontent.com/pod-product-compliance
Lightning Source LLC
Chambersburg PA
CBHW061731300426
44115CB00009B/1169